Forschungen und Berichte
der Evangelischen Studiengemeinschaft.
Im Auftrage des Wissenschaftlichen Kuratoriums
herausgegeben von Georg Picht, Hans Dombois und Heinz Eduard Tödt

Band 25

Die Evangelische Studiengemeinschaft e. V. wird getragen von der Evangelischen Kirche in Deutschland und ihren Gliedkirchen, dem Leiterkreis der Evangelischen Akademien und dem Deutschen Evangelischen Kirchentag. Vorsitzender des Wissenschaftlichen Kuratoriums ist Professor Dr. Gerhard Grohs in Mainz. Sie unterhält die Forschungsstätte der Evangelischen Studiengemeinschaft (F. E. St.) in Heidelberg.

ULRICH DUCHROW

Christenheit und Weltverantwortung

Traditionsgeschichte und systematische Struktur der Zweireichelehre

2. verb. Auflage

KLETT-COTTA

CIP-Kurztitelaufnahme der Deutschen Bibliothek

Duchrow, Ulrich:
Christenheit und Weltverantwortung:
Traditionsgeschichte u. systemat. Struktur d. Zweireichelehre /
Ulrich Duchrow. — 2. Aufl. — Stuttgart: Klett-Cotta, 1983.
(Forschungen und Berichte der Evangelischen Studiengemeinschaft; Bd. 25)
ISBN 3-608-93041-8
NE: Evangelische Studiengemeinschaft: Forschungen und Berichte . . .

Zweite Auflage, 1983
Verlagsgemeinschaft Ernst Klett — J. G. Cotta'sche Buchhandlung
Nachfolger GmbH, Stuttgart

Druck: Zechnersche Buchdruckerei, Speyer
Zweite Auflage, 1983 3-608-93041-8
Erste Auflage, 1970 3-12-902210-4

MEINEM FREUND

SIEGFRIED STANGE †

VORWORT

Diese Untersuchung wurde hervorgerufen durch die Frage von Naturwissenschaftlern und Technikern nach der ihnen zugewachsenen Verantwortung im gesellschaftlich-politischen Leben. Das von der Evangelischen Studiengemeinschaft Heidelberg veranstaltete »Karlsruher Physiker-Theologen-Gespräch der jüngeren Generation« behandelt in diesem Zusammenhang seit Jahren das Modell der Projektwissenschaft (Big Science). Dabei zeigte sich, daß Theologie und Kirchen schlecht darauf gerüstet sind, zu den Lebensfragen des wissenschaftlich-technischen Zeitalters etwas Relevantes und Hilfreiches beizutragen.

Den Horizont dieser Problematik erschloß mir vor allem Günter Howe (†). Seit den dreißiger Jahren setzte er sich mit großer Mühe dafür ein, Theologie und Naturwissenschaften zur Lösung gegenwärtiger Lebensprobleme wieder in Kontakt miteinander zu bringen. (Einige seiner Arbeiten und eine Würdigung seines Lebenswerks werden als nächster Band in dieser Reihe erscheinen.) Außer ihm gilt mein Dank besonders Wolf Häfele und Jürgen Seetzen (Kernforschungszentrum Karlsruhe) für wichtige Informationen und ständig begleitende Gespräche. Die vorliegende Untersuchung ist im übrigen nicht zu denken ohne den vielfältigen interdisziplinären Dialog im Rahmen der Evangelischen Studiengemeinschaft, in der ich seit 1963 mitarbeite. Darüber hinaus haben meine Kollegen den Entwurf im Ganzen diskutiert und mich in vielen Einzelheiten beraten, vor allem Georg Picht in Fragen der Philosophie, Constanze Eisenbart und Hans Dombois in Problemen der mittelalterlichen Geschichte. Durch Kritik meiner Thesen oder durch fachwissenschaftliche Hinweise haben die Arbeit besonders gefördert: Gerhard Liedke und Hannes Odil Steck (Altes Testament), Alfred Schindler (Kirchengeschichte) und Manfred Riedel (Politische Philosophie).

Die ursprüngliche Fassung der Arbeit wurde 1968 von der Theologischen Fakultät der Universität Heidelberg als Habilitationsschrift angenommen. Prof. Heinz Eduard Tödt und Prof. Hans Frhr. von Campenhausen übernahmen die Mühe des Referats und Korreferats. Von ihnen habe ich seit Jahren viele Anregungen und Hilfen erfahren. Für den Druck habe ich besonders die Einleitung, den Schluß und den Abschnitt über Paulus, aber auch die übrigen Kapitel im Detail überarbeitet. Den Herausgebern der »Forschungen und Berichte der Evangelischen Studiengemeinschaft« danke ich für die Aufnahme der Untersuchung in diese Reihe, dem Klett-Verlag für stets freundliches Entgegenkommen, den Landeskirchen in Baden, Bayern, Württemberg, Hessen und der Pfalz für Druckkostenzuschüsse, die sie mir auf Fürsprache des Ratsvorsitzenden der EKD, Herrn Landesbischofs D. Dietzfelbinger, großzügig gewährten*.

Meine Frau und Anna Frese haben mich auf vielfältige Weise unterstützt. Fräulein Frese hat nicht nur das Manuskript mit Sorgfalt geschrieben, sondern auch die Bearbeitung der Register übernommen und mir große Hilfe bei der Korrektur geleistet. Mit Siegfried Stange (Braunschweig), dem dieses Buch gewidmet ist, verbindet mich eine lange Freundschaft, die mich auf den Weg der christlichen Gemeinde und der Theologie brachte. Allen Genannten und vielen Ungenannten bin ich zu großem Dank verpflichtet.

Heidelberg, im Juni 1969 *Ulrich Duchrow*

VORWORT ZUR 2. AUFLAGE

Weil die Fragen dieses Buches in den vergangenen zwölf Jahren für die Kirche Jesu Christi in allen Teilen der Welt noch an Bedeutung gewonnen haben, freue ich mich, daß es erneut erscheinen kann. Verbesserungen im einzelnen, einige grundsätzliche Erwägungen und ausgewählte Literaturnachträge finden sich in einem Nachwort am Schluß des Bandes. Der Evangelischen Studiengemeinschaft (FEST) Heidelberg und der Verlagsgemeinschaft Klett-Cotta danke ich für die Ermöglichung dieser 2. Auflage, W. Huber, H. Krämer, A. Schindler, O. H. Steck, G. Theißen und H. E. Tödt für freundliche Hilfe bei der Gestaltung des Nachworts und der Literaturergänzungen.

Heidelberg, im Oktober 1982 *Ulrich Duchrow*

INHALT

VERZEICHNIS DER ABKÜRZUNGEN

soweit sie nicht in RGG³ angegeben sind

AM	Augustinus magister. Congrès international augustinien, Paris, 21.—24. September 1954, 3 Bde., Paris 1954
Art.	Artikel
ESTL	Evangelisches Staatslexikon, hrsg. von H. Kunst und S. Grundmann, Stuttgart-Berlin 1966
MA	Mittelalter
PTh	Pastoraltheologie. Wissenschaft und Praxis, Göttingen
REA	Revue des Etudes Augustiniennes, Paris
RGG	Die Religion in Geschichte und Gegenwart. Handwörterbuch für Theologie und Religionswissenschaft, 3. Aufl. Tübingen 1956—1962
VS	Die Fragmente der Vorsokratiker, hrsg. v. H. Diels u. W. Kranz, I—III, Zürich/Berlin 1964¹¹.
WMANT	Wissenschaftliche Monographien zum Alten und Neuen Testament, Neukirchen
10WApk	Zehnwochenapokalypse (= äthiop. Henoch 93 u. 91, 12—17)

CHRISTENHEIT
UND WELTVERANTWORTUNG

Trachtet am ersten
nach dem Reich Gottes
und nach seiner Gerechtigkeit,
so wird euch solches
alles zufallen
Matthäus 6, 33

Einleitung

Die vorliegende Untersuchung ist Vorarbeit für die Lösung einer heute gestellten größeren Aufgabe. Diese muß man jedenfalls im Grundriß kennen, will man den Stellenwert und inneren Zusammenhang der hier vorgelegten Detailforschung, aber auch die angewandte Methode durchschauen und richtig einschätzen. Eigentlich müßte nämlich das hier gestellte Thema in drei großen Arbeitsgängen angefaßt werden: I. Die Erfassung der gegenwärtig geforderten Verantwortung im Horizont der wissenschaftlich-technischen Welt und die bestehenden theologischen Antworten darauf. II. Aufarbeitung der historischen Voraussetzungen und Bedingungen dieser Gegenwartslage. III. Mit Hilfe der Verknüpfung von I. und II. gewonnener und begründeter neuer Antwortentwurf. Zur Erläuterung müssen einige Bemerkungen genügen. Der Ausgangspunkt der Fragestellung ist, wie im Vorwort angedeutet, die Herausforderung der Christenheit durch die wissenschaftlich-technische Welt. Im *I. Arbeitsgang* müßten deshalb einige hervorstechende Züge derselben analysiert werden. Als Modell schiene mir besonders das Phänomen der Projektwissenschaften (Big Science) geeignet; denn hier wird ein neuer konstitutiver Zusammenhang von Wissenschaft, Politik und Wirtschaft sichtbar, der schlagartig die Veränderung aller dieser für das Weltverhältnis der heutigen Menschheit zentralen Bereiche beleuchtet[1]. Einige Stichworte müssen hier genügen, um die vielfältigen

[1] Aus der inzwischen zum Thema erschienenen Literatur vgl. besonders *W. Häfele*, Die Projektwissenschaften; *G. Howe/H. E. Tödt*, Frieden im wissenschaftlich-technischen Zeitalter, 46ff.; *J. Seetzen*, Entwicklung zu einer allgemeinen Systemtechnik; *A. M. Weinberg*, Reflections on Big Science; *G. Picht*, Struktur und Verantwortung der Wissenschaft. In: WVV, 343ff.; meinen Aufsatz Leib Christi und moderne Kommunikationsstrukturen, sowie u. S. 591ff.

Implikationen dieses Themas anzudeuten. Daß Big Science nicht einfach nur vergrößerte klassische Wissenschaft, sondern auf bestimmte zukunftgerichtete Projekte bezogen ist, hat die Frage zur Folge, wie denn deren Ziele zu bestimmen und zu präzisieren seien. Dabei handelt es sich aber nicht nur um ein innerwissenschaftliches oder innertechnisches Problem; denn Projekte der Big Science sind eben wegen ihrer Größenordnung Gemeinschaftsaufgaben von Staaten und in ihren Auswirkungen relevant für die gesamte Menschheit. Schon allein die benötigten Geld- und Personenressourcen sind ein erheblicher Faktor innerhalb einer Gesellschaft. Deshalb können nicht einfach beliebige Ziele aufgegriffen werden, vielmehr bedarf es einer Prioritätensetzung. Hier kommen nun aber die verschiedensten Interessen ins Spiel, wobei das Hauptproblem darin besteht, die Projekte nach dem wahren und langfristigen Interesse der Gesamtgesellschaft — und dies heute in weltweitem Maßstab — auszurichten. Das heißt, die Prioritätensetzung in jedem Land steht in Beziehung zu den Fragen des Weltfriedens und der Gerechtigkeit in der Welt. Wenn das so ist, so ist ein besonders schwerwiegendes Problem, wie die Information und Kommunikation zwischen Entscheidungsträgern und von der Entscheidung Betroffenen am effektivsten hergestellt werden kann. Denn da einzelne die hier wirksamen komplexen Strukturen und Prozesse nicht mehr durchschauen können, können nur noch Teams die Informationen sachgerecht verarbeiten. Das wiederum stellt die Frage, wie unter diesen Umständen die gesamtpolitische, öffentliche Kontrolle der Projekte erfolgen kann.

Diesen und anderen Herausforderungen unserer wissenschaftlich-technischen Welt müßten sodann im gleichen Arbeitsgang die vorhandenen Theologien gegenübergestellt und auf ihren Beitrag zu einer möglichen christlichen Antwort hin geprüft werden. Dabei müßte folgende theologiegeschichtliche Grundkonstellation interpretiert werden[2]. In Deutschland stand bis Anfang der sechziger Jahre die wissenschaftliche Theologie vorwiegend im Bann des Durchbruchs, den seit dem Ende des ersten Weltkriegs *Karl Barth* einerseits und *Rudolf Bultmann* andererseits je mit ihren Schulen vollzogen hatten. Kennzeichnend für beide Richtungen — trotz mannigfacher Unterschiede — ist die Konzentration auf das Verhältnis zwischen Gott und Mensch, auf Sünde und Rettung des Menschen im

[2] Hierzu vgl. *H. E. Tödt,* Ernst Troeltschs Bedeutung für die evangelische Sozialethik, bes. 232ff.

christologisch-eschatologischen Kerygmageschehen. Die Thematisierung des menschlichen Weltverhältnisses in allen seinen Dimensionen trat hinter diesem Zentralanliegen zurück, wahrscheinlich nicht zuletzt deshalb, weil die dialektische Theologie im Gegenzug zum sogenannten Kulturprotestantismus entwickelt wurde. Diesem machte man angesichts der epochalen Krise der europäischen Welt gerade zum Vorwurf, die strikte Differenz zwischen Gott und Welt, zwischen Gottes Reich und Menschentätigkeit zugunsten weltverbesserischer oder den status quo segnender kultureller Programme verraten zu haben. Die Feststellung, daß die Kerygmatheologie im Zuge ihrer Gegenreaktion die theologische Interpretation der Welt in allen ihren Dimensionen hintanstellte, gilt trotz verschiedener Einschränkungen. Bekanntlich haben gerade Karl Barth und seine Schüler ein intensives Verhältnis zum politischen Zeitgeschehen entwickelt. Aber einerseits konnte sich Barths christologische Interpretation der Gesellschaft per analogiam fidei exegetisch nicht durchsetzen[3], so daß von diesem Ansatz aus die theologische Begründung bei politischen Entscheidungen — einmal abgesehen von prophetischer Treffsicherheit im Einzelfall — bis heute umstritten bleiben mußte. Andererseits fehlte hier trotz des politischen Engagements eine theologische Interpretation der neuzeitlich industriellen und der modernen wissenschaftlich-technischen Welt in ihren Grundstrukturen. Ähnlich liegt es bei Bultmann und seinen Schülern. Zwar konnte hier durch die Konzentration auf das hermeneutische Problem Anschluß an philosophische Zeitfragen gefunden werden. Aber die theologische Anknüpfung an die Kategorie der Geschichtlichkeit des Daseins legte alles Gewicht auf die »Entweltlichung« des einzelnen durch den Glauben, nicht dagegen auf die geschichtlichen Bezüge des menschlichen »In-der-Welt-Seins«. Diese Haupttrends innerhalb der führenden Universitätstheologie — *Paul Tillich*, der eine Ausnahme darstellt, wurde in Deutschland erst Anfang der sechziger Jahre wirksam — hinderten nicht, daß sich die evangelischen Kirchen in Deutschland nach 1945 auf der Grundlage des im Dritten Reich durch die Bekennende Kirche gesammelten Kredits außerordentlich stark in gesellschaftlichen und politischen Aufgaben engagierten — freilich angesichts der skizzierten Lage ohne zureichende wissenschaftliche Begründung und Kontrolle. Auch der ökumenische Einsatz in sozialethischen Fragen führte zunächst kaum zu theologischer Reflexion auf wissenschaftlichem Niveau.

[3] Vgl. u. S. 141.

Inzwischen ist eine deutliche Gegenbewegung zu bemerken. Die Bemühung um eine adäquate christliche Stellung zu den spezifisch neuzeitlichen und modernen Weltproblemen ist zum Tagesordnungspunkt Nr. 1 geworden. Bei aller Verschiedenheit im einzelnen geht es doch den meisten avantgardistischen Theologen und Bewegungen in der Intention heute um das gleiche, nehme man nun in der deutschen protestantischen Theologie *Wolfhart Pannenberg* oder *Jürgen Moltmann*, im ökumenischen Raum, zumal im Hintergrund der Weltkonferenz für Kirche und Gesellschaft (Genf 1966) die Gruppe der »Revolutionstheologen«, z. B. *Richard Shaull* und *Harvey Cox*, oder aber die Pastoralkonstitution »Die Kirche in der Welt von heute« (Schema 13) des II. Vatikanischen Konzils einschließlich ihrer geistigen Väter (*Teilhard de Chardin*) und einschließlich derer, die im Zuge der Erneuerung neue Vorstöße wagten (*Johann Baptist Metz* u. a.). Darf man angesichts einer solch groben Skizze einmal nur nach den Trends urteilen, ohne in die Differenzierung eintreten zu können, so muß man sagen, daß hier die von der Kerygmatheologie liegengelassenen Probleme des Kulturprotestantismus erneut aufgegriffen werden — allerdings so, daß die inzwischen erfolgte theologische oder exegetische Kritik an den Positionen des 19. Jahrhunderts weitgehend unberücksichtigt bleibt. Denn überall zeichnet sich die gleiche direkte Verbindung zwischen kulturgeschichtlicher Fortschrittsdynamik und christlicher Eschatologie ab, die auch für die Reich-Gottes-Theologie etwa eines Albrecht Ritschl kennzeichnend war[4] — freilich heute unter dem Eindruck des revolutionären Geschehens in Gesellschaft, Politik und Wissenschaft unter spezifischer Betonung des Zeitmodus der Zukunft[5].

Schematisch gesehen besteht also eine polarisierte Situation zwischen solchen Theologien und Frömmigkeitstypen, die sich auf das Gottesverhältnis des (einzelnen) Menschen konzentrieren[6], und sol-

[4] Vgl. *H. Timm*, Theorie und Praxis.

[5] Vgl. u. a. folgende kritische Stimmen zu diesen Trends. Zu Moltmann: *G. Sauter*, Angewandte Eschatologie; zur neuesten ökumenischen Entwicklung: *H. E. Tödt*, Bedeutung und Mängel der Genfer Weltkirchenkonferenz; *ders.*, Kirche und Gesellschaft im Dialog zwischen Protestanten und römischen Katholiken; *ders.* und *T. Rendtorff*, Theologie der Revolution; zum Schema 13 des II. Vatikanischen Konzils: *J. Bopp*, Die Pastoralkonstitution.

[6] Interessant ist in diesem Zusammenhang *G. Sauters* Buch, Zukunft und Verheißung, welches das Gegenwartsthema Zukunft theologisch aufgreift, ohne im geringsten auf die Probleme der Weltgestaltung einzugehen. Vgl. dazu *U. Duchrow*, *E. Chr. Hirsch*, *H. Timm*, Eschatologie der Alternativen.

chen, die Gott und seine in Christus angebrochene, neue Schöpfung hervorbringende Herrschaft direkt mit dem revolutionären Weltgeschehen identifiziert sehen wollen. Merkwürdig an dieser Konstellation ist, daß beide Parteien weitgehend auf die genaue Bestimmung ihres geschichtlichen Standorts verzichten. Die Kerygmatheologien sowie alle Spielarten von protestantischer Orthodoxie sind, außer an der Exegese biblischer Schriften, vor allem an den theologischen Fragestellungen des 16. Jahrhunderts interessiert. In der Bultmann-Schule ist allenfalls die klassisch-neuzeitliche Physik und Historie als Negativfolie der sich entgeschichtlichenden Glaubensexistenz wahrgenommen. Die Revolutionstheologien auf der anderen Seite verzichten nicht nur auf eine theologiegeschichtliche Aufklärung ihrer Stellung zu der Kontroverse zwischen dialektischer Theologie und Kulturprotestantismus, sondern auch auf eine gründliche exegetisch-hermeneutische Verifikation ihrer Thesen. Die gängigen Hinweise auf alttestamentlich-eschatologische Strömungen, die häufig nicht einmal durch den Versuch einer Reflexion über das Verhältnis zwischen Neuem und Altem Testament abgesichert sind, und auf die Anregerfunktion christlichen Geschichtsbewußtseins für die in der Neuzeit sich säkularisierende und historisierende Welt stellen sich bei genauer historischer Nachprüfung als einseitig, wenn nicht falsch heraus. Außerdem umgehen die direkten Identifizierungen von biblischer und heutiger Problematik die Mühe, den Sinn der hermeneutischen Differenz zwischen Vergangenheit, Gegenwart und Zukunft zu reflektieren.

Die grobe Skizze der zeitgeschichtlichen und theologischen Lage, deren differenzierte Ausführung einen selbständigen ersten Teil der Untersuchung erfordert hätte, scheint mir also eine erneute Bemühung um Klarheit darüber zu erfordern, wie die Relationen zwischen Gott, Mensch und Welt zu bestimmen seien, und zwar methodisch unter Aufklärung unserer historischen und gegenwärtigen Voraussetzungen. So könnten die Intentionen beider angedeuteter Parteien, die je unaufgebbare Elemente des christlichen Glaubens mit Recht, aber offenbar einseitig — und darum vom Gesamt der Theologie her gesehen anfechtbar — hervorheben, in ein kritisches Verhältnis zueinander gesetzt werden. Hier hätte der *II. traditionsgeschichtliche Arbeitsgang* einzusetzen, um den Versuch einer heute verantwortbaren theologischen Bestimmung von Weltverantwortung (Arbeitsgang III) hermeneutisch vorzubereiten.

Dieser traditionsgeschichtliche Arbeitsgang ist *in der vorliegenden Untersuchung* in Angriff genommen. Als Leitfaden für die Erhellung der geschichtlichen Bedingungen der gegenwärtigen Situation legte sich die sogenannte Zweireichelehre deshalb nahe, weil es ihr erklärtes Ziel ist, Gottes- und Weltrelation des Menschen sowie Gottes endzeitliches Rettungshandeln und seine Stellung zur zeitlichen Welt als Schöpfung in ihrem gegenseitigen Verhältnis zueinander zu erfassen. Schon ein kurzer Blick auf die Kontroversen um das Thema »Christ und Politik« in den letzten vierzig Jahren lehrt überdies, wie zentral, aber auch wie unaufgelöst das Problem der Zweireichelehre in der aktuellen Diskussion ist. Zunächst prallten Barthianer und eine Erlanger Interpretation der Zweireichelehre[7] bei der Beurteilung des Nationalsozialismus hart aufeinander. Dann war es die Atomdebatte, in der sich die Positionen um die Stichworte Königsherrschaft Christi und Zweireichelehre gruppierten, ohne wirklich zu einer vollständigen Aufklärung der Frage zu kommen[8]. Jetzt beginnt der Streit von neuem, und zwar im Anschluß an die ökumenischen Konferenzen in Genf 1966 und in Uppsala 1968 sowie im Anschluß an die Denkschriften der EKD-Kammer für öffentliche Verantwortung. Das zeigt ganz deutlich die Synode der EKD 1968 zur »Weltverantwortung in einem revolutionären Zeitalter«[9]. Hier geht es vor allem um die Frage der christlichen Mitverantwortung für den Weltfrieden, insbesondere für die Zukunftsplanung der Entwicklungshilfe im Zusammenhang der revolutionären Situation der Dritten Welt. Wieder muß man im Resümee bekennen, daß trotz viel größer gewordenem Consensus in der letzten theologischen Begründung von christlicher Weltverantwortung ein Dissensus bleibt[10]. Diesmal ist es vor allem Bischof *Hans-Otto Wölber*, der sich zum Anwalt einer in bestimmtem Sinn interpretierten Zweireichelehre macht und sogar an diesem Punkt die Einheit der Kirche bedroht sieht[11].

---

[7] Vgl. z. B. den »Ansbacher Ratschlag« zur Barmer theologischen Erklärung. In: Die Bekenntnisse und grundsätzlichen Äußerungen zur Kirchenfrage, Bd. 2: Das Jahr 1934, ges. u. eingel. von *K. D. Schmidt*, Göttingen 1935, 102ff.

[8] Das gilt auch von den Vermittlungsversuchen *Ernst Wolfs*, z. B. Königsherrschaft Christi und Zwei-Reiche-Lehre. Dazu s. u. Kap. IV A. 436.

[9] Vgl. die Dokumentation in: *E. Wilkens* (Hrsg.), Die Zukunft der Kirche und die Zukunft der Welt, vor allem 152ff.

[10] AaO, 153ff.

[11] Vgl. seine Diskussionsvoten, ebd. 161ff. u. 165ff., sowie seinen Aufsatz »Politisierung der Kirche — Gefahr für die Einheit der Kirche?«

Es mag also auch im Hinblick auf diese aktuelle Not von Theologie und Kirche nicht unnütz sein, die Streitfrage noch einmal von Grund an aufzurollen.

Nun kann freilich das vorliegende Ergebnis allenfalls eine kleine, vorläufige Hilfe sein. Denn von der zu leistenden Aufklärung unserer geschichtlichen Voraussetzungen ist angesichts der ungeheuren Vielschichtigkeit des Themas und der weitgehend umstrittenen historischen Details hier zunächst nur der Zeitraum von der frühjüdischen Apokalyptik einerseits und Platon andererseits bis hin zu Luther ausführlich bearbeitet. Es fehlt also zur Ausführung auch nur des II. Arbeitsganges innerhalb der Gesamtaufgabe der ganze Abschnitt vom Umbruch zur Neuzeit bis heute — ganz zu schweigen von den nur angedeuteten Arbeitsgängen I und III, die Gegenwart und Zukunft zum Thema haben. Immerhin werde ich in den Schlußbemerkungen einige offene Fragen zur Neuzeit und zur heutigen Lage zu formulieren versuchen, weil ohne das Koordinatensystem des Ganzen auch der jetzt vorliegende Teil Mißverständnisse durch Direktübertragungen auf gegenwärtige Fragen hervorrufen könnte.

Auch die im folgenden angewandte *Methode* hängt unlöslich an der Konzeption der Gesamtfragestellung. Sie ist nämlich unter diesem Aspekt nur dann adäquat, wenn sie konstitutiv in sich vereinigt, was normalerweise in historische und systematische Methode auseinandergelegt ist. Die außerordentlich komplexe und vieldiskutierte hermeneutische Problematik, die damit angesprochen ist, kann hier nur ganz knapp angedeutet werden[12]. Ich gehe davon aus, daß verbindliches Fragen nach Wahrheit — auch und gerade nach theologischer Wahrheit — unter den Bedingungen der geschichtlichen Vernunft fordert, das die Gegenwart bedingende, auf die Zukunft hin offene Geflecht vergangenen Geschehens so weit wie möglich bewußt zu machen. Nur so kann man nämlich hermeneutisch nachprüfbar angeben, warum, wie und an welchem Ort man angesichts

---

[12] Die folgenden Erwägungen sind auf dem Hintergrund der intensiven hermeneutischen Diskussion der letzten Jahre zu lesen und angesichts der dort erreichten Differenziertheit in ihrer Thesenhaftigkeit kaum zu verantworten. Vgl. besonders *R. Bultmann*, Das Problem der Hermeneutik; *G. Ebeling*, Art. Hermeneutik (vgl. auch die dort angegebenen verschiedenen Arbeiten von *E. Fuchs*); *H.-G. Gadamer*, Wahrheit und Methode; *W. Pannenberg*, Hermeneutik und Universalgeschichte; *J. Moltmann*, Existenzgeschichte und Weltgeschichte; *J. Habermas*, Logik der Sozialwissenschaften. Einige Aspekte der Frage sind eingehender in meinem Aufsatz »Die Klarheit der Schrift und die Vernunft« behandelt.

neuer Zukunftsaufgaben weiterbauen will. Das hat im einzelnen folgende Konsequenzen. *Vor* der normalerweise historisch genannten Frage nach dem, was war, und *vor* der »systematisch« genannten Frage nach dem, was ist, steht die Nötigung dessen, was uns von der Zukunft her aufgegeben ist, und die Frage nach dem, was als Vorgegebenes die Bewältigung der Aufgabe ermöglicht. Diese Behauptung müßte anthropologisch, philosophisch und theologisch begründet werden. Die bis heute unwiderlegte Ausgangsbasis für eine Erfassung der Evolution der Lebewesen ist Darwins Theorie, daß sich die Auslesechancen an der Fähigkeit bemessen, auf Herausforderungen zu reagieren. Philosophisch müßte man im Anschluß an den geschichtlich neu zu interpretierenden Kantischen Ansatz von dem Primat der praktischen Vernunft und der Zwecke setzenden Urteilskraft vor der theoretischen Vernunft ausgehen. Theologisch korrespondiert diesen Ansätzen — freilich auf spannungsreiche Weise — der Problemkreis, der traditionellerweise mit dem Stichwort Gesetz und Evangelium oder »Geschichte als Gericht« umschrieben wird. Wenn damit gesagt ist, daß Aufruf und Zuspruch kategorial den Primat vor der Aussage haben[13], so ist doch sogleich hinzuzufügen, daß es unheilvolle Folgen haben würde, wenn man aus dieser Verhältnisbestimmung eine Alternative herausläse. Man denke nur an verschiedene Theologen der nationalsozialistischen Zeit, die allzu flugs bereit waren, den herrschenden Zeitgeist als göttliches »Gebot der Stunde« zu interpretieren, das wahrhaft Aufgegebene aber gerade dadurch verfehlten. Dieses Phänomen hängt mit dem zusammen, was Platon die Gefangenschaft der Vernunft durch die Affekte nennt[14], was Paulus in Römer 7 aufnimmt und als täuschende Sünde interpretiert[15] und was heute unter bestimmte Aspekte des Ideologieproblems fällt. Gerade derjenige, dem es in erster Linie um das wirkliche Erfassen und Bewältigen der notwendig gestellten Aufgaben und darin um die Erhaltung und Erneuerung des Menschengeschlechts in seiner Menschlichkeit geht, muß also darauf bedacht sein, alle sich in Wahrheit oder angeblich stellenden Aufgaben und die sich anbietenden Mittel mit den bewährtesten Methoden der Natur- und Geschichtserkenntnis auf ihre Stichhaltigkeit hin zu prüfen. Der Primat des Aufrufs fordert also angesichts der Ideologiegefahr gerade die möglichst sichere Aussage. Insofern sind die experimentellen

[13] Vgl. Die Klarheit der Schrift, 16f.
[14] S. u. S. 61ff.
[15] S. u. S. 92ff.

Naturwissenschaften und die nach den Kriterien der Objektivität arbeitenden historischen Wissenschaften unentbehrliche Verbündete für das wahre Erfassen der Aufgaben und deren Lösung — freilich Verbündete, die selbst stets in der Gefahr stehen, ihre geschichtliche Bedingtheit und ihre ideologische Befangenheit zu übersehen[16]. In diesen methodischen Erwägungen liegt also der Grund, weshalb in der vorliegenden Untersuchung nicht trotz, sondern wegen des Ansatzes bei der theologischen Frage nach heutigen Aufgaben des wissenschaftlich-technischen Zeitalters eine detaillierte Analyse der geschichtlichen Voraussetzungen des Problemfeldes eingeschaltet wird. Hierbei müssen besonders die verdrängten Züge der Geschichte ins Licht gestellt werden, wennanders es darum geht, Aufklärung über den gegenwärtigen Standort um der Zukunft willen zu gewinnen.

Aber nicht nur die Frage nach den Aufgaben, sondern auch nach dem Vorgegebenen fordert die Klärung der Geschichte. Die klassisch dogmatische Methode, behauptete Wahrheit durch Bibelzitate zu belegen, ist angesichts des inzwischen erkannten geschichtlichen Charakters der alt- und neutestamentlichen Schriften unmöglich geworden. Andererseits hängt christliche Theologie an der Voraussetzung, daß an der geschichtlichen Person Jesus von Nazareth und den mit ihm zusammenhängenden Ereignissen nicht nur irgendwelche Aspekte der Wahrheit, sondern *die* Wahrheit Gottes und damit allen Geschehens zugänglich geworden ist. Damit ist die Nötigung gegeben, die geschichtlichen Zeugen dieses Jesus zu hören; denn nur durch Zeugnisse wird Geschichte bekannt — freilich notwendig durch eine Vielfalt von Zeugnissen, wenn das Bezeugte wahr ist und sich einer Fülle verschiedener geschichtlicher Möglichkeiten bemächtigt. Die Wahrheit Jesu, aber schon die des Alten Testaments, muß also im Gesamt ihrer geschichtlichen Wechselwirkung gesehen werden, d. h. im Horizont der Umwelt sowohl der ersten Zeugen wie auch der gesamten Geschichte bis heute. Ich werde paradigmatisch an Paulus, Augustin, Mittelalter und Luther zu zeigen versuchen, wie in dieser Zeit besonders die griechisch-römische, zeitweise auch die germanische Umwelt das Angriffsfeld christlicher Wahrheit darstellt. Mit dieser Weise ist nicht die Intention, nur die besondere Ausprägung der reformatorischen Gegenüberstellung von Schrift und Tradition preisgegeben. Denn im Sinn des oben über die

[16] Vgl. *J. Habermas*, Technik und Wissenschaft als Ideologie.

Ideologiegefahr jedes zeitgeschichtlichen Bewußtseins Gesagten ist jede sich christlich nennende Tradition und jeder Gegenwartsentwurf an den möglichst genau zu erfassenden ersten Zeugen Jesu und, soweit möglich, an Jesus selbst zu prüfen — dies allerdings nicht im Sinn eines gesetzlichen Verfahrens. Vielmehr steht die Erfassung der historischen Wahrheit Jesu in einer inneren Wechselwirkung mit der Erfassung gegenwärtiger Wahrheit, was hier nicht näher ausgeführt werden kann[17].

Für die in dieser Arbeit angewandte Methode ergibt sich, daß die behandelten Traditionen stets im Horizont einerseits der Christuszeugnisse, auf die sie sich selbst berufen, und andererseits der jeweiligen zeitgeschichtlichen Aufgaben gesehen werden. Das bedeutet, daß ich nicht auf Wertungen und Beurteilungen des historischen Materials verzichte — nicht verzichten kann, wenn wirklich die Kategorien Zuspruch und Aufruf die Wahrheit der Geschichte in einer tieferen und umfassenderen Dimension zutage fördern als die Kategorie der Aussage, die nur innerhalb dieses Bezugssystems, hier allerdings notwendig geforderte und eine durch nichts zu ersetzende Bedeutung hat. Diese Beurteilung früherer Positionen darf allerdings keinesfalls unreflektiert anhand des gegenwärtigen Verstehenshorizonts vorgenommen werden. Dieser Gefahr, in der jedes historische Forschen — auch das hier versuchte — notwendig steht, weil es überhaupt erst durch das Interesse an gegenwärtigen Fragen (Vorverständnis) motiviert ist, soll in der hier angewandten Methode gerade dadurch begegnet werden, daß die Jetztzeit nicht direkt mit früheren Zeiten verbunden wird, sondern ihr die *gesamtgeschichtlichen Voraussetzungen* gegenübergestellt werden, um eine möglichst sichere Aufklärung der Gegenwart um der Zukunft willen zu erreichen[18]. Für die Theologie ist aus alledem die brisante Folgerung zu ziehen, daß eine Direktkonfrontation der biblischen Traditionen mit gegenwärtigen Problemen methodisch eigentlich unmöglich ist und nur

---

[17] Vgl. 2 Ko 5, 16 und die im Anschluß an theologische (*G. Ebeling, E. Fuchs*) und juristische Hermeneutik von *H.-G. Gadamer* herausgearbeitete Bedeutung der applicatio für das Verstehen — freilich in der durch *J. Habermas* (Logik) erarbeiteten Erweiterung um die sozio-politische Dimension. Dazu vgl. auch meinen oben in A. 12 genannten Beitrag.

[18] Dieses offene und unter dem Primat der Verantwortung stehende Relationsgefüge der Zeitmodi ist nicht durch einen im Ansatz abstrakten Begriff von Universalgeschichte zu erfassen. Zur diesbezüglichen Auseinandersetzung mit *W. Pannenberg* vgl. Die Klarheit der Schrift und die Vernunft, 2ff. und unten S. 43f.

durch Zufall zu verantwortbaren Ergebnissen führen kann. Führt aber die beschriebene Methode, wenn sie wirklich notwendig sein sollte, damit nicht zu absurden Konsequenzen für Theologie und Kirche — von den analogen Problemen der allgemeinen Historie im Kontext der anderen Wissenschaften und der Gesellschaft ganz zu schweigen —? Eines ist jedenfalls sicher: ein Thema wie das vorliegende in der beschriebenen Weise durchzuführen, ist für einen Einzelnen nicht möglich. Das ist der Grund, warum diese Arbeit im Blick auf die gestellte Gesamtaufgabe notwendig ein Fragment ist. Für deren Lösung wären infolgedessen neue kooperative Formen zu entwickeln, die nicht nur ein Zusammenspiel der bestehenden theologischen Disziplinen, sondern darüber hinaus solcher »profanen« Wissenschaften ermöglichten, die zur Aufhellung der angedeuteten Gegenwartsprobleme nötig sind.

Die vorgetragenen Erwägungen sind vor allem im Blick auf die Themenangabe »*Weltverantwortung*« zu beachten[19]. Denn hier kommt besonders deutlich die Differenz zwischen Gegenwart und früheren geschichtlichen Konstellationen zum Vorschein. Man muß sogar die Frage stellen: ist es überhaupt möglich, mit diesem Begriff an biblische und vorneuzeitliche kirchengeschichtliche Traditionen heranzutreten, wenn doch erst in der Neuzeit der Gedanke und die Praxis möglich wurde, daß der Mensch im strengen Sinn für die zukünftige Welt verantwortlich ist, weil er sie durch wissenschaftlich-technische Entwürfe produziert — in Zukunft sogar weitgehend einschließlich seiner selbst? Aus folgenden Gründen, die im Verlauf der Arbeit weiter ausgeführt werden, halte ich im Bewußtsein der historischen Differenzen die übergreifende Fragestellung für vertretbar. Man muß sich nicht auf die Auskunft zurückziehen, der Begriff sei auch ganz allgemein im Sinn von »Weltverhalten« zu gebrauchen. Dann sollte man auch besser diesen Ausdruck zur Formulierung der Leitfrage benutzen. Vielmehr scheint mir die Herkunft des Begriffs der Verantwortung aus der Eschatologie des biblisch-christlichen Glaubens[20] seine spezifische Anwendung für die hier behandelten Tradi-

[19] Parallelität und Unterschiedenheit der Themenformulierung im Vergleich zu *W. Kamlahs* »Christentum und Geschichtlichkeit« (1. Aufl.: Christentum und Selbstbehauptung) ist beabsichtigt. Kamlahs Fragestellung ist hier wieder aufgenommen, aber über die — von ihm überdies einseitig gezeichnete — augustinische Position hinausgeführt (vgl. u. S. 268ff.).

[20] Vgl. *G. Picht*, Der Begriff der Verantwortung. In: WVV, 318ff., mit weiterer Literatur.

tionen zu ermöglichen. Nicht nur die allgemeine Erfahrung der Geschichte als Gericht, wie sie für Israel charakteristisch ist, sondern die spezifische Weise, wie die sogenannten apokalyptischen Kreise Welterkenntnis und Weltverhalten des Menschen auf das Endgericht beziehen[21], konstituieren traditionsgeschichtlich die Entdeckung der Dimension der Verantwortung. Durch die Ablehnung des Gesetzesweges zum universalen Heil spaltet sich bei Paulus die Forumstruktur menschlicher Existenz in den Totalaspekt der Person vor Gott und den Partialaspekt des Gerichts nach den weltbezogenen Werken[22]. Vor Gott gilt nur die glaubende Annahme des mit Christus neu einsetzenden, schöpferischen Handelns Gottes. Dennoch wird das aus solchem Glauben erwachsende, aber auch das »heidnische« weltbezogene Handeln nicht gleichgültig, sondern bleibt unter dem guten Willen Gottes für seine Schöpfung. Da also nach Paulus Gott im Gericht auch nach den Werken, d. h. nach den für die Welt guten oder bösen Folgen menschlichen Tuns fragt, ist hier in einem spezifischen Sinn von Weltverantwortung zu reden. In dieses Gott Rechenschaft schuldige, weltbezogene Handeln integriert die nachkonstantinische Christenheit nicht nur allgemein, wie schon israelitische Traditionen, sondern speziell auf die Christen in politischen Ämtern bezogen, das gesellschaftlich-öffentliche Leben in all seinen Dimensionen und Institutionen. Wie und mit welchen Wandlungen und schweren theologischen Kämpfen das im einzelnen geschieht, vor allem wie diese Frage dem endzeitlichen Kampf Gottes um den Menschen in seiner Gefangenschaft unter das Böse zugeordnet wird, ist das Thema der folgenden Kapitel. Trotz der damit gegebenen grundsätzlichen Möglichkeit, im behandelten Traditionsbereich durchgehend von Weltverantwortung zu sprechen, werde ich nur in seltenen Fällen und dann in besonders erklärter Weise davon Gebrauch machen, um den Begriff möglichst der Moderne vorzubehalten, in der es in einem vorher nicht gekannten Sinn um die vom Menschen verantwortete, weil weitgehend produzierte Welt geht. Im ganzen handelt es sich also — um noch einmal einen Leitfaden durch die Fülle des historischen Stoffs zu bestimmen — um das Ringen in der biblisch-christlichen Tradition, im Feld des Kampfes zwischen dem neuschaffenden Gott und der bindenden, täuschenden, zerstörenden Macht des Bösen das rechte Gott- und menschengemäße

---

[21] S. u. S. 43ff.
[22] S. u. S. 131 u. ö.

(vernünftige) Verhalten gegenüber der Welt zu gewinnen — und dies in Auseinandersetzung mit konkurrierenden Religionen, Philosophien und überhaupt außerchristlichen Traditionen angesichts von weltgeschichtlich neuen Herausforderungen.

Es bleibt noch das Problem der *Stoffauswahl*. Warum überhaupt die Traditionsgeschichte der Zweireichelehre herausgegriffen wurde, konnte bereits damit begründet werden, daß hier ausdrücklich wie nirgends sonst die Mehrdimensionalität der Frage formuliert wurde. Zweifellos ist mit dieser Auswahl eine Vorentscheidung getroffen, insofern *eine* Linie detailliert untersucht wird, alle übrigen Positionen dagegen nur als Grenzphänomene behandelt werden können — so etwa die Anschauungen der spätmittelalterlich »radikalen« und »linksreformatorischen« Gruppen. Außerdem müßte von der erläuterten Methode her die hier behandelte, für das Abendland »kanonische« Zeit auf die gesamte vorchristliche und vorklassisch-antike Entwicklung der Menschheit und ihrer Religionen bezogen werden, und dies um so dringlicher, als die Christenheit heute zum ersten Mal in ihrer Geschichte wirklich vor die Fragen der *einen* Menschheit gestellt wird. Diese Problematik wäre nur unter Beteiligung anderer Fachleute zu erhellen, was noch einmal den fragmentarischen Charakter dieser Untersuchung unterstreicht. Eine minutiös kontinuierliche Verfolgung der hier herausgegriffenen Traditionsgeschichte konnte sinnvollerweise nicht angestrebt werden, da die Orientierung an epochal neuen Aufgabenstellungen und Knotenpunkten der Entwicklung die entscheidenden Wenden und Denkmodelle viel klarer ans Licht bringt. Die Erforschung jener Knotenpunkte muß sich allerdings an den strengsten historischen Maßstäben messen lassen — aus der erörterten Notwendigkeit der Ideologiekritik heraus. Als biblischer Ausgangspunkt ist die sogenannte *Apokalyptik* des antiken Judentums gewählt worden, weil in ihr der eschatologische Dualismus seine folgenreichste Ausprägung fand, gleichzeitig aber die Frage der Weltreiche im Mittelpunkt des Interesses steht. Hierbei werden gleichzeitig die Elemente, die verschiedene alttestamentliche Traditionen, vor allem deuteronomistische und weisheitliche, für die spätere Traditionsgeschichte der Zweireichelehre bereitstellten, mitbeachtet werden (Kap. I A). *Paulus* ist der zentrale neutestamentliche Quellort der späteren Zweireichelehre, wobei seine Theologie zu Jesus selbst und anderen Entwürfen im Neuen Testament ins Verhältnis zu setzen ist (Kap. I B). Bei ihm wird einerseits die christologisch neu interpretierte apokalyptische Tradition mit platonisch-stoischer Anthropologie verbunden (alter und neuer, äußerer und innerer Mensch). Andererseits bietet er durch den Text Römer 13, 1—7 die Hauptgrundlage für die Auseinandersetzung der späteren Kirche mit den Fragen des politischen Gemeinwesens. Dadurch, daß auf diese Weise wichtige Elemente der antiken politischen und anthropologischen Philosophie wenigstens oberflächlich dargestellt werden müssen, wird gleichzeitig die zweite Wurzel der späteren abendländischen Entwicklung neben der alttestamentlichen sichtbar. Diesem Eingehen des Paulus auf die Griechen im Neuen Testament kommt angesichts des heute gängigen judaisierenden Klischees einer Alternative zwischen hebräischem und griechischem Denken hohe aktuelle und systematische Bedeutung zu. Das gleiche ließe sich im Blick auf die interkulturelle Weisheit im Alten Testament sagen.

Augustin (Kap. II) vermittelt Apokalyptik, neutestamentliche Ansätze und griechische Antike in einer neuen großen Synthese, die gleichzeitig den Ausgangspunkt für die Entwürfe des *Mittelalters* (Kap. III) einerseits und *Luthers* (Kap. IV) andererseits darstellt. Diese haben ihr gemeinsames proprium gegenüber den früheren darin, daß sie je auf ihre Weise mit der ganz neu sich stellenden Frage des christlichen Weltverhaltens ringen. Einige der fundamentalen offenen Fragen, die sich im Blick auf Neuzeit und Gegenwart ergeben und von deren zureichender Beantwortung wir noch weit entfernt sind, versuchen die *Schlußbemerkungen* zu nennen.

I. Kapitel:

Die biblischen und antiken Grundlagen der späteren Zweireichelehre

A. Die frühjüdische Apokalyptik im Zusammenhang weisheitlicher, deuteronomistischer und prophetischer Traditionen

Der Kampf der Sünder mit den hoffenden Frommen und Gottes Handeln durch die Weltreiche

1. Traditionsgeschichtliche Probleme des apokalyptischen Schrifttums

Will man angesichts des gegenwärtigen Forschungsstandes[1] Themen apokalyptischer Texte behandeln, so muß man von der beschwerlichen Tatsache ausgehen, daß es *die* Apokalyptik in einem einheitlichen Sinn nicht mehr, noch nicht wieder oder vielleicht überhaupt nicht wieder gibt. Es reicht nicht aus, sie einfach als literarisches Phänomen des frühen Judentums zu nehmen, also sich auf die sog. »Apokalypsen« von Daniel bis zum syr. Baruch zu beschränken, zumal diese Schriften formgeschichtlich gar keine eigene Gattung, sondern ein mixtum compositum darstellen[2]. Das theologische proprium jener Schriften faßt man aber auch nicht, wenn man ein Summarium von angeblich typischen gemeinsamen Merkmalen aus der Fülle der verschiedenartigen »Vorstellungen« erhebt, etwa unter den Stichworten »eschatologischer Dualismus, Pessimismus und Jenseitshoffnung, Universalismus und Individualismus, Determinismus und Naherwartung«[3]. Genaueren Aufschluß über theologisches Anliegen und Wesen »der« Apokalyptik wird man erst erwarten dürfen, wenn die Frage geklärt ist, welche Trägerkreise sie hervorgebracht haben und unter welchen besonderen geschichtlichen Bedingungen diese dabei standen.

In diese Richtung sind erst ganz wenige Forscher vorgestoßen[4], so

---

[1] Den neuesten Forschungsbericht gibt *J. M. Schmidt* in: BEvTh 14, 1969, H. 1.

[2] Vgl. *v. Rad*, Theologie des Alten Testaments II, 316 u. 330 A. 28; vgl. *O. H. Steck*, Israel, 193.

[3] So noch wieder *P. Vielhauer*, Apokryphen, 412ff. Vgl. *v. Rad*, 316 A. 2 zu ähnlichen Summarien.

[4] *O. Plöger*, Theokratie und Eschatologie; *G. v. Rad*, 315ff.; *O. H. Steck*, aaO; *ders.*, Das Problem theologischer Strömungen; *G. Reese*, Geschichte Israels. Den beiden letztgenannten sowie H.-J. Hermisson und Jörg Jeremias (Heidelberg)

daß sich noch kein einheitliches Bild abzeichnet, vor allem aber eine Fülle von Einzelfragen einer eingehenden Untersuchung harrt. *O. Plöger* brachte das erste Licht in jene dunkle, weil quellenarme Epoche zwischen der ausgehenden Exilszeit und den makkabäischen Kämpfen am Anfang des zweiten vorschristlichen Jahrhunderts, indem er zeigte, daß sich offenbar im späten Israel zwei rivalisierende Parteien herausbildeten. Die eine läßt sich fassen in der Priesterschrift (P) und im chronistischen Geschichtswerk[5]. Plöger bezeichnet sie als die theokratische Position. Sie ist charakterisiert durch die Auffassung, daß das Ziel Gottes mit der Menschheit die Einrichtung der Jerusalemer Kultgemeinde ist (Sinaiereignis und Wiedereinrichtung des Kults nach dem Exil). Dabei ist sowohl der jahwistische Blick von der Erwählung Abrahams auf die Völkerwelt[6] als auch jede über die Kultgemeinde hinausgehende eschatologische Erwartung aufgegeben. Auf diesem Grund kann man sich mit den gegenwärtigen Weltmächten arrangieren — bis hin zu den Hellenisierungstendenzen der Priesteraristokratie unter Antiochus IV. Epiphanes. Im Zuge von dessen Religionspolitik, die mit der Einrichtung fremder Kulte im Tempel selbst und im weiteren Land endet, bricht der offene Kampf mit der anderen Partei aus[7]. Diese sieht Plöger mit *M. Noth*[8] in den sog. Asidäern, den »Frommen« verkörpert, die sich in der höchsten Religionsnot 168 v. Chr. mit einer dritten Partei, den militant-nationalistischen Makkabäern verbinden, sich aber nach dem Ende der akuten Krise 164 sofort wieder von diesen trennen, weil sie das (endzeitliche) Heil Israels allein von Gottes und nicht von militärisch-politischem Handeln erwarten[9]. In jenen asidäischen Kreisen siedelt

---

danke ich für freundliche mündliche Beratung in dieser schwierigen Materie. — Erst nach Abschluß meiner Untersuchung wurde mir die noch ungedruckte Hab.-Schr. von *M. Hengel* (Judentum und Hellenismus) zugänglich, so daß ich sie nicht mehr in allen Einzelheiten integrieren kann. Sie beleuchtet die differenzierte Gruppierung im antiken Judentum unter der Hinsicht, wie und in welchem Maß jeweils »der Hellenismus« wirksam wird. Dabei dringt er zu der begründeten These vor, daß dessen Wirkung nicht etwa nur auf die Diasporajuden beschränkt bleibt, sondern mitten im palästinensischen Judentum, gerade auch bei den Gegenkräften (u. a. den frühen »Apokalypsen«) sichtbar wird. (Inzwischen erschienen.)

[5] *Plöger*, 42ff.; 52ff.; 132ff.

[6] Freilich verschweigt Plöger, daß P durchaus eine wichtige theologische Überlegung zur Völkerproblematik bietet, wenn sie in den noachitischen Gesetzen Gottes Willen wirksam sieht (vgl. u. A. 30).

[7] Vgl. *M. Noth*, Geschichte Israels, 322ff. [8] AaO 354ff.

[9] Vgl. *Plöger*, 17f.; *v. Rad*, 337; *Steck*, 122; 154 A. 4 (s. u. S. 36f.).

Plöger die erste wirklich apokalyptische Schrift, das Danielbuch, an[10], das eben in jener Zeit zwischen 168 und 164, also zwischen Verbot und Wiedereinführung des jüdischen Kultus, entstanden sein muß[11]. Die Asidäer sind aber nach Plöger die Repräsentanten jener älteren »eschatologischen Kreise«, die die Prophetentexte weiter tradierten und ausgestalteten, z. B. greifbar im Joelbuch, in Sach 12—14 (»Tritosacharja«) und Jes 24—27 (Jesaja-Apokalypse)[12]. Sie stehen in großer Nähe zur deuteronomisch-deuteronomistischen Bewegung, sind vielleicht deren »eschatologischer Flügel«[13]. Unklar bleibt bei Plöger nach seiner eigenen Aussage die Nähe der apokalyptischen Texte schon seit Daniel zur späten theologischen Weisheit[14].

Gerade hier nimmt *G. v. Rad* seinen Ausgangspunkt. Er stellt nämlich die Frage nach den traditionellen Stoffen und Methoden, die in jenen Texten verarbeitet sind, und kann sie zum größten Teil auf weisheitliche Überlieferung zurückführen, so das Esoterische, die Periodisierung der Geschichte, die Vorstellung von der Transzendenz der Heilsgüter, die Auslegung kanonischer Schriften, die Pseudonymität, die Auslegung von Traumgesichten, die Berichte von Himmelsreisen, der Geschichtsbericht im Weissagungsstil, das kosmologische Interesse[15]. Damit spitzt sich die Frage auf das Problem der letzten Aktualisierung der älteren Stoffe und Methoden zu, weil hier erst das eigentlich Apokalyptische zu fassen wäre. Dieses gesuchte Spezifikum sieht v. Rad in der Eschatologisierung des Weisheitsgutes, also in der Ausweitung des enzyklopädischen Wissens

[10] *Plöger*, 19ff.; 56ff.

[11] Vgl. *Plöger*, Daniel (KAT XVIII), 29.

[12] Theokratie, 69ff.

[13] AaO 134.

[14] AaO 142. Plögers Position wird neuerdings aufgenommen und ergänzt durch *P. v. Osten-Sacken*, Die Apokalyptik in ihrem Verhältnis zu Prophetie und Weisheit. Er sieht innerhalb der prophetischen Tradition besonders Deuterojesaja als Vorläufer der Apokalyptik an. Die Schöpfungstheologie ist dann der Ort, an dem weisheitliche Traditionen assimiliert werden. In dieser Arbeit fehlt leider die Berücksichtigung der Ergebnisse von Steck. Zur alttestamentlichen Weisheit vgl. jetzt den instruktiven Forschungsbericht von *E. Gerstenberger* in: BEvTh 14, 1969 mit neuester Literatur.

[15] So *v. Rad* zusammenfassend 327. Besonders wichtig im Blick auf die zentrale Frage nach dem Geschichtsverständnis in »der« Apokalyptik scheint mir der Hinweis darauf, daß es im Alten Orient zum Amt des Weisen gehörte, »die Zeiten« zu verstehen, besonders aber auf den periodischen Wechsel von Heils- und Unheilszeit, von Segens- und Fluchzeit zu achten (ebd. 323f.).

auf ein Ende der Geschichte mit seinen Begleiterscheinungen, wobei sowohl prophetische wie iranische Wissensstoffe verarbeitet wurden[16]. Nur aufgrund dieser exegetisch-wissenschaftlichen Verarbeitung treten also die weisheitlich-apokalyptischen Kreise auch das Erbe der Prophetie an.

Eine weitere Differenzierung des Problems bietet *O. H. Steck*. Er weist in seiner Arbeit die lebendige Überlieferungsgeschichte des deuteronomistischen Geschichtsbildes vom deuteronomistischen Geschichtswerk bis ins Neue Testament hinein auf, und zwar in Gebets- und Verkündigungstradition[17]. Träger dieser Überlieferung sind mit Sicherheit levitische Kreise, jedenfalls bis hin zur asidäischen Bewegung[18]. Bis zur Zeit um 200 v. Chr. rechnet Steck also mit vier Hauptströmungen im palästinensischen Judentum: 1. der priesterlich-theokratischen, 2. der weisheitlichen, 3. der prophetisch-eschatologischen und 4. der levitisch-deuteronomistischen[19]. In den Wirren und Bedrohungen der Seleukidenzeit schließen sich offenbar die letzteren drei Gruppen zu einem antihellenistischen Bündnis zusammen, was sich literarisch in einer Mischung dieser Traditionen niederschlägt[20]. Aus dieser gemeinsamen Bewegung, die Steck mit der asidäischen identifiziert, sind u. a. auch die ersten Texte hervorgegangen, die man zum apokalyptischen Schrifttum zählen muß oder die zumindest in solches aufgenommen wurden, z. B. Daniel (in seiner makkabäischen Endgestalt), Tiervision und Zehnwochenapokalypse (10 WApk) mit dem paränetischen Teil des äth. Henochbuches (85—90; 93 + 91, 12—17; 91—104), Testament der zwölf Patriarchen im Grundbestand (Test XII). Wenn aber viele Gruppen an der Ausbildung der Vorstellungen dieser und anderer Schriften aus der gleichen Bewegung mitgewirkt haben, so kann man nicht mehr ein-

[16] *G. v. Rad* (328f.) übernimmt hier *D. Rösslers* These (Gesetz und Geschichte, 68), daß das Typische der apokalyptischen Geschichtsschau die Vorstellung von der Einheit der Geschichte sei, bestreitet aber im Gegensatz zu diesem nachdrücklich, daß hierin eine direkte Fortsetzung der Prophetie liege (320).

[17] AaO (66f.) 110ff. [18] AaO 196ff.

[19] AaO 205. Er differenziert also die »eschatologischen Kreise« Plögers zu einer prophetischen und einer deuteronomistischen Gruppe, weil die von diesem untersuchten Texte nicht oder kaum vom deuteronomistischen Geschichtsbild bestimmt sind (ebd. A. 1; vgl. *ders.*, Problem, 456ff.). Offen bleibt mir freilich bei dieser Gruppierung die Frage, aus welcher der vier Strömungen die Makkabäer und die späteren militant agierenden eschatologischen Strömungen (Zeloten) hervorgehen konnten (vgl. *ders.*, Israel, 211).

[20] AaO 205ff.

fach eine Schrift für apokalyptisch erklären, bloß weil vielleicht bestimmte für apokalyptisch gehaltene Vorstellungselemente in ihr auftauchen. Vielmehr muß man nun jeweils herausfinden, welche der bei den Asidäern versammelten Traditionen für diese Schrift bestimmend ist und welche nur in zweiter und dritter Linie hinzukommen[21]. An dieser Frage wird sich in Zukunft entscheiden müssen, welcher Traditionskombination man den Namen Apokalyptik geben will und welche nur teilnimmt an den gleichen Überlieferungen, aber eigentlich einen anderen Skopus hat. Entscheidend aber ist, daß Steck nachgewiesen hat, daß sich das deuteronomistische Geschichtsbild der levitischen Kreise in fast allen Schriften der asidäischen Bewegung durchsetzen konnte und auch in den späten Apokalypsen (4 Esr und syr Bar) nachwirkt. Damit scheint also nicht nur all das durch v. Rad aufgewiesene Material, sondern auch das sog. »apokalyptische Geschichtsbild« in seinem Grundbestand traditionell zu sein. Wegen der Wichtigkeit des Geschichtsproblems für das Verständnis der Apokalyptik und unseres besonderen Themas müssen wir uns diese Frage in einiger Ausführlichkeit vergegenwärtigen.

Das *deuteronomistische Geschichtsbild* hat sich *in drei Schüben* entwickelt[22]. Im Grundbestand des deuteronomistischen Geschichtswerks (2 Kö 17, 7—20) enthält es vier Elemente: die Verfehlungen Israels seit der Herausführung aus Ägypten (Element A); trotzdem vermahnt Jahwe Israel und Juda durch alle seine Propheten zu Umkehr und Gesetzesgehorsam (Element B); Halsstarrigkeit Israels und Judas gegenüber den Vermahnungen (Element C); Verwerfungsgericht Jahwes über Israel (722 v. Chr.) und Juda (587 v. Chr.) (Element D)[23]. Die deuteronomistische Theologie nimmt also ihren Ausgangspunkt bei der Katastrophe von Jerusalem und dem Exilsgeschick des Volkes. Zunächst kann sie darauf nur mit einer Gerichtsdoxologie antworten. Jahwe hat recht: das Israel der Gegenwart muß

---

[21] *Steck* gibt 205 A. 3 u. 206 A. 1 eine Aufschlüsselung der in Frage kommenden Texte nach den von ihm vermuteten Traditionsmischungen. So herrscht z. B. in Test XII levitische, in der Tiervision eschatologische Tradition vor. Diese methodische Forderung ist um so berechtigter, als sich die asidäische Bewegung wieder spaltete und also für die späteren Apokalypsen (4 Esr; syr Bar) einzelne Trägerkreise gefunden werden müssen.

[22] Vgl. die Zusammenfassung und graphische Darstellung bei *Steck*, 185ff.

[23] *Steck*, 66f.; vgl. *v. Rad*, I, 346ff. u. Ges. Stud., 189ff. Das deuteronomistische Geschichtsbild reicht also zunächst von Mose bis zur Zerstörung Jerusalems; vgl. die Gegenüberstellung zu den anderen Geschichtsentwürfen bei *v. Rad*, II, 116f.

das Gericht für den Ungehorsam seiner ganzen Geschichte tragen. Die Einübung dieser Gerichtsdoxologie in Bußgebeten und Verkündigung ist zunächst das einzige Ziel der deuteronomistisch-levitischen Prediger.

Die *zweite Stufe*, die schon in späteren deuteronomistischen Texten auftritt (z. B. 1 Kö 8, 46ff.), ist gekennzeichnet durch das Hinzutreten zweier neuer Elemente — wahrscheinlich verursacht durch die Integration prophetischer Heilsworte[24]: Gott hat Israel die Möglichkeit zu Umkehr und Gesetzesgehorsam durch den Ruf der Umkehrprediger neu eröffnet (Element E) und ihm eine Zukunft verheißen (Element F). Diese Verheißung umschließt einerseits die Sammlung der Diaspora und die umfassende Heilsrestitution im Lande (F 1) und andererseits das Fluchgericht über die Feinde Israels (F 2).

Die *dritte Stufe* setzt mit der syrischen Religionsverfolgung durch Antiochus IV. Epiphanes ein. Für sie sind drei Modifikationen bezeichnend, die für die nun entstehenden apokalyptischen Texte von höchster Bedeutung sind. *Erstens* wird das neue Unheil 169/168 v. Chr. als die Andauer des Gerichts von 587 interpretiert. Das gleiche geschieht dann später bei den durch Pompejus (63 v. Chr.) und Titus (70 n. Chr.; 4 Esr) ausgelösten Katastrophen. Israel wird dadurch jeweils in die Gerichtssituation von 587 gestellt. *Zweitens* wird die Zeit des permanenten Ungehorsams (Element A/C) mit verschiedenen Vorstellungsmitteln (endlich mit dem der zwei Äonen!) immer weiter bis schließlich hin zum ersten Menschen der Schöpfung zurückverlagert und gleichzeitig bis in die Gegenwart ausgezogen. Damit kommt es zur Umkehr (Element E) erst in der unmittelbaren Gegenwart, die häufig als letzte Zeit vor der eschatologischen Wende verstanden wird.

G. Reese hat die Andeutungen Stecks anhand einzelner Geschichtsentwürfe der apokalyptischen Literatur weiter ausgeführt. Folgende Beispiele greift er heraus. In der *Tiervision* (äth Hen 85, 3—10) ist die Verlängerung des Ungehorsams Israels bis an den Anfang der Geschichte mit Hilfe der jahwistischen (J) Urgeschichte vollzogen[25]. Sie kommt mit ihrem leitenden Motiv, die anwachsende Sünde der Menschheit bis zum Gegenzug Gottes in der Erwählung Abrahams zu zeigen, dem Interesse des Elements der sündigen Halsstarrigkeit (A/C) im deuteronomistischen Geschichtsbild entgegen. Auch die *Zehnwochenapokalypse* (äth Hen 93, 3—10) hält sich an die biblische Urgeschichte (vor allem nach P[26]), wenn sie mit der »ersten

[24] *Steck*, 141.

[25] *Reese*, 28 u. 32.

[26] *Reese*, 73. Hier schlägt der priesterschriftliche Geschichtsentwurf insofern stärker durch, als die Gabe des Gesetzes für die sündige noachitische Menschheit

Woche« von Adam bis Henoch beginnt und sie als die »Zeit der fehlenden Gerechtigkeit« kennzeichnet. Das gleiche läßt sich für 4 Esra (3, 4—27) feststellen[27]. Aus dieser etwa gleichzeitig mit ApkJoh z. Z. der domitianischen Religionsverfolgung (um 95 n. Chr.) entstandenen Schrift sind zwei besonders wichtige Charakteristika zu erwähnen. Zum einen muß sie sich mit der das deuteronomistische Geschichtsbild gefährdenden Meinung auseinandersetzen, die Sünde sei ein Verhängnis über der adamitischen Menschheit, nicht aber Schuld, die die Strafgerichte Gottes zur Folge hat[28]. 4 Esr antwortet darauf mit der seit Jesus Sirach in der Weisheit ausgebildeten und auch von den Rabbinen übernommenen »Lehre« vom »bösen Trieb«[29]: Obwohl die Menschen das Gesetz, das offenbar mit der Vernunft (*νοῦς*) identifiziert ist[30], ins Herz gelegt bekommen haben, geben sie dem ebenfalls im Herzen angelegten »bösen Keim« nach und werden böse[31]. Die Gegenüberstellung von Vernunft (Gesetz) und bösem Trieb (Affekte) klingt sehr stark an stoische Vorbilder an. Immerhin bereitet sich diese Problematik sachlich im Alten Testament schon seit dem Deuteronomium, Jeremia und Hesekiel vor[32]. Schon hier wird nämlich der Zweifel laut: *kann* der Mensch denn überhaupt in seiner jetzigen Verfassung gehorsam sein? Der Grund dafür ist die Entdeckung eines *Willensganzen* Jahwes und Israels Scheitern daran. Entsprechend erwarten jene Propheten das zukünftige Heilshandeln Jahwes als eine Umwandlung des menschlichen Herzens (Jer 31, 31ff.; Hes 36, 25ff.). Diese anthropologischen Probleme werden aber nirgends so sehr wie in der späten Weisheit ausgefochten[33]. Der apokalyptische Weise Esra nun ruft in seinen »letzten Worten« (14, 34f.) auf, den bösen Trieb angesichts des kommenden Gerichts zu beherrschen (Element E des deuteronomistischen Geschichtsbilds: Umkehr, Gesetzesgehorsam[34]). Neben dieser stark vom allgemein Anthropologischen und nicht so sehr vom konkreten

---

aus dem Heilswillen Gottes betont wird (ebd.). Dieser Sachverhalt ist insofern der Beachtung wert, als man den Gegensatz von theokratischer und eschatologischer Theologie im späten Israel anscheinend nicht absolut setzen darf. Offenbar kann ein apokalyptischer Entwurf den priesterschriftlichen Gedanken integrieren, daß Gottes Heilswillen auch auf eine bestimmte Weise in der von der heillosen Menschheit gefährdeten Schöpfung waltet. Ähnliches wird uns noch bei der Kombination von Weisheit und Eschatologie beschäftigen (s. u. A. 80), vor allem aber bei Luthers Position, der ja bei grundsätzlich eschatologischer Ausrichtung starkes Gewicht auf jene noachitischen Gesetze legt.

27 *Reese*, 126.

28 Mit *Brandenburger*, Adam, 27ff.; *Steck*, 177ff.; *Reese*, 129 u. 138f.

29 Den Hinweis auf Sir 21, 11; 37, 3 gibt *Reese*, 139. Man wird aber fragen müssen, ob in dieser Weisheitsschrift der hellenistischen Zeit nicht griechischer (stoischer?) Einfluß vorliegt (vgl. außer den Überlegungen zur paulinischen Anthropologie u. S. 59ff. *M. Hengel*, 334ff.).

30 Vgl. 4 Esr 3, 22 mit 7, 72.

31 Zum einzelnen *Brandenburger*, 33.

32 Vgl. *v. Rad*, II, 271ff., zusammenfassend 281.

33 Vgl. *v. Rad*, I, 424; 441f.; II, 319; 325.

34 *Steck*, 179 A. 1. Die Argumente *Reeses* (132ff.) gegen Stecks Deutung von 4 Esr 14, 34f. auf das Umkehrmotiv im deuteronomistischen Geschichtsbild haben mich nicht überzeugt.

Ungehorsam des Volkes gegen Jahwes Geschichtstaten her gefaßten Sündenvorstellung weist 4 Esra in diesem Zusammenhang eine weitere Besonderheit auf. Die Zeit des andauernden Ungehorsams wird nämlich systematisierend mit der später noch näher zu erläuternden Vorstellung »dieses« (alten) Äons identifiziert (z. B. 7, 50) und der erwarteten Heilszeit als dem zweiten Äon gegenübergestellt (z. B. 7, 50)[35]. Dieser Ansatz der Äonenlehre in den deuteronomistischen Elementen der Sünde und des Gerichts (A, C und D) einerseits und der Zukunftsverheißung (Element F) andererseits ist zum historischen und systematischen Verständnis des apokalyptischen Geschichtsdenkens von grundlegender Bedeutung[36].

Die *dritte* wichtige Modifikation des deuteronomistischen Geschichtsbilds in den seit der asidäischen Bewegung entstandenen Schriften liegt darin, daß die in der Gegenwart neu ermöglichte und geforderte Umkehr das Volk Israel in Fromme und Sünder scheidet. »Nur den Umkehrenden und Gehorsamen wird das verheißene Heil Israels zuteil (F 1); die halsstarrigen Israeliten dagegen verfallen dem definitiven Verwerfungsgericht (F 2), das nun nicht mehr nur die Feinde Israels betrifft[37].«

Auf diesen Punkt hat zuerst *O. Plöger* mit Nachdruck hingewiesen. Für ihn ist geradezu die Umwandlung Israels von einer politischen Volksgemeinschaft zur nachexilischen Kultgemeinde unter der Fremdherrschaft der Schlüssel zum Verständnis sowohl der theokratischen[38] als auch der eschatologischen[39] Gruppe im Unterschied von den alten prophetischen Traditionen. Er macht diesen Wandel nicht nur für die »Ungeschichtlichkeit« beider Konzeptionen, sondern auch für die absoluten Parteibildungen und den konventikelhaften Geist der eschatologischen Kreise verantwortlich. Diese Thesen müssen freilich nach den Arbeiten von *Steck* und *Reese* wesentlich differenziert werden. Zunächst folgt aus der Zugehörigkeit der asidäischen Literatur zum deuteronomistischen Geschichtsbild und aus entsprechenden paränetischen Stücken, daß sie grundsätzlich auf die Umkehr *ganz* Israels ausgerichtet sind, also den Titel »sektenhaft« nicht verdienen. Das läßt sich bis zur spätesten jüdisch-apokalyptischen Schrift, dem syr Bar, nachweisen[40]. Die Erfahrung, daß sich die Umkehrenden (Asidäer) nicht mit dem faktischen Israel decken — wofür die These vom doppelten Ausgang der Geschichte Israels offen-

---

[35] Erste Andeutungen der zwei Äonen finden sich in späteren Partien des äth Hen (48, 7: »... weil sie diesen Äon der Ungerechtigkeit gehaßt haben«; 71, 15: »Er ruft dir Frieden zu im Namen des zukünftigen Äon«). Vgl. *E. Jenni*, Das Wort ᶜōlām, ZAW 1953, 33. Schon hier ist darauf hinzuweisen, daß es nicht angeht, das apokalyptische Geschichtsdenken einfach mit der Äonenlehre zu identifizieren.

[36] Vgl. *Steck*, 191, A. 1 und 193; dazu s. u. S. 45f.

[37] *Steck*, 187 (ebd. A. 4 die von dieser Neuerung betroffenen Schriften; hinzu kommt Dan 12, das aber nur indirekt über das strittige Gebet Dan 9, 3ff. in Zusammenhang mit dem deuteronomistischen Geschichtsbild steht).

[38] AaO 48ff. zu P und Chron.

[39] AaO 33; 57; 60; 62; 65f. zu den »eschatologischen« Kreisen.

[40] *Steck*, 182f.

bar die Erklärung abgeben sollte[41] — impliziert nicht notwendig die Absonderung aus der Volksgemeinschaft[42]. Erste Ansätze zu separatistischen Tendenzen zeigen sich nur in der 10WApk (verbunden mit dem paränetischen Buch des äth Hen), wie *Reese* gezeigt hat[43]. Hier sind nicht mehr die alten Heilssetzungen und Zukunftserwartungen *ganz* Israels tragend, sondern das neue Erwählungshandeln Gottes an der asidäischen Gemeinschaft und deren Zukunft. Hier wird nicht mehr zur Umkehr des Volks aufgerufen, sondern das Verwerfungsurteil Gottes über die Ungerechten proklamiert und das Ausharren der Gerechten durch Paraklese gefördert. Die buchstäbliche Absonderung vom Volksganzen zur Sekte vollziehen jedoch nur die Qumran-Essener, die zwar auch aus der asidäischen Bewegung hervorgegangen und dem deuteronomistischen Geschichtsbild verpflichtet sind, aber die Umkehrpredigt nicht mehr an ganz Israel richten[44].

Außer den genannten drei Modifikationen des deuteronomistischen Geschichtsbildes seit der asidäischen Zeit wäre vielleicht noch das Problem gesondert zu thematisieren, wie denn und mit welchen Vorstellungen die Eschatologie (Element F 1/2) über den doppelten Ausgang der Geschichte Israels hinaus weiter entfaltet wird. Ursprünglich ruht ja die deuteronomisch-deuteronomistische Zukunftshoffnung durchaus auf den alten Heilssetzungen und -verheißungen der

---

[41] *Steck*, 190. Man muß freilich noch genauer untersuchen, woher die Vorstellungselemente kommen, die aus solcher Motivation heraus in das deuteronomistische Geschichtsbild einbezogen werden. Hier macht *Reese* (88) wahrscheinlich, daß es die *weisheitliche Entgegensetzung von Gerechten und Sündern* (Weisen und Toren) ist, die das neue Denkschema entscheidend bestimmt (vgl. bes. äth Hen 94, 2f.; 99, 10; 104, 6; dazu s. auch *H. W. Kuhn*, Enderwartung, 150). Für weisheitlich-allgemeines, nicht aber von der besonderen Geschichte Israels her bestimmtes Denken spricht übrigens auch die Tatsache, daß — jedenfalls in der 10WApk des äth Hen — die Scheidungslinie zwischen Gerechten und Sündern quer durch Engel, Völker und Israel gezogen wird (wichtig für Augustins Konzeption: vgl. u. S. 239 u. 252). Sicher sind dabei aber auch iranische Elemente integriert, etwa in der Engellehre (die zwei Geister), wie es für die auch mit der asidäischen Bewegung zusammenhängenden Qumranschriften bereits vielfach nachgewiesen ist (vgl. z. B. *K. G. Kuhn*, Die Sektenschrift und die iranische Religion; *E. Kamlah*, Form, 39ff.). Aber wichtig bleibt dabei zu sehen, an welchem Ort sich solche Elemente im israelitischen Denken ansiedeln konnten.

[42] Besonders deutlich hat dies *Reese* für die Tiervision (äth Hen 90, 20—30) herausgearbeitet. Hier wird die dominierende Unterscheidung von Gerechten und Ungerechten bis zu Kain und Abel zurückverfolgt (28) und das Endgericht auch auf die »verblendeten Schafe« vom Hause Israel bezogen, aber das ist keine Projektion von Parteiungen in die Vergangenheit und Zukunft; denn das eschatologische Heil ist von *Israel* als einer Ganzheit her gedacht (52).

[43] AaO 77ff. (bes. 85f.). *Reese* vermutet als Hintergrund für diese Veränderung das Auseinanderbrechen der makkabäisch-asidäischen Koalition und das Ausbleiben der erwarteten eschatologischen Wende für ganz Israel.

[44] S. *Steck*, 168ff.

Bundes- und Davidtradition[45]. Diese Hoffnung zieht aber seit der asidäischen Traditionsmischung prophetische, weisheitliche und außerisraelitische Vorstellungen und Stoffe an[46], die nicht nur Einzelheiten, sondern durchaus die Struktur der Eschatologie verändern.

Reese hat in seiner genannten Arbeit *drei Modelle von Eschatologie* herausgearbeitet. Die Tiervision (äth Hen 85—90) und die Geschichtsdarstellung der AssMos (2—10) knüpfen relativ ungebrochen an die Tradition des erweiterten deuteronomistischen Geschichtsbildes an. Trotz schematisierender Einbeziehung von prophetischen Erwartungen in das Zukunftsbild ist doch nicht an einen radikalen Abbruch des Alten gedacht, sondern an »göttliche Richtigstellung und Vollendung der Geschichte, der bestimmten Geschichte Gottes mit Israel, die wegen ihres großen Anfangs nicht mit der Heillosigkeit der Gegenwart enden wird«[47]. Die AssMos ist insgesamt eine Darstellung des deuteronomistischen Geschichtsbildes[48] und knüpft besonders an die Geltung der deuteronomistischen Bundesvorstellung an[49]. — Das zweite Modell repräsentiert die 10WApk mit dem paränetischen Buch des äth Hen. Hier erlischt, begünstigt durch die weisheitliche Tradition, das Interesse für die Heilsgeschichte als Orientierungsmöglichkeit für die Zukunft. Vielmehr liegt alles Gewicht auf dem neuen Erwählungshandeln Gottes im Sammeln der Asidäer[50]. Wieder anders ist das Bild im 4 Esr (3. Modell). Hier ist die ganze Geschichte Israels als Scheitern des göttlichen Heilshandelns an seinem Volk entworfen. Bußruf und Hoffnungsstärkung erwachsen deshalb nicht aus der Heilsgeschichte, sondern aus dem Hinweis auf Gericht und Heil des zukünftigen Äon, den Gott vor der Zeit dieses Äon bereits beschlossen und geschaffen hat (7, 50)[51].

Reese hat nachgewiesen, wie stark weisheitliches Denken bei diesem die ganze Schöpfung umgreifenden Denken mitgewirkt hat. Das *Äonenschema* ist freilich außerisraelitischer Herkunft, ohne daß man bereits seine genaue Bedeutung und Verbreitungsgeschichte sicher bestimmen könnte[52]. Sein Ursprung liegt offenbar in der zarathustrischen Unterscheidung einer »unendlichen Zeit« (zrvān — akarna —) und einer »langen, eigener Bestimmung unterstehenden Zeit« (zrvān

[45] Vgl. *v. Rad*, I, 350ff.

[46] *Steck*, 191 A. 1.

[47] *Reese*, 55; vgl. 60.

[48] *Steck*, 172.

[49] *Reese*, 122f.

[50] Vgl. *Reese*, 82ff. Ein ähnlicher Ansatz liegt dann in der Gemeinde von Qumran vor. In seiner Konsequenz liegt es, daß die Gegenwart nicht als vollständig heilsleer gedacht ist, denn in dem Erwählungsgeschehen der Gemeinde kündigt sich schon das Eschaton an (vgl. *H. W. Kuhn*, Enderwartung).

[51] *Reese*, 134; 144ff.

[52] Aus der Literatur zum Äonenproblem vgl. bes. *H. Sasse*, Art. Aion (RAC); *K. Deichgräber*, Art. Aion (RGG³; dort ältere Literatur); weiter: *C. Colpe*, Die religionsgeschichtliche Schule, 209ff. Aus der Aionenlehre leiten *A. Nygren* (Luthers Lehre von den zwei Reichen) u. *W. Elert* (Das christl. Ethos, 378ff.) Luthers Zweireichelehre ab, ergreifen damit aber nur *einen* Mosaikstein innerhalb der Traditionsgeschichte.

dareghō chvadāta), also der durch Schöpfung und Ende begrenzten Weltdauer. Die unendliche Zeit kann später in einem Gott (Zurvan als ewiger Urgott) personifiziert werden[53]. Umstritten ist, ob Platons folgenreiche Definition der Zeit (*χρόνος*) als »zahlhaft sich bewegendem, ewigem Abbild des im Einen verharrenden Aion (Ewigkeit)« (Timaios 37d) bereits von der iranischen Äonenlehre beeinflußt ist[54]. Wie dem auch sei, Augustin z. B. — er kannte den Timaios! — hat später wesentlich über diese Vorstellung sein apokalyptisches Weltbild mit der platonischen Ontologie ausgeglichen, ein Vorgang, der von außerordentlicher Bedeutung und Problematik ist[55]. Was aber den historisch gesicherten Einfluß der Zurvantheologie auf griechisches Denken angeht, so läßt er sich erst seit der hellenistischen Zeit nachweisen, als Magier das östliche Gedankengut in den Westen brachten, wo es auf die verschiedenste Weise in Kulte und Philosophie Eingang fand[56]. Noch völlig ungeklärt ist, wie die iranischen Vorstellungen auf das späte Israel einwirkten, nur *daß* ein Einfluß vorliegt, ist unbestritten[57]. Das religionsgeschichtliche Problem verkompliziert sich noch einmal dadurch, daß sich durch die Berührung Israels mit den Babyloniern seit Hesekiel (vgl. Deuterojesaja, Sacharja, Priesterschrift) die gemeinorientalische Vorstellung durchsetzt, alles Irdische (auch das Kommende) habe im Himmel sein Urbild[58]. So liegen auch z. B. für den Apokalyptiker Esra die kommenden Ereignisse dieses Äon und der zukünftige (jetzt noch »schlafende«) Äon als ganzer in der himmlischen Welt bereit[59]. Bei dieser unsicheren Forschungslage ist es besonders wichtig für das Verständnis der Äonenlehre auf israelitischem Boden, daß *Steck*[60] deutlich gemacht hat, an welchem systematischen Ort die Äonenlehre durch das deuteronomistische Geschichtsbild in das apokalyptische Denken einströmt: die Vorstellung von diesem Äon schließt sich an die andauernde Unheilszeit (A, C, D), und die des neuen an die erwartete Heilszeit (F 1) an. In diesem Kontext erst bekommt auch der Hinweis *v. Rads* sein ganzes Gewicht, daß die Äonenlehre an die weisheitliche Periodisierung von Unheils- und Heilszeit angeschlossen wurde[61].

Überblickt man die komplexe traditionsgeschichtliche Frage nach Herkunft und proprium »der« Apokalyptik, so entscheidet sie sich

---

[53] Vgl. *Sasse*, 193; *Deichgräber*, 194; *Colpe*, aaO.

[54] Vgl. z. B. *Sasse*, 193f. (dort weitere Literatur).

[55] S. u. S. 299ff.

[56] Grundlegend *H. Junker*, Über iranische Quellen der hellenistischen Aion-Vorstellung.

[57] Vgl. zu diesem Dilemma *Colpe*, 214ff.

[58] Vgl. *v. Rad*, II, 297f. (vgl. 378).

[59] Vgl. 4 Esr, 7, 31; *Rössler*, 58.

[60] AaO 191, A. 1.

[61] AaO II, 330 (vgl. o. A. 15). So hätte also die Äonenlehre einen doppelten Anknüpfungspunkt im Denken der asidäischen Bewegung. Wieweit ihr auch der dritte der dort anwesenden Traditionsströme, der prophetisch-eschatologische (Dtjes) vorgearbeitet hat, wäre im einzelnen zu prüfen. Eine einlinige Ableitung der Vorstellung aus dieser Linie (vgl. z. B. *Stuhlmacher*, *καινὴ κτίσις* im Anschluß an *Gese* — mündlich — und *Kraus*, Schöpfung, 480f.; *Fohrer*, Struktur, 401ff.; 413) scheint mir nicht möglich, da im genuin Prophetischen die Schematisierung der Zeiten fehlt.

an der richtigen Verhältnisbestimmung von deuteronomistischen, weisheitlichen (und — besonders durch sie vermittelt — außerisraelitischen[62]) und prophetischen Vorstellungen unter den neuen historischen Bedingungen. Wichtig dabei scheinen mir vor allem *Stecks* Ergänzungen zu *v. Rad*, daß die Weisheit durch ihre Begegnung mit den levitischen Kreisen nicht nur deren Geschichtsbild übernimmt, sondern — aus ihrer schon immer vorhandenen paränetischen Tendenz heraus — in den deuteronomistischen Aufruf zur Umkehr einschwenkt, die »Weisen« der apokalyptischen Schriften also nicht nur als Gelehrte, sondern auch als »Umkehrprediger und Gesetzeslehrer« zu verstehen sind[63]. Was das zentral wichtige Geschichtsdenken in der Apokalyptik betrifft, so lassen sich auch nach der Arbeit von *Reese* noch keine allgemeinen Schlüsse ziehen, da er — wie auch schon *Rössler* — erst eine kleine Auswahl der in Frage stehenden Texte[64] untersucht hat. Besonders schmerzlich ist das Fehlen einer Daniel-Analyse unter den neuesten traditionsgeschichtlichen Gesichtspunkten[65], zumal dieses Buch grundlegend für die

---

[62] Die Vermittlung von internationalem Wissensstoff an Israel war schon immer Kennzeichen der Weisheit (vgl. *v. Rad*, II, 328. Diesem Problem im Hinblick auf hellenistisch-synkretistische Stoffe gehen besonders nach: *H. D. Betz*, Zum Problem ..., und *T. F. Glasson*, Greek Influence). Die Erklärung *Plögers* (65f.), der »sektenhafte Geist« der »eschatologischen Kreise« dränge darauf, »neue Vorstellungen aufzusaugen«, leuchtet mir nicht ein, da Sekten doch meist im höchsten Grad traditionalistisch denken.

[63] *Steck*, 192. Vgl. u. S. 51.

[64] Nach *Steck* (192) muß folgendes Material in die Untersuchung einbezogen werden: Dan; äth Hen 85—90 (Tiervision), 93 u. 91, 12—17 (10WApk); Tob; Test XII im ganzen Grundbestand; AssMos 2—10; Apk Abr 27ff.; Jub; Bar; PsSal; Dam; PsPhilo L Ant; 4 Esr; ApkBar (syr); die alttestamentliche Tradition des deuteronomistischen Geschichtsbildes.

[65] Das große Problem des Danielbuches liegt in der gegenseitigen Zuordnung der stark traditionell weisheitlichen Legenden in Kap. 2—6 (1 ist spätere Einleitung), den vorwiegend eschatologischen Visionen in Kap 7—12 und dem rein deuteronomistischen Gebet in 9, 3—19, welches bis vor kurzem allgemein als späterer Einschub gewertet wurde, durch *Steck* aber ins Zentrum des Interesses rückt, weil hier der Einbruch des deuteronomistischen Geschichtsbildes in die weisheitliche und eschatologische Tradition sichtbar wird (vgl. *Steck*, 113ff.; 191 A. 2; 206 A. 1; *ders.* bereitet nach S. 450 A. 7 seines Aufsatzes »Das Problem theologischer Strömungen ...« eine gesonderte Arbeit zu dieser Frage vor). — Die gleiche Schwierigkeit ist übrigens auch noch für das gesamte Buch des äth Hen zu lösen, da auch hier die bisher analysierten eschatologischen Geschichtsentwürfe in ihrem Kontext mit den anderen weisheitlich-wissenschaftlichen Stoffen gesehen werden müssen. — Auch die Frage nach der Einordnung der Adlervision im

Weltreicheproblematik ist, die im Rahmen dieser Untersuchung besonders interessiert.

2. *Die Weltreiche*

Wenn später z. B. Augustin der eschatologischen civitas dei die civitas terrena, symbolisiert in Babylon oder Rom, gegenüberstellt oder wenn Luther seine Verhältnisbestimmung von Reich Gottes (Christi), Reich Satans und weltlichem Regiment Gottes versucht, so gehen sie damit u. a. auf Traditionen zurück, die in den apokalyptischen Schriften, zumal in Daniel ihren Niederschlag fanden. Dort tauchen jene späteren Themen am sichtbarsten in der Weltreicheproblematik auf. Will man diese untersuchen, so muß man sich zunächst von dem einseitig modernen Interesse an der »universalgeschichtlichen« Konzeption »der« Apokalyptik, das im Augenblick die Debatte beherrscht, lösen[66] und den Ort der Völkeraussagen in ihrem traditionsgeschichtlichen Zusammenhang aufsuchen. Das heißt aber, man muß diesen Ort zunächst innerhalb des deuteronomistischen Geschichtsbildes bestimmen, wenn es wahr ist, daß dieses in den meisten »Apokalypsen« leitend ist. Erst von da aus kann man nach assoziierten Vorstellungsmomenten und möglichen weiteren Ansätzen der Völkeraussagen fragen. Geht man vom deuteronomistischen Geschichtsbild aus, so ergeben sich *drei Anknüpfungspunkte*. Erstens und vor allem werden die Weltreiche als Werkzeuge Jahwes verstanden, die das seit 587 andauernde Gericht am permanent ungehorsamen Israel ausführen (Element D). Zweitens kann die Sündengeschichte des Volkes Israel bis zu Adam und den Völkern der Urgeschichte zurückverfolgt werden (A/C). Drittens spielen die Völker eine Rolle, sofern sie im eschatologischen Gericht wegen der Überschreitung ihres Auftrags gerichtet oder gar vernichtet werden (F 2) oder (und) an der Heilsrestitution Israels teilgewinnen — soviele ihrer im Gericht übrigblieben (F 1).

4 Esr und der Wolken- und Zedernvision im syr Bar, die alle nicht vom deuteronomistischen Geschichtsbild geleitet sind, steht noch offen (*Steck*, Israel, 192). — Trotz aller noch bleibenden Ungewißheiten müssen wir unten in Abschnitt 3 versuchen, einige zusammenfassende Beobachtungen zum Geschichtsproblem festzuhalten.

[66] Es ist die erklärte Absicht *Reeses*, von dieser Abstraktion loszukommen und die Geschichtsentwürfe in apokalyptischen Schriften auf ihre erstaunliche Vielfalt hin zu untersuchen (z. B. 22; 31; 58; 151). Zum einzelnen vgl. u. Abschnitt 3.

Zum ersten: Die Ausgangssituation der deuteronomistischen Geschichtsdeutung ist die Zerstörung Jerusalems 587 und die Preisgabe Israels an die feindlichen Völker. Diese katastrophalen Ereignisse sollen als gerechtes — von Gott zuvor mahnend angekündigtes — Gericht über den permanenten Ungehorsam des Volkes interpretiert und angenommen werden. Während der Zeit des Exils war die Andauer des Gerichtshandelns Jahwes evident, aber auch nach der Rückkehr der Verbannten und der Neueinrichtung des Tempels blieb die levitische Gruppe skeptisch gegenüber der Anschauung der Priestertheokratie, Jahwes Heilswege mit Israel seien nun am Ziel. Die Religionsnot unter Antiochus IV. wurde als schlagender Beweis für die Richtigkeit des deuteronomistischen Geschichtsbildes gewertet, was diesem eben jene Durchschlagskraft in der asidäischen Bewegung verlieh[67]. In allen Texten jener Zeit taucht das Weltvölkermotiv verstärkt auf und wird in das Element des Gerichts am ungehorsamen Volk (D) einbezogen[68]. Dabei bedient man sich häufig solcher Vorstellungen, die dem deuteronomistischen Geschichtsbild ursprünglich fremd sind, um die neu andrängenden Probleme zu bewältigen. Besonders wichtig ist hier das Buch Daniel. Insbesondere die Geschichtsvisionen, die mit dem außerisraelitischen Schema der vier Weltreiche arbeiten[69], lassen sich gut in das Gerichtselement des deuteronomistischen Geschichtsbildes einfügen; denn sie alle zielen auf das grausamste vierte (hellenistisch-seleukidische) Reich und darin auf Antiochus IV., dessen Vorgehen gegen die Jerusalemer Tempelgemeinde eben als Gerichtshandeln Jahwes gedeutet werden soll. Aber auch die früheren drei »Reiche« seit Babylon stehen unter dem Vorzeichen der Preisgabe Israels an die Völker[70]. Für die Völkeraussagen an diesem Ort des deuteronomistischen Geschichtsbildes läßt sich also genau das sagen, was

---

[67] *Steck*, 206.

[68] Vgl. *Steck*, 113f. A. 10 (zum deuteronomistischen Gebet Dan 9, 3ff. im Verhältnis zu den Visionen 7—12; vgl. 190 u. 191 A. 1 u. 2); 120 A. 1 (zu 1 QS I, 24b — II 1 und Dam XX, 28—30); 155f. (A. 9 u. 10!) (zur Tiervision, aber auch zur späteren Adlervision in 4 Esr und Zedernvision in syr Bar und zum Fragment 4 Q ps Dan).

[69] Zur Herkunft des Schemas vgl. vor allem *M. Noth*, Ges. Aufs. 251ff. (s. auch *Plöger*, Daniel, 55 u. ö.; *Koch*, Spätisraelitisches Geschichtsdenken, 8ff.). In Kap. 2 ist eine indo-iranische auch bei Hesiod bezeugte Lehre von vier Weltzeitaltern, die sich in einer Abfolge von Metallen darstellen, in die Anschauung von vier Weltreichen umgedeutet, die in ihrer ursprünglichen Form (Assyrer, Meder-Babylonier, Perser) wahrscheinlich in Persien entstand (vgl. *Lebram*, Weltreiche, 328ff., zur Bezeugung dieser ursprünglichen Konzeption in Tob 14, 4—7). Im Blick auf die weisheitliche Tendenz, fremdes Gedankengut zu assimilieren — besonders aber in diesem Fall der Periodisierung von Zeiten — ist es mir zweifelhaft, ob *Steck* (mit *Plöger*) recht hat, wenn er die Visionen vorwiegend auf die »eschatologischen Kreise« innerhalb der asidäischen Bewegung zurückführt (206 A. 1). Zu anderen weisheitlichen Elementen in Dan 7—12 vgl. *v. Rad*, II, 321 u. ö.

[70] Zum besonderen Problem von Kap. 1—6 s. u. S. 31f. Das gleiche gilt dann später für 4 Esr und Apk Bar (syr), die sich auf die Zerstörung Jerusalems 70 n. Chr. und die domitianische Verfolgung zurückbeziehen. Vgl. *Steck*, 177ff.; 180ff.

v. Rad[71] zusammenfassend für die Propheten formuliert: »... die fremden Völker, die auf Israel zukamen, wurden ausschließlich als die Werkzeuge des göttlichen Zornes angesehen, abgesehen von diesem ihrem Auftrag keines Interesses wert«. Nicht abstrakt universalgeschichtliches Interesse, sondern Gottes Gerichtshandeln in der Geschichte seines ungehorsamen Volkes bestimmt also hier die Funktion der Völkeraussagen.

Zum zweiten: Durch die Rückverlegung der permanenten Sünde des Volkes (Element A/C) bis zum ersten Menschen und bis zur Vorstellung eines großen Sündenzusammenhanges in diesem »Äon der Ungerechtigkeit« werden auch die Völker in diese Sündengeschichte einbezogen[72]. An dieser Stelle kommen im deuteronomistischen Geschichtsbild nicht nur die Völkeraussagen der jahwistischen und priesterschriftlichen Urgeschichte neu zur Geltung, sondern auch die allgemeinen weisheitlich-anthropologischen Überlegungen zur menschlichen Sünde und die Theorien von dem Qualitätsschwund der Weltalter (Dan 2) und dem Anwachsen des Bösen in den Weltreichen (Dan 2 und 7). »Dieses anwachsende Böse liegt offenbar im Wesen des Menschen und der von ihm erstellten Reiche begründet, wenn es sich auch je auf verschiedene Weise manifestiert«[73]. Hiermit scheint die Tatsache zu kollidieren, daß die Weltreiche Israel in Gottes Auftrag bedrängen. Hier vermittelt aber die alte, seit Jesaja bekannte Vorstellung, daß die Weltmächte in Hybris ihren Auftrag überschreiten und so selbst dem Gericht Jahwes verfallen[74]. So verbirgt sich auch hinter den kosmisch dualistischen Metaphern in Dan der schuldhafte Gegensatz der Reiche zu Gottes Herrschaft[75]. Ernsthafter ist das Problem, ob sich denn nicht einerseits die Daniellegenden (1—6), der älteste Stoff des Buches, und andererseits das deuteronomistische Gebet (9, 3ff.) samt den Visionen (7—12) in ihrer Tendenz widersprechen. »Obwohl diese Erzählungen (erg. 1—6) die Glieder des Gottesvolkes regelmäßig in auffallender Vereinzelung, ja Vereinsamung ihrer Umgebung gegenüber zeigen, sind sie doch, was die Möglichkeit einer Symbiose in einem heidnischen Weltreich betrifft, voller Zuversicht[76].« Diese weisheitlichen Vorbildlegenden wollten offenbar ursprünglich den Verzagten in der persischen Diaspora Mut damit machen, daß Gott der Herr der Weltreiche ist, der Könige ein- und absetzt[77] und treu zu denen hält, die bei aller Offenheit für die fremden Kulturen das Gesetz halten[78]. Diese Konzeption für sich genommen atmet noch nichts von asidäischem Antihellenismus, auch nichts von dem in Israels Heilsgeschichte ansetzenden deuteronomistischen Geschichtsbild, sondern setzt ganz säkular — typisch weisheitlich[79] —

[71] AaO I, 75.

[72] Zum folgenden s. o. S. 22f.

[73] *G. v. Rad*, II, 321.

[74] Vgl. *v. Rad*, 169f. und *Reese*, 44f.

[75] Vgl. *Plöger*, Daniel 175f.

[76] *G. v. Rad*, 331.

[77] Dieses Motiv kehrt immer wieder (vgl. 2, 21, 37f.; 4, 14, (21) 22ff., 29, 32; 5, 26; dazu die Passiva in 8: s. auch *v. Rad*, 334, u. *Koch*, 15).

[78] Vgl. *v. Rad*, 331f.

[79] Vgl. z. B. Spr 8, 15f.: »Durch mich regieren Könige, und Machthaber bestimmen das Recht; durch mich herrschen Statthalter und Edle, ‚alle gerechten Richter'.« Sehr wichtig ist Sir 10, 1ff. Hier wird ausdrücklich das Ineinanderwirken

bei Gottes allgemeiner Geschichtslenkung ein. Bis auf die Vision des Monarchienbildes (2), wo der Stein, der die Statue zertrümmert, ganz am Schluß auf die späteren Visionen vorausweist, ist auch keine eschatologische Sicht der Geschichte zu bemerken. Vielmehr ähnelt die Position durchaus der theokratischen, die sich durch eine friedliche, nur manchmal gestörte Koexistenz zwischen israelitischer Kultgemeinde und Fremdherrschern auszeichnet[80]. *Koch* läßt sich durch diesen Eindruck verleiten, das ganze Buch Daniel im Sinn einer Ausweitung der *Heilsgeschichte* auf die universale Völkerwelt zu interpretieren[81]. Das ist aber ganz unmöglich; denn für sich genommen haben die Legenden keinen heilsgeschichtlichen, sondern einen allgemein-weisheitlichen (schöpfungstheologischen) Horizont; bezieht man sie aber auf den deuteronomistischen Rahmen, in den sie später aufgenommen wurden, so stehen sie unter dem Vorzeichen, daß die Völker *Gerichts*werkzeuge Gottes sind. Wie sie schließlich unter deuteronomistischem Gesichtswinkel im Zusammenhang mit den eschatologischen Ereignissen gesehen werden, muß uns nun

---

von göttlicher Lenkung (Strafe) und menschlicher Hybris beim Übergang der Herrschaft von einem Volk zum anderen (translatio imperii) reflektiert. (Weitere Belege bei *J. Fichtner*, Altorientalische Weisheit, 115). Freilich zieht die spätere theologische Weisheit aus dieser ganz »unmythologischen Welthaftigkeit« der Schöpfung heraus (*v. Rad*, I, 464) die Linie zu Israel (nicht umgekehrt wie die heilsgeschichtlichen und prophetischen Entwürfe!). Z. B. Sir 24, 3ff. (7f.) deutet das Verhältnis der Weisheit zu den Völkern und Israel so, daß sie bei den Völkern Ruhe suchte (aber abgewiesen wurde: vgl. Spr 1, 24ff.) und schließlich Israel von Gott als Heimstatt angewiesen bekam — analog dem jahwistischen Übergang von der Urgeschichte zur Erwählung Abrahams (vgl. *v. Rad*, 459f.; *Conzelmann*, Weisheit). Sehr gut faßt *v. Rad* den Sachverhalt zusammen, wenn er sagt: »... sie (die Weisheit) wird als große Erzieherin der Völker im allgemeinen und Israels im besonderen, ja, sie wird als das der Welt bei der Schöpfung eingegebene göttliche Prinzip verstanden« (I, 454f.).

80 Vgl. *O. H. Steck*, Problem, 457. Auch hier zeigt sich wieder wie bei der Integration der priesterschriftlichen noachitischen Gesetze (s. o. A. 26), daß nicht in allen Anschauungen ein absoluter Gegensatz zwischen »theokratischer« und »eschatologischer« Theologie angenommen werden darf. Vielmehr lassen sich verschiedene Elemente aus jener in diese einbeziehen.

81 *Koch* schreibt: »Nicht mehr die israelitisch-judäischen, sondern die heidnischen Könige werden fortan zu Gottes Stellvertretern auf Erden. Was man von den altisraelitischen Traditionen her als ‚Heilsgeschichte' bezeichnen könnte und was die wesentlichen Geschehnisse umfaßte, in denen sich die Fürsorge Jahwes für sein erwähltes Volk offenbarte, das umfaßt nun die ganze bekannte Welt. Der Raum der ‚Heilsgeschichte' ist also ausgeweitet worden, und zwar von Gott selbst, wie das Danielbuch geflissentlich betont. Die Weltreiche sind eine Notwendigkeit geworden, damit die Fürsorge und Herrschaft des Gottes Israels sich über alle Völker verbreiten kann« (27). Vgl. ebd. 28: »Die weltgeschichtliche Mission der besonderen Geschichte Israels ist vollendet. Zwischen Gott und Israel kann nichts grundlegend Neues mehr geschehen, es sei denn in einem universalen Rahmen.« Zur Konsequenz dieser Interpretation für das Problem der Universalgeschichte s. u. S. 43f.

zum dritten beschäftigen[82]. Auch hier darf man nicht von einem abstrakten universalgeschichtlichen Interesse »der« Apokalyptik ausgehen, sondern muß sich an die eschatologischen Elemente (F 1/2) des deuteronomistischen Geschichtsbildes und ihre Ausgestaltung mit prophetischen, weisheitlichen und außerisraelitischen Vorstellungen halten. Das klassische Element F 2 bezieht sich auf das endliche Gericht an den Feinden Israels, die ihren Gerichtsauftrag (D) überschreiten. In dieses Moment werden vor allem die Vorstellungen des Heiligen Krieges (Tag Jahwes)[83] und des Völkeransturms gegen Gott und seinen heiligen Berg Zion integriert[84]. Besonders wichtig ist aber auch die Einbeziehung der Vorstellungen der sog. Thronbesteigungspsalmen und ihrer Elemente bei Deuterojesaja[85] in die Eschatologie der deuteronomistisch-apokalyptischen Schriften. Denn hier wird — anknüpfend an babylonische und kanaanäische Vorbilder — ohne Bezugnahme auf Israels Heilsgeschichte die Theophanie Jahwes als König über Götter und Völker erwartet. An diese Tradition schließt sich die so folgenreiche Vorstellung vom himmlischen, ewigen *Reich Gottes* an, das die Weltreiche, die ihren göttlichen Auftrag in Hybris überschreiten, überwindet und an ihre Stelle tritt[86]. Am eschatologischen Heil Israels (Element F 1) nehmen die Völker

[82] Vgl. o. S. 22 u. 26f.

[83] Vgl. *v. Rad*, II, 129ff. zur Herkunft dieser Vorstellung aus der Topologie des Heiligen Krieges.

[84] Dieses aus der Ziontradition stammende Motiv vergleicht die Völker mit dem Chaosmeer und Gottes Sieg über sie mit seinem Schöpfungshandeln, so daß sich an dieser Vorstellung auch das Moment der Urzeit-Endzeit-Typologie ankristallisieren kann (vgl. *v. Rad*, I, 59 u. II, 163 zu Jes; *Reese*, 50f. zu äth Hen 90, 13—19; 30f.).

[85] Vgl. zusammenfassend *v. Rad*, 374f. (dort ältere Literatur) und neuerdings *Jörg Jeremias*, Theophanie.

[86] Vgl. *Galling*, Reich Gottes, 912; *v. Rad*, ThWB I, 563ff.; *Reese*, 111f. (vgl. 104) zu AssMos 10, (1) 8—10 im Anschluß an Jörg Jeremias. — Besondere Probleme bietet wieder das Buch Daniel. Die älteren Legenden (1—6) preisen ganz allgemein die ewige Weltregierung Gottes des Schöpfers (s. o. S. 31; vgl. das die Tiervision einleitende Gebet äth Hen 84, 2f.). Die endgültige Aufrichtung des ewigen Reiches Gottes, die der nicht von Menschenhand geworfene Stein symbolisiert, der das Monarchienbild zertrümmert (2, 44), wird nicht näher beschrieben. Die Vier-Weltreiche-Vision (7) hat drei Deutungen des nun sicher eschatologisch gefaßten Reichs Gottes ineinandergearbeitet, die möglicherweise verschiedenen Traditionsschichten angehören: 1. wird nach der Entmachtung der Tiere das Reich dem »Menschenähnlichen« übergeben (7, 14). Die Herkunft dieser Vorstellung ist bis heute ungeklärt. *C. Colpe* (Art. *ὁ υἱὸς τοῦ ἀνθρώπου*, ThWB VIII, 408, 30ff.) kommt neuerdings nach genauer Diskussion aller Erklärungsversuche zu dem Schluß, daß der »Menschensohn« weder aus israelitischer, iranischer oder gar gnostischer Tradition stammen kann, sondern die einzige tragfähige Hypothese die ist, die kanaanäische Vorlagen annimmt (vgl. daneben auch *Plöger*, Daniel, 112ff.). 2. Das Reich des »Menschensohnes« wird nun aber in der Deutung (17ff.) als Reich der »Heiligen des Höchsten« interpretiert, unter denen zunächst himmlische Wesen zu verstehen sind (vgl. *Noth*, Ges. Aufs., 274ff.). 3. Schließlich wird aber durch die jüngste Überarbeitung (V. 21f.) auch das Volk Israel, oder

nach Meinung der deuteronomistisch-apokalyptischen Schriften durchaus nur sekundär und meistens gar nicht[87] teil. Alles Interesse liegt auf dem Heil Israels (speziell der »Frommen«)[88]. Das deuteronomistische Geschichtsbild als Ausdruck einer Erweckungsbewegung (!) ist seinem Wesen nach ganz auf Israel ausgerichtet[89], es kennt entsprechend keinerlei Mission, was es prinzipiell vom Neuen Testament in seiner heidenchristlichen Schicht unterscheidet[90]. Wo im deuteronomistischen Geschichtsbild nicht nur — wie in der Regel — von dem Vernichtungsgericht an den Völkern als Feinden Israels die Rede ist (F 2), können — sehr selten — die heilsprophetischen Vorstellungen vom Herzukommen der Völker zu Israel bei der Heilswende[91] oder vom universal messianischen Reich[92] in das Element F 1 einbezogen werden.

---

vielmehr dessen standfester asidäischer Teil an der ewigen Herrschaft der himmlischen Wesen beteiligt. (Auf diese Erweiterung legt *Plöger*, Daniel, 115ff., bes. 117 A. 16, wohl mit Recht mehr Gewicht als Noth, da der Kontext der folgenden Kapitel eben auf die Situationsbestimmung der »Frommen« Israels hinzielt.)

[87] So in der Tiervision (äth Hen 90, 13—19; 30f.), wo einerseits der Untergang der feindlichen Völker aus der Zionstradition und andererseits das Motiv der Dienstbarkeit der (übriggebliebenen) Völker (Jes 14, 2; 49, 22f.) übernommen wird (vgl. *Reese*, 51 gegen *Beer*, in: *Kautzsch*, Apokryphen II, 297 m, und implizit gegen *Steck*, 156 A. 6 und 216 A. 6, die 30f. als eschatologisches Herzukommen der Völker interpretieren. Man wird freilich erwägen müssen, ob sich die Aussage der Dienstbarkeit der Völker nicht auch aus der Wallfahrt der Völker ergeben hat (s. u. A. 91). *V. Rad* (Ges. Stud. 219f.) weist darauf hin, wie sich bei Tritojes (60) gegenüber Jes 2, 1—4 die Huldigung und die Dienstbarkeit nicht nur auf Jahwe, sondern auch auf die Zionsstadt bezieht. Immerhin wäre dann äth Hen 90, 30f. ein weiterer Schritt in diese Richtung, wo *nur* noch von der Anbetung und dem Gehorchen dem Gottesvolk gegenüber die Rede ist).

[88] *Reese*, passim. [89] Vgl. *Steck*, 216.

[90] *Steck* (304ff., 311!) zeigt sehr schön am Beispiel des Mt-Evangeliums, wie aus dem deuteronomistischen Geschichtsbild heraus die Ablösung Israels durch die Völkerkirche begründet, damit diese Geschichtsschau aber prinzipiell verlassen wird. Israel ist nun nicht mehr das zur Umkehr aufgerufene Volk Gottes, sondern Missionsgebiet wie die anderen Völker. Zur fehlenden Mission in der »Apokalyptik« vgl. *F. Hahn*, Mission, 15 u. die dort angegebene Literatur.

[91] Zum ersten und fast einzigen Mal in Tob 13f. (vgl. *Steck*, 148f.; 216 A. 6. Zum prophetischen Motiv der Völkerwallfahrt s. vor allem *v. Rad*, Ges. Stud., 214ff.; Theologie des AT II, 249f.; 297, aber auch das Material bei *Fohrer*, Struktur, 405ff.). Weiter nur noch in Bar 5, 2, aber hier sogar in einem Zusammenhang, der ausschließlich das Verwerfungsgericht an den Feinden betont und das Element der Völker nur in der Form bringt, daß Jerusalem vor der ganzen Welt verherrlicht wird (»Denn Gott wird schauen lassen die ganze Erde unter dem Himmel deinen Glanz«). Bedenkt man aber, daß Tob die weisheitlichste unter den asidäischen Schriften ist (*Steck*, 205f. A. 3), so zeigt sich auch hier wieder, daß ein »Universalismus« am ehesten unter den Voraussetzungen dieser Tradition gedeiht. Vgl. etwa solche Aussagen wie äth Hen 100, 6, wo mitten in den (überwiegenden) Gerichtsandrohungen der Satz steht: »Die Weisen unter den Menschen werden die Wahrheit sehen« (vgl. *Reese*, 88).

Es bleibt die Aufgabe, aus den gewonnenen Ergebnissen einige Konsequenzen im Blick auf die Struktur der späteren Zweireichelehre zu ziehen. Geht man wieder von dem eigentlichen Ort der »apokalyptischen« Völkeraussagen im Element D des deuteronomistischen Geschichtsbilds aus, so stellt sich die Frage nach dem mit diesem Geschichtsverständnis gegebenen Verhalten der Frommen gegenüber den Weltmächten[93]. Wenn die Katastrophe 587 und das

[92] Vgl. PsSal 17, 30f.; Test Jud 24; äth Hen 48, 4; 4 Esr 13, 25f. (vgl. *Billerbeck* III, 144—150). — Ein besonderes Problem stellt die Völkeraussage in der *Menschensohnvision* Dan 7, 14 dar: »Ihm wurde Macht verliehen und Ehre und Reich, daß die Völker aller Nationen und Zungen ihm dienten« (vgl. o. A. 86). Wäre mit dem Menschensohn eine Symbolfigur für das Volk Israel gemeint, wie *Plöger* (Daniel, 113) mit anderen Auslegern meint, so würde sich die Aussage einfach an das Motiv des Herzukommens der Völker anschließen. Das gleiche gälte, wenn Jerusalemer messianische Traditionen vorlägen. Wie sich das Völkermoment bei einer außerisraelitischen Herkunft des Menschensohn-Motivs einfügen würde, läßt sich bei der ungeklärten Forschungslage nicht sagen. Unmöglich scheint mir aber der Weg, den *Koch* geht (24f.; ihm folgt *Pannenberg*, Christologie, 201f. A. 4 u. 206 A. 13). Er möchte den Menschensohn als individuellen Menschen verstehen, der symbolisiert, wie nach den Tierreichen der Mensch im Eschaton zu seiner wahren Bestimmung kommt. Diese wahre Bestimmung sieht er — 7, 14 mit 9, 24b kontaminierend, ohne daß dort der Menschensohn genannt wäre — in Verwirklichung immerwährender sädäq (ungenau: »Gerechtigkeit«, genauer: »Eigentlichkeit menschlichen Daseins, in der die innere und äußere Verfassung ‚richtig' ist und der Mensch mit seinem Gott wie mit seiner Umwelt in ungetrübter Harmonie verkehrt«). In solcher Verwirklichung sieht er aber gleichzeitig die Erfüllung der »Masse der prophetischen Weissagungen«. So wird in Daniel als Vollstrecker des prophetischen Testamentes der Mensch zum »Ziel der Geschichte«, wie Gott ihr Urheber ist (vgl. 31). Solche pauschalisierenden Aussagen fragen überhaupt nicht nach dem traditionsgeschichtlichen Ort und Sinn der Vorstellungen. Es ist unmöglich, den singulären und dazu unklaren (kaum aber modernanthropologisch zu deutenden) Vers 7, 14 zum Zentrum der Eschatologie des Danielbuches zu machen. Vielmehr liegt sonst alles Gewicht der Visionen auf dem Endgericht an den Völkern und der Rettung der Frommen Israels. Die Teilnahme der Völker am Ziel der Heilsgeschichte Israels ist sekundär. Die Aussagen der Legenden (1—6) über die Teilnahme der Völker an Gottes allgemeiner Geschichtslenkung und an Israels besonderer Weisheit sind ursprünglich nicht heilsgeschichtlich oder eschatologisch zu verstehen und stehen dann durch die Einbeziehung in das Element D des deuteronomistischen Geschichtsbildes unter dem Vorzeichen der von Gott beauftragten Gerichtsmächte an Israel. (*Stuhlmacher*, 147, korrigiert Koch wenigstens insofern, als er »den in *Gottes* Treue ruhende(n) Mensch(en)« als Ziel der Geschichte annimmt, aber auch er verbindet einfach die Rettung des Volkes mit der Rettung des Menschen als Geschöpf.)

[93] *F. Neugebauer* (KuD 1962, 152ff.) hat den längst fälligen Versuch unternommen, die häufig behauptete, aber nie wirklich genau untersuchte Beziehung zwischen Römer 13, 1—7 und Vorlagen des »Spätjudentums« etwas differenzierter

darauf folgende Preisgegebensein Israels an die Völker als andauerndes Gericht Gottes anerkannt wird, ja, wenn die Annahme der Gerichtssituation gerade die deuteronomistisch-asidäischen Frommen gegenüber den sich mit der Gegenwart arrangierenden »Theokraten« auszeichnet[94], so ist in dieser Annahme die Anerkennung der Weltmächte als Gerichtswerkzeuge Gottes impliziert. Die deuteronomistischen Leviten verhalten sich also zunächst grundsätzlich leidendloyal gegenüber der Fremdherrschaft. Gebet und Buße (Umkehr) sind die einzigen angemessenen Verhaltensweisen gegenüber Gottes Gerichtshandeln[95]. Überschreiten die Mächte ihren begrenzten Auftrag, so ist das erwartete Endgericht an den Feinden Israels Trost der Frommen. Ein besonderes Licht wirft freilich die Religionsnot unter Antiochus IV. auf unsere Frage[96]. Die antihellenistische Sammlungsbewegung der Asidäer vereinigt sich nämlich in dem Moment mit der kriegerisch politischen Freiheitsbewegung der Makkabäer, als der heidnische Herrscher Gesetz und Kult anrührt. Diese kriegerische Partei wird von den Frommen freilich nur als »kleine Hilfe« bewertet (Dan 11, 34)[97], und sie trennen sich zum Großteil[98] sofort wieder von den ungleichen Partnern, sobald die akute *Religionsnot* vorbei ist und Gesetz und Kult wieder in ihre garantierten Rechte eingesetzt sind. Diese Episode lehrt dreierlei. Einmal wird daran der grundsätzlich unterschiedliche Charakter der deuteronomistisch-asidäischen Haltung gegenüber den Makkabäern und den späteren mutmaßlichen Erben dieser Gruppe, den Zeloten, deutlich[99]. Zweitens zeigt sich

---

zu analysieren (vgl. u. S. 154ff.). Er geht dabei auf Jeremia, Daniel, äth Henoch, Kriegsrolle (1 QM), 4 Esra und Apk Baruch (syr) ein, beachtet dabei aber keinerlei traditionsgeschichtliche Schichtungen und Verflechtungen, so daß sein Vorgehen methodisch unbefriedigend bleibt (es ist ja schon verdächtig, wenn nach einer jüdischen »Staatstheologie« gefragt wird). Auch die folgenden hier vorgetragenen Erwägungen stehen unter dem Vorbehalt, daß wir über die genauen Gruppierungen im antiken Judentum noch nicht sicher Bescheid wissen, vor allem aber noch keine exegetische Spezialarbeit über die angeschnittenen Probleme vorliegt.

[94] Vgl. *Steck*, Israel, 255 u. *ders.*, Problem, 454ff.

[95] Vgl. *Steck*, 132f. zur Ausprägung des deuteronomistischen Geschichtsbildes im (antimakkabäischen) Baruchbuch.

[96] Zum folgenden s. o. S. 18 und die dort angegebene Literatur.

[97] Die Tiervision (äth Hen 90, 6—12) dagegen kennt keine Reserve gegenüber den Makkabäern, außer vielleicht der Betonung dessen, daß man alles vom Eingreifen Gottes erwartet (vgl. *Reese*, 49; 50 A. 130).

[98] Vgl. z. B. *Steck*, Israel, 132f.; *Plöger*, Theokratie, 138.

[99] Vgl. außer den vorigen Anmerkungen *Steck*, 154 A. 4 u. 211. Dazu s. u. S. 40.

hier eine Differenzierung zwischen politischer und religiöser Ebene; denn die politische Abhängigkeit wird als Gericht Gottes hingenommen, dagegen das Antasten der zentralen Glaubensgüter durch die heidnische Macht treibt in das Martyrium oder die Teilnahme am Aufstand[100]. Noch anders gesagt: die Kreise der Leviten und Asidäer halten zwar im Gegensatz zu den »Theokraten« an Israel als Politikum fest[101], aber die politische Relevanz des Volkes ist ganz Gegenstand der hoffenden Erwartung. Die politische Gegenwart heißt Abhängigkeit, Unterwerfung unter das Gericht und die Mächte, die es im Auftrag Gottes ausüben. Nur Kult und Gesetz müssen unangetastet bleiben.

Damit läßt sich aber der Unterschied zwischen diesen Gruppen und den »Theokraten« im Blick auf unsere spezielle Frage gar nicht so leicht bestimmen. Gewiß, klar ist der Unterschied in der Hinsicht, daß jene nicht nur politisch loyal gegenüber den fremden Mächten sind, sondern auch deren Kultur und Kult assimilieren. Aber wenn die Asidäer erst bei dem direkten Angriff auf Gesetz und Kult in den offenen Widerstand treten, so gehen sie doch prinzipiell von der gleichen faktischen Situation aus wie die »Theokraten«, nämlich von Israel als Kultgemeinde und nicht als Volk mit politischer Existenz[102]. Man muß also klar sehen, daß einfach durch die faktische politische Ausgangssituation, aus der heraus diese Theologie entworfen wird, die Tendenz besteht, daß das positive politische Handeln — jedenfalls im »weltpolitischen« Maßstab —für die Frommen keine bestimmende Rolle spielt. Damit ist nicht bestritten, daß diese Sicht des Völkergeschehens unter dem Aspekt von Gottes Gericht eine theologisch tiefe Einsicht der Propheten auf seine Weise bewahrt. Vor allem ist ein Gesichtspunkt konstitutiv und kann im Blick auf die spätere Zweireichelehre nicht nachdrücklich genug hervorgehoben werden: selbst in diesem rein leidenden Erfahren der politischen Mächte sind diese als Werkzeuge *Gottes* verstanden und nicht etwa

---

[100] Vgl. *Koch* (22), der jedoch nicht zwischen der ursprünglichen Tradition von Dan 1—6 und der Intention des ganzen Buches unterscheidet.

[101] Vgl. *Kellermann*, PTh 1967, 375f.: »Für ihn (den Chronisten im Gegensatz zu den »eschatologischen Kreisen«) gibt es keine politische Zukunft Israels mehr. Das Ziel der Setzungen Gottes besteht in einer Kultgemeinde, die allein der Erfüllung des Gesetzes und der gottesdienstlichen Pflichten dient und deren politischen Schutz die fremden Machthaber in Gestalt der freundlich gesonnenen Perserkönige und ihrer Nachfolger übernommen haben.«

[102] Vgl. auch *Plöger*, 57; 136.

in die Beliebigkeit eines Adiaphoron entlassen. Das ist ja gerade der Trost des Frommen, daß die Völker, selbst wo sie ihren göttlichen Auftrag überschreiten, von dem Lenker der Geschichte in ihren Wirkungen und »Zeiten« begrenzt sind und unter dem Gericht Gottes stehen.

Dieser Gesichtspunkt wird nun noch in einer spannungsvollen Weise ergänzt dadurch, daß im jetzigen Danielbuch die älteren weisheitlichen Legenden in das deuteronomistische Geschichtsbild einbezogen sind. Auf diese Weise bleibt auch im apokalyptischen Denken, das immer stärker durch die antithetische Bestimmung von Gott und seinem Volk (seinen Frommen) auf der einen und den Weltmächten auf der anderen Seite bestimmt wird, untergründig die Vorstellung erhalten, daß Jahwe auch die nichtisraelitischen Herrscher an seiner Weisheit (die »die Welt im Innersten zusammenhält«[103]) zu gutem Herrschen partizipieren läßt und sogar durch Männer aus Israel, wo die Weisheit spezielle Wohnung genommen hat, persönlich berät — jedenfalls was die ersten drei der vier Weltreiche betrifft[104]. Außerhalb des deuteronomistisch-apokalyptischen Rahmens setzt sich diese weisheitliche Linie im hellenistischen Judentum fort (z. B. Weish 6, 1ff.)[105] und wird später unter ganz anderen theologischen Voraussetzungen bei Paulus[106] und in der weiteren christlichen Tradition, vor allem bei Luther[107] virulent.

Betont das Element D des deuteronomistischen Geschichtsbildes, daß die Weltmächte in Gottes (Gerichts-)Auftrag stehen, so bringt die Erweiterung des Elements A auf die bis zum Endgericht zunehmende Sünde der Menschheit (worin ja die zunehmende Bosheit der politischen Reiche ihren Grund hat) das antithetische Moment zu Gott und seinen Geschichts- und Heilsplänen zur Geltung. An dieses Element schließt sich in den verschiedensten Formen die Dämonen- und Satansvorstellung an[108]. Das hat zur Folge, daß später[109] der Herrschaftsbereich Satans vorwiegend in den Welt-

---

[103] So charakterisiert *v. Rad* (I, 460f.) im Anschluß an Goethe die Weisheit, nach der im späteren Israel gefragt wird.

[104] Vgl. *Koch*, 13f.

[105] Diese ganze Linie unterschlägt *Neugebauer* bis auf wenige — unterbewertete — Quellenhinweise (159).

[106] S. u. S. 137ff.

[107] S. u. Kap. IV.

[108] Vgl. das Material bei *Volz*, Eschatologie, 86ff. (und den ganzen § 25. Das Weltreich und das Reich der Welt, 83ff.).

[109] So ausdrücklich Apk 20, 7f.; vgl. u. Kap. II (bes. 232ff.) zur civitas diaboli bei Tychonius und Augustin.

reichen verkörpert gesehen wird, zumal in Verfolgungssituationen. Aber es kommt nie zu einer vollen Identifikation von »civitas diaboli« und »civitas terrena« (im politischen Sinn des Wortes). Dagegen wirkt einerseits das gerade besprochene Element der göttlichen Beauftragung und Lenkung auch der Weltreiche, zum anderen aber die in der asidäischen Bewegung entstehende Vorstellung, daß die Gottlosen innerhalb des Volkes Israel — später analog innerhalb der Kirche[110] — mit den hybriden heidnischen Feinden Israels dem endgültigen Verwerfungsgericht verfallen. Die Antithese der Sünde zu Gottes Plänen geht also quer durch die Heiden und die »sichtbare« Gemeinde Gottes hindurch. Trotzdem gerät durch die Verbindung der universalen Sündigkeit mit den hybriden Gerichtsmächten (Elemente A und D) das politische Weltreich in ein Schillern zwischen Gottes Auftrag und Verkörperung der Sünde, das die ganze Geschichte der Zweireichelehre begleitet[111].

Betrachtet man schließlich das eschatologische Element (F 1/2) des deuteronomistischen Geschichtsbildes in den apokalyptischen Schriften unter dem Aspekt dieser zukünftigen Geschichte, so lassen sich nur wenige Vorverweise geben. Denn das von der christlichen Gemeinde bezeugte endzeitliche Christusgeschehen, obwohl es vielfach in Kategorien eben jenes antiken Judentums bezeugt wird, ist doch ganz anderer Art, als es zuvor von den deuteronomistisch-apokalyptischen Kreisen erwartet war[112]. Eins läßt sich aber doch als bleibendes Strukturmoment festhalten: das eschatologische Reich

---

[110] *G. Bornkamm* (Enderwartung und Kirche, 17ff.) weist diesen Gedanken schon für Mt auf, wie ja denn auch seit Kallist, vor allem aber bei Augustin Mt 13 (Gleichnis vom Unkraut unter dem Weizen) Hauptbeleg für die Vorstellung der Kirche als »corpus permixtum« wird (s. u. S. 222 f.).

[111] Dieses Schillern wird wohl nur bei Paulus ansatzweise und bei Luther in voller Klarheit durchschaut und aufgelöst.

[112] Hier soll vorläufig nur daran erinnert werden, daß der Endkampf des Reiches Gottes (Jesus) oder der Gerechtigkeit Gottes (Paulus) mit den Mächten der Sünde als schon im Vollzug befindlich begriffen wird, vor allem aber an den prinzipiellen Unterschied zwischen der deuteronomistischen Erweckungsbewegung Israels und der christlichen Völkermission (vgl. *Steck*, 216, 304ff.; 311. Dieser Unterschied gilt aber wohl gegenüber dem ganzen Alten Testament, vgl. *v. Rad*, II, 159 selbst zu Deuterojesaja!; und zusammenfassend *F. Hahn*, 13ff.). Ausgezeichnet formuliert *J. Moltmann* (Theologie der Hoffnung, 73): »Der apokalyptische Erwartungshorizont reicht keineswegs aus, um die nachösterliche Apokalyptik der Gemeinde zu begreifen. An die Stelle apokalyptischer Selbstbewahrung aus (auf?) das (dem?) Ende tritt die Sendung der Gemeinde.«

Gottes kommt allein durch Gottes Handeln selbst. Der Stein, der die Reiche zertrümmert, ist nicht von Menschenhand geworfen (Dan 2, 34). Der Menschensohn kommt mit den Wolken (aus der himmlischen Welt?), nicht aus den Entwicklungstendenzen der Welt (dem Chaotischen)[113]. Gott ist allein Schöpfer des Heils seines Volkes[114]. Hier scheiden sich die deuteronomistisch-apokalyptischen Asidäer von den Makkabäern (und später den Zeloten), die die Rettung der Frommen (F 1) und das Strafgericht an den Feinden (F 2) aktiv politisch vorwegnehmen wollen und entsprechend die Anerkennung der Fremdherrschaft für Sünde halten[115]. Kann man sagen, daß die deuteronomistisch-apokalyptischen Kreise vor allem hierin das Erbe des Alten Testaments bewahrten, daß sie Heil im Sinn von letzter Rettung allein von Gottes Handeln erwarteten[116]?

Die genannten drei Aspekte — erstens Reich Gottes und zweitens Sünde der Menschen (Reich Satans) als eschatologische Gegensätze und drittens, quer dazu, in besonderem göttlichen Auftrag stehende geschichtliche Weltreiche — werden uns in verschiedensten Variationen in der weiteren Geschichte dieser Tradition immer wieder begegnen. Da aber nicht nur sie, sondern das Gesamtdenken der »Apokalypsen« für die Zweireichelehre — besonders bei Augustin, aber auch in der modernen Problematik — wichtig werden wird, müssen wir trotz der früher geschilderten Forschungslage[117] versuchen, einige allgemeine Gesichtspunkte festzuhalten.

[113] So richtig *Koch*, 24.

[114] Vgl. hierzu besonders *Stuhlmacher*, 145 ff. zur Bedeutung der schöpferischen Gerechtigkeit Gottes in der Apokalyptik.

[115] Vgl. bes. *Steck*, 211.

[116] Ob es nun das erinnerte Erwählungshandeln in der alten Heilsgeschichte oder das erwartete eschatologische Geschehen ist, immer geht es doch um souveränes, schöpferisches Setzen Gottes, das der Mensch als Vorgegebenes gewährt bekommt — freilich um sich darin zu bewähren. Dieser Punkt dürfte bei einer theologischen Bewertung der »Apokalypsen« eine gewichtige Rolle spielen.

[117] Die folgenden Ausführungen stehen in ganz besonderem Maße unter dem Vorbehalt, daß in der unter 1. geschilderten Forschungssituation nicht von einer verbindlichen Definition »der« Apokalyptik, sondern nur von einem jeweiligen Mischungsverhältnis näher zu bezeichnender Traditionen ausgegangen werden kann.

3. Systematisch relevante Aspekte des »apokalyptischen« Verständnisses der Welt, der Geschichte und des Eschaton

In der jüngsten systematischen Theologie hat die »Apokalyptik« in dem Maße an Interesse gewonnen, wie man sich von einem auf den Einzelnen bezogenen »existentialen« Denken freizumachen versuchte. Über diese Brücke versuchte man nämlich, den konstitutiven Bezug des alttestamentlichen Glaubens zur Geschichte auch für das Neue Testament und das christliche Wirklichkeitsverständnis fruchtbar zu machen. Die bisher gewonnenen Ergebnisse lassen sich präzisieren und auf ihre systematischen Konsequenzen hin vertiefen, indem man sie mit diesen neuesten Versuchen konfrontiert.

Insbesondere für die Gruppe um *Wolfhart Pannenberg* ist die »Apokalyptik« Ausgangspunkt des Theologisierens schlechthin[118]. Hier liegt vor allem ein doppeltes — zunächst exegetisches — Interesse vor: 1. den Vollmachtsanspruch und das Geschick Jesu aus dem israelitisch-apokalyptischen Offenbarungsverständnis abzuleiten, 2. den Vorstellungsrahmen zu gewinnen, in dem die Auferstehung Jesu den ihr selbst eigenen Sinn hat[119]. Beide Gesichtspunkte beziehen sich aber auf das eine Theorem der universalen Einheit der Geschichte, in dem exegetisches und systematisches Interesse zusammenfallen. Denn das Auftreten Jesu läßt sich nur aus dem Vertrauen auf das legitimierende Handeln Gottes, das am nahe bevorstehenden Ende der Geschichte erwartet wird, verstehen, und die Auferstehung hat nur im apokalyptischen Horizont den Sinn, Vorwegereignung dieses Endes zu sein. Aber auch die überbietende Auseinandersetzung mit der griechischen und hegelschen Identitätsphilosophie, sowie mit der gegenwärtigen Gesamterfahrung der Wirklichkeit in historischer,

[118] Die grundlegenden exegetischen Arbeiten für diese Konzeption sind folgende: *D. Rössler*, Gesetz und Geschichte; *K. Koch*, Spätisraelitisches Geschichtsdenken; *U. Wilkens*, Offenbarungsverständnis. *Pannenberg* selbst bezieht sich in fast jeder Veröffentlichung auf die »Apokalyptik«. Vgl. etwa: Heilsgeschehen, 279 u. ö.; Offenbarung als Geschichte, 107ff., 133, 140f.; Wahrheit, 236f.; Christologie, 47ff. u. ö. Die folgende Auseinandersetzung kann freilich noch nicht die »Modifikation und Präzisierung« berücksichtigen, die Pannenberg unter dem Eindruck der Steckschen Arbeit an seinem Apokalyptikverständnis in Zukunft vornehmen will (Grundfragen, 9).

[119] Dazu vgl. *Wilkens*, 42—90; *Pannenberg*, Offenbarung, 107ff.; 139ff., vor allem aber *ders.*, Christologie, 47ff.

naturwissenschaftlicher und anthropologischer Forschung läßt sich nach Pannenberg nur über den Begriff der Universalgeschichte führen, weil hier letztlich alle wissenschaftlichen und philosophischen Bemühungen zusammenlaufen. Wie steht es mit der exegetischen Basis dieses Ansatzes?

Diese hat vor allem *D. Rössler* gelegt. Er bestimmt, wie schon gesagt, das Spezifikum der Apokalyptik durch das Interesse an der Geschichte im ganzen[120]. Es soll hier gar kein großer Wert darauf gelegt werden, daß sich nach den Arbeiten von *Steck* und *Reese* diese These in ihrer Abstraktheit nicht mehr halten läßt, weil die »Apokalypsen« nur das traditionelle, um prophetische Weissagungen und außerisraelitisches Gut erweiterte deuteronomistische Geschichtsbild in großer Vielfalt und gar nicht immer »universal« variieren. Vielmehr soll kritisch untersucht werden, warum diese Deutung die Universalgeschichte und das Eschaton einlinig unter dem Aspekt des Heils betrachtet, jedoch die so zentrale Betonung des Gerichts in den hier betrachteten Schriften kaum erwähnt, jedenfalls aber nicht systematisch relevant reflektiert. R. bestimmt das Heil als Ziel der Geschichte[121]. Nun stößt sich aber mit diesem Interesse, das Heil als Ende der *Geschichte* zu bestimmen, die Tatsache, daß die »Apokalyptik« die Gegenwart[122] offensichtlich für heilsleer hält. Darum vermittelt R. so: »Aber gerade von dieser Künftigkeit des Heils her empfängt nun die Geschichte wiederum ihren eigentlichen Sinn: sie ist Durchgang und Weg auf das Heil hin« (61)[123]. Der Zielpunkt seiner Argumentation liegt offenbar in dem Satz: »So empfängt die Geschichte, indem ihr jede eigene und selbständige Bedeutung abgesprochen wird, ihren Sinn allein von ihrem Ende im Heil her« (62). Das bedeutet: »Daher muß von der Heilsgemeinde bereits dasjenige Handeln Gottes, das den Geschichtsplan verwirklicht und dadurch den Anbruch des Heils allererst ermöglicht, als Heilshandeln verstanden werden« (63). Dieser Deutung entspricht es, daß das Nicht-zum-Ziel-Kommen der Erwählungsgeschichte Israels nicht etwa aus der Schuld des Volkes begründet wird, sondern aus dem »Wesen der Geschichte«, das ja durch Heilsentzug gekennzeichnet ist[124]. Entsprechend werden auch die Leiden der Jetztzeit ausschließlich

[120] AaO 55ff. Vgl. bes. 56: »Daß die Geschichte wesentlich eine Einheit sei, steht überall deutlich im Vordergrund des Interesses.« Zum folgenden vgl. im ganzen *H. D. Betz*, Das Verständnis der Apokalyptik in der Theologie der Pannenberg-Gruppe.

[121] AaO 60ff.

[122] Man kann im Blick auf die apokalyptischen Schriften gemäß dem deuteronomistischen Geschichtsbild übrigens nur von der Heilsleere der *Gegenwart*, nicht aber der Geschichte überhaupt sprechen, wie *Rössler* das fälschlicherweise tut; denn in der Tiervision des äth Hen z. B. tragen die Heilssetzungen der Frühzeit Israels auch die Hoffnung für die Zukunft (vgl. *Reese*, 61).

[123] Vgl. aaO 62: »Und daraus ergibt sich einerseits die ‚Entwertung der Geschichte' zum bloßen Durchgang, jedoch andererseits die enge, ja notwendige Zusammengehörigkeit von Geschichte und Heil. Gerade als Künftiges ist das Heil an die Geschichte als das ihm Vorhergehende gebunden. Das Heil kann ohne die Vollendung der Geschichte nicht eintreten.«

[124] Zusammenfassend aaO 76.

aus der notwendigen Aggressivität der Völker und Gottlosen gegen die erwählten und zum kommenden Äon gehörenden Gerechten erklärt. Ausdrücklich wehrt sich R. dabei gegen eine Einbeziehung des Sünde-Sühne-Schemas in diesen Zusammenhang[125]. Konfrontiert man diese Auslegungen mit dem in den apokalyptischen Schriften leitenden deuteronomistischen Geschichtsbild, so ist evident, daß zugunsten eines offenbar modernen Interesses an der Einheit der Geschichte, deren Sinn vom Ende her aufgedeckt werden soll, Geschichte und Eschaton ihrer qualitativen Dialektik von Gericht und Heil beraubt werden. Geschichte wird zum bloßen Durchgang, um einen theoretischen Sinn freizugeben. Sie ist nicht mehr das Feld, auf dem sich für Israel wie für die Völker Heil und Unheil entscheidet.

Eine ähnliche Tendenz verfolgt, wie früher schon deutlich wurde[126], *K. Koch* in seiner Deutung des Danielbuches. Er will die Völkeraussagen dort als Ausweitung der Heilsgeschichte verstehen. Um auch hier zur universalgeschichtlichen These zu kommen, konstruiert er drei Epochen, die angeblich dem Danielbuch zugrunde liegen sollen: 1. die Geschichte Israels, 2. die Epoche der vier Weltreiche, 3. das Reich des »wahren Menschseins«[127]. So findet er hier zum ersten Mal eine »Zielstrebigkeit« der Geschichte formuliert, die freilich nicht auf der Ebene eines innerweltlichen Motivzusammenhangs aufgewiesen werden kann (29). Dieser erste universalgeschichtliche Entwurf in der Weltgeschichte hat für K. seinen letzten Grund im jüdischen Monotheismus (31). — Gewiß ist für Daniel Gott der allein in Geschichte und Eschaton Handelnde, aber er tut dies auf doppelte Weise: als Richter und Retter. Das verwehrt es, die Geschichte allein unter dem einen, sich ausweitenden Aspekt der Heilsgeschichte zu sehen.

Pannenberg selbst, der aus diesen exegetischen Arbeiten[128] die Konsequenzen für die Systematik zieht, weitet den universalgeschichtlichen Aspekt zu dem Horizont aus, in dem überhaupt Theologie der Welt begegnet. Von hier aus läßt sich die Frage nach der Einheit der Wirklichkeit aufnehmen, wie sie in der griechischen Philosophie[129] gestellt wurde, ebenfalls die historische[130], hermeneutische[131], naturwissenschaftliche[132] und anthropologische[133] Problematik der Neuzeit. Es ist nachdrücklich hervorzuheben, daß es systematisch-theologisch unerläßlich ist, die Theologie in einen solch intensiven Kontakt zu allgemeinen Erfahrungen und

---

125 Zusammenfassend aaO 100 (vgl. 103).

126 S. o. S. 32f.

127 AaO 28. Vgl. ebd.: »Dieses Endziel ist der rote Faden, der bereits den Ablauf der gegenwärtigen Geschichte im Zeichen der Großreiche bestimmt (und der nach Meinung der israelitischen Spätzeit bereits die vorangehende Geschichte Israels geprägt hat, wenngleich dies im Danielbuch nicht ausdrücklich zur Sprache kommt)«.

128 *Wilkens* (aaO) übernimmt weitgehend die Rösslerschen Thesen und braucht deshalb hier nicht gesondert zu Wort zu kommen.

129 Vgl. Was ist Wahrheit, 231ff.

130 Vgl. Heilsgeschehen, 280ff.

131 Vgl. Hermeneutik und Universalgeschichte.

132 Vgl. zunächst nur einige Andeutungen, z. B. Heilsgeschehen, 285, oder Hermeneutik, 102 A. 18. Die Veröffentlichung eines größeren Vortrages zu diesem Thema, den Pannenberg im Rahmen des Physiker-Theologen-Gesprächs der Ev. Studiengemeinschaft (Heidelberg) hielt, steht zu erwarten.

Denkansätzen zu bringen. Hier steht aber in Frage, *wie* und aufgrund welches Verständnisses von Apokalyptik P. das tut. Fragt man, wo und in welcher Weise er das Gerichtsmoment im deuteronomistisch-apokalyptischen Denken berücksichtigt, so kann man zwei Stellen namhaft machen: die Christologie und die Anthropologie. In der Christologie taucht das Endgericht zunächst als ein unbetontes Element in den eschatologischen Ereignissen (neben dem Weltende) auf, um den Vorstellungszusammenhang der Auferstehung zu kennzeichnen[134]. Betont wird es aber im Zusammenhang des Vollmachtsanspruchs Jesu, in dem dieser voraussetzt, daß sich an dem Verhalten zu ihm das Urteil des Menschensohns im Gericht entscheidet[135]. In der Anthropologie bedeutet entsprechend das Endgericht, daß der einzelne Mensch an der ewigen Bestimmung des Menschen gemessen werden wird und dem Schmerz der Gottferne und Selbstverfehlung verfällt, wenn er nicht mit Jesus verbunden ist[136]. Nun ist es aber merkwürdig zu sehen, daß P. diese richtigen Erkenntnisse normalerweise[137] nicht mit in Ansatz bringt, wenn er seinen universal- und offenbarungsgeschichtlichen Entwurf in die Weltprobleme hinein entfaltet. Hier geht er allein von einem allgemein israelitischen Wahrheitsverständnis aus, das dadurch gekennzeichnet ist, daß vom Ende her der Sinn eines Geschehens offenbar wird[138]. Das Modell für dieses Denken bietet aber das Heilshandeln Gottes an seinem Volk, von dem dann — eben über die allgemeine Form eines Wahrheitsverständnisses — bruchlos auf das ganze Weltgeschehen geschlossen wird[139].

Das hat weittragende Folgen sowohl für den Offenbarungs- wie den Geschichtsbegriff (einschließlich seines Verhältnisses zur Eschatologie). Nur wenn Geschichte einlinig am Modell des Heilsgeschehens begriffen wird, kann es zu dem Programm »Offenbarung als Geschichte« kommen. Von hier aus ist es nämlich konsequent zu behaupten, der Historiker könne und müsse an Auftreten und Geschick Jesu im Horizont der (eindeutigen) apokalyptischen Überlieferung Gottes Offenbarung ablesen können[140]. Steht dieser Gebrauch des universalgeschichtlichen Offenbarungsbegriffs nicht in Gefahr, den Weg zu Gott oder besser Gottes

---

133 Vgl. Was ist der Mensch, 38f.; 95ff. (103!).

134 Vgl. Christologie, 61f.; 78f.; 103.

135 Vgl. 53ff.; 59f.; 105; 407. In diesem Zusammenhang weist Pannenberg mit Recht darauf hin, daß sich Jesus freilich darin von Johannes dem Täufer unterscheidet, daß in ihm nicht nur das Endgericht, sondern auch das Endheil präsent ist (ebd. 55f.; 234).

136 Vgl. 84 und Mensch, 54ff.

137 Eine gewisse Ausnahme bilden Bemerkungen auf S. 407 der Christologie, wo Christus im Gesamt der Schöpfung (Geschichte) jedem Geschöpf vom Ende her seine endgültige »Definition« gibt. Dieser an sich sehr erhellende Gedanke bleibt aber im Blick auf den Charakter von Gottes Gerichtshandeln seltsam blutleer.

138 Vgl. bes. Wahrheit, 216ff.

139 Damit soll nicht bestritten werden, daß sich Pannenberg z. B. des Unterschiedes zwischen jüdischem und christlichem Universalismus (Mission!) bewußt ist; vgl. Christologie, 65f.

140 Vgl. Heilsgeschehen, 278; Kerygma, 140.

Weg zu den Menschen zu einer einseitig theoretischen Veranstaltung zu machen[141]? Daß die Offenbarung im Rahmen des deuteronomistischen Geschichtsbildes derjenigen Gruppe zuteil wird, die Gottes gerechtes Gericht über ihre Sünden in einer Doxologie bekennt[142], kommt hier nicht zur Geltung. An diesem Punkt ändert sich auch nichts durch die neutestamentliche Neuinterpretation der »apokalyptischen« Tradition. Auch in Jesu Heilsaussage ist der Bußruf einbeschlossen, und bei Paulus erhebt sich die Zusage der Gottesgerechtigkeit auf dem Grund der »Offenbarung des Zornes Gottes« über die Sünde (vgl. Rö 1, 18ff.). Der neue Mensch realisiert sich im Sterben des alten[143]. Aber nicht nur die Offenbarung, auch die Geschichte selbst ist auf die gleichsam neutrale Dimension eines universalen Heilszusammenhangs vereinheitlicht. Dadurch kommen aber auf der einen Seite die verschiedenen Dimensionen des göttlichen Handelns in der Geschichte nicht mehr ausreichend zur Sprache. Auf der anderen Seite aber besteht die Gefahr, daß Gottes schon mit Christus und dem Geistgeschehen hereinbrechendes Endheil nicht deutlich durch das Gericht von der Geschichte als Unheilszusammenhang abgesetzt wird[144].

Zusammenfassend könnte man sagen: wenn überhaupt im Rahmen des deuteronomistisch-apokalyptischen Geschichtsbildes die Linie auf eine Einheit der Geschichte hin ausgezogen wird — was keinesfalls immer der Fall ist —, so geschieht es nicht oder nur sekundär über die Dimension des Heilshandelns Gottes. Vielmehr wird die Sünde des Volkes (der Gottlosen überhaupt; Element A) gegenüber Gottes Schöpfungs- und Heilshandeln nach rückwärts und die Andauer des Gerichts (Element D) nach vorwärts verlängert — bis zum Endgericht. Will man in diesem Horizont von einer *Einheit der Geschichte* reden, so müßte man sagen, daß diese Einheit durch das Stehen der Welt *unter und vor dem Gericht Gottes* konstituiert ist. Nicht aber ist diese Einheit primär eine Rekapitulation des Ganzen von einem sinn-

---

[141] Diese Anfrage bleibt auch dann bestehen, wenn Pannenberg bisweilen betont, das historische Wissen führe schließlich von selbst zu dem Punkt, wo man sich vernünftigerweise proleptisch vertrauend (glaubend) darauf einlassen müsse (vgl. z. B. Einsicht, 90). Denn ist mit diesem Vorgang beschrieben, was es heißt, durch das Gericht Gottes hindurchzumüssen? Zum Ganzen vgl. meinen Aufsatz, Die Klarheit der Schrift und die Vernunft.

[142] Vgl. *Reese*, 56f. zur Tiervision des äth Hen.

[143] Wie müßte sich diese paulinische Einsicht auf den Historiker und seinen Methodengebrauch auswirken, wenn er in seinen Quellen der Offenbarung Gottes begegnen will?

[144] Allerdings soll noch einmal hervorgehoben werden, daß Pannenberg nicht einfach den Topos »Gericht« in der Landkarte seiner Systematik vergißt. Die Anfragen richten sich darauf, ob dieser Topos im Grundansatz seines konstitutiv auf der »Apokalyptik« aufbauenden Entwurfs und seiner Methodik angemessen zur Geltung kommt. Ist es denn ein Zufall, daß dort die Auferstehung die fast allein beherrschende Rolle spielt?

und heilvollen Ende her. Das Licht des Heils leuchtet nur durch das Feuer des Gerichts hindurch.

Es könnte auf den ersten Blick so scheinen, als hätte *J. Moltmann* einen sachgerechteren Einstieg zum Verständnis der Apokalyptik, wenn er immer wieder betont, daß das Kreuz in der Auferstehung aufgehoben bleibt (eschatologia crucis)[145], und wenn er ausdrücklich (mit Marx) gegenüber Pannenberg sagt: »Für den Theologen geht es nicht darum, die Welt, die Geschichte und das Menschsein nur anders zu *interpretieren*, sondern sie in der Erwartung göttlicher Veränderung zu *verändern*« (74). Er will die christliche Botschaft nicht als Überbietung weltlicher Vernunft auslegen wie Pannenberg, sondern in Konflikt und Differenz zur Welt und Gesellschaft. Dabei scheint nun aber die geschichtliche Veränderung auf Zukunft hin selbst schon theologische Qualifikation zu besitzen[146]. Diesen Eindruck bestätigt auch seine Deutung der Apokalyptik.

M. geht aus von der Charakterisierung der gegensätzlichen Beurteilungen der Apokalyptik durch v. Rad einerseits und W. Pannenberg und K. Koch andererseits[147]. G. v. Rad sieht ja in der periodisierten und universalisierten Geschichtsauffassung der Apokalyptik eine Fortsetzung weisheitlichen Ordnungsdenkens und eher eine Entgeschichtlichung der Geschichte als eine Weiterführung prophetischen Denkens, während die beiden anderen darin einen ersten weltgeschichtlichen Entwurf auf der Basis prophetischer Eschatologie sehen. M. schlägt demgegenüber eine dritte Deutungsmöglichkeit vor. Er will aus der Anwendung kosmologischer Schemata auf die Geschichte weder den Stillstand der Geschichte noch die Durchschaubarkeit der Geschichte als Inbegriff für die Wirklichkeit in Totalität folgern, sondern den Akzent auf die Kosmologie legen: »Es könnte aber die Eigenart und die theologische Bedeutung der Apokalyptik umgekehrt darin liegen, daß es in ihr gar nicht um eine kosmologische Deutung der eschatologischen Geschichte geht, sondern um eine eschatologische und geschichtliche Deutung des Kosmos«[148]. Bei allen Einbußen, die die Eschatologie dabei erleidet, be-

---

145 AaO, 73. Dieses Anliegen ist gar nicht so weit von der deuteronomistisch verstandenen Apokalyptik entfernt, wie Moltmann vom damaligen Stand der Forschung her meint.

146 S. o. S. 4.

147 AaO 120ff.

148 AaO 123. Vgl. ebd.: »Dann würde in der Apokalyptik nicht die Eschatologie kosmologisch und damit stabil, sondern es würde umgekehrt die Kosmologie eschatologisch und der Kosmos würde geschichtlich in den Prozeß des Eschaton hineingezogen«. D. h. es würde »die universal gewordene Geschichtshoffnung den Kosmos in Bewegung versetzen«. Übrigens unterscheidet sich Moltmann mit der Einbeziehung des Kosmos in die Universalgeschichte gar nicht von Pannenberg, wie er meint. In der Art, *wie* beide das tun, liegt der Unterschied: der eine über die Theorie, der andere über die weltverändernde Praxis.

grüßt M. doch diesen Vorgang. Denn dadurch kann die Eschatologie über die Existenzgeschichte des Einzelnen und die Völkergeschichte der Menschen hinaus auf »die kosmische Revolution aller Dinge« ausgedehnt werden. Es kann zu einer »eschatologischen Ontologie« kommen, »für die das Sein geschichtlich wird und der Kosmos sich öffnet zum apokalyptischen Prozeß« (124). »Prozeß« ist hier aber nicht zu verstehen im Sinn eines Gerichtsverfahrens, sondern im Sinn einer Entwicklung, in der das universale Leiden dieses Kosmos über sich hinausdrängt zur Freude in einem neuen Himmel und einer neuen Erde.

Will man diese Deutung, die M. eher künstlerisch entwirft als sie detailliert zu begründen, beurteilen, so sind zunächst einige neue exegetische Erkenntnisse nachzutragen, die er noch nicht berücksichtigen konnte. Die »Entgeschichtlichung« der Geschichte in den Geschichtsdarstellungen der apokalyptischen Schriften geht nicht nur auf weisheitliche Einflüsse zurück. Vielmehr fragt es sich, wieweit schon im leitenden deuteronomistischen Geschichtsbild überhaupt von Geschichte im prophetischen Sinn geredet werden kann. »... das Verständnis der Zeit Israels zumindest seit 587 (durch Aufnahme der Zweiäonenvorstellung rückt der Zeitpunkt an den Anfang der Geschichte) bis zum Eintritt der eschatologischen Wende als Andauer von Sünde und Gericht (Elemente A und D) und Gelegenheit zur Umkehr (E) läßt diese Zeit als die eine Gegenwart verstehen, in der Neues in seiner Kontingenz überhaupt nicht zu Gesicht kommt, sondern etwa wie die Ereignisse 70 n. (Chr.) in den stabilen Vorstellungsrahmen einbezogen wird, ohne diesen prinzipiell zu verändern«[149]. Hinzu kommen die Periodisierungen der Heilsgeschichte in den altisraelitischen Geschichtswerken bis zurück zum Jahwisten. *Reese* unterscheidet deshalb von dieser Art der Schematisierung die »numerische Periodisierung«, die zwar an jene ältere israelitische anknüpft, aber neu aus weisheitlichen, iranischen und vielleicht sibyllistischen Quellen gespeist wird[150]. Mit diesen neuen Begründungen für die Beobachtungen v. Rads ist aber Moltmanns Deutungsvorschlag noch nicht widerlegt, weil sein Interesse vor allem der Kosmologie in der Apokalyptik, nicht aber so sehr den Geschichtsentwürfen gilt.

Diese Frage Moltmanns nach der Bedeutung des Kosmos in der Apokalyptik ist von weittragender systematischer Bedeutung in der späteren Traditionsgeschichte der Zweireichelehre, so daß sie hier noch ausführlicher behandelt werden muß. Klammert man zunächst einmal das Problem der besonderen Akzentuierung der kosmologischen Stoffe in den »apokalyptischen« Texten aus, so ist deren Herkunft aus der israelitischen Weisheitstradition — die ihrerseits internationale Wissenschaft assimiliert hat — unbestreitbar[151]. Das Charakteristikum der Weisheit ist, daß sie Ordnungen im Lebensraum des Menschen aufzudecken sucht, um ihn durch die Gefährdungen und Wirren der Welt zu »lotsen« (Kybernetik als Steuer-

---

149 *Steck*, 193.

150 AaO 71f.

151 An dieser Stelle ist bisher nirgends eine Alternative zu *v. Rads* Ergebnissen aufgestellt worden und wird sich auch schwerlich in Zukunft aufstellen lassen.

mannskunst)[152]. Dabei geht die frühe Erfahrungsweisheit (vgl. Spr 10ff.) zunächst nur »Ordnungsparzellen«[153] nach, die nicht systematisch untereinander verknüpft werden können und sollen, da nur so die Flexibilität und Offenheit der Erfahrung aufrechterhalten wird. Im Unterschied dazu fragt die spätere theologische Weisheit nach einem »Wissensganzen«[154], nach dem »Geheimnis« der Welt, das eben »die Weisheit« genannt wird (Hiob 28). Nun kann man den Bedeutungswandel, den das internationale Wissen durch die Einbeziehung in den Jahweglauben durchgemacht hat, kaum überschätzen. Denn die Ordnungen wurden dadurch nicht mehr wie in der altorientalischen Umwelt Israels als zyklisch-ewige Erscheinungen der Gottheit selbst verstanden, sondern von Jahwe als ihrem Schöpfer und Garanten unterschieden[155]. Aber man sollte die Unterschiede Israels zu anderen Kulturen doch nicht immer schon von vornherein mit dem Prädikat »geschichtlich« taufen, als sei die Kategorie der Geschichte schon selbst eine theologische, ja als sei sie überhaupt eine eindeutige und stecke nicht vielmehr voller Möglichkeiten der Äquivokation. Was jedenfalls die kosmischen Ordnungen anbetrifft, so wird in weisheitlicher Tradition und auch sonst[156] gerade ihre Beständigkeit gepriesen. Das gilt auch und gerade, wenn sie als durch Jahwe geschaffen und beherrscht vorgestellt werden.

Ein schönes Beispiel ist Ps 119 (LXX 118), 91: »Nach deinen Rechtssprüchen bestehen sie (Himmel und Erde = alles Geschaffene)[157] bis heute.« Diese Aussage wird durch den Zusatz begründet: »... denn alles ist dir dienstbar.« An dieser Begründung läßt sich die Art des Unterschiedes zwischen dem Weltverständnis israelitischer Weisheit und antiker Wissenschaft zeigen, besonders wenn man sie sich in ihrer hellenistisch-jüdischen Wirkungsgeschichte vor Augen führt. Die Septuaginta übersetzt nämlich: »Durch deine Anordnung steht fest (ist beständig) der Tag (das Licht); denn alles ist dir dienstbar[158].« Hier ist der Bestand, die feste

[152] *G. v. Rad*, Theologie des Alten Testaments I, 433f.

[153] Ebd. 435 (vgl. 430ff.).

[154] Ebd. 460 (vgl. 454ff.).

[155] Vgl. ebd. 446ff.; II, 120ff.; vgl. auch *ders.*, Aspekte, 59ff. zur Bedeutung des Bilderverbots für das alttestamentliche Weltverständnis. Weiter s. *H. Gese*, Lehre (33), 45ff. (Mit diesem Sachverhalt hängt auch die Verwandlung der altorientalischen Konzeption »der Geschichte als Folge ... in die Konzeption der Geschichte als Gericht« zusammen, von der noch zu reden sein wird; vgl. *ders.*, Geschichtliches Denken, 142).

[156] Vgl. *Jenni*, 21, und *v. Rad*, Theologie des Alten Testaments I, 170 zur Priesterschrift.

[157] Vgl. *H.-J. Kraus*, Psalmen 2 (BKAT), 827 z. St.

[158] *τῇ διατάξει σου διαμένει ἡ ἡμέρα, ὅτι τὰ σύμπαντα δοῦλα σά.* (hajjom = »bis heute« ist hier mißverstanden im Sinn von »der Tag«).

Ordnung der Welt darauf zurückgeführt, daß Gott einen Befehl gibt und die Kreaturen als Diener beständig gehorsam sind, d. h. seinen Befehl einhalten. Beachtet man nun, daß zur Bezeichnung der schöpferischen Anordnung Gottes der gleiche griechische Begriff wie in Platons Timaios für das Handeln des Demiurgen verwendet wird (*διατάσσω, διάταξις*)[159], so läßt sich die differentia specifica der israelitischen Aussage gut ermitteln. Bei Platon nämlich ist »anordnen« nicht im Sinn von »befehlen«, sondern von »verteilen« (etwas passend anordnen) gemeint. Der Demiurg — der ja nur ein Bild für die ewige Wirksamkeit der Vernunft im Kosmos ist[160] — ist wie ein Künstler vorgestellt, der das Kunstwerk durch richtige Verteilung der Elemente herstellt[161]. Die Vollendung seines Tuns zeigt sich gerade darin, das Kunstwerk so herzustellen, daß es in sich vollkommen — und darum autark — ist (33d u. ö.). Dadurch hebt sich das Bild des »Schöpfers« selbst auf. Ganz anders Ps 119, 51: hier wird der platonische Begriff *διάταξις* = verteilende Anordnung umgeprägt zu Anordnung in der Bedeutung von Gehorsam heischendem Befehl[162]. Gott bleibt als wirklicher, von der Welt unterschiedener Schöpfer auch Herr des Weltgeschehens. *Hier* liegt die Besonderheit Israels, nicht aber in der Verwandlung der beständigen Ordnungen in »geschichtliche«, womit doch offenbar in sich wandelbare gemeint sein sollen. Vielmehr kann die Weisheitstradition Ordnungsvorstellungen aus allen Völkern aufnehmen bis hin zur Assimilation der griechischen Formen von Ordnungsontologie. Bei allen Veränderungen, die diese dabei erleiden, liegt doch nirgends eine besondere Polemik gegen das Beständigkeitselement der Gesetzmäßigkeiten vor[163].

Verändert sich dieses Ergebnis nun grundsätzlich, wenn man die Weisheitstradition nicht in Richtung auf das hellenistische, sondern das »apokalyptische« Judentum weiter verfolgt? Diese Vermutung vertritt nicht nur *Moltmann* — wie gesagt, ohne Begründung—, sondern auch *Rössler*[164] aufgrund der Behauptung, das Gesetz sei in der

---

[159] Vgl. Tim 42e; 45b; 75d; 53b. Die Aufnahme dieses platonischen Werks im alexandrinischen Judentum ist besonders deutlich bei Philon, De opificio mundi.

[160] S. u. S. 83 A. 272 u. 111 A. 389.

[161] Ähnlich ist für den Griechen auch die Polis dann richtig geordnet, wenn das Gleichgewicht der Kräfte herrscht. In diesem Sinn ist das Recht als verteilende Gerechtigkeit Darstellung des Strukturprinzips in Kosmos und politischem Gemeinwesen (Mikrokosmos). Vgl. u. S. 61ff. das zu Platon Gesagte.

[162] Der gleiche Gedanke findet sich in Ps 148, 6 (LXX), im Zusammenhang mit dem Begriff *πρόσταγμα*. Vgl. weiter die weisheitlichen Belege Sir 16, 28; 42, 15; 43, 5. 7. 10. 16. 26 und Philon (Mos 201): »Gott aber ist nicht ein einzelner Teil des Alls, sondern die gesamte Welt unterworfen, daß sie ihm zu jedem Zwecke seines Willens wie Sklaven ihrem Herrn dienen.«

[163] Die Kritik Philons an der aristotelischen Theorie der Ewigkeit der Welt (opif. mund. 7ff.) richtet sich nicht etwa gegen die Beständigkeit der kosmischen Ordnungen, sondern gegen die Leugnung des Schöpfers, der diese Ordnungen schuf. Diese Gedankengänge werden noch einmal bei der Behandlung der politischen Gewalten in Gottes Dienst begegnen (s. u. S. 155ff. zu Rö 13, 1—7).

[164] AaO 52ff.

Apokalyptik ein »geschichtlicher« Begriff. Sein Beweis für diese These — die er selbst auch nur für »mehr als wahrscheinlich« hält (53) — überzeugt freilich nicht[165]. Wenn er dann zu ihrer Stützung noch auf die »Geschichtlichkeit« der kosmischen Gesetze (Ordnungen) in den astronomischen Kapiteln des äth Hen verweist (53f.), so leuchtet gerade hier die Begründung nicht ein. Die Unterscheidung der gehorsamen Diener (hier Engel), die die Ordnungen des Kosmos aufrechterhalten, von der griechischen *τάξις* besagt noch nicht, daß jene Diener die Gesetze geschichtlich, d. h. doch wandelbar machen. Hier gilt das gleiche wie das zu den weisheitlichen und hellenistisch-jüdischen Texten Gesagte. Für die geschichtliche Interpretation der Ordnungen scheint nun aber die Tatsache zu sprechen, daß man ihre Auflösung am Ende dieses Äon erwartet. Der Engel Uriel zeigt Henoch, »... wie es sich mit all den Gesetzen, mit allen Jahren der Welt und bis in Ewigkeit verhält, bis die neue ewig dauernde Schöpfung geschaffen wird« (72, 1). Will man aus der Vorstellung eines Endes der gegenwärtig bestehenden Welt die Geschichtlichkeit von deren Gesetzen ableiten, so müßte man das gleiche für die iranische Zurvantheologie und alle Weltkatastrophentheorien (Stoa!) auch tun. Dann verlöre aber der Begriff »geschichtlich« jeden ausweisbaren Sinn, da er in diesem Fall auch auf zyklische Systeme angewendet werden müßte. Man kann also durchaus in einem Denken, das ein Ende der bestehenden Welt annimmt, die Vorstellung von unveränderlichen Ordnungen dieser Welt integrieren. Das zeigt nicht nur der zitierte Satz aus äth Hen 72, 1, der von den Gesetzen »bis in Ewigkeit« spricht, sondern später z. B. Augustin, der — wenn auch aporetisch — die Zweiäonenlehre mit griechischer Ordnungsontologie verbinden kann[166]. Es scheint also, als sei das Interesse, überall

[165] Er kann ihn denn auch nicht mit dem Gesetzesbegriff selbst führen, sondern nur über die Brücke von Synonymbegriffen, die s. E. geschichtlichen Sinn haben — der wichtigste, »Weisheit«, sperrt sich aber gerade gegen diese Deutung, wie er selbst zugeben muß (53). Deshalb betonen denn auch *v. Rad* (Theologie des Alten Testaments II, 331 zu Daniel) und *Reese* (36 zu äth Hen 89, 28—38; 75 zur 10WApk; 139ff. u. 145ff. zu 4 Esr) umgekehrt die Ungeschichtlichkeit des weisheitlich-apokalyptischen Verständnisses von Gesetz. Dieses ist vom Schöpfungsglauben aus gedacht und gilt wie die mit ihm identische Weisheit als ewig. Vgl. Sir 24, 9 (23): »Von Ewigkeit her, von Anfang an schuf er mich, und bis in Ewigkeit werde ich nicht aufhören«; äth Hen 90,6: »Gesetz ... für alle kommenden Geschlechter«; 99, 1: »das ewige Gesetz«. Zur Kritik an Rössler vgl. auch *H. D. Betz*, Das Verständnis der Apokalyptik, 261.

[166] S. u. S. 299.

in der Apokalyptik abstrakte »Geschichtlichkeit« aufzuspüren, von außen an die Texte herangetragen, wobei hier nicht zur Debatte steht, in welchem Maß apokalyptische Entwürfe später zur Entstehung des geschichtlichen Bewußtseins beigetragen haben und wie heute Geschichte erfahren wird.

Methodisch müßte man doch wohl besser so vorgehen, daß man nach den Zielen und Zwecken fragt, auf die hin die »Apokalypsen« selbst ihre (traditionellen) *kosmologischen Stoffe* vortragen. In dieser Frage wird man zwar noch detaillierte Forschungen abwarten müssen, aber einiges läßt sich schon mit Wahrscheinlichkeit sagen. In der Rede, die das äth Henochbuch in seiner Endgestalt einleitet (2—5), wird aufgefordert, die Ordnungen Himmels und der Erde zu beobachten. Der *Zweck* dieser Aufforderung ist eindeutig ein *paränetischer*. Am Gegenbild der dem Schöpfer beständig gehorsamen Geschöpfe wird den Sündern vorgehalten, daß sie »nicht ausgeharrt und das Gesetz des Herrn nicht erfüllt« und damit Gottes Majestät geschmäht haben (5, 4). Sie wird Fluch und Unfriede treffen[167]. Den Gerechten dagegen, die das Verhältnis des Geschöpfes zum Schöpfer richtig erkennen und realisieren, wird Friede, Freude usw. verheißen. In dieser paränetischen Motivation der kosmologischen Aussagen berührt sich dieser apokalyptische Text aufs engste mit den Intentionen der weisheitlichen Tradition. »Die Weisheit war in Israel niemals ein rein theoretisches Erkenntnisstreben; seit je war sie angewandtes Wissen, das dem Menschen bei seiner Selbsterhaltung in den Schwierigkeiten des Lebens behilflich sein wollte«[168]. Für die späten Weisheitstexte (Hiob 28, Spr 8, Sir 24) sind die Aussagen über die kosmische Weisheit unlöslich verkoppelt mit dem Aufruf zur verantwortlichen und Gott gehorsamen Lebensführung, ja, die als Prinzip der Welt den Menschen anrufende Weisheit ist identisch mit der Mosetora. Der theologische Ort der kosmologischen Aussagen ist der Anruf an den Menschen zur Entscheidung über Leben und Tod

---

[167] Vgl. Test Napht 3, 3: »Sonne, Mond und Sterne verändern ihre Ordnung nicht; so sollt auch ihr das Gesetz Gottes nicht ändern durch Unordnung eurer Handlungen.« Weiter s. Ass Mos 12, 9f.; äth Hen 101, 1—9. Vgl. zum ganzen auch *Reese*, 79.

[168] *G. v. Rad*, II, 325. Vgl. ebd. 326: »In Anbetracht der schweren Gefährdung des Menschen gerade auf dem Gebiet des Wissens geht es auch dieser (erg. apokalyptischen) Weisheit noch darum, durch rechtes Wissen die rechte Einstellung zur Welt zu lehren.«

(Spr 8, 35). »Für den Menschen gibt es Weisheit nur in der Nachfolge, in der Jüngerschaft«[169].

Diese Bezogenheit des kosmologischen Wissens auf Heil und Unheil des Menschen und seiner Welt ließe sich noch in vielen »apokalyptischen« Aussagen nachweisen[170]. Natürlich steckt hierin zunächst der allgemein altorientalisch-antike Gedanke des Tat-Folge-Zusammenhangs. Aber grundlegend bleibt die Besonderheit Israels, nicht einfach durch Anpassung an die (göttlichen) Ordnungen die Gerechtigkeit zu suchen, sondern die Einhaltung der Ordnung in erster Linie im Lob Jahwes, des weltunabhängigen Schöpfers zu sehen[171], die Verkehrung der Ordnung aber in seiner Lästerung[172]. Aus der altorientalischen Konzeption der »Geschichte als Folge« wird die Konzeption der »Geschichte als Gericht«[173]. Kann man also sagen, schon in der israelitischen Weisheit sei Wissenschaft auf die Lebenspraxis und insofern auf Rechenschaft gegenüber Gott bezogen, so bekommt dieser Gesichtspunkt noch einmal einen ganz neuen Akzent durch die Einbeziehung der deuteronomischen Umkehrpredigt und ihrer Verbindung mit der eschatologischen Vorstellung vom Endgericht in den Horizont weisheitlicher Tradition. Die aus der asidäischen Traditionsmischung erwachsenen apokalyptischen Schriften stellen nämlich nun ihr ganzes Wissen in den Dienst des Bußrufs an Israel, aber auch des Trostamtes an den Gerechten[174].

Betrachtet man von den bisher gewonnenen Ergebnissen aus die Apokalyptikdeutung *G. Sauters*[175], so stimmen sie in den kritisch gegenüber *Pannenberg*, *Rössler*,

[169] *G. v. Rad*, I, 463 (ff.).

[170] Äth Hen 76, 14 z. B. werden die Gesetze der Welt unter dem Gesichtspunkt der Plagen für die Sünder und der Wohltaten für die Gerechten gedeutet. 80, 1—8 zeigt, wie die durch Sünde verkehrten Naturordnungen unheilvoll für den Menschen werden.

[171] Vgl. äth Hen 22, 14; 25, 7; 27, 5; 36, 4 (Schlußdoxologie nach Henochs Reisen durch Erde und Unterwelt); 81, 10.

[172] Vgl. äth Hen 5, 4.

[173] S. o. A. 155.

[174] *Steck* hat recht, wenn er von dieser seiner Entdeckung her stärker als *v. Rad* betont, daß die Weisen als theologische Träger der Apokalyptik, »nicht nur als Gelehrte, sondern auch als Umkehrprediger und Gesetzeslehrer anzunehmen sind« (192). Das Trostelement kommt übrigens außer in der Erkenntnis geschichtlicher Abläufe (vgl. *v. Rad*, II, 321; *Steck*, 190 A. 2) auch gerade in den kosmologischen Visionen des endlichen Heils der Gerechten und des Unheils der Sünder zum Ausdruck (vgl. z. B. äth Hen 17—36; 101, 1—9).

[175] AaO 229ff.

Koch und *Moltmann* geäußerten Argumenten durchaus überein. Er legt den Akzent ganz auf die totale »Andersartigkeit des Himmlischen gegenüber allem irdisch Verfügbaren« (243), auf das radikale »Unvermitteltsein« der Offenbarung »mit vorfindlicher Welt« (242), so daß er mit Recht das Reden von »Offenbarung als Geschichte« in der Apokalyptik zurückweist. Nun gewinnt aber dieser Gegensatz bei Sauter einen merkwürdig abstrakten Sinn. Er weiß zwar, daß der Zustand der Geschichte dieses Äon mit der Sünde zusammenhängt (244), ihn interessiert daran aber nur die damit zusammenhängende Tatsache der »Verfallszeit« und der »Ohnmacht« der Welt (ebd. A. 49). Der Gerichtsgedanke fehlt völlig in dieser Interpretation. Er wird auch nicht in Beziehung gesetzt zum Interesse der apokalyptischen Weisen an den Ordnungen des Kosmos und der Geschichte. Entsprechend verlieren diese in Sauters Nachzeichnung ganz an theologischem Gewicht und werden vor allem beargwöhnt als in »nicht ungefährlichem Kontakt zu einer Weltdeutung (stehend), die es unternimmt, die Struktur des Kosmos transparent zu machen« (245).

Überblickt man zusammenfassend die vorgetragenen fragmentarischen Überlegungen zu dem komplexen und noch weithin unerforschten Phänomen der »Apokalyptik«, so ist es nicht sinnvoll, sich ihm ausschließlich unter dem modern theoretischen Interesse an Geschichte und Geschichtlichkeit zu nähern[176]. Ausgangspunkt der asidäischen Gruppe, aus der die frühesten apokalyptischen Schriften entspringen, ist die Erfahrung des Untergangs von Jerusalem und der gerade mit der Religionsverfolgung unter Antiochus IV. wieder manifest werdenden Preisgabe Israels an die Völker. Diese Ereignisse werden als andauerndes Gericht Jahwes an seinem trotz aller göttlichen Vorgaben an Heil und Mahnung ungehorsamen Volk verstanden. Der immer weiter auf diesen ganzen Äon ausgedehnten Sünden- und Unheilszeit wird eine durch prophetische und außerisraelitische Hoffnungen ausgestaltete Heilszeit gegenübergestellt. Beide werden durch ein großes Endgericht voneinander getrennt. Diese schematisierende Periodisierung der Zeiten ist besonders durch weisheitliches und vielleicht iranisches Denken gefördert worden. Die theologische Pointe dieser Konzeption liegt darin, daß Gott Schöpfer und Herr *beider* »Äonen« ist. Von hier aus sind die apokalyptischen Schriften im Zentrum Umkehrpredigt einerseits und

[176] Lange konnten sich, wie in den folgenden Kapiteln noch deutlicher werden wird, im apokalyptischen Rahmen durchaus (im altisraelitischen und erst recht im modernen Sinn) »ungeschichtliche« Denkweisen halten. Damit soll nicht bestritten werden, daß später die Säkularisierung apokalyptischer Zukunftsschau wesentlich an der Entstehung des neuzeitlichen Geschichtsbewußtseins mitgewirkt hat. Dazu vgl. *R. Koselleck*, Vergangene Zukunft der frühen Neuzeit; weiter *K. Löwith*, Weltgeschichte und Heilsgeschehen.

tröstender Zuspruch andererseits. Die von Gott in der Schöpfung mit ihren beständigen kosmischen Gesetzen und in der besonderen Gesetzesoffenbarung an Israel gegebenen guten Gaben machen den (vernunftbegabten) Menschen verantwortlich für seinen Lebensweg und seinen Umgang mit der Welt[177]. Sein Versagen aber entreißt Gott nicht die Herrschaft. Er beauftragt menschliche Weltreiche mit dem Strafgericht an seinem auserwählten Volk. Beide, die Vorgaben göttlicher Treue und die Strafgerichte seines Zorns sind die Motivation des Umkehrrufs. Der Trost liegt einerseits darin, daß Gott auch seine weltlichen Gerichtsdiener vor dem Endgericht zur Rechenschaft zieht und den hybriden Übertretern seines Auftrags plangemäß eine Grenze setzt, zum anderen darin, daß er selbst den Umkehrenden eine neue Heilswelt zubereitet. In diesem Äon, so könnte man abschließend sagen, kämpft Gottes Herrschaft — richtend und bewahrend — mit der seine Schöpfung und seine Heilssetzungen pervertierenden Sünde, im neuen Äon des Heils wird er sie besiegt haben.

Es wurde schon darauf hingewiesen, daß seit Jeremia und Hesekiel, besonders dann aber seit der späten Weisheit und schließlich zentral in 4 Esra mit dem anthropologischen Problem gerungen wird, ob das Nicht-zum-Ziel-Kommen der Heilsverwirklichung Gottes in seiner

---

[177] Daß ich in meiner Apokalyptikdeutung die »Verantwortung« des Menschen so stark hervorhebe, könnte seinerseits als ein tendenziöser Modernismus empfunden werden. Gewiß pointiert jede historische Interpretation nach eigenen Fragestellungen. Das ist nicht nur ein Nachteil, sondern ein positiver Sinn des unumgänglichen hermeneutischen Zirkels. Im Gegensatz zur erst neuzeitlich möglichen Leitfrage nach »dem« Geschichtsdenken antiker Konzeptionen, ist die Frage nach der lebenspraktischen Dimension der Vernunft bereits in der Antike nicht nur möglich, sondern derart im Bewußtsein, daß wir Heutigen davon erst lernen müssen. Die internationale frühe Weisheit war unmittelbar lebens- und polisbezogene Wissenschaft. Bei den Griechen ist dies in der Philosophie bis mindestens Platon unübersehbar (s. u. S. 61ff.). In der israelitischen Weisheit kommt diese Grundhaltung durch die Verbindung des schon immer paränetisch angewandten Wissens mit der deuteronomistischen Umkehrpredigt und der eschatologischen Vorstellung vom definitiven Endgericht des Schöpfers zu einer unüberbietbaren Zuspitzung (vgl. die klassische Formulierung 4 Esr 7, 72, nach der die Menschen gerade wegen ihres Vernunft»besitzes« zur Verantwortung gezogen werden. Natürlich ist der Sachverhalt nicht immer so allgemein gefaßt, zumal die Umkehrpredigt sich ausschließlich an Israel richtet). Entsprechend scheint der Begriff der Verantwortung im späteren Abendland eben aus dieser apokalyptischen Tradition entsprungen zu sein (vgl. *G. Picht*, Verantwortung, 190), nimmt freilich im Zuge der neuzeitlichen wissenschaftlich-technischen Weltbeherrschung völlig neue Dimensionen an.

Schöpfung vielleicht an der Unzulänglichkeit des menschlichen Herzens und seiner Gehorsamsunfähigkeit liegt[178]. Entsprechend erwarten Jeremia und Hesekiel[179] eine Erneuerung des menschlichen Lebenszentrums (Herz, Geist) durch Gottes Geist als Inhalt des eschatologischen Heilsgeschehens. An dieser Stelle führt Paulus mit seiner Interpretation des als Anbruch des Eschaton erfahrenen Christusgeschehens weiter. Wie und mit welchen antiken Mitteln er das tut, soll nun untersucht werden, da seine anthropologische Verifikation des christlichen Heils neben der Reichevorstellung der frühjüdischen »Apokalyptik« den zweiten Grundpfeiler der späteren Zweireichelehre bildet. Zuvor muß allerdings noch kurz darüber Rechenschaft abgelegt werden, warum das Alte Testament bei einer biblischen Begründung dieser Lehre nicht ausführlicher zu Wort kommt.

Anhang

Das Verhältnis der Zweireichelehre zum Alten Testament

Nur *A. Jepsen* hat, soweit ich sehe, als moderner Exeget die Frage gestellt: »Was kann das Alte Testament zum Gespräch über die Zweireichelehre beitragen?«[180] Er geht dabei von den Topoi »Schöpfung« und »Gesetz« aus. Das liegt nahe, weil Luther — er war »Alttestamentler« — das »weltliche Regiment Gottes« gern im Zusammenhang der Schöpfungs- und Exodusgeschichte erläuterte[181]. Nun ist es aber beim heutigen Methodenbewußtsein nicht mehr möglich, die Bibel einfach nach dicta probantia für dogmatische loci zu durchforschen. Vielmehr müßten die einzelnen traditionsgeschichtlichen Stränge je für sich und in ihrem gegenseitigen Verhältnis genau unter der vorliegenden Fragestellung, aber von ihrem eigenen Selbstverständnis her geprüft werden. Sieht man das Problem so, dann zeigt sich der auffallende Befund, daß die traditionsgeschichtliche Methode bisher fast ausschließlich auf spezifisch heilsgeschichtliche Themen angewandt wurde. Ja, im Zuge der kerygmatheologischen Frage-

---

178 Vgl. o. S. 23.

179 Vgl. auch äth Hen 5, 8: »... diese (erg. die Auserwählten) werden leben und nicht mehr sündigen, weder aus Versehen noch aus Übermut, und in dem erleuchteten Menschen wird Licht und in dem verständigen Verstand sein«.

180 LR 15, 1965, 427ff.

181 S. u. Kap. IV B 3.

stellung, besonders barthscher Prägung, wurden die Themen »Schöpfung« und »Gesetz« vorwiegend oder ausschließlich unter dem Vorzeichen der Heilszuwendung Jahwes betrachtet. Die Schöpfung geriet auf diese Weise unter die einzige Perspektive, Vorbau der Heilsgeschichte Israels zu sein[182]. Und die Gebote interessierten vorwiegend unter dem Aspekt der »Ersten Tafel«, d. h. der auf Jahwe und seine Rettungstat bezogenen Aufrufe[183]. Erst in allerjüngster Zeit beginnt man, nach dem positiv theologischen Sinn der Tatsache zu fragen, daß Israel im Verständnis von Schöpfung und Recht auffallend reichlichen Gebrauch von »fremdem« Überlieferungsgut gemacht hat[184]. *C. Westermann* hat den interessanten Versuch gemacht, diesen Befund damit in Verbindung zu bringen, daß das Alte Testament neben der Linie, die von geschichtlichen Rettungstaten Jahwes redet, eine andere kennt, die ein segnendes Handeln Gottes bezeugt[185]. Dieses letztere kommt besonders, wie schon in altorientalischen Traditionen, im Zusammenhang mit dem göttlichen Schöpfungstun zum Tragen. Besonders prägnant zeigt sich dieser Sachverhalt im priesterschriftlichen Bericht über die Erschaffung des Menschen. Hier findet sich in der dazugehörigen Segensformel sowohl die Fruchtbarkeitsgabe wie der Kultur- und Weltherrschaftsauftrag an den Menschen[186]. Diese späte Zusammenfassung, die in der Urgeschichte der Priesterschrift wegen deren apolitischer Konzentration auf den Kult nicht weiter ausgeführt ist, hat ihre stärker entfaltete Vorstufe beim Jahwisten. Dieser stellt freilich trotz der Kulturfreudigkeit der salomonischen Epoche die Ambivalenz der menschlichen Errungenschaften heraus[187]. Dennoch ist es außerordentlich wichtig, daß Westermann dieses Element der menschlichen Kulturtätigkeit im Rahmen des Schöpfungssegens als einen

[182] Vgl. *G. v. Rad* I, 149.

[183] Vgl. *G. v. Rad* I, 203ff.

[184] Es handelt sich hier nicht um die altbekannte Frage der »außerisraelitischen« Parallelen — die dann theologisch meist mit der Angst um die Besonderheit des Offenbarungsglaubens zur Kenntnis genommen werden —, sondern wirklich um die theologische Ortsbestimmung der Integration allgemeinmenschlicher Vollzüge und Einsichten in Leben und Auftrag des erwählten Gottesvolkes.

[185] 1. Der Segen in der Bibel und im Handeln der Kirche; 2. Genesis, bes. 192ff.

[186] Zum Ganzen *C. Westermann*, Genesis, 197ff.

[187] Die Errungenschaften erscheinen im Kainitenstammbaum (Gen 4, 17ff.). Der Turmbau zu Babel (Gen 11) ist der Höhepunkt der Abfallsgeschichte. Vgl. *C. Westermann*, Genesis, 78f. u. ö.

eigenständigen Strang neben dem der Schuld und Strafe aufgewiesen hat. Denn dadurch wird der Ort der Verbindung zwischen Israel und den Völkern theologisch schärfer bestimmt, zumal in der Verbindung der Ur- mit der Rettungsgeschichte durch die Segensverheißung an Abraham (Gen 12). Gerade im Blick auf die in dieser Untersuchung verfolgte Methode, die systematisch-theologischen Fragestellungen der Gegenwart konstitutiv auf die Voraussetzung der in die Weltgeschichte eingeflochtenen biblisch-christlichen Traditionen zu beziehen, wäre es ein wichtiges Desiderat, Israels Stellung im Rahmen der menschheitlichen Kulturgeschichte deutlicher zu erforschen. Aber es ist auf Grund der ersten, sichtbar werdenden Ansätze noch nicht möglich, ein zusammenfassendes Urteil zu gewinnen, gerade auch, was die genaue Verhältnisbestimmung der Rettungs- und der Segenslinie in den einzelnen Traditionen des Alten Testaments angeht. Ähnlich liegen die Dinge in der Erforschung alttestamentlicher Rechtstraditionen. Auch hier zeigt sich neuerdings, in welch reichem Maß Israel außerisraelitische Gebote und Rechtsformen integriert hat[188] — interessanterweise besonders in weisheitlichem Zusammenhang[189]. All dies müßte in seinem theologischen Sinn neu erarbeitet und ins Verhältnis zu den Erwählungstraditionen gesetzt werden.

Ein ganz eigenes Problem bietet das Verhältnis der Propheten zum sozialen und politischen Leben des auserwählten Volkes, aber auch zur Existenz und zum Handeln der umliegenden Völker[190]. Im ganzen wäre bei der Bearbeitung dieses Feldes zu beachten, was es bedeutet, daß im Neuen Testament die Angeredeten weder im Zusammenhang der Rettungsbotschaft noch in ihrer politischen Existenz Angehörige *eines* Volkes — und insbesondere des auserwählten Volkes sind. Das verändert das Verhältnis von »Religion und Politik« grundlegend, wenngleich seit der Alten Kirche, vor allem seit dem Mittelalter direkte Rückgriffe auf das Alte Testament im Sinn eines Königspriestertums oder Priesterkönigtums immer wieder versucht wurden[191]. Gerade heute wäre bei der systematischen Bedeutung, die

---

188 Vgl. bes. *E. Gerstenberger*, Wesen und Herkunft des »apodiktischen« Rechts; *G. Liedke*, Gestalt und Bezeichnung alttestamentlicher Rechtssätze; *H. H. Schmid*, Gerechtigkeit als Weltordnung. Aus der älteren Literatur s. *F. Horst*, Naturrecht und Altes Testament.

189 Vgl. *Liedke*, 214.

190 Vgl. außer den im Apokalyptikabschnitt erwähnten Aspekten *H. M. Lutz*, Jahwe, Jerusalem und die Völker.

191 Vgl. z. B. u. S. 291f. zu Augustin und im Kap. III passim zum Mittelalter.

die alttestamentliche Forschung erlangt hat, eine kritische Rückfrage in dieser Richtung dringlich erforderlich. Trotz und auch wegen des derart umfassenden Problemfeldes läßt sich wohl eine Beschränkung auf die »apokalyptischen« Strömungen und deren antik jüdische Umwelt methodisch rechtfertigen. Denn abgesehen von der überragenden Bedeutung der »Apokalyptik« für die spätere Zweireichelehre laufen erstens in dieser Spätzeit viele der früheren Überlieferungen zusammen und können so von den neuen theologischen Entwürfen abgehoben und in ihrem Eigensinn berücksichtigt werden. Besonders die im Apokalyptikteil ausführlich besprochenen Weisheitstraditionen sind ein Sammelbecken des von Israel verarbeiteten internationalen Guts[192]. Zum anderen aber läßt sich gerade an diesem Übergangsphänomen die systematische Frage nach dem Verhältnis von Altem und Neuem Testament, dem wir uns nun zuwenden, traditionsgeschichtlich vorbereiten.

[192] Vgl. außerdem u. S. 154f. und *C. Westermanns* Bemerkungen zum Segen in der Apokalyptik (Der Segen, 65f.).

B. Paulus

Die eschatologische Überwindung des alten durch den neuen Menschen und die von Gott in Dienst genommenen politischen Institutionen

1. Hellenistische Voraussetzungen (Innerer Mensch)

In De vera religione 50 spricht Augustin, der eigentliche Vater einer ausgebauten Zweireichelehre, zum ersten Mal von zwei Menschengruppen, die durch die Geschichte auf ein eschatologisches Ziel zuwandern. Er entwickelt diese Vorstellung aus der paulinischen und deuteropaulinischen Gegenüberstellung von altem, äußerem, irdischem und neuem, innerem, himmlischem Menschen[193], oder auch anders ausgedrückt: von homo peccati und homo iustitiae (ebd. 48f.)[194]. Wenn man feststellt, daß hier Paulus und seine Schüler die direkte oder indirekte Quelle Augustins sind[195], so ist mit dieser Aussage freilich das sachlich darin enthaltene Problem nicht gelöst, sondern erst gestellt. Offenbar haben nämlich die paulinischen Termini eine komplizierte Vorgeschichte. Mit Sicherheit spielt darin die hellenistisch-jüdische Synagoge, wie sie z. B. durch Philon von Alexandrien repräsentiert wird, eine gewichtige Rolle. Philon und die ihm verwandten Kreise haben jedoch in breitem Maße antike, vor allem platonische und stoische Elemente verarbeitet. Daraus folgt, daß Paulus hier in einem indirekten Verhältnis zur klassisch griechischen Tradition steht, das es zu klären gilt. Diese Frage ist darum von so fundamentaler Bedeutung, weil hier die Weichen gestellt werden für die anthropologische Verifikation der weiteren abendländischen

[193] Zu *alt—neu* vgl. Rö 6, 6 (παλαιὸς ἄνθρωπος), aber auch 2 Ko 4, 16 und Rö 12, 2 (erneuerter innerer Mensch bzw. νοῦς), ebenso Gal 5, 17 (καινὴ κτίσις), für die Deuteropaulinen Kol 3, 9f. und Eph 4, 22—24 (Ausziehen des alten und Anziehen des neuen Menschen), daneben Eph 2, 15 (im neuen Menschen sind Heiden und Juden vereint); zum *äußeren—inneren* Menschen Rö 7, 22 und 2 Ko 4, 16, weiter Eph 3, 16; zum *irdischen—himmlischen* Menschen 1 Ko 15, 40; 47; 49; 2 Ko 5, 1 und Phil 3, 19f. Zu vera relig. s. u. S. 216ff.

[194] Vgl. Rö 5, 12ff.; 2 Thess 2, 3.

[195] Vgl. *E. Hoffmann*, Anfänge der augustinischen Geschichtstheologie, 218ff.; *G. B. Ladner*, Idea of Reform, 263ff.

Eschatologie — innerhalb oder außerhalb einer Zweireichelehre. Denn hier fällt die Entscheidung, daß der Anfang der Neuen Schöpfung, oder anders ausgedrückt: des zukünftigen Reiches Gottes, im Horizont des — wie auch immer genauer zu bestimmenden — »inneren Menschen« ausgelegt wird. Bei der Lösung des paulinischen Problems befinden wir uns allerdings in der äußerst schwierigen Lage, gerade an diesem Punkt auf eine äußerst ungeklärte Forschungssituation zu treffen.

War seit der Vorherrschaft der religionsgeschichtlichen Schule der traditionsgeschichtliche Horizont des Paulus, jedenfalls soweit er hellenistische Elemente aufwies, vorwiegend mit dem Stichwort Gnosis bezeichnet, so ist diese Forschungsepoche mit *C. Colpes* Arbeiten[196] gerade zu Ende gegangen. Das betrifft unser Problem im Zentrum, weil nämlich früher gerade die paulinischen Passagen über den himmlischen und irdischen Menschen (vor allem 1 Ko 15, 44ff.) mit gnostischen Anthroposspekulationen in Zusammenhang gebracht wurden[197]. Colpes Nachweis, daß man mit einem fertigen vorchristlichen gnostischen Anthroposmythos nicht rechnen darf, sondern allenfalls mit verschiedenen Elementen, die später zu einem solchen ausgebaut wurden, wirft die Forschung auf die Aufgabe zurück, jene Elemente je in ihrem Traditionszusammenhang einzeln aufzusuchen und mit Paulus zu konfrontieren. Zu der Lösung dieser Aufgabe liegen aber bisher nur erste Ansätze vor. Das erschwert unsere Arbeit außerordentlich. Trotzdem bedeutet für sie der Neuansatz in der neutestamentlichen Forschung grundsätzlich einen ebenso großen Gewinn. Denn unter der Vorherrschaft der Gnosistheorien war schließlich alles und jedes Gnosis, so daß man keinen konkreten Traditionsträger mehr fassen konnte. Das hatte wiederum zur Folge, daß ebenso geschichtliche Kontinuitäten wie Neuansätze verwischt wurden. An die Stelle wirklicher Geschichte trat die zeitlose und im Grund weltflüchtige Kategorie der Geschichtlichkeit. Nun aber sind wir an soziologisch faßbare Traditionen gewiesen, wenn wir auch bei ihrer näheren Bestimmung erst ganz in den Anfängen stecken. Alles folgende ist unter diesem Vorbehalt der noch nicht voll verifizierten Hypothesen zu lesen.

---

[196] Grundlegend: Die religionsgeschichtliche Schule I, 1961; vgl. *ders.*, Art. Gnosis in RGG³ II, 1648ff.; *ders.*, Leib-Christi-Vorstellung; *ders.*, Art. *ὁ υἱὸς τοῦ ἀνθρώπου*, in: ThWB VIII, 403—481.

[197] So noch bei *E. Brandenburger* in seiner Dissertation, Adam und Christus, 1962. Zwar geht Brandenburger im ersten Teil seiner Studie historisch bedacht vor und prüft die vor allem spätjüdischen Quellen (bes. Philon), ohne sie zu stark mit der Gnosishypothese zu belasten. Im zweiten Teil arbeitet er aber wieder mit der durch nichts bewiesenen Annahme, die spätjüdischen Vorlagen für Paulus seien als Zeugnisse für Gnosis und nicht nur als deren Elemente zu betrachten. In seiner Habilitation, Fleisch und Geist, nimmt er inzwischen die gleiche Position wie Colpe ein, ohne diesen jedoch zu nennen. Vgl. *Colpe*, ThWB VIII, 475 A. 476 u. ö. *G. Schunack* (Das hermeneutische Problem des Todes, 234ff.) folgt Brandenburgers Dissertation. Vgl. auch *J. Jervell*, Imago, 122ff.; 242.

Immerhin ist für unser Problem von großem Interesse, daß die neuesten Arbeiten zur paulinischen Theologie[198] vor allem in zwei Richtungen weisen, einmal auf die Apokalyptik[199], zum anderen auf die hellenistische Synagoge, zumal auf Philon[200]. In unserem Zusammenhang ist das deshalb interessant, weil sich von vornherein vermuten läßt, daß die paulinischen Attribute der beiden »Menschen« eine spezifische Mischung aus hellenistischen und apokalyptischen Elementen darstellen. Denn das Begriffspaar alt — neu verweist auf die zwei Äonen der Apokalyptik, während die Gegenüberstellung von innerem (himmlischem) und äußerem (irdischem) Menschen an hellenistische Traditionen erinnert[201]. Letzteres soll uns zunächst beschäftigen.

a) Platon

Es ist bekannt[202], wenn auch nicht genauer untersucht, daß der paulinische Begriff des inneren Menschen [203] letzten Endes auf Platons Politeia zurückgeht (588b 10ff.). Platon spricht hier in einem Gleichnis davon, daß in der äußeren Menschengestalt ein Dreifaches enthalten ist. Ein vielfältiges Tierhaftes mit vielen Köpfen zahmer und wilder Tiere, ein Löwenhaftes und ein Menschliches. Dieses letztere nennt er *ὁ ἐντὸς ἄνθρωπος*, den inneren Menschen (589a 7f.). Das Gleichnis besagt, daß im menschlichen Körper eine Seele wirkt, in der sich Begehrungsvermögen (*ἐπιθυμητικόν*), etwas Mutiges, Kriegerisches, später Wille genannt (*θυμοειδές*), und das Denkver-

---

[198] Ähnliches gilt auch für Johannes und die »Deuteropaulinen« Kol u. Eph.

[199] Der Schrittmacher in dieser Richtung ist *E. Käsemann* (vgl. Exegetische Versuche und Besinnungen I u. II). Ihm folgt vor allem sein Schüler *P. Stuhlmacher* (Gerechtigkeit Gottes bei Paulus) und neuerdings neben anderen *A. Strobel* (Kerygma und Apokalyptik; Strobel bearbeitet allerdings das synoptische Material).

[200] Vgl. vor allem die genannten Untersuchungen von *C. Colpe*; sehr wichtig daneben *D. Georgi*, Die Gegner des Paulus im 2. Korintherbrief, und neuerdings *E. Brandenburger*, Fleisch und Geist.

[201] Wieweit iranische Elemente mit ins Spiel kommen, muß jeweils untersucht werden. Jedenfalls geht es nicht mehr an, wie Reitzenstein die Vorstellung vom inneren Menschen einfach vom iranischen Gott Anthropos abzuleiten (*Colpe*, Religionsgeschichtliche Schule, passim; zusammengefaßt ThWB VIII, 411).

[202] *J. Jeremias*, ThWB I, 366, 17; *E. Hoffmann*, 214; *E. Brandenburger*, Fleisch, 172f. A. 5.

[203] Rö 7, 22; 2 Ko 4, 16.

mögen (λογιστικόν) als das eigentlich Menschliche, ja Göttliche (589d 1; e 4) unterscheiden lassen. Betrachtet man den Ort, den das Gleichnis im Aufbau der Politeia einnimmt, so wird seine fundamentale Bedeutung sichtbar. Am Schluß von Buch IX wird mit seiner Hilfe nämlich die in Buch II gestellte Hauptfrage des ganzen Werkes abschließend beantwortet, ob es dem Menschen zuträglicher sei, Unrecht zu tun — wie die Sophisten behaupten — oder aber Gerechtigkeit zu üben — wie es die Gesetze der Polis voraussetzen und wie es Platon aus dem Wesen des Menschen, des politischen Zusammenlebens, ja des ganzen Kosmos nachzuweisen unternimmt, um die Krise der griechischen Polis zu überwinden. In diesem Gleichnis ist also nicht mehr und nicht weniger als die gesamte platonische Philosophie versammelt und diese wiederum als eine wesentliche Grundlage der gesamten folgenden abendländischen Denk- und Kulturgeschichte, wie sich nicht zuletzt deutlich an der Entwicklung der Zweireichelehre, besonders ihrer anthropologischen Seite, ablesen läßt. Die relative Ausführlichkeit der folgenden Erörterungen über Platon, Philon, Stoa, Neuplatonismus und implizit auch über Aristoteles rechtfertigt sich darum nicht allein im Blick auf Paulus. Vielmehr werden hier bereits Züge mit herausgearbeitet, die erst für Augustin, das Mittelalter oder Luther wichtig werden. Die antiken Grundlagen im vorliegenden Zusammenhang angemessen zu entfalten, ist freilich unmöglich. Ich schließe mich in meiner Skizze vor allem an *Hans Joachim Krämer* an, der mit seiner Tübinger Dissertation über Arete bei Platon und Aristoteles der Platonforschung eine neue Richtung wies[204]. Krämer behandelt nicht nur die Bücher II—X der Politeia im Zusammenhang[205], sondern er interpretiert sie auf dem Hintergrund der von ihm neu erschlossenen platonischen Ontologie.

Das Zentrum seiner These liegt darin, daß Platons Schriften nicht als eine Entwicklung von sich ablösenden und veränderten Phasen zu betrachten sind, sondern daß hinter allen eine einheitliche, systematische und umfassende Ontologie steht, die allein als mündliche, esoterische Lehre im akademischen Unterricht für Fort-

[204] Ich kann mich hier nicht auf den Streit einlassen, der inzwischen um die »Tübinger Schule« ausgebrochen ist. Man bemängelt an ihr vor allem, daß dem philologischen Scharfsinn nicht eine gleiche philosophische Differenziertheit entspricht (vgl. u. A. 214). Tatsache ist aber, daß die Arbeiten Krämers ein neues Erfassen der *Einheit* der platonischen Philosophie eingeleitet haben. Vgl. *K. Oehler*, Der entmythologisierte Platon, 401 ff. In Kürze wird in der wiss. Buchgesellschaft Darmstadt ein Sammelband zur Kontroverse erscheinen (W. d. F. 186).

[205] AaO 83—117.

geschrittene vorgetragen wurde. Hinweise auf diese ungeschriebene Lehre der platonischen Vorträge, die den Namen »Über das Gute« (*Περὶ τἀγαθοῦ*) trugen, lassen sich aber weitgehend aus späteren Zeugnissen und indirekt aus den Dialogen erschließen[206]. In ihr muß Platon alles Seiende auf zwei Prinzipien (*ἀρχαί*) zurückgeführt haben. Er knüpft damit an das vorsokratische Arche-Denken, besonders das des Parmenides an[207]. Sein spezifischer Beitrag besteht aber darin, nicht nur das Eine (*ἕν*) als Prinzip anzunehmen und mit dem Sein (*ὄν*) gleichzusetzen wie Parmenides, sondern gleichzeitig die Vielheit in der Welt (*ἄπειρον πλῆθος*)[208] mit dieser Einheit neu zu vermitteln. Das Verhältnis der beiden Prinzipien in der Erscheinungswelt beschreibt er in den frühen Dialogen einschließlich der Politeia vorwiegend als Einheit in der Vielfalt (*ἕν ἐκ πολλῶν*)[209], im Spätwerk tritt an die Stelle dieser noch recht unbestimmten Formulierung die umfassendere und präzisere Bestimmung der Einheit als Mitte zwischen zwei Extremen (*μέσον τῶν ἐσχάτων*). Diese zwei Extreme sind das Prinzip der unbegrenzten Zweiheit (*ἀόριστος δυάς*)[210].

Die Kraft der platonischen Ontologie liegt darin, daß sie zugleich Sein, Erkennbarkeit (Wahrheit) und Gutsein der Erscheinungswelt zu fassen vermag[211]. Das Eine stiftet Seiendheit, weil die unbegrenzte Fülle von Natur unbestimmt ist und durch unendliche Teilung in Richtung auf das Nichts hin verfällt, wenn nicht das Eine eine Einheit als Grenze setzt. Jedes Ding ist nur, sofern es eines ist. Damit beruht aber auf der einsmachenden Kraft des Einen auch die Erkennbarkeit der Dinge; denn die Distinktion und Begrenzung, die sie voraussetzt, ist mit dem Eins-sein gegeben. Unmittelbar damit hängt aber auch das Gutsein der Dinge zusammen oder ihre Bestheit (*ἀρετή*)[212]. Das Eine ist deshalb der Grund der Bestheit eines Dinges, weil in diesem, insofern es zusammengesetzt und nicht unteilbar wie das *ἕν* selbst ist, Bestand und guter Zustand nur gewährleistet ist, wenn sich die einzelnen Teile angemessen, d. h. geordnet zueinander und zum Ganzen verhalten. Weil diese Verhältnisse Begrenzungen und Ganzheiten voraussetzen, ist auch hier die einssetzende Wirkung des Einen aufzuweisen. Göttliches Paradigma (Politeia 500c) für die geordnete Polis und den geordneten Menschen ist aber die vollkommene Ordnung der Ideen untereinander, die aus der Teilhabe an der einen Idee des Guten (*ἰδέα τοῦ ἀγαθοῦ*) erwächst. Diese ist also als *ἕν* Grund des Seins, als die eine *ἰδέα* Grund der Wahrheitserkenntnis, als das eine *ἀγαθόν* Grund der geordneten Bestheit der Erscheinungswelt.

---

206 *Krämer*, Arete, 249ff.; *K. Gaiser*, Platons ungeschriebene Lehre (eine Arbeit aus der gleichen Tübinger Schule Schadewaldts, die auf Krämers Ergebnissen weiterbaut).

207 *Krämer*, 487ff.

208 *Krämer*, 135ff.

209 Politeia 443e; vgl. zusammenfassend *Krämer*, 118ff.

210 *Krämer* zusammenfassend 333ff.

211 Zum folgenden vgl. *Krämer*, 137f.

212 So übersetzt *Krämer* (39 A. 39) treffend im Anschluß an Schadewaldt das Wort *ἀρετή*, das wir mit dem (stoisch) depravierten Begriff der Tugend wiederzugeben pflegen.

Dieses scheinbar völlig abstrakte Gerüst der platonischen Ontologie erhebt den Anspruch, jedes Phänomen der, wie wir zu sagen pflegen, realen Welt vollständig erfassen zu können. Denn entgegen den späteren Mißverständnissen Platons sind das *ἕν*, obwohl der Erscheinungswelt gegenüber transzendent (*ἐπέκεινα τῆς οὐσίας*), und die an die Erscheinungswelt Einheit vermittelnden Ideen nicht ein weltunabhängiges Jenseits, sondern in ihrer Transzendenz in jedem Phänomen aufweisbar[213]. Platon hat diese Aufweisungen in den Dialogen für die verschiedenen Seinsbereiche unternommen. Die Politeia ist die Zusammenfassung seiner Bemühungen, im Blick auf den Menschen und das politische Gemeinwesen Sein, Wahrheit und Bestheit aufzuweisen und dadurch neu für die bedrohte Polis zu stiften. Später widmet er sich daneben intensiver dem Kosmos als ganzem (*φύσις*). Der Gipfel dieser Arbeit liegt im Timaios, der insofern alles Frühere umfaßt, als hier des Menschen Stellung im Kosmos ausdrücklich thematisiert wird.

Diese Vorbemerkung[214] war nötig, um Platons Gleichnis vom Menschen im Menschen in den richtigen Koordinaten zu sehen. Mit diesem, den gesamten Ertrag der Bücher II—IX zusammenfassenden Bild will er, wie gesagt, abschließend die These widerlegen, Unrechttun sei nützlich, wenn man es nur in genügender Stärke, aber zugleich Heimlichkeit vollbringe. Seine Gegenthese, die auf dem Hintergrund des Dialogs durch das Gleichnis zur Evidenz gebracht werden soll, lautet: Gerechtigkeit (*δικαιοσύνη*) nützt dem Menschen und der Polis, in denen sie verwirklicht wird, an sich. Unrechttun schadet dagegen dem Täter selbst, ob er es verheimlicht oder nicht. Wie wird diese These im einzelnen begründet?

Gerechtigkeit, so wird zunächst am größeren und darum deutlicheren Modell der Polis exemplifiziert, herrscht, wenn jeder nur

---

[213] Dies ist der Sinn des Dialogs »Parmenides«. Vgl. auch *Krämer*, 143ff.

[214] Ich bin mir der mißlichen Tatsache wohl bewußt, daß man gegen Platons ausdrückliche Intention verstößt, wenn man meint, das, was er nur nach jahrelanger Übung und im Lebensvollzug mit anderen zu erfassen vermochte und prinzipiell für literarisch unausdrückbar hielt, auf ein paar Seiten zusammenfassen zu können. Und doch wäre ohne diese Hinweise alles folgende nicht verständlich. Ein anderes Problem ist freilich, ob nicht *Krämer* und *Gaiser* diesen Vorbehalt in ihren Arbeiten zu wenig beachten, jedenfalls nicht ausreichend thematisieren. Wenn Platon seine esoterische Lehre nicht aufschreiben konnte und wollte — wieso können es heutige Scholaren? Immerhin bleiben deren Erkenntnisse Verstehenshilfen von großem Wert.

Eines, nämlich das seiner Naturanlage (φύσις) Angemessene und nicht vielerlei tut (433a5ff.)[215]. Platon hatte vorher (427e 10ff.) drei Gruppen oder Stände von Menschen unterschieden und sie mit den drei »Kardinaltugenden« Weisheit (σοφία), Tapferkeit (ἀνδρεία) und Besonnenheit (σωφροσύνη) parallelisiert. Dazu war er genötigt, weil er nachweisen mußte, daß die von ihm (369—427) entworfene Struktur der Polis gut sei (427e 6f.). Die Bestheit zeigt sich aber, wie gesagt, für Platon in der Arete. Weise nennt er aber besonders die Herrscher oder Wächter. Sie sind die rechten Herrscher, weil sie mit der Idee des Guten auch das Beste für das Ganze der Polis kennen[216]. Tapfer sind die Krieger als Gehilfen der herrschenden Wächter. Besonnen aber nennt er die Polis im ganzen, wenn die Menschen des dritten Standes, d. h. die um der elementaren Bedürfnisse willen mit Geld beschäftigten Gewerbetreibenden, aber auch die einfach nach Lust und Unlust reagierenden Unfreien sich gutwillig beherrschen lassen und die Herrschenden so herrschen, daß sich die Beherrschten beherrschen lassen. So ist Besonnenheit eine Art Harmonie. Über all diesen ἀρεταί steht die Gerechtigkeit; denn sie ermöglicht jene anderen überhaupt und gibt ihnen Bestand (σωτηρία, 433b 7ff.). Wenn nämlich die einzelnen »Stände« nicht das Ihre tun und sich stattdessen gegeneinander auflehnen, trägt aus diesem Aufruhr das Ganze und jeder Teil des Ganzen Schaden davon.

Diese Bestimmung der Gerechtigkeit muß sich nun am einzelnen Menschen bewähren (434 e3ff.). Dazu bedarf es des Aufweises verschiedener »Teile« im Innern des Menschen[217]; denn nur in einer gegliederten Ganzheit kann die gefundene Definition der Gerechtigkeit stimmen. Platon weist deshalb nach, daß sich in der Seele des Einzelnen ebenfalls das führende Denkvermögen (λογιστικόν oder φιλομαθές) findet, das Gefolgschaft leistende kriegerische Vermögen (Mut, Wille, θυμοειδές) und schließlich das Begehrungsvermögen, auch das geldliebende (weil Lust bereitende) genannt (ἐπιθυμητικόν oder φιλοχρήματον), welches von den beiden höheren überwacht werden muß. Da aber allen diesen Seelenfunktionen dieselben Aretai —Weisheit, Tapferkeit, Besonnenheit — zukommen wie den Ständen der Polis, muß auch die Gerechtigkeit die gleiche Bestim-

[215] Zum folgenden vgl. die exakte Analyse bei *Krämer*, 85ff.

[216] Vgl. 474b ff. die Beschreibung der »Philosophenkönige«.

[217] *Krämer*, 85f. A. 96 gibt eine Kritik der Literatur zu diesem vielbehandelten Thema der »Seelenteile«.

mung haben wie dort. Das heißt, gerecht ist der Mensch, in dem jeder Seelenteil das Seine tut. Diese Gerechtigkeit aber ermöglicht die anderen ἀρεταί und schafft so der Seele eine Einheit und Stärke, die der Gesundheit des Körpers analog ist (444c 5). Als »Ordnung und Proportion einer Pluralität von Teilen« und damit »als Prinzip der Ganzheit ist sie die Einheit in der Vielheit« und so die seinsbegründende Arete der Seele selbst[218]. Damit ist die Schlußantwort des Dialogs schon vorweggenommen: Wenn die Gerechtigkeit die Bedingung des gesunden, kräftigen Seins der Polis und der Seele ist, müssen diese in solchem Zustand auch glücklich sein. Umgekehrt zerstört die Ungerechtigkeit durch inneren Zwist und Krankheit das Glück ihrer Träger.

Das entfaltet Platon nun aber noch an verschiedenen Verfassungsformen (πολιτεῖαι) der Polis und der Seele. Die Gerechtigkeit hat nur eine Verfassungsform. Es ist die Herrschaftsordnung unter den Philosophenkönigen (Buch V bis VII). Es handelt sich aber hier nicht um eine Zukunftsutopie oder die Beschreibung einer vorhandenen Verfassung, sondern um den Aufweis der seinsstiftenden Struktur jeder Verfassung. Soweit sich eine Verfassung an dieses Modell der wahren und besten Verfassung annähert, *ist* sie (592)[219]. Je mehr sich eine konkrete Verfassung von ihm entfernt, verfällt sie, nimmt sie an Sein, Kraft, Gesundheit, Bestheit, Wahrheit und damit Eudaimonie ab. Der einen Verfassung des besten ideellen Gefüges (ἕν εἶδος τῆς ἀρετῆς) stehen unzählige das Beste verfehlende gegenüber (ἄπειρα τῆς κακίας). Von ihnen greift Platon vier prototypisch heraus und schildert ihre Auswirkungen in Polis und Seele (Buch VIII—IX): 1. die Timokratie, in der das θυμοειδές in Form des kriegerischen Ehrgeizes herrscht; 2. die Oligarchie, in der die Gier (ἐπιθυμία) nach Geld herrschen will und nur noch der Geiz die niederen Begierden unter der Herrschaft der edleren hält; 3. die Demokratie, in der unter dem Titel der Freiheit das Streben nach Reichtum unbegrenzt ist, dadurch die entbehrlichen über die unentbehrlichen Triebe siegen und jeder Genuß gleich wertvoll gilt; 4. die Tyrannis, die ungerechteste und darum aber auch die unglücklichste Form; denn hier herrschen nun die entbehrlichen *Triebe* unter Führung des Tyrannen Eros und *versklaven ihren Träger*, so daß er nicht mehr tun kann, was er vielleicht vernünftigerweise will[220]. Zusammenfassend steht also der Einheit verwirklichenden Harmonie, Freundschaft (φιλία), Ordnung (κόσμος, τάξις) und Einklang (συμφωνία) der gerechten Verfassungsform zunehmender innerer Aufruhr und Zwist (στάσις) und daraus folgende Krankheit und Schwäche gegenüber. Weitere Beweise dafür, daß der königlich Herrschende der Glücklichste, der versklavte Tyrann der Unglücklichste ist, führt Platon so: wenn es drei Arten

[218] *Krämer*, 87.

[219] Vgl. *G. Picht*, Prognose, Utopie, Planung, 33ff.

[220] Vgl. 590b 6 die ἀνελευθερία des θυμοειδές. Vgl. Gorgias, 466—468. Wir werden zu untersuchen haben, was es bedeutet, daß Paulus in Rö 7, 14ff. diese Beschreibung des am meisten verfallenen Menschen auf die Beschreibung *jedes* Menschen vor dem Glauben ausdehnt.

von Lust (ἡδονή) entsprechend den drei Seelenvermögen gibt, so hat sicher der wahrheitsliebende Philosoph die größte Erfahrung und Erkenntnis aller dieser Arten von Lust. Darüber hinaus ist aber nur die Erkenntnis wahre Lust, da sich alle anderen Strebungen über ihre Lust täuschen können. Erst auf dem Grund der Wahrheitserkenntnis können auch alle anderen Lüste angemessen integriert werden (586/587).

Alle hiermit erreichten zwingenden Beweisführungen werden schließlich im Gleichnis vom Menschen im Menschen zusammengefaßt[221]. Die These, Unrechttun sei vorteilhaft für den Menschen, hieße in diesem Bilde (588 e 3ff.), es sei vorteilhaft, das vielgestaltige Tier (das Triebhafte) und das Löwenartige (das Muthafte) großzuziehen und zu kräftigen, den Menschen (das Vernunfthafte) aber kraftlos werden und ziehen zu lassen, wohin die anderen wollen. Das hieße aber, der Mensch im Menschen solle seine naturgemäße Aufgabe, alle Seelenteile miteinander auszusöhnen und gegenseitig zu befreunden, aufgeben und zusehen, wie sich Begehrungsvermögen und Wille einander anfallen und im Kampf zerstören.

»Wer dagegen Gerechtes für vorteilhaft erklärt, behauptet damit zugleich, daß es notwendig sei, so zu handeln und im Dialog zu denken, daß der innere Mensch des Menschen möglichst stark wird und wie ein Landmann für das vielköpfige Tier sorgt — und zwar so, daß er die zahmen (Tiere = Triebe) züchtet und veredelt, die wilden aber am Wachstum hindert. Dabei wird er sich die Natur des Löwen (erg. den mutigen Willen) zum Mitkämpfer machen und für die Gemeinschaft aller (Seelenteile) sorgen, indem er die beiden (tierhaften Teile) untereinander und mit sich selbst befreundet, und so der Pfleger sein« (589a 6ff.). Platon hat mit diesem Nachweis, daß die Gerechtigkeit in sich vorteilhaft, weil als Repräsentation der Einheit seinsstiftend und erhaltend ist, eine ungeheure Leistung vollbracht. Er hat nämlich der poliszerstörenden These der Sophisten, die Physis lehre das Recht des Stärkeren, während der Nomos nur den Schwachen zugute komme, von ihrer eigenen Voraussetzung her, der Natur der Dinge und der Stärke, den Boden entzogen[222]. Denn, so hat er

---

[221] *Krämer* (89; 101f.; 121; 131; 321f. u. ö.) faßt alle drei Seelenteile unter dem Stichwort »innerer Mensch« zusammen. Das ist sachlich nicht falsch, da unter der Herrschaft des eigentlich von Platon so genannten *λογιστικόν* die Seele eine, nämlich sie selbst wird (vgl. Krämers Ausdruck »Gefüge des inneren Menschen«, 321 u. ö.). Trotzdem behalte ich, um Verwirrung zu vermeiden, Platons differenzierte Bezeichnung bei.

[222] Vgl. *Krämer*, 95ff.

nachgewiesen, nur wo die Einheit der je das Ihre tuenden Teile gewährleistet ist, ist Stärke, Gesundheit des wahren Seins. Der Nomos ist nichts Heteronomes gegenüber der Physis, sondern das Gesetz ist Struktur der Natur selbst[223]. Er legt damit »die Voraussetzungen des Gerechthandelns im Gerecht*sein* bloß, das sich als Sonderfall der kosmischen Proportion aller Dinge darstellt«[224]. Es ist unter diesen Umständen bezeichnend, daß Platon nur anhangsweise den Lohn für gerechte Seelen (guter Ruf, Eingehen in höhere Schichten der Weltseele) schildern muß (Buch X)[225]. Denn die Folgen der Gerechtigkeit sind nichts von außen Hinzukommendes, sondern liegen in der Verwirklichung der Einheit und damit Sein stiftenden *ἀρετή* selbst.

Es ist im Blick auf den paulinischen Text Rö 7 wichtig zu sehen, welche Konsequenzen dieses Ergebnis für die Art hat, wie die ursprünglichen Gegner der platonischen These von solcher Erkenntnis überzeugt werden sollen. Das ständig schon im vorangegangenen Dialog verwandte Stichwort für die Umstimmung ist *πείθεσθαι*, Überzeugen, und zwar »mit Güte« (*πρᾴως*; 589c 6). Denn — an dieser bedeutsamen Stelle wird der berühmte sokratische Satz zitiert —: »niemand tut freiwillig das Unrechte (Falsche)«[226]. Es beruht nämlich auf einer nachweisbaren Täuschung zu meinen, Ungerechtigkeit, also das Schlechte zu tun, sei vorteilhaft. Das hieße nämlich, daß das Gebändigte unter die zerstörerische Sklaverei des Wilden geriete, d. h. Wille (Mut) und Vernunft unfrei würden. Dagegen läßt sich überzeugend deutlich machen (590c 8 — 591a 2), daß

[223] Dieser Gedanke Platons hat — unverstanden oder verstanden — eine kaum zu überschätzende Wirkung auf das Abendland ausgeübt. Er liegt der aristotelischen »Ethik« und »Politik« zugrunde, die wiederum seit der Hochscholastik die Theologie entscheidend beeinflußten. Er ist der Ursprung der seit Paulus und der Alten Kirche von der Christenheit weitgehend rezipierten stoischen Theorie vom Naturrecht — wobei hier ein dogmatisches Normdenken das wirkliche Verstehen zurückdrängt. Er ermöglicht auch die Identifizierung von Bergpredigt und Naturrecht, wie sie in besonders klarer Weise von Augustin und Luther gedacht wurde. Diese Nachwirkungen Platons werden im Laufe der vorliegenden Arbeit noch eingehend untersucht werden müssen.

[224] *Krämer*, 96.

[225] Wie er dabei orphisch-pythagoreische und altgriechische Vorstellungen im mythischen Bild assimiliert, soll später gezeigt werden.

[226] *Οὐ γὰρ ἑκὼν ἁμαρτάνει* (589c 6). Vgl. die Bemerkung 440b 2ff., daß der dem Willen zugehörige Mut zur Vernunft neigt und von sich aus mit den Begierden keine gemeinsame Sache macht (wenn er nicht durch falsche, von der Vernunft abgekehrte Lebensführung unter ihre Knechtschaft gerät. Vgl. ausführlicher Tim. 86d 7ff.).

das Sklavesein unter dem Besten (d. h. dem inneren Menschen) nicht Schaden, sondern Nutzen bringt. Denn dieses Beste vermittelt das Vernünftige (*φρόνιμον*), d. h. aber göttliche Proportion, Einheit in die Seele und macht sie so nicht nur mit sich selbst (vgl. 589b 4f.), sondern nach Möglichkeit mit allen anderen Menschen unter Herrschaft dieses zuträglichen Guten eins und befreundet. Hier ist die Grundlegung der platonischen Erkenntnis zusammengefaßt, daß die Vernunft mit der Erkenntnis der seinsstiftenden, wahren und guten Einheit nicht nur die Seele, sondern auch die Seelen untereinander eint, in der später vorherrschenden Terminologie gesprochen: Frieden stiftet und Frieden erhält[227].

Nicht immer läßt sich der Friede durch die freie innere Einsicht erreichen. Dann wirkt sich das von außen gegebene Gesetz im gleichen Sinn aus; denn in beiden Fällen werden wir durch das förderliche Gute geleitet (*κυβερνώμενοι*). Insofern ist es auch keinesfalls vorteilhaft, sein Unrechttun zu verbergen, wie die anfängliche Gegenthese behauptete (591a 10ff.); denn durch die Strafe des Gesetzes wird beim Verbrecher das ihm selbst schädliche Tierische gebändigt, das zahme Nützliche (der Mensch in ihm) aber befreit. Dadurch, daß Platon den Nomos als Physis und darum in seiner seinsfördernden Qualität aufgedeckt hat, kann er also nicht nur dessen innere Kraft, sondern auch dessen notfalls einsetzenden Zwangscharakter überzeugend rechtfertigen. Der Widerspruch des unfreiwillig Irrenden muß so nach Platons Ansicht verstummen. Welche tiefgreifenden systematischen Probleme sich aus diesem Ansatz für die spätere Traditionsgeschichte der abendländischen politischen Philosophie ergeben, wird uns noch mehrfach beschäftigen müssen[228].

---

227 Vgl. die Grundbestimmung der von der gerechten abweichenden Verfassungen als *στάσις*, Aufruhr, und *πόλεμος*, Krieg (bes. Buch VIII—IX), aber auch die »Nomoi«. Daß hier der Friede als Äquivalent für Ordnung, im Sinn der von Krämer aufgezeigten *ἀρετή-κόσμος-τάξις*-Ontologie zum zentralen Begriff wird, der Ontologie, Politik und Anthropologie verbindet, ist für die spätere, gerade auch die christliche Tradition von kaum zu überschätzender Bedeutung geworden. Wir werden im Zusammenhang mit dem paulinischen »Frieden, der höher ist als der *νοῦς*« (Phil 4, 7), der augustinischen »pax terrena« und Luthers »irdischem Frieden« wiederholt darauf stoßen.

228 S. u. S. 87; 308. Hier soll nur bereits darauf hingewiesen werden, daß in diesen beiden Möglichkeiten, der freien Einsicht in das Gute und dem zum Guten mit Strafandrohung Gezwungenwerden der Ursprung des Gedankens von Rö 13, 3—5 liegt. S. u. S. 163ff.

Eine letzte, für die Frage nach innerem und äußerem Menschen sehr wichtige Konsequenz aus dem Gleichnis zieht Platon am Schluß des IX. Buches (591b 3ff.)[229]. Ergibt sich die ganze Seele ihrem besten Teil (dem inneren Menschen) und verwirklicht auf diese Weise durch Besonnenheit und mit Einsicht verbundene Gerechtigkeit die Einheit in der Vielheit, so hat sie eine dem Körper analoge, aber viel höhere Gesundheit erreicht. Dadurch kann sie die beiden nichtseelischen »Güterklassen« integrieren. Der Körper wird nicht den zerstörenden Lüsten preisgegeben, sondern in Harmonie gebracht, die dann wiederum der Seele nützt. Auch die äußeren Güter, z. B. der Gelderwerb, bekommen Ordnung und Harmonie, weil die unheilvolle Grenzenlosigkeit vermieden wird. Auch die private wie öffentliche Ehre wird der innere Mensch, soweit der Seele nützlich, annehmen, sobald ihrer geordneten Verfassung schädlich, ablehnen. Schließlich wird die politische Praxis von der Einsicht in die himmlische, weil einheitlich geordnete Verfassung (*πολιτεία*) der Natur geleitet und gestaltet, was ebenfalls wieder ordnend auf die Seele zurückwirkt.

Die Interpretation des Gleichnisses vom inneren Menschen, der die Einheit der Seele mit sich selbst und mit dem Körper samt den äußeren Gütern verwirklicht, hat damit zu einem Ergebnis geführt, das der gängigen Vormeinung über Platon kaum entspricht. Denn wo bleibt der berühmte und berüchtigte platonische Dualismus zwischen Leib und Seele? Diese Frage ist für den Zusammenhang dieser Arbeit um so fundamentaler, als ja auch die moderne Polemik gegen die Zweireichelehre stark deren Dualismus betont, insoweit auch in ihrer späteren Ausformung die Spannung zwischen innen und außen eine Rolle spielt. Es läßt sich deshalb nicht umgehen, den Ursprung der Gegenüberstellung von *Leib und Seele* und deren Verarbeitung bei Platon genauer festzustellen. Dieser notwendige Umweg erfährt noch eine zusätzliche Erschwerung dadurch, daß zu dieser Frage das Problem von *Theorie und Praxis* hinzugehört. Erleichtert wird er allerdings dadurch, daß die Forschung diese Themenkreise in vieler Hinsicht aufklären konnte[230].

---

[229] Vgl. 443e 2ff.; 581c 6ff. und oben S. 67 zur Integration der *ἡδοναί* durch die Philosophie; außerdem *Krämer*, 88ff.

[230] Vgl. vor allem *E. R. Dodds*, The Greeks and the Irrational, 135ff.; *G. Picht*, Der Sinn der Unterscheidung von Theorie und Praxis in der griechischen Philosophie.

E. R. Dodds hat im Anschluß an *E. Meuli* u. a.[231] nachgewiesen, daß im 6. und 5. vorchristlichen Jahrhundert in Griechenland neuartige religiöse Figuren auftauchten, die zunächst die Griechen, dann aber über diese das gesamte abendländische Denken im Blick auf das Verhältnis von *Seele und Leib* tiefgreifend beeinflußt haben. Gewiß, es gab seit Homer die Vorstellung, daß das Überlebende des Menschen etwas Unkörperliches sei (136f.). Es gab auch bei Homer, in Eleusis und den Tragödien die Vorstellung von Lohn und Strafe nach dem Tode (137f.). Auch wußten die homerischen Dichter zwischen Seele und Körper des lebenden Menschen zu unterscheiden (138f.). Aber die Psyche war nicht ein Erkenntnisvermögen, sondern der Sitz des affektiven und vegetativen Lebens im Körper — vergleichbar dem späteren Mut- und Triebhaften. Die eigentliche Person dagegen wird bei Homer und überhaupt in der alten Zeit durch den Leib bezeichnet. Wie konnte es von da aus zu der konträren Vorstellung kommen, daß der Leib nur das Gefängnis oder Grab für das eigentliche Selbst — die Seele — sei? Dodds verweist auf die seit dem 6. Jahrhundert begegnenden Reinigungspriester, Seher und religiösen Lehrer, die nach seiner überzeugenden Hypothese vom schamanischen Kulturkreis beeinflußt sind (140ff.). Diese Kultur, deren Reste noch heute in Sibirien existieren, überzog einst den ganzen eurasischen Kontinent von Skandinavien bis nach Indonesien. Kennzeichnend für einen Schamanen ist, daß er nach seiner religiösen Berufung zu einem asketischen Training (Vegetarismus) in die Einsamkeit geht. Aus ihr kehrt er mit der Kraft wieder, seinen Geist nach Willen vom Körper lösen zu können (Ekstase). Diese übermenschliche Kraft wirkt sich verschieden aus. Er kann sich an verschiedene Orte versetzen, ja sogar gleichzeitig an verschiedenen Orten gesehen werden. Vor allem sind ihm die Gaben der Prophetie, des religiösen Wissens (Verkehr mit dem Weltgeist) und der magisch reinigenden Heilkraft zueigen. Die Griechen konnten über die Skythen und Thraker mit den Schamanen in Berührung kommen. Und in der Tat weisen die Spuren ihrer »göttlichen Männer« — *θεῖοι ἄνδρες* — nach Norden. Der berühmteste unter ihnen ist Epimenides von Kreta, der Athen von der gefährlichen Unreinheit des kyklonischen Frevels reinigte. Weltgeschichtliche Bedeutung gewannen aber diese Vorstellungen dadurch, daß sie von Pythagoras, Empedokles, der orphischen Dichtung und damit auch den von dieser beeinflußten Mysterienreligionen assimiliert wurden[232]. Die beiden ersteren werden vermutlich alle jene Fähigkeiten des Schamanen in sich vereinigt haben, die sich später bei kleineren Gestalten aufsplitterten. Darüber hinaus vergeistigte Pythagoras die schamanischen Vorstellungen insofern, als für ihn die vom Körper gelöste Seele die Erkenntnis der Wahrheit vollzog[233]. Die Bedeutung dieser Veränderung ermißt man, wenn man bedenkt, daß in diesem Sinn mathematische Erkenntnis eine Form der Ekstase ist. Von der orphischen Lehre wissen wir nur wenig Sicheres. Erstens verstand sie den Körper als Gefängnis der göttlichen Seele — ob dagegen als Grab (*σῶμα — σῆμα*), ist bereits ungewiß[234]. Jedenfalls sollte die Seele in dieser Form frühere

[231] *Dodds*, 160 A. 30.

[232] Höchstwahrscheinlich wurde auch Anaxagoras von dieser Tradition berührt (*Dodds*, 143 A. 50), so daß deren direkter Einfluß auf die Ausgestaltung der theoretischen Lebensform (s. u. S. 76) in Griechenland anzunehmen ist.

[233] Welche griechischen Ansätze dazu führen, schildert *Picht*, 333.

[234] *Dodds*, 148 A. 87.

Verschuldungen abbüßen. Zweitens empfahl die Orphik vegetarisch-asketische Lebensweise. Drittens sah sie in rituellen Reinigungen die Möglichkeit, sich von den Folgen der (Erb)sünde reinigen zu lassen. Ein vielleicht alter orphischer Mythos erklärt den Ursprung der Sünde damit, daß Titanen das göttliche Kind Dionysos fraßen. Zeus verbrannte sie zur Strafe durch einen Blitz. Aus ihrer Asche, in der nun titanische Strebungen und göttlicher Seelenstoff vermischt waren, entsprang das Menschengeschlecht[235]. Ob viertens die Seelenwanderung zum orphischen Lehrbestand gehörte, ist nicht sicher bezeugt, läßt sich aber aus der Vorstellung, daß die Seele für frühere Schuld im Körper gefangen liege, mit hoher Wahrscheinlichkeit erschließen.

Jedenfalls läßt sich aus den überlieferten Nachrichten ziemlich genau aufweisen, worin die spezifischen Akzente liegen, die die schamanischen Vorstellungen beim Übergang in den griechischen Raum empfingen. Zweierlei ist neben anderem besonders hervorzuheben. Zunächst muß man hier die pythagoreische Bezeichnung der Seele als Sitz der Wahrheitserkenntnis nennen, zweitens aber die Verbindung der Leib-Seele-Trennung mit dem altgriechischen Problem von Schuld und deren gerechter Vergeltung. Denn war bei den Schamanen der Sitz jener Seelenvorstellung die besondere Kraft einiger weniger, so wurde bei den Griechen aus dem Privileg eine Last, die alle Menschen, wenn auch in verschiedenem Maße, traf. Immerhin war durch die Katharsis die Möglichkeit eines Aufstiegs in höhere Lebensformen bis hin zur Rückkehr zum göttlichen Ursprung möglich. Auf der anderen Seite stand aber die Gefahr des Abstiegs in niedere Formen bis hin zu dem Tier, dessen Lebensweise man zuvor in Menschengestalt gelebt hatte.

Es unterliegt gar keinem Zweifel, daß Platon diese orphisch-pythagoreischen Lehren kannte. Selbst wenn man nicht wüßte, daß er in Süditalien Kontakt mit den Pythagoreern gehabt hat, könnte man es aus seinen Dialogen erschließen, die voller Anspielungen auf jene Vorstellungen sind und die diesen überhaupt erst die weltgeschichtliche Wirkung verschafft haben. Unser Gleichnis vom Menschen im Menschen geht in seiner Bildschicht offenbar ebenfalls auf diese Tradition zurück, die in Griechenland — jedenfalls in philosophisch relevanter Form — zum ersten Mal bei Pythagoras greifbar wird. Aber übernimmt Platon dann nicht auch den dualistischen Sinn dieser Tradition? Führt er nicht selbst im Phaidon (64a 4 — 84b 9) aus, daß das Leben des Philosophen ein bewußtes Sterben, ein Trennen der Seele vom Körper sei? Bezeichnet er nicht, daran anknüpfend, im Höhlengleichnis der Politeia (514ff.) die Menschen als solche, die durch ihre Affekte an ihren Sitz, den Leib, gefesselt sind? Und versucht darum nicht der Philosoph, aus der Höhle der sichtbaren Welt in die des wahren Seins zu entfliehen und andere mitzunehmen?

---

235 *Dodds*, 155f.

Um diese Fragen zu beantworten und damit eine sichere Bestimmung des platonischen Gleichnisses vom inneren Menschen zu gewinnen, müssen wir uns zuerst die Bildschicht dieser Texte und dann deren sachliche Bedeutung genauer vergegenwärtigen. Im Phaidon geht es Sokrates darum, im letzten Gespräch vor seinem Tode seinen Freunden klarzumachen, daß der Philosoph den Tod, die Trennung der Seele vom Leib, nicht zu fürchten braucht. Im Gegenteil, er freut sich über sein Kommen, ist doch sein lebenslanges Streben darauf gerichtet, die Seele so weit wie möglich vom Körper zu lösen. Warum? Dieser stört die Seele beim Erkennen der Wahrheit. Da er nämlich durch die Sinneswahrnehmung immer nur einzelne Aspekte der Dinge — wenn auch diese wirklich — vermittelt, täuscht er die erkennende Seele, wenn er ihr suggeriert, diese Aspekte seien die Dinge selbst, wie sie in Wahrheit als ganze sind. Diese Suggestion übt er aber auf die Seele mittels der Affekte aus, die Platon auf die Grundformen Lust und Unlust zurückführt[236]. Lust und Unlust »nageln« die Seele an den Leib fest, wie es in Anspielung auf Empedokles (Frg. 87; VS I, 343) heißt, und machen sie so »leibgestaltig«, das heißt, den Eindrücken des Tages ohne Distanz und damit ohne die Möglichkeit, das Wahre zu erkennen, preisgegeben (Phaidon 83d). Durch die Begierden binden sich die Menschen selbst wie in einen Kerker (82e). Deshalb muß sich der nach Erkenntnis Strebende einer Reinigung von den Affekten, der *κάθαρσις τῶν παθημάτων*[237], unterziehen. Wenn schon die Vorstellung der in den Kerker des Leibes gefesselten Seele auf jene oben erwähnten orphisch-pythagoreischen Vorstellungen verwies, so ist im Phaidon der Gedanke der Katharsis meist ausdrücklich mit einem Hinweis auf die Mysterienfrömmigkeit verbunden[238]. Für das Verständnis alles bisher Gesagten ist es wichtig zu sehen, daß Platon die orphisch-pythagoreische Sprache nur als Bildmaterial gebraucht. Sie ist für ihn das gleiche, allerdings notwendige Stilmittel wie der Mythos, mit dem er in den Dialogen für die ungeübte Außenwelt das sagt, was eigentlich nur

[236] Vgl. *Picht*, 340 zu Phaidon 83c: »... nämlich jedes Menschen Seele, sobald sie sich über irgendetwas heftig erfreut oder betrübt, ist auch genötigt, von demjenigen, womit ihr dieses begegnet, zu glauben, es sei das Wirksamste und das Wahrste, obwohl es sich doch nicht so verhält. Und dies ist doch am meisten das Sichtbare.«

[237] Dem Sinn nach 69c 1, in dieser Formulierung in der berühmten Formel des Aristoteles für die Wirkung der Tragödie (Poetik 6. 1449b 28).

[238] 69c 2 und 9; vgl. 67c 5—6 und 81a 8—9.

denkbar und allenfalls im mündlichen Vortrag vor Geübten aussagbar ist[239]. Immerhin lassen sich schon aus den Phaidon-Texten selbst Hinweise darauf entnehmen, was Platon sachlich mit der Katharsis meint. Er beschreibt sie als ein Sichsammeln und Sichzusammenziehen, also Sichvereinigen der Seele zu sich selbst (67c 8; 83a 8f.). Denn an die Eindrücke des Körpers ausgeliefert, ist sie ja hin- und hergerissen, zerrissen und insofern krank. Diese Reinigung als Führung der Seele zu ihrer Einheit wird aber ausdrücklich als die Verwirklichung ihrer *ἀρεταί*, der Besonnenheit, der Gerechtigkeit, der Tapferkeit und der Weisheit (hier *φρόνησις* und nicht *σοφία* wie in der Politeia) beschrieben (69c 1f.). Dieses Ergebnis deckt sich also exakt mit dem, was wir zum Gleichnis vom inneren Menschen in der Politeia feststellten: die *ἀρεταί* geben der Seele durch proportionierte Ordnung der Teile ihre Einheit.

Das ließe sich noch erhärten durch eine Interpretation des Höhlengleichnisses (Politeia 514ff.). Hier wird die Lösung der Seele aus den Fesseln (Affekten), durch welche sie der Leib (Sitz) an die Höhle der sichtbaren Erscheinungen bindet, als schmerzhafte Umwendung der ganzen Seele zum Licht der Wahrheit beschrieben. Diese Lösung ist die Heilung der Seele oder, ohne die Mysteriensprache der kathartischen Reinigung gesagt, die Gewinnung der Einheit der Seele, die sie zur Erkenntnis des wahrhaft Guten (die Sonne als Bild für die Idee des Guten) befähigt. Wir müssen uns hier aber darauf beschränken, im Blick auf später zu erörternde Fragen hervorzuheben, daß bei Platon, jedenfalls für den Bereich innerhalb der Seele, nicht von einem wesenhaften Dualismus geredet werden kann. In ihre drei Teile ist sie nur zerrissen und unterliegt dann auch einem »Dualismus«, wenn sie sich ihrem einheitlichen Wesen entfremdet, indem sie sich in die aspekthafte Erscheinungswelt zersplittert. Bei der Erkenntnis muß sie aber als ganze zu sich und zur Wahrheit hingewendet und aus den affekthaften Bindungen an den Körper herausgelöst sein. Das ist außerordentlich wichtig im Blick auf spätere, etwa stoische oder philonische Veränderungen dieser Position, die normalerweise Platon angelastet werden. Dort erst nämlich (vielleicht im Ansatz schon bei Aristoteles)[240] wird das Erkennen allein dem oberen Seelenteil zugeschrieben, die Triebe aber nicht mit der ganzen Seele »befreundet« wie bei Platon, sondern verleugnet und nun wirklich in einer duali-

---

[239] Vgl. *Krämer*, bes. 454ff. und *Gaiser*, aaO.
[240] Vgl. *Krämer*, 555f.

stischen Moral bekämpft, vor allem bei Chrysipp[241] Diese Veränderungen haben außerordentliche Konsequenzen, wie sich noch zeigen wird[242]. Deren eine drängt sich schon am Phaidontext auf, wenn Sokrates sagt (66c—67a), daß die Weisheit (hier *φρόνησις*), die im leibhaften Leben nur geliebt und erstrebt werden kann[243], einer weisheitsliebenden Seele erst nach ihrer völligen Trennung vom Leibe, d. h. nach dem Tod, zueigen wird. Denn selbst die notwendigen Geschäfte des Leibes verhindern die völlige Muße (*σχολή*), die der Seele die vollkommene Ruhe (84a 7: *γαλήνη*, die Meeresstille[244]) geben, damit sie rein erkennen kann. Der Stoiker, der sich allein auf die Tugend der erkennenden Seele bezieht, kann sich demgegenüber bei erreichter Apathie als vollendet bezeichnen. Sein Seelenfrieden verleugnet die Betroffenheit von der äußeren Welt — eine Meinung, mit der wir Augustin im Kampf sehen werden.

Kann man also von einem platonischen Dualismus im Bereich der gesunden Seele selbst nicht sprechen, so drängt sich doch um so schärfer noch einmal die Frage nach dem Verhältnis von Seele und Leib auf. Ist nicht der Leib z. B. nach dem Phaidon und dem Höhlengleichnis Ursache allen Übels? Diese Frage läßt sich nur beantworten, wenn man sie mit dem Problem von *Theorie und Praxis* zusammen sieht. Dieses wiederum hat zwei Dimensionen, eine politische und eine ontologische.

Schon das Höhlengleichnis im Rahmen der Politeia meint ja nicht nur die einzelnen, sondern *politische* Gruppen und Verfassungen, wenn es von den an den Leib gefesselten Höhlenmenschen spricht. Es sind die Vertreter der von der einen gerechten abweichenden unzähligen Polisformen, in denen sich Menschen aus kurzsichtigen Leibesinteressen gegenseitig bekämpfen, bekriegen und ins Unglück reißen. Diese Schilderung ist aber, wie schon erwähnt, kein Phantasiebild Platons, sondern die harte Wirklichkeit in der Krise der griechischen Polis. Das Streben, diese zu überwinden, ist der Ursprung der platonischen Philosophie. Sie knüpft dabei, wie *Georg Picht* u. a.[245] gezeigt haben, an die Tradition derer an, die der herkömmlichen aristokratischen, praktisch-politischen Lebensform, dem *βίος*

[241] Vgl. *Pohlenz*, Stoa I, 146—153.

[242] S. u. S. 84.

[243] Platons Begriff der *φιλο—σοφία* ist ja in ausdrücklichem Gegensatz zu den Sophisten entwickelt, die die Weisheit zu besitzen und zu vermitteln vorgaben.

[244] Vgl. *Picht*, 341.

[245] Die ältere Literatur bei *Picht*, 322.

πρακτικός, eine neue Lebensweise kritisch entgegenstellten, den *βίος θεωρητικός*. Es handelt sich also um zwei verschiedene menschlich-gesellschaftliche Grundhaltungen (*ἦθος*). »Der Gegensatz entspringt aus zwei sich in ihrem Ansatz wechselseitig ausschließenden Antworten auf die Frage, wie der Mensch überhaupt zu leben habe, wenn sein Dasein von einem guten Daimon geleitet sein soll, also auf die Frage nach der Eudaimonia«[246]. Die Suche nach der rechten Lebensgestaltung hängt aber unmittelbar zusammen mit der Frage nach der rechten Bildung (*παιδεία*) des Menschen und nach der Verfassung (*πολιτεία*) des Gemeinwesens, weil die Lebensformen der Menschen hiervon grundlegend bestimmt werden.

Die frühgriechische Lebensform des 7. und 6. Jahrhunderts und ihre höchsten Güter lassen sich aus der archaischen Lyrik erschließen. Gepriesen werden hier: Gesundheit, Schönheit, Reichtum, Macht, Ruhm, Jugend, Liebe, an höchster Stelle aber der Sieg in den Olympischen Spielen.

Diesem Lebensstil stellt als erster Xenophanes, der Lehrer des Parmenides, das Leben aus der Weisheit entgegen. Denn durch Stärke läßt sich ein Gemeinwesen nicht in Wohlgesetzlichkeit ordnen, wohl aber durch Weisheit (Frg. 2). Mit dieser Position verbindet sich eine Kritik des alten Polytheismus. Der Gott des Xenophanes, der fortan die abendländische Philosophie von Parmenides über Platon und Aristoteles bis hin zu Hegel und unerkannt weitgehend bis heute bestimmt, ist der eine unbewegte Gott, reiner Nus[247]. Er ist der Inhalt des neuen Wissens, das später Theorie heißt. In klassischer Form repräsentiert es sich bereits in der Mitte des 5. Jahrhunderts bei Anaxagoras, der den göttlichen Nus in der Betrachtung des Kosmos verehrte und damit die alten Götter außer Kraft zu setzen schien. Er, das unmittelbare Vorbild für Platon und Aristoteles, wurde deshalb von den konservativen Schichten wie Sokrates in einem Asebieprozeß verurteilt. Platon hat selbst zwischen beiden Lebensformen geschwankt (VII. Brief), bis er erkannte und während seines ganzen Lebens zu verwirklichen suchte, »daß die Praxis nur gedeiht, wenn sie von jener höchsten Einsicht geleitet ist«[248]. Hieraus entspringt der Gedanke der Philosophenkönige. Die grundlegende Formulierung

---

[246] *Picht*, 321.

[247] Vgl. *Picht*, aaO; *ders.*, Die Epiphanie der ewigen Gegenwart; *ders.*, Der Gott der Philosophen und die Wissenschaft der Neuzeit.

[248] *Picht*, Theorie und Praxis, 324.

der verschiedenen Lebensweisen findet sich, wie schon erwähnt, in Politeia 580c 8 bis 583a 11. Platon und in seiner Nachfolge Aristoteles unterscheiden, je nachdem welcher Seelenteil herrschendes Prinzip im Menschen oder einer Gruppe ist: den *βίος χρηματιστικός* (Aristoteles: *ἀπολαυστικός*), das Leben im Gelderwerb — weil Geld nötig ist, um das Genußstreben der Begierden zu befriedigen; den *βίος φιλότιμος* (Aristoteles: *πολιτικός*), der gemäß dem Streben des Muthaften auf Sieg und Ehre aus ist; schließlich den *βίος φιλόσοφος* (Aristoteles: *θεωρητικός*), der entsprechend der Vorherrschaft des Vernunfthaften ganz und gar auf Erkenntnis ausgerichtet ist. Die beiden niederen Formen werden zusammengefaßt dadurch, daß sie praxisbezogen sind und aus der Vorherrschaft der beiden irrationalen Seelenteile entspringen.

Wenn Platon nun als das Wesen des philosophischen Lebens die Lösung der Seele aus dem Leibe hinstellt, so heißt das also, sich von allen jenen Gütern abzukehren, die in der griechischen Blütezeit als die höchsten galten[249]. Durch die Krise der griechischen Welt hatte sich eben herausgestellt, was die alten Dichter teils im Bewußtsein des Ausgeliefertseins, teils im Trotz, teils im Ausschauen nach göttlicher Rettung schon besungen hatten: daß der Mensch dieser Welt dem Tage hingegeben und darum »eines Schatten Traum« sei (Pindar). Platon stellt nun aber nicht wie außer Pindar vor allem Parmenides der menschlichen Welt des nichtigen Scheins das göttliche Sein hart entgegen, sondern seine Philosophie ist gegenüber seinen archaischen Vorgängern als eine Philosophie der Vermittlung zu bezeichnen[250]. Seine Philosophie soll den Verständigen den Weg aus der Höhle ans Licht der wahren Seinserkenntnis zeigen. Durch die Bildung, das heißt durch das Ordnen der durch die Affekte ungeordneten seelischen Bewegung, soll der Mensch dem einen Gotte angeglichen werden. Als Vor-bild dient dabei der Kosmos[251], in seiner geordneten Bewegung die sichtbare Erscheinung des unsichtbaren Gottes (Timaios 92c 7). Durch das Anschauen seiner Bewegung wird der Mensch *κόσμιος* im Doppelsinn von »geordnet« und »dem Kosmos ähnlich«[252], damit aber ähnlich dem Gott, der als

---

249 *Picht*, 329.

250 Vgl. außer *Picht*, 328 das oben S. 63 zu Platon und Parmenides Gesagte.

251 Gleiches leistet die Musik, weil sie wie der Kosmos der gleichen Mathematik gehorcht, wie Platon im Anschluß an pythagoreische Tradition weiß. Vgl. *Picht*, 330.

252 Zum Ganzen vgl. *Picht*, 330ff.

reiner Nus die transzendente, unvergängliche Einheit dieses Kosmos ist. Hierdurch wird klar, wieso der innere Mensch als das Göttliche im Menschen bezeichnet wird[253]. Er ist das Einfallstor der Erkenntnis des Göttlichen (der Einheit, der Struktur, des wahrhaft Guten) und insofern Vermittler von Unsterblichkeit[254] durch Angleichung der Seelenbewegung an die ewig geordnete Bewegung des Kosmos. Die Möglichkeit der Seele, über den inneren Menschen, seinen gottgegebenen Daimon, an der stetigen Kreisbewegung des Himmelsgewölbes Anteil zu gewinnen, macht eben diesen Menschen zu einem »himmlischen Gewächs« (*φυτὸν οὐράνιον*), d. h. zu einem Wesen, das so gewachsen ist, daß es an den ewigen Umschwüngen der — ja auch als Seele gedachten — ewigen Himmelsbewegung teilnehmen kann[255]. Hier liegt also der Ursprung und Sinn des Gedankens, daß der innere Mensch auch der himmlische sei[256].

Mit all dem ist aber schon der *ontologische* Aspekt der Unterscheidung von Theorie und Praxis berührt[257]. Waren die archaischen Lebensgüter und alle, auf die sich praktisches Leben richtet, der Zeitlichkeit im Sinn von Vergänglichkeit preisgegeben, so richtet sich das theoretische Leben auf das immerseiende Eine, das in der Erscheinungswelt nur erscheint. Aber es erscheint in ihr wirklich, so daß sich auch hier, wenn der Schein der Körperwelt angesichts des wahren Seins als Schein erkannt ist, die platonische Vermittlung eröffnet. Der Philosoph muß zurück in die Höhle. Die Erkenntnis des einen wahren Guten ermöglicht auch das Glück derer, die es nicht erkennen (durch Wohlgesetzlichkeit in der Polis). Die Theorie ist der Ursprung

---

[253] Politeia 589d 1 und e 4; dazu vgl. *Krämer*, 101 und 192 A. 93.

[254] Zum Sinn der Unsterblichkeit vgl. *Picht*, 341 und *Krämer*, 133 A. 209.

[255] Zum Ganzen wäre die zusammenfassende Stelle Tim. 90a 2—d 7 zu vergleichen (s. auch *Picht*, 330ff. zu Tim. 47aff.).

[256] In der Stoa werden die platonischen Bilder für die Verbindung der vernünftigen Seele zum Himmel dann in massiven Substanzkategorien ausgedeutet. Die so verstandene Mikrokosmos-Makrokosmos-Analogie verbunden mit der im platonischen Urbild-Abbild-Schema verstandenen jüdischen imago-dei-Theorie führt schließlich zu Philons »himmlischem Menschen«, der für Paulus unmittelbar relevant wird. Vgl. *C. Colpe*, ThWB VIII, 414, 6ff.; 475, 26ff.; und neuerdings *E. Brandenburger*, Fleisch, 195. In den jüdischen Traditionen war allerdings das Entsprechungsverhältnis von himmlischer und irdischer Welt schon durch babylonische Vorbilder bekannt (vgl. *G. v. Rad* II, 302f.; 334; 388), nicht unwichtig für spätere Spekulationen im Blick auf den aus dem Himmel kommenden Menschensohn in Dan 4.

[257] *Picht*, 337ff.

der besten Praxis. Damit ist endlich nachgewiesen, daß die frühere Behauptung, das Gleichnis vom Menschen im Menschen bei Platon sei nicht dualistisch im landläufigen Sinn konzipiert, auch genauer Prüfung standhält[258]. Platon übernimmt zwar die dualistischen Anschauungen der orphisch-pythagoreischen Tradition, aber dies nur, um die richtigen Proportionen im spannungsreichen Gefüge des Kosmos aufzudecken und alle seine Teile in der richtigen Weise am seinsstiftenden Einen partizipieren zu lassen. Insofern zielt sein Denken im letzten Grunde auf die Integration der dualistischen Elemente, auf die Einheit in der Vielfalt. Darum ist auch das frühe Griechenland in seiner Philosophie »aufgehoben« (im hegelschen Doppelsinn des Wortes), nicht einfach negiert — ganz im Gegensatz zu gewissen Strömungen der Stoa und zum Neuplatonismus, wie später deutlich werden wird.

Fassen wir das Ergebnis *zusammen:* In unser Gleichnis fließen drei Polaritäten ein, die sich bereits vor Platon ausbilden: 1. die wahrscheinlich von den Schamanen ausgehende, Pythagoras, Empedokles und die orphische Dichtung beeinflussende Bewegung, die im Gegensatz zum archaischen Griechentum in der Seele das eigentlich Menschlich-Göttliche sieht, das vom Körper abgelöst werden kann; 2. die damit sich speziell in Griechenland verbindende, seit Xenophanes hervortretende theoretische Lebensform, die sich kritisch von dem Leben im körperlichen Genuß oder der politischen Ehre absetzt, da dieses weder für den einzelnen Menschen noch für die Polis Bestand bietet; 3. die ontologische Basis für diese Polarität bietet die Entdeckung des ewigen unwandelbaren Seins im Gegensatz zum sich zeitlich Wandelnden. Dieser Gegensatz ist aber bei Platon vermittelt durch die Ideen[259], die der Welt vom Einen her Struktur geben, und

---

[258] Daß der Phaidon nur die eine Bewegung, heraus aus dem Leibe, zum Gegenstand der Erörterung hat — was später vom gnostischen Denken und auch vom unpolitischen Neuplatonismus mit Vorliebe aufgegriffen wurde — liegt an der Dialogsituation, die Sokrates direkt vor seinem Tode — seinem Weggehen aus dem Körper — schildert. (Vgl. *Theiler*, Entretiens V, 69). Umgekehrt könnte man an vielen anderen Gesichtspunkten zeigen, wie Platon dem Leibe und den niederen Seelenbewegungen an ihrem Ort und in ihrer Seinsbeschaffenheit ihr Recht widerfahren läßt. Ich erinnere daran, daß im Symposion die Schönheit bis in die körperliche Sphäre hinein wirklich erscheint und daß im Timaios das Sterbliche ausdrücklich mit in den Kosmos als vollkommenes Götterbild einbezogen ist (92c 4ff.; vgl. die Sorge für Körper und *ganze* Seele 87cff.).

[259] *Krämer* zusammenfassend 529 (vgl. Index s. v. Idee).

durch die Möglichkeit für den Menschen, sich durch Ordnen der seelischen Bewegungen an die strukturgebende göttliche Einheit anzugleichen und daran teilzuhaben, damit aber auch an die niederen Seinsschichten weiterzuvermitteln. Der innere Mensch ist der Ort, von welchem nach dem Ordnen der ganzen Seelenbewegung zu den vier Aretai die Angleichung an den einen, und darum Struktur und Bestand (Unsterblichkeit) verleihenden Gott ausgeht. Herrscht deshalb dieser innere Mensch im Menschen, so vermittelt er Gesundheit, Bestand und Frieden der ihm zugeordneten Teile (der irrationalen »Seelenteile« des Körpers). Nach der Trennung vom Körper wird ihm unsterbliches Leben in der Bewegung des ewigen Kosmos zuteil, dem er sich mit seinen Seelenbewegungen angeglichen hatte[260]. —

Es wird sich, so hoffe ich, zeigen, daß fast jeder Zug der Darstellung Platons im Lauf der in dieser Arbeit behandelten Traditionsgeschichte wichtig werden wird. Außerdem wird sich das Besondere späterer Entwürfe bis hin zu Luther und zu den neuzeitlichen und unseren gegenwärtigen systematischen Bemühungen am ehesten im Vergleich mit diesem Fundament abendländischen Denkens verdeutlichen lassen.

b) Philon von Alexandrien, die hellenistisch-jüdische Weisheit und die nachklassischen antiken Traditionen

Die erste Probe für diese Behauptung ist Philon von Alexandrien, der offenbar Hinweise auf die Brücke zwischen Platons Gleichnis und dem paulinischen Verständnis des inneren Menschen bietet. Philon ist für uns darum von so großer Bedeutung, weil bei ihm hellenistisch-jüdische Neuinterpretationen der platonischen Gedanken greifbar werden, die uns bei der schlechten Quellenlage jener und der verarbeiteten antiken Traditionen sonst schwer zugänglich wären[261], die

[260] Hier müßte eigentlich eine Beschreibung des platonischen Gedankens der Weltseele folgen (Timaios!). Dann würde sich zeigen, daß wir durch unsere neuzeitliche Vorstellung der individuellen Seele, auch durch unsere christliche Eschatologie gar keinen direkten Zugang mehr zu diesem Denken haben. Hier haben wir es wirklich streng mit Philosophie »dieser Welt« zu tun. Auch der Tod versetzt nicht in eine »andere« Welt, sondern es bleibt ein großer Zusammenhang — der Kosmos als ewige Bewegungserscheinung des einen, ewigen, unbewegten Gottes.

[261] Immerhin lassen sich einige Zeichen dafür finden, wie Poseidonios Platons Gleichnis aufnahm. Grundlegend für das Verständnis dieses Philosophen ist *K. Reinhardt*, Art. Poseidonios von Apameia. Vgl. *I. Heinemann* (Poseidonios' metaphysische Schriften, I, 60ff.; bes. 62), der aus Philon (de congr. 95), und

aber auf der anderen Seite für das Verständnis von Paulus unerläßlich sind.

E. Brandenburger hat neuerdings ebenfalls die Frage nach der Bedeutung Philons für die Übermittlung hellenistisch-jüdischer und griechischer Vorstellungen und Denkweisen an Paulus gestellt[262]. Dabei hat er vor allem den Gesichtspunkt herausgearbeitet, daß Philon in einer sich zunehmend dualisierenden jüdisch-weisheitlichen Tradition steht und wie bereits diese den Dualismus mit Hilfe hellenistischer Vorstellungen entfaltet. Ohne hier auf den langen Streit ausführlich einzugehen, ob Philon primär als Jude und aus jüdischen Traditionen oder als hellenistischer Religionsphilosoph denke, muß doch ein methodisches Wort zu dieser Frage am Anfang stehen. Das eigentliche Motiv der Synagogenvorträge und Schriftstellerei Philons ist die missionarische Absicht, das alttestamentlich-jüdische Erbe als die wahre Philosophie und als die Wahrheit aller wahren zeitgenössischen Philosophie zu erweisen[263]. Von daher kann es sich bei ihm wie bei allen hellenistischen Juden grundsätzlich nicht um eine Alternative griechisch-jüdisch handeln. Von daher muß auch gefragt werden, an welchen Stellen im jüdischen Erbe fremdes Gedankengut assimiliert wird. Auf dieser Fragestellung liegt das Gewicht der Brandenburgerschen Arbeit, insofern Weisheitstraditionen als Kristallisationspunkt antiker dualisierender Fleisch-Geist-Vorstellungen herausgearbeitet werden. Mir scheint nun aber die griechische Philosophie für Philon nicht nur ein Steinbruch zu sein, den man »weidlich« für den jüdischen Grundriß und Aufbau seines Hauses »ausnutzen« kann[264]. Das gilt besonders deshalb, weil weisheitliche Traditionen immer besonders offen für Internationalität sind und also das Motiv für die Entwicklung neuer Auffassungen nicht immer aus den nationalen Besonderheiten entstehen muß. Damit soll nicht bestritten werden, daß etwa die Dualisierung der jüdischen Weisheit an das Skepsisproblem (Schwachheit des Menschen gegenüber Gott) anknüpft[265]. Aber wenn Brandenburger etwa die dem Geist widerstreitenden Leidenschaften des Menschen bei Philon als »Konkretisierungen« des antik jüdisch verstandenen »Fleisches« versteht[266], so übersieht er, daß sie einen sehr präzisen Sinn im Gesamtzusammenhang der nachplatonischen philosophischen Anthropologie haben, ohne den dann auch Rö 7, 14ff. nicht in seiner ganzen Plastizität zu verstehen ist[267].

W. Theiler (Plotin zwischen Plato und Stoa, 78; 88 u. 102), der aus Seneca (ep. 92) Poseidonios rekonstruieren will. Allgemein zum Einfluß der Stoa auf Philon vgl. *Barth-Goedeckemeyer*, Stoa, 254—266.

262 Fleisch, bes. 142ff.

263 Zur missionarischen Intention Philons und deren Verhältnis zu Paulus s. u. S. 103ff. Die durch den Synkretismus der verschiedenen Schulen gekennzeichnete philosophische Situation im zeitgenössischen Alexandrien beschreibt *A. Wlosok*, Laktanz, 50ff.

264 So *E. Brandenburger*, 157 und methodisch durchgehend in der gesamten Arbeit.

265 *E. Brandenburger*, 73; 94; 109; 224.

266 AaO, 226.

267 S. u. S. 92ff.

Gemessen an der luciden Evidenz des platonischen Gleichnisses bieten Philons Äußerungen über den inneren (wahren, himmlischen, eigentlichen) Menschen[268] auf den ersten Blick ein wirres Bild. Das liegt nicht nur daran, daß er seine Überlegungen als Exegese und nicht systematisch vorträgt, sondern auch daran, daß er je nach jüdischen (fortgeschrittenen) oder heidnischen (zu missionierenden) Adressaten anders, oft sogar Widersprüchliches redet[269]. So bezeichnet der Begriff des inneren, wahren Menschen bei ihm an verschiedenen Stellen 1. die Idee des Menschen als reinem Nus vor der Schöpfung des irdischen, daneben aber 2. auch den Nus und das tugendverwirklichende, herrschende, urteilende, hoffende Vermögen und schließlich das Gewissen in jedem empirischen Menschen und 3. sogar die Person des Mose[270].

Die *erste* Aussage erscheint fast durchweg im Zusammenhang der beiden Berichte von der Erschaffung des Menschen (Gen 1, 26f. und 2, 7; vgl. de fug. 71f.)[271]. Philon sieht in der Formulierung »nach dem Bilde Gottes« einen Hinweis darauf, daß Mose hier an die Schöpfung der unkörperlichen Idee des Menschen als Abbild des Abbilds (Logos) Gottes denkt (vgl. opif. mund. 134f.; leg. alleg. I, 31f.). Diese Idee des Menschen ist unkörperlich, geschlechtslos, reiner Geist (Nus) und als solche der wahre Mensch. Der von Gottes Hauch zum Leben erweckte Erdenkloß aus Gen 2, 7 dagegen, d. h. der erste Mensch in der Folge der historischen Menschheit, ist ein gemischtes Wesen, behaftet mit der sterblich irdischen Hülle des sichtbaren Leibes. Man erkennt in diesen Ausführungen die orphisch-pythagoreisch-platonische Tradition wieder, allerdings durchaus anders

---

[268] Zur Terminologie vgl. de agr. 9: *ἄνθρωπος δὲ ὁ ἐν ἑκάστῳ ἡμῶν*; deter. 10: *ὁ ἀληθινὸς ἄνθρωπος*; ebd. 22: *ὁ πρὸς ἀλήθειαν ἄνθρωπος*; leg. alleg. I, 31: *οὐράνιος ἄνθρωπος*; de fug. 72: *ὁ κατ' ἐξοχὴν ἄνθρωπος*. — Ich zitiere nach Philonis Alexandrini opera quae supersunt, ed. *Cohn-Wendland*, Berlin 1896ff. (Nachdruck 1962ff.).

[269] Vgl. z. B. *Goodenough*, An Introduction to Philo Judaeus, 72ff. und *D. Georgi*, Gegner 55f. A. 5 u. 94ff. A. 5. *H. Thyen* (Heidelberg) macht mich darauf aufmerksam, daß man diese unterschiedliche Akzentuierung nicht sauber auf einzelne Schriften und Schriftgruppen verteilen kann. Vielleicht ist das so zu erklären, daß Philon ältere Vorträge später literarisch verarbeitete.

[270] Eine vollständige Materialsammlung findet sich bei *H. Leisegang*, Der heilige Geist I, 78—81 A. 5.

[271] Zur Auslegung dieser Texte vgl. *E. Brandenburger*, 148f. u. ö., sowie die Monographie von *J. Jervell*, Imago Dei, 52ff. Auf Platon geht Jervell allerdings nur im Zusammenhang des »Bildes«, nicht aber des »inneren Menschen« ein.

gefaßt als bei Platon. War in dessen Timaios der den Kosmos bildende Demiurg nur ein Bild, an dem die ewigen unwandelbaren Strukturen in der ewig sich wandelnden Erscheinungswelt veranschaulicht werden sollten[272], so nimmt Philon das platonische Bild wörtlich und interpretiert Platon so, als vertrete er den jüdischen Schöpfungsglauben[273]. Dadurch ist die Idee nicht wie bei Platon die in der Erscheinungswelt ewig erscheinende Struktur, sondern im Blick auf den Menschen ist der Nus radikal ablösbar vom kosmischen Geschehen. Es gibt eine weltunabhängige Beziehung zwischen Gott und Nus, die freilich erst nach der skeptisch-weisheitlichen und hellenistischen Gegenüberstellung von Fleisch und (göttlichem) Geist im Raum des ursprünglich ganzheitlichen israelitischen Denkens vorstellbar wird[274].

Das ist aber keine These, die nur Bedeutung hätte für unerhebliche Spekulationen über ein Einst der Schöpfung, sondern sie wirkt sich unmittelbar in Anthropologie, Psychologie und Ethik aus. Fragt man nämlich, wie sich *zweitens und drittens* der innere Mensch in der konkreten Menschheit darstellt, so ergeben sich analoge Veränderungen gegenüber Platon. Zunächst allerdings scheint es, als habe Philon diesen einfach rezipiert. In De agricultura (8ff.) z. B. übernimmt und entfaltet er Platons Bild vom inneren Menschen als Landmann, der die anderen Seelenteile kunstvoll bearbeitet (Politeia 589b 2). Wenn Philon dann dieses Gleichnis noch parallelisiert mit der Vorstellung vom Nus als königlichem Hirten über die Herde der niederen Seelenteile (27ff.; vgl. Nomoi 713d) und als Reitkünstler(Rosselenker) über die Begierden und das Muthafte (67ff.; vgl. Phaidros 246a 3ff.; 253c 7ff.), so dürfte die platonische Herkunft des Gedankens unbestreitbar sein. Wie aber sieht die Ausführung im einzelnen aus? Wo bei Platon der vernünftige, innere Mensch mit seiner Landbaukunst die zahmen Triebe fördert und mit dem »Löwenartigen« und mit sich

[272] Der ganze Timaios ist eine Entfaltung der Axiome aus 27d 5—28a 1: »Zuerst muß man meiner Meinung nach dies unterscheiden: das Immer-Sein, das kein Entstehen hat, und das Immer-Erscheinende, das niemals ist«. Zur Bildhaftigkeit des Demiurgen bei Platon vgl. zusammenfassend *F. M. Cornford*, Plato's Cosmology, 37: »... both the Demiurge and Chaos are symbols: neither is to be taken quite literally, yet both stand for real elements in the world as it exists.«

[273] Entsprechend muß er die — vermeintlich nur aristotelische, in Wahrheit allgemein griechisch-philosophische — These von der Ewigkeit der Welt angreifen. Vgl. opif. mund. 7ff. Vgl. *A. Wlosok*, 59.

[274] Vgl. o. A. 265.

selbst befreundet und so die Seele als ganze integriert, ist bei Philon allein der Nutzen für den Nus im Blick, nämlich der Nutzen, der diesem durch die »Tugenden« in Form von guten und lobenswerten Handlungen zuteil wird (8f.). Gewiß, auch Platon will um der Integration der ganzen Seele willen die wilden Triebe am Wachsen hindern (Politeia 589b 3), aber Philon will alle affekthaften Pflanzen fortgeschnitten und entfernt wissen, »so daß auch nicht der kleinste Rest verbleibt, aus welchem neue Sprossen der irrtümlichen Verhaltensweisen (*ἁμαρτημάτων*) entstehen könnten« (10, vgl. 17).

Dieser nachklassische Trend zur Dualisierung, der beim Juden Philon mit den sich dualisierenden Weisheitstraditionen zusammentrifft, läßt sich besonders deutlich in bestimmten stoischen Strömungen nachweisen, zumal dort, wo diese in Popularphilosophie übergehen. Nun ist die Stoa ein komplexes Gebilde, das zudem auf Grund der schlechten Quellenlage ungenügend erforscht ist. Immerhin sind bestimmte Grundentscheidungen der Schulgründer Zenon und Chrysipp mit einem gewissen Variationsspielraum durchgehalten worden, selbst als Panaitios und Poseidonios, der eigentliche philosophische Lehrer Philons, in vielem zur attischen Philosophie Platons und Aristoteles' zurücklenkten[275]. Eine dieser Grundentscheidungen, die Philon übrigens ausdrücklich als seine Meinung gegen Aristoteles und damit auch gegen Platon zitiert, fällt in dem Satz: »Nur eine seelische Tugendhandlung ist ein Gut« (*μόνον τὸ καλόν ἀγαθὸν ὅ ψυχῆς ὡς ψυχῆς ἐστιν ἴδιον*; quod deter. pot. insid. sol. 9)[276]. Hatten Platon und Aristoteles die frühgriechischen »Güter« und damit auch die politische Praxis unter der Herrschaft der neuen theoretischen Lebensform integriert und neu darin begründet, so isoliert die Stoa den oberen Seelenteil, ja leugnet bei Chrysipp jegliche andere Dimension der Seele[277] und richtet sich auf die autarke Arete der Vernunft.

Bereits diese Grundentscheidung hat weittragende Konsequenzen. Die Rückkopplung der Anthropologie und der Ethik an die Politik und die Physik verliert die grundlegende Bedeutung, die sie bei Platon

[275] Vgl. für die Anthropologie des Poseidonios *K. Reinhardt*, 661f.

[276] Zenon versuchte immerhin, den »naturgemäßen Dingen« wie Gesundheit und Wohlstand einen »relativen Wert« zuzugestehen. Aber nachdem seine Gegner ihm dies als Halbheit vorwarfen, gab sein Schüler Ariston auch diesen »Kompromiß« auf. Vgl. dazu *M. Pohlenz*, Die Stoa I, 27ff.; 119ff. Zur hellenisierenden Abmilderung der Stoa bei Panaitios und Poseidonios (dem sich Philon anschließt) s. ebd. 199ff.; 211 und 237.

[277] *Pohlenz*, 91; 119; 123ff.; 143ff.

hatte, ja wird zugunsten eines rein theoretischen Lebens teilweise ganz aufgegeben, wie z. B. im Zusammenhang mit dem oben zitierten Philonwort deutlich wird[278]. Gewiß, schon bei Aristoteles beginnt sich dieser Auflösungsprozeß der Einheit der Philosophie anzubahnen[279], der mit der Zerstörung der überschaubaren Polis und dem Aufkommen der anonymen Großreiche zusammenhängt[280]. Aber bei bestimmten Ausprägungen der Stoa wird diese Auflösung zu einem Antagonismus zwischen dem erstrebten Weltbürgertum und den konkreten politischen Ordnungen[281]. Immerhin hält sich die Bestimmung des Menschen als eines auf die Polis bezogenen Lebewesens (*ζῷον πολιτικόν*) in der Form des auf eine unbestimmt allgemeine Gemeinschaft bezogenen Lebewesens (*ζῷον κοινωνικόν*) durch[282], und neben den apolitischen Tendenzen, die sich am stärksten in der kynisch-stoischen Popularphilosophie auswirken, gibt es auch die z. T. politisch höchst relevante römische Stoa[283]. Ebenso einschneidend wie die Konsequenzen für die Einheit der Philosophie sind aber bereits die Folgerungen für Anthropologie und Ethik selbst. Die Arete der Seele vermittelt nicht mehr wie bei Platon Sein, Wahrheit und Bestheit in allen Zusammenhängen, in denen sie steht, und erweist durch diese ihre Effizienz selbst ihren Wert, sondern die

---

278 deter. 6ff. Joseph erscheint als der Vertreter der Scheinphilosophie, die um der Politik willen betrieben wird (vgl. aber *Goodenough*, 72ff. zu den verschiedenen Seiten der philonischen Auffassung der Politik).

279 Vgl. *Krämer*, Arete, 553ff.

280 Zur Veränderung der politischen Philosophie durch die kosmopolitische und individualistische Stoa vgl. *M. Riedel*, Bürgerliche Gesellschaft, 90ff.

281 *Pohlenz*, I, 139f. Vgl. ebd. 112ff.; 131ff. Einen Neuansatz an dieser Stelle in der Stoa bringt erst Panaitios, wahrscheinlich stark bestimmt durch römische Elemente (Scipionenkreis!).

282 *Pohlenz*, I, 115; vgl. *Riedel*, aaO u. *ders.*, Topologie, 300. In diesem Zusammenhang wäre weitergehend zu untersuchen, was es sachlich bedeutet, wenn man nicht mehr wie Platon die Wirklichkeit des politischen Gemeinwesens aus dem Aufeinanderangewiesensein der einzelnen, nicht autarken Menschen, also aus einem Relationsgefüge herleitet, sondern von einem Trieb der Individuen zur Polis, zur Gemeinschaft ausgeht.

283 Ciceros »De re publica« ist ein beredtes Zeugnis dafür, wie die konkrete römische Geschichte mit ihren verpflichtenden politischen Formen gegen ein sich von der Praxis lösendes, hellenistisches Theorieideal gewendet wird. Daß hier allerdings die philosophische Tiefe des platonischen Gedankens weder verstanden noch erreicht ist, steht auf einem anderen Blatt. Cicero versteht Platons Politeia als »ausgedachte« beste Staatsform, der er stolz die bereits realisierte beste Staatsform — die des alten Rom — entgegenstellt.

Arete wird zur Tugend des oberen Seelenteils oder einer rein intellektualistisch gefaßten Seele (Chrysipp) und zielt so auf ihr allein nützliche »lobwürdige« Handlungen (deter. 9). Lob und Tadel (Strafe) treten nun gleichsam äußerlich zum Verhalten der Seele hinzu; die Konsequenzen aus deren Verhalten haben nicht ihre eigene Evidenz. Wo bei Platon die Einsicht suchende Orientierung an dem durch das Gute gestifteten Sein der Kosmosstrukturen steht, findet sich in stoischen Traditionen das Belehrtwerden vom »Naturgesetz« (*νόμος φύσεως*) als einer Norm, durch deren Befolgen man Ruhm und Lob ernten kann (deter. 66). Tugend wird zur Leistung[284]. Bei Philon verbindet sich diese Tendenz außerdem mit der frühjüdischen Konzentration auf das Gesetz Gottes. Freilich kreuzt sich der Gedanke der Leistung mit der — ebenfalls jüdischen — Betonung der Angewiesenheit auf Gottes Gnade[285]. Beide Strömungen sind bei Philon nicht ausgeglichen. Immerhin erläutert er die Frage, warum Gott auch dem irdischen gemischten Menschen seinen Geist in den Nus einbläst (nach Gen 2, 7), so, daß Gott dadurch eine natürliche Kenntnis der Tugend vermitteln will, damit Taten zu Recht gelobt und bestraft werden können (leg. alleg. I, 33—35). Beachtet man weiter, daß Philon in seinen Missionsschriften in der Folge einer solchen Anschauung dazu aufrufen kann, nur dem gelehrten oder dem innen offenbaren Gesetz zuzustimmen und so leicht zur Tugend zu kommen (spec. leg. I, 302), so wird diese Position im Blick auf Paulus und speziell Rö 7 äußerst signifikant.

Aber ehe wir uns dem zuwenden können, muß noch die weitere Veränderung gegenüber Platon geklärt werden: die gewaltsame Unterdrückung der Affekte. Die ausschließliche Konzentration vieler Stoiker auf die Tugend der erkennenden Seele erzeugt einen Dualismus zwischen Seele einerseits und Trieben und Körper andererseits[286], der sich allerdings innerhalb eines physikalischen Monismus entfaltet[287]. Die Affektlosigkeit des stoischen Weisen kann sich bei

[284] Vgl. *Krämer*, 568 und *Pohlenz*, 31 und 120f. Dieser Gedanke wird sogar so weit ausgezogen, daß man sagt, die äußeren und leiblichen Güter seien deshalb keine Güter, weil sie keine Leistung des Menschen sind (*Pohlenz*, 122f.). *M. Riedel* macht mich darauf aufmerksam, daß es sich bei dem Gedanken des normierenden Naturgesetzes um einen Rückfall hinter Platon in die Physikotheologie des Xenophon handelt.

[285] Vgl. z. B. de cherub. 64ff.; 123 oder de congr. 107.

[286] Vgl. bes. *Pohlenz*, I, 142ff.; 150ff.

[287] *Pohlenz*, I, 238. An Gründen für diese unhellenische Tendenz nennt man

Philon dann leicht mit seinen übrigen dualisierenden Traditionen verknüpfen, zumal mit der Gegenüberstellung von Fleisch und Geist als zweier feindlich agierender Mächte[288].

Diesem Befund in der stoischen Psychologie entspricht eine folgenreiche Akzentuierung der Gewalt im politischen Gemeinwesen. Schon Platon hatte den gesetzlichen Zwang für denjenigen gerechtfertigt, der nicht der Überzeugung und damit der freien Einsicht zugänglich ist[289]. Aber allen Ton legte er darauf, daß die aus Einsicht Herrschenden im Sinn der gegenseitigen Befreundung so herrschen mögen, daß sich die Gruppe der für den Lebensunterhalt der Bürger arbeitenden Menschen gern und freiwillig beherrschen läßt. Schon Aristoteles setzt mit einer laudatio für Sparta die zwei, die soziale Schichtung seiner Umwelt widerspiegelnden Menschenklassen hart gegeneinander: diejenige, welche aus freier Annahme von überzeugenden Argumenten handelt, und diejenige, welche durch gesetzliche Gewalt gezwungen werden muß, weil sie nur auf der Ebene der Affekte zu leben imstande ist; denn »irrationaler Trieb weicht nicht der Rede (*λόγος*), sondern der Gewalt« (Eth. Nik. X, 10, bes. 1179 b 29)[290]. Zu unermeßlicher Wirkung kommt dieser Gedanke dann durch stoische Naturrechtstheorien. Die Klasse der Weisen handelt aus freier Einsicht in die lex aeterna, die der affektgeleiteten Unwissenden aus Furcht vor Strafe, die die aus dem Naturrecht abgeleiteten positiven Gesetze erzwingen[291]. Aus dieser Tradition ergibt sich ein schweres

---

u. a. die semitische Abkunft von Zenon und Chrysipp, den Einfluß des Kynikers Krates auf Zenon und den polarisierenden Gegensatz zu der Betonung der Lust bei den Epikureern. Vgl. zusammenfassend *Pohlenz*, I, 22; 31; 135; 153; 164ff.; 173; 180; 229.

[288] Es muß allerdings noch einmal betont werden, daß Philon nicht unmittelbar von der rigoristischen älteren, sondern von der durch Panaitios abgemilderten und stärker zu Platon und Aristoteles zurückkehrenden mittleren Stoa abhängig ist (vor allem von Poseidonios). Dadurch kann Philon ausnahmsweise (vgl. Werke deutsch III, 55 A. 2) auch den Eigenwert gewisser Affekte hervorheben (leg. alleg. II, 1—18; vgl. *Colpe*, Art. Philo, RGG^3 V, 344). Auch versucht Philon die Heteronomie der Gesetzespredigt zu mildern durch Unterscheidung zwischen Befehl (*κελεῦειν*) und Ermahnung (*παρηγορεῖν*; vit. Mos. II, 49—51; vgl. die Unterscheidung von *πρόσταξις*, *ἀπαγόρευσις* und *παραίνεσις*/*ἐντολή* in leg. alleg. I, 93ff.). Wie weit trotzdem dieses Normdenken von Platons Freilegen der Einsicht entfernt ist, liegt auf der Hand.

[289] S. o. S. 69.

[290] Vgl. *M. Riedel*, Bürgerliche Gesellschaft, 86ff.

[291] Vgl. *M. Pohlenz*, Stoa I, 132f., der auf den Zusammenhang dieses Gedankens mit der Unterscheidung von *καθορθώματα* und *καθήκοντα* verweist.

systematisches Problem für die spätere abendländische Politik[292]. Die bestehenden Gesetze und die von den Herrschenden ausgeübte Gewalt legitimieren sich hier aus einer moralischen und letztlich religiösen Einsicht. Umgekehrt zielt die Strafe darauf, den Betroffenen auf diese Einsicht hinzuerziehen[293]. Nimmt aber der letzte Bezugspunkt der Legitimität von Gesetzen dogmatischen Charakter an wie in der Stoa und weist er sich nicht mehr in der Aufdeckung der gemeinsamen Interessen der in der Polis zusammengeschlossenen Gruppen aus, so ist einer gefährlichen »Ideologisierung« — wie wir heute sagen würden — Tor und Tür geöffnet. Wir werden diesen Problemen beim altkirchlichen und mittelalterlichen Religionszwang wiederbegegnen[294].

Die anfangs recht klein scheinenden Nuancen zwischen Platons und Philons Auffassung vom Menschen im Menschen nehmen auf diesem Hintergrund die erwünschte Plastizität an. Ist man einmal auf die stoische Fährte in der platonischen Philosophie Philons gestoßen[295], so ordnet sich auch sein zunächst verwirrendes Bild vom inneren Menschen. Die stoische Scheidung der Menschen in vollkommene Weise und unvollkommene Toren, die Philon mühelos mit ähnlichen jüdisch-weisheitlichen Vorstellungen identifizieren kann[296], wirft nämlich nicht nur die Schwierigkeit auf, wie der Übergang zwischen beiden radikalen Gruppen zu erklären sei, sondern stellt vor allem auch vor das Problem, daß es bei der Schärfe der Kriterien kaum je Weise gegeben haben kann[297]. Schließlich geht die Forderung nicht nur auf Affektlosigkeit, sondern auf Körperlosigkeit, auf den reinen Nus. Es werden daher, um die Frage des Übergangs zu lösen, aus der Gruppe der Toren die Fortschreitenden abgesondert. Ihr Bereich erstreckt sich von den Anfängern in der Tugend bis zu den kämpfenden Asketen. Legt man diese Zwei- bzw. Dreiteilung der Menschen zugrunde[298], so stellt sich der innere Mensch auf jeder Stufe anders dar, woraus sich die Vielfalt seiner Erscheinungsformen bei Philon erklärt. Beim vollkommenen Weisen ist der innere Mensch

---

[292] Vgl. zu folgendem *M. Riedel*, 137ff. und 156ff.

[293] S. o. S. 69 zu Platon.

[294] Vgl. bes. u. S. 291ff.

[295] Interessantes Material zu diesem Thema bietet immer noch die Schrift von *P. Wendland*, Philo und die kynisch-stoische Diatribe.

[296] Vgl. *E. Brandenburger*, Fleisch, 188ff.

[297] Zum folgenden vgl. *Pohlenz*, I, 153ff.

[298] Von Philon erwähnt etwa conf. ling. 41—59; 142—149; mut. nom. 18ff.

in reiner Form sichtbar, als körper- und affektfreier Nus, der nicht einmal mehr der Belehrung durch den Logos bedarf, sondern allein unter Gott steht[299]. Von daher wird verständlich, warum Mose als der Mensch Gottes — ein anderer Wechselbegriff für den wahren Menschen[300] — bezeichnet werden kann (mut. nom. 24f. und 125). Er repräsentiert am reinsten die vollkommenen Weisen, die sich schon in diesem Leben »in die Idee der Seele auflösen und zu unkörperlichen Gedanken werden« (mut. nom. 33). Das heißt aber: was Mose hier verwirklicht hat und was höchstes Ziel jedes Menschen ist — reiner Nus zu werden — ist nicht mehr und nicht weniger als die Identität zu erlangen mit jenem ersten Adam aus Gen 1, 26f., den Philon als körperlose Idee des Menschen vor aller kosmischen Realisierung auslegt[301].

Auf den unteren Stufen des Menschen, also auf der Basis des zweiten Adams aus Gen 2, 7, des erdbehafteten Geistes[302], stellt sich der innere Mensch auf verschiedene Weisen dar. Zusammenfassend unterscheidet Philon in »Über die Nachstellungen« (deter. 23) drei Funktionen des wahren, inneren Menschen[303]: er ist 1. der königliche Herrscher im Menschen, 2. der Richter und Preisverteiler (Schiedsrichter) in den Lebenswettkämpfen und 3. das innerlich überführende Gewissen. Was erstens mit der Herrscherfunktion des inneren Menschen gemeint ist, erklärt sich zwanglos aus der platonischen Tradition des Bildes. Auch bei Platon ist es ja die Funktion des Vernunfthaften, über das Triebhafte zu herrschen. Allerdings dort durch Über-

[299] Vgl. etwa conf. ling. 41—59; 142—149. Es bedürfte einer ausführlicheren Analyse, um genau zu zeigen, wie Philon durch den Glauben an einen teils jüdisch, teils platonisch verstandenen transzendenten Gott die Theologie der Stoa und damit auch deren Fassung des menschlichen Nus samt seiner Ausprägung in vollkommenen Weisen verändert. In plant. 18 z. B. polemisiert Philon gegen die (vermutlich poseidonische) These, daß unser Nus ein Teil des feurigen Äthers sei. Dem stellt er die Schöpfung des Menschen nach Gottes Abbild entgegen, welche freilich platonisch verstanden ist. Diese Differenzierung bei Philon wirkt sich aber nur unterstützend auf die stoische Tendenz aus, den menschlichen Geist vom Körper unabhängig zu machen. Das ist ein sehr interessanter Vorgang, der in Plotins stoischer Platoninterpretation eine analoge Ausbildung erfährt (s. u. S. 90f.)

[300] *Leisegang*, 80.

[301] Welche Bedeutung der Identifizierung des Mose mit dem ersten Adam zukommt, wird uns noch bei Paulus beschäftigen müssen.

[302] De plant. 42—44; vgl. leg. alleg. I, 95.

[303] Vgl. aber die noch vielfältigeren, meist stoischen Angaben über die Vernunft (*ἡγεμονικόν*) in de plant. 31, die alle später auf den inneren Menschen zu beziehen sind.

zeugung und Befriedung, bei Philon im stoischen Sinn durch heteronomes Bezwingen der Triebe und Ausrottung der Affekte. Die Richter- und Belohnungsfunktion (2.) meint die dem Nus göttlich eingepflanzte Möglichkeit, zwischen Gut und Böse zu entscheiden und beides zu bewerten[304]. Beide Funktionen, die herrschende und die unterscheidende, beziehen sich offenbar vor allem auf den »fortschreitenden Menschen«. Denn da Philon an anderer Stelle sagt, daß der Geist (*πνεῦμα*) Gottes, der nach leg. alleg. I, 35 dem menschlichen Nus dieses kritisch-herrschende Vermögen vermittelt, sich bei den Bösen, die nach dem Fleisch (*σάρξ*) leben, allmählich verflüchtigt und nicht bei ihnen bleiben kann (gig. 19—57), so bedeutet das, daß diese Funktionen des inneren Menschen nur dem kämpfenden, tugendübenden Menschen (Asket) zukommen[305]. Dem Schlechten und dem, der sich gerade zur Tugend wenden will, begegnet sein innerer Mensch nur als überführendes Gewissen[306]. Es findet sich bei Philon entsprechend fast ausschließlich in diesem negativen, bezeugenden und anklagenden Sinn[307].

Zusammenfassend kann man sagen, daß das platonische Gleichnis vom Menschen im Menschen bei Philon eine Dualisierung durchmacht. Bei diesem Vorgang haben hellenistisch-jüdisch-weisheitliche in Wechselwirkung mit vor allem stoisch-popularphilosophischen Traditionen mitgewirkt. Das bedeutet, daß der innere Mensch als tugendverwirklichender und darum mit Unsterblichkeit belohnter Nus von den niederen Schichten des Seins isoliert wird. Statt wie bei Platon zu integrieren, tritt er in scharfen Gegensatz zu den Affekten, dem Körper und körperlichen Gütern. Seine politische Dimension büßt er weitgehend ein. Diese Tendenz wird sogar noch unterstützt

[304] Vgl. de agr. 95 und de plant. 42—45.

[305] Vgl. bes. de gig. 33: der wahre Mensch ist nicht die Zusammensetzung aus Seele und Leib, sondern der (innere) tugendübende. Zum Text von De gigantibus vgl. *E. Brandenburger*, 142ff.; 192. In diesen Zusammenhang gehören auch die Stellen, an denen Philon aus der Etymologie von Enos (Mensch) und der Aussage von Gen 4, 26, daß Enos als erster hoffte, herausliest, daß der wahre Mensch der hoffende sei (vgl. *Leisegang*, 80 unter 4.). Denn Hoffnung interpretiert er als Anfang der Tugend (de Abr. 7). Ebenfalls gehört hierher der pythagoreisch-platonische Gedanke, daß der innere Mensch die göttlich gleichmäßige Bewegung in der Seele darzustellen habe (de plant. 47—51; de somn. 215).

[306] Vgl. bes. deter. 23ff. und de fug. 131. Die Verbindung des inneren Menschen mit diesem typisch stoischen Begriff ist ein besonders schlagender Beweis für die Stoisierung des platonischen Bildes.

[307] Vgl. *Maurer*, ThWB VII, 910ff.

dadurch, daß Philon den Nus nicht wie die Stoiker aus dem Kosmos (dem feuerhaften Pneuma), sondern in einer Mischung von platonischer Abbildlehre und jüdischem Glauben aus dem vom Kosmos unterschiedenen Gott selbst ableitet und ihn insofern vom Kosmos unabhängig macht. Wie den Affekten im Einzelmenschen, so gebührt der von den Affekten geleiteten Menschengruppe im Gemeinwesen Gewalt und Strafzwang.

Diese Linie, die bei Philon faßbar wurde, zeigt spätere Ausläufer z. B. in der Gnosis[308] und im Neuplatonismus, vor allem greifbar bei Plotin und Porphyrios. Plotin stellt ja mit seiner gesamten Philosophie eine Art stoisierten Platon dar[309]. Er bezieht sich einerseits direkt auf das platonische Gleichnis, andererseits auf dessen poseidonisch abgewandelte Form[310]. Auch bei ihm sind die Verluste der bei Platon reintegrierten frühgriechischen »Güter« und damit eine Entpolitisierung festzustellen[311]. Noch weiter geht sein Schüler Porphyrios. Kann man schon bei Plotin davon sprechen, daß er trotz seiner breiten Aufarbeitung klassisch ontologischer Probleme den Akzent auf die Probleme der Innerlichkeit verlagert[312], so muß man bei Porphyrios von einer anthropozentrischen Verengung der Metaphysik sprechen[313]. Sein Hauptproblem ist die Rückwendung vom äußeren zum inneren Menschen[314], d.h. die Reinigung der Seele von den Affekten, ihre Loslösung vom vergänglichen Leib und Hinkehr zur Theorie des unvergänglichen Intelligiblen[315].

---

[308] Das Gnosisproblem braucht uns hier nicht zu beschäftigen, weil ich mit *Colpe* der Ansicht bin, daß vor Paulus in bestimmten Traditionen nur verschiedene Elemente sichtbar werden, die sich später gnostisieren ließen, aber selbst noch nicht gnostisch sind.

[309] Vgl. *Theiler*, Plotin zwischen Plato und Stoa.

[310] Die mir bei Plotin bekannt gewordenen Stellen stehen: V, 1, 10 (Harder Ia, 234, 10); III, 4, 2 (Ia, 300, 16); am ausführlichsten I, 1, 7 u. 10 (Va, 286, 20 u. 292, 7; vgl. die Anm. in Vb, 445). Vgl. aber auch die Rede vom »anderen Menschen« oder »Selbst« VI, 4, 14 (IIa, 38, 18f.) und I, 4, 16 (Va, 38, 18). Zum Ganzen *Theiler*, 78 (und die Diskussion 88 und 102). Wenig präzise *E. Hoffmann*, 214ff.

[311] *Theiler*, 67 zu Plotin als »Plato ohne Politik«.

[312] Vgl. *Theiler*, 71ff., bes. 72 den Hinweis, daß die ausschließliche Hinwendung nach innen durch die Stoa vorbereitet ist; und 77ff. zur Lehre von den Affekten. Hier zeigt sich ebenfalls, daß Plotin den Weg der Stoa radikal zuende geht und die wahre Seele ganz den Affekten und der Körpergebundenheit entrückt (80).

[313] *W. Theiler*, Porphyrios und Augustin, 10. Vgl. *R. Beutler*, Porphyrios, 301.

[314] Porphyrios bei Stobaios III 581, 17ff.; 582, 21.

[315] Vgl. *Beutler*, 311f. Dieser analysiert auch ebd. die vier Tugendstufen bei

Es ist sicher, daß diese Tradition den jungen Augustin über seine Mailänder Freunde nachhaltig beeinflußte. Ehe wir aber zu ihm übergehen können, müssen wir den Neuansatz des Gedankens bei Paulus untersuchen, der nicht minder auf ihn gewirkt hat.

2. Die eschatologische Neufassung der platonisch-stoisch-jüdischen Anthropologie bei Paulus (äußerer und innerer, alter und neuer Mensch)

a) Die im alten Äon gefangene Vernunft (Rö 7)

Kommt man von Platon, Poseidonios und Philon zu Paulus, so kann es überhaupt keinen Zweifel darüber geben, daß dessen Aussagen über den inneren Menschen in Rö 7, 7—25 (22) von dieser Tradition indirekt oder direkt beeinflußt sind. Um so verwunderlicher ist es, daß keine der vielen Monographien über diesen berühmten und umstrittenen Text ausführlich auf diese Frage eingeht[316]. Sicher gibt

Porphyrios. Dabei nehmen die unterste Stufe die politischen Tugenden (Metriopathie) ein. Höher steht darüber die radikale Ablösung vom Irdischen in der Apathie mit dem Ziel der Theorie (3. Stufe).

[316] Grundlegend für die neuere Forschung ist *W. G. Kümmel*, Römer 7 und die Bekehrung des Paulus, 1929 (dort ältere Literatur). Weitere wichtige Arbeiten zum Thema (außer den Römerbriefkommentaren): *R. Bultmann*, Römer 7 und die Anthropologie des Paulus; *P. Althaus*, Paulus und Luther über den Menschen; *E. Ellwein*, Das Rätsel von Röm 7; *E. Fuchs*, Die Freiheit des Glaubens; *Ders.*, Existentiale Interpretation von Römer 7, 7—12 und 21—23; *G. Bornkamm*, Ges. Aufs. I, 51—69; *H. Braun*, Römer 7, 7—25 und das Selbstverständnis des Qumran-Frommen; *H. Jonas*, Philosophische Meditation über Paulus, Römerbrief, Kapitel 7; *J. Kürzinger*, Der Schlüssel zum Verständnis von Römer 7; *H. Conzelmann*, Grundriß, 202ff.; 252ff. Einen ausführlichen Forschungsbericht über die Auslegungsgeschichte von Rö 7, 7—25 gibt *O. Kuss*, Der Römerbrief, 462—485. Das reichhaltige in die richtige Richtung weisende Material, das bereits *Lietzmann* in seinem Römerbriefkommentar (HNT) z. St. — allerdings mehr unter dem Gesichtspunkt »Das Fleisch und die Sünde« — zusammentrug, ist durch Bultmanns andere Deutung und die Vorherrschaft der Gnosistheorien bisher nie konsequent ausgewertet worden. Die einzige Ausnahme bildet der instruktive Aufsatz von *H. Hommel*, Das 7. Kapitel des Römerbriefs im Licht antiker Überlieferung. Dieser orientiert sich allerdings ausschließlich an der s. E. ursprünglich griechischen Antithese erkennendes Wollen — Nichtvollbringen, die aber, wie ich meine, in Rö 7 nur im Zusammenhang mit dem Gleichnis vom inneren Menschen vollständig erfaßt wird. Die einzelnen, von Hommel gesammelten Gesichtspunkte lassen sich aber durchaus in diesen Horizont integrieren, wie ich im folgenden zu zeigen hoffe.

es kurze und neuerdings ausführliche Hinweise auf Philon[317], den Hellenismus[318], auch auf Platon[319]. Aber daneben stehen die Behauptungen, Paulus knüpfe hier an die Gnosis[320], gnostisches Judentum (Qumran)[321] oder gar an die Gesetzeserfahrung der Juden an[322]. Die Vertreter dieser verschiedenen Meinungen sind sich im übrigen seit *Kümmels* Arbeit trotz aller Differenzen im einzelnen darin einig, daß Paulus in Rö 7 die Situation des Menschen unter dem Gesetz und nicht — wie man im Abendland seit Augustin meinte — die des Christen kennzeichne, freilich die Situation des Nichtglaubenden, wie sie sich nur vom Glauben, von der Geistesexistenz aus erkennen läßt. Strittig bleibt bei dieser Einigung aber vor allem, wie Paulus die faktischen Möglichkeiten des inneren Menschen, des Nus beurteilt. Sieht er in ihm einen guten Kern im Menschen, der von der Tod- und Sündenverfallenheit des Fleisches ausgenommen ist? Wie verhält sich dazu der Zorn Gottes über die sündige Menschheit in ihrer Totalität (Rö 1, 18ff.)? Wie kommt es, daß Paulus sonst vom inneren, himmlischen und neuen Menschen so spricht, daß er den pneumatischen, eschatologisch erneuerten meint und nicht einen Seelenteil im alten Menschen? Wie sehen alle diese Probleme angesichts der erörterten Tradition des »inneren Menschen« aus?

Obwohl Platon als direkte Quelle für Paulus nicht in Frage kommt, muß er wegen seiner grundlegenden Bedeutung in diesem Zusammenhang zunächst zum Vergleich herangezogen werden. Hier zeigt sich nun auf den ersten Blick, wie früher schon angedeutet wurde,

317 *E. Kamlah*, Form, 203ff.; vor allem jetzt *E. Brandenburger*, Fleisch, 35; 48; 172; 216ff. u. ö. *G. Kuhlmann*, Theologia naturalis bei Philon und bei Paulus, 92ff., trägt trotz des vielversprechenden Titels nichts zur traditionsgeschichtlichen Klärung bei.

318 *Bultmann*, Theologie des Neuen Testaments, 204, beschränkt sich auf die vielsagende Bemerkung, der Terminus »innerer Mensch« sei »ein Ausdruck, der aus der Anthropologie des hellenistischen Dualismus zu stammen scheint«. *G. Bornkamm*, Ges. Aufs. II, 128 verweist auf den Gegensatz zur hellenistischen Theologie.

319 S. o. A. 202. *G. Bornkamm*, 66, läßt Paulus »scheinbar platonisch-gnostisch« reden. *E. Kamlah* (203 A. 7) sieht in Platon eine der Interpretationen des orientalischen Mythos von der herabsteigenden Seele.

320 *Fuchs*, 60ff.; auch *G. Bornkamm* spricht trotz seiner Kritik an Fuchs (Ges. Aufs. I, 59 A. 20) selbst von »gnostisch-dualistischer Terminologie« (ebd. 65). *G. Schunack* (Problem des Todes, bes. 130ff.) übernimmt die These von *Fuchs*.

321 *Braun*, aaO. Welche Bedeutung Qumran auch ohne Annahme gnostischer Elemente für Rö 7 haben kann, soll weiter unten untersucht werden.

322 Vgl. die Hinweise bei *O. Kuss*, 467.

daß der Widerstreit zwischen dem inneren Menschen (*λογιστικόν*, *νοῦς*) samt seinem eigentlichen Verbündeten, dem willenhaften Mut (*θυμός*), auf der einen und den Begierden (*ἐπιθυμίαι*) auf der anderen Seite Grundbestand der Beschreibung der verfehlten Verfassungen (*πολιτεῖαι ἁμαρτημέναι*) in Seele und Polis ist. Am deutlichsten wird die Gefangenschaft der Vernunft und des Muts (Willens) unter die Herrschaft der Begierden in der Tyrannis, der schlechtesten Verfassungsform. Die Seele des Tyrannen ist angefüllt mit Sklaverei und Unfreiheit (Politeia 577d 1f.), sie kann am wenigsten tun, was sie will (*ἥκιστα ποιήσει ἃ ἂν βουληθῇ*; e 1f., vgl. Gorgias, 466—468). Es kann durchaus sein, daß Platon hier einen Topos verwendet, den Euripides im Streit mit der sokratischen These, jeder handle nach seinem Wissen und fehle nur aus Unwissenheit, gewonnen hat[323].

Was bedeutet der Ort dieses Gedankens bei Platon für die Frage, ob der Mensch ohne Christus seine Gespaltenheit und Verlorenheit an die Sterblichkeit voll erkennen kann oder ob erst im Rückblick des Geretteten diese Situation ganz durchsichtig wird? Das Höhlengleichnis (514a ff.) weist nach, daß alle Menschen schon immer in der Gesellschaft derer leben, die mehr oder weniger durch die Affekte an den sterblichen Leib und seine vergänglichen Güter gefesselt sind. Sie durchschauen ihre wahre Lage aber keineswegs selbst. Erst der Philosoph, der sich aus jenen Fesseln befreien läßt und nach dem wahren und beständigen Guten fragt, erkennt den Schein in der Höhle als Schein und die desolate Situation der durch ihre Begierden Getäuschten. Damit nimmt auch die das wahre Sein erkennende und in sich verwirklichende Seele allein wahr, daß die Gefesselten das Gute unfreiwillig verfehlen. Denn jeder meint, die Güter, die er erstrebt, seien die wahren, die deshalb auch das wahrhaft glückliche Leben bringen. Niemand läßt sich über den Nutzen seiner Ziele freiwillig täuschen. So meint z. B. im Extremfall der Tyrann, er sei freier, souveräner Herr über alles, während er doch im innersten von Begierden geknechtet und darum unfrei und in sich zerspalten und zerstritten ist.

Aber — und hier zeigt sich offenbar der Unterschied zu Paulus an[324] — einige können sich auf dem Weg über die noetische Erkennt-

---

[323] Die Belege bei *Hommel*, 106ff. Besonders prägnant Euripides, Hippolytos 380ff. (ebd. 110): »Das Gute wissen und erkennen wir, aber wir vollbringen es nicht, die einen aus Trägheit, die anderen, weil sie etwas anderes, nämlich die Lust, dem Guten vorziehen«.

[324] Weiteres zu dieser Frage findet sich in A. 383 dieses Kapitels.

nis der Idee des Guten aus diesem auf Täuschung beruhenden Zwang lösen und dann auch andere von der Wahrheit zu »überzeugen« versuchen (589c 6)[325]. Denn wenn »niemand freiwillig das wahre Gute verfehlt«, so ist damit zu rechnen, daß er bei günstiger Naturanlage, Erziehung und Übung im Erkennen seine Seele ebenfalls in die Einheit des wahren Seins zu sammeln vermag. Daß freilich jene seelenordnende Bemühung der Philosophenkönige bei einem sterblichen Menschen nie voll zum Ziel führt und bei der Masse nur annäherungsweise Erfolg hat (592), ja in der Höhle auf Spott stößt und die Besten (Sokrates!) einem tragischen Leiden und Sterben ausliefert (519f.), verschweigt Platon nicht. Hier hat er die Erkenntnisse der griechischen Tragödie integriert, die *Hommel* seiner Interpretation zugrunde legt[326].

Man kann sich aber von Platon an Paulus nur dann näher herantasten, wenn man die konstitutive Bedeutung des Gesetzesbegriffs in Rö 7 erklären kann. Zwar wollte auch Platon mit seiner Ontologie gerade erweisen, daß der Nomos das wahre Sein der Physis in Polis und Seele darstellt und nicht gegen die Natur läuft, wie die Sophisten mit dem Recht des Stärkeren behaupteten. Aber erst die Stoa kennt ein »Naturgesetz«, das nun als oberste Norm gesetzt wird und nicht mehr das wahre Sein im Seienden selbst aufdeckt wie bei Platon. Daraus entstehen eben jene Dualismen und Heteronomien, von denen oben die Rede war. Der Nus und das ihm verwandte Naturgesetz tritt nun in strikten Gegensatz zu den Affekten und Trieben, die es auszurotten gilt.

Aber diese Heteronomie bedeutet keine aussichtslosere Lage für den Menschen. Vielmehr kennen die Stoa wie in abgewandelter Weise Philon — bei ihm »hilft Gott dem Tüchtigen« — im Unterschied zu Platon sogar den Weisen, der, wenn auch selten, den Nus vom Körper und den Begierden vollkommen zu trennen vermag. Nur der Tor und der fortschreitende, kämpfende Asket erlebt den Kampf zwischen dem inneren Nus (beim Asketen belehrt vom Naturgesetz[327], beim Toren und Anfänger repräsentiert vom anklagenden Gewissen[328] und den niederen Seelenteilen). Im Blick

[325] Vgl. das »Überreden« im Phaidon 83a 6 (80e 4: »freiwillig«) und den Gedanken, daß staunendes Umgehen mit etwas notwendig zur Darstellung desselben in der Seele führt (dazu *Picht*, Theorie und Praxis, 36f.).

[326] S. A. 323.

[327] Vgl. de agr. 66 und die im folgenden besprochenen Gedanken aus spec. leg.

[328] S. o. S. 89f.

auf Rö 7 aber ist von entscheidender Bedeutung, daß Philon vor allem in seinen missionarisch-»apologetischen«[329] Schriften ausdrücklich betont, Gott fordere vom Menschen nichts Schweres, sondern Leichtes[330], man müsse *dem Gesetz nur zustimmen* (spec. leg. I, 299—302). Die »wahren Menschen«[331] führe er dann über die Tugend zur Unsterblichkeit (303). Diejenigen, die freiwillig die Freude der Gerechtigkeit und der Frömmigkeit ausschlagen, seien dagegen bejammernswert. Sie ermahne aber das Gesetz, die Triebe des Herzens (Hegemonikon) zu beschneiden und den Nus an den Gesetzen der Natur zu orientieren (304—306).

Die Aussage, daß Gott mit dem Gesetz uns nichts Schweres aufbürde, sondern wir nur zuzustimmen brauchen, belegt Philon mit Deut 30, 11—14 (LXX), wonach das Gesetz nicht fern, sondern nahe in Herz, Mund und Händen ist[332]. Geht man diesem Text in seinen Schriften nach[333], so ist vor allem interessant, wie er Herz, Mund und Hand interpretiert. Herz definiert er mit Hilfe verschiedener stoischer Begriffe für das leitende Organ (*ἡγεμονικόν*) der Seele, nämlich mit Hilfe der Denkkraft (*διάνοια*[334]), die ethische Entschlüsse (*βουλή*, *βούλευμα*) aus sich entläßt. Menschliche Erkenntnis meint zustim-

[329] Zum Begriff des »Apologetischen« s. *Georgi*, 52.

[330] Was von der Stufe des sich selbst zerstörenden Toren als leicht erscheinen soll, ist allerdings, wenn der asketische Kampf durchschritten ist, vom Standpunkt der vollkommenen Weisheit aus rückblickend als Mühe und Arbeit zu bezeichnen (de migr. Abr. 27—31).

[331] Wechselbegriff für den inneren Menschen! Hier wird er spezifiziert auf die, die Gott aus Einsicht als den Spender des Guten lieben und ihn nicht nur als Herrn fürchten (ebd. 300ff.).

[332] »Denn dieses Gesetz, das ich dir heute gebe, ist für dich nicht zu schwer und nicht zu ferne. Nicht im Himmel ist es, daß du sagen könntest: Wer steigt uns in den Himmel hinauf, um es uns zu holen und uns zu verkündigen, daß wir darnach tun? Auch nicht jenseits des Meeres ist es, daß du sagen könntest: Wer fährt uns über das Meer, um es uns zu holen und uns zu verkünden, daß wir darnach tun? Sondern ganz nahe ist dir das Wort, in deinem Munde und in deinem Herzen, daß du darnach tun kannst«. Die Septuaginta fügt zu »Mund« und »Herz« im masoretischen Text noch »und in deinen Händen« hinzu und ermöglicht so überhaupt erst Philons Exegese.

[333] Vgl. Quod omn. prob. lib. sit 68; de post. Caini 84ff. (vgl. hierzu die Anm. 3 in Philo, Werke deutsch (Cohn u. a.), IV, 24. Sie erweist die stoische Herkunft des Gedankens, daß das Gute das Nächstliegende ist. Parallelität und Unterschied zu Sokrates und Platon wären allerdings genauer zu bestimmen); de somn. II, 180; de virt. 183f.; de praem. et poen. 80—84.

[334] Dieser Begriff ist bei Philon Wechselbegriff für den Nus als inneren Menschen; vgl. z. B. Quod deter. pot. ins. sol. 29 im Zusammenhang der Paragraphen 22ff.

mendes oder ablehnendes, also urteilendes Erfassen von Gut und Böse (συγκατάθεσις)[335]. Darum kann Philon die willentliche Entscheidung auch mit Erkenntnis parallelisieren[336], was sehr aufschlußreich ist im Blick auf Rö 7, 15, wo »ich erkenne« mit »ich will« wechselt[337]. Die geistigen Akte der urteilenden Denkkraft äußern sich aber auf zweierlei Weise, in Rede (λόγοις scil. προφορικοῖς) und Handlungen (πράξεσι). Diese stoische Anschauung findet Philon in den Begriffen »Mund« und »Hand« aus Deut 30, 14, angedeutet. Wenn nun der erkennende Entschluß mit Rede und Handlung übereinstimmt, dann liegt nach Philon die Eudaimonie, »die lobenswerte und vollkommene Lebensweise« vor[338], »wenn sich aber all diese Größen gegeneinander in Aufruhr befinden, dann ist die Lebensweise unvollkommen und tadelnswert. Wer diese Harmonie nicht vergißt, wird Gott wohlgefällig sein und zugleich von Gott geliebt werden und Gott lieben«[339].

Es läßt sich nachweisen, daß Philon diesen Gedanken der mittelstoischen Psychologie entnommen hat[340]. Danach scheint mir deut-

---

[335] Vgl. *Pohlenz*, Stoa I, Index zum Begriff. [336] De virt. 184.

[337] Dieser Wechsel wurde oft als Schwierigkeit empfunden; vgl. z. B. *Bultmann*, 60 (A. 1). Dazu *Hommel*, 86—98. Dieser (114) weist m. R. auf die seit Sokrates gemeinantike Vorstellung vom Willenselement im Wissen hin. Bei Philon liegt nur eine stoische Detaillierung dieser Anschauung vor.

[338] Vgl. de praem. et poen. 81, wo die Harmonie zwischen der Denkkraft und ihren Äußerungen in Wort und Tat als Eudaimonie verwirklichende Weisheit (im Blick auf Gott) und Besonnenheit (im Blick auf das menschliche Leben) bezeichnet wird. Quod omn. prob. lib. sit 111 wird dieser Gedanke noch einmal ausdrücklich mit dem Begriff des inneren (wahren) Menschen verknüpft. Philon sagt dort, daß die Weisen »in sich den unsichtbaren Nus üben, welcher der wahre Mensch ist und die sichtbare Gestalt nur wie sein Haus mit sich trägt und daß sie ihn durch Worte der Philosophie und Werke der Tugend stärken«.

[339] De virt. 184. Die Fortsetzung (185) zeigt deutlich, daß Philon als Anfang der Tugend den guten vernünftigen Willensentschluß versteht. Dieser Leistung des Menschen kommt Gott dann als Gegengabe hilfreich entgegen. — Es muß allerdings daran erinnert werden, daß Philon zuweilen diesen stoisch bestimmten Gedanken von der freiwillig zu ergreifenden Tugend differenziert. Er beschränkt ihn nämlich auf den fortschreitenden Asketen, der durch die Mühe des Kampfes den Siegeskranz als Lohn empfängt. Darüber stehen aber die seltenen begnadeten Weisen, die kampflos aus der Natur ihres oder vielmehr Gottes Nus heraus Erkenntnis und vollkommenes Leben haben. Zu den ersteren zählen vor allem die Erzväter Abraham und Jakob, zu den zweiten Isaak und Moses (de post. Caini 75—78; vgl. de abr. 52ff.; zusammenfassend de post. Caini 78).

[340] Augustin bestimmt in civ. XIX 13, 1 die pax animae rationalis als »ordinata cognitionis actionisque consensio«. *H. Fuchs* (Augustin und der antike Friedens-

lich zu sein, daß hinter Rö 7, 14ff. eine hellenistisch(mittelstoisch)-jüdische Variante des platonischen Gleichnisses vom inneren Menschen steht. Wir sahen bereits früher, daß Philon dieses Gleichnis einmal mit rein platonischer Psychologie (*νοῦς, θυμός, ἐπιθυμίαι*; de agr. 67ff.), ein anderes Mal in stoischer Redeweise vortrug (*ἡγεμονικόν* als Herrscher über die niederen Seelenkräfte der fünf Sinnesvermögen, des Rede- und Zeugungsvermögens; de agr. 27ff.). In der Verhältnisbestimmung zwischen wollender Denkkraft einerseits und Rede und Handeln andererseits liegt nun eine stoisch detaillierte Ausführung des platonischen, vielleicht von Euripides vorbereiteten Gedankens vor, daß eine mit sich zerfallene Seele — am deutlichsten sichtbar beim »Tyrannen« — die Handlungsfreiheit und -fähigkeit nach außen verliert[341]. Umgekehrt nimmt die Stärke und Freiheit zu, je mehr die Gerechtigkeit die innere Einheit herstellt[342]. Für Philon stellt sich dieses Ergebnis folgerichtig in der dualistischen Stilisierung auf die zwei Lebensweisen des vollkommenen Weisen und des unvollkommenen bösen Toren dar. Die Harmonie zwischen vernünftigem Wollen und Tun (oder Reden) tritt dem Aufruhr (*στάσις*)[343] dieser Größen untereinander gegenüber.

Diesen gesamten differenzierten Hintergrund bringt Paulus mit, wenn er das Gleichnis vom inneren Menschen im Zusammenhang seiner Gegenüberstellung von Adam- und Christusmenschheit, von

---

gedanke, 149) hat gezeigt, daß die »pax-Tafel«, in der dieser Satz bei Augustin steht, auf Varro zurückgeht. Dieser ist aber Schüler des Antiochus von Askalon, der nach Ciceros Zeugnis (de fin. V 48ff.; vgl. de off. I 153 u. I 18f.) die Wesenseigentümlichkeit des animus in cognitio und actio sah. Zu Antiochus und seiner Bedeutung für das Alexandrien Philons s. *A. Wlosok*, 50.

341 Das ist in gewisser Hinsicht sogar die eigentliche Pointe der Politeia. Denn Platon kann durch seine Analysen gerade die Gegenthese widerlegen, der Ungerechte sei von Natur der Stärkere (vgl. z. B. Politeia 351cff., dazu *H. Fuchs*, 117f.). Bedenkt man diese breite philosophische Fundierung des Gedankens und seine konstitutive Verknüpfung mit dem Gleichnis vom inneren Menschen bei Platon, so reicht es nicht aus, für Rö 7 einfach von dem auch sonst auftauchenden Topos des Gegensatzes von Wissen (Wollen) und Vollbringen auszugehen.

342 Philon kann den Gedanken der Handlungsunfähigkeit natürlich auch in der traditionellen Beschreibung des durch die Affekte an den Leib gefesselten und so geknechteten Nus darstellen. Befreiung daraus gewinnt man mit Gottes Hilfe durch Tugend und Wissenschaft. Vgl. z. B. heres. 267ff.; dazu *E. Brandenburger*, Fleisch, 172ff.

343 Aufruhr ist, wie oben gezeigt, der klassisch-platonische Ausdruck zur Beschreibung der inneren Konsequenzen der verfehlten Seelen- und Staatsverfassungen (*πολιτεῖων ἁμαρτημένων*).

Fleisch und Geist in Rö 5—8 aufgreift[344]. Der Unterschied zu Philon und dessen stoischer Tradition bricht darin auf, daß für sie der innere Aufruhr nur die Unvollkommenen kennzeichnet, während die Weisen, wenn auch wenige, aber aus allen Völkern[345], die innere Harmonie durch die Befolgung des (Natur)gesetzes erlangt haben. Der Unterschied wird aber zum Gegensatz, hinter dem man direkte Polemik vermuten muß, wenn Philon werbend-missionierend sagt, daß der innere Mensch dem Gesetz nur zustimmen muß, um es leicht befolgen zu können[346], während Paulus betont: gerade die zustimmende Vernunft bleibt gefangen und kann das Gewollte gegen die Sünde, die mit Hilfe der *ἐπιθυμίαι* beschrieben wird, nicht durchsetzen (7, 22f.).

Was steckt hinter diesem Gegensatz? In welchem Sinn wertet Paulus die ihm überkommene Tradition in Rö 7 aus? In welchem Sinn verändert er sie und greift sie gar an? Um diese Fragen befriedigend zu lösen, hätte man den gesamten Römerbrief im Zusammenhang der anderen paulinischen Schriften heranzuziehen. Es muß hier eine knappe Erörterung des Kontexts Rö 5—8 genügen[347].

In Kapitel 5 faßt Paulus das Ergebnis der vorangegangenen Aussagen zusammen und ordnet sie damit gleichzeitig zum Ausgangspunkt für den folgenden großen Abschnitt, der das Gesagte polemisch explizieren soll[348]. Bereits 1, 18 — 3, 20 führte er aus, daß ausnahmslos alle Menschen, Juden und Heiden, faktisch der Sünde ver-

---

[344] So wichtig *Brandenburgers* Herausarbeitung der hellenistisch-jüdischen Gegenüberstellung von Fleisch und Geist für Rö 7 ist, sie reicht noch nicht aus, um den Abschnitt in seiner ganzen Plastizität und vor allem in seinem Verhältnis zur antiken Tradition zu verstehen (vgl. o. S. 60ff.; Fleisch, 43, polemisiert Brandenburger sogar gegen die Auffassung, in 7, 22ff. tauche der Gedanke der Seelenteile auf).

[345] Quod omn. prob. lib. sit 62ff.

[346] Dieser Gedanke ist übrigens nicht auf die Anknüpfung an Deut 30, 11ff. beschränkt. Er findet sich immer wieder, z. B. in der aufschlußreichen Form, »daß es den Wollenden (*τοῖς ἐθέλουσιν*) nicht viel Mühe machen kann, nach den (schriftlich) gegebenen Gesetzen zu leben, da die Früheren, bevor noch die besonderen Gesetze überhaupt aufgeschrieben waren, leicht und gern nach der ungeschriebenen Gesetzgebung gelebt haben« (de Abr. 5).

[347] Im folgenden baue ich z. T. auf Ergebnissen auf, die ich im Rahmen der Römerbrief-Kommission der Evangelischen Studiengemeinschaft erarbeitet habe. Dort gegebene Anregungen sind dankbar, aber in eigener Verantwortung verwertet.

[348] Zum Problem des Verhältnisses von Rö 1—4 und 5—8 vgl. auch neuerdings *N. Gäumann*, Taufe und Ethik, zusammenfassend 158ff.

fallen sind und darum unter Gottes Zorn stehen. Deshalb kann auch das fordernde und behaftende Gesetz, dessen Besitzes sich die Juden rühmen, aber auch die natürliche Gotteserkenntnis der Heiden nur zur Erkenntnis der Sünde und zur Anklage führen, nicht zur Rettung aus diesem Verhängnis. Gott aber hat (3, 21—31) ohne Gesetz und menschliche Werke umsonst sein Recht bei den Gottlosen und Ungerechten verwirklicht durch das Sühnopfer Jesu Christi. Dem entspricht auf Seiten des Menschen nur der Glaube, d. h. die Anerkenntnis des Alleinhandelns Gottes und der Angewiesenheit des Geschöpfes auf seinen Schöpfer. Das beweist schon im Alten Testament klassisch die Figur Abrahams, welcher dem Gott vertraut, der durch sein Schöpferwort das Nichts ruft, daß es sei (Kap. 4).

Nachdem in 5, 1—11 das Leitmotiv der folgenden Kapitel angeschlagen ist, daß nämlich aus dem im Glauben angenommenen, versöhnenden Rechtschaffen Gottes die geistgewirkte Liebe und die Hoffnung auf die endgültige Überwindung des Todes entspringt, setzt in 5, 12—21 die polemische Entfaltung der Thesen ein. Dem Gesetz wird zunächst bestritten, daß es der adäquate Partner der seit Adams Ungehorsam universellen Macht der Sünde ist. Es ist vielmehr »zwischenhineingekommen«, worauf die Sünde nur mächtiger wurde. Besiegen und überbieten kann sie nur der neue Mensch Jesus Christus, der »endzeitliche Adam« (1 Ko 15, 45) und durch ihn die neue Menschheit[349]. Durch Christi Gehorsam vermittelt Gott den Gottlosen umsonst sein Recht und, weil Gerechtigkeit Gottes in der Folge alttestamentlicher, vor allem apokalyptischer Anschauungen bei Paulus ein das totale Sein betreffendes heilschaffendes Handeln des Schöpfers an seinen Geschöpfen meint, ewiges Leben.

Es ist das Verdienst der Dissertation von *P. Stuhlmacher* (Gerechtigkeit Gottes bei Paulus), diesen Zusammenhang von Rechts- und Seinskategorien in der paulinischen Rechtfertigungslehre überzeugend herausgearbeitet zu haben, wenn er dabei m. E. auch nicht ausreichend beachtet, daß und wie Paulus hellenistische Elemente in seinen alttestamentlich-apokalyptischen Grundansatz integriert[350]. Wie

---

[349] Vgl. oben S. 60 und A. 197 die Bemerkungen zu Arbeiten *E. Brandenburgers*, vor allem aber *C. Colpe*, ThWB VIII, 475f.

[350] Göttingen 1965. Vgl. S. 11 seine umfassende Definition der Gerechtigkeit Gottes als »das die Äone überspannende, schöpferische, im Anbruch befindliche, als Wort sich heute ereignende und in Christus personifizierte befreiende Recht des Schöpfers an und über seiner Schöpfung«. Ich werde im folgenden auf Stuhlmachers Arbeit aufbauen, ohne seine Beweisführungen zu rekapitulieren. (Der Begriff des »Apokalyptischen« ist im folgenden immer unter den Vorbehal-

schon Deuterojesaja den Ansatz des Jahwisten aufnahm, das Heilshandeln Jahwes an seinem Volk in Parallele zur Schöpfung zu sehen, so dehnt die Apokalyptik — freilich mit neuen weisheitlichen und außerisraelitischen[351] Denkmitteln — ihre Erwartung der rechtschaffenden Herrschaft Gottes auf eine total neue Schöpfung, eine neue Welt-Zeit (Äon) aus. Sieht man Paulus in dieser Tradition, so sind eine Fülle von Interpretationsproblemen, die zu falschen Alternativen führten, gelöst. Es geht nicht mehr an, die seit Melanchthon[352] im Protestantismus gängige rein forensische Auffassung der Rechtfertigungslehre gegen eine katholisch imputative (Gnadeneingießung) auszuspielen und umgekehrt[353]. Rechtfertigung und Heiligung sind als *ein* Vorgang der anbrechenden neuen Schöpfung Gottes zu verstehen. Die Gabe Gottes ist die Präsenz seiner umschaffenden Macht[354]. Es geht auch nicht mehr an, Worttheologie und Geisttheologie in Gegensatz zueinander zu bringen; denn weil das Wort Gottes für Paulus schöpferisches Wort ist, kann er die Wirkung dieses Wortes mit der hellenistisch-dynamistischen Pneumavorstellung verknüpfen. Da aber wiederum dieser »eingegossene« Geist (Rö 5, 5) an seinen Ursprung, das göttliche Schöpferwort, dem allein der Glaube entspricht, gebunden bleibt, kann er nicht zu einer verfügbaren und demonstrierbaren Potenz werden. »... der Geist (ist) in eben der Weise gegenwärtig, in der die *δικαιοσύνη ϑεοῦ* gegenwärtig genannt werden kann: als Dynamis des Wortes Gottes«[355]. Die Rechtfertigungslehre muß auch nicht mehr ausschließlich als eine antijüdische Kampfthese aufgefaßt werden, sondern ist die entscheidende Weise, in der Paulus das Anbrechen der eschatologischen Gottesherrschaft positiv beschreiben kann[356]. Nimmt man ernst, daß Paulus vom apokalyptischen Ansatz aus auch hellenistische Anschauungen und Begriffe integrieren kann, die die seinsverändernden Folgen des rechtfertigenden Christusgeschehens für seine Gemeinde und schließlich für

---

ten zu lesen, die im Teil A dieses Kapitels dargestellt wurden.) Daß Stuhlmacher sich in seinem Abriß der paulinischen Theologie (203ff.) einen Abschnitt über Schöpfungslehre spart, die über die weisheitliche Tradition durchaus im apokalyptischen Denken integriert ist (s. o. S. 47ff.), ist ein kaum zu rechtfertigender Tribut an den einseitig eschatologischen Zeitgeist heutiger Theologie und ist einer der Gründe für die schwache Berücksichtigung griechischer Elemente bei Paulus. Vgl. zum Ganzen auch *ders.*, Erwägungen zum ontologischen Charakter der *καινὴ κτίσις* bei Paulus.

351 S. o. S. 26ff.

352 *Stuhlmacher*, 23f. Stuhlmacher erteilt Luther als einzigem Theologen vor dem 20. Jahrhundert das — auch hier noch eingeschränkte — Prädikat, daß er Gerechtigkeit Gottes bei Paulus als Schöpferhandeln interpretiert habe (19ff.). Dies sah übrigens schon *R. Hermann* (Gerecht und Sünder zugleich, passim).

353 AaO 220 A. 1.

354 So schon *E. Käsemann*, Gottesgerechtigkeit bei Paulus; vgl. die Zusammenfassung bei *Stuhlmacher*, 69f. M. R. warnt freilich *G. Klein*, Gottes Gerechtigkeit davor, »Gabe« und »Macht« zu trennen oder gar den Aspekt der Gabe zu vernachlässigen.

355 Vgl. *Stuhlmacher* (220 bis) 222, und *ders.*, Erwägungen, 27ff. Stuhlmacher bereitet eine große Monographie zu diesem Thema vor (Das paulinische Evangelium), deren Teil I, Vorgeschichte, bereits vorliegt.

356 *Stuhlmacher*, Gerechtigkeit, 222ff.

den ganzen Kosmos zu schildern in der Lage sind, so ist man vor allem an bestimmte Züge seiner Tauf-, Geist- und Leib-Christi-Vorstellungen verwiesen[357].

Gerade für unsere Kapitel 5—8 und ihre Verbundenheit mit 1—4 ist diese Erkenntnis von größter Bedeutung. Wir sahen schon, daß der universale Horizont der Adam-Christus-Typologie Gerechtigkeit Gottes und neues Leben der gesamten Menschheit verbindet. In 6 nun wird die polemische Frage der Gegner, ob nicht diese Theologie ohne Gesetz die Gesetzlosigkeit der Sünde stärkt[358], eben durch Hinweis auf die realen Folgen der geschenkten Gerechtigkeit Gottes beantwortet. Die Taufe versetzt den Gläubigen in die unlösliche Schicksals- und Seinsgemeinschaft mit Christus, die Gläubigen werden Leib Christi. Sie geben den alten Menschen der Sünde in Christi Tod hinein[359]. Die schöpferische Kraft Gottes aber erweckt in ihnen die neue, leibhaftige Gerechtigkeit und die gewisse Hoffnung auf leibhaftige Auferstehung — mit Christus. Das ist Freiheit von Sünde und Tod. Ausgeführt wird dieser Gedanke abschließend in Rö 8, in dem Paulus die Wirkungen des Geistes der Neuschöpfung in Christus bis hin zur außermenschlichen Kreatur beschreibt.

Dazwischen steht nun das Kapitel 7, von dem unsere Fragen ihren Ausgang nahmen. Nachdem in V. 1—6 noch einmal bewiesen wird, warum die (heilsgeschichtlich) zeitweilige Legitimation des Gesetzes mit Christus legitim zuende ist, soll in V. 7—25 der Vorwurf entkräftet werden, Paulus gebe dem Gesetz Schuld an der Sünde. Zum Beweis dafür, daß das Gesetz Gottes an sich heilig und gut ist und nur von der Sünde zum Schaden des Menschen mißbraucht wird, entwickelt Paulus das Gleichnis vom inneren Menschen, der dem Gesetz als gutem zustimmt, sich aber nicht gegen die Sünde, die (seit Adam: 5, 12ff.) universelle Macht über die Menschen gewonnen hat, durchsetzen kann. Hiermit ist also der Zusammenhang bestimmt, in dem Paulus das von uns verfolgte Gleichnis einführt. Er verwendet es also in der genau entgegengesetzten Weise wie Philon, der gerade

[357] Hierzu vgl. besonders die Arbeiten von *C. Colpe*, *E. Brandenburger* und *N. Gäumann*. *Stuhlmacher* selbst untersucht den Vorgang der Hellenisierung überlieferter jüdischer Schemata am Beispiel der Christologie, Gerechtigkeit, 256.

[358] Die parallele Formulierung der Frage in Rö 3, 8, die ausdrücklich auf »τινες« bezogen wird, zeigt, daß es hier wirklich um Polemik und nicht um mögliche logische Konsequenzen der Gnadenlehre geht, die abgewehrt werden sollen (gegen *G. Bornkamm*, Ges. Aufs. I, 36).

[359] Zum Sterben des Fleisches bei Philon und seiner griechischen Tradition vgl. *E. Brandenburger*, Fleisch, 172f. u. 220.

in der inneren Zustimmung zum Gesetz den Ausweg aus dem inneren Aufruhr und der Handlungsunfähigkeit sieht.

Ehe wir aber die Art des Gegensatzes noch präziser bestimmen können, müssen wir uns zunächst der Frage stellen, ob Philon oder ein ihm ähnliches hellenistisches Judentum[360] als Gegner des Römerbriefs überhaupt angenommen werden kann. Noch muß es als communis opinio gelten, daß die Rechtfertigungslehre und damit der Römerbrief in seiner Pointe antirabbinisch konzipiert sei[361]. Auch scheint Paulus das Gesetz in 5, 12ff. und 7, 1ff. ausschließlich im Sinn der heilsgeschichtlich gegebenen Mosetora zu verstehen. Auf dem Hintergrund des Naturgesetzes in 2, 14f. (vgl. 1, 19f.) scheint der Satz vom zustimmenden inneren Menschen (7, 22) einen allgemeinen, auch die Heiden betreffenden anthropologischen Sinn zu erhalten[362]. Wie läßt sich aber die griechische Grundbedeutung des Gleichnisses vom inneren Menschen auch traditionsgeschichtlich exakt bis zu Paulus hin verfolgen?

Es ist nur ein Indiz, aber immerhin schon ein gewichtiges, daß die paulinische Parallelisierung von Mosetora und stoischem Naturgesetz in 2, 14f. mit Gewißheit auf weisheitlich vorgeprägten, hellenistisch-jüdischen, wenn nicht direkt philonischen Einfluß zurückgeht[363]. Dies ist ja die Hauptpointe der Gesetzesauslegung Philons, die Identität von offenbartem und natürlichem Gesetz zu erweisen. Um dieses ganz deutlich zu machen, so sagt er, habe Moses seine Gesetze mit der Schöpfungsgeschichte begonnen[364] und seien die

---

[360] Philon kann repräsentativ für das hellenistische Judentum genommen werden, obwohl man sicher mit verschiedenen Varianten rechnen muß. Vgl. *Colpe*, Art. Philo von Alexandrien, 345.

[361] S. das Referat bei *Stuhlmacher*, 222.

[362] Dies betont ausdrücklich *C. H. Dodd*, The Bible and the Greeks, 36f.

[363] Vgl. bes. *G. Bornkamm*, Gesetz und Natur, Ges. Aufs. II, 93—118; *R. M. Grant*, The Decalogue in Early Christianity, 1ff. Bei *Michel* z. St. weitere Literatur. Auf die Frage, wieweit die hellenistisch-jüdische Identifikation von Tora und (griechisch verstandenem)Naturgesetz schon in der weisheitlichen Identifikation von Mosegesetz und Weisheit (als kosmischem Prinzip) vorgebildet ist, kann hier nicht eingegangen werden. Immerhin ist gewiß, daß diese weisheitliche Gesetzesvorstellung auch in apokalyptisches Denken übernommen wurde, so daß die Synthese beider Traditionen bei Paulus an diesem Punkt sehr plausibel ist. Zur Identifikation von (kosmischer) Weisheit und Gesetz s. o. S. 51 und *v. Rad*, Theologie des Alten Testaments, I, 442ff.; *Rössler*, 48f.; 51ff.; *Steck*, 131; 164f. u. ö.; *Reese*, 139ff.

[364] Vgl. opif. mund. 1—6; de vita Mos. II, 48.

Patriarchen Repräsentanten des ungeschriebenen Gesetzes[365]. Gerade darin sieht er die einmalige missionarische Würde und Kraft des jüdischen Volkes, den Heiden das wahre Weltgesetz in offenbarter Form bieten zu können[366]. Man hat m. W. nie den Versuch gemacht, den Römerbrief einheitlich aus der Konkurrenzsituation zu einer so verstandenen hellenistisch-jüdischen Mission zu verstehen, woraus sich dann auch alle Unterschiede in den Übereinstimmungen zwischen Paulus und seinen Konkurrenten aufzeigen lassen müßten[367]. Immerhin ist ein großer Schritt in dieser Richtung dadurch getan, daß *D. Georgi* nachgewiesen hat, daß »Die Gegner des Paulus im 2. Korintherbrief« entscheidend von Anschauungen der hellenistisch-jüdischen Mission in der Art Philons beeinflußt sind. Er selbst weist darauf hin, welche Bedeutung diese Erkenntnis für den wenige Monate später geschriebenen Römerbrief haben könnte[368], und *E. Brandenburger* hat diese Linie mit Erfolg weitergeführt.

Diese Vermutungen gewinnen für das Kapitel 7 eine hohe Wahrscheinlichkeit dadurch, daß unsere Verse 7—25 und das kontrastierende Kapitel 8 in der antithetischen Formel vom Buchstaben (das Alte) und Geist (das Neue) präludiert werden (7, 6); denn diese Formel wurde offensichtlich im Kampf mit den Gegnern im 2. Korintherbrief (Kapitel 3) gewonnen[369]. Ich gebe zunächst den Text 7, 5f.:

---

[365] Vgl. zusammenfassend de Abr. 275—276 und de decal. 1; dazu s. *Bornkamm*, 105. [366] Vgl. *M. Pohlenz*, Paulus und die Stoa, 76f.

[367] Noch immer bleibt ebenfalls das weitergehende Desiderat bestehen, das *Pohlenz* (76 A. 18) so formuliert: »Es wäre eine sehr lohnende und für die Denkweise beider Männer aufschlußreiche Aufgabe, die kontrastierende Vergleichung von Paulus und Philon systematisch durchzuführen«.

[368] »Es darf nicht übersehen werden, daß diese erneute Besinnung auf das Wesen nicht nur der christlichen Existenz im allgemeinen, sondern auch der missionarischen Existenz im besonderen Paulus aufgezwungen wurde durch christianisierte Vertreter der universalistischen Traditionen und Tendenzen des Judentums. Insofern mußte es für ihn eine erneute Aufforderung sein, noch einmal sein Verhältnis zu seiner jüdischen Tradition zu überprüfen und verschärft nach dem Recht christlicher Verkündigung angesichts des aus dem alttestamentlichen Wort und seiner Überlieferung erschallenden Anspruchs zu fragen. In dem wenige Monate später als unsere Fragmente (2 Ko) geschriebenen Römerbrief legt Paulus dann endgültig Rechenschaft darüber ab. Das, was er dort sagt, scheint mir gerade auch im Angesicht eines liberalen und universalen Judentums mit seiner ungeheuren missionarischen Stoßkraft formuliert zu sein. Schon die ersten drei Kapitel sprechen dafür.« (302f.)

[369] Vgl. *Georgi*, 257 A. 4: »R. 7, 6 setzt (ebenso wie R. 2, 27 und 29) die Diskussion des 2. Korintherbriefes voraus«. Nirgends sonst im paulinischen Schrift-

V. 5 »Denn als wir im Fleisch waren, da wirkten die Leidenschaften der Sünde, die durch das Gesetz auflebten, in unseren Gliedern, so daß wir dem Tode Frucht brachten (= 7, 7—25). V. 6 Jetzt aber sind wir frei geworden von dem Gesetz, indem wir dem starben, worin wir festgehalten wurden, so daß wir nun in der Neuschöpfung des Geistes dienen, nicht aber in dem alten Äon des Buchstabens« (= Kap. 8)[370].

In jener hellenistisch-jüdischen Tradition (Teile von Philons Werk, Josephus u. a.), die Georgi etwas mißverständlich die apologetische nennt, obwohl es ihr doch um Angriff, Mission geht, werden Geist und Buchstabe in einem dialektischen Zusammenhang gesehen[371]. Der Buchstabe verschließt zwar den Geist, weshalb er der allegorischen Auslegungsmethode bedarf, aber als verschließender enthält er den Geist doch in sich, ist er Kraftträger[372]. Dem entspricht es, daß »alt« in diesem Denken ein Ehrenname im Sinn von ursprünglich, unverändert bewährt, ewig ist[373]. Die *alten* heiligen Schriften werden deshalb für die judaisierenden Christen, gegen die Paulus kämpft, zum »Archiv des Geistes«[374]. In dieser Tradition fordern Geist und Buchstabe einander. Paulus dagegen stellt sie in strikten Gegensatz zueinander. Er betont: *nicht* das Alte, der Buchstabe, das Gesetz, *sondern* der Geist, das Neue, die Christusmenschheit.

Eine genaue historische Analyse des Verhältnisses von Paulus zu Philon hätte neben der »apologetischen« Schicht im philonischen Werk allerdings auch den Bereich des vollendeten Weisen in die Betrachtung einzubeziehen. Hier scheinen ja ähnliche Züge vorzuliegen wie beim begnadeten Christen in paulinischer Sicht.

---

tum taucht diese Terminologie auf, was den engen Zusammenhang von Rö und 2 Ko noch unterstreicht.

370 Die Verwandtschaft der Terminologie zu einem Judentum in der Art Philons kommt außerdem in der Gegenüberstellung von Fleisch und Geist zum Ausdruck, wie *E. Brandenburger* nachgewiesen hat.

371 Vgl. *Georgi*, 168ff.

372 *Georgi* schreibt zusammenfassend (272): »Die Gegner brachten den Buchstaben mit dem Geist in unmittelbaren Zusammenhang. Im Buchstaben konnte man den Geist sehen und zur Sprache bringen. Der Geist stand nicht im Gegensatz zum Buchstaben, sondern der Buchstabe verhüllte nur den Geist, wies aber damit den Verständigen den Weg zur Enthüllung. Diese war im Grunde Selbstauslegung des Geistes, so daß es schon möglich war, daß die Gegner behaupteten, der Geist mache den Buchstaben lebendig (im Gegensatz zu der Behauptung des Paulus in 2 Ko 3, 6). Dabei war aber das Eigentliche des Textes zugleich das dem Ausleger Eigentliche, die in ihm und an ihm wirkende göttliche Kraft. So war der Vorgang der Interpretation nicht nur eine Selbstauslegung des Geistes, sondern auch ein Sich-Wiedererkennen des Auslegers im Text.«

373 Ebd. 246ff.

374 Ebd. 265ff.

Philon kennt nämlich den von den geschriebenen Gesetzen ganz unabhängigen »Autodidakten«, der aus seiner von Gott begnadeten geistigen Natur heraus gesetzesgemäß handelt (z. B. Isaak, Mose; vgl. z. B. deter. 29ff.), eine Stufe, zu der auch der Asket eines Tages kommen kann (vgl. de migr. Abr. 27—31). Es ist in anderer Ausdrucksweise die Stufe des *ἐνθουσιασμός*, der Einwohnung des göttlichen Geistes im Menschen. Es wäre im Vergleich mit Paulus folgendes hervorzuheben: 1. sind es nur ganz wenige, die diese Stufe qua Natur (= Gnade!) repräsentieren, und auch diese werden als »ungeschriebene Gesetze« beschrieben. 2. Die anderen müssen zuvor über den Gesetzesweg der freien asketischen Leistung gehen, um zu dieser Stufe zu gelangen. 3. Auch hier ist in einem strengen Sinn der geistige Mensch gerade der Alte und nicht der Neue. Denn die »Autodidakten« sind mit dem *ersten* Adam (Gen 1, 26f.) identisch (vgl. quaest. in Gen. I, 8), der ja gegenüber dem zweiten (Gen 2, 7) aus Körper und Leib wertvoller ist. *Paulus dagegen kehrt die Reihenfolge um:* der erste Adam ist der irdische, der sündigte, der zweite Adam dagegen der himmlische, Christus und seine neue Menschheit (Rö 5, 12ff.; 1 Ko 15, 45ff.)[375]. Wenn Philon einmal von einer zweiten Genesis spricht, die die Schöpfung des irdischen Adam (hier der erste genannt) überbietet, so ist damit nicht der paulinisch-apokalyptische Sinn gemeint, sondern eine Wiedergeburt, die den eigentlichen ersten Adam wiederherstellt, der reiner Nus ist (vgl. quaest. in Exod II, 46)[376]. 4. Der vollkommene Mensch Philons muß das Leibliche abstoßen, um als reiner Nus in einer vollkommenen, der intelligiblen Welt zu leben. Paulus erwartet eine totale Erneuerung des Kosmos (aus dem Nichts des Todes) und kann deshalb trotz seines schillernden Verhältnisses zum Körper auch das Somatische in die Hoffnung integrieren.

Hier befinden wir uns an einer Scharnierstelle unserer Untersuchung. Wenn es stimmt, daß Rö 7, 7—25 unter dem Vorzeichen »alt, Buchstabe, Gesetz« steht und kontrastiert wird vom Geist der in Christus anbrechenden Neuschöpfung, so steckt offenbar in dem christologisch-eschatologisch gefaßten Gegensatz alt — neu das proprium des Paulus gegenüber der griechischen und hellenistisch-jüdischen Tradition des Gleichnisses vom inneren Menschen. Es besteht nun aber gar kein Zweifel, daß Paulus die Unterscheidung von alt — neu,

---

[375] Vgl. *E. Kamlah*, 204; *Pannenberg*, Christologie, 202 A. 4; *C. Colpe*, ThWB VIII, 476, 18ff.; *E. Brandenburger*, Fleisch, 176f.

[376] Dazu s. *E. Schweizer*, ThLZ 1961, 167, und *Stuhlmacher*, Erwägungen, 17. *Stuhlmacher* zieht in gleichem Sinn auch vit. Mos II, 60 heran, wo Noah als Anfang einer zweiten Genesis bezeichnet wird. Hier ist jedoch gegenüber einer Interpretation im präzisen Sinn von Neuschöpfung noch mehr Vorsicht am Platz, weil in 65 der Gedanke ausdrücklich so erläutert wird, daß Noah und seine Familie als Überreste der edelsten Gattung Lebewesen (Mensch) eine neue Weltperiode einleite. Dieser Mensch, der durch die Katastrophe hindurchgerettet wird, ist aber gerade dadurch gekennzeichnet, daß er ein für allemal (!) als Bild Gottes den Auftrag hat, über die Erde zu herrschen (Gen 1, 26f. = eigentlich erster Adam). Renovation vollzieht sich auch hier als Restitution (vgl. u. S. 129ff.).

altem und neuem Äon, die er polemisch auf die hellenistisch-jüdische Synthese von Buchstabe und Geist anwendet und sie damit sprengt, aus apokalyptischer Tradition übernimmt[377]. Man kann weitergehen und sagen, daß Paulus die ihm zuteil gewordene Begegnung des auferstandenen Christus primär in einem apokalyptischen Horizont auslegt und innerhalb dieses erst hellenistische Elemente kritisch assimiliert oder eben angreift[378]. Für unseren Zusammenhang von Rö 5—8 bedeutet diese Erkenntnis, daß Paulus hier in apokalyptischer Denkweise den neuen Adam Christus (5, 12ff.) und seine vom Geist gezeugte Gemeinde (6) als Anfang der vollständig erneuerten Schöpfung (8) der alten Adamsmenschheit, die durch das Gesetz ihre Verfallenheit an Sünde und Tod nur schärfer zu Gesicht bekommt, gegenübergestellt.

In diesem Horizont werden nun alle Veränderungen verständlich, die Paulus am ihm überkommenen Gleichnis vom inneren Menschen vornimmt, obwohl er es nicht einfach eklektisch, sondern in seinem ganzen ursprünglichen Sinnzusammenhang verwertet[379]. Der Zwie-

---

[377] *Georgi*, 257. Vgl. *Stuhlmacher*, Gerechtigkeit, 203ff.; *Ders.*, Erwägungen, 10ff., u. o. S. 26.

[378] Ein schönes Beispiel für kritische Übernahme ist der Gewissensbegriff (vgl. das in der nächsten A. 379 zu G. Bornkamms Arbeit Gesagte). Im Blick auf das Problem im ganzen wird man *Käsemann* (Zum Thema der urchristlichen Apokalyptik) und seinem Schüler *Stuhlmacher* (bes. Gerechtigkeit, 203ff.) in der Intention zustimmen müssen. Kritisch zu fragen wäre allerdings, ob es angeht, die apokalyptische Eschatologie als »Gesamthorizont« der paulinischen Theologie und die Christologie als »Realvollzug (oder Spezifikation) dieser Eschatologie« zu bezeichnen (*Stuhlmacher*, Gerechtigkeit, 203 und 210; vgl. Aussagen wie die, Paulus vermöge »auf Grund des Kreuzes und der Auferstehung« die übernommene Zeit- und Weltenlehre »noch eindeutiger zu präzisieren«, 203, oder: »zu verschärfen«, 204). Wie kann man dann nämlich noch die Tiefe des paulinischen Gegensatzes zum Gesetzesweg, den ja auch das apokalyptische Judentum geht, verstehen? (Vgl. *D. Rössler*, Gesetz und Geschichte.) Richtiger scheint mir deshalb zu sein, was *Schrage* in anderem Zusammenhang feststellt, daß bei Paulus »die Eschatologie von der Christologie her interpretiert wird« (Die Stellung zur Welt bei Paulus, Epiktet und in der Apokalyptik, 153f.). Es ist doch auch bezeichnend, daß sich die termini alter und neuer *Mensch* vor Paulus nicht nachweisen lassen (vgl. *J. Jervell*, 240; A. 244 weitere Literatur). Immerhin vgl. zur Anknüpfung an Jeremia und Hesekiel u. A. 399.

[379] Hier gilt das gleiche, das *G. Bornkamm* zur paulinischen Übernahme der stoischen lex naturalis und des Gewissensbegriffs in Rö 2, 14ff. feststellt: »Nur darf darüber (sc. den Unterschieden) nicht übersehen werden, wie sehr Paulus in der Lage ist, die Gedanken der griechischen Tradition, und zwar nicht nur eklektisch und mit bloßen Anleihen an ihr Vokabular, sondern durchaus in ihrem inneren Zusam-

spalt im Menschen zwischen möglicher Einsicht und faktischen Begierden und dessen daraus folgende Unfreiheit und Unfähigkeit, das Gute und Lebenschaffende zu bewirken, wird zu einem ausweglosen erklärt. Bei Platon und Philon bezeichnete er nur den Zustand der unverständigen Menge der Menschen, den es durch das Streben nach Weisheit beim einen und durch vollendbare Weisheit beim anderen zu überwinden galt. Paulus bedient sich zu dieser Radikalisierung offensichtlich des apokalyptischen Gedankens der *totalen* Verlorenheit des alten Äon und der ihm angehörenden Menschen unter der Sünde. In diesem spezifischen Sinn ist es auch durchaus möglich, Nachwirkungen eines apokalyptischen Judentums in der Art der Qumransekte auf Rö 7, 7—25 anzunehmen, wie *Braun* es tut[380]. Dafür spricht zumal der spezifische Gebrauch der vorherrschenden Begriffe Sünde und Fleisch, die gegenüber dem griechisch-hellenistischen Sinn von unfreiwilliger Verfehlung und partieller Leiblichkeit einen den Menschen total bestimmenden Charakter annehmen[381].

Deshalb kann sich auch der Geist des Menschen (innerer Mensch)

---

menhang und ihrem sachlichen Gefüge, aufzunehmen« (Ges. Aufs. II, 111). Interessant ist, daß Bornkamm das Besondere des Paulus auch an dieser Stelle in der eschatologischen Funktion sieht, die die griechischen Begriffe bekommen (ebd. 115). Wieder also ist der apokalyptische Entwurf der Horizont, innerhalb dessen auch andersartige Traditionen interpretiert werden. Man wird nach dem Aufweis *G. v. Rads*, wie stark die Apokalyptik durch weisheitliche Traditionen bestimmt ist, noch viel besser im einzelnen verstehen lernen, wie Paulus hellenistisch-jüdische Elemente in seinen eschatologischen Rahmen integrieren konnte (vgl. das o. A. 363 zur Identifikation von (kosmischer) Weisheit und Gesetz Gesagte).

[380] AaO. Vgl. *Kuhn*, *Πειρασμός*, 213ff. Wichtig ist der Hinweis bei *Hengel*, daß besonders die iranische Zweigeisterlehre im frühen Essenismus den anfänglich gar nicht so krassen apokalyptischen Dualismus entscheidend verschärft hat; 418f. u. ö.); vgl. neuerdings auch *E. Brandenburger*, 86ff.

[381] Das gleiche gilt für den Pneumabegriff, ja noch weitergehend für die mit ihm verbundene Vorstellung einer schon jetzt proleptisch gegenwärtigen »Anzahlung« des neuen Äon (vgl. *H.-W. Kuhn*, Enderwartung und gegenwärtiges Heil). Der tiefste theologische Grund für die jüdisch-christliche Radikalisierung des Dualismus zwischen Fleisch und Geist liegt darin, daß die anthropologisch-kosmologischen Kategorien eigentlich den Gegensatz von Schöpfer und Geschöpf ausdrücken sollen (vgl. *E. Kamlah*, 207; *H. W. Huppenbauer*, Mensch, 106ff. und o. S. 22f. u. 31.) — Jedenfalls aber reicht es nicht aus, hinter Rö 7, 14ff. eine Variante rigoristisch-stoischer Ethik zu sehen, denn diese kann in keiner Weise die apokalyptische Radikalität erreichen, da sie immer von der Regelung der Verhältnisse in diesem gegenwärtigen Kosmos ausgehen muß. Das gleiche gilt von dem vorgnostischen hellenistischen Material, das *Lietzmann* z. St. bietet.

nicht ablösen von dem Tod und Täuschung der Sünde total verfallenen Leib. Deshalb kann ihm auch nicht das Gesetz bei dieser Lösung behilflich sein — sei es in Form der Erkenntnis des Gotteswillens aus der Schöpfung (1, 19f.), dem das ungeschriebene Gesetz im Herzen aller Menschen entspricht (2, 14f.), sei es in Form der heilsgeschichtlich gegebenen Mosetora. Sie behaften den Menschen bei seinem faktischen Tun und zwingen ihn im elenchtischen[382] Teil der Glaubenspredigt allenfalls zur Einsicht, daß er in seiner Totalität nicht das Gute tut, sondern unentschuldbar ist[383]. Ja, noch subtiler: die Sünde täuscht den Menschen derart, daß er den Weg der Gesetzeserfüllung gegen Gottes Willen zur Selbstrechtfertigung mißbraucht[384]. Darum führt aus der alten Adamsmenschheit nicht Gesetz und Leistung als Ergebnis menschlicher Handlungen heraus, sondern allein die Neuschöpfungstat Gottes durch Christus und seinen Geist — für die, die ihre Kreatürlichkeit und Gottes alleiniges Schöpfersein anerkennen. Das heißt aber: im Glauben allein hat die Vernunft Handlungsfreiheit.

b) Die in Christus erneuerte Vernunft (2 Ko 4, 16; Rö 12, 2)

Paulus spricht vom inneren Menschen nicht nur im Zusammenhang der alten, verlorenen Existenz unter dem Gesetz, also im Sinn

---

[382] Vgl. *G. Bornkamm*, Ges. Aufs. II, 127.

[383] Von der apokalyptischen Radikalisierung des Zwistes im Menschen her wird nun auch verständlich, inwiefern die Situation des Menschen in Rö 7 so erst vom Glauben aus gesehen werden kann. Schon im deuteronomistisch-apokalyptischen Denken wird der Fromme gerade durch die Anerkennung des Gerichts über diesen Äon der Sünde, dem der neue total gegenübersteht, gekennzeichnet (s. o. Teil A). Alle Beschreibungen des Widerspruches im Menschen auf dem Boden einer Weltsicht, die nur einen fortdauernd bestehenden, sich selbst regulierenden Kosmos kennt, müssen dagegen diesen Widerspruch relativieren (s. o. S. 94ff). Das hindert nicht, daß Paulus in weit höherem Maße als bisher angenommen an die griechische Tradition dieses Gedankens anknüpfen kann. — Ganz unmöglich scheint mir der Versuch *Schunacks* (223ff.), den inneren Menschen aus 7, 22 als bloße Phantasie zu interpretieren, in der sich der Mensch einbilde, er stimme dem Gesetz zu. Damit wäre gerade die Pointe, die Heiligkeit und Güte des Gesetzes verbindlich zu erweisen, verpfuscht.

[384] Ich bin mit *G. Bornkamm* (Ges. Aufs. I, 63) der Meinung, daß »die zwischen Althaus und Bultmann strittige Frage, ob es … um die Sünde im Sinne der Übertretung oder der geltungsbedürftigen Aufrichtung der ἰδία δικαιοσύνη geht, … für Röm 7 keine relevante Alternative« ist. Denn in beiden Fällen führt die Täuschung durch die Sünde zum Gespaltensein des Menschen, der das Gute will und das Böse schafft und so dem Gericht verfällt (vgl. Rö 2, 11).

des Nus, der ohnmächtig dem Gesetz zustimmt und durch seine Gotteserkenntnis den Menschen unentschuldbar macht (Rö 1, 19), sondern er legt auch den neuen Christusmenschen, den Pneumatiker, mit Hilfe dieses Bildes aus. Von sich selbst und seinen Anfechtungen im Apostelamt sagt er gegen seine Gegner, die sichtbare Geisteserweise ihrer eigenen Pneumatiker rühmen und darum den gleichen Ausweis von Paulus fordern[385]: »Deshalb werden wir nicht mutlos, sondern wenn auch unser äußerer Mensch zerstört wird, so wird doch unser innerer von Tag zu Tag erneuert« (2 Ko 4, 16). Aus dem Zusammenhang (4, 7 — 5, 10, vor allem 4, 17f.) wird deutlich, daß Paulus hier mit Hilfe der griechisch-hellenistischen Gegensatzpaare sichtbar-unsichtbar, zeitlich-ewig[386] auf das eschatologische »Noch nicht« aufmerksam machen will, das auch für den christlichen Pneumatiker gilt. Dieser hat seinen ewigen Schatz in irdenen Gefäßen (4, 7), er lebt im Glauben, nicht im Schauen (5, 7). An ihm sichtbar ist nur das Sterben Christi (4, 10). Aber gerade das ist die Bedingung der gewissen Hoffnung, auch Jesu Leben teilhaftig zu werden (vgl. auch Rö 6, 8), zumal Gott ihm das »Angeld« des Geistes der Neuschöpfung gegeben hat (5, 5).

Wie soll man nun aber die Rede vom inneren Menschen der im geisterfüllten Christusleib Erneuerten verstehen? Bleiben in irgendeiner Weise die Strukturen des von Platon entworfenen Gleichnisses erhalten, oder gibt es keine Kontinuität zwischen diesem und dem eschatologischen Bild? Läßt sich der Mensch der Neuschöpfung überhaupt strukturiert beschreiben, oder geht hier alles in einer noch unverstehbaren neuen Totalität auf? Man könnte von der Auslegung des äußeren und inneren Menschen in den apokalyptischen termini alt und neu her annehmen, daß der äußere nun den Menschen dieses Äon und der innere den Menschen des kommenden Äon in ihrer Totalität meinen. Dagegen hätte man dann abzuheben die ursprüngliche griechische Anschauung, die zwei verschiedene Teile des Menschen, Leib und Seele (z. T. nur eine Dimension der Seele) meint. Mir scheint diese Art der Gegenüberstellung angesichts der paulinischen Texte zu undifferenziert. Für 2 Ko 4, 16 (4, 7 bis 5, 10) bereits läßt sich feststellen, daß der erneuerte innere Mensch durchaus den Charakter des Geistes hat, dem ein Leib zugeordnet ist, und zwar in

[385] Vgl. *Georgi*, bes. 299 und *G. Bornkamm*, Ges. Aufs. II, 131.

[386] Aufgenommen wurden diese Begriffe freilich alle schon in den bei Philon sich zeigenden hellenistisch-jüdischen Traditionen. Vgl. *E. Brandenburger*, 173 A. 5.

doppelter Weise. Solange der christliche Pneumatiker in diesem Äon wandert, trägt er »das Sterben Christi an seinem Leibe herum« (4, 10). Das heißt in diesem Zusammenhang: um Jesu willen (4, 11), in Schicksalsgemeinschaft mit ihm erwarten die Christen harte körperliche Leiden und Verfolgungen bis zum Tod (4, 8f.). Dadurch ist jeder sichtbare Erfolg, der zu Eigenruhm Anlaß gäbe, ausgeschlossen, weil deutlich wird, daß, soviel an uns ist, wir zerbrechliche Gefäße sind, die nur durch Gottes Kraft beständiges Leben erhoffen können (4, 7). Positiv bedeutet aber diese schmerzhafte Verbundenheit mit Jesus, daß gerade derjenige, der sogar als Erneuerter auf sichtbare Beweise seiner Erneuerung, d. h. z. B. auf missionarischen Ruhm, verzichtet, die gewisse Hoffnung hat, ebenso wie an Jesu Tod Anteil zu gewinnen an dessen leiblicher Auferstehung (4, 10f.). Also sogar der zukünftig vollendete innere Mensch hat einen Leib, einen himmlischen Geistleib, wie Paulus sich mit Hilfe hellenistischer, bereits im Diasporajudentum aufgenommener Kategorien ausdrückt[387].

Im Blick auf seine Verbundenheit mit einem Auferstehungsleib begründet der eschatologische innere Mensch allerdings wirklich eine neue Totalität, die bestimmte Züge des platonisch-philonischen Gleichnisses grundlegend verändert. Wir sahen bei Platons »Eschatologie«[388], daß die Seele eines Menschen, die aus dem Körper zur inneren Einheit versammelt wurde, nach dem Tod als reine Seele, d. h. als reine ewige Bewegung (analog den Sternen) vor neuer Einkörperung bewahrt bleibt. Dieser Gedanke gilt abgewandelt auch für Philon, der als höchste Möglichkeit des Menschen das reine Nus-Sein versteht. Paulus aber nimmt in der Folge apokalyptischen Denkens eine gottgemäße Neuschöpfung auch des Körpers an. Das geht über die Integration des Leiblichen durch die geordnete und ordnende Seele bei Platon hinaus. Denn hier gilt immer das »soweit wie möglich«, das im Timaios als Leitmotiv für die die Materie strukturierende Tätigkeit des Demiurgen (Nus) ständig wiederkehrt[389]. Der Gott des Paulus, »der das Nichtsein ruft, daß es sei« und darum auch Auf-

[387] Vgl. 2 Ko 5, 1—4, 1 Ko 15, 35ff. Vgl. *E. Brandenburger*, 116 u. ö.

[388] Die Anführungszeichen bedeuten den Hinweis, daß es sich bei Platon angesichts der von ihm angenommenen Ewigkeit des Kosmos nur um eine Quasi-Eschatologie der in einzelne Körper verstreuten Weltseeleteile handeln kann.

[389] Vgl. Tim. 30a 2; 32b 4f.; dazu *Cornford*, 36f. Die genaue entmythologisierte Bestimmung des Demiurgen bleibt schwierig, weil Platon von der Sache her hier nur im Mythos reden zu können meint. Vgl. *Cornford*, Plato's Cosmology, 39 (34ff.).

erstehung aus dem Tode schafft, kann dem inneren Menschen auch einen vollständig adäquaten Leib bilden.

Es kann freilich kein Zweifel darüber bestehen, daß Paulus mit seinen Aussagen zum Leib eine Fülle von Äquivokationen ermöglicht, die auch in der späteren Kirchen- und Theologiegeschichte keine unbeträchtlichen Verwirrungen hervorgerufen haben (Augustin!). Trotz des Hinweises auf den guten Neuschöpfungs-, aber auch Schöpfungscharakter[390] des Leiblichen läßt sich die eschatologische Uminterpretation der (jüdisch)-hellenistischen Verbindung des Körpers mit dem Bösen über die Begierden immer auch dualistisch lesen. Paulus unterscheidet auch terminologisch nicht strikt zwischen »Fleisch« im Sinn des sündigen Menschen und »Leib« im Sinn der schöpfungsgemäßen somatischen Existenz. Ebenso knüpft er z. B. in seinen Lasterkatalogen recht massiv an popularphilosophische leibfeindliche Ethik an (vgl. z. B. Gal 5, 19ff.). Gerade in dieser Hinsicht wäre ein sachkritischer Vergleich zwischen ihm und Jesus selbst dringend erforderlich[391].

Dennoch ist die Intention auch bei Paulus deutlich unterschieden von hellenistisch-dualistischem Denken, auch jüdisch-philonischer Prägung. Das zeigt sich nicht nur im Blick auf den Geistleib im vollendeten neuen Äon, sondern bereits bei dem Verhältnis des anfangsweise erneuerten inneren Menschen zum sterblichen alten Leib. Weil es nicht um die Herausrettung der Seele aus der sterblichen Leibeswelt, auch nicht um die größtmögliche Prägung derselben durch die geordnete und ordnende Seele geht, sondern um die totale Neuschöpfung auch des Körperlichen, kann dieses anders beurteilt werden als im hellenistischen Denken. Einerseits tritt eine verschärfte Negation ein. Sofern der Leib von den Leidenschaften der Sünde (*παθήματα τῶν ἁμαρτιῶν*[392]) beherrscht wird, reißt er den ganzen Menschen unrettbar in den Tod. Hier nimmt Paulus die anthropologischen Kategorien also nur zu Hilfe, um Totalitätsaussagen über die im alten Äon verlorene, gottferne Menschheit zu machen. Insofern ist diese Art von »Fleischlichkeit« auch nicht ein bleibender Aspekt eines ewigen Kosmos[393], sondern wird mit dem alten Äon

[390] Vgl. 1 Ko 6, 12; Rö 14, 14.

[391] S. u. S. 174ff.

[392] Rö 7, 5; vgl. 6, 6 und Gal 5, 25.

[393] Vgl. die Axiome der platonischen Ontologie, die den Timaios einleiten (27d 5ff.; s. o. A. 272). Das ewige Sein kommt ewig im immer Erscheinenden zur Erscheinung. Dem entspricht es, daß die Sterblichkeit einiger Arten von Lebe-

im Gericht vergehen. Auf der anderen Seite aber ist die Christusmenschheit nicht dadurch gekennzeichnet, daß sie schon jetzt versucht, den Leib im enthusiastischen Sinn abzustoßen, sondern im Gegenteil: im somatischen Bezug zur Welt erweist es sich, ob die Neuschöpfung bei Menschen angebrochen ist. Zum einen wird keine Affektlosigkeit angestrebt, sondern die Leiden (παθήματα) Christi müssen die Leiber seiner neuen Menschheit zeichnen (2 Ko 1, 5—7; 4, 7ff.; Phil 3, 10)[394]. Nur so wird man seiner Auferstehung teilhaftig. Nur so wird die von Menschen unaufhebbare eschatologische Differenz und damit die alleinige Schöpferkraft Gottes anerkannt (2 Ko 4, 7). Zum anderen aber — und dies ist entscheidend wichtig — wird durch die Leiber der Christen Gottes Recht bis ins Körperliche hinein verwirklicht. Die Glieder werden der Sünde entrissen und zu Werkzeugen und Waffen der Gerechtigkeit (Rö 6 und 8).

All dies geschieht aber nicht schlagartig mit der Einverleibung in den Christusleib durch die Taufe, sondern wegen der noch nicht aufgelösten eschatologischen Spannung in einem lebenslangen Kampf unter Anfechtungen. Die Front zwischen altem und neuem Äon verläuft mitten durch den von der Neuschöpfung ergriffenen Menschen selbst hindurch[395]. Darum ist immer neue Paraklese[396] der Christen

wesen keinesfalls als etwas zu Überwindendes dargestellt wird, sondern einfach zur Vollständigkeit des vorhandenen Kosmos gehört (41c 3).

[394] Vgl. *Schrage*, 138. Die Erniedrigung Jesu und seiner Nachfolger ist die Bedingung für ihre Erhöhung (Phil 2, 1—11). Darum halten sich Christen zum Niedrigen (Rö 12, 16). Darum rühmt sich Paulus seiner Schwachheit, weil gerade darin sich Gottes Schöpferkraft erweist (2 Ko 12, 9f. vgl. 13, 4f.). Ein systematisch tiefes Problem ist es, daß bei Paulus aus dem Leiden und Sterben des Christus und seiner Christen Stärke und Leben anderer Menschen erwächst. Denn in diesem Äon kommt an der Gemeinde Christi nur das Gericht Gottes über die Sünde und der Tod zur Erscheinung, das Leben aber an dem, was Gott durch sie an anderen tut.

[395] Vgl. *Stuhlmacher*, Gerechtigkeit, 224, der sehr prägnant die Berechtigung des lutherischen »simul iustus ac peccator« von Paulus her erläutert. Sehr einleuchtend ist auch die Umformulierung für Paulus: »simul iusti et tentati«.

[396] Der Begriff Paränese, der in der neutestamentlichen Forschung üblich ist, sollte grundsätzlich vermieden werden. Erstens fehlt er bei Paulus völlig und taucht im Neuen Testament überhaupt nur zweimal in Apg 27 (9 und 22) auf. Zweitens aber besagt er in seinem kynisch-stoischen popular-philosophischen und daraus abgeleiteten hellenistisch-jüdischen Sinn (vgl. Philon, leg. alleg. I, 93—95) exakt das Gegenteil von dem, was Paulus meint, nämlich, daß der Fortschreitende aufgrund von Verweisungen auf das Gesetz zu Tugend und Unsterblichkeit gelangen kann (diesen Hinweis verdanke ich *G. Picht*). Vgl. neuerdings die Monographie von *A. Grabner-Haider*, Paraklese und Eschatologie bei Paulus.

untereinander nötig — der Imperativ zugleich mit dem Indikativ —, um den empfangenen Geist an allen praktischen Berührungspunkten mit der Welt wirksam werden zu lassen.

Klassisch und für unsere Fragen nach dem erneuerten inneren Menschen abschließend wird dieser Sachverhalt in den beiden Einleitungsversen der »ethischen« Kapitel 12—13 des Römerbriefes deutlich. Paulus schreibt (12, 1—2):

> »So rufe ich euch nun herbei, Brüder, aufgrund der Erbarmungen Gottes, eure Leiber bereitzustellen zum lebendigen, heiligen, Gott wohlgefälligen Opfer — das sei euer vernünftiger Gottesdienst. Und nehmt nicht die Gestalt dieses (erg. des alten) Äon an, sondern laßt euch verwandeln durch die Erneuerung eurer Vernunft, damit ihr prüft, was der Wille Gottes sei: das Gute, Wohlgefällige und Vollkommene«[397].

Hier finden wir zusammengefaßt und in den folgenden Kapiteln praktisch ausgeführt, wie Paulus sich die neuen Menschen (5, 12ff.), die in der Taufe Christi Schicksal gleichgestaltet werden (6) und so im Geiste des neuen Gehorsams und der Hoffnung den alten Äon durchwandern (8), im Vollzug vorstellt. Vom erneuerten inneren Menschen (Nus) geht eine Verwandlung aus, die auch die Leiber ergreift und sie in Gottes Dienst stellt, der das Gute (Heilvolle) für seine Schöpfung will. Es ist das gleiche Gute, das der Nus im alten Menschen als gut erkannte, aber aus der Ohnmacht seiner Gefangenschaft unter die herrschende Sünde nicht verwirklichen konnte (7). Erneuerung des Nus heißt demnach vor allem, daß der neuschaffende Geist (Pneuma) Gottes ihn ergreift und mächtig macht, die der Sünde verfallenen Glieder in den Dienst der Gerechtigkeit und des vernünftigerweise als gut erkannten Willens Gottes zu stellen. Der Geist der Neuschöpfung ist nicht nur unverdiente Gabe Gottes an den Menschen, sondern befreiende Macht, die durch die Erneuerten hindurch die leibhaft heile Schöpfung wirken will[398].

Paulus drückt das gleiche bisweilen auch in anderer Terminologie aus, wenn er sagt, daß die Liebe durch den Geist in die Herzen[399]

---

[397] *»Παρακαλῶ οὖν ὑμᾶς, ἀδελφοί, διὰ τῶν οἰκτιρμῶν τοῦ θεοῦ, παραστῆσαι τὰ σώματα ὑμῶν θυσίαν ξῶσαν ἁγίαν τῷ θεῷ εὐάρεστον, τὴν λογικὴν λατρείαν ὑμῶν, καὶ μὴ συσχηματίζεσθε τῷ αἰῶνι τούτῳ, ἀλλὰ μεταμορφοῦσθε τῇ ἀνακαινώσει τοῦ νοός, εἰς τὸ δοκιμάζειν ὑμᾶς τί τὸ θέλημα τοῦ θεοῦ, τὸ ἀγαθὸν καὶ εὐάρεστον καὶ τέλειον.*

[398] Vgl. o. A. 354.

[399] Man nimmt in der neutestamentlichen Forschung an, daß der Begriff »Herz« bei Paulus einen alttestamentlich-jüdischen Charakter im Unterschied zum

ausgegossen ist (Rö 5, 5) und als solche das Gesetz erfüllt (13, 8—10). Dieses aber ist das vernünftig erkennbare Gute (Rö 7, 7ff.). Die erneuerte, d. h. von den täuschenden Leidenschaften befreite und darum gegenüber dem nach außen handelnden Leib herrschende Vernunft und das von pneumatischer Liebe erfüllte Herz sind also für Paulus dasselbe. Der Begriff der Liebe drückt aber noch besser aus, daß der erneuerte innere Mensch an somatische Strukturen gebunden bleibt. Deshalb gebraucht ihn Paulus auch immer dort, wo Christen die Gabe des Geistes enthusiastisch mißverstehen, wozu der griechisch-hellenistische Nus-Begriff, zumal in Verbindung mit Pneuma, durchaus anreizt[400]. Entbehrlich ist er allerdings nicht, weil sonst die erkennende Funktion des inneren Menschen undeutlich bliebe. Freilich kann das Erkennen und das »Prüfen«, das in Rö 12, 2 vom erneuerten Nus ausgesagt wird, auch der Liebe selbst zugeschrieben werden (Phil 1, 9f.)[401].

Diese Identifikation von zur Tat befreiter Vernunft und prüfend erkennender Liebe ermöglicht eine kritische Bezugnahme christlichen Denkens und Lebens auf nichtchristliche Auslegungen des Weltgeschehens und des Menschen innerhalb dieses Geschehens. Die Bezugnahme geschieht, wie gezeigt, über den Begriff des Nus. Die kritische Distanz bei der Bezugnahme drückt sich in dem durch das Pneuma ermöglichten »Prüfen« (Rö 12, 2) und durch die Beziehung der Vernunft auf die Liebe aus. »Alles aber prüfet, das Gute behaltet« sagt Paulus an anderer Stelle (1 Thess 5, 21). Dies ist ein außerordentlich wichtiger Gesichtspunkt, da er zeigt, daß Paulus trotz der grund-

---

griechischen Begriff des Nus habe (s. z. B. *G. Bornkamm*, Ges. Aufs. II, 125). Gewiß knüpft Paulus gerade bei der Erneuerung der Herzen an Jer 31, 33 und Ez 11, 19 (vgl. 36, 26) an (so ausdrücklich 2 Ko 3, 3 und 1 Thess 4, 9). Das hindert aber nicht, daß er den Begriff im Sinn der griechischen, besonders stoischen Terminologie verwendet. Bekanntlich nahm eine große Anzahl Ärzte und stoischer Denker als Sitz des Hegemonikon das Herz an (andere das Gehirn). Vgl. *Pohlenz*, Stoa I, 87.

[400] Daß der »vernünftige Gottesdienst« in Rö 12, 1f. sich nicht nur auf den Nus bezieht, sondern als Hingabe der Leiber beschrieben wird, könnte durchaus polemisch gemeint sein (vgl. *G. Bornkamm*, Ges. Aufs. II, 136f. A. 39). Freilich wird man prüfen müssen, ob nicht statt der späteren »Mystik« des Corp. Herm. die überasketische, »spekulative« Schicht im Werk Philons oder anderer hellenistischer Juden als Gegenbild anzunehmen ist. Das würde es wiederum ermöglichen, eine einheitliche Front des Römerbriefs anzunehmen. Vgl. auch *E. Brandenburger*, 186f. u. 235.

[401] Vgl. *Schrage*, Einzelgebote, 166f.

sätzlichen Identifikation von vernünftig Erkennbarem und dem Gesetz und Willen Gottes nicht einfach das faktisch als vernünftig Geltende akzeptiert, sondern dieses mit Hilfe eines pneumatisch gewonnenen Kriteriums prüft. Dieser Aspekt verweist darauf, daß sich die Aussagen über den Nus in Rö 7, der das Gute erkennt und nur nicht in die Tat umsetzen kann, nur auf die prinzipielle Zusammengehörigkeit von Nus und dem Guten beziehen, also auf die grundlegende Möglichkeit, den Menschen im Blick auf das geforderte Gute haftbar zu machen. Ob im Einzelfall die täuschenden Begierden nicht auch den Erkenntnisvollzug (also nicht nur die Durchführung des Erkannten) stören oder verhindern, steht auf einem ganz anderen Blatt. In diesem Zusammenhang wird deutlich, warum Paulus von einem speziellen Prüfen des erneuerten Nus spricht. Das Kriterium dieser Prüfung ist die Liebe. So z. B. wird das auch in stoisch-hellenistischem Horizont mögliche Wort »nichts ist an sich unrein« in Rö 14, 14 (vom Schöpfungsglauben her) aufgenommen, gleichzeitig aber in seinem philosophischen Sinn, die innerliche Unabhängigkeit des Weisen von der somatischen Welt zu erweisen, kritisiert und auf die Liebe zum Nächsten bezogen. Unter diesem Blickwinkel wird nun auch die Christologie nicht nur im Begründungszusammenhang, sondern auch in der inhaltlichen Bestimmung des neuen Verhaltens der Gemeinde wirksam. Aber der im Christusbild hervorstechende »Zug nach unten« wirft bei Paulus sein Licht nicht nur auf das Verhalten der Christen, sondern darüber hinaus auf die (geforderte) *Wahrheit* des Lebensweges aller Menschen[402]. Man macht es sich zu leicht, wenn man meint, das hierin enthaltene Problem dadurch von sich wegschieben zu können, daß man das allgemein Verbindliche von vornherein mit dem Etikett »zeitlos« versieht und damit theologisch disqualifiziert[403].

[402] Vgl. *E. Jüngel*, Erwägungen, 384ff. (390).

[403] Insofern empfinde ich folgenden Satz bei *P. Stuhlmacher* (Christliche Verantwortung bei Paulus und seinen Schülern, 173) als falsche Alternative: »In der paulinischen Paränese werden also nicht etwa für alle Zeiten gültige Welt- und Wertordnungen christlich sanktioniert, sondern die Christen werden vom Evangelium her nur an die der Christusliebe von Gottes Gebot in der vergehenden Welt noch gewiesenen Wege gebunden«. Die Ausklammerung der vernünftigen Welterkenntnis hat bei Stuhlmacher offenbar ihren Grund darin, daß er Gottes Gebot im paulinischen Ansatz nur vom Dekalog her interpretiert. Schätzt man diese Frage anders ein, so würden sich m. E. auch Stuhlmachers ausgezeichneter Vergleich zwischen Paulus und Paulusschule und seine systematischen Schlußerwägungen zu einer heutigen Ethik »in eigener Verantwortung« noch präzisieren lassen.

Die Frage des verbindlich Guten ist auf jeder Stufe der Menschheitsentwicklung neu gestellt, was freilich erst das neuzeitlich historische Bewußtsein ausdrücklich reflektiert. Mit dem kritischen Messen der Vernunft an der christologisch definierten Liebe ist deshalb die inhaltliche Identität zwischen liebendem und vernünftigem Handeln keineswegs preisgegeben, sondern gerade in den Blick genommen. Das wahrhaft Christus-gemäße und geistgewirkte Verhalten wird wirklich als das vernunftgemäße postuliert. Die Torheit des Kreuzes wird als Weisheit behauptet (1 Ko 1, 24f.). Diese These müßte auf die in vielen urchristlichen theologischen Entwürfen (auf dem Hintergrund weisheitlicher und hellenistisch-jüdischer Logos- und Sophiaspekulation) entwickelte Vorstellung von der Schöpfungsmittlerschaft Christi bezogen werden[404]. In unserem Zusammenhang kann uns aber nur der Gesichtspunkt beschäftigen, daß im Sterben der täuschenden Selbstbegierde der frei prüfende Blick und die tätigen Glieder für das in der Gemeinschaft der Menschen Nötige, für den gerechten und guten Willen Gottes entstehen. Im Sinn der antienthusiastischen Front des Paulus muß allerdings noch einmal ausdrücklich darauf verwiesen werden, daß der neue Gehorsam und vernünftige Gottesdienst ein eschatologisches Kampfesgeschehen ist. Erneuerte Vernunft und liebeerfülltes Herz sind nicht habituelle Eigenschaften der Christen, die sie nach Belieben betätigen könnten. Es bleiben die Anfechtungen bis zur eschatologischen Vollendung, und die Erneuerung des inneren Menschen muß sich Tag für Tag vollziehen (2 Ko 4, 16). Darum bleiben im Leibe Christi auch die ständig neuen parakletischen Einweisungen in die konkreten Aufgaben nötig.

Unsere Ausgangsfrage, ob der neue Mensch eine differenzierte Struktur aufweise, läßt sich zusammenfassend positiv beantworten. Es handelt sich hier keineswegs um eine einfache Totalität. Der pneumatische innere Mensch meint nicht pauschal den ganzen neuen Menschen. Vielmehr hat bei Paulus auch der erneuerte Nus einen Leib, mit dem er dem erkannten Guten gemäß handeln soll. Neu an ihm ist lediglich, daß er gegen die täuschende und fesselnde Sünde kraft des befreienden Geistes Gottes das Gute wirklich prüfen und durchführen kann — wenn auch in diesem Äon unter Anfechtungen

[404] Wobei für Paulus wieder die Kritik der überkommenen — und implizit schon der folgenden — Tradition durch Kreuz und eschatologische Differenz charakteristisch wäre (vgl. *H. Löwe*, Christus und die Christen).

und nur anfangsweise kraft des »Angelds« an heiligem Geist, das jedem in verschiedenem Maße verliehen ist. Neu ist zweitens, daß der befreite Nus in der vollendeten Neuschöpfung ebenfalls einen Leib haben wird. Weiter könnte man es als ein novum ansehen, daß entsprechend dem eschatologischen Ansatz bei Paulus der erneuerte Mensch neben der Liebe (und dem die Erneuerung überhaupt konstituierenden Glauben: Rö 1—4[405]) die Hoffnung zum Hauptkennzeichen hat[406].

Im Blick auf die späteren Ausprägungen der Zweireichelehre ist schließlich noch einmal hervorzuheben, daß Paulus den alten und neuen Menschen nicht primär individuell versteht, sondern beide in einer übergreifenden Gemeinschaft und Machtsphäre sieht. Seine christologisch-apokalyptische Grundunterscheidung von Adamsmenschheit (wegen der Herrschaft der Sünde unter dem Zorn Gottes Stehende) und Christusmenschheit (aus dem Unheilszusammenhang proleptisch herausgerettete Glaubende) entfaltet er mit Hilfe hellenistisch-jüdischer, z. T. auf weisheitlichen Traditionen aufbauenden[407] Gruppendualismen wie Sarkiker und Pneumatiker, irdische und himmlische Menschen, Bürger des irdischen und himmlischen Gemeinwesens, insbesondere Jerusalems (Gal 4; Phil 3, 17ff.)[408]. Vor allem diese letzten, auch über Philon selbst auf die Nachwelt weiterwirkenden Vorstellungen gewinnen dann für Augustins Unterscheidung zwischen civitas terrena und civitas dei tragende Bildkraft. Wichtiger als diese Kontinuität des Bildmaterials ist allerdings der tiefgreifende Bruch, den die Theologie des Paulus gegenüber den antiken und jüdischen Traditionen bezeichnet[409]. Dieser Gesichtspunkt sei in der folgenden summarischen Skizze angedeutet.

---

[405] Grundsätzlich ist alles Gesagte im Horizont der Glaubensgerechtigkeit zu lesen; denn der Geist wird ja durch die im Glauben angenommene und in der Taufe sich ereignende Einverleibung in den Christusleib verliehen (vgl. bes. *Stuhlmacher*, Gerechtigkeit, 220ff.).

[406] Vgl. dagegen die völlig uneschatologische Beschreibung des hoffenden Enos, der ja bei Philon auch eine Symbolfigur des wahren Menschen ist (s. o. A. 305).

[407] Vgl. bes. die Motive der zwei Wege und der himmlischen Stadt; dazu *E. Brandenburger*, 166 u. 189.

[408] Vgl. *E. Brandenburger*, 46ff. (zu Paulus); 65ff. (zur Apokalyptik); 116 und 145 (zu Philon); 174f. und 188ff. (zu Philon und Paulus).

[409] Was das im Blick auf die politischen Konsequenzen der Zweiklassentheorie bedeutet, wird u. S. 166ff. ausgeführt werden.

c) Zusammenfassung

Man kann den paulinischen Gebrauch des Gleichnisses vom inneren Menschen so zusammenfassen: Rö 7 übernimmt die traditionelle Vorstellung, daß im ungerechten (bösen) Menschen sich die Seele in widerstreitende Teile (Vernunft — Wille — Begierden) auflöst und dadurch unfrei, handlungsunfähig und todgebunden wird. Paulus radikalisiert dieses Bild apokalyptisch, indem er es auf ausnahmslos alle Menschen des alten Äon (Adamsmenschheit) ausdehnt. Er bestreitet also der ihm höchstwahrscheinlich durch Philon vermittelten stoisch interpretierten platonischen Tradition, daß der Nus in der Lage ist, sich aus eigener Kraft aus den Fesseln der täuschenden Sünde völlig zu befreien und sich selbst und die Welt der Menschen, ja, der außermenschlichen Kreatur (vgl. Rö 8, 19ff.) in einen heilen, befriedeten Zustand zu versetzen. Einen besonderen Akzent bekommt die Polemik durch den Gesetzesbegriff. Der Anlaß, das Gleichnis aufzunehmen, ist sogar ausdrücklich der Gedanke, daß der innere Mensch dem Gesetz Gottes (dem Guten) zustimmt, obwohl er es nicht verwirklichen kann. Dadurch bekommt er für Paulus die doppelte Funktion, einerseits die Heiligkeit von Gottes Gesetz, zum anderen aber die unentschuldbare Verlorenheit des Menschen zu bezeugen.

Paulus kennt aber den inneren Menschen nicht nur in dieser übernommenen Form, die er kritisch verschärft, sondern er bedient sich seiner auch zur positiven Explikation des Menschen der Neuschöpfung Gottes. Unter diesem Vorzeichen ist der innere Mensch die vom Geist erneuerte, d. h. die von der Herrschaft der Begierden befreite und darum zu kritisch prüfendem und handelndem Gehorsam befähigte Vernunft. Die Befähigung setzt sich freilich nur anfangsweise im Maß des Mitsterbens mit Christus, d. h. im Maß der Selbstaufgabe und deshalb unter Anfechtungen und Leiden durch. Diese erneuerte Vernunft ist identisch mit der im Herzen vom Geist gewirkten Liebe und notwendig begleitet von der Hoffnung auf die neue, völlig heile, leiblich-geistige Welt-Zeit Gottes. Entscheidend ist, daß Gott allein, ohne begründende Mitwirkung der Menschen, die Erneuerung durchführt. Gerade darin bestand ja die Herrschaft der Sünde, daß sie mithilfe der Illusion der Selbstbegründung verhinderte, Gott, dem Schöpfer, die Ehre zu geben und sein seinsbegründendes Recht an seiner Schöpfung anzuerkennen[410]. Hiermit ist nicht aufgehoben,

[410] Vgl. *Stuhlmacher*, Gerechtigkeit, 92f.; 204f. u. ö.

sondern gerade bestätigt und neu ermöglicht, daß Gott die vernünftigen und leiblichen Fähigkeiten des Menschen zum Wohl der anderen in aktiven Dienst nehmen will.

Wenn es so ist, daß Paulus vom hellenistischen Judentum das Gleichnis vom Widerstreit zwischen dem das Gute erkennenden und wollenden inneren Menschen und den Begierden einerseits zur Apologie des Gesetzes aufnimmt, andererseits aber in apokalyptischer Verschärfung zum Beweis der ausweglosen Lage der Menschen und gerade dieser Juden im alten Äon benutzt und darum das Gegenbild vom erneuerten inneren Menschen entwirft, dann bleibt doch die Frage, ob mit dem Judentum auch Platon getroffen wird. Dieser Frage darf sich vielleicht der rein philologisch arbeitende Historiker entziehen, kaum schon der die vergangene Geschichte in ihrem Gesamtzusammenhang erforschende[411] — sicher jedoch nicht der systematisch fragende, der anhand der Traditionsgeschichte von Paulus bis heute erhellen will, wie sich christlicher Glaube und christliche Theologie angesichts der jeweiligen zeitgeschichtlich gestellten Aufgaben vor »weltlichen« Entwürfen verantworten konnte und kann und wie er diese seinerseits zur Verantwortung ziehen muß. Denn in paulinischer Zeit, ja bis in die Neuzeit hinein ist Platons Entwurf einer der grundlegenden, zu dem fast alle anderen in der abendländischen Geschichte in irgendeiner direkten oder indirekten Beziehung stehen.

Bei Platon nun findet sich noch nicht das Leistungs-Lohn-Schema, das wir in stoisch-jüdischer Ausprägung bei Philon trafen — jedenfalls was dessen Aussage über Anfang und Fortschreiten (des Asketen) auf dem Weg zur Tugend, Weisheit und Unsterblichkeit betrifft. Buch X der Politeia, das als Anhang auch die Frage des Lohns für den Gerechten streift, ist im Grunde nur die Explikation der Hauptthese (II—IX), daß die Gerechtigkeit als richtige Ordnung im Menschen und in der Polis in sich selbst die Konsequenz hat, dieses Seiende seiend, stark und in diesem Sinn »glücklich« zu machen. Das Gesetz tritt darum gerade nicht leistungsfordernd, sondern als durchsichtige, heilvolle und deshalb aus sich überzeugende Struktur der Physis auf. Trifft also Paulus dieses Konzept überhaupt mit seiner Polemik gegen das Gesetz?

---

[411] Wie soll er nämlich als Dogmen- und Kirchenhistoriker z. B. Augustin verstehen, der mit Hilfe von Paulus einen neuen Platonismus zu überwinden versucht?

Zunächst einmal ist darauf zu achten, daß Paulus die Überzeugungskraft eines als heilvoll verstandenen universalen Gesetzes der Schöpfung gar nicht bestreitet. Rö 7, 7—25 bestätigt dieses ja gerade und erklärt das Gesetz als guten Willen Gottes. Die Differenz zwischen Paulus und Platon liegt vielleicht noch nicht einmal in der Einschätzung der menschlichen Situation in einer gesetzlich strukturierten Schöpfung. Viel realistischer als Platon über die gefesselten »Höhlenmenschen« redet auch Paulus in Rö 7 nicht über die Adamsmenschheit. Auch weiß Platon, daß es keinen Weisen auf dieser Welt gibt, dessen Nus vollständig frei wäre, es gibt nur Weisheit-Liebende, es gibt nur durch Gleichmaß Annäherung der Seelenbewegung an die Einheit »Gottes«. Die naturgemäße Politeia ist kein Ziel, das man verwirklichen, oder eine andere Welt, in die man auswandern könnte, sondern sie ist die Struktur, die jeder konkreten Polis soweit wie möglich Sein und Bestand gibt. Die Sprecher des wahren und guten Seins erwartet aber bei den in kurzsichtigen Interessen Getäuschten und Gefesselten ein tragisches Schicksal — siehe Sokrates, siehe das Scheitern Platons bei seinem Versuch, die Polis zu retten. Paulus fragt nun aber nicht nur nach dem Sein des Menschen in der Schöpfung, sondern in einer besonderen Weise nach dem Sein des Menschen vor Gott und der Wechselwirkung von beidem. In dieser Fragedimension scheint mir der Unterschied zu Platon zu liegen. Dieses Problem ist im vorliegenden Zusammenhang unmöglich erschöpfend zu lösen. Es impliziert die umfassende Frage nach dem Verhältnis von Theologie und Philosophie. Folgendes muß hier genügen. Auch Platons Philosophie ist im strengen Sinn Theologie[412]. Aber sein Gott, die Idee des Guten, gehört trotz der ihm zugeschriebenen Transzendenz unlösbar zum Kosmos selbst, weil er dessen dialektisch erfaßbare ewige Einheit ist. Darum ist der Kosmos in strengem Sinn Bild Gottes (Timaios). Platon kennt nicht den Gott, der das Sein aus dem Nichtsein hervorruft, der insofern wirklich unabhängiger Schöpfer einer nicht aus sich selbst ewig bestehenden Schöpfung und entsprechend durch kein Bild abzubilden ist[413]. Die »Idee des Guten« verwirklicht sich »soweit wie möglich« als Einheit in der »Materie«

[412] S. zusammenfassend Nomoi X. Vgl. *G. Picht*, Theorie und Praxis; *ders.*, Der Gott der Philosophen, und *ders.*, Die Epiphanie der ewigen Gegenwart.

[413] Die grundlegende Bedeutung des Bilderverbots für das alttestamentliche Weltverständnis arbeitet *G. v. Rad* in seinem Aufsatz »Aspekte alttestamentlichen Weltverständnisses« heraus.

(unbegrenzte Zweiheit). Der souveräne Schöpfergott des Paulus dagegen hat einen Totalanspruch auf seine Schöpfung. *G. v. Rad* hat sehr schön gezeigt, daß im alttestamentlichen Raum die konstitutionellen anthropologischen Schwierigkeiten in dem Moment in Sicht kommen, als man ein *Willensganzes* Jahwes und das Scheitern Israels daran entdeckt (Deuteronomium, Jeremia, Hesekiel)[414]. Darum bekommt die Sünde und die ausweglose Unfreiheit in Rö 7 auch einen totaleren Sinn, als sie im platonischen Denken haben kann[415]. Wirkliche Freiheit hat nicht der in die Begierden verstrickte Mensch — das weiß auch Platon —, aber Freiheit gewinnt auch nicht der sich nur am Strukturgrund des Kosmos Orientierende. Freiheit begründet sich weder aus dem vernunfthaften Selbst des Menschen, noch aus den Gesetzen der Welt, seien sie auch als gottgegebene verstanden. Freiheit, die ja die unbedingte Distanz zur Selbst- und Weltbegierde voraussetzt, schafft allein der vom Geschaffenen unabhängige Schöpfer und Neuschöpfer, der dem Menschen die Mündigkeit der Sohnschaft schenkt (Gal 4, 1ff.). Deshalb folgt für Paulus aus der Vergötzung der Schöpfung die Verfallenheit an die Begierden (Rö 1, 18ff.). Dem göttlichen Schaffen entspricht beim Geschöpf allein das anerkennende Annehmen (*Glauben*). Diese Einsicht der paulinischen Rechtfertigungslehre verarbeitet die Erfahrung des Scheiterns, die Platon mit seinem »so weit wie möglich« beantwortete, grundsätzlich neu. Sie besagt nämlich in diesem Zusammenhang, daß der Mensch seine letzte Bestimmung überhaupt nicht im Kosmos oder der Polis — auch und gerade nicht in einer durch Leistung erreichbaren höheren Sphäre der Physis —, sondern nur in der durch Christus neu geschenkten Gemeinschaft Gottes finden kann. Auf der anderen Seite ermöglicht die darin begründete Befreiung von den kurzsichtigen Interessen der Selbstbegründung das Prüfen und *Tun*

[414] S. o. A. 32. Vgl. entsprechend den vorwiegenden Gebrauch des Singulars »das Gesetz« als Ausdruck des Gesamtwillens Gottes (vgl. *Stuhlmacher*, 95). Auf dieser Voraussetzung ruht auch Gal 5, 3, wonach der, der den Gesetzesweg zum Heil an einem Punkt betritt, das ganze Gesetz halten muß — was eben unmöglich ist.

[415] Es wäre falsch, Platon und Paulus dadurch zu unterscheiden, daß man jenem ein anthropologisches, diesem ein überindividuelles Mächtedenken zuschreibt. Hinter Platons Affekten stehen nämlich die alten Götter und Daimonen (vgl. *Picht*, Theorie, 340), was sich gerade in der überindividuellen Gefangenschaft der Menschen in der Höhle zeigt, aus der die (philosophische) Katharsis herausführen soll. Im Mächtedenken scheint *E. Brandenburger* das spezifisch Philonische und Paulinische gegenüber dem griechischen Hellenismus zu sehen (vgl. Fleisch, 44f.; 97; 117f.; 226).

des vernünftigerweise für die Mitmenschen und die gesamte Mitwelt zu erstrebenden Guten und Gerechten neu; denn der weltunabhängige Gott selbst will das Wohl seiner Schöpfung. Deshalb stellt er nicht nur die weltisolierten Personen in ihrem Glauben oder Unglauben vor sein Gericht, sondern auch die Werke dieser Personen mit ihren Folgen für die Mitkreatur. An diesem Ort des für alle verpflichtenden und allen aufgetragenen Guten in der Welt kann die philosophische Weltdurchdringung Platons und anderer kritisch aufgenommen werden.[416]

Eigentlich wäre es unerläßlich, im Blick auf die augustinisch-lutherische Aufnahme des Gleichnisses vom inneren (neuen) und äußeren (alten) Menschen auch dessen Interpretation durch die *Deuteropaulinen* zu untersuchen. Gerade die Verkoppelung des neuen Menschen mit dem Frieden zwischen Juden und Heiden und zwischen beiden und Gott wird Eph 2, 11ff. (15) breit entfaltet. Aber auch die Überwindung des alten Menschen durch die Überwindung der Begierden im neuen Menschen wird in Kol 3, 9f. und Eph 4, 22—24 im Anschluß an Paulus ausgeführt. Kol 3, 10 ist insofern besonders wichtig, als hier das Bild-Gottes-Motiv aus Gen 1, 26f. mit dem neuen Menschen verbunden wird. Bedenkt man, daß dieses in Kol 1, 15 christologisch qualifiziert wurde, so wird erneut (wie in Rö 5ff. und 1 Ko 15, 45ff.) der traditionsgeschichtliche Ort sichtbar, an dem die Verknüpfung des zweiten Adam (Christus) mit den erneuerten, inneren Menschen seinen Sitz hat: die spätjüdische Adam-Spekulation im Stile Philons[417]. Welche Verschiebungen in Kol und Eph gegenüber Paulus auftauchen, kann hier nicht untersucht werden[418]. In einem Stichwort zusammengefaßt, kann man sagen, daß die paulinische zeitliche Eschatologie in eine sphärische Schichtenontologie verwandelt wird. Es ließe sich m. E. zeigen, daß sich dadurch die Bedeutung des neuen als inneren Menschen wieder der philonischen annähert, da das spezifisch Paulinische gerade die Eschatologisierung des Begriffs darstellt. (Um so unbegreiflicher ist es, daß auch hier die Kommentare z. St. vollständig darauf verzichten, die griechische und hellenistisch-jüdische Tradition aufzuarbeiten.) Kol

---

416 Zur systematischen Bedeutung des »Gerichts nach den Werken« bei Paulus s. u. S. 131 u. 162f. Von hier aus wäre es besonders interessant, einmal das dialektische Verhältnis zwischen dem platonischen Vernunftfrieden und dem paulinischen »Frieden, der höher ist als alle Vernunft« (Phil 4, 7) zu untersuchen. Hat man die konstitutive Verknüpfung von Vernunft und Frieden bei Platon und der gesamten an ihn anschließenden anthropologischen und politischen Tradition erkannt, so reicht es nicht aus, was etwa *Lohmeyer* in seinem Kommentar (1956[11], S. 171) z. St. bemerkt. Auch *Ehrhardt* (Politische Metaphysik, 27) fordert eine neue Untersuchung zum Thema und beschränkt sich nur auf Hinweise. Welche Probleme in dieser Frage enthalten sind, wird uns bei Augustin beschäftigen, der das gesamte Verhältnis zwischen der civitas terrena und der civitas dei unter das Thema pax terrena — pax caelestis stellen kann.

417 Vgl. *C. Colpe*, Zur Leib-Christi-Vorstellung im Epheserbrief, 172—187.

418 Vgl. *H. Löwe*, Christus und die Christen.

3, 9f. steht im Kontext nach der Aufforderung, im Gegensatz zum Irdischen »das, was oben ist« (wo der erhöhte Christus sitzt) zu suchen (3, 1). Es bedürfte einer genauen Analyse festzustellen, wieso hier doch nicht einfach spätantikes Streben nach dem Geistigen gemeint ist. Die Differenz dürfte in der von Paulus her durchgehaltenen Ablehnung des Gesetzesweges liegen. Aber diese Bemerkungen sollen nur dazu dienen, das Problem der Deuteropaulinen wenigstens anzudeuten[419].

d) Probleme und Perspektiven der paulinischen Position im Blick auf die spätere Traditionsgeschichte und Systematik der Zweireichelehre

Nun erwachsen verschiedene, erst im Laufe der Geschichte ganz sichtbar gewordene Fragen aus der Tatsache, daß Paulus das griechische Gleichnis vom inneren Menschen teilweise übernimmt, teilweise verschärft und teilweise zur Auslegung des neuen geistlichen Christusmenschen benutzt. Ich kann diese Fragen hier nur anschneiden, denn sie werden erst durch die traditionsgeschichtlichen und systematischen Überlegungen der folgenden Kapitel ganz sichtbar.

Um bei dem eben zu Platon Gesagten anzuknüpfen, könnte man *erstens* fragen, ob nicht eine solche Radikalisierung des Gesetzes, wie Paulus sie vornimmt, jede positive Ethik unmöglich macht. Trifft ihn nicht der gleiche Vorwurf, den Panaitios, Poseidonios und Cicero gegen die rigoristischen Formen der kynisch-stoischen Ethik (z. B. bei Chrysipp und der Popularphilosophie) erhoben? Jene wiesen nämlich (mit vorwiegend platonischen Argumenten) nach, daß ethischer Rigorismus den depravierten Menschen gerade erst produziert[420]. Hier gilt es aber den Ort der paulinischen Aussagen zu beachten. Es geht ihm in Rö 1—11 nicht um Ethik oder Politik, sondern um die Frage, ob es angesichts des Handelns Gottes an und durch Christus, wodurch er als Schöpfer sein heilvolles Recht an seiner Schöpfung auf neue Weise durchsetzen will, noch angeht, das Heil der Welt vom menschlichen Erfüllen des Gesetzes abhängig zu machen. Dies eben tat die erwähnte hellenistisch-jüdische Mission, die auf der Basis der Identifizierung von Mosetora und griechischem Naturgesetz bemüht war, das Judentum als Menschheitsreligion auszubreiten[421]. Der Nachweis der Unmöglichkeit des Gesetzesweges zum Heil ist nicht rigoristisch-ethisch, sondern christologisch-apokalyptisch formuliert. Oder anders ausgedrückt: Paulus bestätigt die These, daß gesetzliche

[419] Wenig Erhellendes trägt *J. Jervell* (240ff.) zur Frage bei, da er Kol und Eph als paulinische Texte behandelt und zudem weiter von einer vorchristlichen Gnosis — allerdings neben Philon — ausgeht.

[420] Diesen Hinweis verdanke ich *G. Picht.*

[421] Vgl. *Pohlenz*, Paulus und die Stoa, 76, und *Georgi*, 182ff.

Forderungen den Menschen depravieren, aber er radikalisiert sie darüber hinaus, indem er sie nicht nur auf den Rigorismus anwendet, sondern auf alle Versuche, menschliche Selbstverwirklichung durch Werke zu erreichen. Die radikalen Aussagen des Paulus weisen die völlige Verlorenheit und Erlösungsbedürftigkeit des gerade aufgrund der Gesetzesforderung in sich zerstrittenen Menschen als ganzen im alten Äon auf und wollen nicht ethisch anweisen oder zurechtweisen. Wo Paulus zur Ethik redet, da stellt er vom Ansatz her überhaupt keine Forderungen im strengen Sinn des Wortes auf. Vielmehr ruft er seine Brüder im Leibe Christi aufgrund der Barmherzigkeitserweise Gottes dazu auf, den empfangenen Geist der Neuschöpfung im Kampf gegen den alten Äon in konkreten Taten der Liebe wirksam werden zu lassen (Rö 12, 1 ff.). Daß er dabei dann auch rigoristische popularphilosophische Ethik aufgreifen kann, hat seine eigenen Probleme, die nicht den Ansatz betreffen und selbst der Sachkritik unterliegen.

Aber ist nicht im Blick auf die gedeihliche Gestaltung der Welt das Abschreiben dieser Welt als alten Äon viel gefährlicher als rigoristische Ethik? Führt es vor allem nicht — so könnte man *zweitens* fragen — zu unabsehbaren Folgen, daß Paulus den inneren Menschen, der bei Platon das menschliche und politische Leben nach der Wahrheit des Guten gestaltet, zum Menschen einer zukünftigen Welt macht?

Diese Frage läßt sich am besten zusammen mit einer *dritten* sehen, nämlich der, ob nicht die Auslegung der beginnenden Neuschöpfung in der griechischen Kategorie des inneren Menschen die Gefahr der Verinnerlichung und Spiritualisierung des Heils in sich birgt. Liegt es nicht nahe, daß Spätere den eschatologischen Gegensatz von innerem und äußerem Menschen in 2 Ko 4, 16 spätantik weltflüchtig lesen? Wir werden beim frühen, stark neuplatonisch geprägten Augustin auf dieses Problem stoßen.

Aber nicht erst dort wird die Frage akut, sondern auch gnostische Strömungen konnten sich der Anknüpfung an den inneren Menschen bedienen. Kurz, die Verbindung des apokalyptischen Schemas alt—neu mit dem griechisch-hellenistischen außen—innen kann durchaus die Welt noch mehr vergleichgültigen als beide Denkweisen für sich genommen.

All diese Fragen sollen hier nur erst gestellt werden. Denn ihre Lösung fordert mehr als den oben erwähnten Hinweis darauf, daß Paulus in antienthusiastischer Front die Konsequenzen des erneuerten inneren Menschen für den Leib betont. Sie hängen nämlich mit dem Grundproblem zusammen, wie sich die Neuschöpfung zur Schöpfung, speziell zur politischen Schöpfungswelt verhält.

Ehe wir uns diesen Problemen ausführlich widmen können, ist ein *viertes* noch einmal aufzugreifen, das mit den vorigen Punkten zusammenhängt, nämlich dies, ob der Ansatz der Neuschöpfung beim inneren Menschen nicht doch eine Individualisierung des Heils befördert. Dies ist eine besonders komplexe Frage sowohl hinsichtlich ihres antiken Hintergrunds als auch hinsichtlich ihrer kirchengeschichtlichen und modernen Konsequenzen, wie sich im Laufe dieser Untersuchung immer wieder zeigen wird. Sieht man zunächst auf Platon, so zeigt sich die Scheinhaftigkeit der These, der Gedanke des inneren Menschen müsse notwendig zur Individualisierung führen. Denn Platon betrachtet die Verknüpfung von Einzelnem und Gesellschaft als konstitutiv, sowohl im negativen wie im positiven Sinn. Die »Höhlenmenschen« stehen einerseits unter den kollektiven Zwängen ihrer Begierden. Diese kollektive Verbundenheit ist nun freilich ein Zerstrittensein und darum ein Auflösungs-, Krankheits- und Todesprozeß. Herrscht dagegen andererseits der innere Mensch im einzelnen und in der Polis, so vermittelt er gerade durch die Einsicht in das gemeinsame und wahre Gute Einheit in Form von Harmonie, Frieden und Ordnung. Die menschliche Vernunft ist gemeinsame Vernunft, weil sie Partizipation an der Einheit des göttlichen Nus bedeutet.

Freilich nimmt die Konsistenz dieser Gedanken schon bei Aristoteles ab, wie wir sahen[422]. Die Ethik des Einzelnen wird aus der Politik herausgelöst. Entsprechend wird auch die Theorie autark und nicht mehr notwendig an die Praxis zurückgekoppelt. Dieser Prozeß verschärft sich in bestimmten Strömungen der Stoa und hat seinen wesentlichen Grund in der Zerstörung der Polis und deren Ablösung durch die anonymen, hellenistischen Großreiche, in denen man sich nur noch als resignierender und abstrakter Weltbürger verstehen konnte. Nicht die politische Variation der Stoa im klassischen Rom (z. B. Cicero) oder in Form der Philosophenkaiser prägt den politischen Alltag des Paulus, sondern die Popularphilosophie, in der die Entpolitisierung am weitesten vorangeschritten war.

Paulus wird aber in dieser Frage noch durch einen anderen Faktor bestimmt, nämlich von der Apokalyptik. Mit Hilfe von deren Vorstellung einer sündigen, in sich zerstrittenen, alten Adamsmenschheit kann er den platonischen Gedanken der kollektiv bestimmten Be-

[422] Zum ganzen s. o. S. 85, A. 279ff.

gierden verschärft aufgreifen. Gerade im Wunsch nach der Befriedigung der individuellen Interessen verfällt der Mensch den kollektiven Zwängen. Demgegenüber steht nun aber nicht die Herauslösung eines autarken inneren Menschen (νοῦς = σοφός) aus diesem somatisch-affektiven Unheilszusammenhang der Menge, sondern die neue somatisch-pneumatische Menschheit, die in Christus als dem neuen Adam dem einzelnen Erneuerten vorgegeben ist und auf eine vollkommen neue Schöpfung zielt[423]. Es wäre ein gesondertes Thema zu untersuchen, wie sich die Konzeption der Gemeinschaft einer neuen Menschheit von den beiden Modellen antiken und jüdischen Denkens, die wir betrachtet haben, abheben läßt. Von der Vorstellung Philons, über die Betrachtung des einen (Natur)gesetzes zu einer universellen Nus-Menschheit zu gelangen, unterscheidet sich Paulus einerseits durch die relativ stärkere Betonung des Leiblichen im Sinn einer totalen Erneuerung der Schöpfung, andererseits durch die Einsicht in die Unmöglichkeit des Gesetzesweges oder umgekehrt: in die Dimension der Gnade. Von Platon unterscheidet er sich nur in dieser letzten Hinsicht, entspricht ihm dagegen — wenn auch in einem völlig anderen Gesamthorizont — in der Frage der Rückkoppelung des erkannten Guten an die Verwirklichung im körperlich-praktischen Leben der Gemeinschaft.

Der veränderte Gesamthorizont zeigt sich vor allem im Verständnis dieser Gemeinschaft. Gemäß dem apokalyptischen Ansatz tritt hier nämlich eine folgenreiche Differenzierung ein. Es wird unterschieden zwischen »Leib Christi« (z. B. Rö 12, 4ff.), d. h. der Menschheit der Neuschöpfung, und »allen Menschen« (z. B. 12, 17f.; 1 Thess 5, 15), mit denen offensichtlich die Christus nicht zugehörige Adamsmenschheit gemeint ist (vgl. Gal 6, 10 und 1 Ko 5, 9—13). In beiden Bezügen soll sich die Erneuerung des Nus und die von ihm geleitete Hingabe der Leiber zu neuem praktischen Gehorsam (12, 1f.) auswirken[424].

Im Leib Christi, der neuen Gemeinde Gottes[425], in den der Ein-

---

[423] In diesem Punkt hat *Käsemann* (Gottesgerechtigkeit, 373) völlig recht gegen *Bultmann* (Geschichte und Eschatologie, 47ff.). Dieser liest Paulus im Sinn eines Individualismus, der überhaupt erst mit der 2. Hälfte des 19. Jahrhunderts entstanden ist. Vgl. auch *Schrage*, Die Stellung zur Welt, 149.

[424] Hierzu vgl. die schönen Ausführungen bei *E. Jüngel*, Erwägungen, 387.

[425] Zur Ekklesiologie des Paulus vgl. die Monographie von *H. Löwe*, aaO. Siehe auch die knappen, aber inhaltsreichen Bemerkungen bei *Stuhlmacher*, Gerechtigkeit, 210ff.

zelne durch die Taufe eingeleibt wird (Rö 6), vollziehen sich die Anfänge[426] der vollendeten Gemeinschaft kraft des heiligen Geistes. Seine verschiedenen Gaben (Charismen) werden zu gegenseitigem Dienst eingesetzt (Rö 12, 3ff.; 1 Ko 12—14)[427]..Die von ihm in die Herzen eingegossene Liebe (Rö 5, 5) integriert gerade die Schwachen und Geringen in die Gemeinde (Rö 14—15, 6). Das eschatologische Gemeinschaftsmahl eint arm und reich (1 Ko 11, 17—34). Die Kollekten schaffen gegenseitige Hilfe[428].

Zwar realisiert sich dies alles nur im ständigen Kampf gegen »das Fleisch«, den »alten Menschen« (Rö 6, 6), dessen Rückzugsgefechten gerade die Christen ausgesetzt sind — denn sie sind nur auf Hoffnung gerettet (Rö 8, 23) — doch liegt in diesem antienthusiastischen Vorbehalt ein anderer Klang als in dem Satz, der auf den Bezug der Gemeinde zur Adamsmenschheit blickt: »Ist es möglich, *soviel an euch liegt*, haltet mit allen Menschen Frieden« (Rö 12, 18). So könnte Paulus im Blick auf die Christusmenschheit nicht schreiben. Dort kämpft er nämlich in allen Gemeinden um die reale Durchsetzung der pneumatischen Gemeinschaft. In »der Welt« aber scheitert bisweilen der Vorstoß der Christen an unüberwindlichen Schwierigkeiten. Nicht, daß hier die Intensität der Gehorsamsverwirklichung der Christen geringer wäre als innerhalb der Gemeinde. Aber faktisch besteht bei der Struktur der von der Sünde beherrschten Menschheit nicht die Möglichkeit, die eschatologische Gemeinschaft des gegenseitigen Dienstes voll zu verwirklichen. Die eine befriedete Welt ist nur von Gottes endgültigem Herrwerden über die Menschen zu erwarten (Phil 2, 9—11; 1 Ko 15, 24—28). Dennoch — »soviel an euch ist, haltet mit allen Menschen Frieden«! Wie das im Politischen zu begründen und auszuführen ist, läßt sich am besten an Rö 13, 1—7 demonstrieren.

Zuvor aber muß noch eine letzte — *fünfte* — Frage angeschnitten werden, soweit das vor der Behandlung von Rö 13, 1—7 möglich ist. Sie lautet: wie kann überhaupt der pneumatische innere Mensch in dieser sündigen und vergehenden Welt wirksam werden, wenn es doch hier um zwei Äonen geht, die streng voneinander unterschieden sind. Hinter dieser Frage steht nicht mehr und nicht weniger als das alle bisherigen Gesichtspunkte zusammenfassende Problem des Ver-

---

[426] Auch hier gilt streng der eschatologische Vorbehalt (Rö 8, 23). Vgl. die großen Kämpfe des Paulus gegen die unablässigen Gefährdungen der Gemeinde.

[427] Vgl. *G. Bornkamm*, Ges. Aufs. I, 113ff.

[428] Vgl. *D. Georgi*, Die Geschichte der Kollekte.

hältnisses von Schöpfung und Neuschöpfung — dies allerdings nicht in zeitloser Allgemeinheit, sondern in der auch gegenüber dem antiken Judentum neuen Situation des endzeitlichen Heilshandelns Gottes in Christus. Sehr hilfreich ist in diesem Zusammenhang der schon genannte Aufsatz von *W. Schrage* (Die Stellung zur Welt bei Paulus, Epiktet und in der Apokalyptik). Schrage unterscheidet drei Aspekte der Frage[429]. 1. Handelt es sich um die Welt als sündige oder böse, so gibt es für den Leib Christi, die Gemeinde als »Vortrupp« der Neuen Schöpfung nur ein Entweder — Oder, nämlich den Kampf gegen das alte, sündige Wesen; 2. werden aber gerade die Christen, durch anfangsweise Befreiung von der Sünde zu einem die Schöpfung nicht mehr depravierenden Umgang mit dem Geschaffenen befreit. In dieser Hinsicht werden also Gottes gute Gaben und sein guter Wille in der Schöpfung von den Christen akzeptiert und gefördert. Zu diesem Aspekt gehören die Aussagen, die die Schöpfung für nicht an sich schlecht oder unrein erklären (1 Ko 10, 26; Rö 14, 14 und 20 u. a.), die freien Gehorsam gegenüber den von Gott gewollten förderlichen politischen Institutionen fordern (Rö 13, 1—7) und die gegen asketische »Experimente« Stellung nehmen (1 Ko 7, 1ff.; 1 Thess 4, 11f.)[430]. Mit Recht aber sagt Schrage, daß »man mit jener Grenzziehung, dem Nein zur gefallenen und dem Ja zur geschaffenen und wieder neu als Schöpfung sichtbar gewordenen Welt bei Paulus nicht aus(kommt). Und zwar offenbar darum nicht, weil anders Eschatologie auf Restitution reduziert und Neuschöpfung nur im Rahmen und Horizont der Schöpfung konzipiert würde«[431]. Er weist deshalb 3. auf Fälle hin, in denen Paulus das Verhalten der Christen zu an sich positiven Schöpfungsgütern eschatologisch relativiert und überbietet. Er bezieht sich vor allem auf 1 Ko 7, 25—38 (29—31). Hier rät Paulus, die an sich gute Lebensform der Ehe zu meiden, wenn es aus Freiheit geschehen kann. Denn in der großen Enddrangsal, die für Paulus schon angebrochen ist, haben die Verheirateten größere Bedrängnis. Wer aber schon verheiratet ist, soll seine Frau haben, als hätte er sie (schon) nicht (mehr); denn das Schema dieses Kosmos vergeht (V. 31). Paulus dehnt aber das berühmte ὡς μή auch auf die

[429] AaO, 128—132 und 152f. Vgl. ausführlicher *ders.*, Die konkreten Einzelgebote in der paulinischen Paränese, 210ff. Sachlich ähnlich argumentiert *L. Goppelt*, Die Freiheit zur Kaisersteuer, 40—50, bes. 46f. In der Intention vergleichbar auch *H. Flender*, Das Verständnis der Welt bei Paulus, Markus und Lukas.

[430] *Schrage*, 129.

[431] AaO 130 gegen *Dahl* (Christ, Creation and the Church).

Freude, das Kaufen und überhaupt den Gebrauch des gesamten Kosmos aus. Es wird bei Paulus also einerseits der Widerspruch gegen die Sünde und das christliche positive Liebeshandeln in der Schöpfung und an den Geschöpfen eschatologisch motiviert und ermöglicht (vgl. Rö 13, 11—14, als Abschluß der parakletischen Kapitel 12—13). Andererseits betont er, daß die an sich gute Schöpfung durch den neuen Aion abgelöst werden wird und deshalb vorläufigen Charakter erhält[432].

Was bedeutet das nun speziell für unsere Frage nach der Stellung des erneuerten inneren Menschen innerhalb der alten Schöpfung? Er, der zum neuen Äon gehört, widerspricht (1.) naturgemäß dem alten Äon, sofern dieser sich als der Sünde verfallen präsentiert (Rö 12, 2). Diese scharfe Antithetik ist auf dem Hintergrund von Rö 1, 18 bis 3, 20 und 5, 12—8, 13 evident. Aber durch die Distanz zur Welt, die gerade dadurch gewonnen wird, daß die Geschöpfe nicht mehr vergötzt werden (Rö 1, 19ff.), sondern Gott als dem Schöpfer und Neuschöpfer die Ehre gegeben wird[433], kann (2.) das für die Schöpfung selbst Gute und Förderliche, worauf Gottes Wille zielt, frei und kritisch geprüft und in die Tat umgesetzt werden. Der innere Mensch bezeugt ja das Gute, den Willen Gottes, nicht nur, um die Verlorenheit des ganzen Menschen und der ganzen Menschheit vor Gott[434] ans Licht zu bringen (Rö 1, 18ff. und Rö 7), sondern auch, um faktisch einzelne, für das mitmenschliche Leben gute Werke zu verwirklichen (Rö 2, 14; 12, 2). Dieses Gute kommt für Paulus wie für Philon gemäß (weisheitlich-)hellenistisch-jüdischer Tradition nicht nur in der Mosetora, sondern in der Schöpfung selbst zum Vorschein. Weil dieses Gute, welches das Wohl für die Schöpfung bedeutet, von Paulus als Gottes treuer Rechtswille interpretiert wird, wird es gerade der vom Geist anfänglich erneuerte Nus und der durch ihn verwandelte Mensch zu verwirklichen beginnen (12, 2 und als Ausführung Kapitel 12—13). Deshalb ist die durch den Geist der Neu-

---

432 Bei *Flender*, 4ff. wird nicht ganz deutlich, ob seine These bedeutet, daß der erneuerte Gebrauch der alten Schöpfung *nur* daraus motiviert wird, daß er Gleichnis für die neue Schöpfung ist. Hieße das, daß der Not des Nächsten nicht wegen ihrer selbst, sondern wegen eines »frommen« Hauptzwecks zu Hilfe zu eilen wäre? Es müßte doch wohl die Gleichzeitigkeit beider Motivationen klar hervortreten.

433 Dies zu lassen und jenes zu tun ist das theologische Wesen der Sünde, vgl. *Stuhlmacher*, 204 u. ö.

434 Zum Begriff »vor Gott« vgl. Rö 2, 13; 2 Ko 8, 21 (im Anschluß an Prov 3, 4 LXX).

schöpfung in die Herzen ausgegossene Liebe (5, 5) des (alten) Gesetzes Erfüllung (13, 10). Deshalb »bleibt« die Liebe, wenn auch Glauben und Hoffnung im neuen Äon überflüssig geworden sein werden (1 Ko 13, 13). Deshalb wird Gott Heiden wie Christen am Tage des Gerichts gleichermaßen nach der Verwirklichung des Guten in der Schöpfung fragen (2 Ko 5, 10; Rö 2, 13ff.; 14, 10). Deshalb verschärft der Abschluß der Paraklese von Rö 12—13 die Dringlichkeit der Werke aus christlicher Freiheit durch einen Hinweis auf den bevorstehenden Jüngsten Tag (Rö 13, 11—14)[435]. Dieser Zusammenhang der weltbezogenen Werke mit dem Eschaton scheint mir in seiner systematischen Bedeutung für Paulus normalerweise weit unterschätzt zu werden. In der Regel wird nämlich allein die auf Gott und Glauben gerichtete Seite der Rechtfertigungslehre wahrgenommen. Allenfalls werden die Werke in ihrem Zusammenhang mit der glaubenden oder nicht glaubenden Person diskutiert. Daß Gott aber »das Gute« (*ἀγαθόν*) auch um seiner Schöpfung willen interessiert, wird übersehen. Das Gewicht, welches Paulus auf Werke und Verwirklichung gerade angesichts des Eschaton legt, läßt aber gar keinen Zweifel daran, daß es ihm nicht nur um die Forumsituation des Menschen als Person vor Gott geht. Vielmehr ist in diesem Forum der Mensch gleichzeitig Rechenschaft schuldig für seinen Umgang mit der Welt. Das ist der Grund, warum die Theologie des Paulus in den traditionsgeschichtlichen Ursprungsbereich dessen gehört, was wir heute —freilich unter völlig neuen Einzelbedingungen und Möglichkeiten — mit dem Stichwort »Weltverantwortung« bezeichnen.

Aber noch aus einem anderen Grund ist es traditionsgeschichtlich und systematisch von höchster Bedeutung, daß Paulus das vernünftig erkannte Gute nicht nur zur Überführung der Heiden vor Gott benutzt, sondern in das weltbezogene Handeln des Christen integrieren kann. Zugespitzt formuliert: der Geist Gottes tut durch den befreiten inneren Menschen genau das, worauf der gefangene Nus und Wille des alten Menschen als auf das Gute zielen[436]. Freilich ist dieser Satz mit dem oben erwähnten kritischen Vorbehalt des »Prüfens« zu versehen, was damit zusammenhängt, daß über die Erörterungen in

[435] Vgl. die Ausführungen *Stuhlmachers* (Gerechtigkeit, 229ff.) zum Thema »Gericht nach den Werken«; dazu auch *G. Bornkamm*, Ges. Aufs. II, 110, und *E. Jüngel*, Paulus und Jesus, 66ff. Weiteres s. u. S. 162f.

[436] Einer der wenigen Neutestamentler, die dieses Problem überhaupt wahrnehmen, ist *G. Bornkamm* (Ges. Aufs. II, 128ff., bes. 136f.). Vgl. auch *N. Gäumann*, Taufe und Ethik, bes. 121f.

Rö 7 hinaus die Befreiung von den täuschenden Begierden nicht nur für das Tun, sondern auch für das Erkennen des Guten Konsequenzen hat[437]. Dieses Problem ist aber nicht etwa so zu lösen, daß man über diese Hintertür doch eine besondere pneumatische Erkenntnisweise der Christen einführt. Vielmehr versucht ja bereits Platon mit dieser Schwierigkeit fertig zu werden. Die einzige besondere Bedeutung des Geistes der Neuschöpfung ist es in diesem Zusammenhang, von den täuschenden Begierden zu befreien. Das hat wichtige Konsequenzen für die (selbst)kritische Fähigkeit der Vernunft und für die praktische Verwirklichung des Erkannten. Der Erkenntnisvorgang der anfangsweise befreiten Vernunft ist aber exakt der gleiche, der grundsätzlich jedem Menschen offensteht. Dies ist für die systematische Bewältigung der vorliegenden Probleme zentral wichtig. So kann Paulus den Christen empfehlen zu tun, was griechische Heiden schon längst empfohlen hatten: »... allem was wahr, was ehrbar, was gerecht, was rein, was liebenswert, was glückverheißend ist, wenn es irgendeine Tüchtigkeit (*ἀρετή*) und wenn es irgend etwas Lobenswertes gibt, dem denket nach« (Phil 4, 8). Aber dies ist nur ein programmatisches Beispiel aus der Fülle der Einzelbelege, in denen Paulus heidnisch-ethisches Gut aufgreift[438]. Beachtet man überdies, daß das Gleichnis vom inneren Menschen und der Begriff des Guten schlechterdings die gesamte platonische und die trotz aller Abwandlungen darauf aufbauende spätere griechische Ontologie voraussetzt, so steht fest, daß sich die Theologie des Paulus sowohl in ihrer theologisch-elenchtischen als auch in ihrer praktisch-ethischen Dimension auf eine universale Welterkenntnis bezieht, die bei weitem über das hinausgeht, was man normalerweise an eklektischen Beziehungen zwischen ihm und den Griechen vorgestellt bekommt[439]. Dieser Aspekt, der eine Fülle von hermeneutischen Problemen impli-

[437] Von *M. Riedel* erfahre ich, daß Hegel Joh 8, 32 in diesem Sinn abwandelte zu dem Satz: »Die Freiheit wird euch wahr machen« (G. W. F. Hegel, Enzyklopädie, § 382, Sämtliche Werke, ed. *H. Glockner*, Stuttgart 1958, S. 30ff.).

[438] Weiteres Material bieten *G. Bornkamm*, 135ff., *ders.*, Paulus, 210, und *W. Schrage*, Die konkreten Einzelgebote, 163ff.; 190ff.; 210ff. (ebd. 173 scheinen mir aber falsche Gegensätze aufgerichtet zu werden, wenn Schrage schreibt: »Die Vernunft hat auch in den Fragen der sittlichen Lebensgestaltung nicht das letzte Wort und ist auch hier nicht die entscheidende den Geboten übergeordnete Instanz«.)

[439] Wenn z. B. der innere Mensch bei Platon, die Vernunft, der Ursprung des Friedens in der Seele und der Polis ist und sich bei Paulus vom erneuerten Nus aus der Friede unter den Menschen ausbreitet (Rö 12, 18), so kann man hier das Verhältnis beider nur dann richtig bestimmen, wenn man ihre Gesamtentwürfe

ziert[440], hat für die spätere Christenheit eine viel größere Bedeutung, als er sie z. Z. des Paulus haben konnte. Denn über die wie auch immer zu bestimmende Vernunft allein läßt sich die Frage der Kooperation von Christen und Nichtchristen lösen, sobald jene unausweichlich in politische Verantwortung gestellt werden, was in urchristlicher Zeit noch nicht der Fall war.

Aber die Funktion des erneuerten inneren Menschen erschöpft sich nicht im guten Gebrauch der Schöpfung als Schöpfung. Der 3. von Schrage genannte Aspekt betrifft die Seite der eschatologischen Dimension, die nicht nur auf den Ernst des Gerichtes und die pneumatische Befreiung für das Schöpfungshandeln, sondern darüber hinaus auf eine Totalerneuerung der Welt verweist. Denn bei allen Anfängen der neuen Gerechtigkeit in der alten Schöpfung Gottes bleibt der Tod als Restfolge der Sünde. Die erneuerte Menschheit erwartet deshalb nicht nur für ihren eigenen Leib die Auferstehung Christi, sondern eine endgültige Überwindung des Todes (1 Ko 15, 20ff.) und die Erlösung der gesamten Kreatur aus der Vergänglichkeit (Rö 8, 19ff.). Diesem Aspekt der Hoffnung ist die Erkenntnis der Vorläufigkeit alles dessen zugeordnet, was in dieser Welt auch als gute Schöpfung in Erscheinung tritt. Unter diesem Aspekt kann Paulus sogar die Ehelosigkeit empfehlen, obwohl die Ehe als solche durchaus dem Schöpferwillen Gottes entspricht und gut für den Menschen ist (1 Ko 7, 25ff.). Diese zeichenhafte Durchbrechung der Schöpfungswirklichkeit deutet einmal mehr an, daß bei Paulus der größere Rahmen, in dem er alles bedenkt, der endzeitliche Kampf zwischen den Mächten der beiden Äonen ist, die sich freilich seit dem Christusgeschehen anders als in der frühjüdischen Apokalyptik und anders auch als in der sich abschließenden Heilsgemeinde von Qumran gegenüberstehen. Erst in diesem Horizont bekommt auch die Schöpfung ihren Platz und nimmt dadurch den Charakter des Vorläufigen an. Sie muß als ganze ins Gericht, und nur aus diesem vernichtenden Feuer heraus ruft Gott die neue Schöpfung ins Dasein. Nur durch dieses Nichts hindurch bringt er auch das in die neue Schöpfung ein, was in seinem Dienst Heiden (Rö 2, 14f.; Rö 13, 1—7) und Christen

---

vergleicht. Systematisch wird dann höchst wichtig, daß hebräisch-jüdischer Schalom und griechische Friedensontologie mehr miteinander zu tun haben, als die normalen theologisch antithetischen Klischees ahnen lassen (vgl. die schwachen Bemerkungen von *Foerster* in: ThWB II, 409, 30ff,; bes. 410, 4).

[440] Vgl. u. S. 173ff.

an gerechten Werken und förderlichem Guten in der alten Schöpfung verwirklichten. Während dabei die Heiden nur mit einzelnen Werken das Gute vollbringen, nicht aber im Blick auf die Totalität ihres Seins vor Gott und deshalb vor der Schwelle des neuen Äon bleiben, können die Christen als ganze neue Schöpfung heißen; denn sie sterben in der Taufe schon den Tod des Gerichts, und dies immer wieder, sofern sie Leib Christi bleiben, in dem sie nach lebenslangem Sterben wie Christus auch der Auferstehung teilhaftig werden. Dies ist nicht nur gegenüber den griechischen, sondern auch gegenüber den hellenistisch-jüdischen Weltentwürfen etwas anderes[441]. Im Horizont eines griechisch gedachten ewigen Kosmos kann Erneuerung immer nur in Kontinuität mit dem immer schon Gewesenen in den Blick kommen[442]. Aber auch Philon, der doch als Ausleger des Alten Testaments den Schöpfungsglauben teilt, meint, die Welt erneuere sich fortan ständig durch die ihr von Gott verliehene Segensmacht[443]. Dem entspricht es, daß Philon im ersten Adam (Gen 1, 26f.) den besseren gegenüber dem zweiten (Gen 2, 7) sieht, während Paulus das Schema umkehrt und dem für ihn ersten irdischen (Gen 2, 7) den zweiten eschatologischen (Christus und seine Menschheit) gegenüberstellt[444]. Die Christusmenschheit ist nicht einfach die Realisierung des in der Schöpfung angelegten idealen Menschen. Sie entsteht durch ein wirklich neues Heilshandeln[445]. Auch erstreckt sich die Neuschöpfung überhaupt nicht nur auf die Menschheit (so daß die anfänglich erneuerte und am Ende der Zeiten vollendete Kirche schon das Ziel der Neuschöpfung Gottes wäre), sondern die Menschen sind nur der Ansatz der Erneuerung des gesamten Kosmos, wie sie ursprünglich das Todesschicksal über die Welt brachten.

Es reicht aber für die Beurteilung der eigentlichen Intention des Paulus und der in der an ihn anschließenden Traditionsgeschichte auftretenden systematischen Probleme noch nicht aus, die drei Aspekte des Verhältnisses von Neuschöpfung und Schöpfung einfach

---

[441] Vgl. auch die Differenzen des Paulus zu Formen des apokalyptischen Urzeit-Endzeit-Schemas. (Dazu s. *Schrage*, Die Stellung der Welt, 129.)

[442] Vgl. z. B. die Weltkatastrophentheorien der Stoa (dazu s. *Pohlenz*, Stoa I, s. v. ἐκπύρωσις).

[443] Aet. mund. 61; vgl. die Literatur bei *Stuhlmacher*, Erwägungen, 17.

[444] S. o. S. 106.

[445] Dadurch unterscheidet sie sich am deutlichsten von den antik-jüdischen Gruppen, was besonders in dem neuartigen Missionsgeschehen zum Ausdruck kommt (s. o. A. 112).

nebeneinanderzustellen, zumal das Problem noch dadurch eine letzte Zuspitzung erfährt, daß Paulus mit der frühesten Christenheit das *baldige* Ende des jetzigen Äon und die *nahe* bevorstehende Parusie Christi erwartet. Gewiß läßt sich in diesem Horizont der radikale Widerspruch gegen den sündigen Äon verstehen. Aber verliert das Ins-Recht-Setzen der (alten) Schöpfung und damit die Beziehung zur Vernunft (2.) nicht doch jedes eigenständige Gewicht neben der Naherwartung — und umgekehrt: verliert nicht die paulinische Konzeption des christlichen Verhaltens zur Welt für spätere Zeiten ihre Relevanz, sobald die sogenannte Parusieverzögerung unübersehbar wurde[446]? Aus allem früher Gesagten ist bereits ersichtlich, daß er seine christologisch-eschatologische Grundintention nicht in undialektischem Gegensatz zur gegenwärtigen Schöpfung durchführt. Das wird aber erst ganz verständlich, wenn man sieht, daß die strikte Unterscheidung zwischen Schöpfer und Geschöpf und deren Tun, die ja nach Paulus gerade den Kern der Schöpfungslehre ausmacht (vgl. Rö 1, 18ff.), gerade in der Eschatologie am schärfsten zum Ausdruck kommt. Wenn aber diese Unterscheidung die Bedingung der Distanz zur Welt ist, so schafft die Eschatologie auch die Voraussetzung, mit der Schöpfung gedeihlich umzugehen. Entsprechend impliziert das Prüfen der im Rahmen der anbrechenden Christusherrschaft erneuerten Vernunft eine Unabhängigkeit von den geltenden Meinungen — bei aller prinzipiellen Zustimmung zu deren Wahrheitsgehalt (»Alles aber prüfet, das Gute behaltet«; 1 Thess 5, 21). Genau diese kritische Potenz behält die paulinische Eschatologie für die spätere Traditionsgeschichte auch unabhängig von ihrer Ausprägung im Horizont der Naherwartung — man denke nur an Augustin, an die im Mittelalter nur in Form von Sekten möglichen Reformbewegungen oder an Luthers Neuansatz. Kritische Funktion behält die paulinische Eschatologie aber auch gegen die auf ihn ausdrücklich aufbauenden Entwürfe[447]. Sie verhindert bei aller positiven Bezugnahme die Auslieferung der Vernunft an das Bestehende, obwohl mit diesem Satz nicht der heute übliche Anachronismus gemeint ist, als wäre damit vor der Neuzeit schon ein geschichtlich entwerfendes, gar revolutionäres Weltverhalten der Christen initiiert worden[448]. Freilich er-

---

[446] Scharf gesehen ist das Problem bei *P. Stuhlmacher*, Christliche Verantwortung.

[447] Vgl. *Stuhlmacher* (aaO) bereits zur Paulusschule und unten die Ausführungen zu Augustin.

[448] So entwickelt etwa *J. Moltmann* in der »Theologie der Hoffnung« eine

fordert das neuzeitliche und noch mehr das konstitutiv auf Zukunft bezogene moderne Denken eine völlig neue Verhältnisbestimmung von Neuschöpfung und Schöpfung. Diese Aufgabe kann aber nur mit Hilfe genauer hermeneutischer Überlegungen gelöst werden[449]. Wichtig ist aber zu sehen, daß bei Paulus die Eschatologie eine doppelte Funktion hat. Einmal schafft sie Distanz zur Welt, zum anderen erzeugt sie gleichzeitig den letzten Ernst, die somatisch-mitmenschlichen Bezüge wahrzunehmen. Wie am Anfang der Paraklese in Rö 12, 2 die Unterscheidung vom »Schema der Welt« und das kritische Prüfen betont wird, so am Schluß gerade von der Naherwartung her der Ernst der Verwirklichung guter Werke einschließlich der politischen (Rö 13, 11—14). So sind alle von Schrage genannten Dimensionen innerlich miteinander verbunden.

Zusammenfassend läßt sich also zum inneren Menschen zwischen Schöpfung und Neuschöpfung bei Paulus folgendes sagen: Die allgemeine Vernunft, die auf das Gute für die Schöpfung zielt, muß im Blick auf den alten Menschen vor Gott und seinen Weltbezug Ohnmacht und Schuld, im Blick auf Gott dessen guten Willen (Gesetz) bekennen. Dadurch ist der Bezug der Schöpfungslehre zur Eschatologie nicht nur über den Gerichtsgedanken und die elenchtische Funktion des Gesetzes (Zuchtmeister auf Christus hin) hergestellt, sondern die erneuerte Vernunft nimmt auch positiven Bezug auf das von der allgemeinen Vernunft Erkennbare, indem sie nämlich durch die Anfänge des Geistes, d. h. durch die anfängliche Befreiung von den Begierden, genau dieses Vernünftige als das für die Schöpfung förderliche Gute unter Anfechtungen und ständigem Kampf zu prüfen und zu verwirklichen befähigt wird. Hier liegt die fundamentale Möglichkeit, die Ethik der Gemeinde Christi mit der Ethik aller Menschen angesichts der elementaren Nötigung zum guten Werk kritisch zu verknüpfen. Aber die Funktion des erneuerten inneren Menschen erschöpft sich nicht in der vor-läufigen, freien, vernünftigen, liebenden Wahrnahme der Schöpfungswirklichkeit, sondern diese steht im Horizont der Hoffnung einer vollkommen neuen Schöpfung durch Gott, die vor allem dadurch gekennzeichnet sein wird, daß Sünde und Tod in ihr nicht mehr sein werden.

---

revolutionäre Ethik u. a. aus Rö 8 (vgl. z.B. S. 203), ohne auch nur ein einziges Mal im ganzen Buch auf Rö 13 zu reflektieren.

[449] Vgl. die Ansätze in der Einleitung und im Schluß dieser Untersuchung.

3. Das Verhalten der Gemeinde als neuer Menschheit im öffentlich-politischen Bereich angesichts von Gottes Wirken im alten Äon (Rö 13, 1—7)[450]

Bis jetzt sind wir in unserer Untersuchung des Verhältnisses von Neuschöpfung und Schöpfung vor allem von der Frage ausgegangen, wie sich im Zuge der anthropologischen Fragestellung des vorangehenden Abschnitts (2.) die Erneuerung des Menschen auf ihn selbst und sein Handeln in der Welt auswirke. Auch Rö 13, 1—7 steht grundsätzlich in diesem Zusammenhang (12f.). Es tritt aber hier ein neuer Akzent insofern auf, als in der Begründung des politischen Verhaltens von bestimmten Gewalten die Rede ist, die offenbar zum alten Äon gehören, aber trotzdem als Gottes Werkzeuge bezeichnet werden. Paulus spricht hier also nicht nur vom Handeln des Menschen in der Schöpfung, sondern er bezieht dieses auf ein Handeln Gottes in ihr. Gott wirkt nach Rö 13 — auch für den Charismatiker verbindlich — nicht nur im Heraufführen des neuen Äon durch Christus, seine Gemeinde und schließlich seine vollendete Herrschaft, sondern auch durch weltliche Mächte. Diesen in Rö 13, 1—7 auftauchenden Gedanken nimmt Luther in Anlehnung schon an altkirchliche und mittelalterliche Vorbilder später zum Ansatz seiner Theorie eines zweiten, weltlichen Regiments Gottes neben dem geistlichen. Wie aber dieses doppelte Wirken Gottes zu verstehen sei und ob es über haupt ein doppeltes sei, ist ein Jahrtausende alter und bis zum heutigen Tag heftig umkämpfter Streitpunkt. Wegen dieser unverminderten Aktualität und der grundlegenden Bedeutung dieses Textes in der weiteren Traditionsgeschichte der Zweireichelehre müssen wir seine Aussagen trotz des ringsherum gewachsenen »Urwalds« an Literatur[451] zu klären versuchen. Ich gehe dabei so vor, daß ich ein erst später zu erläuterndes Strukturschema des Textes und eine Übersetzung an den Anfang stelle, um für die sodann folgende Übersicht über die Forschung einen Anhalt zu haben. Darauf werde ich versuchen, eine knappe Exegese des Textes zu geben, um anschließend weiterführende Fragen für seine Wirkungsgeschichte und seine systematische Bedeutung zu nennen.

---

[450] Die folgenden Ausführungen beziehen sich auf Vorarbeiten einerseits in der erwähnten Römerbriefkommission der Evangelischen Studiengemeinschaft und andererseits in einem von den Herren Professoren Tödt, Schlink und Friedrich geleiteten Seminar über Rö 13 in der Geschichte des politischen Denkens (Heidelberg 1964/65).

[451] *E. Käsemann* (ZThK 1959, 316; vgl. A. 452).

a) Strukturschema und Übersetzung von Rö 13, 1—7

Vers	*Paraklese*	*Begründung*
	Oberparaklese (Hauptthese):	
1a	Πᾶσα ψυχὴ ἐξουσίαις ὑπερεχούσαις ὑποτασσέσθω	
		Theologische Hauptbegründung:
1b		οὐ γὰρ ἔστιν ἐξουσία εἰ μὴ ὑπὸ θεοῦ, αἱ δὲ οὖσαι ὑπὸ θεοῦ τεταγμέναι εἰσίν.
2		ὥστε ὁ ἀντιτασσόμενος τῇ ἐξουσίᾳ τῇ τοῦ θεοῦ διαταγῇ ἀνθέστηκεν. οἱ δὲ ἀνθεστηκότες ἑαυτοῖς κρίμα λήμψονται.
		1. *praktische Spezialbegründung (Weltinterpretation):* *Gerechtigkeit im Gemeinwesen*
3	a) positiv:	οἱ γ ὰ ρ ἄρχοντες οὐκ εἰσὶν φόβος τῷ ἀγαθῷ ἔργῳ ἀλλὰ τῷ κακῷ. θέλεις δὲ μὴ φοβεῖσθαι τὴν ἐξουσίαν; τὸ ἀγαθὸν ποίει, καὶ ἕξεις ἔπαινον ἐξ αὐτῆς. *Theol. Deutung der begründenden Weltinterpretation:*
4		θεοῦ γὰρ διάκονός ἐστιν σοὶ (scil. τῷ τὸ ἀγαθὸν πράσσοντι) εἰς τὸ ἀγαθόν.
	b) negativ:	ἐὰν δὲ τὸ κακὸν ποιῇς, φοβοῦ. οὐ γ ὰ ρ εἰκῇ τὴν μάχαιραν φορεῖ. *Theol. Deutung der begründenden Weltinterpretation:* θεοῦ γὰρ διάκονός ἐστιν ἔκδικος εἰς ὀργὴν τῷ τὸ κακὸν πράσσοντι.
	Schlußfolgerung aus a + b	*im Blick auf die Hauptthese:*
5	διὸ ἀνάγκη ὑποτάσσεσθαι	(ad b) οὐ μόνον διὰ τὴν ὀργὴν (ad a) ἀλλὰ καὶ διὰ τὴν συνείδησιν.
		2. *praktische Spezialbegründung (Weltinterpretation):* *Steuerwesen*
6		διὰ τοῦτο γ ὰ ρ καὶ φόρους τελεῖτε. *Theol. Deutung der begründenden Weltinterpretation:* λειτουργοὶ γὰρ θεοῦ εἰσιν εἰς αὐτὸ τοῦτο προσκαρτεροῦντες.
	Spezialparaklese, die aus beiden Spezialbegründungen folgt:	
7	ἀπόδοτε πᾶσιν τὰς ὀφειλάς, τῷ τὸν φόρον τὸν φόρον, (ad 2) τῷ τὸ τέλος τὸ τέλος, (ad 2) τῷ τὸν φόβον τὸν φόβον, (ad 1b) τῷ τὴν τιμὴν τὴν τιμήν. (ad 1a)	

Übersetzung:

Vers	*Paraklese*	*Begründung*
	Oberparaklese (Hauptthese):	
1a	Jedermann ordne sich den herausgehobenen (öffentlichen) Gewalten unter	
		Theologische Hauptbegründung:
1b		**Denn** es existiert keine (öffentliche) Gewalt außer von Gott die vorhandenen aber sind von Gott (an)geordnet.
2		Daraus folgt: wer sich der (öffentlichen) Gewalt widersetzt, lehnt sich gegen eine Anordnung Gottes auf; die Widersetzlichen aber werden sich selbst ihr Urteil zuziehen
		1. *praktische Spezialbegründung (Weltinterpretation):* *Gerechtigkeit im Gemeinwesen*
3	a) positiv:	*Denn* die Inhaber der (öffentlichen) Macht sind nicht ein Schrecken dem guten Werk, sondern dem bösen, Willst du aber die (öffentliche) Gewalt nicht fürchten? (Dann) tue das Gute, und du wirst Lob von ihr empfangen. *Theol. Deutung der begründenden Weltinterpretation:*
4		**denn** Gottes Dienerin ist sie, dir (erg. dem Gutes Tuenden) zum Guten.
	b) negativ:	Wenn du aber das Böse tust, fürchte dich; *denn* nicht umsonst trägt sie das (richterliche) Schwert; *Theol. Deutung der begründenden Weltinterpretation:* **denn** Gottes Dienerin ist sie, ein Rächer zur Zornesstrafe dem, der Böses tut.
	Schlußfolgerung aus a + b *im Blick auf die Hauptthese:*	
5	Deshalb ist es notwendig, sich unterzuordnen,	
		(zu b) nicht allein wegen des Strafzorns (und damit aus Angst vor Strafe) (zu a) sondern auch wegen des Mitwissens (daß Gott durch die öffentliche Gewalt Gutes wirkt)

Vers	*Paraklese*	*Begründung*
		2. *praktische Spezialbegründung* (*Weltinterpretation*)*:*
		Steuerwesen
6		*Denn* deshalb zahlt ihr ja auch Steuern;
		Theol. Deutung der begründenden Weltinterpretation:
		denn Gottes Diener sind eben damit (daß ihr Steuern zahlt) beständig befaßt.

Spezialparaklese, die aus beiden Spezialbegründungen folgt:

7	Gebt jedem, was ihr ihm schuldig seid	
	Steuer, dem die Steuer zukommt	(zu 2)
	Zoll, dem der Zoll zukommt	(zu 2)
	Furcht, dem die Furcht zukommt	(zu 1b)
	Ehre, dem die Ehre zukommt	(zu 1a)

b) Forschungssituation

Die wissenschaftliche Diskussion um Römer 13 ist ein klassisches Beispiel für den Vorgang, daß auf dem Gebiet der Exegese und der Historie um systematische Interessen gekämpft wird. Grundforderung an jede Beschäftigung mit diesem Text ist deshalb noch mehr als sonst die klare hermeneutische Unterscheidung zwischen dem, was Paulus — im Zusammenhang seiner Theologie und Zeit — faktisch sagt, und dem, was man vom christlichen Glauben her — für den auch Paulus einer der begründenden Zeugen ist — im Blick auf diese oder jene Weltsituation sagen konnte und mußte und heute sagen kann und muß. Diese Unterscheidung gilt, obwohl man aufgrund des hermeneutischen Zirkels auch bei der Erarbeitung der historischen Sachverhalte das eigene Interesse und die eigene historische Bedingtheit nicht ausschalten kann und also nie zu zeitunabhängigen Urteilen gelangt.

Um nun eine ungefähre Übersicht über die widerstreitenden Meinungen zu gewinnen, muß man gewisse Gruppierungen vornehmen, obwohl sich dabei Vergröberungen nicht vermeiden lassen. *E. Käsemann* unterscheidet in seinem 1959 erschienenen Forschungsbericht »Römer 13, 1—7 in unserer Generation«[452] vier Interpretationstypen[453], 1. die katholisch-naturrechtliche Deutung, 2. die Theologie der Schöpfungsordnungen, wie sie sich vor allem im Luthertum ausspricht, 3. das angelologische und 4. das christologische Verständnis. Seine eigene Position, die teilweise auf Erkenntnissen von *M. Dibelius*[454], *A. Strobel*[455] u. a. weiterbaut

[452] ZThK 1959, 316—376. Ein erweiterter Bericht, der die skandinavische und niederländische Literatur einschließen soll, ist in der Wissenschaftlichen Buchgesellschaft (Darmstadt) angekündigt.

[453] Vgl. die kurzen Zusammenfassungen bei *Käsemann*, Grundsätzliches zur Interpretation von Römer 13, in: EVB II, (204—222) 208ff.

[454] Rom und die Christen im ersten Jahrhundert.

[455] Zum Verständnis von Röm 13.

und die neuerdings von *J. A. Dvořáček* fortgeführt wird[456], könnte man als eine 5. mögliche Variante bezeichnen.

Auszuscheiden sind von vornherein die 3. und 4. Deutung, ohne daß jetzt hier der oft geführte Beweis für diese Entscheidung wiederholt werden müßte. Der Text bietet keinen Anhalt dafür, daß mit den »Gewalten« Engelmächte gemeint sein könnten[457]. Aber auch von einer bereits vollzogenen Unterstellung der Gewalten unter den Kosmokrator Christus ist nicht die Rede, wie Barth und einzelne seiner Schüler meinen[458]. Vielmehr ist die universale Christusherrschaft für Paulus — in antienthusiastischer Front! — Gegenstand eschatologischer Erwartung (1 Ko 15, 28). »Christologisch lassen sich eben nicht die irdischen Institutionen und Gewalten, sondern allein die Gemeinde der Glaubenden und das christliche Handeln begründen«[459]. Es bleiben also die Auslegungen 1, 2 und 5 zu diskutieren.

Die katholische Deutung (1), die auch in protestantischen Exegesen nachwirkt, kennzeichnet Käsemann folgendermaßen: »Sie findet um der Begründung der Paränese willen in Röm 13 eine Lehre vom Staat, die genauer als Staatsmetaphysik bezeichnet werden kann. Als Glied eines Himmel und Erde umgreifenden Seinsgefüges stellt der Staat jene schöpfungsmäßige oder naturrechtliche Ordnung dar, welche das irdische Sein des Menschen ermöglicht, ausrichtet und als Ausdruck oder Abschattung der Lex aeterna den Menschen zugleich über sich und die irdische Ordnung in jenen überweltlichen Ordo hinausweist, der in der Kirche bereits vorweggenommen wird. Dementsprechend hat der dem Staat geschuldete Gehorsam nur eine einzige Grenze, nämlich den Bestand und die Autorität der Kirche«[460]. Käsemann sieht die Gefahr dieser Sicht vor allem darin, daß in ihr die Gewichte zwischen dem eigentlichen Skopus des Textes, der »Paränese«, und den Begründungssätzen vertauscht werden, so daß aus Rö 13 am Ende eine Lehre über den Staat herauskommt. Daneben kritisiert er, daß hier statt von der (personalen und jeweils konkreten) Funktion der Gewalten vom Wesen des allgemein und abstrakt gefaßten Staates geredet wird; weiter, daß an die Stelle der ordinatio (Anordnung) Gottes ein metaphysischer ordo tritt; und schließlich, daß sich die in sich sinnvolle Verwirklichung christlichen Gottesdienstes in der Welt in einen heilspädagogischen Verweisungszusammenhang zwischen Irdischem und Himmlischem verwandelt.

Käsemann ist grundsätzlich darin zuzustimmen, daß man über Paulus offensichtlich hinausgeht, wenn man die Begründungssätze aus dem »paränetischen«

---

456 Christusherrschaft und weltliche Ordnungen. (Dazu vgl. den anschließenden Diskussionsbeitrag von *H. v. Campenhausen*, in: ZEE 12, 1968, 298f.)

457 Vgl. *Käsemann*, ZThK 1959, 351ff.; *F. Neugebauer*, Zur Auslegung von Röm. 13, 1—7, 166ff.

458 Vgl. *Käsemann*, 361ff. *E. Wolf* nimmt eine etwas unklare Kompromißhaltung ein und schreibt noch nach Käsemanns m. E. durchschlagender Kritik: »Es gibt ihn (erg. den ‚christlichen' Gehorsam gegenüber dem faktisch vorfindlichen Staat), weil Christus die Welt mit Gott versöhnt und damit auch den Staat zum Dienst der Liebe im politischen Bereich befreit hat« (Politischer Gottesdienst, 59).

459 *Käsemann*, EVB II, 214.

460 EVB II, 208; vgl. ZThK 1959, 325ff.

Zusammenhang löst und sie zu einer allgemeinen »Lehre« vom Staat ausbaut. Wie weit es sachlich berechtigt sein kann, über Paulus hinauszugehen, muß uns später systematisch beschäftigen. Für die Exegese steht fest, daß der Text selbst und sein Ort im Zusammenhang des Römerbriefes und der paulinischen Theologie Horizont der Auslegung sein muß. Es ist freilich schon hier anzumerken, daß Käsemann es sich zu leicht macht, wenn er nur die katholische Deutung des Naturrechts in seine Betrachtung einbezieht und — wahrscheinlich aus seiner erklärten Abneigung gegen die Metaphysik heraus — nicht bedenkt, was es bedeutet, daß Paulus selbst in Rö 2, 14f. den lex naturae-Gedanken streift, und zwar in einem Zusammenhang, der durch die Frage nach dem Tun des Guten und Bösen ausdrücklich auf Rö 13, 3f. verweist[461]. Daß Paulus das Naturrecht nicht im teleologisch verbundenen Schema Natur-Übernatur denkt, läßt sich leicht beweisen. Bei der Frage nach der Sache selbst aber reicht es nicht einmal aus, sich auf eine der antiken Ausprägungen der Naturrechtvorstellung, etwa die der Stoa, zu beschränken, vielmehr müßte man mindestens die platonische Grundlegung der späteren Theorien und die mittelplatonischen und hellenistisch-jüdischen Vermittlungspositionen in die Untersuchung einbeziehen[462].

Zur Theologie der ordines im Luthertum (2) nimmt Käsemann eine zwiespältige Haltung ein. Einerseits leugnet er nicht, daß in Vers 1f. von Über- und Unterordnung die Rede ist, also von Paulus eine Welt vorausgesetzt wird, die strukturiert ist — und zwar »zweifellos bei der Schöpfung« (EVB II, 215). Er wehrt sich aber dagegen, daß von diesem »Ansatz« oder »Sprungbrett« aus »selbstverständlich« systematische Linien ausgezogen und Paulus unterschoben werden, z. B. die allgemeine Vorstellung von dem Staat als Schöpfungs-, Erhaltungs- oder Zornesordnung. Er will nicht über theologisches Recht oder Unrecht solcher Systematik streiten (EVB II, 210), bedauert sogar, daß den exegetischen Spezialisten, die mit Kleinkrieg klare Fronten vernebeln, das Feld der Diskussion überlassen wird (EVB II, 214), will aber als Exeget die Verantwortung für die systematische Entfaltung der paulinischen Aussagen nicht übernehmen (EVB II, 210). Überdies kann er einige direkte Fehler ordnungstheologischer Auslegung nachweisen. Meist verbindet sich nämlich in dieser Tradition der Begriff der Obrigkeit mit der Annahme, Paulus rede hier nur vom Rechtsstaat oder noch eingeschränkter von einem in seiner bestimmten Form göttlich legitimierten Staat. *Otto Dibelius* hat bekanntlich kürzlich diese Position gegen jede Form des modernen, »weltlichen Machtstaats« vertreten und sowohl gegen westliche Demokratie wie auch östliche Diktatur gewandt[463] — Käsemann verweist dagegen mit Recht auf den faktischen Charakter der Gewalten in Rö 13 (ZThK, 335f.; EVB II, 210). Man könnte überdies zeigen, wie jene neulutherische Auslegung, die im Mittelalter Vorläufer hat und von Luther selbst scharf angegriffen wird[464], sich speziell aus Tra-

---

[461] Diesen Zusammenhang erwähnt mit Recht die neue abgewogene römisch-katholische Studie von *V. Zsifkovits* (Der Staatsgedanke nach Paulus in Röm 13, 1—7, 112f.).

[462] Zu Käsemanns Alternative personal-institutional s. u. S. 146, 156f., 172f.

[463] Obrigkeit, 1963². Dibelius wird in der Intention unterstützt von *P. Meinhold*, Römer 13, dagegen mit Recht kritisiert von *E. Wolf*, 53ff.

[464] Luther, Vorlesung über den Römerbrief, Glossen, WA 56, 124; s. u. S. 479ff.

ditionen des 19. Jahrhunderts speist[465]. Weiter kritisiert Käsemann, daß die Ordnungstheologie dem Staat eschatologische, ja heilsgeschichtliche Funktionen zuschreibt. »Sie (erg. die politischen Gewalten in der Sicht dieser Konzeption) halten die Chaosmächte wenigstens in bestimmten Grenzen, vollziehen so die Intention des göttlichen Gesetzes und weisen in beidem über sich hinaus auf das Gottesreich der Vollendung« (EVB II, 210). Sicher hat Käsemann recht, wenn er sagt, daß zwar in der Apokalypse des Johannes der Staat mit der Macht des Antichristen in Verbindung gebracht wird, daß aber von seiner positiven heilsgeschichtlichen Bedeutung nirgends im Neuen Testament geredet wird. Jedoch erhebt sich die gleiche kritische Frage wie bei Käsemanns Beurteilung des Naturrechts, wenn er jegliche Verbindung zwischen den Gewalten und dem göttlichen Gesetz leugnet. Kann man nach Rö 2, 14f. sagen, daß »das göttliche Gesetz allein von der Verkündigung des göttlichen Wortes verwaltet wird« (EVB II, 210)? Ebenfalls muß uns später noch beschäftigen, inwiefern im Gericht gegen die den Gewalten Widerstehenden ein eschatologisches Element enthalten ist.

Indem wir zur Charakteristik der ersten vier Auslegungstypen Käsemanns Forschungsbericht als Leitfaden benutzten, haben wir bereits für seine eigene Auslegung — man könnte sie als fünfte die »konkret-paränetische« oder »konkret-charismatische« nennen — erste Anhaltspunkte gesammelt. Im Anschluß an *M. Dibelius*[466] formuliert er zunächst das Grundproblem so: »Sachgemäß müßte man fragen, wie Röm 13 sich der Paulinischen Eschatologie einordne«[467]. Dieser Ansatz ist nicht nur von dem Gesamtentwurf des Paulus her, sondern vor allem im Blick auf den Rahmen der Paraklese in den Kapiteln 12—13 unabweisbar richtig. Allerdings kommt es auf die detaillierte Entfaltung dieses Ansatzes an. Käsemann geht nicht wie Dibelius vom Schlußabschnitt 13, 11ff. und also von der Naherwartung aus, sondern von den Einleitungsversen 12, 1f. und 3—6. Dibelius' Auswertung der Verse 13, 11—14 läßt sich so auch nicht halten. Er liest aus ihnen eine eschatologische Einschränkung für 13, 1—7 heraus, so daß man verstehen müsse: »die *noch* vorhandenen Gewalten, *solange* sie noch vorhanden sind« (184; kursiv bei Dibelius). Mag dieser Gedanke von der Eschatologie im allgemeinen her legitim und selbstverständlich sein, hier sagt Paulus im Anschluß an seine Paraklesen umgekehrt: »*gerade* jetzt«, wo der Tag des Lichts so nahe ist, legt ab die Werke der Finsternis. Die Eschatologie verschärft also die Imperative — auch das »ordnet euch unter« — und relativiert sie nicht etwa[468].

Käsemanns Ausgangspunkt, Rö 13, 1—7 von der Überschrift der Paraklese in 12, 1f. her zu lesen, scheint mir hingegen legitim. Dort wird ja ausdrücklich gesagt, daß alles folgende als Aufruf an Christen adressiert ist, die von dem neuen Äon durch Gottes Barmherzigkeit ergriffen sind und nun ihre in der Taufe vollzogene Erneuerung leibhaftig verwirklichen sollen. Freilich zeigt der Einsatz in 13, 1: »Jedermann ordne sich unter« und die entsprechende allgemeine und nicht exklusiv christologisch-eschatologische Begründung der Gehorsamsforderung,

---

465 Vgl. *Wolf*, 53.

466 AaO 180ff.

467 ZThK 1959, 317.

468 Richtig *R. Walker*, Studie zu Römer 13, 1—7, 6, und *G. Delling*, Römer 13, 1—7, 65.

daß Paulus hier nicht nur vom Tun der Charismatiker redet, wenngleich er allein sie ausdrücklich anredet[469].

Damit taucht bereits das zweite Grundproblem neben der Eschatologie auf: die formale, aber folgenreiche Frage nach dem Zusammenhang einzelner paränetischer Stücke innerhalb eines gemeinsamen Rahmens. Käsemann hält es nach Dibelius' Forschungen für entschieden, daß neutestamentliche Paränese überhaupt und die des Paulus insbesondere voneinander unabhängige, meist traditionelle Stücke lose aneinanderreiht, ohne daß man sie »spekulativ untereinander verbinden« dürfte. Das Gegenteil muß jeweils bewiesen werden[470]. Erlaubt ist nur die Betrachtung der Einzelstücke unter dem gemeinsamen Vorzeichen einer Überschrift. Abgesehen von der Frage, ob sich hier in der Forschung nicht noch andere Ergebnisse abzeichnen[471], ist hier Käsemann seltsam unkritisch in der eigenen Anwendung seiner Kriterien. Einerseits zieht er außer der Überschrift zur Erklärung von 13, 1—7 ohne Beweis noch 12, 3—6 heran, um das »Stichwort des charismatischen Handelns« zu gewinnen, obwohl hier ausdrücklich von den Verhältnissen im Leibe Christi, der Gemeinde, die Rede ist. Andererseits aber wehrt er sich heftig gegen die Einbeziehung des summarischen Liebesgebots in 13, 8—10 in die Debatte (EVB II, 207), obwohl doch V. 8 an die *ὀφειλάς* von V. 7 ausdrücklich anknüpft und die Liebe als Gesetzeserfüllung zusammenfassend noch einmal ausdrückt, was in der Einleitung als leibhaftiges Gehorsamshandeln aus erneuertem Nus heraus angekündigt war. Will Käsemann diese Einleitung als Vorzeichen vor Kapitel 12f. gelten lassen, so würde er nichts hinzufügen, wenn er auch 13, 8—10 in die Betrachtung einbezöge[472].

Neben Eschatologie und charismatischer Paränese als Horizont des in sich selbst uneschatologischen Textes Römer 13, 1—7 dürfen aber nach Käsemann 3. die Begründungssätze in V. 1b—6 nicht unterschlagen oder bagatellisiert werden, wie er gegen *E. Wolf* sagt[473]. Freilich ist auch Käsemann bemüht, das Gewicht dieser

---

[469] Richtig *Walker*, 8.

[470] ZThK 1959, 349 und 374; vgl. EVB II, 207.

[471] Z. B. *W. Schrage*, Die konkreten Einzelgebote in der paulinischen Paränese, vor allem 263f.; *L. Goppelt*, Die Freiheit zur Kaisersteuer, 49.

[472] Es versteht sich von selbst, daß nicht personale Liebe im modernen Sinn gemeint ist. Überhaupt kann nicht daran gedacht sein, daß sich die Liebe auf die Träger der politischen Gewalt richtet — etwa im Sinne eines affektiven Verhältnisses zum Landesvater. Vielmehr meint Liebe ausschließlich Erfüllung des Gesetzes. Richtig sagt Schrage: »Kann man also sagen, daß zwar gegenüber dem Staat selbst keine Liebe verlangt wird, daß aber die geforderte Anerkennung und Einordnung als Ausdruck der Liebe zu verstehen ist? Das scheint mir, auch von 1 Kor 16, 14 her, in der Tat nicht unmöglich« (263f.). Vgl. auch *G. Bornkamm*, Ges. Aufs. I, 170.

[473] ZThK 1959, 373, vgl. EVB II, 208. *Wolf* hebt allein auf die pure Faktizität (»nacktes Vorhandensein«) des Staates ab und will von Stiftung oder Sinndeutung der politischen Gewalten nichts wissen (vgl. noch Ecclesia und Res Publica, 55). *A. Strobel* selbst, der mit seinem Nachweis der technisch-politischen Begriffe in Rö 13 als Gewährsmann für jene Tendenz benutzt wird, will sich offenbar die theologische Dimension des Textes im Sinne *O. Ecks* (Urgemeinde und Imperium, 1940/41) offenhalten (91), seine Andeutungen zu diesem Punkt sind aber zu knapp.

Sätze herabzumindern. Er bedient sich dabei mehrerer Argumente. Das erste wurde von M. Dibelius entwickelt. Dieser behauptete nämlich, Paulus übernähme hier einfach den Gedanken vom ordnenden Weltenschöpfer aus der jüdischen Diasporasynagoge und sei dafür nicht voll verantwortlich[474]. Käsemann fügt dem noch die Beobachtung hinzu, daß Paulus auch sonst, wenn er einmal Begründungen für seine »Paränesen« gibt, »weder allzu wählerisch noch allzu glücklich« verfährt[475]. Besonders 1 Ko 11, 2—16 soll dafür als Beispiel gelten, wo der Apostel für die Verschleierung der Frau im Gottesdienst zum Beweis »Emanationsmetaphysik«, Schöpfungsgeschichte, den Aberglauben an begehrliche Engel, die Naturordnung und die Konvention in den Gemeinden heranzieht. Diese Parallele weist nach Käsemann darauf hin, »welche Sache Paulus denn eigentlich mit so viel Entschlossenheit und zugleich mit so zweifelhaften Gründen verficht«[476]. Motiv der Argumentation ist nicht das, was man herkömmlich Schöpfungsordnungen nennt, sondern der rechte Gebrauch christlicher Freiheit gegenüber schwärmerischen Enthusiasten, die nur die Freiheit vom lästigen Zwang ins Auge fassen, nicht aber die Freiheit zum neuen Gehorsam und Dienst, der sich nur in der alten Welt realisieren kann[477]. Die überkommenen Argumente über das Wirken des Schöpfers durch die politischen Gewalten sind deshalb nach Käsemann für Paulus nicht die wirkliche Basis seiner Verkündigung, sondern (von 12, 1 her) »Nothilfen, um den Christen in den Stand vor dem wahren Gott, nämlich den Herrn der Erde und darum in die Möglichkeit des echten Dienstes im Alltag zu rufen«[478]. Aus der Behandlung dieser drei Probleme, Eschatologie, charismatischer Paränese und der Begründung der Paränese, fällt Käsemann drei »Grundentscheidungen« für die Auslegung von Rö 13, 1—7[479]. (a) Neutestamentliche Ethik läßt sich nicht als System aus Prinzipien ableiten, sondern erhebt — fast ähnlich wie Kasuistik — eine Unzahl von Einzelforderungen. Das hat seinen Grund darin, daß die Realisierung der pneumatisch-eschatologischen Charis sich in den unzähligen konkreten Situationen des Alltags bewährt. Diese erste Grundentscheidung bestätigt sich nach Käsemann in Rö 13, 1—7 vor allem darin, daß, wie Strobel mit viel Belegen nachzuweisen versuchte, hier die Terminologie ganz von der profanen römisch-hellenistischen Verwaltungssprache geprägt ist. Mit dem Ansatz bei der sich konkret entfaltenden Charis ist aber zugleich (b) gesagt, daß neutestamentliche Paränese nicht aus dem Gesetz oder einem kategorischen Imperativ abgeleitet wird, sondern aus dem Indikativ des Barmherzigkeitshandelns Gottes (Rö 12, 1). Nur diese Überschrift prägt die Einzelweisungen. Wenn so die charismatische Paränese Horizont von Rö 13, 1—7 ist, darf man — und das ist die dritte Grundentscheidung (c) — den Skopus des Textes nicht auf die Begründungssätze verlagern, wie es die spätere Auslegung zumeist tat. Die Funktion der obendrein traditionellen Begründung ist allein, dies aber mit nicht zu schmälerndem Gewicht, gegen Enthusiasten

[474] AaO 181ff.

[475] ZThK 1959, 375; vgl. EVB II, 216ff.

[476] EVB II, 217.

[477] »Um solcher Bestimmung der christlichen Existenz in der Welt willen wehrt Paulus sich so leidenschaftlich gegen die Trennung von Schöpfung und neuem Äon« (218).

[478] AaO 219.

[479] EVB II, 205—208; vgl. ZThK 1959, 374ff.

die Verwirklichung christlicher Freiheit als Dienst in der alten Schöpfung festzuhalten.

Betrachtet man Käsemanns Position im ganzen, so spitzt sich auch in ihr das Problem Rö 13, 1—7 auf die Frage nach dem Verhältnis von Neuschöpfung und Schöpfungswelt zu. Freilich muß im folgenden geprüft werden, ob er dabei nicht gewisse Verkürzungen vornimmt. Wo steht geschrieben, daß nach Paulus der Christ für sein charismatisches Tun in der politischen Welt nur konkrete Situationen und »zwischenmenschliche Relationen«[480] in den Blick nehmen darf? Muß er nicht wie jeder Mensch Strukturen und Institutionen in seine Betrachtung einbeziehen, will er vernünftig und leiblich handeln, worauf Paulus doch offenbar Wert legt[481]? Ist weiter die Entgegensetzung von abstrakt und konkret vielleicht eine moderne — und falsche — Alternative, die der gescholtenen »Metaphysik« nicht entflieht, sondern sie nur auf den Kopf stellt, aber das Schema (zeitloses) Wesen — (zeitliche) Erscheinung nicht überwindet? Hat ferner das Gericht über die in der Schöpfung Böses Vollbringenden keinen eschatologischen Akzent? Ist also schließlich die begründende Argumentation der Verse 1b—6 nur ein Notbehelf in der polemischen Front gegen Enthusiasten, oder gibt es einen positiv sachlichen Grund, von der Eschatologie her am Schöpfungsglauben festzuhalten? Damit hängt die Frage zusammen, ob denn hier wirklich nur auf einen unveränderten jüdischen Topos zurückgegriffen wird, was inzwischen mehrfach bestritten wurde[482], oder ob nicht ein spezifisch paulinisch, ja christlich gedachter Zusammenhang von Neuem Äon und Schöpfung vorliegt[483].

Ehe wir alle diese Fragen historisch und sachlich prüfen können, muß aber noch eine letzte, nach Käsemanns Aufsätzen erschienene Auslegungsvariante erwähnt werden, die *Rolf Walker* in seiner »Studie zu Römer 13, 1—7« entwickelt. Diese brisant und angriffslustig gegen eigentlich alle bisherigen Deutungen geschriebene Arbeit nimmt für Paulus genau die gleiche Deutung der Weltreiche an, wie wir sie im Gerichtselement (D) des deuteronomistischen Geschichtsbilds kennengelernt haben — ohne daß Walker vor dem Erscheinen des Steckschen Buches sich dessen hätte bewußt sein können[484]. Ausdrücklich interpretiert er die Gewalten als jede faktisch überragende Macht in der Art der von Jahwe in der Prophetenzeit souverän zum Gericht an Israel herbeizitierten Völker. Ihre Funktion besteht allein darin, »das Noch-Nicht, die unerlöste Welt, Unterwerfung, *ἐκδίκησις* Gottes, Zorn und Schwert« zu repräsentieren (57). Das Lob der Archonten und das »dir zum Guten« aus V. 3 wird rein eschatologisch gedeutet (beides bezieht sich angeblich auf den Christen als Charismatiker, nicht als Staatsbürger), und Steuer und Zoll aus V. 6f. drücken nach Walker nur den Zwangscharakter der Gewalten aus. Das Kennzeichnende dieser Position ist, daß überhaupt bestritten wird, Paulus habe hier zu politischen Fragen der iustitia civilis Stellung nehmen

---

[480] ZThK 1959, 374; vgl. EVB II, 41.

[481] In diese Richtung, so scheint mir, zielen Käsemanns Intentionen selbst. Vgl. Gottesdienst im Alltag der Welt, in: EVB II, bes. 200.

[482] S. u. S. 153f.

[483] Dies behaupten vor allem *Neugebauer*, 163ff.; *Delling*, 12ff.; ähnlich *L. Goppelt*, aaO.

[484] Vgl. o. S. 21ff. Allerdings fehlt in Walkers Bild vollständig die später mit dem Element D verbundene weisheitliche Komponente (vgl. Dan 1—6!).

wollen. Vielmehr gehe es ihm im Sinn seiner theologia crucis darum, neben den Gott der Gnade und der Charismen hart den Gott des forensischen Gerichts über die Geschichte zu stellen[485]. Walkers Deutung ist vor allen exegetischen Einzelfragen darum unwahrscheinlich, weil der theologische Ort der Aussagen in der prophetisch-deuteronomistischen Predigt einerseits und in Rö 13, 1ff. andererseits, aber auch die heilsgeschichtliche Ausgangssituation beider grundverschieden sind. Das deuteronomistische Geschichtsbild geht aus vom Gericht Gottes an seinem ungehorsamen Volk, also von der Unheilszeit. Paulus geht aus von den Barmherzigkeitserweisen Gottes (12, 1), dem Anbruch der neuen Heilszeit. Von diesen verschiedenen Ansätzen aus kommen auch die Weltmächte je anders zu Gesicht: im deuteronomistischen Geschichtsbild im Bußgebet und in der Umkehrpredigt (Anerkennen der Berechtigung des göttlichen Gerichts) einerseits und in der Trostpredigt andererseits (wenn die Weltmächte ihren Auftrag ungebührlich überschreiten, wird Gottes Endgericht sie treffen); bei Paulus in der Paraklese, dem Aufruf zur Verwirklichung des neu geschenkten Heils in Gemeinde und Welt und darin gegenüber den weltlichen Gewalten. Das wird aber noch deutlicher, wenn wir uns jetzt Kontext und Einzelexegese von Rö 13, 1—7 zuwenden.

---

[485] Walker will so die »theologische Höhenlage des Gesprächs« (37) gegenüber den moralisch-juristischen Auslegern retten. Ihm »fällt es unsäglich schwer zu glauben, Paulus vermöchte 13, 3a — ausgerechnet in Sachen der Gerichtsmächte Gottes — dieses hohe, ‚eschatologische' Niveau der Begriffe, das von seiner ganzen Rechtfertigungslehre getragen ist, nicht zu halten und gleite ad vocem gut und böse auf die niedere und eingeschränkte Begriffsebene der Legalität und Moralität (mit allen ihren Fragwürdigkeiten) ab. Wo Gott richterlich auf den Plan tritt, haben Gut und Böse nur Sinn als Begriffe des Gottesverhältnisses; das Gute und Böse politisch-nomistischer Verhältnisse muß hier deplaciert wirken« (33). Freilich könnte es sich bei solcher Auslegung auch um theologischen Hochmut handeln, der die iustitia civilis zum Philistertum karikiert und auf diese Weise unter dem Mantel steiler eschatologischer Gerichtspredigt die Schöpfung als Schöpfung *Gottes* preisgibt. Ist sich Paulus um der »Höhenlage des Gesprächs« willen zu schade dafür, das allgemein zu erkennende Wahre, Ehrbare, Beste und Lobwürdige zu empfehlen (Phil 4, 8)? Und kennt er kein Gericht der Werke?

c) Exegese[486]

Für die Frage nach der Stellung von Rö 13, 1—7 im näheren und weiteren Kontext des Römerbriefs lassen sich aus der Übersicht über die Forschung und aus den früheren Erörterungen zu Rö 7 bereits die entscheidenden Gesichtspunkte entnehmen und mit einigen Ergänzungen kurz zusammenfassen. Paulus schreibt an die Gemeinde in Rom, die er persönlich nicht kennt. Daher haben viele Aussagen in diesem Brief einen allgemeineren Charakter als sonst bei Paulus üblich. Es ist deshalb kaum anzunehmen, daß er mit Rö 13, 1—7 konkrete Mißstände in der Gemeinde angreifen will. In der Reichweite des Möglichen ist vielleicht, daß Paulus sich im Zuge der Gesamttendenz des Briefes von bestimmten jüdischen Einstellungen absetzen will[487]. Faktisch aber trifft er mit seinen Argumenten auch christlich-enthusiastische Strömungen.

Offenbar wendet er sich an Christen, die nur in politisch untergeordnetem Status leben. Er gibt also keine Anweisungen an (christliche oder gar nichtchristliche) Träger politischer Verantwortung, wie wir sie aus der meist weisheitlich bestimmten hellenistischen Synagoge kennen[488]. Fragen in dieser Richtung dürfen deshalb nicht direkt an den Text gerichtet werden[489].

Als näherer Kontext muß der in sich geschlossene Zusammenhang der parakletischen Kapitel 12—13 gelten. Unter der Überschrift von 12, 1f., die alles folgende Prüfen und Tun des guten Willens Gottes aus der Erneuerung des Christen in der Taufe ableitet, weiter unter der zusammenfassenden Deutung dieses erneuerten Tuns als Liebe, die alle Schuldigkeiten anderen gegenüber und damit das Gesetz erfüllt (13, 8—10), und schließlich unter dem verschärfenden Hinweis auf die Parusie Christi (13, 11—14) werden eine Reihe von einzelnen Weisungen zusammengestellt, die teils das Leben der Gemeinde, teils das Verhalten gegenüber allen Menschen und darunter schließlich eben das Verhältnis zu den politischen Gewalten betreffen. Wieweit

---

[486] Hier soll keine vollständige, bis in jedes philologische Detail ausgearbeitete Exegese vorgelegt werden. Vielmehr soll mit einem Mindestmaß an exegetischem Material versucht werden, aus Kontext und Struktur des Textes Duktus und Relevanz des für unsere Fragestellung wichtigen Gedankengangs zu erheben.

[487] Vgl. u. A. 518.

[488] S. u. S. 154f.

[489] Ob und wieweit Auswertungen des Textes in der späteren Auslegungstradition systematisch berechtigt sind, muß von Fall zu Fall geprüft werden.

unter diesen Einzelweisungen Verbindungen bestehen, muß jeweils nachgewiesen werden. Natürlich tauchen vor allem die Oberbegriffe der Rahmenstücke verschiedentlich auf: das Gute (12, 2, vgl. 12, 9 und 21; 13, 3); Liebe (13, 8—10, vgl. ausdrücklich 12, 9; implizit ständig); Schuldigkeiten (13, 8, vgl. 13, 7). Aber auch abgesehen davon gibt es bestimmte wiederkehrende Motive, vor allem die Aufforderung zur Demut (12, 3 und 16).

Ehe wir uns den Einzelheiten von 13, 1—7 zuwenden, ein kurzes Wort zu dem oben (S. 138) wiedergegebenen Strukturschema. Der Text ist streng gegliedert. Die Aufforderung zur allgemeinen Unterordnung unter hervorragende Gewalten ist dreifach begründet. Zunächst wird eine allgemeine theologische Begründung gegeben: alle Gewalten stehen in Gottes Auftrag (1b—2). Paulus beschränkt sich aber nicht auf diese allgemeine theologische Aussage, sondern exemplifiziert sie, indem er Auftrag und Funktion zweier weltlicher Gewaltformen interpretiert, nämlich die Institutionen der Gerechtigkeit und der Steuer im politischen Gemeinwesen. Die Institution der Gerechtigkeit hat ihre zwei Seiten, Lob für das gute Werk, Strafe für das böse Werk, darum verdoppelt sich dieser Begründungsabschnitt in eine positive und eine negative Hälfte. Beide Arten von Gewalt, die Gerechtigkeit und die Steuer betreffend, werden mit der theologischen Hauptbegründung jeweils so verbunden, daß ihr Charakter als dienendes Werkzeug in der Hand Gottes ausdrücklich festgestellt wird. So ergeben sich zwei Ebenen von Begründungen, einmal die Interpretation der faktischen weltlichen Gewalten (1. Hälfte der praktischen Spezialbegründungen), zum anderen aber deren theologische Deutung[490]. Diese Doppelschichtigkeit hat dazu geführt, daß sich manche Ausleger ganz auf die vordergründige politische Wirklichkeit konzentrierten bis hin zur Unterschlagung oder mindestens Verharmlosung der theologischen Tiefendimension[491], während andere sich ganz auf die allgemeine theologische Begründung kaprizierten, die konkrete Bezogenheit auf historische Weltverhältnisse nicht genügend berücksichtigten und so aus Rö 13 »zeitlose« Wahrheiten über den Staat herauslasen[492]. Die Wahrheit aber, wenn man

---

[490] Entsprechend sind die verschiedenen Arten von »denn« (γὰϱ) im Strukturschema verschieden hervorgehoben.

[491] S. o. A. 473.

[492] Vgl. besonders die bei *Käsemann* (ZThK 1959, 323ff.) gekennzeichneten katholischen und neulutherischen Auslegungen.

die Struktur des Textes durchschaut, liegt, wenn nicht in der Mitte, so in der strengen Verbindung beider Gesichtspunkte. Freilich folgt aus der Vorrangstellung der Hauptbegründung und ihrer dreifachen Aufnahme nach jeder praktischen Spezialbegründung, daß der Hauptakzent auf der theologischen Dimension liegt.

Eine Frage ist noch, wie die einzelnen »denn« zu beziehen sind. Das erste in 1b begründet eindeutig die Hauptthese (Oberparaklese). Beim ersten »denn« in V. 3 dagegen entsteht das Problem, ob mit dem folgenden nur das »sie werden sich ihr Urteil zuziehen« näher erläutert werden soll. Hiergegen spricht erstens, daß in V. 3f. nicht nur das Gericht, sondern die Gerechtigkeit auch in ihrer positiven Seite angesprochen wird. Zweitens nimmt ja die Schlußfolgerung aus V. 3f. in V. 5 ausdrücklich auf die Oberparaklese Bezug, und Paulus wird schwerlich etwas begründen, was er nicht beweisen will. Dagegen ist es keine Alternative, ob sich das erste »denn« aus V. 3 auf die theologische Hauptbegründung (V. 1b—2) insgesamt oder nur auf die Aufforderung zur Unterordnung bezieht; denn einerseits begründet es diese Aufforderung praktisch, andererseits leitet es aber eine Entfaltung und Exemplifizierung der theologischen Hauptbegründung ein, die ja zweimal durch »Diener« aufgenommen wird. Das heißt, auch über diese theologische Begründung ist die praktische Spezialbegründung indirekt auf die Gehorsamsforderung bezogen[493]. Klar ist dasselbe für das erste »denn« in V. 6, weil dieses über V. 5 auf V. 1a zurückverweist.

V. 7 zieht dann die Gesamtfolgerung aus den praktischen Begründungen — insofern nicht unwichtig, als damit das allgemeine »Unterordnen« als differenziertes Erfüllen von Schuldigkeiten, Verpflichtungen interpretiert und so mit V. 8 verbunden wird. Nun zur Einzelexegese der Unterabschnitte.

Vers 1a: Schon das erste Wort des Textes führt auf dessen Besonderheit: »*Jedermann*«. Innerhalb einer Paraklese an erneuerte Charismatiker formuliert Paulus plötzlich einen allgemeinen Satz. Er betrifft unterschiedlos Christen und Nichtchristen[494]. Freilich ist diese universale Formulierung im Zusammenhang der paulinischen Theologie nicht unverständlich. Rö 2, 6—16 verweist der Apostel

---

[493] Ist diese Strukturanalyse richtig, so ist *Walker* die Basis seiner Auslegung entzogen; denn diese ruht auf der Annahme einer Zäsur zwischen 3a und 3b. Nur V. 1–3a ist s. E. zu jedermann gesprochen, V. 3b ff. dagegen allein zum Charismatiker (34).

[494] Richtig *Walker* (11f.) in Auseinandersetzung mit der Literatur.

jeden Menschen (V. 9) auf das eschatologische Gericht Gottes, das ohne Ansehen der Person über gute und böse Werke ergehen wird[495]. Ebenfalls verwirklicht sich für ihn christliches Handeln als Tun des allgemein als wahr, lobwürdig usw. zu Erkennenden (z. B. Phil 4, 8)[496]. Die Besonderheit von Rö 13, 1—7 liegt also noch nicht in der Allgemeinheit als solcher, sondern in dem, was hier von allen gefordert wird, und in der Art der später folgenden ebenfalls allgemeinen Begründung.

Die »*überragenden Gewalten*« sind allgemein gefaßt. Von welchen Machtfunktionen und ihren Trägern konkret geredet werden soll, läßt sich aus dieser Formulierung noch nicht entnehmen. Es ist aber ebenso unmöglich, aus der Allgemeinheit der Redeweise zu schließen, Paulus habe nicht vornehmlich politische Gewalten im Auge gehabt[497]. Die Konkretion, die Paulus geben will, wird er ja selbst in V. 3—6 nennen. Daß er damit dann nur Beispiele herausgreift — offenbar solche, die die damalige Gemeinde am meisten betreffen — beweist über die Allgemeinheit der Verse 1 und 2 hinaus Vers 8: »versäumt *niemandem* gegenüber die Schuldigkeiten«.

Die Auslegung von »*unterordnen*« (V. 1 und 5) ist schwer belastet durch die Assoziation des »Untertanengehorsams«, der in der Tat seit Melanchthon [498] im Protestantismus das Verständnis von Rö 13 bis in unser Jahrhundert hinein bestimmte. Ebenfalls erweckt der Stamm *ταγ-* sofort Affekte für oder gegen »Ordnungstheologien«, die man dann Paulus zu- oder absprechen möchte[499]. Versucht man, möglichst unbefangen den paulinischen Sprachgebrauch[500] zu prüfen, so ergibt sich eine breite, wenn auch nicht uneinheitliche Bedeutungsspanne.

Man sollte nicht leugnen, daß die Begriffe *ὑποτάσσω/ὑποταγή* bei Paulus ihren Ort in der Vorstellung einer geordneten Machthierarchie haben, deren Spitze Gott ist. Unter Gott steht der Sohn, Christus, der sich dem Vater unterwerfen wird, nachdem Gott ihm das All unterworfen hat (1 Ko 15, 27f.). Zu den feindlichen Mächten und Gewalten, die Christus dann unterworfen sein werden, gehört zuletzt der mächtigste Feind, der Tod (ebd. 24—26; vgl. Phil 3, 21),

---

[495] Das hier für Juden und Heiden Ausgeführte gilt auch für die Christen.

[496] Vgl. auch das im vorigen Abschnitt zum Nus Gesagte.

[497] Gegen *Walker*, 12ff. Strobels Belege beweisen nur, daß mit Gewalt ein politischer Sammelbegriff gemeint sein *kann*. Vgl. *Delling*, ThWB VIII, 44, A. 24.

[498] Vgl. *R. B. Huschke*, Melanchthons Lehre vom Ordo politicus.

[499] Vgl. das Dilemma in Käsemanns Forschungsbericht.

[500] Dazu *Delling*, ThWB VIII, 27ff. und *ders.*, Römer 13, 1—7, 41ff.

dessen nichtender Kraft jetzt noch die ganze Schöpfung unterworfen ist (Rö 8. 20). Die Menschen, die sich der Dynamis Gottes, seinem Evangelium (2 Ko 9, 13; vgl. Rö 1, 16f.), seinem Gerechtigkeitshandeln (vgl. Rö 10, 3) schon jetzt unterwerfen, stehen schon jetzt unter seiner eschatologischen Herrschaft, während die Juden sie noch ablehnen (Rö 10, 3), da sie den Gesetzesweg der eigenen Gerechtigkeit gehen wollen, das Fleisch aber die Unterwerfung unter das Gesetz Gottes verhindert (Rö 8, 7). Aber die Menschen schulden nach Paulus nicht nur Gott gegenüber Unterordnung, sondern auch in bestimmter Weise gegeneinander, und zwar je nach Status, nicht etwa nur personal. Die Frau z. B. soll sich als Frau dem Mann als Mann unterwerfen (1 Ko 14, 34f.); denn »ich will, daß ihr wißt, daß das Haupt (= die übergeordnete Herrschaft) jedes Mannes Christus ist, das Haupt der Frau aber der Mann, das Haupt Christi aber Gott« (1 Ko 11, 3)[501]. In diesem Zusammenhang läßt sich einfach nicht bestreiten, daß der Gedanke ein Ordnungselement impliziert. Denn innerhalb der Ermahnung von 1 Ko 14, 32—40 gibt es zweimal einen ausdrücklichen Verweis darauf: V. 33 »Gott ist nicht ein Gott der Unordnung (*ἀκαταστασία*), sondern des Friedens«[502] und V. 40 »alles aber geschehe in schöner und guter Form[503] und in Ordnung«. Wenn man dazu bedenkt, daß Paulus die Unterordnung der Frau ausdrücklich (14, 34) mit einer Anordnung aus dem Gesetz begründet (wahrscheinlich Gen 3, 16: »er soll dein Herr sein«[504]), daneben aber im Zusammenhang der Verschleierung im Gottesdienst mit dem Hinweis auf die Reihenfolge bei der Erschaffung (11, 8f.), auf die Natur selbst (11, 14f.) und auf die allgemeine und kirchliche Sitte (11, 16), so ist es unmöglich, Anordnen und Ordnen Gottes dieser Verhältnisse gegeneinander auszuspielen. Dies eben pflegt man neuerdings aus verständlichen Affekten zu tun[505], wenn man in Rö 13, 1—7 die *διαταγή* der Mächte durch Gott als Begründung der Unterordnungsforderung interpretiert. Hierauf muß gleich ausführlicher eingegangen werden. Das Unterordnungs-Ordnungs-Motiv im Blick auf Menschen taucht noch im Verhältnis der Christen zu den Mitarbeitern in der Gemeinde auf (1 Ko 16, 16; vgl. 1 Thess 5, 12[506]), das Ordnungsmotiv allein im sozialen Kon-

---

[501] Es sei bemerkt, daß Paulus das Verhältnis des Sklaven zum Herrn nie mit dem Begriff der Unterordnung bezeichnet (vgl. aber sachlich *Delling*, ThWB VIII, 40, 21ff. und 45, 17ff.). Ein sehr anschauliches Beispiel für den Bedeutungshorizont der *ταγ*-Begriffe im menschlichen Bereich gibt Lk 7, 8a f. im Blick auf die soldatische Ordnung. Lukas spricht dort von einem *ἄνθρωπος ὑπὸ ἐξουσίαν τασσόμενος*.

[502] Zum Zusammenhang von Ordnung und Frieden im griechisch-philosophischen Sinn vgl. o. A. 227.

[503] Vgl. Rö 13, 13, wo alle Paraklesen von Kap. 12f. unter dem Stichwort *εὐσχημόνως περιπατεῖν* zusammengefaßt werden.

[504] *Delling*, ThWB VIII, 44, 15.

[505] Besonders *Walker*, 23f.; (*W. Schmauch* und) *E. Wolf*, Königsherrschaft Christi, 40. Auch *Käsemann* (ZThK 1959, 324) übernimmt die Alternative, sieht aber immerhin das darin enthaltene Problem (ebd. 373). Daß Unterordnung im Gegensatz zu *ἀντίστασθαι* steht, spricht nicht gegen das Ordnungselement, sondern dafür (anders *Walker*, 21); denn *στάσις* ist gerade Aufheben von Ordnung und Frieden (vgl. den platonischen Ursprung des Gedankens). Dazu s. *Delling*, Römer 13, 44ff.

[506] Zu 1 Thess 5, 12 im Zusammenhang mit Rö 13 s. *H. v. Campenhausen*, Zur Auslegung von Röm. 13, 98.

text der Arbeit (1 Thess 4, 11; 5, 14: »weiset die ἀτάκτους zurecht«; 2 Thess 3, 10ff.). Insgesamt ist es deutlich, daß Paulus für die Gemeinde des neuen Äon und ihre einzelnen Gruppen sowohl im Blick auf die Verhältnisse des alten Äon als auch im Blick auf speziell eschatologische Vorgänge[507] Ordnungsstrukturen festhält.

»Sich unterordnen« heißt also bei Paulus, seinen (untergeordneten) Platz in einer von Gott gewollten Ordnung einnehmen, ohne daß damit schon entschieden wäre, wie die mit dieser Vorstellung verbundene theologische Absicht unter veränderten Weltverhältnissen zur Geltung zu bringen ist (vgl. u. S.170ff.). Sicher macht Paulus dabei Front gegen Enthusiasten, die, das Eschaton vorwegnehmend, alles gleichmachen. Besonders deutlich ist das im 1. Korinther-[508], aber auch im 1. Thessalonicherbrief[509]. Das besondere Problem von Rö 13, 1—7 ist nun aber dies. Hier wird nicht nur die Unterordnung einer Menschengruppe unter eine andere gefordert, sondern die Unterordnung *aller* Menschen unter herausgehobene Gewalten, die zwar von Menschen verkörpert werden, in denen aber Gott in einer bestimmten Weise und mit einem bestimmten Ziel indirekt am Werk ist. Wie ist das entfaltet und begründet?

Vers 1b—2: Es ist in dieser theologischen Hauptbegründung noch relativ unwichtig, den speziell technisch politischen und rechtlichen Sinn der Gewalten hervorzuheben. Hier interessiert nicht die Frage, ob es sich um das römische Gemeinwesen oder ein anderes handelt[510]. Der ganze Akzent liegt auf der theologischen Aussage: *von Gott* sind die herausgehobenen Gewalten (an)geordnet. Widerstand gegen sie

---

[507] Sogar die Auferstehung geht nach einem τάγμα vor sich (1 Ko 15, 23). Vgl. auch das unterordnen im Zusammenhang des Prophetencharismas (1 Ko 14, 32).

[508] Vgl. *Käsemann*, ZThK 1959, 375f. und EVB II, 49f. zu 1 Ko 11, 2ff.

[509] Vgl. *Delling*, Römer 13, 44.

[510] Die Allgemeinheit der Aussage erinnert an Philons Ausführungen in spec. leg. IV 186: »Der Begriff der Herrschaft (ἀρχή) reicht aber weiter und erstreckt sich beinahe in alle Lebensverhältnisse hinein, nur mit Unterschied in Bedeutung und Umfang. Denn was im Staate der Herrscher ist, das ist im Dorfe der Vorsteher, im Hause der Herr und für die Kranken der Arzt, im Feldlager der Feldherr, für die Seesoldaten und die Matrosen der Admiral, ferner für Last- und Frachtschiffe der Reeder und der Steuermann für die Schiffsmannschaft: diese können sämtlich sowohl Böses wie Gutes stiften, müssen aber das Gute wollen; das Gute besteht aber darin, daß sie nicht schaden, sondern nützen, so vielen sie nur können. Denn dies heißt Gott folgen, da auch er die Macht hat, beides zu tun, aber das Gute allein will«.

ist Widerstand gegen ihn und hat sein Gericht direkt[511] zur Folge. Die Forschung konzentriert sich deshalb mit Recht auf die Frage, wie Paulus das »von Gott« meint und ob er sich bei diesem Gedanken möglicherweise an Vorbilder aus seiner Umwelt anlehnt. Der Satz Michels, »Daß die Herrschaft den Mächtigen durch Gott verliehen ist, wird im Judentum und im Griechentum in gleicher Weise anerkannt«[512], ist in dieser Allgemeinheit und Undifferenziertheit sicher nicht richtig. Trotzdem gibt es Vorformen der paulinischen Aussage.

Das alte Israel spricht nur ganz konkret, im Blick auf eine bestimmte geschichtliche Stunde vom Handeln Gottes mit einem Herrscher. Es fehlen mythische oder allgemeine Aussagen zu diesem Phänomen — im Gegensatz zur Umwelt, etwa Babylon[513]. Auch auswärtige politische Mächte und Könige werden jeweils aktuell von Jahwe in Dienst genommen (Jes 5, 26; 10, 5—19; Jer 25, 5; 8f.; (Deut.) Jes. 41, 2, 25; 45, 1—3; 48, 14)[514]. Die Vorstellung, daß Gott bestimmend hinter der Herrschaft aller Völker steht, wird erst in der spätisraelitischen Weisheit und der aus deuteronomistischen, weisheitlichen und prophetischen Traditionen erwachsenen »Apokalyptik« je unter verschiedener Hinsicht allgemein formuliert und universal ausgeweitet[515]. Was die deuteronomistisch geprägten apokalyptischen Texte betrifft, so sahen wir schon, daß sie allein vom Gerichtshandeln Gottes an seinem Volk ausgehen und der Allgemeinheit und dem theologischen Ort der Aussagen von Rö 13, 1ff. nicht entsprechen. Interessanter sind die vergleichbaren Texte aus der weisheitlichen und der dieser in vielem folgenden hellenistisch-jüdischen Tradition, insbesondere Weish Sal 6, 1—9. Hier wird gesagt, daß den Königen, Richtern und Mächtigen allgemein (*κράτουσιν* = *ὑπερέχουσιν*, V. 5) vom Herrn ihre *κράτησις* gegeben wurde (V. 3). Auch werden sie seine Diener (*ὑπερέται*) genannt[516]. Wichtig ist nun aber der »Sitz im Leben« dieses hellenistisch-jüdischen Gedankens. Er findet sich in Ermahnungen an Herrscher oder »Fürstenspiegeln«. Die göttliche Herkunft ihrer Herrschaft wird den Machthabern vorgehalten, um sie zur verantwortlichen und gedeihlichen Handhabung ihres Amtes aufzurufen. Nirgends aber läßt sich bis jetzt ein vorpaulinischer Beleg finden, der die allgemeine Einsetzung der Herrschaft durch Gott als Begründung für eine Unterordnungsforderung erwähnte[517]. Hier scheint

[511] Beachte das betonte »sich selbst« in V. 2.

[512] Der Brief an die Römer (Meyers Kommentarwerk), 316 z. St.

[513] Vgl. *v. Rad*, Theologie des Alten Testaments I, 320 A. 1.

[514] Vgl. *v. Rad*, Theologie des Alten Testaments II, 254. Weitere Belege bei *Walker*, 18.

[515] S. o. S. 17ff. Die rabbinischen »Parallelen« führen nicht weiter (vgl. *Neugebauer*, 158f. und *Delling*, Römer 13, 9ff.).

[516] Vgl. Spr 8, 15f.; Sir 10, 4; 17, 17 und die Belege aus dem Aristeas-Brief bei *Strobel*, 92 A. 30, die sich vermehren ließen. (Heranzuziehen wäre auch Dan 1—6 in der ursprünglichen Gestalt.) Eine interessante Variation des Gedankens bietet Philon, spec. leg. IV, 157, wo von Gott gesagt wird, daß er auch hinter demokratischer Herrschaft steht, indem er »seinen Stimmschein mit abgibt«.

das Spezifikum des Apostels[518] und, wenn man so will, des christlichen Glaubens zu liegen, zumal ein Einfluß des Jesusworts »Gebt dem Kaiser, was des Kaisers ist« (Mk 12, 17 par.) auf Rö 13, 1 ff. nicht auszuschließen, vielleicht sogar wahrscheinlich ist[519]. Daraus folgt auch, daß sich nirgends sonst der Gedanke der Gehorsamsbegründung findet, nach welchem diejenigen, die Gottes (An)ordnung widerstehen und *στάσις* betreiben, sein Gericht auf sich ziehen[520].

Man kann also nicht sagen, die Begründung der paulinischen Gehorsamsforderung gebe einfach allgemeines Lehrgut der Diasporasynagoge wieder[521]. Man sollte aber auch nicht bestreiten, daß die Vorstellung der gottgegebenen Herrschaft als solche, abgesehen von ihrer bestimmten Anwendung auf Herrscher oder Beherrschte, von Paulus im hellenistischen Judentum vorgefunden werden konnte[522].

Diese Feststellung ist insofern nicht unwichtig, als sich nur auf diesem Hintergrund die Frage klären läßt, ob Paulus hier nur »nomi-

---

[517] Die in der Nachfolge von *M. Dibelius* (182) häufig herangezogene Josephusstelle (Bell. Jud. II, 8, 7 § 140: »Nicht ohne Gott kommt jemandem die Herrschaft zu«) zielt auf Unterordnung im essenischen Orden, nicht in politischen Verhältnissen (vgl. *Neugebauer*, 159 A. 13). Einen ähnlichen Gedanken äußert Philon auch im Blick auf das Eltern-Kinder-Verhältnis (vgl. u. S. 157).

[518] Vielleicht ist es sogar so, daß Rö 13, 1—7 neben der antienthusiastischen Spitze gemäß der Gesamtpolemik des Briefes auch einen antijüdischen Akzent hat. Immerhin gab es auch in der Diaspora Aufstände der Juden (*Neugebauer*, 159). Vielleicht könnte man sogar die Umpolung des »von Gott« aus einer Herrscherin eine Untergebenenparänese als Applikation von Rö 2, 21 lesen: »Du nun, der du einen andern lehrst, lehrst dich selbst nicht?«.

[519] So *Neugebauer*, 165; *Delling*, Römer 13, 16 f.; *Goppelt*, aaO.

[520] Daß das Urteil aus V. 2 auf Gottes Gericht — freilich auf das Gericht nach den guten oder bösen *Werken* — bezogen ist und damit auch die strafenden Gewalten im Dienste Gottes den »Zorn« der Endzeit vorwegereignen (V. 4), steht nach der Strukturanalyse außer Zweifel und wird auch von *Delling*, Römer 13, 65 und *G. Bornkamm*, Ges. Aufs. I, 170 bestätigt.

[521] *Dibelius*, 183 und im Anschluß an ihn ähnlich *E. Wolf*, *E. Käsemann* und *A. Strobel*.

[522] Diese Differenzierung fehlt bei Neugebauer, Delling und Walker, die die jüdische Vorformung des Gedankens vollständig bestreiten. — Die *griechischen* »Parallelen« scheiden insofern aus, als hier entweder in der Frühzeit die mythologische Vorstellung der göttlichen Abstammung der Herrscher vorliegt oder aber der Gedanke des göttlichen Rechts. Dieses ist aber göttlich nicht durch göttliche Einsetzung und Verwendung, sondern wegen seiner Beständigkeit, seiner strukturgebenden Funktion (*G. Picht* mündlich). Die von *Michel*, 317 zitierte Stelle Homer, Ilias 9, 38 u. 98 benutzt die Mythologie nur noch als Verzierung für den Rechtsgedanken. Ebenfalls fehlt bei Paulus der Gedanke, daß die Herrscher Abbild Gottes sind und ihm auch im Handeln ähnlich werden sollten (Philon, spec. leg. IV, 188).

nalistisch« von aktuellen Anordnungen Gottes und blinder Unterwerfung spricht, oder ob hier an schöpfungsmäßige, jedenfalls allgemeine Setzungen mit institutioneller Komponente gedacht ist, oder ob dies historisch und sachlich eine falsche Alternative ist. Das Problem kann hier nicht im einzelnen erörtert werden; denn das setzte eine ausführliche Analyse der alttestamentlichen, der griechischen, der hellenistisch-jüdischen, der apokalyptischen und der paulinischen Kosmologie, Geschichts- und Gottesvorstellung voraus[523]. Wir sahen schon bei den Erläuterungen zu »unterordnen«, daß bei Paulus Anordnen Gottes und Ordnung als Ergebnis der Anordnung nicht in Gegensatz zueinander gesetzt werden dürfen. Das läßt sich auch bestätigen durch die weiteren Begriffe vom Stamm ταγ- in V. 1b—2, die sich wechselseitig mit dem Dienstcharakter der Mächte in der Wiederaufnahme der theologischen Begründung (V. 4a, 4c und 6b) interpretieren. Der Fehler nämlich in einer allgemeinen Schöpfungsordnungstheologie wie auch in deren alternativen »Widerlegung« durch eine einseitige Geschichtstheologie liegt darin, die Schöpfung als etwas Abgeschlossenes aufzufassen, oder anders ausgedrückt, die Schöpfung von Gottes Weltregiment zu trennen. Überträgt man dann diesen Gedanken auf Rö 13, so entsteht der berühmt-berüchtigte Eindruck der »Eigengesetzlichkeit« »des Staates«. Wir konnten aber bereits zeigen, daß schon im antiken Judentum internationale (auch griechische) kosmologische Ordnungsvorstellungen assimiliert, ja buchstäblich in den »Dienst« Jahwes genommen werden konnten, ohne daß sie dabei einerseits zu einem von Jahwe unabhängigen Bereich wurden, noch jedoch andererseits ihren Beständigkeitscharakter verloren[524]. Es ließe sich also im Horizont dieses Denkens nicht einmal im Blick auf die »Natur« Schöpfungs- und Geschichtstheologie gegeneinander ausspielen, wie Walker das mit Hilfe einer modernen Alternative tut[525].

Betrachtet man aber die Anwendung des »Diener Gottes«-Gedankens auf den »geschichtlichen« Bereich menschlicher Beziehungen, so zeigt sich, daß auch die andere modern-protestantische Alternative von personal und institutional eine Eintragung in den pauli-

---

[523] Zu den hermeneutischen Voraussetzungen für eine adäquate Artikulierung des alt- und neutestamentlichen Schöpfungsglaubens s. *C. Westermann*, Zum hermeneutischen Problem des Redens von Schöpfer und Schöpfung.

[524] S. o. S. 47 ff.

[525] AaO 20 gegen Käsemann.

nischen Text ist[526]. Dies mag beispielsweise die philonische Aussage belegen: »Diener Gottes sind für die Kindererzeugung die Eltern; wer aber den Diener mißachtet, mißachtet damit auch den Herrn« (decal. 119). Man könnte auch den Rö 13 näherliegenden Gedanken erwähnen, daß der Richter nur Verwalter des Rechtsspruches ist, welcher eigentlich Gott gehört (spec. leg. IV, 71). Man wird kaum bestreiten können, daß hier eine institutionelle Komponente mit dem Dienst-Gedanken verknüpft und nicht nur »personale Gewalt« (*Walker*) verliehen ist. Aber auch ohne den religionsgeschichtlichen Horizont ließe sich allein vom Text Rö 13 her die Alternative personal-institutional nicht halten. Die Allgemeinheit der Rede von den Gewalten in V. 1 und 2 macht es unmöglich, die institutionelle Seite der Gewalten auszuklammern und nur ein ad hoc-Handeln Gottes durch die Person der Machtträger anzunehmen. Aber auch die praktische Ausführung des Gedankens in Richtung auf das Thema Gerechtigkeit und Steuer hat ein unverkennbar institutionelles Moment. Denn es handelt sich hier gerade um den Bereich des öffentlichen Rechts, was weiter unten noch auszuführen ist[527].

Man kann also zusammenfassend sagen, daß in Rö 13, 1—7 die Gewalten, die auf Grund der mit ihnen verbundenen Begriffe vom Stamm *ταγ-* und der Entfaltung ihrer Tätigkeit sicher eine institutionelle Komponente implizieren, vom Herrn der Schöpfung und der Geschichte in Dienst genommen sind. Dies kann von ihnen ausgesagt werden, obwohl sie dem alten Äon angehören[528], so daß die Christen nicht nur dem eschatologischen Handeln Gottes durch Christus und dem Geist der Neuschöpfung, sondern auch seinem Handeln durch bestimmte Gewalten im alten Äon verpflichtet sind — und dies mit jedermann gemeinsam.

Vers 3—4: Welche konkreten Beispiele greift Paulus nun heraus, um das Im-Dienst-Gottes jener Gewalten und damit die theologische Begründung der Unterordnungsforderung zu erläutern? Zuerst interpretiert er diesen Dienst im Blick auf die Gerechtigkeit im politischen Gemeinwesen. Die Strukturanalyse zeigte bereits, daß Paulus hier den zweifachen Aspekt der Gerechtigkeit in zwei Schichten auslegt. Die erste Schicht betrifft die Faktizität der die Gerechtigkeit fördernden und schützenden Gewalten. In dieser Schicht, aber auch nur hier

[526] S. o. S. 146 zu Käsemann und u. Kap. IV B 3c. Vgl. auch *Walker*, 16f. u.ö.
[527] S. u. S. 158.
[528] Vgl. *G. Bornkamm*, Ges. Aufs. I, 170.

hat die Strobelsche Bestandsaufnahme der profan politischen termini technici für Rö 13 ihr volles Gewicht. Die »*Gewalten*« oder, wie es hier daneben heißt, die ἄρχοντες werden von zwei Funktionen her verstanden. Einerseits sind sie für den, der Gutes tut, kein (strafender, furchterregender) Schrecken, sondern *Lobspender*. Andererseits sind sie für den, der Böses tut, Grund zur Furcht; denn sie haben das ius gladii, die strafende *Schwertgewalt*. Letzteres läßt an das Amt des Kaisers und des Statthalters denken; denn seit der Zeit des Augustus wurde die eigentlich dem Kaiser reservierte ordentliche Kapitaliurisdiktion auch den Statthaltern übertragen[529]. Entscheidend für das spätmittelalterliche und reformatorische Verständnis von Rö 13, 1—7 ist es, daß Paulus mit der Gerichtsgewalt und in gewisser Hinsicht auch mit der Steuervollmacht nach römisch-rechtlichem Verständnis genau den um das ius sacrum verminderten Bereich des öffentlichen Rechts (ius publicum) umschreibt[530]. Wie weit er sich freilich dieser Tatsache selbst bewußt ist, läßt sich schwer sagen[531]. Die Institution des öffentlichen Lobes ist wie das ius gladii vor allem in kaiserlichen Schreiben belegt, reicht aber zurück in griechisch-politische Verhältnisse und damit auch hinein in andere Herrschaftsformen[532]. Man kann sogar sagen, daß »Lob, Anerkennung, Beifall ... charakteristisches Lebensziel der alten Welt« war[533]. Man mißversteht freilich diesen Gedanken gründlich, wenn man seine weite Verbreitung darauf zurückführt, daß Lobsprüche die »billigste Art« von Ehrungen sind. Vielmehr steht hinter diesem Brauch die früher erörterte frühgriechische Bestimmung der praktisch-politischen Lebensform. In diesem Zusammenhang nämlich hängt die Erfüllung des Menschseins bis hin zur Unsterblichkeit an dem im Gemeinwesen errungenen Ruhm[534].

Eine gewisse Verharmlosung nimmt Strobel auch im Blick auf das »*gut—böse*« von V. 3f. vor, wenn er schreibt: »Der Begriff des

---

[529] *Strobel*, 88f.

[530] S. u. Kap. III, A. 314.

[531] Darum habe ich in der Übersetzung o. S. 139 den Zusatz »öffentlich« in Klammern gesetzt.

[532] Reiches Textmaterial bei *Strobel*, 80ff. Wenn *Walker* (36) das Lob auf Gott bezieht und eschatologisiert, so muß man ihn fragen, warum er das gleiche nicht auch mit der Schwertstrafe tut.

[533] *Preisker*, ThWB II, 583f; vgl. *Strobel*, 82 A. 86.

[534] Wie Platon diesen Aspekt auch in seine vertiefte Interpretation der Gerechtigkeit integrieren kann, zeigt Politeia, Buch X.

Guten und Rechten bezeichnet in diesem Fall keine theologisch-ethische Qualifikation, sondern allgemeine bürgerliche Ordentlichkeit«[535]. Selbst wenn man zunächst von der theologischen Interpretation der Begriffe in den beiden Diener-Formeln absieht, so reicht die blasse Bezeichnung »bürgerliche Ordentlichkeit« auch nicht von fern an die elementare Bedeutung des politisch Guten heran, weder historisch im Blick auf die Antike noch auch sachlich. Will man den antiken Horizont verstehen, so kann man es am besten mit Hilfe von Platons Aufweis, daß die Idee des Guten und ihre Verwirklichung in der Gerechtigkeit das Sein und den Bestand einer menschlichen Gemeinschaft — selbst einer Räuberbande[536] — überhaupt konstituiert. Wir wissen aus einem Wort von Polybios, daß auch nur in diesem Rahmen die Kategorien Lob und Strafe sinngemäß zu lesen sind. Er schreibt über »Ehrung« und »Vergeltung«, sie seien Dinge, »durch die allein Reiche und Staaten und schlechthin das gesamte Leben der Menschen zusammengehalten werden (Bestand haben)« (6, 14, 4f.)[537]. Man kann noch hinzunehmen, daß nach Philon die wesenhafte Aufgabe des Gesetzes aus zwei Stücken besteht, Ehrung der Guten und Bestrafung der Bösen (leg. Gai. 7). Eben hierin liegt der Sinn des ius publicum, daß es sich konstitutiv auf den Bestand der respublica bezieht. Alles dieses wird man nicht begreifen, wenn man im modern unverbindlichen Sinn an »moralisch« oder »bürgerlich« denkt — was dann leicht theologisch abgewertet werden kann[538]. Vielmehr muß man den Nomos im Horizont der Physis, das Gut und Böse im Sinn des Förderlichen und Zerstörenden verstehen. Nur dann erkennt man erstens, warum hier Paulus nicht von ungerechten »Obrigkeiten« zu reden braucht, und zweitens, wie er die weltlichen Vorgänge theologisch interpretieren kann.

Gewiß kann man zum ersten vordergründig erklären, daß Paulus nur dann seine einseitige Aussage über Loben und Strafen der Gewalten hätte differenzieren müssen, wenn die angeredeten Christen in öffentlichen Ämtern oder aber in Verfolgungen gestanden hätten. Dieser richtige Hinweis erklärt aber noch nicht, wieso Paulus den

---

535 Freilich ist es genau so fragwürdig, wenn *Walker* umgekehrt diese Begriffe nur auf das Gottesverhältnis bezieht (s. o. A. 485).

536 Vgl. Platon, Politeia I, 351c.

537 Zit. bei *Delling*, Römer 13, 54 A. 125.

538 Z. B. bei *Walker*, 35 u. ö.

Normalzustand der öffentlichen, das Recht verwaltenden Gewalten so positiv sehen kann. Hier mit der römischen Rechtsstaatlichkeit zu argumentieren und die Worte des Apostels nur für solche oder ähnliche Fälle zu akzeptieren, beweist wegen der faktisch durchaus auch unrechtmäßigen Handlungen römischer Amtsträger[539] und wegen des allgemeinen Charakters der paulinischen Aussage noch nicht alles[540]. Es reicht nicht einmal aus zu sehen, wie Paulus anerkennt, daß Heiden grundsätzlich das Gute vom Bösen unterscheiden und sogar verwirklichen können (Rö 1, 32; 2, 14f.)[541] — jedenfalls wenn man das formal so versteht, daß sie gegenüber einer Norm entscheiden können. Selbst in der stoischen Ausprägung des klassisch antiken Erbes liegt die Tiefe des Gedankens vielmehr darin, daß das Gute als das elementar Förderliche, Bestand Gebende verstanden ist[542]. Von daher ist es evident, daß in einer politischen Gemeinschaft, sofern sie

---

[539] Immerhin ist die historisch offenbar zuverlässige Nachricht, Paulus habe an ein kaiserliches Gericht appelliert (Apg 25, 11f.), ein Zeichen dafür, daß er im Römischen Reich Recht voraussetzt (vgl. *Haenchen*, Die Apostelgeschichte/Meyers Komm. 1959[12], 594—597).

[540] Gegen *O. Dibelius*, Obrigkeit, mit *Käsemann*, EVB II, 210, *E. Wolf*, Politischer Gottesdienst, u. a.

[541] Vgl. *Delling*, ThWB VIII, 30 A. 20; *E. Wolf*, 58. Es sei noch einmal daran erinnert, daß Rö 7 sich nicht auf einzelne gute Werke bezieht, sondern auf die ganze Person vor Gott mit ihrem Gesamt-Handlungsergebnis.

[542] S. o. S. 62ff., bes. S. 67f. Diesen Gedanken arbeitet *G. Bornkamm* in seiner sonst grundlegenden und überzeugenden Arbeit über »Gesetz und Natur« (Ges. Aufs. II, 93ff., bes. 102ff.) nicht scharf genug heraus. Denkt man das Naturrecht allein vom Normgedanken her, so ist der Gedanke nicht fern, daß eine Norm immer noch ausgelegt und interpretiert werden muß. Von diesem Ansatz aus kommt dann thomistisch-katholische Theologie leicht zu dem Schluß, die kirchlichen Hüter des offenbarten göttlichen Gesetzes hätten den wahren Auslegungskanon für das Naturrecht. Die Pointe des antiken Gedankens liegt aber gerade in der Selbstauslegung des Naturrechts qua Selbstauslegung der das Gute erblickenden allgemeinen Vernunft. Der besonders von Platon in diesem Horizont deutlich gemachte Tat-Folge-Zusammenhang (Ungerechtigkeit — Zerstörung/Gerechtigkeit — Gesundheit) müßte einmal mit besonders in der israelitischen Weisheit parallelen Gedanken verglichen werden (vgl. *v. Rad*, Theologie des Alten Testaments I, 430ff., bes. 448ff.). Hier wäre vielleicht ein fruchtbarer Ansatz, die gängige generelle Alternative hebräisch-griechisch an bestimmten Stellen zu transzendieren. Offenbar kann doch z. B. Paulus ohne Schwierigkeiten im apokalyptischen Zusammenhang des »Zornes Gottes« (Rö 1, 18ff.) den Gedanken einbauen, daß sich das Gericht Gottes realisiert, indem er die Menschen einfach ihren Trieben, Taten und deren Folgen überläßt (1, 24ff. vgl. das *ἑαυτοῖς* in 13, 2). Dieser Gedanke steht aber im Horizont von 2, 14f., wo auf die lex naturae Bezug genommen wird.

überhaupt besteht, Gutes gewertet und Böses geahndet werden muß. Sie löst sich in dem Maß selbst auf, wie in ihr dieses Grundgesetz nicht gilt. Aber eine bestehende Gemeinschaft, in der nicht ein Rest von Gerechtigkeitsverwirklichung gefördert und also auch von allen — einschließlich der Christen — gefordert wäre, gibt es nicht. Bei möglichem, gebotenem christlichem Widerstand gegen öffentliche Gewalten, der hier nicht zur Debatte steht[543], wird also immer vor dem Nein ein Ja stehen.

Aber auch nur über diesen Zusammenhang von Sein und Gutsein läßt sich zweitens die theologische Dimension der ersten praktischen Spezialbegründung erschließen. Gottes Wille ist nach Rö 12, 2 »das Gute und Wohlgefällige und Vollkommene«. Die Verbindung von »gut« und »vollkommen« zeigt deutlich, was in der Antike überhaupt nach allgemeinem consensus galt, daß das Gute das seinsmäßig Heile, Förderliche meint[544]. Wir sahen schon früher, daß bei Paulus die eschatologische Neuschöpfung Gottes das Gute für die alte Schöpfung nicht aufhebt, sondern allererst voll zur Geltung bringt. In diesem Zusammenhang steht das gerade von den Christen geforderte Gutestun in V. 3. Aber daneben wird nun in 4a — abgesehen von der eschatologischen Eröffnung des Guten — den Recht fördernden Gewalten eine Funktion im Dienst des für seine Schöpfung guten Willens Gottes zugewiesen. Damit kein Mißverständnis entsteht, sei noch einmal hervorgehoben, daß die Gewalten nicht die Aufgabe haben, für »das Heil« coram deo im Sinn der eschatologischen Erfüllung zu wirken. Sie liegen auf der Ebene der Werke. In gewisser Weise kann man auch sagen, daß sie in den Bereich des »Gesetzes« gehören[545]. Aber diese Redeweise verschweigt gewöhnlich, daß das Gesetz von Gott heilvoll gemeint ist (Rö 7), und redet nur von der Straffunktion »des Staates«[546]. Daß die Sünde die Men-

[543] Ein sehr instruktives Beispiel, wie und wo Paulus die allgemeine Unterordnungspflicht unter andere durch ausdrücklichen Widerstand durchbricht, ist der Streit mit Petrus (Gal 2, 5 u. 11). Kriterium für den Widerstand ist die »Wahrheit des Evangeliums« (2, 5 vgl. 2, 14). Hier hätte offenbar auch die systematisch über Rö 13, 1—7 hinausführende Frage anzusetzen, wann und wo die Unterordnungsforderung gegenüber den öffentlichen Gewalten ihre Grenze findet.

[544] Vgl. in A. 542 das zu Rö 1, 18ff. und 13, 2 Gesagte.

[545] Richtig *Wolf*, Politischer Gottesdienst, 58. S. u. Kap. IV zu Luther.

[546] Diese Kritik richtet sich aber auch besonders gegen *Walker*, der (32) ausdrücklich sagt, daß »für Paulus die Gewalten im Dienste des Gerichts, nicht des Rechts stehen« (vgl. 39ff.). Aus den drei Varianten der »Ordnungstheologie«, die vom Staat als Schöpfungs-, Erhaltungs- oder Zornesordnung sprechen, scheidet

schen daran hindert, es voll zu erfüllen und so Gott zu entsprechen, ist kein Widerspruch dazu, daß die nach dem allgemein verbindlichen Gesetz urteilenden Gewalten das gute Werk fördern und so dem gut Handelnden selbst zum Guten dienen. Dieses Gute, zu dessen Zweck Gott die Gewalten in Dienst nimmt, ist eben die Verwirklichung des nach Gottes Willen für die Schöpfung elementar Leben Ermöglichenden und Fördernden — in *C. Westermanns* Terminologie: des Segens, nicht der Rettung.

Erst in zweiter Linie behandelt Paulus die Straffunktion der im Dienst von Gottes Willen stehenden Gewalten. Ob *ἔκδικος εἰς ὀργήν* nun »Rächer zum Zorn« oder »*Anwalt für den Zorn*«[547] zu übersetzen ist, in keinem Fall bezieht sich diese Formulierung — in der theologischen Interpretation der weltlichen Faktizität! — nur auf den Gerichtszorn der Mächte, sondern auf den Gottes. Somit ist die weltliche Strafgewalt, obwohl dem alten Äon angehörend, ein »Hinweis auf das Gericht Gottes, dem wir alle entgegengehen«[548]. Man muß scharf bestimmen, in welchem Sinn die Strafgewalten im Dienst des Gotteszorns stehen. Kein Wort weist auf eine heilsgeschichtliche Aufgabe »des Staates«[549], derart etwa, daß er durch die Überwindung des Bösen auf Christus hinweist oder hinerzieht. Wie aber die Gewalten Gottes guten Willen für seine Schöpfung faktisch bestätigen, wenn sie das gute Werk fördern, so stehen sie faktisch im Dienst seines Zorns, wenn sie das böse Werk strafen. Sie haben nichts mit dem Heilwerden der Menschen (in ihrer Totalität) und der darin beginnenden Totalneuwerdung der Schöpfung zu tun. Ihr Feld ist das Gericht über die einzelnen Taten, das Christen und Nichtchristen gemeinsam trifft. Auf diesem Feld entscheidet sich das Wohl der gegenwärtigen Weltverhältnisse, darum sind hier die Gewalten engagiert — mit Recht, denn auch Gott will dieses Wohl, und die Christen sollen es mit allem Ernst wollen. Aber auf diesem Feld ent-

---

demnach die letzte a limine aus, wie es auch mit dem relativen Recht der anderen beiden bestellt sein mag. Zornesordnung wäre deuteronomistisch-apokalyptisch (unter Absehung von der weisheitlichen Komponente) geredet. Offenbar ist es aber nicht zufällig, daß Paulus eher an weisheitliche und hellenistisch-jüdische Vorstellungen anknüpft, die von Gottes Schöpfungs- und Weltlenkungshandeln ausgehen.

[547] Belege bei *Strobel*, 89f.

[548] *G. Bornkamm*, Ges. Aufs. I, 170. Vgl. aber auch die bereits in diesem Äon einsetzenden Wirkungen des Zornes Gottes in 1, 24ff.

[549] Richtig *Käsemann*, ZThK 1959, 338ff. gegen *Eck*, *Stauffer* u. a.

scheidet sich nicht das Heil der Neuschöpfung, beginnend bei der Befreiung der Menschen aufgrund des glaubenden Annehmens der Gerechtigkeitstat Gottes in Christus — ohne die Werke von Menschen. Wählt man bei der Betrachtung des menschlichen Tuns den Totalaspekt des »vor Gott« und seiner Gerechtigkeit, wie Paulus es in Rö 1, 18ff. tut, so bleibt nur das Urteil: »es ist keiner, der Gutes tut, auch nicht einer« (3, 12; vgl. Rö 7, 7ff.)[550]. Wählt man aber wie in Rö 13, 1—7 den Aspekt eines einzelnen Handlungszusammenhangs im Blick auf seinen Effekt im politischen Bereich (Luther später: coram mundo, coram hominibus), so gibt es die menschliche Möglichkeit und Notwendigkeit, das Gute zu erkennen und mehr oder weniger zu verwirklichen. Das nannten die Reformatoren im Anschluß an mittelalterliche Vorbilder »iustitia civilis«. Auch hier ist Gott am Werk, aber mit anderen Mitteln als mit dem des heiligen Geistes, nämlich mit dem lockenden und überzeugenden Mittel, das gute Werk zu fördern, und dem strafenden, das böse Werk zu richten. Hierin bedient er sich gleichsam des Selbsterhaltungstriebs der menschlichen Gesellschaft.

Dieser doppelten theologischen Auslegung der politischen Gerechtigkeitsinstitutionen im Dienst Gottes, Förderung und Schutz des Guten, entspricht die doppelte parakletische Schlußfolgerung aus *Vers 5*. Es kann kein Zweifel darüber bestehen, daß »*wegen des (Straf)zorns*« die negative Begründung aus V. 4b/c zusammenfaßt. Das heißt, Grund für die Notwendigkeit der Unterordnung ist im Blick auf die Gerechtigkeit im politischen Gemeinwesen zunächst die im Dienst Gottes stehende gerichtliche Strafe für Übeltäter, die auf das endzeitliche Gericht nach den Werken hinweist (vgl. 2c). Diese Motivation gilt ja ausdrücklich auch für Christen, sofern sie Böses tun[551]. Das Gewicht der Aussage liegt aber offenbar auf der zweiten Motivation. Nun hat es bisher nie Sicherheit über den Gebrauch von *συνείδησις* an dieser Stelle gegeben[552]. Eine wichtige Hilfe für die Erklärung ist die Strukturanalyse. Sie zeigt, daß, wenn »Zorn« die negative Seite der Begründung zusammenfaßt, Syneidesis die gleiche Funktion gegenüber der positiven ausüben muß. Offenbar bezieht sich dann das »*Mitwissen*« darauf, daß (in der vordergründigen Schicht) die Gerechtigkeitsinstitutionen das gute Werk fördern und

[550] Hier geht es im reformatorischen Sinn um den usus elenchticus legis.
[551] Mit *Walker* (8 u. ö.) gegen *Käsemann*.
[552] Vgl. *Maurer*, ThWB VII, 914, 22ff.

damit (in der theologischen Dimension) nach dem guten Willen des Schöpfers zum Nutzen der Guthandelnden wirken. Die Syneidesis hat also etwas mit dem erneuerten Nus aus 12, 2 zu tun, der den Willen Gottes, das Gute, Wohlgefällige und Vollkommene prüfen soll. Hier ist nämlich ein Beispiel seiner prüfenden Tätigkeit gegeben. Er identifiziert in den das Gute fördernden Maßnahmen der öffentlichen Gewalten den Willen Gottes. Insofern hat — wie *Maurer*[553] richtig betont — der erste Kommentar zur Stelle, 1 Pt 2, 19, Paulus richtig verstanden, wenn er schreibt *διὰ συνείδησιν θεοῦ* (wegen des Mitwissens mit Gott). Freilich haben auch die Ausleger nicht ganz Unrecht, die V. 5 so lesen: »nicht allein aus Furcht vor Strafe, sondern aus Überzeugung«[554].

Den Übergang von meiner auf die Objektseite der Syneidesis den Akzent legenden zu dieser auf das Subjekt reflektierenden Interpretation zeigt am besten eine Stelle bei Philon (de gig. 40—47). Er sagt dort: derjenige, der Gott als guten erkennt, weist sich selbst zurecht, der aber, der Gott als herrschenden fürchtet, handelt aus Furcht vor Strafe vernünftig. Diese Ausführung nimmt einen Gedanken auf, der seit Platon in der politischen Theorie, besonders auch der Stoa einen festen Platz einnimmt[555] und der bezeichnenderweise im Zusammenhang des Gleichnisses vom inneren Menschen (Polit. 590d 3ff.) auftaucht, nämlich: am besten ist es, daß der Mensch unter der Herrschaft des Göttlichen und Vernünftigen in ihm steht, sonst gerät er unter die Herrschaft eines von außen gegebenen (Gesetzes)[556]. Wie zentral dieser Gedanke für Platon gewesen sein muß, kann man nicht nur aus seiner oben erläuterten Ontologie und Anthropologie sehen, sondern auch aus folgender Nachricht. Nach Cicero (Rep. I, 2, 3) soll Xenokrates (der zweite Nachfolger Platons in der Leitung der Akademie) auf die Frage, was seine Schüler erreichten, nur dies geantwortet haben: »das freiwillig zu tun, wozu sie die Gesetze zwängen«.

Wenn diese Verbindungslinien zwischen Paulus und der Antike wirklich gezogen werden dürften, hätten wir mitten in Rö 13, 1—7 eine weitere Spur des »inneren Menschen«. Das hieße in Verbindung mit Rö 1, 19f., 32; 2, 14f.; 7, 22 und 12, 2: der innere Mensch jedes Menschen stimmt dem Guten (Gesetz Gottes) zu. Im Blick auf die

---

553 AaO 915, 5ff. Er erkennt allerdings nicht, daß die *συνείδησις* speziell auf die positive Seite der Begründung zu beziehen ist, und formuliert zu allgemein: »*συνείδησις* ist das verantwortliche Mitwissen um die letzten in Gott bestehenden Grundlagen sowohl des eigenen Seins (sic!) wie auch des konkreten Staates ...« (ebd. Zeile 2f.).

554 Vgl. *Maurer*, 914 A. 72; dazu *G. Bornkamm*, Ges. Aufs. II, 111 A. 47.

555 S. o. S. 87f.

556 S. o. S. 69. Vgl. Nomoi 684c 1 — c 10 u. 857c 4ff. Platons Vergleich der Gesetzgeber mit freien oder sklavischen Ärzten, aber auch 690c 1ff.

Totalität seines Handelns vor Gott resultiert aus der faktischen Nichtverwirklichung der Einsicht seine Unentschuldbarkeit (1, 20) und Verlorenheit (7, 24). Die Erneuerung des Nus (12, 2, vgl. Rö 6 und 8) bedeutet Befreiung der Vernunft aus den Fesseln der sündigen Begierden und Ermächtigung zum Prüfen und Vollbringen des Guten (des Willens Gottes). Darum ist gerade für den Christen die Notwendigkeit der Unterordnung unter die politischen Gewalten, die ihrem Wesen nach — und deshalb faktisch immer bis zu einem gewissen Grade — das gute Werk fördern, in der Einsicht begründet. Daß auch die Heiden und ihre Philosophen ein einsichtiges Verhalten zu der politischen Förderung des Guten anstreben und sicher auch im einzelnen erreichen, muß Paulus nicht bestreiten. Im Gegenteil, er nutzt diesen Gedanken dreifach aus: 1. zum Beweis gegen die Juden, daß die Täter, nicht die Hörer des Gesetzes gerecht sind (2, 14); 2. zur Bestätigung der Güte des Gottesgesetzes (7, 22) und hier schließlich 3. zur allgemeinen Begründung der Unterordnung nicht allein um des (befürchteten) Strafzorns, sondern um des Mitwissens willen, daß die Gewalten mit der Gerechtigkeit das Gute fördern. Diese Auslegung hat freilich die Konsequenz, auch die Syneidesis auf »jedermann« und nicht etwa nur auf den Charismatiker zu beziehen[557]. Das bietet aber vom Kontext des Römerbriefes keinerlei Schwierigkeiten; denn der erneuerte Nus unterscheidet sich in seinem inhaltlichen Verpflichtetsein überhaupt nicht vom allgemeinen Gewissen, lediglich in seinem anfänglichen Befreitsein zum Prüfen und faktischen Handeln. Das moderne Problem, daß doch nicht jeder Mensch hinter dem gerichtlichen Strafen Gottes Zorn und hinter dem politisch Förderlichen Gottes Güte zu erblicken vermag und also diese Gedanken kaum als Begründung für seine Unterordnung anerkennen wird, ist weder vom Text her gestellt — er redet zu Christen —, noch wäre diese Frage für Paulus schon ein Problem (vgl. Rö 1, 19f.; 32; 2, 14f. usw.). Aufregend genug ist bereits die Tatsache, daß nach Paulus der erneuerte, von den Begierden befreite innere Mensch (Nus) im Gemeinwesen das öffentliche Gute bewußt und freiwillig anerkennen und vollziehen soll, weil er dahinter den Willen Gottes zum Guten erkennt. Die systematische Entfaltung muß den Aufgaben und Möglichkeiten entsprechend zu allen Zeiten anders aussehen.

---

[557] Gegen *Walker*, 47.

Ebenfalls unerörtert bleibt bei Paulus das Problem, wie denn die Zustimmung zur öffentlichen Gerechtigkeit, die ja Zwang bis zur Schwertstrafe impliziert, mit der Feindesliebe und dem Sich-nicht-Rächen der Christen zusammenpaßt — das große Problem der späteren Zweireichelehre. Paulus läßt mit ungemilderter Schärfe Rö 12, 17—21 und 13, 1—7 aufeinandertreffen. Leicht läßt sich die Förderung des Guten, also Teil a) der ersten Spezialbegründung mit der christlichen Liebe und Friedfertigkeit verbinden — wie aber die *ἐκδίκησις* durch die Gewalten, die Vergeltung aus 13, 4? Sie scheint doch ausdrücklich 12, 19 zu widersprechen: »Rächt euch nicht selbst, Geliebte, sondern gebt Raum dem Zorn; denn es steht geschrieben: mein ist die Rache, ich will vergelten, spricht der Herr.« Es reicht nicht aus zu sagen, daß für Paulus hier kein Problem auftaucht, weil die Funktion der Gewalten noch nicht von Christen wahrgenommen wird. Denn er stimmt ja der Straffunktion als Christ zu, nimmt sie also prinzipiell in die christliche Verantwortung auf, wenn auch ihre faktische Wahrnahme durch Christen noch völlig außerhalb seines historischen Horizonts liegt. Die Lösung des Problems scheint mir vielmehr darin zu bestehen, daß bei genauem Hinsehen überhaupt kein Widerspruch vorliegt. Paulus sagt in 12, 19: rächt euch nicht selbst, ihr Christen. Daneben steht aber: »gebt Raum dem Zorn«. Das heißt, laßt Gott selbst das Böse ahnden. Der »Zorn« ist nun zwar sicher nach 1, 18ff. eschatologisch qualifiziert, das hindert aber nicht, daß auch die Strafgewalt aus 13, 4 im Dienst des Zornes Gottes gedacht ist. Wenn die Christen im öffentlichen Bereich den Schutz des Guten auch in seiner Zwangsvollstreckung befürworten, so geben sie damit Raum dem Zorn Gottes über das böse Werk. Die Gewalten stehen auf Seiten Gottes, nicht im Belieben der Christen. Neben seinem eschatologischen Gerechtigkeitshandeln, das für den Glauben wirksam wird, besteht, solange der Kampf der Äonen dauert, die Offenbarung seines Zorns über alle Ungerechtigkeit. Ein Zeichen davon ist auch die Feststellung in 13, 4, daß Gerechtigkeitsschutz Zwang impliziert. Welche Konflikte und Probleme entstehen, wenn Christen die Funktion solcher Gewalten ausüben müssen, ja, wenn sie dabei mitbeteiligt sind, die Form solcher Gewalten überhaupt erst konstituieren zu müssen wie in der modernen Demokratie, steht auf einem ganz anderen Blatt.

Zum Schluß muß nun aber darauf hingewiesen werden, daß die antiken Elemente der ersten praktischen Spezialbegründung durch den Gesamthorizont, in den sie bei Paulus geraten, zutiefst verwandelt werden, was nicht unwichtig im Blick auf die spätere Wirkungsgeschichte ist. Die zwei Klassen, deren eine ursprünglich durch Natur (Geburt) und Bildung zur Einsicht gelangt und deren andere durch das Gesetz zum Guten und dadurch indirekt zum Menschlichen gezwungen wird, decken sich nicht mehr in ihrer theologischen und politischen Dimension. Zwar bezieht Paulus die politischen Handlungen indirekt auf das Endgericht Gottes, aber an ihnen entscheidet sich nicht das Heil. Dieses eröffnet sich aus dem Geschenk der endzeitlichen Christuswirklichkeit, nicht aus menschlichen Werken. In tiefem Zusammenhang damit steht, daß die Unterordnungsforderung ausgerechnet zu Pneumatikern gesprochen ist — also zu solchen, die sich im analogen griechischen Entwurf ständisch als die Einsichtigen verstehen, die den Nichtgebildeten aus ihrer Einsicht in die göttlichen Naturgesetze heraus die positiven Gesetze vorschreiben. Politische Prozesse sind in der Antike ja Asebieprozesse. Wie sehr es auch in der Tradition der politischen Philosophie letztlich um Theologie geht, lehrt niemand deutlicher als Platon oder die stoische lex naturae-Theorie. Wir werden an der christlichen Reichstheologie der Alten Kirche und des Mittelalters, sogar bei Augustin und noch den Reformatoren sehen, welche religionspolitischen Konsequenzen es hat, wenn man den neutestamentlichen Gott einfach an die Stelle der alten Götter oder des Gottes der griechischen Philosophen setzt. Bei Paulus jedenfalls ist durch die Rechtfertigungslehre die theologische Unterscheidung der Menschengruppen von der Werk- und also auch der Polisebene grundsätzlich abgelöst. Gott rechtfertigt gerade die Gottlosen. Verbunden damit verhindert die Externität und der endzeitlich agonale Charakter des Heils, daß die so »Gerechtfertigten« sich als Richter über die (theologisch gesehen) Bösen aufwerfen — ein in seiner politischen Dimension in der Christenheit paulinischer Zeit ohnehin undenkbarer Gedanke.

Blickt man auf die erste praktische Spezialbegründung der Unterordnungsforderung insgesamt zurück, so ist es gewiß richtig zu sagen, Paulus rede hier nicht allgemein vom Wesen des Staates; denn Paulus interpretiert ganz bestimmte, institutionell verankerte Funktionen der öffentlichen Gewalten. Allerdings ist es kein Zufall, daß er gerade die Gerechtigkeitsinstitutionen an den Anfang stellt und relativ breit behandelt. Denn das Thema der Gerechtigkeit (des Guten) ist nicht nur historisch seit Platon in der antiken Umwelt, sondern auch sachlich ein, wenn nicht das Zentralproblem des politischen Lebens. Das kommt darin zum Ausdruck, daß es die Mitte des römischen ius publicum bildet. Implizit kritisch gegenüber den antiken Traditionen wirkt es sich aus, daß Paulus die Ebene der Politik als die Ebene der Werke kennzeichnet, die durch die Rechtfertigungslehre nicht mehr als der Ort angesehen werden, an dem sich Heil und Unheil entscheiden.

Vers 6: Die Steuerfrage wird daneben von Paulus nur kurz abgehandelt. Da *τελεῖτε* nur Indikativ und nicht Imperativ sein kann[558] und das »denn« in Parallelität zu denen in V. 3a und 4b steht, haben wir es in diesem Satz mit einer weiteren praktischen Begründung der Unterordnungsforderung zu tun. Das gilt, gerade wenn »deshalb« auf V. 5 bezogen werden müßte[559], d. h. wenn Paulus sagen wollte: Deshalb, weil nicht nur wegen des Strafzorns, sondern auch wegen des Mitwissens Unterordnung notwendig ist, zahlt ihr ja auch Steuern. Denn in den beiden Gliedern »Zorn« und »Mitwissen« ist ja die praktische Begründung im Blick auf die die Gerechtigkeit betreffenden Gewalten aufgehoben. Ob man von daher auch das Steuererheben im Blick auf seinen Nutzen einerseits und seine Zwangseinziehung andererseits verstehen soll, ist nicht gesagt, wäre aber bei buchstäblicher Deutung des »deshalb« im Horizont des vorangehenden Doppelgliedes möglich.

Jedenfalls aber will Paulus das Steuerzahlen ganz analog dem Unterordnen unter die Gerechtigkeitsgewalten auf Gottes Handeln durch die Steuer erhebenden Gewalten bezogen wissen. Denn er fügt hinzu: »*λειτουργοὶ γὰρ θεοῦ εἰσιν εἰς αὐτὸ τοῦτο προσκαρτεροῦντες*«. Man kann diesen Satz so verstehen, daß »Diener« Subjekt ist[560], oder aber so, daß die Gewalten zu ergänzen sind, denn sie — die Gewalten — sind Diener Gottes, die eben darauf ständig bedacht sind[561]. Ich ziehe die zweite Version wegen der strengen Parallelität zu den Diener-Formeln im Strukturschema vor. Freilich hilft die Einsicht in diese Analogie wenig zur Erkenntnis des Zwecks, den Paulus hier den Steuer erhebenden Gewalten von Gott her zumißt. Das *εἰς αὐτὸ τοῦτο* läßt keine inhaltliche Bestimmung wie *εἰς ἀγαθόν* oder *εἰς ὀργήν* erkennen, sondern kann sich nur auf die Faktizität des

---

558 *Michel*, 319 z. St.; vgl. *Walker*, 50 A. 203.
559 Vgl. *Walker*, 49f.; dort s. weitere Auslegungsvarianten.
560 *M. Dibelius*, 181 A. 8. Dagegen *Walker*, 51 A. 204.
561 *Walker*, 51.

Steuerzahlens beziehen. Sprechender wäre die Aussage, wenn man annehmen könnte, daß Paulus die Nähe des Steuerrechts zum öffentlich-rechtlichen Bereich vor Augen hatte und dieses also unter dem Aspekt des Gemeinwohls interpretiert werden dürfte. Da sich hier aber letzte Klarheit kaum erreichen läßt, muß man sich damit begnügen, daß Paulus einfach feststellt: eine spezielle Begründung für die Unterordnung unter politische Gewalten ist neben deren Rechtsfunktionen die Steuererhebung im Dienst Gottes. Die spezielle parakletische Konsequenz wie in V. 5 braucht Paulus aus dieser Begründung nicht zu ziehen; denn in *Vers 7* folgt direkt die Zusammenfassung der Paraklese, die aus den beiden Spezialbegründungen folgt. Vorher aber zeigt der Satz *ἀπόδοτε πᾶσιν τὰς ὀφειλάς* an, daß es sich in V. 3—6 nur um Beispiele der weltlichen Verpflichtungen handelte. Diese Aussage ist aber vor allem darum wichtig, weil sie das allgemeine »unterordnen« praktisch interpretiert als »Schuldigkeiten zahlen« oder »Verpflichtungen nachkommen«. Damit ergibt sich für das systematische Verständnis des ganzen Textes der Vorteil, daß man die Kategorie des »Unterordnens«, die offenbar an bestimmte soziale Verhältnisse gebunden ist, schon im paulinischen Horizont in ihrer sinngemäßen Verknüpfung mit »Verpflichtetsein« auslegen kann.

Paulus nennt nun zuerst die Verpflichtung der zweiten Spezialbegründung: *τῷ τὸν φόρον τὸν φόρον, τῷ τὸ τέλος τὸ τέλος*[562]. Sicher sollte man beachten, daß es nicht heißt *ᾧ τὸν φόρον* usw., d. h. *wem* ihr Steuer (schuldet). Daraus aber abzuleiten, es sei nur auf den Zwangscharakter der Steuerforderung abzuheben und *τῷ κελεύοντι* o. ä. zu ergänzen[563], scheint mir den Charakter der »Schuldigkeit« zu zerstören[564] und außerdem die positive Funktion der Syneidesis zu verdecken, die ja doch durch den Anschluß in V. 6 (deshalb) aller Wahrscheinlichkeit nach auf die Steuerfrage übergreift. Man sollte also besser ergänzen: »gebt Steuer demjenigen, dem Steuer zukommt usw.«. Das entspräche exakt dem »Gebt dem Kaiser, was des Kaisers ist« (Mk 12, 17) und hieße vom Steuerzahlenden her gesehen sachlich in der Tat »wem ihr Steuer schuldet«.

---

[562] Zum Unterschied von direkter und indirekter Steuer s. *Lietzmann*, HNT 8, 1933⁴ z. St.

[563] So *Walker* (54f.) in der Konsequenz seiner Theorie.

[564] *Walker* (55 A. 228) lehnt ohne Begründung den Verpflichtungscharakter der »Schuldigkeiten« ab.

»*Furcht, dem Furcht zukommt*« bezieht sich klar auf die negative Seite der ersten praktischen Spezialbegründung, nämlich auf die Furcht vor der richterlichen Strafgewalt. Hier zeigt sich noch einmal, daß diese Furcht auch dem Christen geboten ist — für den Fall, daß er Böses tut.

»*Ehre, dem Ehre zukommt*« sollte man aufgrund der Strukturanalyse nicht allgemein fassen[565], sondern auf die positive Seite der Gerechtigkeitsgewalten beziehen. Ehre kommt demnach den Gewalten in der Funktion zu, daß sie das gute Werk zum Guten für die Betroffenen fördern.

d) Hermeneutische Erwägungen zu Rö 13, 1—7 und zur Stellung des Paulus innerhalb der neutestamentlichen Botschaft

Die Exegese von Rö 13, 1—7 hat gezeigt, daß in allen drei möglichen Hauptauslegungsvarianten, der naturrechtlichen, der »ordnungstheologischen« und der »paränetischen«, gewisse Wahrheitselemente enthalten sind, die aber je für sich genommen zu einer einseitigen Interpretation führen. Im Gesamtansatz verdient die »paränetische« oder besser die parakletische den Vorzug; denn Rö 13, 1—7 steht unter dem Vorzeichen von 12, 1f., dem Aufruf an die Christen, ihre eschatologische Erneuerung durch die Taufe bis in das Leibliche und das alltägliche Leben in Kirche und Welt hinein zu verwirklichen oder genauer: die Macht des Geistes der Neuschöpfung in diesen Dimensionen wirksam werden zu lassen. Von daher ist auch die spätere Frage nach der Verantwortung der Christen in politischen Institutionen systematisch gesehen offengehalten. Geht man von dem Ort des Textes in der Paraklese aus, wird man sogar Käsemanns Tendenz folgen müssen, die »iustitia civilis« bei Paulus ausschließlich unter dem Aspekt zu betrachten, wie sie von den *Christen* verwirklicht wird[566]. In der Tat geht Paulus in allen seinen Überlegungen von der Gemeinde und der Neuschöpfung in Christus aus. Ihr gilt seine Mission und Arbeit. Wo die Gemeinde in der Welt lebt,

[565] Zu den praktischen Ausprägungen der politischen »Ehre« vgl. *Strobel*, 83f.

[566] Vgl. unter diesem Aspekt die Bemerkung *P. Stuhlmachers* (Gerechtigkeit, 229): »Es geht in der paulinischen Ethik um einen doppelten Sachverhalt: um den Dienst am Nächsten und zugleich den Schutz des Täuflings gegen die Übermacht der *σάρξ*.« Widersprechen muß man freilich *E. Wolf*, der auch Luthers Begriff der iustitia civilis und seine systematischen Konsequenzen nur in diesem Horizont behandelt (z. B. Peregrinatio I, 232 und 237 als Lutherauslegung und II, 223f.; 239ff. als eigene systematische Entfaltung). Dazu mehr in Kap. IV.

nimmt sie verstehenden Bezug auf diese Welt. Aber deren eigene Fragen, z. B. ihr Bestand in der politischen Dimension und eine allgemeine »iustitia civilis« werden — zumal angesichts der unmittelbaren Naherwartung — nicht zum selbständigen Problem erhoben. Alles diesbezügliche wird theologisch an einen systematisch sicher ausbaufähigen Ort gestellt (man beachte das »jedermann« in 13, 1), aber bekommt kein Eigengewicht.

Es ist jedoch — auch historisch gesehen — nicht haltbar, daß man aus Sorge über Versuche, spätere theologische oder philosophische Entfaltungen (auch Verfälschungen) in den Text einzulesen, ganz darauf verzichtet, den systematischen Ort der paulinischen Weltaussagen scharf zu fixieren. In Rö 13, 1—7, wo von dem speziellen Verhalten der Christen den politisch-gesellschaftlichen Gewalten gegenüber die Rede ist, kreuzt sich nämlich mit der von Christologie und Pneumatologie herkommenden und auf die vollendete Neu-Schöpfung zulaufenden Linie eine andere. Die Christen werden offenbar nicht nur mit der Spontaneität ihrer Geistbegabung (Liebe) in eine Welt geschickt, die in sich amorph oder rein negativ qualifiziert wäre. Vielmehr treffen sie im alten Äon auf Vorgegebenheiten, die nicht nur qua Ursprungsschöpfung von Gott eingerichtet, sondern gegenwärtig von Gott gewollt und in Dienst genommen sind. Christlich-eschatologische Paraklese kommt also offenbar wegen Gottes Herrsein über seine alte (!) Schöpfung nicht darum herum, sich sehr detailliert auf diese Schöpfung zu beziehen, und zwar nicht nur unter dem Aspekt des geschichtlichen Gerichtshandelns Gottes wie in der deuteronomistisch geprägten Apokalyptik, sondern unter dem Aspekt der fruchtbaren Bewährung des neu geschenkten Heils. Hier liegt das eigentlich treibende Motiv dafür, daß Paulus an weisheitliche und hellenistisch-jüdische Traditionen anknüpft, die bei Gottes kontinuierlichem Schöpfungshandeln ansetzen. Die Gefahr beim Herunterspielen und religionsgeschichtlichen Relativieren der Begründungssätze liegt deshalb darin, den christlichen Glauben trotz aller gegenteiligen Beteuerungen weltlos zu machen.

Das gleiche Problem würde entstehen, wenn man die Frage des Gesetzes und der Werke im Aspekt coram deo untersuchte. Auch hier geht es zugleich um Weltinterpretation (in Rö 1, 18 — 3, 20 bezeichnenderweise wiederum mit Hilfe von griechischem und hellenistisch-jüdischem Vorstellungsmaterial), nämlich um die Frage des Guten und Bösen in der Welt — als Feld der Verantwortung vor

Gott. Weltbezug hat also der christliche Glaube nach Paulus nicht nur in einem — ohnehin sachlich gar nicht zu isolierenden — Bereich der »Ethik«, sondern ebenso im Zentrum der »Dogmatik«, nämlich der Rechtfertigungslehre. Das Wort »konkreter Gehorsam« deckt häufig nur den Verzicht auf die Mühe, die Welt als Welt wirklich zu verstehen und theologisch zu interpretieren. Unangemessen ist dabei im Blick auf Rö 13 besonders die einseitige Betonung der Personalität der Gewalten. Als ob politisch-gesellschaftliche Gewalten ohne institutionelle Komponente überhaupt je existiert hätten! Unangemessen ist aber auch die modern theologische Abneigung, Strukturen der Welt zu erforschen — aus Angst, man könne in »metaphysische Wesensaussagen« geraten. Vollzieht sich die vielberufene »Geschichtlichkeit« etwa strukturlos? Wenn Gott von den Menschen das gute Werk in seiner Schöpfung und für seine Schöpfung will — sein Endgericht fragt den Menschen genau danach (Rö 2, 6ff. u. ö.), und seine endzeitliche Erneuerung des ganzen Menschen bringt genau dieses Werk hervor (Rö 12f.) — dann sind sämtliche Erkenntnisvermögen der Menschen und gerade der Christen zu aktivieren, um die Bedingungen der Welt, in der gut gehandelt werden soll, zu prüfen und zu erforschen[567]. Die Weltbezogenheit des christlichen Glaubens in seiner ethischen Dimension erweist sich im Neuen Testament, zumal bei Paulus, deutlich darin, daß nicht einfach gesagt wird: »liebe!«, sondern ständig »Anwendungen« der Liebe entfaltet und kritisch mit allgemein menschlicher Welt- und Wahrheitserkenntnis vermittelt werden. In Rö 13, 1—7 geschieht das nur in besonders präziser, ausgeführter Weise, auch sticht der Abschnitt durch direkte theologische Interpretation der Weltverhältnisse gegenüber verwandten Texten hervor. Daß Paulus bei solcher Interpretation hier und sonst in Begründung und Inhalt auf hellenistisch-jüdische Paränese zurückgreift, relativiert das Gesagte nicht, sondern unterstreicht es. Denn er bezieht sich damit nicht nur auf den Dekalog als spezielles Gesetz für ein Volk, nämlich das der Juden. Die Diasporasynagoge hatte ja die Mosetora mit dem Naturgesetz identifiziert und konnte auf diese Weise allgemein verbindliche Weltdeutungen und ethische Einzelweisungen integrieren. Hierin folgt ihr Paulus, wenngleich er diese Integration in einem anderen Horizont vornimmt.

---

[567] Vgl. die einleitenden Erwägungen zum Verhältnis von Verantwortung und Erkenntnis.

Nun hat, wie gesagt, die geschilderte Abneigung der »paränetischen« Auslegung gegen die Begründungssätze und ihre Weltinterpretation ihr heimliches Motiv in der aktuell polemischen Auseinandersetzung mit Exegesen, die zeitlos Welt gleich Welt und unsere Zeit gleich der des Paulus setzen. Wer im Zusammenhang von Rö 13 »Naturrecht« oder »Schöpfungsordnung« sagt, meint eben meist, heute buchstäblich die gleiche Position vertreten zu müssen. Dadurch trägt er aber notwendigerweise unvermerkt die eben doch veränderten Fragestellungen und Denkweisen späterer Zeiten und seiner eigenen in den Text ein, so daß z. B. die Ordnungen der Welt ein Eigengewicht bekommt, das sie bei Paulus nicht hatten. Besonders deutlich wird dieser Vorgang, wenn sich die neuen Probleme, die mit der französischen Revolution, ihren Voraussetzungen und Folgen zu tun haben, in die historische Interpretation einschleichen. Rö 13, 1—7 und seine Ordnungsbegriffe werden dann etwa ganz abgelehnt oder zum Hort antirevolutionärer Restauration[568] und antidemokratischer Tendenzen[569]. Aber nicht nur die Ordnungsvorstellungen werden auf diese Weise von vornherein diskreditiert. Auch der naturrechtliche Hintergrund des Textes wird zum systematischen Schibboleth, wenn römisch-katholische Auslegung das thomistische, keineswegs aber das antike Naturrechtsverständnis bei Paulus voraussetzt.

Die Aporien zwischen welt- und inhaltsloser Paränese einerseits und überinterpretierenden Ordnungs- oder Naturrechtstheorien andererseits kann man m. E. nur auflösen, wenn man Paulus gibt, was des Paulus ist, nämlich seinen historischen Horizont mit allen aufzuweisenden antiken Dimensionen, dies allerdings in sachkritischer Absicht. Das impliziert *hermeneutisch* im Blick auf das Gesamtverständnis des Paulus zweierlei: 1. Paulus selbst ist sowohl an seinen und seiner Umwelt Traditionen (einschließlich der neutestamentlichen) als auch an den von ihm selbst z. T. in polemischer Auseinandersetzung aufgestellten Kriterien zu messen. 2. Im Blick auf spätere Zeiten kann man das Weltbild des Paulus, insbesondere das von Rö 13, 1—7, weder einfach übertragen oder selbst übernehmen — was notwendig restaurative Konsequenzen hätte — noch aber auch um der Abwehr dieser Konsequenzen willen seinen Weltbezug leugnen oder minimalisieren. Vielmehr ist man gezwungen, die von Paulus gegenüber

---

[568] Z. B. bei *F. J. Stahl* im 19. Jh.

[569] Z. B. in bestimmten Ausprägungen des Erlanger Luthertums bis hin zum »Ansbacher Ratschlag«.

den Griechen zum ersten Mal gesehene und eröffnete Möglichkeit, die endzeitliche Christusbotschaft samt ihren Folgen universal, d. h. auch und gerade für Nichtjuden zu interpretieren, unter Beachtung der jeweiligen historischen Bedingungen und Aufgaben neu zu realisieren.

Was den *ersten* Punkt angeht, so habe ich mich im Vorangegangenen vor allem auf das Verhältnis zwischen Paulus einerseits und den antiken und jüdischen Traditionen andererseits konzentriert. Weitgehend ausgeklammert habe ich die Beziehung des Apostels zu anderen neutestamentlichen Traditionen, vor allem aber zu *Jesus* selbst. Hier wäre — über die gelegentlichen Konvergenzen in der Frage der Kaisersteuer hinaus — eine grundsätzliche Untersuchung für unsere Fragestellung nötig. Da aber die zum Thema Paulus—Jesus zur Verfügung stehenden Monographien die Stellung beider zur Welt im positiven Sinn von Schöpfung und Aufgabenbereich des Menschen weitgehend ausklammern, wäre hierzu eine eigene Untersuchung nötig. Immerhin ermöglichen die vorliegenden Erkenntnisse der Forschung, trotz aller Unterschiede von einer letzten sachlichen Einheit zwischen Paulus und Jesus auszugehen. Diese liegt im Ansatz bei der Eschatologie, wenngleich Paulus auf das Christusereignis als ein endzeitliches bereits zurückblicken kann — woraus sich alle Unterschiede in der Auffassung der Zeitmodi, des Gesetzes und des Glaubens bei ihm ergeben[570]. Aber auch im Blick auf unsere spezielle Themenstellung kann *P. Stuhlmacher* schreiben, »daß die Ethik des Paulus in sachlich verblüffender Parallelität zu Gebot und Anweisung Jesu steht ... Außerdem sind die traditionsgeschichtlichen Verbindungslinien zwischen Paulus und der Jesustradition gerade auf paränetischem Gebiet verhältnismäßig eng (vgl. 1 Ko 7, 10f.; 9, 14; Rö 12, 14 usw.)«[571]. Diese Hinweise reichen aber noch nicht aus, sondern müßten auf das für Jesus charakteristische Grundverhältnis zwischen Gottes kommender Königsherrschaft und seiner gegenwärtigen Vaterschaft bezogen werden[572]. Beides ist ja bei ihm

[570] Grundlegend *E. Jüngel*, Paulus und Jesus.

[571] Christliche Verantwortung, 173, mit Hinweis auf *G. Bornkamm*, Jesus, 88ff.

[572] Erwägenswerte Überlegungen stellt hier *Neugebauer* (163ff.) an. Er geht von der durch Jesus aufgewiesenen und gelebten doppelten Nähe Gottes als Vater und König aus und kommt zu dem Schluß: »Aus der radikalen Ernstnahme des Königtums Gottes und dessen eschatologischer Offenbarung wird die radikale Ernstnahme der Vaterschaft Gottes empfangen«. Vom gleichen Ansatz her (42ff.) sagt *L. Goppelt:* »Jesus führt den Menschen aus der Sphäre des Gesetzes und des

keineswegs in Konkurrenz zueinander gesehen, sondern — es handelt sich um Jesus — in einer wohl konstitutiv unnachahmbaren Weise gleichzeitig und sich wechselseitig erhellend präsent[573]. Freilich wird auch hier nicht einfach symetrisch nebeneinander geordnet. Ich möchte dieses Verhältnis von Gottes Königsherrschaft und Vaterschaft und entsprechend die Beziehung der Menschen zu beiden *asymmetrisch komplementär* nennen. »Trachtet *am ersten* nach dem Reich Gottes und nach seiner Gerechtigkeit, so wird euch solches (worum es im weltbezogenen Leben zu sorgen gilt) alles zufallen[574].« Immerhin wird die Wahrhaftigkeit des Gottesverhältnisses bei Jesus daran geprüft, ob der Mensch bereit ist, *vor* dem Gottesdienst und als Gottesdienst den Mitmenschen zu dienen (Mt 5, 23f.; 25, 31ff.). Außerdem wäre zu fragen, ob nicht Jesu völlig unasketische Lebensweise — man nennt ihn »Fresser und Weinsäufer« (Mt 11, 19) — die bei Paulus an einigen Stellen zweideutig bleibende Verhältnisbestimmung von Neuschöpfung und Schöpfung theologisch präzisieren könnte und müßte. Man denke an das erwähnte Problem der popularphilosophischen Elemente in den paulinischen Laster- und Tugendkatalogen, welche durchaus die Tendenz fördern, die theologischen Begriffe des sündigen »Fleisches« und des neuen Geistes mit den gleichnamigen anthropologischen des Körpers und der Vernunft zu verwechseln. Hier könnte schon das von Paulus selbst aufgestellte Kriterium der zur Liebe erneuerten Vernunft Sachkritik am Platz erscheinen lassen, sicher aber die mit den Äquivokationen ringende spätere Theologie, zumal seit dem Neuplatonismus im Abendland. Allerdings ist bei dieser Sachkritik sorgfältig auf die historischen Umstände zu achten. So z. B. war die philosophische Bewegung des theoretischen Lebens gegen die sich im Zank um leibliche Güter gegenseitig zerstörende

Bösen heraus dem Gott in die Arme, der jetzt durch ihn seine endzeitliche heilvolle Herrschaft aufrichtet und läßt ihn, von dieser Begegnung aus seinen Blick gleichsam zurückwendend, Gott zugleich als den Schöpfer und den Herrn der Geschichte finden.« (46) Von diesen Gedanken her verbinden beide die Zinsgroschenperikope (Mk 12, 17 par.) mit Rö 13, 1—7.

[573] *C. Conzelmann*, Grundriß, 118, weist m. R. darauf hin, daß das exegetische Problem vor allem darin besteht, daß Jesus selbst die Gedanken der Vaterschaft Gottes und der kommenden Königsherrschaft nicht logisch miteinander verbindet.

[574] Mt 6, 33. Zu verweisen wäre ebenfalls auf die wie bei Paulus sichtbare zeichenhafte Durchbrechung der Schöpfungswirklichkeit: einzelne Jünger werden aus Familie und Beruf herausgenommen; auch die Wunder wären zu nennen; vgl. auch Mt 22, 30 das Wort von der Ehelosigkeit des Auferstehungslebens. Zum Begriff der asymetrischen Komplementarität vgl. auch u. Kap. IV A. 112 u. S. 520.

frühgriechische Gesellschaft eine Überlebensfrage; so war die asketische Strenge der christlichen Gemeinde in der sich auflösenden spätantiken Gesellschaft ein wirkliches Kapital und eine der wesentlichen Kräfte des frühen Christentums. Man darf diese Fragen nicht einfach von unserem Jahrhundert aus beurteilen, in dem die Trennung des Menschen von der Natur durch die künstliche Welt der Technik eine bewußte Förderung des Leiblichen erfordert. Vor allem aber kann im Blick auf Paulus gar kein Zweifel darüber bestehen, welch epochalen Schritt es für die Christus folgende Gemeinde bedeutete, daß er ihr den universalen Raum der hellenistischen Welt und damit der griechischen Tradition erschloß — ein Schritt, der angesichts einer neuen Stufe der menschheitlichen Universalität in der Gegenwart systematisch kaum ausgeschöpft scheint, zumal eine starke Tendenz in der heutigen Theologie wirksam ist, allein am Alten Testament anzuknüpfen und dieses undifferenziert gegen »das griechische Denken« — ungewollt damit aber auch gegen die heidenchristliche Schicht des Neuen Testaments auszuspielen. — In diesem Zusammenhang ist es sehr interessant zu sehen, daß auch Jesus trotz seines eigens auf Israel zielenden Wirkens in seinem Reden und Handeln eine ganz spezifische Universalität zum Ausdruck bringt. Traditionsgeschichtlich gesehen zeigt sich das an seiner außerordentlich starken Integration weisheitlicher Elemente in den eschatologischen Grundansatz[575]. Ob man hier an die Evidenz seiner Gesetzesauslegung, seiner Auslegung des Schöpfungshandelns des Vaters, an das Stilmittel der Gleichnisse oder an die Treffsicherheit seiner Streitgespräche denkt — immer überführt Jesus seine Partner durch ein unmittelbares Verstehen. Diese knappe Aufzählung zeigt schon, daß es sich hier nicht um die späte, sogenannte »theologische« Weisheit handelt, die mit ihrem spekulativen Interesse vor allem im griechische Traditionen verarbeitenden Diaspora-Judentum ihre Fortsetzung findet, sondern um die Erfahrungs- oder Spruchweisheit. Auch hier geht es um ein internationales, nämlich altorientalisches Phänomen[576], das aber eine Denkform repräsentiert, die noch nicht mit griechisch-systemati-

---

[575] Vgl. vor allem *G. Bornkamm*, Jesus, 88ff. Zur formgeschichtlichen Problematik s. *R. Bultmann*, Geschichte der synoptischen Tradition, 73ff. Die Bedeutung der weisheitlichen Traditionen für die Überlieferung der Jesusworte in der Logienquelle arbeitet *D. Lührmann* (Studien, 105ff.) heraus. Vgl. auch meine Skizze »Die Bergpredigt in 19 Jahrhunderten«.

[576] Vgl. die bei *E. Gerstenberger* (Zur alttestamentlichen Weisheit) besprochene Literatur.

schem Geist in Berührung gekommen ist. Beiden analog ist aber der elementare »profane« Erkenntniswille, worauf es hier im Vergleich von Jesus und Paulus gerade ankommt. Ohne den exegetischen Beweis jetzt antreten zu können, sei folgende Hypothese erlaubt: der traditionsgeschichtliche Ort, an dem Paulus sich auf das vernünftige Verstehen aller Menschen bezieht, ist die Kreuzung zwischen jüdischer schöpfungstheologischer später Weisheit und griechischer Ontologie. Für Jesus ist dieser Ort die orientalisch-alttestamentlich-jüdische Erfahrungsweisheit. Beide setzen diese Traditionen auf je charakteristische Weise in Beziehung zu ihrer Eschatologie, was auch auf diese, sicher aber auf die Verhältnisbestimmung von Neuschöpfung und Schöpfung Auswirkungen haben dürfte. Beide ergreifen die weisheitlichen Mittel vor allem aus zwei Motiven: um alle Menschen vor Gott zu überführen (bei Jesus aber auch: zu trösten) und um allen Menschen im allgemeinen und besonderen die Evidenz der Nächstenliebe (als Willen Gottes) zu demonstrieren. Bei beiden gerät dabei die geltende Lebensweisheit in das helle Licht der in Jesus sich neu zeigenden Wahrheit Gottes — so die ursprünglich einen »naiven Egoismus« aussprechende goldene Regel (Mt 7, 12)[577] in das Licht der Feindesliebe. Es kann nach alledem kein Zweifel sein, daß die biblischen Weisheitstraditionen eine völlig neue systematisch-theologische Würdigung erfahren müßten[578].

Die Gemeinsamkeiten zwischen Jesus und Paulus, die auszuarbeiten bei der gegenwärtigen Forschungslage eine Monographie erfordern würden, lassen es entschuldbar erscheinen, sich bei der Darstellung der neutestamentlichen Basis für die spätere Zweireichelehre vor allem auf Paulus zu konzentrieren. Zu diesem negativen Grund kommt der positive, daß Paulus auch faktisch den Hauptbezugspunkt des späteren abendländischen Denkens im Umkreis des Zweireiche-Themas darstellt. Freilich steht daneben gleichrangig die Problematik Bergpredigt—Kaisersteuer bei Jesus, aber schon seit Augustin (ep. 138, 9) wird die Bergpredigt zusammengefaßt durch Rö 12 (17), 19—21, wo

---

577 Vgl. *R. Bultmann*, 93 u. 107, vor allem aber die Monographie von *A. Dihle*, Die goldene Regel. Eine Einführung in die Geschichte der antiken und frühchristlichen Vulgärethik. Dihles skeptische Beurteilung der Verbindung von Nächstenliebegebot und der ursprünglich auf dem Prinzip der Gegenseitigkeit beruhenden goldenen Regel (S. 110ff.) beachtet m. E. noch nicht genügend die umprägende Kraft des Kontextes der anderen Jesusworte.

578 Vgl. die Bemerkungen bei *E. Gerstenberger*, Zur alttestamentlichen Weisheit, 28ff.

das Liebesgebot ebenfalls bis zur Feindesliebe ausformuliert ist. Die Spannung Bergpredigt — Römer 13 als ein Grundthema der Zweireichelehre läßt sich also ebenso an dem »Gegensatz« von Rö 12, (17) 19ff. und Rö 13, 1—7 behandeln[579]. Bezeichnenderweise taucht sogar die vollständige Zweireichelehre bei Luther zuerst in der Römerbriefauslegung von 1516/17 auf, und zwar beim Zusammenprall von Rö 13 und dem vorhergehenden Text von Kap. 12[580]. Die Vorherrschaft des Paulus im Abendland wird nicht zuletzt damit zusammenhängen, daß er dem christlichen Glauben die Tür zur griechisch-römischen Antike öffnete, diese aber die spätere Zeit in immer neuen Schüben geistig herausforderte. Immerhin ist mit einem solchen historischen Auswahlkriterium noch nicht der Wahrheitsgehalt einer sich an griechisches Denken und einer sich an orientalische Erfahrungsweisheit anschließenden theologischen Weltinterpretation gegeneinander ausgewogen. Griechische Philosophie hat unzweifelhaft entscheidende Grundlagen späterer Welterkenntnis gelegt. Aber verschiedene Probleme, die entstehen, wenn man die Unwandelbarkeit der Wahrheit annimmt, tauchen nicht auf, wenn man wie die Erfahrungsweisheit den Blickwinkel und den Zeitpunkt des Erkennens mit in das Erfassen des Wesens einer Sache aufnimmt. So z. B. kennt diese Form von Wissenschaft den Satz vom Widerspruch nicht als Grundaxiom[581] — ein für heutige Logik zeitlicher Aussagen neu virulentes Problem. Aber schon Luther verwarf im Bereich der praktischen Philosophie die lex aeterna des stoischen Naturrechts und ersetzte sie durch flexiblere weisheitliche Denkformen (goldene Regel!)[582].

Außer dem Verhältnis Paulus—Jesus müßten natürlich ebenfalls die anderen neutestamentlichen Schriften auf unsere Problematik hin untersucht werden. Hier gilt aber das gleiche Argument, daß ihre Wirkung auf die spätere Zweireichelehre gegenüber Paulus nicht ins Gewicht fällt. Ausnahmen bilden vielleicht die Apokalypse Johannes[583], mehr aber noch die Paulusschule, d. h. Kolosser, Epheser und

---

579 Vgl. Luther, Von weltlicher Obrigkeit, Widmung, WA 11, 245.

580 Dazu mehr in Kap. IV.

581 Vgl. *v. Rad*, I, 420.

582 S. u. S. 565.

583 Apk 13 schließt sich nicht nur literarisch eng an die Viertiervision in Dan 7 an, sondern verkörpert auch sachlich eine christliche Fortführung des Elements D des deuteronomistischen Geschichtsbildes. Hier ist das Weltreich der letzte endzeitliche, sich maßlos überhebende Gegner Gottes und seiner Heiligen (aber vgl. V. 7: auch ihm »*wurde gegeben*, Krieg zu führen mit den Heiligen und sie zu be-

Pastoralbriefe. An ihnen zeigt sich in zeitlich noch unmittelbarer Nähe zu Paulus, was geschieht, wenn die hellenistisch-ontologischen und die »bürgerlich-politischen« Elemente des Weltbezugs bei Zurücktreten oder gar Verschwinden der Eschatologie isoliert werden[584].

Damit ist aber schon die *zweite* Seite des hermeneutischen Problems angesprochen, nämlich die Frage, wie sich die paulinische Konzeption einer endzeitlichen Überwindung des alten durch den neuen Menschen und dessen Stellung zur Welt als Schöpfung in der späteren Geschichte bis heute angesichts neuer Aufgaben bewährt, und umgekehrt, wie die Geschichte diesen Entwurf in neues Licht des Verstehens rückt. Dabei muß jeweils nach der christologisch-ekklesiologischen Eschatologie und nach der Anstrengung gefragt werden, mit der versucht wird, die Welt theologisch zu interpretieren und auf das Sein aller Menschen coram deo (vgl. Rö 1, 18—3, 20) und ihr Handeln coram mundo (vgl. Rö 13, 1—7) zu beziehen. Das impliziert nicht mehr und nicht weniger, als für jedes Zeitalter herauszufinden, was für alle Menschen gut und wahr heißen könnte, und zwar in allen Dimensionen der Theorie und Praxis. In diesem universalen Horizont, den Paulus im Römerbrief aufreißt, wenn auch nur im Blick auf die wenigen konkreten Berührungspunkte zwischen der Welt und der damaligen, in der Naherwartung lebenden Gemeinde ausführt, läßt sich dann auch ausmachen, was in der späteren Geschichte und heute dem »unterordnen« entspricht, was den »Verpflichtungen« und was dem »Dienersein« der Gewalten.

Damit ist die hermeneutische These der Einleitung wiederaufgenommen, die besagt, daß ein direktes Anknüpfen an Paulus wie überhaupt an die biblische Tradition für heutige systematische Theologie (und Verkündigung) nicht möglich ist. Nur unter Beachtung des gesamten Lernprozesses der Christenheit in der Weltgeschichte lassen sich heute Selbstaufklärung über den geschichtlichen Ort und, auf dieser Voraussetzung aufbauend, verbindliche theologische Orientierung angesichts der Zukunft erreichen. Die Historie ist keine Hilfsdisziplin, sondern konstitutiv für die Syste-

---

siegen«). Dieser deuteronomistisch-apokalyptische Aspekt des Weltreiches bleibt neben Rö 13, 1ff. auch weiter in der Geschichte der Kirche wirksam und wird meist in Verfolgungszeiten virulent (vgl. z. B. die stark negative Sicht Roms nach 410 bei Augustin im folgenden Kapitel).

[584] Dazu vgl. den genannten Aufsatz von *P. Stuhlmacher*, Christliche Verantwortung bei Paulus und seinen Schülern (173ff.).

matik. Im Zuge der gewählten Methode, nicht eine fortlaufende Entwicklung der Zweireichelehre nachzuzeichnen, sondern an entscheidenden Knotenpunkten jeweils die Ganzheit eines Entwurfs zu erfassen, gehe ich nun gleich zur Betrachtung Augustins über. Dabei wie auch bei der Behandlung des Mittelalters ergeben sich von selbst verschiedene Rückverweise auf die Zeit zwischen Paulus und dem großen Bischof von Hippo.

II. Kapitel: Augustin

Der eschatologische Kampf
zwischen civitas dei und civitas diaboli
und ihr gemeinsamer Gebrauch des irdischen Friedens

Obwohl über Augustins[1] civitas-Lehre nicht weniger geschrieben wurde als über Römer 13 und die zwei Reiche Luthers, konnte bisher dort wie hier in der Forschung keine Einigung über den Sinn der jeweiligen Entwürfe erzielt werden[2]. Der Streit geht einmal um das Verhältnis von »Kirche« und »Staat« zu den zwei civitates. Dieses Thema wird aber bei Augustin gemäß seiner historischen Situation erst am Rand sichtbar und gehört bis auf weniges in das Problem der mittelalterlich-hierokratischen Interpretation seiner Gedanken. Ich behandele es deshalb am Schluß dieses Kapitels gesondert[3]. Zentral dagegen sind die Kontroversen um die Herkunft der Augustinischen Zwei-civitates-Theorie; denn man kann deren Architektonik und Neuakzentuierung gegenüber der Tradition nicht erfassen, wenn man die in ihr verarbeiteten Strukturelemente in ihrem Grundsinn nicht kennt. Methodisch ist es bei diesem Problem nicht ratsam, einfach vom klassischen Spätwerk De civitate dei auszugehen und jeweils nach der Vorgeschichte der einzelnen Aussagen zurückzufragen. Es hat sich allzu oft gezeigt, daß jeder Ausleger bei diesem Vorgehen die

---

[1] Augustins Schriften gebe ich nach dem Abkürzungsschlüssel des Thesaurus linguae latinae an. Ihr Erscheinungsjahr und ihr Ort in den verschiedenen Ausgaben sind bequem zu finden bei *H. I. Marrou*, Saint Augustin et l'augustinisme, 183ff. = Augustinus (rowohlts monographien 8), 166ff. Ich zitiere nach der Ausgabe der Augustini opera im CSEL (1887ff.), soweit erschienen. Im übrigen halte ich mich an die bereits greifbaren Neudrucke im CC, für den Rest der Schriften an den Text der Mauriner-Ausgabe (Paris 1879ff.), der auch in MPL 32—47 abgedruckt ist. An Einzelausgaben lege ich zugrunde: *De civitate dei*, ed. *Dombart-Kalb*, 2 Bde. Leipzig 1928; *Confessiones*, ed. *P. de Labriolle*, abgedr. in: Augustinus, Confessiones/Bekenntnisse, eingel. u. übers. v. *J. Bernhart*, München 1955; *Soliloquia/De immortalitate animae*, rec. *H. Fuchs*, Zürich 1954. — Die Bücher innerhalb der Schriften zähle ich in römischen, die Paragraphen in arabischen Ziffern. Wo außerdem eine Kapitelangabe nötig ist, erscheint sie vor der Paragrapheneinteilung als erste arabische Zahl.

[2] Einen Einblick in die divergierenden Tendenzen gibt am besten — wenn auch nur beispielhaft für die Jahre 1954—1958, aber doch repräsentativ bis heute — *R. Lorenz*, Augustinliteratur, 58—65. Vgl. auch *I. M. Congar*, »Civitas dei« et »Ecclesia« chez s. Augustin. Histoire de la recherche: son état présent.

[3] S. u. S. 257ff.

ihn interessierenden Ausschnitte aus dem Riesengebilde betont und umgekehrt anderes wegläßt oder unterbewertet. Entsprechend legen die einen den Hauptakzent auf griechische Vorbilder, andere auf biblische und altkirchliche (besonders durch den Donatisten Tychonius vermittelte apokalyptische), andere auf manichäische[4]. Es bietet sich jedoch im Blick auf Augustin ein Weg an, der etwas mehr Genauigkeit verspricht. Augustin ist bekanntlich der erste Mensch, bei dem es einen präzisen — in den Confessiones von ihm selbst in die Reflexion erhobenen — Sinn hat, von einer Entwicklung zu sprechen. Er hat als Suchender und Wachsender die verschiedensten Einflüsse auf sich wirken lassen und sich mit ihnen auseinandergesetzt[5]. Es legt sich also im Rahmen unseres Problems nahe, das Motiv der zwei civitates von seinen Frühschriften an aufzusuchen und im jeweiligen Zusammenhang auf dahinterliegende Traditionen zu befragen. Nun hat man natürlich oft die Stellen gesammelt, an denen vor De civitate dei das Thema dieses Werkes anklingt[6]. Aber m. W. hat man damit nie konsequent die Herkunftsfrage in dem Sinn verkoppelt, ob und wie nach und nach verschiedene Kräfte wirksam wurden, um die endgültige Konzeption auszubilden.

Bei diesem methodischen Ansatz reicht es nicht aus, wie üblich[7] mit De vera religione 49—50 einzusetzen[8]. In der Tat spricht Augustin hier zum ersten Mal ähnlich wie später von zwei Menschensorten (genera hominum, noch nicht civitates) im geschichtsphilosophischen Sinn. Er beschreibt sie in Analogie zum »alten« und »neuen« Menschen, und zwar als bis zum Jüngsten Gericht vermischte Gruppen, die im universalen Geschichtsablauf auf die je verschiedenen Ziele des Reiches Gottes (ewiges Leben) oder des ewigen Todes hinwandern. Wer Augustins Entwicklung bei diesem Entwurf beginnen läßt, muß zweifellos Paulus[9] und Tychonius[10] als

[4] Im einzelnen behandelt werden diese Theorien u. S. 229 ff.

[5] S. den ausgezeichneten Überblick bei *R. Lorenz*, Art. Augustin, RGG[3] I, 738 ff.

[6] Z. B. *G. Amari*, Il concetto di storia in Sant'Agostino, 148 ff.; *A. Lauras* und *H. Rondet*, Le thème des deux cités; *A. Lauras*, Deux cités, Jerusalem et Babylone. Formation et évolution d'un thème central du »De civitate Dei«; *F. G. Maier*, Augustin und das antike Rom, 146 ff.; *G. B. Ladner*, The Idea of Reform, 256 ff.

[7] Vgl. z. B. *Amari*, 148 f.; *A. Lauras/H. Rondet*, 101; *F. G. Maier*, 147; *G. B. Ladner*, 263 ff.

[8] Dies ist die letzte Schrift vor Augustins Weihe zum Presbyter in Hippo 391, also etwa 390 geschrieben (vgl. retr. I, 13, 1).

[9] Nämlich im Blick auf die Gegenüberstellung von altem und neuem Menschen.

[10] Wegen der apokalyptischen Bestimmung der Ziele beider universalen Ge-

Hauptanreger der Zwei-civitates-Lehre annehmen[11]. Verfolgt man jedoch die zwei Hauptelemente des Gedankengangs — die Unterscheidung der beiden Menschengruppen nach alt und neu, außen und innen einerseits und das erstrebte Ziel des Reiches Gottes andererseits — bis in die ersten Schriften zurück, so zeigt sich, daß beide in vielfacher Hinsicht vorgeprägt sind, und zwar entscheidend durch bestimmte griechisch-philosophische Anschauungen. Anders ausgedrückt: man darf sich nicht allein an den civitas-Begriff halten, sondern muß die in ihn später aufgesogenen Inhalte gesondert analysieren. Erst wenn man unter diesem Gesichtspunkt die früheste Entwicklung mit einbezieht, kann man sehen, wie Augustins civitas-Lehre gewachsen und also strukturiert ist. Wir wenden uns darum zunächst der frühen Ausprägung des Reich-Gottes-Begriffs und der Anthropologie zu, ehe die Frage nach Herkunft, Entwicklung und Struktur der ausgebildeten Theorie angegriffen werden kann.

---

meinschaften als Reich Gottes und »zweiter Tod«. Zur ausführlichen Begründung dieser traditionsgeschichtlichen Herleitungen s. u. S. 221 ff.

[11] Vgl. vor allem *G. B. Ladner*, 259—266; *F. G. Maier*, 148 u. 151 f.

A. Herkunft und Anfänge der civitas-Lehre Augustins

1. *Die frühe Entwicklung von Augustins Reich-Gottes-Begriff*[12]

Augustin setzt in seiner dritten Schrift, De ordine, und ebenfalls in seiner vierten, den Soliloquien (Selbstgespräche; beide 386), das Reich Gottes mit dem neuplatonischen mundus intelligibilis gleich. In ord. I, 32 will Augustin seiner Mutter, einer einfachen Christin, klarmachen, warum vom schlichten Glauben an die heiligen Schriften aus die Philosophie nicht zu verachten sei; denn philosophia bedeute ja Liebe zur Weisheit (amor sapientiae). Lediglich die Philosophen »dieser Welt« seien zu meiden. »Daß es jedoch eine andere Welt gibt, diesen Augen völlig unzugänglich, nämlich die, welche der Intellekt einiger weniger Gesunder schaut, bezeugt Christus selbst ausreichend, wenn er nicht sagt: Mein Reich ist nicht von der Welt, sondern: ‚Mein Reich ist nicht von dieser Welt' (Joh 18, 36). Denn wer jede Philosophie fliehen zu müssen glaubt, will nichts anderes, als die Weisheit nicht lieben.«[13] Augustin befürwortet also, kurz gesagt, das Streben der neuplatonischen Philosophie, das sich auf die intelligible als die wahre Welt richtet. Die andere Stelle aus Soliloquien I, 3 steht im Zusammenhang eines großen Eingangsgebets, in dem Augustin Gott in einer langen Reihe hymnischer Prädikationen anredet. Dort heißt es: »Gott, dessen Reich jene ganze Welt ist, welche das Sinnesvermögen nicht wahrnehmen kann. Gott, von dessen (eigentlichen geistigen) Herrschaftsbereich aus das Gesetz auch für diese (irdischen) Herrschaftsverhältnisse festgesetzt wird[14].«

Wollte man diese Passagen voll verstehen, müßte man das ganze

---

[12] *R. Frick* (Die Geschichte des Reich-Gottes-Gedankens, 138ff.) berücksichtigt die frühen Texte Augustins nicht. Auch ist seine Deutung des Spätwerks einseitig an modernen protestantisch-katholischen Kontroversfragen orientiert. Vgl. kritisch *Kamlah*, Christentum, 248ff.

[13] »Esse autem alium mundum ab istis oculis remotissimum, quem paucorum sanorum intellectus intuetur, satis ipse Christus significat, qui non dicit: regnum meum non est de mundo, sed: ‚Regnum meum non est de hoc mundo'. nam quisquis omnem philosophiam fugiendam putat, nihil nos vult aliud quam non amare sapientiam«. Dazu vgl. *Holte*, Béatitude et Sagesse, 95ff.

[14] »Deus cuius regnum est totus mundus, quem sensus ignorat. Deus de cuius regno lex etiam in ista regna describitur«.

plotinisch-neuplatonische System als Gegenbild zeichnen, zumindest aber die Vorstellung von der intelligiblen (Struktur der) Welt, vom Kosmos noetos. Hier muß eine oberflächliche Skizze genügen[15].

Nahm man bisher gewöhnlich an, Plotins Verhältnisbestimmung zwischen dem transzendenten, nur negativ bestimmbaren Einen (Ursprung) und der ersten Hypostase, dem nushaften Sein, der intelligiblen Welt, stelle eine Vermittlung von platonischer und aristotelischer Seinslehre dar[16], so hat *H. J. Krämer* mit guten Gründen eine andere Deutung wahrscheinlicher gemacht. Nach seiner Ansicht entspringen aus der von pythagoreischer Zahlenlehre beeinflußten älteren Akademie, vielleicht schon aus dem späten Denken Platons selbst zwei Ströme der Nusmetaphysik. Die eine Denkrichtung hält sich an die vorherrschende Meinung Platons und setzt das Eine über dem Nus, jenseits des Seins an. Sie wird vor allem von Speusipp vertreten und tritt dann wieder mit voller Kraft bei Plotin hervor, der insofern nur Erneuerer der alten akademischen Nusmetaphysik ist. Der andere Strom wird zuerst bei Xenokrates, dann aber in besonderer Ausprägung bei Aristoteles sichtbar und beeinflußt vor allem die erste Erneuerung des platonischen Denkens (gegen die »hellenistische Immanenzphilosophie« stoischer Prägung) im mittleren Platonismus. Hier wird das transzendente Ursprungsein des Einen (Gott) nicht eigens in seinem Ansichsein thematisiert, sondern — vielleicht in Anpassung an den immanenzphilosophischen Zeitgeist und um gegen ihn die Transzendenz überhaupt noch zu »retten«[17] — dieses Eine ausschließlich in seinem Kosmosbezug und damit als weltstrukturierender und -bewegender Nus entfaltet[18].

Zu dem pythagoreisch-altakademischen Schichtenmodell (*ἕν — νοῦς = ἀριθμοί, μεγέθη* = Inbegriff des in den Ideen aufgefächerten Weltmodells — *ψυχή — σώματα*) tritt bei Plotin allerdings ein zweites hinzu[19]. Aus neupythagoreischer Tradition übernimmt er den Gedanken, daß die Eins die Zwei und dadurch alle weiteren Zahlen aus sich entläßt. Dadurch kann er einmal das zweite Prinzip der Akademie, die unbegrenzte Zweiheit aus dem Einen selbst ableiten, vor allem aber den Prozeßcharakter (Emanation) im Urakt und in allem weiteren Seinsgeschehen herausarbeiten. Sein System sieht danach vereinfacht so aus: im Urakt entläßt das Eine (Überdenken, Übersein) aus sich die unbegrenzte Zweiheit, die es ermöglicht, daß

---

[15] Dazu vgl. die Monographie von *J. Ritter*, Mundus intelligibilis. Eine Untersuchung zur Aufnahme und Umwandlung der neuplatonischen Ontologie bei Augustinus. Ritters Plotinbild wie das der gesamten seitherigen Forschung ist freilich zu differenzieren nach den Ergebnissen von *H. J. Krämer*, Der Ursprung der Geistmetaphysik. (Dazu s. das folgende.)

[16] So *Ritter*, 29f.

[17] *Krämer*, 390.

[18] Eine Zusammenfassung der philosophiegeschichtlichen Linien gibt *Krämer*, 375—393.

[19] Zum folgenden vgl. *Krämer*, 336ff.

das Denken, obwohl in höchster Form Einheit verwirklichend, die Vielheit des dialektischen Rückbezugs in sich enthält. Da es sich aber auf sich selbst zurückbezieht (*νόησις νοήσεως*), sind Subjekt und Objekt identisch. Eben darum ist es höchste Verwirklichung der Einheit. Denken und Gedachtes ist aber die Zahl als mathematisches Modell, als Inbegriff des Seins alles Seienden. Dies ist bei Plotin in pythagoreisch-altakademischer Tradition der Kosmos noetos. Die weiteren Hypostasen, Weltseele und Körperwelt, imitieren nämlich nur auf immer tieferen Stufen jenen Urakt des Denkens und vermitteln so Bestand und zahlhafte Struktur immer weiter in die Vielheit der Materie hinein. So wie die erste Nushypostase durch vollständige Rückwendung zum Einen die höchste Form des Seins repräsentiert, partizipieren die niederen Stufen nur insofern am Sein, als sie Einheit in sich verkörpern.

Was geschieht nun, wenn Augustin die intelligible Welt mit Reich Gottes oder Reich des Christus gleichsetzt? Zunächst ist es gar nicht deutlich, was Augustin meint. Inwiefern gehört der als Reich Gottes bestimmte mundus intelligibilis zur Welt und inwiefern zu Gott? Augustin scheint nur einmal, in ord. II, 47[20], anzudeuten, daß die geistige Welt Weltcharakter neben »dieser« Welt und Gott selbst hat. Dies bleibt aber völlig undeutlich und unausgeführt. Das eigentlich Wichtige scheint Augustin die Zugehörigkeit des Intelligiblen zu Gott zu sein. Diesen Eindruck bestätigt die weitere Entwicklung seines Denkens. Nehmen wir als Ausgangspunkt Augustins eigene Korrektur seiner Aussagen in den Retraktationen, jenem Alterswerk, in dem der greise Bischof seine früheren Schriften vor Mißverständnissen und häretischen Auslegungen schützen will. Von der ursprünglichen Aussage zur späten Korrektur hin wird am ehesten der Richtungssinn seines Denkens deutlich. In retr. I, 3, 2 nimmt Augustin alle einst im mundus intelligibilis zusammengefaßten Elemente auseinander und verändert sie[21]. Zunächst möchte er im Unterschied zu

[20] »Hic est ordo studiorum sapientiae, per quem fit quisque idoneus ad intelligendum ordinem rerum, id est ad dignoscendos duos mundos et ipsum parentem universitatis, cuius nulla scientia est in anima nisi scire, quomodo eum nesciat«. Vgl. *Ritter*, 33.

[21] »... quod duos mundos, unum sensibilem, alterum intelligibilem, non ex Platonis vel ex Platonicorum persona, sed ex mea sic commendavi, tamquam hoc etiam Dominus significare voluerit, quia non ait: regnum meum non est de mundo, sed: ‚regnum meum non est de hoc mundo‘, cum possit et aliqua locutione dictum inveniri et, si alius a domino Christo significatus est mundus, ille congruentius

ord. I, 32 Christi Reich, das nicht von dieser Welt ist, lieber auf den neuen Himmel und die neue Erde bezogen wissen. Was diese Eschatologisierung bedeutet, muß uns gleich beschäftigen. Daneben aber versucht er den — auch für ihn als christlichen Theologen akzeptablen — Sinn des platonischen mundus intelligibilis zu erläutern. Diesen Begriff, so meint er, gebrauchte Platon für die ewige und unveränderliche ratio selbst, mit der Gott die Welt erschuf. Hier wird ganz deutlich, warum Augustin das »Weltsein« des mundus intelligibilis von Anfang an nicht eigens hervorhob. Er tendiert dazu, diesen in Gott selbst aufgehen zu lassen. Ihren klassischen Ausdruck findet diese Veränderung in der Theorie von den Ideen der einzelnen Wesen in der Vernunft Gottes[22]. Von hier aus wird auch verständlich, warum der mundus intelligibilis Reich des Christus genannt werden kann. Er repräsentiert die zahlhaften Ideen, die nach alter Tradition (Philon) im Logos — für Augustin dem innertrinitarischen Christus — zusammengefaßt werden. Von hier aus versteht man aber auch den Satz aus soliloq. I, 3, nach dem aus Gottes regnum das Gesetz in die irdischen Herrschaftsstrukturen eingezeichnet wird. Denn das Gesetz ist einfach ein anderer Ausdruck für die allem Seienden Struktur gebende Idee[23].

Nun könnte es so scheinen, als ob Augustin mit seiner Hineinnahme der Ideen in Gott — oder griechisch: den Ursprung — einfach hinter Plotin in mittelplatonisches Denken und damit in die xenokratisch-aristotelische Linie der Akademie zurückfällt. Man könnte ihr Kennzeichen, wie gesagt, darin sehen, daß sie das Eine nicht mehr in

possit intelligi, in quo erit ‚caelum novum et terra nova', quando complebitur quod oramus dicentes: ‚adveniat regnum tuum'. nec Plato quidem in hoc erravit, quia esse mundum intelligibilem dixit, si non vocabulum, quod ecclesiasticae consuetudini in re illa inusitatum est, sed ipsam rem velimus attendere. mundum quippe ille intelligibilem nuncupavit *ipsam rationem sempiternam atque incommutabilem, qua fecit deus mundum*. quam qui esse negat, sequitur, ut dicat irrationabiliter deum fecisse quod fecit, aut, cum faceret vel antequam faceret, nescisse, quid faceret, si apud eum ratio faciendi non erat. si vero erat, sicut erat, ipsam videtur Plato vocasse intelligibilem mundum. nec tamen isto nomine nos uteremur, si iam satis essemus litteris ecclesiasticis eruditi.«

[22] Divers. quaest. 46, 2: »... si hae rerum omnium creandarum creatarumve rationes in divina mente continentur, neque in divina mente quidquam nisi aeternum atque incommutabile potest esse; atque has rerum rationes principales appellat ideas Plato.« Vgl. *Ritter*, 35f.

[23] Hier herrscht lediglich stoische Terminologie (lex aeterna) vor. Vgl. u. S. 210f.

seinem diskursiv unerreichbaren, absolut transzendenten Fürsichsein thematisiert, sondern es allein mit dem Denken und also mit dem zahlhaften Weltmodell identifiziert. Diese Interpretation Augustins schlägt denn auch *Krämer*[24] vor. Das Gegenteil ist jedoch der Fall. Nicht Gott wird in das intelligible Weltmodell, sondern dieses wird in Gott aufgesogen. Und Gott behält dabei den Charakter der weltunabhängigen Transzendenz — allenfalls vergleichbar mit dem übernoetischen, nur negativ zu beschreibenden Einen[25]. Wie kommt es zu dieser trotz aller griechischen Elemente ganz ungriechischen Vorstellung? Der Grund dafür ist ein doppelter: einmal der Schöpfungsglaube[26], zum anderen das nicänische Homousiedenken[27]. Der Gedanke der Schöpfung in der Zeit macht die Entstehung der Welt von dem Willensakt eines persönlich gefaßten Gottes abhängig[28]. Dadurch entsteht eine Kluft zwischen Gott und Welt, die anders geartet ist als die zwischen dem Einen und dem Nus der platonischen Tradition; denn dort ist das noetische Sein die volle Repräsentation des Einen für die Welt, oder anders ausgedrückt: die kosmosgerichtete Bedeutung des Einen erschöpft sich in seinem ewigen, mathematischen Sein, Wahrheitsein und Gutsein für eine ewige Welt der Erscheinungen. Der zweite Grund für die Umpolung plotinischer Ontologie bei Augustin ist die zunehmende Verarbeitung der homousianischen Trinitätslehre. Gegen die subordinatianische Logostheologie, die in der Spielart Philons und Origenes' in der Tat dem mittleren Platonismus oder in arianischer Ausprägung dem Aristotelismus ähnelt, bekennt sich Augustin zur Wesensgleichheit des Logos mit dem Vater. Ist aber der Logos der Inbegriff der Ideen des geschaffenen Kosmos, so rückt damit Sein und Wahrheit (Denkbarkeit) der Welt in die Transzendenz. Eine das Eine vollkommen und prinzipiell durchschaubar repräsentierende Schicht oder Dimension der *Welt* gibt es entsprechend für Augustin nicht.

Die historischen und sachlichen Folgen dieser Mischung aus griechischem und hebräisch-christlichem Gottesbegriff sind vielfältig und von abgründiger Kompliziertheit. Hier zunächst nur soviel[29]: Augustins Position ist durchaus zweideutig. Einerseits übernimmt

[24] 393; vgl. 434 A. 210. [25] Vgl. schon ord. II, 47 (o. A. 20).

[26] Dies betont vor allem *Ritter*, 37.

[27] *G. Huber*, Das Sein und das Absolute; zu beiden vgl. meine Arbeit Sprachverständnis, 26ff.

[28] Dies sieht auch *Krämer* (336, A. 531), wertet es aber nicht aus.

[29] Weiteres vgl. S. 299ff.

und behält er aus der platonischen Tradition den Gedanken der mathematisch durchstrukturierten, wenn auch geschaffenen Welt[30]. Andererseits bestreitet er zunehmend die Möglichkeit des Menschen, denkend diese Struktur, also das Denken des intellectus divinus vollständig nachzuvollziehen. Diese Tendenz zeigt sich zunächst in einer Forcierung der neuplatonischen Illuminationslehre[31]. Intelligible Erkenntnis ist danach nur mit Hilfe der Gabe des göttlichen Lichts möglich. Dieses Licht kann aber der dem Zeitlichen verhaftete Mensch nicht schauen. Darum muß er durch den Glauben an die göttliche Autorität (Heilsgeschichte, Schrift, Kirche) zunächst gereinigt und geheilt werden.

Auf der Stufe der Frühschriften, von der wir ausgingen, ist Augustin allerdings der Meinung, der Mensch könne in Ausnahmefällen schon in diesem Leben vollkommen an jener geistigen »Welt«, dem Reich Gottes, teilhaben, d. h. die seligmachende Weisheit erreichen. In ord. I, 32 hieß es ja vom mundus intelligibilis: »welchen der Intellekt weniger Gesunder schaut«. Die gleiche Ansicht verrät auch der Schlußsatz des erwähnten Gebets aus den Soliloquien (I, 6), der folgendermaßen heißt: »ich bitte dich ... befiehl mir, ich solle, solange ich meinen Körper trage und schleppe, rein, hohen Mutes, gerecht und klug sein, ein Mensch, vollendet im Lieben und im Aufnehmen deiner Weisheit, würdig, daß du in mir wohnest, und selbst ein Bewohner deines vollkommen glückseligen Reiches[32].«

Gewiß, Augustin spricht hier nicht von sich als beatus possidens, aber er bittet doch um die für möglich gehaltene Erfüllung in diesem Leben. Hier zeigen wieder die Retraktationen, daß Augustin diesen Standpunkt später verläßt. Neben der Einbeziehung des mundus intelligibilis (Ideen, Weltparadeigma) in die Vernunft des transzendenten Gottes isoliert Augustin nämlich daraus das »Reich Gottes« und eschatologisiert es. Zu beiden erwähnten Stellen aus ord. I, 32

[30] Vgl. auch *Ritter*, 36f. Interessant wäre es, einmal am Begriff der Herrschaft griechisches und hebräisches Denken zu vergleichen. *ἀρχή* als Prinzip ist ja immer auch als Herrschendes gedacht. Wie verhält sich dazu die Herrschaft des biblischen Gottes über die Welt?

[31] Zum folgenden vgl. bes. *R. Lorenz*, Gnade und Erkenntnis bei Augustinus, aber auch den nächsten Abschnitt über Augustins Anthropologie.

[32] »... oro, ... ut ... iubeas(que) me dum hoc ipsum corpus ago atque porto, purum, magnanimum, iustum, prudentemque esse, perfectumque amatorem perceptoremque sapientiae tuae, et dignum habitatione atque habitatorem beatissimi regni tui.«

und soliloq. I, 6 erklärt er die geistige Welt als die zukünftige, in der ein »neuer Himmel und eine neue Erde sein werden«[33]. Wann und wie setzt diese Eschatologisierung des Reich-Gottes-Begriffs ein?

Es ist auffallend, daß die wenigen Stellen, an denen Augustin einen klassischen Chiliasmus, d. h. die Vorstellung einer 1000jährigen Vorstufe des Reiches Gottes auf Erden vor der völligen Neuschöpfung, vertritt, auf den ganz schmalen Zeitraum von etwa zwei Jahren beschränkt sind, nämlich auf die Zeit um 393[34]. Wie ist dieser Sachverhalt zu erklären? Warum erscheinen chiliastische Gedanken nicht früher oder später, sondern gerade zu dieser Zeit? Dafür scheint mir ein innerer Grund vorhanden zu sein. Achtet man nämlich darauf, wie lange Augustin einen vollkommenen Weisen (sapiens) in dieser Welt für möglich hält und ab wann er diese Möglichkeit strikt verneint und die Erfüllung in das futurische Eschaton verlagert, so fällt die chiliastische Periode genau in die Umbruchszeit zwischen beiden Vorstellungen. 393/394 findet sich zum letzten Mal eine Stelle (De sermone domini in monte I, 9), an der man die Beschreibung des sapiens als Bürger des Friedensreiches Gottes auf die Gegenwart deuten kann. Daß diese Interpretationsmöglichkeit die wahrscheinliche ist, legt sich von daher nahe, daß sich Augustin in den Retractationes (I, 19, 1) genötigt sieht, wieder ausdrücklich den eschatologischen Sinn der Formulierungen zu betonen. Mit einer 394 neu einsetzenden intensiven Pauluslektüre wird aber die perfecta pax des Reiches Gottes und mit ihr die vollendete Wahrheitsschau ausschließlich auf die eschatologische Zukunft bezogen[35]. Es legt sich der Schluß nahe, daß die chiliastischen Aussagen um 393/394 eine Zwischenstufe auf dem Wege zur radikalen Eschatologisierung des Reiches Gottes als Erfüllung sind. Auf dieser Stufe ist das 1000-jährige Reich aus Apk 20 für Augustin die Zeit, in der alle wirklichen Christen in den Stand des vollkommenen Weisen versetzt sind — und zwar auf dieser Erde[36].

[33] S. o. A. 21 und retr. I, 4, 2. Hier erläutert Augustin zu »mundus, quem sensus ignorat«: »... qui futurus est caelo novo et terra nova«.

[34] Vgl. *G. Folliet*, La typologie du sabbat chez saint Augustin. Son interprétation millenariste entre 389 et 400. Den dort aufgeführten Texten aus der Zeit vor und nach 393/94 fehlt die eigentlich chiliastische Pointe (Apk 20, 4), so daß der Untertitel des Aufsatzes etwas irreführend ist.

[35] Vgl. in Rom. 51; divers. quaest. 65; 66, 6f. Zur ausführlichen Erläuterung dieser Wende s. u. S. 224f.

[36] Dieses Ergebnis ließe sich daran bestätigen, daß Augustins Beschreibung

Was heißt das aber, »Eschatologisierung des Reiches Gottes«, wenn dieses ursprünglich mit mundus intelligibilis identisch war? Heißt das, daß die Struktur der Welt sich erst im Eschaton vollendet, oder bedeutet es nur, daß die menschliche Erkenntnis dieser Struktur und damit bei Augustin die menschliche Erkenntnis des die Struktur gebenden Gottes sich erst in der neuen Schöpfung erfüllt? Diese offenen Fragen lassen sich erst nach den weiteren Untersuchungen beantworten[37]. Zunächst sind vor allem die anthropologischen Komponenten der aufgezeigten Entwicklung in Augustins frühem Reich-Gottes-Begriff zu klären. Es kann ja nicht ohne Einfluß auf das Problem der Verwirklichung des Reiches Gottes beim Menschen sein, ob man diese schon in der alten oder erst in der neuen Schöpfung annimmt. Damit verbindet sich aber die Frage nach den griechischen Elementen in Augustins Anthropologie, d. h. für unser spezielles Thema nach den griechischen Elementen in seiner Beschreibung der beiden Menschengruppen. Denn es ist von vornherein zu erwarten, daß der anfänglichen Identifizierung des Reiches Gottes mit dem neuplatonischen mundus intelligibilis auch eine philosophische Deutung des »Bürgers« dieses »Reiches« entspricht. Dessen Bezeichnung als »Weiser« spricht bereits eine deutliche Sprache. Wie aber sieht dieser sapiens aus? Wie beschreibt ihn Augustin in seinen verschiedenen Entwicklungsphasen?

2. Die Anfänge der Augustinischen Anthropologie (alter und neuer Mensch) und Tendenzen ihrer Entwicklung bis De civitate dei[38]

a) Die Dialoge von Cassiciacum

Wenn Augustin in der ersten, einigermaßen vollständigen Ausprägung seiner Zwei-civitates-Lehre die beiden Gruppen durch die Gegenüberstellung von äußerem, irdischem, altem Menschen und innerem, himmlischem, neuem Menschen beschreibt (vera relig.

des sapiens zu jener Zeit (z. B. serm. dom. I, 9) exakt seiner Schilderung der Christen im 1000jährigen Reich entspricht (vgl. den klassisch chiliastischen Text serm. 259, aber auch weitere Zeugnisse aus dieser Zeit. S. *Folliet*, 374ff.). Die anthropologische Seite des Problems soll aber im nächsten Abschnitt gesondert behandelt werden. Dort, A. 194 s. auch den Text von serm. dom. I, 9.

[37] S. u. S. 303ff.

[38] Die reichhaltige Literatur zum Thema beschäftigt sich weitgehend mit dem reifen Augustin. Vgl. die repräsentative Auswahl bei *Andresen*, Augustin-Gespräch,

48—51), so greift er damit nicht nur auf eine komplexe Tradition zurück, deren Anfänge im vorigen Kapitel beleuchtet wurden, sondern er bezieht sich auch auf bereits früher von ihm selbst entwickelte Gedanken. Unter diesem doppelten Aspekt, der Traditionsverarbeitung und der eigenen frühesten Entwicklung, gilt es Augustins anthropologische Ausgangsposition zu bestimmen.

Es sei gleich vorweg darauf hingewiesen, daß bei Augustin das traditionsgeschichtliche Problem noch viel komplizierter liegt als bei Paulus. Wenn er nämlich vom Vorstellungskreis des inneren Menschen redet, so hat er ja nicht nur Paulus und seine Schüler, also biblische Texte, vor Augen, sondern zwischen ihnen und ihm liegt eine vielfältige christliche Tradition, die sich wiederum auf eine ständig veränderte philosophische Situation bezieht. Wenn man sich dazu vergegenwärtigt, daß Augustin in vera relig. 49f. als Ziel (finis) des inneren Menschen — als philosophische Entfaltung des Reiches Gottes — das Glück und das ewige Leben im vollkommenen Stande des Weisen (sapiens) angibt, so wird deutlich, welche zentralen Themen mit unserem Problem angeschnitten sind. Daß es einen solch umfassenden Charakter hat, ist nicht verwunderlich. Handelt es sich doch hier um die spätantike Fortführung der Frage nach der Eudaimonie, der wahren Lebensform, die schon hinter Platons Gleichnis vom inneren Menschen stand. Viele philosophische und theologische Variationen zu diesem Thema liegen Augustin vor, und er bezieht sich anfangs tastend und eklektisch auf sie zurück, bis er in De civitate dei und dem Spätwerk seine originelle Antwort gibt.

Augustin stellt sich die Frage nach der beata vita des Menschen seit seinen ersten Schriften, den stenographisch aufgezeichneten Dialogen aus den Wochen in Cassiciacum, wo er nach dem eitlen aktiven Leben das philosophi che Beisammensein in Muße und Theorie sucht (im Jahr 386). Auf zweierlei gilt es in unserem Zusammenhang besonders zu achten. Schon bei der Analyse des frühen Reich-Gottes-Begriffs zeigte sich im Anthropologischen erstens eine gewisse Körper- und Sinnenfeindschaft, zweitens die Tendenz, eine Erfüllung der beatitudo in diesem Leben für möglich zu halten. Gerade an diesen Stellen setzt die Kritik der Retractationes an, ist also am ehesten eine Entwicklung zu vermuten.

In *Contra Academicos* geht es um die antiskeptische Frage, ob schon die Suche nach der Wahrheit zur Eudaimonie ausreicht, oder ob man sie gefunden haben muß. In diesem Kontext bestimmt Augustin

---

511ff., vor allem *E. Dinkler*, Die Anthropologie Augustins. Für unseren Zusammenhang ersetzt die ausgezeichnete Schrift von *R. Holte* (Beatitude et Sagesse) weitgehend die älteren Arbeiten. *R. Strauss*, Der neue Mensch innerhalb der Theologie Augustins, verzichtet leider völlig auf traditionsgeschichtliche Gesichtspunkte.

das »glückliche Leben« als ein solches, in dem man gemäß dem lebt, was im Menschen das Beste ist. Dieses Beste, dem alles andere im Menschen zu gehorchen hat, ist aber die Vernunft[39]. Nimmt man eine weitere Bemerkung in der gleichen Schrift (III, 27) hinzu, wonach gegen die Epikureer, die die Lust als höchstes Gut annehmen, behauptet wird, das höchste Gut des Menschen liege im menschlichen Geist (in mente), so ist ganz deutlich, daß Augustin hier die stoische Position vertritt[40].

Das gleiche läßt sich in leicht abgewandelter Form von dem zweiten Dialog *De beata vita* sagen. Hier wird das »glückliche Leben« von der Tugend des Geistes (moderatio animi; 11) her bestimmt. Gegen die vergänglichen Güter und die Leiden des Körpers ist der Weise indifferent (25). Er hält das ewige, unvergängliche Maß, die Weisheit, in seinem Geist (32). An diesen stoischen Grundgedanken mit dem peripatetisch-ciceronianischen Kolorit der Maß-Mitte-Ethik[41] schließt Augustin die weitere Definition an, daß das Maß oder die Weisheit des Geistes nach der Heiligen Schrift die Weisheit und Wahrheit Gottes, nämlich der ewige Sohn Gottes sei (34). Darum ist eigentlich derjenige glücklich, der Gott als höchstes Maß im Geist hat, oder anders ausgedrückt, sich Gottes im Geiste erfreut (deo frui; ebd.). Hier liegt ein erster Schritt über Contra Academicos hinaus; denn an jener Schrift mußte der greise Augustin bemängeln, daß er die beata vita als »gemäß dem Besten im Menschen leben« und nicht »gemäß Gott leben« bestimmt hatte (retr. I, 2). Die auch für den reifen Augustin typische teleologische Formel »deo frui«[42] in De

[39] »Quid censes, inquam, esse aliud beate vivere nisi secundum id quod in homine optimum est vivere? ... Quis, inquam, dubitaverit nihil esse aliud homines optimum quam eam partem animi, cui dominanti obtemperare convenit cetera quaeque in homine sunt? haec autem ... mens aut ratio dici potest« (c. Acad. I, 5). Daß an dieser wie an allen ähnlichen Stellen im Frühwerk ratio und ähnliche Begriffe den Bereich des interior homo kennzeichnen, verdeutlichen folgende Definitionen aus der Zeit um 388/89: »... deus autem in ipsis rationalis animae secretis, qui homo interior vocatur, et quaerendus et deprecandus est ...« (mag. 2; ebd. 40 taucht der innere Mensch noch einmal als der auf, der im Licht der Wahrheit die intelligiblen »Gegenstände« erkennt). Weiter: »... quod homo ad imaginem dei factus dicitur, secundum interiorem hominem dici, ubi est ratio et intellectus« (gen. c. Manich. I, 28). Der besondere Ort, an dem Augustin die Redeweise vom inneren Menschen bevorzugt, muß später noch bestimmt werden.

[40] Vgl. *Holte*, 195 und oben Kap. I, S. 80ff.

[41] Vgl. *Holte*, 196.

[42] »Erfüllte Freude an Gott haben«. Vgl. *R. Lorenz*, Fruitio dei bei Augustin, 1950/51, und *ders.*, Die Herkunft des augustinischen Frui Deo, 1952/53. S. auch u. A. 53.

beata vita täuscht allerdings nicht darüber hinweg, daß mit ihr nicht etwa der spätere eschatologische, sondern ein neuplatonischer Sinn verbunden ist. Für die Neuplatoniker gibt es Stufen über der Seele, auf die diese sich zu beziehen hat, zuhöchst auf das Eine, Gott[43]. Daß Augustin auch über diese Schrift später anders denkt, zeigt die Kritik an seiner (stoisch-neuplatonischen) Aussage, daß »zur Zeit dieses Lebens allein im Geist des Weisen das glückliche Leben enthalten sei, wie auch immer sich sein Körper verhalten möge« (retr. I, 2)[44]. Denn beata vita kann es erst im zukünftigen Leben geben, wenn auch der Leib unvergänglich ist und dem unsterblichen Geist ohne Widerstand gehorcht.

Die entscheidenden Stellen aus den folgenden Schriften, *De ordine* und *Soliloquien*, sind schon im vorigen Abschnitt genannt. Sie liegen, wie sich zeigte, ganz auf der Linie der ersten Dialoge, wie auch die entsprechende Kritik in den Retractationes. Hinzuzufügen wäre vielleicht nur noch ein Hinweis auf den körperflüchtigen Akzent während dieser Epoche, der besonders schön in einem Abschnitt aus den Soliloquien (I, 24) zum Ausdruck kommt. Er mutet an wie ein neuplatonischer Kommentar zum Phaidrosmythos und empfiehlt als Hauptregel, daß man »von Grund auf die Sinnenwelt fliehen muß«[45], damit man, während man den Leib (= Gefängnis!) trägt, mit den Flügeln der Seele nicht an den Leimruten der Welt hängen bleibt. Augustin wehrt sich zwar in den Retraktationen (I, 4, 3) gegen das Mißverständnis, er habe damals den Satz des Porphyrios gemeint, »jeder Körper sei zu fliehen« (omne corpus esse fugiendum). Aber von einer Ausnahme der Auferstehungskörper, wie er in den Retraktationen meint, ist nicht die Rede, vielmehr wird im nächsten Satz die Behauptung vertreten, daß die beseligende Schau in dem Moment eintrete, sobald jegliche Lust am Irdischen erloschen sei.

b) De moribus ecclesiae catholicae

Eine wichtige Stellung in unserem Zusammenhang nimmt De moribus ecclesiae catholicae (contra Manichaeos) ein. Diese Schrift,

[43] S. u. S. 199ff. zu De moribus.

[44] Ein weiteres Zeichen für Augustins anfänglichen, unausgeglichenen Eklektizismus ist übrigens, daß er trotz dieses aus stoisch-neuplatonischer Tradition entlehnten Gedankens nicht deren Definition des Menschen als reine Seele übernimmt, sondern stattdessen von der wohl durch Varro überlieferten aristotelischen Bestimmung ausgeht: »Der Mensch ist aus Leib und Seele zusammengesetzt«.

[45] »Penitus esse ista sensibilia fugienda ...« (ebd.)

nach der Taufe Augustins 387/88 in Rom geschrieben, macht nicht nur den Versuch, Tugend, Gott und beata vita konsistenter als in den früheren Dialogen zusammenzudenken, sondern in ihr taucht auch zum ersten Mal die paulinisch-deuteropaulinische Terminologie vom inneren (neuen) und äußeren (alten) Menschen auf.

Augustin will in diesem Werk nachweisen, daß die in der katholischen Kirche empfohlene Lebensweise sowohl vernünftig wie schriftgemäß ist, daß infolgedessen das rühmende Pochen der Manichäer auf ihre besonderen asketischen Leistungen fehl am Platz ist[46]. Zunächst gibt er den Vernunftbeweis (I, 4—10)[47]. Voraussetzen kann man bei der Frage nach der Lebensweise, daß alle Menschen glücklich leben wollen. Beata vita ist aber offenbar erreicht, wenn man das liebt und besitzt, also sich dessen als Gegenwärtigem erfreut (frui), was das Beste für den Menschen ist (4). Dieses optimum hominis muß aber zwei Bedingungen genügen: 1. es muß darüber hinaus nichts Besseres geben, 2. es darf einem nicht wider Willen entrissen werden können (5). Gleichviel, ob man den Menschen nun als Körper, Seele oder als eine Zusammensetzung aus beidem definiert[48], in jedem Fall ist das das Beste für den Menschen, was die Seele am besten macht; denn sie verleiht dem Körper überhaupt Leben und alle seine Fähigkeiten (6—8). Nun kann man weiter als unbezweifelt voraussetzen, daß die Tugend (virtus) die Seele am besten macht. Die Tugend kann man aber nur erlangen, wenn die Seele irgendetwas außerhalb ihrer selbst folgt; denn sie selbst ist ja noch nicht tugendhaft (9). Da aber die Tugend in einem Weisen mit diesem entrissen werden kann, bleibt nur Gott, an dem sich die Seele orientieren und in dem sie die erfüllte beata vita finden kann (10).

Wie man aber Gott folgen kann, den man nicht sieht, zeigt in hilfreicher Weise die heilige Schrift als eine Zeugnissammlung von vollendeten Weisen (11). Sie zeigt die Liebe zu Gott aus ganzem Herzen, ganzer Seele und ganzem Geist als das Beste für den Menschen (13ff.). Wenn das aber so ist, dann müssen virtus und Gottesliebe identisch sein (25). Das heißt aber: die Gottesliebe muß als die vier Kardinaltugenden, temperantia (*σωφροσύνη*), fortitudo (*ἀνδρεία*), iustitia (*δικαιοσύνη*) und prudentia (*σοφία*) zu beschreiben sein (25).

Die Entfaltung dieses Gedankens (I, 35—39) führt an den für uns zentralen Punkt. Die temperantia wird nämlich bestimmt als Ausziehen des alten Menschen und In-Gott-erneuert-Werden (36; vgl. Kol 3, 9). Wie ist das zu verstehen? Die cupiditas, die Begierde nach Irdischem, ist nach 1 Tim 6, 10 die Wurzel allen Übels. Sie ist die Sünde Adams, des ersten Menschen, der deshalb zu Recht der irdische Mensch genannt wird (1 Ko 15, 47). In ihm sterben wir alle, wenn wir nicht in Christus auferstehen (1 Ko 15, 22). Wenn Gottes Sohn, der himmlische

[46] Eine Nebenabsicht Augustins ist weiter, durch Vergleich der neutestamentlichen Schriftbeweise mit alttestamentlichen Stellen deren von den Manichäern geleugnete Übereinstimmung zu zeigen.

[47] Er paßt sich darin der hochmütigen Forderung der Manichäer an, obwohl es unserer menschlichen Lage angemessener wäre, erst die auctoritas der Schriftzeugnisse zu befragen (n. 3).

[48] Augustin will also die peripatetisch-neuplatonische Alternative vermeiden, obwohl er selbst die peripatetische Definition benutzt (vgl. o. A. 44).

zweite Mensch, uns in der Taufe aufnimmt, um uns zu befreien, werden wir zum neuen Menschen (1 Ko 15, 47). In philosophischer Sprache heißt das Ausziehen des alten und Anziehen des neuen Menschen: »alle körperlichen Lockungen und alles öffentliche Lob verachten und die ganze Liebe auf das Unsichtbare und Göttliche richten«[49]. Die Vermittlung zwischen der apokalyptischen Kategorie alt-neu und der philosophischen Deutung leistet bezeichnenderweise 2 Ko 4, 16 und 18: »Wenn auch unser äußerer Mensch vergeht, so wird doch der innere von Tag zu Tag erneuert«; und: »... die wir nicht auf das Sichtbare, sondern auf das Unsichtbare sehen. Das Sichtbare ist nämlich zeitlich, das Unsichtbare aber ewig«[50]. Mit Hilfe dieser Formeln kann Augustin das Ausziehen des alten und Anziehen des neuen Menschen als Wegwenden der Liebe von den sensibilia qua visibilia hin zu den invisibilia qua divina beschreiben (37). Ergänzt wird die Aufhebung der cupiditas durch das Abstoßen der superbia und curiositas (38), so daß schon hier das für Augustin später kennzeichnende Sündenternar Hochmut-Neugier-Begierde anklingt[51]. Weiter ist wichtig, daß für das richtige Verhältnis zu Gott und den sichtbaren Dingen bereits hier das für den reifen Augustin charakteristische Schema frui-uti verwendet wird[52]. Das frui deo (sich Gottes in erfüllter Liebe erfreuen[53]) erschien zwar schon in De beata vita, dort aber noch nicht verbunden mit uti. Dieses bedeutet ein affektloses, distanziertes (»verachtungsvolles«) Gebrauchen der zeitlichen als der wohl oder übel zu diesem Leben notwendigen Dinge[54]. Diese werden also nicht einfach geflohen, sondern sie erhalten in dem neu artikulierten Beziehungsfeld Gott-Seele-Körper ihren ihnen angemessenen Platz zugewiesen. Gott allein darf mit Hingabe geliebt, erstrebt werden, Sichtbares soll man nur zur Lebensfristung benutzen[55]. Wer so lebt, praktiziert temperantia.

---

[49] »Omne igitur officium temperantiae est exsuere veterem hominem, et in deo renovari: id est, contemnere omnes corporeas illecebras, laudemque popularem, totumque amorem ad invisibilia et divina conferre« (36).

[50] Auch Rö 12, 2 taucht auf (39), allerdings nicht mit der Aussage über die Erneuerung des Nus, sondern nur mit der Negativseite: »gestaltet euch nicht dieser Welt gleich«, wobei »diese Welt« eben im Sinn von sichtbarer Welt verstanden wird: »... iste mundus, id est omnia sensibilia ...« (37; vgl. ord. I, 32 oben S. 186f.; bezeichnenderweise wird auch in 38 wie dort die »Philosophie dieser Welt« angegriffen, aber die wahre Liebe zur Weisheit verteidigt).

[51] S. u. S. 253 und *Holte*, 298f. Daß das öffentliche Lob hier diese hervorgehobene Stellung neben der cupiditas einnimmt, erklärt sich aus Augustins Biographie (vgl. conf. X, 41—64 die Selbstanalyse noch des Bekehrten im Blick auf die »concupiscentia carnis et concupiscentia oculorum et ambitione saeculi«).

[52] Vgl. die Zusammenfassung bei *Holte*, 200ff.

[53] Zu den Übersetzungsschwierigkeiten des Begriffs vgl. *Holte*, 197 A. 2 und 219 (dort weitere Literatur).

[54] »Habet igitur vir temperans, in huiuscemodi rebus mortalibus et fluentibus, vitae regulam utroque testamento firmatam; ut eorum nihil diligat, nihil per se appetendum putet, sed ad vitae huius atque officiorum necessitatem, quantum sat est usurpet, utentis modestia, non amantis affectu« (39; vgl. nächste A.).

[55] »Amandus igitur solus deus est: omnis vero iste mundus, id est omnia sensibilia contemnenda; utendum autem his ad huius vitae necessitatem« (37; vgl. vorige A.). Daß hier der Begriff frui nicht auftaucht, sagt nichts, da bereits in

Ehe wir auf die traditionsgeschichtlichen Hintergründe dieser Konzeption und ihre Stellung in der Entwicklung Augustins eingehen können, sind noch kurz die anderen »Tugenden« nachzutragen. Die Tapferkeit vollzieht sich im Überwinden des Schmerzes und der Mühen, die beim Verlust der zeitlichen Güter dem an sie gewöhnten Körper entstehen[56], und darin, den Tod nicht nur zu verachten, sondern herbeizuwünschen. Denn er bringt dem Körper, wenn man ihn gut und verständig gebrauchte, Auferstehung und Mühelosigkeit (40). Gerechtigkeit in bezug auf Gott heißt, »nur ihm als dem einen Herrn dienen« (Mt 6, 24 u. a.) und alles andere sich unterwerfen — im Sinn des suum cuique (44). Die Klugheit schließlich weiß zwischen dem Erstrebenswerten und dem zu Vermeidenden zu unterscheiden (45). Zusammenfassend sagt Augustin (46f.): die Gottesliebe in der Form der vier Kardinaltugenden ist die Vollkommenheit des Menschen, durch die er in den Genuß der Wahrheitsschau und damit des ewigen Lebens (Joh 17, 3) kommt[57]. Anschließend (I, 48—64) behandelt er dann die Nächstenliebe als zweiten Teil des biblischen Hauptgebots (Mt 22, 39; Lev 19, 18). Sie wird in das Schema Gott-Seele-Körper so eingefügt, daß sie als Vorstufe zur Gottesliebe und damit als notwendig zu dieser gehörig bestimmt wird (48 und 64).

Betrachtet man, von den philosophischen Frühdialogen herkommend, De moribus ecclesiae catholicae, so springt in die Augen, wie hier zum ersten Mal in breitem Maß biblische und kirchliche Tradition aufgenommen wird. Berief sich Augustin früher kaum auf Zitate aus der Schrift, dafür aber um so mehr aus Cicero, Vergil und anderen Autoren seiner antiken Bildung, so ist es jetzt genau umgekehrt. Dennoch darf man sich den Umschwung nicht als Bruch vorstellen. Erstens schreibt er gleichzeitig und noch weitere zwei Jahre philosophische Dialoge[58]. Zweitens aber geht es ihm auf allen seinen Entwicklungsstufen nicht um eine Alternative Philosophie—Theologie, sondern um die wahre Philosophie. Das läßt sich auch an dieser Schrift trotz der Akzentverschiebung an mehreren Punkten konkret nachweisen. Wenn Augustin im Vernunftbeweis (4—10) die beata vita des Menschen vom Gottesbesitz abhängig macht, so transzendiert er zwar bewußt die stoische Vorstellung, man erreiche das Glück durch ein tugendhaftes Leben gemäß dem Besten im Menschen, der (Welt)vernunft, wie er selbst noch in Contra Academicos gemeint

---

n. 4 terminologisch festgelegt wurde, daß die glücklichmachende Liebe zum Besten frui heiße.

[56] Vgl. 42 die stoischen Begriffe »aequo animo«, »inconcussum animum tenere« (ergänzt allerdings durch »infixum deo«).

[57] »Haec est hominis una perfectio, qua sola impetrat ut veritatis sinceritate perfruatur (46) ... aeterna igitur vita est ipsa cognitio veritatis ... quid ergo agendum est, quid, quaeso, nisi ut eum ipsum, quem cognoscere volumus, prius plena caritate diligamus?« (47).

[58] De quantitate animae, De libero arbitrio, De magistro, De vera religione.

hatte. Aber die neue Position gewinnt er nicht etwa rein aus biblischen Quellen — es soll ja gerade ein Vernunftbeweis geführt werden —, sondern mit Hilfe des plotinischen Stufenschemas Unbeseeltes — Seele — Vernunft — Gott (als höchstes Gut). Wahrscheinlich lehnt er sich sogar direkt an Enneaden I,7 »Über das höchste Gute« an[59]. Freilich zeigen sich schon hier scheinbar winzige Abweichungen von Plotin, die aber im Spätwerk Augustins große Verschiebungen zur Folge haben. Zunächst fehlt bei diesem die selbständige Stufe des Nus. Das hängt mit der Trinitätslehre zusammen[60] und interessiert hier nur insofern, als menschliche Vernunftseele und Gott in ein direktes Verhältnis treten. Dieses Verhältnis wird aber durchaus anders bestimmt als bei Plotin. Das sieht man besonders deutlich, wenn man zum Vergleich außerdem »Über die Eudaimonie« (Enn. I, 4) heranzieht. Nachdem Plotin dort zunächst verschiedene Definitionen der Eudaimonie zurückgewiesen hat[61], sucht er diese im vernünftigen Leben (I, 4, 2f.). Dies hat der Mensch aber nicht als etwas von sich Verschiedenes, sondern, wenn er nicht nur potentiell, sondern aktuell Mensch qua Nus ist, »ist er sich selber das Gute, vermöge dessen, was er besitzt«[62], und damit glücklich. »Das jenseitige (Gute) aber ist nur die Ursache des Guten in ihm[63].« Das heißt aber für Plotin, daß ein solches Leben autark ist, denn nichts Gutes fehlt ihm (einschließlich der Tugend)[64]. Hier zeigt sich wieder sehr schön, daß die platonisch gefaßte Transzendenz eine solche ist, die in der Welt selbst aufgewiesen werden kann[65]. Ist einmal gegen Aristoteles und die Stoa klargestellt, daß der Grund des Guten in der Vernunftseele transzendent zu verstehen sei, so kann diese selbst zum Bezugspunkt des

---

[59] Vgl. *Holte*, 199f. Zur Transzendierung der stoischen sowohl wie der aristotelischen Position vgl. besonders die auf Platon zurückgreifenden Bestimmungen des Guten als jenseits des Seins, der Energeia des Nus und der Noesis (I, 7, 1, 19f.; die letzte arabische Ziffer gibt jeweils die Zeile des Abschnitts der Ausgabe von Harder in der Philos. Bibl. Meiner an).

[60] Der Nus als Hypostase des Einen wird nämlich bei Augustin durch die zweite Person der Trinität, den Logoschristus, ersetzt. Vgl. o. S. 189.

[61] Es handelt sich um die epikureische (Lust) und zwei stoische (Ataraxie und »nach der Natur leben«; I, 4, 1, 26ff.).

[62] *... ἐστὶ τὸ ἀγαθόν ... αὐτὸς αὑτῷ < τῷ > ὅπερ ἔχει* (I, 4, 4, 18f.).

[63] *τὸ δὲ ἐπέκεινα αἴτιον τοῦ ἐν αὐτῷ* . . . (I, 4, 4, 19).

[64] *Αὐτάρκης οὖν ὁ βίος τῷ οὕτως ζωὴν ἔχοντι — καὶ σπουδαῖος, ᾗ αὐτάρκης — εἰς εὐδαιμονίαν καὶ εἰς κτῆσιν ἀγαθοῦ. οὐδὲν γὰρ ἔστιν ἀγαθὸν ὅ μὴ ἔχει* (I, 4, 4, 28—25).

[65] Vgl. o. S. 121.

glücklichen Lebens werden, ja, so können alle stoischen — nun nur besser verstandenen — Bestimmungen des autarken und unerschütterlichen Weisen übernommen werden (I, 4, 4ff.).

Für Augustin ist aber Gott als das höchste Gut nicht Grund des Guten im Menschen, sondern das Gut selbst in unaufhebbarem Gegenüber. Das hat eine bleibende Abhängigkeit von Gott zur Folge, die eine Autarkie des Menschen ausschließt[66]. Hier setzt später die Gnadenlehre an, zunächst in einer Uminterpretation der neuplatonischen Illuminationslehre, dann in der Aufnahme der paulinischen Tradition[67]. Ein weiterer Unterschied zeigt sich in der Behandlung des Körpers. Obwohl Plotin diesen nicht etwa für böse erklärt, sondern ihn als tiefste Abschattung des Seins in sein Stufenschema einbezieht, nimmt er ihn doch nicht in die Definition des Menschen mit auf. Der wahre Mensch ist nicht zusammengesetzt, was sich vor allem am vollkommenen, tugendhaften Weisen zeigt — er kann sich ja vom Leibe trennen und die leiblichen Güter verachten (I, 4, 14, 1—4). Noch dualistischer redet Porphyrios[68]. Augustin hält aber die peripatetische Definition (der Mensch besteht aus Seele und Körper) sogar für den Menschen nach dem Tode, den Auferstehungsmenschen, durch[69]. Gewiß, dies erklingt nur als leiser Nebenton neben der stoisch-neuplatonischen Verachtung der Körperwelt in jenen ersten Schriften, aber hier sind wieder Ansätze für spätere größere Verschiebungen[70].

Die genannten Unterschiede sind um so schwieriger zu bemerken, als Augustin auch das Schema »gebrauchen« — »sich in erfüllter Freude hingeben« (uti—frui) überkommen ist. Es hat seinen Ur-

---

[66] So richtig *Holte*, 199f.

[67] S. Sprachverständnis, 184ff.

[68] S. o. S. 196.

[69] »Amat enim (scil. anima) illud (scil. vinculum = corpus) vi consuetudinis, non intelligens, si eo bene atque scienter utatur, resurrectionem reformationemque eius ope ac lege divina sine ulla molestia iuri suo subditam fore« (mor. eccl. I, 40).

[70] Neben dem Auferstehungs- spielt der Schöpfungsglaube eine entscheidende Rolle in der zunehmenden Aufwertung des Körpers. Denn hier muß sich Augustin von den Manichäern absetzen, die annehmen, daß der Körper als Natur aus dem bösen Prinzip der Materie hervorgegangen ist (vgl. z. B. De genesi contra Manichaeos II, 8f.).

[71] Dies ist die These der zwei grundlegenden Aufsätze von *R. Lorenz* über frui deo bei Augustin (ZKG 1950/51 und 1952/53). Vgl. die differenzierenden Bemerkungen von *Holte* (203f.), der die stoischen Elemente der Formel besonders hervorhebt und darauf hinweist, daß die Angleichung an Gott, die im Mittel-

sprung wahrscheinlich im Mittelplatonismus[71] und wird Augustin vor allem durch Varro und Cicero überliefert. Aber auch Plotin verwendet es dem Sinn nach in der genannten Abhandlung über die Eudaimonie[72]. Cicero unterscheidet im Zusammenhang mit der stoischen Gegenüberstellung von moralischem Gut (Tugend) und Gütern der freien Wahl (Adiaphora) zwischen honestum und utile. Augustin setzt an anderer Stelle, die stoische Ausformung des Begriffs neuplatonisch transzendierend, die honestas mit der intelligiblen Schönheit gleich[73]. Dies ist die Brücke zum Verständnis des deo frui in De moribus. Daß freilich auch der neuplatonische Ansatz noch einmal durch das Gottesverständnis verändert wird, wurde bereits gezeigt.

Aber auch die Zusammenordnung von Gottes- und Nächstenliebe in De moribus steht nicht unverbunden neben den platonischen Elementen. Zwar legt sich dieser Gedanke nicht vom unpolitischen Neuplatonismus her nahe[74], aber bereits Ambrosius verbindet das Doppelgebot der Liebe ausdrücklich mit einem Abschnitt aus der Platoninterpretation des Apuleius[75]. Dieser sagt nämlich in seiner Darstellung der platonischen »philosophia moralis«, die die Er-

---

platonismus konstitutiv mit dem frui deo verbunden ist, bei Augustin kaum eine Rolle spielt.

[72] I,4, 4, 26 im Sinn des für den Leib Notwendigen (vgl. Augustinus »ad huius vitae necessitatem«, mor. eccl. I, 37); I, 4, 16, 13 und 17 unterscheidet Plotin *πρὸς τὸ τέλος* (im Sinn der Beziehung des eigentlichen Menschen auf das Gute) und *πρὸς τὸ χρείαν* (im Sinn der Notdurft des — sogar möglicherweise durch Selbstmord — vom eigentlichen Menschen abtrennbaren Leibes; vgl. das »gebrauchen« in Zeile 24). Bezeichnenderweise taucht in der Beschreibung der Zielrelation auch der Gedanke der Angleichung auf (Zeile 12). Wichtig im Blick auf Plotins Formulierung ist auch, daß Augustin in De doctrina christiana I, wo er die klassische Darstellung des frui-uti-Schemas gibt, das frui vom Telosbegriff her bestimmt (vgl. *Holte*, 200f.).

[73] »Fruendum est autem honestis, utendum vero utilibus. honestatem voco intelligibilem pulchritudinem, quam spiritualem nos proprie dicimus ...« (divers. quaest. 83, 30); dazu vgl. *Holte*, 201.

[74] S. o. S. 90f.

[75] Ambrosius, De excessu fratris I, 42 (CSEL LXXIII 232, 13ff.): »Non mediocris igitur prudentiae testimonium, quae ita a sapientibus definitur: bonorum primum esse deum scire et verum illud atque divinum pia mente venerari, illam amabilem et concupiscendam aeternae pulchritudinem veritatis tota mentis caritate diligere, secundum autem in proximos a divino illo atque caelesti naturae derivare pietatem. quod etiam mundi sapientes nostris hausere de legibus; neque enim derivare ista in hominum disciplinas nisi de caelesti illo divinae legis fonte potuissent.« Diesen Hinweis verdanke ich einer mündlichen Äußerung von Prof. *P. Courcelle*, Paris.

reichung der beata vita zum Ziel hat, daß der Mensch (der Weise), der dem höchsten Gott als höchstem Gut in Liebe folgt und so die vier Tugenden des Geistes verwirklicht, die leiblichen und äußeren Güter aber als accidens gebraucht, sich auch als für alle anderen Menschen geboren betrachtet. Freilich wirkt er für sie in der — römisch abgestuften — Reihenfolge Vaterland, Nächste (im präzisen Sinn der Familie) und übrige Verwandte und Bekannte[76]. Über die Nächstenliebe nimmt Augustin also in sein Bild des Weisen die politische Dimension des ursprünglichen Platon auf, wenn auch in römisch abgewandelter Form und keinesfalls mit der platonischen Konsistenz. Wandelt sich doch die Nächstenliebe zu einer Vorstufe für die Gottesliebe, während in der Politeia beides als Identisches das Sein in der Polis zur Erscheinung bringt. Immerhin liegt hier gegenüber den Frühschriften, die aus der Muße einer Philosophengemeinschaft geschrieben waren, eine wichtige Weichenstellung für die soziale Dimension in den späteren Werken. Besonders interessant ist, daß die Darstellung der Nächstenliebe in mor. eccl. 62f. mit einer Art Haustafel aus einem christlichen Katechismus schließt — offenbar eine Frucht des gerade absolvierten Taufunterrichts bei Ambrosius in Mailand[77].

Überhaupt kann wohl der Einfluß des Ambrosius auf diese erste »kirchliche« Schrift Augustins kaum überschätzt werden[78]. Das zeigt sich schließlich nicht zuletzt an dem für unsere Fragestellung wichtigsten Punkt, der Auslegung des inneren und äußeren Menschen. Paulus hatte diese hellenistische Formel seiner — vor allem von

[76] Apuleius, De Platone II, 2 (ed. P. Thomas, S. 105): »Et illum quidem, qui natura inbutus est ad sequendum bonum, non modo sibimet ipsi natum putat, sed omnibus etiam hominibus, nec pari aut simili modo, verum (etiam) (patriae) unumquemque acceptum esse, dehinc proximis, et mox ceteris, qui familiari usu vel notitia iunguntur.«

[77] Am Rande sei bemerkt, daß sich in der Haustafel die erste Anspielung auf Rö 13, 1—7 in Augustins Werk findet (63). Da dieser Paulustext auch in seiner eigenen Musterkatechese catech. rud. 37 zur Erläuterung der politischen Verhaltensweise der Christen auftaucht, ist anzunehmen, daß er zum festen Bestand sozialethischer Unterweisung der Kirche des 4. Jahrhunderts gehörte. Übrigens wirkt in catech. rud. auch noch das Gliederungsprinzip von mor. eccl. nach; denn eine der beiden Musterkatechesen ist aus der Frage nach der beatitudo heraus entfaltet (52—55).

[78] Augustin fand seinen Zugang zum Christentum über die Mailänder Synthese von Neuplatonismus und biblischem Glauben (bei Ambrosius, Simplician u. a.). Dazu grundlegend *P. Courcelle*, Recherches, 93ff.

Philon beeinflußten — Gegner im 2. Korintherbrief dazu benutzt, um den eschatologischen Vorbehalt auch im Blick auf die Christen deutlich zu machen[79]. Auch 1 Ko 15, 47 bezieht sich auf den Auferstehungsmenschen. In mor. eccl. 35—39 liegt dagegen offenbar eine *Rehellenisierung der paulinischen Aussagen* vor, wenn Augustin alt mit körperlich-sinnlich und neu mit geistig-unsichtbar gleichsetzt. Wie kommt es zu diesem Rückschmelzungsprozeß? Er kündigte sich — wie wir sahen[80] — schon in den Deuteropaulinen an. Im Blick auf Augustin wichtiger ist aber, daß er bei Ambrosius eindeutig faßbar ist. Die Erklärung für dessen Position liegt auf der Hand, da er bekanntlich seitenweise Philon ausschreibt[81] und nicht zuletzt mit dessen Hilfe seine Synthese von neuplatonisch-stoischer und biblischer Tradition vornimmt[82]. In seinen Predigten über die Genesis legt er im Anschluß an Philon und die christlichen Alexandriner die Gottebenbildlichkeit des Menschen aus Gen 1, 26f. als Ebenbildlichkeit der rein geistigen Vernunftseele aus (Exameron VI (2, 3) 7, 40ff.)[83]. *Wir* als Menschen sind Seele und Geist (anima et mens)[84], den Körper und seine Sinne haben wir nur akzidentiell, und die äußeren Dinge gehören nicht einmal zu uns, sondern sind nur um uns herum (ebd. 7, 42: 233, 15ff.). Folglich wird in dem Moment das

---

[79] S. o. S. 109ff.

[80] S. o. S. 123f.

[81] Vgl. die Anmerkungen zu den Genesisauslegungen des Ambrosius in CSEL XXXII, 1 u. 2.

[82] Eine für unseren Zusammenhang ausreichende Zusammenfassung gibt *Holte* (165ff.) in Kap. XIV: Anthropologie et ethique chez Ambroise. Freilich vereinfacht er das Problem, indem er Paulus zum »hebräischen« Gegenpol des Neuplatonismus erklärt, ohne auf die griechischen Elemente bei Paulus hinzuweisen. Ebenso ist Philons Stellung in diesem Spannungsfeld nicht deutlich gesehen. Auch im Rahmen unserer Untersuchung kann diese Aufgabe nicht geleistet werden. Vgl. zum Ganzen auch *Courcelle*, 93ff.

[83] CSEL XXXII, 1, 231ff. Vgl. ebd. III, 7, 31: 80, 10f. u. ö. Zum imago-Problem bei Augustin in Abhängigkeit von Ambrosius vgl. *A. Schindler*, Wort und Analogie in Augustins Trinitätslehre, 61ff. und *G. A. McCool*, The Ambrosian Origin of St. Augustine's Theology of the Image of God in man, 62—81.

[84] Vgl. ebd. 7, 43: 234, 14: »in hac (scil. anima ad imaginem dei) totus es, homo ...« und 8, 46: 237, 1ff.: »... anima vel homo latine vel graece ἄνθρωπος dicitur ...« Für die Gleichsetzung von anima rationalis, mens und interior homo vgl. z. B. De Noe 25, 92: 478, 8f.; De Isaac 2, 3: 644, 17f. An dieser letzten Stelle setzt er auch corpus (caro) für den homo terrenus (vgl. De Noe 5, 12: 421, 10: carnem hic pro homine posuit terreno, in quo carnis inlecebra viam eius corruperit).

himmlische Bild verlassen und zum irdischen Bild verkehrt[85], wo Adam sich zur Erde, zum Körper wendet, der ja nur das Bild der Tiere ist (ebd. 7, 42f.: 234, 5ff.). Entsprechend heißt auch Kol 3, 9f. das Ausziehen des alten und das Anziehen des neuen Menschen nur: eine renovatio zum Geistig-Ewigen weg von der zeitlichen Körperwelt (ebd. 7, 39: 231, 1ff.)[86].

Es ist nachgewiesen[87], daß Augustin diese Exameron-Predigten des Ambrosius in Mailand gehört hat. Nicht nur dies, gerade die geistige Auslegung der imago dei bedeutete für ihn nach eigenem Zeugnis[88] einen entscheidenden Durchbruch. Denn bis dahin hatten ihn besonders die manichäischen Vorwürfe gegen die Ungeistigkeit des Alten Testaments von der Kirche ferngehalten[89]. Die ambrosianische Auslegung aber ermöglichte die Verbindung von Neuplatonismus und christlichem Glauben. Wie wichtig diese Frage auch in der Zeit von De moribus für ihn geblieben ist, wird aus verschiedenen Andeutungen klar. Nirgends wird er so breit wie in der Darstellung der temperantia als Ausziehen des alten, irdischen, äußeren und als Anziehen des neuen, himmlischen, inneren Menschen, so daß er zum Schluß meint, der Sache nach sei zu kurz, der Disposition der Schrift entsprechend zu lang darüber geredet worden (I, 39). In der gleichzeitigen Schrift De quantitate animae 55 gibt er eine kurze Zusammenfassung des gleichen Gedankens anhand von Kol 3, 9f. und sagt, es gebe keinen wahreren und tieferen Gedanken in der Heiligen Schrift[90].

So kommen wir zu dem *Ergebnis*, daß der junge Augustin in der für ihn zentralsten Frage, nämlich der Frage nach der Erneuerung — für ihn Respiritualisierung — des Menschen aus seiner Mailänder Tradition heraus, in der Neuplatonismus, Stoa und Christentum eine

[85] Diese Anspielung auf 1 Ko 15, 49 (45—49), wo Paulus gerade die Reihenfolge Philons umtauscht — der himmlische ist der zweite, eschatologische, nicht der erste Mensch —, zeigt wieder sehr schön, wie Ambrosius den Schritt des Apostels rückgängig macht und ganz philonisch redet.

[86] Vgl. die häufige Verwendung von Phil 3, 20: »unser Wandel ist im Himmel« im gleichen spiritualistischen Sinn (Exameron VI, 8, 45: 236, 16f. u. ö.).

[87] *Courcelle*, 93f.

[88] Conf. VI, 4; beat. vit. 4.

[89] Daher ist die zweite Durchbruchstelle die ambrosianische Auslegung von 2 Ko 3, 6: »der Buchstabe tötet, der Geist macht lebendig« — im Sinn der philonischen Allegorese (vgl. conf. VI, 6).

[90] Man muß nur die Confessiones lesen, um zu verstehen, daß dies für Augustin keine »akademische« Aussage ist.

enge Verbindung eingegangen sind, zwar intensiv Paulus aufnimmt, ihn aber ohne die eschatologische Dimension und rehellenisiert liest. Besonders interessant ist es dabei, die verschiedenen traditionsgeschichtlichen Stränge[91] zu beobachten, die zu seinem Bild vom inneren Menschen führen: 1. Platon — Poseidonios — Philon — Paulus — Deuteropaulinen — Ambrosius[92]; 2. Platon — Poseidonios — Philon (direkt) — Ambrosius; 3. Platon — Poseidonios — Plotin (— Ambrosius und andere Mailänder[93]). Es scheint, daß die bei aller Anknüpfung radikale Umkehrung des philonischen Gedankens bei Paulus in der Folgezeit mit der Eschatologie verschwunden ist. Daß Augustin später hier selbst die Schwäche seiner frühen Position sieht, zeigt er durch die Korrekturen in den Retractationes[94]. Es ist allerdings festzuhalten, daß Augustin mit dem allen zunächst nur kirchliche Tradition aufnimmt, ihm also nicht etwa ein besonderer Vorwurf zu machen ist. Wenn er später hier wie in der Gnadenlehre[95] Paulus besser verstehen lernt, so ist das ein Neuansatz gegenüber der gesamten voraufgehenden Theologiegeschichte, und allein dies ist an Augustin hervorzuheben. Außerdem sei noch einmal darauf hingewiesen, welche entscheidenden Weichenstellungen für später schon in De moribus angelegt sind. Erstens wird durch die Herrschaftsfolge Gott — Seele — Körper das Leibliche nicht mehr einfach abgestoßen, sondern integriert. Das heißt aber nicht nur, daß der Körper in diesem Leben zu seinem eigenen Nutzen von der Seele vernünftig gebraucht wird. Vielmehr hat solcher vernünftiger Gebrauch zur Folge, daß er das Auferstehungsleben erlangen und dann der Seele ohne jegliche Mühen zugeordnet sein wird[96]. Zweitens ist durch die konstitutiv mit der Gottesliebe verbundene Nächstenliebe das soziale und politische Verhalten des geistigen Menschen gegenüber dem anfänglichen Ideal der asketisch-theoretischen Philosophengemeinschaft zur

[91] Es versteht sich, daß darin weitere Zwischenglieder angenommen werden können.

[92] Wieweit auch die alexandrinischen Theologen, besonders im Blick auf den origenistischen Einfluß auf Ambrosius, in dieser Tradition mitgewirkt haben, ist hier zu vernachlässigen, da mit Ambrosius die direkte Vorlage Augustins sicher bestimmt ist. Vgl. ausführlich *McCool*, 67ff.

[93] Vgl. *Courcelle*, 153ff.

[94] Zu mor. eccl. I, 47 sagt er, daß die volle Gottesliebe erst bei der zukünftigen Gottesschau erreicht sein wird. Zu I, 64 korrigiert er den Satz, der von einem sündenlosen, geheiligten und gereinigten Menschen spricht (retr. I, 7, 4 u. 5).

[95] Vgl. u. S. 227ff.

[96] S. o. A. 69.

Geltung gebracht. Drittens wird der christliche Gottesgedanke gegenüber der stoischen und sogar neuplatonischen Tradition schärfer herausgearbeitet. Wegen solcher Neuansätze, aber auch wegen der komplizierten traditionsgeschichtlichen Verflechtungen mußte De moribus ecclesiae catholicae ausführlich behandelt werden.

c) De libero arbitrio I

Einen letzten wichtigen Schritt vor der ersten, einigermaßen vollständigen Darstellung der Zwei-civitates-Lehre in De vera religione tut Augustin in De libero arbitrio, Buch I[97].

Gegen die manichäische Theorie der zwei gleichurpsrünglichen Prinzipien von Gut und Böse und gegen die darauf folgende Verleumdung, die Christen müßten Gott, wenn sie ihn als Schöpfer dieser Welt lehrten, als Urheber des Bösen ansehen, entwickelt Augustin hier die Frage nach dem malum. Er teilt sie in zwei Unterfragen auf: 1. quid sit malum — was ist das Böse/Übel? (6—19; vgl. 34), 2. unde sit malum — welches ist die Ursache des Bösen/Übels? (20—33; vgl. 35). Als das Böse in einer bösen Tat bestimmt er zunächst die schuldhafte Begierde (cupiditas, libido), die er als Liebe zu denjenigen Dingen definiert, »die man gegen seinen Willen verlieren kann« (... earum rerum amorem, quas potest quisque invitus amittere; 10). Das Gegenbild liefert der gute Mensch, der Weise; denn er ist dadurch gekennzeichnet, daß das, womit der Mensch über Tiere und Pflanzen hinausragt, die Vernunft[98], in ihm die Herrschaft über alles Vegetative, Sensitive und Emotionelle ausübt (16—19). Sapientes will er solche nennen, »die durch völlige Unterjochung der Begierde mittels der Herrschaft des Geistes zum Frieden gelangt sind«[99].

Auch ohne den Hinweis darauf, daß in n. 27 dieser Sachverhalt durch die vier Kardinaltugenden erläutert wird[100], ließe sich die Verbindungslinie zu den früheren Texten leicht ziehen. Besonders

[97] Geschrieben 388 in Rom direkt nach mor. eccl. Die Bücher II und III wurden zwischen 391 und 395 in Afrika nachgetragen (retr. I, 9, 1). Auch hier ist leider einige Ausführlichkeit nötig, da, soweit ich sehe, nur eine der Arbeiten zum civitas-Problem auf diesen wichtigen Text eingeht — und auch diese nur unter dem besonderen Aspekt des Rechts: *S. Cotta*, La città politica di Sant'Agostino, 133ff.; vgl. *ders.*, Droit et Justice (dazu die Rezension von *Thonnard* in: REA IX, 1963, 372f.).

[98] »... sive mens, sive spiritus ...«. Es ist typisch, daß Augustin in seiner Frühzeit spiritus (wie Philon *πνεῦμα*) einfach mit dem menschlichen »Geist« identifiziert. Vgl. Sprachverständnis, 16f.

[99] »... qui regno mentis omni libidinis subiugatione pacati sunt« (19).

[100] Die temperantia, die bei der Bestimmung des inneren Menschen besondere Bedeutung hat, wird hier definiert als »affectio coercens et cohibens appetitum ab iis rebus quae turpiter appetuntur« und etwas weiter als »virtus quae libidines cohibet« (beides 27).

prägnant wird aber dieser Zusammenhang, wenn man sich vergegenwärtigt, daß Augustin in seinem ebenfalls gegen die Manichäer geschriebenen ersten Genesiskommentar zur gleichen Zeit[101] die Herrschaft über die Tiere aus Gen 1, 26—28 allegorisch als Herrschaft des inneren Menschen[102] über die tierischen Affekte auslegt (gen. c. Manich. I, 31). Obwohl er wiederum meint, damit Paulus auszulegen[103], erfaßt er doch nur den philonischen Bezugsrahmen der paulinischen Äußerungen und über Philon die stoische Interpretation des platonischen Gleichnisses vom inneren Menschen und seinen tiergleichen Nachbarn[104]. Freilich ist hinzuzufügen, daß Augustin sich schon hier — im Gegensatz zu Ambrosius und vielen anderen Kirchenvätern vor ihm[105] — nicht dem Apathie-Ideal der rigoristischen Stoa und des Neuplatonismus anschließt[106], sondern eher in platonisch-mittelstoischer Tradition (Cicero!) eine Eupathie, ein Versöhnen der Affekte vertritt[107]. Blicken wir auf De libero arbitrio I, so führt Augustin hier die Untersuchung des Phänomens um ein charakteristisches Stück weiter.

---

[101] Ebenfalls 388, nach der Überfahrt nach Afrika.

[102] S. o. A. 39.

[103] Er zitiert Gal 5, 24: »Qui autem Jesu Christi sunt, carnem suam crucifixerunt cum perturbationibus et concupiscentiis«.

[104] »... intelligitur etiam spiritaliter (scil. Gen 1, 28), ut omnes affectiones et motus animi, quos habemus istis animalibus similes, subditos haberemus, et eorum dominaremur per temperantiam et modestiam« (31 Anfang). Bei der Auslegung dieser Stelle durch Philon und Ambrosius fehlt, soweit ich sehe, dieser ihnen sonst wohlvertraute Gedanke — offenbar, weil sie unter dem Menschen des ersten Schöpfungsberichts den reinen Nus verstehen, der noch keinen Körper und also keine tierischen Affekte bei sich hat, die es zu beherrschen gälte. — Temperantia und modestia faßt nach einer beat. vit. 31(f.) zitierten Definition Ciceros die virtus zusammen.

[105] Vgl. *Holte*, 170ff.; *Lorenz*, ZKG 64, 1952/53, 54.

[106] Das gilt, obgleich Augustin oft den friedevollen Zustand der beata vita des Weisen mit tranquillitas bezeichnet (vgl. nächste A.), welches Wort bei Cicero zur Übersetzung von Apatheia dient (vgl. *Pohlenz*, Stoa I, 274).

[107] »Cum autem reguntur et subiiciuntur, omnino mansuescunt et nobiscum concorditer vivunt. non enim a nobis alieni sunt motus animi nostri. pascuntur etiam nobiscum cognitione rationum et morum optimorum, et vitae aeternae, tamquam herbis seminalibus et lignis fructiferis et herbis viridibus. et haec est hominis vita beata atque tranquilla, cum omnes motus eius rationi veritatique consentiunt; et vocantur gaudia, et amores sancti, et casti, et boni. si autem non consentiunt, nihilo minus dum negligenter geruntur, conscindunt et dissipant animum, et faciunt vitam miserrimam; et vocantur perturbationes, et libidines, et concupiscentiae malae« (ebd. 31).

Bei der zweiten Frage nach dem Woher des Bösen kommt er nämlich zu folgendem Schluß. Wenn ein tugendhafter Geist der Natur nach über den Begierden, über dem Körper, aber auch über einem anderen lasterhaften Geist steht, so kann ihn nur Gott über ihm oder er selbst von seiner Höhe stürzen und den Begierden unterwerfen. Da der gerechte Gott als Ursache des Bösen ausscheidet[108], bleibt hierfür nur der eigene Wille und die freie Entscheidung (20—21)[109]. Daraus folgt als gerechte Strafe die tyrannische Herrschaft der Begierden, die Verfinsterung der Vernunft und alle anderen Laster und Übel (22). Hier erheben sich zwei Einwände: Wie kann ein Mensch auf der Höhe der Weisheit denn solch einen Fall wollen (23)? Trifft außerdem diese Strafe nicht diejenigen ungerechterweise, die nie zuvor Weise waren (24)? Die Antwort sucht Augustin auf folgende Weise[110]. Jeder hat den Willen zum glückseligen Leben. Davon unterschieden ist aber der gute Wille. Mit ihm »streben wir danach, richtig und vollkommen zu leben und zur höchsten Weisheit zu gelangen«[111], d. h. er faßt die vier Kardinaltugenden zusammen (27). Hier muß man sich nun frei entscheiden, ob man diesen guten Willen oder die äußeren Güter und die Lüste des Körpers wählt — eben die Dinge, die im Gegensatz zum Willen selbst nicht in unserer Macht stehen (25f.)[112]. Die Strafe für die falsche Wahl ist umso gerechter, als man nichts Schwereres tun muß, als den Willen zum guten Willen zu haben, was bereits beata vita ist (28f.)[113]. Im Willen liegt das Verdienst, in Glück oder Elend Lohn bzw. Strafe (30)[114].

Wie wichtig diese Willensanalyse für unsere Fragestellung ist, zeigt sich deutlich daran, daß Augustin später die zwei civitates nach zwei — wie auch immer bestimmten — Willens- oder Liebesrichtungen unterscheidet[115]. Aber ehe wir

---

108 Dieses Postulat wird zunächst im Glauben angenommen; vgl. zur rationalen Entfaltung die Bücher II—III.

109 »Nulla res alia mentem cupiditatis comitem faciat, quam propria voluntas et liberum arbitrium« (21 Schluß).

110 In dieser Zeit läßt Augustin sogar noch die orphisch-pythagoreische Lehre als möglich offen, ob vielleicht solche Seelen Verfehlungen eines früheren Lebens abbüßen.

111 »Quid est bona voluntas? — voluntas qua appetimus recte honesteque vivere, et ad summam sapientiam pervenire« (25).

112 »Vides igitur iam, ut existimo, in voluntate nostra esse constitutum, ut hoc vel fruamur vel careamus tanto et tam vero bono. quid enim tam in voluntate, quam ipsa voluntas sita est? quam quisque cum habet bonam, id certe habet quod terrenis omnibus regnis, voluptatibusque omnibus corporis longe anteponendum sit. quisquis autem non habet, caret profecto illa re, quam praestantiorem omnibus bonis in potestate nostra non constitutis, sola illi voluntas per seipsam daret« (26). Freilich wiederholt Augustin auch in diesem Zusammenhang den Topos, daß die irdischen Dinge nicht an sich schlecht sind, sondern nur ihr falscher Gebrauch (33).

113 »Ex quo conficitur ut quisquis recte honesteque vult vivere, si id se velle prae fugacibus bonis velit, assequatur tantam rem tanta facilitate, ut nihil aliud ei quam ipsum velle sit habere quod voluit« (29).

114 »Hoc enim aeterna lex illa, ad cuius considerationem redire iam tempus est, incommutabili stabilitate firmavit, ut in voluntate meritum sit; in beatitate autem et miseria praemium atque supplicium« (30).

115 Vgl. z. B. u. A. 249.

Voraussetzungen und Folgen dieses neuen Schrittes untersuchen können, muß auf einen weiteren Gedanken in De libero arbitrio I hingewiesen werden. In die Frage nach dem malum flicht Augustin eine andere ein. Es erhebt sich nämlich das Problem, daß die positiven *Gesetze* in bestimmten Fällen erlauben, wegen solcher Dinge, die man wider Willen verlieren kann, also doch offenbar wegen der Begierde nach diesen zeitlichen Dingen, andere Menschen zu töten. Sind diese Gesetze ungerecht (11ff.)? Nun kann man zwar annehmen, daß man aus Notwehr oder um der Keuschheit willen oder sogar auf Befehl des Gesetzes (wie der Soldat) ohne libido töten kann. Ebenso ist das Gesetz selbst ohne Begierde, das solches Töten erlaubt. Aber das alles reicht doch nicht aus, um die Menschen zu entschuldigen, die um zeitlicher Güter willen töten. Offenbar gibt es ein geheimes, strengeres Gesetz, das auch äußerlich legales Handeln ahndet (12f.). Diese Beobachtung führt zu der Unterscheidung zwischen der lex aeterna und den geschriebenen zeitlichen Gesetzen, nach denen Völker und Staaten zu verschiedenen Zeiten verschieden regiert werden[116]. Die Aufstellung, aber auch die Veränderung der lex temporalis erfolgt nach der unveränderlichen Norm des ewigen Gesetzes (i. e. summa ratio; 15 Anfang), deren Vorstellung uns (im Geist, Gewissen) eingeprägt ist und nach der es gerecht ist, daß alles aufs Beste geordnet ist[117]. Auf diese Feststellungen folgen im Zusammenhang die schon referierten Untersuchungen über den Weisen, der eben der gemäß dem ewigen Gesetz am besten geordnete Mensch ist (homo ordinatissimus; 16ff.). Weiter folgt die Reflexion über den Abfall der Menschen in die Torheit aus bösem Willen. In n. 30 wird dann die Frage nach den beiden Gesetzen wieder aufgenommen. Die aeterna lex bestimmt, daß in der Willensentscheidung das Verdienst liegt, auf welches das Glück als Lohn oder das Elend als Strafe folgt (30)[118]. Der Mensch, der richtig zu leben liebt, liebt auch dieses Gesetz; denn mit seiner Hilfe erkennt er ja, daß dem guten Willen die beata vita zuteil wird. Außerdem lebt er ja nur so, indem er diesem Gesetz folgt. Das heißt aber, der Mensch guten Willens, der recht leben und zur Weisheit gelangen will, liebt das Ewige. Entsprechend kann der Tor dieses ewige Gesetz nicht lieben, weil er seinen liebenden Willen auf die zeitlichen Güter richtet.

Aus dem allen folgt eine *dreifache Unterscheidung*. Es gibt *zwei Arten* von *Dingen*, ewige und zeitliche; weiter zwei Arten von *Menschen*, die aus freier Willensentscheidung entweder das Ewige oder das Zeitliche lieben, und schließlich zwei Arten von *Gesetzen*, das ewige und und das zeitliche[119]. Das ewige bezieht sich auf die guten und glück-

[116] »Appellemus ergo istam legem, si placet, temporalem, quae quanquam iusta sit, commutari tamen per tempora iuste potest« (14). Über die Bedeutung der staatlichen Gesetze im ordo naturae vgl. schon ord. II, 12 (dazu *J. Rief*, Der Ordo-Begriff des jungen Augustinus, 373ff.). Zum lex-Problem von lib. arb. vgl. *Cotta*, aaO.

[117] »Ut igitur brevitur aeternae legis notionem, quae impressa nobis est, quantum valeo verbis explicem, ea est qua iustum est ut omnia sint ordinatissima« (15).

[118] Vgl. A. 114.

[119] »... quoniam et quid valeat aeterna lex, ut opinor, videre iam coepimus, et quantum lex temporalis in vindicando progredi possit, inventum est; et rerum duo genera, aeternarum et temporalium, duoque rursus hominum, aliorum aeter-

seligen Weisen und befiehlt, die Liebe vom Zeitlichen zum Ewigen zu wenden. Das zeitliche Gesetz ist zwar am ewigen orientiert, ahndet aber nicht die falsche Begierde nach zeitlichen Dingen, sondern hindert nur die dem Zeitlichen verhafteten Menschen durch Zwang[120], anderen Menschen solche Güter [121] ungerechterweise zu entreißen[122]. Hierdurch wird der menschliche Friede und Gesellschaftsverband erhalten, soweit das in diesen (vergänglichen) Dingen überhaupt möglich ist [123]; deshalb werden mit seiner Hilfe alle irdischen Völker und Staaten (populi terreni civitatesque; 32) regiert. Der Weise, der mit seinem guten Willen an der lex aeterna hängt, bedarf des zeitlichen Gesetzes nicht (31 Schluß)[124]. Wenn er die irdischen Dinge richtig gebraucht, zeigt er zwar, daß sie gut sind, jedoch nicht für ihn, sondern eher durch ihn, d. h. seinen guten Gebrauch (33)[125]. Wenn er daher bereit ist, sie, wenn nötig, zu besitzen und über sie zu herrschen, so ist er noch bereiter, sie zu verlieren[126].

Betrachtet man die philosophischen Voraussetzungen des Ent-

---

nas, aliorum temporales sequentium et diligentium, satis aperteque distincta sunt: quid autem quisque sectandum et amplectendum eligat, in voluntate esse positum constitit ...« (34, vgl. 31 ff.).

120 »... per legem istam quae populos in hac vita cohibet, malefacta ulciscenda sint« (14); »... metu coercet ...« (32); vgl. auch A. 122.

121 Z. B. Körper, Freiheit, Angehörige, civitas, Ehren, Geld.

122 »Non autem ulciscitur (scil. lex temporalis) peccatum cum amantur ista, sed cum aliis per improbitatem auferuntur« (32). Vgl. »... ipsa lex, quae tuendi populi causa lata est ...« und »... quae tuendorum civium causa vim hostilem eadem vi repelli iubet ...« (12).

123 »Quid deinde censes temporalem (scil. legem) iubere, nisi ut haec quae ad tempus nostra dici possunt, quando eis homines cupiditate inhaerent, eo iure possideant, quo pax et societas humana servetur, quanta in his rebus servari potest?« (32).

124 Dieser Satz, der in seinem Ursprung die zur politischen Praxis freie Vernunft, dann aber auch die Legitimation der Herrschaft der (sozial) Freien meint (vgl. o. S. 87), bekommt beim jungen Augustin einen apolitischen Klang. Von dieser Aussage bleibt zwar später die Behauptung übrig, der nach der lex aeterna, d. h. aus der Liebe als des Gesetzes Erfüllung Handelnde erfülle auch immer schon die zeitlichen Gesetze und mehr, aber es wird dann doch ausdrücklich antispiritualistisch hinzugefügt, der Christ habe sich ihnen im Blick auf die Notwendigkeiten dieses Lebens unterzuordnen (vgl. u. S. 226 zu in Rom. 72 und *Cotta*, Droit, 166 A. 4).

125 Mit dieser stoischen Aussage kreuzt sich der antimanichäisch-neuplatonische Gedanke, daß die Dinge »in ordine suo« schön sind (35).

126 »... eis totus superferatur, et habere illa atque regere cum opus est, paratus, et amittere ac non habere paratior« (33).

wurfs von De libero arbitrio I, so wird man auf die gleichen Quellen wie in Contra Academicos, De beata vita und De moribus geführt: eine neuplatonisch überformte Stoa. Als neue Gesichtspunkte treten nun aber — provoziert durch die antimanichäische Fragestellung — die Willens- und Gesetzesproblematik[127] hinzu. Die Verbindung zu den früheren Schriften ist dadurch gegeben, daß Augustin den guten *Willen* als Ort der beata vita mit dem Besitz der vier Kardinaltugenden identifiziert (27). Er arbeitet damit den peripatetisch-stoischen Gedanken heraus, daß die Tugend in der rechten Wahl der natürlichen Objekte gemäß der Vernunft liegt. Aristoteles spricht hier von *προαίρεσις* (Wahl)[128], Chrysipp von *συγκατάθεσις* (Zustimmung)[129], Diogenes und Antipater von *ἐκλογή* und *ἀπεκλογή* (Zustimmung — Ablehnung)[130]. Cicero nimmt diese Begriffe in die voluntas auf[131] — ein typischer Vorgang bei der Übernahme griechischer Philosopheme nach Rom, der bei Seneca noch deutlicher wird[132]. Durch die Stoa verschärft sich gegenüber Aristoteles freilich die Konzentration auf die subjektive Seite der Entscheidung, weil diese nicht mehr wie jene mehrere Gruppen von Gütern, sondern nur noch das seelische Gut, die Tugend, gelten läßt[133]. Auch das Vernunftgesetz, die lex naturae oder aeterna, nach der die Entscheidung getroffen wird, ist ja für die Stoa nicht etwas oberhalb der menschlichen Vernunft, sondern mit dieser identisch. Eindeutig in c. Acad. I, 5 und III, 27[134], aber auch noch hier in lib. arb. I klingt diese ursprüngliche stoische Bedeutung des Gedankens an, wenn Augustin die beata vita als Liebe zum guten Willen qua virtus bestimmt (25—30)[135]. Erst wenn er den Gedanken

---

[127] Vorbereitet sind diese Themen natürlich mannigfach. Vgl. o. S. 189 zu soliloq. I, 3; ferner wäre zur Frage der lex De ordine im ganzen heranzuziehen. Zu voluntas s. schon quant. anim. 80.

[128] Eth. Nik. II, 6 (1106b 36). Dazu vgl. *Dirlmeier* in Bd. 6 der deutschen Aristoteles-Ausgabe, Berlin 1960², 311f., und *Holte*, 25.

[129] Vgl. *Pohlenz*, I, 103ff.

[130] Diese Definitionen kann Augustin aus dem Munde Catos in Ciceros De finibus III kennen (s. *Holte*, 39). Zu ihnen und der Polemik des Karneades gegen diesen Subjektivismus vgl. *Pohlenz*, I, 186ff.

[131] *Pohlenz*, I, 274; II, 139f.

[132] *Pohlenz*, I, 319f. (vgl. 334); II, 159.

[133] S. o. S. 84f. [134] S. o. S. 194f.

[135] Die stoische Lex-naturae-Lehre ist Augustin durch Cicero vermittelt. Vgl. *P. A. Schubert*, Augustins Lex-aeterna-Lehre nach Inhalt und Quellen, 1924, 21ff.; *E. Hoffmann*, 84; *E. Peusch*, Cicero und die civitas Dei, Diss. 1957, 379ff. u. ö.; *E. Wolf*, Peregrinatio I, 183f.

dahingehend erweitert, daß derjenige, der richtig und ordnungsgemäß (honeste) zu leben liebt und zur höchsten Weisheit gelangen will (= bona voluntas; 25), auch die lex aeterna und damit das Ewige liebt (31), sieht man die neuplatonische Transzendierung des stoischen Ansatzes. Das unveränderliche Gesetz jenseits des Menschen wird zum Gegenstand der Liebe, zum höchsten Gut[136]. Hier ist also wieder die Umwandlung des frui-Begriffs sichtbar. Er bezieht sich nicht mehr auf das ciceronische honestum[137], sondern auf das transzendente Ewige, hier auf das ewige Gesetz, in beat. vit. 34 und mor. eccl. I, 4 auf Gott. Daß in lib. arb. I die lex aeterna Gott selbst meint, ist möglich[138], sie könnte aber auch nach wie vor die Struktur der intelligiblen Welt als Vermittlung zwischen Gott und Welt bedeuten[139]. Die erste ausdrückliche Identifikation von Gott und ewigem Gesetz wird jedenfalls erst zwei Jahre später in vera relig. 57f. vollzogen[140].

Mag dies alles noch in der Konsequenz der früheren Schriften liegen — wenn auch die Unterscheidung der Menschen nach bona voluntas (Weise) und mala voluntas (Toren) oder nach den zwei amores der ausgebildeten Zwei-civitates-Lehre sehr nahe kommt — so ist die Beziehung der irdisch lebenden Menschen auf die in den irdischen Staaten zwangsweise Frieden erhaltende *lex temporalis* neu und im Blick auf später äußerst signifikant. Daß dieses zeitliche (geschriebene) Gesetz eine sich wandelnde und den verschiedenen Gegebenheiten und Völkern sich anpassende Abschattung der lex aeterna ist, ist eine auf klassisch griechischer Tradition aufbauende stoische Theorie, die besonders für das neu entstehende römische Völkerrecht wichtig wird[141]. Freilich ist gegenüber Platon eine folgenreiche Veränderung

---

[136] Vgl. *Holte*, 228 (auch 197ff.). Zu Plotin als Quelle Augustins s. *Schubert*, 39ff. Wahrscheinlicher ist aber hier ein Einfluß des Porphyrios, der auf die willentliche Entscheidung der Seele zwischen Höher- und Untergeordnetem großes Gewicht legt. Vgl. *Theiler*, Porphyrios und Augustin, 20ff.; *R.Beutler*, Porphyrios, 306f.

[137] So noch in lib. arb. I, 26: hier spricht Augustin vom frui der bona voluntas, die in n. 25 als »... appetere recte honesteque vivere« definiert war. Vgl. genau den gleichen Schritt über Cicero hinaus in trin. XIII, 7—15 (dazu s. *Lorenz*, Gnade und Erkenntnis, 23f.).

[138] Da Augustin ja schon früher das frui des Ewigen als frui Gottes bestimmt hatte.

[139] Vgl. o. S. 189 zu soliloq. I, 3, und *E. Hoffmann*, 84.

[140] Dieser Schritt hängt mit dem Eindringen Augustins in die Trinitätslehre zusammen — der Logos, der der Welt Struktur gibt, wird streng als die zweite Person der Trinität gefaßt. Vgl. *E. Hoffmann*, 84f.; *Schubert*, 5.

[141] Ontologisch gesehen, ruht sie auf der eleatisch-platonischen Grundunter-

eingetreten. Es zeigte sich bereits, daß durch den wachsenden Dualismus zwischen Vernunft und Affekten in gewissen stoischen Traditionen die schon aristotelische Betonung des gewaltsamen Zwangs gegenüber der Klasse der Begierdemenschen weiter verschärft wurde[142]. Hier deutet sich noch eine weitere mögliche Konsequenz an. Für Platon ist es das eine Gute, das den einzelnen politischen Gemeinschaften mehr oder weniger Gestalt und Bestand gibt. Aber da es »jenseits des Seins« ist, nähert sich auch der Philosoph ihm nur soviel wie möglich, kann sich also nie vollständig aus der Solidarität der »Menge« aller Menschen mit ihren affektgebundenen Verfinsterungen lösen. Andererseits muß seinem Weg aus der Höhle heraus die Rückkehr in die politische Verwirklichung folgen. Die vita contemplativa ermöglicht die vita activa, die politische Lebensweise. Gewiß folgt aus diesem Konzept, daß der Philosoph nach der Schau des Guten das Vernünftige freiwillig tut, wozu der Uneinsichtige notfalls

---

scheidung von ewigem Wesen und zeitlicher Erscheinung. Im Blick auf die Gesetze zeigt sich z. B. bei Platon dieses Axiom in der Zuordnung der Schriften Politeia (Struktur) und Nomoi (Erscheinung dieser Struktur im konkreten Gemeinwesen). Zur Stoa s. *Pohlenz*, I, 263ff.; II, 205, 218. Daß Augustins mit der lex-Problematik zusammenhängenden Definitionen hier auf Ciceros De legibus (vgl. I, 6; II, 4—5) als direkte Quelle zurückgehen, weisen die Anmerkungen zu lib. arb. I in der Werkausgabe Bibliothèque Augustinienne (Bd. 6, 507ff.) nach. — *Cotta* macht in seinen sonst höchst erhellenden Arbeiten den folgenreichen Fehler, daß er diese Verankerung Augustins in den antiken Traditionen übersieht. Sein berechtigtes Interesse besteht darin, Augustin von der thomistisch-»ontologisch«-naturrechtlichen Interpretation abzusetzen. Das tut er aber seltsamerweise nicht, indem er ihn von den originalen griechischen Texten her, sondern als Vorläufer von Macchiavelli, Hobbes, Kant und Kierkegaard versteht (vgl. La città, 71; 130ff.; 158). Diese Tradition, die er profannaturrechtlich nennt, interpretiert er überdies neukantianisch, so daß die Moralität der Innerlichkeit gegen die Legalität der äußeren sozialen Verpflichtungen zu stehen kommt (Droit, 169). Dadurch ist Cotta gezwungen, einen doppelten Gebrauch von lex aeterna anzunehmen; denn der Gedanke, die zeitlichen Gesetze seien Abschattungen der lex aeterna, verträgt sich schlecht mit der strikten Trennung von Moralität und Legalität (ebd. A. 9). Natürlich steht dieser antike Gedanke quer zu Augustins eigentlicher Pointe, der radikalen Gegenüberstellung der beiden Menschengruppen mit ihren verschiedenen Liebeszielen und Gesetzen. Das erklärt sich aber leicht durch den Vorgang der Umarbeitung einer antiken Überlieferung. Der Abschattungsgedanke, der sich noch einmal vera relig. 58 findet, verschwindet denn auch in Augustins weiterer Entwicklung völlig (gegen *Schubert*, 14, der — ohne es zu merken — nur noch Belege aus pseudo-augustinischen Predigten anführen kann). Weiteres zu den von *Cotta* aufgeworfenen Problemen s. u. S. 289f.

[142] Zum folgenden s. o. S. 87.

gezwungen werden muß[143]. Aber es ist das eine Gute, das in beiden Fällen zur Erscheinung kommt.

Für die Stoa ist das Naturgesetz nicht »jenseits des Seins«. Es kann im Weisen voll anwesend sein. Eine mögliche, wenn auch nicht notwendige Folge dieses Ansatzes ist es, daß die vita contemplativa von der vita activa ablösbar ist, die Ethik von der Politik, der kosmopolitische Weise von der Menge der Toren in den zeitlichen Gebundenheiten, der innere Friede im Leben gemäß dem ewigen Gesetz und der äußere, erzwungene Friede im Leben der irdischen Völker gemäß dem zeitlichen Gesetz[144]. Durch die neuplatonische Heraushebung der ewigen Stufen oberhalb des Menschen, d. h. durch die strikte Scheidung von intelligibler Welt und sinnlicher Welt werden die Dualismen noch verschärft. Das alles heißt nicht, daß nicht Teile der stoisch-neuplatonischen Tradition, zumal im römischen Bereich, auch das politische Engagement des Weisen forderten. Aber dieses folgt nicht wie bei Platon notwendig aus dem ontologischen Ansatz, sondern ist arbiträr[145]. Augustin jedenfalls greift hier noch eine fast rein kontemplative Ausprägung des stoisch-neuplatonischen Weisen auf[146]. Dessen »Gebrauch« (uti) der zeitlich-politischen Dinge beschränkt sich auf das »wenn unbedingt nötig« (cum opus est; 33). Und auch dieses wird noch eingeschränkt durch den Gedanken, daß der Weise noch viel lieber die zeitlichen Dinge verliert als sie richtig zu gebrauchen (ebd.).

Die stoische Konzeption der zwei Menschengruppen — einerseits die glücklichen, kosmopolitischen Weisen, die der innerlichen Tugend und dem ewigen Gesetz leben (bona voluntas) und andererseits die dem Vergänglichen nachstrebenden Toren, die in den »irdischen Völkern und politischen Gemeinschaften (civitates)« durch die lex temporalis einen notdürftigen Zwangsfrieden genießen (mala voluntas) —, eine Unterscheidung, die wiederum verkoppelt ist mit der philonisch-neuplatonisch interpretierten paulinischen Gegenüberstellung von innerem, neuem, himmlischem und äußerem, altem,

143 S. o. S. 164.

144 Von hier aus ist also doch der Vergleich der Zwei-civitates-Lehre Augustins mit der stoischen Gegenüberstellung von Kosmopolis und konkreten Staaten nicht aus der Luft gegriffen, nur daß man m. W. bisher den genauen Ort und die Reichweite der Berührung beider Entwürfe nicht scharf genug erkannt hat (s. u. S. 230).

145 S. o. S. 85.

146 Trotz der Ansätze in mor. eccl. I. Vgl. aber u. S. 273ff. zu De civitate dei.

irdischem Menschen, bringt Augustin also bereits mit, wenn er in De vera religione 48—51 die Zwei-civitates-Lehre zum ersten Mal in ihrer späteren geschichtlich-eschatologischen Ausprägung darstellt. Wir wenden uns damit dieser entscheidenden Schrift zu.

d) De vera religione

Die entscheidenden Kapitel 48—51[147] stehen in einem größeren Zusammenhang.

Nachdem in einer Einleitung (1—17) die möglichen Gegner der wahren christlichen Religion zu Wort gekommen sind, soll in 18ff. diese Religion selbst vor allem gegen die Manichäer entfaltet werden. Augustin setzt mit dem Schöpfungsglauben ein (21—44). Alles Leben ist aus Gott und darum »schön« — im griechischen Sinn des Guten, seinsbeständig Strukturierten. Der Tod und alles Übel ist dagegen Folge der Sünde, die aus dem Willen der rationalen Seele entspringt. Der zweite große Hauptteil (45—106) soll nachweisen, daß auch die göttliche Medizin für die gefallene kranke Seele durch gegliederte Ordnung »schön« ist und also Gott nur Gutes zuzuschreiben ist[148]. Die Schönheit der Ordnung zur Gesundung der Seele besteht zunächst in der Stufung auctoritas und ratio. Auctoritas bezieht sich immer auf Zeitliches, Geschichtliches, fordert also Glauben, will aber zum Ewigen, Geistigen hinleiten. Ratio vollzieht die direkte Erkenntnis der intelligibilia[149]. Die uns interessierenden Kapitel 48—51 gehören zu dem Abschnitt auctoritas[150], also zur zeitlichen »Seelenmedizin« der göttlichen Vorsehung für diejenigen, die durch die Sünde eigentlich den Tod verdient hätten[151].

Wenn man verstehen will, was Augustin im folgenden zunächst über die beiden Menschentypen und ihre Stufen (48—49) und dann über die Geschichte der beiden Gruppen in ihrer Kollektivität (50) sagt, so muß man sich den Ort dieser Aussagen genau vergegen-

---

[147] Zum folgenden vgl. vor allem die schon mehrfach zitierte Diss. von *E. Hoffmann*, die einen fortlaufenden Kommentar zu diesen Kapiteln gibt. Sie beschränkt sich freilich mehr auf die Sammlung von sehr nützlichem, aber mehr oder weniger zusammenhanglosem Quellenmaterial, ohne zu einer wirklichen Gesamtinterpretation des Textes innerhalb der Entwicklung Augustins vorzustoßen. Von den älteren Arbeiten ist vor allem wichtig *W. Theiler*, Porphyrios und Augustin, 7ff. Er führt die meisten Theorien Augustins auf Porphyrios zurück, insbesondere auch die Terminologie innerer-äußerer Mensch (10).

[148] 107—113 bietet zum Abschluß eine Summe der wahren Religion.

[149] »Auctoritas fidem flagitat et rationi praeparat hominem, ratio ad intellectum cognitionemque perducit« (45 Anfang). Zu diesem vielschichtigen Problem vgl. Sprachverständnis, 76f. (dort weitere Literatur).

[150] Der ratio-Teil erstreckt sich über die Paragraphen 52—106.

[151] »Dispensatio ergo temporalis et medicina divinae providentiae erga eos qui peccato mortalitatem meruerunt, sic traditur« (Anfang 48). Dazu *Hoffmann*, 23ff.

wärtigen. Neben der antithetischen Unterscheidung beider soll nämlich gezeigt werden, daß trotz der zerstörenden Sünde in beiden Gruppen die schön ordnende und damit seinserhaltende und seinsrenovierende Tätigkeit der göttlichen Providenz auf je verschiedene Weise am Werk ist. Um dies gleich vorwegzunehmen: es ist also hier die antimanichäische Aussage aus lib. arb. I, 35, daß das Irdisch-Zeitliche an seinem Ort seine Schönheit hat, zum Thema erhoben und damit von vornherein die Ambivalenz des irdischen Menschen und auch der civitas terrena im Blick, je nachdem, ob man von der Sünde des Menschen oder von Gottes Tun ausgeht.

Unter diesem Vorzeichen untersucht Augustin zunächst die *Stufen des irdischen Menschen*, und zwar nach den platonischen[152] Gesichtspunkten Natur und Erziehung (natura und eruditio) (48). Uns interessieren wenig die ersten drei Stadien, die rein vegetativ-sensitive der infantia, die memorative der pueritia und die zur Kindererzeugung befähigte der adolescentia, sehr dagegen die vierte Stufe der iuventus, des Mannesalters. Augustin behandelt sie nämlich als politisches und damit zentrales Lebensalter des alten, irdischen Menschen. »Auf das Jünglingsalter folgt unmittelbar das des (jungen) Mannes. Hier muß man bereits öffentliche Ämter ausüben und sich unter Gesetzen zähmen lassen; hier übt das heftigere Verbot zu sündigen und die Strafe für die Sündigenden einen knechtischen Zwang aus, erzeugt aber gerade dadurch in den fleischlichen Seelen noch wildere Antriebe der Begierde und verdoppelt dadurch alle Vergehen. Denn es handelt sich in diesem Fall nicht um die einfache Sünde, nur Böses zu tun, sondern auch Verbotenes«[153]. Daß hier — in der politischen Existenz — nach Augustin das Zentrum des irdischen Menschen liegt, zeigt auch die Zusammenfassung nach einer kurzen Erwähnung des verfallenden Greisenalters und des Todes als fünfter und sechster Stufe: »Dies ist das Leben des Menschen, der aus dem Körper lebt und an die Begierden nach zeitlichen Dingen gebunden ist. Er wird der alte Mensch genannt, und der äußere und der irdische, auch wenn er das Wohlbefinden (felicitas, nicht beatitudo) besitzt, das die Menge so nennt, nämlich das Wohlbefinden[154] in einem wohlverfaßten irdischen politischen Gemeinwesen, sei es unter Königen, sei es unter Aristokraten, sei es unter Gesetzen (Demokratie) oder sei es unter einer aus allen gemischten Verfassungsform — anders nämlich kann ein Volk nicht gut verfaßt sein, auch wenn es nach Irdischem trachtet. Es hat freilich auch dieser alte Mensch selbst (oder das irdische Volk als ganzes) eine gewisse Art eigener Schönheit[155].

---

[152] Belege bei *Hoffmann*, 33.

[153] »Porro adulescentiam iuventus excipit, iam exercenda muneribus publicis et domanda sub legibus. in qua vehementior prohibitio peccatorum et poena peccantium serviliter coercens carnalibus animis atrociores impetus libidinis gignit et omnia commissa congeminat. non enim simplex peccatum est, non solum malum sed etiam vetitum admittere« (48).

[154] Hierfür steht in lib. arb. I und in civ. XIX, 17ff. pax.

[155] »Haec est vita hominis viventis ex corpore et cupiditatibus rerum tempora-

Um mit dem letzten zu beginnen: die Schönheit des irdischen Menschen betrifft die beiden Oberaspekte Natur und Erziehung. Qua Natur ist das Irdische schön, weil es von Gott gut geschaffen ist und als bestehendes Sein eben dies bezeugt[156]. Qua Erziehung liegt die Schönheit in der Wiederherstellung der gerechten Ordnung durch Strafe[157]. Es muß freilich betont werden, daß in diesem Zusammenhang die Strafe nicht etwa zum neuen Menschen hin erzieht — das zeigt der Gedanke, daß das Verbot die Sünde verdoppelt. Vielmehr geht es hier im Rahmen des alten Menschen um iustitia servilis, unter welchem Stichwort Augustin den Sachverhalt am Anfang des nächsten Kapitels noch einmal zusammenfaßt[158]. Dies ist ein wichtiger Unterschied zu Platon, bei dem die zügelnde Gesetzesstrafe gerade den inneren Menschen fördern soll. Dieser Unterschied setzt trotz aller Anknüpfung an die antike Gegenüberstellung von freier Gerechtigkeit aus Einsicht und knechtischer Gerechtigkeit aus Zwang bereits die paulinische These voraus, daß Gesetz nur tiefer in die Sünde hineintreibt und Befreiung zum neuen Menschen nur aufgrund des göttlichen Gnadenhandelns möglich ist. Inwiefern Augustin im Blick auf den Religionszwang diesen Ansatz dann doch nicht konsequent durchführt, muß uns später beschäftigen[159]. Im vorliegenden Zusammenhang ist die Knechtsgerechtigkeit offenbar das Hauptkennzeichen der civitas terrena, wenn man sie nicht unter dem Aspekt Sünde ihrer Bürger, sondern in ihrem relativen, von Gott gewollten Gutsein betrachtet. Das zeigte bereits lib. arb. I, wo Augustin die irdischen Völker und Gemeinwesen unter dem Oberthema des — einen relativen Frieden erzwingenden — zeitlichen Gesetzes behandelte; das wird aber noch deutlicher bei der Betrachtung des irdischen Friedens in De civitate dei werden[160].

---

lium colligati. hic dicitur vetus homo et exterior et terrenus, etiamsi obtineat eam quam vulgus vocat felicitatem, in bene constituta terrena civitate sive sub regibus sive sub principibus sive sub legibus sive sub his omnibus. aliter enim bene constitui populus non potest, etiam qui terrena sectatur; habet quippe et ipse modum quendam pulchritudinis suae« (48).

[156] Vgl. o. S. 207ff. zu lib. arb. I und vera relig. 74f.

[157] Vgl. quant. anim. 80 und vera relig. 76f. Zu diesem besonders von Porphyrios ausgearbeiteten Gedanken vgl. *Theiler*, Porphyrios und Augustin, 11; 30ff.

[158] »Hunc autem hominem, quem veterem et exteriorem et terrenum descripsimus, sive in suo genere moderatum sive etiam servilis iustitiae modum excedentem nonnulli totum agunt ab istius vitae ortu usque ad occasum« (49 Anfang).

[159] Zu Paulus und seinem Verhältnis zur antiken Tradition vgl. o. S. 166f.

[160] S. u. S. 268 f.

Der folgende Paragraph 49 stellt dem alten den *neuen Menschen* gegenüber. Einige Menschen bleiben ihr ganzes Leben lang alt. Einige dagegen beginnen zwar notwendig mit dem alten, werden aber innerlich schon neu geboren und »schwächen und töten seine (des alten Menschen) übrigen Teile durch ihre geistige Kraft und das Wachstum der Weisheit und fesseln ihn an die himmlischen Gesetze, bis er nach dem leiblichen Tod als ganzer erneuert wird«[161]. Schon diese einleitende Gesamtbeschreibung des neuen, inneren und himmlischen Menschen zeigt durch die zentrale Bedeutung der caelestes leges, die der lex aeterna entsprechen, daß die Gegenüberstellung der beiden Menschen die in lib. arb. I entwickelten Gedanken präzis resümiert[162]. Die Anknüpfung an frühere Beschreibungen des Weisen als inneren, neuen Menschen wird aber noch deutlicher durch die Stufenfolge, die Augustin im Zuge der schön geordneten Medizin göttlicher Providenz auch für den geistigen Menschen entwickelt. Dessen geistige Altersstufen beginnen bei der nützlichen Historie, die in körperlichen Verhüllungen beispielhaft auf Geistiges hinweist[163]. Die zweite Stufe wendet sich vom Menschlich-Geschichtlich-Glaubensmäßigen direkt mit der ratio auf das Geistig-Göttliche, das höchste und unwandelbare Gesetz. Drittens werden dann die Affekte an die Vernunft gebunden, wodurch die Scham den äußeren Zwang zum Guthandeln ersetzt und keine Lust mehr an der Sünde besteht. Die vierte Stufe ist der Ansatz zum vollkommen Weisen, so daß bereits alle Stürme des Lebens bewältigt werden. »Als fünfte (erg. geistige Entwicklungsstufe) hat der neue Mensch die befriedete und in jedem Teil ruhige, lebend im Reichtum und Überfluß der unwandelbaren Herrschaft der höchsten und unaussprechlichen Weisheit«[164]. Die sechste ist durch die vollkommene Verwandlung, auch des Körpers, zum ewigen Leben gekennzeichnet (Auferstehung), die siebte schließlich durch die ewige Ruhe und die durch keine Lebensalter mehr wechselnde fortdauernde Glückseligkeit.

An dieser Stufenfolge ist besonders hervorzuheben, daß bereits das fünfte Stadium vor dem Tod den vollkommenen Seelenfrieden des stoischen Weisen kennt, der in den Frühschriften bereits als beata vita gilt. Ihm ist lediglich in dieser Schrift sehr massiv und wiederholt[165] die Auferstehung des Fleisches übergeordnet, die früher erst ganz andeutungsweise auftauchte[166]. Entsprechend gibt es eine postmortale höhere, weil ewige Ruhe und Glückseligkeit, als sie der befriedete

---

[161] »Nonnulli autem vitam istam necessario ab illo (sc. homine vetere) incipiunt, sed renascuntur interius et ceteras eius partes suo robore spiritali et incrementis sapientiae corrumpunt et necant et in caelestes leges, donec post visibilem mortem totum instauretur, adstringunt« (49).

[162] Das ist, soweit ich sehe, bisher nicht erkannt, auch nicht von *E. Hoffmann*, obwohl ihr bewußt ist, daß mit den caelestes leges die lex aeterna gemeint ist (84).

[163] Zur auctoritas-historia-Stufe s. o. A. 149.

[164] »... quintam pacatam atque omni ex parte tranquillam, viventem in opibus et abundantia incommutabilis regni summae atque ineffabilis sapientiae« (49).

[165] Vgl. vera relig. 25; 77; 82; 103.

[166] S. o. S. 201.

Weise der fünften Stufe hatte[167]. Diese Auffächerung des glücklichen und ewigen Lebens und damit des letzten menschlichen Zieles ist typisch für die Übergangsphase auf dem Weg zur vollen Eschatologisierung des Telos[168]. Augustin faßt seine jetzige Position noch einmal zu Beginn des nächsten Abschnittes zusammen, indem er feststellt, daß zwar der alte Mensch in diesem Leben als ganzer seine alte Existenz lebt, der neue aber immer mit Resten des alten zusammengebunden bleibt — bis zur Auferstehung.

Diese neue Betonung der Eschatologie bekommt ihre eigentliche Bedeutung erst durch die ebenfalls neue *kollektivgeschichtliche Betrachtungsweise* der zwei Menschengruppen in Paragraph 50.

Augustin fährt nämlich fort: »In der gleichen Proportion wird aber das universale Menschengeschlecht, dessen Leben von Adam bis zum Ende dieser Weltzeit gleichsam wie das eines einzigen Menschen ist, so unter den (beiden) Gesetzen der göttlichen Vorsehung geleitet, daß es in zwei Arten geteilt erscheint«[169]. Auch in der Gesamtgeschichte wirkt also die göttliche Providenz eine geordnete Schönheit. »In der einen Art lebt der Haufe der Gottlosen, die das Bild des irdischen Menschen vom Anfang bis zum Ende der Weltzeit tragen«[170]. Diese Lebensart muß man sich ausgeführt denken durch die verschiedenen in n. 48 geschilderten Stufen, also vor allem durch politisch-gesellschaftliche Verfehlungen im Kampf um zeitliches Gut und deren Strafe. »In der anderen Art lebt die Stammreihe des dem einen Gott ergebenen Volkes«[171]. Diese Art ist durch die Stufen des neuen Menschen in n. 49 angedeutet, ihre Beschreibung macht aber den Inhalt des ganzen Werkes »Von der wahren Religion« aus[172]. Augustin führt nun aber für das neue Menschengeschlecht eine charakteristische Unterscheidung ein. Er teilt es nämlich in das jüdische Volk von Adam bis zu Johannes dem Täufer und das neue Volk

---

[167] Hier zeigt sich ein Unterschied zu den griechischen Vorstellungen, die die körperlosen, weisen Seelen nach dem Tode zwar dem Sternenumschwung angleichen, aber doch eine ewige Reinkarnation annehmen.

[168] Sehr schön zeigt *P. J. Couvée* (Vita beata en vita aeterna, 1947), wie Augustin Schritt für Schritt die Nebeneinanderordnung der stoisch-neuplatonischen vita beata und der christlichen vita aeterna, die auch andere Kirchenväter vornehmen (Laktanz, Ambrosius), überwindet und schließlich beide im Eschaton zusammenfaßt. Vgl. auch *Holte*, 171.

[169] »... sic proportione universum genus humanum, cuius tamquam unius hominis vita est ab Adam usque ad finem huius saeculi, ita sub divinae providentiae legibus administratur ut in duo genera distributum appareat« (50). Zum direkten Überschritt vom Individuum auf das Kollektiv (s. auch 138f.) vgl. u. A. 482.

[170] »Quorum (sc. generum) in uno est turba impiorum, terreni hominis imaginem ab initio saeculi usque ad finem gerentium« (ebd.).

[171] Den lateinischen Text s. übernächste Anmerkung.

[172] Das zentrale Kennzeichen der wahren Religion ist, wie seit De moribus entwickelt und in De doctrina christiana I klassisch entfaltet: Gott über alles lieben und seinen Nächsten wie sich selbst.

der Christen. Die Juden führten zwar das Leben des irdischen Menschen, aber — im Gegensatz zu den heidnischen Völkern — in (vollkommener) knechtischer Gerechtigkeit. Ihre Historie, Altes Testament genannt, verheißt ein irdisches Reich und ist als ganze nichts anderes als ein (Schatten-)Bild des neuen Volkes und des Neuen Testaments, welches das Himmelreich verheißt[173]. Hier ist hervorzuheben, daß *nur* das irdische Leben *des jüdischen Volkes* (in der iustitia servilis)[174] als Verweisung auf das Volk des Neuen Bundes gewertet wird. Dieser Gedanke wird in civ. XV, 2 wieder aufgenommen und hat von dort aus eine ziemliche Verwirrung in der Forschung angerichtet. *Leisegang*[175] hatte nämlich in deutsch-idealistischer Tradition aus diesem Gedanken ein drei-Reiche-Schema herausgelesen, in welchem dem Staat die Funktion zugesprochen wurde, auf das Reich Gottes hinzuführen. Augustin zählt aber hier die Geschichte des jüdischen Volkes eindeutig zur Geschichte des neuen Volkes, und nur in diesem Zusammenhang der speziellen göttlichen Verheißungsgeschichte darf man von einem bildlichen Verweisungssinn von alt auf neu sprechen[176].

»Das zeitliche Leben dieses (neuen) Volkes beginnt unterdessen mit der Ankunft des Herrn in Demut und verläuft so bis zum Tag des Gerichts, wenn er in offener Herrlichkeit wiederkommen wird. Wenn nach diesem Gericht der alte Mensch ausgezogen sein wird, wird jene Verwandlung erfolgen, welche als engelgleiches Leben verheißen ist. ‚Alle nämlich werden wir auferstehen, aber nicht alle werden wir verwandelt werden' (1 Ko 15, 51)«. Dieses Pauluswort legt Augustin so aus: »Es wird also das fromme Volk auferstehen, damit es die Reste seines alten Menschen in den neuen umwandelt. Das gottlose Volk aber, welches von Anfang bis Ende den alten Menschen trug, wird auferstehen, damit es in den zweiten Tod gestürzt werde«.

Diese Auslegung ist für die traditionsgeschichtliche Bestimmung der hier zum ersten Mal auftauchenden geschichtlich-eschatologischen Bestimmung der zwei civitates sehr wichtig. Denn das Theologumenon des »zweiten Todes« ist Paulus fremd, also nicht aus dem bisherigen Umkreis der Augustinischen Gedanken abzuleiten. Dieser

[173] »... in altero series populi uni deo dediti, sed ab Adam usque ad Johannem Baptistam terreni hominis vitam gerens servili quadam iustitia. cuius historia vetus testamentum vocatur, quasi terrenum pollicens regnum. quae tota nihil est aliud quam imago novi populi et novi testamenti pollicentis regnum caelorum«.

[174] Von den heidnischen Völkern gilt ja, was über den alten Menschen gesagt ist: »... sive in suo genere moderatum sive etiam servilis iustitiae modum excedentem ...« (49).

[175] Der Ursprung der Lehre Augustins von der civitas Dei, 1926. Leisegangs gesamte Deutung ist auf der Fehlinterpretation dieses einen Kapitels aufgebaut (zur Kritik s. u. A. 217).

[176] Die Irreleitung in civ. XV, 2 wird dadurch gefördert, daß Augustin dort nicht das neue Volk, sondern das alte in zwei Teile teilt, deren einer auf das neue hinweisen soll. Aber im Zusammenhang ist ganz klar, daß durch den Exkurs nur gezeigt werden soll, mit welchem Recht man schon zur Zeit des Alten Testaments von einer civitas dei sprechen kann.

Begriff stammt aus der Apokalypse des Johannes (2, 11; 20, 6 und 14). Gerade im Kommentar des Tychonius zu diesem Buch jedoch findet sich nicht nur dieser Begriff[177], sondern auch die geschichtsphilosophisch-eschatologische Konzeption von zwei civitates oder Menschenarten, so daß wir hier wahrscheinlich zum ersten Mal der Spur dieses »Reformdonatisten« (*Hahn*) begegnen[178]. Die Wahrscheinlichkeit dieser Vermutung wird noch um mehrere Grade erhöht durch die folgenden Sätze: »Wer aber sorgfältig liest (erg. die heilige Schrift[179]), findet die Gliederung der Altersstufen; und Unkraut und Spreu schrecken ihn nicht. Es lebt nämlich der Gottlose für den Frommen und der Sünder für den Gerechten, damit dieser durch Vergleich mit jenem sich um so eiliger aufmache, bis er vollendet werde.« Diesen Satz versteht man nur, wenn man weiß, daß die Begriffe Unkraut und Spreu aus den synoptisch-eschatologischen Gleichnissen[180] seit Kallist[181] Topoi in der Auseinandersetzung der Kirche mit solchen Strömungen sind, die absolut negieren, daß in der Gemeinde Sünder sein können. Zu Augustins Zeit sind es die Donatisten, die eine sichtbare Kirche der Heiligen aufrichten wollen. Seine Aussage bedeutet also: wer erkennt, daß jetzt noch nicht die Altersstufe des jüngsten Gerichts erreicht ist, der geduldet sich mit den Bösen — im Gegensatz zu den Donatisten, die jetzt schon eine reine Kirche herstellen wollen; der weiß nämlich, daß die Zeit der Ernte, d. h. der Trennung des Weizens von Unkraut und Spreu kommen wird. Jetzt wird die Anwesenheit der Gottlosen (Heiden, Häretiker usw.) von Gott in schöner Providenz dazu benutzt, die Frommen anzustacheln und zu bewähren[182]. Implizit ist hier also die Theorie enthalten, daß die beiden Menschenarten äußerlich noch untrennbar ineinander verflochten sind. Genau sie ist aber typisch für Tychonius, und Augustin hat sie nach eigenem Zeugnis[183] von diesem Reformdonatisten in leichter Veränderung übernommen und immer wieder

---

[177] *Hahn*, Tyconius-Studien, 29 A. 2. Weitere Belege zum »zweiten Tod« aus der lateinischen Kirchenvätertradition bei *E. Hoffmann*, 157f.

[178] Zur Diskussion um Tychonius vgl. u. S. 232ff.

[179] Es handelt sich ja in n. 45—51 um die auctoritas-Stufe.

[180] Vgl. Mt 13, 24—30 und Mt 3, 12.

[181] Vgl. *Kamlah*, 117f.

[182] Die genaue Ausführung dieses Gedankens findet sich in vera relig. 8—11 mit ausdrücklicher Anspielung auf die Donatisten.

[183] Doctr. christ. III, 45. Augustin kritisiert hier nur die Redeweise des corpus Christi bipartitum und möchte dafür lieber corpus permixtum sagen, weil die

gegen die radikalen Donatisten gewandt. Auch der Gedanke der Bewährung und Förderung der Frommen durch die Bösen findet sich bei Tychonius[184]. Wichtiger ist noch, daß schon bei ihm die Entwicklung der civitates mit einer Weltalterspekulation verknüpft ist[185]. Dieser hier nur kurz angedeutete Gedanke (aetatum articulos) wird konstitutiv in De catechizandis rudibus[186] und De civitate dei[187]. Ebenfalls weist auf Tychonius die Auswechslung der Begriffe mali und terreni homines durch turba impiorum[188]. Ja, Tychonius präludiert Augustin sogar darin, daß er antimanichäisch die gute Natur der Bösen betont[189] und das Schema der zwei Gruppen mit den Unterscheidungen von alten und neuen Menschen[190] und vita activa—vita contemplativa verbindet[191].

Kurz nachzutragen ist noch, daß in n. 51 Augustin den weiteren Gedanken der von Gott providentiell geordneten Stufung hinzufügt, wonach der weiter Fortgeschrittene sich um den Niedrigeren kümmern muß, wenn er nicht selbst der Hilfe von oben entraten will. Dieser Gedanke der »Rückkopplung« des kontemplativen Lebens an die sozialen Verpflichtungen in Kirche und Gesellschaft wird in Augustins Entwicklung desto mehr zunehmen, je tiefer er in die Verantwortung des kirchlichen Amtes einbezogen wird[192].

Damit ist die Augustinische civitas-Lehre in ihren Elementen da. Zu der

---

Bösen nicht im strengen Sinn ein Teil des Leibes Christi sind. Damit trifft er aber nur, was Tychonius selbst meint (s. *Hahn*, 65; vgl. ebd. 53ff.; 80).

184 Vgl. die in der vorigen Anmerkung genannten Seiten bei *Hahn*, bes. 55 A.

185 Die Überwindung des Chiliasmus durch Tychonius, die Augustin in civ. XX reflektiert, beruht auf der Deutung des Milleniums als 6. Weltalter (zwischen Christi erster und zweiter Ankunft). Dazu s. u. S. 259ff. Zur Tradition der Weltalterlehren vor, bei und nach Augustin vgl. *P. Archambault*, The Ages of Man and the Ages of the World, 1966; *K.-H. Schwarte*, Die Vorgeschichte der augustinischen Weltalterlehre, 1966; *E. Hoffmann*, 202ff.; *D. Lange*, Zum Verhältnis von Geschichtsbild und Christologie.

186 S. u. S. 238; vgl. aber auch schon div. quaest. LVIII, 2 u. LXIV, 2.

187 S. u. A. 291.

188 Er bezeichnet Babylon als Symbol für die vom Teufel beherrschten Menschen als civitas impia (bei *Hahn*, 25 A). Bei Augustin werden die Bezeichnungen pii-impii immer häufiger; vgl. schon in psalm. 6, 10 (392).

189 »Omnia ... quae fecit deus bona sunt: horum diabolus usum non naturam mutavit« (bei *Hahn*, 24 A. 1).

190 S. bei *Hahn*, ebd.

191 Vgl. *Hahn*, 52ff. Weitere tychonianische Elemente kommen bei Augustin bald nach vera relig. zum Vorschein (s. u. S. 233f.).

192 Vgl. Sprachverständnis, 101ff.

stoisch-neuplatonischen Unterscheidung der Weisen (innerer Mensch, bona voluntas) und Toren (äußerer Mensch, mala voluntas), in deren Horizont zunächst auch der paulinische Gegensatz des alten und neuen Menschen ausgelegt und so auf seinen philonischen Ursprung zurückübersetzt wird, und zu der ebenfalls damit verbundenen Unterscheidung von auf den mundus intelligibilis (lex aeterna) bezogener vita contemplativa und auf den mundus sensibilis (lex temporalis) bezogener vita activa ist nun die geschichtlich-eschatologische Dimension aus dem Apokalypsenkommentar des Tychonius getreten. Sie bestimmt schon hier das Verhältnis beider civitates zueinander — nämlich im Blick auf das Endgericht —, wirkt aber im übrigen noch etwas angehängt. Nach den oben angestellten Erwägungen zur Apokalyptik ist nicht schwer zu verstehen, wie leicht sich der Antagonismus zwischen Weisen und Toren mit der eschatologischen Spannung der Menschengruppen verbinden kann. Denn es waren ja — teilweise schon hellenistisch geprägte — weisheitliche Elemente, die den apokalyptischen Dualismus ausbilden halfen[193].

Die folgende Entwicklung Augustins in dieser Frage ist dadurch gekennzeichnet, daß die neue eschatologische Dimension die anderen mitgebrachten, zumeist griechischen Elemente von innen her immer mehr umwandelt, ohne sie freilich abzustoßen. Wir kommen darauf im nächsten Abschnitt bei der Herkunftsfrage und dann bei De civitate dei zu sprechen.

e) Die weitere Entwicklung

Jetzt sollen die Entwicklungslinien in Augustins Anthropologie noch kurz angedeutet, nicht ausgeführt werden, weil an der Darstellung von De civitate dei deren Endstadium deutlich sichtbar werden wird. Die wichtigste Veränderung vollzieht sich — wie schon im Abschnitt über das Reich Gottes bemerkt wurde — in der vollständigen Eschatologisierung der Vollendung des neuen Menschen, d. h. in der hergebrachten Terminologie: des Weisen. In *De sermone domini in monte* (393/394) fanden wir im Zusammenhang mit dem chiliastischen Intermezzo zum letzten Mal eine Stelle, an der Augustin von einem vollendeten, mit den Affekten befriedeten Weisen in dieser Weltzeit spricht. Als eschatologischer Rest bleibt nur die Auferstehung des Leibes[194]. Mit der verstärkten Pauluslektüre 394 — faßbar in den

---

[193] Vgl. bes. o. Kap. I A. 41.

Auslegungen zum Römer- und Galaterbrief und *De diversis quaestionibus* 83 — tritt hier eine Wende ein[195]. Augustin unterscheidet nun vier Stufen des Menschen(geschlechts): ante legem, sub lege, sub gratia, in perfecta et aeterna pace. Charakteristisch an der neuen Anschauung ist vor allem dies, daß die befriedete beata vita des Weisen, die früher vor der leiblichen Auferstehung als Apathie oder Eupathie in diesem Leben erreichbar schien, nun der vita aeterna vorbehalten bleibt. Für die höchste, in diesem Leben erreichbare Stufe (sub gratia) heißt das, daß aus den Bedürfnissen des sterblichen Körpers immer gewisse auf Irdisches gerichtete Seelenbewegungen (concupiscentia, motus, desideria) ausgehen, die den Willen anreizen, auch nach vergänglichen Gegenständen zu streben. Aber die Gnade hilft, daß der Geist diesen Anreizen seine Zustimmung und damit dem Willen die böse Handlung verweigert[196]. Der klassische Beleg für diesen Zustand wird Rö 7, 25: »Mente servio legi dei, carne autem legi peccati«[197].

[194] »Beati pacifici, quoniam ipsi filii dei vocabuntur. in pace perfectio est, ubi nihil repugnat; et ideo filii dei pacifici, quoniam nihil resistit deo et utique filii similitudinem patris habere debent. pacifici autem in semet ipsis sunt, qui omnes animi sui motus componentes et subicientes rationi, i. e. menti et spiritui, carnalesque concupiscentias habentes edomitas *fiunt regnum dei*, in quo ita sunt ordinata omnia, ut id quod est in homine praecipuum et excellens, hoc imperet ceteris non reluctantibus, quae sunt nobis bestiisque communia, atque id ipsum quod excellit in homine, id est mens et ratio, subiiciatur potiori, quod est ipsa veritas unigenitus dei filius. neque enim imperare inferioribus potest, nisi superiori se ipse subiiciat. et haec est pax quae datur in terra hominibus bonae voluntatis, haec vita consummati perfectique sapientis. de huiusmodi *regno pacatissimo et ordinatissimo* missus est foras princeps huius saeculi, qui perversis inordinatisque dominatur. hac *pace intrinsecus* constituta atque firmata, quascumque *persecutiones* ille qui foras missus est, *forinsecus* concitaverit, auget gloriam quae secundum deum est, non aliquid in illo aedificio labefactans, sed deficientibus machinis suis innotescere faciens, quanta firmitas intus exstructa sit. ideo sequitur: Mt 5, 10 ‚Beati qui persecutionem patiuntur propter iustitiam, quia ipsorum est regnum caelorum'« (serm. dom. I, 9; ähnlich zur gleichen Zeit fid. et symb. 23). Vgl. zum Text *H. Fuchs*, Augustin und der antike Friedensgedanke, 44ff. Die Ausführungen bei *Holte*, 169ff. lassen eine Anlehnung der Augustinischen Auslegung an Ambrosius vermuten.

[195] Vgl. *Holte*, 271.

[196] Vgl. zum Ganzen in Rom. 13; 36—51; divers. quaest. 66, 3—7.

[197] Divers. quaest. 66, 6 u. ö. Hervorzuheben ist freilich, daß hiermit ein kompliziertes Problem der Rö 7-Exegese Augustins verknüpft ist. Noch legt er nämlich das Kapitel bis einschließlich Vers 23 (wie Paulus) auf den homo sub lege aus. Erst ab 419 verurteilt er es als pelagianische Irrlehre, daß man aus Rö 7 herausliest, nur der homo sub lege und nicht vielmehr auch der homo sub gratia habe bis zum Lebensende einen gefangenen Willen, der ihn bisweilen am Rechttun hindert. Das führt freilich noch über die Auslegung von 7, 25 hinaus, wonach der homo sub

Damit ist aber auch die vollendete Erkenntnis eschatologisiert. Als Beleg dient wieder Paulus: »jetzt sehen wir durch einen Spiegel, dann aber von Angesicht zu Angesicht« (1 Ko 13, 12)[198]. Zusammenfassend sagt Augustin: »In der ersten Handlungsweise also, die vor dem Gesetz da ist, besteht kein Kampf mit den Lüsten dieses Saeculum; in der zweiten — unter dem Gesetz — kämpfen wir, werden aber besiegt; in der dritten (unter der Gnade) kämpfen wir und siegen; in der vierten kämpfen wir nicht, sondern ruhen in vollkommenem und ewigem Frieden[199].« Großartig und bereits in reiferer Gestalt wird diese neue Sicht mit Hilfe eines breiter ausgebauten Stufenschemas und einer noch weiter entwickelten Gnadenlehre in den Confessiones (396) entfaltet[200].

Ehe wir dieses Problem der neuen Gnadenlehre betrachten, sei auf eine wichtige Folge der Eschatologisierung des Friedens für Augustins politische Haltung hingewiesen. Hatte Augustin in lib. arb. I, 31 noch gemeint, der Gute bedürfe der zeitlichen Gesetze nicht — war er doch bereits als Weiser den irdischen Dingen enthoben und gebrauchte sie nach Belieben[201] —, so hebt er jetzt im Anschluß an Rö 13, 1—7 betont hervor, daß die christliche Freiheit und Ausrichtung auf das Reich Gottes, in dem sämtliche Herrschaft von Menschen über Menschen aufgehoben sein wird, keineswegs ausschließt, daß man den irdischen Amtsträgern betreffs der körperlichen, zeitlichen Notwendigkeiten Gehorsam leistet — und dies nicht nur aus Furcht, sondern aus dem Gewissen, d. h. der Liebe als

---

gratia nur noch besiegbare concupiscentia besitzt. Zum ganzen Problem vgl. die Monographie von *A. F. W. Lekkerkerker*, Römer 7 und Römer 9 bei Augustin; *E. Dinkler*, Die Anthropologie Augustins, 267ff.

[198] Divers. quaest. 65; vgl. De mendacio I, 40 (395).

[199] »In prima ergo actione, quae est ante legem, nulla pugna est cum voluptatibus huius saeculi; in secunda, quae sub lege est, pugnamus, sed vincimur; in tertia pugnamus et vincimus; in quarta non pugnamus, sed perfecta et aeterna pace requiescimus« (divers. quaest. 66, 7; vgl. in Rom. 13). Dazu s. *Lekkerkerker*, 29f.

[200] Vgl. meinen Aufsatz: Der Aufbau von Augustins Schriften Confessiones und De trinitate, 348ff.

[201] S. o. A. 124. Wenn Augustin dort freilich das »uti« der irdischen Dinge durch den Weisen mit einem »cum opus est« verbindet, deutet sich die in Rom. 72—74 gefundene Lösung schon an; dennoch liegt in dem früheren Text aller Nachdruck auf dem Dualismus zwischen dem Weisen (aeterna lex) und dem Toren (leges temporales). (Vgl. *Cotta*, La città, 121f.; *ders.*, Droit, 166 n. 4). Stärker als in lib. arb. I wird der uti-Begriff freilich schon in De moribus ausgebaut (s. o. A. 50 u. 72).

Erfüllung des Gesetzes. Damit gehorcht man nämlich nicht Menschen, sondern Gott und seinem ordo für die menschlichen Dinge[202].

Interessant im Zusammenhang der zunehmenden Betonung der Eschatologie ist auch, daß Augustin in divers. quaest. 51, 1 den Doppelsinn von altem/äußerem und neuem/innerem Menschen auseinandernimmt und damit dem apokalyptischen Element ein Eigengewicht gegenüber dem früher von ihm ausschließlich beachteten hellenistischen gibt. Oder anders ausgedrückt: erst jetzt hat Augustin in dieser Sache den Schritt mitvollzogen, den Paulus über den stoisch-platonischen Juden Philon hinaustat[203]. Er unterscheidet nämlich den alten Menschen der Sünde, der »ausgezogen« werden soll, von dem äußeren Menschen, der als gut geschaffener an der imago dei-Struktur des Menschen teilhat und einst auferstehen wird.

Der Schritt zu einer nun wirklich eschatologischen Form des Paulinismus hat aber, wie schon gesagt, vor allem auch eine Wandlung in der Gnadenlehre zur Folge[204]. In den philosophischen Frühdialogen hatte Augustin die Hilfe Gottes für den von der Wahrheit entfernten Menschen vor allem in der äußeren und inneren hinweisenden Ermahnung (admonitio) gesehen. Diesem Aufruf hatte der freie Wille des Menschen mit Glauben und Lebensbesserung zu antworten, d. h. ein Verdienst zu erwerben[205], um so in den Genuß der göttlichen Erleuchtung des inneren Menschen zu gelangen, die als weiteres Entgegenkommen Gottes zu werten ist[206]. Es ist kein Wunder, daß Augustin später sehr gegen die pelagianische Ausbeutung seiner Frühschriften kämpfen mußte[207]. Sein epochaler Durchbruch zu Paulus vollzieht sich stufenweise. Zunächst bekommt die admonitio als göttliche vocatio ein stärkeres Gewicht. Dadurch wird betont,

---

[202] In Rom. 72—74. Unbrauchbar ist der Kommentar *W. Parsons'* z. St. (The Influence of Romans XIII ..., II, 328ff.); denn er legt Augustins Äußerung, die politische Gewalt beziehe sich auf die körperlichen Dinge, so aus, als hätte Augustin mit inspirierter Genialität die mittelalterliche Lehre von königlicher und priesterlicher potestas in einer christlichen Kultur antizipiert. Das Gegenüber zum Kaiser ist aber Gott selbst, nicht die Kirche (es wird Mt 22, 21 zitiert). Der Unterschied zwischen Augustin und Paulus soll uns später (S. 315ff.) noch beschäftigen.

[203] S. o. S. 104ff.

[204] Zum folgenden vgl. Sprachverständnis, 184ff. (dort weitere Literatur).

[205] Vgl. das u. S. 207ff. zu lib. arb. I Gesagte.

[206] Vgl. z. B. vera relig. 51 Anfang

[207] Vgl. vor allem die Bemühungen in retr. I, 9 zu De libero arbitrio. Noch einmal sei betont, daß Augustin vor seiner Neuentdeckung des originalen Paulus nur den altkirchlichen common sense vertrat.

daß die göttliche Gnade dem Wollen des Menschen vorausgeht[208]. Der eigentliche Neuansatz vollzieht sich aber erst in De diversis quaestionibus ad Simplicianum (395)[209]. Hier wird nämlich entdeckt, daß Gottes Geist es wirken muß, daß die begegnende Berufung Gottes dem Willen gefällt, ihn erfreut. Damit ist die Dimension des Evangeliums im Gegensatz zum Gesetz entdeckt. Erreichte es z. B. in lib. arb. I, 31[210] noch das ewige *Gesetz*, den Willen zu erfreuen, so muß jetzt der heilige *Geist* im Evangelium den Willen neuschaffen, umschaffen, damit er Gott und seinem Gesetz gehorsam wird. In der Konsequenz dieser Linie liegt es, daß die Illumination auf die Seite des Gesetzes gedrängt wird und erst die Befreiung des Willens durch Gott den neuen Menschen charakterisiert[211]. Das heißt weiter, daß Geist (spiritus) für Augustin nicht mehr einfach die Vernunft im Gegensatz zum Körper ist, sondern den neuen, von Gott umgeschaffenen inneren Menschen, d. h. im tiefsten den befreiten Willen meint. Spiritus bekommt also eschatologisch-kreativen Sinn wie bei Paulus[212]. Entsprechend bestimmt wie bei Paulus das »neu« die Synthese von neuem und innerem Menschen. Die große Entdeckung beim Hören der Predigten des Ambrosius, daß nach 1 Ko 3, 6 der Geist gegenüber dem Buchstaben die allegorische Auslegung meine[213], läßt Augustin ebenfalls hinter sich und erfaßt den antiphilonischen, eschatologischen Sinn des Textes. Eine der ersten antipelagianischen Schriften, De spiritu et littera (412), gibt davon Zeugnis, wie zum ersten Mal seit Paulus wieder begriffen wurde, daß littera Gesetz im Sinne der Forderung und spiritus Evangelium im Sinn der Gnadengabe und umschaffenden Macht Gottes meint.

Fällt aber die absolute Gegenüberstellung des Geistes zum Körper dahin, wird also der Gegensatz zum Geist Gottes in einem strengeren Sinn theologisch gefaßt, so kann auch der Körper an Wert gewinnen, worauf schon hingewiesen wurde. Wie sich diese Wandlungen auf die civitas-Lehre auswirken, findet seinen klassischen Ausdruck in

---

[208] Vgl. in Rom. imperf. 9; divers. quaest. 68; dazu s. Sprachverständnis, 185.

[209] Vgl. I, 2, 21.

[210] »Sed dic mihi prius, utrum qui recte vivere diligit, eoque ita delectatur, ut non solum ei rectum sit, sed etiam dulce atque iucundum, amet hanc legem habeatque charissimam, qua videt tributam esse bonae voluntati beatam vitam, malae miseram?« Vgl. auch vera relig. 49f.

[211] Vgl. Sprachverständnis. 202ff.

[212] Vgl. die gleiche Umakzentuierung auf der Seite des alten Menschen, A. 201.

[213] Vgl. conf. VI, 4 und beat. vit. 4.

De civitate dei. Zuvor muß aber deren Herkunft und weitere Entwicklung bis zu jenem Hauptwerk untersucht werden.

3. Herkunft, Entwicklung und Bedeutung der civitas-Vorstellung vor De civitate dei

a) Griechische Philosophie und Apokalyptik (Tychonius) als Hauptanreger Augustins

Nachdem beim frühen Augustin die Hauptelemente herausgearbeitet sind, die später die Zwei-civitates-Lehre konstituieren — nämlich das ewige Reich Gottes und sein Gegensatz, das Irdisch-Vergängliche, als die beiden möglichen Ziele des Menschen einerseits und die entsprechende (individuelle und kollektive) Doppelung des menschlichen Verhaltens gegenüber diesen Zielen andererseits — kann nun nach der Herkunft und dem weiteren Ausbau der civitas-Vorstellung gefragt werden. Es wurde schon bemerkt, daß es mehrere Hypothesen zur Herkunftsfrage gibt. Der Streit geht darum, ob Augustin von der Bibel, den Griechen, den Kirchenvätern, besonders von Tychonius, aber auch vom Manichäismus oder von allen zusammen beeinflußt sei. Wie sind diese Hypothesen im Zusammenhang der bisher gewonnenen Ergebnisse zu beurteilen?

Nur eine unter ihnen kann man m. E. mit ziemlicher Gewißheit von vornherein ausschließen, nämlich diejenige, die einen konstitutiven Einfluß des *Manichäismus* annimmt[214]. Soll nämlich eine solche Vermutung irgendeinen präzisen Sinn haben, so dürfte man nicht von einem allgemeinen Dualismusbegriff ausgehen — es gibt unzählige Arten von Dualismus in der Spätantike —, sondern man müßte einen Naturen-Dualismus, also das manichäische Spezifikum, in der Entstehung von Augustins civitas-Lehre nachweisen können[215]. Nun hat sich aber bei der Analyse der Frühschriften gezeigt, daß Augustin die Elemente seiner Anschauung von zwei Menschen-

---

[214] Vgl. schon *Reitzenstein*, Augustin als antiker und mittelalterlicher Mensch, 41; vor allem aber neuerdings *A. Adam*, Der manichäische Ursprung der Lehre von den zwei Reichen bei Augustin, und *W. H. C. Frend*, The Gnostic-Manichean Tradition in Roman North Africa, 24f.

[215] Wenn *Adam* (aaO) neben allgemeinen Vermutungen Belege dafür bringt, daß im manichäischen Schrifttum eine Gottesstadt des Lichts auftaucht, so sagt das — ganz abgesehen von der Verbreitung dieses Motivs — für die Entstehung von Augustins civitas-Lehre gar nichts, da der civitas-Begriff überhaupt nicht der Ausgangspunkt der Entwicklung ist.

gruppen usw. gerade in antimanichäischen Schriften, d. h. in ausdrücklichem Gegensatz zu den Dualismen der zwei Prinzipien, Naturen, Seelen usw. entwickelt[216]. Es fehlen also nicht nur Hinweise auf eine mögliche manichäische Beeinflussung, vielmehr gibt Augustin die Differenzen selbst an, die zentral sind, selbst wenn man ein unbewußtes Weiterwirken manichäischer Motive annimmt.

Mit der Untersuchung des *griechischen* Einflusses auf die Augustinische civitates-Lehre macht man es sich dagegen meist zu leicht. Ein Grund dafür ist sicher, daß *Leisegang* mit seiner schon erwähnten falschen These von dem angeblich platonischen Stufenbau dreier Staaten bei Augustin die Rückfrage nach den Griechen überhaupt diskreditiert hat[217]. Ein weiterer Grund für die Vernachlässigung der Griechen ist sicher auch das neukantianische (nachritschlsche) Dogma von der grundlegenden Alternative zwischen ethisch-christlichem und metaphysisch(ontologisch)-griechischem Denken[218]. Der Hauptgrund für diesen Interpretationsfehler scheint mir freilich darin zu liegen, daß man zumeist methodisch falsch von vera relig. 49—50 oder gar erst vom Hauptwerk De civitate dei und also vom civitas-Begriff ausgeht. Dieser aber tritt bis De vera religione nur zweimal in der Form von civitas terrena auf und fehlt völlig bei der Beschreibung der Gruppe der Guten, obwohl die Gegenüberstellung von zwei Menschenarten mit ihren Zielen und Gesetzen bereits reichhaltig ausgebildet ist. Geht man vom Begriff der zwei civitates aus, so kann man freilich nur auf eine fälschlicherweise Platon zugeschriebene Entgegensetzung von ideellem Staat und wirklichen Staaten rekurrieren[219]. Immerhin ist an dieser Herleitung so viel richtig, daß die von

[216] Die Theorie der zwei genera hominum in lib. arb. I steht im Zusammenhang der Behauptung gegen die Manichäer, daß das malum nicht aus einer von zwei Naturen, sondern einer von zwei Willensrichtungen entspringt. Vera relig. 48—51 steht unter dem Vorzeichen, daß Gottes providentia auch die civitas terrena bestimmt, nämlich qua natura und eruditio (Strafe). Zur Kritik der Manichäismusthese s. u. a. *Ladner*, 257 und *Amari*, 160.

[217] Vgl. o. S. 221. Leisegangs Deutung wurde zuletzt überzeugend abgewiesen von *F. E. Cranz*, De civitate dei XV, 2. Vgl. auch *E. Meuthen*, Der ethische Charakter der civitates bei Augustin und ihre platonische Fehldeutung.

[218] Deutlich z. B. bei *Meuthen* (s. vorige Anmerkung). Vgl. auch u. S. 249ff. das zu *Troeltsch* Gesagte.

[219] Vgl. *Ladner*, 257 und die dort A. 82 angegebene Literatur. Kritisch dazu *Lorenz*, Augustinliteratur, 60f. Was *Scholz*, Glaube und Unglaube, 71ff. an allgemeinen Vergleichen zwischen Platon und Augustin bringt, ist — wenn nicht falsch — viel zu ungenau.

Platon zumindest beeinflußte stoische Unterscheidung der Kosmopolis mit ihrem für die Weisen verbindlichen ewigen Naturgesetz einerseits und den verschiedenen konkreten politischen Gemeinschaften mit relativen Gesetzen für die Unvollkommenen andererseits, die auch auf Philon gewirkt hat, in De libero arbitrio I und De vera religione nachwirkt[220]. Außerdem zeigte sich, daß mit den ewigen Gesetzen auch der neuplatonische mundus intelligibilis in das Ziel des Weisen integriert ist. Obwohl diese ewige Welt dann zunehmend theologisiert und eschatologisiert wird, ist doch darauf zu achten, welche Züge ihrer ursprünglichen Konzeption in dem Wandlungsprozeß erhalten bleiben[221].

Wichtiger aber ist noch der griechische Einfluß auf die Anthropologie der entstehenden civitas-Lehre. Weil in vera religione 48ff. die paulinische Entgegensetzung von altem, äußerem, irdischem und neuem, innerem, himmlischem Menschen konstitutiv ist, hat man gemeint, einfach auf Paulus als Quelle schließen zu dürfen[222]. Geht man aber der Entwicklung dieser Begriffspaare bei Augustin und auch in der Tradition vor ihm nach, wie wir es getan haben, so zeigt sich ein vielfältiger griechischer Einfluß, der über Philon oder ein ähnliches hellenistisches Judentum bereits auf Paulus wirkte. Allgemein ist für Augustins Entwicklung an diesem Punkt kennzeichnend, daß er innerhalb eines im Mailänder philosophischen Christentum begründeten, allgemeinen Eklektizismus die anfänglich dominierenden stoischen Elemente (Cicero) immer mehr neuplatonisch umformt. Als besonders wichtig ist noch einmal zweierlei hervorzuheben: 1. der neue Mensch ist der, bei dem der innere Mensch über die Affekte herrscht (Tugend, bona voluntas), die — hervorgerufen durch die Bedürfnisse des Körpers — die Seele an das Irdische fesseln wollen. Sein Ziel ist der innere Friede. In diese Grundfigur wird immer stärker die Abhängigkeit des inneren Menschen vom transzendenten Gott und die Erwartung einer körperlichen Auferstehung eingezeichnet. 2. Durch die scharfe Entgegenstellung der auf Körperlich-Irdisches und der auf Geistig-Himmlisches liebend ausgerichteten Menschengruppe geht in die Zwei-civitates-Lehre die Unterscheidung von vita activa (politische Lebensform) und vita contem-

[220] S. o. S. 213f.; weiter *Scholz*, 75f. und *Leisegang*, passim, zusammenfassend S. 157f.

[221] S. u. S. 299ff. zum Thema: Apokalyptik und griechische Ontologie.

[222] Vor allem *Ladner*, 263ff.

plativa (theoretische Lebensform) ein — und zwar in ihrer sich seit Aristoteles und der Stoa anbahnenden und im Neuplatonismus vollendeten dualistischen Gestalt. Hier liegt der Grund, warum die Gruppe der irdischen Menschen in lib. arb. I und vera relig. 48ff. zentral als politische gesehen werden kann.

Erst mit der geschichtlich-eschatologischen Beschreibung der beiden Gruppen in vera relig. 50 tritt neben dem schon früher langsam hervortretenden Motiv der leiblichen Auferstehung ein weiterer spezifisch christlicher Gedanke auf. Dieser neue Schritt Augustins steht offenbar in Zusammenhang mit *Tychonius*, wie sich zeigte[223]. Seit *T. Hahns* Tyconius-Studien (1900) nimmt denn auch die Mehrzahl der Forscher[224] mit guten Gründen an, daß dieser von seiner eigenen Partei schließlich exkommunizierte Donatist[225] (gest. ca. 390) insbesondere mit seinem Apokalypsen-Kommentar der Hauptanreger für Augustins civitates-Lehre gewesen ist. Wir können nach unserer Analyse der frühen Entwicklung Augustins diese Annahme präzisieren, nämlich die Elemente genau benennen, die Tychonius neu zu Augustins Anschauungen beigetragen hat. Er liefert 1. das neue apokalyptische Grundschema für die vorher schon stoisch-neuplatonisch-paulinisch ausgeprägte Vorstellung von zwei menschlichen Verhaltensweisen und zwei daraus resultierenden Menschengruppen, die nach Zeitaltern gegliedert, die Geschichte bis zum Jüngsten Gericht durchlaufen. Das Auftreten dieses neuen, für De civitate dei konstitutiven eschatologischen Akzents in vera relig. 50 ist um so sicherer auf einen bestimmten Einfluß von außen zurückzuführen, als Augustin diese Vorgabe erst um 393/94 mit der Überwindung des Chiliasmus[226] wirklich voll einholt. 2. liefert Tychonius mit der Aussage, die Guten und Bösen seien auch in der Kirche bis zum Jüngsten Tag gemischt, die antidonatistische Pointe der Au-

[223] S. o. S. 222. Weitere Hinweise auf Tychonius bringt die folgende Entwicklung des civitates-Themas, wie sich zeigen wird.

[224] Vor allem seit der Aufnahme der Hahnschen Ergebnisse durch *H. Scholz*, 78f. Vgl. u. a. *H. A. van Bakel*, Augustinus ante Augustinum, 36—57 (bes. 51); *W. Kamlah*, Christentum und Geschichtlichkeit, 174f.; *F. G. Maier*, Augustin und das antike Rom, 150ff. Auf Grund einer genauen Analyse der quellenkritischen Forschung bietet das abgewogenste Urteil *G. B. Ladner*, The Idea of Reform, 259ff. Hier und bei *W. H. C. Frend*, The Donatist Church, 201 A. 7 weitere Literatur.

[225] Dazu ausführlich *Frend*, 201ff.

[226] Gerade sie ist nachweislich durch den Apokalypsenkommentar des Tychonius ermöglicht (dazu s. o. S. 222f. und u. S. 259f.).

gustinischen Zwei-civitates-Lehre. Schon ein gutes Jahr nach vera relig. 50, wo dieser Gesichtspunkt schon anklingt, taucht er immer wieder in den ersten Psalmenarrationen (Anfang 392) auf und dann wie ein Topos fast bei jeder Erwähnung des civitas-Motivs bis 411, dem Ende der donatistischen Kontroverse. 3. aber — und damit greifen wir über den Stand von 390 hinaus — muß auch die Terminologie duae civitates, civitas dei — civitas diaboli von Tychonius angeregt sein[227].

Dagegen sprechen scheinbar zwei Gründe. Einmal tauchen diese Begriffe in vera relig. 50 noch nicht auf, zum anderen sagt Augustin selbst später in civ. XI, 1, er habe aus der Heiligen Schrift gelernt, daß es eine civitas dei gäbe, wofür er verschiedene Psalmstellen anführt[228]. Auf den ersten Einwand läßt sich erwidern, daß Augustin in den frühen philosophischen Dialogen von der mythologischen Bildsprache der Bibel noch wenig Gebrauch macht. Wichtiger ist aber der Gesichtspunkt, daß er wenige Monate später in den ersten Enarrationen zu den Psalmen 1—32 die volle tychonianische Terminologie gebraucht. Diese Auslegungen, vor allem die zu Psalm 9, lesen sich wie Variationen zu dem in vera relig. 48—50 angeschlagenen Thema. Immer wieder finden sich Anspielungen auf die Unterscheidung von altem und neuem Menschen und die dazugehörigen Vorstellungen[229]. Entscheidend aber ist das Hervortreten solcher Elemente, die auf Tychonius weisen. Die irdischen Menschen werden nun als unter der Herrschaft des Teufels stehend dargestellt, wobei freilich der anthropologische Sinn vollständig erhalten bleibt. Denn wenn in einem Menschen Satan regiert, dann sind in dieser Mikropolis die täuschenden Ratschläge Satans die Kurie, die Körpersinne und -glieder die Amtsdiener und die Affekte das Volk, das ständig Auf-

---

[227] Vgl. die klassischen Definitionen des Tychonius: »Haec quae diximus, perspicue patet duas civitates esse et duo regna, et duos reges, Christum et diabolum; et ambo super utrasque civitates regnant« (zitiert bei *Hahn*, 29 A. 2); »ecce duas civitates, unam Dei, et unam diaboli, ... et in utrasque reges terrae ministrant« (ebd. 25 A. 1). Weiteres Belegmaterial ebd. 25—29; dessen genaue literarkritische Diskussion bei *Ladner*, 259ff. Andere Punkte, an denen Augustin in reichem Maß von Tychonius abhängig ist, werden in der oben A. 224 angegebenen Literatur besprochen.

[228] »His atque huius modi testimoniis (scil. Ps 86, 3; 47, 2, 3, 9; 45, 5f.), quae omnia commemorare nimis longum est, didicimus esse quandam civitatem dei ...« (civ. XI, 1; vgl. XIV, 1).

[229] Vgl. in psalm. 1, 4; 2, 8; 4, 8; 5, 7; 6, 2 u. 10; 8, 10; 21, 1.

stände veranstaltet[230]. Weiter tritt der für den Donatisten Tychonius besonders charakteristische Gedanke in den Vordergrund, daß die Kirche (die Guten) durch die civitas diaboli in Form von Staat und Häresien ständig verfolgt wird[231]. Schon erwähnt wurde die antidonatistische Aussage, daß die Bösen, auch die Häresien bis zum Jüngsten Tag zu ertragen seien[232]. Besonders wichtig aber ist es, daß der civitas-Begriff nun auch auf der Seite der guten, erneuerten Menschen auftritt, und zwar in Verbindung mit dem himmlischen Jerusalem. Tychonius hatte nämlich seine Anschauung von den zwei civitates in seinem Apokalypsenkommentar vor allem als Allegorese der Städte Babylon und Jerusalem entwickelt[233].

Hier erhebt sich nun aber verschärft die zweite, oben gestellte Frage, ob nicht die Psalmen selbst oder auch Exegesen anderer Ausleger Augustin zu der neuen Terminologie angeregt haben könnten. An dieser — für die Herkunft und den Grundsinn der Zwei-civitates-Lehre gar nicht mehr entscheidenden — Stelle sollte man vermeiden, einander ausschließende Alternativen aufzustellen. Der genaue Lernvorgang bei Augustin wird sich kaum noch genau rekonstruieren lassen. Folgendes wird man immerhin festhalten können. Die Zusammenstellung der vollendeten Guten mit dem Begriff civitas taucht zuerst in den frühen Psalmenarrationen auf. Wir wissen, daß Augustin vor seiner von ihm widerstrebend angenommenen Priesterweihe sich eine Mußezeit zum Bibelstudium erbat[234]. Die ersten direkten Früchte dieses Studiums sind eben jene Auslegungen, in denen die vorher schon griechisch und tychonianisch geprägte Theorie von den zwei Menschengruppen durch die bildlich-biblische Terminologie angereichert wird, vor allem durch die allegorische Verwendung der Begriffe civitas und Jerusalem für die Gruppe der frommen Menschen. Dazu stimmt durchaus das erwähnte Selbstzeugnis Augustins,

[230] In psalm. 9, 8; vgl. 9, 4, 10 u. ö.

[231] In Psalm. 9, 4 u. 27; vgl. Tychonius: »Hae duae civitates, una mundo, et una desiderat servire Christo: una in hoc mundo regnum cupit tenere, et una ab hoc mundo fugere: una tristatur, altera laetatur: una flagellat, altera flagellatur: una occidit, altera occiditur ...« (zitiert bei *Hahn*, 29 A. 2).

[232] Dabei kommt Augustin schon in die Nähe seiner späteren klassischen Definition dieses Tatbestandes, wenn er sagt: »... nunc patientia opus est ad perferendos malos, qui iam *voluntatibus separati* sunt, donec etiam ultimo iudicio separentur« (9, 18; vgl. 8, 1 u. u. A. 249).

[233] »Babylonem civitatem impiam, ... diaboli congregationem dicit« (bei *Hahn*, 25 A.). »Jerusalem, ... quae est ecclesia dei vivi« (ebd. 84 A. 3).

[234] Epist. 21, 3f.; dazu *H. v. Campenhausen*, Lateinische Kirchenväter, 175f.

daß er aus der Schrift, besonders aus den Psalmen gelernt habe, es gäbe eine civitas dei[235].

Daraus nun aber den Schluß zu ziehen, Augustin habe seine civitas-Lehre aus selbständiger Exegese der Bibel, speziell des Alten Testaments gewonnen, wie *Ratzinger* es tut, scheint mir nach dem Aufweis der fast fertigen Theorie *vor* dem Auftreten der biblischen Terminologie gänzlich unmöglich[236]. Überdies steht in

[235] Allerdings findet sich dieser spezielle terminus noch nicht in den ersten Psalmenarrationen — der Begriff taucht ja auch erst in späteren Psalmen auf —, dafür aber die Ausdrucksweise civitas sanctorum (in psalm. 9, 12), civitas perfectorum et beatorum (5, 8), civitas caelestis (32, 12). Auch später bleibt der Sprachgebrauch variabel.

[236] *J. Ratzinger*, Herkunft und Sinn der civitas-Lehre Augustins, bes. 969ff.; vgl. *ders.*, Volk und Haus Gottes in Augustins Lehre von der Kirche. Ratzingers Thesen zur Herkunftsfrage sind trotz vieler wichtiger Einzelbeobachtungen so nicht haltbar, weil er sich nicht ausreichend mit Tychonius auseinandersetzt. In seinem erwähnten Aufsatz taucht dieser gar nicht auf, in einer anderen Arbeit, Beobachtungen zum Kirchenbegriff des Tyconius im »Liber regularum«, bleibt dessen Apokalypsenkommentar mit den zentralen Belegen unberücksichtigt. Ist vielleicht Ratzingers systematisches Interesse bei dieser Ausschaltung des Tychonius wirksam? Er will ja alle Formen der civitas dei-Auslegung bei Augustin auf selbständige allegorische Auslegungen des alttestamentlichen Begriffs der Stadt Gottes (Jerusalem) zurückführen. Dabei ist s. E. als Verständnis- und damit Auslegungshorizont für Augustin die Anschauung der konkreten civitas (Polis) Rom vorauszusetzen. Die antike Polis ist s. E. aber eine politisch-religiöse Einheit und als solche um den Kult zentriert. Durch diesen Ansatz gelingt es Ratzinger, im Gegenbild die sakramentale Kirche zum zentralen Gesichtspunkt für Augustins civitas dei zu machen. Wird man diese Seite der Sache sicher zu berücksichtigen haben, so darf man sie ebenso gewiß nicht überbetonen, wie Ratzinger es tut. Schließlich ist das von ihm immer wieder zitierte »sursum cor«, das für den liturgisch-sakramentalen Charakter der civitas dei sprechen soll, von Augustin offenbar nur einmal im liturgischen Kontext erörtert, sonst immer im übertragenen Sinn der Wendung zum Geistigen, Gott (vgl. *Pellegrino*, »Sursum cor« nelle opere di sant'Agostino, der 45 Stellen bei Augustin zählt). Einseitig falsch wird Ratzingers Insistieren auf dem sakramentalen Sinn der civitates, wenn dadurch der apokalyptisch-eschatologische Grundsinn der civitas-Lehre, der bei einer Ableitung von Tychonius bestimmend wäre, und die allgemeinen, philosophisch anthropologischen Bestimmungen der zwei Menschengruppen verdrängt oder aufgehoben werden sollen. Bis 410 bestimmen nämlich gerade diese beiden Elemente ausschließlich die civitas-Lehre, während eine Beziehung auf Rom als kultisch-politisches Gegenbild zur civitas dei überhaupt nicht auftaucht. Weiter ist es abwegig, aus der Aussage Augustins, sein civitas-Begriff sei »mystice« gemeint, abzuleiten, der Literalsinn sei eben die konkrete civitas terrena, nämlich Rom (Herkunft, 973f.). Dabei wird der Sinn des Dualismus der zwei civitates entschärft zugunsten eines Verweisungszusammenhangs von littera (civitas terrena) zu spiritus (civitas dei). Augustin bezeichnet civ. XV, 1 die Rede von den *duae civitates* als allegorische Ausdrucksweise (eben für die zwei nicht in Babel/Rom

den Psalmen zwar etwas von Jerusalem und civitas, nichts aber von deren Bezeichnung als caelestis, himmlisch[237]. Dieser Sprachgebrauch stammt bis in seine etymologische Erklärung von Jerusalem durch visio pacis von Philon[238] und ist von ihm — oder anderen hellenistischen Juden — in eschatologisierter Form in den Galaterbrief (4, 26; vgl. Phil 3, 20) und den Hebräerbrief (12, 22) gewandert. Von dort — verbunden mit dem neuen, heiligen Jerusalem der Apokalypse (3, 12; 21, 2 und 10) — ist dann das Motiv in die altchristliche Terminologie übergegangen[239]. Würde man diesen Vorgang im einzelnen untersuchen, käme sicher ein ähnlich spannungsreiches Beziehungsverhältnis zwischen hellenistischem und apokalyptischem[240] Denken zum Vorschein wie bei der Tradition des himmlischen oder neuen Menschen. In Augustins früher Psalmexegese jedenfalls stehen alle biblischen und möglichen altkirchlichen Einflüsse bereits unter dem Vorzeichen des tychonianischen Entwurfs. Das ergibt sich aus der schematischen Gegenüberstellung einer civitas diaboli und civitas sanctorum und der antidonatistischen Pointe dieses Gedankens. Beides ist in der so geprägten Form typisch für die Apokalyptik und Ekklesiologie des Tychonius und vor und außer ihm nicht nachzuweisen[241].

Als Ergebnis der biblisch-christlichen Anreicherung der Zweicivitates-Lehre in den ersten Psalmauslegungen ergibt sich also grundsätzlich nichts Neues gegenüber De vera religione. In der Synthese von stoisch-neuplatonischen und tychonianischen Elemen-

---

oder Jerusalem lokalisierbaren Menschengruppen oder societates), nicht aber die eine civitas als spirituellen Sinn der anderen. Das wäre auch schon deshalb unmöglich, weil die civitas terrena gerade durch das Böse gekennzeichnet ist, das im verkehrten Willen liegt, also im verkehrten Gebrauch der irdischen Dinge, die nur an sich, als gute Schöpfungsgaben Gottes, Hinweischarakter auf die geistige Wahrheit haben können. Zur Kritik an Ratzinger vgl. *Lorenz*, 59f. und 65; *K. Forster*, Die ekklesiologische Bedeutung des corpus-Begriffes im Liber Regularum des Tyconius; *I. M. Congar*, »Civitas Dei« et »Ecclesia« chez s. Augustin, 7 A. 9.

237 In psalm. 15, 3; vgl. 9.12.

238 Darin hat *Leisegang* (137ff.) ganz recht, ohne daß man seiner Gesamtbeschreibung Augustins folgen müßte. Vgl. z. B. Philon, De somniis II, 250: »Die Stadt Gottes aber wird von den Hebräern Jerusalem genannt, ein Name, der übersetzt ‚Schau des Friedens' heißt. Daher suche die Stadt des Seienden (Gottes) nicht in den Landstrichen der Erde ..., sondern in der kampflosen und klarsichtigen Seele, die sich das theoretische und friedliche Leben zum Ziel gesetzt hat« (*Cohn-Wendland* III, 298, 21ff.).

239 Vgl. *Kamlah*, 160f.; *Maier*, 149—152; *Lauras-Rondet*, 152.

240 Der Grundfehler *Leisegangs* ist der, daß er den eschatologischen Aspekt gänzlich unterschlägt.

241 Wie wenig dieses Ergebnis der Betonung des biblischen Einflusses widerstreitet, ergibt sich schon allein aus der Tatsache, daß es ja ein Kommentar zur Apokalypse, also zu einem Buch des Neuen Testaments war, aus dem Augustin von Tychonius lernte.

ten beginnt sich lediglich die apokalyptische Seite — auch stimmungsmäßig (Betonung der Hoffnung!) — zu verstärken[242]. Die Anwendung der Theorie bezieht sich einerseits allgemein allegorisch auf die zwei Lebensformen der entweder auf Zeitliches oder auf Ewiges (Gott) ausgerichteten Menschen, andererseits auf die donatistische Problematik, wonach die Guten und Bösen bis zum Jüngsten Gericht äußerlich vermischt bleiben.

b) Die Entwicklung der civitas-Lehre

Die weitere Entwicklung des Zwei-civitates-Motivs bis De civitate dei läßt sich rasch skizzieren. 394 legt Augustin in seiner Epistolae ad Galatas expositio (n. 40) Gal 4, 21ff. aus. Entsprechend der paulinisch-allegorischen Auslegung von Sarah und Hagar beschränkt er sich hier auf die Gegenüberstellung von Neuem Testament (himmliches Jerusalem) und Altem Testament (irdisches Jerusalem), also auf einen Teil des Entwurfs von vera relig. 50, und weitet die Allegorese nur kurz auf das Verhältnis von Kirche und Schismatikern aus. Diese *antidonatistische* Zuspitzung des Motivs beherrscht dessen Auftreten bis 400[243]. Charakteristisch an den Belegen, die vor allem in weiteren Psalmenauslegungen auftauchen, ist die Tatsache, daß nun fast immer die apokalyptisch-tychonianische Gegenüberstellung von Babylon und Jerusalem konstitutiv für die Beschreibung der

---

[242] Interessant ist, daß hier bereits der Begriff der ewigen Gottesstadt, die in Jerusalem (visio pacis) vorgebildet ist, auf die zukünftige Kirche beschränkt wird, in der die Heiligen sich eines engelgleichen Lebens erfreuen. Die pilgernde »Kirche jetzt« wird dagegen durch Zion (speculatio) symbolisiert (in psalm. 9, 12, vgl. 2, 5). Manchmal freilich werden auch schon die hoffenden, auf Erden wandelnden peregrini als cives Jerusalem caelestis bezeichnet (15, 3). Diese kleine Ungenauigkeit hält sich auch später durch (vgl. *Kamlah*, 162 A. 3), ohne daß die eschatologische Differenz beider »Teile« des Gottesvolkes verwischt würde. An einer Stelle, nämlich in psalm. 5, 8, zeigt sich freilich wie schon früher, daß Augustin um 392 noch keine ganz strenge Eschatologie hat. Dort sagt er nämlich von den perfecti und beati: »quibus civitas illa constabit, quam nunc parturit et *paulatim parit* ecclesia«. Zuweilen also geht die Kirche nicht nur mit Vollendeten schwanger, sondern gebiert sie schon. — Zum zunehmenden peregrinatio-Motiv vgl. 392 in psalm. 7, 14; 395 in psalm. 145, 6 und 147, 4 (im Anschluß an 2 Ko 5, 6); Conf. XII, 21; 23 u. ö. Interessant ist auch die später für Luther wichtige Formel, die in diesem Zusammenhang häufig auftaucht: »nondum in re, sed in spe« (in psalm. 54, 3 u. 13; 145, 2; 148, 5, 8 u. 17).

[243] In psalm. 54, passim; 100, 12f.; 145, 7, 9 u. 16f. (alle 395); in Iob. 38, 8—13 (399); c. Parm. II, 8f. (um 400).

zwei civitates ist. Im übrigen taucht das Thema einmal in den *autobiographischen* Confessiones[244] und zweimal mit *antimanichäischer* Pointe auf[245]. Hier ist die schon in lib. arb. I und vor allem vera relig. 48—50 entwickelte Pointe, daß Gott auch die civitas terrena bestimmt, und zwar qua Natur und providentieller Strafordnung[246].

Erst um 405 erscheint nach diesen gelegentlichen exegetischen und polemischen Äußerungen wieder eine zusammenfassende Darstellung der Zwei-civitates-Lehre, und zwar in *De catechizandis rudibus*[247]. Hier gibt Augustin zwei Musterkatechesen. Die erste (24—51) entfaltet er entlang der Frage, wie die sichere Ruhe (requies und securitas als Äquivalente für pax), nach der sich alle sehnen, zu gewinnen sei, ob durch Ziele in diesem Leben (Reichtum, Ehren, Lust) oder allein in der Ewigkeit zukünftigen Lebens bei Gott. In die Antwort auf diese seine klassische Frage baut er die Geschichte der beiden Testamente und der Kirche im Schema der sechs Weltzeitalter ein, nach Ablauf derer im siebenten (wie am siebten Schöpfungstag) Gott in seinen Heiligen (wie nach seinen guten Werken) zur Ruhe kommt (28ff.).

An drei Stellen in dieser Geschichte bespricht Augustin breit die beiden civitates, zuerst in n. 31 bei der Behandlung des Sündenfalls. Hier zeigt er, wie seit Adam die meisten dem Teufel zustimmen[248] und so als Sünder die eine civitas bilden, die, äußerlich vermischt mit der der Heiligen, auf das trennende Gericht des Jüngsten Tages hinwandert[249]. Neu ist hier weniger, daß Augustin die civitates einfach mit Adam beginnen läßt und das neue Volk nicht erst von Christus herleitet. Es versteht sich seit vera relig. 50 von selbst, daß die alt-

---

[244] XII, 12; 21; 23.

[245] In psalm. 148, 4 u. 9f. (395); c. Faust. XII, 36 (zwischen 396 und 400).

[246] In c. Faust. XII, 36 ist der Hauptanlaß des Gedankens, an Jeremia 29 das Verheißungswort des Alten Testaments zu erweisen. Zu erwähnen ist noch lib. arb. III, 57, wo im Zusammenhang der Frage nach Sünde und Strafe von der »civitas beatissima« die Rede ist, deren Ruhm Gott durch Überwindung der Macht des Teufels vorbereitet.

[247] Zur späten Ansetzung dieser Schrift vgl. *L. J. van der Lof*, Vig. Christ. 1962, 198—204. Früher vermutete man die Abfassungszeit zwischen 399 und 401 (vgl. z. B. *Zarb*, Chronologia, 48 einerseits und *Courcelle*, Recherches, 22 andererseits). Zur Interpretation vgl. *Lauras-Rondet*, 102ff.; *Lauras*, 119ff. und *Maier*, 148f.

[248] Auch dies ist wieder eine Formulierung nach Tychonius: »... diaboli congregationem dicit, id est, populum ipsi consentientem« (bei *Hahn*, 25 A.).

[249] »Duae itaque civitates, una iniquorum, altera sanctorum, ab initio generis humani usque in finem saeculi perducuntur, nunc permixtae corporibus, sed voluntatibus separatae, in die vero iudicii etiam corpore separandae« (ebd. 31).

testamentliche Geschichte nur verheißendes Bild des kommenden geistigen Gottesvolkes ist. Eher ist hervorzuheben, daß in die beiden Gemeinschaften der Guten und Bösen auch die »Geistergruppen« (spiritus), die Engel und Dämonen, miteinbezogen sind, ohne daß der Beginn der civitates vor der Menschenschöpfung schon ausführlich entfaltet wäre[250]. Bemerkenswert ist aber vor allem, daß in der Bestimmung der civitas diaboli die Sünde in erster Linie als Hochmut (superbia), als Seinwollen wie Gott, und nicht so sehr als cupiditas, d. h. als Willen zum Genuß körperlicher Güter, gefaßt wird. Gewiß ist diese Rangverschiebung in der Sündentrias superbia, cupiditas, curiositas durch die zur Auslegung anstehende Sündenfallsgeschichte (Gen 3, 5) mitveranlaßt, aber sie ist nicht zufällig, sondern lange vorbereitet und Anzeichen einer wichtigen theologischen Veränderung[251]. Zumal im Blick auf De civitate dei bekommt sie eine wichtige Bedeutung. Die Gemeinschaft der Sünder wird nämlich dadurch primär als eine solche bestimmt, in der die Menschen Ruhm und zeit-

[250] »Omnes enim homines amantes superbiam et temporalem dominationem cum vano typho et pompa arrogantiae, omnesque spiritus qui talia diligunt, et gloriam suam subiectione hominum quaerunt, simul una societate devincti sunt ... et rursus omnes homines et omnes spiritus humiliter dei gloriam quaerentes, non suam, et eum pietate sectantes, ad unam pertinent societatem« (ebd. 31). Ansätze zur Einbeziehung der Geisterwelt bestehen seit 392 durch die Verbindung des Teufels mit der civitas terrena. Die guten Engel spielen vor allem conf. XII, 12 eine Rolle. Die Entfaltung dieses Motivs erfolgt in apokalyptischer Tradition mit der Arbeit an der Schöpfungsgeschichte (s. u. S. 241).

[251] Zunehmend in den Psalmenarrationen; vgl. 1, 1 u. 4; 7, 4: hier das immer wieder zitierte Wort aus Sir 10, 14f. »initium autem omnis peccati superbia« und »initium superbiae hominis, apostatare a deo«; 54, 11: hier Auslegung der Geschichte vom Turmbau (Gen 11); der superbia Babylons, die zur confusio führt, wird die humilitas der Kirche gegenübergestellt, die concordia bewirkt (Pfingstgeschichte). Vgl. schon die häufige Verwendung dieses Babylon-Motivs bei Tychonius (s. *Hahn*, 25 A.). — Ich kann die zunehmende Bedeutung des *superbia*-Begriffs bei Augustin hier nicht erörtern. Sie hängt zusammen mit der fortschreitenden Klärung des Gottesgedankens. Entsprechend beginnt die Betonung der superbia in der Bestimmung der Sünde in De moribus (I, 13ff.). Hier findet sich freilich mit gleichem Gewicht die cupiditas (s. o. S. 197). Weitere Stationen der Klärung sind vera relig. 26; 51; 69; mus. IV 38—43; lib. arb. 5f.; 8—12; 20—23. Man darf aber keinen Gegensatz zwischen der Bestimmung der Sünde von der superbia oder der cupiditas her konstruieren, da in dem Schema »Seele zwischen Gott und Körperwelt« die Abwendung von Gott die Zuwendung zur Körperwelt oder zu den gleichgestellten Seelen (in der libido dominandi) impliziert. Es handelt sich also nur um eine, wenn auch nicht unwichtige Akzentverschiebung (vgl. weiteres u. S. 252 zu De civitate dei). Zum ganzen s. *D. J. McQueen* (The notion of superbia) und *W. M. Green* (Initium omnis peccati superbia).

liche Herrschaft über andere Menschen lieben[252]. Dem entspricht es, daß die Guten vor allem als Gottes Ehre Suchende bezeichnet werden. Der Übergang von der allgemeinen Bestimmung der Bösen zu Aussagen über das Politische wird also nicht mehr in erster Linie über Sorge und Streit um körperliche Güter als vielmehr um usurpatorische Herrschaft zu suchen sein. Und in der Tat ist hier dann der (ontologisch-theologische) Ansatz der Romkritik in De civitate dei[253].

Der politische Aspekt der Zwei-civitates-Lehre klingt in anderer Weise auch in n. 37 an. Innerhalb des vierten Weltalters, das von David bis zur babylonischen Gefangenschaft reicht, legt Augustin Jeremia 29, 4 aus, wo die Juden im Exil aufgefordert werden, für die babylonischen Machthaber zu beten und »in deren Frieden den Frieden zu erhoffen, um darin Söhne zu zeugen, Häuser zu bauen und Gärten und Weinberge zu bepflanzen«. Augustin sieht, wie schon früher[254], in dieser Situation eine Vorausdeutung auf die Kirche, die Bürger des himmlischen Jerusalems, die unter der Herrschaft der Könige dieses saeculum dienen müssen, bis sie nach dem sechsten Weltzeitalter vollständig befreit werden. Inzwischen nutzen sie den zeitlichen Frieden, um geistlich, d. h. durch Verkündigung, zu bauen und zu pflanzen — nämlich die Gemeinschaft des neuen Gottesvolkes. Warum taucht an dieser Stelle die politische Seite der civitates-Lehre nach De vera religione zum ersten Mal wieder mit Betonung auf? Die zum Beleg für die politische Loyalität der Christen herangezogenen Zitate aus dem Neuen Testament (Rö 13, 1 u. 7; Mt 17, 27; Eph 6, 5; 1 Tim 2, 1f.) sprechen eine deutliche Sprache. Es sind die klassisch-christlichen Katechismusstellen zu diesem Thema. Schon in De moribus ecclesiae catholicae[255] fanden sich die politischen Ver-

---

[252] Vgl. A. 250.

[253] Dies bemerkt richtig *Maier*, 148f., ohne freilich in der Bestimmung des bios politikos die Akzentverschiebung gegenüber lib. arb. I und vera relig. 48f. zu beachten. Das aber zu tun, ist darum nicht unwichtig, weil man sonst den Ort des Problems, nämlich den Streit zwischen theoretischem und praktischem Lebensideal, nicht sieht. Nur wenn man aber dies beachtet, bemerkt man, wie Augustin mit der Kritik an Ruhm- und Machtstreben zwar durchaus von der üblichen griechisch-philosophischen Polemik gegen die vita activa ausgeht (vgl. *Picht*, Theorie und Praxis, 322), aber darüber hinaus theologische Argumente sammelt, die auch die antiken Vertreter des bios theoretikos treffen, wie De civitate dei zeigen wird. Hier mag der Hinweis genügen, daß der Vorwurf der superbia auch einen sich vom Zeitlichen trennenden Weisen treffen kann.

[254] C. Faust. XII, 36; s. o. A. 246.

[255] S. o. S. 203.

pflichtungen mit Anspielungen auf Rö 13 usw. in geprägtem katechetischem Zusammenhang. Am Ort der babylonischen Gefangenschaft ließ sich offenbar der traditionelle politische Unterricht am besten in seiner Musterkatechese unterbringen[256].

Ein dritter Ort des civitates-Themas im Zusammenhang der Weltalter ist schließlich der Gerichtstag, an dem die Bürger beider Gemeinschaften nun auch körperlich getrennt werden (n. 45). Der Grund, warum in catech. rud. die civitas-Lehre einen so konstitutiven Platz einnimmt, scheint mir ähnlich zu liegen wie in De vera religione. In beiden Fällen handelt es sich um Schriften, die allgemein über die christliche Religion Auskunft geben sollen. Dabei bietet sich das civitates-Schema als Dispositionsprinzip an, wenn es darum geht, die Geschichte der Welt in ihrem Bezug auf Gott darzustellen.

Die weitere Entwicklung der civitates-Lehre bis zum Fall von Rom und Augustins Antwort darauf bringt kaum Neues[257]. In De genesi ad litteram (401—414) arbeitet Augustin lediglich die Vorgeschichte der civitates im Engelreich schärfer heraus[258].

Ich fasse zusammen. Stellt man die Frage nach der Herkunft von Augustins Zwei-civitates-Lehre im Zusammenhang mit der Entwicklung seiner Gedanken, so ergibt sich folgendes Bild. Zunächst bildet sich die Vorstellung von zwei menschlichen Lebensweisen aus, die mit Hilfe von stoisch-neuplatonischen und rehellenisiert paulinischen Kategorien unterschieden werden. Grob gesagt stehen auf der einen Seite die auf Irdisch-Vergängliches ausgerichteten Menschen, die ihren inneren Menschen an die Herrschaft der tierischen Affekte verlieren und nur mit äußeren Gesetzen gebändigt werden können. Auf der anderen Seite stehen die Weisen, die durch die Ausrichtung auf das stabile Ewige (den mundus intelligibilis als Reich Gottes) in sich selbst die Affekte zur Ruhe bringen und in diesem glücklichen Frieden freiwillig dem ewigen Naturgesetz gehorchen, bis sie nach

[256] Der in n. 37 ebenfalls mehrfach erwähnte Gedanke, daß die irdischen Könige nicht notwendig zur civitas diaboli gehören müssen, ist auch durch Tychonius vorbereitet (vgl. das zweite Zitat oben A. 227) und widerspricht der rein negativen Sicht der Apokalypse des Johannes aus der Erfahrung heraus, daß es auch christliche Kaiser geben kann.

[257] Zur enarr. III in psalm. 36, 4 u. in psalm. 148, 4 s. *Lauras-Rondet*, 107 bzw. 111f.

[258] Vgl. bes. XI, 20, aber auch die Auslegung von Licht und Finsternis in Buch I. Zur Entfaltung dieses Themas vgl. bes. *E. Lamirande*, Eglise céleste, 13ff., bes. 28ff.

dem Tod selbst verewigt werden (zunächst als Zustand der reinen Seele gedacht, später zusammen mit der Auferstehung des Leibes). Mit dieser aus einer spätantiken Form der griechischen Gegenüberstellung von theoretischer und aktiver Lebensform erwachsenen Konzeption verbindet sich in De vera religione 48—51 die apokalyptische Vorstellung von zwei auf das Jüngste Gericht zulaufenden Menschengruppen, die offenbar auf Tychonius zurückgeht. Jedenfalls verstärken sich schon bald die Elemente, die auf den Einfluß dieses »Reformdonatisten« hinweisen, zumal die Bezeichnung der civitas terrena als civitas diaboli, der zunehmende Gebrauch des Bildes Babylon und Jerusalem und die antidonatistische Auswertung des Motivs.

Dieses erste Hauptergebnis der traditionsgeschichtlichen Analyse, daß also in der frühen civitates-Lehre stoisch-neuplatonische Dualismen allmählich von apokalyptischen assimiliert, überformt und auch verändert werden, ist nicht nur für das historische Verständnis von De civitate dei interessant, wo diese Polarität thematisch zum Austrag kommt. Vielmehr liegt hier auch das zentrale systematische Problem. An dieser Polarität und ihrer detaillierten Bestimmung entscheidet sich nämlich, ob Augustin eine relevante theologische Antwort auf die philosophischen (einschließlich der politischen) Probleme seiner Zeit gefunden hat, was daran durch die Geschichte hindurch bis heute modellhaft wichtig werden konnte und kann und was geschichtlich überholt ist. Man verbaut sich also den Zugang zu den eigentlichen Sachproblemen, wenn man die Fragen der Herkunft der Zwei-civitates-Lehre bei Augustin mit einem vorschnellen non liquet, einem unaufgeschlüsselten, bunten Allerlei oder einseitig beantwortet.

In das dualistische griechisch-apokalyptische Grundschema strömen aber aus den Psalmen und anderen biblischen Schriften oder auch aus altkirchlichen Auslegungen, deren Aufarbeitung noch viel Forschung erfordert, weitere Ausmalungen ein, vor allem bei der Beschreibung der erwarteten Vollendung in der himmlischen Gottesstadt. Neben der allgemein menschlichen, der antidonatistischen und der antimanichäischen Verwendung des Motivs spielt der politische Aspekt noch kaum eine Rolle. Denn in lib. arb. I und vera relig. 48f. dient der politische Aspekt ja nur der Konkretion der auf Zeitliches ausgerichteten vita activa. Erst mit De catechizandis rudibus wird im offenbar traditionellen Bezugsrahmen der christlichen Taufunterweisung auch die politische Loyalität[259] des wandernden Gottesvolks behandelt. Mit der Romproblematik ergibt sich dann ein neuer Kristallisationspunkt für die Zwei-civitates-Lehre.

c) Die Bedeutung des Begriffs »civitas« bei Augustin: Herrschaftsverband

Ehe wir uns endlich De civitate dei zuwenden können, muß noch kurz die Frage nach Bedeutung und Übersetzungsmöglichkeit des civitas-Begriffs gestreift werden. »Civitas« kann nach *W. Kamlah*[260] zur Zeit Augustins 1. Bürgerrecht, 2. Bürgergemeinde, 3. Stadt bedeuten. Die Pointe liegt aber gerade darin, daß alle drei Bedeutungen konstitutiv für den Gesamtbegriff sind, der sich also ins Deutsche nicht wirklich übertragen läßt. *Kamlah* versucht, wenigstens die beiden ersten Elemente Bürgerrecht und Bürgergemeinde in dem Begriff Bürgerschaft zu vereinen, und er meint damit »die geschichtliche Existenz des Bürgerseins«, »die Existenz im Wir der Bürgergemeinde« (156). Daß zu solcher geschichtlichen Existenz auch »die Stätte und das Gerät des Wohnens« gehört, läßt sich aber im Wort »Bürgerschaft« nicht unterbringen und muß an verschiedenen Stellen dann mit »Stadt« wiedergegeben werden, wobei jeweils die Gefahr der Vereinseitigung einzelner Elemente des Gesamtbegriffs nicht zu umgehen ist. *Ratzinger* dagegen hebt neben diesen politisch-sozialen Bestimmungen des Begriffs den Kult als die Mitte der antiken civitas hervor[261]. Augustin habe die konkrete civitas Rom vor Augen gehabt, die ja gerade in der Situation nach 410 sich wie die antike Polis um die alten Kulte noch konstituieren wollte. Demgegenüber stelle Augustin die civitas dei als Gemeinschaft des wahren Kultus heraus, der in der sakramentalen Feier der Eucharistie seine Mitte und Einheit hat. Diese modern-katholische Deutung betont zwar mit Recht ein Element, das in der protestantischen Forschung meist unterschlagen wird, ist aber zu einseitig, um die umfassend philosophisch-ontologische Intention Augustins zur Geltung zu bringen. Ratzingers Vorschlag, civitas unübersetzt zu lassen oder vielmehr ins Griechische

---

[259] Vorbereitet ist dieser Gedanke in der Auslegung von Rö 13, 1—7 (s. o. S. 226).

[260] 155ff. Vgl. *W. Suerbaum*, Vom antiken zum frühmittelalterlichen Staatsbegriff, 66 (dort statt »Bürgergemeinde« besser »Gesamtheit der Bürger ... als organisierte Einheit«).

[261] S. o. A. 236.

als Polis zurückzuübersetzen[262], läßt zwar für den Wissenden den ganzen Bedeutungsumfang, auch den sakralen Hintergrund des antiken Stadtstaates anschaulich werden, entzieht sich aber der notwendigen Übersetzungsarbeit, ohne die ein wirkliches Verstehen nicht möglich ist.

Eine Übersetzung mit dem modernen Begriff Staat wird von den meisten Forschern nicht mehr erwogen. Das hat seinen tiefsten Grund in der neuzeitlichen Scheidung von Staat und Gesellschaft, die für die Antike undenkbar ist[263], aber auch im mittelalterlichen Mißbrauch des Gottesstaatsgedankens[264].

Angesichts dieser Aporien möchte ich einen anderen Weg zur Verdeutlichung des civitas-Begriffs vorschlagen. Augustin sagt in der Enarratio zu Psalm 9: »... ubi rex, ubi curia, ubi ministri, ubi plebs invenitur, civitas est.« Augustin will mit diesem Satz die civitas diaboli erklären. Es wurde schon erwähnt[265], daß hier der Teufel Herrscher, die täuschenden Ratschläge, d. h. die die Tat vorbereitenden Erwägungen gleichsam die Kurie, die Körpersinne und -glieder die ausführenden Organe und die Affekte das Volk sind, das sich ständig in Aufruhr befindet. Diese Bestimmung gilt sowohl für eine große civitas unter der Herrschaft des Teufels als auch entsprechend für einzelne Menschen, die gleichsam die Elemente und Keime der großen Gemeinwesen sind[266]. Der civitas diaboli tritt ihre Gegenspielerin entgegen, indem Gott den Teufel entmachtet und durch das Erscheinen Christi, des Wortes der Wahrheit, den Fürsten dieser Welt aus der Welt herauszuwerfen beginnt. Durch diesen Herrschaftswechsel »werden die bösen Ratschläge betäubt, die schändlichen Affekte gezähmt, die Dienste der Glieder und Sinne gefangen genommen und dem Kriegsdienst der Gerechtigkeit und guten Werke übereignet, so daß nicht mehr, wie der Apostel sagt, ,die Sünde in

[262] Herkunft und Sinn der civitas-Lehre, 972 A. 1.

[263] Vgl. *M. Riedel*, Zur Topologie des klassisch-politischen und des modern-naturrechtlichen Gesellschaftsbegriffs, 294ff.

[264] Ohne diese Mängel des Begriffs, die aus seinem Bedeutungswandel in der Geschichte resultieren, wäre er gar nicht ungeeignet, das von Augustin Gemeinte zu bezeichnen. — »Reich« fällt als Übersetzung für civitas aus, da dieser Begriff für den terminus technicus regnum dei vergeben ist. Zu der Frage, warum Augustin sein Werk De civitate dei und nicht De regno dei nennt, finden sich erwägenswerte Gedanken bei *Ladner*, 267.

[265] S. o. S. 234 A. 230.

[266] »Neque enim talia essent in malis civitatibus, nisi prius essent in singulis hominibus, qui sunt tamquam elementa et semina civitatum« (ebd. 8).

unserem sterblichen Körper regiere‘ (und was sonst noch in Rö 6 steht). Dann wird die Seele befriedet und der Mensch geordnet zum Ergreifen der Ruhe und Glückseligkeit[267].«

Wie soll man bei diesem Vorstellungshorizont civitas übersetzen? Mir scheint der Begriff »Bürgerschaft« keine der Assoziationen zu wecken, die in diesem Text angesprochen sind. Konstitutiv ist hier das Element der Herrschaft, und zwar Herrschaft in einer gegliederten Ordnung. Ich schlage deshalb als deutsches Wort »Herrschaftsverband« vor. Der einzige Nachteil dieses Begriffs ist, daß auch er wie »Bürgerschaft« nicht in der Lage ist, den Ort, d. h. civitas als »Stadt« mitzuumfassen. Dafür bietet er aber viele Vorzüge. Deren wichtigster ist wohl der, daß sich in ihm der politische, der anthropologische, der ontologische und der theologische Aspekt vereinigen lassen. Schon der Text zu Psalm 9 zeigt deutlich, wie Augustin über das Phänomen der Herrschaft das Individuum und die Gemeinschaft verknüpft — ganz analog der platonischen Politeia, dem nachgewiesenen Ursprung auch bestimmter Züge der paulinischen Anthropologie[268]. Die Herrschaft über die Affekte mit dem Ziel des Friedens im Weisen begegnete uns immer wieder bei den Anfängen der Augustinischen civitas-Lehre. Frieden, Ordnung auf der einen und Kampf und Aufruhr auf der anderen Seite implizieren jedoch gleichzeitig die ontologische Komponente, wie in De civitate dei noch deutlicher werden wird. Theologisch aber lassen sich die beiden civitates als Herrschaftsverbände deshalb interpretieren, weil durch den Zusatz »dei« oder »diaboli« in apokalyptischer Verschärfung des griechischen Dualismus die bestimmenden Mächte mit in die Formulierung einbezogen werden können. Außerdem schützt der trotz seiner Anschaulichkeit abstrakte Begriff vor irreführenden Äquivokationen — wie sie etwa beim Wort »Staat« naheliegen.

Eine zweite Möglichkeit wäre allenfalls, vom Begriff societas aus-

---

[267] »Has civitates destruit, cum excluso inde principe, de quo dictum est, ‚princeps huius saeculi missus est foras‘ (Joh 12, 31), vastantur haec regna verbo veritatis, sopiuntur maligna consilia, turpes affectiones edomantur, membrorum et sensuum ministeria captivantur, et ad iustitiae et bonorum operum militiam transferuntur; ut iam, sicut apostolus dicit, ‚non regnet peccatum in nostro mortali corpore‘ (Rö 6, 12), et cetera huius loci. tunc pacatur anima, et ordinatur homo ad quietem et ad beatitudinem capessendam« (ebd.).

[268] S. o. S. 61ff. Vgl. auch in Nomoi 689 e 4ff. die sieben Axiome über die Herrschaft, die mit dem Satz beginnen: »In Stadtstaaten muß es auf irgendeine Weise Herrschende und Beherrschte geben«.

zugehen. Denn ihn nennt Augustin oft als Literalsinn des Gemeinten, während er civitas ausdrücklich als allegorische Bezeichnung benutzt[269]. Societas wäre zu übersetzen mit Gesellschaft. Dadurch wäre sehr schön der innere Zusammenhalt und also auch der politische und ontologische Sinn der civitas zu erhellen[270]. Unmöglich ist es aber, den Einzelmenschen als Gesellschaft zu interpretieren, was sich dagegen bei »Herrschaftsverband« von der antiken Anthropologie her leicht tun läßt. Nur mühsam wäre der theologische Sinn mit dem Begriff der Gesellschaft zu verbinden. Bedenkt man überdies, daß in dem zweiten Teil des Wortes »Herrschafts-*Verband*« angedeutet ist, was den Vorzug des Gesellschaftsbegriffs ausmachen würde, so legt es sich nahe, jenen vor diesem als Übersetzung zu bevorzugen. — Damit sind wir durch lange Umwege notdürftig vorbereitet, uns Augustins reifem Werk zu nähern, zumal der Schrift »Vom Herrschaftsverband Gottes«.

---

[269] »... civitas, hoc est societas ...« (civ. XVI, 17, 2); »... duo genera (hominum) ..., quas etiam mystice appellamus civitates duas, hoc est duas societates hominum ...« (XV, 1). Weitere Belege s. bei *Kamlah*, 158.

[270] Vgl. »... civitas, quae nihil est aliud quam hominum multitudo aliquo societatis vinculo conligata« (XV, 8, 2).

B. Die beiden Herrschaftsverbände in De civitate dei und im Spätwerk[271]

Die Frage nach Entstehung und Herkunft der civitas-Lehre Augustins führte zu dem Ergebnis, daß die trotz paulinischer Terminologie stark stoisch-neuplatonisch gefärbte ursprüngliche Konzeption von zwei Menschengruppen um 389/90 von der tychonianisch-apokalyptischen Anschauung überlagert und immer mehr assimiliert wird, nach der die Geschichte eine Entwicklung zweier Herrschaftsverbände ist, die auf ein eschatologisches Ziel zuwandern. Der Eschatologisierung der Anthropologie geht eine solche des Reich-Gottes-Begriffs parallel. Er wandelt sich von der Bedeutung des »mundus intelligibilis« zur zukünftigen neuen Schöpfung. Die Durchsetzung der Eschatologie erfolgt mit Hilfe eines neuen Verständnisses des originalen Paulus, vor allem dessen Gnadenlehre. Bisher sahen wir Augustin die verwandelte Theorie nur allgemein menschlich, antidonatistisch, antimanichäisch, einmal auch katechetisch-politisch verwenden. Mit De civitate wird nun aber — angeregt durch die Romfrage — das politische Thema zentral. Gleichzeitig weitet sich durch die antiheidnische Front die latente Spannung von griechischen und apokalyptischen Elementen in der civitas-Lehre zu offener Kontroverse aus und deckt damit die heimlichen zeitgeschichtlichen Hintergründe, d. h. die treibenden Motivationen für Augustins theologisches Denken im ganzen auf. Dieses allgemeine Problem soll uns zunächst beschäftigen. Anschließend wenden wir uns den speziellen Fragen der Kirche und des politischen Gemeinwesens zu.

1. Der Grundsinn von De civitate dei[272]

Als am 24. August 410 die Westgoten unter Alarich Rom stürmten und plünderten, war das mehr als ein politisches Ereignis. Rom, Mittelpunkt und Herrin des alten Reiches, galt als ewige Stadt, als

[271] Eine chronologische Liste der neben civ. wichtigsten Texte bieten *Lauras-Rondet*, aaO, u. ä. *Lauras*, Deux cités.

[272] Die folgende Analyse des Riesenwerks soll allein dazu dienen, in knappen Zügen seine Struktur zu zeichnen. Ich hoffe, es wird sich dabei zeigen, wie leicht diese Grundlinien zu verstehen sind, wenn man sich den mühevollen Umweg über Augustins Frühzeit nicht erspart hat. Eine vollständige Bibliographie zu civ. für die Zeit 1928—1954 findet sich bei *Del Estal*, Historiografia. Die wichtigste ältere

Garantin einer ewigen Ordnung. Wie konnte sie fallen? Die Kreise, die seit Konstantin immer wieder versucht hatten, das römische Reich um die alten Götter zu versammeln, gingen mit dieser Frage zum Angriff gegen die Christen über: Rom fiel, weil die alten Götter preisgegeben wurden und der neue christliche Reichsgott sich nicht als Helfer bewährt hatte. Diese Argumentation war für die Christen außerordentlich gefährlich; denn sie selbst hatten sich längst auf die Ebene der römischen Reichsideologie begeben. Schon in den späten Verfolgungszeiten, vor allem aber seit Konstantin unter der Führung des Euseb von Caesarea hatten sie »unermüdlich den Satz vertreten, daß die Preisgabe des heidnischen Aberglaubens und der Schutz der wahren Religion das Reich erneuern und erhalten würden«[273]. Theodosius versuchte, dieses Programm praktisch zu verwirklichen — und nun dieses Ergebnis. Wenn Augustin auf wiederholte Bitten es unternimmt, diese Vorwürfe zu beantworten, so hat er es also nicht nur mit den Heiden zu tun, sondern ebenso unmittelbar mit der eusebianischen Reichstheologie und ihren Nachfolgern, die diese Vorwürfe erst ermöglichen und gefährlich machen. Der im Anschluß an Tychonius und Paulus von Augustin neu entdeckte eschatologische Charakter des Reiches Gottes und dessen Verwirklichung beim Menschen wird deshalb in De civitate dei auch als scharfe Waffe gegen jene verdiesseitigte Reichsideologie verwendet[274]. Gegen die Heiden selbst aber geht es nicht um Ablehnung des Politischen, sondern um die Widerlegung der religiösen Hypostasierung des Politischen. Um diese Aufgabe zu leisten, holt Augustin allerdings weit aus. Zwölf Jahre braucht er zur Fertigstellung der 22 Bücher seiner großen Apologie.

Plan und Aufbau des Werks sind klar und ausdrücklich ausgesprochen (vgl. z. B. X, 32, 4). In einem ersten großen Hauptteil, der Buch I—X umfaßt, sollen die Argumente derer zurückgewiesen werden, die dem einen Gott ihre vielen Götter vorziehen. Und zwar richten

---

Literatur bis 1959 s. bei *C. Andresen*, Augustin-Gespräch, 490ff., und *R. Lorenz*, Augustinliteratur, 58ff. Seither vgl. die Bulletins Augustiniens der REA. Zum Verhältnis von Augustins De civitate dei zur antiken Kultur vgl. neuerdings vor allem *O. Gigon*, Die antike Kultur und das Christentum, 127ff.

[273] *H. v. Campenhausen*, Lateinische Kirchenväter, 195.

[274] Das hat besonders *W. Kamlah* (175ff.; 302ff.) im Anschluß an *E. Peterson* (Monotheismus als politisches Problem) herausgearbeitet. *Ladner* (267) führt es auf diese Frontstellung zurück, daß Augustin sein Werk nicht De regno dei, sondern De civitate dei nennt.

sich die ersten fünf gegen diejenigen, »welche um der Güter dieses Lebens willen die Götter verehren zu müssen glauben; die letzten fünf aber gegen diejenigen, welche meinen, den Kult der Götter um jenes Lebens willen, welches dem Tode folgt, aufrecht erhalten zu müssen« (ebd.). Es wird gezeigt, daß die vielen Götter und Dämonen weder die vita beata in diesem, noch gar in jenem Leben gewähren. Vielmehr gibt der eine wahre Gott die irdischen Güter, und zwar Guten wie Bösen, den Guten aber allein ewiges, wahres Leben nach dem Tode. Auch hinter den jenseitsgewandten Gegnern stehen ganz konkrete Gruppen, nämlich neuplatonisch orientierte Vertreter der griechisch-römischen Bildungstradition, welche die alte Väterreligion geistig, aber nichtsdestoweniger konservativ auslegen[275]. Ist der erste Teil also eine direkte Widerlegung der heidnischen Angriffe, die entweder in einer massiv politischen oder auch einer vergeistigten Weise vorgetragen werden, so bringt der zweite Teil (Buch XI bis XXII) eine positive Entfaltung des Wesens und der Geschichte beider civitates, deren Gegensätzlichkeit und Kampf nicht nur der Romfrage, sondern der gesamten Weltentwicklung zugrunde liegen. Am Leitfaden der in der Heiligen Schrift beschriebenen Geschehensfolge schildert Augustin hier, wie sie entstanden (de exortu, Buch XI—XIV), wie sie sich in der Geschichte manifestierten (de excursu, Buch XV—XVIII) und welches ihr angemessenes Ziel und Ende sein wird (de debitis finibus, Buch XIX—XXII).

Fragen wir im Rahmen des zweiten Teils zunächst nach dem *Wesen* der Herrschaftsverbände, so gilt es, verschiedene Mißverständnisse zu vermeiden. Hat schon das Mittelalter De civitate dei weitgehend auf das Thema Klerus — weltliche Herrschaft reduziert, woraus dann später die Formel »Kirche und Staat« wurde[276], so wurde Augustins Entwurf darüber hinaus in der Neuzeit einseitig ethisiert. Als klassisches Beispiel dafür darf nicht nur *Ernst Troeltsch* gelten[277], sondern fast die gesamte protestantische Forschung am Ende des letzten und Anfang dieses Jahrhunderts. Über die Dogmengeschichten der Harnack-Schule wirkt diese Anschauung bis in unsere Zeit hinein. Verbunden wird jene Ethisierung mit der Behauptung, Augustin habe — eigentlich als erster in nachbiblischer

---

[275] Vgl. z. B. *Maier*, 44; 56f.

[276] Diese Fragen werden ausführlich in den nächsten beiden Abschnitten behandelt.

[277] Augustin, die christliche Antike und das Mittelalter, bes. 76—85.

Zeit — das personale Verhältnis von Mensch und Gott wiederentdeckt, wenn auch noch nicht so klar und rein wie später Luther. Daß dieses Forschungsklischee den Augustinischen Gedanken nicht gerecht wird, soll der Fortgang der Überlegungen zeigen.

Die einseitig ethische Interpretation von De civitate dei knüpft daran an, daß Augustin die beiden Herrschaftsverbände nach den zwei Liebesformen des amor sui und amor dei (et proximi) scheidet. Den großen ersten Abschnitt des zweiten Teils (XI—XIV), in dem er die Entstehung der civitates schildert, faßt er in XIV, 28 so zusammen: »Zwei Liebesweisen bringen die zwei Herrschaftsverbände hervor, die irdische die Selbstliebe bis hin zur Verachtung Gottes, die himmlische aber die Gottesliebe bis hin zur Verachtung seiner selbst[278].« Isoliert man aber diese abschließende Definition aus dem Zusammenhang des ganzen Abschnitts, so übersieht man die unlösliche Verknüpfung der Willensproblematik mit Ontologie und Erkenntnistheorie. Das zeigt schon der Aufbau der Bücher XI—XIV[279]. Danach ist nämlich die Frage der civitates und ihrer Willensrichtungen eingebettet in die Schöpfungs- und Gotteslehre. Nimmt man gar den gesamten zweiten Teil dazu, so bekommt das alles wiederum seinen vollen Sinn erst durch Hinzunahme der Eschatologie, wie sich noch zeigen wird. Halten wir uns aber zunächst an die aus Gen 1 entwickelte Trinitätsspekulation (XI, 24—28). Die Trinität Gottes ist der Grund dafür, daß die Philosophen — zuerst Platon, wie Augustin fälschlicherweise annimmt, in Wahrheit die mittlere Akademie nach Ansätzen bei Aristoteles[280] — auch ihre disciplina der Weisheitsliebe

[278] »Fecerunt itaque civitates duas amores duo, terrenam scilicet amor sui usque ad contemptum dei, caelestem vero amor dei usque ad contemptum sui« (ebd.).

[279] XI, 1 Rückblick und Vorbemerkung über den Aufbau des II. Teils
2—3 Hermeneutische Vorbemerkung über Glauben und Erkennen mit Hilfe der heiligen Schrift
4—34 Schöpfungslehre und Entstehung der beiden civitates in der diversitas angelorum (Gen 1)
24—28: Exkurs über die trinitarische Struktur von Gott und Welt.
XII, 1—9 Natur und Willen bei den Engeln
10—27 Erschaffung des Menschen in der Zeit
XIII—XIV Fall des Menschen und Strafe
XIV, 5—10: Exkurs: Kritik der antiken Affektenlehre.

[280] Vgl. *Lorenz*, Wissenschaftslehre, 31. Freilich hat Augustin sachlich nicht unrecht; denn die späteren Transzendentien (unum, verum, bonum) beruhen insofern auf Platons Philosophie, als diese die Idee (Wahrheit) des Guten als Einheit zum Ursprung des Seins erklärt (s. o. S. 61ff.). Der Zerfall der Philosophie in drei

in drei Teile gliederten, nämlich in physica/naturalis, logica/rationalis und ethica/moralis. Zugang zu dieser Trinitätsstruktur verschafft die Beobachtung einer Analogie. An einem Künstler (artifex) sieht man 1. natura, nämlich die Anlage (ingenium), 2. doctrina, nämlich das Wissen, das er sich angeeignet hat, und 3. usus, nämlich die Frucht, die aus dem Gebrauch von natura und doctrina erwächst (ebd. 25).

Für das Gesamtverständnis von De civitate dei ist es außerordentlich wichtig zu sehen, wie Augustin aus der Trinitätslehre heraus die gesamte antike Philosophie ableitet, aber auch gleichzeitig zu korrigieren versucht. Er sagt (ebd. 25): »Aus der Beobachtung jener drei Faktoren (natura, doctrina, usus) wurde mit dem Ziel der beata vita, wie gesagt, von den Philosophen die dreigeteilte philosophische Wissenschaft entwickelt, die Physik wegen der Natur, die Logik wegen der Lehre, die Ethik (disciplina moralis) wegen des (richtigen) Gebrauchs. Denn wenn wir unsere Natur von uns selbst hätten, so hätten wir auch gewiß selbst unsere Weisheit erzeugt und brauchten nicht dafür zu sorgen, sie durch Lehre, d. h. dadurch, daß wir sie von anderswo her erlernen, zu erlangen; und unsere Liebe würde von uns ausgegangen und auf uns bezogen zum glücklichen Leben genügen, und sie würde keines anderen Gutes zum Genusse bedürfen (indigeret). Weil nun aber unsere Natur, damit sie sei, Gott zum Schöpfer (auctor) hat, müssen wir ihn ohne Zweifel zum Lehrer (doctor) haben, um Wahres zu wissen, auch zum Spender (largitorem) innerster Süßigkeit, um glücklich zu sein«[282].

In diesem umfassenden philosophischen Horizont kommt der Gesamtzusammenhang von De civitate dei erst in den Blick. Schon frühere Apologeten der Alten Kirche und schon des Spätjudentums hatten den Monotheismus, die Erfüllung der Wahrheitserkenntnis und des Lebenssinns aus ihrem Glauben der griechischen Antike ent-

---

Teile bezeichnet dann lediglich die folgenreiche Entwicklung, daß man die Einheit der drei Aspekte bei Platon nicht mehr zu denken vermochte. Es kann hier nicht die Frage behandelt werden, inwiefern die christliche Trinitätslehre bei Augustin die ursprüngliche platonische Einheit der Transzendentien neu erfassen kann. Das gleiche wäre entsprechend für die Einheit der drei Seelenvermögen zu untersuchen.

[282] Die trinitarische Struktur zieht sich bis in die bewußtseinslosen Dinge hinein als esse, species, ordo, ist aber in der vernünftigen Kreatur als esse - nosse - velle Bild des trinitarischen Gottes (vgl. ebd. 26—28), damit wir zu ihm zurückkehren. Denn bei ihm findet unser Sein Unsterblichkeit, unsere Erkenntnis irrtumslose Wahrheit und unsere Liebe Erfüllung ohne Widrigkeit (ebd. 28). Hierzu wäre die Schrift De trinitate zu vergleichen. Dazu s. A. *Schindler*, aaO.

gegengestellt. Augustin verarbeitet aber in seinem Gegenentwurf, besonders Buch XI—XXII die ganze ihm vorliegende Tradition vom eigenen trinitarischen Gottesbegriff aus, der die altkirchliche Entwicklung zusammenfaßt. Mit allen Mitteln der Wirklichkeitserfahrung wird der christliche Glaube als wahre Philosophie dargestellt. Die Kritik am Griechentum ist zusammengefaßt in dem dreifachen »nicht von uns« oder »nicht aus uns« oder, mit Luther gesprochen, im »außerhalb von uns«[283]. Gott ist als der Eine Grund des Seins, der Erkenntnis und der Liebe. Von diesem Platon und Plotin radikalisierenden Ansatz her entwickelt Augustin die Schöpfungslehre, die Erkenntnislehre, in der Glaube und Erleuchtung, und die Ethik, in der die Gnade Gottes das »non a nobis« zur Geltung bringt.

Hat man diesen Ansatz bei der trinitarischen Alleinwirksamkeit Gottes, die in der eschatologischen Neuschöpfung ihr letztes Ziel erreicht, erkannt, so läßt sich die *Geschichte* (Entstehung, Fortgang und Ziel) der beiden civitates bereits leicht einordnen und verstehen. Ihre Entwicklung beginnt mit der Scheidung der beiden Engelgruppen, die Augustin in der Scheidung von Licht und Finsternis im Genesisbericht angedeutet findet (XI, 9—20; 32—34). Die guten Engel sind Gott zugewandt und empfangen so von ihm ständig durch Teilhabe ewiges Sein, das Licht der Wahrheit und Liebeserfüllung (vgl. XII, 1, 2), die bösen werden zu Finsternis, indem sie sich auf sich selbst zurückwenden. Augustin gibt sich wieder große Mühe (XII, 1—9), gegen die Manichäer herauszuarbeiten, daß die gefallenen Engel nicht von Natur, sondern aus Sünde böse sind. Da alle Kreatur, auch die höchste vernunftbegabte, ex nihilo und nicht aus eigener Machtvollkommenheit geschaffen wurde, ist sie durch mutabilitas, durch Veränderlichkeit gekennzeichnet. Das heißt, sie hat nicht aus sich selbst Sein, Wissen und Glück, sondern nur durch Teilhabe an Gott (adhaerere deo und participatio sind die Stichworte)[284]. Die bösen Engel wenden sich also zum eigenen Nichts, wenn sie sich von Gott abwenden. Durch diese Perversion ihrer Bestimmung verfallen sie dem Irrtum aus Mangel an Licht, dem Elend aus Mangel an Glück und nähern sich dadurch dem Nichts. Ihr von Gott als Natur ge-

---

283 Vgl. Sprachverständnis, Kap. VII.

284 Es wäre gesondert zu untersuchen, wie sich der platonisch-neuplatonische Ansatz verändert, wenn man die mutabilitas nicht aus dem Prinzip der unbegrenzten Zweiheit oder der Materie, sondern dem Nichts herleitet, aus dem Gott als wirklicher Schöpfer das Sein geschaffen hat.

währtes Sein bleibt allein als Träger ewiger Strafe, d. h. ewiger Gottesferne. Diese total pervertierte Wendung weg von Gott zu sich selbst und zum Körperlichen unterhalb der Vernunft heißt superbia, Hochmut (XII, 1, 2; 6), das Gegenteil, die Haltung des totalen Empfangens, humilitas, Demut. Superbia und humilitas sind also bei Augustin keine einseitig voluntaristisch-personalistischen Begriffe, sondern haben eine ontologische Pointe. Sie erscheinen in seinem Spätwerk in psychologischen Ternaren an erster Stelle, also bezogen auf das Sein. Auf der negativen Seite stehen neben superbia curiositas und concupiscentia, auf der positiven neben humilitas sapientia und caritas. *Holte*[285] nennt deshalb superbia »ontologische Sünde«. Aus ihr folgt für den Intellekt Unwissen und Irrtum, für den Willen die böse, pervertierte Richtung. Augustin belegt das mit Sir 10, 14f., wonach superbia Beginn alles Übels, auch der mala voluntas ist. Superbia ist »die Begierde nach perverser Höhe«[286]. Wenn also Augustin die Unterscheidung der beiden civitates in den verschiedenen amores ansetzt, so bedeutet das keine einseitig personal-ethische Betrachtung der Welt und des Menschen. Sondern die beata vita einerseits, die miseria andererseits und der Weg dahin erfüllen sich in der trinitarischen Struktur der Gesamtwirklichkeit[287]. Damit ist aber auch Augustins zunächst stoischer Ausgangspunkt bei der Bestimmung des Bösen nicht unerheblich verändert[288]. Nicht in der ethischen Wahl des Willens zwischen zeitlichem, vergehendem und seelischem bestehendem Gut entscheidet sich der Mensch zwischen böse und gut, sondern in der Demut oder Auflehnung gegenüber Gott, wodurch nicht nur die Ethik, sondern die gesamte Ontologie in die Problematik einbezogen ist[289]. Das Seinwollen wie Gott macht den Willen böse.

---

285 AaO 298f. Vgl. auch o. A. 251.

286 »Porro malae voluntatis initium quae potuit esse nisi superbia? ‚initium' enim ‚omnis peccati superbia est'. quid est autem superbia nisi perversae celsitudinis appetitus? perversa enim est celsitudo deserto eo, cui debet animus inhaerere, principio sibi quodam modo fieri atque esse principium« (XIV, 13, 1).

287 Eine ausdrücklich trinitarische Formulierung des Gegensatzes der zwei civitates findet sich z. B. in psalm. 51, 6: »Duo genera hominum attendite ..., unum de terra, alterum de caelo *cogitantium*; unum in profundum cor mittentium, alterum cor angelis *coniungentium* (scil. *caritate*); unum *sperantium* de terrenis quibus pollet hic mundus, alterum praesumentium de caelestibus quae promisit non mendax deus« (hier nimmt die Hoffnung den Ort der seinsbezogenen Kategorie ein).

288 S. o. S. 209f. zur Willensproblematik in lib. arb. I.

289 Vgl. *E. Peusch* (Cicero und die civitas Dei, 398), der darauf hinweist, daß

Wie sich dieser veränderte Ansatz in der Anthropologie auswirkt, zeigt Augustins Behandlung des »irdischen Teils« der civitates (XII, 9 — XIV Schluß). Gut geschaffen, war dem Menschen im Fall des Gehorsams von Gott die Unsterblichkeit zugedacht (XIII, 1). Der Tod, durch die Sünde Adams in die Welt gekommen, würde alle Menschen in den zweiten, ewigen Tod führen, wenn Gottes Gnade nicht einige davon befreite (XIII, 14; XIV, 1). Fall, Strafe, Erlösung des Menschen entwickelt Augustin dabei wieder wie im Frühwerk mit Hilfe der griechischen Anthropologie der innermenschlichen Herrschaftsordnung (XIV). Freilich sind Augustin seine (paulinischen) Veränderungen dieses Grundansatzes, die wir schon bei der Entwicklung der Augustinischen Anthropologie kennenlernten, nun deutlich bewußt. Wenn die Schrift »nach dem Fleisch leben« und »nach dem Geist leben« gegenüberstellt und damit die Lebensweise der beiden Herrschaftsverbände charakterisiert, so läßt sich das nicht einfach auf Epikureer und Stoiker verteilen. Vielmehr meint »Fleisch« pars pro toto den ganzen Menschen, so daß man auch »menschengemäß« oder »secundum animam« dafür sagen könnte und also die Stoiker genauso unter diese Kategorie fallen können. Der eigentliche Gegensatz heißt demnach secundum hominem (wobei hier der Mensch nicht als gute Natur, sondern als Nachahmer des hochmütigen, auf sich selbst zurückgewandten Teufels verstanden wird) — secundum deum (was gleichbedeutend ist mit dem Gegensatz secundum mendacium — secundum veritatem; XIV, 2—4). Ausdrücklich verwahrt sich Augustin hierbei wieder gegen die Manichäer, die die Natur des Fleisches für böse halten, gegen die Platoniker, die immerhin die falschen Affekte aus der minderwertigen Fleischeshülle der Seele ableiten (ebd. 5), aber auch gegen die Stoiker, die überhaupt die Affekte für unmenschlich und überwindbar halten (ebd. 6ff.). Gerade gegen letztere erhebt er den Vorwurf der superbia, weil sie mit ihrer Affektlosigkeit Autarkie und damit also auch Unabhängigkeit von Gott anstreben (ebd. 9, 6). Hier trifft Augustin das antike Lebensideal besonders tief, weil die höchste Stufe des spätantiken Menschen, das Erreichen der Weisheit, noch in ihrer Möglichkeit, Auflehnung gegen Gott zu sein, aufgedeckt wird. Hier zeigt sich aber auch, daß Augustins Romkritik, die ja ebenfalls in dem Vor-

bei Augustin im Gegensatz zu Cicero der Wille nicht ethisch, sondern durch seine Beziehung auf den pax-Begriff ontologisch gefaßt ist (zum pax-Thema s. u. S. 268f.).

wurf der superbia gipfelt, bruchlos aus seinem philosophisch-theologischen Grundansatz erwächst[290].

Augustin bestimmt die Lebensformen der beiden Menschengruppen folgendermaßen genauer: das Böse ist nicht das Fleisch oder die Affekte an sich, sondern die Abkehr der Seele von Gott, der über ihr steht und dem zu gehorchen für sie nützlich ist. Denn wenn sie ihm gehorcht, ist das Herrschaftsverhältnis auch zwischen Seele und Welt in Ordnung. Denn die Seele, die von Gott Sein, Wahrheit und Liebeserfüllung empfängt, kann Leben, Wahrheit und geordnete Liebesverhältnisse an Sinne und Körper weitergeben. Auf diese Weise sind also auch die Affekte, welche die Seele als Reaktion auf sinnliche Eindrücke entwickelt, recht und in Ordnung, wenn der Wille recht, d. h. in Liebe auf Gott und in ihm auf den Nächsten gerichtet ist. In einem solchen Zustand allein ist auch der Wille frei, weil er gesund ist, wie Augustin am paradiesischen Menschen zeigt (ebd. 11). Hier wird wieder deutlich, wie die Ethik in die Ontologie verflochten ist. So kann auch die selbstverschuldete Unfreiheit des gefallenen Menschen nur aufgehoben werden, wenn er sich durch Gottes Heiland heilmachen läßt. Der liberator ist der salvator (ebd.). Eine solche heile oder geheilte Ordnung im Stufenreich des Seins ist Friede (pax).

Umgekehrt schafft das »secundum carnem (hominem, mendacium) vivere« der civitas diaboli oder civitas terrena Unordnung, Unfriede, Streit des Fleisches wider den Geist, böse Affekte, Streit des Menschen wider den Menschen. Dies ist die Strafe für den Ungehorsam. Der, der herrschen wollte wie Gott, wird Sklave seiner Sünde (ebd. 15ff.); der Leben wie Gott aus sich selbst haben wollte, verfällt dem Tod; der die Wahrheit in sich suchte, irrt in der Lüge.

Nachdem Augustin in Buch XV—XVIII die Geschichte der civitas dei und civitas terrena durch die Altersstufen der Menschheit bis hin zu Christus und seiner Kirche verfolgt hat[291], bringen die Bücher

---

[290] S. schon o. S. 240 A. 253 und Sprachverständnis, Kap. VII. Das ist der Grund, warum man bei der Bestimmung der Grundstruktur von De civitate dei (nach den allgemeinen Büchern XI—XXII) die Romfrage gar nicht thematisieren muß. Vgl. immerhin die zentrale Kritik Augustins an der durch Vergil (Aen. 6, 853) formulierten Romideologie: »parcere subiectis et debellare superbos«, die er als diabolische Nachäffung Gottes (Jak 4, 6) empfindet (dazu s. *Kamlah*, 171, u. *F. G. Maier*, 153).

[291] Das Kindesalter (infantia) reicht von Kain bis zur Sintflut, das Knabenalter (pueritia) von Noah bis zum Turmbau von Babel, das Jünglingsalter (adolescentia) von Abraham bis David, das Mannesalter (iuventus) von David bis zum Exil.

XIX—XXII dann die eigentliche *Eschatologie*. Sie sind überschrieben »De debitis finibus« der beiden Gesellschaften. Das seit dem Frühwerk spürbare Drängen Augustins, durch Schöpfungs- und Trinitätslehre die griechische Ontologie so zu transzendieren, daß ihre in sich ruhende Wahrheit in Frage gestellt und auf den alttestamentlich-christlichen Gott hin geöffnet wird, findet seine Eindeutigkeit erst durch diesen Schritt zur Eschatologie des reifen Werkes[292]. Begriffe wie Teilhabe (participatio) und Erleuchtung (illuminatio), mit denen allein Augustin zunächst versuchte, die totale Abhängigkeit des Menschen von Gott zu fassen, stehen angesichts ihrer platonischen Herkunft in der Gefahr der Äquivokation. Dagegen nimmt Augustin mit der radikalen apokalyptischen Unterscheidung von zwei Äonen, diesem und dem kommenden, Sein, Wahrheit und Güte Gottes total aus der Verfügungsgewalt des Menschen. Von hier aus kritisiert er die 288 antiken Philosophenschulen, wie sie ihm Varro unter dem Gesichtspunkt der Teleologie, der finis bonorum et malorum, überliefert und in Untergruppen übersichtlich macht (civ. XIX). Kennzeichnend für all diese Entwürfe[293] ist nach Augustin die falsche Hoffnung, das höchste Gut *aus sich selbst* und *in diesem Leben* erreichen zu können, richte sich die Hoffnung nun auf fleischliche, geistige oder gesellschaftliche Güter. Dem stellt er die Antwort der civitas dei entgegen, die den Durchbruch Augustins zur Eschatologie in seiner ganzen Tragweite zeigt. Das summum bonum des Herrschaftsverbandes Gottes ist das ewige Leben. Er versucht das summum malum, den ewigen Tod, durch rechtes Leben zu vermeiden — und zwar aus Glauben (Rö 1, 17). »Denn«, so sagt Augustin, »wir sehen *weder* unser (vollkommenes Heils-)gut *schon*, weshalb wir es notwendigerweise glaubend suchen müssen, *noch* haben wir das gerechte Leben *aus uns* selbst, sondern nur dann, wenn uns Glaubenden und Bittenden der zu Hilfe eilt, welcher selbst den Glauben schon gab, durch den wir

Für die fünfte Epoche vom Exil bis zu Christus gebrauchte Augustin keinen bestimmten Namen. Schon an Kain und Abel zeigt sich der Gegensatz der beiden Gesellschaften, der sich besonders klar auch am hochmütigen Turmbau von Babel manifestiert. Der Gegensatz von superbia und humilitas, von fleischlichem und geistlichem, Gott ab- und Gott zugewandtem Leben läßt sich in der gesamten Geschichte deutlich sehen, wenn auch der geistliche Mensch vor Christus erst nur schattenhaft, typologisch vorausdeutend erscheint (XV, 1ff.). Von der Zeit der Propheten aus wird Christus und seine Kirche als Erfüllung, wenn auch als erst anbrechende, geschildert (XVIIf.).

[292] Das wäre in »Sprachverständnis«, Kap. VII, noch deutlicher zu betonen.

[293] Speziell zur Sozialphilosophie s. u. S. 268ff.

überhaupt glauben, daß er uns helfen müsse«[294]. »Non ex nobis« und »non iam«, Glaube und hoffende Abhängigkeit auf seiten der Menschen, Alleinwirksamkeit, gefaßt als eschatologisches Handeln auf seiten Gottes, ist also hier die Waffe gegen die antike Philosophie. Teilhabe an Gottes — vollkommenen Frieden stiftender — Herrschaft gibt es in dieser Weltzeit nicht einmal für wenige in seliger Schau, sondern erst durch die eschatologische Neuschöpfung, auf die hin man jetzt nur durch Gottes Gnade glaubend und hoffend wandern kann[295].

Es besteht kein Zweifel, daß Augustin mit diesem Entwurf von De civitate dei nicht nur die politische Heilslehre eines ewigen Rom, auch nicht nur das hierauf eingehende eusebianische Kulturchristentum, sondern die Fundamente der griechischen Ontologie selbst angreift und in Frage stellt. Welche Probleme Augustins Denken hier freilich noch offenläßt, soll uns später unter dem Thema Apokalyptik und griechische Ontologie beschäftigen. Zunächst wenden wir uns den speziellen Fragen der Kirche und des politischen Gemeinwesens zu.

2. *Civitas dei, Reich Gottes und Kirche*

Die Ekklesiologie Augustins in ihrer Vielfalt und in ihrem großen Reichtum darzustellen, verwehrt uns die besondere Themenstellung dieser Arbeit[296]. Hier können nur kurz die zentralen Probleme be-

---

[294] »Quoniam (1) *neque* bonum nostrum *iam* videmus, unde oportet ut credendo quaeramus, (2) *neque* ipsum recte vivere nobis *ex nobis* est, nisi credentes adiuvet et orantes qui et ipsam fidem dedit, qua nos ab illo adiuvandos esse credamus« (XIX, 4, 1). Vgl. epist. 155, 2ff.

[295] Wie bei Paulus (s. o. S. 120 ff.) erhebt sich freilich auch hier die Frage, wieweit diese Kritik den originalen Platon trifft, der doch annahm, daß es bei Leibesleben nur Weisheitliebende, nicht Weise geben könne. Diese Frage läßt sich eigentlich nicht beantworten, da die Grundansätze so verschieden sind und Platon die Frage historisch so gar nicht gestellt war. Nur über den Begriff Gottes, des Schöpfers aus dem Nichts, könnte sich die Differenz angemessen formulieren lassen. Bei den nachchristlichen Platonikern bemängelt Augustin, daß sie die Wahrheit ihrer Philosophie nicht dadurch unter Beweis stellen, daß sie in der ihrem Denken eigentlich angemessenen humilitas die Hilfe des göttlichen Arztes, Jesus, im Glauben annehmen (vgl. bes. die Kritik an Porphyrios, civ. X, 28).

[296] Eine umfassende Bibliographie für die 150 Jahre von 1809—1954 bietet *E. Lamirande* in: REA VIII, 1962; eine kritische Besprechung der Literatur von 1954—1959 findet sich bei *R. Lorenz*, Augustinliteratur, 58ff. Danach erschien als besonders wichtiges Werk *E. Lamirande*, L'église céleste selon saint Augustin.

handelt werden, die die civitas-Lehre berühren[297]. Durch eine heillose Verwirrung der Begriffe civitas dei, ecclesia, regnum dei, regnum Christi, regnum caelorum u. a. war man nicht nur im Mittelalter, sondern auch in der neueren, besonders der protestantischen Forschung seit *Hermann Reuters* »Augustinische Studien« (1887) zu der Ansicht gelangt, Augustin habe die »empirische katholische Kirche« unmittelbar mit der civitas dei und gar mit dem Reich Gottes gleichgesetzt. Die mittelalterliche Papstkirche leitete aus diesem Verständnis ihre hierarchischen Ansprüche ab, während deren Kritiker von Wyclif bis *Reuter*, *Harnack* und *Holl* dem angeblich äußeren Kirchenbegriff einen inneren, spiritualistischen entgegenstellten, den sie ebenfalls bei Augustin zu finden meinten. Das führte zur These eines »doppelten Kirchenbegriffs« bei Augustin. Es ist das Verdienst von *Wilhelm Kamlah*, in dieser Frage endlich Klarheit geschaffen zu haben[298]. Kamlah weist nach[299], daß der sogenannte doppelte Kirchenbegriff eine spätere Eintragung in Augustin wie überhaupt in die gesamte Alte Kirche und insofern ein Scheinproblem ist. Ecclesia heißt nie unmittelbar »empirische katholische Kirche«, sondern bewahrt immer eschatologischen Sinn. Sie ist die von Christus erlöste communio sanctorum, Gemeinde der Heiligen. Von einer »Doppelheit«[300] kann man nur insofern reden, als Augustin mit der Tradition zwischen der Gemeinde — Jetzt und der Gemeinde — Einst (ecclesia qualis nunc est und ecclesia qualis tunc erit) unterscheidet. Diese Unterscheidung wurde von Kallist gegen Rigoristen wie Tertullian und Hippolyt entwickelt, als er die Unzuchtsünder wieder in die Gemeinde aufnahm, später dann besonders gegen die Donatisten gewendet (Optatus). Das gibt aber keinen doppelten Kirchenbegriff, sondern die Unterscheidung bezeichnet nur die eschatologische Differenz zwischen der wandernden und der vollendeten Gemeinde. Jene muß noch die Bösen in ihrer Mitte ertragen wie das Unkraut

---

[297] Vgl. den Forschungsbericht von *I. M. Congar*, aaO.

[298] Ecclesia und regnum dei bei Augustin (zu De civitate Dei XX, 9). Dieser Aufsatz präzisiert und entfaltet die schon im ganzen richtigen Ergebnisse von *K. Müller*, Kleine Beiträge zur alten Kirchengeschichte 14. Kirche und Reich Gottes bei Augustin. Zu De civitate Dei 20, 9. Hier findet sich auch ein Forschungsbericht über die vorangegangenen Fehlauslegungen. Vgl. weiter *Kamlah*, Christentum und Geschichtlichkeit, bes. S. 133ff. (Zur Auslegungstradition s. ebd. 152ff.).

[299] Christentum, 133ff.

[300] AaO 140ff.

unter dem Weizen, diese steht ohne Makel da (Eph 5, 27). Das heißt, Gemeinde ist nur die eine wahre Gemeinde vom Eschaton her und auf das Eschaton hin, die Scheinchristen sind zwar jetzt unter die wahren gemischt, sie vergehen im letzten Gericht aber wie Spreu. Deshalb wehrt sich Augustin ausdrücklich gegen die grobe Ausdrucksweise des Tychonius, der die Guten und Bösen in der Kirche zwei »partes ecclesiae« nennt. Augustin will lieber sagen »corpus Christi permixtum« (doctr. christ. III, 45). Die Gemeinde auf Erden, zu der es konstitutiv gehört, daß sie mannigfache Verfolgungen des Bösen erleidet, erträgt die Bösen in ihrer Mitte »in communione sacramentorum«[301]. Wahre Kirche sind allein die durch Gottes barmherzige Praedestination aus der massa perditionis Herausgeretteten, die jetzt kämpfend unter Anfechtungen und Verfolgung zum kommenden Frieden wandern. Die Begriffe civitas dei und ecclesia verbindet der eschatologische Sinn. Engel als Vollendete und Menschen als in der Fremde zur Vollendung Wandernde sind die Bürger der Gemeinde Gottes, oder in unserer Terminologie: die unter Gottes Herrschaft und in seinem Herrschaftsverband Lebenden.

Wie verhalten sich nun aber die Wechselbegriffe ecclesia und civitas dei zu den anderen Worten regnum dei, regnum Christi und regnum caelorum, die ihrerseits wieder untereinander promiscue gebraucht werden? Alle genannten Probleme versammeln sich in der umstrittenen Auslegung von civ. XX, 9. Dieses Kapitel soll deshalb kurz dargestellt werden, wobei ich die richtige Auslegung von *K. Müller* und *W. Kamlah* zugrunde lege[302].

Es steht im Zusammenhang eines Schriftbeweises für das Endgericht, also im eschatologischen Schlußteil des Gesamtwerkes (XIX—XXII). In Joh 5, 25f. sieht Augustin — wie Tychonius[303] — die Unterscheidung der zwei Auferstehungen angedeutet, nämlich der resurrectio animarum von impietas und iniquitas durch glaubendes Hören auf die Botschaft Jesu und durch die Taufe einerseits und der resurrectio corporum zum Jüngsten Gericht andererseits (XX, 6). Damit leitet er über zur Auslegung von Apk 20, 1—21, 5 (XX, 7—17), verweilt aber zunächst lange bei den Versen 20, 1—6 (XX, 7—10), um das Mißverständnis der

[301] AaO 145. Hier zeigt sich besonders deutlich die Grenze von *Ratzingers* Ansatz (s. o. A. 236). Das Sakrament ist nicht das eigentliche Kennzeichen der civitas dei, sondern es umfaßt in seinem äußeren Zeichencharakter auch die in die Kirche gemischten Bösen. Nur wer die Bedeutung der Sakramente realisiert — die Liebe, das geistlich-eschatologische »sursum cor« — gehört zur civitas dei.

[302] S. o. A. 298. Einige Nuancen gegenüber Kamlah bringt noch *B. Lohse*, Zur Eschatologie des älteren Augustin (De civ. dei 20, 9).

[303] Vgl. *Hahn*, 27.

Chiliasten abzuwehren. Man nennt diese mit einem solchen Namen oder auf lateinisch miliarii, weil sie die Fabel ersonnen haben, jene erste Auferstehung, von der der Text redet, sei körperlicher Art und eröffne den betroffenen Gerechten ein tausendjähriges Schlaraffenland. Tolerabel wäre diese Meinung allenfalls, wenn man dabei an deliciae spiritales dächte, wie er, Augustin, selbst einst[304]. Die »fleischliche Auslegung« ist aber rundweg abzulehnen[305]. Augustin will die Fabeln der Tausendjährler nicht im einzelnen widerlegen. Er stellt einfach die für ihn richtige Auslegung dagegen, die er im Apokalypsenkommentar des Tychonius gelernt hat. Nach diesem beziehen sich nämlich, wie schon erwähnt, die 1000 Jahre auf das sechste Weltalter zwischen der Geburt Christi und dem Jüngsten Gericht, also auf die Zeit der Kirche[306]. Eng im Anschluß an seinen Gewährsmann behandelt Augustin zunächst Apk 20, 1—3 das tausendjährige Gebundensein Satans (7—8). Im zentralen Kap. 9 greift er dann sofort aus dem Abschnitt Apk 20, 4—6 den wichtigen Schlußsatz von Vers 4 heraus: »regnaverunt cum Jesu mille annis«, offenbar darum, weil die Chiliasten daraus ihr Gegenargument gegen Tychonius gewannen: »von einer Herrschaft der Heiligen mit Christus schon in der Gemeinde auf Erden könne doch unmöglich die Rede sein«[307]. Um für die strittige Frage eine gesicherte exegetische Basis zu gewinnen, beweist er zunächst durch Mt 5 und 13, daß Jesus selbst die Kirche bisweilen regnum caelorum nenne, die Kirche, der er seine Gegenwart bis an das Ende der Tage versprach (Mt 28, 20). Freilich ist das Herrschen mit Christus jetzt und einst kaum zu vergleichen (alio aliquo modo, longe quidem impari). Jetzt sind noch Scheinchristen in der Kirche, einst werden sie wie das Unkraut herausgerissen sein.

Immerhin ist es deutlich, daß der reife Augustin selbst darüber verwundert ist, daß die Kirche auf Erden schon Reich Gottes genannt wird, und er wird nicht müde, den Unterschied zur eschatologischen Erfüllung zu betonen, der eigentlich jener Name zukommt. *Kamlah* ist sogar der Ansicht, daß Augustin kaum ohne die Matthäusworte dazu bereit gewesen wäre, die Kirche Reich Gottes zu nennen, da er

---

304 S. o. S. 192f.

305 Es besteht gar kein Zweifel, daß diese Ausmalung des tausendjährigen Reiches ein Nachklang gewisser Mysterienreligionen ist. Platon z. B. berichtet, daß Musaios den Gerechten nach dem Tode ein ewiges Gastmahl — nach Platon ewige Trunkenheit — verspricht (Politeia II, 363eff.; vgl. *Nilsson*, Geschichte der griechischen Religion I, 688).

306 Vgl. *Kamlah* (Ecclesia, 250): »Bekanntlich ist der Chiliasmus unter Einwirkung des Origines in der Kirche des Ostens erheblich früher erloschen als im lateinischen Westen. Hier wurde die entscheidende Wendung erst durch den Apokalypsenkommentar des Donatisten Tychonius herbeigeführt. Unter dem Eindruck des Tychonius hat Hieronymus den Kommentar des Victorin von Pettau von chiliastischen Sätzen gesäubert. Unter dem Eindruck des Tychonius hat auch Augustin seinen Chiliasmus aufgegeben ... Die Kapitel DcD XX, 7ff. haben den gewünschten Erfolg gehabt und den Chiliasmus der lateinischen Kirche für alle Zukunft niedergeschlagen.«

307 *Kamlah*, 251.

mit der Alten Kirche die Gemeinde als Sammlung für die *kommende* Gottesherrschaft verstand. Im Johannestraktat 68 drückt Augustin es sogar so aus, daß jetzt der Begriff regnum nur als Name (nomen) gebraucht wird, weil Menschen in die Herrschaft Gottes gesammelt werden, einst aber das regnum nicht im Namen, sondern in Macht kommt[308].

In De dono perseverantiae 6, 11 bezeichnet er das ewige Leben und das Reich Gottes als etwas, »das man nicht hat, aber zu haben hofft«. Am weitesten geht er in De sancta virginitate 24, wo er die Meinung als verrückte Anmaßung bezeichnet, nach der das regnum caelorum auf dieses zeitliche Leben bezogen wird. Erklärend fährt er fort: »denn wenn auch die gegenwärtige Kirche bisweilen Himmelreich genannt wird, wird sie doch deshalb so genannt, weil sie für das zukünftige und ewige Leben gesammelt wird«[309]. Es ist also offenbar nur durch die Frontstellung gegen die Chiliasten veranlaßt, wenn Augustin in civ. XX, 9 die andere Seite ein wenig mehr betont und sagt: in gewisser Hinsicht kann von diesem regnum schon hier die Rede sein, da Jesus ja selbst davon sprach. Wie sieht nun aber das Herrschen der Heiligen mit Christus konkret aus?

Augustin hat sich hier viel Phantasie seiner Interpreten gefallen lassen müssen. *Reuter*[310] versteht darunter die sittliche Herrschaft der Guten oder gar des Guten, die »sittlich weihende Macht« der Heiligen, also offenbar den Einfluß, den die Heiligen auf andere ausüben. Ähnlich deutet *R. Seeberg*[311] das regnare als geistige Herrschaft, die die Heiligen mit Christus ausüben, oder als Herrschaft des Geistes durch die Frommen, so daß ihr Geist auch den aus Christen bestehenden Staat leiten solle (sic!). Solche und ähnliche Mißverständnisse sind nicht einmal daraus begreiflich, daß Augustin hier nur ganz kurz auf die Bedeutung des »regnare cum Christo« eingeht; denn auch die kurze Bemerkung ist klar in ihrem Sinn. Augustin sagt: »Es herrschen aber mit ihm, die tun, was der Apostel sagt (Kol 3, 1f.): ‚seid ihr aber mit Christus auferstanden, so denkt, was oben ist, wo der zur Rechten Gottes sitzende Christus ist; was oben ist, sucht, nicht was auf Erden ist'; über solche sagt er auch, daß ‚ihr Wandel im Himmel sei' (Phil 3, 20). Kurz, es herrschen diejenigen mit ihm, die so in seinem Reich (regnum = Kirche) sind,

308 »Nunc ergo iam regnum vocatur, sed adhuc convocatur ... tunc perveniat (sc. hoc regnum) ad regnum, ut non solum regni nomen, sed etiam regnandi habeat potestatem.«

309 Vgl. *Kamlah* (ebd.): »Also nicht eine ‚empirische katholische Kirche' soll als das Reich Gottes ausgegeben werden, sondern die eschatologische Bestimmung der sich sammelnden Gemeinde soll hervorgekehrt werden, wenn diese Gemeinde von der Schrift ‚zuweilen' Himmelreich genannt wird.«

310 AaO 117f.

311 Dogmengeschichte 2, 480f.

daß sie auch sein Reich sind«. Nachdem er betont hat, daß die, die in Christi regnum sind und doch das Ihre suchen (sua quaerunt), nicht Christi regnum sind, sondern einst wie Unkraut ausgerissen werden, beschließt er seinen Exkurs über die Matthäustexte. Dann verbindet Augustin das Gesagte folgendermaßen mit der Auslegung der Apokalypse (9, 2): »De hoc ergo regno militiae, in quo adhuc cum hoste confligitur et aliquando repugnatur pugnantibus vitiis, aliquando credentibus (sc. vitiis) imperatur, donec veniatur ad illud pacatissimum regnum, ubi sine hoste regnabitur, et de hac prima resurrectione, quae nunc est, liber iste sic loquitur.«

Kamlah[312] hat recht, wenn er sagt, daß Augustin sich hier mit diesen kurzen Andeutungen über das Herrschen begnügen kann, weil er dessen Sinn bei seinen Lesern voraussetzen darf. Er hat in XX, 6 ausführlich über die Auferstehung der Seelen von impietas und iniquitas gehandelt, er erläutert das Suchen, was droben ist (im Gegensatz zum sua quaerere), ausdrücklich als Herrschen über die Laster, vor allem aber kann er an die breiten Ausführungen in Buch XIV anknüpfen, wo er, wie oben gezeigt, die durch den Fall pervertierte und durch die Erlösung und Vollendung wiederhergestellte Herrschaftsordnung mit Hilfe der platonisch-stoischen Anthropologie erörterte[313]. Herrschen mit Christus heißt demnach: sich von Gott beherrschen lassen und so wieder Herr über die Sünde und ihre Folgen, Irrtum und Laster, und einst auch über den Tod werden. Auch in dieser Deutung, die für sein Denken sachlich seit seiner Frühzeit charakteristisch ist, wie wir sahen, folgt Augustin dem Tychonius[314]. Die Unterscheidung von »Reich des Kampfs« und »Reich des Friedens« unterstreicht noch einmal die Vorläufigkeit des zeitlichen »Herrschens mit Christus« — selbst im Blick auf die ernsthaftesten Christen — und erkennt insofern das Gewicht des (zu vermutenden) chiliastischen Gegenarguments an.

Nun folgt aber noch jener berüchtigte Abschnitt, aus dem die moderne protestantische Forschung vor und leider auch noch nach *Kamlah* Augustins Sündenfall in den hierarchischen Kirchenbegriff herausliest. Allein schon dies ist verdächtig, daß man sich dabei auf etwa fünfzehn Zeilen aus einem Werk von über tausend Folioseiten

[312] AaO 255.

[313] Vgl. auch Buch XIX und *Kamlah*, 258. *B. Lohse* (228; 233ff.) ergänzt diesen Gesichtspunkt durch den Hinweis auf die Überwindung der Teufelsherrschaft. Es ist aber bei Augustins anthropologischer Deutung dieser Herrschaft kaum verständlich, wieso Lohse diesen Gedanken in alternativen Gegensatz zur Deutung auf die Herrschaft über die Laster bringen kann.

[314] Das zukünftige regnum haben auch schon Tertullian und Cyprian als Herrschaft über die Sünde verstanden; vgl. *Kamlah*, 258 A. 19.

stützt. Was meint Augustin also an jener Stelle? Er sagt zu Apk 20, 4, wo es heißt: »Et vidi sedes et sedentes super eas, et iudicium datum est«, folgendes: »Hier darf man nicht meinen, das sei vom Jüngsten Gericht gesagt, sondern darunter sind die Sitze der Amtsträger und die Amtsträger selbst, durch die die Kirche jetzt geleitet wird, zu verstehen«[315]. Bei der Auslegung dieses Satzes machte man erstens den Fehler, nicht zu beachten, daß Augustin hier einfach mit der laufenden Exegese von Apk 20 fortfährt, nachdem er in einem vorgreifenden Exkurs das Gegenargument der Chiliasten, welches sich auf das Herrschen mit Christus stützte, entkräftet hat. Die Aussagen über die Amtsträger haben also gar nichts mehr mit dem regnare cum Christo zu tun, sondern beschreiben einfach, »quid in istis mille annis agat ecclesia vel agatur in ea«[316]. Augustin bestimmt aber dieses kirchliche Handeln noch genauer, nämlich durch Mt 18, 18, d. h. durch die Binde- und Lösegewalt der Sündenvergebung. Das stimmt aber einerseits genau zu der gängigen Augustinischen Definition der wandernden Kirche, wonach diese primär auf die Vergebung der Sünde gegründet ist[317]. Andererseits aber ist dieser Abschnitt auch darum keine ‚Entgleisung' Augustins, wie man zu sagen pflegte, weil die Vergebung der Sünden die zentrale Waffe im Kampf gegen die Laster ist, worin der Beginn der Herrschaft Christi besteht. Das hierarchische Mißverständnis ist aber — wenigstens im Blick auf moderne historische Forschung[318] — auch deshalb unbegreiflich, weil Augustin im folgenden Kap. 10 die Priester Gottes und Christi, die mit ihm tausend Jahre herrschen werden (Apk 20, 6), ausdrücklich vom allgemeinen Priestertum her interpretiert[319].

[315] »Non hoc putandum est de ultimo iudicio dici; sed sedes praepositorum et ipsi praepositi intelligendi sunt, per quos nunc ecclesia gubernatur.«

[316] Man beachte auch, daß von den praepositi nicht regnare, sondern gubernare ausgesagt ist.

[317] »... remissio peccatorum. per hanc enim stat ecclesia quae in terris est ...« Enchiridion 17, 64; vgl. ebd. 16, 61, wo Augustin über sie an erster Stelle sagt: »haec sanguine mediatoris, nullum habentis peccatum, ab omni redempta est peccato ...«.

[318] Vgl. die Aufzählung der Fehlinterpreten bei *E. Kinder* (Reich Gottes und Kirche bei Augustin, 17f.), der sie freilich als Gewährsleute seines eigenen Irrtums zitiert.

[319] »non utique de solis episcopis et presbyteris dictum est, qui proprie iam vocantur in ecclesia sacerdotes; sed sicut omnes christos dicimus propter mysticum chrisma, sic *omnes sacerdotes*, quoniam membra sunt unius sacerdotis; de quibus apostolus Petrus: ‚Plebs', inquit, ‚sancta, regale sacerdotium.'«

Herrschaft oder Reich Gottes, so läßt sich abschließend sagen, ist bei Augustin nicht einfach gleich Kirche. Aber insofern sich in ihren Gliedern durch die von Christus erwirkte Sündenvergebung die eschatologische Wiederherstellung der richtigen Herrschaftsordnung zwischen Gott, Mensch und Welt durchsetzt, kann man im Vorgriff auf die am Ende erfolgende Erfüllung von Reich Gottes reden. Jesus selbst gebrauchte diese Ausdrucksweise. Dabei ist der Charakter des Vorgriffs ausdrücklich gewahrt in der Bezeichnung der wandernden Kirche als corpus permixtum und der Unterscheidung von regnum militiae und regnum pacatissimum. Nur in diesem proleptischen Sinn kann man auch den wandernden und nicht nur den vollendeten, mit den Engeln vereinten Teil der civitas dei Reich Gottes nennen[320]. Augustins zunehmende Entdeckung der Eschatologie hat also neben ihren vielfältigen anderen polemischen Funktionen auch einen kirchenkritischen Sinn.

Es könnte nun scheinen, Augustins Deutung des Reiches Gottes und des Herrschens mit Christus von dem Beherrschen der Laster und dem so zu erreichenden Frieden her sei Ausdruck einer einseitigen Individualisierung des christlichen Glaubens und Denkens. Diese Frage muß gründlich geprüft werden, zumal der frühe Augustin ja in der Tat von einer stoisch-neuplatonischen Innerlichkeit ausgeht, von seinem berühmten Ansatz bei »Gott und der Seele«[321]. Wir sahen aber schon früher[322], wie sich hier ein Wandel bei Augustin anbahnt, der Wandel vom asketisch-kontemplativen Philosophen zum Mitarbeiter im Leib Christi. Man könnte die Frage nach dem sozialen Charakter der Kirche und der Herrschaft Gottes von vielen Seiten aus angehen, da er die reife Augustinische Theologie zentral bestimmt. Man könnte zeigen, wie Augustin die Einheit der Kirche gegen die Donatisten entwickelt. Man könnte von hier aus auch darstellen, wie Augustins Rechtfertigungslehre von der Gemeinschaft der Kirche und nicht vom einzelnen aus gedeutet ist[323]. Auch sind bereits die Confessiones, denen die Entdeckung des »Ich« zugeschrieben wird, im Horizont der Gemeinschaft der civitas dei entworfen[324].

[320] »... de Christo regnoque caelorum, quae civitas dei est« (civ. XVII, 1). Vgl. auch *F. E. Cranz*, De civitate Dei XV, 2, 219ff.

[321] Soliloq. I, 7.

[322] S. o. S. 203f. u. 223.

[323] Dies hat *E. Franz*, Totus Christus, 145ff., nachgewiesen.

[324] Vgl. meinen Aufsatz Der Aufbau von Augustins Schriften Confessiones und De trinitate, bes. 352.

Von De civitate dei selbst reichte allein schon Titel und grober Aufriß aus, um die soziale Bestimmtheit von Gottes wanderndem und vollendetem Volk deutlich zu machen.

Für unseren Zusammenhang empfiehlt es sich aber, wieder vom Herrschaftsproblem auszugehen. Die vernünftigen Kreaturen, also Engel und Menschen, erfüllen nach Augustin die Seinsordnung dann, wenn sie unter der Herrschaft des einen Gottes stehen. So auf den Einen gerichtet, stehen sie nicht nur gemeinsam in seinem Wahrheitslicht, sondern erfreuen sich seiner als unerschöpflichem Ziel der Liebe. Dadurch wird aber ihr Sein, das als geschöpfliches nur als Teilnahme am Einen besteht, von unsterblichem Leben erfüllt. Kein Neid und Streit ist nötig, weil Gott die nicht versiegende Quelle ist. Diese gemeinsame Bezogenheit der vernünftigen Kreaturen auf Gott in Sein, Denken und Wollen, die Augustin auch als gemeinsames Lob oder gemeinsame Verehrung Gottes[325] beschreibt, ist erfüllt allein bei den Engeln und bei der vollendeten Gemeinde nach dem Jüngsten Gericht, wenn das Wandern sein Ziel erreicht hat, die Bösen ausgeschieden sind und auch dem neuen Geistleib ewiges Leben geschenkt wurde. Dann wird sein, was Paulus 1 Kor 15, 28 ankündigt: Gott wird sein alles in allem[326]. Alle diese Gedanken versammeln sich in dem Begriff des eschatologischen, ewigen Friedens (pax aeterna, regnum pacatissimum)[327]. In ihm ist nämlich, wie nach allem zu Augustins Entwicklung und Hauptwerk Gesagten klar geworden sein dürfte[328], die anthropologische, soziale und ontologische Komponente vereinigt. So erhält die etymologische Bestimmung des himmlischen Jerusalem als visio pacis[329] ihre inhaltliche Füllung. Über den platonischen Ursprung hinaus bekommt freilich das Heilsgut der pax einen inbrünstigeren, affektiven Klang, wie er für Augustins Verhältnis zu seinem persönlichen Gott charakteristisch ist[330].

[325] In diesem Aspekt zeigt sich die relative Richtigkeit des *Ratzinger*schen Ansatzes (s. o. A. 236).

[326] »Ipse finis erit desideriorum nostrorum, qui sine fine videbitur, sine fastidio amabitur, sine fatigatione laudabitur. hoc munus, hic affectus, hic actus profecto erit *omnibus*, sicut ipsa vita aeterna, *communis*« (XXII, 30, 1). Reiches Belegmaterial zu diesen Aussagen findet sich bei *Lamirande*, 241—248.

[327] Belege und Literatur bei *Lamirande*, 247f.

[328] Abschließendes zum Thema pax findet sich im nächsten Abschnitt (3.).

[329] Belege bei *Lauras-Rondet*, 107 A. 21.

[330] Aus dieser Personalisierung darf man aber keinen Gegensatz zur Ontologie konstruieren, wie das immer wieder geschieht. Für Augustin charakteristisch ist vielmehr die Synthese aus beidem.

Diese auf den einen Gott bezogene eschatologische befriedete Gemeinschaft der Menschen und Engel ist aber schon das Kennzeichen der wandernden Kirche, wenn auch in hoffendem Vorgriff auf das Ende[331]. Daher der unermüdliche Kampf Augustins um die Einheit der Kirche. Denn zum einen Gott gehören kann nur heißen: Einheit halten. Daher die konsequente Ableitung der Nächstenliebe aus der Gottesliebe. Denn wer unter der Herrschaft Gottes steht, wird nicht versuchen, dieses Herrsein teuflisch nachzuäffen und andere Menschen knechten. Die Seinsordnung wird vielmehr beachtet im rechten frui deo und uti mundo. »Gott ist nur mit einem, wenn man im Aufstreben zu ihm Sorge für die menschliche Gesellschaft trägt«, heißt es in De utilitate credendi 24. Im Gegensatz zu dieser Sozialexistenz des Gottesvolkes kennzeichnet Satan und seine hochmütigen Nachfolger das Privatisieren, die Isolierung[332]. Die gefallenen Engel sind »communi luce privati« (civ. XI, 1). Aus der Herrschaft Gottes ausgebrochen, verkehren die ungehorsamen Vernunftwesen die Verhältnisse. Sie wollen selbst herrschen (vgl. civ. XIX, 15). Das Ergebnis ist aber Neid, Streit und Krieg unter ihnen und Versklavtsein durch Sünde und Laster.

Die neuere Forschung ist sich angesichts dieses Befundes denn auch weitgehend darin einig, daß man Augustins theologisches Denken nicht in der Formel »Gott und die Seele« zusammenfassen kann[333]. Freilich reicht es auch nicht aus, die Fülle der Augustinischen Gedanken als eine Addition von den im Grunde sich widersprechenden Elementen einer individualistischen Frömmigkeit, einer Anstaltskirche und einem im höchsten Gut verbundenen Geisterreich zu erklären[334]. Vielmehr ist es im letzten Grund die innere Konsistenz der platonischen Ontologie, die alle diese Elemente zu einer Einheit ver-

[331] »Pax autem nostra propria et hic est cum deo per fidem et in aeternum erit cum illo per speciem. sed hic sive illa communis sive nostra propria talis est pax, ut solacium miseriae sit potius quam beatitudinis gaudium« (civ. XIX, 27).

[332] »Hi duo amores, quorum alter sanctus est, alter immundus, alter *socialis*, alter *privatus*; alter communi utilitati consulens propter supernam societatem, alter etiam rem communem in potestatem propriam redigens propter arrogantem dominationem« (gen. ad litt. XI, 20; vgl. 18—20). Sehr schön macht *M. Seybold* (Zu Augustins »civitas terrena«, 251 A. 45) darauf aufmerksam, daß Augustin nach dem Endgericht nicht mehr von »civitas« terrena spricht, also von einer Gemeinschaftsform, sondern nur noch von den »damnati« o. ä.

[333] Vgl. *Ratzinger*, Die Kirche in der Frömmigkeit des heiligen Augustinus, 152.

[334] So *Troeltsch*, 148f. und im Grunde alle protestantischen Dogmengeschichten aus der Harnackschule.

bindet[335]. Allerdings ist Augustins Verhältnis zur Antike an diesem Punkt durchaus komplexer Natur. Es ist m. E. zu einfach, wenn man wie *J. Ritter*[336] sagt, der Umdeutung des mundus intelligibilis zum Reich Gottes entspreche eine Umwandlung des auf die isolierte Innerlichkeit ausgerichteten antiken Ideals der kontemplativ-theoretischen zu einer sozialen Form des wahren Lebens. Es waren schließlich nur einige Ausprägungen der antiken Philosophie, welche die Loslösung der Theorie von der gemeinschaftsbezogenen Praxis vollzogen, vor allem Aristoteliker[337], bestimmte Stoiker und Neuplatoniker mit ihrer Synthese aus Platon und Stoa. Gewiß, von letzteren geht Augustin aus, und der Anstoß zum Umdenken ist sein erzwungenes Aufgeben der kontemplativen Philosophengemeinschaft und Eintreten in den kirchlichen Dienst. Aber bei der geistigen Bewältigung dieses Schrittes, der ihm sehr schwer fiel, den er aber doch immer bewußter bejahte, helfen ihm doch auch antike Vorbilder wie Cicero und Varro, also Vertreter römischer Stoa. Augustin selbst beginnt in De civitate dei seine Kritik der antiken Sozialphilosophie — wie sie ihm durch Varro überliefert wird — nicht mit deren grundsätzlichen Verneinung, sondern mit dem Satz: »Daß sie (erg. die Philosophen) aber das Leben des Weisen als gesellschaftliches fassen, fand unsere Zustimmung bei weitem mehr. Denn wie würde dieser Herrschaftsverband Gottes seinen Anfang genommen haben oder im Verlauf fortgeschritten sein oder sein ihm gebührendes Ende erreichen, wenn nicht das Leben der Heiligen ein gesellschaftliches wäre[338]?« Sehr schön arbeitet *J. Ratzinger* heraus, daß Augustin mit der Bejahung und Durchführung seines kirchlichen Amts gegenüber dem Neuplatonismus, von dem er ausging, die politische Tugend der klassischen Antike in verwandelter Form wieder aufnimmt — verwandelt, weil der Abstieg aus der Höhe der Wahrheitsschau in die Höhle der gebundenen Mitmenschen kein Zwang, sondern verstehende Nachfolge des sich neigenden Gottes und seines sich erniedrigenden Sohnes ist. Im Leib Christi — allgemeiner, der civitas dei — konnte Augustin die neue Polis finden[339].

335 S. o. S. 61ff.

336 AaO 122ff., bes. 138ff.

337 Vgl. *Snell*, Theorie und Praxis, 408f.

338 Civ. XIX, 5 im ausdrücklichen Anschluß an Varro. Vgl. *H. Fuchs*, Augustin und der antike Friedensgedanke, 11f.

339 Es ist mir freilich zweifelhaft, ob man mit *Ratzinger* (173) so uneschatologisch formulieren darf wie in dem Satz: »In der Kirche ist aller Glanz der antiken

Hier erhebt sich aber die Frage, wie denn Augustin zur politischen Dimension der civitas terrena steht. Erst wenn man zu seinem Verhältnis zur konkreten Kirche auch dieses zum konkreten Gemeinwesen hinzunimmt, kann man abschließend sein Verhältnis zur vita socialis bestimmen und auch das Problem klären, wie sich in seiner civitas-Lehre die Beziehung von vita activa und contemplativa schließlich gestaltet.

3. Der Herrschaftsverband Gottes und das politische Gemeinwesen (De civitate dei XIX, 11—17 und verwandte Texte)

a) Die Natur des irdischen Friedens

Die Grundstruktur der reifen Augustinischen civitas-Lehre ist, so sahen wir, durch eine scharfe eschatologische Antithetik gekennzeichnet. Die beiden Menschengruppen unterscheiden sich danach, ob sie ihre Liebe auf Gott richten und darum jetzt aus seiner Gnade und im zukünftigen ewigen Frieden aus seiner Erfüllung leben, oder ob sie ihre Liebe auf sich selbst und Irdisches, also auf Geschaffenes richten und entsprechend aus sich und in der Illusion leben, in dieser Weltzeit die letzte Vollendung finden zu können. Die civitas dei sammelt sich unter Verfolgungen und Anfechtungen in der Kirche, ohne daß hier schon durch völligen Tugendfrieden oder hierarchische Perfektion das Reich Gottes und damit die Vollendung seines Herrschaftsverbands aus Engeln und Menschen vorweggenommen wäre. Vielmehr sind bis zum Jüngsten Gericht auch der Kirche — trotz aller äußeren Zeichen des Glaubens, der Liebe und der Hoffnung — einzelne Menschen aus der civitas diaboli beigemischt, Heuchler und Häretiker. Aber die beiden Herrschaftsverbände lassen sich auch aus einem anderen Grund in dieser Weltzeit nicht einfach korporativ trennen und scheiden. Solange die Bürger der civitas dei noch unter Anfechtungen und Kämpfen in der Emigration dieses Leibeslebens pilgern, sind sie darauf angewiesen, mit den Bürgern der civitas diaboli die für dieses Leben nötigen Dinge gemeinsam zu besorgen.

Polis, der einst die εὐσέβεια ihrer Einwohner gegolten hatte, wieder auferstanden und zu einer letzten Endgültigkeit geführt.« — Eine Frage, die uns hier nicht beschäftigen kann, untersucht *Ladner*, 277ff., nämlich die, warum Augustin Erneuerung und Reform nur im Blick auf den Einzelnen, nie aber im Blick auf die Institution Kirche kennt. Vgl. aber Luther u. S. 473ff. u. ö.

Wie faßt Augustin die damit zusammenhängenden Probleme in De civitate dei an?

Der zentrale Begriff in Augustins Lösungsversuchen, die sich vor allem in dem bedeutenden Buch XIX finden, ist der des Friedens (pax). In ihm lassen sich nämlich, wie schon mehrfach deutlich wurde[340], die anthropologischen, politischen, ontologischen und theologischen Aspekte gut zusammenfassen. Die Bücher XIX—XXII stehen unter dem Thema des Endziels beider civitates (de debitis finibus). Bei unserer früheren Analyse dieses Abschnitts hatten wir nur dessen Grundstruktur herausgearbeitet: das eschatologische »noch nicht« und das gnadentheologische »nicht aus uns selbst« der Erfüllung im ewigen Frieden. Augustin behandelt aber die Frage des Endziels im Anschluß an Varros Schrift »De philosophia«[341] detailliert nach verschiedenen Gesichtspunkten, darunter nach dem des sozialen Lebens (XIX, 5—17; vgl. die Disposition in 1—3). Er stellt hier den massiven Störungen in allen irdischen Gemeinschaftsformen (Haus, Stadtstaat, Menschheit, Gemeinschaft mit Engeln)[342] den ungestörten Frieden im ewigen Leben gegenüber, der Ziel der civitas dei ist (5—11).

In diesem Zusammenhang fügt Augustin nun aber einen Exkurs an, der das Friedensstreben aller Kreatur auch schon in irdischen sterblichen Verhältnissen nachweist[343]. Er will damit zweierlei erreichen. Erstens will er den Glauben der Christen an die Erfüllung im ewigen Frieden als sinnvoll erweisen. Zweitens will er dieses irdische Friedensstreben selbst untersuchen[344]. Der Grund für die zweite Absicht ist klar. An dieser Stelle kann er zeigen, daß auch in den irdischen Dingen Gott friedenstiftend am Werk ist und deshalb die auf das ewige Friedensreich zuwandernden Bürger der civitas dei solche pax in rebus terrenis als bonum gebrauchen, schätzen und unterstützen

[340] Eine schöne Zusammenfassung des Friedensthemas in Augustins Denken vor De civitate dei gibt *H. Fuchs*, 44—52. [341] Vgl. *H. Fuchs*, 5ff.

[342] Bei Varro domus, urbs, orbis totus, mundus, wobei mundus (Kosmos!) Gottheit und Menschheit umfaßt; vgl. *Fuchs*, 6 u. 38 u. u. A. 349.

[343] »Tantum est enim pacis bonum, ut etiam in rebus terrenis atque mortalibus nihil gratius soleat audiri, nihil desiderabilius concupisci, nihil postremo possit melius inveniri« (XIX, 11; Domb. II, 372, 1ff.; im folgenden gebe ich wegen der detaillierten Textanalysen Seiten- und Zeilenzahl der Dombartschen Ausgabe an).

[344] Im Anschluß an den Satz in der vorigen Anmerkung heißt es weiter: »De quo si aliquanto diutius loqui voluerimus, non erimus, quantum arbitror, onerosi legentibus, *et propter finem civitatis huius*, de qua nobis sermo est, *et propter ipsam dulcedinem pacis, quae omnibus cara est*«. Vgl. *Fuchs*, 55 u. 69.

sollen (12—17). Dieser zweite Aspekt soll uns hier vor allem beschäftigen. Denn er thematisiert die gleiche Frage, die uns schon bei der Auslegung von Rö 13, 1—7 gestellt war und die uns in Luthers Lehre vom »Reich Gottes zur Linken« wieder begegnen wird, nämlich die: wie verhalten sich die von der Neuschöpfung ergriffenen Christen zur alten Schöpfung, insofern diese nicht in ihrer sündigen Verkehrung, sondern in ihrer Qualifikation durch Gott, den Schöpfer und Regierer[345] — und den eschatologischen Richter in den Blick kommt?

Augustin schließt sich bei seinem Aufweis des — trotz der verstörenden Wirkungen der Sünde — vorhandenen und von allen Lebewesen erstrebten Friedens in der Welt eng an Varros »Logistoricus de pace« an, der seinerseits einen breiten Strom griechischer und römischer Friedensgedanken verarbeitet, wie *H. Fuchs* wahrscheinlich gemacht hat[346]. Als Gliederungsprinzip benutzt er dabei sein antimanichäisch bewährtes Schema natura (12—13) — usus (14—17). Bei der Untersuchung der menschlichen Angelegenheiten und deren sozialer Natur, so sagt er (Anfang 12, 1), sieht jeder, daß es niemanden gibt, der nicht den Frieden will. Durch Krieg will man nur anderen seinen eigenen Frieden aufzwingen. Außerdem müssen die Kriegführenden, selbst wenn es Räuber sind, untereinander Frieden halten, um nach außen handeln zu können (12, 1). Auch ein wilder Halbmensch wie Cacus will mit seinem Körper in seiner Höhle in Frieden leben, und die Tiere halten in ihrer Art untereinander Gemeinschaft (12, 2). Dieser durch sophistische und popularphilosophische Ergänzungen ausgemalte platonische Zentralgedanke, den Varro wahrscheinlich durch Vermittlung des Aristoteles kannte[347], daß nämlich die Menschen (und Tiere) von der Natur zum Frieden gezwungen werden, wird noch durch einen weiteren ergänzt. Statt unter Gott mit anderen einen gemeinsamen Frieden zu halten, zwingen die Hochmütigen ihren Mitmenschen den eigenen Frieden als den gemeinsamen auf und imitieren dadurch auf perverse Art Gott. Selbst in dieser Perversion zeigen sie aber die wahre Natur an, die ganz ohne Frieden nicht sein kann. Das illustriert Augustin — über den Bereich der Gemeinschaften von Menschen und Tieren hinausgehend — an Beispielen bis in die Natur des Körpers hinein (12, 3). Dabei bedient er sich (varronisch-) stoischer Variationen über die klassisch griechische Identitätsphilosophie[348]. Wenn man z. B. einen Menschen an den Füßen aufhängt, so beginnt die Seele für das Heilsein des ganzen Organismus Schmerz zu empfinden und verweist so auch in der Perversion auf ein unzerstörtes »esse«. Wenn sie aus dem Körper entweicht, bewahrt dieser noch eine Weile seinen Zusammenhalt (compago, vom gleichen

[345] Augustin benutzt meistens die Ausdrücke creator (auch rector), conditor und ordinator (vgl. XIX, 12, 3. Domb. II, 376, 14, 13, 2: Domb. II, 378, 30).

[346] Vgl. seinen grundlegenden Kommentar 16ff.; zur von Varro verarbeiteten Tradition s. ebd. 96ff. *H. Dahlmann* (Varron. Studien I, 166ff.) freilich vermutet, daß der Logistoricus eher politisch-völkerrechtliche Gedanken enthielt. Die folgenden Ausführungen sind also — was die speziell quellenkritischen Fragen betrifft — stark hypothetisch.

[347] Vgl. *Fuchs*, 96—138, bes. 117f. und 135ff.

[348] Vgl. *Fuchs*, 28f.; vgl. Sprachverständnis, 281, Index s. v. Einheit.

Stamm wie pax). Aber auch wenn er zerfällt, gelangt er »ponderis voce« an seinen Ort in der allgemeinen Friedensordnung. Die pax universitatis, die in der griechischen Vorlage als Gesetzlichkeit der — für den Stoiker göttlichen — Physis entfaltet wurde, wird bei Augustin lediglich zu einer wunderbaren Einrichtung des Schöpfers und Ordners (creatoris ordinatorisque; Domb. II, 376, 14f.).

Die so gewonnenen Einsichten systematisiert und erweitert Augustin im nächsten Kapitel (13, 1) mit Hilfe einer »pax-Tafel«, die sich vermutlich eng an Varro anlehnt und also auf der Basis der aristotelisch-stoischen Gesellschaftsstufen aufbaut[349]. Diese Tafel schilderte ursprünglich die Friedensverwirklichung in Körper, irrationaler Seele, rationaler Seele, zwischen Seele und Körper, zwischen den Menschen in Haus und civitas, schließlich im ganzen Kosmos (mundus), der Menschen und Götter umschließt[350]. Augustin fügt erstens vor den Gemeinschaftsformeln noch einen Satz über den Frieden des einzelnen sterblichen Menschen mit Gott ein[351]. Zweitens ersetzt er den kosmischen Frieden zwischen Menschen und Göttern durch den eschatologischen Frieden der civitas caelestis. Ob die Schlußdefinition des »Friedens aller Dinge« als befriedete Ordnung und die dazugehörige Bestimmung des ordo Augustin oder seinen Vorlagen zuzuschreiben ist, läßt sich nicht entscheiden[352].

---

[349] »Pax itaque corporis est ordinata temperatura partium, pax animae irrationalis ordinata requies appetitionum, pax animae rationalis ordinata cognitionis actionisque consensio, pax corporis et animae ordinata vita et salus animantis, pax hominis mortalis et dei ordinata in fide sub aeterna lege oboedientia, pax hominum ordinata concordia, pax domus ordinata imperandi atque oboediendi concordia cohabitantium, pax civitatis ordinata imperandi atque oboediendi concordia civium, pax caelestis civitatis ordinatissima et concordissima societas fruendi deo et invicem in deo, pax omnium rerum tranquillitas ordinis. ordo est parium dispariumque rerum sua cuique loca tribuens dispositio« (13, 1: Domb. II, 376, 29—377, 10). Die Stufen domus — civitas sind der Kern der Tafel und geben den reduzierten Sinn des I. Buchs der aristotelischen »Politik« wieder. Die Erweiterungen auf den Einzelnen und seine Elemente einerseits und die Menschheit und Götter, also den Gesamtkosmos andererseits sind stoischer Provenienz und auch später bezeichnend für die christliche Rezeption dieses Schemas. Vgl. *M. Riedel*, Topologie, 297ff.; *ders.*, Bürgerliche Gesellschaft, 92ff.; 100f., 109f.; 123f. u. u. S. 407f. u. 432ff.

[350] Vgl. *Fuchs*, 38.

[351] Schon hier sei darauf hingewiesen, daß nicht mehr wie in lib. arb. I der vollendete Weise, sondern der (noch nicht schauende) Glaubende als unter dem ewigen Gesetz lebend vorgestellt wird (s. o. A. 349).

[352] *Fuchs*, 38. *H. Rondet* (Pax, tranquillitas ordinis) bringt zwar interessante Parallelen aus dem Corpus Augustinianum, geht aber auf die Ergebnisse von Fuchs überhaupt nicht ein.

Allerdings ist es eben dieser umgreifende Gesichtspunkt der pax universitatis, der Augustin zunächst vor allem beschäftigt; denn es besteht für ihn ein grundsätzliches Problem, das die griechische Kosmosphilosophie nicht kennen kann, wie nämlich der ordo in dieser Weltzeit zumal im Blick auf die Bösen (miseri) verwirklicht sein kann — was wegen des göttlichen Weltregiments auch vom Christen angenommen werden muß —, wenn doch der Friede als tranquillitas ordinis erst der eschatologischen Erfüllung und nur den beati vorbehalten ist. Dieses in der Tat sehr vielschichtige Problem, das uns in anderem Zusammenhang noch beschäftigen muß[353], wird von Augustin hier in einem komplizierten Gedankengang erörtert, der abgekürzt folgendes sagt[354]:

Was den miseri und was dieser Weltzeit überhaupt fehlt, ist die befriedete Ordnung, in der es überhaupt keine Störungen der Sicherheit mehr geben kann[355]. Dagegen ist bei den miseri eine gewisse Ordnung und damit auch ein gewisser Frieden dadurch verwirklicht, daß sie nach göttlichem Gesetz zu Recht elend sind und Schmerz und Strafe leiden, was in der Privation das naturgegebene Sein anzeigt. Merken sie das aber selbst nicht und leben sie in äußerer Sicherheit, so sind sie nur umso elender, weil sie den gerechten Straffrieden der natürlichen Ordnung übersehen und so noch tiefer in die Illusion geraten, eine unzerstörbare Sicherheit aber in keiner Weise besitzen. Das gleiche entwickelt Augustin am Beispiel des Teufels selbst mit Hilfe des früher immer wieder gegen die Manichäer geltend gemachten neuplatonischen Gedankens, daß ein malum ohne ein bonum nicht denkbar ist. Selbst die Strafe des Schmerzes ist ein Zeichen des verlorenen Guts (13, 2).

Damit hat Augustin nachgewiesen, daß der zeitliche Friede in seinen vielen Dimensionen und auch die Mittel, ihn zu erhalten, dem Menschen als etwas von Natur aus Gutes durch Gott, den Schöpfer und Ordner, gegeben ist[356]. Diese Gabe ist nun freilich derart, daß ihr Gebrauch darüber entscheidet, ob man über den irdischen Frieden hinaus den ewigen erlangt, oder beide verliert[357]. Hiermit hat Au-

353 S. u. S. 306f.

354 Vgl. *Fuchs*, 38 u. 57ff.

355 Vgl. auch *Fuchs* (219) zu diesem neuartigen eschatologischen Friedensbegriff. Noch Ambrosius etwa sah mit der Stoa den Frieden als innere Unbewegtheit an, die sich gerade in Stürmen offenbart.

356 »Deus ergo naturarum omnium sapientissimus conditor et iustissimus ordinator, qui terrenorum ornamentorum maximum instituit mortale genus humanum, dedit hominibus quaedam bona huic vitae congrua, id est pacem temporalem pro modulo mortalis vitae in ipsa salute et incolumitate ac societate sui generis, et quaeque huic paci vel tuendae vel recuperandae necessaria sunt ...« (13, 2: Domb. II, 378, 29—379, 3).

357 »... eo pacto aequissimo, ut, qui mortalis talibus bonis paci mortalium ad-

gustin die Frage des *usus* (14—17) erreicht und damit auch den Anschluß an sein eigentliches Thema, wie nämlich die Bürger der beiden Herrschaftsverbände den Frieden und die damit zusammenhängenden Gegebenheiten der menschlichen Gesellschaft »gebrauchen«.

b) Der beiden civitates gemeinsame Gebrauch des irdischen Friedens

An dieser Stelle besteht in der Augustinforschung große Uneinigkeit. Zwei Auffassungen stehen sich bis heute scharf gegenüber[358]. Die eine orientiert sich einseitig an der eschatologischen Antithese Augustins zur Rom- und Reichsideologie der Heiden und Eusebianer. Nach den Vertretern dieser Meinung hat Augustin die Christen nur dazu aufgefordert, die Herrschaft der Erdenbürger während der babylonischen Gefangenschaft in diesem Leben zu ertragen — zumal dadurch der Friede zur Verkündigung der Kirche gewährleistet wird (vgl. z. B. cat. rud. 37) —, nicht aber in positiver Mitarbeit gestaltend in die irdischen Verhältnisse einzugreifen. Diese Linie wird fast ausschließlich von protestantischen Forschern vertreten, unter den älteren von *H. Reuter* und *E. Troeltsch*[359], unter den neueren von *W. Kamlah* und vor allem in großer Radikalität von *F. G. Maier*[360].

Dagegen steht eine Reihe meist römisch-katholischer Forscher, die bei Augustin nicht nur eine relative Wertung der politischen Gemeinschaft als bonum terrenum sehen, sondern ihn darüber hinaus zum Propagator eines christlichen Staates machen. Damit verbunden ist meist eine Interpretation Augustins im thomistischen Sinn, wonach das Reich der Natur auf das der Übernatur, also die civitas terrena per analogiam auf die civitas caelestis verweist. Von den älteren Vertretern dieser Meinung ist das grundlegende Werk von *O. Schilling* zu nennen[361], aber auch *R. Seeberg* gesellt sich aus kulturprotestantischer Tradition heraus zu diesen Stimmen[362]. Die Kontroverse

commodatis recte usus fuerit, accipiat ampliora atque meliora, ipsam scilicet inmortalitatis pacem eique convenientem gloriam et honorem in vita aeterna ad fruendum deo et proximo in deo; qui autem perperam, nec illa accipiat et haec amittat« (ebd. 379, 6—11).

[358] Vgl. die Forschungsberichte bei *R. Lorenz*, Augustinliteratur, 61ff. und *B. Lohse*, Zu Augustins Staatsauffassung, 447ff.

[359] Vgl. *Lohse*, 448. *Troeltsch* nimmt freilich nicht so sehr die Eschatologie als vielmehr den Zug zur Innerlichkeit als Ausgangspunkt der augustinischen Weltvergleichgültigung an (vgl. *Kamlah*, 341ff.).

[360] Vgl. *Lorenz*, 61f.; *Lohse*, 449.

[361] Die Staats- und Soziallehre des hl. Augustinus; vgl. *Lohse*, 448.

[362] Dazu s. *Lohse*, 448.

wird jedoch vor allem in den Arbeiten sichtbar, die sich explizit mit Kamlah und Maier auseinandersetzen. Hier sind wichtig *J. Straub*[363], *Del Estal* und *Rosado*[364], aber auch *Ratzinger*[365].

Die damit aufgeworfenen Fragen sind im folgenden am Augustintext zu prüfen. Man sollte aber von vornherein einige Unterscheidungen beachten, um sich nicht im Dschungel der divergierenden Argumente zu verlieren. *R. Lorenz* weist mit Recht darauf hin, daß die Kritik an einer einseitigen Betonung der Staatsfeindschaft bei Maiers These ansetzen müsse, Augustin habe in der Ethik aus antipelagianischen Gründen seine Ontologie, nach der auch Irdisches an seinem Ort gut ist, außer Kraft gesetzt. Nach Lorenz aber gesteht Augustin »sowohl dem Staat wie allen irdischen Gütern zu, daß auf sie dieser wahre Bezugspunkt (erg. des wahren Gottesglaubens) angewendet werden kann. Das ist der Sinn seiner Lehre von frui und uti, aus der Maier einseitig nur die Antithese zur antiken Welt entnimmt«[366]. Die Lösung der strittigen Fragen muß sich also an Augustins Unterscheidung von uti und frui orientieren. Daraus ergeben sich zwei Gesichtspunkte für das Problem der irdisch politischen Gemeinschaften, in denen Bürger der civitas dei und diaboli gemischt sind. 1. wie gebraucht die civitas dei — oder vielmehr deren wandernder Teil — den irdischen Frieden, und wie verhält sich dieser Gebrauch zu dem der civitas diaboli? Hier geht es also um das Verhältnis der Menschen zur Welt. 2. was bedeutet der Streit um den Gegenstand des frui für das Zusammenleben der beiden civitates in einem politischen Gemeinwesen? Dies ist in erster Linie die Frage nach der Religionsgesetzgebung, also nach der Gesetzgebung, soweit sie das Verhältnis Mensch — Gott betrifft. Wenn man die Frage nach Tendenzen zur »Verchristlichung des Staates« bei Augustin stellt, muß man sie also auf einer doppelten Ebene stellen: 1. will Augustin die Besorgung der irdischen Güter im politischen Gemeinwesen verchristlichen und wenn ja, was hieße das? 2. will Augustin die sich auf den Bezugspunkt des frui (Gott) beziehende Religionsgesetzgebung im politischen Gemeinwesen verchristlichen? Hält man diese

---

[363] Augustins Sorge um die regeneratio imperii; dazu vgl. *Lorenz*, 61f.; *Lohse*, 449f.

[364] Equivalencia de »civitas«; dazu vgl. *Lorenz*, 63.

[365] Mit seiner Deutung der civitas terrena als »Archetyp« der civitas caelestis (s. o. A. 236).

[366] AaO, 62.

beiden Fragen auseinander, so vermeidet man schon einen Großteil der bestehenden Verwirrung. Wenden wir uns zunächst der ersten zu.

Augustin setzt, nachdem er — wie gezeigt — die natürliche, gottgegebene und -geordnete Güte des irdischen Friedens nachgewiesen hat, in seinem Abschnitt über dessen Gebrauch (XIX, 14—17) nicht gleich bei der eigentlichen Gesellschaftsproblematik an, sondern geht der Reihe nach zuvor kurz die ersten Glieder der pax-Tafel durch.

Durch den Aspekt des usus wird diese gleichsam in zwei Hierarchien aufgegliedert, die erste für den Einzelmenschen, die zweite für dessen Gemeinschaftsrelationen. Der Friede des Körpers (die geordnete Mischung der Teile) und der Friede der irrationalen Seele (die geordnete Ruhe der Strebungen), die wir mit den Tieren gemeinsam haben, sind beim Menschen dem Frieden der rationalen Seele unterzuordnen (geordnete Übereinstimmung von Erkenntnis und Handeln). Hier macht Augustin seinen Einschub in die Vorlage und fügt die Rückbindung der pax rationalis animae an den Frieden hinzu, den der sterbliche Mensch mit Gott hat — wenn er dem pilgernden Teil der civitas dei angehört. Nötig ist diese Transzendierung der rationalen Seele deshalb, weil die Schwäche des menschlichen Geistes die Hilfe göttlicher Belehrung und Willensbeeinflussung bedarf, damit dieser dem ewigen Gesetz sicher und gern gehorche — freilich noch im Glauben. Wenn also diese Stufe des Friedens als »geordneter Gehorsam im Glauben unter der lex aeterna« bestimmt wird, so ist ganz deutlich, daß hier an die Bestimmung des Weisen in den ersten Ausprägungen der civitas-Lehre angeknüpft wird[367] — freilich mit charakteristischen Veränderungen durch Gnadenlehre und Eschatologie. Die anfangsweise Erfüllung des Gesetzes ist vom Evangelium, von der Umschaffung des Herzens durch den göttlichen Geist ermöglicht.

Den durch die Einfügung der Gottesbeziehung gestörten varronischen Zusammenhang zwischen der Friedensverwirklichung im Einzelnen und der Sozietät findet Augustin durch die Identifizierung der lex aeterna mit dem Doppelgebot der Liebe, wodurch er zwanglos von der Gottesliebe des Einzelnen zur Liebe der Menschen untereinander überleiten kann. Als Verwirklichung der Nächstenliebe, was wiederum identisch ist mit Verwirklichung des einen Teils der lex aeterna, faßt also Augustin die im folgenden entfaltete pax hominum. Das heißt aber nicht mehr und nicht weniger, als daß er die *christliche Liebe* als die *Erfüllung des* durch Varro formulierten, griechisch-römischen *Grundgesetzes menschlicher Gemeinschaft* begreift. Dieses aber bedeutet: geordnete Eintracht (ordinata concordia). Noch mehr, auch die nähere Ausmalung dieser Ordnung stammt letzten Endes von Panaitios (über Cicero), daß man nämlich erstens niemandem schadet

---

[367] Vgl. o. S. 207ff. zu lib. arb. I und vera relig. 48ff.

und zweitens nützt, wem man kann[368]. Die christliche Liebe umgreift also grundsätzlich die Verwirklichung des Friedens, den die Menschen allgemein wollen und den sie auch in seinen Bestimmungen richtig definieren können[369]. Da sie ihn freilich falsch, d. h. als Selbstzweck und somit als nicht endenden Anlaß zu Streit gebrauchen, zerstören sie ihn sich immer wieder selbst und können ihn nur notdürftig durch leges terrenae erhalten.

Man muß allerdings sagen, daß Augustin alle diese Fragen nicht bis zu Ende durchreflektiert und seinen Äußerungen eine gewisse Unschärfe anhaftet. Das liegt natürlich zunächst daran, daß er eine in sich zusammenhängende und durchaus mit anderer Intention geschriebene Vorlage neu ausrichtet und deshalb mit Zusätzen versieht. Welcher Art sind die Zusätze? Welche Intention leitet sie? Zuerst will Augustin, wie gesagt, in die pax-Tafel Varros die Spannung zwischen irdischem und eschatologischem Frieden einführen. Sodann fällt aber auf, daß sich in den Einfügungen häufig der lex-Begriff findet[370], und zwar in dem Sinn der lex aeterna einerseits und der auf den irdischen Frieden ausgerichteten Gesetze andererseits. Über Kapitel 14, das den Abschnitt über den usus der pax terrena einleitet, setzt er sogar die Überschrift, er wolle über irdische und himmlische Ordnung und Gesetz in der societas humana handeln[371].

Ich habe bereits darauf hingewiesen, daß hier ein Anklang an De libero arbitrio I vorliegt, wo Augustin den zwei Menschengruppen ebenfalls zwei Gesetzesformen zuordnete. Dort freilich sollte damit ein strikter Dualismus begründet werden, obgleich dem die Abschattungstheorie der antiken Tradition entgegenstand. Hier dagegen soll neben der Unterschiedenheit gerade der gemeinsame Gebrauch der irdischen pax und also auch der leges terrenae durch beide civitates herausgestellt werden. Das liegt natürlich einmal an der schon bei Augustins Behandlung von Rö 13, 1—7 bemerkten Veränderung, daß es für ihn keinen Weisen mehr gibt, der vom irdischen Leben unabhängig bereits in der kontemplativen vita beata lebt[372]. Zum anderen aber ist die Wandlung gegenüber lib. arb. I darin begründet, daß Augustin die soziale Verknüpfung der Menschen deutlicher sieht. Dies alles kann man aber nur aus Andeutungen schließen. Warum aber erörtert Augustin diese wichtigen Fragen nicht ausführlich — wie sich pax- und lex-Begriff, wie sich die verschiedenen leges und ihre Erfüllung genau zueinander

[368] Vgl. *Fuchs*, 149f. zu Cicero off. I, 31. Speziell durch Augustins Eschatologie geprägt ist in diesem Abschnitt nur die realistische Einschränkung aus Rö 12, 18: »*soviel an euch ist*, haltet mit jedermann Frieden«. D. h. nur die volle Verwirklichung des irdischen Friedens unter den Menschen wird gegen die Meinung der Vorlage bestritten.

[369] *Kamlah* (321) wertet diese und andere Anknüpfungen Augustins an antike Vorbilder allein als Mangel an Originalität. Es könnte ja aber auch ein tiefer systematischer Sinn darin verborgen sein! (s. u. S. 288f. u. 310f.)

[370] AaO, 79 A. 2.

[371] »De ordine ac lege sive caelesti sive terrena, per quam societati humanae etiam dominando consulitur, cui et consulendo servitur« (vgl. *Fuchs*, 77).

[372] S. o. S. 226.

verhalten? Wir werden noch zu untersuchen haben, worin diese Unklarheiten begründet sind[373]. Versuchen wir zunächst, Augustins Entfaltung seiner Position für die einzelnen Gemeinschaftsstufen näher kennenzulernen.

Die erste Gemeinschaftsform ist nach aristotelisch-varronischem Schema das *Haus* (domus), die Familie[374]. Ihr Frieden ist nach der Vorlage »die geordnete Eintracht des Herrschens und Gehorchens bei den Zusammenwohnenden«. Dazu setzt Augustin die Bemerkung, daß im Hause der aus Glauben gerecht lebenden wandernden Bürger der civitas dei diejenigen, die zu herrschen scheinen, in Wahrheit dienen. Denn sie herrschen nicht aus der Sucht nach Herrschaft (Hochmut), sondern rein im Amt der Fürsorge und Barmherzigkeit[375]. Man pflegt diese Sätze als christliches Sondergut zu apostrophieren[376]. Das stimmt aber sachlich nur bedingt. Augustin will mit der Verwirklichung des Hausfriedens aus Liebe nur die *wahre* Form der Herrschaftsordnung im Hause beschreiben — wie sie dem ewigen Gesetz und nicht nur den Erdengesetzen gemäß ist. Und in der Tat hat eine Philosophie vom Niveau der platonischen die Definition der wahren Herrschaft als Dienst bereits ausgesprochen[377]. Dennoch kann man sagen, daß hier das kritische Prüfen der aus Vernunft und Sitte angebotenen Lebensformen durch die christliche Liebe sichtbar wird, das uns im Zusammenhang des erneuerten Nus bei Paulus beschäftigte.

In civ. XIX, 15 behandelt Augustin im Rahmen der pax domestica die Sklavenfrage. Hier führt er einen Gedanken ein, der eine Verbindung von sophistisch-stoischer und christlicher Urstandlehre darstellt, daß nämlich Herrschaft von Menschen über Menschen im Paradies (vor dem Sündenfall) nicht war[378] — als speziell christliche Ergänzung fügt er hinzu: und im Eschaton nicht sein wird (vgl. schon in Rom. 72ff.). Gott hat sie nur als Strafordnung für diese Welt-

[373] S. u. S. 290.

[374] Zum folgenden vgl. *Fuchs*, 79ff. u. 145f.

[375] »Sed in domo iusti viventis ex fide et adhuc ab illa caelesti civitate peregrinantis etiam qui imperant serviunt eis, quibus videntur imperare. neque enim dominandi cupiditate imperant, sed officio consulendi, nec principandi superbia, sed providendi misericordia« (14: Domb. II, 381, 4—9).

[376] Z. B. *Fuchs*, 79f. und *Peusch*, 360, in Abhebung von Ciceros imperare = consulere.

[377] In Nomoi IV, 715a 4ff. führt Platon aus, daß die Herrscher nach dem Kriterium eingesetzt werden sollen, ob und wieweit sie den Gesetzen, d. h. aber dem Gemeinwohl dienen.

[378] Vgl. *Kamlah*, 322.

zeit zugelassen. Damit bringt auch hier der christliche Glaube keine Aufhebung oder Veränderung der allgemein für verpflichtend gehaltenen Gemeinschaftsformen. Augustin bezeichnet mit seiner Vorlage und der antiken Tradition überhaupt die Sklaverei unter den Bedingungen der Sünde sogar als »naturalis ordo«[379] und untermauert die Einhaltung dieser Ordnung mit neutestamentlicher Paraklese (Eph 6, 5). Lediglich der Gebrauch dieser pax-Form läßt sich wieder auf zweierlei Weise verwirklichen, entweder »aus Furcht« (bzw. auf die Herren gesehen: »aus Hochmut«) — gemäß den leges terrenae — oder »aus Liebe« — gemäß der lex aeterna, wobei Augustin an dieser Stelle die kritische Funktion der Liebe nicht im institutionellen Bereich in Anschlag bringt, was angesichts gewisser stoischer Versuche, die Sklaverei als solche grundsätzlich zu reformieren, denkbar gewesen wäre[380].

Auch das nächste Kapitel (16) behandelt noch drei Fragen des Hauses. Erstens wird festgestellt, daß der christliche pater familias seine Söhne den Sklaven gegenüber nur in zeitlichen Gütern bevorzugt, aber für die ganze Hausgemeinschaft gleichmäßig Sorge trägt, daß sie den wahren Gott verehrt. Hieran ist im Blick auf später von uns zu behandelnde Probleme wichtig, daß der römische pater familias — wieder qua naturalis ordo! — das Amt hat, für die pietas, die Religion der Familie zu sorgen. Wenn zweitens jemand durch Ungehorsam den Hausfrieden stört, so soll durch Strafe der Friede wiederhergestellt werden — zum Nutzen des Bestraften. Augustin unterstreicht diesen Satz der Vorlage dadurch, daß er dem Amt des Uneigennützigen nicht allein zuschreibt, niemandem zu schaden, sondern auch andere vor Sünde zu schützen. Dazu dient aber die Strafe, sei es für den Übeltäter selbst, sei es für andere zur Abschrekkung. Auch hier verkleidet sich also die Liebe in die weltlichen Methoden des Friedensschutzes. Wie weltlich diese Methoden sind, zeigt der Hinweis, daß die Strafen so weit gehen sollen, »wie sie die

---

[379] »Nullus autem natura, in qua prius deus hominem condidit, servus est hominis aut peccati. verum et poenalis servitus ea lege ordinatur, quae naturalem ordinem conservari iubet, perturbari vetat; quia si contra eam legem non esset factum, nihil esset poenali servitute cohercendum« (15: Domb. II, 382, 19—24). Vgl. *Kamlah*, ebd. und *Fuchs*, 147 A. 3. Man beachte auch die aus der gleichen Tradition entnommene Weisheit, daß Sklaven Demut nütze und den Herren Hochmut schade (*Fuchs*, 147 A. 2).

[380] Dies bemängelt vor allem *Kamlah* (324).

menschliche Gesellschaft konzediert«[381]. Schließlich ist — mit der aristotelisch-varronischen Vorlage[382] — der Hausfrieden auf den politischen als den umfassenderen zu beziehen, genau wie immer der Teil auf das Ganze. Besonders festzuhalten, weil — wie sich weiter unten zeigen wird — folgenreich ist der Gedanke, daß die Strafe nicht nur dem äußeren Friedensschutz, sondern der Besserung der Menschen als Menschen dient. Diesen insbesondere in der Stoa dogmatisch weitergebildeten platonischen Gedanken, obwohl er von Paulus theologisch durchkreuzt wurde, rezipierten die Alte Kirche und das Mittelalter in verschiedenen Formen[383].

Nachdem Augustin noch einmal hervorgehoben hat, daß in dieser Weltzeit die »Häuser« beider Menschengruppen den irdischen Frieden gemeinsam gebrauchen, freilich je zu verschiedenem Endziel, entfaltet er das gleiche für die pax terrena in der *civitas* (17). Sie ist nach Varro definiert als geordnete Eintracht des Herrschens und Gehorchens unter den Bürgern und bedeutet in Augustinischer Auslegung den Ausgleich zwischen menschlichen Willensstrebungen, soweit sie zum sterblichen Leben gehörige Dinge betreffen. Da diese Sterblichkeit auch dem pilgernden Teil der civitas caelestis — trotz des Angelds an Verheißung und Geistesgabe — noch zukommt, »gehorcht sie ohne Zweifel den Gesetzen des irdischen Herrschaftsverbandes, wodurch das geregelt wird (administrantur), was der Erhaltung des sterblichen Lebens dient, damit, weil die Sterblichkeit selbst gemeinsam ist, in Dingen, die diese Sterblichkeit betreffen, Eintracht zwischen beiden Herrschaftsverbänden bewahrt bleibe« (Domb. II, 384, 29ff.).

Im Bereich der civitas verschärft sich also die Frage nach dem Verhältnis der nach der lex aeterna und der nach den leges terrenae Lebenden noch gegenüber dem Bereich des Hauses. Konnte dort, in einem christlichen Hause, noch die concordia in ihrer — soweit in dieser Weltzeit möglich — vollendeten Form als Liebe zur Darstellung kommen, so beschränkt Augustin hier die Mitarbeit am irdischen Frieden aus Liebe sofort auf die Bedingungen der leges

381 Zum Ganzen s. *Fuchs*, 83f. u. 146.

382 *Fuchs*, 146f.

383 Zur besonders verbreiteten Vorstellung der politischen Herrschaft als »poena et remedium peccati« vgl. *E. Troeltsch*, Ges. Schr. IV, 158ff.; 174ff. und *Parsons*, 325 u. 328. Vgl. aus der älteren Literatur zur weiteren Wirkungsgeschichte vor allem *Carlyle*, Medieval Political Theory, II, 144ff. Zu den Folgen dieser Theorie für Augustins Religionspolitik s. u. S. 291ff.

terrenae; denn die Sozietät der politischen civitas ist prinzipiell aus Bürgern der eschatologisch geschiedenen civitates gemischt. Daß auch in einem Hause Bürger beider Herrschaftsverbände gemischt sein können, erwägt Augustin nicht, da er in römischer Tradition von der Religionszuständigkeit des pater familias ausgeht.

In unserem Kapitel nennt Augustin drei Stufen, in denen die wandernde civitas dei den irdischen Frieden gebraucht: 1. formuliert er negativ, daß sie bei ihrer universalen Mission und dem Sammeln der einen, eschatologischen Gemeinschaft aus allen Völkern die verschiedenen Gesetze, Sitten und Institutionen *nicht aufhebt*, die dem irdischen Frieden dienen[384]. Steigernd fügt er zweitens hinzu, daß sie vielmehr *bewahrt und befolgt*, was, wenn es auch in verschiedenen Nationen verschieden ist, dennoch auf das eine Ziel des irdischen Friedens ausgerichtet ist[385]. Noch positiver heißt es drittens zusammenfassend: »Die civitas caelestis gebraucht also während dieser ihrer Pilgerschaft den irdischen Frieden und *beschützt und erstrebt* den Ausgleich der (divergierenden) menschlichen Willensbestrebungen, sofern sie sich auf solche Angelegenheiten bezieht, die die sterbliche Natur der Menschen betreffen[386].«

Wenn man sehen wollte, wie Augustin diese knappen, prinzipiellen Sätze konkret versteht, müßte man alle Fälle untersuchen, in denen er während seiner langen Bischofszeit vor allem in Predigten und Briefen zu einzelnen politischen Fragen Stellung nimmt[387]. Hier muß eine Auswahl besonders wichtiger Äußerungen genügen. Nur zu erwäh-

---

[384] »Haec ergo caelestis civitas dum peregrinatur in terra, ex omnibus gentibus cives evocat atque in omnibus linguis peregrinam colligit societatem, *non curans* quidquid in moribus legibus institutisque diversum est, quibus pax terrena vel conquiritur vel tenetur, *nihil* eorum *rescindens vel destruens* ...« (17: Domb. II, 385, 26—31).

[385] »... immo etiam *servans ac sequens*, quod licet diversum in diversis nationibus, ad unum tamen eundemque finem terrenae pacis intenditur ...« (Domb. II, 385, 31—386, 3).

[386] »Utitur ergo etiam caelestis civitas in hac sua peregrinatione pace terrena et de rebus ad mortalem hominum naturam pertinentibus humanarum voluntatum compositionem, quantum salva pietate ac religione conceditur, *tuetur atque appetit* ...« (Domb. II, 386, 4—8).

[387] Dies betont mit Recht *Straub* (41f.) gegen *Maier* und *Kamlah*, die freilich mit ihrer einseitigen Betonung des romkritischen Aspekts schon den aus civ. XIX, 17 zitierten Sätzen nicht gerecht werden. Reichhaltiges Material bietet *Straub* in seinem Aufsatz, wenn auch seine Interpretation derselben die positive Seite im Sinne einer Verchristlichung des Staates überbetont.

nen sind die traditionell christlichen Hinweise darauf, daß man für die Regierenden und damit für den irdischen Frieden zu beten[388] und sich ihnen und den Gesetzen loyal unterzuordnen habe[389]. Strittig sind nun aber die Aussagen, die den Gebrauch des irdischen Friedens nicht nur im Sinn solcher gleichsam passiv möglichen Verhaltensweisen, sondern darüber hinaus im Sinn einer positiven Mitarbeit der Christen im politischen Gemeinwesen auslegen oder auszulegen scheinen. *Straub* führt mit Recht als zentralen Beleg *epist.* 138 ins Feld[390]. Für unseren Zusammenhang ist dieser Brief aus zwei Gründen besonders wichtig. Erstens stellt er die Verbindung des antiken pax-Gedankens zur christlichen Ethik her. Zweitens ist er der ausdrückliche Ausgangspunkt Luthers in »Von weltlicher Obrigkeit«[391]. Augustin beantwortet mit ihm einen Brief des Marcellinus (ep. 136). Dieser berichtet, daß ein heidnischer Politiker dem Christentum vorwirft, seine Bergpredigtethik sei den staatlichen Sitten und der notwendigen, z. T. kriegerischen Erhaltung des Gemeinwesens schädlich und feind (9—15); außerdem seien dem römischen Reich durch christliche Kaiser viele Übel entstanden (16f.). Augustin geht methodisch so vor, daß er die Bergpredigt als die Verkörperung römischer Sozialethik auslegt und die Menschen, die diese christliche Lehre befolgen, zu idealen Staatsbürgern erklärt[392]. »Niemandem Böses mit Bösem zu vergelten« (Rö 12, 17), »zur rechten auch die linke Backe hinhalten« usw. (Mt 5, 39f.) sind Tugenden, ohne die nach Sallust Rom nie groß geworden wäre und die nach Cicero von Caesar ausdrücklich bestätigt wurden[393].

Wichtiger aber als dieser Beweis der Vernünftigkeit des Vergebens ist die *Identifikation der römischen mit der christlichen Ethik über den Begriff der concordia*, der Eintracht (10). Hier zeigt sich der praktisch politische Sinn der philosophischen Ausführungen Augustins in civ.

---

[388] Meist im Zusammenhang mit den Bibelstellen Jer 29, 7 und 1 Tim 2, 2. Vgl. civ. XIX, 26; c. Faust. XII, 36; cat. rud. 37.

[389] Meist in Zusammenhang mit Rö 13, 1—7. So schon 394 in Rom. 72—74; cat. rud. 37 u. ö. Auch hier wirkt die ciceronianische Staatsethik mit; vgl. *Peusch*, 363 u. 365f.

[390] AaO, 43ff.

[391] S. u. S. 539ff.

[392] Wenn *Frick*, Geschichte des Reich-Gottes-Gedankens, 145f. dieses Vorgehen Augustins mit dem Ideal eines christlichen Staates gleichsetzt, so ist die Pointe gerade umgekehrt.

[393] »Jener sei nichts gewohnt zu vergessen außer erlittenes Unrecht«.

XIX, 11—17 über die pax terrena, die in allen Seinsbereichen den Bestand des jeweiligen Seienden garantiert. Der Friede in den Gemeinschaften manifestierte sich gemäß der pax-Tafel als concordia, in der civitas als »geordnete Eintracht des Befehlens und Gehorchens unter Bürgern« (ebd. 13f.). In epist. 138, 10 definiert Augustin die civitas entsprechend als »in ein Eintrachtsband verfaßte Menschenmenge«. Von der ontologischen Basis in civ. XIX her versteht man, wieso dieses Band der Eintracht gleichsam buchstäblich ein Auseinanderfallen des Seienden »civitas« verhindert. Es ist wie die Gesundheit, die Lebenskraft in einem Körper. Darum kann Augustin die concordia mit Cicero salus populi, Gesundheit, Heilsein des Volkes nennen[394]. Die gesamte griechische Identitätsphilosophie und der affektive Reichtum der in Bürgerkriegen ersehnten, unter Augustus verwirklichten, spätestens 410 verlorenen pax Romana versammelt sich in diesem Begriff[395]. All dies geht auch in den Sinn der Bergpredigt ein, wenn Augustin in civ. XIX, 14ff. die Verwirklichung der pax in den Gemeinschaftsformen mit der christlichen Nächstenliebe und wenn er in epist. 138 die concordia mit der Vergebung verbindet. Darum kann er Rö 12, 17 eine im ontologischen Sinn heilvolle Mahnung (salubris admonitio; 10) nennen und die christliche Lehre insgesamt als großes Heil für das politische Gemeinwesen (magna salus rei publicae; 15) bezeichnen.

Wie zeichnet Augustin die christliche Förderung der concordia, also nach civ. XIX, 17 die Aussöhnung der divergierenden Willensbestrebungen im einzelnen? Mt 5, 39f. legt er zunächst mit Hilfe von Rö 12, 21 aus, wo er freilich liest: »überwinde durch Gutes *den* Bösen« (statt »das Böse«), d. h. aber *das* Böse im bösen Menschen — zu dessen Besten (epist. 138, 11). Durch den freiwilligen Verzicht auf zeitliche Güter überzeugt nämlich im besten Fall der Gute den Bösen erstens davon, welcher Art die Güter sind, wegen derer er Unrecht

---

[394] *Peusch*, 367ff. Vgl. epist. 138, 11: »concordiam ... qua nihil est utilius civitati«. Man könnte von hier aus auch das ganze Thema der pax terrena über den Begriff des Gemeinwohls und des Gemeinnutzes entfalten (s. o. S. 275 die Identifikation der Liebe mit der concordia und deren Bestimmung als Nutzen für jedermann). Aber erstens hat sich der Begriff des Gemeinwohls die verschiedensten Interpretationen gefallen lassen müssen und ist deshalb unscharf. Zweitens ist die ontologische Dimension im Begriff des Friedens deutlicher zum Sprechen zu bringen.

[395] Vgl. ausführlich *E. Skard*, Zwei religiös-politische Begriffe Euergetes-Concordia; *P. Jal*, »Pax civilis« — »Concordia«; auch *Fuchs*, 149f.

tut, zweitens aber eröffnet er ihm dadurch Rückkehr in die gesellschaftserhaltende concordia. Auch wenn er diesen Frieden im Endeffekt nicht erreicht, muß der Gute gewissen Geistes so handeln.

Daneben stellt Augustin im Komparativ eine zweite Auslegung (13). Er sagt, daß alle diese Gebote des Unrechtleidens sich mehr auf die innere Bereitschaft des Herzens (praeparatio cordis) als auf die äußerliche, sichtbare Handlung beziehen. Diese sei nämlich ausschließlich nach dem Nutzen des Unrechttuenden zu bemessen, dem wir in der Feindesliebe wohlwollen[396]. Bisweilen nütze ihm am meisten eine Zurechtweisung oder Strafe, wofür Augustin Beispiele aus Jesu und Pauli Leben anführen kann[397], daneben aber die klassischen Beispiele der liebevollen Züchtigung des Sohnes durch den Vater[398] und eines Krieges, der aus gutem Willen und allein um der Wiederherstellung der befriedeten Gemeinschaft willen geführt wird[399].

Man hat im Vergleich zu Luther behauptet, Augustin huldige hier einer »doppelten Moral«, ähnlich wie die Stoiker mit ihrer Stufung der Gebote für Fortgeschrittene und Weise und darauf aufbauend mittelalterliche Kanonisten mit der Theorie der »Evangelischen Räte« (consilia evangelica), die Luther in »Von weltlicher Obrigkeit« scharf angreift[400]. Obwohl Augustin andernorts, nämlich im Blick auf die mönchische Askese Nachwirkungen der gestuften stoisch-neuplatonischen Ethik zeigt[401], kann man dergleichen in unserem Zusammenhang nicht feststellen[402]. Augustin vollzieht nämlich die Unterscheidung von innerer Bereitschaft zur Vergebung und Feindesliebe einerseits und äußerer Straftat andererseits nicht in Hinsicht auf das handelnde Subjekt, sondern in Hinsicht auf den Nächsten. Der — freilich in anderem Zusammenhang nicht unwichtige — Unterschied zu Luther ist nur, daß Augustin das Ziel der Strafe in der Besserung des sündigen Nächsten, jener aber im Schutz des gefährdeten Nächsten in der politischen Gemeinschaft sieht. Immerhin bezieht auch Augustin die Besserung des Straffälligen auf das Ziel des sozialen und politischen Friedens. Im Blick auf Luther ist jedenfalls wichtig, daß hier so etwas wie ein opus alienum der Liebe auftaucht, ohne daß freilich Augustin die Probleme schon scharf gesehen hätte, die das Nebeneinander der beiden Möglichkeiten (realer Rechtsverzicht oder innerer Verzicht mit friedenserhaltender Strafe) aufwirft[403].

[396] Vgl. serm. dom. I, 58—66.

[397] Joh 18, 23; Lk 23, 34; Apg 23, 3.

[398] Vgl. o. S. 279 zu civ. XIX, 16.

[399] Vgl. die Vorgeschichte dieses Gedankens bei Platon, der Stoa und Cicero (dazu *Fuchs*, 135—138).

[400] Vgl. *H. Bornkamm*, Luthers Lehre von den zwei Reichen, 19.

[401] Dazu s. u. S. 311 ff. zum Verhältnis von Theorie und Praxis.

[402] Luther verteidigt selbst Augustins »edle klare Lehre« gegen deren Verdrehung durch die mittelalterlichen Theologen (Von Kaufshandlung und Wucher, WA 6, 38, 7 ff.).

[403] Weiteres dazu s. u. S. 536 ff.

Es bleibt nachzutragen, wie Augustin sich mit dem zweiten Vorwurf, dem Angriff gegen die christlichen Kaiser, auseinandersetzt (epist. 138, 16f.). Er bezeichnet ihn kurzweg als Verleumdung und weist vielmehr auf die in der römischen Literatur selbst bezeugten Laster vorchristlicher Kaiser hin. Was hier nur kurz angedeutet wird, entfaltet er in civ. V, 24 in einer Art *Fürstenspiegel*. Ein Fürst ist dann glücklich zu preisen — so sagt er — wenn man ihm nachsagen kann: gerechte Regierung, Demut trotz Schmeicheleien, Ausbreitung des wahren Gottesdienstes[404], Gottesfurcht und -liebe, Liebe zum Reich Gottes, Vergebungsbereitschaft, bei notwendiger Strafe kein Haß als Motiv, die Besserung des anderen als Ziel bei Strafe wie Vergebung[405], Barmherzigkeit in harten Entscheidungen[406], keine Prunksucht, mehr Liebe zur Selbst- als zur Völkerbeherrschung[407]. In epist. 138, 17 faßt Augustin dies alles in der Bemerkung zusammen, die himmlische Autorität (der Schrift) sei in einer Sintflut von schlechten Sitten zur Hilfe gekommen, freiwillige Armut, Enthaltsamkeit, Wohltätigkeit, Gerechtigkeit, Eintracht, Frömmigkeit und alle anderen virtutes für die Menschen zu ermöglichen — und zwar »*nicht nur* wegen der richtigen (honestissime) Führung dieses Lebens und der völlig einträchtigen Gemeinschaft mit der civitas terrena, *sondern auch* wegen der Gewinnung des ewigen Heils und der himmlisch göttlichen res publica eines gewissen ewigen Volkes, welche uns Glaube, Hoffnung, Liebe als Bürger einverleibt, so daß wir, solange wir fern von dort pilgern, diejenigen ertragen (wenn wir sie nicht zu bessern vermögen)[408], welche wollen, daß die respublica aufgrund von unbestraften Lastern bestehe, die doch die ersten Römer durch Tugenden gründeten und vergrößerten«. Wichtig ist noch der Schlußsatz im Blick auf die ersten Römer: »Gott demonstrierte an dem reichen und hervorragenden imperium Romanum, was bürgerliche Tugenden (civiles virtutes) schon ohne die wahre Religion vermögen, damit man einsehe, daß wenn diese hinzugefügt würde (hac addita), Bürger einer anderen civitas entständen — einer civitas, deren König die Wahrheit, deren Gesetz die Liebe, deren Maß die Ewigkeit ist.«

[404] Zur Problematik dieser Aussage vgl. u. S. 291ff.

[405] Vgl. epist. 138, 13; serm. dom. 63 u. 58f.

[406] Vgl. die Äußerungen zur Kriegsführung in epist. 138, 14f.

[407] Vgl. zum Ganzen auch epist. 138, 16f. u. 155, 12.

[408] Dieser Zusatz entspricht dem anderswo zitierten »soviel an euch liegt« aus Rö 12, 18 und betont ebenso den eschatologischen Vorbehalt aller irdischen Friedensverwirklichung.

Stellt man an die bisherigen Ergebnisse der Untersuchung noch einmal unsere Ausgangsfragen, ob 1. Augustin einen positiven, teilnehmenden und nicht nur passiven Gebrauch der irdisch-politischen Güter und Institutionen kennt und ob er 2. sogar eine spezifisch christliche Durchdringung und Neugründung des politischen Gemeinwesens anstrebt, so läßt sich folgendes sagen. Die erste Frage muß klar bejaht werden[409]. Wie stark das Gewicht ist, das Augustin im Gesamtzusammenhang seines Denkens der politischen Betätigung des Christen zumißt, ist damit allerdings noch nicht entschieden[410]. Die zweite Frage muß für die Ebene der für dieses Leben nötigen »Gebrauchsgüter« — und von ihr allein ist hier zunächst die Rede — ebenso entschieden verneint werden[411]. Eher ist umgekehrt die Tendenz zu bemerken, die christliche Liebe neben ihren anderen Eigenschaften auch als die Erfüllung der allgemeinen, für den Staat nützlichen und heilsamen Tugenden zu erweisen, was sich in der faktischen Übernahme der antiken politischen Ethik durch Augustin dokumentiert.

Dieses Ergebnis erfährt eine letzte Erhärtung durch die berühmte *Auseinandersetzung* Augustins *mit Ciceros Definition der respublica* am Schluß des XIX. Buches von De civitate dei. Da es hier um das *Problem der Gerechtigkeit* im politischen Gemeinwesen geht, können wir gleichzeitig die früher offen gebliebene Frage nach dem Verhältnis von pax terrena und lex wieder aufnehmen. Außerdem leitet die Einbeziehung der iustitia coram deo in die Diskussion zu dem heiklen Kapitel der staatskirchlichen Intoleranz Augustins auf der frui-Ebene über.

---

409 Das besonders von *Straub* gegenüber *Maier* aufgeworfene Problem, ob Augustin Patriot gewesen sei oder nicht, halte ich für falsch gestellt. Sofern man darunter jemanden versteht, für den die patria ein letztes Ziel (Ruhm, Unsterblichkeit) ist, nein. Sofern man den Patriotismus auf den ontologisch gefaßten Zwang zur pax terrena in den gegebenen Gemeinschaftsformen reduziert, ja. Dabei geht sogar der Friede der civitas über den Frieden der Familien, mit der klassisch-philosophischen Begründung, das Ganze stehe über den Teilen (civ. XIX, 16). Auf solchem ontologischen Hintergrund muß man auch Augustins Äußerungen zu den Barbareninvasionen lesen (Material bei *Straub*, 56ff.). Augustins Einzeläußerungen zu politischen Fragen, z. B. zum Imperialismus usw. brauchen uns hier nicht zu beschäftigen (vgl. z. B. *Troeltsch*, 140f. A.; *Kamlah*, 317ff.).

410 Dazu s. u. S. 311ff.

411 Was denn auch z. B. *A. Dempf* (Sacrum Imperium, 131f.) bedauernd anerkennt und dagegen die angeblich viel bessere mittelalterliche Lösung des Problems abhebt.

Wenn er in epist. 138, 17 von den civiles virtutes spricht, die es den alten Römern auch ohne die wahre Religion ermöglichten, ein großes imperium aufzubauen, so sollte man meinen, er habe sich irgendwo einmal bemüht, das Verhältnis der bürgerlichen Tugenden, zumal der iustitia civilis zum Gottesglauben zu klären. Dieses Problem wird auch tatsächlich in civ. XIX, 21ff. verhandelt, allerdings letzten Endes eher ausgeklammert als gelöst. In n. 20 war Augustin zu dem Schlußergebnis gegen die antike Philosophie gekommen, daß die wahre beatitudo der ewige Friede sei, den man hier nur in der Hoffnung haben könne. Dagegen sei die illusionäre Annahme einer Vollendung in diesem Leben, in der civitas terrena, falsches Glück und tiefes Elend. Denn ohne die Beziehung auf jenes eschatologische Ziel könne es keine wahre Weisheit, d. h. keine Verwirklichung der vier Kardinaltugenden geben.

An dieser Stelle fügt Augustin den schon in II, 21 angekündigten Nachweis ein, daß, wenn Ciceros Definition der respublica stimme, es nie einen römischen Staat gegeben habe. Diese besagt, daß die respublica Sache des Volkes (res populi) sei, das Volk aber »der Verband einer Menge, die durch Übereinstimmung im Recht und durch gemeinsames Interesse verbunden ist« (coetus multitudinis, iuris consensu et utilitatis communione sociatus; 21, 1)[412]. Augustin setzt mit seiner Argumentation bei dem Begriff »iuris consensu« ein. Wenn man wie Cicero mit Platon annimmt, daß Recht nur dann Recht ist, wenn es aus der wahren Gerechtigkeit abgeleitet und nicht nach dem Nutzen des Stärkeren bemessen ist, so folgt, daß ein Volk und damit eine respublica nur dann besteht, wenn in ihnen iustitia verwirklicht ist. Iustitia aber ist die »Tugend«, die jedem das Seine gibt (suum cuique). Sie fehlt also, wo man Gott das Seine entzieht, die rechte Verehrung, den rechten Dienst. Denn dadurch ist die gesamte Herrschaftsordnung gestört, die das Wesen der Gerechtigkeit nach Cicero ausmacht (21, 2): Gott befiehlt nicht mehr der Vernunft, so daß auch der Geist den Körper nicht mehr beherrschen kann. Das gilt analog für den Einzelnen wie für den Verband, der sich aus solchen Einzelnen zusammensetzt. Also fehlt Übereinstimmung im Recht und damit

[412] Diese Definition geht wahrscheinlich auf Panaitios zurück und ist durch Aristoteles vorbereitet (vgl. *Pohlenz*, I, 204f. und dazu II, 102). Zum Ganzen vgl. z. B. *Maier*, 188ff.; *Cotta*, La città, 38ff.; *H. D. Friberg*, Love and Justice in Political Theory. (Diese Dissertation enthält reiches Stellenmaterial aus Ciceroschriften. Dazu vgl. auch *M. Testard*, Saint Augustin et Cicéron, II, 39—43).

respublica bei den Römern, wenn sie Dämonen statt dem wahren Gott dienen. Das gleiche könnte man — so sagt Augustin weiter — für die »utilitas« in Ciceros Definition nachweisen, denn für den impius kann es letzten Endes keinen Nutzen geben[413].

Nun ist es aber — entgegen der Meinung vieler seiner Ausleger[414] — gar nicht Augustins Absicht nachzuweisen, daß es wegen der fehlenden iustitia faktisch keine römische respublica gegeben habe. Im Zuge seiner eschatologischen Aufhebung antiker Hoffnung auf Verwirklichung der Eudaimonie in diesem Leben nimmt er zwar der antiken Polis, zumal dem »ewigen Rom« den Glanz der — prinzipiell unmöglichen — Vollkommenheit, aber daneben gilt sein Interesse — gerade in den vorangehenden Kapiteln (11—17) — dem antimanichäischen Nachweis, daß die Natur sozialen Lebens an der Güte des geschaffenen Seins partizipiert und also auch gut und guten Gewissens gebraucht werden kann. Darum verwirft er die ciceronianische Definition der respublica, die überhaupt die Existenz eines römischen Gemeinwesens zu leugnen zwänge, und führt eine eigene Definition ein. Sie lautet: »Ein Volk ist der Verband einer Anzahl rationaler Wesen, der durch einträchtige Kommunikation von Dingen, die er liebt, verbunden ist« (coetus multitudinis rationalis, rerum quas diligit concordi communione sociatus; 24). Danach ist es aber in jedem Fall möglich, von einem Volk zu sprechen, unabhängig davon, ob es entsprechend dem Gegenstand seiner Liebe besser oder schlechter ist. Man hat auf diese Weise nicht mehr nötig, zur Beurteilung einer respublica (res populi) auf die virtutes der Bürger zu sehen — sie sind in jedem Fall Schein oder Ausdruck des Hochmuts, wenn sie nicht gemäß der ontologischen Herrschaftsordnung auf Gott und die eschatologische beata vita bezogen sind (25). Vielmehr ist der theologisch keineswegs zu verwerfende, sondern von Gott qua Natur gut gegebene Zielpunkt der Liebe auch des elenden gottlosen Volkes der irdische Friede. Ihn wird freilich die civitas terrena am Ende der Zeit verlieren, weil sie ihn vor dem Ende nicht richtig gebrauchte. Sie gebrauchte ihn nämlich als falschen Gegenstand der Freude. Er ist aber an sich gut, so daß ihn auch der Herrschaftsverband Gottes mit dem des Teufels gemeinsam gebraucht[415]. Aber für die civitas dei ist

---

[413] In n. 22—23 führt Augustin noch einmal den Beweis für den wahren Gott und faßt 23, 5 seine Argumentation zusammen.

[414] Zuletzt noch *W. v. Loewenich*, Augustin, 173f.

[415] XIX, 26: Domb. II, 402, 1ff. »Miser igitur populus ab isto alienatus deo.

dieser gemeinsame Friede — wie auch ihr eigentlicher auf der Stufe des Glaubens — mehr ein Trost bei der elenden Wanderschaft als glückliche Freude. Ebenso besteht ihre Gerechtigkeit, obwohl wahr, in diesem Leben doch mehr in der Vergebung der Sünden als in vollkommener Tugend, denn Erfüllung gibt es allein im Frieden der eschatologischen Glückseligkeit (27), während die civitas terrena dann ewiger Kampf und Schmerz erwartet (28).

Die Gründung des politischen Gemeinwesens und ihres relativen Guts auf den Willen zum Frieden statt auf die Gerechtigkeit und das Recht enthält eine Fülle wichtigster Implikationen: zunächst einmal ist es evident, daß Augustin die politische Gemeinschaft so konstituiert sein läßt, daß ihr — geschichtlicher — Bestand unabhängig von der bewußten Gottesbeziehung ihrer Bürger garantiert ist. Darum ändert er Ciceros Definition. Der ontologisch begründete Wille zum Frieden in allem Kreatürlichen ermöglicht grundsätzlich auch einer Vereinigung von und mit sündigen Menschen ein gemeinschaftliches Besorgen der zu diesem sterblichen Leben nötigen Dinge. Das hat über den unmittelbaren Anlaß hinaus weitreichende Konsequenzen. Im Blick auf die Antike gesehen ist die Polis nicht mehr der Raum der in sich selbst sinnvollen, ja durch Ruhm zur Unsterblichkeit führenden Praxis. Im Blick auf spätere theokratische Tendenzen ergibt sich, daß Augustin aus der fehlenden iustitia in einem irdischen Gemeinwesen gerade nicht die Folgerung zieht, dieses zu »verchristlichen«. Wie auch konnte Augustin von den Christen eine durchgreifende Vervollkommnung des »Staates« erwarten, da doch selbst ihre Gerechtigkeit in diesem Leben mehr aus Vergebung der Sünden als aus perfekter Tugend besteht[416]!

Es ist allerdings zweifelhaft, ob man mit *S. Cotta* bei Augustin von einer dritten, neutral politischen civitas neben den durch gut und

---

diligit tamen etiam ipse quandam pacem suam non inprobandam, quam quidem non habebit in fine, quia non ea bene utitur ante finem. hanc autem ut interim habeat in hac vita, etiam nostri interest; quoniam, quamdiu permixtae sunt ambae civitates, utimur et nos pace Babylonis; ex qua ita per fidem populus dei liberatur, ut apud hanc interim peregrinetur« (folgt 1 Tim 2, 2 und Jer 29, 7 und die Bestimmung der pax Babylonis als »temporalis, quae bonis malisque communis est«).

[416] Vgl. o. S. 263. Erst im Mittelalter, klassisch bei Aegidius Romanus (De ecclesiastica potestate II, 7, s. u. S. 404), wird aus der fehlenden iustitia im irdischen Bereich der hierokratische Anspruch der als gerecht vorgestellten Kirche in rebus politicis abgeleitet (vgl. *H.-X. Arquillière*, L'augustinisme politique, 66, und *Cotta*, La città, 28).

böse bestimmten Herrschaftsverbänden Gottes und Satans sprechen darf[417]. Augustin hätte nach uns bekannten Modellen dieses tertium auf zweierlei Weise denken können: Einmal hätte er wie Luther neben dem eschatologischen ein zweites Reich Gottes (zur Linken) konzipieren können, in dem der Schöpfer auf verborgene Weise seine Schöpfung regiert und erhält. Zum anderen wäre es möglich, daß er im neuzeitlichen Sinn eine schlechthin von Gott emanzipierte politische Sphäre angenommen hätte, die an einer Art profanem Naturrecht oder positivistisch orientiert ist. Nun betont Augustin zwar nachhaltig, daß die pax terrena ontologisch als gottgegebene Naturbestimmung zu begreifen ist. Auch kennt er den traditionellen Gedanken, daß Gottes verborgene Providenz Herrscher und Reiche einsetzt und absetzt[418]. Insofern könnte man sagen, daß Augustin sachlich zur Lösung Luthers tendiert. Aber er baut sie doch unter diesem Thema nicht aus. Er betont an dem irdischen Frieden nicht in erster Linie, daß er »pax *dei* terrena« ist, sondern daß er der Friede *Babylons* ist[419], an dem die civitas dei freilich auch partizipiert, insofern er auf der Stufe dieses Lebens ein gottgegebenes Gut ist. Daß es die untergründig nachwirkende Hierarchie von mundus sensibilis und mundus intelligibilis ist, die eine im Ansatz positive theologische Bestimmung der pax terrena verhindert, muß uns noch im Zusammenhang beschäftigen[420].

Unmöglich dagegen scheint mir, Augustins Aussagen in Analogie zu neuzeitlichen Theorien über den autonomen Staat zu begreifen. *Cotta* vertritt diese These mit der Begründung, Augustin habe mit der iustitia die Moralität aus dem politischen Bereich ausgeschlossen, um ihn allein durch amoralische (nicht unmoralische) Legalität zu regeln. Er beruft sich für seine Auslegung vor allem auf die Unterscheidung von lex aeterna und leges temporales in De libero arbitrio I[421]. Dabei übersieht er aber, daß Augustin in civ. XIX, 21ff. an die Stelle der iustitia in Ciceros Definition nicht lex temporalis oder iustitia civilis (*Cotta:* giustizia »naturale«), sondern das Streben nach der pax terrena setzt[422]. Freilich weiß der Leser von XIX, 14—17, daß die

[417] Vgl. bes. 63ff. Trotz meiner im folgenden vorgetragenen Kritik an *Cotta* möchte ich betonen, daß dieser m. E. das Problem, um das es geht, am schärfsten formuliert hat.

[418] Vgl. civ. V, 21; 26, 1; XVIII, 2; cons. evang. I, 18.

[419] Vgl. o. A. 416.

[420] S. u. S. 311.

[421] S. o. A. 141.

[422] *Cotta* (38) beruft sich auf *Arquillière* (65—69). Diesem ist aber der gleiche

civitas terrena ihren Frieden mit auf Furcht aufbauenden leges und anderen Institutionen und Sitten sichert. Das Verhältnis zwischen pax und lex wird aber weder dort noch hier thematisch behandelt, wie wir sahen. Augustin *muß* dieses Problem verdrängen, weil er die iustitia und die anderen Tugenden prinzipiell eschatologisiert. Immerhin ist doch Augustins Position so weit klar, daß sein Neuansatz bei der pax viel mehr besagt als die Empfehlung reiner Legalität. Augustin weicht im politischen Bereich nicht wie die moderne Innerlichkeit in juristischen Formalismus aus[423]. Das Sein der Sozietät trägt in sich die Kriterien seiner besten Verwirklichung: die Zwänge zum Frieden. *Cotta* sieht nicht, daß die pax für Augustin im griechischen Sinn Seinsbedingung — christlich interpretiert: vom Schöpfer garantierte Seinsbedingung — ist, weil er aus seiner polemischen Situation heraus Ontologie nur als thomistische kennt und diese mit Recht als Auslegungskanon für Augustin bekämpft[424]. Gewiß hat Augustin pax terrena und pax caelestis nicht in einem wohlgefügten und kirchlich vermittelten Verweisungsschema von Natur und Übernatur koordiniert — wie er ja auch die vom Platonismus her naheliegende Urbild-Abbild-Typologie zwischen den civitates (außer im Blick auf Israels Verheißungsfunktion) streng vermeidet[425] —, aber die pax terrena hat ontologische Evidenz und ist nicht Ergebnis beliebiger Legalität. Ebenfalls steht über ihrem falschen Gebrauch das eschatologische — nicht etwa das kirchliche Gericht[426].

Die großen Möglichkeiten, die, wie ich meine, in Augustins Ansatz liegen, werden blockiert und das Mittelalter hindurch fast ganz verkehrt und vergessen, weil er zu viele damit zusammenhängende

---

Fehler vorzuwerfen, was umso schwerer wiegt, als er gerade in seinem berühmten Streit mit *Bernheim* (Mittelalterliche Zeitanschauungen, bes. 29ff.) beweisen will, daß nicht der pax-, sondern der iustitia-Begriff in Augustins civitas-Lehre die zentrale Rolle spielt (Recht hat Arquillière freilich gegen Bernheim, sofern er dessen Tendenz bekämpft, fast alle mittelalterlichen Theorien schon bei Augustin zu finden). Unbrauchbar ist *M. T. Clark*, Augustine on Justice.

[423] Vgl. z. B. *Cotta*, 41 oder *ders.*, Droit, 169: »justice formelle«.

[424] Hier macht sich eben seine völlige Vernachlässigung der antiken Tradition bemerkbar (vgl. o. A. 141).

[425] S. o. S. 221 gegen *Leisegang* (ebenso *Cotta*, La città, 75) und o. A. 236 gegen *Ratzinger*. Vgl. auch das Aufgeben der antiken Anschauung, in den leges temporales bilde sich schattenhaft die lex aeterna ab (s. o. A. 141).

[426] S. o. A. 415. Dies ist ein im Blick auf Luther und die systematischen Probleme des Sachverhalts sehr wichtiger Gedanke.

Probleme liegen läßt oder ihre Lösungen selbst schon in falscher, wenn auch reichskirchlich üblicher Richtung sucht. Hier soll uns zunächst ein besonders folgenreicher und durch keine neutestamentliche Tradition theologisch legitimierbarer Fehler beschäftigen, der Augustin unterläuft, weil er das Problem der iustitia civilis neben und im Zusammenhang mit dem pax-Thema nicht wirklich durchgeklärt habe. Ich meine die Frage, wie denn ein Christ in politischer Machtstellung die Frage der vollen iustitia, auch Gott gegenüber zu handhaben hat. Soll er sich auch an die Ausklammerung der Gerechtigkeit aus der Staatsdefinition halten und sich mit allen Bürgern gemeinsam ausschließlich um den irdischen Frieden kümmern? Oder soll er versuchen, mit seiner politischen Gewalt auch eine gerechte Gottesbeziehung zu fördern? Damit erreichen wir die Frage der Religionsgesetzgebung und der Verchristlichung des Staates auf der Ebene des frui, d. h. des Gottesverhältnisses bei Augustin.

c) Das Problem des »christlichen Staates« bei Augustin

Nachdem Augustin in civ. XIX, 17 auf die politischen Gesetze, die dem Frieden im sterblichen Leben dienen, hingewiesen hat, klammert er die Religionsgesetze aus der Gehorsamspflicht der Christen aus; denn es ist für die civitas dei, die dem einen wahren Gott dient, unmöglich, wegen der pax terrena viele Götter anzubeten, wenn das von der civitas terrena gefordert wird (Domb. II, 385, 3—26; 386, 3f.; 7f.). Kann man diese Aussage noch so verstehen, wie Augustin sie auch in De civitate dei (aus naheliegenden apologetischen Gründen) zumeist verwendet, daß nämlich die civitas dei den Verfolgungen Satans und seines Herrschaftsverbandes und also dem Martyrium in dieser Weltzeit notwendigerweise ausgesetzt bleibt, so weist doch die oben erwähnte Feststellung, daß der wahre Herrscher den wahren Gottesdienst ausbreiten müsse[427], eindeutig darauf hin, daß der Streit um die Religionsgesetze handfest und beidseitig gemeint ist. Ist ein Christ am Ruder der Macht, so ist sein Ausbreiten der wahren Religion, dem ein Unterdrücken der falschen entspricht, nach Augustin offenbar legitim. Wie begründet er das? Dieser Frage ist das einleitende Buch (I) der Schrift *De consensu Evangelistarum* (um 400) gewidmet.

Anlaß der Überlegungen sind die kaiserlichen Gesetze von 399, die die Zer-

[427] S. o. S. 284f. zu civ. V, 24.

störung des Tempels von Karthago anordnen[428]. Offenbar erheben Heiden im Zusammenhang mit diesen Ereignissen schwere Vorwürfe gegen die Kirche. Sie fragen: Warum hat Christus — wie ihr behauptet — nichts geschrieben, so daß es nötig ist, anderen zu glauben, die über ihn Widersprüchliches geschrieben haben (I, 11)[429]? Mit dieser Frage verfolgen die betreffenden Heiden nach Augustin zwei Ziele: 1. Sie wollen nachweisen, daß Christus zwar ein Weiser, aber nicht Gott war, wie seine Jünger später behaupteten (hierzu führen sie auch als Beweis angeblich von Christus stammende magische Schriften an). War Christus nämlich ein Weiser, ein Magier, so läßt er sich für den Polytheismus in Anspruch nehmen (I, 11—23). Das 2. Ziel der Polemik ist aber zu zeigen, daß Christus nicht für die Verfolgung anderer Götter eingetreten ist, wie die Kirche behauptet und mit staatlicher Hilfe durchsetzen läßt (I, 24—51; 52—54 faßt beide Fragen zusammen).

Die Legitimation für die Ausrottung heidnischer Kulte durch christliche Herrscher entwickelt Augustin auf verschiedenen Wegen[430]. Sein Hauptargument ist jedoch ein breit ausgeführter Weissagungsbeweis aus dem Alten Testament (39—50). Die Voraussagen der Propheten über die in der Zukunft zu erwartende Anbetung Jahwes durch die Völker[431] und die deuteronomistische Einschärfung des Monotheismus (des 1. Gebots!)[432] hat Gott jetzt durch die universale Ausbreitung der Kirche herrlich erfüllt. Gott ist der Herr der ganzen Erde geworden.

Das ist reinste »Reichstheologie«, perfektische Eschatologie ohne einen einzigen Hinweis auf einen noch ausstehenden Rest erwarteter Erfüllung. Die Christenverfolgungen gehören der Vergangenheit an (42). Nur noch wenige Heiden gibt es, die nicht einmal mehr opponieren, sondern nur noch heimlich murren (24). Typischerweise kann Augustin keinen einzigen neutestamentlichen Beleg für seine christliche Kultverfolgung beibringen[433], stattdessen kommt der Gott des

---

[428] Vgl. *H.-A. Stempel*, Die heidnische Religion in der Theologie Augustins, 97ff. u. ö. (zu dieser grundlegenden Arbeit über Augustins antiheidnisches Denken und Handeln vgl. ergänzend die Rezension von *G. Madec* in: REA 12, 1966, 286f.). Zu cons. evang. vgl. den Kommentar von *H. J. Vogels*.

[429] Zum Ursprung vieler der heidnischen Argumente bei Porphyrios s. *J. J. O'Meara*, Porphyry's philosophy from oracles in Augustine, 85ff.

[430] Er fragt die Römer, warum sie denn nicht auch den Gott Israels verehren, wenn doch nach ihrer Meinung alle Götter zu verehren sind (25). Er führt weiter einen Weissagungsbeweis für den Gott Israels aus heidnischen Quellen (27—37). Außerdem sollen die Kritiker die Frage beantworten, warum denn keiner ihrer Götter die Verehrung anderer Gottheiten verbot (38).

[431] Gen 12, 8 (Abrahamverheißung); Jer 16, 19; Jes 2, 5ff.; Jes 54, 1—5.

[432] Dtn 6, 4 u. ö.

[433] Er begründet dieses Vorgehen taktisch, weil die Gegner ja gerade die neutestamentlichen Texte anzweifeln, und verstellt sich so den Blick für die sachliche Unmöglichkeit, aus ihnen die Berechtigung zu einer (staats)kirchlichen Verfolgung heidnischer Kulte zu erweisen. Hier liegt der exegetische Grund dafür, warum es erlaubt sein muß, in der Beschreibung von Augustins Position über historische Feststellungen hinaus von »falsch«, »Fehler« u. dergl. zu sprechen.

Alten Testaments in dieser Einbeziehung politischen Religionszwanges zu ungebrochener Erscheinung[434]. Wie ist dies alles bei Augustin, dem Wiederentdecker der Eschatologie und des geistlichen Wesens christlichen Glaubens, möglich[435]?

Zuerst muß noch einmal betont werden, daß sämtliche Stellen bei Augustin, die von einer Verchristlichung von Gruppen, also Völkern, Reichen usw. und ihren Gesetzen sprechen, auf die Religionsgesetze zu beziehen sind, nicht aber auf eine Verchristlichung des gesamten politischen Bereichs einschließlich der pax terrena[436]. Von einer langsamen Durchdringung der beiden civitates und einem fortschreitenden Aufgehen der civitas terrena in der civitas caelestis kann also ebensowenig die Rede sein wie von der Verwirklichung des Reiches Gottes durch christliches Handeln in der Politik[437]. Wie aber

---

[434] Augustin faßt seine Argumentation einmal so zusammen: »*Deus* ergo *Israel* qui prohibuit alios deos coli, qui prohibuit idola fabricari, qui praecepit everti, qui per prophetam praedixit gentes ab extremo terrae dicturas: ,vere mendacia coluerunt patres nostri simulacra, in quibus non est utilitas', *ipse per Christi nomen* et Christianorum fidem istarum omnium superstitionum eversionem iussit, promisit, exhibuit. frustra ergo miseri ... volunt ab eo doctrinam istam facere alienam, qua *Christiani* contra idola disputant, easque *omnes falsas religiones*, *ubi potuerint*, *eradicant*« (cons. evang. I, 41). Auf die jüdische Herkunft des politischen Monotheismus weist m. R. *E. Peterson* (Der Monotheismus als politisches Problem, 97f.) hin. Er übersieht allerdings die Nachwirkung dieser Tradition (durch Vermittlung der in der Alten Kirche weit verbreiteten »Reichstheologie« im Stil des Euseb) auf Augustin und hebt allein dessen Eschatologie hervor. Vgl. zum Problem auch *P. R. L. Brown*, St. Augustine's Attitude to Religious Coercion, 110ff. und *L. Bopp*, Die Prophetie im apologetischen Beweisgang nach dem hl. Augustinus.

[435] Zu problemlos beurteilt *Stempel* (220) Augustins Stellung zu den antipaganen Gesetzen, wenn er sie »pastoral« nennt, weil Augustin selbst meint, aus Liebe zu den Heiden zu handeln. Gewiß kann man mit *H. Berkhof* (Kirche und Kaiser, 117ff.) die »viel tieferen und geistlicheren Gründe« für die Intoleranz bei Augustin im Vergleich mit seinen Vorgängern hervorheben (*Stempel*, 239f.). Doch bleibt die Spannung zur Eschatologie schwer begreiflich. *Maier* (40) spielt das Problem von cons. evang. I ebenfalls durch einen Vergleich Augustins mit anderen Kirchenvätern herunter. *Kamlah* (309) formuliert bei der Besprechung des Sogs eusebianischer Reichstheologie sehr schön, »Augustin kann die ursprüngliche Eschatologie nicht erneuern, aber er wendet sich ihr doch entschieden wieder zu ...«, jedoch unterschlägt er Augustins Befürwortung der christlichen Kultverfolgung völlig und gibt nur einen kurzen Hinweis auf das analoge Donatistenproblem.

[436] Das ließe sich an dem besonders von *Straub* und *Lohse* zusammengestellten Material demonstrieren. Vgl. im übrigen den vorigen Abschnitt über die Ebene des »uti« in politischen Dingen.

[437] Gegen *Straub* und andere Vertreter dieser Meinung. Vgl. z. B. *ders.*, 46:

lassen sich Augustins Eschatologie und seine Aussagen über die in christlichen Staaten gesetzlich geordnete (!)[438] erfüllte universale Anbetung Gottes vereinen? Man hat versucht, das Dilemma — so man es als solches überhaupt empfand — aus der Welt zu schaffen, indem man eine Entwicklung Augustins annahm[439]. De consensu evangelistarum und verwandte Texte konnten dann als »Jugendsünden« abgetan werden, die durch die civitas-Lehre des Spätwerks als überwunden gelten durften. Aber gibt es Eschatologie und civitates-Lehre bei Augustin erst seit 400? Ist umgekehrt die Spätzeit wirklich frei von Äußerungen jener »frühen« Art? Prüft man De civitate dei auf diese letzte Frage hin, so ergibt sich folgendes Bild. Bei der Behandlung der Propheten in XVIII, 27—36 liegt gewiß aller Ton auf der partiellen Erfüllung der Weissagungen in der Kirche Christi, und zwar durch die Predigt des Evangeliums und die Ausrichtung auf das zukünftige Reich Gottes (z. B. 31, 1). Aber in kurzen Andeutungen findet sich auch der Hinweis auf die Abschaffung der idola als Erfüllung von Nah 1, 14f. Ganz ähnlich steht der »Umsturz des Götzen- und Daimonendienstes« in X, 32, 3 unter den verheißenen und erfüllten Dingen, aufgrund derer wir die noch zukünftigen Verheißungsgüter vertrauensvoll erhoffen können. Auch De civitate dei legitimiert also die Ausrottung heidnischer Kulte. Der Streit um die Religionsgesetze trotz aller gemeinsamen Besorgung der pax terrena in XIX, 17 geht demnach keineswegs nur auf Kosten verfolgter Christen. Daß Augustin an dieser Stelle nicht zu laut wird, ist bei dem Zweck des Werkes nur allzu verständlich. Der Schluß ist deshalb unvermeidlich, daß Augustin seinen Standpunkt nicht prinzipiell gewandelt hat.

Allerdings ist an zwei Punkten eine Veränderung eingetreten, und dies ist der Wahrheitskern der These, Augustin habe eine Entwicklung durchgemacht. In De civitate dei finden sich neben den ganz schwachen Andeutungen[440] eines erfüllten Einheitskults durch Aus-

---

»... worauf Augustin sein besonderes Augenmerk richtet ... die innere Durchdringung der potentiell beiden civitates zugehörigen *civitas terrena* mit christlichem Geist und damit ihre *Einordnung in die ewige civitas dei*« (vgl. 51 u. 57). Oder: »Er (erg. der gläubige Christ) hat also zudem noch seine unabdingbare Aufgabe, die ihn ... verpflichtet ... zu aktiver und verantwortlicher Mitwirkung im politischen Leben, zum Dienst an der *Verwirklichung* seines täglichen Gebetes, daß *Gottes Reich* zu uns komme« (596; Kursiv von mir).

[438] Vgl. cons. evang. I, 43, wo die lex dei neben der lex christlicher Kaiser steht.

[439] *Lohse*, aaO. [440] Vgl. *Lohse*, 461 f.

rottung heidnischer Religion erstens die noch ausstehenden Verheißungen des zukünftigen Eschaton, auf denen im Duktus des ganzen Werkes der Akzent liegt (Buch XIX!); zweitens die Hinweise auf weitere mögliche und sachlich notwendige Christenverfolgungen (XVIII, 50ff.; XIX, 17). In V, 25 wertet er Kaiser Konstantin nicht etwa als prinzipiellen Durchbruch, sondern als eine gnädige Ausnahme, durch die Gott die Gläubigen darauf hinweisen wollte, daß man jene Höhen und irdische Herrschaft nicht nur dann erreichen könne, wenn man die Dämonen der Heiden anrufe. Die providentiellen Pläne Gottes, mit denen er Völker und einzelne in die Herrschaft einsetzt, bleiben den Menschen im ganzen grundsätzlich verborgen (ebd. 21). Es gibt also keinen heilsgeschichtlich eindeutigen Fortschritt zum christlichen Imperium. Trotz all dieser Einschränkungen aber bleibt bestehen, daß auch der späte Augustin, gibt es einmal ausnahmsweise einen christlichen Herrscher, die Ausrottung heidnischer Kulte befürwortet[441].

Darum darf man es auch nicht als einen traurigen lapsus ansehen, daß Augustin sich schließlich nach langem Zögern zum kaiserlichen Vorgehen gegen die Donatisten bekannte. Es ist hier nicht der Ort, diese vielbehandelte Frage erneut aufzurollen[442]. Für unseren Zusammenhang vor allem wichtig ist die Feststellung, daß Augustins Stellung zur Kultgesetzgebung in der Heidenfrage seine Rechtfertigung der öffentlichen Donatistenverfolgung vorbereitet[443]. Natürlich ist es ein Unterschied, ob heidnische Tempel geschlossen werden, die Menschen selbst aber ungeschoren bleiben, oder ob getaufte Christen nicht nur ihre Gotteshäuser genommen bekommen, sondern in die Einheit der *Kirche* gezwungen werden[444].

Aber es läßt sich durchaus eine gemeinsame Wurzel finden, die die

441 Eine Vollständigkeit anstrebende Sammlung der Augustintexte, die die Abschaffung der idola als Erfüllung alttestamentlicher Weissagungen werten, gibt *Stempel*, 217f. (220ff.).

442 Ein treffendes Kurzporträt des antidonatistischen Augustin gibt *H. v. Campenhausen*, 185—194. Umfassend zum Donatismus *W. H. C. Frend*, aaO, und als kritischer Gegenentwurf *E. Tengström*, Donatisten und Katholiken (vgl. REA 12, 1966, 289ff.). Speziell zum staatlichen Eingreifen gegen die Schismatiker ausgezeichnet *P. R. L. Brown*, aaO, und materialreich, aber wegen mangelnder historischer Durcharbeitung und Einseitigkeit kritisch zu lesen die Monographie des Straubschülers *E. L. Grasmück*, Coercitio. Staat und Kirche im Donatistenstreit (vgl. die kritische Rezension von *A. de Veer* in: REA 12, 1966, 292f.).

443 Besonders betont von *Brown*, 108ff.

444 Richtige Differenzierung *de Veers* (REA 12, 1966, 295) gegenüber *Brown*.

Religionsgesetzgebung im Reich sowohl gegen Heiden als auch gegen Schismatiker erklärt: das (Natur)recht des pater familias, für die pietas der Familie zu sorgen[445], dem im öffentlichen Bereich der Rechtsgrundsatz entspricht, daß das ius sacrum ein Teil des ius publicum ist[446]. Entsprechend fungiert in der Spätzeit der Kaiser als Königspriester. Nun hat freilich diese Konzeption im römischen Bereich bis kurz vor dem konstantinischen Umschwung nie zu absoluter Intoleranz geführt, da sie ursprünglich polytheistisch entworfen war. Erst ganz am Ende des 3. nachchristlichen Jahrhunderts versuchen die Kaiser Aurelian und Diokletian gegen den wachsenden Druck von außen dem Reich dadurch eine gemeinsame festere Basis zu geben, daß sie mit Hilfe altrömischer und anderer Kultformen eine Vereinheitlichung der Religion anstrebten[447]. Führte diese Tendenz zunächst zu den letzten großen Christenverfolgungen, so trat doch die seit Konstantin entstehende Reichskirche das Erbe eben dieser Religionspolitik an — nun unter umgekehrtem Vorzeichen. Konstantin benutzte bekanntlich die Kirche bewußt als einendes Band des Imperiums[448], wenn auch erst Theodosius das Christentum zur einzigen offiziellen Religion des Reichs erhob und mit seinen diesbezüglichen Gesetzen als »christliches« Gegenbild zu Diokletian bezeichnet werden kann[449]. Erst diese Verbindung zwischen einer Religion mit Absolutheitsanspruch und dem vorgegebenen System eines politisch-religiösen Reiches erzeugt jene intolerante Schärfe, die in ursprünglich römischen Verhältnissen undenkbar gewesen wäre. Freilich beruht *diese* Form des Absolutheitsanspruchs nicht auf dem Neuen Testament, sondern auf einem direkten Rückgang zu bestimmten alttestamentlichen Vorstellungen[450].

[445] *Grasmück*, 247f. (nach *Mommsen*, Römisches Strafrecht, 405 A. 3); dazu vgl. *de Veer*, 293 u. 295; s. auch o. S. 278f. zu civ. XIX, 16 und epist. 93, 5 (es ist der pater familias, der in Lk 14, 23 das durch Augustin in Verruf geratene »cogite intrare« spricht!).

[446] Vgl. zusammenfassend *Hesse* (Ev. Staatslexikon, 905): »Durch das Mailänder Abkommen von 313 wird die christliche den übrigen Religionen gleichgestellt. Die Kaiser wenden auf das christliche ius sacrum den altrömischen Satz an, daß dieses ein Teil des ius publicum sei, und nehmen dieselben Befugnisse wahr, die sie auch hinsichtlich der heidnischen Kulte ausüben.«

[447] Vgl. *G. Kretschmar*, Die zwei Imperien, 15.

[448] Vgl. *H. Dörries*, Konstantin, 97ff. (101).

[449] *Dörries*, 140f. Die neueste Literatur zum Thema ist jetzt verarbeitet in *G. Kretschmars* Forschungsbericht »Der Weg zur Reichskirche«.

[450] Vgl. *Brown*, bes. 114.

Man muß aber nun die Frage stellen, aus welchen geistigen und theologischen Voraussetzungen heraus Augustin an dieser Stelle nicht wie sonst aus dem nachkonstantinischen common sense ausbricht und römische und alttestamentliche Traditionen derart ungebrochen assimilieren kann. Absurd wäre es, dieses Problem »aus einem vermeintlich besonders ausgeprägten hierarchischen Bewußtsein und den ‚herrscherlichen' Instinkten des Kirchenmannes zu erklären«[451]. Ebenfalls spielt für ihn der Gedanke einer religiös gesicherten Einheit des Reiches keine Rolle — im Gegenteil, er greift bekanntlich den Imperialismus Roms scharf an. Die wahren Grundentscheidungen, die Augustins Position zugrunde liegen, fallen vielmehr im theologisch nicht geklärten iustitia-Problem, damit freilich auf dem Gesamthintergrund seiner griechisch-christlichen Synthese. Die pietas, für die der pater familias und in Analogie dazu der Kaiser zu sorgen hat, ist ja nach Ciceros Definition die »Gerechtigkeit gegen Götter« (de nat. deorum I, 41)[452]. Entsprechend schreibt Augustin in epist. 185, 11 an die Adresse der Donatisten, die sich als Märtyrer wähnen: »... es gibt eine ungerechte Verfolgung, welche die Gottlosen (impii) der Kirche Christi bereiten, und es gibt eine gerechte Verfolgung, welche die Kirchen Christi den Gottlosen bereiten. Diese (erg. Kirche Christi) ist deshalb glückselig, weil sie wegen der Gerechtigkeit Verfolgung leidet, jene (Gottlosen) aber sind elend, weil sie wegen der Ungerechtigkeit Verfolgung leiden. Ferner verfolgt diese mit Liebe, jene aber mit Wut; diese um zu bessern (ut corrigat), jene um auszurotten; diese um vom Irrtum wegzurufen, jene um in Irrtum zu stürzen.« Mit der Vorstellung, daß der Hausvater durch Zwang (coercitio) die Besserung der Unfrommen zu betreiben habe, verbindet sich offenbar der von Augustin auch sonst aufgenommene Gedanke der griechisch-politischen Philosophie, daß die Strafe die Bösen zu besseren Menschen mache. Dieser Gedanke, einst von Platon im Horizont einer alle Menschen überzeugenden gemeinsamen Wahrheit entworfen, dann bei Aristoteles und im Zusammenhang der stoisch-dogmatischen lex naturae bereits mit starker Betonung der Gewalt weitergeführt[453], hat schließlich in letzter Konsequenz den Religionszwang zu legitimieren. Wie verhält sich das

[451] So mit Recht *v. Campenhausen*, 194.

[452] Vgl. *Cotta*, La città, 32. S. auch divers. quaest. 31, 1, wo Augustin zum ius naturae u. a. religio und pietas zählt.

[453] S. o. S. 87.

aber zur Beschränkung des Politischen auf das Streben zur pax terrena bei Augustin selbst? Wie vereint sich das vor allem mit der paulinischen Beschränkung der politischen Strafe auf die Werke[454], wie überhaupt mit der paulinischen Rechtfertigungslehre, deren erneuertes Verständnis nicht das geringste Verdienst Augustins ist? Wie verhält sich die aus den Strukturen des griechisch-römisch verstandenen Kosmos heraus entworfene Proportionsgerechtigkeit zur Glaubensgerechtigkeit des die Gottlosen umschaffenden Gottes der Christen? Wo bleibt der eschatologische Vorbehalt, wo die geistliche Kirche der Prädestinierten? Gewiß, man kann sagen, Augustins Stellung zum Religionszwang widerspreche der Gesamtorientierung seines eigenen Denkens[455]. Gerade an dieser Stelle aber ist er im Mittelalter wirksam geworden, und noch Melanchthon und die protestantische Orthodoxie gehen mit ihrer Ansicht, der Fürst habe auch für die erste Tafel der Gebote zu sorgen, auf die von Augustin an diesem Punkt legitimierten Weichenstellungen der nachkonstantinischen Reichstheologie zurück. Deshalb ist es unbedingt wichtig, genau zu bestimmen, welches der theoretische Ort der von ihm hier offengelassenen Fragen ist. Nimmt man dazu noch das früher angeschnittene Problem, welches Gewicht denn dem politischen Handeln des eschatologisch erneuerten Menschen zukomme, so scheinen sie alle in der Grundfrage zusammenzuhängen, wie sich bei Augustin Neuschöpfung und Schöpfung und im Zusammenhang damit Gott und Welt oder — im Blick auf die von ihm verarbeiteten Traditionen formuliert — Apokalyptik und griechische Ontologie zueinander verhalten. Unter diesen sachlichen wie traditionsgeschichtlichen Aspekten, die ja auch die entscheidenden im Blick auf Herkunft und Entwicklung der civitas-Lehre im ganzen sind, soll deshalb eine Schlußwürdigung des Augustinischen Entwurfes versucht werden.

[454] S. o. S. 167 u. 218.

[455] Vgl. *Cotta*, Droit, 170 n. 10.

C. Ergebnisse und offene Fragen

1. *Apokalyptik und griechische Ontologie*

R. Lorenz hat in einem eindringenden Aufsatz über »Gnade und Erkenntnis bei Augustinus« auf die tiefe Zweideutigkeit hingewiesen, die dessen Bestimmung des Verhältnisses von Natur und Gnade durchzieht. Lorenz sieht den Grund für diese Ambivalenz darin, daß Augustin seine theologischen, zumeist von Paulus übernommenen Aussagen, die besonders in der Anthropologie stark zur Geltung kommen, letzten Endes von einer rein neuplatonischen Ontologie umgreifen läßt und dadurch in ihrem Wesen gefährdet. Ich will im folgenden genau das gleiche Problem am Thema des Verhältnisses von Neuschöpfung und Schöpfung im besonderen Blick auf Augustins Beurteilung der politischen Weltwirklichkeit behandeln, wie es sich von der civitas-Lehre her nahelegt. Im Unterschied zu Lorenz möchte ich allerdings nicht allein die Gefährdung der auf Gott bezogenen Aussagen durch Augustins Synthese ins Auge fassen. Vielmehr möchte ich an zwei Punkten noch darüber hinausgehen. Zum einen gerät nämlich nicht nur das christliche Gottes-, sondern auch das Weltverhältnis bei Augustin in die Zweideutigkeit. Zum anderen möchte ich aber nicht nur die Bedingungen dieser beiden aporetischen Aspekte herausarbeiten, sondern auch die unbestreitbar positiven Leistungen, die sich durch sein theologisches Eingehen auf die Ontologie ergeben, hervorzuheben versuchen. Die Enttäuschungen, die man immer wieder beim Eindringen in das Werk dieses großen Christen und Denkers erleben kann, wenn man es nach einer konsistenten, die Probleme seiner Zeit wirklich lösenden Verarbeitung seiner Traditionen durchforscht, werden nämlich vielleicht aufgewogen durch eine Vielfalt von Ansätzen und Einsichten, die, gerade weil sie in Aporien enden, in die Tiefe der Probleme führen[456].

Betrachten wir unter diesen Gesichtspunkten unsere bisherigen Ergebnisse, so ist als erstes festzustellen, daß Augustins — wie auch

[456] Vgl. die ähnliche methodische Beurteilung bei *W. Dilthey*, Einleitung in die Geisteswissenschaften, 259ff., auf die mich M. Riedel verweist. Dilthey untersucht freilich die unausgeglichenen Spannungen unter dem Oberthema Kosmosphilosophie — Innerlichkeit.

immer im einzelnen geartete — umfassende Neuaufnahme und Entfaltung der Eschatologie und der paulinischen Gnadentheologie und deren Durchführung in der Zwei-civitates-Lehre eine geistige und kirchengeschichtliche Leistung ersten Ranges darstellt. Nicht nur wurde durch sie die das Christentum verdiesseitigende »Reichstheologie« eusebianischer Prägung prinzipiell und für das Abendland trotz vieler späterer Verdeckungen richtungweisend kritisiert und in Frage gestellt, sondern auch die verschiedenen Strömungen der griechischen Philosophie, also die dazumal verbindlichen Weltauslegungen, an wichtigen Punkten in die Aporie geführt.

An einem Ort bekommt man die offenen Probleme besonders gut und wie in einem Brennpunkt zu Gesicht: bei Augustins Untersuchungen zum Thema *Zeit*. Hier ermöglichen ihm Eschatologie und heilsgeschichtliches Denken eine neue ursprüngliche Zeiterfahrung, die sich nicht mehr wie die der Griechen an der Wiederkehr des Gleichen, an der stetigen Kreisbahn des Fixsternhimmels und damit an der Präsenz der Ewigkeit in den zeitlichen Erscheinungen orientieren kann[457]. Augustin sagt im Rahmen seiner großen Zeitanalyse in Buch XI, 39 der Confessiones: »Ich bin zersprungen in die Zeit, deren Ordnung ich nicht kenne[458].« Will er nämlich das Sein der Zeit bestimmen (XI, 17—26), so müßte er sie nach dem Seinsverständnis griechischer Philosophie anschaubar, gegenwärtig machen; denn Sein *ist* nur als gegenwärtiges. Zeit läßt sich aber nicht als Gegenwart fixieren, weil in ihrem Fluß alles von der Zukunft in die Vergangenheit übergeht. Vergangenheit und Zukunft werden aber seit Parmenides dem Nichtsein zugeschrieben. Also verschwindet für Augustin, der die ewige Gegenwart mit Entstehen und Vergehen nicht in der Kreisbewegung vermitteln kann, die Zeit im Nichtsein. Das gleiche Problem entsteht, wenn er die Zeit an bewegten Gegenständen messen will, da ihm die Maßeinheit der Kreiszeit fehlt. Also »zerspringt« er in die geöffnete Zeit, deren Ordnung er nicht kennt.

Diese Erfahrung der eigenen Zeitlichkeit wird für Augustin nun bekanntlich zum Neuansatz seines Fragens. Durch die Analyse des eigenen Tätigseins in der Zeit findet er am Beispiel des Liedsingens eine neue Form der Einheit der Zeit (XI, 27—38). Wenn ich nämlich

---

[457] Zur näheren Begründung der im folgenden sehr gerafft vorgetragenen Gedanken bitte ich meinen Aufsatz, Der sogenannte psychologische Zeitbegriff Augustins, heranzuziehen.

[458] »Ego in tempora dissilui, quorum ordinem nescio.«

ein Lied aus der Erwartung durch die gegenwärtige Intention in die Erinnerung übergehen lasse, habe ich einen zeitlichen Vorgang anschaubar in meiner Seele. Augustin findet von da aus zu der Bestimmung: Zeit ist eben dieses seelische Affiziertsein (affectio animi), das den Durchgang des Zukünftigen durch die Gegenwart in die Vergangenheit als Erwartung, Hinsicht und Erinnerung zur Anschauung bringt, präsent macht. Es soll hier nicht interessieren, wieweit auch die Sichtbarmachung der Zeit in der Seele aus spezifischen Zwängen der griechischen Ontologie resultiert[459]. Entscheidend für unsere Fragestellung ist die Tatsache, daß Augustin aus dieser neuentdeckten seelischen Zeit keine Folgerungen für die Zeit der Natur und der Gesamtgeschichte zieht. An diesem Punkt stehen in seinem Werk die Behauptung vom Nichtsein der außerseelischen Zeit einerseits und bestimmte Restbestände der griechischen ordo-Zeit andererseits unvermittelt nebeneinander. Wie kommt es zu diesen Inkonsequenzen? Sieht man einmal davon ab, daß die außerordentlichen sachlichen Schwierigkeiten, vor die sich Augustin gestellt sieht, bis heute nicht gelöst sind, daß es uns also schlecht ansteht, die Aporien einfach seinem mangelhaften Denken zuzuschreiben, so stellt sich die Frage in folgender Weise: Welche Gedanken ermöglichen es Augustin, jene Schwierigkeiten wenigstens zu überbrücken, dadurch allerdings auch ihre Sprengkraft zu vermindern? Der Hauptgrund für die Neutralisierung der offenen Probleme scheint mir darin zu liegen, daß Augustin die zwei Äonen der Apokalyptik einfach mit der griechischen Dualität von Zeit und Ewigkeit, Erscheinung und Wesen identifiziert. Die Äquivokationen und schillernden Zweideutigkeiten, auf die *Lorenz* in seinem Zusammenhang hinweist und auf die auch wir stießen, haben in dieser Identifikation ihren Ursprung.

Um diese Vermutung zu erhärten und zu explizieren, wenden wir uns zunächst Buch XI der Konfessionen zu. Augustin unternimmt die weitläufige Analyse der Zeit zu dem Zweck, am Gegenbild des zeitlichen Vorherwissens und Handelns der Menschen Gottes zeitloses ewiges Vorherwissen und Erschaffen der zeitlichen Welt zu demonstrieren. In XI, 41 zieht er als Antwort auf die Frage nach Gottes Ewigkeit (10—17) das Fazit aus seinen langen Überlegungen zur Zeit und sagt: Selbst wenn ein Mensch das Vergangene aller Zeiten in seinem Gedächtnis hätte (scientia) und das Zukünftige aller

[459] Vgl. Zeitbegriff, 278ff.

noch ausstehenden Geschichte in seiner Erwartung vorauswüßte (praescientia) wie Augustin jenes besprochene Lied, so wäre sein Geist zwar sehr zu bestaunen, aber mit Gottes Wissen des Vergangenen und des Zukünftigen dennoch unvergleichbar. Denn bei einem Sänger oder Hörer eines solchen Liedes ändert sich der innere Zustand, und der wahrnehmende innere Sinn wird zerdehnt, wenn das Lied aus der Erwartung in die Erinnerung übergeht. Dem unveränderlichen Gott stößt aber nichts Veränderliches zu. Augustin schließt: »Wie du also am Anfang Himmel und Erde in deinem Wissen hattest ohne Veränderung deines Wissens, so machtest du am Anfang Himmel und Erde ohne Wechsel deines Handelns[460].« Ebenso wertet Augustin in einer späteren Zusammenfassung seine Zeitanalyse für die Bestimmung des ewigen (Vorher)wissens Gottes aus (XIII, 18).

Dementsprechend wartet auch nach dem Ende der Zeiten der zeitlose Gott auf sein entzeitlichtes Volk. Indem aber Augustin mit Hilfe der scharfen apokalyptischen Scheidung der zwei Äonen das zukünftige Heil als Gottes ewig stehende Gegenwart bestimmt, ist es im eigentlichen Sinne nicht zukünftig und neu, sondern das, was vor allen Zeiten schon immer war und darum nach allen Zeiten unverändert so bleiben wird. Er erreicht diese Deutung durch eine von der lateinischen Italaübersetzung ermöglichte Fehlinterpretation von Phil 3, 14f. Dort heißt es: »Eins aber meine ich: ich vergesse, was dahinten und spanne mich danach, was vorn (*ἔμπροσθεν*) ist, (14) so eile ich zum Ziel hinab, nach dem Kampfpreis himmlischen Rufes durch Gott in Christus Jesus.« Die Itala gibt das so wieder: »Unum autem, quae retro sunt oblitus, in ea quae ante sunt extentus, secundum intentionem sequor ad palmam supernae vocationis dei in Christo Jesu.« Was bei Paulus ein Sichstrecken nach vorne ist, wird bei Augustin durch die zweideutige Italaübersetzung des *ἔμπροσθεν* durch ante zu einem Sichstrecken nach dem Apriori der ewig stehenden Wahrheit Gottes. In XI, 40 erklärt er das »ante« ausdrücklich durch »vor aller Zeit« und in der Enarratio in psalm. 89, 5 das »retro« als die gesamte, auch die noch nicht abgelaufene, aber vergehende Weltzeit. Alle Zeit dieser Welt ist also schon vergangen, ehe sie entstand. Die Entdeckung der Zeitlichkeit der Seele führt also angesichts der Ewigkeit Gottes nur zur Entdeckung der verfallenden

[460] »Sicut ergo nosti ,in principio caelum et terram' sine varietate notitiae tuae, ita fecisti ,in principio caelum et terram' sine distinctione actionis tuae.«

Zeit. In ihr verschwinden die Unterschiede der Zeitmodi Vergangenheit und Zukunft, weil beide schlechthin vom Nichtsein gezeichnet sind.

Das ist die eine Seite der Identifikation des neuen Äon mit der stehenden Ewigkeit und des alten mit der zeitlich verfließenden Erscheinungswelt; denn legt man den Ton auf den Gedanken, daß dieser Welt die volle Präsenz des Ewigen entzogen ist, wird der Nichtigkeitscharakter des Zeitlichen und der Zeit deutlich, und zwar in einer für die Griechen undenkbaren Weise. Bei ihnen bleibt Zeit immer Abbild der Ewigkeit, Zeitliches immer *wirkliche* Erscheinung des Wesens, wenn auch im Neuplatonismus das Nur-Erscheinungsein der Dinge und der negative Charakter der Zeit (Abfall vom Einen)[461] stärker hervortritt. Augustins schwache Fähigkeit, zeitliches Sein und menschliches Verhalten zu diesem neu zu begründen, liegt — ontologisch gesehen — eben an dieser apokalyptischen Form der Dualisierung von Wesen und Erscheinung.

Die andere Seite jener griechischen Auslegung der eschatologischen Äonen ist nun freilich die, daß die Beziehung des auch in seiner Zukünftigkeit ewigen Gottes zur zeitlichen Welt in Fragmenten griechischer ordo-Philosophie beschrieben werden kann. Dieses Verhältnis ist nun zwar nicht als ewige Erscheinung des Wesens im Erscheinenden, sondern als ewige Vorherbestimmung eines geschichtlich begrenzten Ablaufs gedacht. Die Struktur dieses Ablaufs kann im Blick auf Natur und Geschichte ganz im Sinn neuplatonischer Prozeßontologie gefaßt werden (vgl. De Genesi ad litteram)[462]. Mit der Erfahrung der offenen Zeit in conf. XI wird diese Totaldeterminierung so vermittelt, daß Gottes Vorherwissen und Konzipieren des großen Liedes der Weltzeit eben nicht zeitlich, sondern ewig ist. Auch sonst erläutert Augustin Gottes Weltplan durch das Bild eines »großen Liedes«, in dem die Ereignisse passend zu einem Ganzen gefügt sind (epist. 138, 1)[463]. Dadurch, daß der zeitlose Gott dieses saeculum als ein abgerundetes Lied konzipiert, kann Augustin nun doch wieder

---

[461] Vgl. Enn. III, 7.

[462] Dazu *Lorenz*, Gnade, 60ff.

[463] Vgl. *Schaeffler*, Die Struktur der Geschichtszeit, 215. Zu weiteren Resten der ordo-Zeit s. Zeitbegriff, 281f. Seltsame Wege geht übrigens Augustins Theodizeewille, wenn er in diesem Zusammenhang die Widrigkeiten der Welt als rhetorisch-stilistisches Mittel der Antithese deutet, durch welches das Ganze des Vortrags nur an Schönheit gewinnt (civ. XI, 18).

die Einheit der Zeit als ewige denken, die ihm im Kreislauf nicht mehr zugänglich war. Zwar nicht als Epiphanie der ewigen Gegenwart, aber als Gabe des die Äonen zeitlos umgreifenden Gottes kann er dadurch seinerseits die Struktur der Welt als zeitlos bestimmten ordo denken. Traditionsgeschichtlich ermöglicht wird diese Synthese dadurch, daß Augustin hier die griechische Ontologie einfach an die Stelle der weisheitlichen Elemente innerhalb der antik-jüdischen Apokalyptik rücken kann[464].

Hier liegt die Antwort auf die bei der Behandlung von Augustins frühem Reich-Gottes-Begriff offengebliebene Frage[465], ob die Eschatologisierung dieses Begriffs auch bedeute, daß sich die Struktur dieser Welt (mundus intelligibilis) erst in der Neuen Schöpfung vollende. Dies ist nicht der Fall; denn da die Struktur alles Geschehens von Ewigkeit her festgelegt ist, rollt nur die Entfaltung des Plans in der Zeit ab. Darum hat Augustin später überhaupt vermieden, den Begriff der göttlichen Vernunft (als Ersatz für mundus intelligibilis) mit dem des Reiches Gottes zu verbinden. Jener bleibt allein auf die Schöpfung und Weltregierung bezogen, dieser hat rein eschatologischen Sinn.

Damit erhebt sich aber die Frage, ob nicht das Reich Gottes doch etwas qualitativ Neues gegenüber dem ewigen Schöpfungsplan bringt. Zunächst einmal ist festzuhalten, daß Augustin den Reich-Gottes-Begriff nach dessen Loslösung vom mundus intelligibilis rein auf die eschatologische Herrschaft Gottes über alle rationale Kreatur, Engel und Menschen, einschränkt. Die außermenschliche Welt verliert für ihn völlig an Interesse[466]. In dieser Hinsicht bleibt nur der

---

[464] Um diesen Vorgang mit allen seinen Implikationen zu analysieren und zu deuten, bedürfte es einer gesonderten Untersuchung, die methodisch von außerordentlichem Belang wäre, weil sich hier nicht mit der üblichen Gegenüberstellung von »biblisch« und »griechisch« arbeiten ließe. Inhaltlich wäre neben dem Weltverständnis vor allem auch die Anthropologie zu berücksichtigen. Denn Augustins Aufnahme von Zügen des stoisch-neuplatonischen sapiens ist unter diesem Aspekt eine Anknüpfung an die weisheitliche Menschensicht innerhalb (und außerhalb) der Apokalyptik. — Über praktische Inkonsequenzen Augustins im Blick auf die Heilsgeschichte und ursprüngliche Phänomenerfahrung angesichts des zeitlosen ordo-Denkens vgl. Zeitbegriff, 284f.

[465] S. o. S. 193.

[466] Ein sprechendes Beispiel ist Augustins Deutung von Rö 8, 19. *Th. E. Clarke*, St. Augustine and Cosmic Redemption, hat nachgewiesen, daß Augustin das »Seufzen der Kreatur« aus antimanichäischem Interesse seines kosmischen Sinnes beraubt und auf den Menschen einschränkt.

Gedanke, daß dem Menschen ein neuer Leib zukommen wird und alle Störungen der befriedeten Kontemplation aufhören werden. Aber beschränkt man sich einmal auf diese anthropologisch orientierte Fragestellung und versucht also die Konsequenzen der erörterten ontologischen Basis speziell für die civitas-Lehre zu ziehen, so setzt sich auch in diesem Bereich der relativen Freiheit beim späten, antipelagianischen Augustin immer mehr die Härte der totalen Determiniertheit durch, zusammengefaßt in der Praedestinationslehre. Unter ihrem Aspekt hat der gesamte Weltverlauf nur den einzigen Sinn, die der civitas dei durch den Fall der Engel verloren gegangene Anzahl von Mitgliedern wieder aufzufüllen. Dazu sind Menschen vor der Gründung der Welt (!) aus der Verderbensmasse auserwählt und werden durch Gottes heilendes Handeln im Lauf der Zeiten seinem Herrschaftsverband einverleibt und zur engelgleichen Vollendung geführt[467]. Dies alles tut die »*unbewegliche* Wahrheit der Praedestination und Gnade« (praed. sanct. I, 34)[468]. Der menschliche Jesus ist nur ein Sonderfall der Praedestination, der ewige Christus selbst der Praedestinierende[469]. Die durch die apokalyptische Trennung der zwei Äonen ermöglichte Identifizierung des eschatologischen Gottes mit der der Zeit ewig gegenüberstehenden griechischen Ewigkeit hat also auch in der von Augustin noch am lebendigsten ausgestalteten Anthropologie ein ambivalentes Ergebnis. Einerseits wird, wie mehrfach gezeigt, den Griechen die Möglichkeit einer ewigen Erkenntnis der ewigen Weltstruktur im Geiste Gottes und damit der Zugang zur beata vita bestritten[470]. Dies ist in seinem kritischen Sinn für christliche Theologie unaufgebbar — ganz abgesehen davon, daß nach Kant die Endlichkeit der Vernunft auch philosophisch demonstrierbar geworden ist. Andererseits aber ist es ein Pyrrhussieg, den Augustin gegen Hellas errungen hat (welcher altkirchliche oder mittelalterliche Theologe wäre erfolgreicher gewesen?). Bei seinem unbestreitbar verdienstvollen theologischen Eingehen auf die ontologischen Probleme droht ihm auf dem Wege über apokalyptische

---

467 Vgl. *Kamlah*, 313.

468 Vgl. in evang. Joh. tr. 110, 3: »immobilitas praedestinationis«; dazu *Lorenz*, Gnade, 73.

469 Zu der bei Augustin an diesem Punkt schwach ausgebauten Christologie vgl. neuerdings wieder *D. Lange*, Zum Verhältnis von Geschichtsbild und Christologie.

470 Vgl. das o. S. 256f. zum »noch nicht« und »nicht aus uns selbst« Gesagte.

Denkmittel die Verwandlung des biblischen Gottes in das kosmische Prinzip der Griechen[471].

Ehe ich aber versuchen will, die Fragen der Gotteslehre zu artikulieren, bleibt unter den gewonnenen ontologischen Gesichtspunkten noch ein weiteres Problem zu erörtern. Warum konnte Augustin wohl die Struktur der pax terrena, nicht aber die der iustitia civilis theologisch bestimmen und in der Folge davon den Religionszwang befürworten? Man muß ja, wie gesagt, nicht nur Augustins unaufgebbare kritische Ansätze von der Eschatologie her ins Auge fassen und auch nicht nur die Gefährdungen des theologischen Gottesbegriffs von der apokalyptisch-griechischen Form dieser Eschatologie her. Vielmehr gilt es, ebenso die Folgen dieser zweideutigen Position für die Beurteilung »dieser Welt« und des menschlichen Verhaltens zu ihr und in ihr herauszuarbeiten. Im ontologischen Grundproblem der Zeit sahen wir zunächst, daß Augustin die Physik ganz aus seinem neuen Frageansatz herausfallen läßt und einfach Reste griechischer ordo-Zeit übernimmt. Damit kann er auch das Problem umgehen, wie sich denn die offene psychologische Zeit und mit ihr die Offenheit der zeitlichen Welterkenntnis zur Natur verhält, die doch als Einheit gedacht werden muß. Auch die Geschichtszeit — trotz Ansätzen vom heilsgeschichtlichen Denken her (semel Christus mortuus est)[472] — wird nicht eigentlich von Augustins Neuentdeckung betroffen, sondern von Ewigkeit her eingefroren. Selbst an dem Ort, wo er am weitesten vorstößt, bei der Zeit des Menschen, bricht die Verbindung von griechischer Präsenzmetaphysik und apokalyptischer Praedestinationslehre seinen Fragen die Spitze ab.

Konnte sich Augustin bei den Fragen der Physik einfach über die Probleme, die sich ihm stellten, hinwegsetzen, weil er sich im Grunde nicht zuständig fühlte, so wurde er gezwungen, auf die politischen Anforderungen von seinem Gottes- und Weltbild her einzugehen. Hier taucht nun explizit die Schwierigkeit auf, die auch im Bereich der Physik zu bemerken gewesen wäre, wenn Augustin sich darauf eingelassen hätte: wie nämlich kann die göttliche Weltordnung schon jetzt verwirklicht sein, wenn doch der Friede, der ja tranquillitas ordinis ist, erst eschatologisch verwirklicht werden wird[473]. Augustin

---

[471] Vgl. *Lorenz'* Beobachtung (68 u. 77), daß das Phänomen der Gnade zwischen physikalischer und theologischer Bedeutung schillert.

[472] Civ. XII, 14 (Domb. I, 532, 28); vgl. Zeitbegriff, 284.

[473] Civ. XIX, 13; scharf gesehen von *Fuchs*, 58 (vgl. o. S. 272).

beantwortet diese Schwierigkeit mit der Unterscheidung eines vorläufigen Friedens qua Natur und Strafordnung einerseits und eines vollkommenen Friedens ohne die Möglichkeit von Störungen andererseits. Jene von Gott erlassene Natur- und Strafordnung erlaubt es nach Augustin der civitas dei, die Dinge dieses sterblichen Lebens gemeinsam mit der civitas terrena zu besorgen. Diese Konzeption setzt eigentlich voraus, daß alle Menschen gemeinsam Sinn und Nutzen dieses Friedens erkennen. Und in der Tat sorgt ja auch die civitas terrena durch ihre leges terrenae und andere Institutionen dafür, daß irdischer Friede erhalten bleibe. Wir sahen aber, daß Augustin an dieser Stelle eine gewisse Unsicherheit zeigt und den Zusammenhang der irdischen pax mit irdischer Gerechtigkeit als Problem verdrängt. Vielleicht konnte Augustin noch nicht sehen, daß ein Friede ohne Gerechtigkeit immer eine Stabilisierung des bestehenden Herrschaftssystems und damit eine langfristige Gefährdung des Friedens durch Aufstände bedeutet — eine Frage, an der die Christenheit lange achtlos vorbeiging. Immerhin ist bereits Platons politisches Denken in erster Linie ein Versuch, dieses Problem zu meistern. Denn auch die Sophisten predigten *ὁμόνοια*, Eintracht der gesellschaftlichen Gruppen und Poleis untereinander, verbanden aber damit das Recht des Stärkeren[474]. Platon dagegen sieht die Realisierungsmöglichkeit des Friedens nur in einer gerechten Herrschaftsordnung; und die Physis selbst empfiehlt diese Gerechtigkeit, weil allein in ihr der Seinsbestand des Seienden gewährleistet ist. Gewiß, dem Sinn und der Intention nach trifft Augustin die platonische Lösung an diesem Punkt ziemlich genau, und das macht die denkerische Größe seines Ansatzes der politischen Praxis bei der pax terrena aus, zumal seines Versuchs, über diesen Begriff alles christliche (Liebes)handeln vernünftig zu explizieren, eine Möglichkeit, die systematisch-theologisch von höchster Bedeutung ist. Aber beim Thema Gerechtigkeit interessiert ihn trotz der sozialkritischen Komponente der Donatistenbewegung[475] weniger die gesellschaftliche, als vielmehr die auf Gott bezogene Dimension. Gerade an dieser Stelle liegt jedoch offenbar die wahre Ursache für die Unsicherheit Augustins, die ihn nicht zu einer vollen Durchklärung der Frage nach

---

[474] Das hat *Fuchs* (117) nicht beachtet und spricht einfach von einer Übernahme sophistischer Gedanken durch Platon. Vgl. die schwachen Andeutungen bei *Nestle*, Der Friedensgedanke in der antiken Welt, 14.

[475] Vgl. *Frend*, aaO.

irdischem Frieden und irdischer Gerechtigkeit gelangen läßt. Hier treten jene katastrophalen Folgen des Religionszwangs, oder anders ausgedrückt: der erzwungenen Gottesgerechtigkeit auf. Diese haben nämlich ihren ontologischen Grund genau in jenem Zusammenfallen des neuschaffenden Gottes mit dem zeitlosen Weltprinzip, zu dem der Schöpfergott des Alten Testaments bei Augustin wurde. Nur so nämlich konnte der Zwang zum prinzipiell erkennbaren Weltwohl auf den Zwang zum Gottesheil übertragen werden. Nur so konnte die Strafe der Guten über die Bösen, die in der Demonstrierbarkeit des griechischen Welt-Gottes legitimiert war, mit der ursprünglich neutestamentlich ganz anders zu bezeichnenden endzeitlichen Überwältigung des alten durch den neuen Menschen in Verbindung gebracht werden. Es ist hier nicht zu diskutieren, ob Augustin historisch gesehen in der Lage war, das Verhältnis Gottes zu dieser Welt anders zu denken als im Schema Wesen—Erscheinung. Daß aber der Gott der Neuschöpfung, dem Augustin gegen Reichstheologie und Häretiker in Gnadenlehre und Ekklesiologie zeitlebens freien Raum zu kämpfen bemüht war, doch plötzlich das eiserne Gewand des Zwingburgbesitzers anlegt, ist zweifellos eine Folge davon, daß er durch das apokalyptische Schema mit dem »schon immer seienden«, die Äonen umgreifenden Weltprinzip in eins fallen kann. Ist die neue Schöpfung bereits seit vor Beginn der alten festgelegt und praedestiniert, so ist es durchaus verständlich, daß Augustin in der Frage der Religionsgesetzgebung sein eigenes Grundkonzept vergißt, daß Menschen das endzeitliche Gericht nicht vorwegnehmen können. Hier hat der Gott als ewiges Weltprinzip den deutlichsten Sieg über den schaffenden und neuschaffenden Gott davongetragen.

Nun muß aber ein Mißverständnis abgewehrt werden. Es geht hier nicht um die übliche Gegenüberstellung von griechischem und hebräischem Denken. Im Hintergrund der vorgetragenen kritischen Gedanken steht vielmehr die Meinung, daß durch die Kontamination von biblischem und griechischem Gott, so verdienstvoll und auch in Ansätzen fruchtbar ihre überhaupt vollzogene Konfrontation bei Augustin ist, nicht nur die christliche Theologie, sondern auch die positiven Einsichten der griechischen Ontologie und ihre Bedeutung für den christlichen Weltbezug gefährdet werden. Diese These kann in unserem Zusammenhang nicht voll entfaltet werden, weil ihr systematischer Ort die Gotteslehre ist. Im Blick auf die sachliche Durchdringung der Augustinischen civitas-Lehre und auch der weiteren Tradition der Zweireichelehre muß ich ihren Sinn aber kurz andeuten.

Augustin gerät im letzten Grund deshalb in seine Aporien, weil er nicht bemerkt, daß der Gott der griechischen Philosophie gar nicht das meint, was im Alten und Neuen Testament Gott heißt, sondern was im Sinn dieser Tradition zur Schöpfung gehört. Der Gott des Xenophanes, Parmenides, Platon, Aristoteles und Plotin ist nämlich die Einheit dieser Welt, das Strukturbestimmende des Kosmos, auch wenn diese Einheit in der genuin platonischen Tradition nicht in der intelligiblen Struktur aufgeht, sondern auf ein Unsagbares hinweist. Die griechische Identitätsphilosophie ist ein Versuch der Phänomenerklärung[476]. Man kann ihr nur auf dieser Ebene begegnen. Wenn man sie kritisieren will, kann man das nur dadurch tun, daß man die Phänomene besser erklärt, als sie es vermochte. Das ist ein allen Menschen gemeinsam aufgegebenes wissenschaftliches und philosophisches Problem, das von der Frage nach Gott genau so deutlich zu unterscheiden ist wie der Schöpfer vom Geschöpf unterschieden werden muß. Nun gab freilich die griechische Philosophie naheliegenden Anlaß zu jener Äquivokation, insofern sie das Grundprinzip der Welt Gott nannte und ihn als ewig Bleibendes bestimmte. Das heißt aber, die griechische Philosophie ruht auf der griechischen Religion. Außerdem ist diese Äquivokation erst von der biblischen Gotteserfahrung her als solche durchschaubar. Denn in ihr wird es als ein Wesensmerkmal des frei Geschichte schaffenden Jahwe erfahren, daß er nicht abbildbar ist, auch nicht durch die Schönheit des Universums. Zeigt er sich aber, so im Un-Bild des gekreuzigten und die Maßstäbe umkehrenden Jesus. Darum ist die Behauptung, der griechische Gott sei nicht Gott, sondern gehöre zur Schöpfung, selbst keine empirisch-wissenschaftliche oder philosophische, sondern eine theologische Aussage. Sie spiegelt — mythologisch gesprochen — den Kampf, in dem der Gott Israels und der Christen die Mächte dieser Welt in seinen Dienst bringt. Die volle traditionsgeschichtliche und systematische Entfaltung dieser Andeutungen würde weit über das Thema dieses Kapitels hinausgreifen[477]. Hier ging es nur darum, den Ort zu bezeichnen, an dem Augustin in die

---

[476] Über der platonischen Akademie stand der Leitspruch: σῴζειν τὰ φαινόμενα!

[477] Heute sehen wir philosophisch deutlicher, daß die Einheit der Welt, also genau das, was die Griechen als Gott dachten, als Einheit der Zeit gedacht werden

Aporien gerät, an dem er seinen eigenen richtungweisenden Ansatz, gegen die Griechen die Unterscheidung des schaffenden und neuschaffenden Gottes von der Welt und ihren Möglichkeiten zu betonen, nicht konsequent genug durchführt, an dem er auch weder seinen neutestamentlichen Traditionen noch den Aufgaben der Zeit gerecht wird, wie die Konsequenzen seiner Theologie im Mittelalter zeigen.

Um meine These im Blick auf den politischen Bereich noch einmal scharf zu formulieren: Augustin tat prinzipiell recht daran, die griechische Ontologie einerseits eschatologisch in ihrem Absolutheitsanspruch zu kritisieren, d. h. sie im Ansatz zu verzeitlichen, sie aber auf der anderen Seite, sofern sie als Welterklärung den verbindlichen Stand menschlicher Erkenntnis repräsentierte, in die Welterkenntnis und das Weltverhalten der Christen zu integrieren. Damit ist ausdrücklich die theologische Legitimität z. B. seiner Übernahme naturrechtlichen Denkens in die Ethik zu verteidigen. Mag sein, daß er hier im einzelnen nicht so kritisch verfahren ist, wie es zu seiner Zeit schon möglich gewesen wäre — seine theologische Durchdringung der politischen Friedensontologie unter dem Aspekt christlicher Liebe und Sozietät ist wegweisend geblieben. Im Blick auf die schweren Konsequenzen in der späteren Geschichte bleibt aber als offenbar prinzipiell nicht aufgelöstes Problem, daß er die Beziehung der Gerechtigkeit zum irdischen Frieden theologisch nicht klärte. Hieran hinderte ihn offenbar die in ihrer Komplexität nicht durchschaute Verhältnisbestimmung von griechischem und christlichem Gott, vor allem im Hinblick auf die Dimensionen der Gerechtigkeit. Augustins

---

kann und muß (vgl. *G. Picht*, Die Erfahrung der Geschichte). Die heutige Theologie verfällt allerdings der gleichen Äquivokation wie die Väter zur Zeit der Vorherrschaft griechischer Ontologie, wenn sie flugs bereit ist, auch diesen neuen Einheitsbegriff mit Gott zu identifizieren, indem sie z. B. die Entdeckung der endlichen Geschichtlichkeit der Welt als Verdienst christlichen Glaubens reklamiert. Gewiß haben u. a. Schöpfungslehre (Entstehung der Welt in der Zeit) und Eschatologie (Einbruch eines qualitativ neuen Schöpfungsaktes Gottes in die Zeit) zu den neuzeitlichen Phänomenerklärungen Anstoß gegeben. Die wissenschaftliche und philosophische Ausarbeitung dieser neuen Versuche ist aber weder auf Menschen christlichen Glaubens beschränkt noch faktisch allein von solchen durchgeführt worden. Welche Verweise die gewonnenen Erkenntnisse dann auf Gott enthalten, ist eine ganz andere Frage. Es ist hier nicht der Ort zu zeigen, wie sich die gleichen Zweideutigkeiten für Weltverhalten und Glaube an die Neuschöpfung ergeben, wenn man nun analog der Identifizierung von ewigem Wesen der Welt mit Gott diesen mit der Einheit der Zeit identifiziert.

einfache Identifikation beider »Götter«, die ihm das apokalyptische Schema erleichterte, gefährdet aber nicht nur den Weltcharakter der Welt, insbesondere der Politik, sondern den biblischen Sinn der neuschaffenden Gerechtigkeit des frei erbarmenden Gottes, der in keinem Fall durch politische Organe beurteilt und verwirklicht werden kann. Wir werden diese Probleme im Anschluß an die mittelalterliche Entwicklung und Luthers konsequente Unterscheidung der Relationen »coram deo« und »coram mundo« weiter bedenken müssen.

Verfolgen wir zum Schluß noch eine letzte Zweideutigkeit, die sich aus Augustins nicht voll geleisteter Durchklärung des Verhältnisses von Eschatologie und Ontologie speziell für die civitas-Lehre ergibt: die Zweideutigkeit seiner Stellung zu Theorie und Praxis, die gleichzeitig die Zweideutigkeit seiner Verhältnisbestimmung von Gott und Welt weiter verdeutlicht.

2. *Theorie und Praxis und das Konkurrenzverhältnis von Gott und Welt*

Seit seiner Lektüre von Ciceros »Hortensius« im 19. Lebensjahr war Augustin für die Frage nach der beata vita, der Eudaimonie, der wahren Lebensform entbrannt[478]. Diese Grundfrage seines Lebens stand seit der klassischen griechischen Philosophie unter der Spannung zwischen theoretischem und praktischem (politischem) Leben. Hatte Platon noch in der Theorie die Begründung für die wahre Praxis gesehen und hatte er auch im römischen Bereich darin Nachfolger gefunden, so neigte doch die Spätantike, zumal der späte Neuplatonismus, aus den verschiedensten Gründen dazu, aus der Spannung einen Gegensatz zu machen. Augustin jedenfalls verstand seine Konversion als eine klare Entscheidung zwischen dem das Zeitliche besorgenden Berufs- und Eheleben in der Gesellschaft und einem rein auf das Ewige gerichteten Leben in der Muße der Philosophengemeinschaft. Seine ersten Dialoge aus Cassiciacum, die ersten Proben dieses Lebens, wie auch die weiteren Frühschriften reflektieren denn auch genau diesen Gegensatz, der schon hier als der Gegensatz nicht nur zweier Lebensweisen, sondern zweier Menschenarten erscheint. Folgerichtig greift Augustin sich die Elemente aus dem Neuen Testament heraus, die diesem philosophischen Lebensideal entsprechen, vor allem die paulinisch-deuteropaulinische Konzeption

---

[478] Vgl. conf. III, 7f.; trin. XIV, 12 u. 26.

vom inneren (neuen) gegenüber dem äußeren (alten) Menschen, die eben aus dieser Tradition stammt. Dabei bemerkt er zunächst nicht den eschatologischen Sinn, den diese Begrifflichkeit bei Paulus angenommen hatte.

Verschärfend wirkt sich eine zweite Frage aus, die neben der der beata vita Augustins Frühzeit bestimmt, nämlich die Frage nach dem Ursprung des Bösen. Hier mußte Augustin seine manichäische Vergangenheit bewältigen, in der er einen Dualismus von zwei Naturen angenommen hatte. Dazu hilft ihm die besonders in der römischen Stoa ausgebildete Vorstellung, daß die Tugend und damit das Gut- und Glücklichsein des Menschen oder dessen Gegenteil sich im Willen entscheide, in der rechten Wahl zwischen wahren und falschen Gütern oder neuplatonisch überformt in der Entscheidung zwischen dem Ewigen über sich und dem Körperlichen unter sich (lib. arb. I). Resultierend aus diesen beiden Frageansätzen, zum einen nach der beata vita, zum anderen nach dem malum, ergibt sich die frühe Konzeption zweier Menschengruppen. Auf der einen Seite stehen die, die das Irdisch-Zeitliche wählen und entsprechend, von ihren Affekten beherrscht, nur einen notdürftigen Zwangsfrieden untereinander in den irdischen politischen Gemeinwesen aufrechterhalten können. Sie sind die Vertreter der vita activa oder die Bösen. Auf der anderen Seite stehen die Weisen, die sich ganz dem Streben nach der Theorie des Ewigen, letztlich Gottes hingeben und das durch eine Loslösung von den dem Irdischen verhafteten Affekten erreichen.

Mit De vera religione 48ff. tritt die von Tychonius konzipierte apokalyptische Vorstellung von zwei Herrschaftsverbänden aus Engeln (Dämonen) und Menschen (civitas dei und diaboli) hinzu, die die anderen Dualismen mehr und mehr in sich aufsaugt und teilweise verwandelt. In unserem Zusammenhang ist an diesem Vorgang jetzt nur wichtig, daß damit das Ziel der Theorie, das Ewige, Gott, in das Eschaton rückt, so wie sich der mundus intelligibilis in die zukünftige Welt des Reiches Gottes verwandelt. Auf dieses Ziel der großen Wanderschaft ist Augustins Auge gerichtet. Sein Amt in der Kirche versteht er in erster Linie so, daß er Menschen für dieses erhoffte Reich Gottes der seligen Schau sammelt.

Nun hätte es sein können, daß die Apokalyptik die weltflüchtige Tendenz im spätantik theoretischen Lebensideal bei Augustin verschärfte. Das ist aber nur bedingt der Fall. Gegen diese Linie stehen zwei Faktoren, die sich in seiner Entwicklung immer mehr durchsetzen. Der eine ist der Schöpfungsglaube, der gegen den Manichäismus die prinzipielle Güte der Welt betont, der andere ist der Zwang zum kirchlichen Amt, das Augustin, wenn auch seufzend, bejahen lernt. Augustin beschreibt dieses spannungsreiche Verhältnis zwischen Theorie und Praxis und Eschatologie selbst abschließend in civ. XIX, 19 mit Hilfe Varros (vgl. 1, 2f.). Dieser unterscheidet drei Lebensarten, die in der Muße, die in der Aktion und die aus beiden Formen gemischte. Alle drei läßt Augustin salva fide gelten. Das otium darf allerdings nicht aus Faulheit und nicht unter Vernachlässigung des Nutzens für die Mitmenschen geschehen, die actio nicht unter Vernachlässigung der Suche nach contemplatio dei und nicht aus Liebe zu Ehrenämtern und Macht, sondern allein zum Nutzen des Nächsten. Als Beispiel wählt er sein Lebensamt, das Episkopat. Zusammenfassend sagt er: »Deshalb sucht die Liebe zur Wahrheit die heilige Muße; die Notwendigkeit der (Nächsten-)liebe nimmt ein gerechtes Amt auf sich« (Domb. II, 388, 19f.). Wenn niemand solch ein Amt auferlegt, soll man es nicht erstreben, sondern sich ganz der Wahrheitssuche widmen; aber selbst wenn es sich nicht umgehen läßt und man aus Liebe ein Amt annehmen muß, darf man sich der Freude an der Wahrheit nicht ganz berauben, damit die notwendige Last einen nicht zu Boden drückt.

Gewiß, man kann betonen, daß nach Augustin die Hinwendung zu Gott erst zum wahren Gebrauch der guten irdischen Güter befreit[479]. Aber es kann doch keinen Zweifel geben, an welchem Ort sein Herz hängt. In den Traktaten zum Johannesevangelium (124, 5) legt er einmal das Leben des Petrus und des Johannes allegorisch als die zwei Lebensweisen aus. Petrus symbolisiert die geplagte vita activa — sie ist gut — Johannes dagegen die vita contemplativa — sie ist besser und wird im Eschaton allein übrig sein. Damit verbunden ist seine Förderung des Mönchtums, das in gewisser Hinsicht die Verchristlichung des asketisch-theoretischen Lebens darstellt. Die Praxis ist demgegenüber gut, aber ständig als Konkurrent des eigentlichen Lebens zu beargwöhnen. Hinzu kommt ein weiteres. Augustin erwähnt typischerweise in civ. XIX, 19 nur das Beispiel des kirchlichen Amts. Wir sahen früher[480], daß hier in erster Linie für ihn Ort des praktisch-sozialen Handelns ist. Demgegenüber ist die politische

[479] Vgl. z. B. *Holte*, bes. 275—281.
[480] S. o. S. 266f.

Praxis noch einen, wenn auch nicht klar definierten Grad weniger wert. Bezeichnenderweise rät er einmal einem Offizier zur Frage, ob dieser Mönch werden solle, er möge nur dort bleiben, wo er hingestellt sei, dort könne er der *Kirche* mehr nützen als im Kloster, indem er ihr nämlich den Frieden gegen die Barbaren erhalte (epist. 220, 3).

Nach all dem läßt sich auf die immer noch offene Frage, wieviel Gewicht Augustin der politischen, aus der Liebe kommenden Praxis im Rahmen seines gesamten Denkens beimißt, endlich folgendermaßen antworten. Gegen *Maier*[481] muß festgehalten werden, daß Augustin seine Ontologie auch im politisch-ethischen Bereich durchhält und die Summe der vita politica, die pax terrena, sowohl der Natur nach wie im Gebrauch für prinzipiell gut hält und der Liebe der Christen empfiehlt. Hier liegen theologisch legitime und ausbaufähige Ansätze, die man mehr würdigen muß, als auch *Kamlah* dies getan hat. Die heimlich in der Unterscheidung von zukünftigem und jetzigem Leben weiterwirkende Polarität von theoretischem und praktischem Leben läßt nun aber doch keinen Zweifel an der Zweitrangigkeit des politischen Lebens. Die Art der Zweitrangigkeit ist nun aber nicht innerhalb eines komplementären Ansatzes bestimmt wie bei Jesus und in gewisser Weise auch bei Paulus, sondern innerhalb einer letzten Konkurrenz zwischen Welt und Gott. Zwar weiß Augustin etwas von der Strukturverschiedenheit der Gottes- und Weltrelation des Menschen, was sich an seiner Verarbeitung des antiken Schemas frui—uti zeigt. Aber die Beziehungspunkte der unbedingten, beseligenden Liebe einerseits und des »Gebrauchens« andererseits sind eben die spätantik dualistisch und darüber hinaus apokalyptisch verstandenen Pole Ewigkeit und einst endgültig vergehende Zeit. Es ist typisch, daß Augustin kein »drittes« (neutrales oder von Gott eingesetzes und gewolltes) Reich neben civitas dei und civitas diaboli ausbaut. Die civitas terrena als politischer Herrschaftsverband mit seinen Zwangsgesetzen war ja in lib. arb. I für Augustin noch die Verkörperung derer, von denen sich der Weise prinzipiell unterschied und schied. Das korrigiert Augustin später. Auch die Christen unterstützen den zivilen Frieden. Aber es ist der Frieden *Babylons*, den sie gemeinsam mit den anderen gebrauchen. Der Begriff der civitas terrena oder pax terrena schillert wirklich bei

---

[481] S. o. S. 273.

Augustin und muß es von seinen Voraussetzungen her. Kurz, das politische Leben ist für Augustin — wenn es gut »gebraucht« wird — zwar nicht schlecht und insofern prinzipiell von seinem falschen Gebrauch durch die civitas diaboli zu unterscheiden, aber es bleibt gegenüber der Kontemplation extrem zweitrangig und nur aus Not zu übernehmen, letztlich weil es im Ansatz als mit Gott konkurrierend verstanden ist. Auch hier also gerät diese Welt durch die Eschatologisierung eines griechischen Philosophems in die Zweideutigkeit[482].

3. Augustin zwischen griechisch-römischer Philosophie, hellenistischem Judentum, der Apokalyptik, Paulus und dem Mittelalter

Neben den Psalmen sind die Paulusbriefe die biblischen Schriften, die Augustin am nachhaltigsten beeinflußt haben. In der ersten Paulusrenaissance, am Ende der lateinischen Alten Kirche, stößt er — neben Marius Victorinus, Ambrosius, Ambrosiaster und Tychonius — am weitesten zum apostolus gentium vor[483]. Ihm entnimmt er auch — zunächst in rehellenisierter Form — die Unterscheidung von innerem (neuem) und äußerem (altem) Menschen.

[482] Interessant wäre es, noch auf die Frage einzugehen, warum Augustin nur auf das Liebeshandeln einzelner Christen in bestehenden Institutionen eingeht, nicht aber auf die Gestaltung dieser Institutionen selbst, wie es die politischen Denker seit Platon taten. Hier wirken verschiedene Elemente mit: 1. war seit Aristoteles die politische Theorie einseitig auf die Richtung vom Einzelnen zum Gesamten ausgerichtet. Die Rückwirkungen der Gruppe auf die Einzelnen, Platons großes Problem, wurde nicht mehr thematisiert. So argumentiert Augustin immer von dem Gesichtspunkt der Einzelnen als »Elementen« des Gemeinwesens aus (vgl. in psalm. 9, 8; civ. IV, 3; XIX, 21, 2; 23, 5; dazu s. *Peusch*, 356f. Vgl. 312f. zu Cicero als Vorlage Augustins, und *Kamlah*, 321). — 2. Natürlich reflektiert Augustin das Problem in seiner massivsten Form, nämlich anläßlich der Erbsündenlehre. (Dies ist die Pointe von *M. Seybolds* Aufsatz zu Augustins »civitas terrena«.) Aus dem kollektiven Zwang der Sünde befreit aber nur die erwählende eschatologische Gnade, die einzelne in eine neue Korporation einfügt: in die der rationalen Seelen unter der gemeinsamen Wahrheit Gottes. Diese Verlagerung des Problems auf die apokalyptische Ebene verstärkt den spätantiken Mangel, das Problem einer kollektiven Änderung der politischen Verhältnisse in die Überlegungen einzubeziehen.

[483] Das große Rätsel des Zeitpunkts und Orts dieses Neuerwachens paulinischer Theologie hängt in unserem Zusammenhang gesehen sicher mit der Krise des Reiches und damit der Reichstheologie zusammen. Jedenfalls waren es die etwa fünfzehn Jahre Einübung in Paulus, die Augustin 410 das geistige Rüstzeug lieferten, den Fall von Rom zu bewältigen.

Der kollektive Sinn dieser Bezeichnungen taucht bei Paulus vor allem in der Gegenüberstellung von fleischlicher Adamsmenschheit und geistlicher Christusmenschheit auf (Rö 5, 12ff.), wird aber bei Augustin durch Einwirkung des Tychonius zu einem apokalyptischen Geschichtsdrama ausgebaut und mit dem Begriff zweier civitates und innerhalb derer mit einer ebenfalls Paulus erneuernden Ekklesiologie verbunden. Augustin verknüpft also in seinem umfassenden Entwurf die aus der Apokalyptik und von Paulus herkommenden Linien. Bei jener ging es vor allem um den endzeitlichen Kampf zwischen Sündern und Frommen und dem darin sich manifestierenden Gerichts- und Heilsgeschehen Gottes. Primär verstand man unter den Sündern feindliche Reiche und unter den Frommen das Gottesvolk. Der Dualismus wurde aber bis in die eigenen Reihen einerseits und die Engelwelt andererseits ausgezogen. Paulus greift insbesondere die in der Apokalyptik — zumal in deren weisheitlichen Schichten — erst am Rande entstehende anthropologische Problematik auf, wobei er die von weisheitlich-hellenistischen Juden verarbeiteten platonisch-stoischen Fragestellungen (äußerer—innerer Mensch) mit aufnimmt. Dabei treibt er das endzeitliche Kampfgeschehen — nun aber vom Anbruch der neuen Schöpfung in Christus her gesehen — bis in den einzelnen Menschen vor (der täglich fortschreitend über den alten siegende neue Mensch). Dieser durch alle Dimensionen hindurchgehende eschatologische Grundsinn des Christentums wird von Augustin in den verschiedensten Fronten entfaltet und schließlich angesichts der Romkatastrophe zu einer ersten großen, an das Urchristentum anknüpfenden Erneuerung gegenüber einer seit Eusebius sich ausbreitenden kulturtheologischen Verbindung von Heils- und Kirchengeschichte einerseits und Reichsgeschichte andererseits ausgebaut. Gleichfalls wird er gegenüber dem Grundentwurf römisch-politischer Friedensideologie und griechischer Friedensontologie kritisch zur Geltung gebracht.

Freilich bedeutet die eschatologische Spannung für Augustin wie für Paulus keine spiritualistische Vergleichgültigung und auch keine manichäische Verteufelung dieser Welt in toto. Auch gehen sie in der Beurteilung der Weltreiche beide über die Apokalyptik hinaus. Diese hatte den weisheitlichen Gedanken, daß Gott Weltreiche und Herrscher einsetze und in seinen Dienst nehme, in ihrer geschichtlichen Lage nur noch deuteronomistisch verstehen können: Gott handelt durch die Weltreiche zu Gericht und Strafe. Paulus wie Augustin kennen einen positiven Sinn der politischen Institutionen. Dabei zeigt die Antwort beider auf die Fragen weltlich-politischer Anforderungen an die Christenheit gewisse Verschiedenheiten. Einerseits geht Augustin ausführlich und begründender auf sie ein als Paulus. Dieser beschreibt zwar die Bewährung der zur Liebe, zur neuen Gerechtigkeit befreiten Christusgläubigen als kritische Erfüllung des allgemein verbindlich zu erfassenden guten Willens Gottes. Augustin durchleuchtet diesen Zusammenhang von christlicher Liebe und vernünftiger Weltpraxis aber heller durch seine ontologischen Analysen zur pax terrena. Liebe wird den natürlichen Bedingungen des Kosmos darum am besten gerecht, weil sie concordia, Eintracht stiftet, die überhaupt das Sein der Natur konstituiert und erhält. Auf der anderen Seite jedoch baut Augustin diese Einsichten nicht so weit aus wie Paulus; denn dieser betont relativ stärker die *leibliche* Verwirklichung des »vernünftigen Gottesdienstes« und den theologischen Sinn der politischen Institutionen — wenn er auch aus naheliegenden zeitgeschichtlichen Gründen diesen Ansatz nicht breit entfaltet, vor allem aber durch bestimmte asketische Tendenzen die »asymmetrische Komplementarität« des Gottes- und Weltverhältnisses Jesu nicht voll in Ansatz bringt. Da Augustin aber in die eschatologische Hoffnung das theoretische Lebensideal in seiner spätantik-neuplatonischen Ausformung integriert, wie durch die Entwicklung seiner civitas-Lehre bewiesen werden kann, wird die politische Praxis trotz ihrer — breiter als bei Paulus — ontologisch begründeten prinzipiellen Güte zu einem nicht nur zweitrangigen, sondern mit dem theoretischen Gottesverhältnis letztlich konkurrierenden Betätigungsfeld des Christen. Darum kann er die civitas terrena in ihrem politischen Sinn nicht prinzipiell von der civitas diaboli unterscheiden, sondern läßt die Bedeutung beider ineinanderschillern. Obwohl er Rö 13, 1—7 prinzipiell bejaht und auch Gottes Providenz in den politischen Institutionen und sogar in den personellen Vorgängen sieht, bleibt die pax terrena doch pax Babyloniae und wird nicht als pax terrena dei charakterisiert. Hier liegt wirklich eine an Jesus, aber auch Paulus gemessene Schwäche Augustins. Man muß sogar in gewisser Weise von einem Versagen Augustins gegenüber den für Theologie und Kirche damals neu gestellten Aufgaben sprechen; denn die Frage »Christenheit und Politik« war in der nachkonstantinischen Ära im Vergleich zur Lage der frühen Christen konstitutiv neu gestellt, so daß man hier weiter als Paulus hätte kommen müssen, statt hinter ihn zurückzufallen. Die Fragestellung angesichts der geschichtlich neuen, unabweisbaren christlichen Mitverantwortung im politischen Gemeinwesen einerseits und der Krise des Reiches und damit der uneschatologischen Reichstheologie andererseits kann man vielleicht so formulieren: Wie läßt sich die besonders von Paulus theoretisch ausgearbeitete und in der zeitgeschichtlich virulenten Krise um 400 neu verständliche Eschatologie und Weltdistanz mit der geforderten politischen Tätigkeit der Christen theologisch gleichzeitig denken — zumal unter dem Aspekt, daß sich die Naherwartung im banal chronologischen Sinn als Irrtum herausgestellt hatte? Aber Geschichte verträgt keine Schulmeisterei. Einseitigkeiten müssen hier wohl Einseitigkeiten aufheben. Und wer wollte einem einzelnen Mann zum Vorwurf machen, was alle Generationen der Christen seither nicht endgültig geleistet haben[484]?

Jedenfalls war es die unerledigte Aufgabe für das Mittelalter, hier weiterzudenken. Von Augustin her ist es wichtig zu sehen, daß er die Aufgabe der neuen Durchleuchtung christlich-gesellschaftlichen Weltverhaltens an seine Nachwelt in einer zweideutigen Form weitergab, nämlich in der Form einer Zweistufigkeit von vita activa und vita contemplativa, die mit der Konkurrenzbestimmung der Gegenstände des uti (Welt) und frui (Gott) zusammenhängt. Alles was in der

[484] Treffend resümiert *G. Kretschmar* in seinem Forschungsbericht »Der Weg zur Reichskirche« (43f.) die seit dem 4. Jahrhundert offene Aufgabe: »Eine eigene Laienethik wächst erst im lateinischen Mittelalter, die Reformation hat sie programmatisch gefordert, wir sind noch heute unterwegs. Der Kirche ist in ihrer bisherigen Geschichte zumindest zweimal die bisherige ekklesiologische Konzeption zerschlagen worden, in apostolischer Zeit, als Heiden Christen wurden, ohne zuvor Glieder des jüdischen Volkes geworden zu sein, und im 4. Jahrhundert, als der Kaiser, der Repräsentant und das Haupt der ungläubigen Weltmacht, Christ wurde und doch Kaiser blieb. In beiden Fällen war der Grund, daß die Missionspredigt der Kirche ein Echo fand, wo es niemand erwartete. Beides war eine Herausforderung an die Theologie: in apostolischer Zeit fanden Paulus und die Urgemeinde eine jedenfalls im Kern gemeinsame Antwort. Vor der Aufgabe, die Situation der Kirche in der Welt, die das 4. Jahrhundert heraufgeführt hat, theologisch zu erfassen, stehen wir noch heute oder heute wieder neu, weil auch die Antwort der Reformation im ökumenischen Gespräch der Gegenwart und gegenüber der Situation der Christenheit in aller Welt neu begründet werden muß.« Einseitig und pauschal gegen das »konstantinische Zeitalter« polemisierende Stellungnahmen übersehen die Unausweichlichkeit der an die christliche Liebe und darum theologisch gestellten Anforderung dieser Wende. Dennoch gibt es keinen Zweifel darüber, daß praktisch alle damals getroffenen Entscheidungen ambivalenten Charakter haben. Zur Kriegsdienstfrage vgl. *J.-M. Hornus*, Politische Entscheidung in der Alten Kirche.

Folgezeit zur Aufwertung der weltlichen Betätigung der Christen beitrug, konnte sich zunächst nur in diesem vorgegebenen Rahmen entfalten. Aber auch die andere Zweideutigkeit, die sich aus der Identifikation von schaffendem und neuschaffendem Gott einerseits und kosmischem Weltprinzip andererseits für den politischen Bereich ergab, reicht Augustin an das Mittelalter weiter. Da er die Frage nach dem Verhältnis von Gottes souverän kreativer Gerechtigkeit und menschlichem Recht ungelöst ließ, billigte er zeitlebens die Ausrottung heidnischer Kulte und schließlich sogar, wenn auch zögernd, staatlichen Zwang gegen Schismatiker. Überflüssig, noch einmal zu betonen, daß Augustin hier nicht im Horizont einer theokratisch-hierokratischen Machtkirche denkt — an dieser Stelle ist und bleibt es unmöglich, sich in irgendeiner Weise auf Augustin zu berufen[485] — aber leugnen läßt sich nicht, daß er hier in der Durchführung seines eschatologischen Grundansatzes am tiefsten versagte und die Schranke zu einer gefährlichen, durch andere Zeitumstände geför-der ten Entwicklung öffnete.

---

[485] S. o. S. 262f. zu civ. XIX, 20. Vgl. aber auch *Kamlah*, 309f.

III. Kapitel: Mittelalter

Die zwei Gewalten (potestates, imperia, gladii, ordines) in einer christlichen Welt

Vorbemerkung

Geschichtliche, insbesondere sozio-politische Voraussetzungen für die Wandlungen der christlichen Haltung gegenüber dem menschlichen Gemeinwesen

In den vorigen Kapiteln, die vor allem der Aufgabe galten, die auf die spätere Zweireichelehre zulaufenden, grundlegenden theologischen und philosophischen Traditionen herauszuarbeiten, wurde immer wieder darauf hingewiesen, welche sozialen und geschichtlichen Bedingungen den Hintergrund für die jeweiligen theoretischen Gesamtentwürfe bildeten. Dieser Gesichtspunkt ist hier noch einmal gesondert hervorzuheben, da die mittelalterliche Entwicklung im ganzen nicht zu begreifen ist ohne die gesamtkulturellen und -politischen Veränderungen, die gegenüber der vorchristlichen Zeit, dem Urchristentum und der Alten Kirche eingetreten sind.

Vergegenwärtigen wir uns in der gebotenen Kürze die politischen Ausgangsbedingungen der bisher untersuchten Positionen. Die Verfasser, die hinter den noch schwer faßbaren frühjüdischen »*Apokalypsen*« stehen, befinden sich in der Lage einer Gemeinschaft von Frommen, die unter schweren Bedrängnissen von seiten der Fremdherrschaft einerseits und der mit dieser kollaborierenden Priesterschaft des eigenen Volkes andererseits leidet[1]. Mit dieser teilen sie jedoch das Schicksal, daß ihnen die selbständige politische Existenz verwehrt ist. Beide akzeptieren theologisch diese Situation, indem sie Jahwe als Herrn auch der fremden Weltmächte verstehen, jedoch jede Gruppe auf verschiedene Weise. Die »Theokraten«, da sie im Kult Israels Jahwes Pläne erfüllt sehen, wählen eine enge Symbiose mit den Weltreichen, ähnlich auch die weisheitliche Tradition vor ihrer Verbindung mit den levitischen und eschatologischen Kreisen (Dan 2—6). Die neu entstehende Mischgruppe der Asidäer dagegen begreift die Weltmächte als reine Werkzeuge Gottes zum Gericht an seinem Volk — Werkzeuge freilich, die wegen der Überschreitung ihres Auftrags selbst dem Gericht verfallen und gar nicht oder nur als Reste am erhofften Endheil Israels teilbekommen werden. Diese Theorie ist aus der Verfolgungssituation einer Religionsgemeinschaft

[1] S. o. S. 17ff.

ohne selbständige politische Basis heraus entworfen und bezeichnenderweise in einer solchen immer wieder virulent geworden (im christlichen Bereich zum ersten Mal Apk 13).

Einen grundsätzlich anderen Ausgangspunkt nimmt *Paulus*[2]. Er setzt nämlich ein bei der Mission, der Sendung der endzeitlich erneuerten Gemeinde unter die Völker. Auch hier wird die theologisch-politische Theorie zwar nicht im Horizont eines Volkes mit eigenständiger Existenz entworfen. Aber das ist nicht als ein Mangel verstanden wie in den apokalyptischen Texten, sondern als die Folge des neuen, auf die universale Welt zielenden Heilshandelns Gottes in Christus. Soziologisch vergleichbar ist diese Position eher mit der missionierenden hellenistisch-jüdischen Diasporasynagoge. Dort vollzieht sich aber das Verhältnis zu den Völkern im Geltendmachen der Mosetora als Offenbarung des wahren, allgemeinen Naturgesetzes, wie wir an Philon sahen[3], während bei Paulus die Universalität des Gesetzes aufgehoben und überboten wird von der Universalität des neuen Schöpfungshandelns Gottes (vgl. Rö 1, 18 — 3, 20 mit Rö 5, 12ff.). Von der anfänglichen Erneuerung der Menschheit im christologisch-pneumatologisch begründeten Sendungsgeschehen der Gemeinde her sind also die politischen Texte des Paulus zu lesen. Einmal geht es um die Auswirkungen der Erneuerung unter den harten, alltäglich-leiblichen Bedingungen der noch bestehenden alten Schöpfung (Rö 12, 1f.), die Gott nicht einfach wegen der Sünde der Menschheit fallen läßt, sondern die er regiert und in der er pneumatische Liebe in politischer Gerechtigkeit verwirklicht sehen will (Rö 13, 1—7), und deren Wohl er so ernst nimmt, daß er die darauf bezogenen Werke der Christen und Heiden unter das eschatologische Gericht stellt. Dabei ist freilich keine relative oder gar absolute Vervollkommnung der politischen Welt in dieser rasch vergehenden und von der Sünde gezeichneten Weltzeit als mögliches Ziel ins Auge gefaßt. Auch ist der Inhalt dieses Denkens nicht über den beschränkten politischen Status der damaligen Christen hinaus entfaltet. Zum anderen geht es Paulus in diesem Zusammenhang darum, daß die Christen im bürgerlichen Leben der Welt keinen Anstoß bieten, um dieser nicht die Aufnahme der Heilsbotschaft zu erschweren oder gar zu verunmöglichen[4].

---

[2] S. o. S. 137ff. [3] S. o. S. 80ff.

[4] Diesen Gesichtspunkt hebt bes. *H. v. Campenhausen* (Tradition und Leben, 185) hervor.

Da der paulinische Ansatz bei der Völkermission vom heilsgeschichtlichen novum des Christusgeschehens ausgeht, muß man ihn als unableitbar theologisch bezeichnen. Trotzdem ist es möglich, die sozialen und politischen Bedingungen, unter denen er sich realisierte, noch weiter zu analysieren. Abgesehen von der bekannten Tatsache, daß die verwirklichte Oekumene der pax Romana die universale Mission ermöglichte, ist im Blick auf später als Wichtigstes hervorzuheben, daß die politische Struktur und die (städtische) Kultur des damaligen römischen Reiches es zuließ, daß Einzelne sich zu einer Religion bekehrten und sich trotz des obligatorischen Reichskults zu Religionsgemeinschaften zusammenschlossen[5]. So war es möglich, daß sich die Kirche trotz der Verfolgungen zu einer eigenständigen Gruppe innerhalb der Gesellschaft entwickeln und nach und nach rechtliche Regelungen mit dem Imperium Romanum vorbereiten konnte[6]. Diese Möglichkeit, vom Individuum (und von »Häusern«) auszugehen, ist neben der Universalität des römischen Reiches die Grundbedingung für die urchristliche und altkirchliche Mission bis zur Mitte des dritten Jahrhunderts und kann in ihrer Wirkung auf deren Form und Erfolg kaum überschätzt werden.

Nur von dieser Voraussetzung der Christenheit als einer eigenständigen (missionierenden) Gruppe innerhalb des im ganzen heidnischen Imperiums und heidnischer Völker aus kann man auch *Augustins* Position in De civitate dei verstehen[7]. Seine Konzeption ist historisch durch zweierlei herausgefordert. Einmal muß er angesichts des Falls von Rom die Kirche vom Reich lösen, soll ihr überpolitischer, eschatologischer Charakter nicht verloren gehen. Zum anderen fordert, wie gezeigt, dieses welterschütternde Ereignis heftige Angriffe auf die neue Reichsreligion heraus, wodurch die heidnischen Elemente im Reich noch einmal deutlich ins Bewußtsein treten. Ohne diese geschichtlichen Hintergründe könnte Augustins Stellungnahme geradezu altmodisch anmuten; denn seit Mitte des dritten Jahrhunderts (Decius, Aurelian und Diokletian) und vollends (mit gegenteiligem Vorzeichen) seit *Konstantin* und Theodosius hatte sich die

[5] Vgl. hierzu und zum folgenden *G. Kretschmar*, Die zwei Imperien, 100ff. (bes. 104).

[6] Vgl. *A. Ehrhardt*, Das Corpus Christi und die Korporationen im spätrömischen Recht.

[7] Bezeichnenderweise formuliert er in civ. XIX, 17 das Verhältnis der civitas dei zum bürgerlichen Leben zuerst und vor allem von der Missionssituation aus (s. o. S. 280 A. 384).

Stellung des Reichs zum Phänomen der Religion grundlegend gewandelt. Die Religion wird in der Verbindung von römischen und alttestamentlichen Elementen in das Reich unter dem Kaiser integriert[8].

Neben diese sich im Byzantinismus rein ausbildende Linie tritt als zweite grundlegende Voraussetzung für das *mittelalterliche* Verständnis des Verhältnisses von Kirche und Gesellschaft das Entstehen der Volkskirchen außerhalb des Imperiums[9]. Wenn wir uns hier auf die germanischen Völker beschränken, so ist in diesem Raum von einer Identität von Kirche und »Gesellschaft« zu sprechen, weil zumeist ganze Stämme in der Person des Fürsten »bekehrt« wurden. Erst unter diesen neuen Bedingungen, wie sie sich im nachkonstantinischen Reich und in den Volkskirchen herausbildeten[10], sah sich die Kirche unabweisbar genötigt, positiv an der Gestaltung des Zusammenlebens aller in einem politischen Verband zusammengeschlossenen Menschen teilzunehmen[11] — weit über das hinaus, was Augustin zu formulieren imstande war. Unter solchen Bedingungen hört das Thema »Christenheit und Welt« de facto auf zu existieren. Stattdessen entsteht das Problem der zwei Gewalten des sacerdotium und regnum (imperium), wie es für das Mittelalter charakteristisch ist[12].

---

[8] S. o. S. 296, vor allem aber *G. Kretschmar*, Der Weg zur Reichskirche.

[9] Vgl. *Kretschmar*, Zwei Imperien, 104ff.

[10] Man ist sich heute in der Forschung weitgehend darin einig, daß man das Mittelalter im Zusammenhang mit der römisch-byzantinischen Entwicklung seit Konstantin sehen muß; denn nur so wird man der Tatsache gerecht, daß vor allem von hier aus tausend Jahre lang das antike Erbe in das Abendland vermittelt wird. Vgl. *P. E. Hübinger*, Spätantike und frühes Mittelalter (24 A. 1 weitere Literatur); *Th. Mayer*, Papsttum und Kaisertum, 3ff. (3 A. 1 weitere Literatur). Vor allem das abendländische Kaisertum macht trotz wichtiger Besonderheiten (vgl. u. S. 334) immer wieder Anleihen bei dem byzantinischen Vorbild. Dazu vgl. vor allem *F. Dölger*, Byzanz und die europäische Staatenwelt; *W. Ohnesorge*, Abendland und Byzanz; *Th. Mayer*, passim.

[11] Vgl. *H. Dörries*, Konstantin, 148ff.

[12] *E. Troeltsch*, Ges. Schr. I, 178ff. spricht hier von der Einheitsgesellschaft. Besonders ist seine Mahnung zu beachten, das Mittelalter nicht nur als (schlechtes) Durchgangsstadium, sondern in seiner selbständigen Bedeutung zu erfassen (aaO 186). Eindrücklich stellt *A. Nitschke* die völlige Andersartigkeit besonders des frühen Mittelalters gegenüber Antike und Neuzeit dar. Vgl. sein Kapitel »Frühe christliche Reiche«, in: Propyläen Weltgeschichte V, und die Einleitung zum ganzen Band (zum Einheitsgedanken s. ebd. 17f.), dazu aber auch seinen methodisch außerordentlich interessanten Versuch, in Zusammenschau politischer und naturwissenschaftlicher Entwicklung eine »historische Relativitätstheorie« zu entwickeln (Naturerkenntnis und politisches Handeln im Mittelalter).

Denn jetzt läßt sich die Kirche nicht mehr personell von der Gesellschaft abgrenzen, sondern beide umfassen den gleichen Personenkreis. Ein möglicher Unterschied läßt sich nur noch in den Gruppen und Leitungsfunktionen innerhalb einer Einheit fassen[13].

Unter diesen beiden Gesichtspunkten — den neu gestellten Problemen christlichen Weltverhaltens und der Zuordnung und des Kampfes geistlicher und weltlicher Gewalt — ist im folgenden die mittelalterliche Entwicklung zu verfolgen. Denn im Blick auf sie entsteht das Neue, das Luther unter wieder ganz veränderten Voraussetzungen als letztes Element neben den biblischen und augustinischen in seine (vorläufig) abschließende Ausarbeitung der Zweireichelehre aufnimmt.

Es bedarf keines Wortes darüber, daß dieses eine Kapitel den Reichtum des Mittelalters nicht fassen kann, zumal eine Geschichte der Zwei-potestates-Lehre im Mittelalter eine Gesamtgeschichte dieses Zeitraums sein müßte. Dazu kommt, daß alle Aussagen auch von der jeweiligen Gattung her interpretiert werden müßten (Brief, Streitschrift o. ä.), was hier nur angedeutet werden kann. Aber selbst unter den eingeschränkten Zwecken der folgenden Untersuchung wird vieles weder ausführlich genug behandelt werden noch auch nur ein vollständiger Literaturnachweis geliefert werden können. Die bisher verfolgte Methode, die systematischen Gesichtspunkte aus traditionsgeschichtlich detaillierten Quellenanalysen zu gewinnen, muß hier aufgegeben werden. Für ein solches Vorgehen wäre im Rahmen dieser Untersuchung die zu behandelnde Zeitspanne einfach zu groß. Trotzdem ist deren wenigstens behelfsmäßige Einbeziehung in die Betrachtung unerläßlich, will man nicht eine wichtige Erfahrungsbasis der Christenheit im Blick auf ihr Weltverhalten ignorieren und sich überdies das Verständnis der folgenden Zeit verbauen[14].

---

[13] Vgl. *Kretschmar*, 105; *G. Ebeling*, Luther, 203.

[14] Nur zwei Aufsätze beschäftigen sich ausdrücklich mit der mittelalterlichen Vorgeschichte von Luthers Zweireichelehre, nämlich der schon zitierte von *Kretschmar* und ein weiterer von *G. Gloege* (Theol. Traktate, II, 69ff.). Beide sind sehr erhellend, behandeln aber nur einzelne Aspekte der gesamten Traditionsgeschichte. Das gleiche gilt von der knappen Übersicht bei *H. Gollwitzer*, Forderungen der Freiheit, 4ff. Wichtige Gesichtspunkte bietet *G. Scharffenorth*, Römer 13 in der Geschichte des politischen Denkens, 14ff. Zur Auseinandersetzung mit *J. Heckels* Deutung der Zweireichelehre-Tradition s. u. S. 523ff. Im übrigen finden sich nur verstreute Bemerkungen zum Thema. *Lau* etwa begnügt sich in seiner Monographie (Luthers Lehre von den beiden Reichen) mit einem kurzen Verweis auf die Zweischwerterlehre bei Gelasius I., Alcuin und Bernhard von Clairvaux, um diese Linie gegenüber dem Einfluß Augustins — über den er freilich ebenso wenig und nur Falsches zu sagen weiß — als wenig interessant wieder fallen zu lassen (26f.). Gute Hinweise bei *H. Bornkamm*, Luthers Lehre, 14; 21f.; *G. Ebeling*, Luther, 202f. Die Aufgabe des folgenden Kapitels besteht also darin, die wichtigsten, von der Mittelalterforschung bereitgestellten Ergebnisse für das Verständnis der folgenden Geschichte und für unsere systematische Fragestellung fruchtbar zu machen.

A. Die Zuordnung der beiden Gewalten in der Einheit der frühmittelalterlich christlichen Reiche

1. Die römisch-byzantinische Reichskirche (Gelasius I.)

Die grundlegende Formulierung des Problems der zwei Gewalten gibt Papst Gelasius I. (492—496) in seinem Brief an Kaiser Anastasius (ep. 12, 2f.)[15]. Während der monophysitischen Streitigkeiten hatte die römische Kirche den monophysitischen Berater der Kaiser, Akacius von Konstantinopel, gebannt und die Gemeinschaft mit dem Osten abgebrochen. In diesem Zusammenhang schreibt Gelasius seine berühmten Sätze, die durch spätere Aufnahme in die pseudoisidorischen Dekretalen und das Decretum Gratiani zu den im Mittelalter meistzitierten Worten gehören: »Zwei sind es ja, erhabener Kaiser, von denen diese Welt vornehmlich regiert wird: die geheiligte Autorität der Bischöfe und die königliche Gewalt. Unter ihnen ist das Gewicht der Priester um so schwerer[16], als sie auch für eben diese Regenten der Menschen im göttlichen Gericht Rechenschaft ablegen müssen[17].« Aus dieser grundsätzlichen Bestimmung wird weiter gefolgert, daß die Priester in weltlichen Dingen (in rebus mundanis) den Gesetzen des durch göttliche Anordnung eingesetzten Kaisers folgen müssen, in göttlichen dieser sich aber dem Urteil der Priester zu unterwerfen habe — zumal dem des römischen Bischofs als Oberstem der Priester. Diese (im Original) sprachlich hochdifferenzierten Unterscheidungen[18] sollen nicht etwa das bestehende Reichs-

[15] Dazu s. vor allem die grundlegenden Arbeiten von *L. Knabe*, Die gelasianische Zweigewaltentheorie, und *W. Ensslin*, Auctoritas und Potestas; aus der weiteren Literatur vgl. *W. Ullmann*, Die Machtstellung des Papsttums, 22ff.; *A. Dempf*, Sacrum Imperium, 141f.; *H. Berkhof*, Kirche und Kaiser, 210ff.

[16] Die Bedeutung von pondus spielt zwischen »Last« und »Würde«.

[17] »Duo sunt quippe, imperator auguste, quibus principaliter mundus hic regitur, auctoritas sacrata pontificum et regalis potestas, in quibus tanto gravius pondus est sacerdotum quanto etiam pro ipsis regibus hominum in divino reddituri sunt examine rationem« (zitiert nach *Mirbt-Aland*, Quellen, 222 Nr. 462; ebd. der vollständige Text der betr. Briefstelle).

[18] *L. Knabe* (13) u. a. legen mit *E. Caspar* (Geschichte des Papsttums, 65ff. u. 753ff.) starkes Gewicht auf die typisch römische Unterscheidung von auctoritas der Priester (unübersetzbarer Begriff für eine gesetzlich nicht fixierbare Vollmacht und Würde, z. B. des Senats) und potestas (gesetzlich geregelte Amtsgewalt, die

kirchensystem zugunsten einer faktischen Vorherrschaft des römischen Papstes über den byzantinischen Kaiser in Frage stellen, sondern die Verantwortung von sacerdotium und imperium abgrenzen, um der Kirche in dogmatischen Fragen das Festhalten an der Orthodoxie zu gewährleisten.

Etwas weiter geht Gelasius vielleicht in seinem IV. Traktat. Hier knüpft er an die Melchisedektypologie an, nach der Christus die Gen 14, 18 vorgebildete Einheit der priesterlichen und königlichen Gewalt in sich vereinigt. Während nun aber die byzantinischen Kaiser sich in diesem Doppelsinn als Stellvertreter Christi auf Erden verstanden, bis schließlich im 6. Jahrhundert die Bezeichnung »Melchisedek βασιλεὺς καὶ ἱερεύς« zu ihrem offiziellen Titel wurde[19], betont Gelasius, daß die Einheit der Gewalten ausschließlich in Christus liege. Dieser selbst habe nämlich wegen der menschlichen Schwäche (superbia!) für spätere Zeiten die beiden Ämter geteilt, damit sich niemand überhebe (c. 11)[20].

Es ist oft darauf hingewiesen worden, daß Gelasius die typisch abendländisch-kirchliche (theokratische) Haltung im Gegensatz zur östlich-byzantinischen vertritt, für die man die Bezeichnung »cäsaropapistisch« geprägt hat[21]. Daran ist sicher etwas Richtiges. Gelasius knüpft in einem anderen Brief ausdrücklich an Ambrosius an, der Theodosius als »Sohn der Kirche« zur öffentlichen Buße zwang und sich mehrfach gegen Eingriffe der kaiserlichen Gewalt in kirchliche Dinge zur Wehr setzte[22]. Außerdem wirkt sich im Westen immer mehr

---

sich mit äußeren Machtmitteln durchsetzt, z. B. des Magistrats). Dagegen hat aber *Ensslin* (664ff.) gezeigt, daß selbst Gelasius in anderen Äußerungen zum Problem die später gebräuchliche Redeweise von zwei potestates bevorzugt und die Differenzierung des 12. Briefes weder durchhält noch weiter ausbaut.

[19] Literatur bei *Knabe*, 16 A. 10.

[20] »... quoniam Christus memor fragilitatis humanae, quod suorum saluti congrueret, dispensatione magnifica temperavit, sic actionibus propriis dignitatibusque distinctis officia potestates utriusque discrevit, suos volens medicinali humilitate salvari, non humana superbia rursus intercipi, ut et christiani imperatores pro aeterna vita pontificibus indigerent et pontifices temporalium cursu rerum imperialibus dispositionibus uterentur. ... ut et modestia utruisque ordinis curaretur, ne extolleretur utroque subfultus, et competens qualitatibus actionum specialiter professio aptaretur« (Tract. IV, 11; *Mirbt* 223f. Nr. 463). Dazu vgl. *Knabe*, 14ff. u. o. die A. 15 genannte Literatur.

[21] Vgl. bes. *H. Berkhof*, 210ff.; *Kretschmar*, 100f.; *Ensslin*, 662ff; *Th. Mayer*, 4f.

[22] Grundlegend zum Verhältnis von Kirche und Staat bei Ambrosius *H. v. Campenhausen*, Ambrosius, 161ff. (speziell zum Thema Ambrosius-Theodosius, 222ff.). *Ensslin* (662f.) zeigt sehr schön, wie sich Gelasius bewußt ist, daß die

die Tatsache aus, daß die Kirche hier eine einheitliche Spitze unabhängig vom Kaiser entwickeln konnte. Aber man darf hier keine falschen Gegensätze konstruieren. In beiden Reichsteilen geht es grundsätzlich um die rechte Zuordnung, nicht um eine Konkurrenz beider Gewalten. Hinzu kommt, daß die westliche Kirche ihre Eigenständigkeit zunächst nur dann betont, wenn es um die Gefährdung der Orthodoxie durch den Kaiser geht[23], wenngleich die Formulierungen des Gelasius in einer solch allgemeinen und schwebenden Unbestimmtheit gehalten sind, daß sie weit mehr aus sich entlassen können als im Augenblick nahelag. Auf der anderen Seite wird im byzantinischen Bereich die »Symphonie von Kosmos und Ekklesia« unter der Vorherrschaft der Kaiser von den Bischöfen selbst gefördert[24]. Außerdem kommt man von der Bezeichnung »Cäsaropapismus« darum immer mehr ab, weil der Kaiser als Geistträger gilt und als solcher zwar nicht Liturg, aber rechtmäßiger Herr in der Kirche ist[25]. Wie gut sich die Zweigewaltenlehre prinzipiell mit östlichen Anschauungen vertragen kann, zeigt die Tatsache, daß gerade Kaiser Justinian I., der klassische Vertreter des Byzantinismus, sie aufgreift. Er tilgt dabei zwar die »höhere Gewichtigkeit« des sacerdotium, betont (in römisch-konstantinischer Tradition[26]) die Pflicht der Priester, neben der Sorge für die göttlichen Dinge für Kaiser und Reich zu beten[27], schreibt sich selbst die Aufsicht über die honestas der Priester zu[28], aber neben diesen — gewiß nicht geringen[29] — Akzentverschiebungen liegt aller Ton wie bei Gelasius auf dem gemeinsamen göttlichen Ursprung und dem gemeinsamen auf das öffentliche Wohl ausgerichteten Ziel beider Gewalten[30].

Buße des Theodosius nicht einfach mit seinem eigenen Streitfall vergleichbar ist. Er erwähnt jene Episode nämlich nicht gegenüber dem Kaiser selbst, sondern benutzt sie als Suggestivbeispiel in einem Schreiben an südserbische Bischöfe (ep. 26, 11).

[23] S. *Kretschmar*, 101.

[24] Literatur bei *Kretschmar*, 100.

[25] Vgl. *H.-G. Beck* in: RGG³ I, 1574.

[26] Vgl. *H. Dörries*, 97ff.

[27] Vgl. *Knabe*, 21f. zu Corpus Iuris Civilis III, 35.

[28] Vgl. *Ensslin*, 667f. zum Prooimion der Novelle VI von 535.

[29] Die Unterschiede zwischen Gelasius und Justinian hebt stark hervor *Ullmann*, 47ff.

[30] Zur Ausrichtung der sacerdotalen und der magistralen Gewalt auf den römisch-rechtlichen Begriff der »Öffentlichkeit« und die großen Wirkungen dieses Gedankens seit dem 12. Jh. vgl. u. S. 379. — Weitere Anknüpfungen an die gela-

Halten wir zum Schluß noch einige Einzelheiten fest, die im Blick auf die spätere Entwicklung von Bedeutung sind. In der Verhältnisbestimmung der beiden potestates ist nichts mehr von dem eschatologischen Gegensatz vorhanden, der die zwei civitates Augustins kennzeichnete. Vielmehr ist nun die bestehende eine Welt (mundus hic) aufgeteilt unter zwei von Gott eingesetzte leitende Gewalten, die priesterliche und die königliche. Freilich hält sich der eschatologische Aspekt in einer neuen, folgenreichen Zuspitzung durch: die Priester müssen im Jüngsten Gericht vor Gott für die Könige Rechenschaft ablegen[31]. Dadurch wird zwar nicht die bestehende Harmonie des christlichen Kosmos gestört, aber die »weltliche« Tätigkeit der Führung des Gemeinwesens wird konstitutiv unter den Aspekt der Verantwortung vor dem göttlichen Gericht gerückt. Dieser Gedanke ist zwar prinzipiell in der apokalyptisch-paulinischen Vorstellung des Gerichts nach den Werken vorgegeben. Das Neue liegt aber in der veränderten Situation, daß der Priester in der Lage ist, den Herrscher direkt darauf anzusprechen und in gewisser Weise das endzeitliche Urteil vorwegzunehmen. Außerdem sind zwei weitere Verschiebungen gegenüber Augustin und mit ihm der Alten Kirche eingetreten. Einmal ist nun die von der Kirche bezeugte Wahrheit mit der Kirche identifiziert und diese zum anderen weitgehend von der Autorität des Papstes her verstanden[32]. Zwar ist die eine Welt mit ihren beiden Spitzen in ihrer Einheit nicht als Kirche, als corpus Christi interpretiert wie dann später seit Ende des 8. Jahrhunderts im germanischen Raum. Das mag an der öffentlich-rechtlichen Wurzel des Verhältnisses von sacerdotium und magistratus im römischen Bereich liegen[33]. Aber da sich auf der anderen Seite nach reichskirchlich-gelasianischer Auffassung sacerdotium und imperium vom Priesterkönig Christus herleiten, wird doch schon hier von einer christologisch begründeten Einheit her gedacht. Ferner sind schon bei Gelasius die Begriffe Ämter (officia) und Ordnungen (ordines)[34] für

---

sianische Zweigewaltenlehre in dogmatischen Streitigkeiten der frühen byzantinischen Epoche bespricht *L. Knabe*, 22ff. (22f. zur Verteidigung kirchlicher Kompetenz im Dreikapitelstreit durch Fulgentius Ferrandus und Facundus von Hermiane; 24ff. zum Briefwechsel zwischen Leo dem Isaurier und Gregor II. im Bilderstreit, der insofern wichtig ist, als hier dem Kaiser die seit Justinian unbestrittene Melchisedek-Würde des Priesters abgestritten wird.)

[31] Ep. 12, 2 (s. o. A. 17).

[32] Darauf weist m. R. *H. Berkhof*, 211f. hin.

[33] S. u. S. 383.

[34] S. o. A. 20 u. *L. Manz*, Der Ordo-Gedanke, 25f.

die beiden Gewalten bereitgestellt, noch freilich im römischen, nicht im germanisch-ständischen Horizont.

2. *Die Kirche im Frankenreich und im Reich der deutschen Kaiser bis zum Investiturstreit*

a) Das Frankenreich bis zu Karl dem Großen[35]

Die gelasianische Zweigewaltenlehre spielt im Merowingerreich vor Pippin weder sachlich noch literarisch eine Rolle. Der Grund dafür, das besondere Volkskirchentum dieser Epoche, enthält aber gerade die spezifischen Probleme, vor die sich später jede Verhältnisbestimmung von sacerdotium und regnum im germanischen Raum gestellt sieht. Der besondere Charakter dieses Volkskirchentums beruht vor allem auf zwei Voraussetzungen, dem Eigenkirchenwesen und der Überzeugung, daß der König dem Göttlichen vor allen anderen nahe sei und also auch die höchste priesterliche Würde innehabe. Das Eigenkirchenrecht, dessen Ursprung umstritten ist[36], sicherte dem Besitzer des Bodens, auf dem sich die Kultstätte befand, nicht nur die Verfügungsgewalt über alles dazugehörige Inventar, sondern auch über die Bestellung der Priester zu. Dem König fiel damit die entscheidende Macht über die Kirche zu. Den Höhepunkt erreichte diese Entwicklung in der Einrichtung der Reichsbistümer unter Otto I. Nur von dieser Voraussetzung aus wird verständlich, warum 300 Jahre später der Streit um das Verhältnis von priesterlicher und königlicher Gewalt im Hohen Mittelalter als Streit um Besitz und Investiturrechte geführt werden mußte. Die sakrale Stellung des germanischen Herrschers beruhte vor allem auf dem Geblütsrecht (Königsheil)[37]. Sie konnte sich aber leicht mit alttestamentlichen (Königpriestertum Melchisedeks, Davids und Salomos) und antikbyzantinischen Vorstellungen verbinden[38].

---

[35] Zum ganzen Abschnitt vgl. *H. Löwe*, Deutschland im fränkischen Reich, 90ff.; *A. Nitschke*, Frühe christliche Reiche, und vor allem *G. Haendler*, Geschichte des Frühmittelalters mit weiterer Literatur. Von den älteren Arbeiten vgl. *H. v. Schubert*, Geschichte der christlichen Kirche im Frühmittelalter, 357—376.

[36] Vgl. *Feine*, Kirchliche Rechtsgeschichte I, 147ff. u. ö.; *L. Knabe*, 32f.

[37] Vgl. bes. *F. Kern*, Gottesgnadentum, 21ff.

[38] Vgl. *L. Knabe*, 33f. Zu diesem Gedankenkomplex im gesamten Mittelalter vgl. das Monumentalwerk von *P. E. Schramm*, Herrschaftszeichen und Staatssymbolik, I—III.

Zu diesen zwei Grundvoraussetzungen des germanischen Mittelalters kam nun aber eine weitere Komponente, die wachsende Bedeutung für die Frage der zwei Gewalten gewann, nämlich das Bündnis zwischen den Päpsten und den Karolingern seit Pippin. Durch den Bruch mit Byzanz im Bilderstreit wurde die römische Kirche samt ihren Besitzungen des Schutzes gegen die Langobarden beraubt. Pippin, der mit Unterstützung des Papstes Zacharias den letzten Merowinger ins Kloster schicken und durch seine von Bonifatius ausgeführte Salbung das Fehlen königlichen Bluts ausgleichen konnte, wurde 754 um Hilfe angerufen. In den Abmachungen von Ponthion und Quiercy wurde ihm das Defensoramt der römischen Kirche übertragen, obwohl rechtlich der oströmische Kaiser Herr von Rom blieb. Pippin nahm den Langobarden verschiedene Gebiete ab, schenkte sie dem heiligen Petrus und legte so den Rechtsgrund zum späteren Kirchenstaat. Dieser Vorgang liegt der berühmten Fälschung der Donatio Constantini zugrunde[39]. Sie ist für unser Thema weniger in ihrer unmittelbaren Zielsetzung, der politischen Unabhängigkeit des Papstes von Byzanz in Rom und Italien, bedeutsam[40], als vielmehr darum, weil — wie *Kretschmar* nachgewiesen hat[41] — in ihr der Ursprung der Formel von den zwei Imperien liegt. Dem irdischen Imperium und irdischen Thron des Kaisers wird hier der himmlische Kaiser Christus, dem der Papst mit seiner Schlüsselgewalt zugeordnet ist, gegenübergestellt. Dem Stellvertreter Christi gebühren dabei höhere Ehren und alle kaiserlichen Insignien und Rechte. Die imitatio imperii (17), auf der dieser Vorgang beruht, ist ebenso wie umgekehrt die imitatio sacerdotii durch Könige eine geläufige Erscheinung seit Konstantin[42], ja ein allgemeines religions-

---

[39] Literatur in RGG[3] III, 1787, bei *Kretschmar*, 92f. und *K. F. Morrison*, The Two Kingdoms, 26f. A. 1. *W. Ohnesorge* tritt in verschiedenen Arbeiten für eine Abfassung des Dokuments im Zusammenhang des Zweikaiserproblems nach 800 ein (vgl. bes. *ders.*, Abendland und Byzanz, 79ff.; 184ff.). Zum Gesamtproblem vgl. *H. Fuhrmann*, Die Fälschungen im Mittelalter, und die daran anschließende Diskussion.

[40] Allerdings wurde später die schwebende Formulierung, Konstantin habe Sylvester »Romae urbis et omnes Italiae seu occidentalium regionum provincias, loca et civitates« überlassen (17; *Mirbt-Aland*, 255), die sich ursprünglich nur auf die westlichen Besitzungen Ostroms bezog, auf das gesamte Abendland ausgedehnt und bot in dieser Lesart die Grundlage der sich steigernden päpstlichen Weltherrschaftsansprüche, wovon noch zu handeln sein wird.

[41] S. o. A. 39.

[42] Vgl. *Kretschmar*, 100f.

geschichtliches Phänomen[43]. Hier aber liegt das Besondere und Folgenreiche in der Abbildung der kaiserlichen Hierarchie auf den Klerus mit der einen Papstspitze — ganz abgesehen von der späteren Verwendung der Fälschung in dem Sinn, daß der Papst das Reich von den Griechen auf die Franken übertragen habe (translatio imperii)[44].

Wenn auch die Spannungen, die diese Konstruktion durchziehen, erst im Investiturstreit ganz ans Tageslicht treten, so werden sie doch schon bei der Kaiserkrönung Karls d. Gr. und den ihr folgenden Ereignissen sichtbar. Die immer noch umstrittene Frage, ob Karl am Weihnachtsabend 800 die Kaiserkrone wider Willen von Leo III. aufgesetzt bekam, wurde zuletzt von *H. Beumann*[45] einleuchtend dahingehend beantwortet, daß Karl nicht das Kaisertum überhaupt, sondern das römische Kaisertum in der Auslegung des Papstes ungern annahm. Offenbar war diese bestimmt durch die konstantinische Fälschung, die Leo III. bei seinem Besuch in Aachen 804 Karl vorlegte. Dieser griff daraufhin immer mehr auf die rein fränkische Kaiseridee zurück, ließ dagegen die römische trotz reicher Anleihen bei dieser Tradition[46] fallen und vollzog 813 die Krönung seines Sohnes Ludwig in Aachen ganz ohne die Mitwirkung des Papstes. Seine Herrschaft über das imperium christianum sollte von Gottes, nicht von Papstes Gnaden sein.

Ob man freilich bei Karl von einem Königpriestertum im Vollsinn sprechen kann, ist strittig[47]. Deutlich ist jedenfalls, daß er und seine Umgebung innerhalb des germanisch-fränkischen Kirchensystems, in dem der König defensor et rector ecclesiae war, zwischen priesterlicher und königlicher Gewalt unterschieden. Zwar geht Karl nicht

---

[43] Vgl. *P. E. Schramm*, Sacerdotium und Regnum im Austausch ihrer Vorrechte.

[44] S. u. S. 390f.

[45] Nomen imperatoris — Studien zur Kaiseridee Karls d. Gr. (ebd. weitere Literatur); vgl. zusammenfassend *ders.*, Das Kaisertum Ottos d. Gr., 546ff. Vgl. auch *A. Nitschke*, 302.

[46] S. die Literaturangaben o. A. 10.

[47] Gegen die ältere Literatur, die fast durchgehend ein »Königpriestertum« für Karl annimmt, betont besonders *K. F. Morrison* (27f. A. 1), daß »Charlemagne's views were monistic, or nearly so, without including any sort of ‚pontifical kingship‘« (vgl. ebd. 116 u. 181). Auch *P. E. Schramm* (Herrschaftszeichen I, 342f. und III, 1081) betont, daß Karl, obwohl er es als sein Recht ansah, Volk und Klerus zu beaufsichtigen, nicht die Teilhabe am geistlichen Amt beanspruchte. Gute Bemerkungen und weitere Literatur zum Problem bei *H. Steger*, David rex et propheta, 130.

darauf ein, daß Papst Hadrian ihm mit den Gelasiusworten den Eingriff in die dogmatische Frage des Bilderstreits verwehren will[48], auch nimmt er für sich die Sorge für die Kirche nach außen *und* innen in Anspruch, wobei dem Papst nur die Aufgabe der Fürbitte zukommt[49], aber Alcuin, Karls bedeutendster Ratgeber, machte darüber hinaus doch zukunftsweisende Unterscheidungen. Daß er dem König »beide Schwerter« zuspricht, ist meist im Sinn der späteren Zwei-Schwerter-Lehre mißverstanden worden[50], bedeutet hier aber die beiden Schutzfunktionen des defensor ecclesiae gegen die Heiden und gegen die Häretiker[51], fällt also für unsere spezielle Frage aus. Wichtig dagegen sind seine ausdrücklichen Verhältnisbestimmungen von potestas saecularis und potestas spiritualis. Er teilt nämlich — offenbar in der antikes Gut verarbeitenden augustinischen Tradition — der weltlichen Gewalt die Aufgabe zu, auf Körper und zeitliches Leben im Sinn der tötenden Strafgerechtigkeit einzuwirken, während er der geistlichen als der höheren Gewalt den Schlüssel zum ewigen Leben durch Seelsorge mit dem Wort zuspricht[52]. Gegenüber Augustin liegt hier freilich aller Ton auf der gegenseitig sich ergänzenden Zuordnung von weltlich und geistlich. Ja, die Schrift De civitate dei, welche Karl d. Gr. sehr geschätzt hat[53], konnte Alcuin so lesen, daß er dem Kaiser die Regierung und Leitung der »Stadt des ewigen Friedens« zusprach[54].

---

[48] Vgl. *Knabe*, 39.

[49] Vgl. *Knabe*, 36f.; *H. v. Schubert*, Geschichte, 360.

[50] So auch von *Knabe*, 42. Vgl. u. S. 346.

[51] Vgl. *W. Levison*, Die mittelalterliche Lehre von den beiden Schwertern, 28 A. 83; *H. v. Schubert*, 360.

[52] Vgl. die zwei Briefe an Aethelhard von Canterbury (793 und 802): »... Divisa est potestas saecularis et potestas spiritalis: illa portat gladium mortis in manu, haec clavem vitae in lingua. his dicitur ‚ne timueritis eos' de illis dicitur ‚quia corpus occidunt, animam autem occidere non possunt'« (MG. Epp. IV, 48). »Divisa est sacerdotalis atque regalis potentia. illa portat clavem in lingua caelestis regni, iste gladium ad vindictam reorum. sed multo praestantior potestas quae vivificat, quam illa quae occidit; quia melior est vita quam mors, melior est eterna beatitudo quam temporalis iocunditas« (MG. Epp. IV, 413; dazu s. *Knabe*, 42f.). Immerhin nennt Alcuin den Kaiser auch Lehrer (doctor) und Prediger (praedicator) (vgl. *A. Nitschke*, 303).

[53] *Dempf* (134) spricht sogar von Karls »Lieblingsbuch«.

[54] »... Dum vestrae potentiae gloriosam sublimitatem non periturae Chaldeis flammis Hierusalem imperare scio, sed perpetuae pacis civitatem pretioso sanguine Christi constructam regere atque gubernare« (ep. 198, MG. Epp. IV, 327). Von solchen Äußerungen aus ist es freilich zweifelhaft, ob man wie *Morrison* (vgl. o.

Ganz anders als im Raum des oströmisch-byzantinischen Reichs, weil aus spezifisch germanischen Bedingungen erwachsen, aber doch auch wieder vergleichbar bildet sich auch im fränkischen Gebiet bis zu den ersten Karolingern die Einheit einer christlichen Welt, eines christlichen Reiches heraus[55]. Innerhalb dieser Einheit ordnen sich die beiden Gewalten fast problemlos zueinander. Erst im 9. Jahrhundert trat hier eine — zunächst vorübergehende — Wende ein.

b) Die ersten Probleme bei der Zusammenarbeit der beiden Gewalten im Frankenreich des 9. Jahrhunderts

Unter den schwächeren Nachfolgern Karls d. Gr. erstarkte sowohl die Macht der Bischöfe und Erzbischöfe im westfränkischen Bereich als auch die Macht der Päpste. Hinkmar von Reims repräsentiert die eine, die Pseudo-Isidorischen Dekretalen und Nikolaus I. stehen für die andere Linie. Man hat gesagt, daß damit dem »königlichen Monismus« ein sehr differenzierter »bischöflich-konziliaristischer Dualismus« und ein »päpstlicher Monismus« gegenübertritt[56]. Man muß bei dieser unmittelalterlichen Sprechweise beachten, daß auch die »monistischen« Positionen das Nebeneinander und Miteinander zweier Gewalten in einer übergreifenden Einheit kennen, dieses Miteinander lediglich jeweils nach den eigenen Interessen einseitig artikulieren. Grundlage des zunehmenden Erstarkens des fränkischen Landesepiskopats und des Papsttums gegenüber den weltlichen Herrschern war vor allem die wachsende Bedeutung der kirchlichen Sal-

A. 47) mit der Ablehnung der theokratischen These so weit gehen darf zu behaupten, die Karolinger hätten ihr Königsamt nicht als kirchliches verstanden. Natürlich bis zu Karl d. Gr. nicht als ein Amt von Gnaden der kirchlichen Hierarchie, aber offenbar doch als ein Amt in der civitas dei, die mit dem imperium christianum gleichgesetzt wird. Vgl. auch *H. Beumann*, Das Kaisertum Ottos d. Gr., 547; *Kretschmar*, 109; *A. Borst*, Religiöse und geistige Bewegungen, 497.

[55] *Morrison* spricht hier von einem »königlichen Monismus« (s. o. A. 47), *H. v. Schubert* (361) von Staatskirchentum »in höchster Vollendung«. Beide Sprechweisen sind anachronistisch.

[56] In diesem Dreiecksverhältnis beschreibt vor allem *Morrison* die spätkarolingische Epoche, zumal am Beispiel des Prozesses gegen Hinkmar v. Laon (zusammenfassend S. 12ff. u. 242f.). Seine Definition des Monismus lautet: »... one of the two powers civil or ecclesiastical holds directive and punitive authority over the other« — die des Dualismus: »... the two powers were discrete and of equal dignity in this world, each existing in its own discipline and law« (23f.) Vgl. außer der bei *Morrison* verarbeiteten älteren Literatur die schon mehrfach zitierten Arbeiten von *Knabe* (zusammenfassend 45f. u. 94f.) und *Dempf* (147ff.).

bung der Könige und Kaiser bei deren Krönung[57]. Gewiß war schon bei Pippin an die Stelle des Erbrechts der Merowinger und neben das Wahlrecht die Salbung getreten, und gewiß bleiben Wahl und Erbe auch im 9. Jahrhundert die grundlegenden Voraussetzungen der Sukzession[58], aber dennoch beginnen die fränkischen Bischöfe im Krönungsritual der Könige und die Päpste bei der Kaiserkrönung ihre Position praktisch-politisch auszubauen. Wichtiger aber und folgenreicher ist es, daß durch den Akt der priesterlichen Salbung der Gedanke an Bedeutung und Inhalt gewinnt, daß die Herrscher eine geistliche Funktion, genauer: ein Charisma im corpus Christi mysticum tragen[59]. Dem insbesondere in der Salbung zum Ausdruck kommenden Amtscharakter des regnum korrespondiert ein Mahn- und Aufsichtsrecht der geistlichen über die saekulare Gewalt. Dieser neue ekklesiologische Akzent schlägt sich »formgeschichtlich« vor allem an zwei Stellen nieder: einmal in den Krönungsordines[60], zum anderen in den vielen Fürstenspiegeln[61] der Karolingerzeit. Beide Formen beeinflussen sich wechselseitig und stellen gleichsam die praktische und theoretische Seite der politischen Ethik jener Zeit dar[62]. Wir können hier unmöglich alle politischen Konstellationen im Dreiecksverhältnis König (Kaiser) — Episkopat — Papst, auch nicht alle Ordines und Fürstenspiegel verfolgen, sondern müssen uns auf einige Beispiele beschränken, welche die außerordentliche Bedeutung der neuen Betonung des Leib Christi-Gedankens und des damit ver-

---

[57] Vgl. bes. *Knabe*, 64ff. *A. Nitschke* (291) hebt die alttestamentliche Motivation der Salbung hervor.

[58] Dies hebt vor allem *Morrison* (181 u. ö.) hervor, um zu betonen, daß es sich im 9. Jh. immer um einen Bund zwischen den gleichberechtigten Partnern regnum und sacerdotium handelt.

[59] Hier differenziert *Morrison* nicht genügend. In der Absicht zu beweisen, daß im fränkischen Denken das regnum nicht durch das sacerdotium *begründet* wird, unterschlägt er die Tatsache, daß doch beide Gewalten als aufeinander bezogene Dienste im Leibe Christi verstanden werden, wie z. B. das von ihm selbst (S. 50) zitierte Wort des Benedictus Levita ausdrücklich sagt (weitere Belege s. u. S. 338f.). Freilich entsteht eine Äquivokation dadurch, daß in jener Zeit die hierokratische These an Gewicht gewinnt, die sagt: »Ecclesia in sacerdotibus consistit« (Florus von Lyon, MPL 119, 421; dazu *Morrison*, 37f.; vgl. 136f.).

[60] Vgl. vor allem die Forschungen von *P. E. Schramm*, z. B. Die Krönung bei den Westfranken, u. *ders.*, Die Krönung in Deutschland; s. auch *Dempf*, 147ff.

[61] Die ältere Literatur zu den karolingischen Fürstenspiegeln s. bei *Berges*, Fürstenspiegel, 23 A. 3. Vgl. neuerdings *A. Nitschke*, Naturerkenntnis, 141ff.

[62] Vgl. *Dempf*, 147. *Berges*, 6 A. 2 fordert zum Verhältnis beider eine Spezialuntersuchung, die aber m. W. noch nicht unternommen wurde.

bundenen geistlichen Mahnrechts für das Verhältnis beider Gewalten in den folgenden Zeiten erhellen[63]. Inhaltlich schließen sich die Fürstenspiegel weitgehend der patristischen, aus Altem Testament und Antike schöpfenden Tradition, vor allem Augustin[64], Gregor d. Gr.[65], Isidor von Sevilla[66] und Pseudocyprian[67] an. Man könnte sagen, daß nach dieser Auffassung die Durchsetzung von Recht und Frieden Summe des weltlichen Amtes ist. Neu aber ist die Ausbildung der Fürstenspiegel zu einer festen Gattung und ihre Zuspitzung auf das neue Verständnis der beiden Gewalten.

Von den zahlreichen Autoren der Zeit sind als erste und besonders wichtige Wala von Corbie und Jonas von Orléans zu nennen. *Wala* hält auf dem Reichstag von Aachen 828 eine Rede, in der er gegen die Einmischung des Kaisers in Fragen des Kirchenguts und der Bischofswahl protestiert und eine klare Kompetenzenscheidung der beiden Ordnungen (Stände) und Ämter innerhalb der Kirche fordert[68]. Hier

---

[63] Für die vorliegende Untersuchung ist diese Frage darum von so großer Bedeutung, weil noch Luther seine Stellungnahmen zu weltlichen Geschäften mit der Mahnpflicht des geistlichen Lehramtes begründet — allerdings in einem ganz anderen Gesamthorizont, wie sich zeigen wird (vgl. z. B. Schol. zu Rö 13, 1—7; WA 56, 480, 5: »... quia authoritate Apostolica officio docendi fungor. Meum est dicere, quecunque videro non recta fieri, etiam in sublimioribus« und den Fürstenspiegel im III. Teil der Schrift »Von weltlicher Obrigkeit«. Dazu s. u. S. 552ff.). Zu den damit verbundenen zentralen systematischen Problemen vgl. die Schlußerwägungen u. S. (579) 593ff.

[64] Grundlegend für das Mittelalter wurde vor allem die Beschreibung eines Kaisers, der als Kaiser (ausnahmsweise) auch Christ ist (s. o. S. 284f. zu civ. V, 24). Am Beginn jenes Tugendkatalogs steht das »iuste imperare« in der behandelten Doppeldeutigkeit von iustitia (civilis und dei). Vgl. *Berges*, 22f. (dort ältere Literatur, bes. *H. Tiralla*, Das augustinianische Idealbild der christlichen Obrigkeit als Quelle der Fürstenspiegel); *Dempf*, 153; *Berkhof*, Kirche und Kaiser, 205ff.; *Knabe*, 46.

[65] Vgl. *Berges*, 22; 24ff.

[66] Literatur s. RGG³ III, 906; weiter *Berges*, 22f.; *Knabe*, 46. Geradezu zum Schlagwort des Mittelalters wurde Isidors Etymologie »rex a regendo«, »regendo« = »recte agendo«. Freilich überließ er noch allein Gott die Strafe an dem seine Gewalt mißbrauchenden Tyrannen (vgl. *W. Parsons*, The Influence of Romans XIII ... II, 340f.). Die gleiche Haltung nimmt auch noch die Mehrzahl der Autoren des 9. Jahrhunderts unter Berufung auf Römer 13, 1—7 ein. Freilich erheben sich die ersten Stimmen, die einen aktiven *Widerstand* gegen die »Tyrannen« fordern (vgl. *Morrison*, 215ff.; zusammenfassend 237; weiter *Knabe*, 63 zu Nikolaus I.)

[67] Vgl. *S. Hellmann*, Pseudocyprian; *Berges*, 3f. A. 4.

[68] »... Interea nostis, quibus ordinibus Christi constat ecclesia. certum quippe, quod secundum singulorum officia requirendus est ordo disciplinae et status rei

ist in Kürze der tiefgehende Wandel des Gewaltenproblems seit Gelasius und gar des Zweireicheschemas seit Augustin umrissen. Sacerdotium und regnum stehen nicht mehr wie bei Gelasius in der Welt (mundus), sondern in der Gesamtkirche (ecclesia) nebeneinander[69]. Kirche soll hier Leib Christi mit seinen aufeinander in wechselseitigem Dienst bezogenen Gliedern, soll den wandernden Teil der augustinischen civitas dei meinen, wobei freilich nun die radikale Scheidung von der »Welt« aufgehoben und in eine Synthese zweier verschiedener Funktionen innerhalb der einen Kirche verwandelt ist[70]. Differenzen zwischen den beiden Gewalten entspringen nun nicht mehr an dogmatischen Fragen, sondern an den Themen Kirchengut und Bischofswahl[71]. Schließlich hat der ordo-Begriff den Sinn von »Stand« gewonnen. Das wird noch deutlicher bei *Jonas v. Orleans*, der nicht nur den Fürstenspiegel »De institutione regia« geschrieben, sondern auch die Konzilsakten des Pariser Reformkonzils von 829 redigiert hat[72]. In beiden Dokumenten behandelt er das Verhältnis beider Gewalten im Körper der Gesamtkirche und dann je einzeln Rechte und Pflichten der priesterlichen Person und der königlichen Person als Repräsentanten der beiden Stände[73]. Entscheidend ist hier einmal die typisch germanische Verquickung des Amts mit der Person[74], die erst nach den leidvollen Erfahrungen des Investitur-

---

publicae. unde primum considerari oportet intus divina, tum exterius humana; quia proculdubio his duobus totius ecclesiae status administratur ordinibus« (MG. SS. II, 548, vita Walae II). Dazu vgl. *Knabe*, 47ff.; *Dempf*, 158.

69 S. *Knabe*, 48; vgl. *W. Parsons*, 342f. zu Jonas v. Orléans.

70 Die tiefgehenden Unterschiede zu Augustin werden in der Literatur über den Anknüpfungspunkten meist übersehen, so z. B. bei *Knabe*, 48.

71 *Dempf* (155) spricht sogar — anachronistischerweise — von einem ersten Investiturstreit im 9. Jahrhundert.

72 Vgl. *Knabe*, 49ff.; *Dempf*, 151ff.; *Morrison*, 41ff.

73 »... Sciendum omnibus fidelibus est quia universalis ecclesia corpus est Christi et eius caput iidem est Christus et in ea duae principaliter extant eximiae personae, sacerdotalis (videlicet et regalis tantoque est praestantior sacerdotalis) quanto pro ipsis regibus deo est rationem redditura ...« (folgt Gelasius' »Duoquippe-Brief« und der Hinweis auf die Mahnpflicht, die sich aus diesem Rechenschaftsablegen ergibt; De inst. reg., Reviron S. 134; vgl. *Knabe*, 50)

74 *S. Dempf*, 151; vgl. *P. E. Schramm*, Herrschaftszeichen III, 1066f.: Das Mittelalter ist fast bis zu seinem Ende ohne das Wort Staat ausgekommen. Der König ist identisch mit dem öffentlichen Gemeinwesen (so wie Petrus mit der Kirche). *A. Nitschke* (Frühe christliche Reiche, 285) macht darauf aufmerksam, daß man in althochdeutschen Glossen das lateinische publicus mit »königlich« übersetzte. Vgl. ebd. 1079 und 1083ff. die an *Th. Mayer* anknüpfende Unterschei-

streits zugunsten einer Unterscheidung von Amt und Person[75] oder auch persona publica und persona privata[76] aufgelöst zu werden beginnt. Sodann ist hervorzuheben, daß auch Jonas v. Orléans die Tendenz des fränkischen Klerus verfolgt, aus der Verantwortung der Priester für die weltlichen Herrscher nicht nur eine Mahnpflicht herzuleiten, sondern auch die Exemtion des Klerus von der weltlichen Justiz in vollem Umfang durchzusetzen[77] — eine Entwicklung, die im späteren Mittelalter und der Reformationszeit schwere theologische Kämpfe zur Folge hatte[78].

Über diese und ähnliche fränkische Stimmen[79] ging die *papalistische Position* noch hinaus. Gewiß legten auch die pseudoisidorischen Dekretalen und Nikolaus I. großes Gewicht auf die gelasianische Scheidung der Gewalten[80]. Aber abgesehen von der differierenden Ekklesiologie (nicht die Einheit der Bischöfe oder der Metropolit, sondern der Papst repräsentiert den Priesterstand) wird hier aus der Mahnpflicht der höhere Wert des Papsttums gegenüber der weltlichen Gewalt einseitig abgeleitet[81]. Wichtiger jedoch ist noch, daß Nikolaus zum ersten Mal die volle Übermittlung der Kaiserkrone beansprucht[82] und mit seinem Prüfungsrecht ein aktives Widerstandsrecht verkoppelt[83].

dung zwischen frühmittelalterlichem »Personenverbandstaat« und modernem »institutionellen Flächenstaat«. Dazu s. u. S. 379f.

[75] S. u. S. 345f. zu den ersten Andeutungen bei Petrus Damiani.

[76] S. u. S. 387f.

[77] Sie wird mit Konstantins Worten aus Rufins Kirchengeschichte (10, 2) begründet: »Gott gab euch Priestern Macht, auch über uns Fürsten zu richten, und darum werden wir mit Recht von euch gerichtet, ihr aber könnt nicht von Menschen gerichtet werden« (vgl. *Dempf*, 152; *Knabe*, 57; *Morrison*, VIII; 20; 47 u. ö.)

[78] Vgl. u. S. 402f. u. ö.

[79] Zu weiteren fränkischen Autoren, die meist aus der Schule Alcuins stammen, z. B. Agobard von Lyon, Florus von Lyon und Sedulius Scotus vgl. *Dempf*, 153ff. Die Position Hinkmars von Reims ist am differenziertesten von *Morrison* (aaO, passim) gezeichnet worden (vgl. auch *Knabe*, 77ff.) Das Ostfrankenreich wird zwar auch von den neuen westfränkischen Gedanken beeinflußt, löst sich aber langsamer und nicht so intensiv vom frühen fränkischen Staatskirchentum (vgl. *Knabe*, 93f.; *Dempf*, 159ff.)

[80] Er warnt sogar die Bischöfe mit Rö 13, 1—7 vor Einmischung in die weltlichen Geschäfte (vgl. *Dempf*, 167). — Die vielfache Zitierung des Duoquippe-Briefs im weiteren Mittelalter geht, wie schon gesagt, weitgehend auf dessen Aufnahme in die pseudoisidorischen Dekretalen zurück.

[81] Vgl. *Knabe*, 59ff.

[82] Vgl. *Knabe*, 62ff. (71ff.)

[83] Vgl. *Knabe*, 63 (vgl. o. A. 66).

Dieser knappe Abriß muß genügen, um die wichtigen Veränderungen der Gewaltenlehre im 9. Jahrhundert zu kennzeichnen. Zwei entscheidende Neuerungen sind noch einmal hervorzuheben: 1. die zunehmende Bedeutung der kirchlichen Salbung für Könige und Kaiser, die zum Ausdruck bringt, daß diese in ihrer weltlichen Funktion Amtsträger in der universalen Kirche sind. Damit hängt zusammen das Mahn- und Aufsichtsrecht der Bischöfe einerseits, der Päpste andererseits, welches insbesondere die Gattung der Fürstenspiegel aufblühen läßt und die Krönungsordines stark beeinflußt; 2. die Verbindung der Gewalten mit den »ordines« Priestertum und Laien (-Adel). In dem allen ist aber noch keinesfalls eine Herrschaft der einen Gewalt über die andere angestrebt, sondern die Zuordnung beider, wenn auch mit neuen Akzenten, gewahrt. Erst mit dem Investiturstreit beginnt eine neue Entwicklung. Diese setzt aber die neuartige Einheit von Kirche und Reich unter den deutschen Kaisern voraus.

c) Die beiden Gewalten unter den deutschen Kaisern bis zum Investiturstreit

Otto der Große (936—973) knüpfte weitgehend an das Vorbild Karls des Großen, also an altfränkische Verhältnisse an[84]. Dabei ist im Blick auf die Frage der beiden Gewalten seine Stellung und sein Handeln als König einerseits und als Kaiser andererseits zu unterscheiden. *Als König* ist Otto gleichzeitig Leiter der Kirche seines regnum, und zwar — über Karl d. Gr. hinausgehend — im Sinn der Ausübung des geistlich-bischöflichen Amts. Allerdings vermeidet er den allein Christus zukommenden Titel rex et sacerdos und die Bezugnahme auf Melchisedek, obwohl er sich mit priesterlichen Zeichen schmückt und sich Mittler zwischen Klerus und Volk nennen läßt (im Mainzer Ordo um 960)[85]. Das so bestimmte Verhältnis von weltlicher und geistlicher Gewalt, das seinen Niederschlag vor allem wieder in den Krönungsordines findet[86], ermöglicht es Otto, gegen die rivalisierenden Stammesherzogtümer[87] das der Krone gefügige

[84] Literatur bei *F. Ernst*, Das Reich der Ottonen, 190f. A. 9 u. 10 und in RGG^3 IV, 1747f. (*H. Beumann*). Dazu vgl. *A. Nitschke*, Frühe christliche Reiche, 334ff.

[85] Zusammenfassend *P. E. Schramm*, Herrschaftszeichen III, 1081, wonach die Ausführungen von *Knabe* (96ff.) zu differenzieren sind.

[86] Vgl. *Knabe*, 99ff. mit weiterer Literatur (vor allem *Schramm*, Krönung in Deutschland).

[87] Vgl. *Ernst*, 174ff.

System der geistlichen Fürstentümer aufzubauen[88]. Dieses aus dem germanischen Eigenkirchen- und Lehnswesen entwickelte System bringt der Kirche große Besitzungen, Exemtionen von weltlichen Gerichten und Dienstleistungen ein, legt aber auf der anderen Seite die Einsetzung der Bischöfe ganz in die Hand des Königs und spannt sie in die königlichen Regierungsaufgaben ein[89]. Der weitgehenden imitatio sacerdotii auf Seiten Ottos geht also eine ebenso weitgehende imitatio imperii auf Seiten der Kirche parallel[90]. Bereits unter Ottos Regierung melden sich die ersten Stimmen, die gegen eine so grundlegende Politisierung des Bischofsamts protestieren[91].

Die Grundlagen des *ottonischen Kaisertums* sind neuerdings umstritten[92]. Von Johann XII. um Hilfe angerufen, bestätigt Otto I. in einem Eid (iuramentum Ottonis) die Herrschaftsrechte des Papstes in Rom und übernimmt den Schutz der römischen Kirche[93]. Nach seiner Krönung (962), in deren Ritus sich der Klerus bemüht, die Form der Kaisersalbung von der priesterlichen Salbung abzuheben[94], behält sich Otto freilich die Obergewalt über Rom und die Mitbestimmung bei der Papstwahl vor (Ottonianum) und gerät so in Konflikt mit dem Papsttum, das sich gerade in einer seiner moralisch tiefsten Epochen befindet. In Folge davon kommt es zu den ersten Papstabsetzungen durch den Kaiser, der Rom wie ein Reichsbistum behandelt[95]. Über die Gründe dieser Differenzen liegen verschiedene Vermutungen vor[96]. Für unsere Frage reicht es zu sehen, daß Otto I. das Reichskirchensystem über sein regnum hinaus auf Rom ausdehnen kann.

Eine nicht nur im vorliegenden Zusammenhang »interessante

---

88 Literatur bei *Ernst*, 190f. A. 8.

89 Vgl. *Ullmann*, Machtstellung, 340f. A. 5 mit weiterer Literatur. In dieser konstitutiven Verflechtung der Kirche mit dem politischen Gemeinwesen liegt die Ursache, weshalb später der Investiturstreit vor allem in Deutschland jene besondere Schärfe erhielt.

90 Zusammenfassend *P. E. Schramm*, Herrschaftszeichen, 1081f.

91 Zu nennen sind vor allem Friedrich von Mainz und Rather von Verona. Vgl. *Knabe*, 98. Weitere Literatur bei *Ernst*, 190 A. 8.

92 Vgl. bes. *H. Beumann*, Das Kaisertum Ottos d. Gr. u. *A. Nitschke*, 342ff.

93 Literatur bei *F. Ernst*, 184f.

94 Vgl. *Knabe*, 103: Der Kaiser wird mit geweihtem Öl an Brust und Armen statt mit Chrisma am Haupt gesalbt.

95 Vgl. *Ullmann*, 337ff. und *F. Ernst*, 184ff.

96 Vgl. *F. Ernst*, 189f. A. 7; *H. Beumann*, aaO.; *A. Nitschke*, 342ff.

Episode« bietet die Zeit Ottos III. (996—1002)[97]. Im Zusammenhang der großen Pläne, das gesamtrömische Reich unter dem einen Kaiser zu erneuern, zeigt sich das Verhältnis der beiden Gewalten in wieder ganz anderer Gestalt. Äußerlich am auffallendsten ist dabei, daß Kaiser und Papst beide in Rom, der Kaiser- und Apostelstadt, residieren und gemeinsam das Erneuerungswerk durchführen[98]. Diese enge Zusammenarbeit erfordert freilich nicht nur eine deutliche Unterscheidung der Funktionen, sondern ermöglicht es auch trotz der faktischen Überlegenheit des Kaisers, die gegenseitige Unterstützung der Gewalten in vorher nicht bekanntem Maß hervorzuheben[99]. Diese Konzeption, die Otto III. mit den von ihm eingesetzten Päpsten Gregor V. (Brun von Kärnten) und Sylvester II. (Gerbert von Reims), dem eigentlich originalen Kopf, zu verwirklichen trachtet, findet ihren klassischen Ausdruck in dem berühmten Versus de Gregorio papa et Ottone augusto des Leo von Vercelli, der neben Gerbert einen starken Einfluß auf Otto ausübte. In dem Gedicht ist mit Hilfe der alten Bilder Leib-Seele, Schwert-Wort, Sonne-Mond (die beiden Himmelslichter, die nach Gen 1, 16 die Welt (Kirche!) erleuchten[100]) die Gleichordnung und Zusammenarbeit beider Gewalten so sehr betont[101], daß man — wenn man überhaupt die An-

[97] Grundlegend hierzu *P. E. Schramm*, Kaiser, Rom und Renovatio, 87ff. und die Nachträge mit neuerer Literatur ebd. 346ff. *Th. Mayer* (18ff.; ebd. 21 die Begründung des Ausdrucks »interessante Episode«) betont im Anschluß an *Dölger* stärker als Schramm, daß Byzanz die Brücke zum erstrebten antiken Urbild darstellt. Zum ganzen s. auch *A. Nitschke*, 348ff.

[98] Vgl. *Schramm*, 126 u. 169.

[99] Vgl. *Schramm*, bes. 91ff. u. 119ff. (124ff.) und *Knabe*, 103ff. Zu den praktischen Schwierigkeiten, die sich dennoch ergeben, und zwar vor allem dadurch, daß Otto die karolingische Schenkungsform der Konstantinischen Fälschung ablehnt und durch eine neue, die kaiserlichen Rechte in Rom gewährleistende ersetzt, siehe *Schramm*, 91ff. und 166ff.; *Ullmann*, 355ff.

[100] Vgl. *Schramm*, 124f. Nach *Hauck* (Gedanke der päpstlichen Weltherrschaft, 22) gebrauchte Nikolaus I. als erster dieses Bild (MG. Epp. VI, 103); vgl. auch *Knabe*, 160.

[101] 5 »... es in ecclesiis, in sanctis misteriis.
Tu es magister omnium, tu componis populum;
... as reddis varias, ligas, solvis animas.
6 Imperat Otto tercius pervigil et strenuus,
Qui secundum apostolum curam habet corporum
Ad vindictam peccantium fert invictum gladium. Christe ...
10 Gaude papa, gaude caesar, gaudeat ecclesia.
Sit magnum Romae gaudium, iubilet palatium.
Sub caesaris potentia purgat papa secula. Christe.

deutung einer so oder so gearteten Überordnung suchen will, was sicher ein Anachronismus wäre — mit gleich guten Argumenten eine (ungewollte) stärkere Betonung sowohl der einen wie der anderen Seite finden kann[102].

Heinrich II. setzt diese Politik der Zusammenarbeit bei faktischem Übergewicht des Kaisers unter ausdrücklicher Berufung auf die gelasianische Scheidung der Gewalten fort[103].

Mit Heinrich III. (1039—1056) erreicht das deutsche Reichskirchensystem seinen Höhepunkt, und zwar nicht nur im Blick auf das regnum, sondern auch im Blick auf Rom[104]. Hier ist das Papsttum gerade wieder, wie oft innerhalb der vergangenen eineinhalb Jahrhunderte, ein Spielball der römischen Adelsparteien. Heinrich III. folgt den Rufen nach einer Erneuerung der römischen Kirche, die besonders von der cluniazensischen Reformpartei erhoben werden, läßt auf der Synode von Sutri (1046) die drei letzten »simonistischen« Päpste absetzen und zum zweiten Mal einen Deutschen (Suidger von Bamberg = Klemens II.) auf den Stuhl Petri erheben. Darauf läßt er sich nicht nur von diesem zum Kaiser krönen, sondern nimmt von den Römern das Amt des Patricius Romanorum an, das von den Kaisern vor ihm nur Karl der Große innehatte[105] und das ihm das entscheidende Bestimmungsrecht bei der Papstwahl zusichert[106]. Dieses Recht, das dann später in das Zentrum des Streits rückt, als Humbert den Begriff der Simonie auf die Laieninvestitur überhaupt ausdehnt, nutzt Heinrich in strenger Frömmigkeit zugunsten der Reformpartei und wird entsprechend von dieser zunächst lebhaft unterstützt[107].

---

11 Vos duo luminaria, per terrarum spacia
Illustrate ecclesias, effugate tenebras,
Ut unus ferro vigeat, alter verbo tinniat.«
(MG., Poet. lat. V, 477ff.)

[102] *Schramm* (126f.) sieht in manchen Formulierungen die tatsächliche Überlegenheit des Kaisers, *Knabe* (109) in einigen Bildern die (moralische) Vorrangstellung der geistlichen Gewalt angedeutet, beide betonen aber die Parallelisierung als eigentliche Absicht der Verse.

[103] Vgl. *Knabe*, 110ff.

[104] *Th. Mayer*, Das Hochmittelalter in neuer Schau, 457f.; *ders.*, Größe und Untergang des heiligen Reiches, 482ff.

[105] Vgl. *P. E. Schramm*, Die Anerkennung Karls d. Gr. als Kaiser; *Th. Mayer*, Papsttum und Kaisertum, 9 (dort A. 3 weitere Literatur).

[106] Zum einzelnen vgl. *Schramm*, 228ff. und die ebd. 355f. nachgetragene Literatur.

[107] Vgl. *Borino*, Invitus ultra montes, 24ff.; *P. E. Schramm*, Das Zeitalter Gre-

Vor dem Ausbruch des Kampfes war der letzte große kirchliche Sprecher für eine solche, auf dem Boden der funktionalen Zuordnung der Gewalten beruhende Zusammenarbeit Petrus Damiani (gest. 1072)[108]. Seine Äußerungen zu diesem Problem sind von fundamentaler Bedeutung für dessen weitere Entwicklung, weil sie über die traditionellen Verhältnisbestimmungen der zwei Gewalten hinaus eine neue Formulierung der Zwei-Imperien-Theorie, weiter zum ersten Mal die Terminologie von den zwei Schwertern im Zusammenhang von Lk 22, 38 und schließlich die Unterscheidung von Amt und Person enthalten. Die Rede von zwei Imperien bezieht sich bei ihm allerdings zunächst nicht auf das Verhältnis der weltlichen und geistlichen Gewalt, sondern auf die päpstliche Binde- und Lösegewalt im Himmel und auf Erden (der Kirche). In diesem Sinn versucht er damit für die Durchsetzung der Reformpartei in Mailand zu wirken[109]. In seiner disceptatio synodalis zitiert Damiani den betreffenden passus seines eigenen Briefes (nun unterstützt durch den Hinweis auf die Konstantinische Schenkung), um die unmittelbare Einsetzung des Papsttums durch Christus zu erweisen und so vor dem Kaiser die Wahl Alexanders II. zu entschuldigen, die ohne die Einholung des kaiserlichen assensus geschehen war[110]. Diese zweimalige Äußerung hat außerordentliche Folgen in der späteren Geschichte gehabt, weil sie Gratian (1140) unter dem Namen Nikolaus' II. in sein Rechtsbuch aufnahm, das die Grundlage der Kanonistik bildet. Noch Gratian

---

gors VII., 82f.; *Knabe*, 113 zu Odilo v. Cluny, Petrus Damiani, Leo IX. u. Humbert. Neben dem Lautwerden der kritischen Stimmen aus Lothringen (Wazo von Lüttich) und Frankreich (Traktat De ordinando pontifice) ist es freilich besonders folgenreich, daß Hildebrand, der mit Gregor VI. in die Verbannung ging, Heinrichs Vorgehen auf der Synode von Sutri verurteilte; vgl. *Borino*, 28ff.; 37ff.; *Schramm*, 83f.; *Knabe*, 116f.

108 Grundlegend noch immer *H. v. Schubert*, Petrus Damiani als Kirchenpolitiker. Weitere Literatur in RGG³ V, 252f. (*K. Jordan*) und bei *Schramm*, 78. Darüber hinaus: *H. Löwe*, Petrus Damiani; *A. Nitschke*, Die Wirksamkeit Gottes, 120ff. Vgl. auch u. S. 353f. Speziell zur Gewaltenlehre *Knabe*, 113ff.

109 »Romanam autem aecclesiam solus fundavit et super petram fidei mox nascentis erexit, qui beato vitae aeternae clavigero *terreni simul et caelestis imperii iura* commisit. non ergo quaelibet terrena sententia, sed illud verbum, per quod constructum est caelum et terra, per quod denique omnia condita sunt elementa, Romanam fundavit aecclesiam« (Brief an Hildebrand, MPL 145, 91). Dazu ausführlich *Kretschmar*, 94f.; *M. Maccarone*, Chiesa e stato, und *B. Tierney*, Recent Works, 600.

110 MG. lib. I. 78. Diese veränderte Anwendung der Aussage hat *Kretschmar* übersehen; vgl. aber *Dempf*, 189 u. *Knabe*, 165.

zitiert Damianis Worte im ursprünglichen Sinn eines innerkirchlichen Papstprimats, aber seine späteren Ausleger ziehen dann die Formel »terreni et caelestis imperii iura« endgültig in den Streit der beiden Gewalten, wovon noch zu reden sein wird[111]. Epochemachend wirkte auch seine Anwendung der beiden Schwerter aus Lk 22, 38 auf die beiden Gewalten[112]. Zwar ist es alte, römische Tradition (Ulpian), die das Recht wahrende Staatsgewalt durch das Schwert zu symbolisieren[113], auch verstand man unter dem gladius spiritus spiritalis (Wort Gottes) aus Eph 6, 17 seit Cyprian die Exkommunikation, das Anathema[114], aber erst Petrus Damiani ordnet beide Seiten zu einer einheitlichen Formel zusammen, und zwar ganz in seinem Sinn der aufeinander bezogenen Funktionen, die sich beide gegen das Böse richten. Wie sehr er gegen die hochmütige Verabsolutierung einer der Gewalten kämpft, zeigt nicht nur seine Titulierung Hildebrands als »heiliger Satan«[115], sondern vor allem seine — spätere Lösungen vorwegnehmende — Unterscheidung von Amt und Person. Hier plädiert er nämlich — in Weiterführung des von Augustin gegen die Donatisten entwickelten Amts-(Sakraments-)begriffs — für die Unantastbarkeit beider gottgesetzter Ämter, auch für den Fall, daß die sie innehabenden Personen sich als unwürdig erweisen sollten[116].

[111] Vgl. u. S. 372f. u. S. 393f.

[112] »Felix si gladium regni cum gladio iungat sacerdotii, ut gladius sacerdotis mitiget gladium regis, et gladius regis gladium accuat sacerdotis. isti sunt duo gladii, de quibus in Domini passione legitur: ‚ecce gladii duo hic', et respondetur a Domino: ‚sufficit'. tunc enim regnum provehitur, sacerdotium dilatatur, honoratur utrumque, cum a Domino praetaxata felici confoederatione iunguntur ...« (serm. 69, MPL 144, 900). Dazu und zu weiteren Belegen vgl. *J. Lecler*, L'argument des deux glaives I, 306f.; *Knabe*, 114 u. 156; *W. Levison*, 28f.; *H. Hoffmann*, Schwerter, 79; *H. Löwe*, 68; *Arquillière*, Origines de la théorie des deux glaives.

[113] Vgl. *Levison*, 17ff. Zum Übergang des römischen Symbols in den germanischen Raum s. *C. v. Schwerin*, Zur Herkunft des Schwertsymbols, 324ff. (345ff.).

[114] Vgl. *Levison*, 21ff.

[115] Ep. I, 16; MPL 144, 236; vgl. *Knabe*, 114; *Mirbt*, Publizistik, 8.

[116] »... Regnum namque et sacerdotium a Deo cognoscitur institutum, et ideo, licet amministratoris *persona* prorsus inveniatur indigna, *officium* tamen, quod utique bonum est, competens aliquando gratia comitatur ... reges enim et sacerdotes, licet nonnulli eorum reprobi sint per notabilis vitae meritum, dii tamen et christi dici repperiuntur propter accepti ministerii sacramentum« (Liber gratissimus c. 10, MG. Ldl. I, 31). Vgl. *Knabe*, 115. — Der Ort der Unterscheidung ist bei Petrus Damiani zunächst die dem Donatistenstreit ganz analoge Frage, ob die Weihe, die Priester unentgeltlich (gratis), d. h. also schuldlos von Simonisten erhielten, gültig sei. Humbert und Gregor VII. verneinten diese Frage, waren also in diesem Sinn Donatisten (zu Humbert vgl. *Mirbt*, Publizistik 378ff. u. *Dempf*, 172f.; zu

Mit Petrus Damiani geht eine Epoche zuende, die unter byzantinischen oder germanischen Bedingungen auf verschiedene Weise die Trennung und Zuordnung der weltlichen und geistlichen Gewalt innerhalb eines christlichen Gemeinwesens zu verwirklichen suchte. Mag es sich meist — bis auf Ausnahmen im 9. Jahrhundert — um eine faktische Vorherrschaft der Könige und Kaiser gehandelt haben, immer blieb doch — zumindest in der Theorie — die je selbständige Aufgabenstellung und Würde gewahrt. Diese Lage ändert sich schlagartig mit den abgründigen Kämpfen des Investiturstreits.

Gregor s. *Nitschke*, 153ff.). Petrus Damiani dagegen vertrat eine augustinische Lösung (vgl. *Mirbt*, 386ff.; 418ff.). Er erklärte den Priester als reinen Diener des immer guten Sakraments, machte also das officium unabhängig von der persönlichen Würdigkeit des Spenders. Zur Vollendung des Sakraments muß freilich die Würdigkeit des Empfängers hinzukommen. Diese Lösung wurde dann 1060 unter Nikolaus II. sogar in Form der augustinischen Termini signum und virtus sacramenti zur offiziellen Kirchenlehre (vgl. *Dempf*, 176ff.) — Die Übertragung dieser augustinischen Unterscheidung von Amt und Person auf den weltlichen Herrscher ist ein epochemachender Schritt, dessen Tragweite erst dann sichtbar wird, wenn man bedenkt, welche grundstürzenden Konsequenzen einige Jahre nach dem Erscheinen des Liber gratissimus (1052) die Absetzung des Königs durch den Papst hatte — durch die germanische Identifikation von Amt und Person (s. o. S. 339 A. 74) mußte sich mit der Lösung der Untertanen vom Treueid der gesamte Personenverband auflösen (vgl. nächsten Abschnitt).

B. Der Kampf zwischen Kaiser und Papst um die universale Herrschaft und die Anfänge des modernen Staates

1. *Der Investiturstreit und der vorläufige Sieg des Papsttums*

Die Unterstützung des Reformpapsttums durch Heinrich III. (1046) leitet innerhalb der mittelalterlichen Geschichte die große Wende ein, die innerhalb weniger Jahrzehnte auf allen Gebieten entscheidende Veränderungen bringt[117]. Das hier vor allem interessierende Verhältnis der beiden Gewalten in allen seinen Dimensionen steht im Mittelpunkt des Umbruchs, obwohl man das Zeitalter nach dem speziellen Problem des Investiturstreits benennt. Es geht zunächst darum, dem von der cluniazensischen Mönchsbewegung wiederentdeckten Spirituellen in einer Kirche Raum zu schaffen, die trotz der großartigen Leistungen der deutschen Kaiser innerhalb der Strukturen des Feudalsystems als solchem oft mißbraucht wurde. Die »Freiheit der Kirche«, das große Schlagwort der Reform[118], wird dabei freilich nicht im eigentlichen Sinn geistlich (nach Augustin: eschatologisch) oder gar spiritualistisch verstanden, sondern soll sich realisieren im Durchsetzen des Kanonischen Rechts und neuer hierokratischer Ansprüche gegenüber den Königs- und Adelsrechten in der Kirche. Grundlegend für das Verständnis der folgenden Epoche ist es zu sehen, daß dabei das sich zum unbestrittenen Führer der Reform entwickelnde Papsttum nicht darauf hinarbeitet, »Kirche«und »Staat« zu unabhängigen Funktionseinheiten zu verselbständigen und dann einander zuzuordnen — was auch in dieser Zeit des Mittelalters weder theoretisch denkbar noch vom Reich aus verwaltungstechnisch möglich gewesen wäre[119] — sondern darauf, das Vorzeichen inner-

[117] Vgl. z. B. *P. E. Schramm*, Kaiser, Rom und Renovatio, 251; *K. Jordan*, Investiturstreit, 281 ff.

[118] Vgl. *G. Tellenbach*, Libertas. *Th. Mayer* (Papsttum und Kaisertum, 23 f.) betont dagegen, daß Gregor die alte ecclesia universalis zertrümmerte, indem er den König-Kaiser aus seiner Stellung in der Kirche ausstieß und die ecclesia in eine Priesterkirche verwandelte. Er sieht allerdings auch, daß die Institutionen faktisch verflochten blieben und daß der Papst in neuen Formen seinerseits die Oberhoheit über die ganze Christenheit anstrebt.

[119] Wie schier unmöglich es damals gewesen sein muß, die Kirche wirklich auf ihren geistlichen Auftrag zu beschränken und sie aus den direkten machtpolitischen Verflechtungen im Reich zu lösen, zeigt das dramatische Scheitern des frommen Papstes Paschalis II. (1111), der die der Kirche verliehenen Reichsgüter zurückgeben will. Dazu s. *Jordan*, 275; *Dempf*, 217; zum Problem vgl. auch *Nitschke*, 200.

halb des gleichfalls germanisch verstandenen einen christlichen Reichs umzukehren (Petrus als Haupt des gesamten reichskirchlichen Personenverbandes)[120]. Dennoch beginnt genau mit dem Kampf der universalen Gewalten Kaisertum und Papsttum um die Vorherrschaft — trotz des zunächst scheinbar großen Sieges des letzteren — die Auflösung der mittelalterlich christlichen Welt[121]. Unter der Kuppel der sich gegenseitig lähmenden umfassenden Mächte gewinnen territoriale Staaten und Fürstentümer und — für die Zukunft besonders folgenreich — das städtische Bürgertum an Kraft[122].

Die historische Ausgangslage des Kampfes muß hier nicht ausführlich geschildert werden[123]. In dem Moment, in dem mit dem Tod Heinrichs III. das Kaisertum die Überlegenheit verliert und das von ihm erhobene Reformpapsttum diese Stellung einzunehmen beginnt, wird das herkömmliche Reichskirchenrecht

[120] Vgl. *Kretschmar*, 110; *Dempf*, 171ff.; u. S. 355 zu Humbert und zu Gregor VII. Diese Feststellung gilt trotz der These *G. B. Ladners* (The Concepts of »Ecclesia«), daß sich seit Gregor ein neuer Rahmen andeutet, innerhalb dessen die christliche Einheitsgesellschaft mit ihren zwei Gewalten bestimmt wird. Sie wird nach Ladner nicht mehr vorwiegend unter dem Begriff ecclesia gefaßt wie seit der Karolingischen Zeit — dieses Wort wird fortschreitend für die klerikale Hierarchie reserviert —, sondern unter dem Begriff der christianitas, der die Menge der christlichen Völker mit ihren regna unter der Führung der hierokratischen römischen Kirche bezeichnet. Wichtige Einschränkungen dieser Anschauung schon für Gregor VII. bringt *J. v. Laarhoven*, Christianitas (ebd. ältere Literatur). Außerdem setzt sich diese von *Ladner* behauptete terminologische Differenzierung nie rein durch; s. z. B. u. S. 363 zu Otto v. Freising (dazu *Ladner* selbst, S. 58f. und u. S. 360 zu Hugo v. St. Victor. Vgl. auch *G. Tellenbach*, Die Bedeutung des Reformpapsttums; dazu *P. E. Schramm*, Zeitalter Gregors VII., 139.

[121] Zusammenfassend *Kretschmar*, 110.

[122] Der entstehende Pluralismus ließe sich gleichfalls in Kirche, Theologie und anderen Wissenschaften verfolgen. Zum ersten Mal seit Jahrhunderten wird das Problem der Häresien wirklich wieder akut (vgl. *H. Grundmann*, Ketzergeschichte des Mittelalters, 8ff.). Da sich alle streitenden Parteien auf die gleichen Schriftzitate, Kirchenväter, Canones und andere Autoritäten berufen, muß man deren z. T. stark divergierende Aussagen einander gegenüberstellen und ausgleichen. So entsteht schon vor Abaelards klassischem Werk »Sic et non« das, was man die scholastische Methode nennt. Vgl. *Dempf*, 210ff. zu Bernhard und Bernhold von Konstanz, 1088 und 1100; *Mirbt*, Publizistik, 625ff.; den gut zusammenfassenden Art. Scholastik in RGG^3 V, 1494ff. von *J. Koch* mit weiterer Literatur; *A. Borst*, Religiöse und geistige Bewegungen, 508ff., und die neueste Bearbeitung des Themas von *M. A. Schmidt*, Scholastik, 67ff.

[123] Vgl. *Jordan*, 242ff. mit reichen Literaturangaben, darunter bes. wichtig *G. Tellenbach*, Libertas; weiter die Studi Gregoriani I—VII (ed. *Borino*) und die ausgezeichnete Zusammenfassung der dort in Bd. I—IV gewonnenen Ergebnisse bei *P. E. Schramm*, Das Zeitalter Gregors VII.; schließlich *A. Nitschke*, Frühe christliche Reiche, 364ff., und *A. Borst*, 502ff. Der betreffende Abschnitt in dem ge-

zum Problem. Das aus dem germanischen Eigenkirchenwesen hervorgegangene Investiturrecht der Könige und Adelsherren wird besonders an zwei Brennpunkten zum Streitobjekt: in Deutschland, wo geistliche Fürstentümer eine unentbehrliche Stütze der Reichsverwaltung darstellen, und im Zusammenhang der Papstwahl, die zumal seit Heinrich III. durch das Patriciusamt wie eine Reichsbischofswahl vom Kaiser beeinflußt werden kann[124]. Den Anlaß zur Auseinandersetzung gibt Humbert mit seiner Schrift Adversus Simoniacos libri tres (1054—58?)[125], worin er den Begriff der Simonie auf den Empfang von geistlichen Ämtern aus Laienhand ausdehnt, seien damit nun Geldzahlungen verbunden oder nicht[126]. Die Rom betreffende Frage wird 1059 im ebenfalls von Humbert verfaßten Papstwahldekret auf die Weise neu geregelt, daß die Kardinäle die Wahl entscheiden, Klerus und römisches Volk nur das Akklamationsrecht haben (gegen die Adelscliquen gerichtet) und die Rechte des deutschen Königs auf einen unklaren, zudem noch als persönliches Zugeständnis an Heinrich gefaßten Vorbehalt beschränkt werden[127]. Der offene Kampf, der mit der Absetzung Gregors VII. und der Bannung Heinrichs IV. 1076 beginnt[128], wird fast ein halbes Jahrhundert lang mit Erbitterung so geführt, daß jede Partei ihre Prinzipien voll und ganz durchsetzen will. Er endet zunächst mit dem Kompromiß des Wormser Konkordats (1122): durch die besonders von französischen Rechtsgelehrten (Ivo v. Chartres) entwickelte Unterscheidung der spiritualia und temporalia (saecularia) eines Bischofsamts wird es möglich, die Einweisung in das geistliche Amt (Investitur mit Ring und Stab) von der Verleihung der Regalien (Investitur mit Szepter) zu trennen. Differenziert wird weiterhin so, daß in Deutschland der weltliche, in Italien der geistliche Akt vorausgeht.

a) Die theologischen und anthropologischen Implikationen des Umbruchs am Beispiel der Aufnahme und Umwandlung paulinisch-augustinischer Gedanken

Will man die Frage der Gewalten im Mittelalter nicht nur auf der rein faktisch-politischen und nicht nur auf der terminologischen

---

lehrten Buch von *Ullmann* (Machtstellung, 383ff.) ist wegen dessen eigener papalistischer Position kritisch zu lesen (vgl. *A. Weiler*, Neuere Literatur, 599ff., vor allem 600 A. 12).

[124] Zum ganzen *Feine*, I, 227ff.

[125] Vgl. *Dempf*, 179ff. Zur augustinischen Komponente dieses Werkes s. u. S. 354f. Als guter Kenner Humberts gilt *A. Michel*; zusammenfassend *ders.*, Die folgenschweren Ideen des Kardinals Humbert (dazu und zu weiteren Arbeiten *P. E. Schramm*, Zeitalter Gregors VII., 75).

[126] Der Bedeutungswandel des Begriffes läßt sich in vier Stufen charakterisieren: 1. Das Kaufen von geistlichen Gaben (Apg 8, 18ff.); 2. Das Kaufen von Ämtern (beachte den Übergang von Charisma zu Amt!); 3. das Entrichten von Gebühren für ein geistliches Amt; 4. Einsetzung in ein geistliches Amt durch Laien auch ohne Bezahlung (vgl. *Jordan*, 245).

[127] Die neueste Monographie zu diesem umstrittenen Dokument schrieb *H.-G. Krause*, Das Papstwahldekret (dort die ältere Literatur seit 1837).

[128] Vgl. *Jordan*, 255ff.

Ebene der Bildvergleiche, sondern auch im Horizont der in den früheren Kapiteln aufgewiesenen theologischen und anthropologischen Dimensionen behandeln, so muß man sich wenigstens an den Wendepunkten der Entwicklung in die geistigen, freilich geschichtlich bedingten Entscheidungen vertiefen, die den neuen Weichenstellungen zugrundeliegen. Dieser Weg des Verständnisses, der im vorliegenden Kapitel wegen der Stoffülle nur selten beschritten werden kann, drängt sich an dieser Stelle der Untersuchung auf. Humbert und Gregor, die eigentlichen Väter der Reform, greifen nämlich beide offensichtlich auf Augustins Zwei-civitates-Lehre zurück, prägen sie aber charakteristisch um, so daß von hier aus besonders gut Kontinuität und Wandel der von uns behandelten Probleme sichtbar zu machen sind. Genauer gesagt: die zentralen Begriffe seit Platon, Gerechtigkeit und Freiheit, und die seit Paulus und Augustin hinzugekommenen, Glaube und Liebe, stehen in der Weise hochpolitischer Interpretation der civitas dei und civitas diaboli im Zentrum auch des gregorianischen Denkens, so daß sich von diesem Brennpunkt aus die Linien einerseits nach rückwärts, andererseits aber auch in die Zukunft auf Luther hin ausziehen lassen.

Es gibt einen langen Streit um die Einwirkung Augustins auf das Mittelalter[129], insbesondere auf Gregor und andere Autoren in der Zeit des Investiturstreits. Den eigentlichen Anstoß dazu gaben *E. Bernheim*[130] und seine Schule[131], die alles Gewicht auf eine direkte Fortsetzung augustinischer Gedanken im Mittelalter legten. Hier haben mit Recht vor allem *H.-X. Arquillière*[132] und *E. Troeltsch*[133] widersprochen, die trotz der auch von ihnen nicht bestrittenen Anregerfunktion des Bischofs von Hippo je auf ihre Weise die fundamentale Verschiedenheit des mittelalterlichen Gesamthorizonts hervorheben. Es geht freilich zu weit und ist nicht nur historisch unwahrscheinlich, sondern auch exakt zu widerlegen, wie sich

[129] Zur karolingischen Zeit vgl. o. S. 335f. und *Kretschmar*, 109,

[130] Zusammenfassend in: Mittelalterliche Zeitanschauungen (zu Gregor VII. S. 203ff.); vgl. *ders.*, Politische Begriffe. Ähnlich auch *E. Göller*, Die Staats- und Kirchenlehre Augustins und ihre Fortwirkung im Mittelalter.

[131] Vgl. bes. *H. Krüger*, Was versteht Gregor VII. unter Iustitia ...?; *G. Herzfeld*, Papst Gregors VII. Begriff der bösen Obrigkeit; *J. Lange*, Das Staatensystem Gregors VII. auf Grund des augustinischen Begriffs von der ‚libertas ecclesiae'; *O. Meine*, Gregors VII. Auffassung vom Fürstenamte. Da Bernheim diese Dissertationen seiner Greifswalder Doktoranden (*Kamlah*, Christentum, 184 A. 208, nennt sie »die unheilvoll fleißige Schar seiner Schüler«) alle in seinem vorige Anm. erwähnten Buch verarbeitet hat, beziehe ich mich vor allem auf ihn.

[132] Vor allem in: L'augustinisme politique (zusammenfassend S. 199ff.). Vgl. kritisch zu Bernheim auch *Fliche*, Réforme II, 406f.; *Tellenbach*, 231f.; *Kamlah*, 183f.

[133] Augustin, die christliche Antike und das Mittelalter, bes. 154ff.

zeigen wird, wenn *A. Nitschke* in seiner sonst wegweisenden Studie zu Gregor[134] die Frage nach augustinischer Tradition überhaupt für irrelevant erklärt und alle diesbezüglichen Anklänge aus dem ursprünglichen »religiösen Erleben« ableiten will[135]. Zunächst einmal darf man nicht nur von den faktischen Augustinzitaten ausgehen[136]. In einer Zeit, in der mit großer Dichte augustinisches Gedankengut auftritt[137], muß damit gerechnet werden, daß bestimmte Vorstellungskomplexe zum Allgemeingut des Denkens gehören — auch ohne direkte literarische Abhängigkeit. Dies läßt sich jedenfalls mit Sicherheit für die wie auch immer verstandene Anschauung von den zwei civitates behaupten; denn sowohl Petrus Damiani und Humbert als auch deren »Schüler« Hildebrand/Gregor gehen konstitutiv davon aus, daß die Menschen entweder unter Gott (Christus) oder dem Teufel stehen und so zwei sich bekämpfende corpora bilden[138]. Mag dieser Gedanke auch im Frühmittelalter allgemein geläufig gewesen sein[139], so stand in der relativ einheitlichen Welt vor dem Investiturstreit keinesfalls die Diastase, der Kampf (der Teufel) derart im Mittelpunkt wie in den neuen Entwürfen — was sich auch an künstlerischen Darstellungen nachweisen ließe. Erst der Impetus der Reformer, der sich von der Verweltlichung befreien will, entdeckt die dualistischen Denkformen Augustins als mögliches Mittel des eigenen Ausdrucks — daß dies angesichts der geschichtlichen Bedingungen nur in einem produktiven Mißverständnis möglich war, ist verständlich.

Schematisierend kann man sagen, daß Augustins Civitaslehre in vier neuen Formen rezipiert wird, 1. in einer mönchisch-kontemplativen, 2. in einer mönchisch-hierokratischen, 3. in einer philosophisch-kontemplativen und 4. in einer monistisch-reichstheologischen. Für die erste ist Petrus Damiani, für die zweite sind Humbert und Gregor, für die dritte Bernhard v. Clairvaux, Hugo v. St. Victor und John of Salisbury und für die vierte ist der Anonymus von York charakteristisch. Eine fünfte Gruppe von Vermittlungspositionen setzt einerseits die alte (karolingische) gemäßigt-reichskirchliche Denkweise

---

[134] Die Wirksamkeit Gottes in der Welt Gregors VII. (vgl. die positive Würdigung bei *Schramm*, Zeitalter, 72f. und die folgenden vor allem auf *Nitschkes* Arbeit aufbauenden Erwägungen).

[135] Vgl. bes. 153 u. 215. Gibt es ein religiöses Erleben ohne Vermittlung durch die Geschichte? Besser, aber immer noch zu wenig S. 192: »Wahrscheinlich hat Gregor einfach Formulierungen zitiert, die seiner eigenen *Welt* (Kursiv von mir) zu entsprechen schienen, um, auf Autoritäten gestützt, Einfluß auf andere Christen nehmen zu können«.

[136] Deren Nachweis für die Zeit des Investiturstreits hat mit genauen Statistiken erbracht *C. Mirbt*, Die Stellung Augustins in der Publizistik des gregorianischen Kirchenstreits.

[137] Vgl. außer *Mirbt* (mit den genannten Einschränkungen) *Bernheim* o. Anm. 102 zur Sakramentsfrage.

[138] Das eben ist ja inhaltlich die Grundthese *Nitschkes* selbst (vgl. 117).

[139] *Nitschke*, ebd.

fort (Liber de unitate), hilft aber andererseits durch die Unterscheidung von saecularia und spiritualia die Kompromißformel der Zukunft zu finden (Ivo v. Chartres). In dieser Tradition steht auch die interessante Figur des Otto v. Freising.

Petrus Damiani[140] knüpft an die Eremitentradition des Romuald von Camaldoli an, dessen vita er schrieb[141]. Mit der ganzen Drastik der seit der vita Antonii des Athanasius bekannten eremitischen Vorstellungswelt[142] erfährt er den Kampf der Dämonen und des Heiligen Geistes Gottes um die Menschen. Einen Zwischenbereich gibt es nicht. Entweder der Teufel mit seinen Heerscharen besitzt den Menschen und führt ihn in Laster, vor allem Hochmut, und Tod[143], oder Gott ergreift ihn und gießt in ihn göttliche Liebe, Freiheit und Gerechtigkeit zum Leben ein[144]. »Denn so wie die Seele das Leben des Körpers ist«, formuliert er zusammenfassend in neuplatonisch-augustinischen Worten, »so ist das Leben der Seele der Heilige Geist, und wie der Körper beim Verlassen der Seele zerfällt, so stirbt auch die Seele, wenn der lebenschaffende Geist weicht«[145]. Die eingegossene göttliche Liebe meint einlinig die Liebe zu Gott, dem Ewigen, und hat die Freiheit als reale, büßende Abkehr von allem Vergänglichen, auch allen menschlichen Bindungen zur Folge. Typisch dafür ist Damianis Ablehnung seelsorgerlicher Tätigkeit der Mönche und seine nur erzwungene Annahme des Bischofsamts[146].

Ganz andere Konsequenzen als Petrus Damiani ziehen Humbert und Gregor aus der mönchischen Distanz zur Welt. Typisch abendländisch greifen sie von dieser Position aus aktiv verändernd in Kirche

---

[140] Vgl. o. S. 345.

[141] Vgl. *Nitschke*, 120ff. mit weiterer Literatur.

[142] *Nitschke* (133f. A. 80) vermutet Zusammenhänge mit dem östlich-byzantinischen Bereich (Symeon, der neue Theologe).

[143] *Nitschke*, 121ff.

[144] Ebd. 123ff.

[145] Sermo 21; MPL 144, 620f. (zitiert nach *Nitschke*, 128).

[146] *Nitschke*, 125f. Sieht diese Haltung geradezu wie eine biographische Parallele zu Augustin aus, so hat dieser doch die vita activa akzeptiert und theologisch bewältigt (s. o. S. 264ff.). Wie allerdings das augustinische Übergewicht der vita contemplativa sehr bald von der eremitischen in die hierokratische Interpretation umschlagen kann, zeigt dann schon Honorius Augustodunensis, der aus der Zuordnung der vita contemplativa (Abel!) zum sacerdotium und der vita activa (Kain!) zum regnum die Priesterherrschaft ableitet (MG. LdL. III, 80; vgl. *Knabe*, 142). Zur philosophisch-kontemplativen Richtung, die, wenn auch nicht hierokratisch, so doch stark hierarchisch denkt, s. u. S. 359f.

und Welt ein. Nachdem *Humbert* im 1. Buch seiner Adversus Simoniaces libri tres nachgewiesen hat, daß die Simonisten Häretiker sind, weil sie selber den Geist nicht haben und also auch nicht verleihen können[147], identifiziert er im 2. Buch die Simonisten mit dem corpus diaboli, das seit Kain die Weltgeschichte durchzieht und das von Abel vorgebildete Gottesreich, die arme Kirche der Heiligen bekämpft (II, 141)[148]. Diese antisimonistische Zuspitzung des augustinischen Gedankens läßt sich darum ganz organisch vollziehen, weil als die Wurzel des Teufelreiches Treulosigkeit, Geiz und Herrschsucht (Augustin: cupido dominandi) gilt (II, 183). Auch die Charakterisierung der Bürger des Gottesreichs schließt an die paulinisch-augustinischen Begriffe Freiheit, Gerechtigkeit, Liebe an[149]. Von der Erfahrung der reformbedürftigen Kirche her greift Humbert auch deren Charakterisierung als corpus permixtum auf, ja, die Mehrzahl innerhalb der Kirche gehört nach seiner Auffassung dem corpus diaboli an (II, 187)[150]. So wie nicht einfach die, die sich zur Kirche zählen, corpus Christi sind, so gehört auch die weltliche Gewalt nicht automatisch zur civitas diaboli[151]. Im Gegenteil, soweit aus dem imperium Romanum wirklich ein imperium christianum geworden ist wie bei Konstantin, Karl d. Gr. und anderen, verwirklicht sich durch den Heiligen Geist Reich Gottes[152]. Der eigentliche Unterschied zu Augustin, der sich hier andeutet und den man mit dem Stichwort »Enteschatologisierung« bezeichnen könnte[153], zeigt sich freilich erst ganz im III. Buch. Hier wird deutlich, daß Humbert das

[147] Vgl. *Dempf*, 179f. u. o. A. 116.

[148] Vgl. *Dempf* (180ff.), der freilich ähnlich wie *Nitschke* eine eigene »schöpferische Leistung« unabhängig von Augustin (und Tychonius) annimmt — dann aber doch beide Konzeptionen ständig miteinander vergleicht. Weitere Gegenüberstellungen der civitates in I, 21; II, 31; III, 4.

[149] Vgl. *Nitschke*, 208 A. 382, vor allem den dort gebrachten Passus, der in seiner Form der Zitatenmischung aus Gen 1, 26; Rö 6, 12 u. Eph 3, 17 von Augustin stammen könnte: »Fecit nos ... regnare super terram, ut iam non regnet peccatum in nostro mortali corpore ad obediendum concupiscentiis eius, sed iustitia sempiterna, que est Christus, per fidem habitet atque regnet in nostris cordibus nosque cum eo perpetuo regnemus«. (Fragmentum B, Schluß; dort im Gegensatz zum terrenum regnum, das durch die vier, vom Teufel beherrschten Weltreiche aus Dan 2 beschrieben wird!)

[150] Vgl. *Dempf*, 173 u. 182.

[151] *Dempf* (181) meint, hierin einen »gewaltigen Fortschritt« über Augustin hinaus sehen zu müssen, freilich nur, weil er bei Augustin fälschlicherweise eine solche Identifikation annimmt.

[152] Vgl. *Dempf*, 181. Vgl. *Michel*, Die folgenschweren Ideen, 85 bes. A. 98.

[153] Vgl. *Dempf*, 182f.

Reich Gottes nicht als zukünftiges versteht, auf das hin sich seine Bürger, Fremdlinge in dieser Welt, sammeln. Vielmehr ist die gegenwärtige Reichskirche das Himmelreich. In ihr verwirklicht sich durch den Heiligen Geist das Urbild der Trinität (III, 229). Humbert versteht diesen Vorgang in einer aparten Anwendung der augustinischen Trinitätsanalogien auf die drei Stände der Reichskirche, doctores, continentes und coniugati. In all den Teilen des hierarchisch geordneten Organismus soll sich die Leitung des Heiligen Geistes durchsetzen[154]. Daraufhin wirken die Reformer mit allen Mitteln von der Spitze der Hierarchie, dem Stuhl Petri, her[155].

Dieser Position ganz ähnlich, fast identisch mit ihr sind die Gedanken *Gregors VII.*[156] Durch ihn sind sie freilich in ihrer Wirkung potenziert worden. Auch Gregor geht von der strengen Unterscheidung der Menschen unter Gott einerseits und unter dem Teufel andererseits aus. Der Mensch unter Gottes Herrschaft wird erfüllt mit wahrer Liebe (Gottes und des Nächsten), wahrer Freiheit (Unabhängigkeit vom Irdischen durch absolute Bindung an Gott in der Askese) und Gerechtigkeit[157]. Der Mensch unter der Herrschaft des Teufels strebt nach dem Vergänglichen und verfällt so allen Lastern[158]. Beide Menschenarten bilden zwei corpora, die sich in ständigem Kampf gegenüberstehen[159]. Die Unmöglichkeit, den Grenzverlauf zwischen beiden Fronten zu bestimmen (Ungültigkeit der simonistischen Weihen!), wird nun bei Gregor — wie schon bei Humbert — durch ein Moment aufgefangen, das neben der Enteschatologisierung oder besser in engstem Zusammenhang mit dieser die entscheidende Differenz dieses Denkens zu Augustin ausmacht und deshalb hier noch besonders besprochen werden muß: der Petrusglaube[160] und der mit ihm verbundene unbedingte Primatsanspruch Roms[161]. Da Petrus mit seinen Nachfolgern und Stellvertretern eine

[154] Vgl. *Dempf*, 183f. und u. A. 256. Außer im Reichskirchengedanken unterscheidet sich Humbert von Augustin vor allem noch darin, daß für ihn der Geist Gottes nicht nur die Menschen, sondern auch die Dinge der Kirche (Kirchengüter usw.) heiligt und sichtbar für sich in Anspruch nimmt (vgl. *Nitschke*, 208f. A. 383).

[155] Vgl. *Michel*, Die folgenschweren Ideen, 67f.; *Nitschke*, 209 A. 386.

[156] *Nitschke*, 208f.

[157] Belege bei *Nitschke*, 136ff.

[158] Ebd. 143ff.

[159] Ebd. 146ff.

[160] Zu den germanischen Voraussetzungen dieses Denkens grundlegend: *Zwölfer*, St. Peter. Apostelfürst und Himmelspförtner.

[161] Zum folgenden vgl. bes. *Haller*, Papsttum, II, 413f.; *Nitschke*, 155ff.; (zu

Einheit bildet und Jesus für Petrus gebeten hat, daß er beim rechten Glauben erhalten werde (Lk 22, 32), kann der Papst allein als sicherer Fels der Wahrheit, Freiheit und Gerechtigkeit in einer vom Teufel ständig bedrohten Welt gelten. Dieser sichtbaren Präsens Gottes im Papst entsprechen die sichtbaren Handlungen der Menschen. Deren Zugehörigkeit zur Herrschaft Gottes zeigt sich nämlich in ihrem offensichtlichen Verhältnis zum Stellvertreter Petri. Dieses versteht Gregor als Lehnsverhältnis. Er versucht, Fürsten und Völker in Lehnsabhängigkeit von Rom zu bringen, und erklärt Petrus zum princeps über die Reiche dieser Welt[162], weil er alle früheren Äußerungen, die eine Unterordnung unter Rom beinhalteten, wörtlich im Sinn der Lehnsunterwerfung nimmt. Man wäre geneigt, diese Handlungen des Papstes als machtpolitischen Opportunismus zu werten, wenn man sich nicht der theologischen Hintergründe bewußt bliebe. Sie lassen sich besonders gut an dem doppeldeutigen Begriff der *fidelitas* ablesen[163]. Er bedeutet zugleich Glaube und Lehnstreue. Es ist theologisch zunächst gar nicht anstößig, sondern im Gegenteil sachlich durchaus der paulinischen ὑπακοὴ πίστεως verwandt, daß der Glaube des inneren Menschen sich durchsetzt im Folgen der leiblichen Glieder. Insofern ist *Nitschkes* besondere Hervorhebung dieser Seite an Gregor überflüssig (158 u. 168). Glaube ohne Werke hat es in keinem echten Christentum gegeben. Insofern kann Gregors Nachdruck auf diesen Sachverhalt positiv gewürdigt werden und die Frage seiner subjektiven Integrität ganz aus dem Spiel bleiben. Dennoch kann man sich historisch und sachlich der Tatsache nicht verschließen, daß hier ein theologisch höchst gefährlicher Umbruch gegenüber Augustin und der neutestamentlichen Tradition, auf die man sich beruft, vorliegt, und zwar im tiefsten Grund darum, weil die absolute Abhängigkeit gegenüber Gott mit der absoluten Abhängigkeit gegenüber der »sichtbaren« (bei Gregor nicht institutional, sondern charismatisch verstandenen) Person des Papstes identifiziert

---

Humbert s. o. A. 155). Hier liegt der entscheidende Unterschied zur Karolingischen Zeit, die die augustinische civitas-Lehre zwar auch unter reichskirchlichem Aspekt, nicht aber im Zusammenhang mit dem römischen Primatsgedanken aufnahm.

[162] Registrum I, 63 (MG. Epp. sel. II, 92); vgl. VII, 6 (S. 465) und *Nitschke*, 159f.

[163] Vgl. *P. Zerbi*, Il termine »fidelitas«; *Erdmann*, Kreuzzugsgedanke, 190f.; *Nitschke*, 160; *Mitteis*, Staat, passim, vgl. Reg. s. v. fideles, fidelitas ligia.

wird. Gottes Lehnshoheit geht in der Lehnshoheit des Papstes auf[164]. Allerdings muß man sich bewußt sein, daß die Bezeichnung »Entschatologisierung« für dieses Denken nicht ganz zutrifft. Der entscheidende Machtzuwachs des Papsttums im germanischen Raum rührt ja gerade daher, daß Petrus der Himmelspförtner ist und sein Stellvertreter deshalb die Vollmacht über das Leben nach dem Tode hat[165]. Man muß also genauer von einem unevangelischen Zugang zum ewigen Leben sprechen.

Die in diesem Sinn radikale Verdiesseitigung der Theokratie zeigt sich nicht nur in der Doppeldeutigkeit von fidelitas, sondern in den anderen tragenden Begriffen dilectio, libertas und iustitia.

»Die von Gott geschenkte *Liebe* zwang jeden Menschen zum verantwortlichen Handeln. Diesem Auftrag entsprach ein Christ aber nur dann, wenn er seinen Nächsten zum ewigen Leben zu führen versuchte. Da das ewige Leben des Christen nur in Übereinstimmung mit Petrus zu erreichen war, wurde jeder Christ dazu gezwungen, wenn er für das Heil seines Mitmenschen sorgen wollte, diesen an Petrus und dessen Stellvertreter in Rom zu verweisen«. So formuliert *Nitschke* (Wirksamkeit, 163) zusammenfassend die Argumentationsreihe, durch die Gregor die »wahre Liebe« konstitutiv mit dem Papsttum verknüpft. Entscheidend und ungemein folgenreich ist aber die Tatsache, daß dieses Eintreten für das ewige Heil des Nächsten notfalls mit kriegerischen Mitteln zu erfolgen hat. Um häretische Bischöfe oder dem Teufel ergebene Fürsten, die das ewige Heil ihrer Untertanen gefährden, gewaltsam aus ihren Ämtern entfernen zu können, begründet Gregor VII. mit Hilfe von Söldnern und Lehnsvasallen seine berühmt berüchtigte militia sancti Petri, eine der wesentlichen Wurzeln des Kreuzzugsgedankens und der Inquisition[166]. Die gleiche Struktur wie das Liebesverständnis haben auch seine Gedanken über die *Freiheit*. Der Mensch ist wahrhaft frei, wenn er dem ewigen Gott untertan und unabhängig vom Irdisch-Vergänglichen ist, letztlich also erst nach dem Tode. Dies ist zunächst scheinbar ein gut augustinischer Gedanke[167]. Da aber nur der Papst in der Einheit mit Petrus immer und sicher unter der Herrschaft Gottes steht, nimmt die Freiheit eines Menschen mit der Nähe zu ihm zu[168], weshalb er übrigens sogar loyalen Fürsten die Bischofswahl überlassen

---

[164] Daß auf diese Weise die fides zu einem Verdiensterwerben wird, sei nur kurz angemerkt. Vgl. *Nitschke*, (158) 161 ff.

[165] Vgl. A. 160 und *A. Nitschke*, Propyläen Weltgeschichte, 15 f.

[166] Vgl. *Erdmann*, 192 ff.; *Nitschke*, Wirksamkeit, 164 ff.; *Stickler*, Il potere coattivo.

[167] Vgl. *Nitschke*, 141 f.

[168] Vgl. *Nitschke*, 169 ff. Zum frühmittelalterlichen Freiheitsbegriff, insbesondere zur Vorstellung von den quantitativen Freiheitsgraden vgl. *Tellenbach*, 9 ff. Bemerkenswert ist auch dessen Ergebnis, daß in diesem Horizont eine spirituelle Freiheit nicht denkbar, sondern diese immer an die Realisierung von Rechtsverhältnissen gebunden ist, was eine direkte Ableitung der »libertas *ecclesiae*« aus augustinischem Denken unmöglich macht (ebd. 231 f.).

kann[169]. Auch in der Frage der Gerechtigkeit vollzieht Gregor die unlösbare Koppelung des Geistes an den Stellvertreter Petri und damit an die hierokratische Kirche[170]. Die Canones des Kirchenrechts sind vom Heiligen Geist diktiert und von gleicher Autorität wie die Bibel. Sie enthalten nicht nur inhaltlich die Primatslehre, sondern können auch allein vom Papst legislatorisch erweitert und iurisdiktionell zur Geltung gebracht werden, weil allein von ihm sicher ist, daß er durch die Einheit mit Petrus vom Heiligen Geist gerecht gemacht ist. Gehorsam gegen Gott als Gehorsam gegen den Papst — die Verwandlung der augustinischen humilitas — ist darum die einzig wahre Form der Gerechtigkeit[171].

Von diesem Gesamthorizont aus ergibt sich ein Vorblick auf die spezielle Gewaltenfrage. Besonders umstritten sind Gregors Äußerungen über den Ursprung der weltlichen Gewalt aus »blinder Begierde und unerträglicher Anmaßung auf Veranlassung des Teufels«[172]. Gegen eine derartige Formulierung stehen nämlich viele andere im Gegensatz, die nicht nur dem Priestertum, sondern auch dem Königtum eine Einsetzung durch Gott und eine Amtsführung im Sinn der christlichen Liebe bestätigen[173]. Mir scheint *Nitschke*[174] eine gute Auflösung der Widersprüche dadurch gefunden zu haben, daß er die Äußerungen Gregors über den teuflischen Ursprung der weltlichen Herrschaft zeitlich, also auf die vorchristliche heidnische Epoche bezogen, nicht aber als Wesensaussagen versteht. In christlichen Zeiten dagegen ist der christliche König durch die Wahl, in der der Heilige Geist mitwirkt, von Gott eingesetzt. Die sichtbare Realisierung dieser göttlichen Einsetzung wird an der Treue zu Rom gemessen. Freilich ist der Herrscher durch die ihm verliehene Macht besonders gefährdet, dem Irdischen zu verfallen und so unter die Herrschaft des Teufels zu geraten, und faktisch gehörten auch nur

---

[169] Vgl. *Nitschke*, 171ff. Dies undoktrinäre Verhalten in der Frage der Laieninvestitur, d. h. sein Ausgehen von der Geisterfülltheit der Person (die sich freilich im sichtbaren Verhältnis zu Rom ausweist) und nicht von einem Amt zeigt besonders deutlich den stark charismatischen Charakter des Gregorianischen Denkens.

[170] Zum folgenden *Nitschke*, 175ff. mit weiterer Literatur.

[171] Vgl. *Tellenbach*, 183f.

[172] »Quis nesciat reges et duces ab iis habuisse principium, qui deum ignorantes superbia rapinis perfidia homicidiis postremo universis pene sceleribus mundi principe diabolo videlicet agitante super pares, scilicet homines, dominari ceca cupidine et intollerabili presumptione affectaverunt? ... cui rectius comparentur quam ei, qui est caput super omnes filios superbie«? (Registrum VIII, 21, MG. Epp. sel. II, 552).

[173] Belege bei *Nitschke*, 190 A. 303.

[174] 190f. in Auseinandersetzung mit anderen Lösungsvorschlägen.

wenige Könige zu den Auserwählten Gottes[175]. So tendiert jene differenzierte Aussage über die Herleitung der vorchristlichen Gewalt vom Teufel dazu, auch auf gegenwärtige Herrscher angewandt und so zur groben politischen Waffe zu werden[176].

Ohne totale Unterordnung unter den Papst und ohne faktisch politische Abhängigkeit von ihm keine fidelitas, dilectio, libertas, iustitia — diese bei Gregor noch charismatisch begründete Position enthält bereits das volle kirchliche und politische päpstliche Weltherrschaftsprogramm, das vor seinem Zusammenbruch 1303 in letzter Zuspitzung von Bonifaz VIII. formuliert werden wird. Dessen Parteigänger, Aegidius Romanus u. a., sind dann die Klassiker des hierokratischen Augustinismus, dessen zentrale These lautet: die res publica außerhalb der civitas dei kann keine iustitia verwirklichen; also steht um der Gerechtigkeit willen dem Papst, der die Kirche Christi repräsentiert, die plenitudo potestatis zu[177].

Obwohl Aegidius und andere spätere Kurialisten sich gerade auch auf Bernhard von Clairvaux (gest. 1153) und Hugo von St. Victor (gest. 1141) beriefen, kann man diese doch historisch nicht einfach unter die Hierokraten einreihen. Sie denken aus ihrem *philosophisch-kontemplativen Ansatz* heraus hierarchisch, nicht aber hierokratisch[178]. Sie greifen die Herrschsucht der Kurie scharf an. Bernhards Wort »ministerium, non dominium« wurde zum Kampfwort der gallikanischen Royalisten zur Zeit Philipps des Schönen[179]. Trotzdem ist ihre Anschauung von der ontologisch verstandenen Ämterhierarchie bei aller Kritik der Personen in diesen Ämtern geeignet, immer wieder hierokratisch ausgebeutet zu werden. Hugo, der mit seiner neuplatonisch/pseudo-dionysischen Interpretation Augustins außerordentlich auf die Folgezeit (Bonaventura, Thomas v. Aquin) wirkte, hat besonders in seiner Schrift De sacramentis christianae fidei zu den hier behandelten Fragen Stellung genommen.

[175] Vgl. *Nitschke*, 192f.

[176] So wehrt sich z. B. Hugo v. Fleury gegen die Behauptung, das regnum leite sich aus der superbia oder vom Teufel her (vgl. *Dempf*, 198; *Knabe*, 138ff.).

[177] S. u. S. 404f. A. 417. Daß Augustin ganz andere Konsequenzen aus der in Rom fehlenden iustitia zieht, nämlich eine andere Definition der respublica wählt, um über den pax-Begriff die relative Ordnung des politischen Gemeinwesens zu begründen, übersieht Aegidius wie mit ihm viele Leser von De civitate dei (vgl. o. Kap. II A. 416).

[178] Vgl. *Berges*, 52ff.

[179] *Berges*, 53 A. 2f. Ausführlich zu Bernhards Bedeutung im Streit um 1300 s. *Rivière*, Le problème de l'église et de l'état, 405ff.

In diesem Werk, das zwischen der propädeutischen philosophia einerseits und der contemplatio andererseits seine eigentliche Theologie (divinitas) darstellt[180], behandelt Hugo in Teil 2 des II. Buchs[181] die Ekklesiologie als Gesamtgesellschaftslehre (De unitate ecclesiae). Die Kirche hat ihren Ort im heilsgeschichtlichen Ablauf nach dem tempus naturalis legis (worin der Mensch, auf sich selbst gestellt, seine ignorantia boni und concupiscentia mali erfährt) und dem tempus scriptae legis (worin dem Menschen zwar geholfen wird, die Wahrheit zu erkennen, noch nicht aber, sie zu tun) und betrifft die Zeit unter der Gnade. In ihr wird der Mensch nicht nur zur Erkenntnis, sondern auch zum Wollen und Tun des Guten, und zwar durch den Anschluß an den geisterfüllten Leib Christi ermächtigt. Diese Vereinigung wird durch die Taufe gestiftet und wirkt sich im Gemeinschaftsmahl ständig lebensstiftend aus (II, 2, c. 1). Das corpus Christi als ecclesia der vielen Glieder und Ämter wird definiert als »multitudo fidelium, universitas Christianorum« (c. 2). An dieser Stelle setzt nun die Unterscheidung der zwei ordines (Laien- und Klerikerstand) als der linken und rechten Seite des Leibes Christi ein (c. 3). Sie konnte der Ursprung der Unterscheidung von Reich Gottes zur Rechten und zur Linken sein, hier freilich nur auf die beiden Gewalten bezogen, sofern auch die weltliche innerhalb der einen Kirche steht[182]. Denn den ordines wird entsprechend ihrem körperlich-irdischem und seelisch(geistlich)-himmlischem Charakter auch je ihre eigene hierarchisch geordnete Gewalt[183], die potestas terrena (secularis) einerseits und die potestas spiritualis andererseits mit der jeweiligen Spitze rex und summus pontifex zugeordnet. Der Vorrang dieser vor jener ist nicht nur moralisch, sondern faktisch: das Geistige begründet das Körperliche

---

[180] Zum Aufbau des hugonischen Systems vgl. *R. Baron*, Science et Sagesse chez Hugues de St. Victor. Zur Nachwirkung von Augustins De civitate dei in St. Victor vgl. *Tournier*, Les »deux cités«, 656.

[181] MPL 176, 415—422. Vgl. *Berges*, 55; *Dempf*, 245ff.; *Manz*, Ordo, 30f. u. 42.

[182] »Universitas autem haec (scil. ecclesia) duos ordines complectitur: laicos et clericos, quasi duo latera corporis unius. quasi enim ad sinistram sunt laici qui vitae praesentis necessitati inserviunt ... clerici vero quoniam ea quae ad spiritualem vitam pertinent dispensant, quasi dextera pars sunt corporis Christi« (sacr. II, 2, 3; vgl. *Dempf*, 246f.). Diese Redeweise taucht auch bei Gregor v. Catina (1111) auf (vgl. *Dempf*, 196). Frühere oder andere Belege, die auf eine Gegenüberstellung der Gewalten nach dem Schema rechts und links hinweisen, sind mir nicht bekannt geworden. Die Verteilung der beiden Schwerter auf die linke und rechte Hand des Kaisers bei Alcuin bezieht sich auf den Kampf gegen Häretiker und Heiden, nicht auf regnum und sacerdotium (vgl. o. S. 335). Daß zur Zeit Hugos diese Aufteilung des Leibes Christi in zwei Seiten und unter zwei Gewalten noch nicht selbstverständlich gewesen sein kann, beweist seine Abwehr des Mißverständnisses, er wolle die Laien damit in toto zu den Böcken stempeln, die im Jüngsten Gericht nach links ins ewige Feuer geschickt werden. Dagegen streicht er seine wahre Meinung so heraus: »quod enim ad sinistram in corpore est: de corpore est, et bonum est: quamvis optimum non sit« (ebd. c. 3). Zu Luthers offenbar an diese Tradition anknüpfenden Redeweise vom »Reich Gottes zur Rechten und zur Linken« s. u. S. 526 A. 309.

[183] Zur analogen Hierarchie der Gewalten vgl. c. 5f.

und beurteilt es, so wie das Geistige selbst in Gott gründet[184]. Freilich hat es irdische Rechte und Besitz (c. 7), kann aber nicht selbst von der weltlichen Gewalt zur Rechenschaft gezogen werden (c. 8).

An diesem Entwurf sieht man in klassischer Form, was aus Augustin wird, wenn man den Grundansatz nicht mehr bei der Eschatologie nimmt — der heilsgeschichtliche Entwurf endet bei Hugo mit der Epoche sub gratia — und die Dualität von Leib und Geist auf zwei Stände innerhalb der einen großen Reichskirche verteilt: ein Einheitsorganismus, in dem »irdische« und »himmlische« Menschen nur noch Stufen bilden, wobei das Übergewicht der vita contemplativa und des Seelisch-Geistigen in die politische Herrschaft des angeblich die anima repräsentierenden Standes verwandelt und verflochten ist[185].

Eine der hierokratischen diametral entgegengesetzte Deutung der civitas-Lehre bietet der *Anonymus von York* (1108)[186]. Er läßt die civitas dei ganz in der Verwirklichung der natürlichen lex aeterna und die Kirche im Reich aufgehen[187]. Das ewige Jerusalem beschreibt er in seiner Dreizeitalterlehre ganz ohne Priestertum, und in der zweiten Epoche seit Christus gibt er den Königen den Vorrang vor den Priestern, was er aus dem Verhältnis der Naturen Christi zueinander begründet. Augustins positive Aussagen über die Erfüllung der alttestamentlichen Weissagungen in der Bekehrung der Kaiser zum Christentum dienen als Beweise für diese reichstheologische These. Die civitas diaboli erscheint nur auf der individuell moralischen

[184] »Duae quippe vitae sunt: una terrena, altera coelestis; altera corporea, altera spiritualis. una qua corpus vivit, ex anima, altera, qua anima vivit ex deo ... quanto autem vita spiritualis dignior est quam terrena, et spiritus quam corpus; tanto spiritualis potestas terrenam sive secularem potestatem honore, ac dignitate praecedit. nam spiritualis potestas terrenam potestatem et instituere habet, ut sit: et iudicare habet si bona non fuerit. ipsa vero a deo primum instituta est, et cum deviat, a solo deo iudicari potest, sicut scriptum est. ‚spiritualis diiudicat omnia et ipse a nemine iudicatur' ... unde in ecclesia adhuc sacerdotalis dignitas potestatem regalem consecrat, et sanctificans per benedictionem: et formans per institutionem« (c. 4). Vgl. u. A. 227.

[185] Zu John of Salisbury, der die Überordnung des sacerdotium ebenfalls aus dem ontologisch höheren Rang der vita contemplativa begründet, dabei aber in einer ganz neuen Weise der politischen Vernunft Raum schafft, s. u. S. 384f.

[186] Zum Anonymus v. York, der weittragende Wirkungen auf Marsilius von Padua, Wyclif und den entstehenden Absolutismus ausübt, vgl. die grundlegende Arbeit von *E. H. Kantorowicz*, The King's Two Bodies; weiter *Dempf*, 200ff. und *Knabe*, 145ff.

[187] Vgl. *Dempf*, 200ff.

Ebene[188]. Neben diesen vier »neuen« Typen augustinisch-mittelalterlichen Denkens gibt es eine Reihe von *Vermittlungspositionen.* Einerseits versucht man, die traditionell-frühmittelalterlichen Vorstellungen weiter zu verteidigen. Den ersten Platz nimmt hier der Liber de unitate ecclesiae conservanda (ca. 1108) ein[189]. Dieser besonders stark von Augustin beeinflußte anonyme Traktat[190] wendet den ekklesiologischen unitas- und pax-Begriff gegen das Zerbrechen der Kirchen-, sprich Reichseinheit durch die Gregorianer. Die Bürger der civitas dei werden entsprechend als die Friedfertigen, die der civitas diaboli als die Zwieträchtigen gekennzeichnet. Weil durch den Streit iustitia und Liebe als Band der Gemeinschaft bedroht werden, scheint dem Verfasser der jüngste Tag bevorzustehen (207). Innerhalb der Vermittlungspositionen kommt derjenigen weltgeschichtliche Bedeutung zu, die bei der Investitur in augustinischer Terminologie temporalia (saecularia) und spiritualia unterscheiden lehrt (Ivo v. Chartres) und so die Kompromißformel des Wormser Konkordats ermöglicht[191].

In diese vermittelnde Tradition gehört auch die als Geschichte der zwei civitates geschriebene Chronik (1143—1146) des Otto v. Freising[192]. Obwohl seine Form, das augustinische Geschichtsschema zu übernehmen, nicht typisch für die mittelalterliche Chronistik ist[193], läßt sich an seiner Rezeption Augustins doch etwas für das Denken seiner Epoche Typisches ablesen. Er übernimmt zwar die dualistische Fassung der zwei civitates mehr als andere[194], wandelt Augustin aber doch in charakteristischer Weise ab. Seine Einteilung der Weltgeschichte kennt drei Perioden. Die erste reicht von Adam bis

---

188 Vgl. ebd., 202.

189 Vgl. *Dempf*, 191 ff.; *Knabe*, 135 ff. Ulrich v. Hutten entdeckte und veröffentlichte diese Schrift 1519.

190 Vgl. *Mirbt*, Augustins Stellung, 47 ff.

191 Vgl. o. S. 350.

192 Herausgegeben und mit einer guten Einleitung versehen von *W. Lammers*. Ebd. LXIII ff. ältere Literatur und XXVIII Bemerkungen zu Ottos »konservative(r) Denkweise der sächsisch-salischen Kaiserzeit«, die ihn trotz seiner Bekanntschaft mit der aufkommenden Scholastik kennzeichnet. Eine gleiche Haltung weist *Nellmann* (Reichsidee, 95 ff.) für die etwa gleichzeitige »Kaiserchronik« nach.

193 Vgl. *Lammers*, XXXV.

194 Vgl. ebd. D. h. übrigens, wenn man rein historisch fragen würde, müßte man an Otto gerade diese im Vergleich mit seiner Umwelt große Betonung des Augustinischen Dualismus hervorheben. *Dempf* (249) spricht von seinem Standpunkt aus sogar von einem »krassen Rückfall in den augustinischen Dualismus«.

Konstantin und Theodosius, die zweite von diesen Kaisern bis zum Ende der Zeiten, die dritte bezeichnet die Ewigkeit der civitas dei nach dem Jüngsten Gericht (Prolog zu Buch VIII; S. 582). Die erste Epoche kennzeichnet Verfolgung des Herrschaftsverbandes Gottes durch die heidnisch-weltlichen Gewalten. Die zweite bringt den wunderbaren Fortschritt, daß unter christlichen Kaisern aus den beiden sich bekämpfenden Gruppen »beinahe eine« (pene una) civitas wird, die er »ecclesia« nennen will. Sie ist zwar eine »civitas permixta«, in ihr ist Spreu und Weizen enthalten, aber trotzdem ist die Geschichte seit Theodosius die Geschichte eines Verbandes, zumal die civitas mundi gleichsam betäubt ist, d. h. die Staatsgebilde der Juden und Heiden weltpolitisch völlig bedeutungslos sind[195] (Prol. zu Buch V, S. 374). Diese glückliche Phase der civitas permixta, die ein Zeichen des kommenden Gottesreiches ist und nur noch der Unsterblichkeit ermangelt (IV, 4; S. 310)[196], geht seit der Bannung Heinrichs IV. durch Gregor ihrem Ende zu. Das erneute Auseinanderbrechen der Gewalten kündigt das Auseinanderbrechen dieser Welt an, das nach dem Untergang des römischen Reiches nur noch durch die Verdienste und Gebete der Mönche — der Brückenbauer zur Ewigkeit — aufgehalten wird[197]. Diese Gesamtaufteilung zeigt, daß Otto als eigentliches Kriterium der Periodenbildung das Verhältnis der weltlichen Gewalt zur civitas dei[198] sieht und damit nicht die Tradition Augustins, sondern die des Eusebius und Orosius fortführt, in der das christliche Kaisertum eine heilsgeschichtliche Bedeutung erhält[199]. Interessant aber ist bei Otto die Verbindung einer Liebe zum verlorenen Ideal der Reichskirche und eines durch die Erschütterungen des Investiturstreits ausgelösten (mönchischen) Bewußtseins vom nahen Ende der Welt[200] — das freilich in dem Mo-

[195] Über diese Frage wurde Otto bald eines anderen belehrt, als er direkt nach Abschluß seines Werkes das katastrophale Ende des 2. Kreuzzugs am eigenen Leibe miterleben mußte.

[196] Vgl. *Lammers*, LXI.

[197] Vgl. ebd. XLIXf.

[198] Zu seinem vorgregorianischen Ideal dieses Verhältnisses vgl. Prol. zu Buch IV.

[199] Vgl. ebd. XLVff.; LIX und *Kamlah*, 183.

[200] Wie stark schon die Zeitgenossen die Bannung Heinrichs IV. durch Gregor als apokalyptisches Geschehen empfanden, mag folgendes Wort Benzos v. Alba belegen: »Infernus totum vomuit, quod habet et quod potuit. turbavit terram, maria atque sanctuaria. ad quem debemus fugere, ausus est concutere hoc est principem principum, qui tenet legis vinculum« (Lib. ad Henricum IV., I, IV, c. 6., MG. SS. 11, 642).

ment wieder ganz zurücktritt, als Friedrich Barbarossa das Reich zu neuer Blüte führt[201].

Überblickt man die verschiedenartigen Weisen der Wirkung Augustins im Zeitalter des Investiturstreits, so läßt sich folgendes sagen. Die mönchisch-kontemplative Denkweise des Petrus Damiani knüpft an einen wirklich starken, durch die vita activa nicht ausgewogenen Hang Augustins zum asketisch verstandenen philosophischen Leben an. Das Verhältnis der hierokratischen Positionen zum augustinischen Erbe ist dagegen sehr komplexer Natur. Einerseits wirkt sich jene altkirchliche »Theologie der Diastase«[202] legitim kritisch in einer mit dem feudalistischen System eng verquickten Kirche aus, deren Schwächen sich erst in ihrem Niedergang ganz zeigen. Auf der anderen Seite aber gewinnt das feudalistische Denken in Gestalt der Hierokratie gerade Gewalt über augustinische Denkformen und prägt sie völlig um. Aus der fides wird die fidelitas, aus geistlicher Freiheit Privilegienansprüche der Kirche. Hier zeigt sich einmal deutlich, daß theologisch die Dimension des »inneren Menschen« nicht einfach über Bord geworfen werden kann — es sei denn, man könnte den Welt (auch Kirche) total aufhebenden Charakter des in der Zeit anbrechenden Eschaton und damit die Freiheit Gottes gegenüber seiner Kirche auf andere Weise sicherstellen. Freilich hat Augustin selbst, wie wir sahen, an zwei Stellen Türen zu seiner mittelalterlichen Uminterpretation geöffnet. Auch er begründete bereits die gewaltsame Donatistenverfolgung mit der christlichen Liebe, der Verantwortung für das Heil des Nächsten[203]. Auch er verquickte göttliche und politische Gerechtigkeit und zog daraus die Folgerung einer gewaltsamen Förderung des christlichen Kults[204]. Was er allerdings aus der Naivität des Intellektuellen und bestimmten römischen Voraussetzungen am Rande seines Denkens zuließ, ist bei Humbert und Gregor durchgeformtes Programm und mit der gegenüber Augustin völlig neuartigen militanten Petrusgefolgschaft verknüpft. Kann man also Augustin die Mitschuld am mittelalterlichen Religionszwang nicht ganz

[201] In seinem Widmungsschreiben an Friedrich (S. 4) entschuldigt sich Otto gleichsam für die pessimistische Grundstimmung seiner Historia und versichert, daß sich durch ihn, Friedrich, nun alles zu morgendlicher Heiterkeit gewendet habe. Zeugnis des neuen Lebensabschnitts sind die Gesta Friderici Ottos (vgl. *Lammers*, XXXII).

[202] Vgl. *Kretschmar*, 108ff.

[203] S. o. S. 296f.

[204] S. o. S. 297ff.

absprechen, so lassen sich von der späteren Hierokratie keine Linien zu ihm zurückziehen. An all jenen Stellen — fides, dilectio, iustitia, libertas — setzen später Luthers zentrale Klärungen an, so daß sich an diesen Begriffen wie nirgends sonst die jeweiligen Weichenstellungen ablesen lassen. Von den Hierokraten zu unterscheiden sind die philosophisch-kontemplativen »Hierarchisten«. Bernhard und Hugo v. St. Victor heben verstärkt den geistlichen (Dienst)charakter der Kirche hervor — aber dies im Schema der neuplatonischen Ontologie. Der Anonymus von York mit seiner staatskirchlichen Auslegung der Civitaslehre wäre als Augustininterpret wegen seiner Einseitigkeit nicht weiter interessant, wenn nicht ein Wyclif und ein Marsilius an die mit ihm beginnende Tradition angeknüpft hätten. Die bei ihm und in den hierokratischen Auffassungen zurücktretende Eschatologie Augustins erlebt eine teilweise Auferstehung in der trotz ihrer mönchisch-kirchlichen Herkunft an sich gemäßigt reichskirchlichen Chronik des Otto von Freising. Es ist sehr interessant zu sehen, wie hier die Eschatologie noch innerhalb der Kirche gedacht wird. Später wandern die eschatologischen Strömungen entweder immer mehr aus der Priesterkirche aus oder äußern sich wenigstens kirchenkritisch[205] — freilich gerade hierin seit Joachim von Fiore zutiefst mittelalterlich, indem sie die Eschatologie vergeschichtlichen und so deren neuzeitliche Säkularisierung vorbereiten[206]. Ottos Vermittlungsposition hat ihre Vorgänger im Liber de unitate und den französischen Rechtsgelehrten, voran Ivo v. Chartres, deren Anwendung der augustinischen Begriffe temporalia und spiritualia auf die Investiturfrage das Wormser Konkordat ermöglicht. Wie wird nun auf den angedeuteten theologischen und anthropologischen Grundlagen das Verhältnis der beiden Gewalten zueinander im einzelnen bestimmt?

---

[205] Nach *Dempf*, 247, ist Otto der »einzige sozusagen offiziell anerkannte Geschichtsphilosoph des Mittelalters«. Vgl. aber auch ebd. 235ff. zu Rupert v. Deutz.

[206] »Joachim hat als erster der Zukunftsgespanntheit christlichen Glaubens ein geschichtliches Ziel gegeben, an dessen Verwirklichung sich die revolutionären Energien kommender Generationen versuchen konnten, er hat die Säkularisation der eschatologischen Hoffnung zum ‚epochalen Bewußtsein‘ der Renaissance und der Neuzeit eingeleitet« (*W. Kamlah*, Apokalypse und Geschichtstheologie, 117; Literatur zum Verhältnis zwischen Joachim und den Franziskanerspiritualen ebd. 115 A. 1; vgl. auch *Berges*, 58).

b) Die beiden Gewalten in der päpstlichen und kaiserlichen Polemik

Welche Wandlung hat während der ersten Kampfperiode das Verhältnis der beiden Gewalten zueinander durchgemacht? Diese Frage läßt sich an allen in diesem Zusammenhang gebrauchten Bildvergleichen und Motivationen nachprüfen[207]. Geht man davon aus, daß der König seine geistliche Funktion bei der Bischofsinvestitur einbüßt und daß sogar die Kreuzzüge[208] — also in der alten Terminologie die Verteidigung der Kirche nach außen — unter der Initiative und Herrschaft des Papsttums stehen, so läßt sich schon aus diesen beiden Ergebnissen des Kampfes ablesen, daß der eigentliche Umschwung über die konkrete Investiturfrage hinaus darin liegt, daß der Herrscher seine selbständige *sakrale Stellung* innerhalb der Kirche verliert[209]. Das zeigt sich vor allem in der neuen Behandlung der Salbung innerhalb des Verhältnisses beider Gewalten. Die gregorianische Partei bestreitet der Herrscherweihe immer entschiedener den aus germanischen Ursprüngen erwachsenen sakramentalen Charakter, den ihr noch Petrus Damiani zuerkannte. Der König soll keine halbgeistliche Zwischenstellung zwischen Klerikern und Laien mehr haben. Er ist dem Priester wie jeder Laie unterworfen[210]. Der Kaiserpartei, die sich nicht nur auf das Gewohnheitsrecht seit den Karolingern stützt, sondern auch deren alttestamentliche Begründung der Salbung und sakralen Stellung des Königs verstärkt aufgreift (bis hin zur Vergottung des Fürsten durch den Anonymus von York[211]), wird gerade mit alttestamentlichen Argumenten widerstanden[212]. Die Einsetzung und Absetzung Sauls durch Samuel ist das Paradebeispiel, womit die Päpstlichen den Vorrang des sacerdotium vor dem regnum

---

[207] Ich gehe im folgenden also nicht chronologisch alle politischen und literarischen Streitschriften durch (dazu vgl. *Knabe*, 118ff.; *Dempf*, 175ff.), sondern untersuche die einzelnen Argumente je in ihrer kaiserlichen und päpstlichen Ausprägung. Hierbei (und in der weiteren Entwicklung bis zum Spätmittelalter) ist besonders auf die sich wandelnden Theorien der Kaiserpartei zu achten, weil Luther später in bestimmter Weise an sie angeknüpft hat.

[208] Grundlegend *C. Erdmann*, Die Entstehung des Kreuzzugsgedankens; neuere Literatur in RGG[3] IV, 59.

[209] Vgl. *Tellenbach*, 175ff.

[210] Grundlegend *Kern*, Gottesgnadentum, 94 (98)ff.; weiter *Knabe*, 132f. (vgl. 142f.; 146).

[211] Zur steilsten Ausprägung der königlichen Position beim Anonymus von York vgl. o. S. 361.

[212] Vgl. *Funkenstein*, Das Alte Testament im Kampf von regnum und sacerdotium.

zu erweisen suchen[213]. Die Folge dieses Streites ist, daß einerseits die kirchliche Partei die Salbung immer mehr gegenüber der Krönung herabspielt[214], während die kaiserliche ihre ideologische Begründung zunehmend statt im Alten Testament in anderen Quellen, vor allem dem römischen Recht sucht, deutlich ersichtlich dann in der Stauferzeit[215].

Die germanischen Wurzeln des sakralen Herrschertums werden aber noch an einer anderen Stelle von der Reformpartei wirksam angegriffen. Unter den drei Begründungsmöglichkeiten des regnum — dem Wahlprinzip, dem Erbrecht und der Weihe — bewahrte besonders das Erbrecht die heidnische Tradition (Geblütsheiligkeit). Auf der anderen Seite bot das Wahlrecht der Kurie die willkommene Möglichkeit, ihren Einfluß bei der Erhebung des Königs geltend zu machen. Hiervon macht bereits Gregor VII. paradigmatischen Gebrauch, indem er nicht nur theoretisch entschieden gegen das Erbrecht Stellung nimmt[216], sondern faktisch im Bund mit den Fürsten Rudolf von Schwaben in Forchheim zum Gegenkönig wählen läßt[217]. Andererseits kämpfen die kaiserlichen Publizisten für das Erbrecht, so Petrus Crassus, Wenrich von Trier und der Verfasser des Liber de unitate[218].

Was nun die verschiedenen Begriffspaare und Bilder anlangt, mit denen das Verhältnis der beiden Gewalten traditionell beschrieben wurde und neu beschrieben wird, so benutzen zunächst beide Parteien die *gelasianische Formel* selbst. Freilich fällt auf, daß sie immer mehr zum eigentlichen Argument der kaiserlichen Partei wird[219], nachdem

[213] Ebd. 70f.

[214] *Knabe*, 65 u. ö.

[215] *Funkenstein*, 77 (vgl. u. S. 375f.). Interessant ist, daß schon während der ersten Streitperiode die Kaiserlichen besonders die Melchisedektypologie zurücktreten lassen, um mit diesem extremen Argument die Vermittlung mit dem Papst nicht zu gefährden (ebd., 36ff.).

[216] Brief an Hermann v. Metz (MG. Epp. sel. II Reg. Greg. VIII, 21); vgl. *Knabe*, 134.

[217] Vgl. *Knabe*, 133; *Jordan*, 261f.

[218] Vgl. *Knabe*, 134.

[219] Heinrich IV. selbst sagt gegen Gregor: »... piam dei ordinationem contempsit, que non in uno, sed in duobus, duo, id est regnum et sacerdotium, principaliter consistere voluit... (*C. Erdmann*, Die Briefe Heinrichs IV., MG. Dt. MA. 1, 1937, 19, Nr. 13; vgl. *H. Hoffmann*, 85f. u. *Knabe*, 129f.). Im gleichen Sinn der Unterscheidung und Zusammenordnung nehmen mehrere Parteigänger des Kaisers die gelasianische Formel auf; vgl. zum Liber de unitate und zu Hugo v. Fleury *Knabe*, 134ff. (136f. A. 39), 138ff.

sie ursprünglich ihren Hauptsitz in der kirchlichen Abwehr kaiserlicher Übergriffe hatte. Das entspricht genau der faktischen neuen Lage, in der die »weltliche« Partei in die Verteidigung gedrängt wird. Aber die päpstliche Partei kann ihrerseits die Unterscheidungsformel für sich nutzbar machen, indem sie auf die von Gelasius angedeutete »höhere Gewichtigkeit« des sacerdotium verweist. Allerdings zeigt sich bei Gregor, wie wir sahen, die fundamentale Neuerung, die sich aus keinerlei Vorbildern — weder aus der Bibel, noch der Antike, noch der bisherigen Kirchengeschichte — ableiten läßt, daß er die höhere moralische oder religiöse Autorität, die z. B. Gelasius oder auch die Bischöfe und Päpste des 9. Jahrhunderts in Anspruch genommen hatten, durch die Petrustheologie in eine faktisch politische Herrschaftsstellung verwandelt[220].

Auch die *Zwei-Schwerter*-Formel in der von Petrus Damiani eingeführten Form wird zuerst und mit Vorliebe von der kaiserlichen Partei aufgegriffen[221]. Heinrich IV. selbst betont damit gegen den in seinen Augen hochmütigen Monismus Gregors das »zwei, nicht eins«[222]. Wie demgegenüber die kirchliche Partei mit der Formel operiert hat, ist neuerdings heftig umstritten.

A. M. Stickler hat in einer ganzen Reihe von Arbeiten[223] die These aufgestellt, daß bis ins 12. Jahrhundert hinein die kirchlichen Schriftsteller, die dem sacerdotium nicht nur den gladius spiritualis, sondern auch den gladius materialis zusprachen, unter letzterem nur die kirchliche Zwangsgewalt verstünden. Daneben habe unbestritten die unabhängige politische Strafgewalt der Fürsten bestanden, lediglich über das Schutz- und Verteidigungsamt des Kaisers sei ein Hoheitsrecht des Papstes gefordert. Demgegenüber hat *H. Hoffmann*[224] nicht nur auf den

---

[220] Vgl. *Knabe*, 128. Wie wenig schematisch freilich bei Gregor das Verhältnis zwischen sacerdotium und regnum geregelt ist, zeigt *Nitschke*, 190ff.; (vgl. auch o. A. 169). Zu Honorius Augustodunensis, dem »Wegbereiter aller späteren Kurialisten«, s. *Knabe*, 141ff.

[221] Allgemeine Literatur zum Schwerterproblem s. o. A. 112 u. 113.

[222] Im o. A. 219 angegebenen Brief heißt es weiter: »... sicut ipse salvator in passione sua de duorum gladiorum sufficientia typica intelligi innuit (folgt Lk 22, 38) ... significans hac sufficienti dualitate spiritualem et carnalem gladium in ecclesia esse gerendum, quibus omne nocivum foret amputandum, videlicet sacerdotali ad obedientiam regis pro deo, regali vero gladio ad expellendos Christi inimicos exterius et ad obedientiam sacerdotii interius omnem hominem docens fore constringendum«. Zu weiteren Parteigängern des Kaisers im gleichen Sinn s. *Knabe*, 157f. Die einzige Ausnahme bietet wieder der Anonymus v. York, der dem Königtum beide Schwerter zuspricht (vgl. *Knabe*, 159).

[223] S. Literaturverzeichnis u. *H. Hoffmann*, 79f. A. 5.

[224] AaO 79ff. mit weiterer kritischer Literatur zu *Stickler*.

Anachronismus dieser »Drei-Schwerter-Lehre« aufmerksam gemacht[225], sondern auch aus den Texten seit dem Investiturstreit nachgewiesen, daß der Begriff des gladius materialis durchaus in jener schillernden Doppeldeutigkeit von kaiserlicher und weltlicher Gewalt überhaupt gebraucht wird. Dies ist auch die übereinstimmende Meinung der älteren Forschung, zumal im anderen Fall gar nicht mehr verständlich würde, wie es überhaupt zu jenem Kampf auf Leben und Tod um die Investitur im deutschen Königreich kommen konnte.

Zusammenfassend kann man sagen, daß die Kaiserpartei die Zwei-Schwerter-Formel vor allem dafür verwendet, die Kompetenzenscheidung und Nebenordnung der Gewalten zu betonen, während die kuriale Partei mit den verschiedensten Mitteln zunehmend versucht, beide Schwerter in die Hand des Papstes zu bringen[226]. Diese Entwicklung, die von Gregor VII. im Anspruch auf das regimen universale vorweggenommen ist, wird gekrönt durch Bernhard v. Clairvaux und Hugo v. St. Victor, die schließlich auch die Formeln für diese »Fülle der Gewalt« des Petrus und seines Stellvertreters finden — allerdings unter dem erwähnten Vorbehalt: »Dienst, nicht Herrschaft«[227].

---

[225] Zuzugeben ist, daß Gregor VII. noch als letzter unter dem gladius materialis traditionellerweise die kirchliche Zwangsgewalt verstand (*Knabe*, 155). Dabei setzte er diesen Sprachgebrauch aber in kein Verhältnis zu der von Petrus Damiani neugeschaffenen Identifizierung der zwei Schwerter mit sacerdotium und regnum — in dem Sinn, daß daraus eine Drei-Schwerter-Lehre entstanden wäre. Als sich Damianis Formel dann durchsetzte, verstand man unter dem materiellen Schwert durchaus das regnum in allen seinen Funktionen. War damals denn ein rein weltlicher Bereich überhaupt denkbar? Nicht nur die Kaiser, sondern auch die Könige und seit der Kreuzzugsbewegung sogar die Ritter erhielten ihr Schwert vom sacerdotium (geweiht). Die so differenzierte Unterscheidung von regnum und imperium ist erst ein Versuch der späteren Kanonistik, die strittigen Probleme des Verhältnisses von sacerdotium und regnum zu lösen (vgl. *B. Tierney*, Some recent works, 612ff.).

[226] Vgl. bes. *H. Hoffmann*, 86ff.

[227] Zum ganzen vgl. o. S. 359. *Bernhard* schreibt wegen des Kreuzzuges an Eugen III.: »... Exserendus et nunc uterque gladius in passione domini, Christo denuo patiente, ubi et altera vice passus est. per quem autem nisi per vos? Petri uterque est, alter suo nutu, alter sua manu quoties necesse est, evaginandus. et quidem de quo minus videbatur, de ipso ad Petrum dictum est: converte gladium tuum in vaginam (Joh 18, 11). ergo suus erat ille, sed non sua manu utique educendus« (ep. 256, MPL 182, 463f.). Vgl. seine Äußerung zum Vorgehen gegen die Rebellen im Kirchenstaat: »Uterque ergo ecclesiae et spiritualis scilicet gladius, et materialis, sed is quidem pro ecclesia, ille vero et ab ecclesia exserendus: ille sacerdotis, is militis manu, sed sane ad nutum sacerdotis, et iussum imperatoris« (De consideratione IV, 3, MPL 182, 776; vgl. zum ganzen *H. Hoffmann*, 96 u. *Knabe*, 158f.). Zur Formel der *plenitudo potestatis* vgl. Bernhard, ep. 131 (MPL 182, 286f.):

Eine große Bedeutung im Zusammenhang der beiden Schwerter, aber auch darüber hinaus gewinnt in dem Streit *Römer* 13, 1—7[228]. Daß die schwerttragende, weltliche Gewalt (unmittelbar) von Gott eingesetzt ist und in einem besonderen, neben dem sacerdotium selbständigen Auftrag Gottes steht, wird zu einem Standardargument der Kaiserlichen[229]. Besonders brisant ist deren Berufung auf die »Ordnung von Gott« und das Widerstandsverbot (13, 1f.) angesichts der Absetzung Heinrichs durch Gregor. Immer wieder wird die Unantastbarkeit des Amtes auch im Fall einer schlechten Amtsperson betont[230]. Dabei leitet man das »von Gott« entweder aus der mit der germanischen Vorstellung vom Königheil verquickten Tradition der sakramentalen Salbung[231] oder wie Petrus Crassus aus Argumenten

»Plenitudo siquidem potestatis super universas orbis ecclesias singulari praerogativa apostolicae sedi donata est. qui igitur huic potestati resistit, dei ordinationi resistit (Rö 13, 2)«. Vgl. *Arquillière* (Origines, 514), der wie *Hoffmann* betont, daß Bernhard mit dem allen nichts Neues sagt, nur die Formel erfindet. Zur Gesamtentwicklung des Themas »plenitudo potestatis« vgl. bes. *Ladner*, The concepts, 55ff. (S. 60 zu Bernhard). — Für *Hugo v. St. Victor* s. o. A. 184 und dazu *Hoffmann*, 96 u. *Ladner*, 56f., der betont, daß solche extremen Positionen einer — modern gesprochen — potestas directa in temporalibus des Papstes nur eine Konsequenz der kurialistisch umgekehrten karolingischen Konzeption der Einheitskirche ist. Daneben sieht er eine Tradition des Christianitas-Gedankens, in der eher eine »potestas indirecta« behauptet wird (s. o. A. 120).

[228] Im folgenden verwerte ich Anregungen aus einem Referat, das meine Frau, Ulrike Duchrow, in dem o. Kap. I A. 450 genannten Seminar hielt. *Keienburg* überspringt in seiner »Geschichte der Auslegung von Rö 13, 1—7« (82) die Zeit zwischen Nikolaus I. und Abaelard. Neben Rö 13 wird natürlich im gleichen Sinn der abhängige Text 1 Petr 2, 13ff. verwertet.

[229] Vgl. z. B. Liber de unitate (MG. LdL. II, 187): »... ex his certe apostoli verbis (Rö. 13, 3—4) apparet ordinasse deum non per antistites et ecclesiarum principies omnia crimina vindicari, sed ea, quae excedunt districtionem ecclesiasticae lenitatis, vindicari per iudicem mundi. sacerdotale enim iudicium non habet nisi gladium spiritus, quod est verbum dei, atque ideo ... adiuvatur ... severis constitutionibus christianorum principum ...« (vgl. *Knabe*, 135).

[230] Z.B. *Hugo v. Fleury*, Tract. de regia potestate et sacerdotali dignitate (MG. LdL. II, 470, 493); Sigebert (MG. LdL. II, 461); zu Petrus Damiani s. o. A. 116. Vgl. *Knabe*, 139. In dieser Interpretation entfällt jegliches Widerstandsrecht. Vgl. Liber de unitate (MG. LdL. II, 204): »Omne enim bonum aut deus aut ex deo est, potestas autem, quoniam ex deo est, utique bona est, unde et qui potestati resistit, dei ordinationi resistit, sicut apostolus ait«; weiter Hugo v. Fleury (aaO 469f.): »Quapropter tolerandi sunt a subditis quique reges ac principes, nec est eis a quoquam temere resistendum, ne dum eorum iniusticia reprehenditur, ipsa magistra rectitudinis humilitas amittatur (cf. Hiob 34, 30)«. Vgl. *Dempf*, 198.

[231] Vgl. Gregor v. Catina: »... Nam reges et imperatores propter sacram unctionem Christi nuncupantur et sic suorum ministerio vel officio sive praelatione

des römischen Rechts her[232]. Ein weiterer konkreter Anwendungsfall des Textes ist die Investiturfrage. Rö 13, 7 spricht ja die Steuerfrage ausdrücklich an und bietet im Zusammenhang mit Mt 22, 21 (»gebt dem Kaiser, was des Kaisers ist!«) ein willkommenes Argument für die Investiturrechte des regnum[233]. Aber die kuriale Partei weiß sich der Angriffe der kaiserlichen zu erwehren und legt den Text in ihrem Sinn aus. Man läßt die königliche Schwertgewalt nur insofern als von Gott eingesetzt gelten, als sie die Defensordienste in der Kirche leistet. »Diener Gottes« meint »Diener der Kirche«[234]. Als Rechtsgrund der kirchlichen Oberhoheit über die Schwertgewalt wird entweder die Konstantinische Schenkung[235] oder die seit dem Anfang des 9. Jahrhunderts aufgekommene, aber bisher völlig anders interpretierte liturgische Überreichung des Schwertes an den Herrscher (später auch Schwertsegen und Ritterweihe)[236] geltend gemacht. Die Verbindlichkeit des Widerstandsverbots wird dadurch aufgelöst, daß man den Text »die bestehenden sind von Gott geordnet« in »welche von Gott sind, sind geordnet« abändert[237] oder das

---

sacramentis ecclesiae sunt uniti, ut in nullo debeant separari ... dei enim ministri sunt principies« (MG. LdL. II, 538); dazu s. *Knabe*, 132 u. *Dempf*, 197.

[232] Er bringt die römische Reichsidee des gottunmittelbaren Kaisers erneut zur Geltung und erläutert im einzelnen den Begriff der potestates sublimiores aus 13, 1 mit Hilfe eines Beispiels aus dem römischen Verfassungsleben: Vorrang hat immer der Befehl der nächsthöheren Gewalt, zuhöchst der des Kaisers. Entscheidend ist daneben seine Betonung des Erbrechts (LdL. I, 450).

[233] Hiermit kann zweierlei betont und der Ausgleich vorbereitet werden: 1. der Kaiser verleiht kein »ius caeli«, sondern »ius saeculare« mit allen damit verbundenen Steuerrechten; 2. dies alles verleiht wirklich der Kaiser, und die Kleriker besitzen es nicht schon aufgrund ihrer geistlichen Stellung (vgl. Wido v. Ferrara, LdL. I, 464f.).

[234] Vgl. Honorius Augustodunensis: »Dei enim minister est, vindex in iram ei, qui male agit. quid potest apertius dici? rex est *minister aecclesiae*, ut rebelles comprimat: vindex est irae dei, ut impios puniat« (MG. LdL. III, 75). Schon Humbert hatte gesagt, daß die zeitlichen Herrscher das Schwert umsonst tragen würden, wenn sie nicht Schützer und Verteidiger der Kirche wären (Adv. sim. III, 5: MG. LdL. I, 204; vgl. *Ullmann*, 393).

[235] Honorius Aug.: »Cumque sacerdotii cura et regni summa in Silvestri arbitrio penderet, vir deo plenus intelligens rebelles sacerdotibus non posse gladio verbi dei, sed gladio materiali coerceri, eundem Constantinum asscivit sibi in agriculturam dei adiutorem ac contra paganos, Iudeos, hereticos aecclesiae defensorem. cui etiam concessit gladium ad vindictam malefactorum, coronam quoque regni imposuit ad laudem bonorum« (MG. LdL. III, 71f.; vgl. *Hoffmann*, 91).

[236] Vgl. *Ullmann*, Machtstellung, 234f.; 381ff.; *Kretschmar*, 93, bes. A. 12.

[237] Vgl. Herrand von Halberstadt (MG. LdL. II, 288). Diese Deutung greift

Untergebenheitsgebot nur auf einen nicht abgesetzten Herrscher bezieht[238]. Rö 13, 7 entzieht man sich, indem man dem Kaiser »Ehre« nur in Form der »concessio«[239] und »Zins« nur in Form des Gebets und der Predigt zubilligt[240]. Ganz problemlos ist der Aposteltext, wenn man wie Bernhard die potestas auf die plenitudo potestatis des Papstes und so auch das Widerstandsgebot auf diesen beziehen kann[241].

Waren die Formeln der gelasianischen zwei potestates und der zwei Schwerter — besonders letztere in ihrem Zusammenhang mit Rö 13, 1—7 — geeignet, die Nebenordnung der Gewalten auszudrücken, und wurden sie deshalb vor allem von der in die Defensive gedrängten Kaiserpartei aufgegriffen, so enthielten alle anderen Begriffs- oder Bilderpaare in sich bereits ein natürliches Gefälle zur Überordnung der geistlichen über die weltliche Gewalt. Die *Konstantinische Schenkung*, der Wurzelgrund der Formel von den *zwei Imperien*, die außer in der Frage des innerkirchlichen Papstprimats bis zu Petrus Damiani allenfalls dazu dienen konnte, die Freiheit des Papstes in Rom zu belegen, wird seit dem Investiturstreit zunehmend ausgenutzt, um die politischen Weltherrschaftsansprüche des Nachfolgers Petri zu decken[242]. Humbert[243] und Gregor[244] legen das Constitutum so aus, daß Konstantin dem Papst das weströmische Reich mit allem Zins geschenkt und somit auch dem Herrn der Kirche das Recht der Investitur verliehen habe. Honorius[245] und Hugo Metellus[246] leiten aus der Fälschung das Recht für den Papst ab, den Kaiser durch die

später Luther in seiner Römerbriefvorlesung scharf an, dort unter dem Namen des Faber Stapulensis. S. u. S. 528.

238 Vgl. Manegold v. Lautenbach (MG. LdL. I, 385).

239 Placidus v. Nonantula (MG. LdL. II, 598). Die concessio ist die bloße »Bestätigung der Temporalien und Zusicherung des königlichen Schutzes« (*A. Scharnagel*, Der Begriff der Investitur, 137).

240 Placidus v. Nonantula (MG. LdL. II, 587).

241 S. o. A. 227 das Zitat aus ep. 131.

242 Zur Gesamtgeschichte der Fälschung s. *G. Laehr*, Die Konstantinische Schenkung.

243 MG. LdL. I, 207. Zum folgenden vgl. *Knabe*, 165f.

244 MG. Const. I, 559 (Eidesformel für Hermann v. Salm). *Kretschmar*, 93, weist allerdings darauf hin, daß Gregor im übrigen das Constitutum Constantini wenig betont und stattdessen alle Macht aus der Petrustheologie ableitet, um diese nicht von einem Kaiserprivileg abhängig zu machen. Daß er immerhin die imitatio imperii, deren Ausdruck die Konstantinische Fälschung ist, wie kaum je ein anderer faktisch praktiziert, bedarf keiner Erwähnung.

245 S. o. A. 235.

246 MG. LdL. III, 718f. Vgl. *H. Hoffmann*, 90f.

Schwertüberreichung in seine Macht einzuweisen. Placidus von Nonantula[247] folgert daraus das Recht der Kirche auf Besitz und die Pflicht des regnum terrenum, diesen Besitz zu mehren, zu schützen und zu verteidigen. Am weitesten geht wie üblich Honorius, wenn er behauptet, kein Kaiser dürfe seither ohne Zustimmung des Papstes gewählt und gekrönt werden[248]. Die seit Gregor VII. sich verdichtende Vorstellung der plenitudo potestatis papae greift schließlich auf die Formel vom geistlichen und weltlichen Imperium über, wenn der Bernhard-Schüler Eugen III.[249] und der Gratian-Ausleger Rufinus[250] die Rechte beider Reiche in der Hand des hl. Petrus und seiner Nachfolger vereinigen. Hier konnten sich aber die Kaiserlichen noch ziemlich gut wehren, indem sie den Spieß umkehrten. Wenn Konstantin dem Papst das Kirchengut verliehen habe, so gelte das auch weiterhin vom Fürsten, dem also das Investiturrecht zukomme[251]. Gregor v. Catina geht sogar so weit zu behaupten, aufgrund der Schenkung habe der Papst seine Autorität erst von der weltlichen Gewalt erhalten[252].

Bot sich schon beim Bild der zwei Imperien im Zusammenhang mit der Konstantinischen Schenkung für die Kaiserlichen nur eine geringe Chance der Gegenwehr, so waren die übrigen Vergleiche noch mehr auf ein Übergewicht der »geistlichen« Seite ausgerichtet. Zwischen *Gold und Blei*, die einst Ambrosius mit sacerdotium und regnum verglichen hatte, besteht ein nicht zu übersehendes Wertgefälle[253]. Das zuerst von Nikolaus I. eingeführte Bild der beiden *Himmelslichter*, Sonne und Mond, wird zwar noch von Gregor selbst im Sinn der Zusammenarbeit verwendet, aber seit Humbert und dann vor allem Honorius überwiegend zum Beweis der höheren priesterlichen Würde verwandt[254].

Eine Fülle für das mittelalterliche Denken überaus wesentlicher

---

247 MG. LdL. II, 591; 613f.

248 MG. LdL. III, 71.

249 Jaffé, Reg. Pont. Rom. II, 48, Nr. 9149. Dazu s. *Arquillière* (Origines, 516, A. 43) und *P. E. Schramm* (Zeitalter, 123), die m. R. gegen *Hauck* (Der Gedanke der päpstlichen Weltherrschaft, 33f.) betonen, daß nur die Formel neu ist, der päpstliche Anspruch aber faktisch seit Gregor VII. besteht.

250 Vgl. u. S. 393f.

251 Tractatus de investitura (MG. LdL. III) u. Hugo v. Fleury (LdL. II, 486).

252 MG. LdL. II, 537.

253 Vgl. *Knabe*, 160f.

254 Zum einzelnen vgl. *Knabe*, 140; 142; 160ff.; *Dempf*, 183 u. o. A. 100.

Vergleiche für das Verhältnis zwischen sacerdotium und regnum und darüber hinaus aller Glieder der Kirche liefert das *Bild des menschlichen Organismus*. Denn die seit der Karolingerzeit im Abendland gängige Identifizierung des christlichen Reichs mit dem corpus Christi mysticum ermöglicht eine vielfältige allegorische Ausdeutung. Waren bis zum Investiturstreit die Vergleiche auf die Pointe der concordia ausgerichtet — ein Standpunkt, den der Liber de unitate weiter verfolgt sehen möchte[255] — so eröffnet Humbert die Reihe derjenigen, die den hierarchischen Gedanken in den Vordergrund rücken. Das Auge, der wertvollste und differenzierteste Teil des Körpers, symbolisiert das sacerdotium, Brust und Arme das regnum, die übrigen Glieder das Volk[256]. Die Kaiserlichen stellen dagegen eine andere Ordnung. Gregor v. Catina nennt den König das Haupt, den Priester das Herz, die übrigen Glieder und Organe verteilt er auf die übrigen Christen[257]. Er vergleicht auch wie Hugo v. St. Victor den Klerus mit der rechten und die Laien mit der linken Seite des corpus Christi[258].

Obwohl schon im 4. Jahrhundert aus dem *Leib-Seele-Gleichnis* eine höhere Würde des sacerdotium herausgelesen wurde[259], wurde es doch vom germanischen Christentum bis zum Investiturstreit — mit Ausnahme einer Stimme im 9. Jahrhundert[260] — als Beweis für die Zusammengehörigkeit und das Aufeinanderangewiesensein der cura animarum und cura corporum verstanden[261]. Humbert[262] leitet wieder die neue Denkweise ein, indem er nicht mehr nur die Funktionen der Gewalten auf Körperliches bzw. Seelisches gerichtet sein läßt, sondern diese selbst mit Körper und Seele identifiziert und in ein hierarchisches Verhältnis bringt. Placidus von Nonantula, Honorius

---

[255] Vgl. *Dempf*, 191f.

[256] »Est enim clericalis ordo in ecclesia praecipuus tanquam in capite oculi ... est et laicalis potestas tanquam pectus et brachia ad obediendum et defendendum ecclesiam valida et exerta. est deinde vulgus tanquam inferiora vel extrema membra ecclesiasticis et saecularibus potestatibus pariter subditum et pernecessarium« (Adv. Simon. III, 29, MG. LdL. I, 235; vgl. *Knabe*, 122; 161; *Hoffmann*, 82f.)

[257] Vgl. *Dempf*, 196.

[258] S. o. S. 360 A. 182.

[259] Vgl. *P. E. Schramm*, Kaiser, Rom, 125 zu Constitutiones Apostolorum II, 34, 4 (»um wieviel die Seele besser als der Körper ist, um soviel die Priesterschaft über die Königsherrschaft«, ed. Funk I, 119) und zu Hieronymus ep. 60.

[260] Jonas v. Orléans, De inst. reg. (ed. Reviron, 129); vgl. *Knabe*, 162.

[261] Vgl. *Knabe* (162) und *Schramm*, ebd. zu Alcuin und Leo v. Vercelli.

[262] MG. LdL. I, 225; vgl. *Knabe*, 162f.

Augustodunensis und Ivo v. Chartres folgen ihm, indem sie auf die Leitungsfunktionen der Seele im Körper hinweisen[263]. Im Zusammenhang eines großen ontologischen Systems steht das Bild bei Hugo v. St. Victor[264].

So zeigt sich, daß die kuriale Partei in einem mönchischen Zeitalter und angesichts eines vielfältig erwachenden augustinisch-neuplatonischen Erbes mit dem Bild des Leib-Seele-Verhältnisses am besten deutlich machen kann, was alle anderen Vergleiche seit dem beginnenden Investiturstreit auch verdeutlichen sollen: den neuen, absoluten Herrschaftsanspruch des im Papsttum monarchisch repräsentierten sacerdotium, der sich zunehmend auf ein faktisches Übergewicht stützt[265].

2. *Die Stauferzeit*[266]

a) Die Neugründung des Sacrum Imperium aus römischem Recht

Friedrich I. Barbarossa (1152—1190) führte das Kaisertum in eine neue Blütezeit, aber nach dem frühen Tode seines Sohnes Heinrichs VI. (1197) stürzte es von der gerade erreichten Höhe wieder herab[267]. Das Verhältnis der beiden Universalgewalten zueinander[268]

---

[263] Zu ihnen *Knabe*, 163.

[264] S. o. S. 360.

[265] Völlig unzeitgemäß ist es, wenn der Anonymus v. York auf die Einheit von Seele und Körper pocht und im König diese Einheit repräsentiert sieht (vgl. *Knabe*, 146).

[266] Die Welt des Mittelalters wird in ihren Erscheinungen und Triebkräften immer vielfältiger und vielschichtiger. Daran partizipiert der Gegenstand dieser Untersuchung in hohem Maß. Trotz der Eingrenzung der Fragestellung auf ein für das Verständnis der Folgezeit und der in der mittelalterlichen Zeit angelegten systematischen Probleme notwendiges Mindestmaß werden die sich bei der gebotenen Kürze einstellenden *methodischen Probleme* immer unüberwindlicher. Ich versuche der zu bändigenden Stoffülle auf die Weise Herr zu werden, daß ich jeweils das Virulentwerden eines Gedankenkomplexes thematisiere und dabei dessen Vorgeschichte nachhole. Auf diese Weise kommt erst jetzt das römische Recht zur Sprache, obwohl seine Rezeption etwa seit dem Jahre 1000 zunehmend fortschreitet. Ebenfalls bringe ich z. B. die neuen Distinktionen der seit Gratian (1140) aufblühenden Kanonistik erst im Abschnitt über Innozenz III.

[267] Vgl. *Jordan*, 300ff. mit weiterer Literatur.

[268] Vgl. die Überblicke bei *Th. Mayer*, 25ff.; *G. Tellenbach*, Kaisertum, Papsttum und Europa im hohen Mittelalter, und *F. L. Ganshof*, Das Hochmittelalter, 432ff.

in dieser herausgehobenen Kaiserzeit ist besonders dadurch bestimmt, daß sich Friedrichs Reichsverständnis in einem vorher nicht gekannten Maß auf das römische Kaiserrecht Justinians stützt. Dessen Rezeption im Abendland hat allerdings eine lange Vorgeschichte[269]. Gab es zunächst im Frühmittelalter eine Nord-Süd-Bewegung, in deren Verlauf Karolinger und Ottonen die Rechtsformen ihrer eigenen Traditionen (z. B. Lehnsrecht) auf die Verhältnisse in Italien übertrugen, so setzt mit dem 11. Jahrhundert eine Gegenbewegung ein[270]. Diese wurde ermöglicht dadurch, daß sich das römische Recht in einzelnen Gebieten Italiens kontinuierlich gehalten hatte, und zwar sowohl in praktischer Geltung als auch in gelehrter Bearbeitung, so z. B. in Ravenna. Der direkte Anlaß zur Anknüpfung war die seit Otto III. erwachende Bewegung einer Renovatio des römischen Reiches, aber auch das Wiederaufleben der Geldwirtschaft und später vor allem die Neubegründung des Kaisertums gegen die päpstlichen Hegemonieansprüche[271]. Zwischen Kaisertum und römischem Recht bestehen vor allem drei Verbindungslinien[272]: 1. der Kaiser beansprucht — gegen Byzanz und das Papsttum — die Nachfolge der römischen Imperatoren und fühlt sich deshalb berechtigt, auch deren Recht anzuwenden; 2. die Glossatoren bauen die Geltung des römischen Rechts auf der Kontinuität des alten und neuen Reichs auf;

---

[269] Vgl. aus der Literaturfülle zum gesamten Problemkomplex z. B. *H. Conrad*, Deutsche Rechtsgeschichte I, 485ff.; *Leicht*, Il Pontefice (dazu *Schramm*, Zeitalter, 118f.); *Schramm*, Kaiser, 275ff. (Nachträge mit neuerer Literatur ebd. 358ff.); *Koschacker*, Europa und das römische Recht; *v. Schubert*, Kampf, 41ff.; *Mitteis*, Renaissance; *Krause*, Kaiserrecht und Rezeption. Grundlegend, allerdings besonders für das Aufleben des römischen Rechts in den nationalen Königreichen, *Post*, Studies; vgl. auch *Kantorowicz*, Kingship.

[270] Vgl. *Schramm*, Kaiser, 275ff. Natürlich gibt es Ausnahmen in einer so grob schematischen Zeichnung. Karl d. Kahle z. B. beruft sich gegenüber Hinkmar v. Laon bereits auf das römische Recht (vgl. *Morrison*, 16), aber auch die Päpste des 9. Jh. halten — z. T. gegen fränkisches — am römischen Recht fest (vgl. *Leicht*, 97f.).

[271] Letzteres unterschätzt m. E. *Schramm* (279) mit der in dieser alternativen Form kaum überzeugenden Begründung, nicht äußere Ursachen, sondern geistige Vorgänge seien der Ursprung des geschichtlichen Wandels. Zu den einzelnen Zusammenstößen zwischen Friedrich I. und dem Papsttum vgl. *Jordan*, 301ff.; darunter ist besonders hervorzuheben der Tumult auf dem Reichstag zu Besançon, als Kanzler Roland, der spätere Alexander III., den päpstlichen Brief verliest, in dem das Reich als ein »beneficium« des Papstes bezeichnet wird, was Rainald von Dassel mit »Lehen« wiedergibt (vgl. ebd. 307 u. *Th. Mayer*, 27).

[272] Vgl. *Schramm*, 279ff.; *Conrad*, 488f.

3. der Gedanke des einen Erdkreises verlangt ein einheitliches Recht. In der Mitte des 11. Jahrhunderts setzt sich das römische Recht allerdings zunächst als römisches Ortsrecht durch, erscheint aber bald darauf schon als in der Intention universales Weltrecht (Graphia aureae urbis Romae, Petrus Damiani u. a.)[273]. Die große Beschleunigung dieser Entwicklung seit dem Investiturstreit ist — wie schon angedeutet — daraus zu erklären, daß die Kaiser eine eigenständige Rechtsbasis außerhalb der traditionell kirchlichen für ihre Ansprüche finden müssen. So unterstützt Petrus Crassus aus Ravenna Heinrich IV.[274], Irnerius (einer der Begründer der berühmten Rechtsschule von Bologna) Heinrich V.[275] Friedrich Barbarossa arbeitet mit den juristischen Gelehrten auf breiter Basis zusammen. Seine Beziehungen zum römischen Recht sind der verschiedensten Art[276]. Er läßt sich nicht nur in verschiedenen Einzelfällen von den Bologneser Juristen beraten[277], übernimmt nicht nur äußerlich Begriffe wie das »Heilige römische Reich«[278] und die direkte, kirchenunabhängige göttliche Legitimation[279], versteht auch nicht nur sein eigenes Gesetzgebungswerk als Anhang zum Corpus Iuris Justinians[280], sondern viel wichtiger sind zwei damit verbundene miteinander zusammenhängende Vorgänge: 1. die Ansätze zu einer zentralen Verwaltung des Reichs und 2. das Entstehen eines neuen Verständnisses von »Öffentlichkeit«, das sich allerdings noch bei weitem stärker in den gleichzeitigen nationalen Königreichen anbahnt. Beides ist über das unmittelbare Problem der beiden Gewalten hinaus von solcher Bedeutung — zumal für alle späteren »Soziallehren« —, daß wir dabei etwas länger verweilen müssen.

---

[273] *Schramm*, 284ff.

[274] S. o. S. 371 A. 232; vgl. auch *Schramm*, 287f. und *Dempf*, 194 zur Defensio Henrici IV.

[275] Vgl. *Schramm*, 288 u. 358; *Conrad*, 487f.

[276] Ältere Literatur bei *Kern*, 115 A. 242, neuere bei *Schramm*, 258 u. *H. Krause*, Kaiserrecht. Vgl. außerdem *Mitteis*, Staat, 192; *Conrad*, 488f.; *Th. Mayer*, 25 u. 30f.

[277] Vor allem beim Entwurf der Ronkalischen Gesetze in seinen Verhandlungen mit den oberitalienischen Städten. Vgl. *Jordan*, 309; *Schramm*, 289.

[278] Vgl. *Kern*, 113 u. 115, *Jordan*, 308. Zum literarischen Echo der Reichsidee s. *E. Nellmann*, Die Reichsidee in deutschen Dichtungen der Salier- und frühen Stauferzeit.

[279] Vgl. bes. *Kern*, 115ff. Zur Bedeutung der neuen Kaisertitulatur vgl. auch *Schramm*, 283.

[280] Vgl. *Schramm*, 280. Dies ist typisch mittelalterlich, da in dieser Zeit nur die Anknüpfung an das Alte Neues glaubwürdig macht.

b) Die Anfänge des neuzeitlichen Staatsverständnisses im Rückgriff auf die Antike (John of Salisbury)

Mit dem Zerfall des Karolingerreiches war in Deutschland Heer- und Gerichtswesen weitgehend wieder in den Herrschaftsbereich des Adels übergegangen[281]. Die Sachsenkaiser hatten über »Amtsherzöge«, Pfalzgrafen und vor allem über die neugeschaffenen geistlichen Fürstentümer versucht, die *königliche Macht* zu stärken[282]. Die Salier (Heinrich IV. und Heinrich V.) und dann vor allem die Staufer verfolgten das gleiche Ziel, indem sie versuchten, das Königsland zu erweitern oder zurückzuerlangen, eine Reichsministerialität[283] als Verwaltungsinstrument aufzubauen und durch Anknüpfung an die von Cluny ausgehende Friedensbewegung (Gottesfrieden)[284] die Hohe Gerichtsbarkeit (wieder) an sich zu ziehen und damit das adlige Rechtsinstitut der Fehde weiter einzudämmen (Landfrieden)[285]. Freilich waren die partikularen Kräfte so stark, daß sie oft allein durch die Person Friedrichs zusammengehalten wurden — und selbst das gelang nicht immer. Mit den Städten Oberitaliens hatte der Kaiser zeit seines Lebens zu kämpfen[286], und der Name Heinrichs des Löwen steht für die ungebrochene Macht der Herzöge. Geradezu illusionär jedoch war es, wenn Rainald von Dassel im Anschluß an das römische Recht auch die Herrschaft des Kaisers über die sich gerade in dieser Zeit konsolidierenden westlichen Königreiche postulierte. Diese erkannten zwar den höheren Rang des Kaisertums an, nicht aber dessen rechtliche Überordnung[287]. Der Fehlschlag von S. Jean de Losne gilt als klassisches Beispiel für die strukturell bedingte Unfähigkeit des Kaisers, den französischen König z. B. auch nur zu Verhandlungen

[281] Vgl. *K. Bosl*, Staat, 611. Daß dies der germanischen Rechtsanschauung entspricht, wonach jedem sein eigener quasi-öffentlicher Rechtsbereich zugehört, wird im folgenden noch deutlicher werden.

[282] *K. Bosl*, 611.

[283] Grundlegend *K. Bosl*, Die Reichsministerialität der Salier und Staufer; zusammengefaßt in: *ders.*, Staat, 641 ff.; 642 f. u. *ders.*, Hochmittelalter, 547; vgl. *Th. Mayer*, Grundlagen des modernen deutschen Staates, 475 u. 480; *Mitteis*, Staat, 192.

[284] Vgl. *H. Hoffmann*, Gottesfriede und Treuga Dei.

[285] Grundlegend *J. Gernhuber*, Landfriedensbewegung, und *H. Hirsch*, Die hohe Gerichtsbarkeit; vgl. *Bosl*, Staat, 636 ff.; 660; *Mitteis*, 187 ff. Zur Fehde s. u. S. 380 f.

[286] Vgl. *K. Jordan*, 302; 308 f.; 325.

[287] Vgl. *Th. Mayer*, Papsttum, 30 f.

zu bewegen[288]. Diesen Königreichen, allen voran dem Normannenstaat in Sizilien und England, aber auch Frankreich gelang es im Unterschied zum deutschen Reich, eine Zentralisierung der Herrschaft und der Verwaltung durchzusetzen und auf diese Weise ständig an Macht und Stärke zu gewinnen[289]. So entwickelte sich die Wirklichkeit, die dann in den Formeln »rex imperator in regno suo« und »rex superiorem non recognoscens« ihren Ausdruck fand[290].

In eins mit dem Vorgang der Konzentration der Herrschaft vollzog sich die Entstehung eines neuen Begriffs von *Öffentlichkeit*, der eine für das Abendland epochale Bewußtseinsumbildung zur Folge hatte und gerade in Deutschland über Jahrhunderte, ja, im Grunde bis zur Gegenwart, große Spannungen hervorrief. Wir verdanken die Einsicht in diese Fragen vor allem zwei Forschungsrichtungen, einer germanisch-rechtlichen und einer römisch-rechtlichen. Auf der einen Seite hat besonders *Otto Brunner*[291] herausgearbeitet, daß das mittelalterliche Denken von seinen germanischen Wurzeln her die Unterscheidung zwischen privat und öffentlich im modernen Sinn nicht kennt, wenn auch geringe Ansätze dazu vorhanden sind[292]. Unser

---

[288] Vgl. *Jordan*, 312; *Th. Mayer*, 31.

[289] Vgl. *F. L. Ganshof*, Hochmittelalter, 427ff. u. ö.; *H. Mitteis*, Staat, 192ff.; 248ff. Wichtig ist es zu sehen, daß sich das Lehnsrecht in diesem Prozeß ambivalent auswirken konnte. In Frankreich wurde es zum Mittel der nationalen Konzentration, indem der König an die Spitze der Lehnspyramide trat (feudaler Personenverbandstaat). In England und der Normandie hatte der König sowieso oberstes Lehnsrecht über alles Land. In Deutschland dagegen überwucherte das »Vasallenrecht« das »Herrenrecht«, d. h. die Lehnsträger konnten das Lehnsgut zumeist in eigene Herrschaft bringen, zumal wenn dieses erblich wurde (aristokratischer Personenverbandstaat; vgl. zu dieser Terminologie *Mayer*, Grundlagen, 463ff.; 483ff.). Auf diese Weise war es auch unmöglich, die Reichsministerialität in eine Reichsbeamtenschaft umzuwandeln. Daß sich aber das Reich im 12. Jahrhundert durchaus noch auf dem gleichen Weg zum neuzeitlichen Staat befand wie die anderen Königreiche, betonen vor allem *K. Bosl*, Hochmittelalter, 549 und *G. Tellenbach*, Kaisertum, Papsttum und Europa im hohen Mittelalter. Zur Ambivalenz des Lehnsrechts vgl. weiter *Bosl*, Staat, 608 A. 4; 632; 643; *Berges*, Fürstenspiegel, 59f.; *J. R. Strayer*, The Development of Feudal Institutions.

[290] Zum Streit um die Herkunft der Formeln vgl. *G. Post*, Studies, 453ff. und u. S. 397 (Bedeutung der Kanonistik in diesem Zusammenhang). Weitere Literatur zum Gesamtproblem der entstehenden Nationalstaaten s. bei *Th.Mayer*, Papsttum, 29ff. und *B. Moeller*, Spätmittelalter, 2f. A. 15—18.

[291] Vor allem in dem grundlegenden Werk »Land und Herrschaft«. Eine Auswahl der daran anschließenden Diskussion in: WdF II. Vgl. weiter die im Literaturverzeichnis angegebenen Werke von *Mitteis*, *Tellenbach*, *Th. Mayer*.

[292] Vgl. *Berges*, 22.

heutiges Verständnis des Begriffspaares setzt den neuzeitlichen Souveränitätsbegriff und die dem souveränen Staat (öffentlichen Recht) gegenüberstehende bürgerliche Gesellschaft (Privat-, Zivilrecht) voraus, sei der Träger der Souveränität nun der Fürst oder das Volk. Entscheidend ist hier, daß alle ausgeübte öffentliche Gewalt vom Souverän *delegierte* Gewalt ist[293]. Ganz anders im germanisch-mittelalterlichen Rechtsdenken. Hier gehört jedem Menschen — je verschieden nach seinem Platz im Ganzen — ein eigenes Recht zu, auch Freiheit genannt[294]. Alle öffentlichen Verhältnisse beruhen infolgedessen auf personalen Bindungen mit ihrem Geflecht wechselseitiger Vorteile und Pflichten[295]. Das klassische Beispiel dafür ist die Gefolgschaft, bei der in einem ausgesprochenen Vertrauensverhältnis ein princeps Schutz bietet und die Schützlinge (Freie) als Gegenleistung verschiedene Dienste übernehmen[296]. Aber auch z. B. der Bauer hat gegenüber dem Grundherrn bestimmte Berechtigungen und ist nicht einfach eine verfügbare Sache wie der antike Sklave[297]. Wegen des personalen Charakters dieser gesellschaftlichen Ordnung, die sich insbesondere im Lehnsrecht ausprägt, spricht man von »Personenverbandstaat« im Unterschied vom modernen »institutionellen Flächenstaat«[298]. Allerdings ist das Wort »personal« ebenso von modernen Mißverständnissen belastet wie das Wort »öffentlich«. Das Entscheidende an jenem germanisch-mittelalterlichen Denken ist nämlich gerade, daß es keine Person im Sinn von Privatperson kennt[299], sondern in den persönlichen Rechtsbeziehungen der Ein-

[293] *O. Brunner*, 123f. Dabei bleibt hier ganz ausgeklammert, ob diese vor allem im 19. Jahrhundert entwickelte Anschauung unsere gegenwärtige politische Wirklichkeit noch adäquat beschreiben kann.

[294] Vgl. *Tellenbach*, Libertas, (14) 20ff.: »Das Mittelalter vermag die Freiheit des einzelnen nicht von der objektiven Rechtsordnung her zu sehen, weil diese im modernen oder römischen Sinn höchstens ansatzweise vorhanden ist. Das von germanischer Art geprägte mittelalterliche objektive Recht ist selbst nichts anderes als die Gesamtheit des Rechts der einzelnen«.

[295] Außer *Tellenbach* (aaO) vgl. *Berges*, 21.

[296] Vgl. bes. *W. Schlesinger*, Herrschaft und Gefolgschaft; *K. Bosl*, Staat, 594.

[297] *G. Tellenbach*, 24. Hier liegt der ideologische Grund für die Bauernaufstände im Spätmittelalter und auch für einige Mißverständnisse der Stellung Luthers dazu. Vgl. *J. Schmidt*, Das göttliche Recht und seine Bedeutung im deutschen Bauernkrieg (dazu *O. Brunner*, 138 A. 2).

[298] S. o. A. 289. Diese Terminologie *Th. Mayers* hat sich offenbar durchgesetzt. Vgl. *P. E. Schramm*, Herrschaftszeichen, III, 1079 u. ö.; *K. Bosl*, Staat, passim; *A. Nitschke*, Frühe christliche Reiche, 275ff.

[299] Vgl. außer *Brunner* (aaO) *K. Bosl*, Staat, 617 A. 5.

zelnen sich das öffentliche Leben vollzieht. Diese Rechtsverhältnisse sind sakral sanktionierte »alte« Ordnung. Verletzt sie ein Partner, so verletzt er nicht das subjektive Recht eines einzelnen, sondern den öffentlichen Frieden. In einem solchen Fall hat der Unrechtleidende nicht nur das Recht, sondern die Pflicht, durch Fehde die göttliche Ordnung wieder herzustellen. Das gilt unter Gleichberechtigten wie für den Widerstand des Untertanen gegenüber dem unrecht handelnden Herrscher (Tyrann)[300]. Es ist von weltgeschichtlicher Tragweite, daß das deutsche Reich dieser »archaischen«[301] Verfassungsstufe trotz aller römisch-rechtlichen Ansätze zunächst viel stärker verhaftet blieb als die ringsherum aufstrebenden »modernen« Königreiche, die das Gemeinwesen als ganzes durch »Rationalisierung« des Lehnswesens nach antiken Vorbildern zu stärken vermochten. Eine wesentliche Bedeutung hat hier die Tatsache, daß Deutschland und Burgund den Schritt zur »Verdinglichung des Lehnsvertrags«, d. h. zur neu entstehenden Geldwirtschaft zunächst nicht mitmachten[302]. Ursprünglich leistete der Vasall seinem Herrn persönliche Dienste für den gewährten Schutz, zumal Wach- und Kriegsdienste. Im 12. Jahrhundert setzte sich in Westeuropa die Gepflogenheit durch, diese persönlichen Leistungen durch Geldabgaben ablösen zu können. Wenn dann gleichzeitig eine konzentrierte Königsgutpolitik betrieben wurde, mußte die Macht der kleineren Grundherren ständig abnehmen und die Untertanen in ein direktes Abgaben- und Schutzverhältnis zum König treten. Durch das Steuergeld konnte dann wieder die zentrale Verwaltung und das zentrale Gerichts- und Militärwesen ausgebaut werden. In Deutschland dagegen blieb es grundsätzlich bei den am Adel orientierten »personalen« Rechtsverhältnissen, welche die Ansätze zu zentraler Verwaltung[303] und Rechtssprechung immer wieder blockierten. Zu weit würden die wertenden Fragen führen, wie hoch einerseits die kulturellen Leistungen des

[300] Hierzu grundlegend *F. Kern*, Gottesgnadentum und Widerstandsrecht u. *O. Brunner* (1ff.), dessen besonderes Verdienst es ist, die Fehde vom Odium des Räuberischen befreit und als ursprünglich legitimes Rechtsinstitut erwiesen zu haben.

[301] Vgl. *K. Bosl*, Hochmittelalter, 546.

[302] Zum ganzen vgl. *Mitteis*, Lehnrecht, 522ff.; *Strayer*, 80ff.

[303] Die Ministerialität glich sich immer mehr an den Adel an, anstatt sich zu einer Reichsbeamtenschaft zu entwickeln. Vgl. *K. Bosl*, Staat, 649f. Zur ständischen Differenzierung beider Gruppen und zu der durch die Ritterorden beförderte Solidarisierung vgl. *Bumke*, Ritterbegriff, 136.

»aristokratischen Personenverbandstaats«[304] und andererseits die Gefahren der neuen Machtkonzentration, die erst mehrere hundert Jahre später im Absolutismus ganz sichtbar werden, zu veranschlagen sind. Hier reicht die allgemeine Feststellung, daß die Phasenverschiebung, in die Deutschland vor allem durch die Schwächung des Königtums im Investiturstreit[305] hineingeriet, kaum zu überschätzende Folgen für die abendländische Geschichte gehabt hat. In unserem Zusammenhang ist besonders daran zu erinnern, daß die Reichsrechtreform, die schließlich 1495 zur Verkündigung eines Ewigen Landfriedens und einer Reichskammergerichtsordnung führte, worin die Fehde endgültig verboten und alle Streitfälle an ein öffentliches Gericht verwiesen wurden, im Grunde auch dann noch scheiterte, weil im partikularistischen Reich eine reguläre Steuereinziehung nicht möglich war[306]. Noch Luther mußte so vom Recht seiner Zeit als einer »Wildnis« sprechen[307].

Inwiefern nun war die Entwicklung in den westlichen Königreichen für die zukünftige politische Theorie und Praxis richtunggebend? Im Anschluß an die ältere angelsächsische Forschung haben hier vor allem *E. Kantorowicz*[308] und neuerdings *G. Post*[309] mit ausgedehnten Arbeiten nachgewiesen, wie sich auf der Basis des römi-

[304] Erwähnt seien Rodung, Landesausbau und Aufrechterhaltung öffentlicher Ordnung, zumal in Zeiten schwacher Zentralgewalt. Grundlegend *H. Dannenbauer*, Adel, Burg und Herrschaft; vgl. *K. Bosl*, Staat, 592ff. (675ff. zum Spätmittelalter). Zum Rittertum s. u. S. 386 A. 332.

[305] Zur Rücksicht Barbarossas auf die adligen Zwischengewalten angesichts seiner Italienpolitik vgl. *H. Mitteis*, Lehnrecht, 440ff. u. *J. R. Strayer*, 87. Weitere Gründe für die Schwächung des Königtums in Deutschland waren vor allem der frühe Tod Heinrichs VI. und die vorwiegend auf Italien gerichtete Politik Friedrichs II. (vgl. *K. Bosl*, Hochmittelalter, 549).

[306] Vgl. *Conrad*, 489; *Bosl*, Staat, 683. Immerhin sei, weil es bis in die Lutherrezeption dieses Jahrhunderts hineinspielt, darauf verwiesen, daß die deutsche, insbesondere seit der Romantik gepflegte Animosität gegenüber dem »rationalen« Westen in dieser im 12. Jahrhundert beginnenden Phasenverschiebung ihren letzten Grund hat. Noch 1959 schreibt *K. Bosl* zum Werden der neuen Staatsformen: »Das alte patriarchalische Gefüge des frühmittelalterlichen Personenverbandstaates mit seinen persönlichen Beziehungen zwischen Herrscher und Untertan und seiner theokratischen Einheit zwischen weltlichem und geistlichem Bereich wurde durch den neuen ‚kältenden Hauch nüchterner Staatsraison' (*A. Brackmann*) zersetzt« (Staat, 634).

[307] An den christlichen Adel (1520; 6, 459, 30).

[308] The King's Two Bodies; vgl. *ders.*, Kingship.

[309] Studies in Medieval Legal Thought. Public Law and the State (hier die Literatur bis 1964).

schen ius publicum und römisch-griechischer Philosophie in den westlichen Königreichen die Anfänge des modernen öffentlichen Staates konsequent ausbildeten[310]. Ausgangspunkt der Legisten war die berühmte, im Corpus iuris Justinians aufgenommene Formel Ulpians: »... publicum ius est quod ad statum rei Romanae spectat ... sunt enim quaedam publice utilia, quaedam privatim. publicum ius in sacris, in sacerdotibus, in magistratibus consistit ...« (Dig. 1, 1, 1, 2)[311]. Wenn hier die Religion, die Priesterschaft und der Magistrat[312] zum Bereich des öffentlichen Rechts und des öffentlichen oder gemeinen Nutzens[313] gehören, so erweitern seit dem 12. Jahrhundert die Glossatoren den Bereich der Öffentlichkeit charakteristisch, allerdings in ausdrücklichem Anschluß an das Corpus Iuris Civilis. Hinzugefügt wird nämlich der fiscus und die Gesetzgebung. Die neue Königssteuer ist ja *das* Instrument, mit Hilfe dessen der frühneuzeitliche, zentralisierte Staat aufgebaut wird. Deshalb wird der Auslegung der justinianischen Finanzgesetzgebung (bes. dem 10. Buch d. Codex) zunehmende Bedeutung zugemessen[314]. Daß die Gesetz-

---

[310] Unter besonderer Berücksichtigung der kanonistischen Literatur behandelt auch *Buisson* (Potestas, bes. 270ff. u. 348ff.) die Probleme der »utilitas publica« und der »chose publique«. Vgl. auch *Tierney*, Recent Works, 619f. Übrigens ergänzt diese Forschungsrichtung nicht nur die germanisch-rechtliche, sondern übt auch m. R. Kritik an *Gierkes*, *Brunners* und *Kerns* Vernachlässigung des römischrechtlichen Aspekts im ganzen ihrer Mittelalterdeutung (*Post*, 10ff.; 242ff.).

[311] Vgl. *Post*, 12f.; 17; 255; 269; 335ff. Es ist möglich, daß der Zwischensatz »sunt ... privatim« eine Beifügung des 6. Jahrhunderts ist (vgl. ebd. 255, A. 25).

[312] Eine Wesensbestimmung der öffentlichen Macht der Caesaren bietet auch die Formel »arma et leges« (vgl. *Schramm*, Kaiser, Rom, 282).

[313] Utilitas communis meint meist das gleiche wie utilitas publica. Wenn differenziert wird, so bezieht sich publica auf den Nutzen der kollektiv-betrachteten Ganzheit, während communis mehr auf die Summe der Einzelnen sieht (*Post*, 378f. A. 24. Vgl. die Zusammengehörigkeit von res sacrae, res communes u. res publicae im Corpus Iuris Civilis, Nov. 7, 2, 1; dazu *Kantorowicz*, The King's Two Bodies, 186). Durch die bildhafte Bezeichnung der politischen Gemeinschaft als eines lebenden Organismus tritt dafür auch der Begriff salus publica (Gemeinwohl, Gesundheit der Gemeinschaft) ein (vgl. die folgenden Bemerkungen zu John of Salisbury).

[314] Vgl. *Kantorowicz*, (172) 177ff.; *ders.*, Kingship, 97; *Post*, 14ff.; 278f.; 357; *Tierney*, Recent Works, 620. Dieser Punkt ist insofern für unsere Untersuchung von großer Bedeutung, als Luther Rö 13, 1—7 unter der ausdrücklichen Voraussetzung exegesiert, daß es sich dort um öffentlich-rechtliche Fragen handelt, die auch theologisch anders interpretiert werden müssen als privatrechtliche, wie er sie z. B. in Kap. 12 angesprochen sieht. Juristisch hat er völlig Recht damit, denn spätestens seit den Legisten des 12. Jahrhunderts sind Steuer- und Rechtswesen

gebung in den Mittelpunkt des Interesses rückt, bedeutet einen tiefgehenden Bruch mit der germanischen Rechtstradition, in der es um *Findung* und *Wahrung* des gewohnheitsmäßig gegebenen Rechts geht[315]. Ein weiterer Kristallisationspunkt des Öffentlichen ist die Krone, die zu einer von der jeweiligen Person unabhängigen Institution wird[316].

Der Mann, der dieser Entwicklung in ihrer ersten Phase nicht nur Ausdruck gibt, sondern sie entscheidend beeinflußt, ist *John of Salisbury*[317]. Charakteristisch für ihn ist, daß er es versteht, durch seine in der Schule von Chartres erworbene, umfassende antike Bildung (u. a. Timaios, neuplatonische Kommentare dazu, lateinische Klassiker, besonders Cicero, lateinische Kirchenväter, vor allem Augustin[318], römisches Recht)[319] die neuen politischen Strömungen auf den Begriff zu bringen[320]. Sein »Policraticus« (1159)[321] leitet gattungsgeschichtlich einen völlig neuen Typ der Fürstenspiegelliteratur ein[322], darüber hinaus ideengeschichtlich die Wiederaufnahme der naturrechtlichen Begründung des Gemeinwesens[323] — ein Jahr-

(in Form der Legislative und Exekutive) die entscheidenden Inhalte des ius publicum. Über die theologische Problematik s. u. S. 532.

315 Vgl. *Berges*, 70f.; 123f. Zur damit zusammenhängenden Deutung des princeps als lex animata s. u. A. 344.

316 Vgl. *Kantorowicz*, King's Two Bodies, 186; 336ff. u. ö.; *ders.*, Kingship, 97; *P. E. Schramm*, Herrschaftszeichen, III, 750ff.; 1038ff.; 1083; weiter den Sammelband »Corona Regni« (WdF III).

317 Vgl. aus der Literatur *Berges*, 42ff.; 130ff. u. ö.; *H. Liebeschütz*, Medieval Humanism; *Kantorowicz*, King's Two Bodies, 94ff. u. ö.; *Post*, 253ff.; 514ff.; *A. Nitschke*, Naturerkenntnis, 150ff., und den Literaturbericht von *H. Hohenleutner* in HJ 77, 1957, 493—500.

318 »... dessen niemand genug eingedenk sein kann ...« (Polic. VII, 9; Webb II, 128).

319 Vgl. *Berges*, 42ff.; *Liebeschütz*, passim; *Post*, 253ff.; 499 u. ö. Zum besonders einflußreichen Timaios-Kommentar des Chalcidius vgl. ebd. 505; 514ff. Zusammenfassend formuliert *Kantorowicz* (94) sehr schön: »... he handled the volumes of the Justinian Corpus and Gratian's Decree with the same ease as the bulky load of classical authors and patristic writings«.

320 Als erster verzichtet er in seiner Theorie ganz auf das imperium als eine den regna übergeordnete Einheit.

321 Ed. *C. C. J. Webb*, 2 vol., Oxford 1909 (Nachdruck 1965).

322 S. *Berges*, 3ff.

323 »Johann von Salisbury erfaßte als erster im Mittelalter ahnend das naturhafte Sein des Staates, schrieb ihm als erster ‚naturgesetzliches' Wirken zu« (*Berges*, 46); vgl. *Post*, 504 u. ö. Zu dem Übergang vom christozentrischen Naturalismus des Anonymus v. York u. a. zum kosmologisch-juristischen Johns vgl. *Kantorowicz*, 87ff. (»From Liturgy to Legal Science«).

hundert vor der Rezeption der aristotelischen Politik[324]. Die res publica ist für ihn ein corpus, dessen Haupt der Fürst ist[325]. Dieser ganze Organismus ist direkt, ohne Vermittlung der Kirche eingelassen in das Naturgesetz des Kosmos, das wiederum in Gott ruht und insofern dann auch traditionell hierarchisch gedeutet werden kann[326]. Der princeps muß als Haupt und Vernunft des corpus wirklicher Philosophenkönig sein, der durch Kontemplation die kosmischen Gesetze der aequitas erfaßt und sie an sein Gemeinwesen zu dessen Wohl vermittelt[327]. Nur insofern die Kirche das universale Prinzip und damit das gemeine Wohl in einem höheren Rang vertritt, ist sie dem politischen Gemeinwesen übergeordnet, das aber in seinem Bereich ein eigenes »universale« hat[328].

Es ist hochinteressant zu sehen, daß das theoretische Lebensideal hier in exakt der gleichen Front entfaltet wird wie einst in seinem frühgriechischen Ursprung[329]. John kritisiert nämlich damit jenen höfischen Menschentyp seiner Zeit, der für ihn nur ein »Possendasein« führt (nugatores)[330]. Das ist nicht das Rittertum schlechthin, sondern jene curiales, die den Glücksgütern (aventure, fortune) nach-

---

324 Dies betont besonders *G. Post*, 498 u. ö.

325 John of Salisbury bezieht sich bei diesem Organismusgedanken auf eine »Institutio Traiani« angeblich Plutarchs (vgl. *Berges*, 42f.). *H. Liebeschütz* (John of Salisbury, 33—39) identifiziert diesen Pseudo-Plutarch mit John selbst. *Kantorowicz* (94 A. 20) schließt sich dieser Vermutung an. Wichtig ist allerdings, daß hier nicht mehr so sehr der Corpus Christi-Gedanke wirksam ist wie die antike Anthropos-Polis-Kosmos-Analogie (vgl. *Berges*, aaO, u. u. A. 327).

326 John kann also ohne Schwierigkeiten seinen »Naturalismus« mit der traditionellen hierarchischen Überordnung des sacerdotium über das regnum verbinden (*Berges*, 35ff.).

327 Zum princeps als »caput corporis rei publicae« vgl. Pol. IV, 1 (Webb I, 235): »Unde merito in eum omnium subditorum potestas confertur, ut in utilitate singulorum et omnium exquirenda et facienda sibi ipse sufficiat, et humanae rei publicae status optime disponatur, dum sunt alter alterius membra. in quo quidem optimam vivendi ducem naturam sequimur, quae microcosmi sui, id est, mundi minoris, hominis scilicet, sensus universos in capite collocavit, et ei sic universa membra subiecit, ut omnia recte moveantur, dum sani capitis sequuntur arbitrium«. Vgl. ebd.: »cum singuli teneantur ad singula, principi onera imminent universa«. (Dazu *Berges*, 46f. u. *Post*, 413f.) Zur Philosophie als Erfassung der aequitas s. II, 18 (Webb I, 104): »Hic est totius philosophiae instrumentum, quod et mentem mira subtilitate exacuit et res singulas a se invicem naturae suae proprietate distinguit« (vgl. *Berges*, 136f.; weiter 50f. u. 134f.). Von daher ist politische Führung ein »moderamen rationis« (*Berges*, 49).

328 Vgl. *Berges*, 141 (auch 139).

329 S. o. S. 76ff.

330 Vgl. *Berges*, 5.

laufen, dabei ihre potestas mißbrauchen (tyrannis) und unter Verabsolutierung ihrer privaten Interessen als Glieder gegen das Ganze aufstehen, anstatt sich durch die philosophische Einsicht dem wahren ordo der Welt zu unterwerfen[331]. Diese Analogie ist insofern nicht von ungefähr, als auch das Rittertum von den antiken Studien der Klosterschulen beeinflußt wurde, sich naturgemäß aber trotz aller stoisch-mittelalterlichen »Verinnerlichung« besonders stark von den Tugenden der politischen Lebensform anziehen ließ (êre als Weiterentwicklung des antiken Ruhms usw.)[332]. Dem Ritter, der nach den untersten Schichten der Güterpyramide strebt und so zur »terra oblivionis (!)«[333] gehört, stellt John den wahren Ritter[334] und Vernunftfürsten[335] gegenüber. Dieser verwirklicht aus der Erkenntnis der wahren »formae vivendi« die »incolumitas vitae singulorum et omnium«[336], d. h. das Gemeinwohl.

Auf diesem Hintergrund einer »ontologischen Untersuchung des

---

[331] Vgl. *Berges*, 141 ff. und den Untertitel des »Policraticus«: »De nugis curialium et vestigiis philosophorum«.

[332] Zur hochinteressanten Frage des mittelalterlichen Ritterethos gibt es einen ganzen Literaturzweig, besonders germanistischer Provenienz (Hinweise darauf verdanke ich *H. Brackert*, Frankfurt). Seit *G. Ehrismann* in seinen »Grundlagen des ritterlichen Tugendsystems« (1919) die Beziehung desselben zur antiken Tradition, insbesondere der Offizienlehre Ciceros, aufdeckte und *E. R. Curtius* dem widersprach (DVfLG 21, 1943, 343—368), ist der Streit nicht mehr abgerissen. Wichtig vor allem noch *E. Neumann*, Zum »ritterlichen Tugendsystem«, der an Ehrismann anknüpft, aber stärker die spannungsreiche Vielfalt des ritterlichen Ethos betont (ebd. 60 zu »êre«); weiter *P. B. Wessels*, Der höfische Ritter, ein Wanderer zwischen zwei Welten u. *Berges*, 61 ff. (64: zum Weiterleben der germanischen Treueidee in der höfischen Ethik). Die neueste mir bekannt gewordene Monographie über den mittelalterlichen Ritter schrieb *J. Bumke*, Studien zum Ritterbegriff im 12. u. 13. Jh. (Dazu s. u. S. 431 f.)

[333] Zu diesem platonischen Ausdruck vgl. *Berges*, 136.

[334] »Quis est usus militiae ordinatae? tueri ecclesiam, perfidiam impugnare, sacerdotium venerari, pauperum propulsare iniurias, pacare provinciam, pro fratribus (ut sacramenti docet conceptio) fundere sanguinem et, si opus est, animam ponere ... sed quo fine? an ut furori vanitati, avaritiae serviant, an propriae voluntati? nequaquam, sed ut faciant in eis iudicium conscriptum; in quo quisque non tam suam quam dei angelorum et hominum sequitur *ex aequitate et publica utilitate arbitrium*« (Polic. VI, 8; Webb II, 23); vgl. *Ehrismann*, 144.

[335] Sapientia ist die erste Forderung für den princeps und seine Räte (V, 9; Webb I, 318; vgl. *Berges*, 137). Sehr schön charakterisiert *Berges* (49) die spätere Säkularisierung dieser Anschauung folgendermaßen: 1. die innere ratio des Staates wird nicht mehr in bezug auf das Seinsgesetz bestimmt. 2. Die Vernunft des Fürsten hat zum einen nicht nur als leidenschaftslose, sondern überhaupt die fehlerlose Erkenntnis der rationes rerum, zum anderen wird sie zur Gesetzgeberin in der Natur statt nach der Natur (vgl. auch ebd., 50 ff.; 138 f.). Zur Staatskunst als imitatio naturae und den platonisch-neuplatonischen Wurzeln dieses Gedankens (Chalcidius) s. *Post*, 517.

[336] Vgl. *Berges*, 137.

Politischen« oder einer »politischen Ontologie«[337] erscheint der princeps als »*persona publica*« oder »*potestas publica*«[338]. Die Unterscheidung von öffentlicher und privater Person knüpft an römischrechtliche Tradition und an Ciceros Ämterlehre an, mit der John von Salisbury den öffentlichen Status und den »für sich« unterscheidet.

Wegen seiner Bedeutung für Luther sei die textliche Basis dieses Gedankens etwas breiter dargelegt. Im Seinsordo ist jedes Ding qua Natur als allgemeines, qua Amt als ein besonderes bestimmt: »Quae vero naturae sunt, peraeque sunt omnium; quae officii, singulorum« (Polic. I, 2; Webb I, 19). In Hinsicht auf das Amt wiederum ist zu unterscheiden, ob dieses sich auf den öffentlichen oder eigenen (privaten) Status bezieht: »Officium vero est debitum exequendi quae unicuique ex institutis aut moribus agenda sunt. ex eo namque personis singulis proprii congruunt actus. in his autem quae sic agenda sunt, *alia ad publicum, alia ad suum cuiusque pertinent statum*« (V, 4; Webb 1, 290)[339]. Cicero selbst differenziert die Ämter noch weiter. Neben dem Amt des Magistrats, das die »persona civitatis« verkörpert, und dem der »privati«, das im gerechten und friedlichen bürgerlichen Leben besteht, nennt er noch die Ämter der cives und der peregrini. Allerdings wird das Amt des civis von dem des privatus praktisch nicht unterschieden, und der peregrinus ist für die res publica nicht konstitutiv, so daß im Blick auf diese die Grundunterscheidung publicus-privatus erhalten bleibt[340]. Als höchst

---

337 Vgl. *Berges*, 137 u. 139 A. 4.

338 Zu »persona publica« s. u. A. 344. Zu »potestas publica« vgl. die Fortsetzung des o. A. 327 aus IV, 1 (Webb I, 235) wiedergegebenen Zitats: »Tot ergo et tantis privilegiis apex principalis extolitur et splendescit, quot et quanta sibi ipse necessaria credidit. recte quidem, quia populo nihil utilius est quam ut principis necessitas expleatur; quippe cum nec voluntas eius iustitiae inveniatur adversa. est ergo, ut eum plerique diffiniunt, princeps *potestas publica* et in terris quaedam divinae maiestatis imago ...« Vgl. IV, 12 (Webb I, 278f.): »Cum enim *potestas publica* sit ... omnium vires exhaurit et, ne in se deficiat, incolumitatem omnium debet procurare membrorum. quot autem in administratione principatus extant officia, tot sunt principalis corporis quasi membra ... nec diu subsistit incolumitas capitis, ubi languor membrorum invalescit«. Vgl. *Berges*, 66, A. 4 u. 140f.; *Post*, 413f.; *Kantorowicz*, King's Two Bodies, 95; *ders.*, Kingship, 97. — Daß im römisch-rechtlichen Öffentlichkeitsgedanken nun der Begriff der »*persona*« des Fürsten eine solch tragende Rolle bekommt, erklärt sich aus dem Einbringen des germanischen Erbes. Vgl. den ähnlichen Vorgang schon bei der karolingischen Umdeutung der gelasianischen Formel (o. S. 339). Zur persona publica später bei Thomas von Aquin, bei dem das gleiche zu bemerken ist, vgl. *Gilby*, Political Thought, 238 und *Riedel*, Bürgerliche Gesellschaft, 99.

339 Vgl. *Berges*, 135.

340 Off. I, 34, 124f. (ed. Atzert, Bibl. Teubn., 43): »Ac ne illud quidem alienum est, de magistratuum, de privatorum, de civium, de peregrinorum officiis dicere. est igitur proprium munus magistratus intellegere se gerere personam civitatis debereque eius dignitatem et decus sustinere, servare leges, iura discribere, ea fidei suae commissa meminisse. privatum autem oportet aequo et pari cum civibus iure

wichtig ist dabei im Blick auf Luther festzuhalten, daß privatus die Bezeichnung nicht etwa für einen unpolitischen Zustand ist, sondern vielmehr für das rechtmäßige Verhältnis der einzelnen Bürger untereinander, worauf nicht weniger als der Friede in der res publica ruht[341]. Das terminologisch Verwirrende an dem Begriff des privatus ist also, daß er im römischen und noch mehr im mittelalterlichen Horizont zwar einen status im Gegensatz zu publicus bezeichnet, damit aber noch nicht die strikte Trennung des Privaten (Gesellschaft) vom Politischen (Staat) vorstellbar oder gar realisiert ist wie in der bürgerlich-liberalen Theorie des 19. Jahrhunderts.

John of Salisbury verbindet den Gedanken der »persona publica« mit der dem Mittelalter geläufigen antiken Vorstellung vom rex als imago dei[342]. Was leitet sich aus der Gottebenbildlichkeit und Öffentlichkeit des Fürsten ab? 1. seine Vollmacht zur Blutgerichtsbarkeit[343]; 2. seine Freiheit vom Gesetzesbuchstaben (sein Urteil und Wille hängen leidenschaftslos an der kosmischen aequitas, dem Urbild aller geschriebenen Gesetze)[344]; 3. schließlich seine Funktion, im gerechten Ausgleich den Schwachen zu stärken, gemeinschaftsschäd-

---

vivere neque summissum et abiectum neque se ecferentum, tum in re publica ea velle, quae tranquilla et honesta sint; talem enim solemus et sentire bonum civem et dicere. peregrini autem atque incolae officium est nihil praeter suum negotium agere, nihil de alio anquirere minimeque esse in aliena re publica curiosum.«

[341] An anderer Stelle erscheint die Unterscheidung privata-communia im Zusammenhang der Frage, worauf die Gemeinschaft der Menschen untereinander beruht. Die Antwort lautet: auf iustitia und beneficientia, wobei die iustitia sich erstens darin ausdrückt, daß man niemandem schadet, zweitens darin, »ut communibus pro communibus utatur, privatis ut suis« (off. I, 7, 20; Atzert, 8).

[342] S. o. A. 338.

[343] IV, 1 (Webb I, 236). Vgl. *Berges*, 140.

[344] S. o. A. 335 u. Polic. IV, 2 (Webb I, 237f.): »Quid lex; et quod princeps, licet sit legis nexibus absolutus, legis tamen servus est et aequitatis, geritque personam publicam, et innocenter sanguinem fundit (Kapitelüberschrift) ... princeps ... legis nexibus dicitur absolutus, non quia ei iniqua liceant, sed quia is esse debet, qui non timore penae sed amore iustitiae aequitatem colat ... eius namque voluntas ... vim debet habere judicii; et rectissime quod ei placet in talibus legis habet vigorem, eo quod ab aequitatis mente eius sententia non discordet ... iudex etenim incorruptus est cuius sententia ex contemplatione assidua imago est aequitatis. publicae ergo utilitatis minister et aequitatis servus est princeps, et in eo personam publicam gerit«. Vgl. *Berges*, 140f.; *Kantorowicz*, 95f.; *Post* (272) verweist für »legibus solutus« auf die Parallele im CIC, Dig. 1, 3, 31. Dieses Verständnis des Fürsten als Sprachrohr der kosmischen Gerechtigkeit antezipiert überdies das Wiederaufleben der römisch-rechtlichen Bezeichnung des Kaisers als »lex animata« (*νόμος ἔμψυχος*), die dann besonders bei Friedrich II. eine zentrale Rolle spielt. Vgl. *Berges*, 49f.; 70f.; 123f.; *Post*, 355; 536; *Kantorowicz*, 97 u. ö. (Index!); *ders.*, Friedrich II., I, 212 u. II, 86f.

lichen Mächtigen zu wehren und so das kosmische Gemeinwohl zu fördern[345]. Mit der Unterscheidung von persona publica und persona privata und mit der Konzentration auf die naturrechtlich verstandenen Begriffe salus publica, ratio communis utilitatis (Staatsräson!)[346] und in diesem Horizont iustitia[347] und pax[348] ist John of Salisbury bahnbrechend nicht nur für die spätere Fürstenspiegelliteratur, sondern für die folgenden juristischen und theologischen politischen Theorien überhaupt.

Die Nachwirkung des Policraticus ist nur fragmentarisch erforscht[349]. Wichtig ist besonders die zunehmende Entpersönlichung der politischen Bezüge, wodurch ein völlig neues Ethos nötig wird. Deutlich wird diese Veränderung besonders im Amtsbegriff. Hier setzen die Juristen (z. B. Johann von Viterbo, 1228) »an die Stelle der theokratisch begründeten persönlichen Verpflichtung die aus dem positiven Recht hergeleitete überpersönliche an den Staat« (*Berges*, 71). Bei *Philipp v. Leyden* werden alle Probleme auf das Verhältnis *privat-öffentlich* zugespitzt. Sein »De cura rei publicae et sorte principantis« (1355ff.) ist aus zwei Gründen besonders interessant. Einmal ist hier die öffentliche Konzentration in ökonomischer, gerichtlicher und militärischer Hinsicht theoretisch besonders weit vorangetrieben. Zum anderen wird das Problem gestellt (obgleich unbefriedigend gelöst), was denn eigentlich geschieht, wenn man die im römischen Recht auf den Kaiser und das umfassende imperium hin entworfene öffentliche, gemeinnützige Macht einfach auf kleinere Landeseinheiten und ihre Fürsten überträgt (vgl. *Berges*, 249ff; 254; 264). Wie gemeinsam ist dann noch der gemeine Nutzen? Erhebt man nicht, wenn man partikulare Fürsten für oberste Hüter des Gemeinwohls erklärt, ein Partikularinteresse auf den höchsten Thron? Schon bald sah man England und Frankreich beide im Namen des gemeinen Wohls und der Staatsräson gegeneinander in eine lange Periode des Kriegs ziehen. Weiter besteht das Problem, wie eine zu stark werdende Zentralgewalt noch kontrolliert werden kann — alles Probleme, die die kommenden Jahrhunderte bestimmten und die die Ambivalenz der neuen Entwicklung anzeigen.

---

345 Vgl. *Berges*, 141 u. ö.

346 Vgl. *Berges*, 139 A. 1, bes. aber das Kapitel »Ratio publicae utilitatis, ratio status, and ‚Reason of State', 1100—1300« bei *Post*, 241ff. (259ff. zu John of Salisbury).

347 Außer o. A. 344 vgl. die bezeichnende Synonymität von res publica und »corpus iustitiae« (III, 14; Webb I, 233; dazu *Berges*, 139) und den Satz über die »iustitia politica«, der bereits die »iustitia civilis« der Aristotelesrezeption vorwegnimmt: (iustitia) »quae politica dicitur, ... cuius merito res publica hominum subsistit et viget« (I, 3; Webb I, 20; dazu *Berges*, 137 u. u. A. 465).

348 Zu pax vgl. VIII, 18 (Webb II, 360) u. *Berges*, 134.

349 Vgl. allgemein *Post*, 261 u. ö. Zu den Legisten des 14. Jahrhunderts vgl. *W. Ullmann*, The Influence of John of Salisbury on Medieval Italian Jurists. Zu Philipp v. Leyden s. *Berges*, 123ff.; 260ff. u. ö.

Jedenfalls greift nach John of Salisbury der Ausbau des frühneuzeitlichen Staats auf der Grundlage antiken Denkens — wenn auch nicht kontinuierlich — immer weiter um sich, und zwar nicht nur in den Königreichen. Das große, aber zugleich seltene Beispiel für das Reich ist Kaiser Friedrich II.[350] Ebenfalls noch vor der eigentlichen Aristotelesrezeption[351] beginnt er — in vollendeter Durchführung freilich nur in seinem sizilischen Normannenstaat[352] — modernste Verwaltung und souveräne Gesetzgebung nach naturrechtlichem Verständnis von iustitia und pax[353] zu verwirklichen. Und wenn sich auch schließlich die vor allem mit dem neuen Öffentlichkeitsbegriff zusammenhängenden Theorien und Methoden in Deutschland überhaupt nicht auf Reichsebene, sondern nur in den Landesfürstentümern durchsetzen können, so werden sie doch durch die verschiedenen Richtungen der Aristotelesrezeption[354] und dann in wieder anderer Form durch den Humanismus[355] zum Allgemeingut jedenfalls des spätmittelalterlichen Denkens. Ohne die Kenntnis ihres Ursprungs ist auch Luthers politisches Denken nicht zu verstehen[356].

c) Die päpstliche Gegenthese der translatio imperii

Wie reagiert die kurialistische Partei auf den Ausbau des von der Kirche unabhängigen Rechts durch die Kaiser? Wie sieht sich von ihr aus die Zweigewaltenlehre im Reich des 12. Jahrhunderts an? Nun, sie baut ihr eigenes kanonisches Recht aus, wobei sie auch hier

---

[350] Ein Eingehen auf diese vielschichtige Erscheinung ist hier nicht möglich. Vgl. die gerade erschienene Bibliographie bei *K. J. Heinisch* (Hrsg.), Kaiser Friedrich II., 641ff.

[351] Vgl. *E. Kantorowicz*, Friedrich II., I, 221; II, 97f.

[352] Hier praktiziert er als erster wirklich das »rex imperator in regno suo«. Vgl. *Kantorowicz*, King's Two Bodies, 97 A. 29.

[353] Grundlegend *Kantorowicz*, Friedrich II., I, 207ff.; II, 80ff. u. *ders.*, King's Two Bodies, 97ff.

[354] S. u. S. 398ff.

[355] S. u. S. 427. *Maurer* (Das Verhältnis des Staates zur Kirche nach humanistischer Anschauung, 15 A. 2) muß nach dem Gesagten dahingehend korrigiert werden, daß nicht erst seit der Aristotelesrezeption der Begriff der communis utilitas bekannt geworden ist.

[356] Bis heute aber herrscht, soweit ich sehe, Unklarheit über »Sitz im Leben« und Sinn der für Luthers Zweireichelehre und Ethik fundamentalen Unterscheidung von privatae personae und publicae personae (für sich — für andere), weshalb eine weitere Klärung dieses Problems dringend nötig ist (s. u. S. 432f. zu Thomas und S. 532ff. zu Luther).

auf die grundlegende Arbeit Humberts zurückgreifen kann[357], und versucht, dieses Recht als göttliches dem »menschlichen« römischen überzuordnen[358]. Daß freilich das kanonische Recht selbst römischrechtliche Elemente in sich aufnimmt, läßt sich ebensowenig verhindern wie die Tatsache, daß sie weiter in die alltägliche Rechtssprechung eindringen[359]. Innerhalb des Aufschwungs der Kanonistik und ihrer neuen Distinktionen zum Verhältnis von sacerdotium und regnum, speziell Papst und Kaiser, ist für die Zeit Friedrichs I. eine neue Theorie besonders erwähnenswert, weil folgenreich, nämlich die der translatio imperii von den Griechen auf die Franken und Deutschen durch den Papst[360]. Sie ist insofern nicht schlechthin neu, als wesentliche Teile ihrer — am Ende fünf — Grundelemente[361] in frühere Zeiten zurückreichen und sie außerdem nur eine neue Form der Begründung alter päpstlicher Ansprüche darstellt[362]. Neu ist sie aber insofern, als Alexander III., der sie wahrscheinlich selbst unter dem Druck der doppelten Papstwahl (1159) zuerst entwickelt hat[363], beansprucht, die Herrschaft nicht nur von einer Person auf die andere, sondern von einem Reichsvolk auf das andere übertragen zu können, d. h. die bleibende Verfügungsgewalt über das imperium zu haben. Begünstigt wurde dieses Argument dadurch, daß der oströmische Kaiser Manuel nach 1160 den Plan verfolgte, den Westen zurück-

[357] Vgl. *Michel*, 71f. Zu den Grundlagen vor Humbert vgl. *Schramms* Besprechung verschiedener Aufsätze (Zeitalter, 125ff.).

[358] Vgl. bereits Gregor VII. in seinem Brief an den König von Dänemark: »Plus enim terrarum lex Romanorum pontificum quam imperatorum obtinuit« (Reg. II, 75). Vgl. *Leicht*, 104 (100ff.) und *H. v. Schubert*, Der Kampf des geistlichen und weltlichen Rechts, 5ff.

[359] Vgl. *Schramm*, Kaiser, 289; *Leicht*, aaO; *Feine*, Fortleben des römischen Rechts (mit weiterer Literatur).

[360] Grundlegend und alle früheren Arbeiten zum Thema überholend ist die vorzügliche Monographie von *W. Goez*, Translatio imperii. Zur Entstehung speziell der kurialen Translationstheorie s. ebd. 137ff.

[361] *Goez* (138) charakterisiert die fünf Punkte folgendermaßen: 1. Im Jahr 800 wurde das eine unteilbare Kaisertum von den Griechen auf die Franken übertragen (ab Ende 11. Jahrhundert); 2. dabei hat der Papst die entscheidende Handlung vollzogen (zunehmende Bedeutung des Papstes bei Krönung und Salbung des Kaisers seit 9. Jahrhundert); 3. der Papst handelte nicht allein de facto, sondern de iure; 4. die Übertragung ist nicht ein einmaliges Geschenk, sondern eine widerrufliche »concessio«; 5. die Anwendung des historischen Beweises aufgrund eines Präzedenzfalls.

[362] *Goez*, 156.

[363] *Goez*, 153ff.

zuerobern. So konnte Alexander Barbarossa die »retranslatio imperii ad Grecos« mit realpolitischem Hintergrund androhen[364]. Aus den Plänen ist nichts geworden. Die kuriale Translationstheorie aber entfaltete ein reges Eigenleben.

Die volle Wirksamkeit der Kanonistik setzt mit dem Zeitalter Innozenz III. ein, genau in dem Moment, als das Kaisertum durch den frühen Tod Heinrichts VI. geschwächt ist und dadurch die territorialen Gewalten ihre inzwischen erlangte Kraft voll entfalten können.

3. Innozenz III. Verhältnis zum Kaisertum und den territorialen Gewalten im Horizont der neuen kanonistischen Distinktionen

Was mit dem Investiturstreit begann und was durch die glänzende Epoche Friedrichs I. nur aufgeschoben wurde, vollzieht sich nach dem Tode Heinrichs VI. mit großer Schnelligkeit und läßt eine völlig neue politische und kirchliche Szenerie in Europa entstehen: den Untergang des deutschen Kaisertums und das eigenständige Hervortreten der Königreiche, der territorialen Fürstentümer und der Städte. Die damit eingeleitete Wende zum späten Mittelalter[365] und dieses selbst hat auf allen unser Thema betreffenden Gebieten in den letzten beiden Jahrzehnten eine außerordentlich rege und fruchtbare Forschungstätigkeit hervorgerufen[366].

Die dabei leitenden großen Fragestellungen muß man kennen, will man das spezielle Problem der beiden Gewalten in dem nun folgenden Zeitraum richtig einordnen. Grundlegend ist das neue und wegen des noch nicht vollständig publizierten Quellenmaterials keineswegs abgeschlossene Auswerten der nachgratianischen Kanonistik, sowohl der Dekretisten (Ausleger Gratians) als auch der Dekretalisten (Ausleger der späteren Papstdekretalen). Die politische Relevanz dieser Kirchenrechtslehren erhellt schon daraus, daß sämtliche großen Päpste dieser Zeit

[364] *Goez*, 150f.

[365] Ich schließe mich damit *H. Grundmann* an, der in seinem Kapitel über »Wahlkönigtum, Territorialpolitik und Ostbewegung im 13. und 14. Jahrhundert« (In: *Gebhardt*, 341ff.) mit *Rörig*, *Heimpel* u. a. diese Wende bereits 1198 ansetzt, obwohl die Agonie des staufischen Reiches deutscher Nation noch ein gutes halbes Jahrhundert dauert. Zur neuen Bedeutung der Städte vgl. *F. Rörig*, Die europäische Stadt und die Kultur des Bürgertums im Mittelalter.

[366] Besonders hilfreich für die Erschließung der folgenden Epoche — genau genommen erst der Zeit nach 1250 — ist der 1966 erschienene Teil »Spätmittelalter« des Handbuchs »Die Kirche in ihrer Geschichte«, bearbeitet von *B. Moeller*.

seit Alexander III. — vor allem Innozenz III., der Schüler Huguccios — selbst Kanonisten waren. In den Untersuchungen der letzten Jahre haben sich drei Schwerpunkte herausgebildet: 1. das Verhältnis von sacerdotium und regnum (imperium)[367], 2. das Entstehen des modernen, souveränen Staates[368], 3. Fragen der innerkirchlichen Struktur (Papalismus, Konziliarismus)[369]. Vom zweiten Punkt kann in unserem Zusammenhang nur das Verhältnis von regnum und imperium zur Sprache kommen[370]. Der dritte, obwohl er im Zuge des 2. Vatikanischen Konzils besonderes Interesse gefunden hat und obwohl sich gerade im Spätmittelalter die Form der Kirche theoretisch und praktisch unmittelbar auf ihr Verhältnis zur Welt und auf Struktur und Verständnis der weltlichen Institutionen selbst auswirkte[371], kann nur am Rande berücksichtigt werden.

Die Stellung der Kanonistik vor Innozenz III. zum Problem der Gewalten läßt sich am besten im Anschluß an die verschiedenen Kommentare zu jenen Worten Petrus Damianis über die terreni simul et caelestis imperii iura des Papstes verfolgen, die Gratian in sein Dekret aufgenommen hatte (dist. 22c. 1)[372]. Denn im Anschluß an diese Stelle pflegen die Dekretisten auch die übrigen Bildvergleiche, zumal die Schwertertheorie zu erörtern. Den Anstoß für die neue Auslegung der Damianiworte gibt Magister *Rufinus* in seiner Summa decretorum (1157—1159)[373]. Hatte jener ursprünglich allein an die Petrus verliehene Binde- und Lösegewalt auf Erden und im Himmel und damit an Vorrang und Freiheit des Papstes gedacht, so bezieht

[367] Vgl. vor allem die im Literaturverzeichnis angegebenen Arbeiten von *F. Stickler*, *F. Kempf*, *M. Maccarone*, *F. Mochi Onory* u. *Ullmann*. Eine hervorragende Analyse und weiterführende Kritik der bis 1954 erschienenen Arbeiten dieser Autoren gibt *B. Tierney*, Some Recent Works on the Political Theories of the Medieval Canonists. Für die danach erschienene Literatur vgl. *A. Weiler*, Neuere Literatur zum Problem der Regierungsgewalt.

[368] Hier sind besonders die Werke von *E. Kantorowicz* (The King's Two Bodies), *G. Post* (Studies in Medieval Legal Thought) und *M. Wilks* (The Problem of Sovereignty) zu nennen. — Stellungnahmen dazu bei *Tierney* und *Weiler*. Für weitere Literatur vgl. *Post* und *Wilks*, aaO.

[369] Vgl. vor allem *B. Tierney*, Conciliar Theory, und *Wilks*, aaO. Dazu s. außer *Weiler*, 601ff. den Forschungsbericht von *H. A. Oberman*, Theologie des späten Mittelalters, 414f.

[370] S. u. S. 396f.

[371] Dies arbeiten besonders *Kantorowicz*, *Wilks* und *Tierney* heraus (Einfluß des papalistischen corpus-caput Verständnisses auf den entstehenden Absolutismus; Wechselwirkung zwischen dem Gedanken der Volkssouveränität und dem Konziliarismus).

[372] S. o. S. 345.

[373] Ed. *H. Singer*, Paderborn 1902; vgl. zum folgenden *S. Mochi Onory*, 84ff.; *Tierney*, Recent Works, 600ff.; *F. Kempf*, Papsttum und Kaisertum, 209; *H. Hoffmann*, 97f.; *Kretschmar*, 96.

dieser nun das coeleste imperium auf Klerus und spiritualia, das terrenum imperium auf Laien und saecularia und spricht dem Papst die Rechte über beide Reiche zu[374]. Allerdings macht er nun die Unterscheidung zwischen dem Recht der auctoritas und dem der administratio im irdischen imperium[375]. Das Autoritätsrecht des Papstes leitet er einmal aus dessen Konsekrationsfunktion, zum anderen aus dessen Urteilsvollmacht über Unrecht tuende Herrscher ab[376]. Diese Position, die nach einem Ausdruck Innozenz' III. das Eingreifen des Papstes in weltliche Angelegenheiten *ratione peccati* begründet, bewahrt also noch eine relative Dualität der Gewalten und vertritt etwa das, was man später die potestas indirecta in temporalibus papae nannte.

Bereits 1186 folgte aber die *Summa Lipsiensis*, ein Kommentar zu Gratian, der in nuce die später sogenannte potestas directa in temporalibus papae verteidigt. Dem Papst werden hier beide Schwerter zuerkannt, so daß sich die Gewalt des Kaisers unmittelbar von der des Papstes herleitet und darum jederzeit unter dessen Verfügungs- und Kontrollbefugnis steht[377]. Man hat m. R. gesagt, daß damit in der Kanonistik die beiden klassischen Positionen bezogen sind, um die auch die späteren Auseinandersetzungen kreisen, wobei freilich beide stets Elemente der anderen in sich enthalten[378]. Die stärker »hiero-

---

[374] »Celeste imperium celestium militum i. e. clericorum universitatem cum his, que ad eos pertinent, dicit; terrenum vero regnum vel imperium seculares homines seculares que res appellat: per hoc ergo videtur, quod summus pontifex, qui beati Petri est vicarius, habet iura terreni regni« (Summa ad Dist. 22 c. 1; S. 47).

[375] »... sed animadvertum est, quod ius aliud est auctoritatis, aliud administrationis ...« (ebd.).

[376] »*Summus* itaque *patriarcha* quoad *auctoritatem* ius habet terreni imperii, eo scil. modo quia primum sua auctoritate imperatorem in terreno regno consecrando confirmat, et post tam ipsum quam reliquos seculares istis secularibus abutentes, sola sua auctoritate pene (= poenae) addicit et ipsos eosdem post penitentes absolvit. ipse vero *princeps post ipsum auctoritatem* habet seculares regendi et *preter ipsum officium administrandi*; etenim nec apostolicum secularia nec principem ecclesiastica procurare oportet« (ebd.).

[377] »... terreni simul et celestis. celeste vocat imperium celestium militum, id est clericorum universitatem cum hiis, que ad eos pertinent. terrenum regnum vocat homines seculares cum rebus secularibus. per hoc ergo videtur, quod summus pon(tifex) utrumque habet gladium ... et quod *ab eo suum habet imperator* et quod *posset deponi ab eo*, si abutatur sua potestate ... item *fidelitatem ei facit* imperator *tanquam domino* ...« (zitiert nach *Mochi Onory*, 110; vgl. *Tierney*, 601).

[378] *Tierney*, 602: »We have here in embryo the two classical positions that later canonists would develop in more detail. Neither is quite uncompromising. Even

kratische« Linie läuft vor allem über Alanus, Tancred, Vernardus Parmensis, Innozenz IV. und Hostiensis[379] weiter und tritt dann mit Bonifaz VIII. in ihre Krisis ein. Die stärker »dualistische« Linie wird besonders durch Huguccio und Innozenz III. vertreten, gewinnt durch den Thomismus sehr an Boden und bekommt schließlich das Übergewicht in der römischen Kirche[380].

Bei dieser Schematisierung muß man sich allerdings vergegenwärtigen, daß eine Fülle von Schattierungen und Zwischenlösungen gefunden wurde. In der Folge davon besteht ein Gelehrtenstreit darüber, wer welcher Gruppe zuzurechnen sei, ja sogar, ob es überhaupt eine streng hierokratische Tradition gegeben habe, und wenn ja, seit wann. Nachdem *W. Ullmann* sehr stark den hierokratischen Gedanken betont hatte[381], breitete sich seit den Arbeiten von *Mochi Onory* und *Stickler* die Tendenz aus, auch noch in den extremsten Fällen von Hierokratie die gewahrte Eigenständigkeit der weltlichen Gewalt hervorzukehren[382]. *Tierney* hat m. E. richtig gesehen, daß beide Seiten versäumen, das methodische Problem von Theorie und Praxis ausreichend zu reflektieren. *Ullmann* nimmt im praktisch-politischen Kampf hochgeschraubte papalistische Äußerungen und erklärt sie zur (zeitlos wahren) Theorie von der päpstlichen Suprematie. Die Gegenseite weist in unbestreitbar hierokratischen Theorien immer noch einen Rest Dualismus nach und zieht daraus die Konsequenz, deren Verfechter seien auch politisch für die reale Unabhängigkeit weltlicher Herrscher eingetreten[383]. Nach *Tierney* kommt es deshalb methodisch darauf an, ständig die Wechselwirkung von kanonistischen Formeln und päpstlicher Politik im Auge zu haben. Nur dadurch wird das oft bewußte Schillern der juristischen Theorien sichtbar, die philosophisch-theologisch keineswegs konsistent sind und deshalb auch nicht so gelesen werden dürfen, als seien sie es[384]. Unter diesem Aspekt trägt es also auch im Grund nichts aus, die Reihe der Kanonisten durchzugehen und diese einzeln in diese oder jene Partei

---

the ‚hierocratic' argument denied to the pope the normal exercise of temporal power; even the ‚dualist' argument acknowledged that the pope, by the exercise of his spiritual authority, might on occasion intervene decisively in matters of secular government«.

379 Vgl. *Tierney*, 604ff. (bes. 606); *H. Hoffmann*, 114.

380 Klassisch formuliert dann Bellarmini die potestas-indirecta-Lehre (vgl. *F. X. Arnold*, Die Staatslehre des Kardinal Bellarmini; *M. Grabmann*, Studien, 130ff.)

381 Vgl. *Tierney*, 596ff. u. 604ff.

382 *H. Barion* rühmt in seiner Besprechung von *Mochi Onorys* »Fonti ...« gerade diese Einseitigkeit, weil für ihn nun der »unpolitische« Charakter der Überordnung des Papstes endlich erwiesen ist (ZSavRG Kan. Abt. 69, 1952, 535).

383 Vgl. *Tierney*, 607. Kritik an *Sticklers* Arbeiten zur Schwerterlehre übt außer *Tierney*, 609ff. vor allem *H. Hoffmann*, aaO.

384 Vgl. *Tierney*, 605; 607ff.; 624. S. 609 schreibt er: »... when one looks for a rational defense of one side or the other, one usually encounters only a string of precedents and metaphors — all too often dubious precedents and muddled metaphors«.

zu rubrizieren. Entscheidend sind die mit ihrer Hilfe vorgenommenen (kirchen-)politischen Weichenstellungen[385].

Auf diesem Hintergrund erhebt sich die große Figur Innozenz' III. (1198—1216), bei deren Beurteilung sich die beiden Typen der Interpretation besonders hart gegenüberstehen[386]. Sein Lehrer Huguccio hatte trotz aller Betonung der geistlichen Superiorität des Papstes über den Kaiser und trotz des Ausbaus der oberen päpstlichen Gerichtsgewalt in temporalibus bei Notrechtssituation die grundsätzliche Gewaltentrennung festgehalten[387]. Dieser Tradition folgt Innozenz, baut aber im jahrelangen welfisch-staufischen Thronstreit seine Position zumindest in der Kaiserfrage außerordentlich geschickt aus. In der Dekretale Venerabilem (c. 34, X, 1, 6) faßt er seine Ansichten in der Kaiserfrage zusammen. Sein Vorrecht bei der Kaisererhebung begründet er mit der kurialen Translationsthese und mit seinem Recht auf die examinatio des zu krönenden Kandidaten[388]. Vorsichtiger argumentiert er gegenüber den anderen weltlichen Gewalten. Hier greift er entweder nach dem Notrecht oder ratione peccati oder dann ein, wenn eine moralische Frage impliziert ist[389]. Besonders beachtenswert ist nun aber, daß Innozenz dem französischen König bestätigt, daß er keinen Oberherrn in zeitlichen Dingen

---

[385] Vgl. *Tierney*, 608.

[386] Vgl. einerseits *Ullmann*, Medieval Papalism, 55ff.; 182ff.; u. ö. (hierokratische These), andererseits z. B. *Mochi Onory*, 183ff., *F. Kempf*, Papsttum und Kaisertum bei Innozenz III.; *M. Maccarone*, Chiesa e stato (Hervorhebung der dualistischen Elemente). Bei aller Anerkennung dualistischer Distinktionen — deren teilweise Unschärfe als Taktik gewertet wird — betonen u. a. folgende Autoren, daß Innozenz de facto Hierokrat war und auch theoretisch der späteren monistischen Linie vorgearbeitet hat: *B. Tierney*, 605ff.; *ders.*, »Tria quippe sunt iudicia ...«; *Th. Mayer*, Papsttum, 36ff. (mit *J. Haller* gegen *F. Kempf*. *Mayer* weist vor allem darauf hin, daß das Verhältnis von Papsttum und Kaisertum nie ein rechtlich vollkommen geregeltes war, sondern stets auf der Durchsetzung der beiderseitigen Ansprüche beruhte.); *W. Goez*, 157ff.; *H. Hoffmann*, 102ff. Grundlegend für das historische Material: *Helene Tillmann*, Papst Innozenz III.

[387] Vgl. *Tierney*, 602f. zu *Mochi Onory*, 148ff. u. a.; *H. Hoffmann*, 100ff. zu *Stickler*, Der Schwerterbegriff bei Hugguccio. Zur Frage des Notrechts des Papstes und Kaisers, je in die Sphäre des anderen übergreifen zu dürfen, wenn dessen Handlungsfähigkeit nicht mehr gewährleistet war, vgl. *v. Gierke*, Genossenschaftsrecht III, 539f. u. *W. Goez*, 157.

[388] Vgl. *Tierney*, 105ff.; *W. Goez*, 164ff.; *H. Hoffmann*, 103 gegen *Kempf*, (105ff.), der das Gewicht der »examinatio« möglichst herabmindern möchte.

[389] Vgl. *Tierney*, 606; *ders.*, »Tria ...«; *Hoffmann*, 102ff. zu den Dekretalen Per venerabilem, Licet und Novit (dort weitere Literatur).

hat[390]. Das hat weittragende Konsequenzen und immer deutlicher sichtbar werdende Hintergründe.

Mochi Onory (Fonti) hat die These vertreten, daß die Kanonisten des 12. und frühen 13. Jahrhunderts es sind, die den sich verselbständigenden nationalen Königtümern mit der Formel »rex, imperator in regno suo, superiorem in temporalibus non recognoscit« gegenüber dem Kaiser die theoretische Basis geschaffen haben. Nun wird man zunächst betonen müssen, daß dieses für die Kirchenrechtler nicht ein Selbstzweck war, sondern eine Hilfskonstruktion, um die Kaisermacht zu schwächen und nach der Regel »divide et impera« die Papstmacht zu stärken[391]. Weiter ist nachgewiesen worden, daß Mochi Onorys Belege für die frühe Zeit nicht tragen[392], sondern erst in den letzten Jahren des 12. Jahrhunderts der englische Kanonist Ricardus die Gleichrangigkeit von Kaiser und Königen wirklich ausspricht[393]. Kurz nach Innozenz' »Per venerabilem« ist es dann vor allem der Engländer Alanus, der die spätere Formel vorwegnimmt, wenn er sagt: »Et quod dictum est de imperatore, dictum habeatur de quolibet rege vel principe, qui nulli subest. unusquisque enim tantum iuris habet in regno suo, quantum imperator in imperio«[394]. Weiter waren vor allem auch Spanier (Vincentius Hispanus) dabei beteiligt, die Theorie der nationalen Souveränität auszubauen — also immer solche Kanonisten, deren Nationalität ihnen die neuen Gedanken nahelegte[395]. Es bleibt freilich die Forschungsaufgabe, die kanonistischen Theorien in den größeren Kontext aller gleichzeitigen Strömungen zu stellen, die zur Ausbildung des souveränen Territorialstaats führten. Schon jetzt läßt sich aber sagen, daß die papalistischen Kanonisten einen beträchtlichen Beitrag zur Erfassung und Förderung des neuen Phänomens leisteten[396].

Die Förderung der nach Unabhängigkeit vom Kaiser strebenden territorialen Gewalten steht bei Innozenz im großen Rahmen der christianitas-Idee[397]. In dieser Christenheit gibt es für ihn nur einen

---

[390] »... cum rex ipse superiorem in temporalibus minime recognoscat ...« (Per venerabilem, zit. nach *Mirbt-Aland*, Quellen, 309, Nr. 597; vgl. *Tierney*, 617; *Wilks*, 426).

[391] Dies hebt besonders hervor *H. Barion* in seiner Besprechung von *Mochi Onorys* »Fonti« (ZSavRG Kan. Abt. 69, 1952, 536f.).

[392] Vgl. *Tierney*, 615ff. (mit Angabe weiterer Literatur).

[393] *Tierney*, 617.

[394] Glosse zu Comp. I,2.20.7 (zit. nach *Mochi Onory*, 192). Vgl. *Tierney*, 613.

[395] Diesen Gesichtspunkt betont besonders *E. M. Meijers* in seiner Besprechung zu *Mochi Onorys* »Fonti« (Tijdschrift voor Rechtsgeschiedenis 20, 1952, 113—25). Er weist weiter darauf hin, daß wahrscheinlich deshalb die Legisten weniger auf das Souveränitätsproblem zu sprechen kamen, weil ihre führenden Köpfe Italiener waren (dazu s. *Tierney*, 618).

[396] Zusammenfassend *Tierney*, 616; vgl. weiter die Arbeiten von *G. Post* und für die spätere Zeit *Wilks*, aaO.

[397] Vgl. *G. B. Ladner*, Concepts, 63ff.; *Th. Mayer*, 48f.

imperator, den Papst, der die plenitudo potestatis innehat[398]. Diese Machtfülle bezieht sich direkt auf geistliche Fragen, direkt auch auf das Kaisertum als Defensorenamt der Kirche, indirekt auf die im Zeitlichen souveränen territorialen regna innerhalb des populus christianus. Auch diese nach der »dualistischen« Theorie auf das Notrecht und das ratione-peccati-Argument beschränkte potestas in temporalibus papae ließ sich de facto allerdings weitgehend für die Zwecke des Papstes geltend machen[399]. Die folgende Entwicklung zeigte, daß sich zwar einerseits die Ansprüche noch höher schrauben ließen, andererseits aber die wirkliche Macht des Papsttums mit Innozenz III. ihre Klimax erreicht hatte.

4. Das Zeitalter der Aristotelesrezeption

Obwohl Aristoteles im Abendland über verschiedene Kanäle immer wirksam geblieben war[400], bedeutet doch die sich im 13. Jahrhundert durchsetzende Rezeption seines Gesamtwerks eine außerordentliche Forcierung der Kräfte, die seit dem 12. Jahrhundert im Rückgriff auf die Antike allenthalben neue Entwicklungen einleiteten. Für unsere besondere Fragestellung ist zumal die Aufnahme der aristotelischen »Politik« von fundamentaler Bedeutung; denn mit ihr beginnt nicht nur die Vorgeschichte des Begriffs und der Vorstellung der »bürgerlichen Gesellschaft« (*κοινωνία πολιτική*, societas civilis)[401], sondern aller damit zusammenhängenden Begriffe und deren Verhältnisbestimmungen zu Glaube, Theologie und Kirche. Luthers später zu behandelnde Äußerungen über iustitia civilis, Vernunftregiment und Naturrecht beispielsweise sind ohne die scholastischen Bestimmungen dieser Begriffe nicht zu verstehen. Entsprechend pflegt man in der Forschung die um das Verhältnis von geistlicher

---

[398] Vgl. *A. Hof*, »Plenitudo potestatis« u. »imitatio imperii« zur Zeit Innozenz' III.; *G. B. Ladner*, aaO; *L. Buisson*, Potestas und Caritas, 60ff. Vgl. aber auch die Anwendung des Melchisedek-Bilds auf den Papst (s. *H. Hoffmann*, 107ff.) und den Ausbau des Sonne-Mond-Gleichnisses (s. zuletzt *O. Hageneder*, Das Sonne-Mond-Gleichnis bei Innozenz III.).

[399] Vgl. die Zusammenfassungen bei *H. Hoffmann*, 112ff.; *Th. Mayer*, 43ff.; *Tierney*, 606.

[400] Vor allem durch die Kommentare des Boëthius. Vgl. den Überblick in RGG³ I, 604f. von *G. Patzig* mit weiterer Literatur.

[401] Grundlegend neuerdings *M. Riedel*, Bürgerliche Gesellschaft, 90ff., bes. 95.

und weltlicher Gewalt streitenden Theologen und Publizisten nach ihrer Haltung gegenüber Aristoteles zu gruppieren. Besondere Anlässe zu solchem Streit waren bekanntlich einmal die Auseinandersetzungen zwischen Bonifaz VIII. und Philipp dem Schönen von Frankreich, die 1303 mit dem Sturz des Papstes und dem Ende der päpstlichen Weltherrschaftsansprüche überhaupt endeten[402], und zum anderen der letzte Kampf zwischen deutschem Kaisertum und Papsttum zur Zeit Ludwigs des Bayern und Johanns XXII.[403] Über die Kennzeichnung und Gruppierung der literarischen Streiter besteht in der Forschung allerdings keine Einigkeit.

M. Grabmann wählt in seinen einflußreichen »Studien über den Einfluß der aristotelischen Philosophie auf die mittelalterlichen Theorien über das Verhältnis von Kirche und Staat« das Verhältnis von Glaube und Vernunft zum Leitfaden, anhand dessen er drei Schulen unterscheidet. Als *erste Gruppe* nimmt er die Theologen und Publizisten, die Aristoteles mit den herkömmlichen augustinischen und hierokratischen Anschauungen versöhnen. Zu ihnen gehören vor allem Thomas v. Aquin und Johannes Quidort von Paris, der Verteidiger Philipps des Schönen gegen Bonifaz VIII., — aber auch Remigio de' Girolami von Florenz, ein Lehrer Dantes. Für Thomas sind Glaube und Vernunft je in ihrer Sphäre autark, freilich die Vernunft dem Glauben untergeordnet, sobald Fragen, die den letzteren betreffen, berührt werden. Entsprechend plädieren Thomas wie Johannes für den relativ autonomen Charakter der weltlichen Gewalt, in deren Geschäft der Papst nur indirekt eingreifen kann, wenn spirituelle Fragen im Spiel sind. *Zweitens* spricht Grabmann von den lateinischen Averroisten wie Siger von Brabant und Boëthius von Dacia, die Glauben und Vernunft radikal trennen (»doppelte Wahrheit«) und darum letztere auf ein vollkommen in sich suffizientes Ziel beziehen. Diese Position sieht er politisch in Marsilius von Padua wirksam werden, der in seinem Defensor pacis nicht nur die Kaisermacht Ludwigs des Bayern unabhängig vom Papsttum macht, sondern ihr sogar in vieler Hinsicht die Kontrolle über die geistliche Gewalt zuspricht. Als *dritte* Gruppe bezeichnet er die traditionellen Augustiner wie Bonaventura und Heinrich von Ghent, die die Vernunft dem Glauben völlig unterordnen. Das politische Modell dieser Denkweise sieht er in Aegidius Romanus, dem Berater Bonifaz' VIII., Augustinus Triumphus, dem Streiter für Johann XXII., und anderen Papalisten der Zeit zum Zuge kommen, insofern sie dem Papst eine potestas directa in temporalibus zuschreiben.

Diesem Schema hat *A. Gewirth*, der Autor eines der wichtigsten Werke über Marsilius[404], mit schwerwiegenden Argumenten widersprochen[405]. Abgesehen

---

[402] Grundlegend *R. Scholz*, Die Publizistik zur Zeit Philipps des Schönen, u. *J. Rivière*, Le problème de l'église et de l'état au temps de Philippe le bel. Weitere Literatur bei *B. Moeller*, 5ff.

[403] Historischer Verlauf und Literatur bei *H. Grundmann*, Wahlkönigtum, 426ff. Vgl. auch *Moeller*, 13ff.

[404] Marsilius of Padua, 2 Bde., 1951.

[405] Philosophy and Political Thought in the Fourteenth Century, 133ff.

von der grundsätzlichen Schwierigkeit, politische Positionen vollkommen symmetrisch auf rein theoretische Figuren abzubilden, und abgesehen von der philosophischen Grobheit der Einteilung nach christlichen Aristotelikern, Averroisten und Augustinern kann Gewirth für jede der Gruppen Beispiele anführen, die das Gegenteil beweisen. Der thomistische Hinweis auf die relative Unabhängigkeit der Natur und der Vernunft, der bei Johannes von Paris zur Verteidigung der weltlichen Rechte führt, wird bei Jakob von Viterbo und anderen Papalisten durch Betonung der Relativität dieser Unabhängigkeit gerade zum Ausgangspunkt hierokratischer Ansprüche (137ff.). Das klassische Beispiel für einen antiklerikalen »Augustiner« bietet Wyclif, der nicht nur dem Papst alle Macht in zeitlichen Dingen abspricht, sondern in der Nachfolge des Anonymus von York den König zum Stellvertreter Gottes und zum Abbild der göttlichen Natur Christi und damit zum Herrn der Priester (Abbilder seiner menschlichen Natur) erklärt (140f.). Man könnte darüber hinaus Luther nennen, der zunächst mit vorwiegend augustinischen Mitteln auf noch ganz andere Weise die mittelalterliche Theologie und Kirche aufsprengt[406]. Sogar für einen zumindest »quasi-papalistischen« Averroisten hat Gewirth ein Beispiel: Johannes v. Jandun. Bei diesem ist es die Hochschätzung des theoretischen als des guten Lebens, die den Klerikern eine übergeordnete Bedeutung als Priesterphilosophen vermittelt (141ff.) — ähnlich also wie bei Hugo v. St. Victor und John of Salisbury.

Einen neuen Klassifizierungsversuch großen Stils hat *M. Wilks* in seiner schon mehrfach zitierten Schrift »The Problem of Sovereignty in the Later Middle Ages« gemacht. Er wählt als Beziehungspunkt die Stellung der Autoren zur Universalienfrage. Ultrarealismus im Sinn des traditionellen Platonismus und Augustinismus führt zur einseitigen Betonung des göttlich eingesetzten Hauptes eines einheitlichen gesellschaftlichen Organismus — normalerweise unter papalistischem Vorzeichen (Augustinus Triumphus steht im Mittelpunkt des Buches), im Falle Wyclifs aber unter königlichem. Die extreme Gegenposition gründet sich auf nominalistische Grundlagen (Marsilius, Ockham, angeblich auch Dante) und führt zu Demokratie, Individualismus und Autonomie der weltlichen und geistlichen Sphäre. Der Mittelweg der Thomisten läßt sich nach Wilks als gemäßigter Realismus beschreiben, insofern zwar die Regierung der Gesellschaft letzten Endes einem monarchischen Haupt zukommt, dieses aber doch konstitutionell beschränkt ist.

Wilks kann zwar mit seiner Theorie Gewirths Einwand gegen Grabmann, Wyclif in seinem Schema nicht unterbringen zu können, entgehen, hat sich aber im übrigen nicht besser gegen Kritik geschützt[407]. Außer dem methodischen Mangel

---

[406] *R. Scholz* macht in seiner Einleitung zu Aegidius, eccl. pot. (s. u. A. 419) S. XIIf. darauf aufmerksam, daß einmal eingehend untersucht werden müßte, wie es möglich ist, daß auf dem gleichen Boden, nämlich im Augustinerorden, so gegensätzliche Positionen bezogen werden können wie im Fall des Aegidius einerseits und Luthers andererseits. Er vermutet, daß der Grund in Augustin selbst liegt. Das vorige Kapitel und die folgenden Ausführungen werfen einiges Licht auf diese Frage.

[407] Er übernimmt übrigens im allgemeinen *Grabmanns* Fragehorizont als Synonym seines eigenen, z. B. S. 17: »... the problem of universals or the exact relationship of reason and faith« (vgl. S. 19, 52 u. ö.).

fehlender historischer Präzision und Kontextberücksichtigung[408] ist ihm vor allem philosophische Undifferenziertheit vorzuwerfen. Ohne auf Gewirths Bedenken gegenüber einer simplen Ableitung der politischen Fronten aus theoretischen Schemata einzugehen, bezeichnet er das Fehlen eines einheitlichen, verbindlichen philosophischen Systems als »Wurzelgrund« für die Konflikte im mittelalterlichen politischen Denken. Im einzelnen prüft er z. B. überhaupt nicht, welche Probleme die Berufung der Hierokraten auf Platon und Augustin in sich enthält, und kommt dabei zu Urteilen wie diesem, daß die vom Papst monarchisch geleitete hierarchisch geordnete Einheitsgesellschaft eine annähernde Erfüllung der platonischen Idee der Polis sei[409]. Trotz allem aber ist das umfangreiche Buch von Wilks im Augenblick insofern ein unentbehrliches Hilfsmittel zur Erschließung der Gewaltenfrage in der Zeit zwischen etwa 1250 und 1350, weil es, von Augustinus Triumphus ausgehend, breites Material und den neuesten Überblick über die Forschungslage bietet.

Man muß also feststellen, daß eine philosophisch wie historisch befriedigende Gesamtinterpretation der Zusammenhänge von Philosophie und Politik in dem zur Diskussion stehenden Zeitraum nicht vorliegt. Dennoch kann man sich an die in allen Arbeiten irgendwie zugrundegelegte Dreiteilung halten, nach der man grob zwischen Kurialisten, gemäßigten Vermittlern und solchen unterscheiden kann, die auf eine ganz neue Weise »Weltliches« und »Geistliches« voneinander trennen und einander zuordnen. Im folgenden greife ich aus der Fülle der Probleme eines heraus, das auf seine Weise philosophisch-theologische und praktisch-politische Fragestellung an zentraler Stelle verbindet und sich überdies aus verschiedenen Gründen für den Gesamtzusammenhang dieser Untersuchung besonders gut eignet: das Problem von *Recht* und *Gerechtigkeit* in seiner Beziehung zu dem des *Friedens*. Um das mit diesen Begriffen Bezeichnete brach nämlich in neuer Form der Streit zwischen sacerdotium und regnum in seinen zwei Phasen unter Philipp dem Schönen und Ludwig dem Bayern aus. Direkter Anlaß des Kampfes zwischen der französischen Krone und Bonifaz VIII. war nämlich die Anfechtung der Immunitäten und Privilegien des Klerus. Auf die römisch rechtliche Theorie vom ius sacrum als einem Teil des ius publicum und deren Diskussion bei den Legisten des 12. Jahrhunderts ging es zu-

[408] Vgl. die kritische Rezension von *H. Hoffmann* in: ZKG 13, 1964, 389ff.; weniger negativ *A. Weiler*, Neuere Literatur, 602f.

[409] AaO 18. Das Groteske dieses philosophischen Fehlers wird evident, wenn dann später (S. 35ff. u. ö.) herauskommt, daß in dieser Konzeption der sichtbare (!) Papst die Einheit des Ganzen sein soll. Augustinus Triumphus sagt z. B. vom Papst: »in ipso enim vivimus, movemur et sumus« (Summa XXXVI, 6; S. 37 bei *Wilks*).

rück, daß auf dem 3. und 4. Laterankonzil gestattet wurde, daß die italienischen Städte den Klerus besteuern durften, wenn das Gemeinwohl es forderte, die necessitas evident war und der Konsens des Papstes vorher eingeholt wurde. Die Kanonisten übertrugen dieses Recht auf die Königreiche, so daß sich bis zu Bonifaz' Zeiten die Anfragen häuften[410]. Philipp der Schöne begann den Streit damit, daß er seine Finanzen für den Krieg mit England ohne Anfrage beim Papst mit der Besteuerung des Klerus aufbesserte[411]. In Verbindung mit der franziskanischen Forderung der armen Kirche[412] weitete sich aber der Streitgegenstand insofern prinzipiell aus, als zunehmend die Geltung des kanonischen (geistlichen, »göttlichen«) Rechts in zeitlichen Dingen überhaupt bestritten wurde. Im »Kampf um das Reichsrecht unter Ludwig dem Bayern«[413] erklärt Marsilius schließlich die auf dem kanonischen Recht beruhenden Ansprüche des Papsttums als die Hauptursache der Zerstörung des politischen Friedens. Diese beiden Probleme, das Verhältnis der Christen zu Gerichts- und Steuerrecht der weltlichen Gewalt, sind aber paradigmatisch in Rö 13, 1—7 behandelt. Folglich läßt sich bei der Wahl dieses Leitfadens in kurzen begleitenden Exkursen ein Blick zurück auf Paulus und voran auf Luther werfen, der in seiner Römerbriefauslegung die Argumente der kaiserlich-königlichen Publizisten gegen die sogenannten »libertates ecclesiae« ausdrücklich aufnimmt. Aber nicht nur praktisch-politisch und exegetisch gesehen laufen in den entscheidenden spätmittelalterlichen Kämpfen viele Fäden in der Problematik ius-iustitia zusammen, sondern auch philosophisch-theologisch fallen hier die neuen Entscheidungen. Die Assimilation der antiken »Politik« führt

---

410 Vgl. *G. Post*, Studies, 18f.

411 Vgl. *Scholz*, 4ff.; 65ff.; *Rivière*, 63ff.; 98ff. u. ö.

412 Der innerkirchliche Protest gegen den Reichtum und die Verweltlichung der Kirche führte schließlich zu dem von der franziskanischen Bewegung getragenen sogenannten »theoretischen Armutsstreit« (vgl. *Moeller*, 9 u. 14f. mit Literatur; bes. *F. Hofmann*, Der Anteil der Minoriten am Kampf Ludwigs d. B.; u. u. S. 421). Der Ruf nach einer rein auf das Geistliche ausgerichteten Kirche, der ebenso wie die verschiedenen apokalyptischen Bewegungen der Zeit stets antihierarchische Züge trug, ist stets als die andere Seite des Kampfes um das weltliche Recht mitzubedenken. Meist gehen beide Gesichtspunkte Hand in Hand und werden nur verschieden stark betont (Marsilius kämpft sicher in erster Linie um die iustitia civilis, während es Luther im Ansatz um die Freilegung des Geistlichen geht).

413 So drückt *H. Grundmann* das Zentrum dieses Zeitraums in der Überschrift des betreffenden Abschnitts aus.

autmoatisch dazu, wichtige Verhältnisbestimmungen zwischen Philosophie und Theologie um den Begriff der Gerechtigkeit zu gruppieren. Wie sehr diese Problemstellung auf das Zentrum von Luthers Neuansatz hinführt, braucht nicht eigens betont zu werden. Bedenkt man dazu, wie im iustitia-Begriff auch bei Augustin die eigentlich offenen Fragen sichtbar werden, so scheinen an dieser Stelle alle bisher aufgenommenen Linien zusammenzutreffen und gleichzeitig in die Zukunft zu verweisen — alles in allem Grund genug, bei der folgenden Skizze — mehr als eine Skizze kann es bei der immensen Größe der Probleme gewiß nicht sein — die Gewaltenfrage vorwiegend mit dem Gesichtspunkt des Rechts und der Gerechtigkeit zu verbinden[414].

a) Die konservativen augustinischen Hierokraten (Aegidius Romanus u. a.)

Bei der Untersuchung von Augustins Stellung zur civitas terrena stellte sich heraus[415], daß er dieser zwar eine in der ontologischen Struktur der Wirklichkeit begründete Form des Friedens zubilligt, daß er aber andererseits einer Entscheidung darüber ausweicht, inwiefern der pax terrena auch eine diesen Frieden sichernde und verwirklichende iustitia terrena entspricht. Im Begriff der iustitia war ihm so sehr das Verhältnis zu »Gott« (in der Einheit von Weltprinzip und endzeitlichem Retter) mitgesetzt, daß er eine Gerechtigkeit coram hominibus mit einer besonderen Struktur offenbar nicht zu denken vermochte. Stattdessen änderte er lieber die den Rechtsbegriff enthaltende ciceronianische Definition des Gemeinwesens, um dieses allein auf den Willen zum irdischen Frieden zu gründen. Es zeigte sich freilich schon bei Augustin selbst, daß diese Unklarheit theologisch höchst anfechtbare Folgerungen zeitigen konnte, nämlich öffentlichen Religionszwang im Fall der christlichen Kaiser. Das Mittelalter ging unter gänzlich veränderten politischen und geistigen

[414] Bedauerlich ist, daß m. W. immer noch die schon von *Kantorowicz* (Friedrich II., II, 80) geforderte »entwicklungsgeschichtliche Bearbeitung des mittelalterlichen Iustitia-Begriffs in der Staatstheorie wie in der Staatspraxis fehlt« (vgl. immerhin u. A. 426). Die Kanonistik, die seit Innozenz III. die päpstlichen Ansprüche immer höher schraubte, vernachlässige ich im folgenden ganz. Dazu vgl. im allgemeinen *Buisson*, Potestas und Caritas; speziell für die Translationstheorie, die im 13. Jh. mit der Konstantinischen Fälschung ausgeglichen wurde, *W. Goez*, 188ff.

[415] S. o. S. 285ff.

Bedingungen auf diesem Weg noch ein wesentliches Stück weiter. Nicht nur die Gewaltmaßnahmen gegen Ketzer und Andersgläubige wurden bis hin zur institutionalisierten Inquisition ausgebaut. Aus der augustinischen Behauptung, in der civitas terrena fehle die iustitia, las man vielmehr seit dem Investiturstreit ebenfalls heraus, was im Horizont des Bischofs von Hippo noch gar nicht gedacht werden konnte, daß nämlich das Gerechte auch in zeitlichen Dingen nur unter der Oberleitung der Priesterschaft mit der Spitze des Papstes erkannt und verwirklicht werden könnte[416]. Dieser Gedankengang mit dem ständigen Hinweis auf das Augustinwort wird zum Standardargument der Kurialisten im Streit des 13. und 14. Jahrhunderts[417].

---

[416] S. o. S. 355ff.

[417] Vgl. vor allem *Aegidius Romanus*, De ecclesiastica potestate II, 7 (ed. *Scholz*, 73): »Dicemus enim cum Augustino II⁰ De Civitate Dei, cap. XXII⁰ (civ II, 21, 4), quod vera iustitia non est, nisi in ea res publica cuius est conditor rectorque Christus. videbantur enim Romani gentiles multum de iustitia loqui et de republica magnum sermonem facere. sed illa respublica, ut Augustinus ait prefato libro, non erat viva moribus, sed picta coloribus ... unde Augustinus XIX⁰ De Civ. Dei, cap. XXI⁰, vult quod respublica Romanorum non fuit vera respublica, quia numquam fuit ibi vere iustitia ... (74f.:) Concludamus ergo et dicamus, quod si nullum est dominium, nec utile, cuiusmodi est dominium fructiferum, nec potestativum, cuiusmodi est dominium iurisdictionem habens, quod cum iusticia possideatur, nisi possidens sit subiectus Deo, quia Deo quis subiectus esse non potest, nisi per sacramenta ecclesie, ideo, ut dicebamus, magis es dominus possessionis tue et cuiuscumque rei quam habes, quia es ecclesie filius spiritualis, quam quia es filius patris carnalis. ... Animadvertendum tamen quod, licet dicamus ecclesiam omnium possessionum et omnium temporalium esse matrem et dominam, non tamen propter hoc privamus fideles dominiis suis et possessionibus suis, quia, ut infra patebit, et ecclesia habet huiusmodi dominium et eciam fideles huiusmodi dominium habent; sed ecclesia habet tale dominium universale et superius, fideles vero particulare et inferius. Reddimus ergo que sunt Cesaris Cesari, et que sunt Dei Deo, quoniam ipsorum temporalium dominium universale et superius ecclesie tribuimus, dominium autem particulare et inferius fidelibus elargimur«. Zu diesem berühmten Text s. *Kantorowicz*, Friedrich II., II, 80; *Arquillière*, L'augustinisme, 66; *R. Scholz*, Publizistik, 72ff. u. 96; vgl. auch die Anspielungen auf civ. IV, 4 (regna sine iustitia = magna lactrocinia) bei Aegidius I, 5 (Scholz 15), II, 2 (Scholz 149) u. ö.
Vgl. weiter *Jakob von Viterbo*, De regimine christiano I, 4 (ed. *H.-X. Arquillière*, Le plus ancien traité de l'église ..., Paris 1926, 127): »Nulla communitas dicitur vera respublica nisi ecclesiastica (!), quia in ea sola est (!) vera iustitia et vera utilitas et vera communio« (dazu *Wilks*, 18; *Scholz*, 129ff. u. u. A. 446); Anon., Somnium viridarii I, 53 (ed. M. Goldast, Monarchia I, 75): »Ille principatus est summus principatus et solus in universo terrestri qui attingit omnem gradum ultimae perfectionis in via: talis est principatus ecclesiae«; *Engelbert v. Admont*,

Daß Augustin immerhin eine von den Christen nicht nur zu respektierende, sondern zu fördernde pax terrena kannte, wird dabei unterschlagen, obwohl ein solcher Gedanke in dieser späten Zeit des Mittelalters wieder denkbar gewesen wäre.

Wie werden die Hierokraten aber mit Rö 13, 1—7 fertig[418]? Als Beispiel diene die sehr einflußreiche Schrift De ecclesiastica potestate des Aegidius Romanus, welche nicht nur Bonifaz' VIII. Bulle »Unam Sanctam« zugrundeliegt, sondern auch die später von allen Lagern immer wieder zitierte, erste große systematische Programmschrift des extremen Papalismus und darüber hinaus des neuzeitlichen Absolutismus überhaupt ist[419]. Im I. Teil seiner Abhandlung, die die direkte Unterordnung der weltlichen unter die geistliche Gewalt beweisen soll, kommt Aegidius in cap. 3f. (Scholz, 9ff.) auf Rö 13, 1 (Omnis anima potestatibus sublimioribus subdita sit) zu sprechen. Aus dem Wort »anima«, das freilich pars pro toto zu verstehen ist, schließt er, daß sich die Unterordnung in erster Linie auf die potestates spirituales bezieht. Diese üben freilich das »iudicium sanguinis« nicht unmittelbar, sondern »per ministros alios«, nämlich die potestates seculares aus. Da aber innerhalb der geistlichen Gewalten der Papst am höchsten steht, ist er mit der »sublimis potestas« (man beachte den Singular) gemeint, die mit der doppelten Schwertgewalt identisch ist und der jede Seele unterworfen sein muß. Das wird mit zwei Autoritäten weiter untermauert, zunächst mit dem oben[420] zitierten passus aus der Schrift De sacramentis des Hugo von St. Victor, wonach die geistliche Gewalt die weltliche einsetzt und ratione peccati zu richten hat und Geistiges über Körperliches erhaben ist (I, 4f.). Interessanter noch ist die Berufung auf Dionysios Areopagitas Satz »lex divinitatis est infima in suprema per media reducere« (De angelica hierarchia c. 10). Daß diese Regel, die den ordo universi bezeichnet, auch für Rö 13, 1 gilt, schließt er aus dem — mit früheren Kurialisten[421] umgedeuteten — Zusatz: »que autem sunt a deo, ordinata sunt«. »Ordinata« heißt aber, daß die niedere, weltliche Gewalt und ihr gladius materialis nicht unmittel-

---

De ortu, progressu et fine imperii Romani, 15 (ed. M. Goldast, Politica Imperialia, Frankfurt 1614, 764): »Sed est unum solum in toto mundo verum ius divinum, videlicet unus cultus verus dei, et unum solum verum ius humanum, scilicet canones et leges consonae iuri divina, quia *ius humanum sumit auctoritatem et principium a iure divino*, et non econtrario, et est unus solus consensus populi in illud ius divinum et humanum, scilicet fides christiana, et unus solus populus, scilicet christianus populus, fide consentiens in illud ius divinum et humanum, et per consequens una sola respublica totius populi christiani ... ex qua ratione concludit etiam Augustinus 19 de civitate dei, quod *extra ecclesiam numquam fuit nec potuit nec poterit esse verum imperium*« (vgl. *Wilks*, 144).

418 Zu diesem Exkurs verdanke ich Anregungen einem Referat von *C. Grossner* in dem oben Kap. I A. 450 genannten Seminar.

419 Hrsg. u. eingeleitet v. *R. Scholz*, Weimar 1929 (Nachdr. 1961). Weiter dazu *Scholz*, Publizistik, 32ff.; *Rivière*, 191ff.; *F. Merzbacher*, Die Rechts-, Staats- und Kirchenauffassung des Aegidius Romanus; *Wilks*, 578 Index s. v. Aegidius.

420 S. o. A. 184.

421 S. o. S. 371.

bar (non immediate) von Gott stammt und auf ihn zu beziehen ist, sondern stets über die Vermittlung der geistlichen, der damit de iure das dominium super potestatibus temporalibus zukommt. Weil Aegidius im II. Teil beweisen will, daß die Kirche im Blick nicht nur auf das Recht, sondern auch auf das Eigentum oberstes dominium in temporalibus hat, muß er noch weitere Sicherungen seiner Theorie anbringen. In II, 5 widerlegt er die direkte Ableitung des regnum von Gott durch das traditionelle Argument der Salbung Sauls durch Samuel. In II, 8f. wehrt er sich gegen die Meinung, Rö 13, 1 widerlege den Rekurs auf Augustins Behauptung, Gerechtigkeit gebe es nur in der civitas dei. Nur durch die Sakramente der Kirche, so führt er aus (Scholz 78ff.), also durch die Unterordnung unter deren höchste Gewalt wird man frei von der erblichen und aktuellen Sünde und damit des Amtes würdig, das an sich in der Tat von Gott ist. Diese Auslegung untermauert er durch weitere Distinktionen (II, 9; Scholz 81ff.). An der weltlichen Gewalt ist zweierlei zu unterscheiden: erstens die potestas selbst, die nach Rö 13, 1 von Gott ist, einerseits und der usus andererseits; zweitens kann der Gebrauch der Gewalt gut sein, dann handelt es sich um eine potestas iussa, ist er aber schlecht, so ist die potestas nur permissa. Wenn aber ein Fürst nur durch die Kirche frei von Sünden und seiner Herrschaft gerecht werden kann, so ist klar, daß niemand für eine Gewalt von Gott würdig werden kann außer durch die Kirche und in Unterordnung unter sie (»nisi sub ecclesia et per ecclesiam fiat dignus«, Scholz, 85)[422].

Mit dieser Argumentation wird nun freilich der Nerv der weltlichen Gewalt getroffen. Denn nicht nur von der griechischen[423] und

[422] Weitere Anspielungen auf Rö 13, 1—7, in denen noch einmal die oberste Iurisdiktionsgewalt des Papstes in temporalibus und die Mittelbarkeit der weltlichen Gewalt bekräftigt wird, stehen III, 1 u. 2. — Erwähnenswert ist noch, daß Aegidius neben dieser steil neuplatonisch-hierarchischen Linie (Dionysios Areopagita, sein Gewährsmann, ist direkt von Proklos beeinflußt!) an anderem Ort, besonders in der Schrift De renuntiatione papae, *aristotelische* Gedanken einer *Wahlverfassung* einführt (zum folgenden vgl. *Scholz*, Publizistik, 56ff.). Ist zwar die Gewalt als solche im oben beschriebenen ordo von Gott, so wird die konkrete Besetzung eines Amtes durch Mitwirkung von Menschen, nämlich durch einen Wahlakt vollzogen. Dabei ist der consensus der Wähler und der assensus des Gewählten entscheidend. Was aber von Menschen gewählt ist, kann auch von Menschen beseitigt werden. Dieser Gedankengang ist für die Kurie sehr nützlich im Blick auf eine Fürstenabsetzung, gefährlich aber im Blick auf den Papst. Hier hilft sich Aegidius mit der Einschränkung, ein Papst könne nur dann abdanken, wenn er selbst seinen assensus zurückziehe, nicht aber wenn die Wähler ihren consensus nicht weiter geben wollen; denn »papa a nemine iudicatur« (vgl. eccl. pot. I, 2) — eine Inkonsequenz, die die Gegenpartei leicht nützen konnte. Für Aegidius ist aber trotz jener aristotelischen Einschränkung die Papstgewalt monarchisch und absolut auch über den Laienstand: »summus pontifex, ... qui potest dici ecclesia« (III, 12, *Scholz*, 209. Zur Ausdehnung des aristotelischen consensus-Gedankens auf die Absetzung eines häretischen Papstes bei dem späteren Papalisten Augustinus Triumphus vgl. *Wilks*, 488ff.)

[423] S. o. S. 61ff. zu Platon.

römischen[424], sondern gerade auch von der germanischen Tradition her[425] war — auf je verschiedene Weise — die Rechtswahrung die eigentliche Funktion und Würde der politischen Herrschaft[426]. So ist es kein Wunder, daß an dieser Stelle eine besonders heftige Auseinandersetzung ausbricht. Die Freikämpfung des ius humanum gegen die Kurialisten ist eines der zentralen Themen insbesondere von Marsilius und Wilhelm von Ockham. Ihre Position wird aber noch deutlicher, wenn man sie von der vermittelnden thomistischen abhebt[427].

b) Die via media (Thomas v. Aquin, Johannes v. Paris)

Thomas von Aquin sagt an einer Stelle seiner Summa theologica, an der er die Frage behandelt, ob Ungläubige über Gläubige Herrschaft ausüben dürfen: »Ius divinum quod est ex gratia non tollit ius humanum quod est ex naturali ratione«[428]. In diesem Satz sind bereits viele der Begriffspaare angedeutet, in denen Thomas und mit ihm die gesamte scholastische und nachscholastische Theologie Unterscheidung und Zuordnung des »Geistlichen« und »Weltlichen« im allgemeinsten Sinn des Wortes zu bestimmen versucht. Der Distinktion zwischen göttlichem Recht (d. h. aus der Schrift, dem göttlichen Gnadengesetz gezogenes kirchliches Recht) und menschlichem Recht (d. h. auf dem Grund des vernünftigen Naturgesetzes/

[424] Rechts- und in zunehmendem Maß Steuergewalt ist nach römischem Recht die Summe der politischen Herrschaft. Vgl. o. S. 157ff. zu Rö 13, 1—7 und S. 382f. zur Aufnahme des römischen Rechts im 12. Jahrhundert.

[425] Vgl. *Mitteis*, 19: »Die germanische Welt ist eine Welt des Rechts« (vgl. 473, Index s. v. Recht).

[426] Weitere Literatur zum Ganzen s. *Kantorowicz*, Friedrich II., II, 80; *ders.*, The King's Two Bodies, 97ff.; *G. Post*, Studies, 586ff.

[427] Durch dieses Vorgehen wird auch deutlich, daß die Verselbständigung des »Weltlichen« eine Fülle von Ausformungen und Schattierungen hat, auf einer Fülle von Motivationen beruht und schließlich auf die verschiedenste Weise theologisch bewältigt und zum eigentlich »Geistlichen« in ein Verhältnis gesetzt werden kann. Zu leicht schleicht sich die unreflektierte Vormeinung ein, die eigentliche Konsequenz aller dieser Bestrebungen sei der Abfall vom Glauben in die totale Säkularität im Sinn Macchiavellis (so *Wilks*, 102). Dieser Vorgang vollzieht sich aber nur dort, wo die »Weltlichkeit der Welt« — um dieses moderne Schlagwort einmal zu gebrauchen — theologisch nicht verarbeitet wird. Es wurde schon darauf hingewiesen, wie es vor allem Ockham bei seinem Kampf um das weltliche Recht gleichzeitig um den wahren spirituellen Charakter der Kirche geht — eine Position, die noch deutlicher bei Luther werden wird.

[428] S. th. 2, 2, qu. 10a. 10. Zu dieser vielzitierten Stelle vgl. *Grabmann*, Studien, 13; *Ladner*, Concepts, 49.

lex naturae aus dem ewigen Weltgesetz/lex aeterna bestimmtes säkulares Recht)[429] entsprechen die Paare Übernatur (Gnade) — Natur[430], Glaube — Vernunft[431], aber auch zwei Gemeinschaftsstufen, denen wieder ständische Hierarchien entsprechen. So bezieht Thomas die lex humana auf die communitas civilis, welche die Menschen untereinander verbindet, die lex divina auf die »communitas hominum ad deum«[432]. Hinter dieser Unterscheidung steht das schon von Augustin übernommene[433] aristotelisch-varronische Schema der Stufen immer komplexerer Gesellschaftsverbände, das allerdings über die bei Aristoteles den Abschluß bildende Polis (civitas) auf die Menschheit hin erweitert und außerdem den neuen Einteilungskoordinaten »coram hominibus« — »coram deo« unterworfen ist[434]. Das Verhältnis der Menschen untereinander betrifft die iustitia im eigentlichen Sinn des Wortes[435] als den auf äußere Akte bezogenen Teil der virtutes morales[436]. Das Verhältnis des Menschen zu Gott vollzieht

[429] Zu den verschiedenen Stufen und gegenseitigen Relationen der leges und auch zur Unterscheidung zwischen ius als »ipsa res iusta« und lex als »Norm« vgl. die ausgezeichneten Ausführungen bei *Ernst Wolf*, Zur Frage des Naturrechts, 185ff.; weiter die neuesten Arbeiten zum Thema: *W. Kluxen*, Philosophische Ethik bei Thomas von Aquin, 230ff.; *H. v. Jaffa*, Thomism and Aristotelianism, 167ff. (vgl. die Rezension von *K. Oehler*, Thomas von Aquin als Interpret der Aristotelischen Ethik, 135ff. Beide arbeiten ausgezeichnet den Unterschied zwischen Thomas und Aristoteles heraus).

[430] Vgl. *Wilks*, 122.

[431] Vgl. *Grabmann*, 8ff.

[432] S. th. 1, 2 qu. 100a 2 resp.: »Est autem alius modus communitatis ad quam ordinatur lex humana, et ad quam ordinatur lex divina. lex enim humana ordinatur ad communitatem civilem, quae est hominum ad invicem ... sed communitas ad quam ordinat lex divina, est hominum ad deum, vel in praesenti vel in futura vita«. Vgl. *Riedel*, Bürgerliche Gesellschaft, 110, mit weiteren Paralleltexten.

[433] S. o. S. 271 zur varronischen pax-Tafel bei Augustin.

[434] Zu der Erweiterung der teleologisch geordneten aristotelischen Grundstufen der Gemeinschaften von Mann und Frau (communicatio naturalis), Herr und Knecht (communicatio oeconomica) und der Bürger untereinander (communicatio politica) um die stoische Stufe der societas humana und die christliche der communicatio divina vgl. *Riedel*, 90ff. bes. 108ff. (110f.) u. u. S. 432f.

[435] »Homines autem ordinantur ad invicem per exteriores actus, quibus homines sibi invicem communicant. huius modi autem communicatio pertinet ad rationem iustitiae, quae est proprie directiva communitatis humanae« (ebd.)

[436] »Virtutes autem morales ordinant bene actus rationis circa interiores passiones et exteriores operationes« (ebd.), wobei die äußeren Akte im eigentlichen Sinn mit iustitia bezeichnet werden, die Ordnung der Affekte nur im metaphorischen Sinn (ebd. ad secundum); denn hier kommen die anderen Kardinaltugenden ins Spiel.

sich über die inneren Akte der ratio in se ipsa und also über die virtutes intellectuales[437].

Um die Zuordnung jener virtus humana zur virtus divina im Zusammenhang mit der für beide Tugendgruppen verantwortlichen Stände und Gewalten geht es in *De regimine principum*, dem Fürstenspiegel des Thomas[438]. Da eben dieses Problem, die Gewaltenlehre im Spiegel der philosophischen (anthropologischen) und theologischen Bestimmungen von Recht und Gerechtigkeit (als hervorgehobener virtus), unsere gegenwärtige Fragestellung ausmacht, wenden wir uns dieser Schrift, zumal dem zentralen Kapitel I, 14, ausführlicher zu[439].

Dieses Kapitel untersucht, wie ein Fürst als gubernator in Nachahmung der Weltleitung Gottes[440] ein zu steuerndes Gefährt gut zu seinem gehörigen Ziel bringt[441]. Denn der Mensch partizipiert an dem Charakter der gesamten Schöpfung, immer auf ein Ziel außerhalb seiner selbst aussein zu müssen und nicht sein Ziel in sich selbst zu haben wie Gott. Ist das aber so, dann hat der Steuermann — wie beim Schiff auf dem Weg zum Hafen — nicht nur dafür zu sorgen, daß das Gesteuerte in sich heil bleibe (Zweck 1), sondern auch dafür, daß es darüber hinaus sein eigentliches Ziel erreiche (Zweck 2). Diese Gesamtsteuerungsaufgabe ist unter verschiedene Ämter (Stände) aufgeteilt. Wäre nur der erste Zweck zu erreichen, so wären — wie für das Schiff der Handwerker — für den Menschen Arzt, Ökonom, Lehrer und Gesetzgeber genug, um ihn ausreichend zu versorgen.

---

437 »Homo autem deo coniungitur ratione, sive mente, in qua est dei imago. et ideo lex divina praecepta proponit de omnibus illis per quae ratio hominis est bene ordinata. hoc autem contingit per actus omnium virtutum: nam virtutes intellectuales ordinant bene actus rationis in seipsis« (ebd., folgt das Zitat der vorigen Anm.). Interessant ist im gleichen Zusammenhang noch die weitere Unterscheidung, die uns noch anläßlich Luthers Stellungnahme beschäftigen wird (s. u. S. 539), nämlich die zwischen praecepta, welche sich auf die Vorbedingungen des wahren ordo rationis, und den consilia (evangelica), welche sich auf das »bene esse virtutis perfectae« beziehen.

438 Zu den äußeren Bedingungen der Schrift vgl. *M.-D. Chenu*, Das Werk des Hl. Thomas von Aquin, 378ff.; zur Stellung dieses Fürstenspiegels gegenüber Aristoteles, insbesondere zum veränderten Begriff von Herrschaft und Beherrschten (Monarchie über ein Land statt über eine Bürgerschaft), von Gesellschaft (s. o. A. 434) und zur statisch-ständisch gedachten Beziehung der Gesellschaftsstufen auf ihre Ziele vgl. *Riedel*, 99ff. Zum gesamten Problemkreis vgl. *Grabmann*, Studien, 10ff.; *Berges*, 108ff.; 113ff.; 195ff.; *Gilby*, Political Thought, 284ff. u. ö.

439 Vgl. *Riedel*, 103ff.; *Grabmann*, 10ff.; *Wilks*, 125; *Berges*, 204f.

440 Diese Vorstellung, die auf den antiken rex-imago-dei Gedanken zurückgeht, wird dem ganzen Abschnitt I, 12ff. zugrundegelegt (s. 13 den Vergleich des instituere regnum aut civitatem mit dem instituere mundum durch Gott).

441 »... gubernare est, id quod gubernatur convenienter ad debitum finem perducere«.

Nun aber, da er als Sterblicher auf ein Gut außerhalb seiner selbst, nämlich die ultima beatitudo in der postmortalen fruitio dei hinlebt, bedarf er der geistlichen Fürsorge durch die ministri ecclesiae. Das gleiche gilt vom Ziel einer Menge (von Menschen). Handelte es sich um die Erhaltung des bloßen Lebens, die Erlangung von Reichtümern oder auch Erkenntnis, so wären Ärzte, Ökonomen, Lehrer die rechten Könige. Aber nicht einmal das gute Leben (bene vivere), d. h. aber die virtuosa vita (Zweck 1) ist das letzte Ziel der menschlichen Gesellschaft — wie Aristoteles meint —, sondern das Erreichen der fruitio divina *durch* ein solches rechtes Leben[442]. Wenn dieses letzte Ziel virtute humanae naturae erreicht werden könnte, wäre es Amt des Königs, die Menschen dorthin zu führen. Da dies aber nur virtute divina möglich ist, gebührt diese Führung nicht menschlicher, sondern göttlicher Regierung (regimen), nämlich Christus, dem Priesterkönig, selbst, von dem her alle seine Glieder Könige und Priester genannt werden. Das Amt seiner Herrschaft (ministerium regni) hat er nicht den irdischen Königen, sondern den Priestern übertragen, zumal seinem Stellvertreter, dem römischen Bischof, dem alle Könige der Christenheit wie Christus dem Herrn untertan sein müssen. »So nämlich müssen die, die für die vorhergehenden Zwecke zu sorgen haben, dem unterworfen sein und durch dessen Befehl geleitet werden, der die Sorge für das letzte Ziel trägt«[443] — was zwar bei Heiden und im Alten Testament nicht der Fall war, wohl aber seit dem auf die coelestia ausgerichteten Neuen Testament. Aber nicht nur diese papalistische Pointe kann Thomas aus seinem Ansatz gewinnen, sondern auch die reichskirchliche, daß der Fürst trotz seiner eigentlichen Beziehung auf das »bene vivere« in der menschlichen Gemeinschaft all das nach Beratung durch die Priester zu fördern hat, was auf die coelestis beatitudo als dem letzten Ziel hinführt, das Gegenteil aber zu bekämpfen hat (I, 15). Sein eigentliches Amt wird dann im folgenden als Friedenssicherung nach innen (poenis et praemiis) und außen (Abwehr von Feinden) beschrieben.

Es zeigt sich im ganzen, daß Thomas trotz seiner Aufnahme des Aristoteles und dessen Teleologie, die den einzelnen Gemeinschaftsstufen einen gewissen Selbstzweck zugesteht, in der Herausarbeitung des besonderen Charakters des politischen Gemeinwesens und seines status sub conditione peccati keinen Schritt weiter gegangen ist als Augustin, ja vielmehr einen Schritt hinter ihn zurückgefallen ist. Denn bei Augustin bildeten der eschatologisch-dualistische Ansatz und die Betonung der vorläufigen, aber allgemein menschlichen pax terrena einerseits und die zwangsweise Durchsetzung der iustitia dei durch christliche Kaiser andererseits eine spannungsreiche Aporie, die

---

[442] »Non est ergo ultimus finis multitudinis congregatae vivere secundum virtutem, sed per virtuosam vitam pervenire ad fruitionem divinam«. Zur stoisch-neuplatonisch-augustinischen Transzendierung der autarken Polis des Aristoteles an dieser Stelle vgl. *Riedel*, 103f. Zur Augustinisierung der aristotelischen Teleologie im Blick auf das Naturrecht vgl. *Wolf*, 185f.; allgemein auch *Wilks*, 54f.

[443] »Sic enim ei, ad quem finis ultimi cura pertinet, subdi debent illi, ad quos pertinet cura antecedentium finium, et eius imperio dirigi«.

theologisch verantwortbare und unverantwortbare Möglichkeiten in sich barg. Thomas hat mit den Augustinern des Mittelalters die Aporie aufgelöst und die Zweckhierarchie theologisch und politisch zu einem System gegenwärtiger hierarchischer Strukturen durchkonstruiert[444]. Er hat zwar durch die Vermittlung der aristotelisch politischen und der auf Gott gerichteten theologischen »virtutes« das bei Augustin liegengelassene Problem der »iustitia civilis« aufgegriffen, aber er hat es nicht im Sinn der pax terrena, sondern im Sinn des »cogite intrare« und einer bei Augustin noch außerhalb des Gesichtskreises liegenden »Klerikalisierung« des gesamten öffentlichen Lebens gelöst[445]. Freilich ist das nicht so scharf ausgeprägt wie bei den eigentlich kurialistischen Augustinern nach der Art des Aegidius oder des Augustinus Triumphus. In gewisser Weise schillert auch die Position des Thomas noch wie die Augustins. Die Folge davon ist, daß sich unter seinen Schülern ebenso strenge Papalisten, z. B. Jakob von Viterbo[446] wie auch Verteidiger des

---

[444] Vgl. das übersichtliche Schema des »ordo finium« bei *Berges*, 206.

[445] Untersucht man im Blick auf dieses Endergebnis den Kontext der so radikal dualistisch klingenden, oben S. 407 A. 428 zitierten Sätze, so zeigt sich, daß sie nur grundsätzliche Unterscheidungen sind, die aber in neuen Relationen und in praxi weitgehend wieder aufgehoben werden. So z. B. wird der im Blick auf die Regierung von Ungläubigen über Gläubige formulierte Satz, das göttliche Recht hebe das menschliche nicht auf, praktisch so eingeschränkt, daß er nur da gilt, wo es physisch unmöglich ist, diese heidnische Herrschaft abzuschütteln. Vgl. auch *Gewirth* (137f.) zu S. th. I qu. 1a 8 ad 2: »Cum enim gratia non tollat naturam, sed perficiat, oportet quod naturalis ratio subserviat fidei ...«; weiter *Kluxen*, 1—21.

[446] Dieser baut die aristotelische »Natürlichkeit« des Staates folgendermaßen in sein hierokratisches System ein. In De regimine christiano II, 7 (1301—1302; ed. *Arquillière* unter dem Titel »Le plus ancien traité de l'église, Paris 1926; 231ff.) will er nachweisen, daß die spiritualis potestas in dreifacher Weise causa der temporalis potestas ist: 1. quantum ad institutionem, 2. ad iudicium, 3. ad imperium. Den Beweisgang der ersten Behauptung, die mit der schon mehrfach zitierten Aussage des Hugo v. St. Victor (sacr. II, 2, 4) belegt wird, beginnt er mit einer Widerlegung der gegnerischen Behauptung, die weltliche Gewalt sei allein unmittelbar von Gott und nicht von der geistlichen abhängig. Materialiter und inchoative ist die potestas temporalis zwar direkt von Gott, insofern er der menschlichen Natur die inclinatio dazu mitgab. Aber perfective und formaliter leitet sie sich von der potestas spiritualis als einer speziellen Handlungsweise Gottes ab. »Nam gratia non tollit naturam, sed perficit eam et format; et similiter id quod est gratiae, non tollit id, quod est naturae; sed id format et perficit. unde quia potestas spiritualis gratiam respicit, temporalis vero naturam: ideo spiritualis temporalem non excludit sed eam format et perficit. imperfecta quidem et informis est omnis

Königs (Johannes von Paris) und des Kaisers (indirekt Dante)[447] befinden.

Johannes von Paris, der Gegner des Aegidius Romanus im Dienst Philipps des Schönen, ist in unserem Zusammenhang besonders interessant, da er auch traditionsgeschichtlich die Brücke zwischen Thomas und den späteren radikaleren Aristotelikern und Nominalisten darstellt[448]. In seinem Tractatus de potestate regia et papali antwortet er auf das »augustinische« Argument der Gegner, daß kein Gemeinwesen ohne die wahre Tugend der Gerechtigkeit und diese nicht ohne Gott, also auch nicht ohne die Vermittlung des Papstes bestehen könne: »moralische Tugenden können vollkommen ohne theologische erlangt werden und werden durch diese nur akzidentiell vervollkommnet ...«[449]. Dabei beruft er sich auf Augustin selbst und weist mit Recht darauf hin, daß dieser mit der wahren Gerechtigkeit unter der Leistung Christi die Gottesbeziehung meinte, insofern er sie nämlich denen absprach, die den Dämonen und Götzen dienten.

---

humana potestas, nisi per spiritualem formetur et perficiatur ... quia sicut *nulla* est *vera virtus sine fide*, dicente *Augustino* quod, 'ubi deest agnitio summae et incommutabilis veritatis falsa virtus etiam in optimis moribus', sic nulla potestas est omnino vera sine fide, non quod sit nulla et omnino inlegitima, sed quia non est vera neque perfecta, sicut neque matrimonium infidelium perfectum est et ratum, licet sit aliqualiter verum et legitimum« (S. 232). Vgl. *Gewirth*, 139. Zur Bedeutung des augustinischen Topos, in der civitas terrena fehle die iustitia, für Jakob v. Viterbo s. *Arquillière*, in der eingangs dieser Anm. zitierten Ausgabe (42) 45ff. — Vgl. in diesem Zusammenhang auch *Wilks* (125f.) zum ordo finium bei den Thomisten, vor allem zu Francis de Meyronnes, De principatu temporali (c. 4 ed. P. de Lapparent, L'œuvre politique, 64f.): »... sicut virtutes politicae sunt informes nisi sint subiectae virtutibus theologicis, ita principatus temporalium est informis nisi principi spiritualium sit subiectus«.

447 Auf die Behandlung von Dante muß ich leider ganz verzichten, da bei der Fülle des Stoffs Paradigma ausreichen müssen. Außer der bei *Moeller*, Spätmittelalter, 15 A. 32 genannten Literatur vgl. *Kantorowicz*, The King's Two Bodies, 451ff. (dazu ergänzend die Besprechung von *F. Kempf* in: Röm. Quartalschrift 54, 1959, 227ff.); *Wilks*, 87ff. passim (dazu kritisch die Besprechung von *H. Hoffmann*, ZKG 1964, 391).

448 Vgl. vor allem *J. Rivière*, 281ff.; *R. Scholz*, Publizistik, 275ff.

449 C. 18 (ed. *Leclercq*, Jean de Paris, Paris 1942, 229). Vgl. *Rivière*, 188; *Wilks*, 99. Johannes fährt fort: »... et ideo sine rectore Christo est vera et perfecta iustitia que ad regnum requiritur cum regnum ordinetur ad vivere secundum virtutem moralem acquisitam cui accidit quod perficiatur per ulteriores virtutes quascumque«. Entsprechend lehnt Johannes einen ordo finium, soweit er eine Hierarchie nicht nur nach dignitas, sondern auch causalitas meint, strikt ab (vgl. c. 5f.; c. 18 unter Nr. 23).

Hiermit bringt Johannes die ursprüngliche Absicht Augustins wieder zur Geltung, ja, klärt sie durch die bewußte Entwicklung einer rein auf die Welt bezogenen Gerechtigkeit weiter auf und bereitet insofern Luthers Begriff der iustitia civilis vor. Ganz konsequent betont er die Unmittelbarkeit der weltlichen Gewalt zu Gott — freilich sehr mittelalterlich und weder auf Augustin zurück- noch auf Luther vorausweisend, indem er sie in der Symmetrie *einer* civitas ansiedelt[450].

Seiner Zuordnung selbständiger Tugenden und Gewalten entspricht Johannes' Exegese von Rö 13, 1—7[451]. »Non dicit (sc. Apostolus) papae, sed dei« sagt er zum »minister dei« aus V. 3f.[452] — wobei die kühnste Implikation dieses Satzes die ist, daß er mit ihm auch die Gewalt der niederen Kleriker direkt von Gott ableitet (c. 11)[453]. Auf die weltliche Gewalt bezogen bedeutet er, daß diese ohne die Vermittlung des Papstes in Gottes Auftrag steht, während dem Papst keinerlei unmittelbares Recht auf zeitliche Jurisdiktion und Herrschaft zukommt[454]. Kaum ein Autor hat zuvor die Funktion des Papstes so strikt auf die spiritualia beschränkt[455]. Sehr interessant ist, daß Johannes in der Polemik die allegorische Methode als nicht beweiskräftig verwirft und den Literalsinn der Schrift (außer beim Alten Testament) als verbindlichen proklamiert[456]. Auch hier also weist Johannes über seine Zeit hinaus.

c) Averroisten und Nominalisten (Marsilius v. Padua und Wilhelm v. Ockham)

Als die radikalsten Vertreter der kaiserlichen Partei in der ersten Hälfte des 14. Jahrhunderts gelten Marsilius und Ockham. *Marsilius*[457] ist durch seinen Lebenslauf sowohl mit einer italienischen

---

450 »... totus mundus est quasi una civitas in qua deus est suprema potestas que utrumque papam et imperatorem instituit« (ebd. c. 17, S. 227).

451 *Keienburg* (90) übergeht Joh. v. Paris in seiner Auslegungsgeschichte des Textes. S. aber ebd. 88f. zur Exegese des Aquinaten, die ich meinerseits ausklammere, da sie nichts Neues bringt und nur wiederum dessen Annäherung an die kurialistische Position offenbart. Zu weiteren Anwendungen von Rö 13 in der Zeit Philipps d. Schönen s. *Rivière*, 454 (Index).

452 Vgl. *Rivière*, 290.

453 Zur großen Bedeutung des Pariser Magisters und Dominikanertheologen für den entstehenden Konziliarismus vgl. *Tierney*, Conciliar Theory, 157ff.

454 Vgl. cc. 10; 12; 19 u. o. A. 450. In c. 12 argumentiert Johannes gegen die Interpretation von V. 1: »quae a deo sunt, ordinata sunt«.

455 Vgl. c. 2 u. 12 (dazu *Scholz*, 331). Zur Kirche als reiner congregatio fidelium, in der nur das Wort und nicht das Schwert regiert, vgl. *Wilks*, 91.

456 C. 15f. Vgl. *Scholz*, 332f.; *Rivière*, 415.

457 Aus der reichhaltigen Literatur nenne ich: *A. Gewirth*, Marsilius of Padua, 2 Bde. (grundlegend für die neuere Forschung; vgl. die Besprechung von *S. Krüger*

civitas — seiner Vaterstadt —, als auch mit dem französischen regnum und dem deutsch-römischen imperium vertraut[458]. Aus all diesen Perspektiven entwirft der Magister artium und spätere Arzt seine große Apologie des politischen Friedens, den er gegen die zerstörenden Wirkungen der kirchlichen potestas in temporalibus (dictio II) ganz auf die Natur und die Vernunft, genauer auf die Evidenz der Bedürfnisbefriedigung richtet (dictio I)[459]. Damit knüpft er an den genuin-augustinischen Sinn der pax terrena an und interpretiert diese mit aristotelisch-averroistischen Mitteln[460]. Marsilius nimmt seinen Ansatz also bei der Frage des politischen Gemeinwesens. Die Probleme des Glaubens müssen deshalb nur insoweit ins Spiel kommen, als sie das eigentliche Thema des Buches berühren. In dieser Fragestellung geht Marsilius grundsätzlich über die bisherige mittelalterliche Tradition hinaus. Seine Distinktionen orientieren sich nicht mehr an der Unterscheidung und Zuordnung von zwei potestates, die gleichberechtigt oder in einseitiger Überordnung das als corpus Christi oder doch als christlich verstandene Reich regieren[461]. Vielmehr treibt er die Dualität tiefer, bis in die Unterscheidung zweier Lebensdimensionen des Menschen und der menschlichen Gemeinschaften hinein, die gegenwärtig zeitlich weltliche und die zukünftig ewig himmlische[462]. Diesen zwei Lebensdimensionen entsprechen zwei Erkenntnisweisen (Vernunft und Offenbarungsglaube)[463], zwei

---

in: HZ 180, 1955, 88—94); *J. Heckel*, M. v. P. u. Martin Luther (für unsere Problemstellung bes. wichtig, s. u.). Weitere Literatur in: M. v. P., Der Verteidiger des Friedens (bearb. u. eingel. v. *H. Kusch*, LXXXIVff. (nach dieser zweisprachigen Ausgabe, die den von *R. Scholz* hergestellten Text bringt, zitiere ich).

[458] Vgl. *H. Kusch* in seiner Einleitung zu Marsilius, Defensor Pacis, XVff.

[459] Zum Aufbau des Werkes s. *A. Gewirth* II, XXIff. u. *H. Kusch*, XXVIff.: dictio III bietet eine Zusammenfassung der Konklusionen; dictio I und II verhalten sich einmal so zueinander, daß erst die allgemeinen, dann die besonderen zeitgeschichtlichen Bedingungen des Friedens und Unfriedens entwickelt werden (II.: die plenitudo potestatis papae), zum anderen so, daß erst die Vernunft (Aristoteles), dann die Offenbarung (weil sich die Kurialisten vor allem auf das »göttliche Gesetz« stützen) zu Wort kommt.

[460] Vgl. die Diskussion der Traditionen bei *Gewirth* I, 32ff. (vgl. u. A. 465).

[461] Vgl. *Heckel*, 298. Insofern geht also Marsilius selbst über Johannes v. Paris hinaus.

[462] »Vivere autem ipsum et bene vivere conveniens hominibus est in duplici modo, quoddam temporale sive mundanum, aliud vero eternum sive celeste vocari solitum« (I, IV, 3). Vgl. *Wilks*, 100f.; *Heckel*, 288ff.

[463] Vgl. die Fortsetzung des Zitats in der vorigen Anmerkung, worin der universitas philosophorum die Möglichkeit abgesprochen wird, etwas über das zu-

Rechts-[464] und Gerechtigkeitsformen (iustitia divina — iustitia civilis)[465] und zwei Gesetze, das menschliche und das göttliche[466]. Sind diese Distinktionen verbal durchaus traditionell, zumal seit der Aristotelesrezeption der Scholastik, so doch nicht ihre spezielle Ausformung. Die von Aristoteles behauptete Suffizienz der bürgerlichen Gesellschaft wird nun wirklich strikt durchgeführt[467]. Sie wird zwar in unbewußt christlicher Tradition auf das Zeitliche beschränkt, aber nicht in eine Hierarchie der Zwecke eingeordnet. Der irdische Friede als die Lebensbedingung der zeitlichen Gemeinschaft wird allein durch das menschliche Recht gesichert, das die Gesamtheit der Bür-

künftige Leben zu demonstrieren. Dagegen wird davon ausgegangen, daß die berühmten Philosophen das mundanum vivere und seine necessaria durch Beweis »gleichsam vollständig« erschlossen haben. Weiteres Material zu dieser Frage, die bis zu dem tiefgründigen Problem der doppelten Wahrheit reicht, vgl. bei *Gewirth*, 44ff.; *ders.*, Philosophy, 136; *Wilks*, 97ff. (dort A. 1 u. 2 weitere Literatur).

[464] Zu den zwei »Rechtsständen« des einzelnen, der partikularen und universalen Gemeinschaften (ecclesia und politia) vgl. *Heckel*, 288ff. u. *H. v. Schubert*, Kampf des geistlichen und weltlichen Rechts, 44f.

[465] Der Begriff der iustitia divina in seiner theologischen Besonderheit kommt freilich nicht vor, da ihr Wesen ganz nach Analogie der iustitia humana begriffen wird (vgl. *Heckel*, 330 u. u. S. 418). Der Begriff des *iustum civile* (»das im politischen Gemeinwesen geltende Gerechte«: *H. Kusch*, XI) ist Übersetzung des aristotelischen *δίκαιον πολιτικόν* (Eth. Nik. V, 10: 1134a 25). Dieses ist bestimmt als *τὸ κοινῇ συμφέρον*, das Gemeinnützige (ebd. VIII, 11: 1160a 14 u. ö.). Vgl. Defensor minor XII, 3 (ed. *C. K. Brampton*, Birmingham 1922, 36): »Ex quo sequitur quod unum *imperium* et *iustum* fuit et esse potest *apud infideles*«. *Gewirth* I, 37ff. hat sehr schön nachgewiesen, daß Marsilius nach der hierokratischen Fehlinterpretation der augustinischen Äußerungen über die fehlende iustitia in der civitas terrena zu Augustins eigener Konsequenz zurückfindet, die respublica allein von der pax her zu interpretieren. Freilich löst Marsilius darüber hinaus ähnlich wie Johannes v. Paris die schillernde Fassung des iustitia-Problems bei Augustin weiter auf, wenn er ein konsequent auf die vita praesens bezogenes iustum civile annimmt. Luther schließlich bringt dann die Klärung der Frage von der Neufassung der iustitia dei aus zu einem gewissen Abschluß. — Zu John of Salisbury s. o. A. 347. Für die weitere Begriffsgeschichte von iustitia civilis ist es im Blick auf Luther wichtig, daß z. B. Jean Gerson ein terminologisch vollständig festgelegtes Schema bietet. Iustitia civilis (lat.) seu politica (griech.) ahmt als menschliche die göttliche Gerechtigkeit nach (iustitia divina), die ewig jedem das Seine gibt. Sie ist noch einmal unterteilt in 1. iustitia distributiva (Verhältnis des Staates zum Einzelnen), 2. iustitia commutativa (Verhältnis des Einzelnen zum Einzelnen) und 3. iustitia legalis (Verhältnis des Einzelnen zum Staat). Vgl. *M. Braun*, Die Rechtslehre des Johannes Gerson, 25ff. u. 81 (hier eine ausgezeichnete graphische Darstellung der verschiedenen Gerechtigkeiten und Gesetze).

[466] Vgl. bes. II, 8—9. Dazu *Gewirth*, 132ff.; *Heckel*, 313ff.

[467] Vgl. *Gewirth*, 85ff.

ger aus der recta ratio[468] gewinnt[469]. Damit ist die grundsätzliche Einheit und Universalität der politischen Gewalt in zeitlichen Dingen behauptet[470]. Das hat umstürzende Folgen für den traditionellen Kirchenbegriff. Von einer zweiten Gewalt, die in temporalibus mitzubestimmen hätte, kann keine Rede mehr sein. Die Hierarchie kann selbst ratione peccati nicht mehr eingreifen. Aber auch die persönliche Exemtion des Klerus von der weltlichen Gerichtsbarkeit und die Sonderstellung eines zum gegenwärtigen Leben gehörigen Sachbereichs (privilegium fori et immunitatis) wird — über die französischen Streitschriften unter Philipp dem Schönen hinausgehend — prinzipiell bestritten[471]. Diese Auffassung wird aber nicht nur poli-

[468] Vgl. *Gewirth*, 167ff.; *Heckel*, 319ff. Die Gesamtheit der communitas civium muß deshalb als Gesetzgeber fungieren, weil die Erkenntnis des Vernünftigen nicht jedem Bürger eignet. Hier knüpft Marsilius offenbar an den aristotelisch-stoischen Gedanken des consensus omnium als Kriterium der Wahrheit an, der zur platonischen Anschauung über die Ansichten der Menge in einer nicht zu übersehenden Spannung steht (vgl. *K. Oehler*, Der Consensus omnium, 105ff.). Daß hier sachliche Probleme liegen, die den Optimismus des Marsilius gefährden könnten, sei nur am Rand vermerkt (vgl. u. S. 418 zum Verhältnis zu Luther).

[469] Vgl. zum *Friedensproblem* bes. *Gewirth*, 92ff. Mir scheint allerdings, daß die häufig, meist vorwurfsvoll gemachte Feststellung, dem Frieden und der bürgerlichen Ordnung bei Marsilius gehe jeder »kosmische, metaphysische oder ethische Charakter« ab (vgl. z. B. *Kusch*, XXVIIf.), von einer falschen Voraussetzung ausgeht und jedenfalls in dieser Form kurzschlüssig ist. Sie setzt nämlich im Grunde voraus, daß der elementare »soziale und ökonomische Friede« etwas *neben* den ethischen und naturwissenschaftlichen Fragen ist. Wenn aber der Naturforscher und Arzt Marsilius den Frieden mit der Gesundheit des Lebewesens vergleicht und ihn als die causa formalis des Gemeinwesens bestimmt (vgl. I, 2, 3; I, 19, 2), so steckt darin nicht nur in nuce die gesamte antike »Friedensmetaphysik«, sondern auch der Rückverweis auf eine Denkart, die *vor* der sekundären Trennung von Physik, Logik und Ethik liegt (vgl. oben S. 61ff. die Bemerkungen zu Platon). Vgl. z. B. *G. Post*, Studies, 557, zu der Tatsache, daß auch bei Marsilius menschliche Rechte nicht einfach das Naturgesetz verletzen können. Ebenso betont *Heckel* (324) m. R., daß die Rationalität eines Gesetzes an Gerechtigkeit und Gemeinwohl gemessen wird (vgl. z. B. I, 10, 5 u. o. A. 465 die aristotelische Identifikation von »gerecht« und »gemeinnützig«). Selbst die religiöse Beurteilung der menschlichen Gesetze ist für Marsilius notwendig, freilich nicht unter dem Stichwort praeceptum (Zwangscharakter des Gesetzes), sondern unter dem Stichwort doctrina (auf Freiwilligkeit zielende Gesetzeslehre) und kann bis zum Widerstand des Christen führen (*Heckel*, 322). *Heckel* geht freilich zu weit, wenn er behauptet (325f.), der Gesetzgeber selbst habe sich im Konfliktfall zwischen doctrina und praeceptum nach der offenbarten lex Christi zu richten. Die dafür angeführten Belege sind aus dem Zusammenhang gerissen und beweisen das Behauptete nicht.

[470] Vgl. *Gewirth*, I, 115ff.

[471] Zum ganzen vgl. *Heckel*, 298f.; *Gewirth* I, 291ff.

tisch (im Blick auf die für den Frieden katastrophalen Folgen der plenitudo potestatis des Papstes) und vernünftig (vom Wesen der zivilen Gemeinschaft her) begründet, sondern ebenso sehr von einem neuen, stark franziskanisch beeinflußten[472] Begriff der Kirche und des Geistlichen. Da das göttliche Gesetz als die Basis des geistlichen Lebens auf das zukünftige Leben zielt, tritt seine volle Kraft, d. h. aber sein Zwangscharakter erst dann und allein unter der Hoheit Gottes und Christi selbst in Funktion. Bis dahin wirkt es allein als doctrina, nicht als zwingendes praeceptum[473] in das gegenwärtige, zeitliche Leben hinein und fordert freiwillige, nicht aber erzwungene Nachfolge. Daraus ergibt sich, daß dem Klerus überhaupt jede iurisdiktionell zwingende potestas abgesprochen und ihm allein Lehre, Sakramentsverwaltung und Seelsorge zugeteilt wird[474]. Politische Zwangsgewalt in diesem Leben bezieht sich allein auf die äußeren Tatfolgen innerer Entschlüsse, die anderen Menschen in der politischen Gemeinschaft schaden (oder nützen, was Belohnung durch öffentliche Gewalt zur Folge hat)[475] — allerdings in diesem Bereich radikal durchgehend bis hin zum menschlichen Teil des Kirchenrechts[476]. Damit fällt das kanonische Recht, und die Heilige Schrift

---

[472] Vgl. II, 11—14 (13); dazu *H. Kusch*, XXXII, u. o. A. 412.

[473] Zu dieser Distinktion im Gesetzesbegriff vgl. bes. *Heckel*, 314f. u. o. A. 469.

[474] Vgl. *Heckel*, 300ff.; *Gewirth* I, 265ff.

[475] Zu dieser stoisch-neuplatonischen Definition der lex temporalis, die Augustin in lib. arb. I zugrundelegt, s. o. S. 210ff. Die Unterscheidungen lex humana-lex divina und äußerlich-innerlich decken sich allerdings nicht bei Marsilius. Er teilt die menschlichen Akte sehr differenziert auf (II, 8, 1—5) und stellt dazu quer die Einteilung nach gegenwärtigem und zukünftigem Leben (ebd. 4f.). Die innerlichen Handlungen (immanentes) fallen so ausschließlich unter das ewige Gesetz, ebenso die ins außen »übergreifenden« (transeuntes), die nur den einzelnen selbst betreffen wie Askese, Pilgerschaft usw. (ebd. 3). Aber auch die auf andere bezogenen äußeren Handlungen haben insofern mit dem zukünftigen Leben und seinem Gesetz zu tun, als man sich damit die ewige Seligkeit erwirbt (vgl. *Heckel*, 294ff.).

[476] Auf dieser Basis ergibt sich bei Marsilius eine außerordentlich weitgreifende Bestimmungsgewalt des bürgerlichen Rechts in Fragen der äußeren Ordnungen der Kirche — eine Lösung, die das seit dem 15. Jahrhundert immer stärker hervortretende moderne Staatskirchenrecht theoretisch vorwegnimmt, Marsilius aber an dieser Stelle grundsätzlich von Luther unterscheidet. Vgl. *H. v. Schubert*, 45; *Heckel*, 306ff. (wichtig sind bes. die S. 307ff. getroffenen Unterscheidungen für ein heidnisches Gemeinwesen einerseits und ein christliches andererseits. Nur in einem christlichen Gemeinwesen gibt es das Einwirken der weltlichen Gewalt auf die Religionsgemeinschaft, in einem heidnischen hat die wahre christliche Gemeinde unter Verfolgungen das Recht zu Notordnungen).

in ihrer buchstäblichen Auslegung wird zum alleinigen Gesetz der Kirche[477]. Deren Diener werden jeglicher hierarchischen Stellung beraubt und vom Volk der Gläubigen bestellt[478]. Ihr Beruf ist wie der jedes anderen Bürgers, nur in den Pflichten anspruchsvoller (z. B. Armut)[479].

Wie sich diese Auffassung gerade mit Rö 13, 1—7 stützen läßt, liegt auf der Hand. Paulus spricht hier nicht nur den »iudicibus seu principibus secularibus« das »iudicium coactivum« zu, sondern betont auch, daß unterschiedslos alle (omnes indifferenter, neminem excipiendo) dieser Zwangsgewalt im Fall einer bösen Handlung unterworfen sind[480] — bis hin zum Papst[481]. Aber auch das zweite Hauptthema seit dem französischen Publizistenstreit, die Besteuerung des Klerus, findet in Rö 13, 7 seinen klassischen Beleg (daneben Mt 22, 21). Dieser Text läßt sich ja besonders gut gegen die gemeinschaftszerstörenden Exemtionen und Immunitäten entfalten, zumal angesichts der schmarotzenden Mönchsorden: »Qui enim gaudet honoribus et civilibus commodis, ut pace ac tutela legislatoris humani, ab oneribus et iurisdiccione non debet eximi absque determinacione legislatoris eiusdem«[482]. Außerdem wird die Paulusstelle mit Schärfe gegen die klerikale Praxis gewendet, einen Untertanen vom Treueid gegen den Kaiser zu entbinden (II, 26, 13).

Es ist viel darüber gestritten worden, ob und wie Marsilius auf Luther eingewirkt hat[483]. Dieser hat den Defensor pacis aller Wahrscheinlichkeit nach nicht gekannt, obwohl ihm Marsilius seit 1524 als Ketzergenosse vorgehalten wurde[484]. Immerhin ist die Kombination des »Prinzips« »sola scriptura« mit der prinzipiellen Bestreitung der potestas iurisdictionis und des privilegium fori et immunitatis der Klerikerhierarchie eine auffallende Parallele[485]. Gewiß lassen sich schnell auch die Unterschiede herzählen: bei Marsilius ist die Schrift nur Gesetz, nicht aber Evangelium[486], es fehlt der eschatologische

---

[477] Vgl. II, 19—21; 28, 1 u. *Kusch*, XXIIf. In Zweifelsfällen entscheidet ein allgemeines Konzil über den Sinn (vgl. *Heckel*, 286 u. 319). Zur Betonung des sensus litteralis schon bei Johannes v. Paris vgl. o. S. 413 A. 456.

[478] Die absolute Leugnung einer kirchlichen Hierarchie geht noch weit über Johannes v. Paris und Ockham hinaus. Vgl. *Gewirth* I, 261. Zum Konziliarismus des Marsilius ebd. 283ff. u. *Tierney*, 9f. u. ö. (vgl. Index s. v. Marsiglio).

[479] Vgl. *Heckel*, 304f.

[480] Vgl. II, 5, 4f.

[481] Dies ist besonders hervorgehoben in II, 30, 5. Weitere ähnliche Bezugnahmen auf Rö 13, 1ff. (bes. V. 4): II, 8, 6f. u. 9; 9, 9; 28, 19; 30, 9f.

[482] II. 8, 9; vgl. 4, 9ff.

[483] Vgl. die Literaturschau bei *Heckel*, 269f.

[484] Vgl. ebd. 270f.

[485] Vgl. ebd. 271.

[486] Vgl. ebd. 328ff.

Kampf zwischen Glaube und Unglaube in der Zweireichelehre[487], womit zusammenhängt, daß Marsilius die Gefährdung der Vernunft und des Vernünftigen im politischen Gemeinwesen unterschätzt[488] und eine allzu statische Nebenordnung von gegenwärtigem und zukünftigem Leben vornimmt. Schließlich hat bei Luther die Kirche ihre äußeren Ordnungen prinzipiell selbst zu gestalten[489]. Aber man sollte die Bedeutung des Marsilius im Blick auf die Gesamtentwicklung des Gewalten- und Reichethemas nicht zu gering veranschlagen. Hier tritt zum ersten Mal eine Lösung hervor, die nicht einfach nur wieder staatskirchlich nach byzantinischem, karolingischem oder deutsch-kaiserlichem Muster argumentiert. Die Spiritualisierung der weltlichen Gewalt, die diesen Systemen zugrunde lag, wird ebenso verlassen wie die Spiritualisierung des öffentlichen Lebens durch hierokratisches Denken[490]. Gewiß wird Marsilius erst im staatskirchlichen Protestantismus nachlutherischer Prägung eigentlich wirksam[491]. Aber immerhin hat er die wirkliche Weltlichkeit des politischen Gemeinwesens und seiner Gewalten — Augustins genuines Verständnis der pax terrena als erster im Mittelalter wieder aufnehmend und weiterführend — auf seine Weise konsequent gedacht[492]. Man sollte dagegen nicht alternativ ausspielen, daß Luther ganz von der Rettung der Kirche und ihres wahren Wesens ausging, nicht aber von der Sorge um die communitas civilis[493]. In der Tat liegt bei Luther der Akzent primär auf dem Geistlichen. Aber in eins damit hat er doch auch die zerstörenden Wirkungen mannigfach hervorgehoben, die von einer direkten Übertragung des Geistlichen in die politische Sphäre ausgehen. Überdies hat er nicht ohne Grund von sich gesagt: »... ich achte, es habe fur mir nie kein lerer so gewaltiklich von der weltlichen oberkeit geschriben ...«[494].

[487] Vgl. ebd. 330f. [488] S. o. A. 468.

[489] Vgl. *Heckel*, 332.

[490] Vgl. ebd. 310.

[491] Vgl. ebd. 335f. u. *H. v. Schubert*, aaO.

[492] S. o. A. 465.

[493] So *Heckel*, 328.

[494] WA 19, 278, 13ff. Wider den Rathschlag der Mainzischen Pfafferei, 1526. Die Verteidigung des politischen Friedens durch Marsilius sollte man auch aus einem anderen Grund theologisch nicht abwerten. Als Anfrage an die Kirche besteht nämlich nach wie vor die weltgeschichtliche Ungeheuerlichkeit, daß sowohl bei Marsilius wie bei Bodin und dem von ihm ausgehenden modernen Naturrecht der irdische Friede *gegen* die Kirche, gegen ihre Herrschaftsansprüche und blutigen Streitigkeiten gefunden und theoretisch begründet werden mußte.

Die theologische Seite der neuen Bewußtseinsstufe zur Zeit Ludwigs des Bayern, die bei Marsilius im Schatten des eigentlichen, politischen Interesses liegt, tritt ins helle Licht bei *Wilhelm von Ockham*, der mit dem Paduaner das Flüchtlingsschicksal am Hofe des Kaisers teilte. Bis zu seinem endgültigen Zerwürfnis mit dem Papst und seiner Flucht 1328 hatte er sich ausschließlich mit philosophisch-theologischen Fragen befaßt und brachte diese großen Voraussetzungen in den politischen Kampf seines letzten Lebensabschnitts mit ein[495]. Ockham ist — neben der theologischen Ergänzungsfunktion gegenüber dem politischen Marsilius — in unserem Zusammenhang darum von so großer Bedeutung, weil er in einer zuvor nicht dagewesenen Breite und Vollständigkeit alle Schriftbelege, Rechtsbestimmungen, Formeln und Bilder für das Verhältnis der Gewalten durchprüft und nachweist, daß sie nicht im kurialistischen Sinn verstanden werden dürfen[496]. Damit steht er gleichsam am Abschluß der mittelalterlichen Gewaltentheorie.

Bei seinem Kampf gegen die plenitudo potestatis papae in tempo-

---

[495] In der Forschung besteht Uneinigkeit darüber, ob und wie bei Ockham philosophische Grundlagen und politische Position zusammenhängen. *Scholz* (Einleitung zur Ausg. d. Breviloquium, s. nächste Anm.), *Böhner* (Collected Articles, 442—468) u. a. verneinen eine logische Beziehung zwischen beiden, während *Baudry* (Guillaume d'Occam), *De Lagarde* (La naissance V, 281ff.), *M. A. Schmidt* (Kirche und Staat, 265ff.) u. a. eine solche hervorheben. *A. Gewirth* (Philosophy, 130ff.) hat nun gezeigt, daß die Divergenz daraus entsteht, daß die ersten von den praktisch-politischen Äußerungen ausgehen, die zweiten dagegen von den grundsätzlichen. Daraus entsteht die methodische Forderung, das eine aus dem anderen nicht einlinig abzuleiten, sondern die historischen Bedingungen zu beachten, in denen sich die Theorie jeweils verwirklicht. Von den weiteren Arbeiten zu Ockham als politischem Denker nenne ich: *F. Hofmann*, Anteil, 101ff.

[496] Vgl. schon Johannes v. Paris, der in De pot. reg. et pap. c. 15ff. eine lange Liste von papalistischen Argumenten widerlegt. Am ausführlichsten ist das Für und Wider erwogen in Ockhams Dialogus (noch immer in: *M. Goldast*, Monarchia sancti Romani imperii, Frankfurt 1611—14). Eine kurze Zusammenfassung bietet vor allem das Breviloquium de principatu tyrannico super divina et humana, specialiter autem super imperium et subiectos imperio, a quibusdam vocatis summis pontificibus usurpato (ed. *R. Scholz* in: Wilhelm von Ockham als politischer Denker). Eine vollständige Ausgabe der »Opera politica« bereiten vor *J. G. Sikes* u. a., Oxford 1940ff. (bisher Bd. I—III). Vgl. weiter *W. Kölmel*, Wilhelm Ockham, bes. 66ff.; 151ff.; 181ff.; *R. Scholz*, Unbekannte kirchenpolitische Streitschriften aus der Zeit Ludwigs des Bayern, II, 392ff. (dazu die Analysen I, 141ff.). Zu den zwei Schwertern, den zwei Himmelslichtern, den zwei Imperien, der Konstantinischen Fälschung vgl. Brev. V, 2—VI, Schluß (*Scholz*, 171ff.). Insbesondere zu den zwei Imperien s. *Kretschmar*, 98f.

ralibus rückt Ockham besonders das Problem der Königsherrschaft Christi in das Zentrum der Auseinandersetzungen[497]. Die Kurialisten leiteten nämlich aus der Königsherrschaft Christi die Herrschaft auch seines Stellvertreters über alle irdischen Mächte und Besitztümer ab[498]. Ockham dagegen betont im franziskanischen Sinn, daß Christi Reich nicht von dieser Welt ist (Joh 18, 36) und daß er, der zwar in seiner göttlichen Natur Herr aller Herren ist, sich doch in seinem menschlichen Leben nach dem Zeugnis der Schrift[499] aller Macht und alles Besitzes entäußerte (carentia dominii et proprietatis)[500]. Daraus folgt aber, daß auch der vicarius Christi auf Erden der plenitudo potestatis entbehrt[501]. Die Macht Christi und seiner Stellvertreter ist aber spiritueller Art und bezieht sich auf Lehre und Buße (Vergebung) in der congregatio fidelium, nicht aber auf Ungläubige und Zeitliches[502].

Neben und im Zusammenhang mit diesem zentral christologischen Ansatz geht Ockham in seinem Angriff gegen die plenitudo potestatis von den verschiedenen von Gott geordneten Freiheiten (libertates)

---

497 Vgl. bes. *De Lagarde* (IV, 160ff.), der m. R. gegenüber *Leclercq* (L'idée de la royauté du Christ au Moyen-Age, 178f.) die Originalität Ockhams an diesem Punkt betont. Vgl. weiter *M. A. Schmidt*, 277; 281f.; *F. Hofmann*, 139. Zur Debatte um die Königsherrschaft Christi in der Zeit Philipps d. Schönen s. *Rivière*, Problème, 182ff.; 241 u. ö.

498 In der Zeit Philipps des Schönen besonders Jakob von Viterbo, der diesen Gesichtspunkt zum Zentrum seiner Ekklesiologie macht (vgl. *Lagarde*, IV, 161f.; *Rivière*, 241). Die entscheidende Phase des »theoretischen Armutsstreits« bricht aus mit der Bulle Quia vir reprobus (1329) Johannes' XXII., die die Antworten Ockhams, Michaels von Cesena u. a. herausfordert (vgl. *Lagarde*, 164ff. u. o. A. 412).

499 Die Hauptbelege außer Joh 18, 36 sind Luk 12, 14; Mt 20, 22; Joh 6, 15; Mt 22, 21; daneben von den apostolischen Äußerungen vor allem Rö 13, 1—7 u. 1 Petr 2, 13 (zu Rö 13 s. u. S. 424). Vgl. *Lagarde*, 166 mit vielen Belegen.

500 »Ex quibus aliisque quam pluribus verbis patet, quod Christus non solum defectus corporis et anime nostre in se suscepit, sed etiam carentiam dominii et proprietatis, in speciali regnorum et civitatum, castrorum thesaurorum et prediorum ac iurisdictionum secularium« (Breviloquium II, 9; *Scholz*, 70). Vgl. Dialogus III, 1, 1 c. 9 (*Goldast* II, 780f.); Octo quaest. I, 6 (Opera polit. I, 28ff.); Opus XC dierum c. 96 (Op. pol. II, 729ff.). Einen Vorgänger hatte Ockham mit diesen Thesen in gewisser Weise in Johannes von Paris (*Lagarde*, 162ff.). Er kannte aber dessen diesbezügliche Äußerungen nicht (ebd. 164).

501 »Si ergo Christus talem plenitudinem potestatis pro tempore, quo venit ministrare, non ministrari (cf. Mt 20, 28), voluit abdicare, sequitur, quod pape, vicario suo, talem plenitudinem potestatis non concessit« (Brev. II, 9; *Scholz*, 70).

502 In der Ausprägung dieser Anschauung geht Ockham aber nicht so weit wie Marsilius, den er ausdrücklich kritisiert (vgl. *Lagarde*, V, 128—218).

aus. Das Hauptargument liefert die lex evangelicae libertatis (vgl. Jak 1, 25; Apg 15, 10. 28; Gal 2, 3f.; 2 Ko 3, 17 u. a.), mit der uns Christus von den Lasten des alten Bundes befreit hat. Der Papst aber legt im Gegensatz zur evangelischen Freiheit neue Lasten auf, wenn er die Fülle der irdischen Herrschaft beansprucht. Sowohl im Blick hierauf wie im Blick auf die Armutsfrage muß die Forderung der plenitudo potestatis papae als häretisch verurteilt werden[503]. Mit dem Begriff der christlichen Freiheit hat Ockham ein neues Stichwort in die Debatte eingebracht, das einen Umschwung einleitet, der bis zur paulinisch-augustinischen »Freiheit eines Christenmenschen« Luthers führt[504]. Seit dem Investiturstreit waren die aus germanischem Denken erwachsenen »libertates ecclesiae« immer mehr zum Herrschaftsinstrument der Kurie ausgebaut worden. Jetzt wendet sich der Begriff der Freiheit zukunftsweisend gegen seine eigene ideologisierte Form. Er wird nämlich zunächst aus dem Unterschied des Neuen Testaments zum Alten bestimmt[505]. Damit fällt auch prinzipiell die im Mittelalter übliche direkte Berufung auf das Alte Testament — in diesem Fall zunächst für die Überordnung des sacerdotium über das regnum[506]. Freilich verweisen schon die komparativische Unterscheidung der Testamente[507] und die durchgehend tragende Bedeutung des lex-Begriffs auch für die evangelica libertas darauf, daß auch bei Ockham weder Paulus noch Augustin verstanden sind und darum an dieser Stelle keine Brücke zu Luther führt. Aber sieht man von der Dimension des »coram deo« ab, in der Luther bekanntlich ein schar-

[503] Vgl. Brev. II, 3f.; 17; Octo quaest. I, 6 (Op. pol. I, 28ff.) u. dazu *M. A. Schmidt*, 268; 271 A. 8; 277; *Lagarde*, 84ff.

[504] Vgl. *Lagarde*, 85ff. (88)

[505] »... lex christiana non est tante servitutis, quante fuit lex vetus« (Brev. II, 3; *Scholz*, 57). Vgl. *Lagarde*, IV, 87.

[506] »Rursus summus sacerdos novi testamenti magis elongatus est a temporalibus et negotiis secularibus, quam summus sacerdos veteris testamenti, quemadmodum lex nova magis spiritualis est, quam vetus. ille autem talem non habuit in temporalibus plenitudinem potestatis, sed in temporalibus regi fuit subiectus; ergo nec papa talem habet in temporalibus plenitudinem potestatis« (Brev. II, 10; *Scholz*, 72). Vgl. V, 7 (*Scholz*, 180ff.), wo das berühmte Argument widerlegt wird, Saul sei von Samuel gesalbt worden und also das sacerdotium dem regnum überlegen und dieses von jenem abhängig. Ockham weist nach, daß Königssalbung nicht zu den moralia gehört, die wir als einzige Dimension des Alten Testaments noch zu beachten haben, sondern zu den ceremonialia, iudicalia und sacramentalia, die für die Christen abgetan sind.

[507] Vgl. das »magis elongatus a temporalibus« und das »magis spiritualis« in der vorigen Anm.

fer Gegner gerade der ockhamistisch-mittelalterlichen Tradition war (Sünden- und Gnadenlehre)[508], so ist doch mit dem Angriff auf den Papst, der die Menschen zeremoniell und richterlich belastet, im Blick auf die Sphäre des »coram hominibus« ein wichtiger Schritt getan — wie die christliche Freiheit dabei auch im einzelnen theologisch verstanden sein mag. Neben ihrer Abgrenzung gegenüber dem mosaischen Gesetz ist nämlich für Ockham entscheidend, daß sie die natürlichen »libertates et iura« nicht aufhebt[509]. Denn Gottes potentia ordinata[510] garantiert nicht nur die in der Schrift geoffenbarte lex divina, sondern ebenso unmittelbar die lex naturae[511], innerhalb deren Grenzen die Vernunft leges humanae zum gegenseitigen Schutz der Menschen entwerfen kann[512]. Auch Ockham ordnet also die verschiedenen Freiheiten, Gesetze und Rechte nicht in eine Zweckhierarchie ein[513].

Dieser Ansatz bietet die Ausgangsposition für den Nachweis der Unabhängigkeit des imperium und regnum von Papsttum und deren direkte Legitimation durch Gott[514]. Die einzelnen Beweisgänge seien hier nur angedeutet: schon die heidnischen Kaiser hatten wahre Herrschaft im Zeitlichen und wahre zeitliche Rechtsprechung, und zwar nicht nur erlaubt, sondern legitim, was aus Schrift- und Väterzitaten bewiesen werden kann[515]. Die Frage, inwiefern das imperium von Gott ist und doch gleichzeitig unter Mitwirkung der Menschen (consensus-Theorie) zustandekommt, löst Ockham durch die

508 Vgl. z. B. *R. Seeberg*, Dogmengeschichte, IV, 1, 72 A. 1; *R. Schwarz*, Fides, 1ff.; vor allem neuerdings *W. Joest*, Ontologie der Person, 56ff., zusammenfassend 114 (ebd. ältere Literatur).

509 Die geistliche Gewalt des Papstes erstreckt sich nicht auf die »libertates a deo et a natura concesse mortalibus« (Brev. II, 17; *Scholz*, 91). Vgl. Dial. I, 3, 1 c. 7 (*Goldast* II, 778): »... non enim illi qui erant servi ante conversionem ad fidem, per conversionem fiebant liberi: sed per legem evangelicam nullus ducebatur ad maiorem servitutem quam erat servitute veteris legis«; dazu *Lagarde*, IV, 87ff. u. 199ff.

510 Zur nominalistischen Unterscheidung von potentia absoluta und potentia ordinata, auf die ich hier nicht eingehen kann, vgl. *Oberman*, Spätscholastik, 31ff.

511 Vgl. *W. Kölmel*, Das Naturrecht bei Wilhelm v. Ockham (dazu die kritischen Bemerkungen bei *Lagarde*, IV, 80f.; 120 u. ö.).

512 Vgl. *M. A. Schmidt*, 273ff.; *F. Hofmann*, 133f.; 142 (zum modernen Problem der nicht eindeutig möglichen Erkenntnis und der Orientierung an einem variablen bonum commune in allen Bereichen bei Ockham).

513 Vgl. *M. A. Schmidt*, 281.

514 Zum ganzen *Lagarde*, 193ff.

515 Brev. III, 1ff.; vgl. *M. A. Schmidt*, 280 A. 25.

Unterscheidung regulariter a deo — casualiter ab hominibus[516] oder auch von Gott durch Menschen[517]. Die gleiche Distinktion benutzt er zur Klärung des Verhältnisses beider Gewalten. Regulariter haben sie ihren völlig unabhängigen Bereich. Die darin enthaltene Beschränkung gilt freilich in genau der gleichen Weise auch für den Kaiser, der aller gottunmittelbaren oder papstvermittelten Sakralität entkleidet wird[518]. In Notzeiten aber gibt es casualiter ein gegenseitiges Notrecht des Eingreifens[519] — ein recht traditioneller Gedanke. Ockham ist hier sehr gemäßigt und anders als Marsilius kein Vorläufer neuzeitlich-staatskirchlicher Systeme[520].

Wieder spielt Rö 13, 1—7 eine entscheidende Rolle bei der Begründung der Gottunmittelbarkeit und ursprünglichen Legitimität der weltlichen Gewalt, und zwar in Hinsicht auf alle Schichten des Textes: die prinzipielle Begründung (1—2), die Gerichtsbarkeit (3—5), den Besitz und die Steuer (6 u. 7)[521]. Besonders erwähnenswert an Ockhams Auslegung ist aber, daß er sie andernorts vor allem im Zusammenhang des Streits um die Königsherrschaft Christi vornimmt[522]. Er belegt damit gegen die potestas papae in temporalibus, daß die Apostel als auf Erden wandelnde Nachfolger Jesu dessen Beispiel folgten und sich der Rechts- und Besitzhoheit der potestas saecularis unterordneten, weil Christi Königreich nicht von dieser Welt und nur seiner göttlichen Natur und der eschatologischen Vollendung zugeordnet ist. Es ist nicht unwichtig, sich zu vergegenwärtigen, daß ein Streit in dieser Form vor der Reformation stattgefunden hat. Er muß berücksichtigt werden angesichts der Tatsache, daß die moderne Debatte um Königsherrschaft Christi und Zweireichelehre auch in die historische Lutherinterpretation hineingetragen wurde und bis heute weiterer Klärung harrt[523].

---

[516] Brev. IV (5f.) 6; vgl. *M. A. Schmidt*, 280; *Lagarde*, 217f.

[517] Dial. II, 3, 1c. 26, 901 (899); vgl. *Lagarde*, 217.

[518] Zur »Désacralisation« des Reiches vgl. *Lagarde*, 122ff.; *M. A. Schmidt*, 280f.

[519] Vgl. *F. Hofmann*, 136ff.; *Lagarde*, V, 234ff.; *M. A. Schmidt*, 283.

[520] Dies betont vor allem *A. Hamman*, La doctrine de l'église et de l'état. Vgl. weiter *Lagarde*, IV, 73ff.; V, 48ff.; 223ff.; *F. Hofmann*, 138. Zur Ekklesiologie Ockhams, besonders zu seinem sehr wirksamen Konziliarismus vgl. *Lagarde*, V, cap. 1—8 u. *Tierney*, Foundations, 9f.; 44f. u. ö.

[521] Vgl. z. B. Brev. III, 3; *Scholz*, 114ff. (hier wird das »propter conscientiam« aus V. 5 besonders betont, um die potestas als concessa und nicht nur permissa zu kennzeichnen). Hinweise zu diesem Thema verdanke ich einem Referat von *A. Grosse* im Rahmen des schon mehrfach erwähnten Seminars über Rö 13.

[522] Brev. II, 10 (Scholz, 72). Weitere Belege bei *Lagarde*, IV, 166 A. 58, darüber hinaus im III. Teil des »Dialogs«, passim.

[523] Vgl. *G. Forck*, Königsherrschaft Jesu Christi bei Luther, u. u. Kap. IV A. 436.

5. Rückschau und Vorschau

In der breiten Gegenüberstellung aller bisherigen Argumente zur Frage der geistlichen und weltlichen Gewalt bei Ockham — vor allem in seinem »Dialogus« und am Schluß seines »Breviloquium«[524] — versammelt sich die tausendjährige Entwicklung des nachkonstantinischen Zeitalters. Sie hatte zunächst im Osten zum römisch-byzantinischen Reichskirchentum Justinianischer Prägung geführt, in dem das ius sacrum Teil des ius publicum war. Im Westen wandelten sich nach Augustin die sozialen Verhältnisse sogar derart, daß die alte Unterscheidung von Kirche und Welt im Blick auf sie gar nicht mehr möglich ist. Die Germanenstämme kannten keine individuellen, sondern nur kollektive »Bekehrungen«, so daß sich die Kirche als Stammeskirche etablierte. Die schon durch das germanische Geblütsheil begründete Sakralität des Herrschers wurde durch die kirchliche Salbung weiter verstärkt und führte unter Karl d. Gr. zur ersten Ausprägung einer abendländischen Reichskirche. Freilich war in dieser Einheit stärker als in der im östlichen eine Zweiheit der Gewalten eingebaut. Nicht nur wurde die bereits von Gelasius I. gegenüber Ostrom formulierte grundlegende Dualität von sacerdotium und regnum übernommen, sondern faktisch war im Westen die römische Kirche mit ihrer monarchischen Spitze ein in sich ruhendes, stets vorgegebenes Element. Im 9. Jahrhundert wurde darüber hinaus im fränkischen Bereich auch die besondere Funktion und Stellung des Episkopats ausgebaut. Dennoch ist das gesamte germanische Frühmittelalter bis zum Investiturstreit fundamental und kategorial von allen voraufgehenden und folgenden Epochen der abendländischen Geschichte vor allem darin zu unterscheiden, daß in ihm die gemeinsame Verwirklichung der geistlich-weltlichen Einheit Ausgangs- und Zielpunkt alles Denkens und Handelns war. Man darf hier deshalb methodisch nicht von der späteren Konkurrenzsituation zwischen Klerus und Herrschern ausgehen. In der Karolingerzeit setzte sich bezeichnenderweise die Anschauung durch, die in sich wandelnder Weise für das gesamte Mittelalter bestimmend blieb, daß sich das christliche Reich als corpus Christi mysticum mit seinen verschiedenen Gliedern zu verstehen hat. Auch die weltliche Gewalt wurde auf diese Weise zu einem innerkirchlichen Amt. Die deutschen Kaiser aus dem Geschlecht der Ottonen und Salier verwirklichten die abendländische

[524] S. o. A. 496.

Reichskirche zum zweiten Mal auf großartige Weise. Daß freilich Otto I. auf der Basis des germanischen Eigenkirchenwesens die geistlichen Fürstentümer einrichtete, wurde einer der Hauptanlässe für die Radikalität des Investiturstreits im Reich.

Dieser Streit beendigte die Epoche einer funktionalen Eigenständigkeit und konstitutiven Zusammenarbeit beider Gewalten (bei zumeist faktischem Übergewicht der weltlichen). Aus dem Ruf nach Freiheit der Kirche wurde der Weltherrschaftsanspruch des Papsttums mit dem Ziel einer einheitlichen geistlich-weltlichen Christenheit unter umgekehrten Vorzeichen. Als theoretische Begründung dienten neben germanisierten Petrusvorstellungen vor allem Gedanken Augustins — diese allerdings um ihren eschatologischen Ansatz verkürzt und auf ihre hierokratisch interpretierten neuplatonischen Elemente reduziert. Das zeigt sich schon bei Humbert und Gregor VII., in erster Vollendung bei Hugo von St. Victor, mit den radikalsten Konsequenzen dann bei den Augustinereremiten des 13. und 14. Jahrhunderts (Aegidius Romanus, Jakob von Viterbo, Augustinus Triumphus), weniger radikal bei Thomas und seinen Schülern. Eine besondere Rolle spielte dabei das von Augustin nicht klar mit seiner Idee der pax terrena ausgeglichene iustitia-Problem; denn mit Hilfe dieser Unklarheit konnten die Kurialisten das Zentrum der weltlichen Gewalt, das Frieden erhaltende Recht, in seiner theologischen Legitimität in Frage stellen und so von der potestas spiritualis abhängig machen. Eine weitere Stütze fand die Kurie im kanonischen Recht, das seit Humbert und endgültig seit Gratians Decretum große Bedeutung gewann und das Dekretisten und Dekretalisten ständig weiterbearbeiteten und den neuen Verhältnissen anpaßten. Hier wurden die biblischen Formeln und Bilder, die Rechtsbestimmungen und -fälschungen, die das Verhältnis der Gewalten betreffen (zwei Schwerter, Imperien, Lichter, Translationstheorie usw.) immer weitergehend in Richtung auf eine potestas directa papae in temporalibus hin interpretiert, bis diesem Anspruch mit der Katastrophe Bonifaz' VIII. endgültig der reale Boden entzogen wurde.

Im Gegenzug gegen das siegreiche Papsttum mußten die Kaiser und ebenso die Könige versuchen, ihre Macht und Legitimität auf eine vom sacerdotium unabhängige Basis zu stellen. Unter dieser Herausforderung entstanden allmählich aus den verschiedensten Antrieben die frühneuzeitlichen Staatswesen. Zwar gab es den Anonymus von York, der völlig unzeitgemäß schon am Anfang des 12. Jahrhunderts eine christologische Begründung der Suprematie des regnum zu geben versuchte (Christ-centered kingship). Von hier aus entstand erst später, zumal in England[525], eine neue Form des Staatskirchentums. Wichtiger war aber zunächst der Rückgriff der Staufer auf das römische Kaiserrecht, das schließlich 1495 voll in das deutsche Reichsrecht integriert wurde. Für die Machtverhältnisse der Zukunft noch entscheidender wurde das Aufkommen der Städte und Territorialstaaten und ihrer neuen, eigenständigen Verwaltungsformen. Zunächst unterstützten die Päpste faktisch und die päpstlichen Kanonisten theoretisch die Königreiche gegen den Kaiser. Doch gerade sie waren es, die auch der Universalgewalt des Papstes ein Ende bereiteten. Zu diesem Erwachen der von der Kirche unabhängigen politischen Formen gehörte weiter das Bekanntwerden mit heidnischen Gemeinwesen durch die Kreuzzüge.

Ebenfalls aus außerchristlichem Bereich kommt dem Mittelalter das große neue Instrument zu, mit dessen Hilfe die neuen Phänomene artikuliert werden können: die antike Philosophie, vor allem Aristoteles. Einerseits wird mit seiner Hilfe die relative Selbständigkeit des Natürlichen, des Vernünftigen und des politisch Moralischen mit dem »Übernatürlichen« in einer Zweckhierarchie vermittelt (Thomismus). Andererseits werden aber die verschiedensten Formen entwickelt, in denen die Unmittelbarkeit des Politischen zu Gott, der ein Machtverzicht der Kirche auf Erden korrespondiert, neu auf den Begriff gebracht wird (Marsilius, Ockham).

Die bei Ockham wohl am differenziertesten entfaltete Selbständigkeit und Zuordnung der Gewalten wird freilich in der Folgezeit nicht durchgehend wirksam. Die Zukunft gehört dem territorialstaatlichen Kirchenregiment. Genannt seien in dieser Entwicklung besonders Wyclif[526] und der Humanismus[527]. In der ockhamistischen Tradition stehen Männer wie Pierre d'Ailli, Jean Gerson[528], Gabriel Biel[529] und

---

[525] Vgl. bes. *Kantorowicz*, The King's Two Bodies.

[526] Vgl. *M. Schmidt*, John Wyclifs Kirchenbegriff.

[527] Vgl. bes. *W. Maurer*, Das Verhältnis des Staates zur Kirche nach humanistischer Anschauung; *Mitteis*, Renaissance, Humanismus und Rezeption der fremden Rechte in Deutschland. Auf den Humanismus brauchen wir im Blick auf Luther nicht ausführlicher einzugehen, da dieser in der Gewaltenfrage direkt an die mittelalterliche Tradition anknüpft und nur später sekundär von ihm beeinflußt wird. Vgl. *B. Moeller*, Die deutschen Humanisten und die Anfänge der Reformation.

[528] Vgl. *Posthumus Meyjes*, Jean Gerson, 283ff.; *Lagarde*, V, 290ff. (zur ge-

Martin Luther[530]. Ehe wir uns jedoch ihm zuwenden können, sei noch ein kurzer Hinweis auf die für ihn ebenfalls wichtige Ständeproblematik gegeben.

Anhang:

Ständeethos im Mittelalter

Wir haben anhand der Polarität der beiden Gewalten den gigantischen Versuch des Mittelalters verfolgt, eine einheitliche christliche Welt zu gestalten. Hier bedeutet »geistlich« und »säkular« nicht mehr in erster Linie zwei im eschatologischen Grundansatz sowohl theologisch wie soziologisch zu unterscheidende Bereiche, sondern zwei Aspekte und Funktionen innerhalb der einen Kirche Christi, des einen Reiches Gottes. Daß dieser über tausendjährige Versuch von ungeheuren Spannungen begleitet wird, daß er das Wesen der Kirche wie der Welt gleichermaßen gefährdet und schließlich scheitert, ist nicht etwa nur eine akzidentielle Folge persönlicher Machtgier auf beiden Seiten, sondern liegt in seinem Ansatz selbst begründet, wie die Reformation dann endgültig ans Licht bringt. Dennoch hat diese Epoche — wenn man es wagen darf, ihren unermeßlichen Reichtum für unseren Zusammenhang auf einen Nenner zu bringen — ein unwiderrufliches Ergebnis gegenüber der Situation der Alten Kirche: die Christenheit kann ihr Verhältnis zur Welt nicht mehr ausschließlich oder überwiegend als Distanz bestimmen; denn sie selbst erfährt sich plötzlich als eine, die das säkulare Leben gestalten muß — zunächst sogar ganz ohne die Nötigung, sich dabei mit Nichtchristen oder auch

---

samten Wirkungsgeschichte des politischen Ockhamismus). Besonders der Dialogus war eine Fundgrube für spätere Zeiten. Zu Gerson s. auch o. A. 465.

[529] Vgl. *Oberman*, Spätscholastik, 389ff.; *G. Ott*, Recht u. Gesetz b. G. Biel. — Eine besonders interessante, aber schwerlich einer Schule zuzuordnende Gestalt zur Zeit des Konziliarismus ist Nicolaus Cusanus, dessen politische Theorien in jüngster Gegenwart große Beachtung gefunden haben (vgl. *A. Weiler*, Neuere Literatur, 603).

[530] Die weitverbreiteten Ideen des Dialogus sind Luther, der in einer »ockhamistischen Atmosphäre« gebildet wurde, mit Sicherheit bekannt gewesen, obwohl daraus nicht zu schließen ist, daß er Ockhams kirchenpolitische Schriften gelesen hat. Vgl. *Lagarde*, V, 334ff. mit *R. Seeberg*; weiter 295ff. (allgemein); 310 u. 317 (zum Notrecht des weltlichen Standes in kirchlichen Dingen: An den christlichen Adel); 336 (zur Ablehnung der Zwei-Schwerter- und Zwei-Lichter-Formel). Nach Melanchthons vita Lutheri c. 6 hatte Luther Biel und Ockham fast wörtlich im Gedächtnis.

nur mit Häretikern auseinandersetzen zu müssen. Dieser Aspekt wird in seiner ganzen Bedeutung aber erst dann sichtbar, wenn man den Fragebereich, von den beiden Gewalten ausgehend, auf das gesamte Ständeethos erweitert, was hiermit kurz nachgeholt werden soll.

Urdaten des neuen abendländischen Weltverständnisses sind die Salbung Pippins durch Bonifatius mit der folgenden Schutzherrschaft des Frankenkönigs über Rom und die Kaiserkrönung Karls d. Gr. durch Leo III.[531] Hier wurde begonnen, was im 9. Jahrhundert dann theoretisch ausgearbeitet wurde: der weltliche Herrscher hat ein Amt innerhalb der Kirche, ist ein Glied am corpus Christi mysticum. Der darin begründete gegenseitige Dienst umfaßt u. a. die Mahn- und Aufsichtspflicht des Klerus gegenüber den Herrschern, die sich literarisch in ersten Ansätzen einer Fürstenspiegelliteratur, vor allem aber in den Krönungsordines niederschlägt[532]. Die inhaltliche Füllung und Begründung des hier erscheinenden Ethos durch germanische, biblische und zunehmend antike Traditionen und seine Wandlungen in der Folge der geistigen und politischen Veränderungen brauchen hier nicht im einzelnen wiederholt und entfaltet zu werden[533]. Dagegen ist noch ein Hinweis darauf nötig, daß und wie die kirchliche Ethik nicht nur die höchsten weltlichen Gewaltträger, sondern alle Schichten und »Stände« des Volkes erreichte. Das Problem der »Stände« im Mittelalter ist allerdings sehr kompliziert und erstaunlich schlecht erforscht[534]. Grundlegend zu seinem Verständnis ist, daß die Begriffe ordo, status, gradus, dignitas, conditio oder deutsch orden, ambet,

---

[531] S. o. S. 333f.

[532] S. o. S. 337f.

[533] Eine Gesamtdarstellung der politischen Ethik des Mittelalters auf dem Stand der gegenwärtigen Forschung fehlt. Man ist neben der Spezialliteratur auf ältere Werke angewiesen wie z. B. *R. W.* u. *A. J. Carlyle*, History of Medieval Political Theory in the West; *E. Troeltsch*, I, 178—427; *Dempf*, Sacrum Imperium; *ders.*, Ethik des Mittelalters; *Berges*, Fürstenspiegel.

[534] Die 1937 verfaßte Arbeit von *Luise Manz* (Der Ordo-Gedanke. Ein Beitrag zur Frage des mittelalterlichen Ständegedankens) ist die letzte Monographie zum Thema. Diese Untersuchung ist trotz verdienstlicher Materialangaben sowohl historisch wie systematisch nach recht zufälligen Gesichtspunkten angeordnet und keinesfalls zum Verständnis des Problems ausreichend. Seither hat immerhin *O. Brunner* wichtige Klärungen beigebracht (Land und Herrschaft, 394ff.). Vgl. auch *Bumke*, 130ff. (zum »Ritterstand«) und *D. Gerhard*, Regionalismus und ständisches Wesen; *C. Eisenbart*, Kleiderordnungen, bes. 52ff. Von der älteren Literatur vgl. besonders *R. Mohl*, The Three Estates; *W. Schwer*, Stand und Ständeordnung. Zum Ständegedanken bei Ockham vgl. *De Lagarde*, V, 36ff.

art, ê, leben, name, recht ursprünglich nicht den Sinn von gesellschaftlich-sozialen Ständen und »Klassen« (im Unterschied von einer »staatlichen« Verfassung) haben, wenn auch zwischen dem 12. und 15. Jahrhundert Ansätze sichtbar werden, den Ständegedanken sozial stärker zu fixieren[535]. Besonders deutlich wird dies an der Ständepredigtliteratur[536]. Zwar werden die »Stände« hier gelegentlich auf die Dreiergruppe Klerus, Ritter, Bauer[537] stilisiert, aber diese Anordnung gibt keinesfalls den inneren Bau der mittelalterlichen Gesellschaft wieder. Einmal fehlt in dieser Aufzählung das immer mächtiger werdende Bürgertum, zum anderen treten in unendlichen Variationen verschiedener Ordnungsprinzipien mannigfache andere »Stände« hinzu, wie Mann, Frau, Verheiratete, Ledige usw.[538]. Gewiß sind unter den Aufzählungen Gruppen, die man als »Geburtsstände«[539] oder seit dem 11. und 12. Jahrhundert auch als »Berufsstände«[540] bezeichnen kann, aber das ist nicht das Entscheidende. Schlechterdings jede formale Ordnungseinheit und die einer solchen zugehörige Gruppe kann als

---

535 Das hat *O. Brunner* gegen andere, die die Staatstheorien des 19. Jahrhunderts (Unterscheidung von Staat und Gesellschaft) auf eine ganz andere politische Wirklichkeit übertragen, nachgewiesen (495ff. passim). Vgl. *Bumke*, 136ff. u. *C. Eisenbart*, aaO.

536 Vgl. *Schwer*, 43f.; *Manz*, 37ff.; *Brunner*, 399f.

537 Entstanden aus der Kombination des Schemas ordo ecclesiasticus-ordo saecularis mit der Gliederung des ordo saecularis in ritterliche Herren und bäuerliche Untertanen (*Brunner*, 399f.). Zu Humberts Unterscheidung von ordo clericalis, potestas laicalis und vulgus vgl. *Dempf*, 184. Viele Beispiele bei *Bumke*, 136ff.; *Manz*, 49. Die Aufteilung entspricht dem abstrakten Schema orates-defensores-laboratores (Lehr-, Wehr-, Nährstand), das *Troeltsch*, I, 522 auf letztlich platonischen Ursprung zurückführt, wobei bis heute ungeklärt ist, wie die Politeia vor Averroes auf das Mittelalter eingewirkt hat (vgl. *Berges*, 56 A. 2 u. 58 A. 1). Zum Vergleich zwischen antikem Klassen- und mittelalterlichem Ständegedanken s. auch *R. Mohl*, 9ff. u. ö.

538 Eine offenbar aus der cluniazensischen Reformbewegung stammende, beliebte Dreiteilung der kirchlichen ordines, die auch Luther kannte, ist die zwischen rectores (Humbert: doctores), continentes (Mönche) und coniugati bei Humbert, Hugo v. St. Victor u. Gerhoh von Reichersberg (vgl. *Manz*, 48; *Dempf*, 183 u. o. S. 355). Ein Gedicht aus dem Anfang des 15. Jahrhunderts zählt 105 »Stände« vom »Konzil und den Päpsten« bis hin zu den »Mördern und Wirten« auf (*Brunner*, 400 A. 2).

539 Vgl. *Brunner*, 400.

540 Die »Kristallisation« zu Berufsständen in jener Zeit betrifft vor allem die Ministerialen, die Gelehrten, Juristen und städtischen Zünfte (*Gerhard*, 340). Vgl. *Berges*, 60ff. u. zum ganzen *F. Steinbach*, Geburtsstand, Berufsstand und Leistungsgemeinschaft.

ordo bezeichnet werden[541]. Das treibende Motiv der Ständeliteratur ist nicht, die soziale Struktur in ihrem inneren Gefüge zu beschreiben, sondern Ortsbestimmungen für das spezifische Ethos einer nach den verschiedensten Gesichtspunkten bestimmbaren Gruppe vorzunehmen[542]. Das klassische Beispiel für den ethisch-pädagogischen Standesbegriff ist das Rittertum. Dieses umfaßt die höchst differenzierten Gruppen vom König bis zum halbbäuerlichen Kleinadel und wird nur durch das ritterlich-höfische Lebensideal zusammengehalten. Hier handelt es sich »im Wesen doch um eine Standesethik, die bestimmte kriegerische Funktionen der Herrenstände aus der Gesamtheit ihrer Aufgaben heraushebt und mit einer christlichen Laienethik verbindet«[543]. Die Vielfalt der Gliederungen in der Ständeliteratur bedeutet nun freilich nicht, daß es sich hier um mehr oder weniger unverbindliche Gesichtspunkte handelt. Vielmehr geht es vom germanischen Ansatz des mittelalterlichen Denkens in alledem um *politische* Ethik[544]. *Gerhard*[545] verweist darauf, daß die sowohl regionale wie korporative Vielfalt des »ständischen« Wesens im Mittelalter mit der schon mehrfach erwähnten germanischen Rechtsanschauung zusammenhängt, nach der Einzelnen und Gruppen ihr gottgegebenes angestammtes Recht, ihr Privilegium, ihre »Freiheit« zugehört. Es versteht sich aus dem gesamtmittelalterlichen Horizont, daß dabei die »Ordnungen« trotz faktischer Wandlungen als unabänderlich hingenommen werden[546].

Ist damit die ursprünglich germanische Ausformung des Ständegedankens hervorgehoben, so ist nun noch kurz auf die weitere Entwicklung einzugehen. Ich verzichte auf eine Beschreibung der verfassungsrechtlichen Frage, wie sich der Weg zum »Ständestaat« seit dem 14. Jahrhundert anbahnt und damit auch ein sehr präziser Begriff von »Stand« in Erscheinung tritt[547]. Wichtig in unserem Zusammenhang ist aber, daß sich auf die späteren ordo-Gliederungen auch die

---

[541] S. *Manz*, 51; *Brunner*, 399. Vgl. außerdem die mannigfachen ordo-Systeme für die meist analog gedachten himmlischen und irdischen »Hierarchien«, besonders bei den Viktorinern (*Manz*, 43ff.; *Berges*, 53ff.).

[542] *Brunner*, 400ff.

[543] *Brunner*, 403; vgl. *Bumke* (131f.), der auch auf den Einfluß römischer Rechtsbegriffe und -vorstellungen hinweist (134f.).

[544] Vgl. *Brunner*, 402.

[545] AaO 317.

[546] *Manz*, 53.

[547] Vgl. *Gerhard*, 319ff.; *O. Brunner*, 404ff.

Rezeption des Aristoteles und des römischen Rechts auswirkt. Das bei Luther und in der protestantischen Orthodoxie häufig auftauchende Schema »ordo oeconomicus, politicus, ecclesiasticus«[548] z. B. hat seine Wurzel in den stoisch-christlich erweiterten aristotelischen Stufen der Gesellschaftsbildungen. Thomas v. Aquin bietet dafür die beste Anschauung[549]. Er unterscheidet in seinem Sentenzenkommentar vier Koinoniaformen: die »natürliche« (Verbundenheit zwischen Blutsverwandten), die »häusliche« (Verbundenheit durch häuslich-wirtschaftliche Funktionen), die »politische« (Verbundenheit als Mitbürger), die »göttliche« (Verbundenheit in der Kirche)[550]. Es braucht nicht noch einmal eigens betont zu werden, daß dieses Schema sich weiter reduzieren oder differenzieren kann. Beginnt man erst bei der communicatio oeconomica, so hat man das bekannte Dreierschema, faßt man die aristotelischen Stufen unter dem Begriff »menschlich« oder »weltlich« zusammen, so hat man die grundlegende Zweiteilung in societas humana (saecularis) — societas divina (ecclesiastica), der dann die zwei Gewalten, Rechte, ordines usw. zugeordnet sind. Umgekehrt lassen sich die aristotelischen Stufen weiter unterteilen und erweitern zu den Gemeinschaftsformen Ehe — Herr/Knecht — Haus — Dorf — Stadt — Königreich — Reich (— Menschheit), wobei für Thomas besonders charakteristisch ist, daß er nicht mehr in der civitas, sondern erst im regnum (provincia) die in sich suffiziente menschliche Gesellschaft sieht[551].

Für unseren Zusammenhang wichtiger ist, daß Thomas die römischrechtliche Unterscheidung von »privat« und »öffentlich« auf die Koinoniastufen anwendet. Er sieht sogar die Differenzierung der Gesell-

---

[548] S. u. S. 501. Zur Ökonomik im Mittelalter ist bes. zu vergleichen: *S. Krüger*, Zum Verständnis der Oeconomica Konrads von Megenberg. Griechische Ursprünge der spätmittelalterlichen Lehre vom Hause.

[549] Vgl. o. S. 407ff.

[550] »Est enim communicatio alia quidem *naturalis*, secundum quod in naturali origine aliqui communicant; et in ista communicatione fundatur amicitia patris et filii et aliorum consanguinorum. alia vero communicatio est *oeconomica*, secundum quam homines sibi in domesticis officiis communicant. alia vero communicatio est *politica*, secundum quam homines ad concives suos communicant. quarta communicatio est *divina*, secundum quam omnes homines communicant in uno corpore ecclesiae vel actu vel potentia ...« (Super libros sententiarum L. III, dist. XXIX, art. VI). Vgl. *Riedel*, Bürgerliche Gesellschaft, 110f.; *ders.*, Topologie, 297ff.

[551] Weil nur hier die äußere Unabhängigkeit durch die Potenz militärischer Verteidigung gewährleistet ist. Vgl. *Riedel*, Bürgerliche Gesellschaft, 100f. u. 109; *Wilks*, 124; *Troeltsch*, I, 337ff.; *Kusch*, Marsilius, XII.

schaft (distinctio societatis) in öffentliche und private (in publicam et privatam) als die grundlegende an[552]. Die private konstituiert sich durch Beziehungen zweier oder dreier Partner[553], die öffentliche dagegen durch die Beziehungen einer größeren Anzahl, wie etwa im Rahmen einer civitas oder eines regnum[554]. Aristoteles ist zwar diese Unterscheidung fremd, sachlich aber ist bei ihm ebenfalls zwischen Polis und den unteren Koinoniaformen eine Zäsur vorhanden, die sich lediglich an dem Begriff der Autarkie (sufficientia) orientiert. Eine weitere über Aristoteles hinausgehende Distinktion nimmt Thomas vor, indem er im Zuge der christlichen Verzeitlichung des Politischen noch zwei Zeitformen innerhalb der von der ewigen civitas dei abgesetzten privaten und öffentlichen Gesellschaft unterscheidet, nämlich die dauernde und die vorübergehende[555]. Die dauernde bezieht sich auf das ganze irdische Leben des Menschen, so in der privaten Gesellschaft in der Ehe und im Herr/Knecht-Verhältnis (also in der societas oeconomica), oder in der öffentlichen in der lebenslangen Stadtbürgerschaft an einem Ort[556] (also in der eigentlichen societas publica sive politica). Das Zeitmoment des Vorübergehenden wird im privaten Bereich sichtbar etwa in der Gastfreundschaft (hospitium), im öffentlichen in Geschäfts- und Tauschbeziehungen, zu denen Händler sich im Schutz der Stadtmauern treffen. Diese Anwendung der Begriffe privatus — publicus gilt es wieder sauber von deren modernen Sinn zu unterscheiden. Es handelt sich hier noch nicht um den

---

552 Zum folgenden vgl. Contra impugnantes dei cultum et religionem II, 2, 56 (Opusc. theol. II, ed. Raymundi M. Spiazzi, Marietti/Romae 1954, S. 18). Dazu *Riedel*, Bürgerliche Gesellschaft, 112ff.; *ders.*, Topologie, 302f. Zum Einfluß des römischen Rechts auf Thomas im allgemeinen vgl. *Gilby*, 23ff.; 159ff.; speziell zum Problem »Private and Public« ebd. 214ff.

553 »Privata autem societas est quae ad aliquod negotium privatum exercendum coniungitur: sicut quod duo vel tres sociatem ineunt ut simul negotientur« (ebd.).

554 »Publica autem societas dicitur secundum quam homines sibi invicem communicant in una republica constituenda; sicut omnes homines unius civitatis vel unius regni in una republica sociantur« (ebd.). Hier wird besonders deutlich, daß Thomas und seine Zeit noch nicht zwischen Gesellschaft (societas) und Staat (civitas, regnum, respublica) unterscheiden (*Riedel*, Bürgerliche Gesellschaft, 112f.).

555 Zum Ganzen *Riedel*, aaO.

556 »Das sittliche Sein in der Stadt wird nicht mehr ausschließlich teleologisch-naturhaft, d. h. zur Vollendung des menschlichen Daseins gehörig betrachtet, sondern mit der Endlichkeit des bürgerlichen und seiner Unverhältnismäßigkeit zum göttlichen Leben zusammengedacht« (*Riedel*, Bürgerliche Gesellschaft, 113).

privaten Bereich des Freibürgers der Neuzeit[557], sondern lediglich um Unterscheidungen innerhalb einer in sich zusammenhängenden Stufenfolge von gesellschaftlichen Verbindungen, wie ja schon Augustin mit der Antike das Haus konstitutiv auf die civitas bezogen sein ließ[558]. Trotzdem deutet sich eine größere gegenseitige Isolierung der Societasstufen als bei Aristoteles an, bei dem sich ja selbst schon gegenüber Platon das Einheitsband der Philosophie gelockert hatte[559].

Dieser Prozeß, in dem die strenge Zuordnung der Politik zu den anderen gesellschaftlichen und anthropologischen Dimensionen immer mehr abnimmt, wird bei Thomas ebenfalls deutlich in der Ortsbestimmung der Wissenschaft von der Polis innerhalb der praktischen Philosophie. Diese wird seit der Spätantike (Ammonios) in der Schulphilosophie in Ethik, Ökonomik und Politik eingeteilt[560]. Bei Thomas bleibt nun zwar »der von Aristoteles vorgezeichnete teleologische Zusammenhang von Ethik und Politik erhalten«[561]. Aber wie schon bei Albertus Magnus gewinnt auch bei ihm die Gliederung der praktischen Philosophie einen statischen Charakter, weil nicht mehr die eine politische Phronesis alle Stufen miteinander verbindet, sondern jede Unterabteilung ihr eigenes Subjekt, ihr eigenes Telos, ihren eigenen ordo und dadurch »relative, Selbständigkeit und ein eigenes Gewicht« erhält[562]. Besonders unantik ist es, daß die Ethik strikt auf den einzelnen bezogen ist und dadurch zur »monastischen« Wissenschaft neben der ökonomischen und politischen wird — und dies wohlgemerkt nicht nur in dem Aspekt »coram deo«[563]. Diese Einteilung der philosophia moralis in Ethik, Ökonomik und Politik

557 Vgl. *Riedel*, Topologie, 310. *Gilby* (216 u. 218) betont ebenfalls, daß bei Thomas in Rechtswirklichkeit und Theorie »privat« und »öffentlich« vielfach ineinandergreifen.

558 S. o. S. 279 A. 382.

559 S. o. S. 85 A. 279.

560 Zum folgenden vgl. *Riedel*, Bürgerliche Gesellschaft, 115ff.

561 *Riedel*, 120.

562 *Riedel*, 122f. zu Albertus Magnus; 124f. zu Thomas. Dieser schreibt: »Et inde est quod moralis philosophia in tres partes dividitur. quarum prima considerat operationes unius hominis ordinatas ad finem, quae vocatur *monastica*. secunda autem considerat operationes multitudinis domesticae, quae vocatur *oeconomica*. tertia autem considerat operationes multitudines civilis, quae vocatur *politica*« (In X libr. Eth. Arist. I, 1, 1, 6). Die Oekonomik bezieht sich dabei auf den Zweck des bloßen Lebens, der ordo civitatis auf den des Gut-Lebens. Dazu vgl. *Riedel*, 124f. u. *Kluxen*, Philosophische Ethik, 23ff.

563 Vgl. *Riedel*, 120 u. 124f. Die Wandlung zur Individualethik im 13. Jahrhundert erwähnt auch *Berges*, 54.

wurde durch Albertus Magnus und Thomas zu einem festen Topos der Schulphilosophie[564].

Bedenkt man, daß damit der gesamte antike »Kosmos« der anthropologischen, gesellschaftlichen und politischen Dimensionen von der Theologie aufgenommen und in ein positives Verhältnis zum Gott der Christen und seiner Heilsordnung gesetzt ist, so wird noch einmal mehr deutlich, welches das irreversible Ergebnis der mittelalterlichen Geschichte ist. Die Frage, die es im folgenden zu beachten gilt, lautet also, ob und wie die Reformation das vom Mittelalter gestellte Problem der christlichen Weltgestaltung aufnimmt.

[564] Vgl. *Riedel*, 125f.

IV. Kapitel: Luther

Gottes Reich und Regimente im Widerstreit mit dem Reich des Bösen

»Irrgarten der Zweireichelehre« — dieses Wort von *Johannes Heckel* bezeichnet noch heute den Zustand der unermeßlichen Literaturfülle zum Thema[1]. Die vorangegangenen Kapitel mit ihrer Analyse der später von Luther direkt oder indirekt verarbeiteten Traditionslinien könnten vielleicht dazu helfen, einen Ariadnefaden zu finden, der lang und kräftig genug ist, um aus dem Labyrinth herauszuführen. Schon ein erster Blick auf die in exemplarischer Weise von *P. Althaus* und *J. Heckel* vertretenen gegensätzlichen Interpretationstypen zeigt, daß beide je ein traditionelles Strukturelement in Luthers Gesamtanschauung alternativ gegen das andere ausspielen[2]. Dieser stützt sich vorwiegend auf die augustinische Linie, betont den eschatologischen Dualismus zwischen Gottes- und Weltreich und den personalen Charakter der widerstreitenden Gruppen bis hinein in ihre jeweilige Rechtsverfassung, während jener die besonders im Mittelalter herausgearbeitete Positivität der weltlichen Gewalt, ihre Zuordnung zur geistlichen und ihren institutionellen Charakter hervorhebt. Inzwischen haben immerhin *H. Bornkamm*, *G. Ebeling* und *G. Gloege* prinzipiell darauf hingewiesen, daß es darauf ankommt zu sehen, wie Luther die herkömmlichen Entwürfe miteinander verknüpft[3]. Meist

[1] Ich verzichte darauf, einen vollständigen Forschungsbericht zu geben, da *Ernst Wolf* (ZevKR 6, 1958, 255—273) und *S. Grundmann* (Festschr. F. Arnold, 1963, 38—54) einen solchen vorgelegt haben. Außerdem geben einen Einblick in den Stand der Diskussion drei jüngst zum Stichwort erschienene Lexikonartikel: 1) EKL II, 1959, 1927—1947 (*P. Althaus* und *J. Heckel*); 2) RGG³ VI, 1962, 1945—1949 (*F. Lau*); 3) Ev. Staatslex., 1966, 2589—2598 (*S. Grundmann*; vgl. die Artikel »Rechtstheologie Luthers« und »Reformation. II. Rechtsgeschichtlich« von *M. Heckel*, ebd. (1743) 1764—1774 u. 1804—1833); weiter *H. Zahrnt*, Die Sache mit Gott, 218ff. u. *H.-H. Schrey*, Reich Gottes und Welt, IXff. Im übrigen vgl. die Einzelverweise in diesem Kapitel u. das Literaturverzeichnis. Teile dieses Kapitels habe ich in einem von *H. E. Tödt* geleiteten Seminar über die Zweireichelehre (Heidelberg 1965/66) und auf einer Tagung der Puidoux Theological Conference (Januar 1967 in Hoechst/Odenwald) vorgetragen. Den Teilnehmern beider Veranstaltungen bin ich für Anregungen und Kritik zu großem Dank verpflichtet.

[2] Vgl. die in der vorigen Anmerkung genannten Lexikonartikel und *Wolfs* Bericht, 269ff.

[3] *H. Bornkamm*, Luthers Lehre von den zwei Reichen, 14ff.; *G. Ebeling*, Luther, 202ff. Auch *G. Gloege* (Politia divina) bemüht sich um die Erkenntnis der Tradi-

hat man sich dieser Frage bewußt oder unbewußt entledigt, indem man die augustinischen Elemente der Frühzeit Luthers und die mittelalterlichen dem späten Luther — manchmal gar als »Rückfall ins Mittelalter« — zuteilte[4]. Ich möchte folgende These aufstellen und zu begründen versuchen: Luther behandelt zwar bis ca. 1516 vorwiegend die für seine Zwecke ausgedeutete augustinische Zwei-civitates-Lehre, gibt sie dann aber nicht auf, sondern kombiniert sie — z. T. im größeren Rahmen des Ständeethos — mit Elementen der mittelalterlichen potestates-Theorie, wobei besonders letztere, aber auch die erstere ihren ursprünglichen Sinn verändern und zusammen ein neues Ganzes ergeben. Diese neue Gesamtanschauung Luthers ist in sich konsistent und hält sich zeit seines Lebens durch. Was man als Wandlungen beurteilt hat, ist nur eine Ausarbeitung verschiedener Strukturelemente, oft verursacht durch neue polemische Fronten.

---

tionselemente bei Luther, bezieht aber neben dem Mittelalter nur Augustins Staats-, nicht aber die gesamte civitas-Lehre ein. Vgl. sachlich auch *Asendorf*, Eschatologie bei Luther, 248ff. Dieser versäumt jedoch, die Herkunft der verschiedenen Elemente zu beachten, um deren Zusammenordnung er sich bemüht, und verfehlt darum die Klarheit des Gesamtgedankens. Ebd. (251) findet sich der richtige Hinweis, daß »ein großer Teil der Einzeluntersuchungen in Form von Aufsätzen vorgelegt wurde, wodurch die Einordnung des ganzen Themas in größere Zusammenhänge nicht gerade gefördert wurde ...«

[4] Unbewußt z. B. *F. E. Cranz* in seiner sonst materialreichen und ausgezeichneten Studie, An Essay on the Development of Luther's Thought on Justice, Law, and Society (vgl. die Kritik bei *G. Müller*, 355; *H. Bornkamm*, Zur Frage der Iustitia Dei, 50f. u. u. S. 467f.); bewußt *P. Althaus*, zusammenfassend neuerdings in seiner »Ethik Martin Luthers«, 56ff. Zur Rückfallthese grundlegend *E. Troeltsch*, Ges. Schr. I, 427ff. passim. Sie ist heute besonders beliebt bei marxistischen Autoren zum Thema (vgl. *G. Müller*, Neuere Literatur, 352f.).

A. Die Aufnahme der eschatologisch-augustinischen Tradition

1. Die zwei Herrschaftsverbände (civitates/regna) beim jungen Luther

a) Der hermeneutische Dualismus (Die civitates im doppelten Verständnis von Geist und Buchstabe)

Luthers intensive Bekanntschaft mit Augustin seit seinen theologischen Anfängen ist bekannt und braucht nicht neu bewiesen zu werden[5]. In unserem Zusammenhang entscheidend ist, daß er bereits 1509/1510 De civitate dei las und glossierte[6]. Die Glossen selbst geben kaum etwas her zur Frage, *wie* Luther Augustin verstand, ihr Vorhandensein als solches belegt aber, daß er die originale Form der civitas-Lehre kannte[7].

[5] Grundlegend *A. Hamel*, Der junge Luther und Augustin; neuere Arbeiten bei *G. Müller*, (327) 329ff., darunter bes. wichtig *B. Lohse*, Die Bedeutung Augustins für den jungen Luther. (Hier die ältere Literatur und der Hinweis, daß Augustin selbst für Luthers wesentliche reformatorische Erkenntnisse wichtiger ist als der spätmittelalterliche Augustinismus, obwohl dessen Erforschung noch viele interessante Ergebnisse erhoffen läßt; ebd. 118.) Speziell zum Thema der zwei Reiche liegt außer verstreuten Hinweisen nur der nicht sehr präzise und nicht die gesamte Breite der Problemstellung herausarbeitende Aufsatz von *E. Kinder*, Gottesreich und Weltreich bei Augustin und bei Luther, vor. Darum fordert *H. Bornkamm*, der selbst eine Skizze des Problems vorlegt, diese Frage »zum Gegenstand wirklicher Untersuchung« zu machen.

[6] Vgl. 9, 24ff. (Ich zitiere Luther nach Band-, Seiten- und Zeilenzählung der Weimarer Gesamtausgabe seiner Werke. Die Bandreihe der Briefe kennzeichne ich durch ein Br., die der Tischreden durch ein TR.) Neben De civitate dei studierte Luther damals vor allem schon die Confessiones und De trinitate, nicht zuletzt aber auch De vera religione, worin Augustin, wie oben nachgewiesen, die zwei Menschengruppen zum ersten Mal entwicklungsgeschichtlich und eschatologisch zeichnet (vgl. zuletzt *B. Lohse*, 119).

[7] Erwähnenswert ist immerhin, daß Luther zu Augustins Satz »religionem non esse nisi dei cultum« (civ. X, 1) notiert (9, 24, 33ff.):

Threscia Eusebia Theosebia Dulia latria hyperdulia	Cultus religio pietas

Offenbar ist er darauf aufmerksam, daß die Unterscheidung der zwei Herrschaftsverbände sich im Ansatz auf das Gottesverhältnis bezieht.

Diese Feststellung gewinnt sachliches Gewicht für die *erste Psalmenvorlesung* (1513/1514); denn hier nimmt Luther in einer Fülle von Variationen die Vorstellung von zwei civitates auf. Dies wäre allerdings auch ohne seine Kenntnis von De civitate dei verständlich, da sich jenes Motiv ebenfalls in Augustins Enarrationes in Psalmos immer wieder findet[8], die direkt und indirekt eine der wichtigsten Quellen für die frühe Psalmenvorlesung sind[9]. Wie sieht hier Luthers Verarbeitung der augustinischen Gedanken im einzelnen aus? Gleich der Prolog der Dictata gibt darüber umfassenden Aufschluß. Wegen seiner grundlegenden Bedeutung sei er hier vollständig wiedergegeben:

»,Psallam spiritu, psallam et mente.' (A.) ,Spiritu psallere' Est spirituali deuotione et affectu psallere, quod dicitur contra eos, qui carne tantum psallunt. Et hii dupliciter, primi qui vago et tedioso corde tantum lingua et ore canunt. Secundi qui quidem hylari et deuoto corde, Sed magis carnaliter delectati, puta in voce, sono et apparatu et symphonia, Sicut pueri solent, non curantes sensum vel fructum spiritus eleuandi in Deum. (B.) Eodem modo ,psallere Mente' Est psallere spirituali intelligentia. Et hic similiter duplices sunt contrarii, primi qui nihil intelligunt de eo, quod psallunt, sicut dicitur Moniales legere psalterium. Alii qui carnalem Intelligentiam habent in Psalmis Sicut Iudei applicantes semper Psalmos ad veteres hystorias extra Christum. Sed Christus 'aperuit suis mentem, vt intelligerent Scripturas'. Frequentius autem Spiritus illuminat mentem, affectus intellectum, immo et econtra, quia spiritus eleuat ad locum vbi est 'lux illuminans', Mens autem monstrat locum affectui. Ideo vtrunque requiritur, Sed melius spiritus eleuans etc.

(ad B: mens)	alleg orice	tropol ogice	anag ogice
Ierusalem	Boni	virtutes	premia
Babylon	Mali	vitia	pene
(ad A: affectus)			
Litera occidens	Spiritus viuificans: de corpore		babylonico Ecclesiastico.

Mons Zion	hystorice terra Canaan Allegorice Synagoga vel persona eminens in eadem Tropologice Iustitia pharisaica et legalis Anagogice gloria futura secundum carnem	Mons Zion	hystorice populus in Zion existens Allegorice Ecclesia vel quilibet { Doctor, Episcopus, eminens Tropologice Iustitia fidei vel alia excellen tia Anagogice gloria eterna in celis.

Econtra Vallis Cedron per oppositum.

[8] S. z. B. die Auslegungen der Psalmen 1, 9, 26, 36, 51, 54, 61, 64, 86, 98, 100, 125, 136, 138, 142, 145, 147, 148. Dabei geht Luther nicht automatisch an den gleichen Stellen auf die zwei civitates ein wie Augustin, so z. B. zu Ps 136.

[9] Vgl. die Tabelle bei *Hamel*, I, 226ff.; weiter *F. Held*, Augustins Enarr. in Pss. als exegetische Vorlage für Luthers 1. Psalmenvorlesung und die Anmerkungen in deren kommentierter Neuausgabe (WA 55).

(ad B.) In Scripturis itaque nulla valet allegoria, tropologia, anagoge, nisi alibi hystorice idem expresse dicatur. Alioquin ludibrium fieret Scriptura. Sed omnino oportet illud solum pro allegoria etc. accipi, quod alibi hystorice dicitur, vt Mons pro Iustitia Psal. 57.: ‚Iustitia tua sicut montes Dei.'
(ad A.) Item In Scripturis Sanctis optimum est Spiritum a litera discernere, hoc enim facit vero theologum. Et a spiritu sancto hoc tantum habet Ecclesia. Et non ex humano sensu. Vt Psal. 7.: ‚Dominabitur a mari vsque ad mare.' Quod hic ‚dominari' spirituale significat dominium, nemo potuit scire ante spiritus reuelationem, maxime quia addit ‚a mari ad mare' secundum hystoricam intelligentiam. Qui ergo intelligunt hoc ‚dominari' de carne et temporali maiestate, habent ‚literam occidentem', alii autem ‚spiritum viuificantem'.

Ideo Psal mos frequenter de Iudeis intelligo, quia ‚Scimus, quoniam quecunque lex loquitur, hiis qui in lege sunt loquitur.' Ro. 3.« (55 I, 1, 2 u. 4)[10].

Dieser außerordentlich komprimierte und dadurch komplizierte Passus hat sein Zentrum in der Gegenüberstellung der zwei civitates, Jerusalem und Babylon. Es ist an sich in mittelalterlichen Psalmenkommentaren geläufig, im Eingang die Auslegungsregeln am Beispiel des tychonianisch-augustinischen Dualismus von corpus Christi und corpus diaboli zu erläutern[11]. Ungewöhnlich aber ist, daß Luther nicht nur wie üblich auf diese Weise den vierfachen Schriftsinn erklärt, sondern quer dazu ein zweites hermeneutisches Schema einführt, nämlich die Unterscheidung von littera occidens und spiritus vivificans. Genauer gesagt, stellt er zwei verschiedene Verständnisse von littera und spiritus nebeneinander; denn der vierfache Schriftsinn ist ja nur eine Entfaltung der Unterscheidung von buchstäblicher (historischer) und geistlicher (allegorisch-korporativer, tropologisch-individueller und anagogisch-eschatologischer) Auslegung[12]. Das heißt aber: hier treffen sich die beiden Formen der Geist-Buchstabe-Dualität, die wir auch schon bei Paulus[13] und Augustin[14] antrafen. Die eine begegnet in der philonisch-origenistischen Linie, bei der es um die Erhebung eines geistigen Sinns aus dem zu übersteigenden Literalsinn geht, die andere ist die paulinische, welche Augustin

[10] Zu diesem Text vgl. vor allem *G. Ebeling*, Die Anfänge von Luthers Hermeneutik, 216ff.

[11] Diese Tradition erklärt sich vor allem daraus, daß Augustin in doctr. christ. III, 44 u. 55, also in dem für die spätere Zeit grundlegenden Hermeneutik-Lehrbuch, das Schema der beiden corpora aus der 1. u. 7. Regel des Tychonius mit Einschränkungen als Verstehenshilfen empfiehlt. Vgl. *Ebeling*, 217; WA 55 I, 1, 4, 40ff.

[12] Vgl. *Ebeling*, 218.

[13] S. o. S. 104f.

[14] S. o. S. 228.

vor allem in der frühantipelagianischen Schrift De spiritu et littera aufnimmt[15]. Hier geht es um den Gegensatz von tötendem, weil forderndem Gesetz und lebendigmachendem, weil den Willen selbst umschaffenden Geist Gottes.

Ehe wir nach der gegenseitigen Zuordnung beider Schemata fragen, sei ihr je eigener Sinn kurz erläutert. Die herkömmliche vierfache Verständnisweise ist ohne weiteres durchsichtig. Taucht in einem biblischen Text der historische Name Jerusalem auf, so hat man darunter geistig die Gruppe der Guten, die tugendhafte Einzelseele oder die diesen entsprechenden eschatologischen Belohnungen zu verstehen. Begegnet das Wort Babylon, so bezieht sich das auf die Gruppe der Bösen, die lasterhafte Einzelseele oder die zukünftigen Strafen. Anders ist der Ausgangspunkt bei der Gesetz-Geist-Polarität. Hier ist es der gleiche Begriff »Berg Zion«, der auf zweifache Weise in Erscheinung tritt, einmal als littera und zum anderen als spiritus. Das heißt aber, hier ist es der Gegensatz von Altem und Neuem Testament im Sinn von forderndem Gesetz und lebendigmachendem Geist, der die beiden corpora, jetzt corpus babylonicum und ecclesiasticum genannt, kennzeichnet. Im einzelnen stehen sich nun gegenüber: im historischen Sinn das Land Kanaan und das wahre Volk Israel; im allegorischen die Synagoge mit ihren leitenden Personen und die Kirche mit ihren leitenden Personen; im tropologischen die pharisäische, legale Gerechtigkeit und die Glaubensgerechtigkeit; im anagogischen fleischliche und himmlische Zukunfterfüllung.

Um diese und weitere daraus abgeleitete Gegensatzpaare, die den gesamten Auslegungsduktus der Dictata und das darin enthaltene Verständnis der zwei civitates bestimmen, in ihrem Sinn zu erfassen, ist es nötig, zuvor den Zusammenhang der philonisch-origenistischen und paulinisch-augustinischen Auslegungsschemata genauer zu bestimmen. Augustin hatte, äußerlich gesehen, beide unverbunden nebeneinander stehen gelassen, was mit der oben mehrfach beobachteten aporetischen Ambivalenz seines Denkens zusammenhängt. Immerhin hatte er sachlich klar gesagt, daß auch die Illumination, also die Voraussetzung einer geistigen Erkenntnis, wie sie sich z. B.

---

[15] Zum Ganzen vgl. *Ebeling*, 182ff.; 208ff.; *ders.*, Art. Geist u. Buchstabe, 1293; *ders.*, Luther, 100ff. Wenn es stimmen sollte, daß Luther z. Zt. der Dictata De spiritu et littera schon kannte, was *B. Lohse* (aaO) nachzuweisen versucht, so wäre Luther schon hier davon abhängig.

in der allegorischen Methode verwirklicht, nur tötenden Gesetzescharakter hat für den, der nicht im Personzentrum durch den Geist zur freudigen Erfüllung des Erkannten umgeschaffen wird. Es liegt also beim reifen Augustin eine klare Priorität des paulinischen gegenüber dem origenistischen Schema vor, obwohl deren gegenseitige Beziehung nicht immer voll durchreflektiert ist[16]. Wie verhält es sich damit in dem besprochenen Doppelschema Luthers? Hierzu muß man den vorausgehenden und folgenden Kontext beachten. Der Gesamtprolog ist nämlich eine Auslegung von 1 Ko 14, 15b: »Ich will lobsingen mit dem Geist und will lobsingen mit der Vernunft.« Der ursprüngliche Sinn, in dem Paulus glossolalisch-pneumatisches und vernünftiges Reden im Gottesdienst in ihrem Verhältnis zueinander abwägen will, braucht uns hier nicht zu beschäftigen. Luther sieht in dieser Formel seine — von Gerson[17] und in letzter Instanz von Augustin beeinflußte — Anthropologie ausgedrückt, nach der der Mensch in allen seinen Vollzügen, an erster Stelle in denen gegenüber Gott, gleichzeitig affektiv und verstehend beteiligt ist. Darum interpretiert er (A.) »mit dem Geist lobsingen« als »mit geistlicher Hingegebenheit und Leidenschaft lobsingen« und (B.) »mit der Vernunft lobsingen« als »mit geistlichem Verständnis lobsingen«. Offenbar bezieht Luther nun das literal-geistige Schriftverstehen im herkömmlichen Sinn auf das intellektuelle Vermögen (B: mens), das gesetzlich-geistliche hingegen auf das affektiv-voluntative. Beides steht in Wechselwirkung zueinander (S. 2, 12ff.). Häufiger erleuchtet die spirituell-affektive Grundverfassung des Menschen die verstehende Vernunft; denn diese wird durch jene auf den Ort hin ausgerichtet, an dem sich das »erleuchtende Licht« befindet (Anspielung auf Joh 1, 9). Aber umgekehrt wirkt auch die Vernunft für den Affekt; denn sie zeigt diesem den Ort, auf den hin er sich richtet. So haben beide anthropologischen Komponenten und also auch beide Weisen, die Schrift aufzufassen, ihren aufeinander bezogenen Sinn. Aber Luther läßt keinen Zweifel darüber, welcher Seite er den Vorrang gibt: »besser ist der (auf den Ort der Erleuchtung) ausrichtende Geist« (4, 2) und »in den heiligen Schriften ist

[16] Zum Ganzen vgl. o. S. 228 mit weiterer Literatur.

[17] Hierzu grundlegend *G. Metzger* (Gelebter Glaube), der den interessanten Versuch macht, die »Formierung reformatorischen Denkens in Luthers erster Psalmenauslegung« vom Affektproblem her zu erfassen. Speziell zum Begriffspaar intellectus-affectus ebd. 69ff. Vgl. *R. Schwarz*, Fides, 117ff.; *W. Joest*, Ontologie der Person bei Luther, 176ff.; 216ff.

es das beste, den (lebendigmachenden) Geist vom (tötenden) Buchstaben zu unterscheiden; dies nämlich macht in Wahrheit den Theologen« (4, 25f.)[18].

Die genaue Bedeutung der hier erreichten Position wird noch deutlicher, wenn wir uns die weitere Entwicklung Luthers an diesem Punkt kurz vergegenwärtigen. Dabei geht es vor allem um zwei Probleme, einmal um die Gewichtsverteilung innerhalb der vier Schriftsinne, zum anderen um die Überwindung dieses Schemas und also der Allegorese überhaupt. Beides hängt in sich zusammen. Zunächst fällt schon in der Praefatio zu den Dictata (55 I, 1, 6ff.) auf, daß Luther eine höchste Konzentration auf den christologischen Sinn der Psalmen vornimmt[19]. Nicht nur nimmt er wie die Tradition (bes. Faber Stapulensis) den prophetischen als den literalen Sinn der Psalmen, sondern er zieht auch die vier Schriftsinne in Christus zusammen, wobei ihm das besonders häufig von Augustin in diesem Sinn verwandte Bild von Christus als Haupt, Leib und Gliedern zu Hilfe kommt[20]. Daß Luther an dieser Stelle den anagogischen Schriftsinn fortläßt, darf wohl kaum schon als prinzipielle Entscheidung gewertet werden, da er bei der Auslegung der »Werke Gottes« im 63. (64.) Psalm vor alle vier Schriftsinne eine Klammer setzt mit der Bemerkung: »Das alles ist zugleich Christus[21].« Unter diesem Vorzeichen der umfassenden christologischen Klammer ist auch Luthers Bevorzugung des tropologischen Schriftsinns zu verstehen. Denn die dadurch bewirkte Reduktion auf den Glauben entläßt aus sich je nach Anwendung die ekklesiologischen oder eschatologischen Bezüge[22]. Das heißt aber, selbst dann, wenn Luther später durch die Konzentration auf die je-

[18] Auch der Abschnitt 4, 20ff. ist also aufgebaut nach dem Doppelaspekt: Verstehen des Schriftsinns auf vierfache Weise — Erfassen der Schrift nach den zwei menschlichen Grundverfassungen. Ausgezeichnete Überlegungen zu dem Zusammenhang zwischen der affektiven Grundverfassung des Menschen und dem primär auf Hören zielenden Wirken Gottes im Wort finden sich bei *W. Joest*, 222ff.

[19] Zum Ganzen *Ebeling*, 219ff. u. ergänzend und korrigierend dazu *ders.*, Psalterdruck, 80ff., bes. 95ff.

[20] Dazu s. auch *U. Asendorf*, Eschatologie, 19f.

[21] »Hec omnia Christus simul«; 3, 369, 1ff.; dazu *Ebeling*, Anfänge, 226.

[22] Vgl. Schol. Ps. 76 (77): »... Malum tropologicum est primum, ex quo oritur malum Allegoricum, quod est corpus Diaboli Babylonicum, natum ex corpore peccati, quia peccato et infidelitati adherent. Econtra Bonum tropologicum est fides et opera eius, ex quo et per ipsum oritur bonum allegoricum, id est corpus Christi, qui Domino adherent usque ad gloriam futuram, anagogicum bonum« (3, 532, 21ff.).

weilige Grundverfassung des Menschen entweder unter der littera (Gesetz) oder dem spiritus (Geist, Gnade) das aus der alexandrinisch-hermeneutischen Tradition entsprungene Schema des vierfachen Schriftsinns ganz aufgibt[23], ist doch die damit zur Grundkategorie erhobene Unterscheidung von Gesetz und Evangelium über die Existenzialität des Einzelnen hinaus korporativ und futurisch-eschatologisch zu entfalten[24]. Verfolgen wir nun das civitates-Thema beim jungen Luther in allen diesen Dimensionen.

b) Der Dualismus beim einzelnen Menschen (tropologischer Sinn der civitates)

Lenken wir unseren Blick nach Luthers eigener Anweisung zuerst auf die Fragen der »Tropologia«, so kann man die beobachtete, noch nicht voll durchgeklärte Ambivalenz der zwei hermeneutischen Schemata[25] auch an den Dualismen beobachten, mit denen er die Existenz der Angehörigen beider civitates zu umschreiben pflegt. Die hier immer wiederkehrenden Gegensatzpaare sind häufig beobachtet und aufgezählt worden[26]: Zeitliches-Ewiges, Sichtbares-Unsichtbares, Gegenwärtiges-Zukünftiges, Späteres-Früheres, Sinnliches-Intelligibles, Offenbares-Verborgenes, Fleischliches-Geistiges, Äußeres-Inneres (welches Begriffspaar für uns besonders wegen der Gegenüberstellung von äußerem und innerem Menschen wichtig ist), Weltliches (Irdisches)-Himmlisches, Niederes-Höheres, Linkes-Rechtes, Vieles-Eines, Schatten-Wahrheit, Zeichen-bezeichnete Sache usw. Nachdem *A. W. Hunzinger*[27] den neuplatonischen Zug dieser Dualismen einseitig hervorgehoben hatte, betont die Forschung seither weitgehend deren theologische Bedeutung im Gegensatz zur philo-

[23] Vgl. *Ebeling*, Evang. Evangelienauslegung, 283ff. Zu littera und spiritus in der Galaterauslegung von 1519 vgl. *K. Bornkamm*, Luthers Auslegungen des Galaterbriefs, 35ff.

[24] Zum letzteren vgl. bes. u. A. 105.

[25] *Ebeling* (Anfänge, 217) formuliert sogar so scharf, daß er sagt: »... die Begriffe literalis und spiritualis verlieren nicht ihr zweideutiges Schillern«. Immerhin bleibt die bewußte Zusammenordnung beider Bedeutungen über die anthropologischen Kategorien Affekt und Intellekt zu beachten.

[26] Grundlegend *Ebeling*, 187ff. (hier eine Fülle von Belegen); vgl. *Joest*, 89ff.; *G. Metzger*, 105f.; 142ff.

[27] Lutherstudien 1. H.: Luthers Neuplatonismus in der Psalmenvorlesung von 1513—1516.

[28] Vgl. *A. Hamel*, I, 208ff.; *G. Ebeling*, 187f.; *W. Joest*, 99ff.; *G. Metzger*, 105f. (dort A. 5 ältere Literatur zum Thema).

sophischen[28]. Nicht ontologische Schichten der Welt seien damit gemeint, sondern die zwei Weisen des Existenzverständnisses vor Gott (coram deo) und vor der Welt (coram mundo)[29]. Bei der Durchführung dieser in der Intention sicher richtigen These macht man es sich allerdings meistens zu leicht, und zwar in zweifacher Weise. Man sieht nämlich Luthers Verhältnis einmal zu Augustin und zum anderen zum »Biblischen« nicht in seiner ganzen Komplexität. Reicht es denn aus zu sagen, »daß fast alle Begriffe, mit denen Luther diesen Gegensatz bezeichnet, sich auch in der Bibel finden«[30]? Damit ist doch das Problem erst gestellt, wenn man bedenkt, daß z. B. die Polaritäten von innerem und äußerem Menschen und von Geist und Fleisch schon bei Paulus nur eine, wenn auch durchgreifende und polemische Neuinterpretation der von hellenistischen Juden aufgenommenen platonisch-stoischen Vorlagen ist[31]. Nur wenn man diese schon im Neuen Testament vorliegende Beziehung zwischen theologischer und philosophischer Anthropologie beachtet, kann man deren jeweilige Bestimmung bei Paulus, Augustin und Luther scharf erfassen. Bei dem Apostel begegneten wir einer zweifachen Verwendung des »inneren Menschen«. Einmal versteht er darunter die Gottes Willen erfassende Vernunft jedes Menschen, die aber wegen der Gefangenschaft unter der Macht der Sünde unfähig zum Verwirklichen des Erkannten und sogar gewollten Guten ist (Rö 7, 14ff.). Hier ist die philosophische Einsicht, daß die Begierden Willen und Vernunft lähmen, radikalisiert. Und zwar ist durch die neue Sicht des totalen Gotteswillens und der damit verbundenen totalen Sünde einerseits und Neuschöpfung andererseits die Möglichkeit aufgegeben, sich mit dem »soweit wie möglichen« Durchsetzen der Vernunft in der Erscheinungswelt (Platon) oder der Exklusivität einiger Weiser (Stoa/Philon) zu begnügen. Daneben gebraucht Paulus den Begriff des »inneren Menschen« oder des Nus im Sinn des in Christus anfänglich erneuerten Menschen. Dieser ist verborgen, weil an ihm zwar schon das Mit-Christus-Gekreuzigtwerden, noch nicht aber das Mit-ihm-Auferstehen sichtbar ist (vgl.

[29] *Ebeling*, 191 u. ö. [30] *Ebeling*, 189.

[31] S. o. Kap. I B. Ganz unzureichend ist es deshalb, wenn *Joest* (138ff. passim) bei der Analyse der anthropologischen Tradition vor Luther die Trias Geist, Seele, Leib (1 Thess 5, 23) und die Dualismen von Fleisch und Geist, äußerem und innerem Menschen (Rö 7, 14ff. u. ö.) schlicht für »biblisch« erklärt und sie der »antiken« Anthropologie seit Platon und den Mischformen der Patristik und der Scholastik gegenüberstellt.

2 Ko 4, 16 mit Rö 6). Immerhin setzt er sich in irdischer, leiblicher Gerechtigkeit durch (Rö 12, 1ff.). Augustin macht in seiner Entwicklung, wie gezeigt, den Weg von Philon zu Paulus in seiner eigenen Person noch einmal durch[32]. Hierbei ist seine Besonderheit, daß er die paulinischen Ansätze zum korporativen Verständnis von altem und neuem Menschen (Adam-Christus) in dem tychonianisch ausgeführten apokalyptischen Rahmen der gesamten Menschheitsgeschichte entfaltet. Nun kann man zwar sagen, daß er kraft seiner stark neuplatonisch geprägten Herkunft die Ambivalenz zwischen philosophischen und theologischen Aussagen nie ganz überwindet[33]. In der Anthropologie zeigt sich das besonders in der Bewertung der Konkupiszenz für das Sündenverständnis[34] und in der Suche nach Trinitätsanalogien im inneren Menschen (De trinitate)[35]. Aber hier ist zweierlei zu beachten. Erstens ist bei Paulus selbst ein gewisses »Schillern« der Begrifflichkeit nicht zu leugnen. Zweitens aber ist Augustin in seinen antipelagianischen und auch antiheidnischen Schriften zu Klärungen vorgedrungen, die sich so ausdrücklich bei Paulus noch nicht finden. Dazu gehört, daß er ausdrücklich das »nach dem Fleische« und »nach dem Geiste leben« von den philosophisch-anthropologischen abhebt und dabei sogar ausdrücklich gegen die Materiefeindlichkeit der Platoniker und gegen die Affektleugnung der Stoiker polemisiert[36]. Wenn man von dieser klaren Aussage zum Luther der ersten Psalmenvorlesung kommt, der De civitate dei doch schon Jahre vorher gelesen hatte, so ist man geneigt zu sagen, daß er damals die Präzision Augustins noch nicht erreicht hat. Das heißt überspitzt gesagt: er redet hier noch neuplatonischer als sein großer Lehrmeister in seinem reifen Werk[37].

Hat man sich diese theologiegeschichtliche Situation Luthers klargemacht[38], so kann man weitgehend dem Bild folgen, das die jüngste

[32] Vgl. o. Kap. II.

[33] Vgl. bes. o. S. 299ff.

[34] Dies betont zuletzt *Joest* (198) wie vor allem *E. Dinkler* in seiner »Anthropologie Augustins« (zusammenfassend 206).

[35] Grundlegend *A. Schindler*, Wort und Analogie; vgl. *Joest*, 145ff.

[36] S. o. S. 254f. Schon *H. v. Campenhausen* hat in seiner Rezension des Dinklerschen Buches (ThR 17, 1948, 62) diesen Gesichtspunkt m. R. hervorgehoben. Bei *Joest* ist er dagegen völlig vernachlässigt.

[37] Hiermit ist durchaus nicht bestritten, daß Augustin neben der Mystik die Quelle der »neuplatonischen Reste« beim jungen Luther ist (so *Ebeling*, Anfänge, 189).

[38] Die hier vorgenommene Differenzierung des üblichen Urteils mag für das

Forschung in ausgezeichneten Arbeiten von der Entwicklung seiner Anthropologie gezeichnet hat[39]. Die Gesamttendenz Luthers läßt sich folgendermaßen kennzeichnen: er löst die Verflechtung zwischen den anthropologischen Konstitutionselementen (Leib/Fleisch-Seele-Geist; Leib/Fleisch-Sinne-Vernunft-Geist) und den theologischen Bestimmungen des jeweils ganzen Menschen als fleischlich oder geistlich immer weiter auf. Dabei vereinfacht er, wenn auch seine stets wechselnde Terminologie eher kompliziert erscheint, die herkömmlichen anthropologischen Trichotomien in die Dichotomie der Relationsbegriffe coram mundo und coram deo. Das erreicht er, indem er Leib-Seele und Leib-Sinne-Vernunft zusammenzieht und zum Ort der Weltbeziehung des Menschen erklärt, während er den Geist als Ort des Gottesverhältnisses bestimmt[40]. Manchmal bezieht er aber auch das coram mundo einfach auf den Leib (äußeren Menschen), das coram deo auf die Seele (inneren Menschen)[41] oder andere Begriffe wie cor, conscientia, voluntas (affectus)[42]. Wenn man nun diese beiden Relationen, die den Menschen in seiner Ganzheit konstituieren, vom Gottesverhältnis aus betrachtet, so ergeben sich — teilweise in den äquivoken anthropologischen Termini — die theologischen Totalitätsaussagen über den Menschen, nach denen er fleischlich oder

---

historische Verständnis Luthers nur wenig austragen, wenn auch sein »Ringen um die Freiheit der Theologie von der Philosophie« an diesem Punkt auf dem Hintergrund der paulinischen und augustinischen Lösungen des gleichen Problems plastischer hervortritt. Aber systematisch, nämlich im Blick auf die Weiterführung der Ansätze Luthers bis hin zur theologischen Bearbeitung gegenwärtiger Anthropologie, die ja nicht mehr an der Polarität von innen und außen orientiert sein kann, ist es grundlegend wichtig, sich aus dem Gesamtzusammenhang der Entwicklung von Paulus bis Luther die einzelnen Elemente der theologischen Bezugnahme auf das philosophische Gegenüber und auch die Möglichkeiten der Äquivokation genau vor Augen zu führen.

[39] Grundlegend zur 1. Psalmenvorlesung die genannten Arbeiten von *Ebeling* (bes. Anfänge) und *Metzger* (80ff.; 188ff.) und zur Gesamtentwicklung des frühen Luther *Joest*, (138) 163ff.; 196ff. Daneben bleiben für die ausgereifte Position Luthers wichtig: *R. Hermann*, Luthers These »Gerecht und Sünder zugleich«, 207ff.; *ders.*, Luthers Theologie, 91ff. (hier A. 1 weitere Literatur); *E. Schott*, Fleisch und Geist; *H. Bornkamm*, Äußerer und innerer Mensch bei Luther und den Spiritualisten. Ich verzichte auf Grund der breiten vorhandenen Dokumentationen im folgenden weitgehend auf Einzelbelege.

[40] Vgl. zusammenfassend *Joest*, 193ff.

[41] So dann später grundlegend in der Schrift »Von der Freiheit eines Christenmenschen« (1520).

[42] Vgl. zuletzt *Joest*, 210ff. mit älterer Literatur.

geistlich, gut oder böse, äußerlich oder innerlich, alt oder neu, sündig oder gerecht ist[43].

Typisch für die erste Psalmenvorlesung ist, daß diese rein auf Gott bezogene Fragestellung alles andere in sich aufsaugt. Das coram mundo-Sein in seiner relativen Eigenbedeutung kommt hier kaum in den Blick, was uns in Hinsicht auf den damaligen Stand der Reichelehre noch beschäftigen muß[44]. Bei der Frage nach dem, was vor Gott gilt, erhält die Welt einen fast rein negativen Akzent[45]. Denn wer sich in seiner Totalität als Mensch auf das Sichtbare, das Fleischliche, das äußerlich Mächtige usw. gründen will, wird vom Nichtigen beherrscht und immer tiefer in dieses hineingezogen. Nur Gott selbst — und darauf sollen Begriffe wie das Ewige, Unsichtbare, Himmlische, Wahre usw. hindeuten — kann dem Menschen letzten Grund geben. Unter der tropologischen Fragestellung dieses Abschnitts interessiert noch nicht, daß jener doppelte Totalitätsaspekt die Menschen in zwei Gruppen scheidet. Hier bündeln sich alle Probleme in der Frage, wie das Leben der Gerechtfertigten, der von Gottes Geist Ergriffenen und Erneuerten zu verstehen ist.

An dieser Stelle ist bei Luther von Anfang an eine äußerste Konzentration auf Christus, Wort und Glaube (besser: die drei »theologischen Tugenden« Glaube, Hoffnung, Liebe) zu beobachten[46].

[43] Zusammengefaßt hat Luther beide Linien, die anthropologische und die theologische, in seiner Magnificatauslegung von 1520/21. Hier bedient er sich zu ihrer Unterscheidung der mißverständlichen aristotelischen Begriffe von Natur und Eigenschaft — mißverständlich, weil das Geistsein des Menschen coram deo von der Rechtfertigungslehre her gerade keinen habitus, sondern eine externa iustitia meint. Eigenschaft meint also hier: das totale Ausgerichtetsein des ganzen Menschen. Hier der Text aus Luthers Auslegung des Wortes »Meyn seele« (7, 550, 19ff.): »Die schrifft teilet den menschen ynn drey teil (folgt 1 Thess 5, 23 mit »geist, seele und leip«). Und ein iglichs dießer dreier sampt dem gantzen menschen wirt auch geteylet auff ein ander weiß ynn zwey stuck, die da heißen *geist und fleisch*, wilch teilung nit der *natur*, ßondernn der *eygenschaff* ist, das ist, die natur hat drey stuck: geist, seel, leip, und mugen alle sampt *gut oder boß* sein, das heist denn geist und fleysch sein, davon itzt nit zu reden ist« (folgt die Beziehung des Geists auf »glawbe und gottis wort«, der Seele (die aus der gleichen Geistsubstanz ist, aber ein anderes »werck« hat) auf die vegetativ-sinnliche und vernünftige Weltrelation und des Leibes auf den reinen Gebrauch der Welt). Zum Ganzen vgl. *Joest*, 183ff.

[44] S. u. S. 479.

[45] Vgl. 3, 182, 24ff.: »Est autem homo novus homo gratie, homo spiritualis et interior coram Deo. Homo autem vetus est homo peccati, homo carnalis et exterior coram mundo«.

[46] Eine schöne Zusammenfassung bietet z. B. die Glosse zu Ps. 109 (110), in

Denn an dem durch diese Begriffe gekennzeichneten Geschehen läßt sich am deutlichsten sehen, wie Gott in die ihm widerstrebende Welt einbricht, wie sich sein Geist im endzeitlichen Kampf gegen die Macht des Bösen durchsetzt, nämlich »unter dem Gegenteil«. Im Kreuz Christi ist vorgezeichnet, daß das Auferstehungsleben unter dem Sterben des alten Menschen verborgen ist[47]. Diese »Tötung des Fleisches« ist allein durch die Kraft Gottes selbst möglich. Das Handeln Gottes sub contrario zu verstehen und anzunehmen, ist Sache des Glaubens. »Was der Nicht-Glaubende an Leiden und Gefälle zum Tod in seinem Leben erfährt, wird ihm zum bleibenden Verhängnis. Erst aus der Wirklichkeit des Glaubens heraus werden Leiden und Tötung des Fleisches gleichsam als Gefälle nach oben erfahren: es sind iudicia iustitie, iudicia salutis, iudicia glorie[48].« Und die sichtbar tötende und unsichtbar lebendigmachende Kraft Gottes erfährt der Glaubende wiederum unter der Verborgenheit des Wortes[49]. Dieses Zeichen, das als littera mißverstanden werden kann, vermittelt bei richtigem Erfassen den lebendigmachenden Geist Gottes[50].

Dieses Kampfesgeschehen im Glaubenden zwischen Geist und Fleisch wird sein Ende finden, wenn mit der Auferstehung die Macht der Sünde völlig aufgehoben und auch der Leib von der Macht des Geistes völlig neugeschaffen sein wird. Es ist also prinzipiell eschato-

---

der Luther Christus nach seiner menschlichen Natur als rex, iudex, doctor und sacerdos beschreibt, wie er ohne äußere Gewalt durch Evangelium und Geist die Welt überwindet und zu Demut, Glaube, Liebe, Hoffnung führt. Zur Trias aus 1 Ko 13, 13 vgl. die Monographie von *R. Schwarz*, Fides, spes und caritas beim jungen Luther. *Maurer* (Luthers Lehre von der Kirche, 97f.) hebt mit anderen hervor, daß bei Luther gegenüber Augustin und der Tradition Glaube und Wort als Bindemittel zwischen Christus und seinen Gläubigen stärker betont ist.

[47] In der Auslegung von Ps. 118 (119) parallelisiert Luther »passiones Christi« und »mortificatio veteris hominis et exterioris« und fährt dann fort: »Tua autem instructio ponitur in interiori homine, ut illum edificet in iustitia: quod fieri non potest, nisi destruatur exterior ... Tolle, tolle ergo et crucifige eum, reus enim est mortis, ut vivat, qui est intus in spiritu« (4, 354, 39ff.). Vgl. auch sehr schön in der ersten Galatervorlesung (1516/17): »omnes fideles sunt iusti propter Christum, in quem credunt et cui incipiunt fieri conformes per mortificationem veteris hominis« (57 II, 74, 9ff.; dazu *Metzger*, 189). Zur Theologia crucis des jungen Luther grundlegend: *W. v. Loewenich*, Luthers Theologia crucis. Vgl. u. a. *Cranz*, 3ff.; 21f.; *Joest*, 118ff. mit weiterer Literatur.

[48] *Metzger*, 189; vgl. ebd. 105ff. und *R. Schwarz*, bes. 134ff.

[49] Wie die Menschheit Christi und die Kirche sind auch das mündliche und das geschriebene Wort »latibulum divinitatis« (3, 404, 1f.; vgl. *Maurer*, 98).

[50] S. o. S. 443f.

logisch, und zwar unter konstitutivem Einschluß der futurischen Dimension verstanden[51]. Aber auch in diesem Leben tritt der von Gott ergriffene Mensch nicht einfach auf der Stelle, sondern er macht eine Entwicklung durch. Dieses Problem behandelt Luther später (seit der Römerbriefvorlesung 1515/1516) in der bekannten dreifachen Polarität von zugleich gerecht — zugleich Sünder — Fortschritt[52]. Aber auch in der Psalmenvorlesung findet sich neben der Spannung zwischen Geist und Fleisch der Gedanke des Fortschreitens[53]. Schon zu dieser Zeit lehnt er freilich die Vorstellung eines kontinuierlichen Stufenwegs zu immer größerer Vollkommenheit ab[54]: »Voranschreiten ist nichts anderes als immer anfangen. Anfangen ohne voranzuschreiten, das ist zurückgehen« (4, 350, 15ff.). »Immer müssen wir gerechtfertigt werden, die wir gerecht sind« (4, 364, 14ff.). Fortschreiten in diesem Sinn kann nur heißen, daß »Christus in uns fortschreitet«. Durch die verstärkte Bindung (Glauben) an ihn, den ständig neuen Ursprung und das Ziel unserer Gerechtigkeit, wachsen auch nach außen die guten Werke — allein von ihm gewirkt[55]. So wird das Leben des Christen ein »Hinüberschreiten aus dieser Welt zur zukünftigen« (4, 363, 1f.).

[51] Zur eschatologischen Dimension s. o. S. 447 u. u. S. 461 f. [52] S. u. S. 465ff.

[53] Vgl. *Metzger*, 188ff.; 190ff. (190 A. 28 weitere Literatur).

[54] *Metzger*, 191 A. 34.

[55] »Opera enim Christi et iustitie et fidei sunt via Christi, secundum quam in nobis ambulat et proficit, id est proficere facit. Quia omnia opera bona ipse in nobis operatur et non ipsi nos« (3, 545, 30ff.). Auffallend ist, daß Luther nicht so sehr wie Augustin daran interessiert ist, der Herrschaft Gottes über den Menschen dessen eigene innere Herrschaftsordnung direkt zuzuordnen. Dies hängt sicher mit den Ansätzen zum totus-homo-Denken schon beim frühen Luther zusammen und wird dann später — durch die veränderte Akzentuierung der Imago-dei-Lehre — in den Gedanken des dominium terrae münden (s. u. S. 512ff.). Vgl. in dieser Zeit immerhin 3, 615, 24f.: »Spiritum esse rectorem super carnem maius est, quam carnem sese affligere et obedire«; weiter 3, 298, 30: »Ita spiritus debet supplantare carnem suam et mundum cum vitiis et concupiscentiis suis. Quod fit per vitam activam« (folgt der Verweis auf die vita contemplativa als zweiten, zukünftigen status der Kirche). In diesem Zusammenhang ist auch zu erwähnen, daß Luther in ausdrücklichem Anschluß an Augustins Gegenüberstellung von timor (legalis) und caritas das freiwillige Gesetzeserfüllen der Christen durch den Geist betont. Charitas ist ja bei Augustin, wie oben gezeigt wurde (s. o. S. 198f. u. ö.), die Summe der Kardinaltugenden, die eben die innere Herrschaftsordnung verwirklichen. Bei Luther ist die Verbindung dieses Motivs mit einem anderen aristotelisch-thomistischen interessant, wonach nichts Erzwungenes, sondern nur etwas freiwillig Gewolltes (»Natürliches«) ewig sein kann. Vgl. u. A. 58 zu den Folgerungen dieses Gedankens für die Herrschaft Christi in den Seinen.

c) Der korporative Dualismus (allegorischer Sinn der civitates)

Luther läßt aus dem tropologischen den allegorisch-korporativen Schriftsinn unmittelbar folgen[56], so daß sich hier kaum ein anderes Bild als dort ergibt. Dennoch ist es aufschlußreich, sich gerade an dieser signifikantesten Stelle das Verhältnis der ersten Psalmenvorlesung zu Augustin zu vergegenwärtigen. Ausgangspunkt in Luthers früher Ekklesiologie sind die besonders von Augustin in den Mittelpunkt gerückten Vorstellungen des *Leibs* oder Volks *Christi*, wobei die Verbindung von Haupt, Leib und Gliedern die Verbindung der vier Schriftsinne widerspiegelt[57]. Hierbei übt Christus ein doppeltes regnum über sein Volk aus. Gemäß seiner menschlichen Natur regiert er ohne äußere Gewalt und äußeren Glanz die wandernde und kämpfende Kirche — allein durch das Wort, in dem freilich der zur Frei-Willigkeit umschaffende Geist wirksam wird[58]. Gemäß seiner göttlichen Natur wird er die triumphierende Kirche in ewigem Frieden leiten[59]. Daß Christus in seiner göttlichen Natur, also in der trinitarischen Einheit mit dem Vater und dem Geist, auch an Gottes

[56] S. o. A. 22. M. R. betont aber *Maurer* (96) auch die Wechselseitigkeit des Verhältnisses von Leib Christi und den Gliedern an diesem Leib — ein Gesichtspunkt, der notwendig aus dem »omnia simul Christus« der vier Schriftsinne folgt.

[57] Es ist der neueren Forschung zuzustimmen, die gegenüber *K. Holl* (Ges. Aufs. I, 288ff.) hervorhebt, daß Luther in seinen frühen Äußerungen über die Kirche durchaus mit traditionellen Vorstellungen arbeitet. Die neueste gründliche Bearbeitung des Themas verdanken wir *G. Müller*, Ekklesiologie und Kirchenkritik beim jungen Luther. Aus der dort gesichteten älteren Literatur ist für unseren Zusammenhang bes. wichtig: *W. Maurer*, Kirche und Geschichte, u. *H. Fagerberg*, Die Kirche in Luthers Psalmenvorlesung. Vgl. auch *G. Müller*, Neuere Literatur, 341f. u. 352ff.

[58] Vgl. die Schol. zu Ps. 1, 2 (55 II, 1, 9, 4ff.; zum Zusammenhang dieses Passus s. o. A. 55): »Igitur Christus non vult vi et violentia suum regnum constare, quia tunc non constaret, Sed voluntate et ex animo et affectu sibi serviri. Sic enim regnum eius eternum, et quod non corrumpetur, Quia non in vi nititur (folgt 2 Ko 9, 7; Rö 8, 9; 8, 14). Hii autem sunt, quorum est ‚voluntas in lege Domini' (Ps. 1, 2), quoniam hoc sine spiritu Dei ex nobis non est«. (Hierzu vgl. *J. Heckel*, Lex charitatis, 39.) Dieser Gedanke der freiwilligen und nicht durch Furcht erzwungenen Gesetzeserfüllung, der uns schon in Rö 13, 5 und bei Augustins Vorstellung der Menschen unter der lex aeterna (statt unter der lex temporalis) begegnete, spielt auch in Luthers späteren Gedanken zur politischen Existenz der Christen eine wichtige Rolle. Vgl. dazu auch seine Auslegung von Ps. (109) 110, 3 »Dein Volk werden sein die Freiwilligen« (vgl. 4, 233, 20ff. u. ö., später dann als wichtiger Schriftbeleg in »Von weltlicher Obrigkeit«, 1523; 11, 253, 9f.).

[59] Vgl. den zwischen 1514 und 1520 gehaltenen Sermo zu Jes Sir 24, 11 (4, 645ff.) mit 3, 298, 28ff.; weiter *F. E. Cranz*, 120.

gegenwärtiger Weltherrschaft teilhat, weiß Luther zwar traditionellerweise auch (z. B. 3, 250, 16 ff.), betont es aber bei weitem nicht in dem Sinn, wie es die neuere Forschung aus aktuellem Interesse tut. Vielmehr liegt alles Gewicht auf der Herausarbeitung des Christus humilis und der ihm zugehörigen kämpfenden, verborgenen Kirche. Dieser Aspekt bezeichnet für Luther die eigentliche Bedeutung von Reich und regnum Christi[60] und ist der ekklesiologische Ausdruck der Theologia crucis[61].

Wie im Blick auf den einzelnen Christen zwischen Geist und Fleisch, so besteht im Blick auf die Kirche ein scharfer Kampf zwischen den vom Geist Christi geleiteten und den vom fleischlichen Ungeist des Bösen geleiteten Menschen[62]. Wer gehört aber nach Luthers anfänglicher Meinung zum *corpus diaboli*? Von Augustins De civitate dei herkommend, sollte man denken: in erster Linie die Heiden. Dies ist aber nicht der Fall. Natürlich gehören die »infideles« auch im Sinn von »nationes mundi« und »gentes« zum Herrschaftsverband des Teufels[63]. Typisch für den Luther der 1. Psalmenvorlesung ist es aber, daß er hier die Synagoge der *Juden an erster Stelle* nennt[64]. Welches ist der Grund für die auffällige Verschiebung und was bedeutet sie? Sicher wirkt die äußere Tatsache mit, daß Luther seine Aussagen innerhalb der Psalmenexegese macht. Da er die Texte als literaliter auf Christus bezogen liest, fallen alle Äußerungen über

---

60 »Et sane notandum, quod Christus proprie secundum humanitatem dicitur rex in scripturis, quia secundum divinitatem ipse est idem, qui se constituit regem glorie una cum patre et spiritu sancto (3, 258, 16 ff.) ... noli regnum mundi neque regem in purpura et auro cogitare: sed in spiritu regem, qui in veritate regnat, non in divitiis et tyrannide« (262, 37 ff.). Hierzu vgl. vor allem *E. Mühlhaupt* (Herrschaft Christi bei Luther), der reichliche Belege aus den Quellen seit der 1. Psalmenvorlesung bringt. Zur Debatte um das Problem »Königsherrschaft Christi und Zweireichelehre« s. u. A. 436.

61 Vgl. die spätere prägnante Aussage aus den Operationes in Psalmos (1519/21): »Humanitatis seu (ut Apostolus loquitur) carnis regno, quod in fide agitur, nos sibi conformes facit et crucifiget, faciens ex infoelicibus et superbis diis homines veros, idest miseros et peccatores« (5, 128, 36 f.). S. auch *Cranz*, 120; *W. v. Loewenich*, 170 ff.; weitere Literatur bei *M. Schmidt*, John Wyclifs Kirchenbegriff. Der Christus humilis Augustins bei Wyclif. Zugleich ein Beitrag zur Frage: Wyclif und Luther, 91, A. 61.

62 Die Kirche Christi kämpft zur Ausbreitung des regnum Christi »per arma spiritualia, scil. per gladium verbi Dei et opera virtutum ...« (3, 335, 22 ff.). Zum Kampf Satans gegen den Leib Christi s. das folgende.

63 Vgl. z. B. 4, 123, 24; 398, 30.

64 z. B. 55 I, 1, 36, 25 f.; Schol. zu Ps. 121 (122), 4, 399—407 u. ö.

Verfolgungen, Leiden, Feindschaften den Juden zur Last, die Christus kreuzigten. Wichtiger aber wird ein zweiter Grund sein. In dem zweifachen hermeneutischen Schema von littera und spiritus, das vom Prolog her die gesamte Auslegung prägt, sind die Juden in beiden Lesarten die Vertreter des Buchstabens. Einerseits legen sie die Psalmen nicht auf Christus und seine Kirche hin aus, andererseits repräsentieren sie die »pharisäische und gesetzliche Gerechtigkeit« und das Jagen nach irdischen Gütern und fleischlichem Ruhm[65]. Hinzu kommt aber ein Drittes. Luther unterschied, wie *W. Maurer* gezeigt hat[66], mit Bernhard von Clairvaux drei Epochen der Kirchengeschichte. Die erste ist die Zeit der Märtyrer und Tyrannen, die zweite die der Lehrer und Häretiker. Der gegenwärtige wahre Leib Christi ist dagegen durch die lauen Halbchristen bedroht, d. h. weniger durch äußere Verfolgungen und offenbare Irrtümer als durch das Zwielicht, das sich in einer Kirche zu verbreiten pflegt, wenn »Reichtum, Friede und Sicherheit« herrschen (3, 416, 17, 417; 10ff., 25ff.). Genau hierin aber sieht er die Analogie zwischen seiner eigenen Zeit und den Tagen vor dem Prozeß Jesu, an denen nur wenige wußten, was zum wirklichen Frieden Jerusalems dient (3, 428, 26ff.). So kann Luther in seiner Auslegung die Deutung der civitas diaboli auf die Juden und die Kritik an der Kirche seiner Zeit unmittelbar und streng aufeinander beziehen[67]. Von hier aus bestätigt sich übrigens die Erkenntnis *G. Müllers*[68], daß Luther von seinem Schriftverständnis, d. h. von seinem theologischen Ansatz aus zur Kritik der bestehenden Kirche kam, nicht aber umgekehrt.

Damit ergibt sich ein interessantes Bild gegenüber Augustin. Luther übernimmt die Unterscheidung von civitas dei und civitas diaboli in ihrem Grundsinn, spitzt sie aber gemäß seiner Situation anders zu. Einmal bemüht er sich — hier durchaus augustinische Gedanken unmittelbar weiterführend — verstärkt um den tropologischen Sinn der Herrschaftsverbände. Man könnte vielleicht sagen, daß hier Augustins Ansatz, die Intensität des Gottesverhältnisses durch die strikte Abwendung vom Weltlichen zu erreichen, durch die mönchischen Fragestellungen, die der Luther der Dictata trotz

[65] S. o. S. 444.
[66] AaO, 93ff.; vgl. *G. Müller*, Ekklesiologie, 110ff.
[67] Zum einzelnen *W. Maurer* und *G. Müller*, aaO.
[68] AaO, gegen *E. Bizer* (Fides ex auditu).

aller Neuanfänge noch nicht abgestreift hat[69], festgehalten wird[70]. Zum anderen wendet Luther den scharfen Dualismus der civitates gegen die verweltlichte Kirche. Freilich will er damit nicht den Leib Christi in zwei sich befehdende Hälften auseinanderreißen, wie das manche Augustinianer seit Wyclif getan hatten, indem sie die wahren von den falschen Christen sichtbar zu scheiden versuchten[71]. Vielmehr hält er an Augustins antidonatistischer Auffassung fest, daß bis zum Jüngsten Gericht die Kirche ein »gemischter Körper« bleibt, in dem die »wahren Glieder Christi unter Leid und Anfechtung der Vollendung entgegengeführt werden«[72]. Trotzdem unterscheidet sich seine Anwendung der civitas-Lehre von der Augustins. Dieser konnte natürlich die Bösen in der Kirche als solche benennen und kritisieren. Aber polemische Äußerungen über den Zustand der Kirche und ihrer Organe als solcher sucht man bei ihm vergebens. Von der Struktur des augustinischen Zwei-civitates-Schemas her gesehen ist Luthers Erweiterung aber völlig konsequent und legitim. Denn es bezeichnet nicht irgendwelche innerweltlichen und damit sichtbaren und demonstrierbaren sozialen oder sonstigen Gruppierungen. Vielmehr meint es die nicht ohne weiteres — und in diesem Äon letztlich gar nicht — erkennbare Unterscheidung der Grundausrichtungen, der Lebensweisen, des prinzipiellen Bestimmt- und Beherrschtseins von Menschen (und Geistwesen). Diese Grunddifferenz von Gottabgewandtheit und Gottzugewandtheit betrifft aber Glieder aller Gesellschaftsformen (antik-mittelalterlich: vom Haus über Dorf, Stadt und Reich bis hin zur Kirche). So konnte schon Augustin sein civitates-Motiv rein philosophisch und geschichtstheologisch auf die Unterscheidung zweier Menschenarten beziehen (De libero arbitrio; De vera religione) oder es innerkirchlich-polemisch (antidonatistisch; antimanichäisch), katechetisch-homiletisch (De catechizandis

[69] Hierzu grundlegend *B. Lohse*, Mönchtum und Reformation, 227ff.

[70] Zum asketischen Zug in Luthers früher Theologie vgl. z. B. *Joest*, 164f.; 169; 173. Sie klingt nach bis zur Hebräerbriefvorlesung von 1517/18 (ebd. 182), obwohl schon in der Römerbriefvorlesung (1515/16) ein neuer Ansatz gefunden wird (ebd. 171), wovon noch zu reden sein wird.

[71] Vgl. *Maurer*, 92. Grundlegend zu den Unterschieden zwischen Augustins, Wyclifs und Luthers Ekklesiologie *M. Schmidt*, aaO. Dieser weist zwingend nach, daß Wyclif durch die Deutung des augustinischen Christus humilis als *Gesetz* für die Kirche zu einem donatistischen Amtsbegriff geführt wird, er sich also in der »Meisterfrage der Theologie«, der Unterscheidung von Gesetz und Evangelium, sowohl von Augustin wie vor allem von Luther unterscheidet.

[72] Vgl. *Maurer*, 92.

rudibus; Sermones) und schließlich dann antiheidnisch verwenden (De civitate dei)[73].

Bis zu diesem Punkt, also bis zu der Grundunterscheidung zweier Gruppen von rationalen Wesen, die je unter verschiedenen Herrschaften stehen, hat es einen Sinn, vom *personalen* Charakter der Reichelehre zu sprechen, wie *J. Heckel* und nach ihm viele andere tun[74]. In der Tat meinen die Begriffe civitas, regnum, populus oder corpus Christi bzw. diaboli bei Luther wie bei Augustin eine »Personengesamtheit«, in der ein Volk (ein »Haufe«) unter der wirksamen Herrschaft eines Hauptes steht und diesem willig — also vom »Personzentrum« her — folgt[75]. Dieser Gesamtvorstellung versuche ich durch den Begriff Herrschaftsverband als Übersetzung für civitas und durch den Gebrauch von »Christenheit« in Luthers Sinn (»vorsamlung der hertzen in einem glauben«) als Übersetzung von civitas (regnum) dei

---

[73] Auch *Maurer* (91ff.) betont die prinzipielle Gleichheit der Konzeption Luthers und Augustins. Die von ihm genannten geringfügigen Unterschiede halte ich nicht für sehr relevant. Angeblich geht Augustin mehr von der Kainsmenschheit, Luther mehr von Abel aus. Wichtiger ist schon, daß bei Luther die Starrheit des augustinischen Prädestinationsgedankens zurücktritt. Wenig förderlich, weil modernisierend ist es, wenn *E. Kinder* (28) Augustins und Luthers Position unter dem gemeinsamen Nenner zusammenfaßt, ihre civitas-Lehre sei parakletisch-seelsorgerlich und nicht spekulativ. Dahinter steht das Scheinproblem, ob es sich beim Zweireicheschema um *»Lehre« oder »Predigt«* handele (besonders im Anschluß an *Hermann Diem*, Luthers Predigt in den zwei Reichen, immer wieder diskutiert). Ein Scheinproblem ist dies deshalb, weil der Begriff »doctrina« bei Luther beides umfaßt (vgl. *F. Beisser*, Claritas scripturae), also theologische Denkarbeit und mündliches Verkündigungswort nicht zu trennen sind.

[74] Lex charitatis, 34f.; Irrgarten, 6f.; EKL III, 1937f.; vgl. für andere *H. Bornkamm*, Luthers Lehre, 17.

[75] *Heckel* unterscheidet hier (s. vorige Anm.) drei Elemente im Begriff Reich (regnum): 1. die Königswürde des Hauptes (rex); 2. dessen Regiment als Einwirken auf die Glieder; 3. das Königsvolk. Im Zusammenhang des u. A. 140 wiedergegebenen Zitats bezieht Luther als Räte und Mächtige des Herrschers auch die guten und bösen Engel ein. Der Hinweis auf den Personenverbandstaat des Mittelalters (Gefolgschaftsgedanke) ist nur sekundär relevant, da Augustin vom römischen corpus- oder civitas-Begriff her die gleiche Grundstruktur entwickeln kann. (Ausgezeichnetes zur Terminologie bei *M. Heinze*, Reich und Regiment.) Eine Untersuchung wert wäre immerhin die Frage, ob der gegenüber römischem Denken in germanischer Tradition personaler gefaßte fides-Begriff (Treue) für Luthers Anschauungen an diesem Punkt von Bedeutung ist. Damit muß sich allerdings die Frage verbinden, die *H. Dombois* gestellt hat, ob nicht die überaus starke Betonung von Wort (Versprechen) und Glaube bei Luther mit dem Aufkommen der bürgerlichen Geld- und Kreditwirtschaft zusammenhängt (vgl. Evangelium und soziale Strukturen, 42ff.).

gerecht zu werden[76]. Aber man sollte sich der Grenzen der Bezeichnung personal bewußt bleiben. Wir sahen schon bei Augustin, daß die civitates nicht einseitig ethisch oder gar durch Ich-Du-Relationen im modern personalistischen Sinn charakterisiert sind. Vielmehr sind Sein, Erkennen und Wollen des Menschen in ihrer Totalität in diese primäre Herrschaftsstruktur verflochten. Dabei geht es in der Grundstruktur der civitas-Lehre um das *Gottesverhältnis* des als Ganzheit gesehenen Menschen. Dieses beschreibt Augustin mit dem Begriff des frui, aber auch des cultus dei, der religio usw. Luther nennt diesen Bereich seit der Psalmenvorlesung (wenn auch dort noch nicht in der

[76] S. o. S. 243. Daß Luther den *civitas-Begriff* im Gegensatz zu Augustin nicht zum terminus technicus seiner Anschauung macht, hat sicher keine tieferliegenden Gründe, da einerseits auch Augustin eine Fülle von Synonymen und andererseits Luther den Begriff civitas gebraucht, zumal wenn dieser im Text vorgegeben ist (z. B. 4, 398, 17ff.). Es liegt also kaum eine absichtliche Angleichung an biblischen Sprachgebrauch vor, wenn Luther vorwiegend von zwei regna spricht (*Ebeling*, RGG³ IV, 509). Für ihn bezeichnete civitas einfach nicht in erster Linie politische Wirklichkeiten wie das Rom Augustins und die antike Polis. Wir sahen, daß schon bei Thomas die eigentliche »politische«, d. h. in sich vollständige (autarke) Einheit (in der Stufenfolge domus, civitas, regnum, imperium) nicht mehr die civitas, sondern das regnum war, weil nur dieses in der politischen Struktur des Mittelalters die Fähigkeit der Verteidigung nach außen hatte (s. o. S. 432). D. h. Luther meint exakt das gleiche, wenn er regnum sagt, wie Augustin, wenn er, z. B. in en. i. ps. 9, den Herrschaftsverband der civitas erklärt. Das läßt sich auch terminologisch genau belegen. Bei der Auslegung der Beelzebub-Perikope (Mt 9, 27f. = Mk 3, 22ff.) z. B. ergänzt Luther, obwohl er im folgenden dann weiter von zwei regna redet, Jesu Satz über das in sich geteilte Reich und Haus durch civitas, so daß die Parallelität in den drei traditionellen Hauptstufen der societas zum Ausdruck kommt: »Si regnum (civitas, domus) in sese divisum est ...« (Annot. in aliquot cap. Matthaei 1538; 38, 543, 7). Wenn im übrigen Augustin und Luther vom Menschen — also vom Volk der Herrscher — her reden, sprechen sie ohnehin zumeist von genera oder generationes. Vgl. Augustin, vera relig. 50; Luther, Gloss. Ps. 48 (49): »Due enim sunt generationes ab initio mundi usque ad finem: una rectorum, altera impiorum« (3, 273, 31ff.; vgl. 3, 400, 16ff.). In diesem Begriff kommt vor allem der geschichtliche Zusammenhang der jeweiligen Menschengruppen zur Geltung. Vgl. den sermo zu Lk 1, 48f. (zwischen 1514 u. 1517): »Omnes *generationes* dicuntur *successiones seculorum*, i. e. filii filiorum, non autem, ut somniant quidam Logici, per suppositionem incompletam pro aliquibus ex omnibus generationibus, qui generationes pro populis hoc loco accipiunt, cum tamen ubique non pro collectione sed successione hominum accipiatur in scripturis, sicut et Iudaeos Christus vocat generationem pravam et adulteram« (1, 77, 21ff.). So will Augustin ab civ. XV, 1, 1 beschreiben: »... excursus, ex quo (scil. von dem Zeitpunkt an, an dem) illi duo generare coeperunt, donec homines generare cessabunt« (Domb. II, 58, 23). Zum Begriff der *Christenheit* bei Luther vgl. umfassend Vom Papsttum zu Rom (1520; 6, 292, 31ff.).

vollen späteren Bedeutung) »*coram deo*«[77], später dann auch »locus iustificationis«, Ort des Glaubens, des Gewissens usw.[78]. Die Weltbezogenheit des Menschen (coram mundo) kommt in dieser Frage gleichsam nur indirekt zur Sprache, nämlich insofern es auf das Gottesverhältnis bezogen ist — etwa bei Augustin und dem jungen Luther in der Abwehr der Vergötzung der Welt (d.h. des frui statt uti des Zeitlichen)[79] oder bei Luther fernerhin verschärft in der Abwehr der Werkgerechtigkeit, aber auch positiv in den guten Folgen des Glaubens für das Weltverhalten. Wenn das so ist — und ich hoffe zeigen zu können, daß Luther diese Unterscheidung und Zuordnung von coram deo und coram mundo noch viel prägnanter herausarbeitet als Augustin — dann ist es aber im Sinne Luthers weniger treffend, hier von »personal« als vielmehr von »theologisch« zu reden. Da es freilich an dieser Stelle um Gottes Überwindung des Bösen vom Zentrum des Menschen her geht, mag man den Grundsinn der Reichelehre mit Einschränkungen auch personal nennen[80].

Verwirrung stiftet dieser Begriff allerdings dann, wenn man ihn sofort mit der Frage der politischen Verhältnisse verkoppelt. Hier geht es noch nicht um die Frage Institution und Person im öffentlichen Gemeinwesen. Die bisherigen traditionsgeschichtlichen Analysen

---

[77] Vgl. *Ebeling*, Luther, 220ff.; *Joest*, 137ff.; speziell für die 1. Psalmenvorl. *Metzger*, 137ff.

[78] S. o. S. 450 (ebd. A. 42 Literatur). Interessant ist Luthers Wiedergabe des Schemas »frui-uti« durch »*trauen*-brauchen« (dazu *Nilsson*, Simul, 112 A. 57).

[79] Daß in der 1. Psalmenvorlesung das coram deo vorwiegend in seinem dem coram mundo entgegengesetzten Sinn entfaltet wird, betont *G. Metzger*, 137ff. u. ö. Diese frühe Besonderheit hängt mit dem erwähnten asketischen Zug des jungen Luther zusammen. Umgekehrt ist es unzulässig, die scharfen antithetischen Formulierungen der frühen Zeit einfach mit dem später in seiner Eigenständigkeit erst voll erkannten Aspekt des coram mundo zu verkoppeln, wie *J. Heckel* das tut. Die Dualismen der Dictata zielen alle auf das coram deo. *Ebeling* (Anfänge, 194) sagt m. R., »... daß der Dualismus, von dem die Psalmenvorlesung beherrscht ist, ein solcher ist, der das Verhältnis zwischen Gott und Mensch betrifft« ... (vgl. 191).

[80] Jedenfalls sollte man sich aber der Tatsache bewußt sein, daß die Person als Individuum hier in konstitutiver Relation zu Christus, und zwar im Horizont des vierfachen Schriftsinns zu ihm als Haupt, Leib und zukünftiger Vollendung der neuen Schöpfung zu sehen ist — ja, noch schärfer: die Person hat ihr Sein außerhalb ihrer selbst, wie Luthers ausgereifte Rechtfertigungslehre entfaltet. Vgl. die wichtigen Ausführungen *Joests* (232ff.) zum Person-Sein bei Luther, besonders zum »exzentrischen Charakter des Person-Seins« (233ff.) und die Kritik *Metzgers* (145) an der Bezeichnung »Gewissensreligion« für Luthers Anschauung.

haben eindeutig gezeigt, daß die Zwei-civitates-Lehre ganz unabhängig von den politischen Fragen auftreten kann und beim jungen Luther auch faktisch auftritt[81]. Man kann es geradezu als typisch für die 1. Psalmenvorlesung bezeichnen, daß die Weltfragen, auch die politischen, in ihrem Eigensinn nur ganz am Rande, dafür fast ausschließlich in ihrer Beziehung auf das Gottesverhältnis behandelt werden.

d) Die eschatologische Aufhebung des Dualismus (anagogischer Sinn der civitates)

An dieser Stelle können nicht die gesamten Probleme der Eschatologie beim jungen Luther aufgegriffen werden[82]. Auf eine Schwierigkeit ist aber besonders hinzuweisen, weil sie leicht Verwirrung stiftet und selten ausreichend beachtet wird. Luther — der reife noch mehr als der frühe — unterscheidet zwei Arten von Dualismen. Der eine betrifft die zwei civitates und meint den Gegensatz zwischen Teufel und Christus, Sünde (Fleisch) und Glaube (Geist) — auch im einzelnen Christen —, zwischen wahrem Gottesvolk und Teufelsdienern in Form von Heiden, Häretikern und Scheinfrommen. Daneben aber bestehen die Unterscheidungen, die den Zeichencharakter des Kreatürlichen meinen. Auch hier werden Gegensätze genannt: signum — res significata, temporalia — eterna, praesentia — futura[83], umbra — veritas. Aber diese Gegensätze enthalten an sich nichts Widergött-

---

[81] Insofern führt es zu ganz falschen Vorstellungen, wenn *Heckel* (36 u. ö.) mit der Darstellung der zwei civitates nach frühen Quellen sofort eine Lehre vom weltlichen Regiment, wie er sie aus den verschiedensten späteren Schriften zusammenstellt, verbindet. Wann und wie dieser Gedankenkreis bei Luther auftritt und sich mit der Polarität von Gottesreich und Teufelsreich verbindet, muß uns weiter unten ausführlich beschäftigen (vgl. u. Abschnitt B.). Die Vermengung der Aspekte findet sich im Anschluß an *Heckel* bei *E. Wolf*, ZevKR 1958, 270. Vgl. auch *Kinder*, 31 u. ö.

[82] Vgl. *G. Metzger*, 144, 147, 190ff. u. ö.; *R. Schwarz*, 227ff.; o. S. 447.

[83] Auf diese charakteristische Ergänzung der neuplatonischen Schemata von sensibilia und intelligibilia, temporalia und eterna wurde oft hingewiesen und daraus der besondere unphilosophisch-eschatologische Charakter der lutherischen Dualismen abgeleitet. Vgl. *Ebeling*, Anfänge, 189 zu 4, 222, 18. Ich vermute, daß Luther hier von der oben (S. 302f.) besprochenen Stelle in den Conf. XI, 39 abhängig ist, an der Augustin aus Phil 3, 14f. herausliest, daß das »ante« auf die vor aller Zeit liegende Ewigkeit hinweist, auf welche die civitas dei zuwandert. 3, 596, 23 parallelisiert er nämlich ausdrücklich die temporalia mit den posteriora und die eterna mit den anteriora (vgl. *Joest*, 166). Damit hat aber auch Luther an der für Augustin nachgewiesenen Zweideutigkeit teil.

liches. Im Gegenteil — ihrer bedient sich Gott, um auf sein Heil schaffendes Wirken hinzuweisen[84]. Erst dadurch, daß man Zeichen und Bezeichnetes vermengt und beides nicht auseinanderhält, entsteht jene erste Form von Dualismen, wie sie in der civitates-Lehre ausgedrückt wird.

So muß man auch zwei Verborgenheitsbegriffe unterscheiden. Einmal ist der im Christen wirkende Geist der Neuschöpfung noch unter den Rückzugsgefechten der Sünde verborgen, so wie es die wahren Christen unter den Heuchlern sind. Zum anderen aber verbirgt Gott sein mächtiges Wort »sub contrario« in den Kreaturen[85], im Menschen Christus, in der schwachen Kirche[86]. Auch diese Verborgenheit hat ihren Grund nicht im Bösen[87]. Aber an ihr entscheidet sich wieder Glaube und Unglaube, wenn sich nämlich der Mensch auf den im Niedrigen verborgenen Gott verläßt oder in seinem Hochmut gerade diese Niedrigkeit verschmäht.

Diese kurzen Hinweise müssen zunächst genügen, um zu erfassen, welchen präzisen Sinn es hat zu sagen, der Dualismus der civitates würde eschatologisch aufgehoben. Hier ist ausschließlich an den Kampf Gottes gegen die das Gottesverhältnis verderbende Sünde, an den Streit des Geistes gegen das Fleisch gedacht. Diese Spannung, die die Glaubenden jetzt in Glaube, Hoffnung, Liebe aushalten und anfangsweise überwinden müssen, wird aufgehoben sein, wenn der Geist in der Auferstehung den ganzen Menschen und die ganze neue

---

[84] Vgl. *Ebeling* (195f.) mit einer Fülle von Belegen. Allerdings spielt er diesem Gesichtspunkt gegenüber die Bedeutung des — wie er sagt »metaphysischen« — Dualismus zwischen Teufel und Gott zu stark herunter (94f.). Das Gegeneinander der beiden civitates läßt sich nicht auf den »Gegensatz zweier Existenzmöglichkeiten ein und desselben ganzen Menschen« reduzieren. Vgl. die in manchem überscharfe Kritik von *E.-W. Wendebourg* (Erwägungen, 126 u. ö.).

[85] Vgl. z. B. 3, 561, 1f.: »Omnis creatura dei verbum dei est ... Ergo creaturas inspicere oportet tanquam locutiones dei« (vgl. *Maurer*, Freiheit eines Christenmenschen, 143 u. 152).

[86] Grundlegend zu dieser Frage ist *K. O. Nilsson*, Simul. Das Miteinander von Göttlichem und Menschlichem in Luthers Theologie. Ebd. 58ff. u. ö. zur doppelten Verborgenheit. *U. Asendorf* (246) vernachlässigt diese Unterscheidung, wenn er das »simul iustus ac peccator« in der Rechtfertigungslehre, das »latent sancti« in der Ekklesiologie und das Larvenspiel Gottes in der Schöpfungslehre einfach parallelisiert. Zu der mit diesem Komplex zusammenhängenden Frage nach der Verborgenheit der Kirche vgl. zuletzt *G. Müller*, Ekklesiologie, 101ff.

[87] Es sei denn, Gott benutze gerade Werke des Bösen, also Sünde und Tod, für seine Zwecke — etwa um Menschen zu sich zu treiben.

Christusmenschheit durchwaltet[88]. Die »Verborgenheit unter dem Gegenteil« ist also nicht die Paradoxie eines ewigen »Zugleich«[89]. Trotz der Konzentration Luthers auf den tropologischen Schriftsinn bestimmt die eschatologische Hauptintention der augustinischen Zwei-civitates-Lehre auch seinen Ansatz konstitutiv. Im Eschaton wird auch Gottes Wirken durch die Kreaturen unverborgen sein, also auch die zweite Polarität eine veränderte Struktur haben[90]. Dieser Gesichtspunkt kann uns aber erst beschäftigen, wenn wir nicht nur die civitates-Lehre in ihrem Grundsinn, nämlich in ihrer Beziehung auf das Gottesverhältnis, sondern auch die spezielle Frage des »coram mundo« hinzunehmen. Ehe das aber geschehen soll, mag eine kurze Skizze zeigen, daß Luther auch später die an Augustin anschließende Unterscheidung von regnum diaboli und regnum dei (Christi) in den verschiedensten Zusammenhängen benutzen kann, ohne dabei gleichzeitig oder jedenfalls primär auf die Frage des politisch-weltlichen Regiments und überhaupt das menschliche Weltverhalten einzugehen.

2. *Die zwei im endzeitlichen Kampf liegenden civitates beim späten Luther — abgesehen von ihrer Verbindung mit dem Motiv der »Gewalten«*

Um vollends deutlich zu machen, daß die Vorstellung vom endzeitlichen Kampf zwischen Gott und dem Bösen, zwischen Christi Herrschaftsverband und dem des Teufels ein eigenständiges Beziehungsfeld — ganz unabhängig von der Frage der politischen Herrschaft — hat, weise ich in diesem Abschnitt vor der Besprechung der »Gewalten«-Tradition auf die verschiedenen Bereiche hin, in denen Luther auch später von den beiden Herrschaftsverbänden im Grund-

[88] »Hoc quidem nunc agitur in spiritu, sed in futuro etiam fiet in corpore, ac sic Dominus Ihesus est vere deus et vite non tantum vite, sed etiam exitus mortis« (3, 400, 35ff.). Vgl. *Metzger*, 190.

[89] Dieses Mißverständnis ist die Gefahr des an sich hervorragenden Buches von *K. O. Nilsson*. Nicht, daß er das Wort Eschatologie überhaupt nicht erwähnte. Aber die Sache bleibt gänzlich am Rande. Die Darstellung schließt mit dem »simul« in der Kirche. Dieses Werk erschließt seine Schätze eigentlich erst, wenn man den von *Asendorf* herausgearbeiteten konstitutiven eschatologischen Grundzug in Luthers Theologie ständig hinzudenkt. Dessen großangelegte und materialreiche Arbeit läßt allerdings trotz der richtigen Intentionen Präzision im Begrifflichen wie im Traditionsgeschichtlichen vermissen.

[90] S. u. S. 512ff. die Ausführungen zum cooperatio-Gedanken.

sinn, nämlich allein auf das Gottesverhältnis bezogen, sprechen kann[91]. Zwar gibt er, wie gesagt, das Schema des vierfachen Schriftsinns auf, aber in Anlehnung daran kann man auch beim späten Luther eine stärker anthropologisch und eine stärker korporativ zugespitzte Anwendung des Themas unterscheiden, wobei beide Aspekte von der Eschatologie umgriffen sind.

a) Die anthropologische Seite des Motivs

In seiner Auslegung der zweiten Bitte des Vaterunsers von 1519[92] (»zu komme dein reich«) spricht Luther auf eine umfassende Weise vom Streit zwischen Reich Gottes und Reich des Teufels um den einzelnen Menschen: Wir alle sind im Reich des Teufels, d. h. in Sünde und Bosheit, bis das Reich Gottes zu uns kommt. Einige bleiben mit Lust darin bis zum ewigen Tod, die anderen ergreift das Reich Gottes im Glauben und in den daraus folgenden Tugenden anfangsweise schon jetzt, so daß sie täglich mit der Herrschaft des Bösen in sich kämpfen und schließlich in jenem Leben ganz unter die Herrschaft Gottes kommen[93]. Die Bitte um das Kommen dieses Reiches Gottes

---

[91] Da das eigentliche Interesse dieser Arbeit auf der Verbindung der zwei Herrschaftsverbände mit der Problematik des (politischen) Weltverhaltens liegt, muß ich mich im folgenden auf Andeutungen beschränken. Immerhin müssen die verschiedenen Problemkreise bezeichnet werden, die die Frage der civitates überschneiden.

[92] Diesem Druck liegen Vorträge zugrunde, die Luther 1517 hielt und die bereits Agricola 1518 veröffentlicht hatte (vgl. 2, 74). In jener Ausgabe findet sich ebenfalls die Erläuterung der zweiten Bitte durch das Schema der zwei civitates. Die verschiedenen Nuancen beider Versionen fallen für unsere Fragestellung nicht ins Gewicht, so daß ich von einem genauen Vergleich absehe und die ausgereiftere Form als Beispiel nehme.

[93] 2, 96, 18: »*Das erste* Ist ein *reich des Teuffels*, den nennet der herr im Evangelio ein Fursten adder Kunigk dyser welth. Das heyst ein reich der sunde und ungehorsam ... Nun seind *wyr alle* yn *disem reich* also lang, bisz das reich gottis kommet, *doch mit unterscheydt*. Dan die *frummen* seind also daryn, das sie *teglich mit den sunden fechten* und des fleisches lust, der werlt reytzen, des teuffels eingeben stetig und vestiglich widderstreben. Dan wie frum wir sein, szo wil doch ye die bosze lust in uns mitherschen und wolt gerne alleine herschen und uberhandt habenn. *Alszo fichtet gottis reich mit des teuffels reich an unterlasz*. Und die selben werden darumb behalten und selig, das sie also streyten in im selbst wyder das teuffels reych, umb gottis reych willen zu vormeren. Und das seind die, die dis gebet mit wortten, hertzen und wercken beten. Also sagt der heylig Apostel Paulus, das wir nit sollen gestaten, das die sunde regire in unserm leybe tzu folgen seynen begirden, Als sprech er: Ir werdet wol fulen und haben bose lust, liebe und neygung tzu tzorn,

entfaltet Luther einerseits gegen den Versuch, es mit äußeren Werken erlangen statt aus Gnaden empfangen zu wollen, und andererseits gegen den Heilsegoismus, der nicht eigentlich Gottes Herrwerden, sondern die Folge davon, Friede und Freude, erbittet (2, 98, 4ff.). Hier wird ganz klar, daß es auch Luther beim tropologischen Sinn der zwei Menschengruppen um *die* theologischen Zentralfragen — in seiner Terminologie gesprochen — um *Rechtfertigung und Heiligung* im eschatologischen Horizont geht. Das überrascht keineswegs, wenn man von Paulus und Augustin herkommt. Dieser Sachverhalt würde aber noch deutlicher, wenn Luther das Einbrechen des Reiches Gottes in das Reich des Teufels expressis verbis in der Terminologie von neuem (innerem) und altem (äußerem) Menschen ausgedrückt hätte. Sachlich tut er freilich genau dies, wenn er den täglichen Kampf gegen

---

tzu geytz, tzu unkeuscheit und der gleychen, die euch tzyhen wollen yn des teuffels reich, das ist tzu sunden, da sie her kommen und selbst auch sundt sein, aber yr solt yn nith folgen, sundern fechten und die selben nachgelasszene vorrether des alten teuffels reych tzwingen und dempffen, wye die kynder von Israel des Jebuseis und Amorreis theten, unnd also gottis reich yn euch (das das recht gelobt landt ist) meren. *Die andern* aber seindt alszo darynne, das sie lust dartzu haben und folgen allen begyrden des fleyschs, der werlt, des teuffels, wolten auch, so sie mochten, ymmer darynnen bleyben. Dysze reymen dem Teuffel eyn und ryngeren, auch vorwusten gottis reich. Darumb sammeln sye gutter, bawenn brechtlich, suchenn als was dye welt vormagk geben, gleychsam sie ewigk hye bleyben wolten, gedencken nit, das wyr hie kein stadt haben zu bleybenn (Hebr. 13, 14), Als Sant Paulus sagt. Dyse beten dis gebeet mit dem munde, aber mit dem hertzen widdersprechenn sie dem selben …

Das ander reych Ist *Gottis reych*, das ist ein reich der gerechtikeyt unnd warheyt, Davon Christus sagt: Sucht vor allen dingen das reich gottis und seyne gerechtickeyt (Matth. 6, 33). Was ist gottis ader seyns reichs gerechtickeyt? Das ist, wan kein sunde meher yn unns ist, sundern alle unszere glid, crafft und macht got unterthan unnd yn seynem prauch seyndt, das wyr mit Paulo sagen mugen: Ich lebe itzt, aber nit ich, sundern Christus in mir (Gal. 2, 20), unnd tzun Corinthern: Ir seyd nith ewer selbst eygen, Ir seydt gekaufft mith eynem theuren schatz, Darumb szo solt yr goth wirdigenn unnd tragenn yn ewrem leychnam (1. Cor. 6, 19f.). Als sprech er: Christus hat euch kaufft durch sich selbst, Darumb solt yr sein seyn und yn lassen yn euch leben und regiren. Das geschicht aber, wan keyn sund in uns regirt, sundern alleyn Christus mit seynen genaden. Also ist gotis reich nit anders dan frid, tzucht, demutigkeit, keuscheit, liebe und allerley tugenth, und das nit da sey tzorn, hassz, bitterkeit, unkeuscheit und alles des gleychen. Nun probir sich ein yglicher selber, ab er hye ader dartzu geneyget sich findet, so wirt er ynnen, yn welchem reych er sey. *Nun ist niemant, er finde nach etwas in ym von des teuffels reych.* Darumb musz er bitten ‚tzukomme dein reich'. *Dan gotis reich wirt hye wol an gefangen und nympt tzu,* Es wirt aber yn yenem lebenn volnbracht.«

die Sünden und des Fleisches Begierden im Anschluß an Rö 6, 12 oder Gal 2, 20 (Christus als der neue Adam in mir) beschreibt[94].

Der eigentlich klassische Text, den Luther in diesem Zusammenhang zu zitieren pflegt, ist *Rö* 7, 12*ff.*[95] Schon der späte Augustin hatte ja diesen Abschnitt — anders als Paulus — nicht auf den Menschen unter dem Gesetz, vor dem Wirksamwerden der endzeitlichen Christusgnade, sondern auf denjenigen bezogen, der zwar schon vom Geist der Neuschöpfung ergriffen ist, aber sich im Kampf gegen die Reste der Sünde (des Fleisches des alten Adam) befindet[96]. Luther übernimmt diese Auslegung in seiner Römerbriefvorlesung von 1515/16, verschärft sie aber noch, indem er die schon fast wörtlich bei Augustin auftauchende Formel simul iustus et peccator[97] nicht wie jener im Sinn eines »teils gerecht — teils sündig« (partim — partim), sondern im Sinn eines scheinbar paradoxen »ganz Gerechter — ganz Sünder« (totus — totus) interpretiert[98]. Über diese Entwicklung vom paulinischen »simul iustus et tentatus«[99] zum augustinischen »partim

[94] S. vorige Anm. Zur Identität von Fleisch und äußerem Menschen einerseits, Geist und innerem Menschen andererseits bei Luther vgl. z. B. seine Äußerungen zu Rö 7, 25 (5, 73, 8; 1515/16).

[95] Natürlich gibt es eine Fülle anderer Texte, bei denen Luther auf den Streit Christi und des Teufels um den Menschen zu sprechen kommt. Vgl. z. B. 20, 704, 20ff. zu 1 Joh 3, 8, wo auch wieder deutlich wird, daß Luther den Dualismus meist auf das Gegensatzpaar Fleisch-Geist zurückführt.

[96] S. o. Kap. II A. 197.

[97] »... ex quadam parte iustus, ex quadam parte peccator« (Enarr. in ps. 140, 15). Weitere Belege bei *A. Nygren*, Augustin und Luther, 24.

[98] So schon in der Römerbriefvorlesung zu Rö 7, 20 (Schol. 56, 342, 34ff.): »Quia eadem persona est spiritus et caro; ideo quod facit carne, *totus* facere dicitur. Et tamen, quia resistit, *totus* non facere«. Wenn Luther weiter zu 7, 18 sagt (343, 16): »Sed quia ex carne et spiritu idem unus homo constat totalis, ideo toti homini tribuit utraque *contraria, que ex contrariis sui partibus veniunt*«, so ist das noch ein Nachklang aus der »ex parte – ex parte«-Auffassung. Klar heißt es dann in der Galatervorlesung (1519) zu Gal 5, 17 (»Caro enim concupiscit adversus spiritum, spiritus autem adversus carnem«), neben Rö 7, 12ff. der zweite klassische Beleg Luthers (2, 586, 16): »Sunt duo toti homines et unus totus homo: ita fit, ut homo sibiipsi pugnet contrariusque sit, vult et non vult«. Dazu grundlegend *E. Schott*, bes. 50ff.; *R. Hermann*, Luthers These. Die neuesten Stellungnahmen siehe bei *U. Asendorf*, 74ff.; *Hübner*, Rechtfertigung, 117ff.; *A. Peters*, 176ff.; *K. O. Nilsson*, 312ff. Letzterer arbeitet das simul als durchgehendes Element von Luthers Denkstruktur heraus, das besonders im christologischen vere homo-vere deus der Lehre von der communicatio idiomatum seinen Ort hat (ebd. 182).

[99] Zu dieser Formulierung von *P. Stuhlmacher* s. o. Kap. I A. 395. Man muß allerdings beachten, daß Paulus dieses Problem nicht in Rö 7, sondern unter den oben besprochenen Texten am ehesten in 2 Ko 4, 16 behandelt (s. o. S. 109ff.).

iustus — partim peccator« und schließlich zum lutherschen »totaliter iustus — totaliter peccator« ist viel geschrieben worden[100], so daß es in unserem Zusammenhang unmöglich ist, erschöpfend darauf einzugehen.

Immerhin muß eine Frage genauer analysiert werden, weil sie im Zusammenhang der Gesamtstruktur von Luthers Zweireichelehre eine gewisse Rolle spielt und auch zu Fehldeutungen derselben geführt hat.

F. E. Cranz hat, wie oben schon angedeutet[101], die Meinung vertreten, daß es um 1518/19 eine entscheidende Wendung in Luthers Verständnis des simul gebe[102]. Vor dieser Zeit, vor allem in der 1. Psalmenvorlesung (12), aber auch noch in der Römerbriefauslegung (26f.) habe er die Rechtfertigung als einen Prozeß verstanden, in dem der in der Gegenwart nur partiell gerechte Christ in der Zukunft des Eschaton zur vollen Gerechtigkeit geführt werde. Dann aber gehe Luther von zwei gleichzeitigen Totalitäten aus, nach der der Christ zugleich gerecht und Sünder sei. Diese als Teilaspekte durchaus zutreffenden Beobachtungen verbindet Cranz nun aber auf falsche Weise mit der Reichelehre. Er leitet nämlich aus jener Veränderung bei Luther die Behauptung ab, Luther gebe seine anfänglichen eschatologischen Dualismen auf und ersetze sie durch einen neuen »set« von Dualismen, nach denen der Christ gleichzeitig in zwei regna (»realms«) lebe (41ff.; 62), nämlich einerseits nach dem Geist und andererseits nach dem Fleisch[103]. Er muß dann natürlich in Schwierigkeiten kommen und bei Luther bis in die zwanziger Jahre hinein Unklarheiten und Übergangslösungen finden (163ff.); denn immer wieder taucht das regnum diaboli in den Texten auf, für das nach der These der präsentischen Gleichzeitigkeit zweier »realms« in der Christenheit doch eigentlich kein Platz mehr sein dürfte. Kurz, Cranz mißversteht Luther in dem Sinn, daß er annimmt, mit der Entdeckung des totalen simul sei die eschatologische zu einer präsentischen Spannung geworden[104].

Es besteht aber gar kein Zweifel darüber, daß Luther mit seinem simul iustus, simul peccator keinesfalls den eschatologischen Sinn der Rechtfertigungslehre und damit auch der Reichelehre preisgibt. Er

---

100 Von den älteren Arbeiten vgl. *P. Althaus*, Paulus und Luther über den Menschen; *A. Nygren*, aaO; *R. Hermann*, 139ff.; *W. Link*, Das Ringen Luthers um Freiheit der Theologie von der Philosophie. Die neuere Literatur zur Rö 7-Auslegung Luthers ist verarbeitet bei *A. Peters*, (137) 166ff.

101 S. o. A. 4.

102 Zusammenfassend ebd., XVI; 54f. u. 62.

103 Bei *Cranz* wird also Fleisch im Sinn von sündiger Existenz und leiblichem Sein coram mundo nicht unterschieden.

104 Die gleiche Gefahr besteht bei *Nilsson*, insofern er das simul als eine gleichsam perennierende Weltstruktur beschreibt (s. o. A. 89). Allerdings sind seine Analysen nicht wie bei Cranz von jener fragwürdigen Entwicklungshypothese belastet.

artikuliert diesen nur in einer neuen Denkfigur. Das haben die neueren Forschungen klar erwiesen[105]. Faßt man die dort erarbeiteten Ergebnisse kurz zusammen, so läßt sich sagen, daß es für das Verständnis der lutherschen Rechtfertigungslehre grundlegend ist, folgende zwei Aspekte zusammenzuhalten: 1. den Totalaspekt des gegenwärtigen »Zugleich« und 2. den Partialaspekt des realen Fortschritts im Menschen. Der erste betrifft das coram deo (locus iustificationis)[106]. Hier *ist* der Mensch ganz neue Kreatur, insofern er Christus im Glauben ergreift. Abgesehen von Christus und dem Glauben jedoch ist und bleibt er in diesem Leben ganz alter Adam. Hier gibt es nur ein »immer neu Anfangen«[107] unter bleibenden Anfechtungen. Denn sofern der Christ alter Adam ist, steht er unter der verurteilenden und tötenden Macht des Gesetzes (dessen usus elenchticus)[108]. In Hinsicht auf diese Dialektik könnte man nur insofern von futurischer Eschatologie sprechen, als die Präsenz Christi im Glaubenden einmal ohne den Widerstreit der Sünde sein wird. Die Zukunftbezogenheit des Kampfes wird aber anschaulicher dadurch, daß der Partialaspekt ein Fortschreiten (profectio) der Heiligung kennt. Dies betrifft aber ausschließlich die Weltrelation des Menschen (extra locum iustificationis), also die Ebene der Werke nach außen[109]. Außerdem hat *W. Joest* sehr schön herausgearbeitet, daß es sich hier nicht um einen Fortschritt des Menschen in Richtung auf das Reich Gottes hin, sondern um dessen zunehmendes Wirksamwerden im Menschen handelt, woraus dann die zunehmenden guten Werke erwachsen[110]. Diese

[105] So schon *R. Hermann*, 229ff.; weiter bes. *W. Joest*, Gesetz und Freiheit, 91ff. (vgl. neuerdings *ders.*, Ontologie der Person, 265ff.; 320ff.; bes. 346); *O. Modalsli*, Gericht nach den Werken; *R. Prenter*, Spiritus Creator; *A. Gyllenkrok*, Rechtfertigung und Heiligung; *M. Schloenbach*, Heiligung als Fortschreiten; *H. Hübner*, 102ff.; *E.-W. Wendebourg*, Erwägungen; *A. Peters*, Kirche und Welt, u. vor allem in der Auseinandersetzung mit der gesamten früheren Literatur *U. Asendorf*, 40ff.; 60ff.; bes. 73ff.

[106] Vgl. *W. Joest* (Ontologie, 266), der auch richtig bemerkt, daß die Terminologie von personal und ontisch, die *H. Hübner* (115; 130ff. u. ö.) für die Unterscheidung der beiden Aspekte einführt, nicht sehr glücklich ist, daß das Urteil Gottes, um das es in der Rechtfertigung geht, gerade seinsbestimmend und seinswirksam ist. Auch *Cranz* (XVI u. ö.) sieht übrigens die Doppelung von simul und progressus, ohne daraus freilich die Konsequenzen für die Eschatologie zu ziehen.

[107] 4, 350, 15ff.

[108] Vgl. zuletzt *A. Peters*, 137ff.

[109] S. die Literatur o. A. 106.

[110] Gesetz und Freiheit, 91f. Ich muß hier vollkommen darauf verzichten, auch

Werke stehen noch vor einem zukünftigen Gericht und sind nicht schon durch das Gericht hindurch wie die Person des Glaubenden in Christus[111]. Das endzeitliche Kampfesgeschehen zwischen Gott und dem Bösen ist also bei Luther in der Einheit des präsentisch-eschatologischen »Zugleich« (coram deo) und des futurisch-eschatologischen Fortschritts (coram mundo) gedacht[112]. Dies alles steht in nuce in der Auslegung der 2. Bitte des Vaterunsers.

Eine der wichtigsten Schriften Luthers — nach seinem eigenen Urteil neben dem Großen Katechismus *die* wichtigste[113] — ist als ganze eine Auslegung des Zwei-civitates-Motivs mit besonderer Akzentuierung der anthropologischen Problematik: *De servo arbitrio*[114]. Das Werk ist durchzogen von Äußerungen über die »duo regna in mundo«[115]. Denn gerade dies soll in ihm ja ausgesagt werden, daß ein

---

nur skizzieren zu wollen, *wie* sich nach Luther das Hereinbrechen des Heils, des neuen Gottesverhältnisses als Anbruch der neuen Schöpfung vollzieht. Glaube, Gebet, Wort und Sakrament sind einige der Stichworte, die aber in der Darstellung jedes Interpreten wieder einen anderen Klang bekommen, so daß hier einzelne Hinweise problematisch sind. Einen Überblick über die gegenwärtige Fragestellung gibt immerhin *W. Joest*, Ontologie, 354ff. Auf die zentrale Bedeutung des Gebets an dieser Stelle hat besonders *R. Hermann*, 289ff. aufmerksam gemacht.

111 Hierzu grundlegend *A. Peters*, Glaube und Werk, 113ff., u. *O. Modalsli*, bes. 58ff.

112 Trotz der ausgezeichneten Arbeiten, in denen diese Sachverhalte historisch detailliert geklärt wurden, hat man den Eindruck, daß für systematische Fragen hier noch viele Schätze verborgen liegen. Soweit ich sehe, ist bisher nirgends versucht worden, das Problem des simul von sich widersprechenden Totalitäten mit der Kategorie der Komplementarität anzugehen, die in der modernen Physik dazu half, eben solche Sachverhalte zu beschreiben, bei denen sich im Experiment eine Einheit von widersprechenden Eigenschaften zeigte (das berühmteste Beispiel: Licht als Korpuskel und Welle). Hierbei wäre insbesondere auf die Bedeutung der Zeit, und zwar insbesondere unter dem Aspekt der Asymmetrie von Vergangenheit und Zukunft zu achten. Grundlegend zum Problem der Komplementarität *K. Meyer-Abich*, Korrespondenz, Individualität und Komplementarität.

113 Br. 8, 99, 7f.: »Nullum enim agnosco meum iustum librum, nisi forte de Servo arbitrio et Catechismum«.

114 Dieser Zusammenhang ist, soweit ich sehe, bisher nicht beachtet worden, obwohl zu dieser Schrift ausgezeichnete Literatur vorliegt. Diese ist verarbeitet in dem vorzüglichen Buch von *H. Vorster*, Das Freiheitsverständnis bei Thomas von Aquin und M. Luther. Merkwürdig ist, daß *H.-M. Barth* (Zur inneren Entwicklung von Luthers Teufelsglauben) weder auf die zwei civitates überhaupt noch auf De servo arbitrio im besonderen eingeht. Auch in seiner größeren Arbeit, Der Teufel und Jesus Christus in der Theologie Martin Luthers, erscheint die Zweireichelehre nur ganz beiläufig (z. B. 149f. u. 179).

115 Vgl. außer den im folgenden und bei *Vorster* (297ff.) zitierten Stellen

Mensch wie ein Reittier entweder von Gott oder vom Bösen »geritten« wird, ihm aber kein neutraler, selbstmächtiger, freier Ort zwischen beiden bleibt[116], ja, daß gerade die Illusion des freien Willens (der Distanzierungsmöglichkeit) gegenüber Gott das wirksamste Mittel Satans zur Befestigung seiner Herrschaft ist[117]. Die Menschheit als ganze ist unter die Knechtschaft dieser Herrschaft geworfen, sofern nicht Gottes Geist sie daraus befreit in die libertas christiana[118], d. h. die in der Abhängigkeit von Gott wirkliche Freiheit[119]. Rö 7, 14ff. und Gal 5, 16ff. sind hier wieder die klassischen Belege, obwohl sie Luther über Paulus hinaus noch in dem Sinn zuspitzt, daß er sagt: wenn schon die in Gottes Geist wiedergeborenen Christen noch in einem derart harten Kampf mit dem Bösen liegen, wie sollen dann erst diejenigen, die im alten Menschen als ganze Knechte Satans sind, das Gute von sich aus vollbringen können (18, 783, 3ff.). In dieser Schrift wird nun auch unmißverständlich ausgesprochen, daß es sich in diesem Problemkreis ausdrücklich um das Sein des Menschen

---

F. Beisser (Claritas scripturae, 120ff.) zum Verhältnis zwischen der Klarheit der Schrift und der verdunkelnden Herrschaft des Bösen. Dazu s. auch meinen Aufsatz, Die Klarheit der Schrift.

[116] »Sic humana voluntas in medio posita est, ceu iumentum, si insederit Deus, vult et vadit, quo vult Deus, ut Psalmus dicit: Factus sum sicut iumentum et ego semper tecum (Ps 73, 22f.). Si insederit Satan, vult et vadit, quo vult Satan, nec est in eius arbitrio ad utrum sessorem currere aut eum quaerere, sed ipsi sessores certant ob ipsum obtinendum et possidendum« (18, 635, 17ff.). Zur mutmaßlichen Herkunft des Bildes aus der Auslegungstradition von Ps 73, 22f. (Hugo Carnalis) vgl. *Vorster*, 415ff. Aus dieser Tradition erklärt sich auch die Luthers sonstiger Argumentation widersprechende Formulierung »voluntas in medio« (vgl. u. A. 120).

[117] Vgl. *Vorster*, 310f.

[118] Vgl. *Vorster*, 392ff.

[119] Vgl. im Schlußabschnitt der Schrift die zusammenfassenden Äußerungen: »... Christiani. Sciunt (inquam) *duo* esse *regna* in mundo mutuo pugnantissima, in altero *Satanam* regnare, qui ob id princeps mundi (Joh 12, 31) a Christo et Deus huius saeculi (2 Ko 4, 4) a Paulo dicitur, qui cunctos tenet captivos ad voluntatem suam, qui non sunt Christi spiritu ab eo rapti, teste eodem Paulo, nec sinit eos sibi rapi ullis viribus nisi spiritu Dei, ut Christus testatur in parabola de forti atrium suum in pace servante (Lk 11, 20f.). In altero regnat *Christus*, quod assidue resistit et pugnat cum Satanae regno, in quod transferimur non nostra vi, sed gratia Dei, qua liberamur a praesenti saeculo nequam et eripimur a potestate tenebrarum. Istorum regnorum mutuo tantis viribus et animis perpetuo pugnantium cognitio et confessio sola satis esset ad confutandum dogma liberi arbitrii, quod *in regno Satanae cogimur servire, nisi virtute divina eripiamur*« (18, 782, 30ff.).

coram deo handelt[120]. Freilich verdeutlicht sie auch wie kaum eine andere, auf welche Weise hiermit der Fragenkreis des menschlichen Weltverhältnisses verknüpft ist. Obwohl diese Verbindung in ihrem Ursprung und ihrer Entfaltung bei Luther erst in den nächsten Abschnitten ausführlich untersucht werden kann, läßt sich doch im Vorgriff schon einiges Prinzipielle sagen.

In der Folge der stoischen Konzentration auf den Einzelmenschen und seine Tugend war schon bei Philon, aber im Grunde auch — wenn man von Rö 8 und 12ff. absieht — bei Paulus in Rö 7 und dann vor allem bei Augustin die dem Menschen nach Gen 1, 26ff. verliehene Herrschaft über die Welt vorwiegend als Herrschaft der Vernunft über die Affekte (Tiere) und den Leib (Erde) interpretiert worden[121]. Das hätte an sich nicht so weit vom ursprünglichen Sinn der Schriftstelle[122] abführen müssen, wenn man dabei wie Platon die konstitutive Verknüpfung von befriedeter Herrschaftsordnung im Einzelnen und in der Polis festgehalten hätte. Dies war aber im Zuge des Übergewichts stoisch-neuplatonischer und mönchisch-asketischer Tradition nicht geschehen, so daß es einen wirklichen Neuansatz bedeutet, wenn Luther die imago-dei-Anschauung aus Gen 1, 26ff. zunehmend in ihrer eigentlichen Bedeutung vom Weltherrschaftsauftrag des Menschen her deutet[123]. In Richtung auf die Welt hin wirkt danach Gott im Menschen beständig wirkliche Freiheit und Vollmacht der Vernunft. Hier will der Schöpfer wirkliche Mitarbeiter (coopera-

[120] Innerhalb des großen Abschnitts (18, 733, 22ff.), in welchem Luther gegen Erasmus den ganzheitlichen Sinn der biblischen Begriffe Fleisch und Geist herausarbeitet, schreibt er zu Joh 3, 3: »Quodsi a regno et spiritu Dei alienum est, necessario sequi, quod sub regno et spiritu Satanae sit, cum non sit medium regnum inter regnum Dei et regnum Satanae, mutuo sibi et perpetuo pugnantia. Haec sunt, quae demonstrant, summas virtutes in gentibus, optima in Philosophis, praestantissima in hominibus *coram mundo* quidem dici et apparere *honesta et bona*, sed *coram Deo* vere sunt *caro* et Satanae regno servientia, id est impia et sacrilega omnibusque hominibus mala« (18, 743, 32ff.).

[121] S. o. S. 204.

[122] Vgl. *G. v. Rad*, Das erste Buch Mose, 44ff. zum Bild als Vollmachtsträger des Großkönigs, und neuerdings *C. Westermann*, Genesis, 197ff.

[123] Vgl. neuerdings *K. O. Nilsson*, (79) 82ff.; 98ff. (83 A. 19 weitere Literatur), besonders zu den entsprechenden Abschnitten aus De servo arbitrio und der Vorlesung über 1. Mose (1535–45). Freilich kennt Luther neben der Neugestaltung der Nächsten- und Weltbeziehung im Sinn der Gottebenbildlichkeit auch weiter die mortificatio carnis (vgl. Sermo de duplici iustitia, 1519; 2, 146, 38ff.). Sie bekommt aber nie mehr das eigentliche Gewicht, weil nicht davon, sondern ausschließlich von Gottes Gerechtigkeit die Befreiung des Menschen ausgeht.

tores) am Werk der Schöpfung. Was das im Blick auf das Weltverhältnis des Menschen bedeutet, muß hier noch zurückstehen. Im Blick auf das Gottesverhältnis hat *H. Vorster*[124] klar gezeigt, daß nach Luther der Aufstand des Bösen gegen Gott in den Menschen überhaupt nur möglich ist aufgrund der göttlichen Bevollmächtigung zur kreatürlichen Herrschaft. »Wären Vernunft und Wille nicht von Gott gewährte und erhaltene Mittel zur verantwortlichen Wahrnehmung des Herrschaftsauftrages über die Schöpfung, so könnte ein eigenmächtiger Herrschaftsanspruch des Menschen auf ihnen nie begründet werden. Nun ist das Charakteristikum des Sünders vor Gott die Selbstbehauptung. Sie verlangt den Einsatz von Herrschaftsmitteln. Da der Mensch solche nicht sein eigen nennt, usurpiert er zu diesem Zweck diejenigen, die er von Gott mit ganz anderer Bestimmung empfängt. So wird die Freiheitsgabe, die ihm die Welt auftun soll, zur Stätte und zur Kraft des Aufstandes gegen Gott. Was den vor Gott Unfreien vor der Welt freimachen soll, wird zum Instrument, mit dem sich dieser in die Knechtschaft des Satans überantwortet und sich diese doch zugleich verdeckt durch den *Schein* der *Freiheit*[125]«. Weil Gott die geschöpflichen Gaben auch an die Sünder, also an die in der falschen Grundrichtung Wirkenden, weitergibt, vermittelt allein er auch den Bösen laufend die Kraft, sich in ihrer Bosheit zu verwickeln; gleichzeitig erhält er sie aber für sein Heilshandeln. »Der Aufstand der Selbstbehauptung gegen Gott lebt also davon, daß Gott im Sünder weiterhin sein Geschöpf sieht und es als solches auf Zukunft hin erhält und mit den Schöpfungsgaben bedenkt[126].« Der durch den Geist Christi wieder in das servum arbitrium gegenüber Gott, dem Grund der Freiheit zurückgeholte Mensch wird dann entsprechend der freiwillige Mitarbeiter Gottes an der Schöpfung.

Ehe wir uns aber der Weltbeziehung des Menschen bei Luther zuwenden, muß nach diesen äußerst gedrängten Bemerkungen zur Anthropologie noch erwähnt werden, wie Luther auch in anderen, nämlich korporativen Zusammenhängen vom regnum Christi und regnum Satanae spricht, ohne dabei auf die Frage der weltlichen potestas einzugehen. Als neue Akzente, die Luther im Laufe seiner Entwicklung der augustinischen civitas-Lehre in ihrer anthropologischen

---

124 AaO, 300ff.

125 *Vorster*, 300f.

126 *Vorster*, 301. So hängt Schöpfungs- und Erlösungswerk Gottes zusammen (ebd. 302).

Dimension aufprägt, könnte man schon hier zweierlei nennen: 1. Luther betont radikaler die Sünde des Christenmenschen, sofern dieser außerhalb der Christusrelation gesehen wird — was zur Folge hat, daß er anders als Augustin sagen kann, auch die Christen seien noch im regnum diaboli, nur auf andere Weise als die totaliter »alten Menschen«[127]. 2. Er geht nicht mehr vornehmlich wie in der asketisch-kontemplativen Tradition von der Herrschaft der Vernunft und des Willens über den eigenen Körper, sondern vielmehr von der Herrschaft über die Welt aus, wie es dem ursprünglichen Sinn von Gen 1, 26ff. entspricht[128].

b) Der Kampf der wahren mit der falschen Kirche[129]

Neben der anthropologischen Ausdeutung des regnum dei (Christi) und diaboli findet sich in De servo arbitrio das Motiv auch in einem ausgesprochen ekklesiologischen Zusammenhang. Luther bezieht die zwei sich bekämpfenden Reiche auf den Gegensatz zwischen dem Gewissen lösenden Wort Gottes und den Gewissen bindenden Menschensatzungen. Hier kann es nur das Entweder-Oder geben, von dem Christus (Mt 12, 30) sagt: »Wer nicht mit mir ist, ist gegen mich«[130]. Zum gleichen Wort nimmt Luther in seinen Annotationes in aliquot capita Matthaei (1538) Stellung, und zwar in einem Zusam-

---

[127] Hierzu vgl. bes. auch die Antinomer-Disputationen, z. B. die dritte (1538): 39 I, 491, 15ff. Weitere Belege bei *F. E. Cranz*, 141.

[128] Dazu vgl. u. S. 512ff. Zum Schluß seien noch einige weitere Stellen aufgezählt, an denen Luther Teufels- und Christusreich in anthropologisch-eschatologischem Sinn gegeneinanderstellt: 10 II, 472; 14, 237, 3ff.; 20, 287, 10ff.; 441, 15ff. u. ö.; 23, 682, 15ff.

[129] Streng von diesem Problem zu scheiden ist das andere, das die Unterscheidung und Zuordnung der leiblichen, im Kreatürlichen verborgenen Kirche und der geistlichen communio sanctorum betrifft (hierzu s. u. A. 133). Vgl. *U. Asendorf*, 232ff., der zwar prinzipiell richtig unterscheidet, das »simul iustus et peccator« aber fälschlicherweise dem Verborgenheits- statt dem Kampfdualismus zuordnet.

[130] »Princeps mundi Papam et Pontifices suos non sinit eorum leges libere servari, sed conscientias captare et ligare in animo habet. Hoc Deus verus ferre non potest. Ita implacabili discordia verbum Dei et traditiones hominum pugnant, non aliter atque Deus ipse et Satan sibi invicem adversantur et alter alterius opera dissolvit et dogmata subruit, tanquam si duo reges alter alterius regnum populetur (folgt Mt 12, 30)« (18, 627, 32ff.). Vgl. auch die Erläuterung der Dualität durch die von Augustin eingeführten Paradigmen Kain und Abel, Ismael und Isaak 18, 652, 23ff. (dazu auch u. A. 134).

menhang, der sich wie ein Resumee von De servo arbitrio liest[131]. Hier gebraucht er für den Gegensatz zwischen heuchlerischer Werkkirche und wahrer Gemeinde Christi und damit zwischen regnum dei und diaboli den Ausdruck »zweifache Kirche«[132]. Besonders herausgearbeitet wird an dieser Stelle — wie schon ansatzweise in der ersten Psalmenvorlesung — vor allem der im Vergleich mit ihrem wahren Wesen gegenteilige äußere Schein beider Gruppen[133].

Fragt man, wann und in welchem Zusammenhang sich diese — gegenüber den kirchenkritischen Ansätzen in den Dictata zunehmend massive — ekklesiologische Anwendung der augustinischen civitates-Lehre bei Luther ausprägt, so stößt man erwartungsgemäß auf die Anfänge der offenen Kontroverse mit Rom. Besonders häufig taucht das Motiv in der zweiten Psalmenvorlesung, den Operationes in Psalmos (1519—21)[134], auf, was sicher kein Zufall ist, da sich Luther das

[131] Darauf hat *U. Asendorf* (15 A. 22) hingewiesen. Der Abschnitt ist eine Auslegung der Beelzebub-Perikope (Mt 12, 22ff.), in der von der endzeitlichen Heilung eines Besessenen durch Jesus und der sich daran anschließenden Diskussion über die Einheit des Teufelsreiches berichtet wird.

[132] »Igitur cum Christo esse, est in Ecclesia seu fide eius esse. Hoc est, contra diabolum et impietatis regnum separatum esse ... Summa, *duplicem Ecclesiam* hic Christus distinguit, *alteram Dei, alteram diaboli.* Et has dicit absque ullo medio inter se implacabiliter discordes et pugnaces« (38, 545, 21ff.).

[133] »Licet foris in speciem Ecclesia diaboli appareat sancta, et velit pro Christo contra diabolum agere videri. Econtra, Ecclesia Christi apparet heretica, et velut pro diabolo contra Christum agere ... Det igitur Deus gratiam, ut certo credamus Ecclesiam nostram seu veram esse pro Deo contra diabolum, Quia sine fide Ecclesiam veram nemo potest tenere, adeo obscuratur scandalis et infirmitatibus. Contra Ecclesia diaboli fulget specie et hypocrisi, ita ut rationi sit impossibile discernere« (38, 545, 29ff.). Vgl. 38, 544, 35ff., wo besonders schön herauskommt, wie sich die Verborgenheit des Reiches Christi zum antithetischen Dualismus der beiden miteinander kämpfenden regna verhält (s. o. A. 129): gerade *durch* die Verborgenheit, d. h. die Gewaltlosigkeit wird die auf Zwang beruhende Macht des Bösen gebrochen. »Diabolus enim fortis est et invictus, et secure possidet genus humanum totum, etc. Sed venit ipse unus et solus fortior eo, et victum spoliat possessione et tyrannide sua. Sed virtute mirabili, scilicet sub infirmitatibus abscondita. Non enim vim vi repulit, sed consilio mystico fregit vim illius, dum se passus est ab eo occidi, et virtute Dei resurrexit. Et sic sub infirmitate illum prostravit et devoravit«.

[134] *U. Asendorf*, 142ff. Dieser hat in ausführlichen Textanalysen das Thema der zwei miteinander ringenden »Kirchen« verfolgt. Reichliche Belege ebenfalls bei *W. Höhne*, Kontinuität der Kirche, 76ff., so daß ich mich hier kurz fassen und nur das Wichtigste herausgreifen kann. Allerdings haben beide den hier vorliegenden prinzipiellen Zusammenhang Luthers mit Augustin und das damit gegebene große Beziehungsfeld des Motivs übersehen, obwohl sie einzelne Parallelen notie-

hiermit zusammenhängende augustinische Gedankengut gerade aus dem intensiven Umgang mit den Enarrationes in Psalmos erschlossen haben wird. Der Ansatz bei Augustin wie die neue Zuspitzung werden gleichermaßen deutlich, wenn man liest, daß der wahre Kult in Glaube, Hoffnung und Liebe gegenüber Gott und dem Nächsten besteht, wodurch der alte Mensch getötet und der neue täglich erneuert wird, daß aber die Kirche des Papstes, des Satansapostels, diesem Kult der Wahrheit in Lehre und Brauch einen anderen entgegengestellt hat[135]. Die zumeist aus Daniel, 2 Thess 2, 3 und Offenbarung Johannis genommenen Bilder des Endreichs und Antichrists zeigen eine verstärkte Betonung des apokalyptischen Hintergrunds der zwei civitates[136]. Insbesondere sind es die Theologen des Papsttums, von Luther meist Sophisten genannt, die mit ihrer häreti-

---

ren (*Asendorf*, 152f. A. 125; *Höhne*, 77 A. 26). Außer den in diesen Arbeiten angegebenen Stellen findet sich die Ausdeutung der zwei civitates auf die wahre und die römische Kirche in der Zeit der Operationes – also zwischen dem endgültigen Bruch mit Rom auf der Leipziger Disputation und dem Reichstag zu Worms – vor allem in Predigten. Vgl. z. B. 4, 706, 27ff.; 7, 238, 14ff. u. 9, 377, 5ff. S. dazu auch den von *Höhne* (76 A. 23) genannten Passus aus der Predigt zu Mt 23, 34 (9, 530, 11ff.). Die sich besonders hier findende Beschreibung des »zweyerley volck ... von anbeginn der wellt« nach den Polaritäten Kain–Abel, Ismael–Isaak, Esau–Jakob usw. läßt keinen Zweifel über die augustinische Herkunft dieser Gedanken.

135 »Adoratio illusoria, qua genu flectunt et dicunt ‚Ave rex Judeorum' mihi figurat tumultum illum confusionis, qui hodie et in doctrinis praedictis et usu hominum dicitur cultus divinus. Siquidem *cultus divinus verus* est fides, spes et charitas in deum et proximum, quibus homo vetus mortificatur et novus de die in diem renovatur, ubi orationes purae, ieiunia salutaria et benevolentia mutua in moribus optimis fructificant. At isto cultu veritatis iam dudum obliteratio per papisticam arundinem, alius cultus divinus erectus est« (5, 651, 15ff.). Zum »apostolus Satanae« vgl. ebd. 653, 10; zum Papst als Antichrist: *U. Asendorf*, 159ff.; 173ff. Sehr augustinisch ist auch die Verkoppelung der drei »theologischen Tugenden« mit dem »Gott-die-Ehre-Geben« und der Laster der »generatio carnis« mit der Vergötzung der Kreaturen. Diese erscheint dann bei Luther besonders als Vergötzung der eigenen Werke. Entsprechend rückt das »fidere« vor das »frui« an die erste Stelle. Vgl. dazu den gesamten Abschnitt 5, 102, 29ff., bes. 103, 27ff.: »Quando ergo *gloria et cultus dei* consistit in syncera *fide*, robusta *spe* et perfecta *caritate* in deum, necesse est, ut qui in deum nec confidet nec credit nec diligit, sed in quacumque creatura sese solatur, gloriam dei ad ignominiam vertit ... Quare ab initio sui ad finem usque mundus plenus est *Idolatria* ... Hic autem est (ut dixi) rebus et *creaturis fidere, frui*, delectari, qui soli deo debetur, id est infidelitas et diffidentia ac per hoc et contemptus odiumque dei ... *gloria dei* (*idest recta fides* et cultus dei ...)«.

136 Eine Fülle von Belegen bei *U. Asendorf*, 143 A. 62f.; vgl. bes. 5, 652, 39ff.

schen Lehre die civitas diaboli verkörpern. Denn wie der wahre und der falsche cultus (religio) stehen sich seit Kain und Abel Gottes Wort und falsche Lehre gegenüber[137], wobei sich Satan in den Engel des Lichts (gute Werke!) zu verkleiden pflegt[138]. Hier wird wieder ganz deutlich, daß es in der civitates-Unterscheidung wie bei Augustin primär um das Gottesverhältnis, die Religion, den Kultus geht.

Außer in seiner Genesisvorlesung (1535/45), vor allem anläßlich der Kinder Kains[139] und an anderen verstreuten Stellen[140] entfaltet Luther das Motiv noch einmal breit in »*Wider Hans Worst*« (1541). Es kann also — um es noch einmal zu betonen — gar keine Rede davon sein, daß die augustinisch-eschatologischen civitates beim späten Luther verschwänden. In dieser Schrift wird gegen die Papisten festgestellt, daß immer verfolgte und verfolgende Kirche einander gegenüberstehen. Weiter werden die Kriterien für die wahre Kirche angegeben und der Nachweis geführt, daß die Evangelischen in deren kontinuierliche Körperschaft gehören[141]. In der Einleitung zu dieser

[137] 5, 142, 16ff.: »Sicut enim *verbum dei* nunquam definit in mundo, ita nec cultus dei ... (23ff.). Cum ergo in cultu dei maxime regnet tum *hypocrisis* tum *falsa doctrina* (cum semper optima simulet et contaminet) ita, ut et in duobus primis fratribus *Cain et Abel* pugnavint syncera pietas et speciosa hypocrisis, ideo psalmus iste contra hanc impietatis pietatem falsam ac eius doctrinam in cultu dei, qui mane agitur, maxime pugnat. Quid enim syncaere agat cum hominibus in *operibus* inferioribus, qui in sublimi isto et primo opere, *dei cultu*, perverse et impie agit? ubi et species tanto nocentior est, quo speciosior et praestantiori operi similis est. Breviter, *nihil periculosius in mundo falsa religione seu idolatria*« (vgl. 143, 5ff. u. *Asendorf*, 187ff.).

[138] 5, 147, 23.

[139] 42, 229ff. (zusammengefaßt bei *G. Forck*, Königsherrschaft, 57).

[140] Vgl. z. B. eine Predigt zu Joh 5, 4 (1537; 45, 25ff.) ebd. 70, 3ff.: »... quando regnum celorum, intelligo deum, Christum cum angelis et Sanctis mortuis et vivis. Sic welt i. e. diabolus cum suis angelis et allen bosen leuten auff erden ... die (2 regna) reuffen sich perpetuo umb den sieg und kron, und gilt, qui servet victoriam« (vgl. *J. Heckel*, Lex charitatis, 35). Zur Zirkulardisputation über Mt 19, 21 (1539), die das Gegeneinander von Gottes- und Teufelskirche (Papstkirche) mit dem Schema der beiden Regimente und der drei Stände (Hierarchien) verknüpft, s. u. A. 241. Zum wiederholten Male ist darauf hinzuweisen, daß es angesichts dieser späten Quellen gänzlich verfehlt ist, von einem Verschwinden der augustinisch-eschatologischen zwei civitates beim späten Luther zu sprechen.

[141] Interessant ist der Hinweis bei *W. Höhne* (76), daß Luther das Schema der zwei Kirchen dazu benutzte, um trotz seines Pessimismus hinsichtlich der Kirchengeschichte die Kontinuität der wahren Gemeinde festzuhalten. Gleichzeitig gab dieses Schema, zumal in seiner Verbindung mit einer dreifachen Periodisierung die Möglichkeit, den eschatologischen Sinn der antichristlichen Papstkirche herauszustellen.

Schrift verweist Luther ausdrücklich auf das augustinische Vorbild seiner Ausführungen: »Denn es sind zweierley Kirchen von der welt an bis zu ende, die S. Augustinus Cain und Abel nennet« (51, 477, 13). Dabei ist deutlich, daß Luther den beiden Entwürfen gemeinsamen Grundsinn in einer neuen Front entfaltet, nämlich gegen das Teufelsreich *in* der Kirche in Form des römischen Papsttums[142].

Aber nicht nur innerhalb der Kirche unterscheidet Luther die beiden Herrschaftsverbände, sondern auch im Blick auf den Gegensatz von Christen und Heiden. Jedoch auch hier befindet sich Luther nicht in der gleichen Frontstellung wie Augustin, obwohl doch an dieser Stelle eine direkte Analogie zu De civitate dei vorzuliegen scheint. Für Luther geht es nicht um das gleiche Gemeinwesen, das aus Heiden und Christen besteht, die sich religiös gesehen schärfstens gegenüberstehen, aber bei der Erhaltung des irdischen Friedens zusammenarbeiten. Vielmehr sind zu seiner Zeit die religiös-politischen Gegner die Türken. Den sich aus dieser Konstellation legitimierenden traditionellen Kreuzzugsgedanken lehnt er allerdings scharf ab[143]. Die Türken sind mit Waffen zu bekämpfen, weil die Obrigkeit die Aufgabe hat, ihre Untertanen zu schützen[144]. Freilich ist der Türke mehr als nur ein normaler Feind; denn er hat wie der Papst apokalyptische Züge, weil er wie dieser durch dreierlei gekennzeichnet ist: »Christum verstören, Oberkeit verwüsten, die ehe vernichten«[145]. Darum muß man beten und damit »des Türcken Alla, das ist seinen Gott, den Teuffel, schlahen und also seine macht und Gottheit von yhm stoßen, sonst (hab ich sorge) wird das schwerd wenig ausrichten«[146]. Im Vergleich mit dem Papst schneiden die Türken freilich noch gut ab. Bei ihnen wirkt der »grobe Teufel«, in Rom der »subtile«. Sie sind der äußerliche, der Papst der inwendige Feind[147]. So reicht für Luther die civitas diaboli quer durch die Gruppierungen in Kirche und Heidenschaft hindurch

---

142 Zu weiteren Anwendungen des Schemas auf Häretiker s. *Asendorf*, 187ff. Erwähnenswert ist, daß gegen die Schwärmer die eschatologisch-dualistischen Akzente sparsamer gesetzt werden (vgl. *Asendorf*, 200).

143 30 II, 111, 13ff.; 130, 22ff, bes. ebd. 27: »Denn der kaiser ist nicht das heubt der Christenheit noch beschirmer des Euangelion odder des glaubens«; vgl. auch *Asendorf*, 204 u. *Maurer*, Freiheit eines Christenmenschen, 128 mit älterer Literatur.

144 30 II, 129, 17ff.

145 30 II, 129, 2ff.; vgl. das oben in A. 139 Gesagte.

146 30 II, 129, 8.

147 53, 395, 32; 396, 18.

— ganz wie bei Augustin, nur in anderen konkreten Frontstellungen[148].

Blickt man zurück auf das erste Auftauchen und das Weiterleben des augustinischen Motivs der zwei Herrschaftsverbände, abgesehen von dessen Beziehung auf die Fragen der Politik, so läßt sich sagen, daß es in den verschiedensten Anwendungsformen ein tragendes Element in Luthers Denken ist. Die entscheidende theologische Frage des »coram deo« ist es, die Luther sowohl im Blick auf den einzelnen wie auch im Blick auf die dualistische Gesamtgruppierung der Menschheit mit dem Vorstellungsmaterial der zwei endzeitlich streitenden civitates unter der Herrschaft des Teufels bzw. Gottes (Christi) artikuliert. Die Unterschiede zu Augustin sind einerseits nur situationsbedingt, andererseits hervorgerufen durch die Differenzen in den zentralen dogmatischen Fragen. Zu den ersteren würde ich die kirchenkritischen Zuspitzungen bei Luther zählen[149], zu den zweiten die Verschärfung des simul iustus et peccator und die Verlagerung des Akzents von der Herrschaft der Vernunft über Trieb und Körper auf das dominium terrae im göttlichen Auftrag von Gen 1, 26ff. Gerade dieser Punkt muß uns nun in extenso beschäftigen, wenn wir uns der Gewalten-Lehre, und zwar speziell der potestas saecularis, im Zusammenhang mit dem coram-mundo-Sein des Menschen zuwenden.

---

[148] *U. Asendorf* (204) verwundert sich über den Zusammenhang der Türkenfrage mit der Unterscheidung der wahren und falschen Kirche, weil er den inneren Zusammenhang und den gesamten Vorstellungshorizont der civitates-Lehre nicht beachtet.

[149] Man bedenke, daß sich Augustin in seinem Kampf gegen die Pelagianer faktisch gegen die gesamte kirchliche Tradition und Praxis stellte.

B. Aufnahme und Veränderung der mittelalterlichen Gewalten- und Ständelehre im Zusammenhang der eschatologischen Spannung zwischen Herrschaftsverband Gottes und Herrschaftsverband des Bösen

Es ist bekannt und oft bemerkt worden, daß Luther in der frühen Zeit der ersten Psalmenvorlesung zu eigentlich politischen Fragen kaum Stellung nimmt[150]. Das ist auch nicht verwunderlich, da er sich ganz auf den theologischen Aspekt des coram deo konzentriert, den er damals überdies noch stark mönchisch-asketisch versteht. Er selbst sagt später von sich, er habe zu jener Zeit über die »lere so die Christen und gewissen betraff« gearbeitet, aber noch nicht von weltlicher Oberkeit geschrieben[151]. Eine Verteufelung der weltlichen Gewalt nimmt er jedoch — im Gegensatz zu *J. Heckels* Meinung — auch in jener frühen Zeit nicht vor[152]. Erst in der *Römerbriefvorlesung*, und zwar insbesondere bei der Auslegung des 13. *Kapitels*, kommt der Aspekt des coram mundo in seinem eigenständigen Beziehungsfeld in den Blick. Hier finden sich in nuce fast alle Elemente und Probleme der späteren, voll ausgebildeten Reichs- und Gewaltenlehre beisammen.

1. Der geistlichen Gewalt wird die Entwertung der weltlichen verwehrt[153] und sie selbst in der Wahrnehmung ihrer Aufgaben scharf kritisiert[154], wenn ihr auch selbst an dieser Stelle der Gewalt-Charakter innerhalb der Kirche noch nicht abgesprochen wird.

---

[150] Vgl. z. B. *J. Heckel*, Recht und Gesetz, Kirche und Obrigkeit in Luthers Lehre vor 1517, 370; *F. E. Cranz*, 116; *H. Bornkamm*, Luthers Lehre, 22.

[151] Vom Kriege wider die Türken (1529; 30 II, 109, 24ff.).

[152] *J. Heckel* (371) beruft sich auf folgende Stelle aus den Dictata (4, 25, 29): »Christus se ostium vocat. Ita et omnis potestas est porta in ecclesia, per quam ingreditur vel egreditur anima humana. Porte autem Inferi sunt potestates seculi«. Hier ist aber nichts über die weltliche Gewalt an sich, über die Güte des Amts als solchen ausgesagt, sondern über dessen Funktion. Diese besteht nach mittelalterlicher Anschauung im Vergleich zur kirchlichen potestas — um den es in diesem ganzen Abschnitt geht — aber darin, daß die geistliche Gewalt die Seele zum Leben belehrt, während die weltliche Gewalt den Leib des Sünders tötet, wonach seine Seele den Weg in die Hölle antritt (s. z. B. oben zu Alcuin, S. 335, bes. A. 52.).

[153] 56, 124, 17ff.

[154] 56, 476, 27ff. Zu beidem s. den nächsten Abschnitt.

2. Von Rö 13, 3f., d. h. von der Straffunktion der Obrigkeit[155], her legt sich nahe, an ihre Aufgabe gegenüber den Menschen unter der Satansherrschaft zu denken. Allerdings hat er diese Verbindung zur Zwei-civitates-Lehre hier terminologisch noch nicht ausdrücklich hergestellt[156], sondern setzt

3. einfach beim kreatürlichen, auf das Zeitliche bezogenen Leben an, von dem auch der Christ trotz seiner vor Gott erneuerten und befreiten Existenz nicht frei, sondern in einem ganz bestimmten Sinn abhängig ist[157]. (Sollte sich das Zugleich-Sünder-Sein des Christen etwa in Form von bürgerlichen Vergehen äußern, so fällt er natürlich auch unter 2.[158])

4. Aus den in 2. und 3. genannten Gründen kann der Christ mit gutem Gewissen die weltliche Gewalt bejahen und unterstützen[159] (wobei der 3. Aspekt hier noch viel weniger ausgeführt ist als später). Daraus ergibt sich aber das Problem, daß der Christ, der doch eigentlich von seinem Herrn her in das Reich der Gewaltlosigkeit versetzt ist, zur Aufrechterhaltung des bürgerlichen Friedens notfalls Gewalt unterstützen muß. Auch dieses Problem ist schon in der Römerbriefvorlesung angeschnitten; denn Kapitel 12, sagt Luther, ist auf den Menschen bezogen, sofern er für seine eigene Person auf Durchset-

---

[155] 56, 125, 3ff.

[156] So m. R. *H. Bornkamm*, 22. Falsch dagegen *J. Heckel*, 370ff., der nicht nur dies behauptet, sondern darüber hinaus die politische Gewalt mit dem Reich des Teufels vermischt, wenn er schreibt: »Dabei versteht Luther unter dem politischen Raum streng theologisch den mundus im Gegensatz zum regnum und ecclesia Christi. ... Gegenüber der Antike ... gegenüber dem Mittelalter ... hat die politische Welt bei Luther den Sinn des totalen (sic!) Gegensatzes zum Geistlichen«. Er kommt denn auch mit den Aussagen von Rö 13 und Luthers Aussagen dazu hart ins Gedränge und kann den einseitigen Gesichtspunkt der »Sündhaftigkeit« der weltlichen Gewalt nur dadurch abwehren, daß er ihre Würde aus ihrer »heilsökonomische(n) Funktion« ableitet. Diese findet er im Zitat der folgenden Anmerkung ausgesprochen.

[157] »In Capitulo precedenti docuit non perturbare ordinem Ecclesiasticum; hoc nunc capitulo docet etiam Secularem ordinem servandum. Quia uterque est a Deo: ille ad directionem ac pacem interioris hominis et rerum eius, Iste vero ad directionem exterioris hominis et rerum eius. Quia in hac Vita Interior homo non potest esse sine exteriori« (56, 124, 9ff.). Daß hier mit exterior homo nicht der sündige Mensch gemeint ist, ergibt sich aus der erläuternden Bemerkung in den Scholien (56, 476, 23): »... inquantum vivit et operatur, in sensibus ac temporalibus occupatur ...«.

[158] »... Non putes te per christianismum impunem ...« (56, 125, 12).

[159] »... ‚propter conscientiam'. quia Dei minister Et sic Deus Voluit ...« (56, 126, 3).

zung des Rechts verzichten kann, das Kapitel 13, 1—7 aber auf Menschen, die in einem öffentlichen Amt, nicht für sich, sondern für andere tätig sind[160]. Dieses Thema aber behandelt Luther später unter dem Titel »Christperson« — »Weltperson«, vor allem im Zusammenhang mit der Bergpredigt. Verfolgen wir nun die Entfaltung dieser vier Problemkreise bei Luther im einzelnen.

1. Die Umwandlung der kirchlichen Gewalt zu einem reinen Dienst im Reich Christi

Bereits an der Verfolgung des civitates-Motivs im Werk Luthers läßt sich ablesen, in welch hohem Maß die scharfe augustinische Herausarbeitung des geistlich-eschatologischen Charakters des Herrschaftsverbands Christi zunehmend Kritik an der mittelalterlichen Theorie und Praxis der Kirche bewirkt. Dieser Eindruck bestätigt sich, wenn man speziell auf Luthers Stellung zur herkömmlichen Bestimmung, Unterscheidung und Zuordnung von geistlicher und weltlicher Gewalt blickt. Schon im Mittelalter hatte das augustinische Erbe immer wieder als Sprengkraft in den Synthesen gewirkt, war dann aber durch seine neuplatonisch-hierarchischen Elemente seinerseits zum Bollwerk einer hierokratisch gesteuerten geistlich-weltlichen Kirche geworden. Mit Luthers verstärkter Konzentration auf das allein schöpferische und endzeitlich erneuernde Rechtfertigungshandeln Gottes am Menschen fällt jedoch nicht nur die Werkgerechtigkeit als mögliches Verdienst vor Gott, sondern auch die weltliche Macht des Klerus dahin[161]. In der Römerbriefvorlesung und auch noch bis 1520 spricht Luther der geistlichen Gewalt den potestas-Charakter nicht schlechthin ab. Das läßt sich an der Auslegung von Rö 13, 1 f.[162] und auch des vierten Gebots in diesem Zeitraum verfolgen. In beiden Fällen rechnet Luther die Priester zu den von Gott

---

[160] 56, 451, 5ff.

[161] Die in diesem Abschnitt aufgeworfenen Probleme können nur so weit verfolgt werden, wie es zur Klärung der Struktur der Zweireichelehre notwendig ist. Es ist nicht beabsichtigt, auf die Frage des geistlichen Amts als solche einzugehen. Dazu vgl. *W. Brunotte*, Das geistliche Amt bei Luther; *Nilsson*, Simul, 293ff. Für den jungen Luther s. *G. Müller*, Ekklesiologie, 107ff.; *ders.*, Neuere Literatur, 341ff.; 352ff.

[162] Grundlegend für die Auslegung von Rö 13, 1—7 bei Luther ist *G. Scharffenorth*, Römer 13, 54ff.

gesetzten Obrigkeiten[163]. Dieser zögernde Abbau der hierarchischen Vorstellungen entspricht seinem möglichst weiten Entgegenkommen gegenüber den kirchlichen Autoritäten[164]. Der endgültige Bruch mit der alten Vorstellung des geistlichen Amts als Gewalt erfolgt nach vorbereitenden Klärungen in der Kreuzzugsfrage[165], insbesondere in den Schriften »Vom Papsttum zu Rom«[166] und »An den christlichen Adel« (beide 1520). Der Papst soll Christi Statthalter nicht im Blick auf dessen himmlische, sondern irdische »dienende« Form sein[167]. Auch im Magnificat (1520/21) zählt Luther die geistliche Obrigkeit zwar unter die Gewalten, fügt aber hinzu: »... wie wol in der schrifft kein geistlich ubirkeit noch gewalt ist, sondern nur dienstparkeit und unterkeit«[168]. Was sich hier nach langem Zögern nun auch theore-

---

[163] Für die 1. Psalmenvorlesung vgl. 4, 403, 27ff. Noch im Sermon vom Wucher (1520) heißt es: »Doch ist es war, das gott hatt eingesetzt das weltliche schwerd, darzu auch die geystliche gewalt der kirchen, und beyden ubirkeyten befolen, die bößwilligen zu straffen und die vordruckten zu redten, wie Paulus Ro: XIII und viel örtern leret« (6, 39, 23ff.; vgl. *F. E. Cranz*, 160f.). Vgl. auch *G. Scharffenorth*, 64. Zum Auftauchen der Priester neben Eltern und weltlichen Herren im Schema der Obrigkeiten nach dem 4. Gebot vgl. Decem praecepta (1518): 1, 460, 1; Sermon (1519): 4, 607, 16f.; Von guten Werken (1520): 6, 255, 18f. Zu »Luthers Ableitung der geistlichen und weltlichen ‚Oberkeit' aus dem 4. Gebot« vgl. den gleichnamigen Aufsatz von *E. Kinder*.

[164] Vgl. *Höhne*, 42ff.

[165] Hierzu vgl. die erhellenden Untersuchungen von *W. Maurer*, Freiheit eines Christenmenschen, und Luthers eigenen Rückblick in der Schrift »Vom Kriege wider die Türken« (30 II, 108f.) und schon *H. Jordan* (Luthers Staatsauffassung, 23ff.; 32f.), der die Zeugnisse von Luthers zunehmender Beschäftigung mit Problemen des Gemeinwesens chronologisch zusammengestellt hat.

[166] Vgl. bes. die anhand von Joh 21, 15ff. entwickelten Unterschiede zwischen geistlicher und weltlicher Gewalt (die Bedeutung der Liebe für das geistliche »Weiden« der Lämmer; 6, 316, 20ff.) und die für die ganze Schrift grundlegende Unterscheidung von innerer und äußerer Christenheit. Dazu grundlegend *J. Heckel*, Das blinde, undeutliche Wort »Kirche«, 111ff.; vgl. auch *F. E. Cranz*, 131ff.

[167] 6, 434, 9ff.

[168] 7, 578, 22ff. Vgl. De captivitate Babylonica (1520): »... sacerdotium aliud nihil est quam ministerium« (6, 564, 13f.). Dazu s. *F. E. Cranz*, 161. In der Folgezeit fehlt dann die Beziehung von Rö 13, 1f. auf die geistliche Gewalt. Auch ist im »Betbüchlein« (1522), das sonst wörtlich die »kurze Auslegung der 10 Gebote« (1520) übernimmt, in der Auslegung des 4. Gebots die Passage über das geistliche Amt weggelassen (vgl. 7, 206, 6; 209, 17f.; 23 mit 10 II, 378, 17ff.; 382, 15ff.). Wenn Luther das geistliche Amt 1529 an dieser Stelle dann wieder – unter ausdrücklicher Abwehr der früheren römischen Praxis – aufnimmt, so hängt das mit der Drei-Stände-Anschauung zusammen (s. u. S. 501ff.) und bedeutet nicht die Rückkehr zum mittelalterlichen potestas-Verständnis.

tisch und terminologisch durchsetzt, bereitet sich in Luthers Kirchenverständnis seit der ersten Psalmenvorlesung vor. Denn mit der Konzentration auf das geistliche Wirken Christi in den Glaubenden war ekklesiologisch die Konzentration auf die Verkündigung des äußerlich gewaltlosen Worts (als Instrument des wirkenden Geistes Christi) einerseits[169] und auf das allgemeine Priestertum andererseits[170] gegeben. Denn wenn Christus allein das geistliche Regiment führt, so sind alle davon Betroffenen gleichermaßen im »geistlichen Stand«. Alle Unterschiede betreffen nur die äußeren Ämter und Werke der verschiedenen Glieder am Leib Christi[171]. Diese hier nur ganz kurz angedeuteten Sachverhalte faßt Luther im Blick auf die Reichelehre gut zusammen in der ersten der beiden Predigten (1522), die die vollständige Darstellung der Zweireichelehre in der Schrift »Von weltlicher Obrigkeit« vorbereiten[172].

Er erklärt hier zu Mt 3, 2 (Bekertt und bessertt euch, dan das reich gottes ist nahe; 10 III, 371, 10f.), wie sich das Reich Gottes zum geistlichen Regiment verhält: »Wer ist aber das reich gottes? Das ist das Cristlich glaubig volck Cristi« (371, 14f.). Hier geht Luther also von der proleptischen Bezeichnung der pilgernden civitas dei als Reich Gottes aus, wie es auch Augustin getan hatte. Das geistliche Regiment, das diesem Reich zugeordnet ist, kann aber nur Gott selber führen; denn das »Gesetz«, das dieses gläubige Volk prägt, muß in die Herzen geschrieben sein, nicht auf äußere Tafeln wie das Gesetz Mose und die »geistlichen« Gesetze der Papstkirche, die doch durch äußere Werke keine aus Spontaneität guten Personen erzeugen können[173]. Dies Gesetz ist aber der durch Hesekiel (36, 26) und

---

[169] Außer o. S. 451f. vgl. unter den zahlreichen Darstellungen dieses Vorgangs schon *K. Holl*, I. Luther, 288f.; zuletzt *G. Müller*, Ekklesiologie, 107ff.

[170] Vgl. ebenfalls *Holl*, 293ff.; 309 A. 1; 317ff. u. *G. Müller*, 109; weiter *H. Storck*, Das allgemeine Priestertum bei Luther. Alle kirchenrechtlichen Folgerungen der angedeuteten ekklesiologischen Gedanken Luthers müssen in dieser Untersuchung ausgeklammert werden, weil es in ihr primär um die gegenseitige Zuordnung der Strukturelemente innerhalb der Zweireichelehre geht, nur paradigmatisch dagegen um die konkrete Zuspitzung.

[171] Dies entwickelt Luther klassisch in der Schrift »An den christlichen Adel« (1520). Grundlegend dazu *W. Köhler*, zu Luthers Schrift »An den christlichen Adel deutscher Nation«; weiter *F. E. Cranz*, 138f.; 155; *G. Scharffenorth*, 64ff.

[172] Vgl. *H. Bornkamm*, 8.

[173] »... Es ist nit müglich das das geistlich regiment wol stehen mag, es sey dan mit dem gesecz und reich gottes verfast ... dise gesecz und das reich gottes ist nit gnug, das sie ins papir geschriben sein ader im kasten leit, Nein sie müssen ins hercz geschriben sein von got dem hern. Das geistlich reich mus gott regirn und kein anderer, Der Sophisten reich ist gar nichts gegen disem reich. Dan dasselbig reich (als mit guten wercken frum zu werden) ist ein verfürung der Cristen ...« (10 III, 371, 31ff.).

Joel (3, 1f.) prophezeite Heilige Geist: »der mus in uns regirn und das gesecz in uns vorbrengen, den geist mus uns gott geben« (372, 31f.). Das geschieht aber nicht durch Werke aus freiem Willen, sondern durch den demütigen Glauben, der um den Geist bittet (376 passim). Dann aber gilt: »... durch den heiligen geist unnd glauben sein alle werck gutt« (377, 3f.). Was ist dann aber noch das »Regiment der Geistlichen«? Nicht mehr das geistliche Regiment, vielmehr ein reiner Botendienst für den allein regierenden Geist Gottes, Knechtsdienst für den sanftmütig auf einem Esel reitenden Christus[174].

Bedenkt man dieses Ergebnis in Hinsicht auf die Verknüpfung von Zwei-civitates- und Zwei-potestates-Tradition, so kann man sagen, daß die augustinische civitas dei als Herrschaftsverband *Gottes* die mittelalterliche geistliche Gewalt ganz aufgesogen und sich angeglichen hat. Dieser kommt keinerlei ursprüngliche Gewalt zu. Vielmehr führt in diesem anbrechenden endzeitlichen Reich der Gott willig folgenden Menschheit der göttliche Geist selbst das Regiment. Weil es sich bei dieser Erneuerung primär um das Gottesverhältnis handelt, können Menschen hier mit äußeren Werken und Gesetzen weder für sich noch für andere etwas ausrichten. Will man die bis zu diesem Punkt sichtbar gewordene Struktur der Zweireichelehre graphisch darstellen, so ergibt das etwa folgendes Bild:

[174] »Darümb ir prediger predigt kurcz umb das reich und Euangelium Cristi und nichts anders, Dan der geistlichen Regiment und ampt söl nichts anders sein dan ein bottschafft, damit sie predigen Cristi reich, und nit herlich ein her reitten mit grossen rossen und grossem volck. Nein got wils nit haben, Sie söllen zu fuß lauffen und gott lassen reitten wie gehörtt ...« (378, 33ff.). Vgl. 377, 37ff.: »... darümb söl das der geistlichen ampt sein, uff das sie das Euangelium predigen, lassen Cristum senfftmütig sein, füren im den esel zu, seczen in oben darauff und sie söllen zu fuß gehen«.

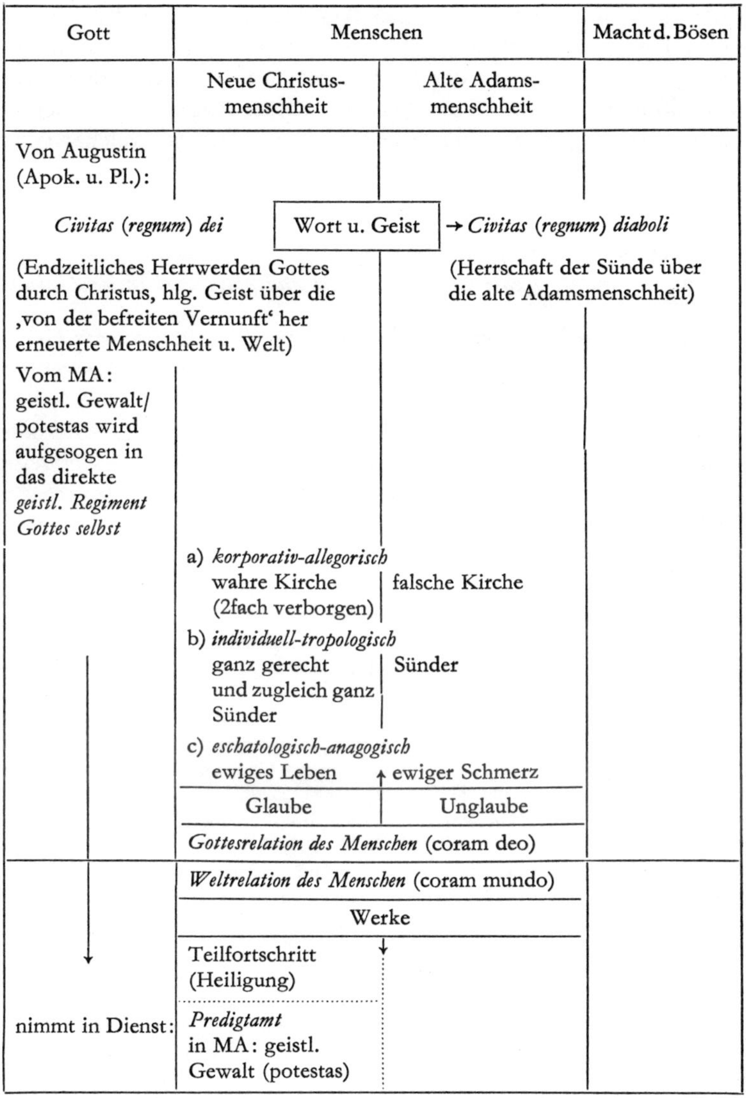

Schon von diesem Ergebnis, d. h. von Luthers Rückgewinnung des geistlich-eschatologischen Charakters der Kirche aus, ließe sich darstellen, daß die »geistliche Gewalt« im Gegensatz zum Mittelalter ihren Gewaltcharakter verlieren muß und keinerlei Zwangsvollmacht gegenüber der weltlichen Gewalt beanspruchen darf. Luther entwikkelt das auch bereits in der Römerbriefvorlesung ausführlich. Das Verhältnis der beiden »Gewalten« zueinander läßt sich aber leichter und vollständiger verstehen, wenn zuvor geklärt ist, welches denn Funktion und Wesen der weltlichen für sich genommen ist.

2. *»Dämme gegen die Flut«: Der Friedensschutz gegen die Folgen des Bösen im zivilen Zusammenleben der Menschen als Aufgabe der weltlichen Gewalt*

Fragt man nach der Funktion der weltlichen Gewalt (potestas saecularis) bei Luther, so stößt man gleich auf Bestimmungen, die seit der Alten Kirche, ja seit dem Römerbrief des Paulus zur christlichen Überlieferung gehören. Im Vordergrund steht dabei die — notfalls gewaltsame — Rechts- und Friedenswahrung. Bezeichnenderweise finden sich ja auch Luthers erste prägnante Äußerungen zu diesem Thema in seiner Auslegung von Rö 13, 1—7[175]. Schwert[176], Gesetz[177],

[175] Vgl. außer der zusammenfassenden Bestimmung des Textskopus durch »directio exterioris hominis et rerum eius« (Weltverhältnis) im Unterschied zum Frieden des inneren Menschen (Gottesverhältnis) o. A. 157 folgende Stellen speziell zum Zwangscharakter der Rechtswahrung: 1. die Glossen zu 13, 3f. (56, 124); 2. aus den Scholien: »... potestates Seculi ... Rigide puniunt furta, homicidia ...« (56, 478, 26ff.).

[176] Vgl. vor allem die wichtigsten Stellen vor »Von weltlicher Obrigkeit«, an denen auf Rö 13, 4 Bezug genommen wird: Sermo de duplici iustitia (2, 151, 4); Wucher (1520; 6, 39, 23ff.); Von guten Werken (1520; 6, 258, 32ff.); An den christlichen Adel (1520; 409, 31ff.); Magnificat (1520/21; 7, 583, 12f.); Vermahnung (1522; 8, 680, 22); Kirchenpostille (1522; 10 I, 1, 460, 4ff.); Predigt (4.5.1522; 10 III, 121, 11ff.); Predigt (25.10.1522; 10 III, 381, 19ff.). Dabei bedeutet Schwert nicht etwa nur buchstäblich die Strafgewalt, sondern traditionellerweise stets symbolisch die institutionelle Ganzheit der weltlichen Gewalt, sofern diese auch die unschuldigen und bedrängten Mitglieder des Gemeinwesens schützt. Dazu s. *G. Scharffenorth*, 113ff.; Anhang, 7ff.

[177] Zu der um 1519 beginnenden Hervorhebung des politischen Gebrauchs des Gesetzes (usus civilis legis) bei Luther vgl. *F. E. Cranz*, 96ff. Besonders deutlich spricht sich Luther dann in der Kirchenpostille (1522) aus, worauf er dann ausdrücklich in »Von weltlicher Obrigkeit« verweist (s. u. S. 488 das Zitat aus 11, 250, 23). Vgl. 10 I, 1, 454, 10ff.; 460, 4ff.; 476, 28ff.; 504, 40ff. Besonders 454, 10ff. finden sich wörtliche Anklänge an das unten S. 487f. wiedergegebene Zitat (»eyner den andernn nit fresse« »das ... die leutt mit friden unternander leben, sich neeren und mehren mugen, es wurde sonst alle land wüste« ...). Aus der Literatur zum zweierlei Gebrauch des Gesetzes vgl. neuerdings besonders *G. Ebeling*, Luther, 137ff.

politische Gerechtigkeit (iustitia civilis)[178] und — alles zusammenfassend — Friede[179] sind denn auch seit dieser Zeit die traditionellen Grundbegriffe, mit Hilfe derer Luther das Problemfeld zu erfassen versucht. Es ergibt sich von Augustin her auch ganz von selbst, an welchem Ort innerhalb der grundlegenden Unterscheidung der zwei civitates diese Funktion der weltlichen Gewalt besonders virulent wird: gegenüber den politischen Folgen der Sünde, d. h. also gegenüber den friedenstörenden Taten, die daraus hervorgehen, daß Menschen total oder teilweise vom Bösen beherrscht werden. Diese Verbindung nimmt Luther, wie schon erwähnt, zunächst nicht ausdrücklich vor. Noch einige Zeit begegnen die einzelnen, später dann meist zusammengefügten Elemente unabhängig voneinander. Aber schon vor »Von weltlicher Obrigkeit« (1522/23) findet sich die Zusammenordnung von civitas diaboli (Nichtchristen und Christen als »zugleich Sünder«) und weltlicher Gewalt an mehreren Stellen[180]. Klassisch heißt es dann in dieser Schrift (11, 249, 24ff.):

»Hie müssen wyr *Adams kinder* und alle menschen teylen ynn *zwey teyll:* die ersten zum reych Gottis, die andern zum reych der welt. *Die zum reych Gottis gehören,* das sind alle recht glewbigen ynn Christo unnd unter Christo. Denn Christus ist der könig unnd herr ym reych Gottis ... (Ps. 2, 6) er auch darumb komen ist, das er das reych Gottis anfienge und ynn der wellt auffrichtet (folgen Joh. 18, 36f.; Mt. 3, 2; Mt. 6, 33) ... Und nennet auch das Euangelion eyn Euangelion des reych Gottis (Mk. 1, 14), darumb das es das reych Gottis leret, regirt und enthellt.

Nu sihe, diße leutt dürffen keyns welltlichen schwerdts noch rechts. Und wenn alle welt rechte Christen, das ist, recht glewbigen weren, so were keyn (S. 250) furst, könig, herr, schwerd noch recht nott odder nütze. Denn wo zu sollts yhn? die weyl sie den heyligen geyst ym hertzen haben, der sie leret unnd macht, das sie niemant unrecht thun, yderman lieben, von yderman gerne und frölich unrecht leyden, auch den todt. Wo eyttel unrecht leyden und eyttel recht thun ist, da ist keyn zanck, hadder, gericht, richter, straff, recht noch schwerdt nodt (folgt 1 Tim. 1, 9) ... Eyn gutter baum darff keyner leere noch rechts,das er gutte frücht trage, sondern seyn natur gibts ... sind alle Christen durch den geyst und glawben

[178] Klassisch bereits in dem »Sermo de triplici iustitia« (1518; 2, 43f.), hier iustitia coram hominibus genannt und noch von Resten der asketischen Einschätzung der temporalia gekennzeichnet.

[179] Vgl. o. A. 177. Ausführlich dann u. S. 499f.

[180] Unausgesprochen liegt die Verbindung beider Elemente schon im Sermo de triplici iustitia vor (vgl. A. 178). Hier stellt Luther die äußere iustitia coram hominibus der Juden und Heiden und die »originale« (Glauben) und »aktuale« (gute Werke) iustitia der Christen gegenüber. Fast wörtlich wie in »Von welt-

aller ding genaturt[181], das sie wol und recht thun mehr denn man sie mit allen gesetzen leren kan ... (Z. 21) Warumb hatt denn Gott ßo viel gesetz geben allen menschen, und Christus auch viel leret ym Euangelio zu thun? Davon hab ich sonst ynn der postillen[182] unnd anders wo viel geschrieben. Itzt auffs kurtzist: Spricht Paulus, das *gesetz* sey *umb der ungerechten willen* geben, das ist das die yhenigen, so nicht Christen sind, durchs gesetz eußerlich von bösen thatten gezwungen werden, wie wyr hören werden hernach (S. 251, 1ff.). Nu aber keyn mensch von natur Christen odder frum ist, sondern altzumal sunder und böse sind, weret yhnen Gott allen durchs gesetz, *das sie eußerlich yhr boßheyt mitt wercken nicht* thüren nach yhrem muttwillen *uben*. (Hier nur als Einschub gedacht): Datzu gibt S. Paulus dem gesetz noch eyn ampt — Rö 7, 7 u. Gal 2, 21 — das es die sund erkennen leret, damit es den menschen demütigt zur gnad unnd zum glawben Christi ...

(S. 251) Zum *reych der wellt oder unter das gesetz* gehören alle, die nicht Christen sind. Denn syntemal wenig glewben und das weniger teyl sich hellt nach Christlicher art, das es nicht widderstrebe dem ubel, Ya das es nicht selb ubel thue, hat Gott den selben ausser dem Christlichen stand unnd Gottis reych eyn ander regiment verschafft unnd sie unter das schwerd geworffen, das, ob sie gleych gerne wollten, doch nicht thun kunden yhr boßheyt, und ob sie es thun, das sie es doch nit on furcht noch mit fride unnd glück thun mügen: gleych wie man eyn wild böße thier mit keten und banden fasset, das es nit beyssen noch reyssen kan nach seyner artt, wie wol es gerne wollt, des doch eyn zam korre thier nicht bedarff, ßondern on keten und band dennocht unschedlich ist.

Denn wo das nicht were, Syntemal alle wellt böse und unter tausent kaum eyn recht Christ ist, würde eyns das ander fressen, das niemant kund weyb und kind zihen, sich neeren und Gotte dienen, damit die welt wüste würde. *Darumb* hatt Gott die *zwey regiment* verordnet, das *geystliche*, wilchs Christen unnd frum leutt macht *durch den heyligen geyst* unter Christo, unnd das *welltliche*, wilchs den unchristen und bößen weret, daß sie *eußerlich* müssen *frid* hallten und still seyn on yhren danck« (folgt Rö 13, 3 u. 1 Petr 2, 14).

Dieser Text ist nach der voraufgehenden Analyse der verschiedenen Traditionselemente völlig durchsichtig. Immerhin könnte ein Gesichtspunkt verwirren, nämlich der des Gesetzes. Ist es so, wie manchmal angenommen wurde[183], daß die zwei Reiche und Regi-

licher Obrigkeit« dann schon in den Predigten vom 4. 5. 1522 (10 III, 121, 11ff.) und vom 25. 10. 1522 (10 III, 379, 29ff.).

[181] Vgl. auch 11, 252, 28. Hier liegt offenbar ein – besonders treffender – Ausdruck der Mystik vor. Dieser drückt genau den Gedankenzusammenhang des neuen Menschen, der Wiedergeburt und des von Luther im Zusammenhang des Glaube-Werke-Problems oft gebrauchten Gleichnisses vom Baum (Sein) und den Früchten (Handlungen) aus.

[182] S. o. A. 177.

[183] Als Repräsentant dieser Meinung kann besonders *W. Elert* (Das christliche Ethos, 378ff. u. ö.) gelten. Ich kann hier dies für Luther selbst zentrale Thema der Theologie nur andeuten. Speziell gegen Elert vgl. *E. Wolf*, Königsherrschaft Christi und Zweireichelehre, 287ff.; *F. Lau*, Luthers Lehre, 42ff. (vgl. 43 A. 98); *U. Asendorf*, 276. Ausschließlich dieser Problematik gewidmet sind die zwei Stu-

mente der Unterscheidung von Gesetz und Evangelium direkt zugeordnet sind — zunächst so, daß das Evangelium im *geistlichen Regiment*, das Gesetz im *weltlichen Regiment* Regierungsinstrument wäre? Hier ist genau zu differenzieren. Luther betont immer wieder, daß es im weltlichen Regiment allein um den »äußeren Frieden« geht. Damit meint er zwar nicht nur Angelegenheiten, die Körperliches, aber doch nur solche, die das politische Zusammenleben der Menschen betreffen, wie sie speziell in der 2. Tafel des Dekalogs angesprochen sind[184], ohne daß damit schon die Motivationsschicht der Handelnden erreicht würde. Die Grenze der weltlichen Gewalt liegt genau da, wo es um das coram deo, die 1. Tafel, das Gottesverhältnis und damit um das grundsätzliche, richtunggebende Beherrschtsein der Menschen in ihrem Personenzentrum geht[185]. Nicht so beim Gesetz. Nur dessen ziviler, koerzitiver Brauch (1. usus) bezieht sich auf den äußeren Schutz von bürgerlichem Recht und Frieden und deckt sich insofern mit dem Feld der weltlichen Gewalt. Sein anderer Brauch dagegen, der sogenannte theologische oder überführende (elenchticus), bezieht sich auf das coram deo. Denn dieser usus treibt das Gesetz in das Gewissen der Menschen, so daß sie vor Gott ihr Unvermögen erkennen und ihm darum allein das Wirken ihres Heils überlassen[186]. Insofern gehört

dien von *W. Joest* (Das Verhältnis der Unterscheidung der beiden Regimente zu der Unterscheidung von Gesetz und Evangelium) und *Harald Diem* (Gesetz und Evangelium in Luthers Lehre von den zwei Reichen). Vgl. im übrigen *G. Törnvall*, Geistliches und weltliches Regiment, 53; *H. Diem*, Luthers Predigt, 26f.; *W. Forell*, Faith active in Love, 58ff.; *H. Bornkamm*, 23f.; *E. Wolf*, Die »lutherische Lehre«; *P. Althaus*, Ethik M. Luthers, 49ff.; *K. O. Nilsson*, 16f.; 415ff.; *E.-W. Wendebourg*, 100ff. (gegen Ebeling).

[184] In seiner Auslegung des 2. Teils des mosaischen Gesetzes bestimmt Luther Körper, Güter, Ehre als Beziehungsfeld des weltlichen Regiments (Pred. 2. Mose, 1525, 16, 541, 30).

[185] Dies aufzuweisen ist das Ziel des 2. Teils der Schrift Von weltlicher Obrigkeit 11, 261, (25ff.) 29ff.: »... müssen wyr nun lernenn, wie lang yhr arm unnd wie fern yhr hand reyche, das sie sich nicht zu weytt strecke unnd Gott ynn seyn reych und regiment greyffe«. Luther erläutert dann im folgenden das coram mundo als das, was zu Leib und Gut gehört, das coram deo als das, was der »seelen selickeytt« betrifft. Die Zuordnung der beiden Regimente zu den beiden Tafeln findet sich etwa in der Zirkulardisputation über Mt 19, 21 (1539; 39 II, 40, 36; 81, 16), in einem Sermon vom 5. Okt. 1529 (29, 564, 25; vgl. *F. E. Cranz*, 91) und Wider Hans Worst (1541; 51, 556ff., hier bes. 558, 1ff.: »... der Keiser sol und mus herunter in die andern Tafel ... in der Ersten Tafel hat er doch so gar nichts zu thun ... hie regiert Gott allein ...«).

[186] Zum duplex usus legis vgl. z. B. *G. Ebeling*, Wort und Glaube, 50ff.; *ders.*, Luther, 137ff.

das Gesetz auch — gleichsam als negative Folie, als opus alienum — in das Feld des geistlichen Regiments, was Luther hier nur kurz einblendet, weil es nicht zum eigentlichen Thema der weltlichen Obrigkeit gehört[187]. Umgekehrt bringt das Evangelium durch die Erneuerung der Menschen in ihrem Gottesverhältnis auch ihm gemäße Werke im zivilen Zusammenleben der Menschen hervor, wovon Luther gerade in dem wiedergegebenen Abschnitt Großes zu sagen weiß. Damit reichen aber die Wirkungen des Evangeliums auch über das eigentliche Feld des geistlichen Regiments hinaus in die Sphäre des den äußeren Frieden erhaltenden weltlichen. Eine einfache Identifikation der Unterscheidungen Gesetz — Evangelium und weltliches Regiment — geistliches Regiment ist also nicht möglich[188]. Dagegen könnte man sagen, daß das Gesetz Gottes Regierungsinstrument im *Reich des Teufels* (hier: Reich der Welt), das Evangelium Gottes Regierungsinstrument im *Reich Christi* ist[189]. Denn die Ungläubigen (und die Christen als »zugleich Sünder«) stehen unter dem überführenden Gebrauch des Gesetzes, was ihre Gottesrelation, unter dem politischen Gebrauch des Gesetzes und damit der weltlichen Gewalt, was ihre Weltrelation betrifft. Die Gläubigen stehen, sofern sie wirklich glauben und damit vom Geist geleitet werden, ganz unter dem Evangelium, sowohl in ihrer Beziehung zu Gott als auch zu den Mitmenschen (Liebe), wenn letzteres sich auch teilweise unter der Form der normalen politischen Gerechtigkeit verbirgt, wovon noch zu reden sein wird[190].

Hier zeigt sich einmal mehr, wie nötig es ist, die verschiedenen Elemente der Zweireichelehre in ihrer Herkunft und in ihrem Eigensinn zu kennen, um auch ihr jeweiliges Verhältnis zu anderen Aspek-

---

[187] Das heißt nicht, daß die Unterscheidung der zwei usus legis zwei Gesetze oder zwei Gegenstandsbereiche meinte. Vielmehr kann *ein* Geschehen in verschiedenen Aspekten entfaltet werden, also etwa die aktuelle Erfahrung bürgerlicher Strafgesetze auch unter dem Aspekt, daß ich vor Gott Sünder bin. Dies ist dann aber das Amt des Wortes im geistlichen Regiment. Vgl. *G. Ebeling*, Luther, 147; 151; *W. Joest*, 88.

[188] Darin stimme ich mit dem Großteil der o. A. 183 angegebenen Literatur, insbesondere mit den klaren Ausführungen *Joests* überein.

[189] Es ist bisher, soweit ich sehe, versäumt worden, das Problem von diesen beiden Seiten aus zu sehen, weil man keine genügende Klarheit über die je verschiedene Herkunft und Geltungsbreite der Reiche (civitates) einerseits und Regimente (Gewalten) andererseits und die Zuordnung beider hatte.

[190] S. u. S. 536ff. Hier wird dann auch erst die eigentliche Pointe des *Joestschen* Aufsatzes zur Sprache kommen können, die darin besteht, die Beziehung des weltlichen Regiments zum Evangelium aufzudecken (dazu A. 436).

ten der Theologie zu erfassen[191]. Beim ersten Lesen des zitierten Abschnitts könnte es so scheinen, als gehörten Reich Gottes, geistliches Regiment, Evangelium, Christen einerseits und Reich der Welt, weltliches Regiment, Gesetz und Nichtchristen andererseits auf der gleichen Ebene zusammen[192]. In Wahrheit redet Luther angesichts seines Ziels, den Sinn des weltlichen Regiments herauszuarbeiten, primär auf der Ebene der Werke, des coram hominibus. Dabei blendet er nur kurz den Aspekt des geistlichen Regiments als Ursprung christlicher Liebe und des usus elenchticus legis als »Zuchtmeister« auf dieses geistliche Regiment hin ein. Dieses Ergebnis entspricht genau der Tradition. Die Unterscheidungen der Gewalten und der Reiche haben nicht einfach eine parallele Herkunft und Geschichte, sie liegen vielmehr in gewisser Hinsicht quer zueinander. Die Gewalten sind primär danach unterschieden, daß die geistliche das Verhältnis der Gesamtperson zu Gott betrifft (was bei Luther ganz an Gottes eigenes, unmittelbares Regiment übergeht), während die weltliche über das politische Zusammenleben wacht, aber »niemandt frum fur gott« macht[193]. Hier wird nach sichtbaren und fühlbaren Werken geurteilt, die dem Mitmenschen nützen oder schaden. Darum findet sich in unserem Abschnitt ständig die Betonung des »äußeren« Friedens, Hinderns, Strafens usw. Diese konstitutive Zugehörigkeit des weltlichen Regiments zum Bereich des coram mundo hat noch weitere Dimensionen, auf die gleich ausführlich zurückzukommen ist[194]. Hier geht es zunächst um die erste, in die Augen springende Verknüpfung der weltlichen Gewalt mit den zwei civitates. Von den vorgelegten Texten aus läßt sich dazu vorläufig sagen: das weltliche Regiment hat die Aufgabe, öffentliche Störungen des menschlichen Gemeinschaftslebens zu verhindern oder zu beseitigen, die als zivile Folgen davon entstehen, daß die Mehrheit der Menschen ganz unter der Herrschaft der Sünde (civitas/regnum diaboli), dagegen nur eine kleine Anzahl und auch diese nur anfangsweise unter der Herrschaft Gottes (civitas/regnum dei) steht[195].

---

[191] Methodisch bereits klar gesehen bei *H. Bornkamm*, 23ff.

[192] Etwas überspitzt ließe sich *J. Heckels* Gesamttendenz genau durch diese plane Gegenüberstellung kennzeichnen (vgl. Lex charitatis, 32ff. mit 37ff.), obwohl natürlich auch er materialiter dann differenzieren muß.

[193] Vgl. Kirchenpostille (1522) 10 I, 1, 455, 3f.

[194] Vgl. den folgenden Abschnitt 3.

[195] Die Verbindung der potestas- mit der civitates-Tradition in dieser Form nimmt Luther keineswegs nur in seiner Frühzeit vor, sofern man 1523 überhaupt

Von daher gesehen ist es zwingend, daß Luther das zunächst in dieser Funktion gesehene weltliche Regiment erst nach dem Sündenfall entstanden sein läßt, als »remedium naturae corruptae«[196]. Die Aussagen Luthers über die »politia« in diesem engeren, die Zwangsgewalt konstitutiv einschließenden Sinn lassen gar keine andere Deutung zu, obwohl sie oft versucht wurde[197]. Diese Kontrastierung des weltlichen Regiments mit den lebensgefährlichen Folgen der Sünde im

noch zu dieser rechnen will (gegen *Althaus*, Ethik, 56: »... seine Lehre gibt den ursprünglichen Zusammenhang mit dem Widereinander von Gottes und Satans Reich auf«. Vgl. auch o. A. 4 gegen *Cranz*). Aus der Fülle der Belege in den späten zwanziger Jahren vgl. z. B. aus der Kriegsleute-Schrift (1526) 19, 629, 21ff.: »Das ander ist ein weltlich regiment durchs schwerd, auff das die ienigen, so durchs wort nicht wollen frum und gerecht werden ... frum und gerecht zu sein für der welt«. Seit den dreißiger Jahren behandelt Luther das Thema lediglich meist im größeren Rahmen der Dreistände- oder Dreihierarchienlehre, die im einzelnen im folgenden Abschnitt erläutert werden soll. Vgl. die klassischen Aussagen in der großen Genesisvorlesung (1535–1545) nach der Behandlung von ecclesia und oeconomia: »Politia autem ante peccatum nulla fuit, neque enim ea opus fuit. Est enim Politia remedium necessarium naturae corruptae. Oportet enim cupiditatem constringi vinculis legum et poenis, ne libere vagetur. Ideo Politiam recte dixeris regnum peccati, sicut Paulus Mosen quoque vocat ministrum mortis et peccati. Hoc enim unum et praecipuum agit Politia, ut peccatum arceat, Sicut Paulus dicit: ‚Potestas gerit gladium in vindictam malorum'. Si igitur homines non essent per peccatum mali facti, Politia nihil fuisset opus, sed Adam vixisset cum posteris suis in summa tranquillitate, ac plus effecisset moto uno digito, quam nunc omnes gladii, cruces, secures possunt efficere. Nullus fuisset tum raptor, homicida, fur, obtrector, mendax. Quid igitur legibus, quid Politia fuisset opus? quae est ceu cauterium et horribilis medicina, per quam noxia membra praescinduntur, ut reliqua salventur« (42, 79, 7ff.). Dazu vgl. schon *Troeltsch* I, 489 u. neuerdings bes. *G. Forck*, Königsherrschaft, 53f.; 57f.; 168f. (A. 12!). Luther kann das Motiv des Kampfes Gottes gegen Satan und seine Herrschaft auf alle drei Stände (Hierarchien, Regimente, »Ertzgewalten«) ausdehnen. Als Beispiel für viele andere diene die Zirkulardisputation über Mt 19, 21 (39 II, 48ff.). Daß die zwei civitates auch ohne die Beziehung auf die Regimentenlehre bis zum Ende der Wirksamkeit Luthers auftauchen, wurde oben nachgewiesen (s. o. S. 463ff.).

[196] Vgl. das Zitat aus der Genesisvorlesung in der vorigen Anmerkung.

[197] Vgl. zusammenfassend *G. Forck* (s. o. A. 195) und *H. Bornkamm*, 27. *E. Wolf* führt eine Stelle an, die das Gegenteil beweisen soll, und zwar aus der Auslegung des 127. Psalms (1540; Peregrinatio, 234). Der Text des Drucks, den er wiedergibt, ist aber nicht von Luther selbst bearbeitet. Der Text der Handschrift verweist nur auf das dem Menschenherzen bei der Schöpfung eingepflanzte Naturgesetz, das sich in politia und oeconomia, nämlich zum dominium terrae entfalten kann. Daß es dies im Urstand schon faktisch getan haben soll, ist weder gesagt noch steht es im Vordergrund des Interesses. *Wolfs* leitendem Interesse aber, beide Regimente aus Gottes Liebe heraus zu verstehen und den politischen Dienst der Christen zu begründen, wird im nächsten Abschnitt entsprochen werden.

politischen Zusammenleben der Menschen ist auch der Grund dafür, daß Luther gern und häufig geistliches und weltliches Regiment antithetisch gegenüberstellt: Gnade — Zorn, Freiwilligkeit — Zwang, Schwert — Wort usw.[198]. Allerdings zeigt sich an den genannten Gegensatzpaaren, daß es hier besonders um die verschiedenen Herrschafts*mittel* geht. Betrachtet man dagegen die *Funktion* der weltlichen Gewalt, so steht neben der Bestrafung des sozialen Übeltäters Nutz und Schutz der Gefährdeten. Blickt man gar auf das *Wesen* der potestas saecularis, so ist es Gott selbst, der durch sie wirkt. Diesen Aspekten müssen wir uns nun zuwenden. Bliebe man bei dem bisher Gesagten stehen, so hätte man erstens ein höchst einseitiges Bild von Luthers Zweireichelehre gezeichnet[199], zweitens nur erst die traditionellsten Teile derselben[200]. Zwar kann man schon bis zu diesem Punkt der Untersuchung beobachten, wie die Gewalten-Lehre des Mittelalters durch die Einzeichnung in den augustinischen eschatologischen Dualismus einschneidende Veränderungen durchmacht. Die geistliche Gewalt muß ihre Vollmacht ganz an das in ihr wirksame Regiment Gottes selbst abgeben. Die weltliche Gewalt freilich wurde schon seit (Antike) Paulus, Alter Kirche, Augustin und Mittelalter als äuße-

---

[198] Vgl. die Tabellen bei *G. Scharffenorth*, Exkurs II, S. 9 u. *G. Törnvall*, 94f.

[199] So richtig *E. Wolf* (Die lutherische Lehre, 265 A. 32) gegen *G. Hillerdal* (Gehorsam gegen Gott und Menschen), der sich vorwiegend auf die Dualität der Herrschafts*mittel* in den beiden Regimenten stützt.

[200] Das hebt *R. Hermann* (I. Luthers Theologie, 212) in seiner Auseinandersetzung mit *J. Heckel* m. R. hervor. Dieser faßt die Beziehung des weltlichen Regiments auf die Bösen total bis hin zu offensichtlich falschen Konsequenzen wie dieser: »Es ist die Herrschaft der Bosheit (saeculum malitiae), mag man nun den Träger oder die Gewaltunterworfenen des Regiments oder die Regierungsweise ins Auge fassen« (Lex charitatis, 36. Unter »Regierungsweise« erscheint dann im folgenden auch die Vernunft!). Der Beleg, den *Heckel* für seine Behauptung aus der großen Galatervorlesung heranzieht (»Regnum mundi est peccare et omnia blasphemare, quae dei«; 40 I, 97, 7), bezieht sich aber eindeutig auf das regnum diaboli, ohne daß ein Wort von der weltlichen Gewalt im Zusammenhang auftauchte. Dieses Ineinandermengen von Reich der Welt im Sinn von civitas diaboli und weltlichem Regiment begegnet in einem Großteil der Zweireiche-Literatur und ist einer der Hauptgründe für den »Irrgarten«. Am weitesten verirrt sich wohl *E. M. Carlson* darin, wenn er annimmt, der Staat zu Luthers Zeit als weltliches Regiment sei streng zu trennen vom heutigen säkularisierten Staat; denn dieser sei »precisely that corruption of the wordly regime which is described as regnum diaboli« (Luther's Conception of Government, 270). Immerhin ist bemerkenswert, daß der Schrift von *O. Dibelius*, Obrigkeit, eine ähnliche Einschätzung der Lage zugrundeliegt.

rer Schutz gegen die Folgen der Sünde eingeschätzt. Bei Paulus, Luther und Augustin bekommt dieser Aspekt lediglich einen besonderen Ernst dadurch, daß das politische Strafgesetz durch die Predigt theologisch gebraucht und damit auf das eschatologische Gericht bezogen werden kann — freilich auf das Gericht der Werke, nicht der Person. Darin unterscheidet sich auch Luther von der Antike. Aber über seine paulinisch-augustinische Tradition ist er mit alledem noch kaum hinaus. Um das bisherige Ergebnis festzuhalten, sei das oben angefangene Schema weiter vervollständigt.

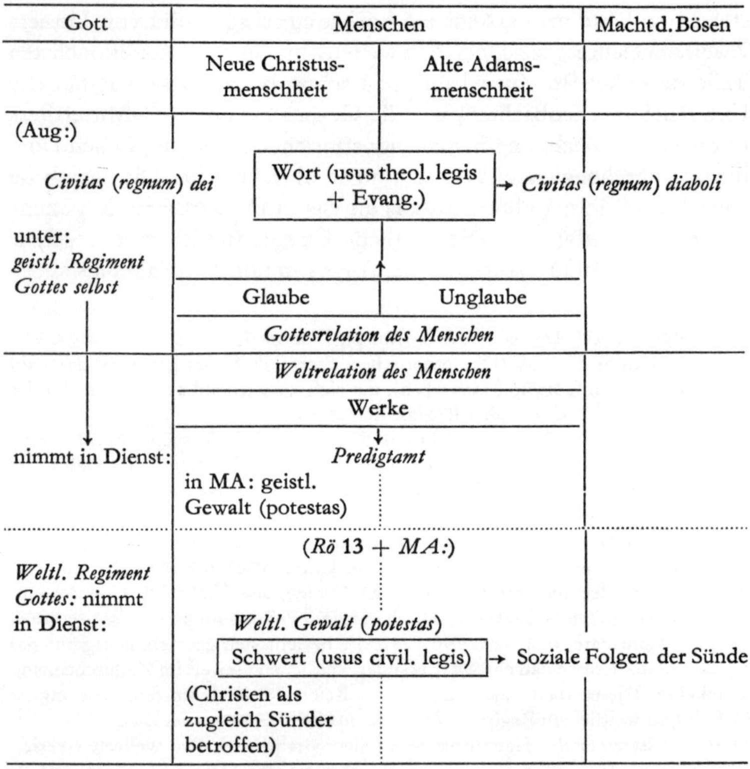

3. Das weltliche Regiment im Horizont der menschlichen Bestimmung zur Weltverantwortung

a) Das weltliche Regiment als Reich der Vernunft und seine Einordnung in das Schema der drei gesellschaftlichen Institutionsbereiche (Kirche, Politik, Familie/Wirtschaft)

Bliebe man bei der traditionellen Bestimmung stehen, das weltliche Regiment sei äußere Zwangsgewalt gegen soziale Folgen der Sünde, so ließe sich kaum oder nur schwer verstehen, wie Luther in den verschiedensten Zusammenhängen äußerst positive Aussagen über das Verhältnis der Christen zur Politik machen kann. Schon allein aus diesem Grund ist es nötig, über das bisher erreichte Ergebnis hinauszugehen. Fragt man aber in dieser Richtung weiter, so ist zunächst auffallend, daß bereits in seiner Bestimmung der Herrschafts*mittel* im weltlichen Regiment keinesfalls die Waffengewalt im Vordergrund steht, wie das oft dargestellt wird. Dieses weit verbreitete Mißverständnis hat sich vor allem aus einer isolierten und darüber hinaus auch einseitigen Interpretation von Luthers Bauernkriegsschriften ergeben. Hier scheint Luther wild und berserkerhaft die Zwangsherrschaft des Adels gegen jedes Aufmucken der Untertanen zu befürworten. In unserem Zusammenhang geht es nicht um eine historische oder theologische Gesamtanalyse dieses Problems, die hervorheben müßte, daß Luther gegen *beide* streitenden Fronten für vernünftige Reformen kämpft und daß seine Ablehnung der bäuerlichen Forderungen nicht deren politischen Inhalt, sondern deren christlich-ideologische Verbrämung und damit die Gefährdung des Evangeliums in seinem Wesen betrifft[201]. Im Zusammenhang der Frage nach den Herrschaftsmitteln der weltlichen Gewalt ist vielmehr besonders zu beachten, daß Luthers Äußerungen zum Bauernkrieg nicht den Normalzustand des politischen Lebens, sondern die Notstandsituation betreffen[202]. Der Aufruhr, um den es hier geht, ist von normalen zivilen Verbrechen dadurch unterschieden, daß er nicht irgendwelche Einzelpersonen betrifft, sondern die öffentlichen Institutionen des Gemeinwesens selbst. Diese aber sind — darin bleibt ihre kohibitive Funktion gegen

[201] Eine abgewogene Beantwortung der gängigen Polemik gegen Luthers Haltung im Bauernkrieg bietet *W. Elliger*, Luthers politisches Denken und Handeln. Zum historischen Hintergrund vgl. *Th. Nipperdey*, Art. Bauernkrieg (mit weiterer Literatur).

[202] Hierauf hat mit Nachdruck *G. Scharffenorth* hingewiesen (85ff.; 125ff. mit weiterer Literatur).

die Folgen der Sünde voll wirksam — der Selbstschutz der Gesellschaft dagegen, daß nicht das Recht des Stärkeren und damit das Chaos anbricht. Luther legt sich voll darüber Rechenschaft ab, warum er in einem solchen besonderen Fall massive öffentliche Gewaltanwendung empfehlen muß: die Vernunft, die eigentlich das Szepter im weltlichen Regiment führen muß, kommt im akuten Zustand des Kampfes aller gegen alle nicht mehr zu Gehör[203]. Soll der öffentliche gegenseitige Schutz der Menschen vor ihren Artgenossen nicht völlig aufgehoben werden, muß die Vernunft zur Gewalt raten, freilich auch dann nicht nach »steifem Recht«, sondern nach der Billigkeit[204].

Daß freilich für Luther im Normalfall die Vernunft bei weitem über der Waffengewalt steht und sie das eigentliche Charakteristikum des weltlichen Regiments ist, läßt sich hundertfach belegen. Trotzdem wird dies nur selten hervorgehoben[205] — vielleicht aus dem theologischen Mißverständnis heraus, angesichts der Sünde der Menschen sei offene Gewalt das einzige Hilfsmittel und die Vernunft komme nur da zum Ziel, wo Herzen durch das Evangelium befreit seien. Die Frage von Gesetz und Evangelium aber muß hier zunächst ganz außer Betracht bleiben. Sie betrifft das Problem, ob jemand das vernünftig Überzeugende im Blick auf sein Gottesverhältnis gern oder ungern, freiwillig oder gezwungen tut. Unabhängig davon handelt aber auch der vernünftig, der etwas aus dem Zwang der Einsicht in negative oder positive Folgen seines Handelns für das Wohl aller einschließlich seiner selbst tut und nicht erst öffentlich dazu gezwungen werden muß; denn hier ist noch nicht gefragt, ob dies aus spontaner Gottes- und Nächstenliebe geschieht oder nicht[206]. Klammert man diese

---

203 »... auffruhr hat keyn vornunfft und gehet gemeynicklich mehr ubir die unschuldigen denn ubir die schuldigen. Darumb ist auch keyn auffruhr recht, wie rechte sach er ymer haben mag. Und folget alletzeyt mehr schadens den besserung dar auß« (treue Vermahnung, 1522; 8, 680, 18ff.). – »... eyn auffrurischer ist nicht werd, das man yhm mit vernunfft antworte, denn er nympts nicht an ...« (Sendbrief ... wider die Bauern, 1525; 18, 386, 6).

204 Vgl. Ob Kriegsleute ..., 1526 (19, 630, 16ff.) im Anschluß an das römische Dictum »summum ius summa iniuria«. Ich werde im Zusammenhang der persona publica auf Luthers Begriff der Öffentlichkeit zurückkommen (s. u. S. 548ff.).

205 Dies kritisiert auch *H. Bornkamm*, 25; vgl. aber immerhin *B. Lohse*, Ratio und Fides, 119ff.; *G. Scharffenorth*, 113f. u. 136ff.; *R. Hermann*, Luthers Theologie, 211ff. und neuerdings *W. Schweitzer*, Der entmythologisierte Staat, 52ff.

206 Dies meint *G. Ebeling* in seinem Lutherartikel (RGG³ IV, 509), wenn er sagt, daß für Luther nicht nur die Legalität, sondern auch die Moralität zur iustitia civilis gehöre.

Frage zunächst einmal aus[207], kann man unbefangen Luthers Äußerungen über die Vernunft im politischen Zusammenleben der Menschen zur Kenntnis nehmen. Besonders prägnant drückt er sich einmal so aus:

»... wo die faust allein sol regieren, so wird gewislich zu letzt ein thier wesen draus, das, wer den andern ubermag, stosse jhn jnn den sack, wie wir fur augen wol exempel gnug sehen, was faust on weisheit odder vernunfft guts schafft. ... Das alles beweiset alle erfarung ynn allen Historien, das nie kein mal gewalt on vernunfft odder weisheit hette etwas ausgericht ... Das kurtz umb nicht faust recht, sondern kopffrecht, nicht gewalt, sondern Weisheit odder vernunfft mus regieren unter den bösen so wol als unter den guten« (Predigt, daß man Kinder zur Schulen halten solle, 1530; 30 II, 556, 33ff.)[208]

»Weisheit wiegt mehr als Kriegswaffen«, heißt es an einer anderen Stelle[209]. Ja, Luther hält es sogar für nötiger, daß der Kaiser das (vernünftige) Wort als das Schwert gebraucht[210]. Entscheidend ist für Luther deshalb die Bildungsförderung, die die entscheidende Voraussetzung dafür ist, daß genug Menschen in der Lage sind, das menschliche Zusammenleben vernünftig zu steuern. In mehreren Schriften hat er sich deshalb intensiv für eine Bildungsreform eingesetzt, zumal in jener eben zitierten »Predigt«, aber auch schon in seinem Aufruf »An die Ratsherrn ...« (1524)[211]. Insbesondere in Deutschland sieht

---

[207] Dazu s. u. S. 518f. u. den ganzen Abschnitt 4.

[208] Dazu vgl. *G. Scharffenorth*, 136f.

[209] Annot. i. Eccl. (1526; 20, 166, 13).

[210] »... potentia wil nicht thun, sed sapientia. Es ist noch nie kein regnum mit potentia bestanden, mus sich mit. Si potentia regeretur, so wurds ein wesen sein ut im wilden wald ... wurde man gewalt mit gewalt steuren, sic perpetuo blutvergießen, zanck ... es gehorn weise leut dazu, qui regant secundum leges et ordnung die yhn gstelt ist. *Mit dem wort mus man regirn* etiam in spirituali, *plus oportet utatur Cesar verbo quam gladio i. e. sapientia. Sapientia est keyserin* quae in corporali regimine ut yhr recht und gsetz kennen et secundum eas iudicent« (Pred. über 5. Mose, 1529; 28, 526, 2ff. R).

[211] 15, 27ff.; vgl. bes. 35, (15) 26ff.: »... soll man denn zu lassen, das eyttel rülltzen und knebel regiren, so mans wol bessern kan, ist yhe ein wild unvernünfftiges furnemen, So las man eben so mehr sew und wölffe zu herrn machen und setzen uber die, so nicht dencken wöllen, wie sie von menschen regirt werden«. Wegen der Aktualität sei noch folgendes Wort hinzugefügt (Ratschlag ... wie bestendige Ordnung, 1526; 19, 440, 4ff.): »Dieweil uns dise nechste auffrühr also gewitziget hat, das man gnusam findet, was fur unrat dar auß kompt, so man nit darein sihet, das des gemeynen mans gemüt, so vil müglich, gestillet und eintrechtig sei, So ist von nöten, das man *nit allein mit gewallt* dar zü thu, wie es schon itzt gehet, *sonder auch mit vernunfft;* dann eytel gewalt on vernunfft kan nit bestehen und behelt die unterthanen in ewigem haß wider die öberkayt, wie alle historien

Luther die Gefahr, daß über Reiten, Huren, Geldhäufen, Fressen und Saufen weitplanende Kulturpolitik versäumt wird[212]. Denn »wir Deudschen sind Deudschen und bleiben Deudschen. Das ist sew und unvernunfftige bestien«[213].

Fragt man nach den Hauptbestimmungselementen des »regnum rationis« bei Luther, so fällt zunächst der häufige Gebrauch des Begriffs »*Billigkeit*« (aequitas) auf. Dieser meint ein Eingehen auf Personen, Umstände und zeitgeschichtliche Besonderheiten, die durch das abstrakte geschriebene Recht nicht in den Blick kommen können[214]. Sie entspringt der freien Vernunft und soll Meisterin der geschriebenen Gesetze und ungeschriebenen Gewohnheiten sein[215]. In diesem Zusammenhang begegnet die traditionelle Vorstellung des Regenten als »lebendigem Gesetz« und »moderator legis«[216]. Das höchste Recht würde zum größten Unrecht, wenn es einfach strikt

---

unns anzeygen (folgt eine Analyse der Schäden im geistlichen Amt, d. h. des Meßmißbrauchs und des Fehlens guter Prediger, als eine der Hauptursachen für den schlechten Zustand der Gegenwart) ... (445, 16:) *Darumb auch der schulen und Universiteten Reformation von nötten ist*, das man do keyn kost noch mühe spare ...«. Vgl. z. Ganzen *I. Asheim*, Glaube u. Erziehung.

[212] z. B. Annot. i. Eccl. (1526; 20, 178, 3ff.): »Nos habemus mere stultos principes, Et germania fere vasta terra, nihil sciunt Germani quam equitare caballos, scortari, congregare pecunias, edere et bibere: collabitur disciplina et scholae.«

[213] Ob Kriegsleute ... (1526; 19, 631, 10).

[214] Dies und das folgende ist besonders gut zusammengefaßt in Luthers (nicht von ihm selbst herausgegebenen) Auslegung zu Pred Sal 7, 20 (1526; 20, 145, 18ff.): »Sapientia confortat sapientem plus quam decem potentes, qui sunt in civitate«. Schon in der 1. Psalmenvorlesung heißt es: »Aequitas respicit personas, Iustitia autem causas« (55 II, 1, 108, 16). Zur Bedeutung der aequitas speziell in den Annotationes in Ecclesiasten vgl. *E. Wölfel*, Luther und die Skepsis, 225ff., im allgemeinen s. u. a. *J. Heckel*, Lex charitatis, 85; *K. O. Nilsson*, 126ff.

[215] Vgl. bes. den Fürstenspiegel im dritten Teil der Schrift »Von weltlicher Obrigkeit« (11, 272, 13ff.): »... muß eyn furst das recht ja so fast ynn seyner hand haben als das schwerd unnd mitt eygener vernunfft messen, wenn unnd wo das recht der strenge nach zu brauchen odder zu lindern sey, Also das alltzeyt uber alles recht regiere unnd das uberst recht unnd *meyster alles rechten bleybe die vernunfft*«. Weiter »Ob Kriegsleute ...« (1526; 19, 632, 12ff.): »Denn weil das recht mus und sol einfeltiglich mit dürren, kurtzen worten gestellet werden, kan es gar nicht alle zufelle und hindernis mit einfassen. Derhalben die richter und herrn müssen hie klug und frum sein und die Billicheit aus der vernunfft messen und also denn das recht lassen gehen odder anstehen«. Weiter Brief Nr. 861 v. Mai 1525 (Br. 3, 485, 27ff.): »... alle Gesetze und Gewohnheiten sollen der natürlichen Billigkeit als ihrer Regel und Meisterin unterworfen sein«.

[216] Annot. i. Eccl. (20, 145, 28; 147, 15ff.) mit Verweis auf die Gelehrten des römischen Rechts. Zum princeps als lex animata s. o. Kap. III A. 344.

angewandt würde. Es würde größeren Schaden als Nutzen bringen. Man würde den Löffel aufheben und dabei die Schüssel zertreten, wie Luther oft sagt[217]. Die Vernunft dagegen denkt für Luther nicht von einem unveränderlichen Prinzip aus, sondern fragt nach dem Nutzen für den Mitmenschen im Rahmen des gemeinsamen Ganzen, welches das weltliche Regiment steuern soll. Damit sind *Gemeinnutz* und *Friede* als die entscheidenden Orientierungspunkte der Vernunft und ihrer »kybernetisch«-politischen[218] Funktion anvisiert — wohlgemerkt nicht im Sinn eines heteronomen »Soll«, sondern aus der Natur des Gemeinwesens selbst heraus.

Darum kann Luther in breitem Maße an *naturrechtliche* Traditionen anknüpfen, allerdings unter Ablehnung des lex-aeterna-Gedankens[219]. Das bedeutet sachlich, daß er hinter das stoische Normdenken zurückgreift auf die ursprüngliche Erfassung des von Natur aus Rechten, wie sie sich bei Platon im Horizont der Polis vollzogen hatte[220]. Denn er versteht das Naturrecht ganz von den Bedürfnissen der Mitmenschen im Gesamt der konkreten Gemeinschaft her[221]. Entsprechend bezieht er die menschlichen Gesetze (leges humanae), die für ihn nach alter Tradition aus dem Naturgesetz entspringen[222], strikt auf den »gemeinen nutz«[223]. In diesem Zusammenhang ist es interessant zu sehen, daß Luther — im Gegensatz zu Melanchthon — auch in der Beurteilung der zivilen Strafe das Hauptgewicht auf den Nutzen für die Gemeinschaft legt, d. h. nicht auf den antiken, auch u. a. von Augustin und dann Melanchthon aufgenommenen Gedanken der Besserung des Menschen[224]. Freilich bleibt daneben der göttliche Zorn als Motivation der

[217] Z. B. Von weltlicher Obrigkeit (11, 276, 13f.).

[218] Zur Vernunft als »gubernatrix« im dominium terrae vgl. *K. O. Nilsson*, 89ff.; dazu bes. Vorles. über 1. Mose (1535/45; 42, 107, 28ff.), wo Luther von der Vernunft spricht, die »ad gubernandas res in Oeconomia et Politia apta est«.

[219] Grundlegend hierzu *E. Wolf*, Peregrinatio, 183—213 (Zur Frage des Naturrechts bei Thomas v. Aquin und Luther); *M. Schloemann* (Natürliches und gepredigtes Gesetz bei Luther); *R. Bring*, Der Glaube und das Recht nach Luther, 140ff.; *W. Schweitzer*, 55ff. In den beiden erstgenannten Arbeiten findet sich weitere Literatur zum Thema des Naturrechts bei Luther. Speziell zur Frage der lex aeterna s. auch *K. O. Nilsson*, 44 n. 386; *G. Gloege*, Theol. Traktate II, 96.

[220] S. o. S. 67f. Welche Konsequenzen über Platon hinaus sich bei Luther hinsichtlich des Geschichtsproblems ergeben, ist unten S. 565f. angedeutet.

[221] Welche Bedeutung dieser Gedanke für die Vermittlung des natürlichen mit dem christlichen Handeln hat, wird u. S. 548ff. dargestellt werden.

[222] Mit Berufung auf Augustins De sermone domini in monte I, 50 schreibt Luther im letzten Satz von »Von weltlicher Obrigkeit«: »... sollt man geschriebene recht unter der vernunfft hallten, darauß sie doch gequollen sind als auß dem rechts brunnen ...« (11, 280, 16f.).

[223] Z. B. in Pred. 2. Mose (1524/27; 16, 560, 14f.).

[224] Vgl. *Hellmuth Mayer*, Die Strafrechtstheorie bei Luther und Melanchthon, 77ff. Melanchthon begründet über Luther hinaus die Strafe systematisch aus der Gottesgerechtigkeit, der Besserung und der Abschreckung (ebd. 83).

Strafe stehen[225]. Aber es ist doch nicht unwichtig zu sehen, daß selbst gewaltsames Handeln im weltlichen Regiment in den Gesamthorizont des vernünftigerweise zu erstrebenden gemeinen Wohls gestellt wird.

Noch evidenter ist der Zusammenhang zwischen Vernunft und *Frieden*; denn dieser ist die Grundbedingung des irdischen Lebens in Haus und civitas[226]. Um die Eltern anzuhalten, die Kinder etwas lernen zu lassen, damit diese dann im weltlichen Regiment mitarbeiten können, malt Luther dessen Früchte aus. Die herrlichste ist der Friede. »Denn wer wil aus sprechen, Was der Liebe fride für ein unaussprechlich gut ist«?[227] Er ermöglicht außer der nackten Erhaltung des Lebens und der Güter aber auch die Erziehung der Kinder[228], die wiederum Voraussetzung für künftigen Frieden ist. Ja, »der zeitlich fried ... (ist) das grössesste gut auff erden ... darinn auch alle andere zeitliche güter begriffen sind ...«[229]. Vor dem Ausbruch des Bauernkriegs mahnt Luther deshalb zu Vernunft und nachgiebigen Verhandlungen, da im Frieden das Zehnfältige des eingesetzten Preises zurückfließt[230]. Um des Friedens willen muß die weltliche Gewalt gemäß ihrem Straf- und Schutzamt, das nicht nur innenpolitisch gilt, auch bereit sein, einen Krieg zu führen, wie Luther mit der antik-christlichen Tradition der sogenannten »Lehre« vom gerechten Krieg überzeugt ist[231]. So kann es zusammenfassend in einer Predigt heißen, daß die irdisch-menschliche Gerechtigkeit insgesamt »dazu dienet, das wir können im friede leben und der guter brauchen, quae Deus dat«[232].

---

225 Ebd. 98f. Das könnte man z. B. sehr schön an je verschiedenen Akzentuierungen des Schwertgedankens in Rö 13, 3f. zeigen. Vgl. z. B. die Römerbriefvorlesung (1515/16; 56, 451, 5ff.) mit der Schulpredigt (1530; 30 II, 556, 5ff.).

226 Vgl. die Auslegung des zweiten Teils des Mosegesetzes (weltliches Regiment), in der Luther alle Gesetze und Aussagen letztlich auf Friedenserhaltung zurückführt (16, 535ff.).

227 Schulpredigt (1530; 30 II, 560, 8f.). Vgl. die Sätze davor: »Daraus hastu denn, Schutz und schirm deines leibes und lebens, widder nachbar, feinde, morder, Dar nach schutz und friede deines weibs, tochter, sons, haüs, hof, gesind, gelt, gut, acker, und was du hast ...«. Zum Ganzen vgl. *G. Scharffenorth*, 137.

228 Vgl. eine Pred. v. 12. 11. 1525 (17 I, 467, 7ff.).

229 Schulpredigt (1530; 30 II, 538, 18ff.).

230 Ermahnung zum Frieden (1525; 18, 297, (7) 16ff.). Vgl. diese ganze Schrift zum Thema.

231 Ob Kriegsleute ... (1526; 19, 626, 10): »... wo das schwerd nicht werete und fride hielte, so müste es alles durch unfride verderben, was yn der welt ist. Derhalben ist ein solcher krieg (im Dienst des Friedens) nicht anders denn ein kleiner, kurtzer unfriede, der eym ewigen unmeslichem unfriede weret ...« Da dieser Krieg ganz und gar vom Frieden her konzipiert ist, hätte es von Luther aus keine Schwierigkeiten bereiten sollen einzusehen, daß heute angesichts der gleichen Zielvorstellung das Austragen von Konflikten mit Waffengewalt grundsätzlich abgeschafft und eine neue Form der Kanalisierung dieser Konflikte gefunden werden muß. Vgl. These 5 in: Atomzeitalter, Krieg und Frieden, hrsg. v. *G. Howe*, 228 und *H. Gollwitzer*, Forderungen der Freiheit, 291ff.; 305ff. Zum Ganzen auch *J. Richter*, Luthers Gedanken.

232 Pred. v. 5. Okt. 1529 (29, 565, 6f.).

Betrachtet man also das weltliche Regiment nicht allein von den harten Zügen her, die ihm das Gegenüber der Sündenherrschaft aufzwingt, sondern berücksichtigt man sein Gegründetsein in der Vernunft und seinen Effekt für den Nächsten[233], so versteht man, warum Luther es in einer Reihe und auf einer Ebene mit den *anderen »Regimenten«*, *»Hierarchien«*, *»Ständen« und »Berufen«* zu nennen pflegt, obwohl diese nicht erst durch die Sünde bedingt sind, sondern den Menschen als Kreatur Gottes betreffen. Man kann nämlich Luthers Auffassung der Berufe in dem einen Satz zusammenfassen, daß sie den Rahmen bilden, in dem Menschen sich gegenseitig mit ihren je besonderen Gaben helfen: »omnes status huc tendunt, ut aliis serviant«[234]. Darin aber unterscheidet sich das weltliche Regiment nicht von anderen sozialen Tätigkeiten des Menschen. Der Satz, daß alle Berufe von Natur so angelegt sind, daß sie anderen dienen, ist wohlgemerkt ein Satz der Vernunft, nicht des Glaubens. Luther kann ihn deshalb bruchlos und ausdrücklich mit *antiken Traditionen* verbinden. Grundlegend ist hier vor allem die platonisch-aristotelische Polistheorie, nach der das Gemeinwesen in seiner Gesamtheit (und deshalb auch der einzelne in ihm) nur lebensfähig ist, wenn die einzelnen als seine Glieder je an ihrem Ort mit ihren besonderen Funktionen zusammenwirken[235]. Anthropologischer Ausgangspunkt der politischen Theorie ist also der von Platon schon aus der Sophistik übernommene Gedanke der »Bedürftigkeit« und der daraus folgenden gegenseitigen

---

[233] »Man mus ym kriegeampt *nicht ansehen, wie es würget*, brennet, schlegt und fehet etc. Denn das thun die engen, einfeltigen kinder augen, die dem artzt nicht weiter zusehen, denn wie er die hand abhewet odder das bein abseget, sehen aber oder mercken nicht, das *umb den gantzen leib zurretten* zu thun ist. Also mus man auch dem *kriegs odder schwerds ampt* zusehen mit menlichen augen, warumb es so würget und grewlich thut; so wird sichs selbs beweisen, das ein ampt ist *an yhm selbs Götlich und der welt so nöttig und nützlich als essen und trincken* odder sonst kein ander werk« (Ob Kriegsleute, 1526; 19, 626, 28ff.).

[234] Pred. v. 8. 6. 1524 (15, 625, 7); dazu und zu weiteren Belegen s. *K. O. Nilsson*, 129 (116ff.). *G. Wingren* stellt in seinem grundlegenden Werk für das Verständnis von »Luthers Lehre vom Beruf« (20) die Hauptregel auf: »Auf Erden ist also der Beruf zuhause, nicht im Himmel, und auf den Nächsten hin ist er gerichtet, nicht auf Gott hin«. Vgl. auch *W. Forell*, Faith active in Love, 112ff.; *F. E. Cranz*, 153ff.

[235] »... non inutile esse praeceptum, ut unaquaeque ars utatur suis terminis, neque alia aliam ideo damnat aut rideat, sed *iuvat* potius *alia aliam* et praebent *mutuas operas*. Sicut artifices faciunt, *ut conservetur tota civitas*, quae (sicut *Aristoteles* inquit) non potest constitui ex medico et medico, sed ex medico et agricola ...« (Vorles. über 1. Mose, 1535/45; 42, 36, 12ff.).

Angewiesenheit der Menschen in ihrer korporativen Einheit, nicht übrigens der von Aristoteles und der Stoa theoretisch entwickelte Gemeinschaftstrieb des Einzelnen[236]. Ebenfalls übernimmt Luther die an Platon und Aristoteles anschließende, auch im Mittelalter aufgenommene[237] Vorstellung, daß die drei hauptsächlichen Berufsstände nach nähren, wehren und lehren zu unterscheiden und als auf Gegenseitigkeit beruhende Dienstgemeinschaft zu interpretieren seien[238]. Diese Gruppierung wird wiederum mit der aristotelisch-mittelalterlichen Gesellschaftsschichtung in domus (oikos) — civitas (polis) — ecclesia kombiniert, so daß zur Bezeichnung der beruflichen Wirkungsfelder am häufigsten die Terminologie oeconomia — politia — ecclesia erscheint[239]. In der deutschen Fassung steht dafür »heuslich[240], weltlich, geistlich« Regiment, Stand, Hierarchie, Ertzgewalt, ampt, orden, stifft (Institution) — begrifflich am vollständigsten entfaltet in der Zirkulardisputation über Mt 19, 21 (39 II, 42ff.; 48ff.).

Die *Forschung* hat sich leider um Tradition und Ausformung der Dreiregimentenlehre wenig gekümmert, obwohl Luther seit »Von weltlicher Obrigkeit« (1523) seine Anschauung von den zwei Regimenten Gottes meist in diesem größeren Rahmen entfaltet und das Schema vor allem durch die Aufnahme in den großen Katechismus unter dem 4. Gebot große Verbreitung gefunden hat. Daß die Stände- und Berufslehre bereits in der Obrigkeitsschrift den Rahmen für das welt-

---

[236] Die Unterscheidung ist wichtig im Blick auf die Verhältnisbestimmung von lex naturalis und lex Christi (s. u. 550 u. ö.). Vgl. *J. Heckel*, Lex charitatis, 77 bes. A. 555 und bei Luther den immer wiederholten Hinweis darauf, daß man in den Ämtern dienen kann und soll, »wo es des nehisten notturft foddert« (Von weltlicher Obrigkeit, 1523; 11, 8).

[237] S. o. Kap. III, A. 537 u. bes. *R. Mohl*, The Three Estates, 7ff.

[238] Vgl. »Ob Kriegsleute« (1526; 19, 654, 20ff.): »Darumb haben die Weisen aller menschen werck gefast und geteilt ynn zwey stück: Agriculturam und Militiam, das ist ynn ackerwerg und kriegswerck, wie sichs denn selbs natürlich also teylet. Ackerwerck sol neeren, Kriegswerck sol wehren ... (folgt wechselseitiger Dienst beider Ämter).« Das »Lehren« nimmt naturgemäß bei Luther eine Zwitterstellung ein. Gewiß kennt er auch die Funktion der Lehre, sofern sie auf die gesellschaftliche, auf die politische und ökonomische Existenz ausgerichtet ist. So nennt Luther in der Auslegung des 101. Psalms (1534; 51, 242, 36ff.) die heidnischen Dichter und Philosophen »Prediger zum weltlichen Regiment«. In der Regel freilich tritt in der dreigliedrigen Ständeordnung das Predigtamt im Dienst des geistlichen Regiments Gottes an die Stelle der rein weltlichen Schriftsteller.

[239] Aus der Fülle der Belege vgl. vor allem den großen Zusammenhang der Genesisvorlesung, aus der das Zitat o. A. 195 entnommen ist.

[240] Das Haus umfaßt den Ehestand, den Verband von Eltern und Kindern und die Großfamilie einschließlich der Knechte und Mägde als Basis der damaligen Wirtschaft (vgl. *J. Küppers*, Luthers Dreihierarchienlehre, 373, mit Belegen).

liche Regiment bietet, wird meist übersehen. Hier heißt es (11, 258, 3ff.): »Darumb solltu das schwerd oder die gewalt schetzen gleych wie den ehlichen stand oder ackerwerck (beides zusammen bildet die oeconomia!) oder sonst eyn handwerck, die auch Gott eyngesetzt hatt. Wie nu eyn man kan Gott *dienen ym ehlichen stand*, am *ackerwerck* oder *handwerck dem andern zu nutz*, und dienen müste, *wenn es seynem nehisten nott were*, also kan er auch ynn der gewallt Gott dienen und soll drynnen dienen, wo es des nehisten notturfft foddert« (vgl. ebd. 257, 22; 258, 33). Damit ist *Althaus*' Entwicklungsthese auch von der anderen Seite seiner Begründung her hinfällig. Einerseits vermutete er, wie erwähnt, ein Aufhören des eschatologischen Dualismus der augustinischen civitas-Lehre beim späten Luther — andererseits aber vermißt er beim frühen Luther den Einbau der Regimentenlehre in den Rahmen der Ständelehre und folgert daraus: »Sobald er vom weltlichen Regiment im erweiterten Sinn sprach, also zum Beispiel auch die Ehe und das Eigentum einbezog, war es nicht mehr möglich, es auch in diesem weiteren Sinne mit der Macht des Bösen in der Menschheit zu begründen« (Ethik, 58). Aber auch sein Kontrahent, *J. Heckel*, wird bei seiner Interpretation der Reichelehre dem zitierten Text nicht gerecht. Denn bei seiner strikten Beschränkung alles Weltlichen auf die Bösen kann er die Dreiregimentenlehre nicht wirklich integrieren. Die einzige neuere Arbeit, die sich ausschließlich diesem Thema widmet, ist der Aufsatz von *J. Küppers*, Luthers Dreihierarchienlehre als Kritik an der mittelalterlichen Gesellschaftsauffassung. Dieser stellt zwar die antimönchische und antihierokratische Funktion der Ständelehre ausgezeichnet dar (ebd. 361—368). Er beachtet aber erstens nicht die antike Tradition des Schemas, zweitens ist er der Meinung, man könne die Zweireichelehre (worunter er offenbar nur die Zweiregimentenlehre begreift) durch die Dreihierarchienlehre einfach ersetzen. Beides führt zu einer falschen Gesamtbeurteilung des Themas und Fehlurteilen im einzelnen (bes. S. 368ff.)[241].

Die *Terminologie* ist wie üblich bei Luther nicht einheitlich. Was soll sie in diesem Fall aussagen? Die großen Gruppierungen von Institutionen oder Zuständigkeiten, durch deren Vermittlung sich das Zusammenleben der Menschen in der Welt regelt. Wie später noch zu erörtern ist, sieht der Glaube in den Institutionen Gottes besonderes Mitwirken am Werk. Der Begriff der »Ordnungen« für diese Sachverhalte ist zu sehr durch die Debatte um die »Schöpfungsordnungen« be-

---

241 Zur Ständelehre in den frühen Schriften vgl. Serm. v. Sakr. d. Taufe (1519; 2, 734 u. 736). Regelmäßig erscheint sie dann seit 1527 (Sacharja-Auslegung; 23, 511, 33ff.), besonders in »Vom Abendmahl Christi« (1528; 26, 504, 23ff.: hier die Begriffe stand, ampt, stifft, orden). Zur Zirkulardisputation s. *R. Hermann*, Ges. Studien, 206ff.; zu J. Heckel *U. Asendorf*, 256f. u. u. S. 525; zur antihierokratischen Front der Ständelehre u. S. 506ff. Aus der Literatur zum Thema vgl. *F. Lezius*, Gleichheit und Ungleichheit; *F. Kattenbusch*, 314ff.; *K. Köhler*, Die altprotestantische Lehre v. d. drei kirchlichen Ständen; *G. Törnvall*, 38ff.; *F. Lau*, Luthers Lehre, 61f.; *ders.*, Die lutherische Lehre, 464f.; *E. Wolf*, Peregrinatio I, 96ff.; 232f.; *ders.*, Der christliche Glaube und das Recht, 244; *W. Elert*, Morphologie des Luthertums, II, 49ff.; 64ff.; *F. E. Cranz*, 173ff.; *U. Asendorf*, 183ff.; 256ff.; *P. Althaus*, Ethik, 43ff.; *A. Peters*, Kirche und Welt, 288ff.; weitere Literatur bei *Küppers*, 361 A. 1.

lastet, spielt bei Luther auch nicht die hervorstechende Rolle[242]. Sofern er allerdings das institutionelle Element der Regimentenlehre festhält, ist er unentbehrlich[243]. Der Begriff der »Gewalt« gäbe am besten die Herkunft des Gedankens aus der potestates-Tradition (Rö 13 und Mittelalter), die Begriffe »Stand« und »Hierarchie« ebenfalls die Beziehung zum Mittelalter wieder. Für das moderne Verständnis wären die Begriffe »Amt« oder »Institution« (bei Luther: Stifft) am leichtesten zugänglich. Aber auch der von *D. Bonhoeffer* bevorzugte Begriff der »Mandate« ist heute direkt verständlich, taucht aber bei Luther kaum als terminus technicus auf[244]. Dieser spricht wohl am häufigsten von »Regimenten«. »Mandat«, »Regiment« und »Institution« kennzeichnen am besten das später darzustellende Ineinander von Göttlichem und Menschlichem.

Bedenkt man die antike und mittelalterliche Tradition der Stände- und Regimentenlehre Luthers, so ist es auch gar nicht auffällig, daß er, wenn er bei Gelegenheit Werke und Berufe des Menschen anhand des Dekalogs zusammenfassend darstellt, die drei Stände oder Regimente im Zusammenhang des 4. Gebots erwähnt. Denn in eben dieser Tradition ist es — zumal verstärkt durch die römische Ausprägung des pater-familias-Gedankens und erneut gepflegt durch den Humanismus — üblich, die civitas aus verschiedenen »Häusern« sich aufbauen zu lassen und den Regenten mit dem »Vater« zu vergleichen. Es ist deshalb ganz abwegig, Luther wegen seiner Verbindung von Haus und civitas den Vorwurf eines besonderen Patriarchalismus zu machen[245]. Versteht man darunter Beförderung von irrational begründeten Herrschaftsverhältnissen in der Gesellschaft, so widerspricht dieser Charakterisierung die offenbare Tatsache, daß Luther Wirtschaft (Haus und Ehe) und Politik eindeutig und ohne Abstriche zum Feld der Vernunft erklärt[246]. Auf dieser Grundentscheidung be-

[242] Vgl. u. a. *K. O. Nilsson*, 14ff.; *A. Peters*, 288ff.

[243] Vgl. *G. Scharffenorth*, 113ff. u. u. S. 523ff.

[244] Vgl. *D. Bonhoeffer*, Ethik, 70ff.; 222ff. Zu Luthers Mandatsverständnis findet sich Ausgezeichnetes bei *K. O. Nilsson*, 36ff.; 121ff.; 386ff. (dort ältere Literatur).

[245] Dieser Vorwurf ist seit *Troeltsch* (z. B. I, 444) immer wieder erhoben worden. Man vgl. aber Luther einmal mit dem gleichzeitigen Humanismus, der die stark patriarchalischen Züge seiner Fürstenauffassung gerade an antik-römischen Vorbildern nährt. Dazu vgl. *W. Maurer*, Das Verhältnis des Staates zur Kirche, 17 u. *H. Bornkamm*, Jahrhundert der Reformation, 302. Die Frage, wie Luther über seine zeitgeschichtlich gesehen völlig unoriginelle Theorie hinaus persönlich eingestellt oder veranlagt war, braucht uns hier nicht zu beschäftigen. Ebenfalls muß das Problem ausgeklammert werden, wie sich die Auslegung des 4. Gebots im Katechismus und die damit verbundenen Vorstellungen in der späteren Zeit des ausgeprägten Absolutismus und im späteren Luthertum ausgewirkt haben.

[246] »Politia et oeconomia est subiecta rationi« (Gal.vorl. 1531; 40 I, 305, 7f.).

ruht es eben, daß Luther in diesen Problemen die Weisen der gesamten Weltgeschichte als Autoritäten zitiert. Seine große Vorliebe gilt der alttestamentlichen *Weisheitstradition*, besonders dem »Prediger Salomo« (Kohelet, Ecclesiastes), den er »Politica vel Oeconomia Salomonis« nennt (20, 8, 19). Über dieses wegen seiner »Weltlichkeit« meist umgedeutete oder vernachlässigte Buch hat Luther eine kostbare Vorlesung gehalten[247]. Hierher gehört auch Luthers reichlicher Gebrauch von Spruchweisheit und Sprichwörtern überhaupt[248]. Dabei rühmt er — manchmal sogar polemisch gegen die Christen zugespitzt — ausdrücklich die Weltweisheit der Heiden. Voran nennt er die Großen der Griechen, Homer, Platon und Aristoteles, aber ebenso Cicero und Ulpian[249] oder Aesop, den Fabeldichter[250].

An dieser Stelle ist nun aber die Frage nicht mehr zu unterdrücken, was *Luther* denn in dem allen eigentlich von *Augustin* und vom *Mit-*

Selbst an solchen Stellen, wo Luther strengste Formen des väterlichen Hausregiments befürwortet, wie z. B. bei seiner Auslegung der jüdischen Familiengesetze in 2. Mos 21, 2ff. (16, 532ff.), begründet er seine Meinung rational mit dem Ziel der gut funktionierenden Gemeinschaft: »... das *got* hat ein *feyne gemein hat wollen ziben* ... Drumb hat er so streng das recht gemacht der familia« (16, 534, 28ff.). Vgl. auch die im ganzen Zusammenhang immer wiederkehrenden Hinweise auf concordia und pax als Orientierungspunkte der Gesetzgebung.

[247] Darüber hat *E. Wölfel* ein vorzügliches Buch unter dem Titel »Luther und die Skepsis« verfaßt. Das Thema wäre heute noch einmal aufzunehmen unter dem neuen Aspekt, der sich aus den Weisheits- und Apokalyptikforschungen der letzten Jahre ergibt und der nicht unwichtig für die Frage »Eschatologie und Weltverantwortung« ist (s. o. Kap. I A; vgl. auch *H. Bornkamm*, Luther und das Alte Testament, 13f.). So wie Augustin und in gewisser Weise schon Paulus über die hellenistisch weisheitlichen Traditionen die griechische Ontologie auf ihren apokalyptischen Gesamtentwurf beziehen konnten, so liegt auch bei Luther eine ganz spezifische Kombination von alttestamentlich-weisheitlichen, philosophischen und apokalyptischen Elementen vor. Allerdings knüpft er im Unterschied zu Augustin und Paulus nicht so sehr an die späte spekulative Weisheit und deren Hang zur vita contemplativa an. Vielmehr hält er sich selbst in der Skepsis des »Predigers« an die Elemente der Erfahrungsweisheit, die von ihrem Ursprung her politisch und praxisbezogen ist. Von daher gesehen steht er Jesus näher als Paulus (s. o. S. 174ff.). Seine Kombination von Weisheit und Apokalyptik drückt sich besonders treffend in der Haltung aus, die noch einen Tag vor dem Weltuntergang ein Apfelbäumchen zu pflanzen bereit ist. Daß diese äußerst knappen Hinweise nicht aus der Luft gegriffen sind, mag hier allein die Tatsache belegen, daß Luther seine Exegese ausdrücklich gegendie mönchische Auslegung durch Hieronymus schreibt (vgl. 20, 7, 29ff.).

[248] Vgl. *E. Thiele*, Luthers Sprichwörtersammlung.

[249] Vgl. Ausl. des 101. Psalms (1534; 51, 242, 36ff.); dazu *R. Hermann*, I. Luthers Theologie, 213f. Über Luthers Stellung zum römischen Recht handle ich später noch ausführlich.

[250] Vgl. *R. Hermann*, 212.

telalter unterscheidet. Hatte nicht seit John of Salisbury und dann vor allem seit der Aristotelesrezeption der Hochscholastik die politische Ethik — über Augustin quantitativ noch hinausgehend — in hohem Maß antikes Gut assimiliert? War nicht das weltliche Regiment und auch die Ökonomik innerhalb oder außerhalb des Schemas der drei Gesellschaftsschichten längst der Herrschaft der natürlichen Vernunft unterstellt? Mit dieser Frage nehmen wir den roten Faden wieder auf, den wir von der Beschreibung der pax terrena Augustins an durch das ganze Mittelalter hindurch verfolgten. Genauer noch war die Problemstellung durch den Begriff der Gerechtigkeit im Zusammenhang mit dem irdischen Frieden bestimmt. Denn — so zeigte sich — Augustin hatte die Frage nach der iustitia civilis ausgeklammert, weil er Gerechtigkeit nicht ohne aktualen Bezug auf die in Christus erschienene und im Eschaton voll erhoffte iustitia dei denken konnte. Das hohe und späte Mittelalter zog daraus die Konsequenz einer hierokratisch gesteuerten geistlich-weltlichen Christenheit mit der ausdrücklichen Berufung auf Augustin, der gesagt habe, nur auf diese Weise könne Gerechtigkeit in einem Gemeinwesen verwirklicht werden.

Wenn man nach Luthers Stellung zu diesem Thema fragt, so fragt man nach dem Zentrum seiner Theologie und seines reformatorischen Neuansatzes, der Rechtfertigungslehre. Wir müssen also hier noch einmal zurückfragen nach dem Gottesverhältnis des Menschen, das uns an seinem eigenen Ort, der von Luther aufgenommenen augustinischen Unterscheidung von regnum dei und regnum diaboli schon beschäftigte. Denn es geht hier um das Verhältnis von Gerechtigkeit coram deo und Gerechtigkeit coram mundo, jetzt allerdings vom Weltverhältnis des Menschen aus gesehen. Es ist m. W. nie der Versuch unternommen worden, die Vorgeschichte des iustitia-Begriffs unter Einschluß von dessen politischen Implikationen von der Antike bis zu Luther hin zusammenhängend zu untersuchen[251]. Immerhin gibt es die verschiedensten Forschungsergebnisse, die für unsere Fragestellung klar zeigen, daß das neue Verständnis der Gerechtigkeit Gottes bei Luther umwälzende Folgen auch für das Verständnis des weltlichen Regimentes, der iustitia civilis und der Berufe insgemein hat[252]. Weil nämlich Luther verstehen lernte, daß die Gerechtigkeit

[251] *O. Denifle* geht in seiner Arbeit »Die abendländischen Schriftausleger bis Luther über Justitia Dei und Justificatio« auf die politische Fragestellung praktisch nicht ein.

[252] Wichtige Vorarbeiten im Blick auf das Verhältnis Luthers zum Mittelalter

Gottes ganz anderer Art ist als die, in der Menschen der Welt begegnen, konnte er auch Unterschied und Zusammenhang des menschlichen Verhältnisses zu Gott einerseits und zur Welt andererseits viel schärfer fassen als die Tradition vor ihm — selbst als Augustin, selbst als die Nominalisten. Augustin ließ zwar in platonisch-stoischer Nachfolge ein Nutzen (uti) der Welt neben der Freude an Gott gelten. Aber beide Bezüge waren doch insofern direkt miteinander verkoppelt, als der kontemplativen Annäherung an Gott die asketische Entfernung von der Welt trotz aller Einschränkungen[253] umgekehrt proportional entsprach. Im Mittelalter trat neben diesen (den mönchischen) Gesichtspunkt der massive Verdienstgedanke, der bedeutete, daß alles Welthandeln zur Valuta eines Geschäftes mit Gott wurde und sich so in verschiedene Heiligkeitsstufen staffeln mußte. Hieraus befreite auch der Nominalismus mit seiner scharfen Trennung von Vernunft und Glaube nicht[254]. Luther entdeckt, daß der Mensch vor Gott seinem Schöpfer, Erhalter und Befreier nur passiv, empfangend ist. Dadurch wird das Wirken des Menschen in der Welt nicht mehr auf Gott hin (und damit von der Welt weg), sondern von Gott her (und damit auf die Welt hin) verstanden. Die Unfreiheit des Menschen vor Gott ist die Bedingung der Möglichkeit seiner Freiheit zur Welt hin. Die empfangend und dankend auf den Schöpfer gerichtete Vernunft ist das erleuchtete Licht, das die Schöpfung erhellt und begehbar macht.

Obwohl Luther dieses Wechselverhältnis zwischen den strukturverschiedenen Gerechtigkeiten, »Reichen« usw. erst in seinen späteren Schriften, vor allem in De servo arbitrio (1525)[255], voll entfaltet, zeichnet sich der Grundgedanke mit den verschiedensten Folgerungen seit der Entdeckung der iustitia dei passiva ab, ohne daß man daraus Folgerungen für den genauen Zeitpunkt von Luthers reformatorischem Durchbruch ableiten könnte[256]. »Indem er wirk-

---

hat hier *G. Scharffenorth* (aaO) geleistet. Vgl. besonders die Behandlung des Gerechtigkeitsproblems in der Reformation Kaiser Sigismunds (34ff.) mit der Analyse von Luthers »Rechtsunterricht« in verschiedenen frühen Schriften (74ff.; zusammengefaßt 156ff.). Daneben s. auch *G. Gloege*, Theol. Traktate II, 69ff.; *J. Küppers*, 366.

[253] S. o. S. 311ff.

[254] S. o. S. 422.

[255] Dazu s. u. S. 512ff.

[256] Das macht *H. Bornkamm* (Zur Frage der Iustitia Dei beim jungen Luther, 51) m. R. gegen *F. E. Cranz* (s. o. A. 4) und *A. Peters* (Luthers Turmerlebnis)

lich Fuß faßt in Christi fremder Gerechtigkeit, erschließt sich ihm der Bereich unseres irdisch-welthaften Rechttuns neu ... erschließt aber auch den Bereich der bürgerlichen Rechtschaffenheit der Nichtchristen neu[257].« Was sich in der Auslegung von Rö 13, 1—7 (1516) und den Sermones de triplici[258] und de duplici[259] iustitia anbahnt, hat auf dem Hintergrund des tausendjährigen Ringens um die weltliche Gerechtigkeit epochale Bedeutung. Auf diesem Hintergrund bekommen die bekannten Tatsachen, daß Luther sich von der asketisch-mönchischen Lebensform radikal abwendet[260] und ebenso den innerweltlichen Vorrang des »geistlichen Standes« über andere Berufe aufhebt[261], ihr volles Gewicht für seinen Neuansatz der Reichs-, Gewalten- und Ständelehre. Die Unterscheidung von civitas dei und civitas diaboli kann nun in keiner Weise mehr mit dem spätantik-mönchisch verstandenen Gegensatz von theoretischem und aktivem Leben zusammengebracht werden, wie das bei Augustin und schärfer noch im mittelalterlichen Augustinismus ausgeprägt war[262]. Was bei Augustin

---

geltend. Diese schließen aus der stärkeren Berücksichtigung weltlicher Probleme um 1518/19 — besonders in den beiden Sermonen über die dreifache und zweifache Gerechtigkeit — mit *E. Bizer* (Fides ex auditu), das »Turmerlebnis« habe erst um diese Zeit stattgefunden. Dagegen kann ich *Bornkamm* nicht zustimmen, wenn er es »an sich schon zweifelhaft« findet, daß es sich bei der neuen intensiven Aufnahme der Probleme des öffentlichen Lebens »um eine unmittelbare Auswirkung seines neuen Verständnisses von Römer 1, 17 handeln soll« (51). Diese Annahme läßt sich doch durchaus mit seiner Meinung verbinden, daß die reformatorische Erkenntnis der iustitia dei passiva spätestens mit der Römerbriefvorlesung (1, 17!) gegeben ist. Denn gerade in der Auslegung von Rö 13, 1-7 beginnt Luther, die weltlichen Geschäfte eines besonderen theologischen Interesses zu würdigen, was sowohl *F. E. Cranz* wie *A. Peters* im Zuge ihrer Spätdatierung unterbewerten. Zum Zusammenhang zwischen Rechtfertigungs- und Obrigkeitslehre vgl. auch *W. Schweitzer*, 52.

[257] *A. Peters*, 224f.; vgl. *W. Joest*, Ontologie der Person, zusammenfassend 230f.

[258] Außer *Peters*, *H. Bornkamm* u. *Cranz* (aaO) vgl. *R. Bring*, Glaube u. Werke, 17ff.; *U. Asendorf*, 37.

[259] Außer den Genannten vgl. *Nilsson*, 358ff.

[260] *B. Lohse*, Mönchtum und Reformation.

[261] S. u. S. 481ff.

[262] Luther ist sich darüber im klaren, daß das Mönchtum mit der spätantik weltflüchtigen Haltung zusammengehört. Im Zuge seiner antimönchischen Auslegung des »Predigers« greift er z. B. die Heiden an, die wie Terenz »... quod fortunatum putant non ducere uxorem, abstinere a regenda domo ...« (20, 122, 16ff.). Gegen die Papisten, die das Mönchtum vor Politik und Haus (Wirtschaft) empfehlen, schreibt er an anderer Stelle (40 III, 207, 6ff.): »Sic et philosophi idem

mit der vita contemplativa anvisiert war, die rechte Gottesbeziehung, wird gänzlich gelöst von allen Anstrengungen der Menschen, die Welt zu transzendieren, um auf diese Weise dem Ewigen nahe zu kommen. Im Gegenteil, dieser Weg wird im Aspekt coram deo als gefährlichste Form der Sünde, als Aufrichten der eigenen Gerechtigkeit durch »selbstgewählte Werke« und im Aspekt coram mundo als Lieblosigkeit aufgedeckt. Gegenüber Gott sind alle Berufe und Werke der Menschen gleich, hier ist gar nicht ihr Feld, hierher gehört allein der Glaube. Gegenüber den Menschen, wohin sie gehören, bemessen sie sich allein nach ihrem sozialen und politischen Nutzen[263]. Auf diese Weise werden die Wissenschaften und die Philosophie, die für Augustins wandernde civitas dei Stufen zum Aufstieg zu Gott waren — wenn auch im Spätwerk von Gottes Gnade gebaute und auf das soziale Leben bezogene Stufen —, ganz ihrer in Platons »theoretischem Leben« ursprünglich gedachten Bestimmung zurückgegeben, nämlich die Polis sachgemäß zu begründen. Die Philosophie ist in ihrer weltzugewandten Seite bei Luther ihrem Wesen nach politische Wissenschaft, wie alle menschliche, wirkende Tätigkeit allein auf die Welt und das Zusammenleben in der Welt gerichtet. Als Theorie der Welt ist sie darum prinzipiell an die soziale und politische Praxis gekoppelt. Jede mönchisch-weltflüchtige und jede pseudotheologische, von der Welt her zu Gott strebende Philosophie ist damit für Luther Verkehrung der Wahrheit. Unter der Herrschaft der Sünde begreift die Vernunft nichts vom Wesen ihres Verhältnisses zu Gott. Das Kreuz Christi macht jede wahre Theologie zu einer theologia prac-

et constituerunt leges, quamvis nec ipsi nec qui in politia fuerunt. Nullus sanctus in vetere et novo Testamento, qui non fuerit aliquid vel in oeconomia vel politia«. Im (nicht von Luther selbst besorgten) Druck dieser Auslegung des 127. Psalms kommt noch deutlicher das Stichwort dafür heraus, was Luther angreift: »*privata vita*« (ebd. Z. 26). Dazu vgl. *J. Küppers*, 367; *E. Wolf*, Peregrinatio I, 231.

[263] Dies hat *J. Küppers*, 361ff. (366) ausgezeichnet herausgearbeitet. Angesichts der späteren Verbürgerlichung dieser Meinung Luthers ist allerdings heute ebenso hervorzuheben, daß Luther durchaus einen wahren Sinn klösterlicher »retraite« kennt, freilich nicht zur Erwerbung eigenen Heils, sondern bezogen auf das Gesamtleben der Gemeinde: »Wol were es fein, so man klöster odder stifft der meynung hielte, das man junge leute drynnen leret, Gotts wort, die schrifft und Christliche zucht, Da durch man feine geschickte menner zu Bischofen, Pfarher und anderley diener der kirchen, auch zu weltlichem regiment tüchtige gelerte leute und feine züchtige gelerte weiber, so hernach Christlich haushalten und kinder auff ziehen kondten, zugerichtet und bereitet, Aber ein weg der selickeit da suchen, das ist teuffels lere und glauben« (1 Tim 4, 1ff.; Vom Abendmahl, 1528; 26, 504, 23ff.).

tica, alle spekulative Theologie gehört »in die hell zum Teuffel« (TR 1, 72, 16ff.). Die der Vernunft von Gott zugedachte Bestimmung und Bevollmächtigung zur Welterkenntnis und -beherrschung aber behält sie grundsätzlich auch im Zustand der Blindheit gegenüber Gott. Hier ist ihr Feld. Dies darf ihr der Papst nicht streitig machen.

Diese knappen, thetischen Sätze bedürften genauester Ausführung. Hier immerhin noch so viel: Da die Vernunft des Menschen unter der Herrschaft der Sünde nicht begreift, daß ihre Funktion Gott gegenüber ganz anders ist als ihre Herrschaftsbefugnis gegenüber den Dingen der Welt, daß diese Funktion nämlich in reinem Empfangen besteht, ist ihre Beziehung zu Gott rein eschatologischer Natur. Nur der von Gottes Geist endzeitlich erneuerte Mensch entspricht im Glauben gegenüber Gottes verborgen-offenbarem Wort der Bestimmung der Vernunft coram deo und wird im Eschaton zur Schau geführt werden, die nicht mehr der Versuchung der Usurpation ausgesetzt und darum unverborgen sein wird. Da die Vernunft in ihrer Herrschaftsvollmacht über die Welt nach Luther auch unter der Herrschaft der Sünde prinzipiell erhalten bleibt, neigt er dazu, der Vernunft überhaupt nur das Feld der Weltbeziehung des Menschen zuzusprechen. Ein besonders schöner Beleg findet sich im großen Genesiskommentar (1535/45; 42, 138, 15ff.). Er zeigt, wie Luther das alte Schema der vita activa und contemplativa völlig zerbricht, indem er die contemplatio rein auf Wort und Glaube, d. h. auf das Gottesverhältnis bezieht und dieses damit ganz aus dem Konkurrenzverhältnis zur actio herausnimmt: »Sit sane, ut dividamus rationem in duas partes, superiorem et inferiorem. Quanto rectius erat, inferiorem appellare, quae ad gubernandas res in Oeconomia et Politia apta est, et non illam pecuninam delectationem, Superiorem autem, qua speculamur seu contemplamur ea, quae extra Politiam et Oeconomiam sunt et ad religionem pertinent ostensam verbo, ubi nihil operamur, sed tantum discimus et contemplamur?« Dadurch ist das Verhältnis von Theologie und Philosophie nach dem Satz bestimmt: »sunt diversa non contraria« (Disput. »Verbum caro factum est«, 1539; 39 II, 26, 31)[264].

Die Rechtfertigung allein aus Glauben und die daraus entspringende prinzipielle Gleichheit der Berufe als weltlicher Tätigkeit greift aber nicht nur die mönchische Spitze der mittelalterlichen Standespyramide, sondern die Vorrangstellung des geistlichen Status überhaupt an[265]. Es zeigte sich bereits, daß die geistliche Gewalt durch Luthers an Augustin anschließende Auffassung des direkten geistlichen Regiments Gottes ihren Gewaltcharakter in Hinsicht auf die

---

[264] S. *Nilsson*, 90. Außer u. S. 519ff. vgl. zum Ganzen die grundlegenden Arbeiten von *B. Lohse*, Ratio und fides, bes. 55ff.; 119ff.; *B. Hägglund*, Theologie und Philosophie, bes. 13ff. und zuletzt *B. A. Gerrish*, Grace and Reason; weiter u. a. *G. Hillerdal*, Gehorsam gegen Gott und Menschen, 81ff.; *I. Asheim*, Glaube und Erziehung, 28ff.; *D. Löfgren*, Theologie der Schöpfung, (61) 72ff.; *Nilsson*, 88ff.

[265] Vgl. *J. Küppers*, 367ff.

Bürger der civitas dei einbüßte und zu einem reinen Dienst, einem rein weltbezogenen Werk wurde, dessen zum-Ziel-Kommen am Menschen allein vom Heiligen Geist zu erhoffen ist. Betrachtet man nun dieses »Werk« im Verhältnis zu den anderen Berufen und Ämtern der Menschen, so ergibt sich deren völlige Gleichheit vor Gott trotz aller Unterschiede der auf die Welt bezogenen Funktionen. Am deutlichsten wird dieser Sachverhalt, wenn Luther den drei menschlich gesehen differenzierten Ständen des häuslichen, weltlichen und geistlichen Regiments als vierten Stand den der »rechten Christen« gegenüberstellt, der als Stand vor Gott in allen drei Ständen vor der Welt in Erscheinung treten kann[266]. Ehe, Wirtschaft (d. h. also das »Haus«) und die politische Tätigkeit bekommen auf diese Weise einen völlig neuen, theologisch qualifizierten Rang. Gewiß hatte Augustin Wichtiges über die pax terrena gesagt, aber der kontemplative Zug in seinem Gottesverhältnis ließ ihn doch diesen politischen Frieden als Frieden Babylons und nicht als Gottesgabe und Gottesauftrag apostrophieren. Gewiß hatte darüber hinaus das Mittelalter große Fortschritte im theologischen und praktischen Begreifen der menschlichen Weltgestaltung gemacht. Aber die Lokalisierung des Natürlichen auf der untersten Stufe des Heilswegs zum Übernatürlichen hatte diese, vor allem bei manchen Kaisern beeindruckend sich entfaltenden Anfänge in eine tiefe Zweideutigkeit getaucht[267]. Erst Luthers Durchdenken der völligen Andersartigkeit menschlichen Gottes- und Weltverhältnisses bringt hier einen wirklichen Neuansatz. Denn weil deren gegenseitige Zuordnung nicht mehr als Konkurrenzverhältnis gedacht werden muß, ist dies auch im Blick auf das Verhältnis von geistlicher und weltlicher Gewalt nicht mehr nötig. Damit hat er das Problem gelöst, mit dem die kaiserlichen Publizisten seit dem Investiturstreit vergeblich rangen, nämlich den unmittelbar göttlichen Auftrag der weltlichen Gewalt unabhängig von der Vermittlung der geistlichen *theologisch* zu begründen. Luther selbst beschreibt seinen Durchbruch in dieser Frage mit folgenden Worten:

»Es hatte niemand geleret noch gehöret, wuste auch niemand etwas von der weltlichen ŏberkeit, woher sie keme, was yhr ampt odder werck were odder wie

[266] Vgl. Vom Abendmahl Christi (1528; 26, 505, 11ff.): »Uber diese drey stifft und orden ist nu der gemeine orden der Christlichen liebe, darynn man nicht allein den dreyen orden, sondern auch ynn gemein einem iglichen dürfftigen mit allerley wolthat dienet ...«. Weiter in der Auslegung des Confitemini (1529/30; 31 I, 68, 6ff.; zusammengefaßt 89, 14ff., bes. 91, 17ff.).

[267] Vgl. *G. Ebeling*, Das Problem des Natürlichen bei Luther, 174ff., bes. 176.

sie Gott dienen solt. Die aller gelertesten (wil sie nicht nennen) hielten die weltliche ôberkeit fur ein heidenisch, menschlich, ungôtlich ding, als were es ein ferlicher stand zur seligkeit. Daher hatten auch die Pfaffen und Mûnche Kônige und Fûrsten so eingetrieben und uberredet, das sie ander werck fur sich namen Gott zu dienen, als meß hôren, beten, meß stifften etc. Summa: Fûrsten und herrn (so gern frum gewesen weren) hielten yhren stand und ampt fur nichts und fur keinen Gotts dienst, wurden rechte pfaffen und mûnche, on das sie nicht platten noch kappen trugen. Wolten sie Gott dienen, so musten sie ynn die kirchen. Solchs mûssen mir bezeugen alle herrn so dazu mal gelebt und solchs erfaren haben, Denn mein Gnedigster herr, Hertzog Friderich seliger gedechtnis, ward so fro, da ich zu erst von weltlicher Oberickeit schreib, das er solch Bûchlin lies abschreiben, sonderlich einbinden und seer lieb hatte, das er auch mocht sehen was sein stand were fur Gott.

Also war dazumal der Bapst und die geistlichen alles ynn allen, uber allen und durch alle wie ein Gott ynn der welt, und lag die weltliche ôberkeit ym finstern, verdruckt und unbekand ... (28) ... sie mich nu auffrurisch schelten, nach dem ich von der weltlichen ôberkeit also herlich und nûtzlich geschrieben habe, als nie kein lerer gethan hat, sint der Apostel zeit (Es were denn S. Augustin): des ich mich mit gutem gewissen und mit zeugnis der welt rhûmen mag« (Vom Kriege wider die Türken, 1529; 30 II, 109, 4ff.).

Daß Luther außer den Aposteln (Rö 13!) Augustin als seinen einzigen wirklichen Vorgänger nennt, zeigt ganz klar, wie auch er von seiner Sicht aus dessen Ansätze zu würdigen weiß. Alles, was dieser über pax terrena und concordia zu sagen hatte, kann Luther von seinen Voraussetzungen aus nicht nur integrieren, sondern theologisch klären und intensivieren; denn er kann es im Horizont des göttlichen Weltherrschaftsauftrags an den Menschen und nicht nur unter dem Aspekt der notdürftigen Verhinderung ziviler Folgen der Sünde begreifen. Dies wird vollends klar, wenn man Luthers Verständnis der cooperatio Gottes mit den Menschen und der Menschen mit Gott untersucht.

b) Der Mensch als Mitarbeiter Gottes (cooperator dei) in der Schöpfung[268]

In »De servo arbitrio« (1525) findet sich ein höchst komprimierter Text, mit Hilfe dessen man die Grundstruktur der lutherschen Reichs- und Regimentenlehre fast vollständig aufdecken kann. Er heißt:

[268] Aus der älteren Literatur vgl. *G. Buchwald*, Luther über die Welt als »Mitwirkerin Gottes«. Die neueste Monographie zum Thema von *M. Seils* leidet trotz solider Materialkenntnis darunter, daß der Verfasser ausdrücklich die Zwei-*Reiche*-Lehre wegen ihrer ungelösten Komplikationen ausklammert und nur die *Regimente* einer genauen Analyse unterzieht (vgl. 139 u. 185). Dadurch gerät er aber in große Wirrnis bei der Bestimmung der verschiedenen Bedeutungen von regnum in »De

»(I.) Wie der Mensch, bevor er erschaffen ist,

(1. *Alleinwirksamkeit Gottes:*)
(a) auf das Ziel hin, daß er Mensch sei,
nichts tut oder mühsam erstrebt, wodurch er Kreatur wird,
(b) sodann, nachdem er gemacht und geschaffen ist,
nichts tut oder mühsam erstrebt, wodurch er Kreatur bleibt,
sondern beides allein durch den Willen der allmächtigen Kraft
und Güte Gottes, die uns *ohne uns* schafft und erhält,

(2. *zugleich Zusammenwirken zwischen Gott und Mensch:*)
aber in uns *nicht ohne uns* wirkt,
weil er uns nämlich dazu geschaffen und erhalten hat,
daß er in uns wirke und wir mit ihm zusammenwirken,
(a) sei es, daß dies geschehe außerhalb seines Reichs durch die
allgemeine Allmacht (also durch Bürger der civitas diaboli)
(b) sei es innerhalb seines Reiches durch die besondere Kraft
seines Geistes (also durch Bürger der civitas dei)

II. so sagen wir auch:
der Mensch, bevor er erneuert ist zur neuen Kreatur des Reiches des Geistes,

(1. *Alleinwirksamkeit Gottes:*)
(a) tut nichts, bemüht sich in nichts, wodurch er zu dieser Erneuerung und
zu diesem Reich sich bereite.
(b) Dann, wiedergeboren, tut er nichts, bemüht sich in nichts,
wodurch er in diesem Reich bleibe.
Sondern beides tut *allein der Geist* in uns,
uns neu schaffend und uns als Neugeschaffene erhaltend —
wie auch Jakobus sagt: ‚Er hat uns nach
seinem Willen durch das Wort seiner
Kraft gezeugt, auf daß wir der
Anfang seiner Kreatur seien' (Jak 1, 18).
Er spricht aber von der erneuerten Kreatur.

---

servo arbitrio« (130). Da er außerdem methodisch so vorgeht, daß er von dem »Randthema« – wie er selbst sagt (191) – des cooperatio-Begriffs aus nach den einzelnen Beziehungspunkten zu Luthers Theologie, nicht aber aus dem Zentrum derselben nach der Einordnung seines Themas fragt, kommt vor allem die Unterscheidung coram deo – coram hominibus als Koordinatensystem zur Ortung der »cooperatio« nicht klar zur Geltung. D. h. das Verhältnis der Passivität zur Aktivität, des Glaubens zu den Werken wird nicht klar genug bestimmt. (Dies kritisierten bereits *A. Peters*, Glaube und Werk, 271, und *K. O. Nilsson*, 381 A. 85). Dagegen gehen *K. O. Nilsson* (bes. 79ff.), *W. Joest* (Ontologie der Person, 310ff.) u. *H. Vorster*, Freiheitsverständnis, 380ff. von der fundamentalen Tatsache aus, daß Luther die cooperatio im Blick auf die Gerechtigkeit der Person vor Gott ganz ausschaltet, während er sie im Feld des Handelns in der Welt für andere voll in ihr Recht einsetzt. Von diesem Grundansatz ausgehend tragen sie vorzügliche Analysen zu Einzelaspekten des Problems bei. Die Verknüpfung ihrer Ergebnisse mit der Reichs- und Regimentenlehre soll im folgenden versucht werden.

(2. *zugleich Zusammenwirken zwischen Gott und Mensch:*)
Doch wirkt er *nicht ohne uns*,
weil er uns nämlich dazu erneuert hat und (als Erneuerte) erhält,
damit er in uns wirke und wir mit ihm zusammenwirken.
So predigt er durch uns, erbarmt sich der Armen, tröstet die Betrübten«[269].

Dieser überaus herrliche Text umfaßt die gesamte Theologie in wenigen Zeilen. Für unsere Fragestellung empfiehlt es sich, von dem II. Hauptabschnitt auszugehen, denn er betrifft die beiden civitates, die jeweils den Ausgangspunkt bei der Bestimmung der Zweireichelehre zu bilden haben. Luthers Ziel ist es, dem Menschen, der als alter unter der Herrschaft Satans lebt, den freien Willen zum Übertritt in den Herrschaftsverband Gottes abzusprechen. Ebenso will er die reine Passivität des Erneuerten in Hinsicht auf sein Bleiben und Fortschreiten in der Erneuerung ausdrücken. Dieses endzeitliche Anbrechen der Gottes- oder Geistherrschaft, zu dem sich die Menschen rein passiv verhalten, zieht aber eben diese so betroffenen Menschen in eine bestimmte Form von Mitarbeit. Als Beispiel wird die Wortverkündigung, die Hilfe für Arme und der Trost für Angefochtene genannt. Diese Mitarbeit ist dadurch bestimmt, daß sie sich nicht auf die eigene Existenz der von Gottes Geist Erfaßten, sondern nach außen, auf andere, auf die Nächsten hin richtet. Im Gegensatz dazu bezieht sich das endzeitlich alleinwirkende Neuschaffen des Menschen auf dessen eigenes Heil, das im Gottesverhältnis seinen Ort hat[270]. Die hier genannten drei Beispiele der menschlichen Mit-

---

[269] 18, 754, 1-16: »(I) Sicut homo, antequam creatur, (1) (a) ut sit homo, nihil facit aut conatur, quo fiat creatura, (b) Deinde factus et creatus nihil facit aut conatur, quo perseveret creatura, Sed utrunque fit sola voluntate omnipotentis virtutis et bonitatis Dei nos sine nobis creantis et conservantis, (2) sed non operatur in nobis sine nobis, ut quos ad hoc creavit et servavit, ut in nobis operaretur et nos ei cooperaremur, (a) sive hoc fiat extra regnum suum generali omnipotentia, (b) sive intra regnum suum singulari virtute spiritus sui. (II) Sic deinceps dicimus: Homo antequam renovetur in novam creaturam regni spiritus, (1) (a) nihil facit, nihil conatur, quo paretur ad eam renovationem et regnum; (b) Deinde recreatus, nihil facit, nihil conatur, quo perseveret in eo regno, Sed utrunque facit solus spiritus in nobis, nos sine nobis recreans et conservans recreatos, ut et Iacobus dicit: Voluntarie genuit nos verbo virtutis suae, ut essemus initium creaturae eius; loquitur de renovata creatura. (2) Sed non operatur sine nobis, ut quos in hoc ipsum recreavit et conservat, ut operaretur in nobis et nos ei cooperaremur. Sic per nos praedicat, miseretur pauperibus, consolatur afflictos«. Dazu vgl. *W. Joest*, 316f.; *H. Vorster*, 380ff. *M. Seils* (136ff.) verirrt sich, wie gesagt, in den verschiedenen Bedeutungen von regnum.

[270] Dies hat am schärfsten *W. Joest*, 316f. gesehen. Vgl. auch *M. Seils*, 83.

arbeit im geistlichen Regiment Gottes bezeichnen genau das, was uns früher als die in einen Dienst umgewandelte »geistliche Gewalt« begegnete[271]. Oft faßt Luther das hier Gemeinte auch nur unter dem Stichwort Predigtamt zusammen, wobei dies dann freilich in weitem Sinn zu verstehen ist, nach dem alle Christen auf ihre besondere Weise für andere Gottes endzeitliche Herrschaft ausbreiten helfen. Davon abgeleitet als ein spezielles Amt in diesem Gesamttun der Gemeinde ist dann das kirchlich geordnete spezielle Predigtamt[272].

Der erste Abschnitt ist genau parallel zum zweiten gebaut. Er handelt von Gottes allmächtigem, allgemeinen Wirken und des Menschen Mitwirken bei Erschaffung und Erhaltung des Menschen und seiner Welt. Wieder betrifft die Alleinwirksamkeit Gottes die eigene Existenz des Menschen — nach Erschaffung wie nach Erhaltung —, während sich das Mitwirken nach Analogie zur zweiten Vergleichshälfte auf das Mitwirken der Menschen nach außen, von sich weg beziehen muß. Worin dieses Mitwirken besteht, wird hier nicht angedeutet[273]. Es wird lediglich gesagt, daß in diesem auf Schöpfung und Erhaltung bezogenen allmächtigen Wirken Gottes Angehörige beider civitates mitwirken. Daß Gottes Allmacht auch die bösen Kreaturen treibt und bewegt, so daß sie mit ihm mitwirken müssen, betont Luther wenige Zeilen vorher im gleichen Zusammenhang[274]. *H. Vorster* hat klar herausgearbeitet, daß dieser für »De servo arbitrio« tragende Gedanke zweierlei bedeutet[275]. Einmal wirkt Gott das Böse insofern, als er die Bösen antreibt, nach der in ihnen vorhandenen Grundrichtung ihres Willens Werke, Taten aus sich herauszusetzen. Zum anderen aber wirkt er das Kreatürliche in ihnen, daß sie überhaupt leben und erhalten werden. Hierbei sind sie ebenfalls gezwungen, wie alle Kreaturen mitzuwirken zur Erhaltung der Mitkreatur — in Formen, über die gleich zu reden sein wird[276]. Daß auf

[271] S. o. S. 481ff.

[272] Hierzu grundlegend die Schrift »An den christlichen Adel« (1520). Vgl. auch u. S. 552ff.

[273] S. u. S. 516ff. u. 523ff.

[274] 18, 753, 28ff.: »Hoc enim nos asserimus et contendimus, quod Deus, cum citra gratiam, spiritus operatur omnia in omnibus, etiam in impiis operatur, Dum omnia quae condidit solus, solus quoque movet, agit et rapit omnipotentiae suae motu, quem illa non possunt vitare nec mutare, sed necessario sequuntur et parent, quodlibet pro modo suae virtutis sibi a Deo datae, sic omnia etiam impia illi cooperantur«.

[275] Vgl. aaO, bes. 382ff.

[276] Diesen letzten Gesichtspunkt übersehen *H. Vorster* und *W. Joest* (aaO) bei

der anderen Seite auch die in der endzeitlichen Erneuerung fortschreitenden Christen im Bereich des Allmachtswirkens Gottes mitwirken, schlägt eine Brücke zwischen beiden Vergleichshälften. Offenbar wachsen die Früchte der Erneuerung des Gottesverhältnisses nicht nur in Form der Mitarbeit an der Ausbreitung der Gottesherrschaft, sondern auch auf dem Feld der Weltbeziehung des Menschen[277].

Die völlige Parallelisierung beider Vergleichshälften in diesem Text hat übrigens ihre Probleme, die bis jetzt verschwiegen wurden. Die ausdrückliche Gegenüberstellung betrifft nur Schöpfung und Neuschöpfung (einschließlich ihrer zeitlichen Dimension, was Luther durch den Begriff der Erhaltung kennzeichnet). Ich dagegen habe immer so paraphrasiert, daß gleichzeitig im I. Abschnitt das Weltverhältnis, im II. das Gottesverhältnis im Vordergrund stand. Warum Luther hier diese Akzentverteilung nicht vornimmt, ist klar. Ihm kommt es an dem Ort der Debatte mit Erasmus darauf an, durch Analogieschluß zu zeigen, daß und wieso in beiden Hinsichten des Menschen Mithandeln in dem vorgängigen Wirken Gottes verankert und insofern auf Gott hin gesehen unfrei ist. Nicht auf dem Mitwirken und seinen besonderen Funktionen liegt in diesem Zusammenhang der Ton, sondern im Gegenzug zu den Beispielen des Erasmus soll gesagt werden, daß alles cooperari des Menschen nichts über den freien Willen gegenüber Gott aussagt.

Diese in der Darstellung unseres Textes fehlende Akzentuierung kann Luther aber bereits voraussetzen, da er früher in der gleichen Schrift schon mehrfach über die Besonderheit des menschlichen Mitwirkens gegenüber der Schöpfung gehandelt hat. Er muß nämlich immer wieder gegen Erasmus feststellen, daß dieser Schriftbelege für den freien Willen vor Gott anführt, die sich auf den freien Willen des Menschen in seiner Welt beziehen. Klar wird in diesem Zusammenhang mehrfach gesagt, worauf die beiden Relationen des Menschen zielen. Der unfreie Wille bezieht sich auf die Gottesrelation oder anders ausgedrückt, auf höhere Dinge als der Mensch ist,

---

der Auslegung des Textes, weil sie nur den von Luther ausgeführten Teil der menschlichen Mitarbeit, nämlich den im geistlichen Regiment zur Kenntnis nehmen, nicht aber bedenken, daß hinter der Mitarbeit in der ersten Vergleichshälfte des Textes (Schöpfung und Erhaltung) ganz präzise Vorstellungen Luthers stehen (dazu s. u. bes. S. 523ff.).

[277] Zum Baum-Früchte-Gleichnis als Ausdruck für den Sachverhalt der cooperatio bei Luther vgl. *M. Seils*, 77ff.

nämlich Heil oder Verdammnis, Dienstbarkeit gegenüber Gott (regnum dei) oder Satan (regnum diaboli). Der freie Wille bezieht sich auf das Weltverhältnis des Menschen oder, anders ausgedrückt, auf die Dinge unter ihm, was geradezu mit dem Stichwort regnum hominis, Herrschaftsbereich des Menschen, anderwärts auch als regnum rationis[278] bezeichnet werden kann[279]. Also innerhalb des vorgängigen oder, anders ausgedrückt, des umfassenden Wirkens Gottes, das den Menschen in einer Hinsicht unfrei macht, ist in Hinsicht auf die Schöpfung gerade ein Raum der Freiheit für den Menschen eröffnet. Hier ist der eigentliche Ort der cooperatio, was in dem zunächst zitierten Text nicht klar herauskam. In den jetzt angeführten Abschnitten dreht Luther einmal den Satz, der Mensch wirke mit Gott mit, sogar um und sagt im Zusammenhang des regnum hominis: »Aber es verhält sich hier nicht so, daß *Gott* ihn (den Menschen in seinem Herrschaftsbereich) so verließe, daß er nicht in allem *mitwirkte*[280].«

[278] Dieser Gesichtspunkt wird außer in De servo arbitrio besonders in der großen Galatervorlesung von 1531 hervorgehoben. S. o. A. 246; *K. Bornkamm*, Luthers Auslegungen des Galaterbriefes, 333ff.; *G. Wingren*, Beruf, 23.

[279] Zum Ganzen vgl. 18, 638, 5ff.: »... doceamus ut homini *arbitrium liberum* non respectu superioris, sed tantum *inferioris se rei* concedatur, hoc est, ut sciat sese in suis facultatibus et possessionibus habere ius utendi, faciendi, omittendi pro libero arbitrio, licet et idipsum regatur solius Dei libero arbitrio, quocunque illi placuerit. Caeterum *erga Deum*, vel in rebus, quae pertinent ad salutem vel damnationem, *non* habet *liberum arbitrium*, sed captivus, subiectus et servus est vel voluntatis Dei vel voluntatis Satanae«. 18, 671, 19ff. geht es darum, wie Sirach 15, 14ff. zu verstehen sei, wo es nach der Erschaffung des Menschen durch Gott heißt: »... Et reliquit (scil. deus) eum (scil. hominem) in manu consilii sui«. Luther bezieht diesen Satz auf den Weltherrschaftsauftrag an den Menschen in Gen 1, 26ff. und schreibt dazu: »... intelligamus hominem in *duo regna* distribui. *Uno*, quo fertur suo arbitrio et consilio, absque praeceptis et mandatis Dei, puta *in rebus sese inferioribus. Hic regnat et est dominus*, ut in manu consilii sui relictus. Non quod Deus illum sic deserat, ut non in omnibus cooperetur. Sed quod usum rerum illi liberum pro arbitrio concesserit nec ullis legibus aut praescriptis inhibuerit. ... (folgt Seitenhieb auf Papst und Mose, die im Gegensatz zum Evangelium hier den Menschen gängeln wollen). *Altero* vero *regno* non relinquitur in manu consilii sui, sed *arbitrio et consilio Dei fertur et ducitur*, ut sicut in suo regno fertur suo arbitrio absque praeceptis alterius, ita in regno Dei fertur alterius praeceptis absque suo arbitrio. Atque hoc est quod Ecclesiasticus dicit: ‚Adiecit praecepta et mandata'«. Vgl. 18, 781, 6ff. und 767, 27ff., wo Luther den gleichen Sachverhalt mit Hilfe der Unterscheidung von iustitia dei und iustitia legis civilis vel moralis klarmacht. Aus der Literatur vgl. vor allem *G. Wingren*, Beruf, 23ff. u. *K. O. Nilsson*, 79ff.

[280] 18, 672, 11; vgl. den latein. Text in der vorigen Anm.

Die Schriftstelle, die Luther zur Erläuterung dieses Sachverhalts heranzuziehen pflegt, ist Gen 1, 26ff.[281]. Daß Gott den Menschen zu seinem Bilde schuf, hebt diesen in doppelter Weise aus der übrigen Kreatur heraus. In bezug auf sein Gottesverhältnis heißt das: er lebt unter der besonderen Anrede (mandatum) Gottes, worauf hier nur hingewiesen werden kann[282]. In bezug auf sein Weltverhältnis bedeutet es, daß er gewürdigt wird, Gottes Mitarbeiter zu sein. Ja, Luther gibt sogar in dem oben[283] wiedergegebenen Text als *Ziel der Menschenerschaffung* und -neuschöpfung an, daß Gott in seiner Schöpfung und Neuschöpfung einen *Mitarbeiter* haben will. Dieser Bestimmung des Menschen entspricht exakt das »zum Bilde Gottes« in Gen 1, 26ff. Das »zum« bezeichnet dabei aber nicht einfach eine Zweckbestimmung, die mit der Erschaffung des Menschen perfekt und abgeschlossen wäre. Vielmehr sagt Luther — insbesondere in seinem großen Genesiskommentar (1535/1545) — daß Adam die große Gabe des vollkommenen Gottesbildes noch »in Hoffnung«[284] und trotz aller Vollkommenheit »dennoch unvollkommen« hatte[285]. Das heißt für unseren Zusammenhang: gerade in seiner Bestimmung zum Weltherrschaftsauftrag sollte der Mensch eine Geschichte haben. Sein Versagen in dieser Geschichte unter der Versuchung bedeutet, daß er sich der Mitarbeit entzieht[286]. Er kann sich ihr faktisch nicht ganz entziehen. Gott treibt sein Werk an seiner Schöpfung auch durch Bürger der civitas diaboli[287], selbst wenn diese unter dem Eindruck ziviler Gesetze oder vernünftiger Einsicht nur gezwungen handeln. Wenn aber Christus durch den Geist des Evangeliums das Bild Gottes in Menschen erneuert und zum Ziel führt[288], so bedeutet das zugleich mit der

---

281 Z. B. 18, 671, 35; vgl. o. A. 279.

282 18, 672, 16ff.; vgl. den Text o. A. 279. Dazu s. vor allem *D. Löfgren,* (61) 79ff. und *K. O. Nilsson,* 82f.

283 S. o. S. 513.

284 »Habuit igitur Adam duplicem vitam: animalem et immortalem, sed nondum revelatum plane sed in spe« (42, 43, 7 zu Gen 1, 26).

285 Adam war »justus, rectus, intellectu praestanti, voluntate recta et tamen imperfecta« (42, 87, 5f. zu Gen 2, 17). Vgl. zum Ganzen *G. Löfgren,* 61; *K. O. Nilsson,* 84. Im Gottesverhältnis bedeutet das »Noch nicht«, daß die unverborgene Gottesschau fehlte, obwohl Gottes Wort in kreatürlicher Verkleidung vollkommen klar war (vgl. *Nilsson,* 60).

286 S. o. S. 472 zur Verkehrung seiner auf die Schöpfung bezogenen Herrschaftsvollmacht in Mittel des Aufstands gegen Gott.

287 S. o. S. 513.

288 »Hoc autem nunc per Euangelium agitur, ut imago illa reparetur« (42, 48, 11). Vgl. *Löfgren,* 176ff.; 258ff. u. *Nilsson,* 84 mit weiteren Belegen.

Neugestaltung des Gottesverhältnisses die bestimmungsgemäße Verwirklichung der menschlichen Weltverantwortung, nämlich freiwillige[289] Mitarbeit in und an Gottes Schöpfung. Demnach ist die Freiheit eines Christenmenschen als aus der Unfreiheit gegenüber Gott gespeiste Freiheit gegenüber der Welt zum Dienst an der Welt das Ziel der menschlichen Bestimmung[290].

Damit befinden wir uns an einem Knotenpunkt der vorliegenden Untersuchung. Seit der Apokalyptik verfolgten wir das Wechselspiel zwischen drei Faktoren, nämlich zwischen (1.) der zukünftigen (und anbrechenden) Gottesherrschaft im Kampf mit (2.) der gegenwärtigen Herrschaft der Sünde (Satans) und (3.) die Frage der politischen Institutionen in diesem Spannungsfeld. Der Zusammenhang dieser drei Größen war jeweils in den apokalyptischen Schriften, bei Paulus, Augustin und dem Mittelalter anders bestimmt. Allen diesen untersuchten Modellen war aber gemeinsam, daß der Zusammenhang zwischen den Faktoren 1 und 2 einerseits und 3 andererseits in einer gewissen Zweideutigkeit blieb. In der Apokalyptik steht der endzeitliche Kampf so im Vordergrund, daß trotz der weisheitlichen Elemente, die von Gottes Indienstnahme der Weltreiche wissen, diese vor allem als Mächte der Bosheit erscheinen. Andererseits bringt hier die Verbindung von levitischem Gerichtsernst und weisheitlicher Welterforschung eine höchst intensive und präzise Vorstellung von Verantwortung hervor[291]. Die Verfolgungssituation aber verhindert deren Applikation auf die politischen Fragen. Bei Paulus steht ebenfalls der endzeitliche Kampf im Vordergrund, freilich vom Anbruch und der bald erhofften Parusie der Gottesherrschaft in Christus her gesehen. Entsprechend kommen die politischen Gewalten von der Verwirklichung christlichen Glaubens her in den Blick (Rö 13 im Zusammenhang mit 12, 1f.). Aber es ist stärker als üblich hervorzuheben, daß Gott nach Paulus vom Menschen nicht nur Glauben erwartet, sondern die Werke der Menschen an und in der Welt unter den Ernst des Gerichts stellt, weil er das Gute für seine Schöpfung will. Dieser Gedanke wird unterstützt durch den Hinweis darauf, daß

289 S. o. in dem Zitat auf S. 513 I 2b.

290 Vgl. außer De servo arbitrio (und die zusammenfassenden Schlußbemerkungen dazu bei *H. Vorster*, 392ff.) Luthers Schrift »Von der Freiheit eines Christenmenschen« (1520). Treffend spricht *G. Picht* von der »Unfreiwilligkeit des freien Willens«. Die in diesem Abschnitt erst angedeuteten Konsequenzen aus Luthers Verständnis der Weltverantwortung für die Christenheit werden u. S. 536 ff. weiter entfaltet.

291 S. o. S. 51f.

im öffentlich-politischen Raum Gott selbst die für die Werke der Menschen verantwortlichen Gewalten in Dienst nimmt. Dies ist aber in seinem Inhalt nur äußerst knapp angedeutet, einmal im Blick auf die Gerechtigkeit, zum anderen im Blick auf die Steuer im Gemeinwesen. Freilich werden diese Andeutungen durch anderweitige Hinweise auf Naturrecht und allgemeine Sittlichkeit ergänzt. Augustin denkt ebenfalls vorrangig von der endzeitlichen Neugestaltung des Mensch-Gottes-Verhältnisses her. Imago dei ist in diesem Horizont vorwiegend die Vernunft in ihrem Herrwerden über die eigenen Triebe. Sowohl Paulus wie vor allem Augustin drücken die eschatologische Spannung in spätantik-asketischen Kategorien aus. Das Mittelalter intensiviert zwar das Verhältnis der Christen zur Welt außerordentlich stark, verliert auf der anderen Seite aber an eschatologischer Schärfe. Außerdem geraten Neuschöpfung und Schöpfung in eine starke Zweideutigkeit dadurch, daß sie im Horizont einer weltlich-geistlich gestuften christlichen Gesellschaft synthetisiert werden.

Luther nun gelingt es, durch den cooperatio-Begriff im Schnittpunkt seiner Reichs- und Regimentenlehre die Relationen coram deo — coram mundo und auch die neue und die alte Schöpfung einerseits scharf zu unterscheiden, andererseits aber auch strikt zusammenzudenken. Denn weil die Weltverantwortung in der Zusammenarbeit mit Gott Bestimmung des Menschen in Schöpfung und Neuschöpfung ist, der weltunabhängige und endzeitlich kommende Gott also selbst die menschliche Tätigkeit in der Schöpfung will, ist im Hingeschaffensein auf das Bild Gottes nicht nur das Gottesverhältnis, sondern auch das Weltverhältnis konstitutiv. Beides steht nicht in einem konkurrierenden, sondern in einem komplementären Bezug, den ich asymmetrisch komplementär nenne[292], weil das Gottesverhältnis und damit dessen eschatologische Erneuerung in verschiedener Hinsicht den Primat in der Einheit beider Bezüge haben. Deshalb ist es theologisch außerordentlich wichtig, daß Luther wie Paulus außer von einem Gericht, in dem es um Glauben und Unglauben vor Gott und damit um Weltdistanz geht, auch von einem Gericht nach den Werken und damit von Verantwortung für das Gute in der Welt spricht[293].

---

[292] S. o. S. 175 und A. 112 dieses Kapitels.

[293] S. o. S. 131, A. 435 zu Paulus. Zu Luther liegen die zwei ausführlichen Monographien von *O. Modalsli* (Das Gericht nach den Werken) und *A. Peters* (Glaube und Werk; hier bes. 113ff.) vor.

Die Werke, die Glaubende oder Unglaubende in der Geschichte an der Mitkreatur tun, sind Gott nicht gleichgültig. Sie erfahren Lohn oder Strafe — ohne daß das freilich irgendwelche Konsequenzen für den Stand der Täter vor Gott hätte; denn dort wird nur danach gefragt, ob diese Werke freiwillig, d. h. im Glauben, oder gezwungen, im Unglauben unter dem Gesetz getan wurden. Dieser Gedanke ist in der Theologie, soweit ich sehe, immer nur im Blick auf die wirkenden Menschen, nie im Blick auf die betroffene Schöpfung diskutiert worden. Diese Einseitigkeit wird dadurch unterstützt, daß traditionellerweise — terminologisch auch bei Luther meist[294] — der Reich-Gottes-Begriff auf rationale Wesen (Menschen und Engel) beschränkt wird, weil Gott nur über sie seine direkte Herrschaft ausübt. Das legt aber nahe, daß die *Welt* der Neuschöpfung nur insofern in den Blick kommt, als die rationalen Wesen dann einen Geistleib tragen werden[295]. Gewiß setzt auch bei Luther wie bei Paulus und Augustin das Regiment des endzeitlichen Christusgeistes sein Erneuerungswerk bei der Neuschaffung des Menschen an. Aber dieser Mensch hat bei ihm immer eine Mitkreatur bei sich, der seine Arbeit im Auftrag Gottes gewidmet sein soll. Baum und Früchte sind nicht zu trennen[296].

Ebenso wie Gottes- und Weltverhältnis ist aber auch Schöpfung und Neuschöpfung durch den Cooperatio- oder Bild-Gottes-Begriff vermittelt. Der Mensch als Bild Gottes, der seinen Schöpfer als ein empfangender preist und der in dessen Auftrag seiner Mitkreatur freiwillig zum Besten dient, ist der Vorentwurf, auf den hin Geschichte und Neuschöpfung zielen. Sehr schön formuliert *H. Vorster* (381): »Schöpfung und Erhaltung haben für Luther ihr Ziel darin, daß Gott nicht der Alleinwirkende bleibt, sondern zu einem Wirken im Geschöpf gelangen kann, das dessen eigenes Wirken entbindet und zugleich in die Entsprechung zu Gottes Wirken stellt.« Wenn irgendetwas für seine gesamte Theologie charakteristisch ist, dann ist es die Fähigkeit, die scharfen eschatologischen Dualismen und gleichzeitig die Beziehung Gottes zu seiner Schöpfung festzuhalten und plastisch zum Reden zu bringen. Der Schlüssel dafür scheint mir zu sein, daß er die menschlichen Relationen coram deo und coram mundo mit

---

294 Vgl. z. B. die Texte oben S. 513 u. A. 140.

295 S. o. S. 304f.

296 Vgl. auch Luthers Betonung der Welt- und Mitmenschbezogenheit Adams im Paradies (gegen die mönchisch-papistische Theologie) z. B. in der Genesisvorlesung (1535/45; 42, 100, 37f. u. ö.).

»schlafwandlerischer Sicherheit« zu unterscheiden und aufeinander zu beziehen weiß[297]. Dies scheint mir der tiefste Sinn der Reichs- und Regimentenlehre Luthers zu sein: die rechte Unterscheidung und Zuordnung von Neuschöpfung und Schöpfung einerseits und von menschlichem Gottesverhältnis und Weltverhältnis andererseits[298]. Genau hier fehlte es Augustin an Klarheit, so daß er zwar den irdischen Frieden, aber nicht die politische Gerechtigkeit denken, vor allem jedoch den Einsatz staatlicher Macht für den christlichen Glauben und damit die mittelalterlichen Fehlentwicklungen nicht verhindern konnte[299].

Ehe dieses Ergebnis in Hinsicht auf seine besonderen Konsequenzen für Reden und Handeln der Christenheit und auf offene Fragen hin untersucht werden kann, ist genauer auf die Streitfrage einzugehen, ob sich nach Luther die menschliche Weltverantwortung in rein personalen Vollzügen erschöpft oder notwendigerweise eine institutionelle Komponente einschließt.

---

[297] Vgl. *G. Ebeling*, Luther, 220ff. (228). Dieser differenziert (227) innerhalb der Weltrelation noch zwischen coram meipso, coram hominibus, coram mundo. Dazu vgl. auch *W. Joest*, 319. Ich kann hier auf diese Feinheiten nicht weiter eingehen.

[298] Diese beiden Begriffspaare macht auch *G. Ebeling* zur Grundlage seiner eindringenden Reflexionen über die »Notwendigkeit der Lehre von den zwei Reichen« (Wort und Glaube, 407ff.). Daneben verwendet er auch die Unterscheidungen Dogmatik-Ethik, Handeln Gottes-Handeln des Menschen u. a. (ebd. 437). Er geht allerdings nicht auf den cooperatio- u. imago-dei-Zusammenhang ein, so daß am Schluß nicht recht klar ist, ob nicht doch die Doppelrelation des Menschen in ein einseitiges Gottesverhältnis aufgelöst wird. Ebeling schreibt: »Die conscientia ist der mathematische Punkt, in dem das regnum Christi und das entmächtigte, von sich selbst zum bloßen Welt-Sein befreite regnum mundi eines werden. Aber als Gewissen und das heißt als Gehör bleibt der Mensch angewiesen auf die *ἀκοὴ πίστεως*, das Glauben schaffende Wort, dessen Wahrheit durch die Zweireichelehre wahrgenommen wird und durch dessen Geschehen allein die Unterscheidung der beiden Reiche konkret geschieht«. Dieser Satz läßt aber nicht nur die eschatologische Angespanntheit auf ein wahres Weltverhältnis, sondern auch die Hoffnung auf ein über den Glauben hinausgehendes Schauen Gottes außer Betracht. Beides aber ist konstitutiv für Luthers Weise, gespannte Endzeiterwartung und Schöpfungsglauben miteinander zu verbinden. Vgl. hierzu neuerdings auch die Kritik von *E.-W. Wendebourg*. Zur Unterscheidung von geistlichem und weltlichem Regiment nach den Aspekten coram deo-coram mundo vgl. auch u. a. *K. O. Nilsson*, 421; *G. Törnvall*, 78.

[299] S. o. S. 299ff.

c) Die institutionelle Vermittlung der menschlichen Weltverantwortung

Zumal seit *J. Heckels* Forschungen zum Thema hat sich die Meinung weitgehend durchgesetzt, Luthers Zweireichelehre sei im ganzen personal gedacht[300]. Dagegen hat aber *G. Scharffenorth* — wie mir scheint unwiderleglich — nachgewiesen, daß Luther einmal in seinen Äußerungen zu politischen Fragen eine präzise institutionale Begrifflichkeit verwendet, wie sich aus Vergleichen mit der mittelalterlichen Rechtssprache erhellen läßt, und daß er zum anderen während seines ganzen Lebens in dieser Begrifflichkeit bestimmte aktuelle gesellschaftliche und politische Probleme anpackt und öffentlich diskutiert[301]. Dieses Ergebnis läßt sich auf zweierlei Weise erhärten, indem man nämlich erstens die Frage nach dem Verhältnis von Person und Institution in das bisher sichtbar gewordene Strukturgefüge der Zweireichelehre einordnet und indem man zweitens die Bedeutung des römischen Rechts und der antiken Tradition für Luther schärfer als üblich ins Auge faßt.

J. Heckel, E. Wolf, H. Bornkamm u. a. kommen wesentlich deshalb zu der Behauptung, Luthers Zweireichelehre sei personal gedacht, weil sie im Ansatz richtig von Augustins Unterscheidung der zwei civitates ausgehen[302]. Da sich diese wesentlich auf das Gottesverhältnis der Menschen bezieht, kann man in der Tat mit einem gewissen

[300] So *J. Heckel* schon in: Recht ... vor 1517, 305ff.; vgl. *ders.*, Lex charitatis, 34ff. passim. Weiter s. u. a. *H. Bornkamm*, Luthers Lehre, 17ff.; *ders.*, Jahrhundert der Reformation, 293ff.; *E. Kinder*, Gottesreich und Weltreich, 28ff.; *E. Wolf*, Der christliche Glaube und das Recht, 242 (im Anschluß an Heckel); *ders.*, Die lutherische Lehre, 267; *Herm. Diem*, Luthers Predigt, 24; *M. Heckel*, Art. Rechtstheologie Luthers, 1766ff.; *G. Gloege*, Theol. Traktate II, 103 u. ö.; *F. Lau*, »Äußerlich Ordnung«, 49. Auf den Entwurf von *D. v. Oppen*, Das personale Zeitalter, kann im Rahmen dieser traditionsgeschichtlichen Untersuchungen nicht eingegangen werden, da er von wenigen Bemerkungen über das Mittelalter sofort zur Behandlung der Gegenwart übergeht. Allerdings wären von der Doppelstruktur der Zweireichelehre her gegenüber der einlinigen Verlängerung der personalen Reich-Gottes-Botschaft Jesu in die Personalisierung moderner Gesellschaftsstrukturen hinein kritische Rückfragen anzumelden. Vgl. *H. Schulze*, Gottesoffenbarung und Gesellschaftsordnung, 157f. (Ebd. auch der Hinweis auf den antiinstitutionellen Affekt der Theologie Gogartens.) Welche hochaktuelle Bedeutung die Frage der Institutionen (Strukturen) bis zum heutigen Tage hat, zeigt z. B. *H.-O. Wölber*, Politisierung — Gefahr für die Einheit der Kirche?, bes. 136ff.

[301] Zusammenfassend in: Römer 13, 1—7 in der Geschichte, Anhang 9ff. Vgl. zur Methode ebd., 62f.

[302] Vgl. die Literaturangaben in A. 300.

Recht, wenn auch unter Beachtung bestimmter Einschränkungen, sagen, in dieser Hinsicht habe die Zweireichelehre personale Struktur[303]. Zwei Arten (genera) von Menschen sollen hier ja unterschieden werden, und zwar nach dem Gesichtspunkt, unter wessen Herrschaft sie in ihrem Personzentrum (das dann die ganze Person und deren Relationsgefüge bestimmt) stehen. Fragt man auf dieser personalen Ebene nach den Regimenten, die diesen Herrschaftsverbänden zugeordnet sind, so sind es das Regiment Gottes und des Teufels in den »Herzen«. An dieser Stelle hat aber das weltliche Regiment überhaupt nichts zu suchen. Von hier aus läßt sich also auch nicht das geringste über seine Personalität oder Institutionalität aussagen — was sich übrigens schon allein aus der traditionsgeschichtlich völlig verschiedenen Herkunft der Rede von den zwei civitates einerseits und der weltlichen Gewalt andererseits nahelegt. Die große, vor allem im Anschluß an *J. Heckels* Arbeiten ausgebrochene Verwirrung hat darin ihren Grund, daß man das weltliche Regiment einfach auf die eindimensionale Unterscheidung der zwei Herrschaftsverbände abbildet, indem man es — scheinbar konsequent mit Luther — allein als Gottes Gegenaktion gegen die civitas diaboli versteht. So meint man behaupten zu können, Reichs- und Regimentenlehre seien in dieser einfachen Dualität »beide aus *einem* Guß«[304]. Das auf solche Weise entstehende *falsche Schema* sieht dann in der Grundstruktur so aus[305]:

Gottes Reich und Gottes geistliches Regiment (lex spiritualis) über Christen	↔	Teufels Reich und Gottes weltliches Regiment (weltliches Naturrecht) über Nichtchristen (wobei Christen nur aus Liebe für die anderen mitarbeiten)

[303] S. o. S. 458f. Zur Personalität des Gottesverhältnisses sagt Vorzügliches *W. Pannenberg*, Grundfragen, 381ff.

[304] *J. Heckel* in: EKL III, 1938.

[305] Dieses trifft nicht zu auf *H. Bornkamms* Position, der die verschiedenen Dimensionen der Zweireichelehre viel differenzierter als Heckel sieht, aber trotzdem die durchgehend personale Struktur der Reichelehre behauptet. Bei ihm besteht sogar eher die Neigung, überhaupt nicht von der civitas *diaboli* zu reden, sondern dafür die Spannung des »Weltlichen« zum »Geistlichen« zu setzen, die dann aber allzu positiv in das Verhältnis des Diesseitig-Leiblichen zum Jenseitig-Eschatologischen hinüberschillern kann. Die später zu erörternden Gründe für seine personalistische Deutung auch des weltlichen Regiments liegen in seinem Mißverständnis der mittelalterlichen Rechtsgeschichte, nämlich dem Übersehen der römisch-rechtlichen Tradition.

Hier wird also übersehen, daß sich das weltliche Regiment gar nicht direkt auf die Herrschaft des Teufels über Menschenherzen bezieht, sondern auf die sozialen Folgen, die daraus entstehen. Luther sagt nicht mehr wie im Anschluß an die antike Zwei-Klassen-Theorie das Mittelalter, die weltliche Gewalt müsse »die Bösen straffen« und »die Frommen schützen«, sondern sie müsse die guten und die bösen *Werke* meistern.[306] Da aber in *Heckels* Schema die Frage des menschlichen Weltverhältnisses überhaupt nicht als eigenständige behandelt wird, entstehen fortwährend Äquivokationen, die die zwei civitates und die zwei Regimente ineinandermengen. Die schwerwiegendste Folge dieses Fehlansatzes liegt darin, daß nicht mehr konstitutiv zwischen Gesetz und Evangelium unterschieden wird. Denn Evangelium wird so zur lex spiritualis, um auch das Weltverhältnis einlinig mit umfassen zu können. Nicht aber diese Frage interessiert in diesem Zusammenhang[307], sondern die aus jenen Äquivokationen sich legitimierenden unzulässigen Übertragungen aus der Ebene des coram deo in die Ebene des coram mundo. Wenn man nämlich die Weltbeziehung des Menschen allein als Anhängsel der — coram deo sich separierenden — Personengruppierungen behandelt, so ergibt sich in der Tat eine durchgehende Personalisierung auch des äußeren Handelns in der Welt. Für Luther aber ist es grundlegend, daß der Mensch, ob gläubiger oder ungläubiger, sich immer zugleich in strukturell verschiedener Weise zu Gott einerseits und zur Mitkreatur andererseits verhält. Und diese Unterscheidung muß neben der Beziehung des weltlichen Regiments auf die civitas diaboli ständig mitbedacht werden.

Man kann Luther den Vorwurf nicht ersparen, daß er durch ständig wechselnde *Begriffe* und terminologische Überschneidungen es seinen Lesern nicht leicht macht, den Gesamtkomplex des Reichethemas zu überschauen, zumal er im einzelnen Fall stets nur Ausschnitte des Ganzen behandelt. Es scheint tatsächlich an vielen Stellen, als ob sich Reiche und Regimente einfach deckten, nicht zuletzt an der grundlegenden Stelle in »Von weltlicher Obrigkeit«[308]. Außerdem spricht er unterschiedslos von zwei Reichen im Blick auf regnum dei und regnum diaboli einerseits und geistlichem Regiment und weltlichem

---

306 Darauf hat bereits *G. Scharffenorth* (100) im Blick auf die Obrigkeitsschrift hingewiesen.

307 Vgl. dazu *G. Ebeling*, Notwendigkeit der Lehre von den zwei Reichen, 409.

308 S. o. S. 487f.

Regiment andererseits. In letzterer Bedeutung ist besonders seine Rede vom Reich Gottes zur Rechten und zur Linken[309] bekannt geworden. Ich habe bisher zur Verdeutlichung der Unterscheidung meist im Anschluß an die verschiedenen Traditionselemente von zwei civitates (regna = Herrschaftsverbände) einerseits und von zwei (drei) potestates (Gewalten, Regimenten, Institutionen) andererseits gesprochen. Will man eine einfache Bezeichnung als Reichelehre festhalten, so sollte man in Zukunft von *Dreireichelehre* sprechen, um die Dreiheit von *zwei Reichen Gottes und Reich des Bösen* deutlich zu machen[310]. Da man aber damit keineswegs die Gesamtstruktur von Luthers Denken ausgedrückt hätte, sondern diese erst sichtbar wird, wenn man das weltliche Regiment im Zusammenhang der drei Regimente mit ihren jeweils zugeordneten menschlichen Ämtern sieht, sollte man von Reichs- und Regimentenlehre, Reichs- und Gewaltenlehre oder Reichs- und Institutionenlehre sprechen. Damit müßte man freilich anders als Luther den Begriff des Reichs auf die civitates eingrenzen, was Luther selbst nicht konsequent getan hat[311].

Wie man sich terminologisch auch entscheiden mag, sachlich ist es von ausschlaggebender Bedeutung, daß es bei der Frage des weltlichen Regiments *nicht* um die *Person, sondern* um das *Werk* geht. Die Person gehört wie der Glaube vor Gott, das Werk wie die Liebe vor die Welt und die Menschen[312]. Hat man einerseits die primäre Verknüpfung des regnum dei und regnum diaboli mit der Ebene der Person und des Glaubens und andererseits die primäre Verknüpfung des weltlichen Regiments mit der Ebene des Werks und der Liebe klar erkannt[313], so stellt sich bereits von Luthers Grundansatz, der Rechtfertigungslehre her die Frage der politischen Verhältnisse nicht

[309] Belege bei *J. Heckel*, Lex charitatis, 43. Zur mutmaßlichen Herkunft dieser Unterscheidung vgl. o. S. 360 A. 182.

[310] Ähnlich *R. Bring*, Der Glaube und das Recht, 151f.; *H. R. Gerstenkorn*, Weltlich Regiment, 50ff.

[311] In diese Richtung gehen auch die Überlegungen von *H. Bornkamm*, 5 u. 15; *M. Heinze* (aaO) u. *K. O. Nilsson*, 141 A. 21. Freilich hat sich der Begriff der Zweireichelehre so eingebürgert, daß er sich kaum wird eliminieren lassen. Auch hat er für den systematischen Sprachgebrauch den Vorzug der Kürze. Benutzt man ihn aber, so sollte jeweils ganz klar sein, ob mit ihm die zwei Reiche Gottes angesprochen sind, die einerseits das eschatologisch zu erneuernde Gottesverhältnis und andererseits die dem Menschen aufgetragene Weltverwaltung betreffen, oder aber Reich Gottes und Reich des Bösen.

[312] Vgl. *G. Ebeling*, Luther, 157ff.; 178ff.

[313] Literatur zu dieser Frage s. o. A. 298.

auf der Ebene der Person, sondern des Werks. Das heißt aber, von Luthers eigener Terminologie her kann man nicht von einer durchgehend personalen Struktur der Reichs- und Regimentenlehre sprechen. Immerhin könnte es ja sein, daß auch auf der Ebene des Werks in irgendeinem Sinn von personal geredet werden kann. Daraufhin sind die bisher erreichten Ergebnisse zu prüfen.

Geht man davon aus, daß die Werkebene das Kooperieren des Menschen mit Gott für die Welt und die Mitmenschen betrifft, so muß man fragen, wie Luther sich dieses Mitwirken vornehmlich vorstellt. Vollzieht es sich allein zwischen Person und Person, oder ist es durch Institutionen vermittelt? Blickt man zunächst auf den politischen Bereich, so kennt er herausgehobene Personen, durch die Gott in singulärer Weise handelt, die »Wunderleute«[314]. Sie sind an keine institutionellen Gesetze und Regeln gebunden. Sie folgen einer Ausnahmeberufung und werden von Gott zu bestimmten Zielen benutzt, weshalb er ihnen alles gelingen läßt, was sie anfassen[315]. Aber das ist doch eben die Ausnahme, und Luther hält es für besser, »ynn stettigem regiern das gemein buchrecht« zu halten als dem gefährlichen Beispiel der von Natur klugen und weisen Männer zu folgen[316]. Denn in der Regel zeichnet Gott durch die Vernunft den Menschen in ihren Berufen und den verfaßten Institutionen vor, wie sie einander dienen und eben auf diese Weise mit ihm mitwirken können. Deshalb entfaltet Luther den cooperatio-Begriff gern zusammen mit der Drei-Regimenten-Lehre und überhaupt dem Berufsgedanken[317]. Alle Kreaturen sind »Larven Gottes«, durch die er seine Geschichte treibt, insbesondere aber die Träger eines Amtes, das sichtbar auf den Mitmenschen hin angelegt ist[318]. In dem oben ausführlich behandelten

---

[314] Zu den Wunderleuten vgl. u. a. *G. Wingren*, Beruf, 136f.; *M. Seils*, 176f.; *F. Lau*, »Äußerlich Ordnung«, 52; *G. Forck*, Königsherrschaft Christi, 71ff.; *Nilsson*, 125; *W. Schweitzer*, 57.

[315] Die »Wunderleute« »haben einen sonderlichen sternen fur Gott, welche er selbs leret und erweckt, wie er sie haben wil« (51, 207, 22).

[316] 30 II, 558, 3ff.

[317] Da *M. Seils* die einschlägigen Texte ausführlich referiert hat (177ff.), gehe ich hierauf nicht weiter ein. Besonders charakteristische Texte sind die Auslegungen von Sacharja 1, 7 (1527; 23, 511, 33ff.), gleichzeitig die Vorrede zu Lichtenbergers Weissagung (1527; 23, 8, 26ff.), später dann die Michaelispredigt von 1539 (47, 853ff.). Hier spricht Luther auch von einem kooperierenden Regiment der Engel, das für Eingebung, Glück und Vernunft zuständig ist. Zu cooperatio und Beruf vgl. weiter *G. Wingren*, 86ff.; *Nilsson*, 93.

[318] Der Gedanke der »Larven« und »Masken«, unter denen Gott bis zur Ent-

Text aus De servo arbitrio[319] hatte Luther nur im Blick auf das geistliche Regiment angedeutet, wie er sich die Mitarbeit der Menschen für Menschen vorstelle. In der ersten Vergleichshälfte beim Behandeln der menschlichen Stellung in der Schöpfung hatte er offengelassen, wie man sich denn hier die Mitarbeit der Bürger beider Herrschaftsverbände vorzustellen habe. Von den Äußerungen Luthers in anderen Schriften her wird nun klar, daß er bei dem dort nur allgemein genannten Herrschaftsbereich des Menschen an die anderen beiden Regimente, das weltliche (politia) und das häusliche (oeconomia) dachte.

Welches ist nun der Grund dafür, daß er die Mitarbeit des Menschen an »Regimente«, an Institutionen bindet? Bereits früher[320] begegnete der Hinweis auf die Tendenz der Berufe, zur gegenseitigen Lebenshilfe unter den Menschen zu dienen. Dieser Gedanke muß nun noch in Hinsicht auf die Institutionalität der verschiedenen Ämter ausgeführt werden[321]. Schon als Luther den Gedanken der weltlichen Gewalt 1515/1516 zum ersten Mal im Anschluß an Rö 13, 1—7 entwickelte, hob er den seit Augustin und insbesondere seit dem Investiturstreit (Petrus Damiani) bekannten Gedanken hervor, daß das *Amt* gut sei, auch wenn *Personen* einen schlechten Gebrauch davon machen[322]. Diesen Gedanken wird Luther zeitlebens nicht müde zu erläutern. Der erste Teil der grundlegenden Schrift »Von weltlicher Obrigkeit« handelt ausdrücklich »von dem krieges*ampt und werck*, wie das *an yhm selbs* recht und göttlich sey«[323]. Besonders klar kommt aber Luthers Stellung zum Verhältnis von Amt und Person in seiner Schrift »Ob Kriegsleute auch in seligem Stande sein können« heraus. Sie ist ganz im Horizont der grundlegenden Unterscheidung von »Ampt und person odder werck und thetter« entworfen (19, 624, 18).

hüllung im Eschaton verborgen handelt, ist häufig dargestellt worden. Vgl. *G. Wingren*, 92ff.; 118ff.; *M. Seils*, 162ff.; *K. O. Nilsson*, 59; 91 u. ö.; *U. Asendorf*, 246f.; 278; *D. Löfgren*, 30 u. ö. (s. Index S. 319); aus der älteren Literatur am ausführlichsten *H. Lilje*, Luthers Geschichtsanschauung, 74ff.; *J. Müller-Bardorff*, Geschichte und Kreuz bei Luther, 27f.

[319] S. o. S. 513.

[320] S. o. S. 501.

[321] Dazu vgl. u. a. *M. Seils*, 182.

[322] 56, 124, 18ff. gegen Faber Stapulensis als Vertreter der kurialistischen Interpretation. Zu Petrus Damiani s. o. S. 346.

[323] So formuliert es Luther aus der Rückschau in »Ob Kriegsleute ...« (1526; 19, 625, 12ff.). Vgl. zur Obrigkeitsschrift selbst die Fülle der Belege bei *G. Scharffenorth*, Anhang 9ff.

Dabei hebt er ausdrücklich hervor, daß er diesmal nicht »von der gerechtickeit, die für Gott frume person macht« (624, 30f.) reden will, sondern »von der eusserlichen gerechtickeit, die ynn den ampten und wercken stehet und gehet« (625, 1f.). Die Personen kommen in dieser Fragestellung nur insofern in Betracht, als durch sie das an sich gute Amt mißbraucht werden kann. »Denn es kann wol ein ampt odder werck gut und recht sein an yhm selber, das doch böse und unrecht ist, wenn die person odder thetter nicht gut odder recht ist odder treibts nicht recht« (624, 19f.)[324]. Als Beispiele führt Luther das »richterampt«, den »ehlichen stand« und den »kriegestand«[325] an, die an sich »recht, köstlich und götlich« sind, obwohl man darinnen manche »schalck und bube« finden kann (624, 22ff.). Das eigentliche Gewicht legt Luther in dieser Schrift auf die »personen und brauch« des Kriegsamtes (630, 5). Davon wird im nächsten Abschnitt über den christlichen Gebrauch der Weltgestaltung zu reden sein. Hier ist zunächst nur prinzipiell darauf hinzuweisen, wie sich Amt und Brauch zueinander verhalten.

Es ist bezeichnend, daß in den eben zitierten Sätzen immer wieder von dem an sich guten Amt und Werk gesprochen wird, dem der Mißbrauch gegenübergestellt ist. Ein Werk wird also nicht erst durch eine gute Person gut, sondern die gute Person erweist ihre Güte — die sie aus dem Gottesverhältnis empfängt — gegenüber dem Werk darin, daß sie sich »werk-gerecht«, d. h. dem Amt und dessen Intention angemessen verhält. Dem richtig verstandenen Amt kann man an Güte nichts hinzufügen, man kann es nur verderben. Für die politischen, hier speziell die militärischen Institutionen, auf die ich mich der Kürze halber beschränke, erweist er die Gottgewolltheit und Güte, wie oben schon ausgeführt wurde[326], dadurch, daß er auf den Nutzen für den Nächsten verweist, und zwar im griechisch ontologischen Horizont des lebenserhaltenden Friedens für den »Gesamtkörper« des Gemeinwesens. Das Schwertamt ist wie alle anderen Berufe an sich selbst ein »werck der liebe« (625, 26ff.)[327], darum ist es »eytel Göttlich ding« (630, 2).

Es kann angesichts so klarer Aussagen gar keinen Zweifel darüber geben, daß Luther die institutionelle Komponente der Weltverant-

---

[324] Vgl. 19, 625, 9—11: »Das heisse ich ein ampt odder werck, wilchs obs schön göttlich und recht were, dennoch böse und unrecht werden kan, so die person unrecht und böse ist«.

[325] Richter und Krieger verkörpern die politia, die Ehe die oeconomia, so daß hiermit alle weltlichen Berufe gemeint sind.

[326] S. o. S. 501 f., bes. A. 233.

[327] Gegen *P. Althaus* (Theologie der Ordnungen, 10) bestreitet deshalb *Nilsson* (17) m. R., daß die Ordnungen erst mit Liebe erfüllt werden müssen. Stattdessen betont er, daß sie »selbst schon Liebe *sind*«. Vgl. auch *F. Gogarten*, Luthers Theologie, 209f.

wortung wahrgenommen hat. Selbst wenn man nicht wüßte, daß sich Luther zu Fragen des Verhältnisses von politischem Gemeinwesen und Kirche, der Rechtsreform, des Verfassungsrechts, der Wirtschaft, der Bildungsreform, des Notstands, des Widerstandsrechts geäußert hätte[328], könnte man es aus seinem theologischen Grundansatz bei der Unterscheidung von Person (Glaube coram deo) und Amt (Werk coram mundo) erwarten. Ja mehr, rechte Werke tun heißt, von sich als Person wegsehen und sich das Handeln allein von sozialen und politischen Verpflichtungen vorzeichnen lassen, die von sich selbst her auf den Nächsten weisen. Das Zentrum der Rechtfertigungslehre selbst also zwingt dazu, die Ethik nicht vom Subjekt, sondern von den wahren Bedürfnissen der Mitkreatur aus zu entwerfen. Gott fragt beim Richten des menschlichen Handelns nach dem effektiv Guten für seine Schöpfung. Und dieses Gute vermittelt sich institutionell, sofern der Nächste ein gesellschaftlich-politisches Wesen ist. Wenn man schon Luther auf spätere Fragestellungen beziehen will, so sollte man ihn nicht in einer Linie mit der sogenannten »Gesinnungsethik«[329] sehen, sondern mit der »Verantwortungsethik«[330], die freilich dann bei *Max Weber* einen ganz anderen Sinn annimmt als sie bei Luther hatte und heute haben könnte[331]. Gerade die Betonung des Amts, der Institution, des Berufs bei Luther zeigt jedenfalls, daß es ihm bei den Werken und bei der Rechenschaft darüber im Gericht um die Welt, um das Gute für den Nächsten, nicht um die handelnde Person geht.

Darüber hinaus läßt sich von hier aus klar sehen, warum und in welcher Weise Luther zugleich den göttlichen und menschlich-vernünftigen Ursprung der weltlichen Institutionen behaupten kann. Zunächst einmal sind — um dies noch einmal hervorzuheben — mit dieser Behauptung *nicht* die *Personen* in den Ämtern legitimiert. Auch sie benutzt Gott auf oben[332] beschriebene Art zur Mitarbeit — freilich nicht immer zum Wohl, sondern auch zur Strafe der Menschen. Das Zugleich von menschlicher Vernunft und Gottes Wirken bei der Aufstellung politischer Institutionen des Friedensschutzes ist ein

[328] *G. Scharffenorth*, Anhang 13f., nennt zwölf Beispiele. Vgl. auch *H. Schulze*, 223f.
[329] Anders *Y. J. E. Alanen*, Das Gewissen bei Luther, 76 u. 128ff.
[330] Hierzu Vorzügliches bei *D. Bonhoeffer*, Ethik, 172ff.
[331] Dazu mehr in den Schlußbemerkungen, S. 582f.
[332] S. o. S. 512ff.

klassisches Beispiel für Luthers cooperatio-Gedanken. Einerseits kann er immer wieder mit Nachdruck hervorheben, daß hier das freie Feld der menschlich-vernünftigen Verantwortung ist[333]. Andererseits betont er, daß Gott es ist, der die Vernunft und ihre Entwürfe dazu benutzt (selbst durch das opus alienum der Strafe), sein eigenes Werk, nämlich Lebensförderung zu betreiben[334]. Die Aussage, daß Gott in den Ämtern durch Menschen für andere wirke, ist eine Glaubensaussage. Aber diese Glaubensaussage ist so weit rational durchleuchtet, daß sie ein sichereres Beurteilen des Weltverhaltens von Nichtchristen und Christen ermöglicht[335]. Was bei Paulus nur äußerst knapp in

[333] Vgl. außer den o. S. 496ff. vorgetragenen Erwägungen einige Passagen aus den Predigten zu 2. Mose (1525). Hier betont Luther, daß es ein Heide (Jethro) war, der Mose bei der Einsetzung des weltlichen Regiments behilflich war, und zwar aus folgendem Grund (16, 353, 5ff.): »Deus *dedit rationem, ut regamus* corporales res, educare liberos, administrare domos etc. ad hoc non opus scriptura, hoc donum deus proiecit inter omnes gentes. Non opus ergo, ut demittat verbum de celo ... (folgt Hinweis auf Gen 1, 26ff. und die Konsequenz daraus:) ... Hic dedit potentiam und ein vorrhad ad saecularem gladium (eine treffende Formulierung, um gleichzeitig auszusagen, daß das Schwert im Urstand noch nicht notwendig war, aber seine Institution bei Bedarf aus der dort gegebenen Vernunft entwickelt werden konnte) ... Seculare ergo regimen ist gestelt in his quae nobis subiecta sunt ... Habes hic textum, quod ratio sit sapientior in prophanis hominibus, quam in sanctis ... Hinc vides pulchras leges gentilium ut Rhomanorum, Grecorum ... *Deus* ergo *quanquam non instituerit potestatem, tamen confirmat* et vult et ad hoc gentilem accipit, qui instituat, et vult, ut eius populus huic obediat«.

[334] Im Zusammenhang der Friedenserhaltung durch das weltliche Schwert und der Neuschaffung des Menschen durch das Amt des Worts kann er deshalb einmal scheinbar das Gegenteil von den in der vorigen Anmerkung zitierten Gedanken sagen: »Also ist Gott selber aller beyder gerechtickeit, beyde geistlicher und leiblicher, stiffter, herr, meister, födderer und belohner. Und ist keine menschliche ordnung odder gewalt drynnen, sondern eytel Göttlich ding« (Kriegsleute, 1526; 19, 629, 30ff.). Das »von Gott« und »aus menschlicher Vernunft« läßt sich also nicht als eine Summe zweier Teile verstehen, deren jeder eines der Mensch und Gott beitragen, sondern dieses Ineinander der cooperatio läßt sich nur in der durch *K. O. Nilsson* am besten erarbeiteten Denkstruktur Luthers erfassen, für die die communicatio idiomatum, d. h. die Einheit von sich nach aristotelischer Logik ausschließenden Gegensätzen grundlegend ist. Vgl. speziell zu dieser Frage *dens.*, 38; 46; 92ff.; 118ff. Hier ist auch das schöpferische Wort Gottes als Mittel der creatio continua vorzüglich herausgearbeitet. Zum Zusammenhang von göttlichem und menschlich-vernünftigem Handeln bei der Begründung der weltlichen Gewalt vgl. außerdem *G. Scharffenorth*, 144 u. *E. Troeltsch*, I, 453; 485f. passim.

[335] Zur Verbindung von theologischen und rationalen Argumenten bei Luther (speziell in der rechtsgeschichtlichen Situation seiner Zeit) vgl. *G. Scharffenorth*, 74; 84; 156ff. u. u. S. 533ff., dazu den nächsten Abschnitt über Christperson und Weltperson.

Rö 13, 1—7 mit dem »Diener-Gottes«-Sein der weltlichen Gewalten angedeutet war, ist bei Luther nach seiner Funktion hin verstehbar gemacht. Immerhin war schon bei der Exegese von Römer 13[336] gegen die normale Auslegung des Textes daran festzuhalten, daß Paulus hier eine intensive theologische Weltinterpretation zur Begründung seiner Paraklese vornimmt. Das Mitwissen mit dem, was Gott durch die öffentlichen Gewalten tun will (v. 5), wird von Luther freilich breiter entfaltet, wobei durchaus sachgemäß die Syneidesis auf das Positive (»dir zugut«) bezogen, nicht aber die Furcht vor Strafe einseitig in den Vordergrund geschoben wird[337]. Auch die Steuergewalt des Gemeinwesens, von der Paulus in Rö 13, 6 zwar sagt, sie stehe in Gottes Dienst, ohne dies aber auszuführen, wird bei Luther auf den gemeinen Nutzen bezogen und so ihr Sinn rational durchsichtig gemacht. Gegen die Steuerexemtion des Klerus führt er deshalb gleichzeitig »got, gewissen, liebe, vernunfft und recht« ins Feld und bestimmt es als »... uncristlich, Ja auch unnaturlich, gemeyns nutzs und schutzunge genissen und doch nicht auch gemeine last und abbruch tragen, ander leut laßen arbeyten und sie einerndten ...«[338]. Wie schon im Ansatz das Mittelalter deckt Luther dabei den antiken und römisch-rechtlichen Hintergrund von Rö 13 wieder auf[339]. Im Blick auf die Frage der Gerechtigkeit im Gemeinwesen steht er dabei in einer ganz *bestimmten rechtsgeschichtlichen Situation.* Hiervon soll noch kurz die Rede sein, da sich daraus ein weiterer Gesichtspunkt gegen die personalistische Deutung der Gewalten innerhalb der Zweireichelehre ergibt.

G. Scharffenorth hat überzeugend nachgewiesen, daß Luthers Äußerungen zum weltlichen Recht in unmittelbarem Zusammenhang mit den grundlegenden, problemreichen Reichsrechtreformen seiner Zeit stehen. Er befand sich in direktem Austausch mit dem führenden Juristen Johann Freiherr von Schwarzenberg[340], ja, die von diesem

---

[336] S. o. S. 171ff.

[337] S. o. S. 162ff. zu Paulus und o. S. 503 das Zitat aus der Obrigkeitsschrift (11, 258, 3ff.), das sich in einem großen Abschnitt über den rationalen Sinn (Nutzen für den bedürftigen Nächsten) des »Gottesdienstes« der öffentlichen Gewalten findet (257, 16ff.).

[338] Brief an den Rat zu Stettin (11. 1. 1523; Br. 3, 14, (10) 26ff.).

[339] Zur Interpretation der Steuer im Horizont des ius publicum s. o. S. 383 u. 401.

[340] Zu Schwarzenberg vgl. *Erik Wolf*, Große Rechtsdenker, 102ff.; *G. Radbruch*, Aus Lieb der Gerechtigkeit; *G. Scharffenorth*, 48ff.

in einem — leider verlorenen — großen Buch aufgeworfenen Fragen waren einer der Anlässe, die zur Entstehung seiner Schrift »Von weltlicher Obrigkeit« führten[341]. Das entscheidende Problem, um das es sachlich ging, war die Aufhebung des Rechtsinstituts der Fehde im »Ewigen Landfrieden« von 1495[342]. Die großen Schwierigkeiten, die man bei einem so tiefgreifenden, wenngleich schon lange vorbereiteten Umwandlungsprozeß meistern mußte, waren praktisch-politischer, erzieherischer und theoretischer Art. Einmal mußte bei Abschaffung der Einzelfehde der Rechtsschutz durch die zentrale Gewalt gewährleistet werden. Sodann bestand die schwierige Aufgabe, dem Volk klarzumachen, wieso die Wahrung der Gerechtigkeit dem einzelnen aus der Hand genommen und zentralen Gewalten übergeben wurde. Schließlich mußte dazu theoretisch geklärt sein, wieso die Rationalisierung des Friedensschutzes nicht die jedem einzelnen verliehenen göttlichen Rechte gefährde, die ja nach germanisch-mittelalterlicher Tradition gleichzeitig die öffentliche Gerechtigkeit repräsentierten. Hier ist Luther nun sowohl theologisch wie rational mit größter Intensität für die Rechts- und Friedenssicherungsreform eingetreten. Er hat sich mit einem ausdrücklich so bezeichneten »Rechtsunterricht«[343] in die Umerziehungsarbeit eingeschaltet. Theologische Voraussetzung war die Lösung des Problems, um das das Mittelalter vergeblich gerungen hatte: die Unterscheidung der passiven Gerechtigkeit vor Gott und der aktiven, rationalen Gerechtigkeit, mit der der Mensch seine irdischen Verhältnisse ordnen soll. Damit war der Ansatz gegeben, den Menschen für seine eigene Gerechtigkeit auf die geschenkte Gerechtigkeit Christi zu verweisen, während die öffentliche Rechtswahrung ganz vom Nächsten her interpretiert werden konnte. Die große Leistung Luthers erschöpfte sich aber nicht in dieser theologischen Klärung, sondern er vermochte es auch, mit Hilfe der von Schwarzenberg[344] u. a. bereits in die Debatte eingebrachten antiken Kategorie des Gemeinnutzes das, was theologisch als Nächstenliebe gefordert war, als vernünftig zu erweisen. So konnte er wirklich demonstrieren, warum die öffentlichen Gewalten in Rö 13 »Gottes Diener« genannt werden.

[341] Vgl. *H. Bornkamm*, Luthers Lehre, 7; *G. Scharffenorth*, 117f. A. 2.

[342] Vgl. außer *G. Scharffenorth*, 47ff. o. S. 382.

[343] Vgl. das Magnificat (7, 580, 20); dazu *G. Scharffenorth*, 74ff. u. *W. Maurer*, Freiheit eines Christenmenschen, 96ff. Wie Luther dieses Vorgehen aus dem Auftrag seines Predigtamtes ableitet, wird u. S. 552ff. untersucht werden.

[344] Hierzu vgl. bes. *G. Radbruch*, aaO.

Befragt man diese hier nur kurz im Anschluß an *G. Scharffenorth* referierten Ergebnisse nach ihrem traditionsgeschichtlichen Stellenwert, so ist evident, daß Luther in diesen Verfassungsfragen die germanisch-rechtlichen Elemente zugunsten der *römisch-rechtlichen* zurückdrängt[345], und zwar weil die letzteren eine größere Rationalität[346] und einen größeren allgemeinen Nutzen gewährleisten, während die ersteren unter den damaligen politischen und geistigen Verhältnissen[347] eine Friedensgefährdung darstellen. Beachtet man diese Zusammenhänge, so heißt es, die Dinge auf den Kopf stellen, wenn man behauptet, Luthers politisches und rechtliches Denken sei ganz aus der deutschrechtlichen Tradition zu erklären und deshalb personal und nicht an Institutionen interessiert[348]. Das Gegenteil ist

---

[345] Dieser Satz gilt allein schon wegen Luthers öffentlicher Unterstützung der Reichsrechtreform von 1495, die ja sachlich die komplette Übernahme des römischen Rechts ins Reich bedeutet. Luther setzt sich in diesem Zusammenhang mit seiner Betonung einer starken Zentralgewalt im Reich sogar in Widerspruch zu den Bestrebungen der Kurfürsten (vgl. *G. Scharffenorth*, 125). Daß er das römische Recht auch namentlich zunehmend rühmt, kommt nur verstärkend hinzu. Vgl. außer dem Zitat o. A. 333 bes. die Auslegung des 101. Psalms (51, 242, 20ff.). Dazu s. auch *R. Hermann*, I. Luthers Theologie, 211, u. *J. Heckel* selbst (Lex charitatis, 86), der freilich keine Konsequenzen aus diesem Sachverhalt zieht.

[346] Vgl. *G. Scharffenorth*, 48 mit *Max Weber*, Ges. Aufs. zur Religionssoziologie I, 237ff.

[347] Damit ist natürlich nichts über die einstige Funktionsfähigkeit des germanischen Rechts gesagt, die Luther auch in jüngeren Jahren noch hoch einschätzt (vgl. An den christlichen Adel; 6, 459f.).

[348] So u. a. *J. Heckel*, Recht u. Gesetz ... vor 1517, 305ff.; Lex charitatis, 34f. u. ö.; *G. Gloege*, Theol. Traktate, II 103; *H. Bornkamm*, Jahrhundert der Reformation, 293ff. Der betreffende Abschnitt bei *Bornkamm* ist übrigens in sich widersprüchlich. Einerseits wird behauptet, Luther frage ganz wie das Mittelalter nicht nach dem Wesen der Obrigkeit, sondern nach dem Verhältnis von Personen, so S. 293. Andererseits heißt es auf S. 295, Luther denke in »Von weltlicher Obrigkeit« bei »Oberkeit« überhaupt noch nicht an Personen, sondern an die Institution als Amt, Gewalt, Recht, Schwert usw., habe aber durch die Erklärung der politischen Existenz zur Gewissensfrage die Personalisierung des Begriffs »wesentlich gefördert«. Der gleiche Widerspruch besteht schon in der Schrift »Luthers Lehre ...«. S. 8 heißt es dort richtig, in der Obrigkeitsschrift spreche Luther von der »grundsätzlichen Frage nach dem Wesen der obrigkeitlichen Gewalt«. Die weitere Ausarbeitung ist dann dagegen von der Tendenz bestimmt, die Zweireichelehre als durchgehend personal strukturiert zu erweisen. Wie oben mehrfach hervorgehoben, ist es übrigens selbst für die deutschrechtliche Tradition problematisch, von personal im modernen Sinn zu reden, da dort Person und Institution ineinanderliegen. Dazu vgl. vor allem *G. Scharffenorth*, Anhang 7ff. u. ö. — Ebenfalls ist es unmöglich, die Rechtslehre Luthers aus dessen angeblich volun-

der Fall. Um des Nächsten willen ist nach Luther die vernünftige Weltinterpretation mit allen Implikationen theologisch geboten und praktisch-politisch zu fördern.

Als Ergebnis läßt sich also festhalten: Beachtet man die Struktur der Reichs- und Regimentenlehre Luthers und die traditionsgeschichtliche Herkunft ihrer verschiedenen Elemente, so hat man es nicht nötig, Person und Institution alternativ gegeneinander auszuspielen. Die Person, allerdings in der Ganzheit ihrer Relationen gesehen, gehört in die Dimension des Gottesverhältnisses. Sie steht entweder unter der Herrschaft Gottes oder des Bösen. Hier ist für Luther die paulinisch-augustinische Tradition von alten und neuen Menschen, von Gottesreich und Teufelsreich konstitutiv. Die Ebene der Mitarbeit der Menschen mit Gott in der Schöpfung, für die Mitkreatur, in welche auch das weltliche Regiment gehört, ist dagegen weder vom Subjekt der Person aus bestimmt noch zielt es direkt auf die Person der Mitmenschen, sondern es ist allein auf die größtmögliche psychosomatische Gesundheit des gesellschaftlichen Gesamtkörpers ausgerichtet, wobei Erziehung zum vernunftgemäßen Umgang mit friedensfördernden Institutionen die Basis, maßvolle, ebenfalls vom

---

taristisch-nominalistischen Gottesbegriff abzuleiten,wie *J. Heckel*, Recht, 306ff. dies tut (zu ähnlichen Behauptungen s. *G. Scharffenorth*, 73ff. u. ö.). Die voluntaristischen Elemente bei Luther, die im Bereich coram deo durchaus diskutabel sind, sind im Weltverhältnis streng an die hervorragende Bedeutung der Vernunft gekoppelt, wozu es nach dem bisher Ausgeführten keiner Belege mehr bedarf. Es ist deutlich sichtbar, daß sowohl *J. Heckel* wie *H. Bornkamm* u. a. forschungsgeschichtlich von den einseitig deutschrechtlichen Untersuchungen *F. Kerns* und *O. Brunners* entscheidend beeinflußt sind (vgl. die Referenzen in den o. A. 300 zitierten Abschnitten). Demgegenüber gilt es heute, damit die neuen Erkenntnisse über die Rezeption des römischen Rechts und der antiken Traditionen im Mittelalter und der Reformationszeit auszugleichen. Vgl. hierzu auch die Forschungen von *Guido Kisch*, die die grundlegende Bedeutung des römischen Rechts für Erasmus und Melanchthon nachweisen (1. Erasmus und die Jurisprudenz seiner Zeit u. 2. Melanchthons Rechts- und Soziallehre).

Die weit verbreitete Meinung, die weltliche Gewalt sei personal zu fassen, hat aber wohl noch eine weitere zeitgeschichtlich bedingte Ursache. In ihrem Gefolge erscheint nämlich immer die Polemik gegen die Eigengesetzlichkeit des Staates, wie sie im nationalsozialistischen Deutschland dringend nötig wurde. Über die einseitige Betonung der Personen möchte man theologisch der Mißbräuche der Staatsgewalt Herr werden. Abgesehen davon, daß man die historische Lutherinterpretation von diesen — in ihrer Berechtigung gar nicht anzuzweifelnden — systematischen Interessen freihalten sollte, ist es auch durchaus fraglich, ob man sachlich gesehen auf diesem Wege das angestrebte Ziel erreicht. Vgl. u. S. 584f.

Ziel des Friedens her bestimmte Anwendung von Straf- und Schutzgewalt die ohne die volle (endzeitliche) Aufhebung der Sünde nicht aufzuhebende ultima ratio ist. Die Person ist deshalb nicht Ausgangspunkt der Weltverantwortung, weil diese sich allein von den Bedürfnissen der Mitkreatur her bestimmt[349]. Und die Person des Nächsten ist deshalb nicht Ziel der Weltverantwortung, weil die Sorge um die Person der Menschen von Gott selbst wahrgenommen wird. Hierzu gibt es allenfalls äußerliche Mithilfe, die dann aber in der Funktion des geistlichen Regiments Gottes selbst steht. Welche neuen Gesichtspunkte sich daraus ergeben, daß seit der Neuzeit die Institutionen nicht nur geschichtlich wandelbar sind, sondern ihre permanente Gestaltung und Umgestaltung in die Verantwortung des Menschen gegeben ist, muß hier noch offen bleiben. Auf ein weiteres Problem verweisen auch die Fragen, ob die durch Gott von sich selbst befreiten Personen zu den Aufgaben, die ihnen die Mitkreatur stellt, ein freieres Verhältnis haben, und wie Gott den mit Hilfe von vernünftig entworfenen und gebrauchten Institutionen gesicherten Frieden dazu nutzen will, sein neuschaffendes Wort mit Intensität an den Menschen wirken zu lassen. Dies führt aber direkt zu der bisher immer am Rand gehaltenen Frage nach dem besonderen Verhältnis von Christenheit und Weltverantwortung bei Luther.

4. *Christenheit und Weltverantwortung*

a) »Christperson« und »Weltperson« oder die Wahrheit der Bergpredigt

Neben der Absicht, dem öffentlichen Verbot seiner Übersetzung des Neuen Testaments und damit grundsätzlich dem Eingreifen der Fürsten in »geistliche« Fragen entgegenzutreten[350], bewog Luther ein weiterer Anlaß, seine Abhandlung »*Von weltlicher Obrigkeit*, wie weit man ihr Gehorsam schuldig sei« (1523) zu verfassen. Wie er selbst sagt, zwingt ihn »die nott und vieler leutt bitten«, darauf einzugehen, ob Christen überhaupt das weltliche Schwert bejahen und gar selbst führen dürfen, da ihnen doch nach der Bergpredigt

---

[349] Vgl. dazu auch *E. Wolf*, Peregrinatio I, 236; *G. Törnvall*, 171.
[350] Hierzu s. Teil II der Schrift u. *H. Bornkamm*, Luthers Lehre, 7f.

(Mt 5, 39)[351] und nach Rö 12, 19[352] geboten ist, dem Feind alles freiwillig hinzugeben und die Rache Gott zu überlassen[353]. Es ist schwer festzustellen, wer mit diesen »vielen leutt« alles gemeint ist und welche theologische Position hinter den Fragen steckt. Eher kompliziert als gelöst wird das Problem dadurch, daß Luther im Lauf der Schrift darauf hinweist, es gäbe bereits Leute, die annähmen, unter getauften Christen dürfe es kein Gesetz noch Schwert, sondern allein evangelische Freiheit geben — was nach Luther zur höchsten Gefährdung des gesellschaftlichen Friedens führt, weil die Bösen im Schafspelz der Taufe ungehindert ihr Unwesen treiben können[354].

Geht man zunächst von den »bittenden Leuten« aus, so läßt sich über die namentlich zu identifizierenden, nämlich Herzog Johann von Sachsen, den Weimarer Hofprediger Wolfgang Stein und J. Frhr. von Schwarzenberg wenig über den geistigen Hintergrund der Fragen ausmachen. Die ersteren werden ihre Bitten einfach anläßlich Luthers am 24. und 25. Oktober in Weimar gehaltenen Predigten »De regno Dei et potestate saeculari«[355] vorgetragen haben. Schwarzenbergs Buch, auf das Luther anspielt, ist wie gesagt verloren[356]. Immerhin ist zu beachten, daß Luther schon länger mit dem Plan einer solchen Schrift umgegangen ist, wie er sagt[357]. Sieht man sich daraufhin seine früheren Äußerungen durch, so gibt am ehesten ein Briefwechsel mit *Melanchthon* (Juli 1521)[358] einen Anhaltspunkt, wie

[351] »Du sollt dem ubel nicht widder streben, sondernn sey willferig deynem wider sacher, unnd wer dyr den rock nympt, dem laß auch den mantel« (11, 245, 10ff.).

[352] »Die rache ist meyn, spricht der herr, ich wil vergelten« (11, 245, 12f.).

[353] Zum ganzen 11, 245, 7ff.

[354] »Wenn nu yemand wollt die wellt nach dem Euangelio regirn und alle welltliche recht und schwerd auffheben und fur geben, sie weren alle getaufft und Christen, unter wilchen das Euangelion will keyn recht noch schwerd haben, auch nicht nott ist — lieber, radt, was würde der selb machen? Er würde den wilden bößen thieren die band und keten auffloßen, das sie yderman zu ryssen und zu byssen, und daneben furgeben, es weren feyne zame korre thierlin. Ich würde es aber an meynen wunden wol fülen. Also würden die bößen unter dem Christlichen namen der Euangelischen freyheytt mißbrauchen, yhr büberey treyben unnd sagen, sie seyen Christen und keym gesetz noch schwerd unterworffen, wie itzt schon ettlich toben und narren« (11, 251, 22ff.).

[355] 10 III, 371ff.; vgl. dazu die Einleitung zur Obrigkeitsschrift 11, 227f. u. das Zitat in der übernächsten Anm.

[356] S. o. S. 532.

[357] Brief an Spalatin v. 3. 11. 1522: »Nisi Vimarie semel de regno dei et potestate seculari dixi, quod rogatus sum edere, alioqui iam diu edendi cupidus et studiosus eiusdem« (Br. 2, 613, 9ff.).

[358] Br. 2, 357, 32—359, 107. Abgesehen von der ausdrücklichen Frage, ob ein Christ angesichts der Bergpredigtgebote das weltliche Amt führen könne und solle, taucht das Problem schon seit der Römerbriefvorlesung auf. Dazu s. u. S. 543.

K. Müller überzeugend nachgewiesen hat[359]. Melanchthon stellte — offenbar im Zusammenhang mit der Ausarbeitung des Abschnitts »De magistratibus« seiner Loci von 1521[360] — in einem (leider verlorenen) Brief genau die Frage, ob es den Christen vom Evangelium her erlaubt sei, das weltliche Schwert zu führen, da es doch dort weder geboten noch geraten, sondern Töten vielmehr verboten sei. Dabei bezweifelt er nicht die Notwendigkeit weltlicher Gewalt unter Ungläubigen, betrachtet sie insofern als »res permissa«, die aber von Christen nur zu ertragen ist. Er nimmt also interessanterweise exakt die Folgerungen vorweg, die später die *Täufer* zogen[361]. Luther antwortet darauf genau wie in »Von weltlicher Obrigkeit«: ja, wenn alle wahre Christen wären! Solange es aber Böse gibt, wäre ohne Schutz der Friede gefährdet. Im übrigen hat Christus im Evangelium darum die weltliche Gewalt nicht eingesetzt, weil sein Amt die »göttlichen und himmlischen Angelegenheiten« betraf. Überdies widerstreitet das Evangelium dem Schwert nicht, sondern befestigt es in seinem Amt, was besonders mit Rö 13 bewiesen wird[362]. Melanchthon hat sich aber offensichtlich zunächst nicht überzeugen lassen, da er in seinen Loci nur auf das prinzipielle Recht des magistratus civilis, nicht aber auf dessen Gebrauch durch Christen eingeht[363].

Wenn diese Position noch 1521 in Luthers engster Umgebung vertreten werden konnte, so nimmt es nicht wunder, daß hiermit viele Leute »Not« hatten. Dennoch kann sich auf diese kaum das »toben und narren« und das »die welt nach dem Euangelion regirn« beziehen, auf das Luther in »Von weltlicher Obrigkeit« Bezug nimmt[364]. Denn hier stehen offenbar schon gewalttätige Konsequenzen des Programms der Gewaltlosigkeit vor Augen. *H. Bornkamm* denkt an die Zwickauer Propheten[365]. In Luthers Auseinandersetzungen mit ihnen sucht man aber vergeblich nach einem Hinweis auf die Problematik Bergpredigt — Obrigkeit neben den eigentlichen Streitfragen (Sakramente). Es muß also irgendwie schon Müntzerscher Geist sein, der, wenn auch noch nicht literarisch faßbar, Luther vorgeschwebt haben mag, als er jene Sätze schrieb[366].

---

[359] Luther und Melanchthon über das ius gladii 1521. Zum folgenden vgl. diesen Aufsatz.

[360] Vgl. Melanchthons Werke, Studienausgabe (hrsg. v. *R. Stupperich*) II, 1, 158f. und dazu *K. Müller*, 238.

[361] Vgl. *K. Müller*, 239. Zur Position der Täufer grundlegend *H. J. Hillerbrand*, Die politische Ethik des oberdeutschen Täufertums; vgl. weiter *H. Fast*, Der linke Flügel der Reformation XIIIff.; *H. Bornkamm*, Jahrhundert der Reformation, 306ff. (mit weiterer Literatur). Zur früheren Diskussion über das Problem, ob und wann die potestas saecularis iussa, concessa oder permissa sei, vgl. o. S. 406 A. 412 und S. 423 A. 515.

[362] Zusammenfassend sagt Luther: »Tu nullum locum habes, qui vel damnet vel prohibeat, vel ullo modo fugere doceat; ego tot modis confirmatam, commendatam, honorandam, oratione Deo commendandam habeo potestatem huius mundi, nisi quod ab euangelio neque imperata neque consulta sit, quod nec matrimonium, nec domus, nec disciplina domus aut civitatis, aut ulla rerum corporalium administratio et cura« (Br. 2, 359, 99ff.).

[363] Vgl. *K. Müller*, 238f.

[364] S. o. A. 354.

[365] Luthers Lehre, 9.

[366] Grundlegend für die Frühzeit Müntzers *P. Wappler*, Thomas Müntzer in

Man kann zusammenfassend sagen, daß Luther in »Von weltlicher Obrigkeit« die Frage vor Augen hat, die Melanchthon 1521 formulierte und die dann später die Täufer ganz ähnlich stellten, daß er aber damit zusammen schon die Gewalttätigkeit ahnt, die im Rücken der zum politischen Programm erhobenen Gewaltlosigkeit bei den »Schwärmern« auftauchen kann.

Luther ist sich bewußt, daß er es bei der Frage nach dem Verhältnis von Bergpredigt und weltlicher Gewalt mit einem alten Problem des christlichen Glaubens zu tun hat. Er bezieht sich ausdrücklich darauf, daß schon zur Zeit Augustins der Heide Volusianus bezweifelte, daß die Ethik der Christen mit den notwendigen Mitteln der Staatsführung auszugleichen sei[367]. Vor allem aber entwickelt er seine eigene Lösung der Frage in scharfer Antithese zur hoch- und spätmittelalterlichen Theologie. Diese war nämlich dem Problem dadurch ausgewichen, daß sie gemäß alter, an stoische[368] Gedanken anknüpfender mönchischer Tradition[369] die Zweistufenethik von »Gebot für alle« — »Rat für die Vollkommenen« (Evangelischer Rat) einführte[370]. Auf diese Weise konnte sie das Kriegeführen der weltlichen Gewalt legitimieren, ohne die Bergpredigt aufzugeben. Luther weist gleich in der Widmung ironisch darauf hin, wie gut man mit solcher »sophistischen« Lehre es dahin bringen konnte, schließlich niemandem so wie dem »allervollkommensten« Stand der Geistlichkeit, an der Spitze dem Papst das Schwert zuzueignen. Hier spielt Luther offenbar besonders auf den Streit um den religiösen Krieg gegen die Türken (1518—1521) an, während dessen er sich zu endgültiger Klarheit über die Verwerflichkeit der mittelalterlichen, gestuften Zuordnung von geistlicher und weltlicher Gewalt durchgerungen hatte[371]. Luther

---

Zwickau. Zur späteren Auseinandersetzung zwischen Luther und Müntzer vgl. *C. Hinrichs*, Luther und Müntzer; *F. Lau*, Die prophetische Apokalyptik Thomas Müntzers; *W. Elliger*, Thomas Müntzer; *Th. Nipperdey*, Theologie und Revolution; *H. Bornkamm*, Jahrhundert der Reformation, 304f.

367 11, 245, 13ff. Vgl. o. S. 280ff. An die Auseinandersetzung zwischen Kelsos und Origenes erinnert er nicht.

368 S. o. S. 283.

369 Vgl. vor allem *B. Lohse*, Mönchtum und Reformation, 185f.; 195f.; 265f. u.ö.

370 Vgl. *H. W. Beyer*, Christ u. Bergpredigt, 34f. Gegen die Einbeziehung Augustins in diesen mittelalterlichen Zusammenhang s. o. S. 283.

371 S. o. S. 482 A. 165. In seinem Rückblick in der Schrift »Vom Kriege wider die Türken« verbindet er ausdrücklich seinen Kampf gegen die päpstliche Kreuzzugsideologie mit seiner Kritik der Theorie der Evangelischen Räte (30 II, 110, 5ff.).

steht also — so kann man bereits nach der Analyse der Vorrede sagen — in seiner Schrift »Von weltlicher Obrigkeit«, vor allem in deren I. Teil, in einer doppelten Front. Einmal wendet er sich gegen die Auslegung der Bergpredigt, welche die Christen aus der politischen Verantwortung herausnimmt und auf diese Weise den öffentlichen Frieden und damit den Nächsten gefährdet[372]. Zum anderen bekämpft er die mittelalterliche Interpretation, die einerseits die Bergpredigt entschärft, andererseits den weltlichen Friedensdienst gegenüber kirchlich-mönchischen Aktivitäten abwertet.

Luthers eigene Lösung ist neu, obwohl sie weitgehend aus der Augustins entwickelt ist[373]. Sie findet die lösende Formel in der Unterscheidung des »für sich« — »für andere«. Soweit ein Unrecht ihn selbst betrifft, muß dieses jeder Christ, nicht nur der vollkommene, geduldig leiden und so seinen Feind lieben. Damit ist die Verbindlichkeit der Bergpredigt in ihrem radikalen Sinn wieder für alle aufgerichtet. Betrifft ein Unrecht aber den Nächsten, so ist diesem gegen einen Übeltäter beizuspringen. Da solcher Schutz des Nächsten vor den Übergriffen anderer sozusagen hauptamtlich von der öffentlichen Gewalt besorgt wird, ist diese und also auch die dabei nötige Gewaltanwendung vom Christen zu unterstützen[374]. Später in seinen berühmten Wochenpredigten über Mt 5—7 (1530—1532) drückt Luther den gleichen Sachverhalt dadurch aus, daß er von »zwo personen« im Sinn von »zweyerley ampt« (Rollen, Masken) spricht, die ein Christ tragen muß[375]. Für seine eigene Person lebt der Jünger Jesu nach der Bergpredigt, im weltlichen Amt muß er »des keisers odder ... land recht« danach fragen, wie er sich gegen seinen »unterthan halten und sie schutzen solt«[376].

Wegen der Unterscheidung von »Christperson« und »Weltperson« sind Luther seit langem schwere Vorwürfe gemacht worden, weil durch sie eine »doppelte Moral« für das Verhalten der Christen eingeführt sei. Insbesondere geht *E. Troeltsch*[377] von diesem Stichwort

[372] Dieses Problem war in der Urchristenheit so noch nicht gestellt!

[373] Dazu ausführlich o. S. 280ff.

[374] Vgl. hierzu aus »Von weltlicher Obrigkeit«, vor allem 11, 253, 17—261, 24; aus der Kriegsleute-Schrift (1526) 19, 648ff.

[375] 32, 390, 10.

[376] 32, 391, 5ff.

[377] Ges. Schr. I, 488 A. 223: »... das ist in aller Form eine doppelte Moral nach geradezu entgegengesetzten Prinzipien«. Zum Ganzen ebd. 485ff. Vgl. auch seinen Schüler *G. Wünsch*, Zusammenbruch des Luthertums, 16f.; 19; *ders.*, Die Bergpredigt bei Luther, bes. 66ff. Zur Kritik dieser Kritik vgl. *K. O. Nilsson*, 10ff.

aus, um das Dilemma der lutherischen Ethik zu beschreiben. Immerhin bemüht er sich insofern um historische Gerechtigkeit, als er betont, daß Luther hier nur das alte, unlösbare Problem angeblich jeder christlichen Ethik widerspiegele, wie nämlich das Ideal mit der Wirklichkeit zu versöhnen sei[378]. Den »peinlichen Gegensatz«[379], der früher als doppelte Moral auf verschiedene Gruppen verteilt gewesen sei[380], habe Luther lediglich in jeden einzelnen Christen hineingetragen[381]. Auf die Unterscheidung von »Christperson« und »Weltperson« bezieht sich auch der Vorwurf, das Christentum gehe so allein die Innerlichkeit und den Privatbereich an[382]. Auch wenn man bei solchen Rückfragen oft lediglich die z. T. schwerwiegenden Folgerungen meint, die das Neuluthertum — zumal in Deutschland — aus Luthers Ansätzen gezogen hat, so zielt die Kritik doch letztlich auf diesen selbst[383].

Man hat auf verschiedene Weise versucht, Luther selbst von dem Vorwurf der »doppelten Moral« reinzuwaschen. Insbesondere hat man darauf hingewiesen, daß die Unterscheidung für sich — für andere die zwei verschiedenen Relationen des Menschen coram deo — coram mundo meine[384]. Dann würden beide Begriffe wie Rechtfertigung (Glauben) und Heiligung (Werk) aufeinander bezogen sein[385]. Auch würde so die Ausdrucksweise innerlich-äußerlich

---

[378] *E. Troeltsch*, I, 505 u. 509.

[379] Ebd. 501.

[380] Ebd. 491.

[381] Ebd. 488ff.

[382] Folgender Abschnitt sei im Zusammenhang zitiert, da er Luthers Äußerungen in »Von weltlicher Obrigkeit« gut zusammenfaßt: »Also gehets denn beydes feyn mit eynander, das du zu gleych Gottis reych und der wellt reich gnug thuest, *eußerlich* und *ynnerlich*, zu gleych ubel und unrecht leydest und doch ubel und unrecht straffest, zu gleych dem ubel nicht widderstehist unnd doch widderstehist. Denn mit dem eynen sihestu auff dich und auff das deyne, mit dem andern auff den nehisten und auff das seyne. An dyr und an dem deynem helltistu dich nach dem Euangelio und leydest unrecht als eyn rechter Christ fur dich, An dem andern und an dem seynem helltistu dich nach der liebe unnd leydest keyn unrecht fur deynen nehisten; wilchs das Euangelion nicht verpeutt, ja viel mehr gepeutt am andern ortt« (11, 255, 12ff.). Zum Vorwurf der Privatisierung der Bergpredigt s. u. S. 545ff.

[383] Vgl. *K. Barth*, Eine Schweizer Stimme; *A. Peters*, Glaube und Werk, 263f. Deutlich unterscheiden zwischen Luther und Luthertum will in diesem Zusammenhang *E. Wolf*, Peregrinatio II, 99ff.; 217; 228 u. ö.

[384] Vgl. z. B. *K. O. Nilsson*, 131; 421; *F. E. Cranz*, 68.

[385] *E. Wolf*, Peregrinatio I, 235ff. Vgl. z. B. Ob Kriegsleute ... (1526; 19, 648,

ihren bei Luther geläufigen Sinn erhalten, nämlich das Gottes- und das Weltverhältnis des Menschen, nicht aber eine persönlich-innerliche Moralität und eine äußere Legalität bezeichnen[386]. Diese Deutung Luthers trifft sachlich durchaus etwas Richtiges, trägt aber zur Erkenntnis von Luthers spezieller Terminologie in diesem Zusammenhang nicht bei. Denn er sagt ausdrücklich, daß Christus in der Bergpredigt seine Christen lehrt, »wie sie *fur Gott und jnn der welt* leben und sich halten sollen« (32, 389, 30ff.). Die Christperson bezieht sich also keineswegs nur auf den Glauben. Deshalb unterscheidet Luther auch durchaus einen »gemeynen stand« der christlichen Liebe von dem Handeln in den drei Ständen, in denen freilich die gleiche Liebe wirksam werden kann[387]. Wie sollte man auch sonst Luthers Kritik an der »sophistischen« These verstehen, die behauptet, die Bergpredigt beziehe sich nur auf die »Bereitschaft des Herzens«, nicht aber auf äußere Werke[388]. Bezöge sich die »Christperson« nur auf den Glauben vor Gott, würde davon ja nichts gegenüber dem Nächsten sichtbar. Die Unterscheidung »für sich« — »für andere« hat offenbar insofern einen doppelten Sinn, als sich das »für sich« einmal auf den Glauben, zum anderen aber auch auf eine Dimension des Handelns vor den Menschen bezieht.

Es ist deshalb schon sachgemäßer zu sagen, die Einheit beider Handlungsweisen, für sich einerseits, für andere andererseits, beziehe sich auf zwei verschiedene Weisen des gleichen Liebeshandelns. Sehr schön formuliert *H. Bornkamm:* »Von Gottes Gebot her gesehen gibt es nur *eine* Liebe, deren Gestalt sich je nach der Aufgabe richtet, die sie zu erfüllen hat. Wenn für einen Christen in einer Situation eine andere Liebestat als das Handeln mit weltlichen Mitteln möglich wäre, dann wäre dieses nicht eine geringere Liebe, sondern Sünde[389].« Aber auch diese Deutung reicht noch nicht aus. Denn

19ff.): »Ein Christ ist eine person für sich selbst, er gleubt für sich selbst und sonst für niemand. Aber ein Herr und Fürst ist nicht eine person für sich selbst, sondern für andere, das er yhn diene, Das ist, sie schütze und verteydinge«.

[386] Zum liberalistischen Mißverständnis der Bedeutung der Innerlichkeit für das Christentum bei *Troeltsch* vgl. *W. Kamlah*, Christentum und Geschichtlichkeit, 342f.; *H. Fischer*, Luther ... in der Sicht E. Troeltschs.

[387] S. o. A. 266.

[388] S. o. S. 283. Richtig schon *K. Holl*, I Luther, 282.

[389] Luthers Lehre, 27. Vgl. außer *K. Holl*, aaO *G. Ebeling*, Luther, 238: »Christperson und Weltperson haben aus einer und derselben Wurzel zu handeln: der Liebe. Die Differenz, in der hier und da die Liebe wirksam wird, ist eine Differenz der Situation, dessen, was um des Nächsten willen geschehen muß«.

immer ist ja noch offen, ob Luther die Bergpredigt außer auf die »innere Haltung« nicht doch nur auf »persönliche Beziehungen«[390] und die »Privatperson«[391] im modernen Sinn des Wortes beschränkt, so daß sie politisch völlig irrelevant wird. Um diese Frage zu klären, bedarf es einer genauen Analyse sowohl der Entwicklung dieses Gedankens bei Luther als auch des historischen Horizonts, auf den er bezogen ist.

Ausdrücklich, wenn auch noch nicht im Zusammenhang mit der Frage, ob ein Christ das obrigkeitliche Amt führen könne oder solle, erwähnt Luther das Problem »für sich — für andere« in der Römerbriefvorlesung 1515/1516. Hier bemerkt er zusammenfassend zu den ersten beiden Versen von Kap. 12, die die Überschrift zur »Christiana ethica«[392] des Gesamtzusammenhangs 12—15 bilden, daß das dort Gesagte nur für die gilt, »in deren Macht es steht so zu handeln und die ihre eigenen Herren sind«. Hingegen müssen die, die im Auftrag Gottes als Beschützer ihrer Untertanen handeln, an diesen kein Unrecht geschehen lassen, sondern die Unrechttuenden mit dem Gerichtsernst Gottes strafen[393]. Zur Beurteilung dieser Stelle ist es wichtig sich zu erinnern, daß Luther in »Von weltlicher Obrigkeit« — wie schon Augustin in ep. 138, 9 — neben Mt 5, 39 auch Rö 12, (17ff.) 19 als Gegensatz zu Rö 13, 1—7 behandelt[394]. Historisch ist also die These nicht zu halten, die behauptet, Luthers Zweireichelehre sei als ganze aus der exegetischen Not der Bergpredigtauslegung entstanden[395]. Trotzdem zeigt sich aber, daß das Element der

[390] Vgl. *E. Troeltsch* (I, 485): »Sie (erg. die Bergpredigt) gilt wohl an sich innerlich für die Person und die Gesinnung und die rein persönliche Wechselbeziehung ...«.

[391] *H. Bornkamm* (Luthers Lehre, 19): »... diese Gebote der Feindesliebe ... gelten vom Privatleben«. Vgl. ebd. 20 die Bezeichnung der Unterscheidung »für mich — für andere« als »individual-ethische Dimension«.

[392] 56, 440, 20.

[393] »Veruntamen haec omnia dicta sunt de iis, In quorum potestate est haec facere et sui iuris sunt. Secus in iis, qui aliis prelati sunt, quia ii non agunt, que sua sunt, Sed officium Dei agunt. Ideo tenentur suos subditos regere in iustitia et non permittere alterum alteri Iniuriam facere. Hic enim non habent potestatem sustinendi Nec patientia hic locum habet. Deo enim non conuenit humilitas et patientia aut subiectio, sed Iudicium, gloria et vindicta. Cuius vices illi agunt. Vbi autem potest sine culpa sua, licet cum damno suo et iniuria sui, debet cedere, sicut dictum est« (56, 451, 3ff.). Vgl. *J. Heckel*, Recht, Gesetz ... vor 1517, 374; *H. Bornkamm*, 22.

[394] S. o. S. 536.

[395] In der Auslegung von Rö 12, 17ff. wird keine Parallelstelle aus der Berg-

weltlichen Gewalt innerhalb der Reichs- und Regimentenlehre immer schon das Problem mit sich führte, wie sich zu ihm das Unrechtleiden der Christen verhalte, das seinen klassischen Ausdruck in der Bergpredigt gefunden hat, aber eben nicht nur dort.

Luther geht auf die gleiche Frage ausführlich in dem schon mehrfach erwähnten »Sermo de duplici iustitia« (1519)[396] ein.

Hier behandelt er im Anschluß an das Lied vom sich erniedrigenden Christus Phil 2, 5ff. den Unterschied und Zusammenhang zwischen der »fremden« geschenkten Gerechtigkeit Christi und der daraus folgenden Freiheit von der eigenen Person für den Nächsten[397]. Wenn die reine Hingabe in der Liebe die Frucht des christlichen Glaubens ist, erhebt sich die Frage, ob man dann überhaupt Böse züchtigen, Sünden strafen, Gerechtigkeit verteidigen darf (2, 150, 32ff.). Luther führt zur Beantwortung dieser Frage, die keine »einfache Lösung« zuläßt, die römisch-rechtliche Unterscheidung der »*homines* vel *publici* vel *privati*« ein. Die öffentlichen Personen[398] betrifft das über den direkten Rechtsverzicht Gesagte nicht, da sie aus Amtspflicht und aus der Notwendigkeit heraus handeln, im Auftrage Gottes die Bösen zu strafen und die Bedrohten zu schützen. Sie tragen dabei freilich nicht das Schwert in eigener Sache, sondern ausschließlich in Sachen anderer. Wenn der Streitfall eine Person im obrigkeitlichen Amt selbst betrifft, muß diese einen anderen »Diener Gottes« als sich selbst aufsuchen; denn dann ist sie nicht Richter, sondern Partei[399]. Unter den privati homines, also solchen, die

predigt zitiert! Vgl. aber *F. Lau*, Luthers Lehre, 21: »Wie kommt Luther dazu, die sogenannte Zweireichelehre zu gestalten und vorzulegen? Hat in früheren, katholischen Lehrbüchern der Dogmatik eine Lehre mit der Bezeichnung gestanden, und hat Luther die etwa übernommen und umgebildet? Nein. Luther ist bei seiner Arbeit über der Heiligen Schrift dazu getrieben worden, von zwei Reichen zu sprechen ... Genauer: die Bergpredigt ist es doch wohl gewesen, die er nicht anders lösen zu können glaubte als mit der Behauptung von zwei verschiedenen Reichen, in denen der Christ lebt«. Lau bezieht sich hier auf *Harald Diem* (Luthers Lehre), der als erster auf die Bedeutung der Bergpredigt für die Zweireichelehre aufmerksam machte. Vgl. auch *H. Bornkamm*, 24f. A. 54 u. *P. Althaus*, Luther und die Bergpredigt, 1.

396 Literaturangaben hierzu s. o. A. 258f.

397 2, 147, 30ff.: »Tunc anima son querit amplius esse sibi iusta, sed habet suam iusticiam Christum, quaerit ergo aliorum salutem tantummodo«.

398 Luther übersetzt das herkömmliche »persona publica« auch durch »gemeine person« (Kriegsleute, 1526; 19, 652, 25).

399 2, 151, 1ff.: »Ad eos qui sunt *publici*, id est in officio dei constituti et in praesidentia, nihil pertinent ea quae dicta sunt: ad ipsos enim ex officio et necessitate pertinet punire et iudicare malos, vindicare et defendere oppressos, quia non ipsi, sed deus hoc facit, cuius sunt in hoc ipso servi, ut ad Ro: Xiij. late Apostolus prosequitur, dicens: Non sine causa gladium portat etc. Verum hoc est intelligendum in causis aliorum, non autem propria. Nullus est enim in vice dei propter se et sua, sed propter alios. Si autem habet causam propriam, alium dei vicarium quam seipsum requirat: iam enim non est iudex, sed pars.«

einen Streit in eigener Sache haben, gibt es drei Arten. Die *ersten*[400] suchen Rache und Gericht bei den öffentlich legitimierten Dienern Gottes. Das toleriert Paulus, um Schlimmeres zu vermeiden, billigt es aber nicht (1 Ko 6, 12)[401]. Solche Leute werden jedenfalls das Himmelreich nicht sehen, wenn sie sich nicht ändern lassen und die Liebe zum eigenen Vorteil auslöschen. Die *zweiten*[402] sind die rechten Christen in der Nachfolge des Beispiels Jesu — »seltene Vögel«. Sie suchen gar keine Vergeltung, sondern sind bereit, dem Feind noch mehr zu geben (Mt 5, 40). Schließlich kennt Luther wie Augustin[403] *drittens* solche, die ihrem Affekt nach zwar ganz wie die zweite Gruppe reagieren, im Effekt aber eine Strafe für den Unrechttuenden suchen, weil sie sehen, daß er ohne sie nicht gebessert werden kann. Luther warnt allerdings — ebenso wie Augustin[404] — davor, hier nicht Wut mit Eifer zu verwechseln und diesen Weg erst zu beschreiten, wenn man den zweiten vollkommen beherrscht.

Hier findet sich also das berüchtigte Wort »privatus« für das, was Luther im Deutschen mit »für sich« und »eygen Person« usw. — übrigens nie mit Privatperson — wiedergibt. Der Schluß scheint also unausweichlich, daß Luther die Bergpredigt damit auf den persönlichen Privatbereich des Bürgers beschränkt, während das öffentliche Leben seinen eigenen Gesetzen anheimgegeben wird. Dies ist jedoch ein tiefgehendes Mißverständnis, das dadurch entsteht, daß man den historischen Ort der Aussagen Luthers nicht beachtet. Luther deutet selbst an, daß er mit seinen Ausführungen über die öffentliche Gewalt in eine höchst aktuelle kontroverse Frage eingreift, wenn er hinzufügt: »Aber hierüber sagen andere anderes: die Angelegenheit ist nämlich viel weitläufiger, als jetzt gesagt werden kann« (2, 151, 9f.). Nun, worum der Streit geht, kann nach den bisherigen Ergebnissen nicht zweifelhaft sein. Luther greift hier ganz offensichtlich in die Debatte um die Aufhebung des einstmals legitimen Rechtsinstituts der Fehde ein. Diese nahm ursprünglich die privaten und öffentlichen Interessen gleichzeitig wahr, war aber immer mehr zu einer Gefährdung des öffentlichen Friedens geworden. Dadurch, daß man das römische Recht zur Überwindung dieser Gefahren heranzog, konnte man den Streit des Einzelnen zu einer »Privatangelegenheit« erklären und damit strikt der selbständigen Gewaltanwendung entziehen. Diese wurde allein der öffentlichen Gewalt zugeordnet. Nie-

---

400 2, 151, 11ff.

401 Hierzu vgl. *L. Vischer*, Auslegungsgeschichte von 1. Kor. 6, 1—11. Rechtsverzicht und Schlichtung, 56f.

402 2, 151, 20ff.

403 Serm. dom. I, 58ff.; epist. 138, 13.

404 Serm. dom. I, 63.

mand durfte mehr »Richter in eigener Sache« sein[405]. Wenn Luther über die Stärkung der neuen legalen Friedensinstitutionen hinaus für den Christen als privatus homo vollständigen Rechtsverzicht in Anspruch nimmt, so hat das auf dem verfassungsgeschichtlichen Hintergrund einen ganz präzisen politischen Sinn, nämlich Förderung des gesellschaftlichen Friedens[406]. Deshalb betont Luther auch immer wieder: wenn alle wie Christen handelten, brauchte man überhaupt keinen gewaltsamen Friedensschutz im menschlichen Zusammenleben. In diesem Zusammenhang ist weiter zu erwähnen, daß Luther die soziale Einheit des Hauses in antik-augustinischer Tradition immer auf die größere Einheit der Polis bezieht; denn der Friede des Hauses ist die Basis für den Frieden des Gemeinwesens[407].

Aber nicht nur durch Rechtsverzicht im Sinn der Bergpredigt gibt der Christ als homo privatus nach Luther seinen besonderen Beitrag zum Leben des Gemeinwesens. Der berechtigte Kern des alten mittelalterlichen Rechtsdenkens bestand ja darin, daß dem Unrecht Widerstand entgegengesetzt werden mußte. Wie aber war dies noch gewährleistet, wenn man auf die Durchsetzung seines Rechts verzichtete? Hier macht Luther seine grundlegende Unterscheidung von »Recht gewinnen« und »Recht bekennen«[408].

Schon Augustin hatte am Beispiel Jesu, der seinen Peiniger fragte: »warum schlägst du mich?« gezeigt, daß man gleichzeitig im Sinn der Bergpredigt Unrecht leiden und doch der Wahrheit und dem Recht mit dem Wort die Ehre geben könne[409]. Luther gibt dieser Unterscheidung einen hochpolitischen Sinn, indem er sie auf das verfassungsmäßige Fehdeverbot und abschließend dann auf die Selbsthilfeversuche der Bauern bezieht[410]. Dadurch, daß er nämlich neben das Verbot des Rechtgewinnens das Gebot des Rechtbekennens setzt, dient er der neuen Form von Friedenserhaltung, dem Gerechtigkeitsverlangen und der Rechtssicherung gleichermaßen. Bekennt

---

[405] Vgl. Pred. 2. Mose (1525; 16, 539, 25). Vgl. *G. Scharffenorth*, 87 u. ö.

[406] Vgl. auch den schönen Satz »interna pax facit externam« aus einer Predigt vom 26. 12. 1525 (17 I, 506ff.).

[407] »Non enim familia contemnenda est, a qua incipit reipublicae salus: si domus in pace sunt, est et tota respublica in pace et totum regnum. Non igitur leve ducatur aut schertz, si quid contingat domui, e qua vel pax vel dissensio nascitur civitatis« (Pred. 2. Mose, 1525; 16, 543, 19ff.).

[408] Vgl. ausführlich *G. Scharffenorth*, 78ff.; 157f.

[409] Vgl. epist. 138, 13f.

[410] *G. Scharffenorth*, aaO.

nämlich jemand *sein* Recht, ohne die Durchsetzung desselben für sich zu fordern, wird um so deutlicher, daß es dabei um *die* Wahrheit und um *das* Recht als den von Gott gewollten Fundamenten des Gemeinwesens geht.

Besonders prägnant drückt sich Luther einmal in seinen Wochenpredigten über Joh 16—20 (1528/29) anläßlich des Verhörs Jesu vor Pilatus aus (28, 360, 25ff.): »... damit hat Christus angezeiget und uns eine Lere gegeben, das man den grossen Hansen und junckern die Warheit nicht schweigen solle, sondern sie vermanen und (mündlich!) straffen jres unrechts halben ... (361, 33). Denn es ist ein grosser unterschied zwisschen diesen zweien, Unrecht und gewalt leiden und dazu stille schweigen. Leiden sol man unrecht und gewalt, aber still schweigen sol man nicht. Denn ein Christen sol der Warheit Zeugnis geben und umb der Warheit willen sterben ... (362, 11). So wir nu umb der Warheit und umbs Rechts willen sterben sollen, Müssen wir die Warheit und das Recht frey offentlich bekennen«[411].

Das Bekennen des Rechts fügt dem Christen über den Rechtsverzicht hinaus ein weiteres Leiden zu. Denn wer öffentlich über öffentliche Dinge die Wahrheit sagt, dem pflegen genau in dem Maß, wie er recht hat, Anfeindungen entgegenzuschlagen[412]. Aber gerade auf diese Weise konnte Luther gleichzeitig mit Vollmacht die neue rationalere Friedenssicherung fördern und trotzdem die Möglichkeit christlichen Einsatzes für das Recht voll und ganz offenhalten, ja erst eigentlich eröffnen[413]. Denn nach der Regel »nicht mit Gewalt, sondern mit dem Wort« (non vi, sed verbo) folgt man wahrhaft dem Kreuzesweg Christi und dient zugleich in hohem Maß dem gesellschaftlichen Frieden und der politischen Gerechtigkeit[414]. Öffentliches Unrecht ertragen in eigener Sache, aber freies Bekennen des Rechts, also politisches Martyrium im Doppelsinn von Leiden und Zeugnis — das ist das, was man Luthers Privatmoral zu nennen pflegt.

---

[411] Vgl. ebd. 310, 10: »Denn gleich wie die weltliche Oberkeit straffen sol mit dem schwerd, Also sol ein Christen die lügen straffen mit seiner zungen«.

[412] Vgl. ebd. 316, 7: »schweigen wir die Warheit und straffen nicht die Lügen, so möchten wir wol bleiben. Weil wir aber das maul auffthun, die Warheit bekennen und die Lügen verdamnen, wil uns jederman zu«.

[413] Vgl. *G. Scharffenorth*, 158: »Durch diese rational faßbare Unterscheidung zwischen dem ‚Bekennen' und dem ‚Gewinnen' des Rechts hat Luther einen vernünftigen Umgang mit dem Recht eingeleitet und zugleich das religiöse gesteigerte Gerechtigkeitsverlangen seiner Zeit für die Aufgabe der inneren Befriedung des Reiches in Anspruch genommen«.

[414] Zum Wortwiderstand und zum Leiden als »Machtfaktor, der für den Frieden unentbehrlich ist«, vgl. *G. Scharffenorth*, (78) 88ff.; 158f.; weiter s. *K. O. Nilsson*, 268f.

Zusammenfassend kann man folgendes sagen. Bei Luther hat der Einzelne als Einzelner seinen Platz allein im Aspekt coram deo[415], während das ethische Handeln coram mundo selbst dort, wo es im rechtlichen Status des privatus sich vollzieht, immer politisches, weil vom Nächsten im Gesamtkontext des gesellschaftlichen Lebens her konzipiertes Handeln ist. Hiermit ist ein tiefer Unterschied Luthers zur mönchisch-theologischen Tradition des Mittelalters bezeichnet. An Thomas hatte sich paradigmatisch zeigen lassen, daß die Zuordnung der Ethik als »monastischer« Wissenschaft zur Politik mit der Unterscheidung von privatus und publicus parallelisiert wurde.[416] Dies ist für Luther von seinem Ansatz her nicht mehr möglich, da er durch seine Rechtfertigungslehre das Streben nach mönchischer Vervollkommnung des Einzelnen überwunden hat und das Handeln des Christen deshalb ganz und gar von der Mitkreatur her bestimmen kann. Ganz anders wird die Lage in dem Moment, in dem die neuzeitlich-bürgerliche Wirklichkeit in die weitgehend unabhängig voneinander gehaltenen Bereiche der Gesellschaft (des Privaten!) und des Staates (des Öffentlichen!) auseinandertritt[417]. Hier gewinnt dann der Begriff privat den Sinn des politisch Irrelevanten, wie das weder im ursprünglichen römischen Recht[418] noch in der spannungsgeladenen Übergangszeit Luthers der Fall war. Liest man Luthers Äußerungen im Horizont der späteren bürgerlichen Wirklichkeit, so bekommen sie jenen harmlosen Sinn, als habe sich der Christ innerlich und mit seinem persönlichen Leben nach der Bergpredigt, im öffentlich staatlichen aber nach ganz anderen Regeln zu verhalten[419].

Die politische Relevanz der Bergpredigt bei Luther läßt sich aber nicht nur von der Seite des homo privatus, sondern auch von der des homo publicus aus demonstrieren. Zwar liebt es Luther, gegenüber der theologischen Disqualifizierung des weltlichen Regiments gerade dessen Gewaltcharakter hervorzuheben und in seinem Sinn zu erläutern. Aber dieser äußere Gegensatz, der wegen der bleibenden Sünde

---

[415] Dies ist die Bedeutung des »für sich« in Hinsicht auf den Glauben (s. o. A. 385. Zum damit verbundenen ekklesiologischen Problem s. u. S. 594).

[416] S. o. S. 433f.

[417] In diesen Zusammenhang gehört auch die schöne Beobachtung von *E. Wolf* (Peregrinatio II, 99ff.), daß in der lutherischen Orthodoxie aus Luthers funktional aufeinander bezogenen »triplex ordo« säuberlich getrennte »tres ordines« werden.

[418] S. o. S. 387 zu Cicero.

[419] Es ist eine noch ungeleistete Aufgabe, Luthers Lösung der Bergpredigtproblematik in ihrer Intention für unsere Zeit zu interpretieren (s. u. S. 585f.), zu-

vor dem Ende der Geschichte und dem vollkommen neuen Äon nicht zu beseitigen ist, hebt nicht die tiefe innere Beziehung, ja in gewissem Sinn die Identität auf, die zwischen der buchstäblichen Erfüllung der Bergpredigt in eigener Sache und der sachgerechten Durchführung eines öffentlichen Amts besteht[420]. Es ist, wie gesagt, oft darauf hingewiesen worden, daß die Einheit zwischen Christperson und Weltperson in der Liebe zu suchen ist, die durch beide dem Nächsten dient. Das springt in die Augen, wenn man sich vergegenwärtigt, daß vom öffentlichen Amt in hervorgehobener Weise gilt, was für jeden Beruf charakteristisch ist: das Sein für andere. Die persona publica, die »gemeyne person« ist ja dadurch definiert, daß sie für den gemeinen Nutzen, also »propter alios« da ist. Und eben darin ist sie dienender Stellvertreter Gottes[421]. Darum sagt Luther: »... das schwerd und die gewallt als eyn sonderlicher gottis dienst gepürt den christen zu eygen fur allen andern auff erden« (11, 258, 1 ff.). Hier wäre nun ausführlich zu entfalten, was oben über die freiwillige Kooperation des Menschen mit Gott im Weltverantwortungsauftrag angedeutet wurde[422].

Diese allgemeinen Feststellungen bekommen wiederum erst ihre Farbe, wenn man sie auf dem historischen Hintergrund des Kampfes um neue Formen der Rechts- und Friedenssicherung sieht[423]. Auf diese Weise kommt klar heraus, daß auch den Fürsten in ihrem Amt weitestmöglicher Rechtsverzicht als vernünftiges Mittel zum Frieden empfohlen wird — zum Frieden, der für das ganze Gemeinwesen letztlich das Beste ist[424]. Hier bedient sich Luther besonders gern des

mal die gesamte Diskussion um Privateigentum und Kapitalismus seit Hegel und Marx mit diesem Problem zusammenhängt.

420 Damit ist nicht gesagt, daß das Handeln nach der Bergpredigt für alle Menschen vorausgesetzt werden kann; denn nur wenige sind so »durch den geist ... genaturt« (11, 250, 18f.), daß sie dazu fähig sind. Hier geht es vielmehr nur um die Frage nach dem Effekt des Handelns.

421 S. o. A. 399.

422 S. o. S. 519.

423 Zusammenfassend *G. Scharffenorth*, 156ff.

424 *G. Scharffenorth*, 73ff. passim. Ich zitiere hier aus der Fülle der Belege ein Beispiel, das besonders viel plastische Fälle schildert: »Solch gepott (Mt 5, 40) hatt Christus darumb geben, das er yn unß auff richtet eyn fridlich, reyn und hymelisch leben. Nu ist das *nit der weg zum frid, ßo ydermann das seyne widder foddert*, unnd nicht unrechts leydenn will, alß die blyndenn maynen, von den am xiij. Psalm steht ‚Sye wissen den weg nit zum fride', wilcher allein ym leyden geht, *wie auch die Heyden mit vornunfft und wir mit teglicher erfarung erkennen.* Es muß eyn teyl dem andernn still halten und leyden, soll frid bleyben, und ob man lange zenckt und

antik-mittelalterlichen Gedankens der »Billigkeit«, auf den oben bereits hingewiesen wurde[425]. Genau wie Augustin[426] versucht er also, das *Handeln nach der Bergpredigt als optimales politisches Verhalten* zu charakterisieren — optimal, weil Eintracht und Frieden im letzten Grund den Bestand des Gemeinwesens und das Wohl des Nächsten bedingen[427]. Dem liegt die Überzeugung zugrunde, daß die *Liebe die Wahrheit der Vernunft* ist[428]. Diesem für Luthers politische Ethik fundamentalen Gedanken entspricht in der Gesetzesauffassung, soweit sie jedenfalls das Welt- und Nächstenverhältnis betrifft, die Identifikation von Naturgesetz, der zweiten Tafel des Dekalogs und der Bergpredigt[429]. Vor allem durch die Goldene Regel kann Luther

---

haddert, muß es doch zu letzt auff hören mit vielen erlitten scheden und ubell, die nit geschehen, ßo man ym anfang diß gepott Christi gehalten und sich die anfechtung, da mit gott unß vorsucht, nit het lassen von dem gepott treyben und ubirwinden. Alßo ordenet es gott, das wer nit wenig wil lassen faren umb seyns gepots willen, der muß vill odder gar vorliren durch hadder und krieg, und ist billich, das der den richtern, procuratorn, schreybernn gebe an allen danck yns teuffels dienst xx, xxx, xl gulden, der seynem nehsten nit nach ließ umb gottis willen und ewiges vordinst x odder vi gulden, auff das er alßo vorlire beyde zeytliche und ewige gütter, der do mocht, ßo er gott gehorsam were, gnug zeytlich und ewiglich haben. So soll es *auch* seyn, das *grosse herren zu weyllen eyn gantz land vorkriegen* und groß summen mit den kriegs leuten umbbringen *umb eynis cleynen nutz oder freyheyt willen*, das heyst der welt vorkerete weyßheyt, die mit gulden netzen fischet, da die kost grosser ist dan der gewyn, und seynd, die das wenige gewinnen und das viele vorthun« (Großer Sermon vom Wucher, 1520; 6, 40, 8ff.). Die Sanftmütigen werden wirklich das *Erdreich* besitzen!

425 S. o. S. 498. 426 Vgl. o. S. 280ff.; 310f.

427 Im Zusammenhang der Auslegung von 2. Mose 23, 4f. (seinem Feind nicht schaden, sondern nützen) sagt Luther: »Haec ergo lex debet gefast werden in commune praeceptum ... Quia ubi pax esse debet, oportet talia praecepta ghen, ubi non querimonia est continua ... Quando haec ghen, so wirt pulchra communitas et omnes ditescunt. Et dominus wil communitatem anrichten, quae *mundane* wol sthet« (16, 567, 3ff.). In der von Rörer überlieferten Handschrift Bugenhagens zieht Luther zum Beweis ganz wie Augustin römisch-politische Weisheit heran, in diesem Fall Sallust, Jug. 10, 6 (= Seneca, epist. 94): »*Concordia res parvae crescunt*« (16, 568, 24).

428 Vgl. o. S. 114f. zur Identität von erneuertem Nus und Liebe bei Paulus. Bei diesem ist allerdings dieses Problem nicht so breit entfaltet und rational aufgeschlüsselt wie bei Luther. Den Zusammenhang von Vernunft und Liebe in Luthers Zweireichelehre heben mit Nachdruck hervor: *H. Bornkamm*, Luthers Lehre, 13f. u. ö.; *W. Schweitzer*, 59.

429 Grundlegend ist hier die Arbeit von *M. Schloemann*, Natürliches und gepredigtes Gesetz bei Luther; vgl. aber schon *E. Troeltsch*, I, 441; 488f.; 494ff., der also grundsätzlich gegen den Einspruch *Karl Holls* (Ges. Aufs. I, 242ff.) recht-

in allen Fällen deutlich machen, daß das Handeln der Liebe das vernünftigste ist[430]. *J. Heckel* verwirrt die Stringenz dieses Gedankens, indem er ein doppeltes, d. h. ein geistliches und ein weltliches Naturrecht annimmt. Der Grund dafür ist der, daß er ständig zwischen den Relationen coram deo und coram mundo hin und her spielt und so die Aussagen Luthers über das den Christen durchaus Kooperation ermöglichende positive Weltverhältnis auch der Heiden immer sofort von der fehlenden Gottesbeziehung her abwertet[431]. Die vom Glauben her sich speisende christliche Liebe führt lediglich die Konzentration auf das Wohl des Nächsten, die auch das Naturrecht fordert, wirklich strikt und in Distanz zum kurzfristigen Eigeninteresse durch.

Man kann aber die Wahrheit der Bergpredigt im politisch-öffentlichen Handeln nicht nur an dessen Effekt im Blick auf den Nächsten, sondern auch an Voraussetzung und Rückwirkung solchen Handelns auf den Träger des Amts ablesen. Weil das öffentliche Amt sein Wesen darin hat, für andere zu sein, gerade hier aber Lasten und Versuchungen besonders groß sind, kann im Grunde nur derjenige, der seinen Stand in Gott hat (Gebet!), dieser Belastung voll standhalten[432]. Der vernünftige Gebrauch des politischen Amts ist reine Selbstentäußerung[433]. Darum pflegt ihn Luther mit Farben der theologia crucis zu zeichnen[434]. Sie ist also nicht nur der tiefste Sinn

---

behält. S. auch u. a. *R. Nürnberger*, Die lex naturae; *H. M. Müller*, Das christliche Liebesgebot; *E. Wolf*, Peregrinatio I, 183ff.; *F. E. Cranz*, bes. 104ff.; *Nilsson*, 44ff.; 408ff. u. ö. (ebd. 46 A. 44 ältere Literatur).

430 Vgl. *G. Scharffenorth*, 156f.

431 Zur Kritik an *J. Heckel* (Lex charitatis, 52ff.) vgl. bes. *Schloemann*, 13ff.; *E. Wolf*, I, 203. Zu den Folgen dieses Ansatzes für das Kirchenrecht vgl. die Rückfragen von *W. Steinmüller*, Evangelisches Kirchenrecht I, 210ff. Neuerdings hat *A. Peters* (Kirche und Welt, 286ff.) Heckels Gedanken aufgegriffen und einen Gegensatz zwischen der Goldenen Regel der Bergpredigt und dem Naturrecht der Antike konstruiert. Das geht schon allein aus dem Grund nicht, weil die Goldene Regel der griechischen Sophistik entsprungen ist und lediglich durch den Kontext der anderen Jesusworte nun auch die Feindesliebe aussagen gelernt hat (s. o. S. 177). Wie allerdings die Goldene Regel das Naturrecht vergeschichtlichen und so noch klarer auf das Bedürfnis des Nächsten beziehen kann, muß uns später beschäftigen (u. S. 565f.).

432 Vgl. aus den Predigten zu 2. Mose bes. 16, 357ff.

433 Zur Erkenntnis der politischen Herrschaft als Dienst vgl. bereits Platon (dazu u. Kap. II A. 377).

434 Vgl. aus den Annotationes in Ecclesiasten (1532; 20, 126, 6ff.): »Politia est plene molestiis. Hieronymus: sequere celibem vitam … Solomon: melius est ferre crucem et ire in domum luctus, mortificationis … Las dirs gefallen, das du mher

der »Christperson«, sondern auch der »Weltperson«[435]. Die Einheit beider könnte man deshalb von der Bergpredigt her so formulieren: der vom Heiligen Geist getriebene Mensch hält die Feindesliebe als vernünftig durch, selbst wenn dies für seine eigene Person unvernünftige Folgen hat, aber er hält sie nur solange durch, wie sie für andere keine unvernünftigen Folgen hat. Das Wohl der Mitkreatur im gesellschaftlich-politischen Gesamtzusammenhang erscheint im Rechtsverzicht, im gewaltlosen Rechtbekennen und im öffentlichen Rechts- und Friedensschutz nur in komplementär verschiedenen Aspekten und erfordert in gleicher Weise Menschen, die frei von sich selbst für andere leben, was in dieser Weltzeit nur unter Leiden geschehen kann[436].

b) Der Dienst des Predigtamts am weltlichen Regiment oder das politische Wort der Kirche

Alle Christen, die wahrhaft unter dem geistlichen Regiment Gottes stehen, dienen in jeder politischen Rolle, die ihnen zufällt, dem weltlichen Regiment durch Förderung von Vernunft, Recht und Frieden

---

unlust hast den lust, das ist summa summarum der gnome generalis«. Vgl. ebd. 156, 30: »Liberatoribus mundi nihil est gratiae, nisi quod conculcantur ... Haec toties dicuntur, ut erudiamus cor et bonos instituamus, ut discant, quid sit mundus, nempe furibunda et ingrata bestia ...«; 158, 26: »Breviter, mundus non potest ferre, sive bene sive male gubernetur. Quem Dominus non iuverit in gubernatione, is non posset vel unum diem vivere sine periculo. Quare *qui vult servire mundo sapientia, iusticia sive bonis quibuscunque, nihil expectet nisi extrema* ...« In einer der Predigten zu 2. Mose heißt es zum »seltenen Vogel« eines guten Regenten: »Ubi sunt? Si reperis talem, non est sumtus a suis« (16, 360, 1f.). Luther denkt an Davids Vertreibung durch seinen Sohn. Man könnte die Kette der Beispiele bis hin zu den Kennedys und Martin Luther King verlängern.

[435] Sehr schön sagt *F. Lau* (Luthers Lehre, 59): »Von Luthers theologia crucis, seiner Kreuzestheologie her muß die Verschlingung der beiden Ordnungen verstanden werden«.

[436] Auch die Gruppe der Theologen, die die Zweireichelehre von dem Stichwort der »*Königsherrschaft Christi*« aus neu interpretieren möchte, beabsichtigt, die Einheit der beiden Regimente hervorzuheben. Vgl. bes. *E. Wolf*, Königsherrschaft Christi und Zwei-Reiche-Lehre (ähnlich in: *ders.*, Peregrinatio II, 207ff.); *G. Forck*, Königsherrschaft Christi bei Luther; zuletzt *U. Asendorf*, 258f.; 269ff. Abgesehen davon, daß sich die Debatte an diesem Punkt offensichtlich festgefahren hat, da man historische und systematische Fragen nicht hermeneutisch genau genug aufeinander bezog, scheint mir der Begriff der Königsherrschaft Christi zur Interpretation der Einheit der Reichs- und Regimentenlehre Luthers irreführend zu sein (gegen *Asendorf*). Ich kann hier nur kurze Andeutungen machen: 1. Luther

und legen dabei zugleich indirekt ein Zeugnis für den gekreuzigten Christus ab. Die Frage nach dem Verhältnis von Christenheit und Weltverantwortung geht also grundsätzlich von allen Christen aus. Luther faßt deshalb ausdrücklich unter dem geistlichen Regiment, dessen umfassendes Kennzeichen das Wort ist, alle geistlichen Gaben (Charismen) und Sakramente zusammen[437]. In dem nun folgenden letzten Abschnitt dieses Kapitels soll noch untersucht werden, welche besondere Rolle Luther in diesem Zusammenhang dem speziellen, institutionell »geordneten« Predigtamt zumißt. Diese Frage muß

---

gebraucht den Begriff des regnum Christi im Zusammenhang der Zweireichelehre vorwiegend von seiner Herrschaft nach seiner menschlich leidenden Natur in den Christen (s. o. S. 454 mit *Mühlhaupt*, aaO). Das wird aber verdunkelt, wenn man damit die Aussagen verbindet, die von Christi göttlichem Wirken in der Gemeinschaft der Trinität reden. Die Gefahr eines theokratischen Mißverständnisses liegt hier sehr nahe, was zumal an der Diskussion zur Zeit Ockhams deutlich wird (s. o. S. 421); vgl. *K. O. Nilsson*, 310 u. *F. Lau*, Luthers Lehre, 58f.) 2. Die Folge dieser Unklarheit ist die Unklarheit über die Kriterien für die Unterscheidung der beiden Regimente (vgl. *K. O. Nilsson*, 419 A. 18). 3. Die Einheit von Christperson und Weltperson wird außerdem weniger durch die Herrschaft Christi bezeichnet als durch die Zusammengehörigkeit von Martyrium Christi und dem Martyrium der Vernunft (vgl. die vorigen beiden Anmerkungen). Es geht ja um die Relation coram mundo. 4. Dadurch, daß man auch das weltliche Regiment von der Königsherrschaft Christi aus bestimmt, wird die iustitia civilis vorwiegend unter dem Aspekt der Heiligung, d. h. des Welthandelns der Gerechtfertigten betrachtet. Es wird dagegen nicht der konstitutive Auftrag der Vernunft in dieser Ebene deutlich gemacht, so daß auch die Verbindlichkeit der christlichen Welterkenntnis und Handlungsweise und damit das Thema der Kooperation von Christen und Nichtchristen im Hintergrund bleibt. (Die Hierarchienlehre wird bei Wolf als Ausdruck der Einheit christlicher Existenz behandelt! Vgl. u. A. 440.) Daß Luther einmal die »welltliche herrschaft« als ein »bilde und schatten und figur der herrschaft Christi« bezeichnet (Schulpredigt, 1530; 30 II, 554, 30f.), sagt gerade nichts von der Herrschaft Christi im weltlichen Regiment, sondern setzt beide als nach coram deo und coram mundo unterschiedene in ein Vergleichsverhältnis zueinander. Zu diesem Verweisungssinn des weltlichen Regiments auf das Evangelium vgl. u. a. *W. Joest*, Das Verhältnis der Unterscheidung der beiden Regimente zu der Unterscheidung von Gesetz und Evangelium, 88ff. Zum zeitgeschichtlichen Hintergrund des Problems vgl. u. S. 584f.

[437] Sacharjavorles. (1527; 23, 514, (1) 4ff.): »Durchs wort (erg. verstehe ich) alles was zum geistlichen regiment gehört, als die geistlichen Empter (1 Ko. 12,5; Eph. 4,11; Rö. 12,6f.) und die sacrament und der gleichen«. »Die Einwirkung des geistlichen Regimentes Gottes auf das weltliche« erfolgt, wie *G. Scharffenorth* treffend zusammenfaßt (Anhang 12), »durch alle Gläubigen« und »auf allen Ebenen politischer Entscheidungen: Dorf, Stadt, Land, Reich ... Überall sollen Christen gegen Unrecht Einspruch erheben, für das Recht des Nächsten eintreten, bereit sein zu persönlichem Rechtsverzicht, bereit sein zu sachlicher Mitarbeit«.

darum gesondert gestellt werden, weil Luther einerseits den jeweiligen Fachleuten das Urteil in bestimmten weltlichen Detailproblemen überläßt — so z. B. den Juristen im Bauernkrieg — während er in anderer Hinsicht eine intensive Verantwortung des Predigtamts für das berufliche und öffentliche Geschehen annimmt. Wie verhält sich beides zueinander — zunächst einmal historisch gesehen, ohne Rücksicht auf die hier besonders evidenten neuzeitlichen und modernen Veränderungen[438]? Damit freilich diese Frage richtig beurteilt werden kann, muß zuvor kurz klargestellt werden, daß Luthers diesbezügliche Anschauungen nicht von der Voraussetzung einer »christlichen Gesellschaft« her entworfen und also auch in ihrer Bedeutung nicht auf eine solche beschränkt sind.

Obwohl man sich in der Forschung über die Frage weitgehend einig ist, daß Luther nicht von einem »corpus christianum« im strengen Sinn des Wortes ausgeht[439], besteht doch eine merkwürdige Unsicherheit darüber, ob nicht bei der Konzeption der drei Hierarchien, Regimente und Stände doch wieder so etwas wie eine christliche Gesellschaft vorausgesetzt wird[440]. Daß Luther das Verhältnis der Regimente zueinander als gegenseitigen Dienst bestimmt[441], sagt über ihre Christlichkeit jedoch gar nichts aus, da diese Bestimmung für alle Berufe gilt[442]. Und niemand wird sagen wollen, daß Luther politia und oeconomia mit allen Unterämtern dem Herrschaftsbereich der heidnischen Vernunft abspricht. Aber auch Luthers normale Be-

---

[438] Zur Kompetenz der Fachleute s. u. A. 501, zur modernen Problematik u. S. 593ff.

[439] Die ältere Forschung ist zusammengefaßt bei *K. Matthes*, Das Corpus Christianum. Neuere Stellungnahmen u. a. bei *J. Heckel*, Lex charitatis, bes. 174; *J. Küppers*, 370; *H. Bornkamm*, Luthers geistige Welt, 249ff. Weitere Literatur bei *F. E. Cranz*, 138 und zuletzt bei *K. O. Nilsson*, 419 A. 18.

[440] Vgl. *F. E. Cranz*, 178; *J. Küppers*, 372: »Die drei Ordnungen sind kirchliche Ordnungen«. Es reicht auch nicht, daß *E. Wolf* im Anschluß an *J. Heckel* schreibt (Der christliche Glaube und das Recht, 244): »Sie (erg. die Lehre vom triplex ordo hierarchicus) gibt auch nicht die Struktur der ‚Christenheit' an, wohl aber umschreibt sie die geistliche Qualität der beruflichen Dienste des Christen in Kirche und Welt«.

[441] »Und dieser dreyer regiment ist keins widder das ander und keins zubricht odder zurstöret das ander, sondern eins dienet dem andern« (Sacharja-Vorles. 1527; 23, 514, 18ff. Hier ist eines der Regimente das der Engel, welches die Gabe der Vernunft betrifft, dafür sind Haus und Gemeinwesen zusammen unter dem weltlichen Regiment zusammengefaßt). Zum Ganzen vgl. *F. Lau*, Luthers Lehre 53ff.; *M. Seils*, 178ff.

[442] S. o. S. 501ff.

stimmung des Dienstes, den das weltliche Regiment dem geistlichen leistet, nämlich den politischen Frieden als äußere Voraussetzung der Predigt des Evangeliums zu gewährleisten[443], ist ganz unabhängig von dem Sonderfall einer christlichen Gesellschaft. Diese Funktion erfüllt nämlich jede Regierung schon aus dem Eigeninteresse des Gemeinwesens, so daß seit Jer 29 Juden und Christen ohne Rücksicht auf die Religion der wechselnden Herrscher davon bewußt profitieren konnten[444]. Unklar ist lediglich die Frage, wie und aus welchen Gründen Luther sich mit dem aus mittelalterlichen Wurzeln stammenden landesherrlichen Kirchenregiment — wenn auch zögernd — abfinden konnte[445]. Zwar baute er verschiedene theoretische Sicherungen in seine Zustimmung ein, aber selbst in den prinzipiell theologischen Aussagen ging er stellenweise bis nahe an den Selbstwiderspruch, dem frommen Landesfürsten — nach dem Vorbild Davids! — die Sorge für die erste Tafel des Dekalogs, also für die Gottesverehrung zuzuschreiben[446]. Mag er auch die wieder auf die jüdischen Könige und die Kaiser Konstantin usw. verweisende öffentliche Abschaffung der abgöttischen Messe im Herzogtum Sachsen mit dem Eigeninteresse der Obrigkeit (Einigkeit gegen Aufruhr) begründen[447], so war doch damit die Grenze bereits überschritten, deren Vernachlässigung bei der politischen Behandlung

---

[443] »Das unterste, des schwerds regiment, dienet dem Euangelio damit, das es friede helt unter den leuten, On welchen man nicht kundte predigen ...« (ebd.; 23, 514, 19ff.). Aus der Fülle der Belege bei Luther vgl. weiter Pred. 2. Mose (1525; 352f.; 355, 1ff. u. ö.); Jesajavorlesung (1527/29; 25, 177, 6ff.); vor allem aber den gesamten zweiten Teil der »Predigt, daß man Kinder zur Schulen halten solle« (1530; 30 II, 554ff.).

[444] Vgl. o. S. 273ff. zu Augustin.

[445] Vgl. zusammenfassend *H. Bornkamm*, Luthers geistige Welt, 246ff. Das Material ist ausführlich ausgebreitet bei *K. Müller* (Kirche, Gemeinde und Obrigkeit); *K. Holl*, I, 326ff.; *J. Heckel*, Lex charitatis, 192ff. Zur mittelalterlichen Vorgeschichte vgl. außer dem vorigen Kapitel vor allem *J. Hashagen*, Staat und Kirche vor der Reformation.

[446] Vgl. bes. die Auslegung des 101. Psalms (1534/35; 51, 231ff.). Die direkte Empfehlung alttestamentlichen Königspriestertums, das ja eine der biblischen Hauptstützen mittelalterlicher Vermengung von Geistlichem und Weltlichem war, steht nicht nur in direktem Widerspruch zu Luthers sonstiger Behandlung des Verhältnisses von Neuem und Altem Testament, sondern auch zu der immer wieder geäußerten Überzeugung: »... der keiser sol und mus herunter in die andern Tafel« (Wider Hans Worst, 1541; 51, 558, 1ff.).

[447] Brief an Herzog Heinrich von Sachsen Anf. Juli 1539 (Br. 8, 483, 23ff.). Dazu s. *H. Bornkamm*, Luthers geistige Welt, 248f.

von Häresien zu Konsequenzen führen mußte, die Luther sonst scharf ablehnte[448]. Hier kann man aber historisch gerechterweise nur sagen, daß Luther bestimmten traditionellen und zeitgenössischen Strömungen theologisch nicht kritisch genug entgegengetreten ist, nicht aber: dies folgt notwendig aus dem Ansatz seiner Reiche- und Regimentenlehre. Denn diese geht ihrer Intention nach in genau die entgegengesetzte Richtung. Grundsätzlich hatte er die gewaltsame Strafe im politischen Gemeinwesen auf die »Werke« und ihre sozialen Folgen beschränkt, sie aber nicht auf die Besserung des »inneren Menschen« einschließlich dessen Verhältnis zu Gott bezogen. Dies zu tun, hinderte ihn im Gegensatz zur Antike, zu Augustin und dem Mittelalter die klare Unterscheidung der schenkenden, endzeitlichen Gerechtigkeit Gottes von der tätigen bürgerlichen Gerechtigkeit. Luthers Ansatz enthält demnach bereits die theologische Begründung für den neuzeitlich toleranten Staat, noch ehe dieser politisch verwirklicht und philosophisch durchreflektiert wurde[449]. Trotz dieser theoretischen Klärung blieb er jedoch praktisch in den Aporien stecken, die seit der altkirchlichen Reichstheologie und seit Augustin die Geschichte der Kirche belasteten.

Wie aber denkt sich Luther die Stellung des Predigtamts gegenüber dem weltlichen Regiment genau? Hier versammeln sich die entscheidenden Probleme wohl am dichtesten in dem, was Luther *Unterweisung der Gewissen* nennt[450]. Von diesem Einsatzpunkt aus steht man auch erneut mitten in der Streitfrage, ob Luthers Regimentenlehre rein personal strukturiert sei. Denn diese Deutung scheint sich nahezulegen, wenn Luther so konstitutiv vom Gewissensbegriff ausgeht[451].

---

[448] Zum gesamten Problem der Toleranz im 16. Jahrhundert vgl. *H. Bornkamm*, Jahrhundert der Reformation, 262ff.; s. auch *G. Scharffenorth*, 101ff.; 159f.; *W. H. Neuser*, Kirche und Staat, 74ff.

[449] Richtig sagt deshalb *J. Heckel* (Art. Zwei-Reiche-Lehre, 1941): »Das moderne Problem Staat und Kirche wird — der Sache, wenn auch nicht dem Sprachgebrauch nach — sichtbar und durch Luther erstmals theologisch begründet«. Zu Hobbes in diesem Zusammenhang vgl. *M. Riedel*, Bürgerliche Gesellschaft, 137ff.

[450] »Mir zymet nicht weiter zu reden, denn einem iglichen sein ampt anzuzeigen und sein gewissen zu unterrichten« (Vom Kriege wider die Türken, 1529; 30 II, 129, 24f.). Vgl. weiter u. a. Ermahnung zum Frieden (1525; 18, 291, 9f.); Kriegsleute (1526; 19, 635, 20ff. passim) u. ö. Zum ganzen vgl. auch *H. Haller*, Gewissen — Ermahnung.

[451] Klassisch formuliert *H. Bornkamm* diese Meinung anläßlich seiner Reflexio-

Außerordentlich kompliziert sich das Problem dadurch, daß sich an dieser Stelle die Fronten verwirrend ineinander verwickeln. Nämlich nicht nur *J. Heckel* und Nachfolger seiner Deutung sprechen vom personalen Charakter der Regimentenlehre, sondern auch seine Antipoden, voran *P. Althaus*, behaupten auf ihre Weise dasselbe. Dieser geht nämlich von folgender halbwahren Voraussetzung aus: »Christi Reich hat innerweltliche Präsenz in den christlichen *Personen*, und zwar nur in ihnen, nicht in christlichen *Institutionen* ... Christi Reich ist, ethisch gesehen, hier auf Erden nicht eine Ordnung der Verhältnisse, sondern eine Haltung der Personen«[452]. Christus bekommt auf diese Weise Einfluß nur »in den Personen, die in den Ordnungen handeln«[453]. Halbwahr ist diese Voraussetzung deshalb, weil hier etwas alternativ gegeneinander ausgespielt wird, was gar nicht auf die gleiche Ebene gehört. Das zeigt sich an der Folgerung, die Althaus daraus zieht. Konsequenterweise sagt er nämlich, daß das Predigtamt nur auf die Personen in den Institutionen einwirken kann. »Luther übt an den politischen und wirtschaftlichen Zuständen ernste Kritik. Aber er redet mit ihr immer nur die Fürsten und Herren an«[454]. Bei Althaus und anderen werden damit Luthers Äußerungen zu Politik und Gesellschaft »seelsorgerliche Weisungen« — wobei oft auch noch stillschweigend vorausgesetzt wird, daß er in concreto meistens falsch urteilte[455]. Daß also offenbar alle Fronten die Reiche- und Regimentenlehre auf verschiedene Weise weitgehend personalistisch interpretieren, zeigt, wie unklar die Problemlage sowohl historisch als auch systematisch ist.

In der Tat kann man sagen, daß für Luther die Dimension coram deo — das Feld der Theologie — mit der Bestimmung »in conscientia« identisch ist[456]. Aber man darf doch die Dimensionen des Gottes- und Weltverhältnisses der Menschen nicht so auseinanderreißen, als ständen sie nicht in einer unlöslichen Verbindung miteinander — gerade unter dem Gewissensaspekt[457]. Man kann das coram deo vom

---

nen über die Personalisierung des Obrigkeitsbegriffs: »Luther hat auch an dem Bedeutungswandel Anteil, ja er hat ihn wahrscheinlich selbst wesentlich gefördert. In der Tiefe, mittelbar dadurch, daß er die Frage nach der politischen Existenz des Christen als eine Gewissensfrage, d. h. als eine personale Frage stellt: Gehorsam auf der einen, Schutz und Fürsorge auf der anderen Seite. Das führt von selbst zu einem Gegenüber von Personen: Untertan und Oberkeit«.

452 Art. Zwei-Reiche-Lehre, 1931; dazu vgl. auch *E. Wolf*, Königsherrschaft Christi und Zweireichelehre, 278.

453 *Althaus*, 1932. Ähnlich heute *H.-O. Wölber*, Politisierung, 136ff.

454 Ebd. 1936 (obwohl Althaus für heute mehr Mitverantwortung fordert, denkt er auch da nur an ein Mitgehen mit den regierenden Personen). Ohne Zusammenhang mit dieser seiner Haupttendenz spricht allerdings Althaus an einer Stelle auch von einer Kritik des Christen »an der vorhandenen Gestalt der Ordnungen« bei Luther (ebd. 1931).

455 Vgl. kritisch *G. Scharffenorth*, 58 u. 85 gegen *E. Troeltsch*, *P. Althaus* u. a.

456 S. o. S. 450 A. 42 u. S. 460.

457 Dies hebt besonders *G. Ebeling*, Wort und Glaube, 432ff. hervor.

Welt- und das coram mundo vom Gottesverhältnis aus betrachten, ohne daß deren je Eigenes dabei unklar werden müßte. Das heißt aber, die Werke und Ämter der Weltverantwortung sind nicht so auf das Gewissen bezogen, daß sie dadurch in das Gottesverhältnis gehören; denn hier hat allein der Glaube und Gottes Alleinwirksamkeit Platz. Unter diesem negativen Aspekt wird das Problem denn auch üblicherweise verhandelt[458]. Kaum beachtet in der Forschung ist dagegen die Tatsache, daß Luther die Werke und Ämter positiv mit dem Gewissen in Verbindung bringt, wenn und insofern sie nämlich theologisch richtig auf die Welt bezogen sind. Das heißt aber, das Gewissen ist bei Luther nur insofern auf die Person bezogen, als es das Gottesverhältnis betrifft. Hier hat die politische Unterweisung aber gerade nicht ihren Ort. Wird dagegen die coram-mundo-Ebene vom Gewissen aus betrachtet, so steht nicht die Person, sondern das Werk, der Beruf, die Institution zur Debatte. Denn Gott will nicht nur Glauben, sondern gute Werke. Das eschatologische Gericht gilt nicht nur dem Gottes-, sondern auch dem Weltverhältnis des Menschen. Diese Behauptungen sollen nun erläutert werden — in ganz vorläufiger Form, da an dieser Stelle eine m. W. fehlende Spezialuntersuchung dringend erforderlich wäre.

Über die institutionelle Vermittlung der Weltverantwortung ist bereits oben[459] ausführlich gehandelt worden. Jetzt geht es darum, welche Stellung das Predigtamt zu dieser Frage einnimmt und inwiefern es sich hierbei um Gewissensfragen handelt. Hierzu äußert sich Luther prinzipiell in der »Predigt, daß man Kinder zur Schulen halten solle« (1530).

Um den Eltern vor Augen zu halten, welche nützlichen und Gott wohlgefallenden Werke ihre Kinder später ausrichten können, wenn sie jetzt das Opfer der Ausbildung übernehmen, beschreibt er zuerst die Aufgaben des geistlichen Stands, und zwar zunächst im Blick auf das Gottesverhältnis, sodann im Blick auf das Weltverhältnis der Menschen. Letzteres steht unter dem zusammenfassenden Gesichtspunkt der Friedensförderung durch Gewißmachung der weltlichen Ämter: »Das (erg. eben zum Gottesverhältnis Ausgeführte) ist nu gesagt von den wercken und wundern, die dein son thut gegen die seelen, von sunden, tod und teuffel zu helffen. Uber das thut er auch gegen der wellt eitel grosse, mechtige werck, Nemlich, das er *alle stende berichtet und unterweiset, wie sie eusserlich jnn jhren ampten und*

---

[458] Vgl. u. a. *E. Wolf*, Peregrinatio I, 81ff. (dort A. 2 u. 8 ältere Literatur zum Gewissensproblem); *ders.*, Peregrinatio II, 104ff.; *G. Ebeling*, Wort und Glaube, 429ff.; *W. Joest*, Ontologie der Person, 212ff.

[459] S. o. S. 523ff.

stenden sich halten sollen, da mit sie *fur Gott* recht thun, kan die betrubten trosten, rat geben, bôse sachen schlichten, jrrige gewissen entrichten, fride helffen halten, sûnen, vertragen und der werck on zal viel und teglich, Denn ein *prediger bestettigt, sterckt und hilfft erhalten alle Oberkeit, allen zeitlichen friede,* steuret den auffrurischen, leret gehorsam, sitten, zucht und ehre, Unterricht Vater ampt, mutter ampt, kinder ampt, knecht ampt, und summa alle weltliche empter und stende. Dis sind wol die geringsten guten werck eines Pfarhers, noch sind sie so hoch und eddel, das sie noch nie keine Weisen unter allen Heiden erkant noch verstanden, viel weniger zuthun vermocht haben, auch noch nicht kein Jurist, kein hohe schule, stifft noch kloster solche werck weis, und weder jm geistlichen noch weltlichen recht geleret werden, Denn da ist niemand, der solche weltliche ampt Gottes grosse gaben odder gnedige ordnungen heissen, Sondern das wort Gotts und predig ampt alleine preiset und ehret sie so hoch. Darumb, so man die warheit sagen wil, *Der zeitlich friede der das grosseste gut auff erden ist, darinn auch alle andere zeitliche guter begriffen sind,* ist *eigentlich eine frücht des rechten predig ampts.* Denn wo dasselbige gehet, bleibt der krieg, hadder und blutvergiessen wol nach, Wo es aber nicht recht gehet da ists auch nicht wunder, das da krieg sey odder yhe stettige unruge und lust und willen zu kriegen und blut zu vergiessen« (30 II, 537, 20ff.).

Über die in diesen Sätzen wunderbar beschriebenen Aufgaben herrscht in der heutigen Kirche trotz verheißungsvoller Ansätze eine tiefe theologische Ungewißheit. Darum ist es von aktuellstem Interesse zu sehen, wie Luther gerade durch sein klares Herausnehmen des Gottesverhältnisses aus der Reichweite menschlicher Aktivität diese in Hinsicht auf die politischen Weltverhältnisse überzeugend begründen kann[460]. Luther selbst nimmt die genannten Funktionen sein Leben lang intensiv wahr, und zwar sowohl 1. hinsichtlich der Analyse und Beurteilung der *weltlichen Institutionen selbst* als auch 2. hinsichtlich deren Gebrauchs.

Es steht hier nicht zur Debatte, welchen praktischen Wert oder auch nur Erfolg Luthers Äußerungen zu Institutionenfragen hatten. Die Bedeutung seines Rechtsunterrichts angesichts der Reichsrechtsreformen kann m. E. angesichts des tausendjährigen Ringens um das Problem des Verhältnisses von göttlicher und weltlicher Gerechtigkeit nicht hoch genug veranschlagt werden. Anders mag man seinen Beitrag zu der Frage beurteilen, wie angesichts der Monopolisierung der weltlichen Gewalt die Kontrolle über deren Macht gewährleistet werden kann. Obwohl er bis zu der Idee einer Art Verfassungsgericht vorstößt, ist ihm die Rationalisierung seiner theologischen Erkenntnisse in dieser Frage des legalen Wider-

[460] Zur konstitutiven Verknüpfung von Gottes- und Weltaspekt in der Theologie vgl. aus den Tischreden: »Das ist aber die rechte ... Theologia, als: gläube an Christum und thue, was du schüldig bist zu tun in deinem Berufe« (TR. 1, 72, 32; vgl. *J. Küppers,* 366 und zum ganzen auch *H. v. Campenhausen,* Gottesgericht und Menschengerechtigkeit bei Luther, in: Tradition und Leben, 343ff.).

standes kaum so weitgehend gelungen wie in der Selbsthilfefrage. Seine Haltung, lieber Tyrannis von oben als von unten zu ertragen, förderte sogar die Tendenz, Amt und Person nicht mehr zu unterscheiden. Auf keinen Fall darf man aber das neuzeitliche Problem der Revolution an Luther herantragen. Dies entsteht erst, seit die bewußte Gestaltung der Institutionen selbst durch tiefgreifende technische und theoretische Veränderungen zur Lebensbedingung der Gesellschaft wurde — also gerade der umgekehrte Vorgang wie der Restaurationsversuch der Bauern, die mittelalterlichen Rechtsformen wiederzubeleben[461]. Ähnlich zurückhaltend mag man über Luthers radikale Ablehnung der entstehenden Wirtschaftsmonopole (als Institutionen!) denken, obgleich sein Vorschlag, daß die öffentliche Gewalt hier um des Gemeinwohls willen regulierend eingreifen müsse, von der heute übersehbaren Geschichte des Kapitalismus her keineswegs so unvernünftig war[462]. Kaum zu überschätzen ist wiederum seine Förderung des Bildungswesens in Deutschland.

Wie aber bezieht Luther alle diese Äußerungen zu bestehenden oder insbesondere zu neu entstehenden[463] Institutionen auf das Gewissen? Der Lösung dieser Frage nähert man sich am besten, indem man den Ort aufsucht, an dem für Luther das Problem von Werk und Gewissen akut wurde: beim Mönchtum und letztlich damit wieder bei der Frage der Rechtfertigung. Dadurch, daß die Werke aus der Ebene des Gewissens vor Gott verbannt wurden, schien ihre Bedeutung vor Gott überhaupt ungewiß zu werden. Luther zeigt nun — besonders in den Schriften Von den guten Werken (1520), De votis monasticis iudicium (1521), Kirchenpostille (1522) und in den Wochenpredigten über Matthäus 5—7 (1530/2) —, daß genau das Umgekehrte der Fall ist[464]. Dadurch, daß der Mensch von der

[461] Die Umstilisierung der restaurativen Bauern zu den ersten neuzeitlichen Revolutionären und Luthers zum konservativ Restaurativen erfolgt durch die nach der französischen Revolution entstehenden polarisierten Fronten. Dazu vgl. die instruktive Heidelberger Dissertation von *G. Arnscheidt*, Wandlungen in der Auffassung des deutschen Bauernkriegs zwischen 1790 und 1848. Ebd. (S. 110) zur Überführung des Begriffs »Aufruhr« in den der »Revolution«. Zum Problem des legalen Widerstands bei Luther s. *G. Scharffenorth*, 131ff.; 163; *H. Scheible*, Widerstandsrecht.

[462] Vgl. Von Kaufshandlung und Wucher (1524), bes. 15, 296, 11ff.; 307, 20ff. Dazu auch *P. Althaus*, Ethik, 109ff.

[463] Sein Eingehen auf den Zinskauf begründet er im großen Sermon vom Wucher (1520; 6, 51, 16ff.) ausdrücklich damit, daß hier etwas Neues, Gleißendes entstanden ist, das man noch nicht in seinem wahren (bösen) Wesen durchschaut hat: »Dan yn den anderen hendellen ists yhederman selbs offenbar, wo er zu thewr, falsche war, falsch erb, falsch gutt gibt oder besitzt, aber diß behend und new erfunden geschefft macht sich gar offt eynen frumen und getrewen schutz herrn des vordampten geytzs und wucher«.

[464] Vgl. *G. Wingren*, 107ff.; *A. Peters*, 102ff.

Beziehung der Werke auf sein eigenes Heil frei wird, wird er deren wahrer Bestimmung gewahr. Er kann sie nämlich nun ganz von der Not und Bedürftigkeit der Nächsten her verstehen und ihrer gerade in dieser Perspektive vor Gott und seinem zu erwartenden Gericht gewiß werden. Diesen Zweck — das Wohl der Kreatur durch fröhlichen Gebrauch und Weitergeben — »predigt« nämlich die ganze Schöpfung: Dinge, Tiere[465], technische Werkzeuge im Zusammenhang aller weltlichen Berufe und Tätigkeiten. Dies ist die Wahrheit der goldenen Regel (Mt 7, 12), die allenthalben hervorbricht[466]. Darum wird Luther nicht müde, die herrliche Gewißheit zu preisen, die dadurch entsteht, daß der Mensch wissen darf, wann und wie er in seinem Handeln Gottes Wille erfüllt[467], wenn auch die Gewißheit des Heils vor Gott noch um vieles höher zu preisen ist[468].

Es ist mit Nachdruck hervorzuheben, daß die Erkenntnis, durch die das Predigtamt die Menschen ihrer Werke gewiß macht, immer in einer doppelten Hinsicht gewonnen wird. Einmal wird das Wort aus dem Alten und Neuen Testament, besonders Dekalog und Bergpredigt herangezogen. Die Ämter sind dann gewiß, wenn sie in Gottes »heißen und befehl« gefaßt sind[469]. Aber direkt in eins damit

[465] »Si oculos et aures, so wurde uns das korn anreden: *Sis letus in deo*, es, trinck er *utere me et servi proximo*. Ich wil die boden fullen. Sic vaccae eg / rediuntur, si non mutus, audirem: Letamini, wir bringen buter, kes, *esset, trinck / et date aliis*. Sic gallinae: wollen eier legen. Item aves: leti sitis, wollen vogel hecken. Sic lib / enter audio grunnire porcos, quia afferunt braten, wurst. *Omnes creat / urae vobiscum loquuntur*. Sic omnes cog/itare deb/ent: Ego utar illo, quod dedit deus, et aliis dabo« (Predigt 1538; 46, 494).

[466] Luther schreibt dazu in seinen Wochenpredigten über Mt 5—7 (Br. 1532; 32, 495, 29): »Bistu ein handwercks man, so findestu die Bibel gelegt jnn deine werckstat, jnn dein hand, jnn dein hertz, die dich leret und furpredigt wie du dem nehesten thun solt: Sihe nur an deinen hand zeug, deine nadel, finger hut, dein bierfas, deinen kram, deine woge, ellen und mas, so liesestu diesen spruch darauff geschrieben, das du nirgend hin sehen kanst, da dirs nicht unter augen stosse, und kein ding so gering ist, damit du teglich umgehest, das dir solchs nicht on unterlas sage, wenn du es horen wilt, Und mangelt ia am predigen nicht, denn du hast so manchen prediger, so manchen handel, warhre, handzeug und ander bereitschafft jnn deinem haus und hofe, das schreyet alzumal uber deinen hals: Lieber, handele mit mir also gegen deinem nehesten, wie du woltest das dein nehester gegen dir handlen solt mit seinem gut«. Vgl. u. a. *A. Peters*, 106.

[467] Aus der Fülle der Belege: »Sollte da nicht ein Herz hüpfen und vergehen vor Freude, wenn man zur Arbeit geht und das tut, was einem befohlen ist ...« (Großer Katechismus, 1529; 30 I, 149, 32ff.). Vgl. *G. Wingren*, 135.

[468] 40 II, 153, 1ff. Dazu vgl. *A. Peters*, 105.

[469] 29, 567, 28f. (Dr.). Diese Formulierung findet sich in einer besonders schö-

geht der Erweis ihrer Vernünftigkeit. Denn die Natur der Dinge, Tiere, technischen Apparate und gesellschaftlichen Institutionen verkünden selbst die gleiche goldene Regel wie die Schrift, daß ich nämlich mit ihnen an anderen so handeln soll, wie ich wünsche, daß andere damit an mir handeln sollen, weshalb Jesus oder die Gemeinde hier bezeichnenderweise auf international weisheitliches Spruchgut zurückgriffen. Ebenso stellt auch Luther in seinen sozialethischen Vermahnungen neben biblische Belege immer Sprichwörter oder andere Formulierungen, die den vernünftigen, erfahrungsträchtigen Consensus von Menschen ausdrücken[470]. Vor allem aber: er analysiert die Ämter und Institutionen selbst daraufhin, inwiefern sie der Vernunft und damit der Liebe und so auch Gottes offenbartem Willen entsprechen, was im strengen Sinn identisch ist. Damit wird in einem hohen Maße das durchgeführt, was Paulus in Ansätzen Rö 12, 2 und Rö 13, 5 fordert, daß nämlich Christen mit ihrer kritisch prüfenden, erneuerten Vernunft, die mit der Liebe identisch ist, den Willen Gottes

---

nen Predigt vom 5. 10. 1529, die über die beiden Gerechtigkeiten und Regimente handelt. Hier schreibt Luther u. a. weiter: »Dazu gehöret nu weiter, das man solchs wol treibe und die leute ermane, das sich yderman selbst dazu halte und vleissige mit lust und liebe zuthuen, das er nicht dürffe dazu getrieben werde mit zwang und straffe. Die vermanung aber stehet darinn, das man furhalte Gottes gebot und befehl einem iglichen stand auff erden, wie er sie geordnet und ausgeteilet hat, auffgelegt. Dasselbige sol man ansehen und gros achten und lust daraus schepffen, das man von hertzen gerne thue, was eim iglichen ynn seinem stand zustehet. Als wenn er spricht ‚Du solt vater und mutter ehren' solt ein iglich kind, knecht, magd, unterthan etc. das wort mit freuden annemen und keinen schatz auff erden höher achten und sich düncken lassen, wenn er solchs thete, er were halb, wo nicht gar, ym paradis, Allein darumb, das sein hertz ungezweivelt schliessen kan, Nu weis ich, das solch werck, leben odder stand recht und gut ist und Gott von hertzen wolgefellet, Denn da habe ich sein wort und gebot als ein gewis zeugnis das mir nicht liegen noch feilen kan. Denn las nur das nicht die geringste gnade auff erden sein, wenn man dahin kompt, das solchs ym hertzen beschlossen ist und das gewissen darauff stehen und rugen kan. Und man solt dem lieben Euangelio allein darumb dancken, hold sein und ynn allen ehren halten, wenn man gleich kein ander nutz und frucht davon hette, das es unser gewissen so versichert und gewis machet, wie wir leben und mit Gott daran seien« (29, 565, 30ff. Dr.). Vgl. hierzu ausführlich *E. Schlink*, Theologie der lutherischen Bekenntnisschriften, 314ff.; *H. Dombois* (Hrsg.), »Recht und Institution«, These II, 4b 1 u. 2.

[470] Vgl. z. B., welche Kriterien Luther für den Kaufhandel zusammenstellt (Von Kaufshandlung 1524; 15, 294, 31f.): »Christliche liebe« und »naturlich gesetz«; 296, 21f. Sprichwort: »Thu wie ander leute, so narrestu nicht« (nur als Ausweg, da vernünftig steuernde Obrigkeit nicht zu erhoffen ist!); 296, 10: Evangelium »Eyn erbeyther ist seynes lohns werd« (Lk 10, 7; vgl. 398, 1ff.).

zu erkennen trachten sollen. Dies aber heißt im Fall der politischen Gewalten, daß man nicht nur aus Furcht, sondern wirklich im Mitwissen des göttlichen Willens seinen Platz im Gemeinwesen einnimmt[471]. Es wird wirklich gezeigt, inwiefern die öffentlichen Gewalten Gottes Diener sind[472]. Das heißt aber für den Gewissensbegriff Luthers, daß er in doppelter Weise vom üblichen, subjektivistisch-personalistisch verstandenen wegweist. Gewissensunterweisung bezieht den Menschen auf den ihm zukommenden und vor dem Gericht nach den Werken zu verantwortenden Auftrag (mandatum) Gottes, nämlich zum einen auf sein Wort, zum anderen auf die aus den gesellschaftlichen Berufen selbst sich aufdrängenden Forderungen. Beides kommt dem Menschen von außen zu, was Luther auch sprachlich noch plastisch ausdrücken kann, indem er das Gewissen des Handelnden ausdrücklich in Amt und Gottes Wort selbst hineinlegt: »Ein iglicher herr und Fürst ist schüldig, die seinen zu schützen und yhn friede zu schaffen. Das ist sein *ampt*, dazu hat er das schwerd, *Rö 13. Das sol auch sein gewissen* sein, darauff er sich verlasse, auff das er wisse, solch werck sey für Gott recht und von yhm befolhen[473].« Deshalb bemüht sich Luther in seinen gewißmachenden, d. h. Mitwissen erzeugenden Unterweisungen[474], oder anders: in seinen Einweisungen in Verantwortungen — wie man besser statt »Gewissensunterweisung« sagen sollte —, ständig um Analyse der weltlichen Strukturen, speziell der Institutionen, um zu prüfen, wie und ob überhaupt in ihnen gewiß dem Nächsten gedient und damit vernünftig gehandelt werden kann. Von hier aus gesehen kann sich die heute noch weitverbreitete Meinung, nach evangelischer Lehre sei der Einzelne Ort der ethischen Gewissensentscheidung, die Kirche als ganze und das Predigtamt insbesondere könne und dürfe ihm da nicht helfen, nicht auf Luther berufen[475]. Er nimmt für sich in hohem

---

[471] Betbüchlein (1522; 10 II, 480, 32ff.).

[472] S. o. S. 531f.

[473] Kriegsleute (1526; 19, 648, 13ff.).

[474] Um im Gewissensbegriff ursprünglich gemeinte Elemente des sicheren Wissens, der Augenzeugenschaft anzudeuten, habe ich bereits bei der Übersetzung des paulinischen *συνείδησις* (Rö 13, 5) den Begriff des Mitwissens gewählt (s. o. S. 139).

[475] Hier liegt das Mißverständnis vor, als ob aus der These, der Christ sei vor Gott »person für sich selbst« (19, 648, 19), folgen müsse, daß auch im Weltbezug das Individuum die konstitutive Rolle spiele. Dieses Problem verschärft sich noch einmal unter modernen Kommunikationsbedingungen (s. u. S. 593f.).

Maß in Anspruch, vom Wort Gottes und der Vernunft, d. h. vom Nutzen des Nächsten her zu erweisen, welche Institutionen und warum diese geeignet sind, Werkzeuge zum Dienst am Nächsten und damit für den Gottesdienst zu sein. Dadurch wird nicht versucht, die weltlichen Institutionen zu »verchristlichen«[476], insofern sich das Reich Christi im strengen Sinn allein auf das endzeitliche Herrwerden Gottes über die Menschen bezieht. Aber das Predigtamt hat für Luther nicht nur den Auftrag, dem opus proprium des geistlichen Regiments, sondern in diesem auch dem weltlichen Regiment zu dienen. Damit muß es nichts Heteronomes in das weltliche Regiment hineintragen, sondern bringt nur das in gewißmachender Wahrheit zur Geltung, was in diesem selbst erfordert ist: gegenseitige Sorge für das Wohl des bedürftigen Nächsten.

In der Frage, wie nach Luther das Predigtamt zum *rechten Gebrauch* der zuvor auf ihre Brauchbarkeit und damit Gottgewolltheit hin untersuchten Institutionen Stellung nimmt, gilt prinzipiell das gleiche wie für diese Untersuchung selbst. Denn recht gebraucht man die Institutionen, wenn man deren eigenem Sinn folgt, der darauf gerichtet ist, Verantwortung für die Mitkreatur zu provozieren. Falsch gebraucht man sie dagegen, wenn man sie zum eigenen Nutzen und zum Schaden des Nächsten auszuwerten versucht. Ich erinnere in diesem Zusammenhang nur noch einmal an Luthers Unterweisung, wie man von der Institution des Kriegs Gebrauch zu machen hat[477]. Da auch hier Billigkeit und Vernunft Meisterin sein muß[478] und auch das Soldatsein ein Beruf ist, »der aus dem gesetz der liebe her quillet«[479], gibt es neben zweifelhaften Situationen eindeutige Konstellationen, in denen Kriegsdienstverweigerung geboten ist[480]. Für unsere Fragestellung interessieren aber nicht die Einzelheiten, sondern nur das methodische Vorgehen bei seiner Einweisung ins Kriegshandwerk. Hier ist ganz evident, daß er mehrere Modellfälle untersucht und von daher einerseits zu verschiedenen klaren ja-nein-Entscheidungen für den Gebrauch der militärischen Institutionen kommt, andererseits wegen der wechselnden geschichtlichen Situationen Grenzfälle der Urteilskraft des Einzelnen überläßt.

---

476 S. o. S. 557.

477 S. o. S. 500. Zur Einzelanalyse der Schrift »Ob Kriegsleute ...« (1526) vgl. *G. Scharffenorth*, 120ff.

478 19, 632, 14ff.

479 19, 657, 26f.

480 19, 656, 22ff. Vgl. *G. Scharffenorth*, 123f.

Dies hängt sicher mit seinem *Geschichtsbegriff* zusammen[481], vor allem mit der Frage, was es bedeutet, daß Luther den lex aeterna-Gedanken aus der antik-mittelalterlichen Naturrechtstradition eliminiert[482]. Nur in diesem Horizont läßt sich das Problem der Unterweisung zum rechten Gebrauch der Ämter voll erfassen. Für Luther läuft die Welt nämlich nicht nach ewigen Gesetzen ab, sondern alles Geschehen ist als aktuelles Schaffen Gottes durch sein schöpferisches Wort verstanden[483]. Wir begegneten dieser Seite in Luthers Denken bereits bei der Analyse der verschiedenen Texte aus De servo arbitrio, die den unfreien Willen und die Kooperation des Menschen mit Gott betrafen[484]. Gerade hierin liegt ein wichtiger Gesichtspunkt für den gewissen Gebrauch von Institutionen, daß man nie sich selbst die Aufgaben sucht, sondern daß Gott dem Menschen sein »Stundelein« zum Handeln gibt[485]. Wie schon gezeigt, ist es die Not und Bedürftigkeit der Mitkreatur, die die Vernunft nach der goldenen Regel (Bergpredigt = Naturrecht) zum Mitwirken mit Gott aufruft[486]. Dieser sich aus der Geschichte her aufdrängende Ruf der Kreatur ist Ermöglichung und Befehl zur Kooperation mit Gott. Aus dieser Offenheit für die sich jeweils neu stellenden geschichtlichen Aufgaben erklärt sich die fundamentale und anderwärts kaum noch zu beobachtende Bedeutung, die die »Billigkeit« für Luthers Naturrechtverständnis hat[487]. Man könnte sagen, für Luther ist die Wahrheit der Welt nicht als Aussage, sondern als der die Aussage als Teilmoment umfassende

---

481 Die Reflexionen b. *G. Rost* (Zum Verhältnis von Naturrecht und Geschichte) und *K. O. Nilsson* (126) reichen theoretisch noch nicht aus, da die philosophischen Implikationen dieser Frage zu wenig berücksichtigt sind. Außer der Literatur zum Thema der »Larven« Gottes (o. A. 318) vgl. zum Geschichtsverständnis Luthers vor allem: *H.-W. Krumwiede*, Glaube und Geschichte; *H. Zahrnt*, Luther deutet Geschichte; *E. Th. Pedersen*, Schöpfung und Geschichte; *H. v. Campenhausen*, Tradition und Leben, 343ff.; *H. Dörries*, Neuheit und Zusammenhang; *M. Schmidt*, Luthers Schau der Geschichte. Weitere Hinweise finden sich zuletzt bei *K. O. Nilsson*, 129 A. 50 u. *U. Asendorf*, 277 A. 154.

482 S. o. S. 499.

483 Vgl. u. a. *Nilsson*, 36ff., u. ö.

484 Darüber hinaus vgl. *H. Vorster*, 388ff. u. ö.

485 Vgl. außer *G. Wingren*, Beruf, 135ff. u. *W. Maurer*, Freiheit eines Christenmenschen, 96ff. neuerdings vor allem *K. O. Nilsson*, 123ff. (mit weiterer Literatur).

486 *Wingren*, 130; vgl. o. A. 466.

487 Vgl. u. a. *F. X. Arnold*, Zur Frage des Naturrechts bei Martin Luther, 111ff. *Nilsson* (126) spricht von einem »tiefen Zusammenhang zwischen Gottes Stunde und der Billigkeit, der Beweglichkeit, der Offenheit in der Ausführung ... (erg. der Aufträge Gottes)«.

Aufruf (mandatum dei) zu fassen[488]. Von daher bestimmt sich der Gebrauch der Institutionen, in den das Predigtamt immer von neuem gewißmachend einzuweisen hat.

Ich bin mir bewußt, welche Fülle von Problemen damit angerührt ist — zumal auf dem Hintergrund der Abwege einiger lutherischer Theologen im nationalsozialistischen Deutschland, die das »Gebot der Stunde« allzu zeitgemäß interpretierten[489]. Mir scheint es aber unerläßlich, die von daher erklärliche, aber nicht weiterführende Tabuisierung theologischer Aussagen zur aktuellen Geschichte verantwortlich und das heißt hermeneutisch verifizierbar zu überwinden. Hier müssen folgende Hinweise genügen. *K. O. Nilsson* hat sehr schön nachgewiesen, daß eine bestimmte Art von Schöpfungsordnungstheologie daher zu einer falschen Lutherinterpretation und theologisch so anfechtbaren Ergebnissen kommen konnte, weil sie von einem isoliert verstandenen »Gesetz« ausging, dessen Sinn in gar keiner Weise mehr mit dem Evangelium verbunden war und deshalb de facto dieses von jenem her bestimmte[490]. Wenn man bei der Analyse der geschichtlichen Aufgaben wie Luther von der Voraussetzung ausgeht, daß die Bergpredigtethik und die Einsicht der Vernunft im Blick auf die Weltverantwortung des Menschen in die gleiche Richtung weisen, so ist es m. E. unmöglich, von ihm her im konkreten Fall notorischen Rechtsbruch, Angriffskriege usw. zu rechtfertigen oder auch nur widerspruchslos zu erdulden. Die Aufspaltung des Mandats Gottes in Gesetz und Evangelium ist allein durch die Sünde bedingt und wird entsprechend in Christus aufgehoben[491]. Das zeigt sich daran, daß das Verhalten im Sinn der Bergpredigt als das wahre demonstriert werden kann[492]. Die nicht vom Geist Gottes Erneuerten erfahren allerdings eben diese Vernünftigkeit der Bergpredigt als Gesetz. Einmal nämlich werden sie von den Selbstschutzinstitutionen

[488] Dieser Satz könnte nur dann entfaltet werden, wenn man dazu Luthers Stellung in der Philosophiegeschichte genau analysierte. Die Stoa verkürzte die Logik zur Ausgangslogik, die die abendländische Schulphilosophie beherrschte, bis Kant die schon für Platon konstitutive Einheit von praktischer und theoretischer Vernunft neu entdeckte und wirklich begründete. Vgl. *M. Schmidt*, 62f. und meinen Aufsatz »Die Klarheit der Schrift«, bes. 16f.

[489] Vgl. *E. Wolf*, Peregrinatio II, 52—103.

[490] AaO 14ff.; vgl. auch 394. Auf diese Weise entstehen dann so falsche Alternativen, wie sie *P. Althaus* noch in seiner »Ethik Martin Luthers« vertritt: »Dabei ist festzuhalten, daß nach Luther das Predigtamt die Männer der Politik zum Gehorsam nicht gegen ‚das Evangelium', die Bergpredigt, gegen ein christliches Gesetz ruft, sondern gegen das von Gott dem weltlichen Regiment eingestiftete weltliche Gesetz, das grundsätzlich jedem bekannt und von ihm zu halten ist, ob er nun Christ sei oder nicht«. Die Pointe bei Luther ist gerade, daß die Bergpredigt identisch mit dem Gesetz der wahren Vernunft ist, weil es nur ein Gesetz gibt. Evangelium ist erst die Befreiung zum Glauben und damit zum freien, d. h. durch Distanz kritischen *Tun* der Bergpredigt (vgl. *E. Wolf*, 203). Zum zeitgeschichtlichen Hintergrund jener dualistischen Theorie vgl. u. S. 582f.

[491] Vgl. *Nilsson*, 75f.; 396.

[492] Dies ist nicht nur die Meinung Luthers, sondern der Bergpredigt in ihrem Ursinn. Vgl. *G. Bornkamm*, Jesus von Nazareth, 98ff.

des Gemeinwesens gezwungen, dieser Vernunft, nämlich dem Aufruf, den Nächsten nicht zu schaden, wenigstens äußerlich zu entsprechen (usus civilis legis). Zum anderen treibt sie ihr durch die Predigt des Gesetzes aktualisiertes Gewissen in den Anklagezustand vor Gott (usus elenchticus/theologicus legis). Die von Gottes Geist durch das Evangelium Erneuerten dagegen tun gerade als Christen die rechten natürlichen Werke[493]. Die Einheit von Naturgesetz, Dekalog und Bergpredigt in Hinsicht auf die Weltverantwortung der Menschen verhindert m. E. — jedenfalls prinzipiell — die Deutung der geschichtlichen Aufgabe gegen das Interesse des Nächsten. Damit ist freilich die außerordentliche Kompliziertheit vieler nötiger Einzelentscheidungen[494] und auch die Gefahr kollektiver Verfinsterungen in einzelnen Fällen nicht aufgehoben. Aber trotz aller uns heute sichtbaren Risiken darf nach Luther das Predigtamt nicht auf die ständige Interpretation der geschichtlichen Vorgänge verzichten, will es nicht seinen Auftrag versäumen, Menschen über den Gebrauch ihrer Verantwortungen gewiß zu machen und andere um des Nächsten willen zu warnen und anzuklagen.

Nun erhebt sich aber die Frage, an welche *Adresse* sich Luther mit seinen Einweisungen in die Institutionen und deren Gebrauch eigentlich richtet. Nur an Christen? Diese Frage, die an allen praktischen Fällen durchgeprüft werden müßte[495], läßt sich nicht eindimensional beantworten. Hier nur einige Hinweise. Wenn Luther den Sinn der Ämter und Berufe und ihren rechten Gebrauch in dem erläuterten Sinn predigt, so wendet er sich an alle[496], aber in verschiedener Hin-

493 »... das heyssen recht *Christlich, naturlich gutte werck* ...« (Adventspostille, 1522; 10, I, 2, 41, 5ff.). Dazu vgl. *K. O. Nilsson*, 121 A. 20. S. auch *G. Wingren*, Das Problem des Natürlichen bei Luther.

494 S. u. S. 593f.

495 Am ausführlichsten hat sich dieser Frage offenbar *H. Ivarsson* (Predikans uppgift) gewidmet. Seine Arbeit ist mir aber leider nicht zugänglich. Vgl. jedoch die Inhaltsangabe der Seiten 144—163 bei *Nilsson*, 423 A. 27. Zum Ganzen s. auch *G. Scharffenorth*, bes. Anhang 12ff.

496 Großer Sermon vom Wucher (1520; 6, 36, 12). Vgl. ebd. 45, 33ff.: »Wie wol aber ich geringer byn, dan das ich bepsten und allen regenten der wellt rad geben müge ynn solchem fall, Auch selb wol acht, es werd nichts drauß, dennocht muß man wissen, waß gut und nott were, und die ubirkeit schuldig ist zu gedencken unnd thun, was dem gemeynen volck, das yhn befolen ist, auffs best zu regiren nott sey«. — Im Anschluß an das S. 563 zitierte Wort aus der Kriegsleuteschrift fährt Luther fort: »Denn *ich lere ytzt nicht, was Christen sollen thun* ... Wenn sie nu gleich nicht Christen sind, sollen sie dennoch recht und wol thun nach eusserlicher ordnug Gotts, das wil er von yhn haben.

Wo aber ein Herr odder Fürst solch seines ampt und befelhs nicht war nympt und lest sich duncken, er sey nicht umb seiner unterthanen willen, sondern umb seiner schonen, gelhen har willen Fürst, als hette yhn Gott darümb zum Fürsten gemacht, das er sich seiner gewalt, guts und ehren frewen solle, lust und trotz drynnen haben und sich drauff verlassen; *der gehort unter die heyden, ja er ist ein narr*. Denn der selbige solt wol umb einer tauben nus willen krieg anfahen und nichts

sicht. Nur die wahren Christen hören ihn wirklich, manchmal nur einer[497]. In ihnen schafft die Unterweisung Gewißheit der Gott wohlgefallenden Aufgaben. Freilich ist sich Luther bewußt, daß der große »hauffe«[498] nicht hört; denn die Mehrheit bleibt unter Satans Herrschaft. Hier hat aber Luther dann wie Hesekiel in seinem Wächteramt durch seine Warnung die Schuld auf die Gewissen der Nichthörenden geladen[499]. Diese beiden Seiten der Vermahnung betreffen das Welthandeln coram deo: Gewißheit für die vom Evangelium Erneuerten, Anklage für die von der Sünde Beherrschten. Daneben erwähnt Luther aber stets eindringlich die immanenten Folgen des Fehlhandelns für das weltliche Gemeinwesen und letztlich auch den Täter selbst. Zwar betont er, daß es Aufgabe der weltlichen Obrigkeit selbst sei, den Schaden zu überwachen, der in der Welt durch solche Dinge entsteht, die der Prediger vor Gott anprangert[500]. Die Juristen sollen für das weltliche Recht sorgen usw.[501] Dennoch nimmt er sich selbst — außer indirekt über die Christen im weltlichen Amt — nicht nur im Glauben, sondern auch in der Liebe der weltlichen Verhältnisse an und hebt in seinen Vermahnungen die positiven oder negativen Folgen sozialer oder politischer Verhaltensweisen ans Licht[502]. In dieser Hinsicht ist es gänzlich unwichtig, ob die öffentliche Gewalt jeweils durch Christen oder Heiden ausgeübt wird. Denn hier geht es um den rechten Gebrauch der Vernunft, auf den alle Menschen elementar angewiesen sind, auch die, die sich der endzeitlichen Neuschöpfung durch den Geist Gottes widersetzen und in

ansehen, denn wie er seinen mutwillen büsset. Dem selbigen weret nu Gott damit, das andere auch feuste haben und jensyt des berges auch leute sind, und behelt also ein schwerd das ander ynn der scheiden. Aber *ein vernunfftiger Fürst sihet nicht sich selbs an*«.

[497] Vgl. Kaufshandlung (1524; 15, 313, 26f.).

[498] Vgl. ebd. 293, 21.

[499] Vgl. ebd. 313, 22ff.: »Nu weys ich wol, das meyn schreyben ubel gefallen wird, und werden villeicht alles ynn wind schlahen und bleyben wie sie sind. Aber ich byn doch entschuldigt und habe das meyne gethan, auff das man sehe, wenn Gott nu mit der ruten komen wird, wie redlich wyrs verdienet haben« (ebd. 11ff. Verweise auf Hesekiel und Jesaja). Vgl. auch »Ordnung eines gemeinen Kastens« (1523; 12, 12, 8ff). Zum »Wächteramt« der Kirche bei Luther s. *E. Wolf*, Peregrinatio II, 99; *G. Scharffenorth*, 110ff.; 161 (hier S. 112 besonders wichtig der Hinweis, daß anders als im Mittelalter hierbei der *weltliche* Charakter des weltlichen Regiments voll erhalten bleibt).

[500] Vgl. ebd. 15, 294, 22.

[501] Ermahnung zum Frieden (1525; 18, 327, 28ff.).

[502] Vgl. *K. Holl*, I Luther, 281.

der Unfreiheit der Sünde verharren. Insbesondere in Luthers Aufrufen zur Bildungsintensivierung treten neben die theologischen Motivationen (Warnungen vor Satans Herrschaft durch den Geiz, Entfaltung der Gründe für große Dankbarkeit gegen Gott, Erläuterung von Gottes Gebot) intensive Appelle an die Einsicht, die zur Erhaltung des Lebens und damit zur Förderung des gemeinen Wohls rät (»die not erzwingts«!)[503]. Man könnte sagen, daß Luther sich um des Nächsten willen auf drei mögliche Verhaltensweisen bezieht: 1. auf die im Glauben befreite Vernunft; 2. auf die von der Furcht vor schädlichen Folgen motivierte Vernunft; 3. auf gesetzlich erzwungenes soziales Verhalten (wobei der Zwang freilich nicht von ihm als Prediger, sondern von der öffentlichen Gewalt ausgeübt wird). Die drei Verhaltensweisen unterscheiden sich nicht durch den Gegenstand, auf den sie sich beziehen (das Wohl des Nächsten), sondern durch das Maß der Weitsicht[504] und die Art der Motivation. Jedenfalls zielt das Predigtamt an zweiter Stelle (außer auf das Heil coram deo) konstitutiv auf die Mitarbeit an der politisch sozialen Gestaltung der Welt, deren Inbegriff der zeitliche Friede ist. Darin, daß er nachweislich das Wohl des ganzen Gemeinwesens im Auge hat, sieht Luther sein Reden vor der Öffentlichkeit legitimiert[505]. Erstaunlich und dem gängigen Lutherbild zuwiderlaufend ist, daß er seine Bemühungen um die Besserung der deutschen Verhältnisse bereits im Horizont internationaler Verantwortung sieht[506].

[503] Vgl. aus der Schrift »An die Ratsherren ...« (1524; 15, 34, 5ff.): »Wie will den nu *vernunfft und sonderlich Christliche liebe* das leyden, das sie ungezogen auff wachsen und den andern kindern gifft und schmeysse seyen, damit zu letzt eyn gantze stad verderbe ... (35, 9ff.) Also hats die nott allezeyt erzwungen und erhallten ynn aller wellt, auch bey den heyden, das man zuchtmeyster und schulmeyster hatt müssen haben, so man anders ettwas redlichs hatt wöllen aus eym volck machen«.

[504] Die zeitliche Kategorie der Fristigkeit wird noch zentraler als Unterscheidungsmerkmal für das Handeln von Christen und Nichtchristen, wenn — wie in der Moderne — der gesellschaftliche Prozeß als ein dynamischer erkannt und vollzogen wird.

[505] Vgl. An die Ratsherren (1524; 15, 53, 7ff.): »... wolten doch das ansehen, das ich nicht das meyne, sondern alleyn des gantzen Deutschen lands glück und heyl suche«.

[506] Vgl. ebd. 15, 48, 27: »Wir sind allzu lange gnug deutsche bestien gewesen. Last uns eyn mal auch der vernunfft brauchen, das Gott mercke die danckbarkeyt seyner güter und ander lande sehen, das wyr auch menschen und leute sind, die ettwas nützlichs enttwedder von yhn lernen oder sie leren künden, da mit auch durch uns die wellt gebessert werde«.

Abschließend ist noch darauf hinzuweisen, welche konstitutive Bedeutung es hat, daß Luther das Predigtamt — gemäß dessen Zugehörigkeit zum geistlichen Regiment[507] — ausschließlich durch das Medium des Worts auf das weltliche Regiment einwirken läßt. »Non vi, sed verbo« gilt also nicht nur für den auf das Gottesverhältnis gerichteten Auftrag der Verkündigung, sondern auch für den auf das Weltverhältnis bezogenen. Dies ist nicht nur deshalb hervorzuheben, weil damit gerade dem Predigtamt wie allen Berufen sein Kreuz zugesprochen wird — denn dem öffentlichen Aussprechen der Wahrheit folgen die Anfeindungen[508] — sondern vor allem deshalb, weil sich hierin Luther am tiefsten vom Mittelalter unterscheidet. Es kann freilich zunächst gar kein Zweifel darüber bestehen, daß der Christenheit erst durch die mittelalterliche Situation klar wurde, wie sehr ihr eigentlicher Auftrag an die Welt mit der Verantwortung für die Welt zusammenhängt. Insofern steht Luther mit der Inanspruchnahme der Mahnpflicht im geistlichen Amt trotz deren biblischen (prophetischen) Ursprungs auf Voraussetzungen, die die mittelalterliche Kirche gelegt hatte[509]. Aber diese baute nicht nur anders als Luther auf der Christlichkeit der weltlichen Gewalt auf, sondern hatte im Lauf der Entwicklung das Wort zunehmend als politisches Zwangsmittel verwendet (Bann!)[510] und darüber hinaus blutige Waffen eingesetzt — und dies in vielen Fällen nicht zur Förderung des öffentlichen Friedens und Rechts, vielmehr umgekehrt zur friedenzerstörenden Durchsetzung eigener Machtinteressen. Indem Luther ausschließlich das überführende und helfende Wort zum Mittel kirchlicher Einwirkung auf die öffentlichen Institutionen erklärt, kann er deren eigene Zuständigkeit für die weltlichen Aufgaben voll respektieren, ohne ihnen heteronome Gesetze aufzuzwingen, aber gleichzeitig für Recht, Vernunft und Frieden wirken.

[507] S. o. A. 437.

[508] Wochenpredigten über Joh 16—20 (28, 363, 26): »Fürsten und grosse Hansen können wol leiden, das man die gantze welt straffe, wenn nur sie ungestraffet bleiben. Aber doch mus man sie auch straffen, und wer im (erg. Predigt-) Ampt ist, ist schuldig jnen zu sagen, wo sie unrecht thun und verkeret handeln, ob sie schon furgeben, wenn man grosse Hanssen straffe, das gereiche zur Auffrhur«.

[509] S. o. Kap. III A. 63.

[510] Das Wort ist also nicht eo ipso als Wort gewaltloses Wort! Dies ist ein Problem, das es heute völlig neu zu durchdenken gilt, da Information der eigentliche Machtfaktor im politischen und gesellschaftlichen Leben geworden ist (vgl. die Andeutungen im Schlußabschnitt S. 594).

Hiermit scheint mir Luther auch in dieser Hinsicht das Problem »Christenheit und Weltverantwortung« in einer Tiefenschicht angesprochen zu haben, die vor ihm nicht erreicht wurde. Grob formuliert erfaßte man nämlich entweder das geistlich-eschatologische Wesen des neutestamentlichen Glaubens und gab damit die Weltbezogenheit der Schrift, besonders des Alten Testaments preis (so Augustin in seiner apokalyptisch-neuplatonischen Hauptintention). Oder aber man knüpfte an die alttestamentliche geistlich-politische Einheit an und verlor darüber das Eigentliche des Christentums (so das Mittelalter in den verschiedenen Spielarten des Königpriestertums). Luther aber vermag es, gerade die eigentlichen Kennzeichen der Kirche Christi in dieser Zeit, Leiden und das die Wahrheit bezeugende Wort, in den Dienst der Weltverantwortung zu stellen. Denn gewißmachendes Wort, das die Berufe vor Gott prüft, Wort des Gebets[511] und Wort des direkten Rats und gewaltlosen Widerstands um des Nächsten willen verbunden mit dem Risiko des Martyriums gehört für Luther konstitutiv zu dem freilich in erster Linie auf das Gottesverhältnis bezogenen Auftrag der christlichen Verkündigung hinzu[512]. Daß Luther in letzterem seine Hauptaufgabe sieht, ist selbstverständlich, da dies die spezifische Dimension der menschlichen Mitarbeit mit Gott im geistlichen Regiment ist, während der Vollzug der Weltgestaltung in erster Linie Aufgabe der Christen in den weltlichen Berufen ist. Diese Arbeitsteilung innerhalb des Leibes Christi ist aber nicht konkurrierend, sondern asymmetrisch komplementär gedacht. Denn man verfehlt — von der Tradition her gesehen — das Eigenste Luthers, wenn man bei ihm die unlösliche Verknüpfung von endzeitlich zu erneuerndem Gottesverhältnis und Auftrag des Menschen zur Weltverantwortung übersieht, die in der Einheit von Gottes Distanz und Zuwendung zur Schöpfung letztlich begründet ist und die bis in die doppelseitige Struktur des Predigtamts selbst hineinreicht. Luther hat hier die alttestamentlich-weisheitlichen Traditionen, die schon Jesus und Paulus je auf ihre Weise als

---

[511] Hier ist in altkirchlicher Tradition der Hauptschriftbeleg 1 Tim 2, 1—4. Vgl. Luthers Vorlesung über diesen Text (1528; 26, 32, 1ff.).

[512] Daß Luther im Fall eines Eingriffs der Obrigkeit in Fragen des Gottesverhältnisses das leidende Zeugnis des Widerstands fordert und praktiziert, ist bekannt und braucht deshalb nicht eigens hervorgehoben zu werden. Dieser Frage ist ja der ganze II. Teil der Schrift »Von weltlicher Obrigkeit« gewidmet: »... will und kan ich meynen ungnedigen herrn unnd zornigen junckern nicht lenger zu sehen, muß yhn zum wenigsten mitt wortten widderstehen« (11, 247, 13ff.).

Ansatz für die positive Weltbezogenheit auch des eschatologischen Glaubens benutzten[513], angesichts der nachmittelalterlichen Situation ausgebaut und auf die sozialen, politischen und philosophischen Aufgaben und Möglichkeiten seiner Zeit bezogen. Welche neuen Fragen sich in dieser Hinsicht wiederum der Neuzeit und der Moderne stellen, soll in den Schlußbemerkungen kurz angedeutet werden.

Zuvor möge als Zusammenfassung der verschiedenen traditionsgeschichtlichen und systematischen Dimensionen der Position Luthers das folgende Schema dienen[514]. Dabei ist allerdings zu beachten, daß sich das durch die Pfeilkästen angedeutete Kampfgeschehen als geschichtlicher Prozeß vor dem Forum des Eschaton vollzieht. Das Schema, das jetzt in einer Fläche erscheint, müßte also eigentlich dreidimensional gezeichnet werden, wobei die Tiefendimension die auf das Eschaton bezogene zeitliche wäre. Diesen Gedanken im Bild darzustellen, übersteigt meine graphischen Fähigkeiten. Er ist aber konstitutiv wichtig für das Verständnis des Ganzen, weil sonst das Mißverständnis naheläge, die aufgezeichneten Relationen stellten ein im Grunde zeitloses Gefüge dar.

---

[513] S. o. S. 174ff.

[514] Vgl. auch o. S. 519ff. — Nach Abschluß des Korrekturvorgangs kam mir bei einem Gespräch mit Martin Honnecker (Bonn) zum Bewußtsein, daß ich mir in der ganzen Arbeit eine sprachliche Nachlässigkeit habe zuschulden kommen lassen. *Gottesbeziehung* und *Weltbeziehung* des Menschen sind nicht einfach mit der Unterscheidung coram deo — coram mundo identisch. Im ersten Fall handelt es sich um Relationen, im zweiten um Perspektiven. Sowohl Gottes- als auch Weltverhältnis kann man daher je unter der Perspektive vor Gott oder vor der Welt betrachten. Sachlich unterstützt diese Unterscheidung um so mehr meine Grundthese, als auch der Weltbezug von Gott selbst her gesehen werden und so seine eigene positive theologische Bedeutung bekommen muß. Besonders deutlich kommt dies in der Vorstellung eines eschatologischen Gerichts auch über die Werke zum Ausdruck.

Gott	Menschen		Macht d. Bösen
	Neue Christus- menschheit	Alte Adams- menschheit	
(Apok.-Pl.-Aug:) *Civitas* (*regnum*) *dei*	Wort und Geist (usus theol. legis u. Evang.)		→ *Civitas* (*regnum*) *diaboli*
Endzeitl. Herrwerden Gottes durch *Geistl. Regiment* *Gottes selbst:*	a) *korporativ-allegorisch* wahre Kirche (verborgen)	falsche Kirche	
	b) *individuell-tropologisch* zugleich gerecht und Sünder	Sünder	
	c) *eschatologisch-anagogisch* ewiges Leben	↑ ewiger Schmerz	
	Glaube	Unglaube	
	Gottesrelation des Menschen		
↓	*Weltrelation des Menschen*		
	Werke angesichts des Gerichts n. d. Werken a) zw. Einzelnen	b) Beruf/Institutionen	
	Fortschritt (Heiligung)	↓	
nimmt in Dienst:	*Predigtamt* in MA: geistl. Gewalt (potestas) im 1. Institutionenkomplex: *Ecclesia* (Kirche als gemischter Körper)		
Weltl. Regiment *Gottes* nimmt in Dienst:	(*Rö 13 + MA:*) *Weltl. Gewalt* (*potestas*)		
	Schwert und Vernunft (usus civil. legis)		→ Soziale Folgen der Sünde
	im 2. Institutionenkomplex: *Politia*		
	(erneuerte Vernunft:) freiwillige cooperatio *für sich:* Unrechtleiden + Rechtbekennen *für andere:* Rechtsschutz, komplementäre Einheit polit. Nächstenliebe	(Schwert oder »Furchtvernunft«:) gezwungene cooperatio	
Hausregiment *Gottes* nimmt in Dienst:	*Hausgewalt* im 3. Institutionenkomplex: *Oeconomia* freiwillige cooperatio	gezwungene cooperatio	

gegenseitiger Dienst der Regimente

Schluß

Offene Fragen im Hinblick auf die Neuzeit und das wissenschaftlich-technische Zeitalter

Christenheit und Weltverantwortung — ein heute notwendig aufgegebenes Thema. Ein Thema freilich, dessen theologische Legitimation, dessen innere Struktur und dessen geschichtliche Dimension noch nicht wirklich aufgeklärt sind. In der Einleitung wurde darauf hingewiesen, daß die systematische Aufarbeitung dieser Fragen im Zusammenspiel dreier Arbeitsgänge erfolgen müßte. Auszugehen wäre von der vorläufigen Bestimmung der Gegenwartsaufgaben und bestehender (theologischer) Lösungsangebote, hermeneutisch gesprochen: vom Bewußtmachen des motivierenden Vorverständnisses. Dies konnte nur kurz angedeutet werden. Zweitens wären hiermit die traditionsgeschichtlichen Voraussetzungen des gegenwärtigen Horizonts in ein kritisches Wechselverhältnis zu bringen, um drittens frei zu werden für eine theologisch verantwortbare und den Menschen hilfreiche Bewältigung der Fragen unserer Zeit. Der spezielle Gegenstand der vorgelegten Untersuchung war ein Ausschnitt des zweiten Arbeitsganges, allerdings ein grundlegender, insofern er den für den christlichen Glauben konstitutiven, geschichtlich engsten Umkreis der Ereignisse um Jesus von Nazareth und die ersten Vorstöße der Christenheit in weltgeschichtlichen Horizont umfaßt. Das große Problem, um das es hierbei ging, bestand darin, das Verhältnis von eschatologischem Gottesglauben und sich immer vielschichtiger aufdrängenden Aufgaben der Weltgestaltung theologisch und praktisch zu bestimmen. Wir verfolgten das Ringen mit diesen Fragen bis zu Luther[1]. Er entzog das endzeitliche Herrwerden Gottes durch die erneuernde Befreiung der Menschheit aus der Knechtschaft der Sünde in paulinisch-augustinischer Tradition gegen Mittelalter und Schwärmer ganz dem menschlichen Wirken. Gleichzeitig damit aber befreite er die Weltgestaltung aus der augustinisch-asketischen und

[1] Ich verzichte hier auf eine erneute Gesamtüberschau der Traditionsgeschichte und verweise dazu auf die Zusammenfassungen S. 323ff.; 425ff.; 505ff.; 519ff.; 535f.; 571ff.

täuferischen Verdächtigung und setzte ihre eigenständige theologische Bedeutung frei. Diese Einheit beider Aspekte leistet die Rechtfertigungslehre. Schon Paulus hatte gleichzeitig mit der Kritik an der Selbstverwirklichung des Menschen durch Werke das Gericht über die Werke, also die Verantwortung des Menschen für die Folgen seines Tuns in der Welt festgehalten, weil Gott das Gute für seine Schöpfung will. Luther nahm — nach dem Lernprozeß von tausend Jahren Mittelalter — über den Umkreis von Rö 13, 1—7 und andere paulinische Beispiele hinaus die gesamte berufliche und politische institutionell vermittelte Aufgabenstellung in diesen Ansatz hinein und verband ihn mit dem alttestamentlichen Gedanken der göttlich-menschlichen Zusammenarbeit bei der Verwaltung der Schöpfung.

So beeindruckend diese gleichzeitige Unterscheidung und vielschichtige Zuordnung von Gottes- und Weltverhältnis des Menschen bei Luther auch gelungen sein mag, man kann seine Lösungen nicht einfach auf unsere heutigen Probleme übertragen[2]. Es schiene sich nahezulegen, von diesem asymmetrisch komplementären Entwurf her unmittelbar die alternativen theologischen Positionen der Gegenwart zu prüfen. In der Einleitung wurde darauf hingewiesen, daß man grob gesagt zwei Strömungen unterscheiden kann. Die eine ist gekennzeichnet durch Beziehungslosigkeit, z. T. Feindschaft gegenüber der modernen Welt, in gewissem Sinn der Welt überhaupt, und will gerade dadurch den überweltlichen oder eschatologischen Charakter des christlichen Glaubens zur Geltung bringen. Die andere will dem entgegenwirken, wählt dazu aber den Weg, die Eschatologie direkt

[2] Versuche, Luthers Zweireichelehre oder Stücke daraus mit Gegenwartsfragen zu konfrontieren, finden sich etwa bei *P. Brunner*, Luther und die Welt des 20. Jahrhunderts; *H. Dombois*, Politische und christliche Existenz; *W. Trillhaas*, Die lutherische Lehre von der weltlichen Gewalt und der moderne Staat; *W. Künneth*, Politik; *H. Thielicke*, Ethik; *E. M. Carlson*, Der Begriff der zwei Reiche und die moderne Welt. Finnischsprachige Literatur zum Thema ist angegeben bei *L. Haikola*, LR 16, 1966, 373f. Weiter vgl. neuerdings *W. H. Lazareth*, Luthers Zwei-Reiche-Ethik — eine Überprüfung, und die Beiträge von *Chr. Walther*, *J. A. Sittler*, *T. Rendtorff*, *W. Trillhaas*, *C. F. Reuß* in dem Vorbereitungsheft zur Genfer Weltkirchenkonferenz 1966 »Glaube und Gesellschaft« (Beih. LR) mit weiterer Literatur und *Chr. Walther*, Theologie und Gesellschaft. Implizit stellen auch die gerade erschienenen Arbeiten von *H. Schulze* (»Gottesoffenbarung und Gesellschaftsordnung« und »Begriff und Kriterien einer neuen Handlungslehre«) eine Neuinterpretation der Zweireichelehre dar. Hier scheint mir allerdings die Unterscheidung und innere Zuordnung der zwei Reiche einerseits und zwei Regimente andererseits trotz ausgezeichneter Übersetzung vieler traditoneller Problemstellungen in den heutigen Horizont nicht scharf genug erfaßt zu sein.

mit der Fortschrittsdynamik des wissenschaftlich-technischen Welthandelns zu verbinden, wodurch dieses den Charakter einer Verwirklichung des Reiches Gottes bekommt. Aber so wichtig und falsche Alternativen überwindend diese Konfrontation sein könnte, sie läßt sich nicht direkt durchführen. Denn einmal enthält auch Luthers Position im einzelnen verschiedene offene Fragen, vor allem aber liegen zwischen ihm und uns tiefe geistige, soziale und technische Umwälzungen. Diese betreffen sowohl das Gottes- wie auch das Weltverhältnis des Menschen.

Hinsichtlich des *Gottesverhältnisses* ist es vielleicht nicht das gravierendste Problem für die Zukunft, daß selbst Luther seinen klaren Ansatz nicht immer eindeutig durchgehalten hat, die »Sorge für die Religion« von dem Aufgabenbereich und den Mitteln der politischen Führung genau zu unterscheiden[3]. Immerhin hat die bereits bei Melanchthon[4] wieder voll in Kraft gesetzte These, der Fürst habe auch für die Einhaltung der Gott betreffenden ersten Gebotstafel zu sorgen, in Verbindung mit dem aufkommenden Absolutismus tiefe Spuren zumal im deutschen Protestantismus hinterlassen — Spuren, von denen er sich bis heute nicht voll befreit hat. Einschneidender sind jedoch wohl die Fragen, die in der Zeit zwischen Luther und uns ganz neu entstanden sind. Die Gewißheit und Kraft des Gottesverhältnisses, wie Luther sie neu erschlossen hat, sind in der Erfahrung der schöpferischen Macht des Gotteswortes begründet. Dieses ruht für ihn auf der unmittelbaren Klarheit der Heiligen Schrift, freilich sofern dieses Wort in seiner Geist-Leiblichkeit als mündliches begegnet[5]. Seither ist das historische Bewußtsein zwischen die biblischen Texte und den Glauben getreten, ein Vorgang, der insbesondere in den letzten Jahrzehnten große Anstrengungen in der hermeneutischen Forschung hervorgerufen hat[6]. Solange diese Fragen nicht befriedigend geklärt sind, fehlt die Möglichkeit, die Zweireichelehre Luthers für heute von ihrem Zentrum, der Rechtfertigungslehre, her fruchtbar zu machen. Ich konnte in dieser Arbeit diese Probleme, zu denen weitere der Christologie, Ekklesiologie und Eschatologie konstitutiv hinzugehören, nur insoweit berücksichtigen, als sie in

---

[3] S. o. S. 552f.

[4] Vgl. *R. B. Huschke*, Melanchthons Lehre vom ordo politicus, S. 135ff.

[5] Grundlegend *F. Beisser*, Claritas scripturae.

[6] Vgl. vor allem die Arbeiten von *R. Bultmann*, *G. Ebeling*, *E. Fuchs* und neuerdings auch von *W. Pannenberg* und *J. Moltmann*.

ihrer strukturellen Zuordnung zur Weltverantwortung geklärt werden mußten. Immerhin ist von hier aus folgendes zu bedenken. Wenn es wahr ist, daß für Luther die Summe der Theologie nicht im Glauben allein, sondern dem Glauben und dem »beruflichen« Handeln, also dem Wahrnehmen der Weltverantwortung besteht[7], und wenn es wahr ist, daß der in Abhängigkeit von Gott freie Mitarbeiter in der Welt das Ziel der Schöpfung und Neuschöpfung Gottes ist[8], so könnte es doch sein, daß hiervon die hermeneutischen Fragen nicht unbetroffen bleiben[9]. Vielleicht liegt gerade unser Steckenbleiben in den Fragen der Schriftklarheit und unsere daraus folgende Ohnmacht in der Verkündigung Gottes daran, daß wir die unlösbare Verbindung von eschatologischem Glauben und Weltverantwortung nicht hinreichend begriffen haben. Bei Luther jedenfalls brachte der Durchbruch zur Rechtfertigungslehre *beides* gleichzeitig in eine neue Klarheit.

Die letzte Tiefe des Problems der neuzeitlich historischen Methode wird aber erst sichtbar, wenn man bedenkt, daß sich damit im 19. Jahrhundert und von da aus bis tief in unser eigenes Bewußtsein hinein die prinzipielle Religionskritik verbindet. Analog zur Methode der mechanischen Physik und Technik legt sich der Gedanke nahe, daß der Mensch sich und die Geschichte in ihrer Totalität selbst produzieren solle und könne (*Feuerbach*, *Marx*). Damit ist aber nicht nur Gott prinzipiell methodisch in Frage gestellt, sondern gleichzeitig das, was früher als die Macht des Bösen erfahren wurde. Ist auch sie vom Menschen manipulierbar, und zwar nicht nur individuell, sondern im Gesamt der Gesellschaft? Dann wäre das Koordinatensystem, in dem sich der biblische Glaube von der antiken Zeit bis hin zur Reformation artikulierte, grundsätzlich zerbrochen, und zwar nicht nur die zweideutige Übernahme des griechischen Gottesbegriffs in die Gotteslehre. Dann gäbe es nämlich keinen Anlaß mehr, die Relation, in der Gott und das Böse um die Zukunft der Menschheit kämpfen, wie auch immer von der Relation zu unterscheiden, in welcher der Mensch seine Welt gestaltet. Ob also dieses Relationsgefüge ganz aufgegeben werden muß, ob und wie es verändert aufgefaßt werden muß — also das umfassende Problem der Erfahrung Gottes

---

[7] Vgl. bes. o. S. 508f.

[8] S. o. S. 518ff.

[9] Vgl. die methodischen Bemerkungen der Einleitung und meinen Aufsatz, Die Klarheit der Schrift und die Vernunft.

in Neuzeit und Gegenwart — dies alles steckt voller offener Fragen — Fragen allerdings, die sich im Horizont des 19. Jahrhunderts allein nicht entscheiden lassen. Vielmehr müssen zu ihrer Beantwortung die Erfahrungen verarbeitet werden, die die Menschheit im 20. Jahrhundert mit dem Versuch gemacht hat, sich selbst und die Welt zum Wohle beider zu steuern. Ob es angesichts dieser Erfahrungen bei dem methodischen Monismus des 19. Jahrhunderts bleiben kann, muß sich zeigen[10].

Aber auch hinsichtlich des für sich genommenen menschlichen *Weltverhältnisses* im einzelnen ist Luthers Position weder in seinem zeitgeschichtlichen Horizont noch gar im Blick auf die neuzeitlichen und zukünftigen Problemstellungen einfach als perfektes, allzeit übertragbares Modell zu betrachten. Ich greife einige Beispiele heraus, an denen sich Differenzen abzeichnen. Wenn auch Luther keinesfalls eines besonders plumpen Patriarchalismus zu zeihen ist[11] oder gar der Vorwurf des »Fürstenknechts« zu Recht besteht, so hat er doch zweifellos bei seiner rational berechtigten Unterstützung der fortschreitenden Gewaltmonopolisierung nicht genügend Sicherungen gegen den entstehenden Absolutismus eingebaut[12]. Sich dies klarzumachen, ist heute besonders deshalb vonnöten, weil eine erstaunliche Parallelität der Fragestellung zwischen damals und heute besteht[13]. Wenn Luther in Anknüpfung an die antik-augustinische Ontologie den Frieden, in dem alle anderen irdischen Güter umfaßt sind, als den Zweck alles politisch-institutionellen Handelns hinstellt, so liegt die Wahrheit dieses Ansatzes angesichts der heutigen Waffentechnik zwingend wie nie zuvor am Tage. Inzwischen wird nämlich derjenige, der mit Hilfe eines Krieges einen Löffel aufheben will, nicht nur einen Teller, sondern möglicherweise den ganzen Erdball zertreten. Aber nicht nur in solch allgemeiner, sondern auch in sehr spezifischer Weise besteht eine tiefgehende Verwandtschaft zwischen den Aufgaben der Zeit Luthers und den unsrigen. Die Reichsrechtsreform, für die er sich gegen die Beibehaltung der Fehdeinstitution einsetzte, war ihrem Wesen nach eine Monopolisierung der Gewalt, wie sie für das Werden des neuzeitlichen Staates charakteristisch ist.

---

[10] Vgl. die Andeutungen u. S. 588.

[11] S. o. Kap. IV A. 245.

[12] Vgl. *H. Bornkamm*, Jahrhundert der Reformation, 304.

[13] Vgl. meinen Aufsatz, Die Provokation zum Frieden im Gespräch zwischen Theologie und Völkerrecht.

Die dadurch angestrebte Rationalisierung der politischen Verhältnisse war in ihrem mittelalterlichen Ursprung grundlegend mit der Friedensbewegung verkoppelt und als solche von Luther aufgefaßt und gefördert. Gleichzeitig mußte aber das Recht derer geschützt werden, die bei diesem Vorgang die ihnen eigene Schutzgewalt an die persona publica abgaben. In der heute diskutierten Aufgabe, zu einem internationalen »Polizeimonopol« zu gelangen[14], wiederholt sich die Konstellation des späten Mittelalters und der beginnenden Neuzeit auf einer anderen, bei weitem lebensgefährlicheren Ebene. Auf der einen Seite scheint die Monopolisierung der Gewalt bei einer Weltorganisation angesichts der militärisch-strategischen Möglichkeiten[15] unvermeidlich und der einzige Weg zu einer rationalen Erhaltung des Friedens. Wenn möglich noch schärfer als seinerzeit Luther die Fehde muß heute die Christenheit die Kriege zur Durchsetzung nationaler oder anderer Gruppeninteressen vorbehaltslos verurteilen und alle Anstrengungen in Richtung auf eine internationale Kontrolle der Gewalt unterstützen, weil sonst das Überleben des größten Teils der Erdbevölkerung auf dem Spiel steht. Auf der anderen Seite muß sie aber in diesem epochalen Umwandlungsprozeß noch wacher und rationaler als Luther für Recht und Kontrollmöglichkeiten derer eintreten, die ihre Gewalt an eine Zentrale delegieren. Denn sollte sich ein neuer Absolutismus durchsetzen, wie er sich in den Supermächten bereits andeutet, so würde er in Form der atomaren Diktatur bei weitem gefährlichere Folgen haben als der frühneuzeitliche. Wenn die Christenheit hier das »Recht bekennt« und nach ihrem Vermögen für Herrschaftskontrolle und für den sozialen Ausgleich in der Welt (zumal im Blick auf die Südhalbkugel) arbeitet, dann tut sie das allerdings nicht von der Voraussetzung einer heteronomen appellativen Moral her, sondern, wenn sie es im Sinn Luthers (und Augustins) tut, um eben des zwingend geforderten Friedens willen, der auch durch die Gewaltmonopolisierung geschützt werden soll. Denn durch die Möglichkeit der verzweifelten Gegengewalt bis hin zu einem Weltbürgerkrieg wird unübersehbar deutlich, daß die Gewaltmonopolisierungen den Frieden, den sie schützen sollen und von dem her allein sie ihre Rechtfertigung beziehen, gefährden, wenn sie in absolutistischer Form wahrgenommen werden. In dem Maß, in dem die einzelnen Gruppen der Weltbevölkerung

[14] Vgl. *C. F. v. Weizsäcker*, Bedingungen des Friedens, 15.
[15] Dazu s. *G. Howe*, Technik und Strategie im Atomzeitalter.

versäumen, die von der menschlichen Selbsterhaltung her geforderte Weltgemeinschaft auf soziale Gerechtigkeit zu gründen, wird Unfriede bis hin zur Möglichkeit des kollektiven Selbstmords sie bedrohen.

Ein weiteres Beispiel, an dem Luthers Problembewußtsein schon im Horizont seiner Zeit — ganz abgesehen von erst später auftauchenden Fragen — schwach entwickelt war, betrifft die über die agrarischen Gesellschaftsstrukturen hinausgehende wirtschaftliche und naturwissenschaftlich-technische Entwicklung. Zwar nimmt er mit durchaus rational detaillierten Argumenten zum entstehenden Monopolkapitalismus Stellung, dies aber doch letztlich als jemand, dem die neu entstehenden ökonomischen Strukturen als solche und in toto verdächtig sind[16]. Entsprechend hat das spätere Luthertum nie ein besonders intensives, d. h. kritisch mitdenkendes und mitgestaltendes Verhalten gegenüber der bürgerlich-industriellen Welt entwickelt, ganz anders als etwa der Calvinismus, wie man auch zu dessen theologischer Beurteilung dieser Entwicklung im einzelnen stehen mag[17]. Kaum wird man Luther zum Vorwurf machen können, daß er — ähnlich wie breite Ströme der abendländischen theologischen Traditionen[18] — kein besonders ausgeprägtes Verhältnis zu Naturwissenschaften und Technik hat[19]. Gewiß haben bei ihm *sämtliche* menschlichen Handlungsfelder ihr Wesen darin, in Kooperation mit Gott die Welt im Dienst am Nächsten gedeihlich zu gestalten — ein bis heute durchaus entwicklungsfähiger Ansatz. Aber man konnte zu seiner Zeit noch nicht übersehen, was dieser Ansatz im Blick auf Naturwissenschaften und Technik bedeutet. Noch hatte Francis Bacon sein »Wissen ist Macht« nicht gesprochen. Trotzdem ist auffällig, daß der an den Reformator des Worts und der Musik sich an-

---

[16] S. o. S. 560 A. 462. Vielleicht besteht hier eine Verbindung zu Luthers »Stadtfremdheit«, die gegenüber den schweizer und oberdeutschen Reformatoren auffällt (vgl. *B. Moeller*, Reichsstadt und Reformation, bes. 55ff.).

[17] Vgl. die berühmten Arbeiten von *Max Weber* und *Ernst Troeltsch* zum Thema.

[18] Auch zu dieser Entwicklung hat besonders Augustin beigetragen. Vgl. De trinitate IV, 1.

[19] Das hat seinen Grund vor allem darin, daß sich die Bildung seiner Zeit an die rhetorische Tradition anschloß. Vgl. Eine Predigt, daß man Kinder zur Schulen halten solle (1530; WA 30 II, 579, 9ff.). Hier leitet Luther die »akademischen« Hauptberufe Prediger, Juristen, Ärzte aus dem gemeinsamen Quellbrunnen der »Grammatica und ander rede künste« ab. Immerhin baut er die freien und alle anderen Künste in sein Bildungsprogramm ein (vgl. An die Ratsherren, 1524; WA 15, 52, 8).

schließende Protestantismus kaum ein vitales und das heißt auch reflektiertes Verhältnis zu jener die Neuzeit zunehmend bestimmenden Macht finden konnte.

Dieses Unvorbereitetsein mag ein wesentlicher Grund dafür sein, daß es im 19. Jahrhundert zu jener berühmt berüchtigten Annahme kommen konnte, die weltlichen »Ordnungen« unterlägen einer »*Eigengesetzlichkeit*«. Denn diese Vorstellung entstand offenbar aus der überwältigenden Erfahrung der methodisch objektivierenden Naturwissenschaften und deren Auswirkungen auf die Gesellschaftsanschauungen (Sozialdarwinismus, historischer Materialismus usw.). Im vorliegenden Rahmen kann keine vollständige Begründung dieser These gegeben werden. Dennoch sind einige Hinweise zur Erläuterung unumgänglich, da an dieser Stelle die Weichenstellung für die Fehlinterpretationen der Zweireichelehre im 20. Jahrhundert und entsprechend für die einseitigen Alternativen dazu geschieht. Zwar hatte schon Melanchthon die politischen Ordnungen mit den Gesetzen der Natur verglichen, um die Untertanen zum Gehorsam anzuhalten[20]. Dieser Gedanke bekommt seine dualistische Schärfe aber erst durch den liberalistisch-bürgerlichen Rückzug aus der Dingwelt der Natur und der polit-ökonomischen Strukturen im späten 19. Jahrhundert. Hier verbündet sich die spiritualistische Theologie zumal der *Ritschl-Schule* (noch nicht Ritschls selbst[21]) mit der Definition des Staates rein von der legalen Zwangsgewalt her (*Rudolf Sohm*[22]) oder mit dem Macht- und Nationalstaatsdenken eines *Max Webers*[23]. Besonders folgenreich in dieser Hinsicht ist *Wilhelm Herrmanns* Ethik[24].

---

[20] Vgl. die Apologie zur Augustana XVI (Die Bekenntnisschriften der ev.-luth. Kirche, Göttingen 1956³, 309, 1 ff.).

[21] Vgl. *H. Timm*, Theorie und Praxis in der Theologie A. Ritschls und W. Herrmanns.

[22] Zusammenfassend in seiner Schrift »Weltliches und geistliches Recht«.

[23] Vgl. z. B. *M. Webers* Aufsatz, Der Nationalstaat und die Volkswirtschaftspolitik, in dem er sich freilich von einer zu billigen Übertragung Darwinscher Kategorien auf gesellschaftliche Phänomene absetzt (S. 9 A. 1).

[24] Vgl. bes. den II. Teil, Zweiter Abschnitt: Die Entfaltung des christlich sittlichen Lebens. Im Zusammenhang der Staatslehre wird von folgendem Axiom ausgegangen: »Also das erste, was der Christ besitzen muß, um an einem Staat teilnehmen zu können, ist die Erkenntnis, daß der Staat ein Gebilde der Natur ist und deshalb nicht Liebe sein kann, sondern Selbstbehauptung, Zwang und Recht« (196). Daraus folgt dann u. a., daß der »Krieg sittlich gerechtfertigt (ist), wenn er politisch richtig ist, als ein Akt der Selbstbehauptung eines Volkes in seiner Kulturaufgabe«. Vgl. auch den Aufsatz, Religion und Sozialdemokratie.

In ihr werden die sozialen und politischen Institutionen — parallel der Natur — der Eigengesetzlichkeit überlassen. Theologisch interessant ist allenfalls die Familie. Denn sie ist noch Personengemeinschaft, die Persönlichkeit aber ist das eigentliche Ziel der christlichen Botschaft[25]. Prototypisch in dieser Hinsicht ist auch der späte *Friedrich Naumann*[26]. Unter dem massiven Druck der Koalition zwischen Männern wie Sohm, Weber und Harnack, zumal auf den Evangelisch-sozialen Kongressen seit 1890, gab er seine »christlich-soziale« Vergangenheit auf[27] und wandte sich zurück zum »großen alten Doktor deutschen (!) Glaubens«, wie er Luther bezeichnenderweise nennt. In dessen Sinn — wie er meinte — verkündigte er nun die »Scheidung der Gebiete«, nämlich die Scheidung zwischen Vernunft und Offenbarung. Jene betrifft die autonomen Interessen der Nationalstaaten und ihrer Volkswirtschaften, diese die innerliche Gesinnung nach der Bergpredigt, wie er sie z. B. bei Tolstoj verwirklicht sieht[28]. Der Dualismus zwischen religiöser »Gesinnungsethik« für die private Existenz und von vernünftiger, zu Kompromissen genötigter »Verantwortungsethik« prägt auch die Lutherinterpretation *Ernst Troeltschs*[29],

---

[25] Vgl. bes. *W. Hermann*, Religion und Sozialdemokratie, 260f. u. ö.

[26] Zu Naumann vgl. besonders *H. Timm*, Friedrich Naumanns theologischer Widerruf.

[27] Vgl. *H. Timm*, 34ff.

[28] *F. Naumann*, Werke I, 626: »Diese *lutherische Scheidung der Gebiete*, die uns zeitweilig als Verkürzung des Einflußgebietes des Christentums dem Christentum etwas von seinen Rechten zu nehmen schien, hat sich bei tieferer Durchdringung des Stoffes auch für uns als richtig ergeben. Wir kehren zum alten großen Doktor deutschen Glaubens zurück, indem wir *politische Dinge als außerhalb des Wirkungskreises der Heilsverkündigung* betrachten. Ich stimme und werbe für die deutsche Flotte, nicht weil ich Christ bin, sondern weil ich Staatsbürger bin und weil ich darauf verzichten gelernt habe, grundlegende Staatsfragen in der Bergpredigt entschieden zu sehen«. Einen freien Spielraum sieht Naumann nur für »unser *persönlichstes Ich*, und hier ist der Platz, wo die Welle von *Jesus* am unmittelbarsten in unser Wirken hineinflutet. Jeder von uns ist in vielen Dingen Knecht und gehorcht einem ehernen Zwange, einer *äußeren Macht oder Logik*, die *in den Dingen selber* liegt; dort aber, wo wir frei sind, wo dieser Zwang und diese Logik aufhört, wo wir fühlen, daß wir keine absolut gebundene Marschroute haben, da ist der Teil unseres Lebens, wo wir am ersten Jesu Diener sein wollen«. Man vergegenwärtige sich die Wirkung der »Briefe über Religion«, aus denen diese Sätze — als nur wenige Beispiele des im gleichen Geist geschriebenen Ganzen — entnommen sind. Wichtig ist auch die immer wieder erscheinende Grundcharakteristik der »eigengesetzlichen« Gebiete durch den »Kampf ums Dasein« (ebd. 620; 623 u. ö.). Zum Ganzen vgl. auch *H. Timm*, 63ff.

[29] Vgl. Ges. Schr. I, 427—512; bes. 441ff.; 473ff.; Ges. Schr. II, 560ff.

obwohl er sich selbst durch sein Anknüpfen an die europäische Vernunft anders als Max Weber vor der irrationalen Wertentscheidung zur nationalen Ideologie schützen kann[30]. Zwar widersprach *Karl Holl* der These von der Eigengesetzlichkeit der Lebensgebiete durch den richtigen Hinweis auf die Verbindung von Vernunft und Liebe bei Luther. Aber abgesehen von seiner personalistisch-idealistischen Interpretation dieses Ansatzes[31], fand sich niemand, der seine kritischen Rückfragen an den Strukturen der modernen Welt wirklich durchführte. Deshalb steht die *Zweireichelehre seither im Zeichen einer Koalition zwischen Wissenschaftspositivismus und Ideologieanfälligkeit* auf der einen *und privatisierender Innerlichkeit* auf der anderen Seite.

Dies ist der Gegner, mit dem *Karl Barth*[32] und seine Schüler seit dem nationalsozialistischen Desaster kämpfen, nicht Luther. Von daher stellt sich die Frage, welche Folgen es für diese Gegenposition hat, daß sie auf eine solche Alternative fixiert ist. Um die Lebensgebiete nicht den sogenannten Eigengesetzlichkeiten, die in Wahrheit immer ideologisch bestimmt sind, preiszugeben, wird über sie die (faktische, nicht eschatologisch verstandene) Königsherrschaft Christi ausgerufen. Ganz abgesehen davon, wie es exegetisch um diese These steht[33], ergibt sich nun aber folgendes Dilemma. Von Herrschaft Christi kann man allenfalls im Blick auf Menschen, natürlich in diesem Sinn auch von politischen Machtträgern, und von personal gedachten kosmischen Mächten reden, nicht aber eigentlich im Blick auf Institutionen. Entsprechend wird von diesem Ansatz her — aus Angst vor der Eigengesetzlichkeit — zumeist grundsätzlich gegen die Institutionalität der politischen Gewalten polemisiert[34]. Dadurch unterbleibt aber genau wie bei der Gegenseite die kritische Durchleuchtung der Institutionen selbst von der (im Glauben befreiten) Vernunft her. Das hat seinen Grund darin, daß die Dimensionen der Vernunft nicht wirklich theologisch durchsichtig gemacht werden und so auch undeutlich bleibt, wie sie mit der christlichen Liebe zu-

---

[30] Vgl. *H. E. Tödt*, Ernst Troeltschs Bedeutung für die evangelische Sozialethik, 233.

[31] Vgl. Die Kulturbedeutung der Reformation, in: Ges. Aufs. I, 468ff.; 501. Die Durchdringung der Vernunftordnungen durch die Liebe zielt bei ihm auf »persönliche Gemeinschaft« (472).

[32] Vgl. z. B. Eine Schweizer Stimme, 113 und 122; dazu *H. Lazareth*, 56ff.

[33] Vgl. o. S. 141.

[34] S. o. z. B. S. 151ff. u. 523ff.

sammenhängen[35]. Eine Folge davon ist auch, daß etwa bei *Ernst Wolf* die iustitia civilis im Blick nur auf die Christen, nicht aber auch auf die Nichtchristen untersucht wird[36]. Durch all dies bleibt undeutlich, welchen Grad an Verbindlichkeit und Wahrheit eigentlich eine christliche Stellungnahme für sich beansprucht. Im Ergebnis scheinen sich mir also in der Grundsatzdiskussion bis heute zwei — durch den Wissenschaftspositivismus hervorgerufene — einseitige Alternativen einander gegenüberzustehen. Sollte dieser von einer modernen Wissenschaftstheorie her zu überwinden sein, müßten auch die Alternativpositionen ganz neu überprüft werden.

Welche Folgerungen sind daraus für einen gegenwärtigen Ansatz des Weiterfragens zu ziehen? Sicher ist es *erstens* unmöglich, weiterhin das Bergpredigthandeln des Christen in eigener Sache (im Unterschied zu seinem Handeln für andere in öffentlichen Institutionen) mit dem Stichwort »*privat*« zu bezeichnen. Einerseits wirkt hier aus dem bürgerlichen Zeitalter das Vorverständnis nach, als könne man ein Individuum als gesellschaftliches oder gar als Einzelwesen aus den öffentlich politischen Bezügen herauslösen. Andererseits sind wir bereits faktisch in ein Zeitalter eingetreten, in dem die Bewegung (oder Starre) in den kleinsten Zellen der Gesellschaften Rückwirkungen auf die Weltpolitik haben und umgekehrt. Damit ist die Frage nach dem Ort sowohl der Gewalt als auch des Gewalt- und sogar Rechtsverzichts prinzipiell neu gestellt. Der Gewaltgebrauch bei Luther und seiner Tradition legitimierte sich durch seinen öffentlichen, das heißt konstitutiv auf das Wohl der Gesamtheit, insbesondere den Schutz der Schwachen gerichteten Charakter. Nur so konnte das Handhaben der öffentlichen Gewalt als opus alienum christlicher Liebe gelten. Inzwischen hat sich Wesen und Begriff der Öffentlichkeit vielfach gewandelt[37]. Was bedeutet in dieser Hinsicht der Übergang ins »bürgerliche«, ins »demokratische«, ins »wissenschaftlich-technische« und »revolutionäre«[38] Zeitalter — vor allem auch in sorgfältiger Differenzierung der zum Teil grundverschieden

[35] Vgl. immerhin die postulativen Bemühungen in dieser Richtung bei *H. Gollwitzer*, Forderungen der Freiheit, 32ff.; 40; 310ff. und in: *ders.*, Die Weltverantwortung der Kirche in einem revolutionären Zeitalter, 89.

[36] Vgl. z. B. Peregrinatio I, 232; 237; II, 233ff.; 239ff.

[37] Vgl. *J. Habermas*, Strukturw. der Öffentlichkeit, u. *H.-E. Bahr*, Verkündigung.

[38] Vgl. die besonders von der Prager Friedenskonferenz her einsetzende Diskussion über die »gerechte Revolution«. Dazu s. *H. Gollwitzer*, Die Weltverantwortung der Kirche in einem revolutionären Zeitalter, 74f.

strukturierten Einzelgesellschaften? Wie begrenzt, kontrolliert und legitimiert sich hier jeweils Gewalt »für andere«? Reicht es heute — angesichts der ABC-Waffen — überhaupt noch, außer ungerechten auch alle anderen Kriege zu ächten[39]? Ist nicht jede Form von nationaler oder Blockgewalt ein Anachronismus wie die Fehde im Spätmittelalter? Ja, besteht nicht überhaupt die einzig langfristig reale Lebenschance der Menschheit in einem »weltöffentlichen«, transnationalen System, das auf gewaltlosen Konfliktregulierungen aufgebaut ist und dessen Rechtsordnung nur durch eine im besten Fall waffenlose Polizei garantiert wird? Daß selbst diese Lösung noch einen Rest von Gewalt enthalten wird — wenn die Menschheit bis dahin überlebt — hängt am Überleben des »Alten« in der Menschheit. Wenn die Christenheit ein solches transnationales Rechts- und Regelsystem fördert — und das dürfte heute ihr entscheidender Beitrag zum notwendigen Strukturwandel der öffentlichen Gewalt sein — so um des gleichen Zieles willen, um dessentwillen sie wie nie zuvor zu rationalen gewaltlosen Aktionen aufgerufen ist: um des Friedens willen[40].

---

[39] Vgl. These 6—8 in: *G. Howe* (Hrsg.), Atomzeitalter, Krieg und Frieden, 229ff. Damit werden die reformatorischen Kirchen ihr Verhältnis zu den historischen Friedenskirchen neu überprüfen müssen.

[40] Vgl. *C. F. v. Weizsäcker* (Friedlosigkeit als seelische Krankheit, 28f.): »Die großen politischen Institutionen sind in gewisser Weise die Fürsorgeanstalten der noch ungeheilten Friedlosigkeit. Wo Friedfertigkeit waltet, entfalten sich Ordnungen menschlichen Zusammenlebens, die nur eines Minimums an Gewalt bedürfen. Auch in ihnen sind, zumal in der modernen technischen Gesellschaft, funktionale Regelungen nötig. Aber sie sind im Prinzip zu unterscheiden von Machtausübung, die einen widerstrebenden Willen zwingt oder gar einen eigenen Willen der Beherrschten nicht erwachen läßt. Diese Macht wird sich freilich heute besonders gern der funktionalen Regelungen als ihrer Hilfsmittel bedienen; Technokratie ist eine moderne Form der Macht. Wo nun Friedlosigkeit das menschliche Handeln bestimmt, erweist sich immer wieder Macht als unerläßlich, um das lebensnotwendige Minimum an Ordnung zu garantieren. Die Träger der Macht sind oft genug friedlose Menschen; ihre Rechtfertigung ziehen sie aus der manifesten Notwendigkeit, das Chaos der ungezügelten Konflikte zu vermeiden. Angesichts der Realität der Macht stehen wir vor einer *doppelten Aufgabe*. Im tiefsten Grunde kommt es darauf an, die *Friedlosigkeit zu heilen* und damit die Macht überflüssig zu machen. Das ist, in der Sprache der Christen gesprochen, im strengen Sinn die eschatologische Hoffnung. Das heißt in der apokalyptischen Symbolik: ein neuer Himmel und eine neue Erde. Ich habe so naturwissenschaftlich gesprochen, um zu zeigen, daß diese Hoffnung nicht jenseits der Welt, sondern in der Geschichte der menschlichen Spezies ihren sinnvollen Ort hat. Man kann mit gutem Recht einen Begriff vom Menschen, eine Norm seiner Gesundheit aufstellen, wonach nur der von der Friedlosigkeit geheilte Mensch gesund ist. Im

Parallel zum Begriff des »Privaten« ist *zweitens* die Unterscheidung von »*innen*« und »*außen*« zur Bezeichnung von Vernunft und eschatologischer Freiheit gegenüber den täuschenden, fesselnden Kräften der Begierde oder der Sünde *unbrauchbar* geworden. Schon seit Paulus hatte die Verbindung des inneren und äußeren mit dem endzeitlich erneuerten und sündig alten Menschen immer wieder zu Äquivokationen Anlaß gegeben. Luther hatte zwar ganz klar mit »innen« die Beziehung zu Gott und mit »außen« die Weltbeziehung des Menschen ausdrücken wollen[41]. Dies ist jedoch seit den cartesianisch-bürgerlichen Füllungen der Chiffren Innerlichkeit und Äußerlichkeit schlechterdings nicht mehr möglich. Der Verruf, in den die Zweireichelehre in diesem Jahrhundert geraten ist, beruht ja weitgehend auf dem Mißverständnis, als sei ihre ursprüngliche Intention mit jenen Dualismen identisch. Es müssen also ganz neue Wege gefunden werden, die endzeitlich sich erneuernde Gottesrelation und die Weltverantwortung einerseits und das an die Welt Verfallensein andererseits ins Verhältnis zueinander und zu den Dimensionen der Vernunft zu setzen.

All diese Fragen stehen aber *drittens* in dem großen Zusammenhang, der bis zu Luther in dem Relationsgefüge *Vernunft — Institutionen — Bergpredigt* behandelt wurde. Hier ist für Neuzeit und Moderne von Grund auf neu zu versuchen, was die alten Christen einst gegenüber der griechisch-römischen Welt leisteten. Im Blick auf die heutige Problematik wäre vor allem zu untersuchen, was es bedeutet, daß sowohl von der Philosophie als auch von einzelnen Wissen-

Zusammenleben mit unseren Mitmenschen erweist sich immer wieder dies als die einzige Norm, die letztlich tragfähig ist. *Andererseits* ist es Schwärmertum, zu meinen, wir müßten die unerlöste Welt, in der die Friedlosigkeit weiterhin waltet, sich selbst überlassen, denn wir überlassen sie dann ihrer und unserer Katastrophe. *Fürsorge für die Ungeheilten* heißt hier: Errichtung von Recht, wo die Liebe nicht durchdringt; Kanalisierung der Konflikte, die zu vermeiden wir nicht vermochten; Schaffung einer Friedensordnung auf der Basis einer soweit als möglich humanisierten Macht, da die Abschaffung der Macht nicht in unserer Macht steht. Es ist *dieselbe Kraft der Friedfertigkeit*, oder um den anderen Ausdruck zu gebrauchen, *der Nächstenliebe, welche in glücklichen Fällen die Heilung, in weniger glücklichen die Fürsorge ermöglicht.*« — Es kann kein Zweifel darüber bestehen, daß heute angesichts der ungeheueren Potenzierung von Macht durch technische Mittel und der daher auch potenzierten Gefahr des Machtmißbrauchs die größten Anstrengungen auf die Frage der Humanisierung der Gewalt durch wirksame Kontrollen gerichtet werden müssen. Eine neue Abgründigkeit erhält diese Frage durch die bakteriologischen Waffen, die letztlich unkontrollierbar sind.

[41] Vgl. aber o. Kap. IV A. 38.

schaften und politischen Strömungen her die verschiedenen Variationen von Wissenschaftspositivismus, die die treibende Kraft hinter dem Eindringen der These von der »Eigengesetzlichkeit« der Lebensgebiete in die Zweireichelehre waren und sind, grundsätzlich in Frage gezogen werden. Allenthalben wird in politischen Theorien die Unmenschlichkeit der Technokratie, der heutigen Form der Eigengesetzlichkeitsthese, hervorgehoben und der Primat der menschlichen Emanzipation im Geschichtsprozeß betont[42]. Nun wäre es angesichts der elementaren Angewiesenheit der heutigen Menschheit auf die wissenschaftlich-technische Kunstwelt[43] freilich ein Verhängnis, wenn hier erneut eine falsche Alternative aufgebaut würde und die Emanzipationsbewegung wie einst der Personalismus nur das »Nein« zu den falsch interpretierten Institutionen spräche. Vielmehr kann es nur um die Aufgabe gehen, beides in das rechte Verhältnis zueinander zu setzen[44].

Hier wird es im Ganzen um eine Neuaufnahme der seit dem Wissenschaftsmonismus des 19. Jahrhunderts liegengebliebenen Probleme der großen *Philosophie*[45] gehen. Wichtig ist aber die gleichzeitige Arbeit an der Durchleuchtung der *einzelnen Wissenschaften* und auch der einzelnen Institutionenprobleme, um die philosophische und theologische Neubesinnung im Feld der Empirie selbst festzumachen. Hier geht es vor allem um die bereits achtzig Jahre währende Grundlagenkrise der Physik, die die Fragen nach den Voraussetzungen und Folgen der Wissenschaft hervorrief[46], aber auch um die moderne Biologie, die in den gleichen Fragehorizont einzutreten beginnt[47]. Es zeigen sich also an verschiedenen Stellen völlig neuartige Möglichkeiten, die Fragen der Vernunft vielschichtiger zu fassen als in der alleinigen Dimension der perspektivischen Zweck- oder Kausalrationalität.

Das gleiche gilt für die *Institutionenproblematik*. Luthers Denken

---

[42] Vgl. die Studentenbewegung und ihre geistigen Väter (*H. Marcuse* u. a.).

[43] Vgl. *G. Picht*, Mut zur Utopie, bes. 22ff.

[44] Zu diesem Bemühen vgl. etwa *J. Habermas*, Zur Logik der Sozialwissenschaften; *ders.*, Technik und Wissenschaft als »Ideologie«, bes. 48ff.; oder *G. Picht*, Der Gott der Philosophen, bes. 68ff.; *ders.*, Prognose, Utopie und Planung; *ders.*, Mut zur Utopie.

[45] Vgl. *G. Picht*, Der Gott der Philosophen, 62ff.

[46] Vgl. u. a. *C. F. v. Weizsäcker*, Die Tragweite der Wissenschaft; *G. Howe*, Mensch und Physik.

[47] Vgl. das von mir herausgegebene Heft, Biologische Zukunft des Menschen.

über Institutionen haben bereits *T. Rendtorff*[48] und neuerdings *H. Schulze*[49] in beachtlichen Aufsätzen für die Neuzeit und die Gegenwart fruchtbar zu machen versucht. Rendtorff geht davon aus, daß nach Luther die »Ämter« den faktischen Bedürfnissen der Menschen, insbesondere dem politisch nötigen Schutzhandeln dienen[50]. Daß er diesen Gedanken des »Schutzes vor Unmittelbarkeit« mit der modernen anthropologischen Kategorie der Entlastung verbinden kann, ist nicht verwunderlich, da gerade *A. Gehlen*, auf den sich Rendtorff bezieht, mit seinem Einsatzpunkt beim Menschen als Mängelwesen[51] eben an jene sophistisch-platonische Tradition anknüpft, aus der auch Luther schöpft. Wichtiger ist, daß er die Ableitung der Institutionen aus den elementaren Bedürfnissen des Menschen mit der Notwendigkeit verbindet, die Institutionen *auf die Zukunft hin planend zu verändern*. Denn bei Veränderung der Bedürfnisstruktur müssen die sie befriedigenden Institutionen ebenfalls verwandelt werden[52]. Diese Erkenntnis der Neuzeit bezeichnet *H. Schulze* mit Recht als die »kopernikanische Wendung in der Lehre von den Ordinationes«[53]. Denn obwohl Luther die Institutionen aus der Vernunft des Menschen entspringen läßt und obwohl er gemäß seiner Auffassung vom Predigtamt gerade zu neu entstehenden Institutionen Stellung nimmt und sie auf Brauchbarkeit vor Gott und für die Mitkreatur hin untersucht, ist hiermit doch ein grundlegender Schritt über die antik-

---

[48] Zum sozialethischen Problem der Institutionen. Zum Ganzen vgl. auch *H. Dombois* (Hrsg.), Recht und Institution.

[49] Begriff und Kriterien einer theologischen Handlungslehre.

[50] AaO, 54ff.

[51] Der Mensch, 79f. u. ö.

[52] Vgl. *T. Rendtorff*, 56: »Lassen sich die menschlichen Bedürfnisse als der ethisch relevante und konkrete Inhalt von Institutionen bezeichnen, so verlieren sie mit zunehmender Differenziertheit und Rationalität der Institutionen den Charakter des scheinbar Natürlichen. Wenn sich die Bedürfnisse auch durchgehend als die andere Seite des vorher genannten ‚Handelns für andere' ansehen lassen, so bedeutet doch ihre Aktivierung in der modernen Gesellschaft die Veränderung der Institutionen selbst. Sie können ihre Verbindlichkeit für den Menschen nicht mehr durch bloße Selbstbehauptung wahren, sondern nur, wenn sie flexibel auf die sich wandelnde Bedürfnisstruktur eingehen. Das bedeutet aber, der Gedanke des Bestandes von Institutionen muß verbunden werden mit dem ihrer planenden Veränderung. Planendes Handeln ist als institutionelles Handeln die rationale Gestalt der dauerhaften Institution«. Vgl. auch die Interpretation der göttlichen Einsetzung der Institutionen und ihrer überindividuellen Autorität vom Begriff der Teilnahme aus (ebd. 56f.).

[53] aaO, 192.

mittelalterliche Welt, besonders insofern sie agrarisch geprägt ist, hinaus getan. Denn für Luther ist der Normalfall, daß die bestehenden Berufe dem Einzelnen die Hinweise für sein »Handeln für andere« geben. Heute dagegen werden von den Aufgaben der Zukunft her sich ständig wandelnde Institutionen und damit auch eine permanente theologische Beurteilungs- und Mitgestaltungsarbeit gefordert. Mit der Einsicht in die Notwendigkeit, die Institutionen der Welterhaltung und -gestaltung neu zu entwerfen, ist das Thema Weltverantwortung in seiner eigensten modernen Dimension eingeholt. Hier wird eine epochale Veränderung im Verhalten und Denken der Menschheit verlangt. Erst in einem solchen Horizont entsteht auch das prinzipielle Problem der Revolution[54].

Nimmt man diese neuesten Entwicklungen in Philosophie, Einzelwissenschaften und praktischer Institutionenproblematik zusammen, so ist ganz deutlich, daß die »weltliche Vernunft« nicht mehr dadurch theologisch von vornherein diskreditiert werden kann, daß man von der Behauptung ihrer objektivierend methodischen Eindimensionalität und damit von der »Eigengesetzlichkeit« der Lebensgebiete ausgeht. Es ist von hier aus gesehen auch nicht mehr die einzige Alternative, heteronom christokratische Thesen gegen solche Eigengesetzlichkeiten zu stellen, was, wie gesagt, außer der theologischen die andere Schwierigkeit hat, die Institutionalität und die Verbindlichkeit der Weltgestaltung nicht mehr deutlich werden zu lassen. Vielmehr scheint nach heutiger Einsicht die Vernunft vieldimensional und ihre objektivierende Funktion nur einer ihrer Wesenszüge zu sein, so daß der Versuch neu gewagt werden muß, sie theologisch für die Weltverantwortung haftbar zu machen — unter sorgfältiger Berücksichtigung ihrer Möglichkeiten, aber nicht minder ihrer Gefährdungen. Gerade die Gefährdungen werden angesichts der gesteigerten Macht des Menschen und angesichts der größeren »Flüssigkeit« heutiger Gesellschaftsprozesse weit aufmerksamer beobachtet werden müssen, als es noch bis zu den relativ stabilen Zuständen unter Einschluß der Reformationszeit und darüber hinaus nötig zu sein schien. Das bedeutet neben anderem nicht mehr und nicht weniger, als daß Theologie und Kirchen mit der Aufgabe konfrontiert werden, das Verhältnis von *Bergpredigt* und der wieder plastisch gewordenen Vernunft neu zu durchdenken[55] und auf die vielen bestehenden und

[54] S. o. S. 560.

[55] Im Blick auf die zum 19. Jahrhundert gemachten Andeutungen ist es beson-

zu entwerfenden Institutionen detailliert zu beziehen. Dabei wird einerseits der Spielraum des freien, radikalen, zeichenhaften Liebeshandelns neu erschlossen, andererseits die Übersetzung der Liebe in gesellschaftlich-politische Strukturen einer nicht oder nur durch Furcht vor Katastrophen zur Vernunft neigenden Menschheit detailliert und permanent geprüft werden müssen.

Ein besonders geeignetes *Modell*, die genannten Probleme zu untersuchen, scheint mir das Phänomen der *Projektwissenschaften*, insbesondere mit seinen systemtechnischen Implikationen zu sein[56]. Hier laufen wie in einem Knotenpunkt die in der Gegenwart neu erkannten Dimensionen von Wissenschaft und Technik und polit-ökonomischen Institutionen in intensiver Wechselwirkung zusammen. Das hier gegebene Eingebettetsein der wissenschaftlich-technischen Projekte in gesellschaftliche und weltpolitische Strukturen hat bezeichnenderweise die Einsicht zur Folge, daß der Raum der objektiven (quantifizierbaren) Erkenntnis von einem Raum des Nichtobjektivierbaren umgriffen wird[57]. In diesen Raum hinein muß der Mensch angesichts gestellter Aufgaben Ziele entwerfen und verantworten und Institutionen zu ihrer Verwirklichung und Kontrolle entwickeln. Dieser Vorgang stellt nicht nur die Frage nach dem Maßstab der Zielfindung, sondern auch nach der Art der sehr komplizierten Kommunikationsstrukturen solcher Mensch-Maschine-Systeme.

Auf diese Probleme müssen sich *Theologie und Kirchen* sachgerecht beziehen, wenn sie ihren Auftrag im wissenschaftlich-technischen Zeitalter erneut wahrnehmen wollen, die keinesfalls geschichtslos eigengesetzlichen Strukturen, auf die sich die menschliche Kulturtätigkeit bezieht, kritisch zu begleiten und mitzugestalten. Im Blick auf die Zweireichelehre wäre dabei zunächst nach der Unterscheidung zwischen dem sich endzeitlich selbst erschließenden und den Menschen in seiner Totalität neuschaffenden Gott einerseits und der dem Menschen aufgegebenen Zukunft der Welt andererseits zu fragen[58].

---

ders dringlich, das Problem des Darwinismus und des Sozialdarwinismus zu untersuchen. Hier soll nur kurz darauf hingewiesen werden, daß es bei Darwin in erster Linie um die Erhaltung der Art geht. Zu diesem Ziel muß angesichts der Möglichkeit eines kollektiven Selbstmords der menschlichen Gattung gerade ein aus Liebe zum Nächsten motiviertes Handeln kaum apriori in Gegensatz treten.

[56] S. o. S. 1f.

[57] Vgl. *J. Seetzen*, Entwicklung zu einer allgemeinen Systemtechnik, 163f.

[58] Vgl. die Gegenüberstellung von Vision, Prophetie und Eschatologie, die dem menschlich möglichen Wissen entzogen sind, einerseits und Prognose, Utopie

Aber nicht nur die Unterscheidung, sondern auch die gleichzeitige Zuordnung beider müßte von hier aus bestimmt werden[59]. Einmal nämlich verweist der Auftrag der Weltverantwortung den Menschen stets an den Auftraggeber, der von seinem Mitarbeiter um des Wohls der Schöpfung willen Rechenschaft fordert. Zum anderen aber wird der Mensch dadurch, daß er sein Heil nicht mehr als zukünftiges selbst zu verwirklichen trachten muß, sondern von Gott in Christus her sein eigenes zukünftiges Heil bereits hinter sich wissen darf, ganz frei für andere, d. h. unter den Bedingungen der geschichtlichen Welt frei für die planende Veränderung der Institutionen als der Lebensbedingungen der in ständig veränderten Formen bedürftigen Mitkreatur[60]. Will man im Blick auf die Zukunft Gottes- und Weltrelation des Menschen unterscheiden, so hat man, wie oben angedeutet, heute freilich die Auflage zu erklären, inwiefern denn von Gott überhaupt sinnvoll geredet werden kann. Hier wäre besonders zweierlei theologisch zu prüfen. Einmal die Einsicht der Physik, daß das Universum als Universum prinzipiell nicht objektivierbar ist; zum anderen die Erfahrung, daß die Behauptung, das Endziel der Geschichte sei von der Gesellschaft total herzustellen, zu Totalitarismus und Un-

und Planung, die in die Verantwortung des Menschen gegeben sind, andererseits bei *G. Picht*, Prognose, Utopie und Planung, 62.

[59] Hier ist noch einmal daran zu erinnern, daß es die Denkfigur der communicatio idiomatum, also des Beieinander von Widersprüchlichem war, die es Luther ermöglichte, Aspekte gleichzeitig zu unterscheiden und zusammenzuhalten, wie *K. O. Nilsson* (Simul) herausgearbeitet hat. Von hier aus wäre es dringend zu wünschen, die Zweireichelehre einmal unter dem Gesichtspunkt der modernen Quantenlogik zu untersuchen, um diese möglicherweise für das kirchliche und theologische Denken, insbesondere für die Überwindung falscher Alternativen fruchtbar zu machen (vgl. o. Kap. IV A. 103 u. A. 396).

[60] Vgl. *T. Rendtorff*, 56: »Der Christ hat sein Selbst gleichsam im Rücken, wenn sein Handeln in Rede steht. Christliches Handeln ist dann zu definieren als ein solches, das nicht um der eigenen Personalität willen notwendig ist. Handeln auf dem Grunde des erfüllten Selbstseins ist die positive Folge des für die Ethik allzu oft nur negativ rezipierten Konzepts der Rechtfertigung«. Sehr interessant ist in diesem Zusammenhang, daß Luther, obwohl in der Gegenwart das Problem der Zukunftsplanung neu und umfassend gestellt ist, diese prinzipiell in seinen Ansatz aufgenommen hat. Am Beispiel der Vorsorge Josephs in Ägypten unterscheidet er ein Sammeln aus Eigennutz und eins im weltlichen Regiment »fur die gemeyne und andern zu gut«. D. h. in eigener Sache ist es dem Menschen verwehrt, in die Zukunft zu greifen, von der Struktur der sozialen und politischen Institutionen her ist es geboten. Vgl. Von Kaufshandlung und Wucher (1524; 15, 306, 13ff.): »Und ist doch solch eynsamlen keyn eygen nütz odder Monopolion, sondern eyn recht gut Christliche fursichtickeyt fur die gemeyne und andern zu gut«.

menschlichkeit führt. Von dieser Offenheit der Welt her wären dann die Verantwortung des Menschen vor Gott und die Gaben dieses Gottes an den Menschen zu artikulieren.

Angenommen, diese Grundfragen könnten überzeugend geklärt werden, bliebe das Problem, wie denn die theologisch verbindliche Beurteilung der partikulären Systemprozesse faktisch möglich ist. Die alte Christenheit bis einschließlich der Reformation stand in einer langen Kulturtradition, die das Wesen der einzelnen Berufe und Institutionen in ihrem Dienstcharakter durchleuchtet und aufeinander bezogen hatte. Dadurch konnten sowohl die »Ämter« selbst als auch ihr Gebrauch in ihrer Bezogenheit auf den Nächsten vom einzelnen Christen und insbesondere vom einzelnen Prediger durchschaut werden. Auch gab es naturrechtliche Verbindlichkeiten oder wenigstens unmittelbar weisheitliche Einsicht in die sich viel langsamer als heute wandelnden Situationen. In der Gegenwart hat sich das grundlegend geändert. Selbst wenn deutlich zu machen wäre, daß Naturrecht und Institutionen heute von den geschichtlichen Bedürfnissen der Menschheit her zu interpretieren wären[61], so blieben diese doch dem Einzelnen schwer oder gar nicht durchschaubar. Vielleicht muß man von da aus rückschauend sagen, daß selbst der skeptische Luther der Vernunft in ihren der Welt zugewandten Möglichkeiten zu viel zutraute. Aber es wäre sicher ein kurzschlüssiger Ausweg zu sagen: die Informationen über die komplexen Strukturabläufe sind so schwer zu bekommen, daß man ihre Verarbeitung den jeweiligen Fachleuten bis auf klare Grenzfälle überlassen muß[62]. Dagegen ist zu sagen, daß es

[61] Das theologische Problem des Naturrechts scheint mir heute ganz neu aufgerollt werden zu müssen. Im allgemeinen wird so argumentiert, als ob die Sache des Naturrechts mit dessen stoisch-thomistischer Ausprägung identisch sei (vgl. aber z. B. *W. Maihofer*, Naturrecht als Existenzrecht). Dieses Vorurteil ist schon historisch falsch, da bereits Luther das Naturrecht vom situationsbedingten Auftrag her begreift. Es wäre aber insbesondere von *G. Pichts* These her zu überprüfen, wonach das Subjekt der Vernunft sich aus den geschichtlichen Verantwortungen konstituiert (vgl. Der Gott der Philosophen, 64f.). Wer jedenfalls meint, das sich von Natur aus aufdrängende Rechte theologisch ganz preisgeben zu dürfen, beachtet nicht, daß auch die als Geschichte erfahrene Wirklichkeit ihre Wahrheit verpflichtend zur Kenntnis bringt. Er würde sich damit der Möglichkeit begeben, den Willen Gottes für die Welt verbindlich auszulegen. Dem widerspricht jedoch — um nur das Wichtigste zu nennen — Paulus (Rö 12, 2 — ganz abgesehen von 2, 14ff.) und Jesus, der aus Gleichnissen der Natur mit zwingender Kraft Menschen überführte.

[62] Diese Meinung vertritt *H.-O. Wölber*, Politisierung der Kirche, 139f.

zwar technische Arbeitsteilung gibt, diese aber konstitutiv darauf bezogen sein muß, daß die Zielsetzungen der Prozesse und damit die Macht der Entscheidungsträger — durch die demokratischen Staatsformen noch fundamentaler als zur Zeit Luthers — in die Verantwortung und unter die Kontrolle prinzipiell aller Staatsbürger gegeben sind, wobei noch nicht entschieden ist, wie diese Verantwortung und Kontrolle am effektivsten verwirklicht werden kann. In diesem Feld muß sich die Kirche bewegen, will sie »Liebe in Strukturen« üben, wie es in jüngster Zeit von immer mehr Christen und christlichen Gruppen gefordert wird[63]. Das heißt aber, daß Theologie und Kirchen vor dem Informationsproblem nicht kapitulieren dürfen. Vielmehr müssen sie gerade umgekehrt *völlig neue Kommunikationsformen* entwickeln, um die »weltlichen« Institutionen und Prozesse auf ihren Dienstcharakter hin zu interpretieren (Luther: gewißzumachen) und verantwortlich mitzugestalten. Wie wollten sie bei der Auswanderung aus dem Bereich der Information ihre ureigene Aufgabe vollbringen, die mit der Formel »non vi, sed verbo« umschrieben ist? Ein ganz eigenes Problem entsteht heute daraus, daß Information in nie vorher dagewesenem Sinn ein Machtträger ist. Einmal sind wichtige Informationen häufig ohne Teilnahme an der Macht nicht zu gewinnen, andererseits erhalten durch die Massenkommunikationsmittel nur ganz bestimmte Informationen, aber diese dann um so größere Macht. Die Grundregel spezifisch christlicher Handlungsweise, »nicht mit Gewalt, sondern mit dem Wort«, muß also von daher prinzipiell neu durchdacht werden, bekommt aber jedenfalls eine große Brisanz. Hier, in der neuen Erfassung der Informations- und Kommunikationsstrukturen innerhalb der christlichen Kirchen und Gruppen und in deren Verhältnis zur Welt, scheint mir die Zweireichelehre vor allem anderen einer Neuinterpretation zu bedürfen[64]. Das Hauptproblem dabei ist, wie die theologische Beurteilung und Wahrnehmung der jeweiligen »weltlichen« Aufgaben von einzelnen Fachleuten einerseits und einzelnen Predigern andererseits auf projektorientiert zusammengesetzte Gruppen übertragen werden kann, wobei die Frage der Kompetenz völlig neu geklärt wer-

[63] Vgl. bes. *Max Kohnstamm*, Friede im Atomzeitalter, 100ff. u. *ders.*, Entwicklungsprobleme zur Weltgesellschaft.

[64] Vgl. meinen Versuch »Leib Christi und moderne Kommunikationsstrukturen«, aber schon in der gleichen Intention *H. Gollwitzer*, Forderungen der Freiheit, 27; 33ff. und in Hinsicht auf die neue Handlungsform kirchlicher Denkschriften *H. Schulze*, Begriff und Kriterien, 195ff.

den muß. Die Christenheit wird wieder lernen müssen, daß die Paraklese ein Charisma im Leibe Christi ist (Rö 12, 8). Gottes guter Wille für die Welt (Rö 12, 1 ff.) läßt sich heute weder aus einem ewigen Naturgesetz, noch aus rein vorgegebenen Berufen und Ständen ableiten, sondern nur im kommunikativen Mitvollzug der sich jeweils aufdrängenden, institutionell vermittelten Verantwortungen jeweils erschließen[65]. Hierzu ist allein die ecclesia universalis fähig und berufen. Das heißt erstens, daß diese Aufgabe angesichts der heutigen globalen Wechselwirkung aller Prozesse nur im Horizont der Ökumene geleistet werden kann. Das heißt aber zweitens, daß die heute in vielen Kirchen institutionell noch tief verankerte Ämterkumulierung auf den Theologen (Kirchenleitung, Gottesdienst!) der Erkenntnis des Willens Gottes manifest im Wege steht. Das aus dieser anstößigen Tatsache folgende, weitgehende Brachliegen der politisch relevanten Gotteserkenntnis, also das Stagnieren der erneuerten Vernunft wirkt sich aber doppelt gefährlich aus. Einmal hemmt es den geistlichen Gesamtkreislauf des Leibes Christi, der in allen Gliedern lebendig wirken will. Zum anderen versäumt dadurch die Christenheit ihre Verpflichtung für alle Menschen (vgl. Rö 13, 8)[66].

Alle diese Andeutungen gehen aber von der bisher unbewiesenen Hypothese aus, daß in der heutigen und zukünftigen philosophischen, wissenschaftlichen und gesellschaftlich-politischen Situation der Menschheit eine neue kritische Beziehung zwischen Glaube, Hoffnung und Liebe der Christenheit einerseits und Welt verantwortender Vernunft andererseits nicht nur möglich, sondern um der Wahrheit willen und zum Wohl der Menschheit überzeugend zu bezeugen ist. Größere Gewißheit wird uns nur der gewissenhafte Durchgang durch die Religionskritik des 19. und 20. Jahrhunderts bringen. Das schließt

---

[65] Zum Verhältnis von Kontinuität und Diskontinuität in den Institutionen vgl. *H. Dombois*, Politische und christliche Existenz, 145 f.

[66] In diesem Zusammenhang müßte das Problem der Verborgenheit der Kirche neu durchdacht werden. Luther sagt einmal im Zusammenhang des »Rechtbekennens« eines Magistrats gegenüber dem Fürsten (Br. 4, 193, 15 ff.): »Es thu ein iglicher *für sich* besonders *odder semptlich* der Rad mit einander (Es were aber *besser* ein *iglicher für sich* sonderlich, auff das gewis und sicher zuhandeln were, *weill niemand kan auff eines andern glauben sich gewis verlassen*) und *bekennen*, das solches unrecht sey und nicht zu thun sey, und darüber *leiden* odder weichen«. Hier muß der Hinweis genügen, daß es im Fall der Weltverantwortung um Erkenntnisse geht, die prinzipiell allen Menschen zugänglich sind und auch das Interesse aller betreffen. Wenn es zu Hauen und Stechen um die Wahrheit kommt (Martyrium im Vollsinn des Wortes), wird sich die Spreu vom Weizen schon sondern.

aber ein neues, tiefgehendes Erfassen der Stellung des Christentums im Zusammenhang der Weltreligionen und Weltanschauungen angesichts der ganz neuen Interdependenz der universalen Menschheitsgeschichte ein. Dazu ist eine riesige prinzipielle theologische Arbeit zu leisten. Sie darf man nicht zugunsten eines pragmatischen Aktivismus überspringen, wenngleich nicht sicher ist, wieviel Zeit der Menschheit zur Klärung ihres geschichtlichen Orts und ihrer Zukunft noch gegeben ist. Umgekehrt darf bis zu einer weiteren grundsätzlichen Klärung das hilfreich engagierte Reden und Handeln der Christenheit nicht ausgesetzt werden. Wahrscheinlich kann nur eine koordinierte Intensivierung der Anstrengungen auf beiden Ebenen die Aushöhlung verhindern, die Theologie *und* christliche Praxis treffen würde, wenn man sich nur auf das eine *oder* das andere von beidem konzentrierte. Die Anstrengungen aber stehen nur dann in der rechten Proportion zur Wahrheit, wenn gleichzeitig Gott als der Schenkende, Befreiende, Erfreuende, Kommunikation Stiftende neu erfahren wird. Das aber verweist von der Aktivität weg auf die verschüttete Dimension des Gebets und des Lieds.

Literaturverzeichnis[1]

Adam, A., Der manichäische Ursprung der Lehre von den zwei Reichen bei Augustin. In: ThLZ 77, 1952, 385ff.

Aland, K., Kirche und Staat in der alten Christenheit. In: Kirche und Staat, Festschr. H. Kunst, hrsg. v. K. Aland u. W. Schneemelcher, Berlin 1967, 19ff.

Alanen, Y. J. E., Das Gewissen bei Luther (Annales Academiae Scientiarum Fennicae, B, 29, 2), Helsinki 1934.

Althaus, P., Paulus und Luther über den Menschen, Gütersloh (1938) 1963[4].

— Art. Zwei-Reiche-Lehre. In: EKL III, 1927ff.

— Luthers Lehre von den beiden Reichen im Feuer der Kritik. In: LuJ 24, 1957, 40ff.

— Die Ethik Martin Luthers, Gütersloh 1965.

Amari, G., Il concetto di storia in Sant' Agostino, Roma 1951.

Andresen, C. (Hrsg.), Zum Augustin-Gespräch der Gegenwart (WdF, 5), Darmstadt 1962.

Archambault, P., The Ages of Man and the Ages of the World. A Study of two Traditions. In: REA 12, 1966, 193ff.

Arnold, F. X., Die Staatslehre des Kardinals Bellarmini, Monaco 1934.

— Zur Frage des Naturrechts bei Martin Luther. Ein Beitrag zum Problem der natürlichen Theologie auf reformatorischer Grundlage, München 1937.

Arnscheidt, G., Wandlungen in der Auffassung des deutschen Bauernkriegs zwischen 1790 und 1848. Diss. Heidelberg 1968 (mschr.).

Arquillière, H.-X., Origines de la théorie des deux glaives. In: Studi Gregoriani I, 1947, 501ff.

— L'augustinisme politique. Essai sur la formation des théories politiques du moyen âge, Paris 1955[2].

Asendorf, U., Eschatologie bei Luther, Göttingen 1967.

Asheim, I., Glaube und Erziehung bei Luther. Ein Beitrag zur Geschichte des Verhältnisses von Theologie und Pädagogik (Pädag. Forschungen, 17), Heidelberg 1961.

— (Hrsg.) Kirche, Mystik, Heiligung und das Natürliche bei Luther. Vorträge des III. Internationalen Kongresses für Lutherforschung, Göttingen 1967.

Bahr, H.-E., Verkündigung als Information. Zur öffentlichen Kommunikation in der demokratischen Gesellschaft (Konkretionen, 1), Hamburg 1968.

Bakel, H. A. van, Tyconius, Augustinus ante Augustinum. In: NThT 19, 1930—31, 36ff.

Baron, R., Science et sagesse chez Hugues de St. Victor, Paris 1957.

Barth, H., Das Problem der menschlichen Freiheit in philosophischer Sicht. In: Reformatio 11, 4, 1962, 195ff.

---

[1]Die Quellen sind jeweils an Ort und Stelle angegeben

Barth, H.-M., Zur inneren Entwicklung von Luthers Teufelsglauben. In: KuD 13, 1967, 201ff.
— Der Teufel und Jesus Christus in der Theologie Martin Luthers (FKDG, 19), Göttingen 1967.
Barth, K., Eine Schweizer Stimme. 1938—1945. Zürich (1945) 1953².
— Christengemeinde und Bürgergemeinde (ThSt (B), 20), Zürich 1946.
Barth, P. u. Goedeckemeyer, A., Die Stoa, Stuttgart 1946⁶.
Baudry, L., Guillaume d'Occam, sa vie, ses œuvres, ses idées sociales et politiques I., Paris 1949.
Beisser, F., Claritas Scripturae bei Martin Luther (FKDG, 18), Göttingen 1966.
Berges, W., Die Fürstenspiegel des hohen und späten Mittelalters (Schriften des Reichsinstituts für ältere deutsche Geschichtskunde = MG, 2), Stuttgart (1938) 1952².
Berkhof, H., Kirche und Kaiser. Eine Untersuchung der Entstehung der byzantinischen und der theokratischen Staatsauffassung im 4. Jahrhundert, Zürich 1947.
Bernheim, E., Politische Begriffe des Mittelalters im Lichte der Anschauungen Augustins. In: Deutsche Zeitschr. f. Geschichtswiss. 1896, 1ff.
— Mittelalterliche Zeitanschauungen in ihrem Einfluß auf Politik und Geschichtsschreibung. I. (einziger) Teil. Die Zeitanschauungen: Die Augustinischen Ideen, Antichrist und Friedensfürst, Regnum und Sacerdotium, Tübingen 1918 (Nachdr. Aalen 1964).
Betz, H. D., Zum Problem des religionsgeschichtlichen Verständnisses der Apokalyptik. In: ZThK 63, 1966, 391ff.
— Das Verständnis der Apokalyptik in der Theologie der Pannenberg-Gruppe. In: ZThK 65, 1968, 257ff.
Beumann, H., Nomen imperatoris. Studien zur Kaiseridee Karls des Großen. In: HZ 185, 1958, 515ff.
— Das Kaisertum Ottos des Großen. Ein Rückblick nach tausend Jahren. In: HZ 195, 1962, 529ff.
Beutler, R., Art. Porphyrios 21). In: PW XXII, 1, 275ff.
Beyer, H. W., Der Christ und die Bergpredigt nach Luthers Deutung. In: LuJ 14, 1932, 33ff.
Billerbeck, P. u. Strack, H. L., Kommentar zum Neuen Testament aus Talmud und Midrasch, III., München (1926) 1961³.
Bizer, E., Fides ex auditu. Eine Untersuchung über die Entdeckung der Gerechtigkeit Gottes durch Martin Luther, Neukirchen (1958) 1960².
Böhner, Ph., Collected Articles on Ockham (Francisc. Inst. Publ. philos. ser. 12), New York 1958.
Bonhoeffer, D., Ethik, Hrsg. v. E. Bethge, München (1949) 1958⁴.
Bopp, J., Die Pastoralkonstitution »Die Kirche in der Welt von heute« vom II. Vatikanischen Konzil. In: ZEE 10, 1966, 193ff.
Bopp, L., Die Prophetie im apologetischen Beweisgang nach dem hl. Augustinus, Freiburg i. Br. 1916.
Borino, G. B., Invitus ultra montes cum Domno Papa Gregorio abii. In: Studi Gregoriani 1, 1947, 3ff.
Bornkamm, G., Das Ende des Gesetzes. Paulusstudien. Gesammelte Aufsätze I (BEvTh, 16), München 1952.

— Jesus von Nazareth (Urban-Bücher 19), Stuttgart 1956.
— Studien zu Antike und Urchristentum. Gesammelte Aufsätze II (BEvTh, 28), München (1959) 1963².
— Enderwartung und Kirche im Matthäusevangelium. In: G. Bornkamm u. a., Überlieferung und Auslegung im Matthäusevangelium (WMANT 1), Neukirchen (1960) 1961², 13ff.
— Geschichte und Glaube. Erster Teil. Ges. Aufsätze Bd. III (BEvTh, 48), München 1968.
Bornkamm, H., Äußerer und innerer Mensch bei Luther und den Spiritualisten. In: Imago dei. Beiträge zur theologischen Anthropologie. Festschr. G. Krüger, Gießen 1932, 85ff.
— Luthers geistige Welt, Gütersloh (1953) 1960⁴.
— Luthers Lehre von den zwei Reichen im Zusammenhang seiner Theologie, Gütersloh (1955) 1960².
— Das Jahrhundert der Reformation. Gestalten und Kräfte, Göttingen (1961) 1966².
— Zur Frage der Iustitia Dei beim jungen Luther. In: ARG, Teil I: 52, 1961, 16ff.; Teil II: 53, 1962, 1ff.
Bornkamm, K., Luthers Auslegungen des Galaterbriefs von 1519 und 1531. Ein Vergleich (AKG, 35), Berlin 1963.
Borst, A., Religiöse und geistige Bewegungen im Hochmittelalter. In: Propyläen Weltgeschichte V, Frankfurt 1963, 489ff.
Bosl, K., Die Reichsministerialität der Salier und Staufer. Ein Beitrag zur Geschichte des hochmittelalterlichen deutschen Volkes, Staates und Reiches (Schriften d. MG, 10), 2 Bde., Stuttgart 1950/51.
— Staat, Gesellschaft, Wirtschaft im deutschen Mittelalter. In: B. Gebhardt u. H. Grundmann, Handb. der deutschen Geschichte I, Stuttgart 1954, 584ff.
— Das Hochmittelalter in der deutschen und europäischen Geschichte. In: HZ 194, 1962, 529ff.
Brandenburger, E., Adam und Christus. Exegetisch-religionsgeschichtliche Untersuchung zu Röm. 5, 12—21 (1. Kor. 15) (WMANT, 7). Neukirchen 1962.
— Fleisch und Geist. Paulus und die dualistische Weisheit (WMANT, 29), Neukirchen 1968.
Braun, H., Römer 7, 7—25 und das Selbstverständnis des Qumran-Frommen. In: ZThK 56, 1959, 1ff.
Braun, M., Die Rechtslehre des Johannes Gerson. Diss. (mschr.) München 1955.
Bring, R., Das Verhältnis von Glauben und Werken in der lutherischen Theologie (FGLP, 10, 7), München 1955.
— Der Glaube und das Recht nach Luther. In: Gedenkschr. f. W. Elert. Hrsg. v. F. Hübner, Berlin 1955, 140ff.
Brown, P. R. L., St. Augustine's Attitude to Religious Coercion. In: JRomS 54, 1964, 107ff.
Brunner, O., Land und Herrschaft, Wien 1965⁵.
Brunner, P., Der Christ in den zwei Reichen. In: ELKZ 3, 1949, 322ff.
— Luther und die Welt des 20. Jahrhunderts, Göttingen 1961.
Brunotte, W., Das geistliche Amt bei Luther, Berlin 1959.

Buchwald, G., Luther über die Welt als »Mitwirkerin Gottes«. In: LML 23, 1941, 49ff.

Buisson, L., Potestas und Caritas. Die päpstliche Gewalt im Spätmittelalter, Köln, Graz 1958.

Bultmann, R., Das Problem der Ethik bei Paulus. In: ZNW 23, 1924, 123ff.

— Römer 7 und die Anthropologie des Paulus. In: Imago Dei. Beiträge zur theologischen Anthropologie. Festschr. G. Krüger, Gießen 1932, 53ff.

— Das Problem der Hermeneutik. In: Glauben und Verstehen. Ges. Aufsätze II, Tübingen 1952, 211ff.

— Die Geschichte der synoptischen Tradition (FRLANT, N. F. 12), Göttingen 1957³.

— Theologie des Neuen Testaments, Tübingen 1965⁵

— Geschichte und Eschatologie, Tübingen (1958) 1964².

Bumke, J., Studien zum Ritterbegriff im 12. und 13. Jahrhundert (Beih. zum Euphorion, Zs. f. Literaturgeschichte, 1), Heidelberg 1964.

Campenhausen, H. v., Ambrosius von Mailand als Kirchenpolitiker (AKG, 12), Berlin, Leipzig 1929.

— Lateinische Kirchenväter (Urban-Bücher, 50), Stuttgart 1960.

— Augustin und der Fall von Rom. In: Tradition und Leben. Kräfte der Kirchengeschichte. Aufsätze und Vorträge, Tübingen 1960, 253ff.

— Gottesgericht und Menschengerechtigkeit bei Luther. In: ebd., 343ff.

— Zur Auslegung von Röm. 13. In: Aus der Frühzeit des Christentums. Studien zur Kirchengeschichte des ersten und zweiten Jahrhunderts, Tübingen 1963, 81ff.

— s. bei Dvořáček.

Carlson, E. M., Der Begriff der zwei Reiche und die moderne Welt. In: LR 15, 1965, 486ff.

— Luther's Conception of Government. In: ChH 15, 1946, 257ff.

Carlyle, R. W. u. A. J., History of Medieval Political Theory in the West, London 1903—36.

Caspar, E., Geschichte des Papsttums, Tübingen Bd. 1, 1930; Bd. 2, 1933.

Chenu, M.-D., Das Werk des hl. Thomas von Aquin (Deutsche Thomas-Ausgabe, 2. Erg.bd.), Köln 1960.

Clagett, M., Post, G. u. Reynolds, R., Twelfth-Century Europe and the Foundations of Modern Society (Proceedings of a Symposium Sponsored by the Division of Humanities of the Univ. of Wisconsin and the Wisconsin Institute for Medieval and Renaissance Studies, November 12—14, 1957), Madison 1961.

Clark, M. T., Augustine on Justice. In: REA 9, 1963, 87ff.

Clarke, Th. E., St. Augustine and Cosmic Redemption. In: ThSt 19, 1958, 133ff.

Colpe, C., Die religionsgeschichtliche Schule I.: Darstellung und Kritik ihres Bildes vom Erlösermythus, Göttingen 1961.

— Zur Leib-Christi-Vorstellung im Epheserbrief. In: Judentum, Urchristentum, Kirche. Festschr. f. J. Jeremias (BZNW 26), Berlin 1964, 172ff.

— Art. Philo. In: RGG³ V, 344ff.

— Art. Gnosis, In: RGG³ II, 1648ff.

— Art. *ὅ υἱὸς τοῦ ἀνθρώπου*. In: ThWB VIII, (1967) 403ff.

Congar, I. M., »Civitas Dei« et »Ecclesia« chez s. Augustin. Histoire de la recherche: son état présent. In: REA 3, 1957, 1ff.
Conrad, H., Deutsche Rechtsgeschichte. I.: Frühzeit und Mittelalter, Karlsruhe 1954.
Conzelmann, H., Die Mutter der Weisheit, In: Zeit und Geschichte. R. Bultmann z. 80. Geb. Hrsg. v. E. Dinkler, Tübingen 1964, 225ff.
— Grundriß der Theologie des Neuen Testaments. Einführung in die evangelische Theologie, Bd. 2, München (1967) 1968[2].
Cornford, F. M., Plato's Cosmology. The Timaeus of Plato translated with a running commentary, London (1937) 1956[4].
Cotta, S., La città politica di Sant' Agostino, Milano 1960.
— Droit et Justice dans le »De libero arbitrio« de St. Augustin. In: ARSP 47, 1961, 159ff.
Courcelle, P., Recherches sur les Confessions de S. Augustin, Paris 1950.
Couvée, P. J., Vita beata en vita aeterna. Een onderzoek naar de ontwikkeling van het begrip »vita beata« naast en tegenover »vita aeterna«, bij Lactantius, Ambrosius en Augustinus, onder invloed der Romeinsche Stoa, Baarn 1947.
Cox, H., Stadt ohne Gott? Stuttgart, Berlin (1966) 1968[4].
— Stirb nicht im Warteraum der Zukunft. Aufforderung zur Weltverantwortung, Stuttgart, Berlin 1968.
Cranz, F. E., De civitate dei XV, 2, and Augustine's idea of the Christian Society. In: Speculum 25, 1950, 215ff. (= REA 3, 1957, 15ff.)
— An Essay on the Development of Luther's Thought on Justice, Law, and Society (Harv. Theol. Studies, 19), Cambridge, Mass., 1959.
Curtius, E. R., Das ritterliche Tugendsystem. In: DVfLG 21, 1943, 343ff.

Dahl, N. A., Christ. Creation and the Church. In: The Background of the NT and its Eschatology. In Honour of C. H. Dodd, ed. W. D. Davies u. D. Daube, Cambridge 1956, 422ff.
— Neutestamentliche Ansätze zur Lehre von den zwei Regimenten. In: LR 15, 1965, 441ff.
Dahlmann, H., Varronische Studien I. Zu den Logistorici (AAMZ, 1957, 4), Wiesbaden 1957.
Dannenbauer, H., Adel, Burg und Herrschaft bei den Germanen. Grundlagen der deutschen Verfassungsentwicklung. In: Herrschaft und Staat im Mittelalter (WdF, 2), Darmstadt 1964, 66ff.
Deichgräber, K., Art. Aion. In: RGG[3] I, 193ff.
Del Estal, G. u. Rosado, J. J. R., Equivalencia de »civitas« en el »De civitate Dei«. In: Ciudad de Dios, 1954, 2, 367ff.
Del Estal, J.-M., Historiografia de la »Ciudad de Dios«. De 1928 a 1954. In: ebd.
Delling, G., Römer 13, 1—7 innerhalb der Briefe des Neuen Testaments, Berlin 1962.
— Art. τάσσω usw. In: ThWB VIII, 27ff.
Dempf, A., Sacrum Imperium. Geschichts- und Staatsphilosophie des Mittelalters und der politischen Renaissance, (München, Berlin 1929) Darmstadt 1962[3].
— Ethik des Mittelalters. In: Handb. d. Philosophie. Hrsg. v. A. Bäumler u. M. Schröter, 3, München, Berlin 1931.

Denifle, O., Die abendländischen Schriftausleger bis Luther über Iustitia Dei und Justificatio, Mainz 1905.
Dibelius, M., Rom und die Christen im 1. Jahrhundert. In: Ders., Botschaft und Geschichte. Ges. Aufs. II: Zum Urchristentum und zur hellenistischen Religionsgeschichte, Tübingen 1956, 177ff.
Dibelius, O., Obrigkeit, Stuttgart, Berlin (1963) 1963².
Diem, Har., Luthers Lehre von den zwei Reichen, untersucht von seinem Verständnis der Bergpredigt aus. Ein Beitrag zum Problem: »Gesetz und Evangelium« (Beih. 5 zur EvTh), München 1938.
Diem, Herm., Luthers Predigt in den zwei Reichen. (ThEx NF., 6), München 1947.
Dihle, A., Die goldene Regel. Eine Einführung in die Geschichte der antiken und frühchristlichen Vulgärethik, Göttingen 1962.
Dilthey, W., Einleitung in die Geisteswissenschaften. Ges. Schriften, I. Bd., Leipzig u. Berlin 1923.
Dinkler, E., Die Anthropologie Augustins (FKGG, 4), Stuttgart 1934.
— Zum Problem der Ethik bei Paulus. In: ZThK 49, 1952, 167ff.
Dirlmeier, F., Aristoteles: Nikomachische Ethik (Aristoteles Werke. Hrsg. v. E. Grumach, 6), Berlin (1959) 1960².
Dodd, C. H., The Bible and the Greeks, London (1935) 1964³.
Dodds, E. R., The Greeks and the Irrational. Berkeley & Los Angeles 1963.
Dölger, F., Byzanz und die europäische Staatenwelt. Ausgew. Vortr. u. Aufs. Ettal 1953.
Dörries, H., Konstantin der Große (Urban-Bücher, 29), Stuttgart 1958.
— Neuheit und Zusammenhang. Zu Luthers Geschichtsverständnis. In: LuJ 28, 1961, 86ff.
Dombois, H., Recht und Institution. Eine Fortsetzung des Göttinger Gesprächs von 1949 über die christliche Begründung des Rechts. Referate — Verhandlungsbericht — Thesen (Glaube u. Forschung NF, 9), Witten 1956.
— Politische und christliche Existenz. Bemerkungen zur lutherischen Staatslehre von heute. In: Macht und Recht. Beitr. z. Luth. Staatslehre d. Gegenwart. Hrsg. v. H. Dombois u. E. Wilkens, Berlin 1956, 98ff.
— Evangelium und soziale Strukturen, Witten 1967.
Duchrow, U., Sprachverständnis und biblisches Hören bei Augustin (HUTh, 5), Tübingen 1965.
— Der Aufbau von Augustins Schriften Confessiones und De trinitate. In: ZThK 62, 1965, 338ff.
— Der sogenannte psychologische Zeitbegriff Augustins im Verhältnis zur physikalischen und geschichtlichen Zeit. In: ZThK 63, 1966, 267ff.
—, Hirsch, E. C., u. Timm, H., Eschatologie der Alternativen. Überlegungen zu Gerhard Sauter »Zukunft und Verheißung«. In: PTh 56, 1967, 190ff.
— Die Bergpredigt in 19 Jahrhunderten. In: Kirchentag 1969. Informationen und Materialien, Stuttgart 1968.
— Die Klarheit der Schrift und die Vernunft. In: KuD 15, 1969, 1ff.
— Leib Christi und moderne Kommunikationsstrukturen. In: ZEE 13, 1969, 164ff.
— (Hrsg.) Biologische Zukunft des Menschen (Sonderheft der PTh 58, H. 4 April 1969).

— Die Provokation zum Frieden im Gespräch zwischen Theologie und Völkerrecht. In: Studien zur Friedensforschung I, Stuttgart 1969, 98ff.
Dvořáček, J. A., Christusherrschaft und weltliche Ordnungen. Evangelische Meditationen über Römer 13, 1—7 und politische Verantwortung der Christen. In: ZEE 12, 1968, 267ff. (dazu vgl. H. v. Campenhausen, Diskussionsbeitrag zu dem Aufsatz von J. A. Dvořáček über Römer 13, 1—7, in: ebd., 298f.)

Ebeling, G., Die Anfänge von Luthers Hermeneutik. In: ZThK 48, 1951, 172ff.
— Luthers Psalterdruck vom Jahre 1513. In: ZThK 50, 1953, 43ff.
— Luthers Auslegung des 14. (15.) Psalms in der ersten Psalmenvorlesung im Vergleich mit der exegetischen Tradition. In: ZThK 50, 1953, 280ff.
— Wort und Glaube, Tübingen (1960) 1962².
— Evangelische Evangelienauslegung. Eine Untersuchung zu Luthers Hermeneutik (FGLP 10, 1), München 1942 (Nachdr. Darmstadt 1962).
— Luther. Einführung in sein Denken, Tübingen 1964.
— Das Problem des Natürlichen bei Luther. In: Kirche, Mystik, Heiligung. Hrsg. v. I. Asheim, Göttingen 1967, 169ff.
— Art. Geist und Buchstabe. In: RGG³ II, 1290ff.
— Art. Luther II. Theologie. In: RGG³ IV, 495ff.
— Art. Hermeneutik. In: RGG³ III, 242ff.
Eck, O., Urgemeinde und Imperium. Ein Beitrag zur Frage nach der Stellung des Urchristentums zum Staat (BFChTh, 42, 3), Gütersloh 1940.
Ehrhardt, A., Das Corpus Christi und die Korporationen im spät-römischen Recht. In: ZSavRG, Rom. Abt. 70, 1953, 299ff.; 71, 1954, 25ff.
— Politische Metaphysik von Solon bis Augustin. 2 Bde., Tübingen 1959. (Bd. 3 erschienen 1969 nach Abschluß der Korrektur).
Ehrismann, G., Die Grundlagen des ritterlichen Tugendsystems. In: Zeitschr. f. dt. Altertum und dt. Literatur 56, 1918, 137ff.
Eisenbart, L. C., Kleiderordnungen der deutschen Städte zwischen 1350 und 1700. Ein Beitrag zur Kulturgeschichte des deutschen Bürgertums (Göttinger Bausteine zur Geschichtswissenschaft, 32), Göttingen 1962.
Elert, W., Morphologie des Luthertums. II. Soziallehren und Sozialwirkungen des Luthertums, München (1931) 1965³.
— Das christliche Ethos. Grundlinien der lutherischen Ethik, Hamburg (1949) 1961².
Elliger, W., Luthers politisches Denken und Handeln, Berlin 1952.
— Thomas Müntzer, Berlin 1960.
Ellwein, E., Das Rätsel von Röm 7. In: KuD 1, 1955, 247ff.
Ensslin, W., Auctoritas und Potestas. Zur Zweigewaltenlehre des Papstes Gelasius I. In: HJ 74, 1955, 661ff.
Erdmann, C., Die Entstehung des Kreuzzugsgedankens (FKGG, 6), Stuttgart 1935.
— (Hrsg.), Die Briefe Heinrichs IV. (Deutsches Mittelalter, 1), Leipzig, Weimar 1937.
Ernst, F., Das Reich der Ottonen im 10. Jahrhundert. In: B. Gebhardt u. H. Grundmann, Handb. der deutschen Geschichte I, Stuttgart (1954⁸), 1959, 161ff.

Fagerberg, H., Die Kirche in Luthers Psalmenvorlesung 1513—1515. In: Gedenkschr. f. W. Elert. Hrsg. v. F. Hübner, Berlin 1955, 109ff.

Fast, H., Der linke Flügel der Reformation (Klassiker des Protestantismus, 4), Bremen 1962.

Feine, H. E., Vom Fortleben des römischen Rechts in der Kirche. In: ZSavRG, Kan. Abt. 42, 1956, 1ff.

— Kirchliche Rechtsgeschichte. I. Die katholische Kirche, Weimar 1964⁴.

Fichtner, J., Die altorientalische Weisheit in ihrer israelitisch-jüdischen Ausprägung. Eine Studie zur Nationalisierung der Weisheit in Israel (BZAW, 62), Gießen 1933.

— Weisheit Salomos (HAT 2. Reihe, 6), Tübingen 1938.

— Zum Problem Glaube und Geschichte in der israelitisch-jüdischen Weisheitsliteratur. In: Gottes Weisheit. Ges. Studien zum Alten Testament (Arbeiten zur Theologie II, 3), Stuttgart 1965, 9ff.

Fischer, H., Luther und seine Reformation in der Sicht Ernst Troeltschs. In: NZSTh 5, 1963, 132ff.

Flender, H., Das Verständnis der Welt bei Paulus, Markus und Lukas. In: KuD 14, 1968, 1ff.

Fliche, A., La Réforme Grégorienne II. In: Spicilegium Sacrum Lovaniense 9, 1925, 99ff.

Foerster, W., Art. εἰρήνη (im NT). In: ThWB II, 409ff.

Folliet, G., La typologie du sabbat chez saint Augustin. Son interpretation millénariste entre 389 et 400. In: REA 2, 1956, 371ff.

Forck, G., Die Königsherrschaft Jesu Christi bei Luther (ThA, 12), Berlin 1959.

Forell, G. W., Faith Active in Love. An Investigation of the Principles Underlying Luther's Social Ethics, New York 1954.

Forster, K., Die ekklesiologische Bedeutung des corpus-Begriffes im Liber Regularum des Tyconius. In: MThZ 7, 1956, 173ff.

Franz, E., Totus Christus. Studien über Christus und die Kirche bei Augustin, Diss. Bonn 1959.

Frend, W. H. C., The Donatist Church. A Movement of Protest in Roman North Africa, Oxford 1952.

— The Gnostic-Manichean Tradition in Roman North Africa. In: JEH 4, 1953, 13ff.

Friberg, H. D., Love and Justice in Political Theory. A Study of Augustine's definition of the Commonwealth, Diss. Chikago 1944.

Frick, R., Die Geschichte des Reich-Gottes-Gedankens in der alten Kirche bis zu Origines und Augustin (BZNW, 6), Gießen 1928.

Fuchs, E., Die Freiheit des Glaubens. Römer 5—8 ausgelegt (BEvTh, 14), München 1949.

— Existentiale Interpretation von Römer 7, 7—12 und 21—23. In: ZThK 59, 1962, 285ff.

Fuchs, H., Augustin und der antike Friedensgedanke (Neue philologische Untersuchungen, 3), Berlin 1926.

Fuhrmann, H., Die Fälschungen im Mittelalter. Diskussionsbeiträge von K. Bosl, H. Patze, A. Nitschke. Schlußwort von H. Fuhrmann. In: HZ 197, 1963, 529ff.

Funkenstein, J., Das Alte Testament im Kampf von regnum und sacerdotium zur Zeit des Investiturstreits, Diss. Phil. Basel 1938.

Gadamer, H.-G., Wahrheit und Methode. Grundzüge einer philosophischen Hermeneutik, Tübingen 1960.
Gaiser, K., Platons ungeschriebene Lehre. Studien zur systematischen und geschichtlichen Begründung der Wissenschaften in der Platonischen Schule, Stuttgart 1963.
Galling, K., Art. Reich Gottes I. 1. Im antiken Judentum. In: RGG^3 V, 912ff.
Ganshof, F. L., Das Hochmittelalter. In: Propyläen Weltgeschichte V, Frankfurt 1963, 395ff.
Gäumann, N., Taufe und Ethik. Studien zu Rö 6 (BEvTh, 47), München 1967.
Gebhardt, B. u. Grundmann, H., Handbuch der deutschen Geschichte. I: Frühzeit und Mittelalter, Stuttgart (1954^8) 4. Nachdr. 1959.
Gehlen, A., Der Mensch. Seine Natur und seine Stellung in der Welt. Frankfurt, Bonn 1962.
Georgi, D., Die Gegner des Paulus im 2. Korintherbrief, Studien zur religiösen Propaganda in der Spätantike (WMANT, 11), Neukirchen 1964.
— Die Geschichte der Kollekte des Paulus für Jerusalem (ThF, 38), Hamburg 1965.
Gernhuber, J., Die Landfriedensbewegung in Deutschland bis zum Mainzer Reichs-Landfrieden von 1235. (Bonner Rechtswiss. Abhandlungen, 44), Bonn 1952.
Gerrish, B.A., Grace and Reason. A Study in the Theology of Luther, Oxford 1962.
Gerstenberger, E., Wesen und Herkunft das »apodiktischen Rechts« (WMANT, 20), Neukirchen 1965.
— Zur alttestamentlichen Weisheit. In: Verkündigung und Forschung (BhEvTh 14, 1969, 28ff.).
Gerstenkorn, H. R., Weltlich Regiment zwischen Gottesreich und Teufelsmacht. Die staatstheoretischen Auffassungen Martin Luthers und ihre politische Bedeutung (Schriften zur Rechtslehre und Politik, 7), Bonn 1956.
Gese, H., Geschichtliches Denken im Alten Orient und im Alten Testament. In: ZThK 55, 1958, 127ff.
— Lehre und Wirklichkeit in der alten Weisheit, Tübingen 1958.
Gewirth, A., Marsilius of Padua, The Defender of Peace, New York, Bd. I, 1951; Bd. II, 1956.
— Philosophy and Political Thought in the Fourteenth Century. In: The Forward Movement of the 14th Century. Ed. F. L. Utley, Columbus 1961, 125ff.
Gierke, O. v., Das deutsche Genossenschaftsrecht, 4 Bde., Darmstadt 1954.
Gigon, O., Die antike Kultur und das Christentum, Gütersloh 1966.
Gilby, Th., The Political Thought of Thomas Aquinas, Chicago 1958.
Glasson, T. F., Greek Influence in Jewish Eschatology. With Special Reference to the Apocalypses and Pseudepigraphs, London 1961.
Gloege, G., Theologische Traktate. 2 Bde. Göttingen 1967.
— Thesen zu Luthers Zwei-Reiche-Lehre. In: Kirche und Staat. Festschr. f. H. Kunst, Berlin 1967, 79ff.
Göller, E., Die Staats- und Kirchenlehre Augustins und ihre Fortwirkung im Mittelalter, Freiburg i. Br. 1930.
Goez, W., Translatio Imperii. Ein Beitrag zur Geschichte des Geschichtsdenkens und der politischen Theorien im Mittelalter und in der frühen Neuzeit, Tübingen 1958.

Gogarten, F., Luthers Theologie, Tübingen 1967.
Gollwitzer, H., Forderungen der Freiheit. Aufsätze und Reden zur politischen Ethik, München 1964.
— Weltverantwortung der Kirche in einem revolutionären Zeitalter. In: E. Wilkens (Hrsg.), Die Zukunft der Kirche und die Zukunft der Welt. Die Synode der EKD 1968 Zur Weltverantwortung der Kirche in einem revolutionären Zeitalter, München 1968, 69ff.
Goodenough, E. R., An Introduction to Philo Judaeus, New Haven 1940.
Goppelt, L., Die Freiheit zur Kaisersteuer (Zu Mk. 12, 17 und Röm. 13, 1—7). In: Ecclesia und Res Publica. Hrsg. v. G. Kretschmar und B. Lohse, Göttingen 1961, 40ff.
— Christologie und Ethik. Aufsätze zum Neuen Testament, Göttingen 1968.
Grabmann, M., Studien über den Einfluß der aristotelischen Philosophie auf die mittelalterlichen Theorien über das Verhältnis von Kirche und Staat. In: SAM, phil.-hist. Abt., 2, München 1934.
Grabner-Haider, A., Paraklese und Eschatologie bei Paulus. Mensch und Welt im Anspruch der Zukunft Gottes (NTA, N. F. 4), Münster 1968.
Grane, L., Contra Gabrielem. Luthers Auseinandersetzung mit Gabriel Biel in der Disputatio Contra Scholasticam Theologiam 1517, Gyldendal 1962.
Grant, R. M., The Decalogue in Early Christianity. In: HThR 40, 1947, 1ff.
Grasmück, E. L., Coercitio. Staat und Kirche im Donatistenstreit (Bonner historische Forschungen, 22), Bonn 1964.
Green, W. M., Initium omnis peccati superbia. Augustine on Pride as the First Sin. In: University of Calif. Publications in Classical Philosophy 13, 1949, 407ff.
Grundmann, H., Wahlkönigtum, Territorialpolitik und Ostbewegung im 13. und 14. Jahrhundert. In: B. Gebhardt u. H. Grundmann, Handbuch der deutschen Geschichte I, Stuttgart (1954[8]) 4. Nachdr. 1959, 342ff.
— Ketzergeschichte des Mittelalters. In: Schmidt, K. D. u. Wolf, E. (Hrsg.), Die Kirche in ihrer Geschichte. Ein Handbuch, II G 1, Göttingen 1963.
— Art. Kaisertum und Papsttum. In: RGG[3] III, 1093ff.
Grundmann, S., Kirche und Staat nach der Zwei-Reiche-Lehre Luthers. In: Im Dienste des Rechtes in Kirche und Staat. Festschr. f. F. Arnold, hrsg. v. W. M. Pöchl u. I. Gampl (Kirche und Recht, 4), Wien 1963, 38ff.
— Art. Zwei-Reiche-Lehre. In: EStL, 2589ff.
Gyllenkrok, A., Rechtferigung und Heiligung in der frühen evangelischen Theologie Luthers (UUA 1952:2), Uppsala 1952.

Habermas, J., Zur Logik der Sozialwissenschaften. In: Beih. 5 der PhR, Tübingen 1967.
— Strukturwandel der Öffentlichkeit. Untersuchungen zu einer Kategorie der bürgerlichen Gesellschaft (Politica, 4). Neuwied, Berlin 1968[3].
— Erkenntnis und Interesse (Theorie 2), Frankfurt 1968.
— Technik und Wissenschaft als »Ideologie« (edition suhrkamp, 287), Frankfurt 1968.
Häfele, W., Die Projektwissenschaften. In: Radius, H. 3, Sept. 1965, 3ff.
Hägglund, B., Theologie und Philosophie bei Luther und in der occamistischen Tradition. Luthers Stellung zur Theorie von der doppelten Wahrheit (LUA. Acta Universitatis Lundensis N. F. Avd. 1, Bd. 51, 4), Lund 1955.

Haenchen, E., Die Apostelgeschichte (Meyer, K.), Göttingen 1959[12].
Haendler, G., Geschichte des Frühmittelalters und der Germanenmission. In: Die Kirche in ihrer Geschichte. Bd. 2, Lieferung E, Göttingen 1961, 1ff.
Haendler, K., Luthers Zwei-Reiche-Lehre in der Gegenwart. In: Luth. Monatsh. 3, 1964, 554ff.
Hageneder, O., Das Sonne-Mond-Gleichnis bei Innozenz III. Versuch einer teilweisen Neuinterpretation. In: MIÖG 65, 1957, 340ff.
Hahn, F., Das Verständnis der Mission im Neuen Testament (WMANT, 13), Neukirchen 1963 .
Hahn, T., Tyconiusstudien. Ein Beitrag zur Kirchen- und Dogmengeschichte des 4. Jahrhunderts. (Stud. z. Gesch. d. Theol. u. d. Kirche, VI, 2), Leipzig 1900.
Haikola, L., Finnischsprachige Lutherforschung seit dem Zweiten Weltkrieg. In: LR 16, 1966, 373ff.
Haller, H., Gewissen-Ermahnung. Zwei Kategorien zur Bestimmung der pädagogischen Verhaltensweise Martin Luthers in seinen Schulschriften von 1524, 1530 und im Großen Katechismus. In: NZSTh 6, 1964, 214ff.
Haller, J., Das Papsttum. Idee und Wirklichkeit. 5 Bde, Darmstadt 1962.
Hamel, A., Der junge Luther und Augustin. Ihre Beziehungen in der Rechtfertigungslehre nach Luthers ersten Vorlesungen 1505—1518 untersucht, 2 Bde., Gütersloh 1934/1935.
Hamman, A., La doctrine de l'église et de l'état d'après le Breviloquium d'Occam. In: FS 32, 1950, 135ff.
Harnisch, W., Verhängnis und Verheißung der Geschichte. Untersuchungen zum Zeit- und Geschichtsverständnis im 4. Buch Esra und in der syrischen Baruchapokalypse (FRLANT, 97), Göttingen 1969.
Hashagen, J., Staat und Kirche vor der Reformation. Eine Untersuchung der vorreformatorischen Bedeutung des Laieneinflusses in der Kirche, Essen 1931.
Hauck, A., Der Gedanke der päpstlichen Weltherrschaft bis auf Bonifaz VIII. (Leipziger Reformationsrede), Leipzig 1904.
— Kirchengeschichte Deutschlands. 5 Bde., Berlin 1958.
Heckel, J., Recht und Gesetz, Kirche und Obrigkeit in Luthers Lehre vor dem Thesenanschlag von 1517. In: ZSavRG, Kan. Abt. 26, 1937, 285ff.
— Lex charitatis. Eine juristische Untersuchung über das Recht in der Theologie Martin Luthers (SAM, phil.-hist. Kl. NF. 36), München 1953.
— Luthers Lehre von den zwei Regimenten. Fragen und Antworten zu der Schrift von Gunnar Hillerdal. In: ZevKR 4, 1955, 253ff.
— Im Irrgarten der Zwei-Reiche-Lehre. Zwei Abhandlungen zum Reichs- und Kirchenbegriff Martin Luthers (ThEx NF., 55), München 1957.
— Marsilius von Padua und Martin Luther. Ein Vergleich ihrer Rechts- und Soziallehre. In: ZSavRG 75, Kan. Abt. 44, 1958, 268ff.
— Das blinde, undeutliche Wort »Kirche«. Gesammelte Aufsätze. Hrsg. v. S. Grundmann, Köln, Graz 1964.
— Art. Zwei-Reiche-Lehre. C. Die Entfaltung der Zwei-Reiche-Lehre als Reichs- und Regimentenlehre. In: EKL III, 1937ff.
Heckel, M., Art. Cura religionis. In: EStL, 268ff.
— Art. Rechtstheologie Luthers. In: ebd., 1743ff.
— Art. Reformation II. Rechtsgeschichtlich. In: ebd., 1804ff.

Heimpel, H., Das Wesen des deutschen Spät-Mittelalters. In: AKultG 35, 1953, 29ff.

Heinemann, I., Poseidonios' metaphysische Schriften I, Breslau 1921.

Heinisch, K. J. (Hrsg.), Kaiser Friedrich II. in Briefen und Berichten seiner Zeit, Darmstadt 1968.

Heinze, M., Reich (regnum) und Regiment (regimen). Die sogenannte Zwei-Reiche-Lehre im Spiegel von Luthers Briefwechsel. In: ... und fragten nach Jesus. Festschr. f. E. Barnikol, Berlin 1964, 147ff.

Held, F., Augustins Enarrationes in Psalmos als exegetische Vorlage für Luthers erste Psalmenvorlesung (ThStKr 102, 1.2; Lutherana 6), Gotha 1929.

Hellmann, M. (Hrsg.), Corona Regni. Studien über die Krone als Symbol des Staates im späteren Mittelalter (WdF, 3), Darmstadt 1961.

Hellmann, S., Pseudocyprian, De duodecim abusivis saeculi (TU 3. R., Bd. 4, H. 1), Leipzig 1909.

Hengel, M., Judentum und Hellenismus. Studien zu ihrer Begegnung unter besonderer Berücksichtigung Palästinas bis zur Mitte des 2. Jahrhunderts v. Chr., (WUNT, 10) Tübingen 1969.

Hermann, R., Luthers These »Gerecht und Sünder zugleich«, (Gütersloh 1930) Neudr. Darmstadt 1960.

— Gesammelte Studien zur Theologie Luthers und der Reformation, Göttingen 1960.

— Luthers Theologie (Ges. u. nachg. Werke Bd. 1. Hrsg. v. H. Beintker), Berlin 1967.

Herrmann, W., Religion und Sozialdemokratie (Vortrag auf dem 2. Evang.-sozialen Kongreß; Berlin Oberwinder 1891, 7—25). In: ZThK 1, 1891, 259ff. = Ges. Aufsätze 1923, 463ff.

— Ethik (Grundriß der theologischen Wissenschaften, 5. Teil, 2. Bd.), Tübingen 1904^3.

Hertling, G. v., Augustinuszitate bei Thomas von Aquin (SAM, phil.-hist. Kl., 1), München 1904.

Herzfeld, G., Papst Gregors VII. Begriff der bösen Obrigkeit, Diss. Greifswald 1914.

Hesse, K., Art. Kirche und Staat. In: EStL, 904ff.

— Freie Kirche im demokratischen Gemeinwesen. In: ZevKR 11, 1964/65, 337ff.

Hillerbrand, H. J., Die politische Ethik des oberdeutschen Täufertums. Eine Untersuchung zur Religions- und Geistesgeschichte des Reformationszeitalters. (BZRGG, 7), Leiden, Köln 1962.

Hillerdal, G., Gehorsam gegen Gott und Menschen. Luthers Lehre von der Obrigkeit und die moderne evangelische Staatsethik, Göttingen 1955.

— Römer 13 und Luthers Lehre von den zwei Regimenten. In: LR 13, 1963, 17ff.

Hinrichs, C., Luther und Müntzer. Ihre Auseinandersetzung über Obrigkeit und Widerstandsrecht (AKG, 29), Berlin 1952.

Hirsch, H., Die hohe Gerichtsbarkeit im deutschen Mittelalter, Prag 1922.

Höhne, W., Luthers Anschauungen über die Kontinuität der Kirche (Arbeiten z. Geschichte u. Theologie des Luthertums, 12), Berlin, Hamburg 1963.

Hof, A., »Plenitudo potestatis und imitatio imperii« zur Zeit Innozenz' III. In: ZKG 66, 1954/55, 39ff.

Hoffmann, E., Die Anfänge der augustinischen Geschichtstheologie in »De vera religione«. Ein Kommentar zu den Paragraphen 48—51. Diss. (mschr.) Heidelberg 1962.

Hoffmann, H., Gottesfriede und Treuga Dei (Schr. d. MG, 20), Stuttgart 1964.

— Die beiden Schwerter im hohen Mittelalter. In: DA 20, 1964, 78ff.

Hofmann, F., Der Anteil der Minoriten am Kampf Ludwigs des Bayern gegen Johann XXII. unter besonderer Berücksichtigung des Wilhelm von Ockham, Diss. Münster 1959.

Holl, K., Gesammelte Aufsätze zur Kirchengeschichte. I. Luther, Tübingen 1927[4] u. [5].

Holte, R., Béatitude et Sagesse. Saint Augustin et le problème de la fin de l'homme dans la philosophie ancienne, Paris, Worcester (Mass.) 1962.

Hommel, H., Das 7. Kapitel des Römerbriefs im Licht antiker Überlieferung. In: Theologia Viatorum 8, 1962, 90ff.

Hornus, J.-M., Politische Entscheidung in der alten Kirche (BEvTh, 35), München 1963.

Horst, F., Naturrecht und Altes Testament. In: EvTh 10, 1950/51, 253ff.

Howe, G. (Hrsg.), Atomzeitalter, Krieg und Frieden (Ullstein Taschenb. Nr. 614), Witten, Berlin 1959.

— Technik und Strategie im Atomzeitalter. In: Studien zur politischen und gesellschaftlichen Situation der Bundeswehr, 1. Folge. Hrsg. v. G. Picht (Forsch. u. Ber. der ev. Studiengemeinschaft, 21), Witten, Berlin 1965, 178ff.

— u. Tödt, H. E., Frieden im wissenschaftlich-technischen Zeitalter. Ökumenische Theologie und Zivilisation, Stuttgart, Berlin 1966.

— Mensch und Physik, Witten, Berlin 1963.

Huber, G., Das Sein und das Absolute. Studien zur Geschichte der ontologischen Problematik in der spätantiken Philosophie (Coll. Studia Philosophica, Suppl. 6), Basel 1955.

Hübinger, P. E., Spätantike und frühes Mittelalter. Ein Problem der historischen Periodenbildung. In: DVfLG 26, 1952, 1ff.

Hübner, H., Rechtfertigung und Heiligung in Luthers Römerbriefvorlesung. Ein systematischer Entwurf (Glaube und Lehre, 7), Witten 1965.

Hunzinger, A. W., Lutherstudien. 1. Heft: Luthers Neuplatonismus in der Psalmenvorlesung von 1513—16, Leipzig 1906.

Huppenbauer, H. W., Der Mensch zwischen zwei Welten. Der Dualismus der Texte von Qumran (Höhle 1) und der Damaskusfragmente. Ein Beitrag zur Vorgeschichte des Evangeliums, Zürich 1959.

Huschke, R. B., Melanchthons Lehre vom Ordo politicus. Ein Beitrag zum Verhältnis von Glauben und politischem Handeln bei Melanchthon (Studien zur evangelischen Ethik, 4), Gütersloh 1968.

Ivarsson, H., Predikans uppgift, Lund 1956.

Iwand, H. J., Rechtfertigungslehre und Christusglaube. Eine Untersuchung zur Systematik der Rechtfertigungslehre Luthers in ihren Anfängen (ThB, 14) (Leipzig 1930) Neudr. München 1966[3].

— Zur Entstehung von Luthers Kirchenbegriff. Ein kritischer Beitrag zu dem gleichnamigen Aufsatz von Karl Holl. In: Festschr. f. G. Dehn. Hrsg. v. W. Schneemelcher, Neukirchen 1957, 145ff.

Jacob, G., Der Gewissensbegriff in der Theologie Luthers (BHTh, 4), Tübingen 1929.

Jaffa, H. v., Thomism and Aristotelianism, Chicago 1952.

Jal, P., »Pax civilis« — »Concordia«. In: Revue des études latines 39, 1961 (1962), 210ff.

Jenni, E., Das Wort ᶜōlām. In: ZAW 64, 1952, 197; 65, 1953, 1ff.

Jepsen, A., Was kann das Alte Testament zum Gespräch über die Zweireichelehre beitragen? In: LR 15, 1965, 427ff.

Jeremias, Jo., Art. *ἄνθρωπος, ἀνθρώπινος*. In: ThWB I, 365ff.

Jeremias, Jörg, Theophanie, Neukirchen 1965.

Jervell, J., Imago Dei. Gen. 1, 26f. im Spätjudentum, in der Gnosis und in den paulinischen Briefen (FRLANT, 76), Göttingen 1960.

Joachimsen, P., Sozialethik des Luthertums (Veröffentlichung der Luther-Gesellschaft, 3), München 1927.

Joest, W., Gesetz und Freiheit. Das Problem des Tertius usus legis bei Luther und die neutestamentliche Parainese, Göttingen 1951.

— Das Verhältnis der Unterscheidung der beiden Regimente zu der Unterscheidung von Gesetz und Evangelium. In: Dank an P. Althaus. Festg. z. 70. Geb., Gütersloh 1958, 79ff.

— Ontologie der Person bei Luther, Göttingen 1967.

Jonas, H., Philosophische Meditation über Paulus, Römerbrief, Kapitel 7. In: Zeit und Geschichte. Festschr. R. Bultmann zum 80. Geburtstag, Tübingen 1964, 557ff.

Jordan, H., Luthers Staatsauffassung. Ein Beitrag zu der Frage des Verhältnisses von Religion und Politik, München 1917.

Jordan, K., Investiturstreit und frühe Stauferzeit (1056—1197). In: B. Gebhardt u. H. Grundmann, Handbuch der deutschen Geschichte, Stuttgart (1954^8) 4. Nachdr. 1959, 243ff.

Jüngel, E., Erwägungen zur Grundlegung evangelischer Ethik im Anschluß an die Theologie des Paulus. Eine biblische Meditation. In: ZThK 63, 1966, 379ff.

— Paulus und Jesus. Eine Untersuchung zur Präzisierung der Frage nach dem Ursprung der Christologie (HUTH, 2), Tübingen 1967.

Junker, H., Über iranische Quellen der hellenistischen Aion-Vorstellung. In: Vorträge der Bibl. Warburg 1921/22, Leipzig, Berlin 1923, 125ff.

Käsemann, E., Römer 13, 1—7 in unserer Generation. In: ZThK 56, 1959, 316ff.

— Zum Thema der urchristlichen Apokalyptik. In: Exegetische Versuche und Besinnungen II, Göttingen 1964 (EVB II), 105ff.

— Gottesgerechtigkeit bei Paulus. In: ebd., 181ff.

— Gottesdienst im Alltag der Welt. In: ebd., 198ff.

— Grundsätzliches zur Interpretation von Römer 13. In: ebd., 204ff.

Kamlah, E., Die Form der katalogischen Paränese im Neuen Testament (WUNT, 7), Tübingen 1964.

Kamlah, W., Christentum und Geschichtlichkeit. Untersuchungen zur Entstehung des Christentums und zu Augustins »Bürgerschaft Gottes«, Stuttgart, Köln 1951^2.

— Ecclesia und regnum dei bei Augustin (Zu De civitate Dei XX, 9). In: Philologus 93, 1938, 248ff.

— Apokalypse und Geschichtstheologie. Die mittelalterliche Auslegung der Apokalypse vor Joachim von Fiore (Histor. Studien, 285), Berlin 1935.

Kantorowicz, E., Kaiser Friedrich II., Berlin Bd. I, (1927) 1936[4]; Bd. II, 1931.

— The King's Two Bodies. A Study in Mediaeval Political Theology, Princeton N. J. 1957.

— Kingship under the Impact of Scientific Jurisprudence. S. in: Clagett, Twelfth-Century Europe, 88ff.

Kattenbusch, F., Die Doppelschichtigkeit in Luthers Kirchenbegriff (ThStKr, 100), Gotha 1927/28, 197ff.

Kaufmann, E., Aequitas Iudicium: Königsgericht und Billigkeit in der Rechtsordnung des frühen Mittelalters. (Frankfurter wiss. Beiträge, rechts- und wirtschaftswiss. Reihe 18), Frankfurt a. M. 1959.

Kautzsch, E. u. a. (Hrsg.), Die Apokryphen und Pseudepigraphen des Alten Testaments. 2 Bde. Tübingen 1900 (Nachdr. Darmstadt 1962).

Keienburg, F., Die Geschichte der Auslegung von Römer 13, 1—7, Diss. Basel 1952.

Kellermann, U., Die politische Messiashoffnung zwischen den Testamenten. Eine programmatische historische Skizze. In: PTh 56, 1967, 362ff.; 436ff.

Kempf, F., Papsttum und Kaisertum bei Innozenz III. (Misc. hist. pont., 19), Roma 1954.

Kern, F., Gottesgnadentum und Widerstandsrecht im frühen Mittelalter. Zur Entwicklungsgeschichte der Monarchie, Darmstadt 1962[3].

Kinder, E., Geistliches und weltliches Regiment Gottes nach Luther (Schriftenreihe d. Luther-Gesellschaft. Hrsg. v. P. Althaus u. Th. Knolle, 12), Weimar 1940.

— Reich Gottes und Kirche bei Augustin. Eine Studie über das Verhältnis von Kirche und Eschatologie im Blick auf das Generalthema der Vollversammlung des Weltrates der Kirchen in Evanston 1954 (Luthertum, 14), Berlin 1954.

— Gottesreich und Weltreich bei Augustin und bei Luther. Erwägungen zu einer Vergleichung der »Zwei-Reiche«-Lehre Augustins und Luthers. In: Gedenkschr. f. W. Elert. Beiträge zur historischen und systematischen Theologie. Hrsg. v. F. Hübner, Berlin 1955, 24ff.

— Luthers Herleitung der geistlichen und weltlichen »Oberkeit« aus dem 4. Gebot. In: Für Kirche und Recht. Festschr. f. J. Heckel. Hrsg. v. S. Grundmann, Köln, Graz 1959, 270ff.

Kisch, G., Erasmus und die Jurisprudenz seiner Zeit. Studien zum humanistischen Rechtsdenken (Basler Studien zur Rechtswissenschaft), Basel 1960.

— Melanchthons Rechts- und Soziallehre, Berlin 1967.

Klein, G., Gottes Gerechtigkeit als Thema der neuesten Paulus-Forschung. In: Verkündigung und Forschung (BhEvTh 12, 1967, 1—11).

Kluxen, W., Philosophische Ethik bei Thomas v. Aquin (Walberberger Studien der Albertus-Magnus-Akademie, Philosoph. Reihe, II), Mainz 1964.

Knabe, L., Die gelasianische Zweigewaltentheorie bis zum Ende des Investiturstreits (Hist. Studien, 292), Berlin 1936.

Koch, K., Spätisraelitisches Geschichtsdenken am Beispiel des Buchs Daniel. In: HZ 193, 1961, 1ff.

Köhler, K., Die altprotestantische Lehre von den drei kirchlichen Ständen. In: Zeitschr. f. Kirchenrecht 21 = NF. 6, 1886, 99ff.; 193ff.

Köhler, W., Zu Luthers Schrift, An den christlichen Adel deutscher Nation. In: ZSavRG, Kan. Abt. XIV, 1925, 1ff.

Kölmel, W., Das Naturrecht bei Wilhelm Ockham. In: FS 35, 1953, 39ff.

— Wilhelm Ockham und seine kirchenpolitischen Schriften, Essen 1962.

Kohnstamm, M., Friede im Atomzeitalter. In: Appell an die Kirche der Welt. Dokumente der Weltkonferenz für Kirche und Gesellschaft. Hrsg. vom ökumenischen Rat der Kirchen, Stuttgart, Berlin 1967², 100ff.

— Entwicklungsprobleme zur Weltgesellschaft. In: E. Wilkens (Hrsg.), Die Zukunft der Kirche und die Zukunft der Welt. Die Synode der EKD 1968 Zur Weltverantwortung der Kirche in einem revolutionären Zeitalter, München 1968, 17ff.

Koschacker, P., Europa und das römische Recht, München, Berlin (1947) 1966⁴.

Koselleck, R., Vergangene Zukunft der frühen Neuzeit. In: Epirrhosis. Festgabe für Carl Schmitt, Berlin 1968, 549ff.

Krämer, H. J., Arete bei Platon und Aristoteles. Zum Wesen und zur Geschichte der platonischen Ontologie (AAH, phil.-hist. Kl. 1959, 6), Heidelberg 1959.

— Der Ursprung der Geistmetaphysik. Untersuchungen zur Geschichte des Platonismus zwischen Platon und Plotin, Amsterdam 1964.

Kraus, H.-J., Psalmen. 2. Teilbd. (BK XV/2), Neukirchen (1961) 1961².

— Schöpfung und Weltvollendung. In: EvTh 24, 1964, 462ff.

Krause, H.-G., Das Papstwahldekret von 1059 und seine Rolle im Investiturstreit (Studi Gregoriani VII), Roma 1960.

Krause, H., Kaiserrecht und Rezeption (AAH, phil.-hist. Kl.), Heidelberg 1952.

— Art. Kaisertum. In: EStL, 863ff.

— Art. Kaisertum und Papsttum. In: ebd. 866ff.

Kretschmar, G., Die zwei Imperien und die zwei Reiche. In: Ecclesia und Res Publica. Hrsg. v. G. Kretschmar u. B. Lohse, Göttingen 1961, 89ff.

— Der Weg zur Reichskirche. In: Verkündigung und Forschung (BhEvTh 13, 1968, 3ff.).

Krüger, H., Was versteht Gregor VII. unter Iustitia und wie wendet er den Begriff im einzelnen praktisch an? Diss. Greifswald 1910.

Krüger, S., Zum Verständnis der Oeconomica Konrads v. Megenberg. Griechische Ursprünge der spätmittelalterlichen Lehre vom Hause. In: DA 20, 1964, 475ff.

Krumwiede, H.-W., Glaube und Geschichte in der Theologie Luthers, Zur Entstehung des geschichtlichen Denkens in Deutschland (FKDG, 2), Göttingen 1952.

Kümmel, W. G., Römer 7 und die Bekehrung des Paulus (UNT, 17), Leipzig 1929.

Künneth, W., Politik zwischen Dämon und Gott. Eine christliche Ethik des Politischen, Berlin 1954.

Küppers, J., Luthers Dreihierarchienlehre als Kritik an der mittelalterlichen Gesellschaftsauffassung. In: EvTh 19, 1959, 361ff.

Kürzinger, J., Der Schlüssel zum Verständnis von Römer 7. In: BZ N.F. 7, 1963, 270ff.

Kuhlmann, G., Theologia naturalis bei Philon und bei Paulus (Neutest. Forschungen I, 7), Gütersloh 1930.

Kuhn, H.-W., Enderwartung und gegenwärtiges Heil. Untersuchungen zu den Gemeindeliedern von Qumran mit einem Anhang über Eschatologie und Gegenwart in der Verkündigung Jesu (Studien zur Umwelt des Neuen Testaments, 4), Göttingen 1966.

Kuhn, K. G., Die Sektenschrift und die iranische Religion. In: ZThK 49, 1952, 296ff.

— *Πειρασμός — ἁμαρτία — σάρξ* im Neuen Testament und die damit zusammenhängenden Vorstellungen. In: ZThK 49, 1952, 200ff.

Kuss, O., Der Römerbrief, Regensburg I, (1957), 1963²; II, 1959.

Laarhoven, J. van, »Christianitas« et réforme grégoriénne. In: Studi Gregoriani 6, 1959, 1ff.

Ladner, G., Theologie und Politik vor dem Investiturstreit. Wien 1936.

Ladner, G. B., The concepts of »ecclesia« and »christianitas« and their relation to the idea of papal »plenitudo potestatis« from Gregory VII. to Boniface VIII. In: Miscellanea historiae pontificiae 18, 1954, 49ff.

— The Idea of Reform. Its Impact on Christian Thought and Action in the Age of the Fathers, Cambridge, Mass. 1959.

Laehr, G., Die Konstantinische Schenkung in der abendländischen Literatur des Mittelalters bis zur Mitte des 14. Jahrhunderts (Histor. Studien, 166), Berlin 1926.

Lagarde, G. de, La naissance de l'esprit laïque au déclin du moyen âge, Louvain, Paris I, 1956³; II, 1958²; IV, 1962; V, 1963.

Lamirande, E., Un siècle et demi d'études sur l'ecclésiologie de s. Augustin. Essai bibliographique. In: REA 8, 1962, 1ff.

— L'église céleste selon saint Augustin, Paris 1963.

Lammers, W. (Hrsg. u. Einl.), Otto von Freising, Chronik oder die Geschichte der zwei Staaten. Übers. v. A. Schmidt (Ausgew. Quellen z. deutschen Gesch. des Mittelalters. Freiherr v. Stein-Gedächtnis-Ausg. Bd. 16), Darmstadt (1960) 1961².

Lange, D., Zum Verhältnis von Geschichtsbild und Christologie in Augustins De civitate Dei. In: EvTh 28, 1968, 430ff.

Lange, J., Das Staatensystem Gregors VII. auf Grund des augustinischen Begriffs von der »libertas ecclesiae«, Diss. Greifswald 1915.

Lau, F., »Äußerlich Ordnung« und »Weltlich Ding« in Luthers Theologie (Stud. z. syst. Theol., 12), Göttingen 1933.

— Luthers Lehre von den beiden Reichen (Luthertum, 8), Berlin (1952) 1953².

— Die prophetische Apokalyptik Thomas Müntzers und Luthers Absage an die Bauernrevolution. In: Gedenkschr. f. W. Elert, Hrsg. v. F. Hübner, Berlin 1955, 163ff.

— Leges charitatis. Drei Fragen an Johannes Heckel. In: KuD 2, 1956, 76ff.

— Die Königsherrschaft Jesu Christi und die lutherische Zweireichelehre. In: KuD 6, 1960, 306ff.

— Die lutherische Lehre von den beiden Reichen. In: LR 15, 1965, 463ff.

— Art. Zwei-Reiche-Lehre. In: RGG³ VI, 1945ff.

Lauras, A., Deux cités Jérusalem et Babylone. Formation et évolution d'un thème central du »De civitate Dei«. In: Ciudad de Dios 167, 1954, 117ff.

— u. Rondet, H., Le thème des deux cités dans l'œuvre de Saint Augustin. In: H. Rondet u. a., Êtudes augustiniennes, Paris 1953, 99ff.

Lazareth, W. H., Luthers Zwei-Reiche-Ethik — eine Überprüfung. In: Die Kirche als Faktor einer kommenden Weltgemeinschaft, Stuttgart, Berlin 1966, 56ff.

Lebram, J. Chr., Die Weltreiche in der jüdischen Apokalyptik. Bemerkungen zu Tobit 14, 4—7. In: ZAW 76, 1964, 328ff.
— Die Theologie der späten Chokma und häretisches Judentum. In: ZAW 77, 1965, 202ff.
Lecler, J., L'argument des deux glaives. In: RechSR 21, 1931, 299ff.; 22, 1932, 151ff.; 280ff.
Leclercq, J. (Hrsg.), Jean de Paris et l'ecclésiologie du XIIIe siècle (L'église et l'état au moyen âge, 5), Paris 1942.
— L'idee de la royauté du Christ au moyen âge, Paris 1959.
Leicht, P. S., Il Pontefice, S. Gregorio VII ed il diritto romano. In: Studi Gregoriani I, 1947, 93ff.
Leisegang, H., Der Ursprung der Lehre Augustins von der civitas Dei. In: AKultG 16, 1926, 127ff.
— Der heilige Geist. Das Wesen und Werden der mystisch-intuitiven Erkenntnis in der Philosophie und Religion der Griechen. Bd. 1 Teil 1, Berlin 1919.
— Pneuma Hagion. Der Ursprung des Geistbegriffs der synoptischen Evangelien aus der griechischen Mystik. (Veröffentlichungen des Forschungsinstituts f. vergleichende Religionsgeschichte an der Univ. Leipzig, 4), Leipzig 1922.
Lekkerkerker, A. F. N., Römer 7 und Römer 9 bei Augustin, Amsterdam 1942.
Levison, W., Die mittelalterliche Lehre von den beiden Schwertern. In: DA 9, 1952, 14ff.
Lezius, F., Gleichheit und Ungleichheit. Aphorismen zur Theologie und Staatsanschauung Luthers. In: Greifswalder Studien. Festschr. f. H. Cremer, Gütersloh 1895, 285ff.
Liebeschütz, H., John of Salisbury and Pseudo-Plutarch. In: Warburg Journal 6, 1943, 33ff.
— Medieval Humanism in the Life and Writings of John of Salisbury (Studies of the Warburg Institute, 17), London 1950.
Liedke, G., Gestalt und Bezeichnung alttestamentlicher Rechtssätze. Eine formgeschichtlich-terminologische Studie. Diss. Heidelberg 1968 (mschr.).
Lietzmann, H., Einführung in die Textgeschichte der Paulusbriefe an die Römer (HNT, 8), Tübingen 1933[4].
Lilje, H., Luthers Geschichtsanschauung (Furche-Studien, 2), Berlin 1949.
Link, W., Das Ringen Luthers um die Freiheit der Theologie von der Philosophie, München (1940) 1955[2].
Lochman, M., Die Bedeutung geschichtlicher Ereignisse für ethische Entscheidungen (ThSt, 72), Zürich 1963.
Löfgren, D., Die Theologie der Schöpfung bei Luther (FKDG, 10), Göttingen 1960.
Løgstrup, K. E., Schöpfung und Ethik. In: NZSTh 8, 1966, 52ff.
Löwe, Ha., Christus und die Christen. Untersuchungen zum Verständnis der Kirche in den großen Paulusbriefen und im Kolosser- und Epheserbrief, Diss. (mschr.) Heidelberg 1965.
Löwe, Heinz, Petrus Damiani. Ein italienischer Reformer am Vorabend des Investiturstreites. In: GWU 6, 1955, 65ff.
— Deutschland im fränkischen Reich. In: B. Gebhardt, Handbuch der deutschen Geschichte I, 79ff.

Loewenich, W. v., Luthers Theologia crucis (FGLP 2, II), München 1954[4].
— Augustin (Siebenstern Taschenbuch, 56), München, Hamburg 1965.
Löwith, K., Weltgeschichte und Heilsgeschehen. Die theologischen Voraussetzungen der Geschichtsphilosophie (Urban-Bücher, 2), Stuttgart 1953.
Lohmeyer, E., Die Briefe an die Philipper, Kolosser und an Philemon (MeyerK, 9. Abt.), Göttingen (1929) 1956[11].
Lohse, B., Ratio und Fides. Eine Untersuchung über die Ratio in der Theologie Luthers (FKDG, 8), Göttingen 1958.
— Augustins Wandlung in seiner Beurteilung des Staates. In: Studia Patristica VI (TU, 81), Berlin 1962, 447ff.
— Mönchtum und Reformation. Luthers Auseinandersetzung mit dem Mönchsideal des Mittelalters (FKDG, 12), Göttingen 1963.
— Die Bedeutung Augustins für den jungen Luther. In: KuD 11, 1965, 116ff.
— Luthers Kritik am Mönchtum. In: EvTh 20, 1960, 413ff.
— Zur Eschatologie des älteren Augustin (De civ. dei 20, 9). In: VigChr 21, 1967, 221ff.
Lorenz, R., Fruitio dei bei Augustin. In: ZKG 63, 1950/51, 75ff.
— Die Herkunft des augustinischen Frui Deo. In: ZKG 64, 1952/53, 34ff.
— Augustinliteratur seit dem Jubiläum von 1954. In: ThR 25, 1959, 1ff.
— Die Wissenschaftslehre Augustins. In: ZKG 67, 1955/56, 29ff.; 213ff.
— Gnade und Erkenntnis bei Augustinus. In: ZKG 75, 1964, 21ff.
— Art. Augustin. In: RGG[3] I, 738ff.
Lührmann, D., Studien zur Redaktion und zur weiteren Überlieferung der Logienquelle. Habil. Heidelberg 1968 (mschr.).
Lutz, H.-M., Jahwe, Jerusalem und die Völker. Zur Vorgeschichte von Sach 12, 1—8 und 14, 1—5 (WMANT, 27), Neukirchen 1968.

Maccarone, M., Il terzo libro della »Monarchia«. In: Studi Danteschi 33, 1, 1955, 5ff.
— Chiesa et stato nella dottrina di papa Innozenzo III (Lateranum N.S. 6, III—IV), Roma 1940.
McCool, G. A., The Ambrosian Origin of St. Augustine's Theology of the Image of God in man. In: ThSt 20, 1959, 62ff.
McQueen, D. J., The Notion of Superbia in the Works of S. Augustine with Special Reference to the De Civitate Dei, Diss. (mschr.) Toronto 1958, 2 Bde.
Maier, F. G., Augustin und das antike Rom, Stuttgart 1955.
Maihofer, W., Naturrecht als Existenzrecht, Frankfurt 1963.
Manz, L., Der Ordo-Gedanke. Ein Beitrag zur Frage des mittelalterlichen Ständegedankens. (Beiheft 33 zur VSWG), Stuttgart, Berlin 1937.
Marrou, H., Saint Augustin et l'augustinisme (Maîtres spirituels, 2), Bourges 1957.
Marsilius von Padua, Kusch, H. (Hrsg. u. Einl.), Der Verteidiger des Friedens (Defensor Pacis) (Leipziger Übersetzungen u. Abhandlungen zum Mittelalter, Reihe A, Bd. 2, Teil I u. II), Berlin 1958.
Matthes, K., Das Corpus Christianum bei Luther im Lichte seiner Erforschung (Studien zur Geschichte der Wirtschaft u. Geisteskultur), Berlin 1929.
— Luther und die Obrigkeit. Die Obrigkeitsanschauung des reifen Luther in systematischer Darstellung (Aus der Welt christlicher Frömmigkeit, 12), München 1937.

Maurer, Chr., Art. *σύνοιδα, συνείδησις*, D. 4: Philo. In: ThWB VII, 910ff.
Maurer, W., Das Verhältnis des Staates zur Kirche nach humanistischer Anschauung, vornehmlich bei Erasmus (Aus der Welt der Religion, Problemgeschichtliche Reihe, 1), Gießen 1930.
— Von der Freiheit eines Christenmenschen. Zwei Untersuchungen zu Luthers Reformationsschriften 1520/21, Göttingen 1949.
— Kirche und Geschichte nach Luthers Dictata super Psalterium. In: Lutherforschung heute (Referate u. Bericht des 1. Internat. Lutherforschungskongresses Aarhus 1956), Berlin 1958, 85ff.
Mayer, H., Die Strafrechtstheorie bei Luther und Melanchthon. In: Rechtsidee und Staatsgedanke. Festgabe f. J. Binder. Hrsg. v. K. Larenz, Berlin 1930, 77ff.
Mayer, Th., Größe und Untergang des Heiligen Reiches. In: HZ 178, 1954, 471ff.
— Die Ausbildung der Grundlagen des modernen deutschen Staates im hohen Mittelalter. In: HZ 159, 1939, 457.
— Papsttum und Kaisertum im hohen Mittelalter. Werden, Wesen und Auflösung einer Weltordnung. Ein kritischer Überblick. In: HZ 187, 1959, 1ff.
Meine, O., Gregors VII. Auffassung vom Fürstenamte, Diss. Greifswald 1907.
Meinhold, P., Römer 13. Obrigkeit-Widerstand-Revolution-Krieg, Stuttgart 1960.
Merzbacher, F., Wandlungen des Kirchenbegriffs im Spätmittelalter. In: ZSavRG kan. Abt. 70, 1953, 274ff.
— Die Rechts-, Staats- und Kirchenauffassung des Aegidius Romanus. In: ARSP 41, 1954/55, 88ff.
Metzger, G., Gelebter Glaube. Die Formierung reformatorischen Denkens in Luthers 1. Psalmenvorlesung, dargestellt am Begriff des Affekts (FKDG, 14), Göttingen 1964.
Meuthen. E., Der ethische Charakter der civitates bei Augustin und ihre platonische Fehldeutung. In: Aus Mittelalter und Neuzeit. G. Kallen z. 70. Geb., 1957, 43ff.
Meyer-Abich, K. M., Korrespondenz, Individualität und Komplementarität, Wiesbaden 1965.
Michel, A., Die folgenschweren Ideen des Kardinals Humbert und ihr Einfluß auf Gregor VII. In: Studi Gregoriani 1, 1947, 65ff.
Michel, O., Der Brief an die Römer (MeyerK), Göttingen 1963[12].
Mirbt, C., Die Stellung Augustins in der Publizistik des gregorianischen Kirchenstreits, I. Teil, Diss. Leipzig 1888.
— Die Publizistik im Zeitalter Gregors VII, Leipzig (1894), Nachdr. 1965.
— u. Aland, K., Quellen zur Geschichte des Papsttums und des römischen Katholizismus. I: Von den Anfängen bis zum Tridentinum, Tübingen 1967[6].
Mitteis, H., Lehnrecht und Staatsgewalt, Weimar 1933.
— Der Staat des Hohen Mittelalters. Grundlinien einer vergleichenden Verfassungsgeschichte des Lehnszeitalters, Weimar 1962[7].
— Die Rechtsidee in der Geschichte, Weimar 1957.
— Renaissance, Humanismus und Rezeption der fremden Rechte in Deutschland. In: ebd., 552ff.
Mochi Onory, S., Fonti canonistiche dell'idea moderna dello stato (imperium spirituale — iurisdictio divina — sovranità), Milano 1951.
Modalsli, O., Das Gericht nach den Werken. Ein Beitrag zu Luthers Lehre vom Gesetz (FKDG, 13), Göttingen 1963.

Moeller, B., Die deutschen Humanisten und die Anfänge der Reformation. In: ZKG 70, 1959, 46ff.
— Reichsstadt und Reformation (SVRG 180, Jahrg. 69), Gütersloh 1962.
— Spätmittelalter. In: Die Kirche in ihrer Geschichte. Ein Handbuch. Hrsg. v. K. D. Schmidt u. E. Wolf, Bd. 2, Lief. H, 1. Teil. Göttingen 1966.
— Geschichte des Christentums, Göttingen 1965.
Mohl, R., The Three Estates in Medieval and Renaissance Literature (Columbia Univ. Studies in Engl. and Comp. Lit.), New York 1933.
Moltmann, J., Theologie der Hoffnung. Untersuchungen zur Begründung und zu den Konsequenzen einer christlichen Eschatologie (BEvTh 38), München (1964) 1965[4].
— Existenzgeschichte und Weltgeschichte. Auf dem Wege zu einer politischen Hermeneutik des Evangeliums. In: Ev. Komm. 1, 1968, 13ff.
Mommsen, Th., Römisches Strafrecht, Darmstadt 1955.
Morrison, K. F., The two Kingdoms. Ecclesiology in Carolingian Political Thought, Princeton 1964.
Mülhaupt, E., Herrschaft Christi bei Luther. In: NZSTh 1, 1959, 165ff.
Müller, G., Neuere Literatur zur Theologie des jungen Luther. In: KuD 11, 1965, 325ff.
— Ekklesiologie und Kirchenkritik beim jungen Luther. In: NZSTh 7, 1965, 100ff.
Müller, H. M., Das christliche Liebesgebot und die lex naturae. In: ZThK NF. 9, 1928, 161ff.
Müller, K., Kirche, Gemeinde und Obrigkeit nach Luther, Tübingen 1910.
— Luther und Melanchthon über das ius gladii 1521. In: Geschichtliche Studien für A. Hauck, 1916, 235ff.
— Kleine Beiträge zur alten Kirchengeschichte 14. Kirche und Reich Gottes bei Augustin. Zu De civitate Dei 20, 9. In: ZNW 27, 1928, 202ff.
Müller-Bardorff, I., Geschichte und Kreuz bei Luther (Schriftenr. der Lutherges., 11), München 1938.
Müntzer, Th., Schriften und Briefe. Krit. Gesamtausg. unter Mitarbeit von P. Kirn, hrsg. v. G. Franz (QFRG, XXXIII), Gütersloh 1965.
Munz, P., 13th Century and Ideas of Marsilius of Padua. In: Hist. Stud. of Australia 34, 1960, 156ff.
Myers, A. R., Europa im 14. Jahrhundert. In: Propyläen Weltgeschichte V, Frankfurt 1963, 563ff.

Naumann, F., Werke. Bd. 1: Religiöse Schriften (hrsg. v. W. Uhsadel), Köln und Opladen 1964.
Nellmann, E., Die Reichsidee in deutschen Dichtungen der Salier- und frühen Stauferzeit. Annolied — Kaiserchronik — Rolandslied — Eraclius (Philolog. Stud. u. Quellen, 16), Berlin 1963.
Nestle, W., Der Friedensgedanke in der antiken Welt (Philologus, Suppl. Bd. XXXI, H. 1), Leipzig 1938.
Neugebauer, F., Zur Auslegung von Röm. 13, 1—7. In: KuD 8, 1962, 151ff.
Neumann, E., Zum »ritterlichen Tugendsystem«. In: Wirkendes Wort, 1. Sonderheft, Düsseldorf 1953, 49ff.
Neuser, H., Kirche und Staat in der Reformationszeit. In: Kirche und Staat. Festschr. f. H. Kunst, Berlin 1967, 50ff.

Nilsson, K. O., Simul. Das Miteinander von Göttlichem und Menschlichem in Luthers Theologie (FKDG, 17), Göttingen 1966.
Nilsson, M. P., Geschichte der griechischen Religion (HAW, V. Abtl. 2. Teil), München, I, 1941; II, 1950.
Nipperdey, Th., Theologie und Revolution bei Thomas Müntzer. In: ARG 54, 1963, 145ff.
— Art. Bauernkrieg. In: Sowjetsystem und demokratische Gesellschaft. Eine vergleichende Enzyklopädie. Bd. I, Sp. 611ff.
Nitschke, A., Die Welt Gregors VII. Studien zum Reformpapsttum. Diss. Göttingen 1950 (mschr.).
— Die Wirksamkeit Gottes in der Welt Gregors VII. Eine Untersuchung über die religiösen Äußerungen und politischen Handlungen des Papstes. In: Studi Gregoriani 5, 1956, 115ff.
— Frühe christliche Reiche. In: Propyläen Weltgeschichte V, Frankfurt 1963, 273ff.
— Naturerkenntnis und politisches Handeln im Mittelalter. Körper — Bewegung — Raum. (Stuttgarter Beiträge zur Geschichte und Politik, 2), Stuttgart 1967.
Noth, M., Geschichte Israels, Göttingen (1950) 1954².
— Gesammelte Studien zum Alten Testament (ThB, 6), München (1957) 1960².
Nürnberger, R., Kirche und weltliche Obrigkeit bei Melanchthon, Würzburg 1937.
— Die lex naturae als Problem der vita Christiana bei Luther. In: ARG 37, 1940, 1ff.
Nygren, A., Luthers Lehre von den zwei Reichen. In: ThLZ 74, 1949, 1ff.
— Augustin und Luther (Aufs. u. Vortr. zur Theologie u. Religionswiss., 3), Berlin 1958.

Oberman, H. A., Spätscholastik und Reformation. 1: Der Herbst der mittelalterlichen Theologie, Zürich 1965.
— Theologie des späten Mittelalters. Stand und Aufgaben der Forschung. In: ThLZ 91, 1966, 402ff.
Oehler, K., Thomas von Aquin als Interpret der Aristotelischen Ethik. In: PhR 5, 1957, 135ff.
— Der Consensus omnium als Kriterium der Wahrheit in der antiken Philosophie und der Patristik. Eine Studie zur Geschichte des Begriffs der Allgemeinen Meinung. In: Antike und Abendland 10, 1961, 103ff.
— Der entmythologisierte Platon. Zur Lage der Platonforschung. In: ZPhF 19, 1965, 393ff.
Ohnesorge, W., Abendland und Byzanz. Ges. Aufs. z. Geschichte der byzantinisch-abendländischen Beziehungen und des Kaisertums, Darmstadt 1958.
O'Meara, J.-J., Porphyry's philosophy from oracles in Augustine (Études Augustiniennes, 2), Paris 1959.
Oppen, D. von, Das personale Zeitalter. Formen und Grundlagen gesellschaftlichen Lebens im 20. Jahrhundert (Handbücherei des Christen in der Welt, VII), Stuttgart, Gelnhausen 1960.
Osten-Sacken, P. von der, Die Apokalyptik in ihrem Verhältnis zu Prophetie und Weisheit (ThEx, 157), München 1969.
Ott, G., Recht und Gesetz bei Gabriel Biel. Ein Beitrag zur spätmittelalterlichen Rechtslehre. In: ZSavRG 69, kan. Abt. 38, 1952, 251ff.

Pannenberg, W., Heilsgeschehen und Geschichte. In: KuD 5, 1959, 218ff.; 259ff.
— Kerygma und Geschichte. In: Studien zur Theologie der alttestamentlichen Überlieferungen. Festschr. f. G. v. Rad. Hrsg. v. R. Rendtorff u. K. Koch, Neukirchen 1961, 129ff.
— , Rendtorff, R., Wilkens, U. u. Rendtorff, T., Offenbarung als Geschichte (Beiheft 1 zu KuD), Göttingen (1961) 1963².
— Was ist der Mensch? Die Anthropologie der Gegenwart im Lichte der Theologie (Kl. Vandenhoeck-Reihe, 139/40), Göttingen 1962.
— Was ist Wahrheit? In: Vom Herrengeheimnis der Wahrheit. Festschr. f. H. Vogel. Hrsg. v. K. Scharf, Berlin, Stuttgart 1962, 214ff.
— Einsicht und Glaube. Antwort an P. Althaus. In: ThLZ 88, 1963, 381ff.
— Hermeneutik und Universalgeschichte. In: ZThK 60, 1963, 90ff.
— Grundzüge der Christologie, Gütersloh 1964.
— Grundfragen systematischer Theologie. Gesammelte Aufsätze, Göttingen 1967. (Hierin sind die einzeln aufgeführten Aufsätze mit Originalseitenangaben enthalten.)
Parsons, W., The Influence of Romans 13 on Preaugustinian Christian Political Thought. I. In: ThSt 1, 1940, 337ff.; II. In: ebd. 2, 1941, 325ff.
Pedersen, E. Th., Schöpfung und Geschichte bei Luther. In: StTh 3, 1950, 5ff.
Pellegrino, M., »Sursum cor« nelle opere di sant'Agostino. In: Recherches augustiniennes 3, 1965, 179ff.
Peters, A., Glaube und Werk. Luthers Rechtfertigungslehre im Lichte der heiligen Schrift (AGThL, 8), Berlin, Hamburg (1962) 1967².
— Kirche und Welt im Lichte des eschatologischen Richter- und Erretterhandelns Gottes. In: NZSTh 9, 1967, 275ff.
Peterson, E., Der Monotheismus als politisches Problem. Ein Beitrag zur Geschichte der politischen Theologie im Imperium Romanum, Leipzig 1935. (Theologische Traktate) Nachdr. München 1951.
Peusch, E., Cicero und die civitas Dei, Diss. (mschr.) Mainz 1957.
Picht, G., (vgl. Korrekturnachträge) Die Erfahrung der Geschichte (Wissenschaft u. Gegenwart, 19), Frankfurt/M. 1958.
— Die Epiphanie der ewigen Gegenwart. In: Beitr. zu Philos. u. Wiss. W. Szilasi z. 70. Geb., München 1960, 202ff.
— Der Sinn der Unterscheidung von Theorie und Praxis in der griechischen Philosophie. In: ZEE 8, 1964, 321ff.
— Die Verantwortung des Geistes. Pädagogische und politische Schriften, Olten, Freiburg i. Br. 1965.
— Der Gott der Philosophen und die Wissenschaft der Neuzeit (Versuche, 6), Stuttgart 1966.
— Der Begriff der Verantwortung. In: Kirche und Staat. Festschr. f. H. Kunst, Berlin 1967, 189ff.
— Prognose, Utopie, Planung. Die Situation des Menschen in der Zukunft der technischen Welt (Schriften der Vereinigung Deutscher Wissenschaftler e. V., 6), Stuttgart 1967.
— Mut zur Utopie. Die großen Zukunftsaufgaben. 12 Vorträge, München 1968.
Plöger, O., Das Buch Daniel (KAT 18), Gütersloh 1965.
— Theokratie und Eschatologie (WMANT, 2), Neukirchen (1959) 1962².
Pohlenz, M., Paulus und die Stoa. In: ZNW 42, 1949, 69ff.

— Die Stoa. Geschichte einer geistigen Bewegung, Göttingen, Bd. I, 1959²; Bd. II, 1955².
Post, G., Studies in Medieval Legal Thought. Public Law and the State, 1100 bis 1322, Princeton 1964.
— Status regis. In: Studies in Medieval and Renaissance History I, 1964, 1ff.
Posthumus Meyjes, G. H. M., Jean Gerson: Zijn kerkpolitiek en ecclesiologie, avec une table des matières (Kerkhistorische Studien behorende bij het Nederlands Archief voor Kerkgeschiedenis, ed. J. N. Bakhuizen van den Brink e. a., 10), 's-Gravenhage 1963.
Preisker, H., Art. ἔπαινος. In: ThWB II, 583f.
Prenter, R., Spiritus Creator. Studien zu Luthers Theologie (FGLP, 10, 6), München 1954.

Rad, G.v., Theologie des Alten Testaments, München, I, (1957) 1966⁵; II, (1960) 1965⁴.
— Gesammelte Studien zum Alten Testament (ThB, 8), München 1958.
— Das erste Buch Mose (ATD, 2—4), Göttingen 1964⁴.
— Aspekte alttestamentlichen Weltverständnisses. In: EvTh 24, 1964, 57ff.
— Art. βασιλεύς (B.). In: ThWB I, 563ff.
Radbruch, G., Aus Lieb der Gerechtigkeit und um gemeines Nutz willen. Eine Formel des Johann von Schwarzenberg. In: Schweizer. Zeitschr. f. Strafrecht 55, 1941, 113ff.
Ratzinger, J., Volk und Haus Gottes in Augustins Lehre von der Kirche. In: MThS, II. Syst. Abt., 7, München 1954.
— Herkunft und Sinn der Civitas-Lehre Augustins. In: AM 2, 1954, 965ff.
— Beobachtungen zum Kirchenbegriff des Tyconius im »Liber regularum«. In: REA 2, 1956, 173ff.
— Die Kirche in der Frömmigkeit des heiligen Augustinus. In: Sentire Ecclesiam. Hrsg. v. J. Daniélou u. H. Vorgrimler, Freiburg i. Br. 1961, 152ff.
Reese, G., Die Geschichte Israels in der Auffassung des frühen Judentums. Eine Untersuchung der Tiervision und der Zehnwochenapokalypse des äthiopischen Henochbuches, der Geschichtsdarstellung der Assumptio Mosis und der des 4. Esrabuches, Diss. (mschr.) Heidelberg 1967.
Reinhardt, K., Art. Poseidonios von Apameia. In: PW XXII, 1, 558ff.
Reitzenstein. R., Augustin als antiker und mittelalterlicher Mensch. In: Vortr. d. Bibl. Warburg II, 1, Leipzig, Berlin 1924, 28ff.
Rendtorff, T., Zum sozialethischen Problem der Institutionen. In: Glaube u. Gesellschaft. Beiträge zur Sozialethik heute (Beih. z. LR), Stuttgart, Berlin 1966, 42ff.
— u. Tödt, H. E., Theologie der Revolution. Analysen und Materialien (edition suhrkamp, 258), Frankfurt 1968.
Richter, J., Luthers Gedanken über »gerechten Krieg«. In: EvTh 20, 1960, 125ff.
Riedel, M., Zur Topologie des klassisch-politischen und des modern-naturrechtlichen Gesellschaftsbegriffs. In: ARSP 51, 1965, 291ff.
— Bürgerliche Gesellschaft. Untersuchungen zu einer Kategorie der klassischen Politik und des modernen Naturrechts, Habil.schr. Heidelberg 1967.
Rief, J., der Ordo-Begriff des jungen Augustinus, Diss. (mschr.) Tübingen 1960.
Ritter, J., Mundus intelligibilis. Eine Untersuchung zur Aufnahme und Umwandlung der neuplatonischen Ontologie bei Augustinus, Frankfurt/M. 1937.

Rivière, J., Le problème de l'église et de l'état au temps de Philippe le Bel, Louvain, Paris 1926.

Rörig, F., Die europäische Stadt und die Kultur des Bürgertums im Mittelalter (Kleine Vandenhoeck-Reihe, 12/13/13a), Göttingen 1964.

Rössler, D., Gesetz und Geschichte. Untersuchungen zur Theologie der jüdischen Apokalyptik und der pharisäischen Orthodoxie (WMANT, 3), Neukirchen (1960) 1962².

Rondet, H., Pax, tranquillitas ordinis. In: La Ciudad de Dios 167, 2, 1954/55, 343ff.

Rost, G., Zum Verhältnis von Naturrecht und Geschichte bei Martin Luther. In: NZSTh 4, 1962, 112ff.

Sasse, H., Art. Aion. In: RAC I, 193ff.

Sauter, G., Zukunft und Verheißung. Das Problem der Zukunft in der gegenwärtigen theologischen und philosophischen Diskussion, Zürich, Stuttgart 1965.

— Angewandte Eschatologie. Überlegungen zu Jürgen Moltmanns »Theologie der Hoffnung«. In: PTh 55, 1966, 384ff.

Seeberg, R., Lehrbuch der Dogmengeschichte, 4 Bde., Basel 1953⁴.

Seetzen, J., Entwicklung zu einer allgemeinen Systemtechnik. In: PTh 56, 1967, 160ff.

Seils, M., Der Gedanke vom Zusammenwirken Gottes und des Menschen in Luthers Theologie (BFChTh, 50), Gütersloh 1962.

Seybold, M., Zu Augustins »civitas terrena«. In: MThZ 17, 1966, 243ff.

Sigmund, P., Nicholas of Cusa and Medieval Political Thought, Cambridge/Mass. 1963.

Sikes, J. G., u. a. (Hrsg.), Guilleaume d' Ockham, Opera politica (bisher Bd. 1—3), Manchester 1940—1963.

Sjöberg, E., Neuschöpfung in den Toten-Meer-Rollen. In: StTh 9, 1955, 131ff.

Skard, E., Zwei religiös-politische Begriffe: Euergetes-Concordia (Avhandl. utg. av det Norske Videnskaps Akad. i. Oslo II, 2, Hist.-Fil. Kl., 1931), Oslo 1932, 1ff.

Smith, E. A., The Impact of St. Augustine's Millenialism on the Function of Church Tradition. In: Journal of Ecumenical Studies (Pittsburgh) 3, 1966, 133ff.

Snell, B., Theorie und Praxis. In: Die Entdeckung des Geistes. Studien zur Entstehung des europäischen Denkens bei den Griechen, Hamburg 1955, 401ff.

Sohm, R., Weltliches und geistliches Recht. In: Festgabe der Leipziger Juristenfakultät f. Dr. Karl Binding am 7. August 1913, München u. Leipzig 1914.

Suerbaum, W., Vom antiken zum frühmittelalterlichen Staatsbegriff. Über Verwendung und Bedeutung von Res publica, Regnum, Imperium und Status von Cicero bis Jordanis (Orbis antiquus, 16/17), Münster 1961.

Schaeffler, R., Die Struktur der Geschichtszeit (Philos. Abh., 21), Frankfurt/M. 1963.

Schafer, K., Die Staatslehre des Johannes Gerson, Diss. Köln 1955.

Scharffenorth, G., Römer 13 in der Geschichte des politischen Denkens. Ein Beitrag zur Klärung der politischen Traditionen in Deutschland seit dem 15. Jahrhundert, Diss. (rotapr.) Heidelberg 1964.

Scharnagel, A., Der Begriff der Investitur, Stuttgart 1908.
Scheuner, U., Art. Kirche und Staat. In: RGG³ III, 1327ff.
Schindler, A., Wort und Analogie in Augustins Trinitätslehre (HUTh, 4), Tübingen 1965.
Schlesinger, W., Herrschaft und Gefolgschaft in der germanisch-deutschen Verfassungsgeschichte. In: Herrschaft und Staat im Mittelalter (WdF, 2), Darmstadt 1964, 135ff.
Schlier, H., Der Christ und die Welt. Eine Auslegung von Röm 12, 1—2. In: Geist und Leben 38, 1965, 416ff.
Schlink, E., Theologie der lutherischen Bekenntnisschriften (Einführung in die ev. Theologie, 8), München 1948³.
— Nach dem Konzil (Siebenstern-Taschenbuch, 75), Göttingen 1966.
— Über die Befreiung der Kirchen zum Dienst an der Welt. In: Kirche und Staat. Festschr. f. H. Kunst, Berlin 1967, 134ff.
Schloemann, M., Natürliches und gepredigtes Gesetz bei Luther. Eine Studie zur Frage nach der Einheit der Gesetzesauffassung Luthers mit besonderer Berücksichtigung seiner Auseinandersetzung mit den Antinomern (Theol. Bibl. Töpelmann, 4), Berlin 1961.
Schloenbach, M., Heiligung als Fortschreiten und Wachstum des Glaubens in Luthers Theologie (SLAG, 13), Helsinki 1963.
Schmid, H. H., Wesen und Geschichte der Weisheit. Eine Untersuchung zur altorientalischen und israelitischen Weisheitsliteratur (BZAW, 101), Berlin 1966.
— Gerechtigkeit als Weltordnung. Hintergrund und Geschichte des alttestamentlichen Gerechtigkeitsbegriffes (BHTH, 40), Tübingen 1968.
Schmidt, J., Das göttliche Recht und seine Bedeutung im deutschen Bauernkrieg, Diss. Jena 1939.
Schmidt, J. M., Forschung zur jüdischen Apokalyptik. In: Verkündigung und Forschung (BhEvTh 14, 1969, 44ff.).
Schmidt, K. D. (Hrsg.), »Ansbacher Ratschlag« zur Barmer theologischen Erklärung. In: Die Bekenntnisse und grundsätzlichen Äußerungen zur Kirchenfrage, Bd. 2: Das Jahr 1934, Göttingen 1935, 102ff.
Schmidt, M., John Wyclifs Kirchenbegriff. Der Christus humilis Augustins bei Wyclif. Zugleich ein Beitrag zur Frage: Wyclif und Luther. In: Gedenkschr. f. W. Elert, Berlin 1955, 72ff.
— Luthers Schau der Geschichte. In: LuJ 30, 1963, 17ff.
Schmidt, M. A., Kirche und Staat bei Wilhelm von Ockham. In: ThZ 7, 1951, 265ff.
— Scholastik. In: Die Kirche in ihrer Geschichte, Bd. 2, Lieferung G (2. Teil), 67ff.
Schneemelcher, W., Kirche und Staat im Neuen Testament. In: Kirche und Staat. Festschr. f. H. Kunst, Berlin 1967, 1ff.
Scholz, H., Glaube und Unglaube in der Weltgeschichte. Ein Kommentar zu Augustins De civitate dei. Mit Exkurs: Fruitio dei, ein Beitrag zur Geschichte der Theologie und der Mystik, Leipzig 1911.
Scholz, R., Die Publizistik zur Zeit Philipps des Schönen und Bonifaz' VIII. (KRA, 6/8), Stuttgart 1903.
— Unbekannte kirchenpolitische Streitschriften aus der Zeit Ludwigs des Bayern (1327—1354). Analysen u. Texte, bearb. v. R. Scholz. 1. Teil: Analysen;

2. Teil: Texte (Bibl. d. Kgl. Preußischen Histor. Instituts in Rom, 9 u. 10), Rom 1911 u. 1914.
— (Hrsg.), Aegidius Romanus, De ecclesiastica potestate (Weimar 1929), Nachdr. Aalen 1961.
— Wilhelm von Ockham als politischer Denker und sein Breviloquium de principatu tyrannico (Schriften d. Reichsinstituts für ältere deutsche Geschichtskunde = MG, 8), Stuttgart (1944) Nachdr. 1952.
Schott, E., Fleisch und Geist nach Luthers Lehre, unter besonderer Berücksichtigung des Begriffs »totus homo«, Leipzig 1928.
Schrage, W., Die konkreten Einzelgebote in der paulinischen Paränese. Ein Beitrag zur neutestamentlichen Ethik, Gütersloh 1961.
— Die Stellung zur Welt bei Paulus, Epiktet und in der Apokalyptik. Ein Beitrag zu 1 Kor 7, 29—31. In: ZThK 61, 1964, 125ff.
Schramm, P. E., Kaiser, Rom und Renovatio ... Studien zur Geschichte des römischen Erneuerungsgedankens vom Ende des Karolingischen Reiches bis zum Investiturstreit (Stud. d. Bibl. Warburg, 17, 1 u. 2, 1929), Darmstadt 1962[3].
— Die Krönung bei den Westfranken und Angelsachsen von 878—1000. In: ZSavRG 54, kan. Abt. 23, 1934, 117ff.
— Die Krönung in Deutschland bis zum Beginn des salischen Hauses. In: ZSavRG 55, kan. Abt. 24, 1935, 184ff.
— Sacerdotium und Regnum im Austausch ihrer Vorrechte. Eine Skizze der Entwicklung zur Beleuchtung des »Dictatus Papae« Gregors VII. In: Studi Gregoriani 2, 1947, 403ff.
— Die Anerkennung Karls d. Großen als Kaiser, ein Kapitel aus der Geschichte der mittelalterlichen »Staatssymbolik«. In: HZ 172, 1951, 449ff.
— Das Zeitalter Gregors VII. Ein Bericht. In: GGA 207, 1953, 62ff.
— u. a., Herrschaftszeichen und Staatssymbolik, Beiträge zu ihrer Geschichte vom 3. bis zum 16. Jahrhundert (Schriften der MG, 13/II u. III), Stuttgart 1955 u. 1956.
Schrey, H. H., Aufhebung oder Erfüllung der Geschichte? Ein Beitrag zum Verständnis der Lehre von den zwei Reichen. In: EvTh 15, 1955, 572ff.
Schubert, H. v., Geschichte der christlichen Kirche im Frühmittelalter, Tübingen 1921.
— Petrus Damiani als Kirchenpolitiker. In: Festgabe K. Müller, Tübingen 1922, 83ff.
— Der Kampf des geistlichen und weltlichen Rechts (SAH, phil.-hist. Kl., 1926/27, 2. Abh.), Heidelberg 1927.
Schubert, P. A., Augustins Lex-aeterna-Lehre nach Inhalt und Quellen (BGPhMA, 24, 2), Münster 1924.
Schulz, F., Geschichte der römischen Rechtswissenschaft, Weimar 1961.
Schulze, H., Gottesoffenbarung und Gesellschaftsordnung (FGLP, 10. Reihe, Bd. XXXV), München 1968.
— Begriff und Kriterien einer theologischen Handlungslehre — im Gegenüber zu paränetischer und ordnungstheologischer Ethik. In: EvTh 29, 1969, 183ff.
Schunack, G., Das hermeneutische Problem des Todes (HUTH, 7), Tübingen 1967.
Schwarte, K.-H., Die Vorgeschichte der augustinischen Weltalterlehre (Antiquitas, R. 1: Abh. z. Alten Geschichte, 12), Bonn 1966.

Schwarz, R., Fides, spes und caritas beim jungen Luther, unter besonderer Berücksichtigung der mittelalterlichen Tradition (AKG, 34), Berlin 1962.
Schweitzer, W., Der entmythologisierte Staat. Studien zur Revision der evangelischen Ethik des Politischen (Studien zur ev. Ethik, 3), Gütersloh 1968.
Schweizer, E., Die Kirche als Leib Christi in den paulinischen Homologumena. In: ThLZ 86, 1961, 161 ff.
Schwer, W., Stand und Ständeordnung im Weltbild des Mittelalters (Görres-Ges., Veröffentl. d. Sekt. f. Soz.- u. Wirtsch.wiss., 7), Paderborn (1934) 1952^2.
Schwerin, Cl. Frhr. v., Zur Herkunft des Schwertsymbols. In: Festschr. P. Koschaker, 3. Bd., Weimar 1939, 324 ff.

Steck, O. H., Israel und das gewaltsame Geschick der Propheten. Untersuchungen zur Überlieferung des deuteronomistischen Geschichtsbildes im Alten Testament, Spätjudentum und Urchristentum (WMANT, 23), Neukirchen 1967.
— Das Problem theologischer Strömungen in nachexilischer Zeit. In: EvTh 28, 1968, 445 ff.
Steger, H., David rex et propheta. König David als vorbildliche Verkörperung des Herrschers und Dichters im Mittelalter, nach Bilddarstellungen des 8.—12. Jahrhunderts (Erlanger Beitr. zur Sprach- u. Kunstwiss., 6), Nürnberg 1961.
Steinbach, F., Geburtsstand, Berufsstand und Leistungsgemeinschaft (Stud. z. Geschichte des Bürgertums, 2). In: Rhein. Vierteljahrsbll. 14, 1949, 35 ff.
Steinmüller, W., Evangelische Rechtstheologie. Zweireichelehre — Christokratie — Gnadenrecht. 2 Halbbde. (Forschungen zur kirchlichen Rechtsgeschichte u. zum Kirchenrecht, 8. Bd. (I u. II)), Köln, Graz 1968.
Stempel, H.-A., Die heidnische Religion in der Theologie Augustins, Diss. (mschr.) Heidelberg 1964.
Stickler, A. M., Il potere coattivo materiale della Chiesa nella Riforma Gregoriana secondo Anselmo di Lucca. In: Studi Gregoriani 2, 1947, 235 ff.
— Der Schwerterbegriff bei Huguccio. In: Ephemerides Iuris Canonici 3, 1947, 201 ff.
— Il »gladius« nel Registro di Gregorio VII. In: Studi Gregoriani 3, 1948, 89 ff.
Storck, H., Das allgemeine Priestertum bei Luther (ThEx, NF. 33), München 1953.
Straub, J., Augustins Sorge um die regeneratio imperii. Das Imperium Romanum als civitas terrena. In: HJ 73, 1954, 36 ff.
Strauss, R., Der neue Mensch innerhalb der Theologie Augustins, Zürich 1967.
Strayer, J. R., The Development of Feudal Institutions. In: M. Clagett, Twelfth-Century Europe, 77 ff.
Strobel, A., Kerygma und Apokalyptik. Ein religionsgeschichtlicher Beitrag zur Christusfrage, Göttingen 1967.
— Zum Verständnis von Römer 13. In: ZNW 47, 1956, 67 ff.
Stuhlmacher, P., Gerechtigkeit Gottes bei Paulus (FRLANT, 87), Göttingen 1965.
— Erwägungen zum ontologischen Charakter der *καινὴ κτίσις* bei Paulus. In: EvTh 27, 1967, 1 ff.
— Erwägungen zum Problem von Gegenwart und Zukunft in der paulinischen Eschatologie. In: ZThK 64, 1967, 423 ff.
— Christliche Verantwortung bei Paulus und seinen Schülern. In: EvTh 28, 1968, 165 ff.
— Das paulinische Evangelium. I. Vorgeschichte (FRLANT), Göttingen 1968.

Tellenbach, G., Kaisertum, Papsttum und Europa im hohen Mittelalter. In: Historia mundi, 6. Hohes und spätes Mittelalter, 1958, 9ff.
— Libertas, Kirche und Weltordnung im Zeitalter des Investiturstreits. (FKGG, 7), Stuttgart 1936.
— Die Bedeutung des Reformpapsttums für die Einigung des Abendlandes. In: Studi Gregoriani 2, 1947, 125ff.
Tengström, E., Donatisten und Katholiken. Soziale, wirtschaftliche und politische Aspekte einer Nordafrikanischen Kirchenspaltung (Studia graeca et latina Gothoburgensia 18; Acta Universitatis Gothoburgensis), Göteborg 1964.
Testard, M., Saint Augustin et Cicéron, 2 Bde., Paris 1958.
Theiler, W., Porphyrios und Augustin (SGK, geisteswiss. Kl., 10, 1), Halle (Saale) 1933.
— Plotin zwischen Plato und Stoa. In: Fondation Hardt. Entretiens V, Genève 1960, 63ff.
Thiele, E., Luthers Sprichwörtersammlung, Weimar 1900.
Thielicke, H., Theologische Ethik, II, 1, Tübingen 1959²; II, 2, 1958.
Tierney, B., Some Recent Works on the Political Theories of the Medieval Canonists. In: Traditio 10, 1954, 594ff.
— Foundations of the Conciliar Theory. The Contribution of the Medieval Canonists from Gratian to the Great Schism (Cambridge Studies in Medieval Live and Thought, N. S. 4), Cambridge 1955.
— »Tria quippe sunt iudicia ...«. A Note on Innocent III's Decretal Per Venerabilem. In: Speculum 37, 1962, 48ff.
Tillmann, H., Papst Innozenz III. (Bonner histor. Forschungen, 3), Bonn 1954.
Timm, H., Friedrich Naumanns theologischer Widerruf (ThEx NF., 141), München 1967.
— Theorie und Praxis in der Theologie Albrecht Ritschls und Wilhelm Herrmanns. Ein Beitrag zur Entwicklungsgeschichte des Kulturprotestantismus (Studien zur Evangelischen Ethik, 1), Gütersloh 1967.
Tiralla, H., Das augustinianische Idealbild der christlichen Obrigkeit als Quelle der Fürstenspiegel des Sedulius Scotus und Hinkmar von Reims, Diss. Greifswald 1916.
Tödt, H. E., Ernst Troeltschs Bedeutung für die evangelische Sozialethik. In: ZEE 10, 1966, 227ff.
— Kirche und Gesellschaft im Dialog zwischen Protestanten und Römischen Katholiken. In: ÖR 16, 1967, 33ff.
— Bedeutung und Mängel der Genfer Weltkirchenkonferenz. In: ZEE 11, 1967, 2ff.
— s. bei Howe, G. und Rendtorff, T.
Törnvall, G., Geistliches und weltliches Regiment bei Luther. Studien zu Luthers Weltbild und Gesellschaftsverständnis (FGLP, 10, 2), München 1947.
— Der Christ in den zwei Reichen. In: EvTh 10, 1950—51, 66ff.
— Die sozialtheologische Hauptaufgabe der Regimentenlehre. In: EvTh 17, 1957, 407ff.
Tournier, F., Les deux cités dans la littérature chrétienne. In: Etudes 123, 1910, 644ff.
Treblin, H., Herrschen oder Dienen? Ein Beitrag zur Diskussion über die Lehre von den zwei Reichen. In: EvTh 14, 1954, 448ff.

Trillhaas, W., Die lutherische Lehre von der weltlichen Gewalt und der moderne Staat. In: Macht und Recht. Beitr. z. luth. Staatslehre der Gegenwart, Hrsg. v. H. Dombois u. E. Wilkens, Berlin 1956, 22ff.
— Der Beitrag des Luthertums zur heutigen Sozialethik — Kritik und Programm. In: Glaube und Gesellschaft (Beih. LR), 1966, 59ff.
Troeltsch, E., Die Soziallehren der christlichen Kirchen und Gruppen (Ges. Schr. I), Tübingen 1912.
— Augustin, die christliche Antike und das Mittelalter. Im Anschluß an die Schrift »De Civitate Dei« (Histor. Bibl., 36), (München 1915) Nachdr. Aalen 1963.
— Zur religiösen Lage, Religionsphilosophie und Ethik. Ges. Schriften II, Tübingen 1913.

Ullmann, W., The Influence of John of Salisbury on Medieval Italian Jurists. In: English Historical Review 59, 1944, 384ff.
— Medieval Papalism: The Political Theories of the Medieval Canonists, London 1949.
— The Growth of Papal Government in the Middle Ages, London 1955. dtsch.: Die Machtstellung des Papsttums im Mittelalter. Idee und Geschichte, Graz, Wien, Köln 1960.
— Principles of Government and Politics in the Middle Ages, London 1961.

Vielhauer, P., Apokalypsen und Verwandtes. Einleitung. In: A. Hennecke u. W. Schneemelcher, Neutestamentliche Apokryphen, II, Tübingen 1964[3], 407ff.
Vignaux, P., Sut Luther et Ockham. In: Wilhelm von Ockham. Aufsätze, Münster 1950, 21ff.
Vischer, L., Die Auslegungsgeschichte von I. Kor. 6, 1—11: Rechtsverzicht und Schlichtung (Beiträge zur Geschichte der neutestamentlichen Exegese, 1), Tübingen 1955.
Voigt, K., Staat und Kirche von Konstantin dem Großen bis zum Ende der Karolingerzeit, Stuttgart 1936.
Volz, P., Die Eschatologie der jüdischen Gemeinde im neutestamentlichen Zeitalter. 2. Aufl. d. Werks »Jüdische Eschatologie von Daniel bis Akiba«, Tübingen 1934.
Vorster, H., Das Freiheitsverständnis bei Thomas von Aquin und Martin Luther, Göttingen 1965.

Waas, A., Die Bauern im Kampf um Gerechtigkeit 1300—1525, München 1964.
Walker, R., Studie zu Rö 13, 1—7 (ThEx, 132), München 1966.
Walther, Chr., Theologie und Gesellschaft. Ortsbestimmung der evangelischen Sozialethik, Zürich/Stuttgart 1967.
Wappler, P., Thomas Müntzer in Zwickau und die »Zwickauer Propheten« (SVRG, Jahrg. 71, Nr. 182), Gütersloh 1966.
Weber, M., Gesammelte Aufsätze zur Religionssoziologie I, Tübingen 1947[4].
— Der Nationalstaat und die Volkswirtschaftspolitik (1895). In: Gesammelte politische Schriften, Tübingen 1958[2], 1ff.
Weiler, A. G., Neuere Literatur zum Problem der Regierungsgewalt und der Autorität der Kirche im Frühen Mittelalter. In: Concilium 7, 1965, 599ff.

Weinberg, A. M., Reflections on Big Science, The M. I. T. Press, The Massachusetts Institute of Technology, 1967.
Weizsäcker, C. F. v., Bedingungen des Friedens, Göttingen 1963.
— Die Tragweite der Wissenschaft. 1. Bd.: Schöpfung und Weltentstehung. Die Geschichte zweier Begriffe, Stuttgart 1964.
— Friede und Wahrheit. In: Deutscher evangelischer Kirchentag, Hannover 1967, Dokumente, Stuttgart, Berlin 1967, 748ff.
— Friedlosigkeit als seelische Krankheit. In: PTh 57, 1968, 12ff.
Wendebourg, E.-W., Erwägungen zu Ebelings Interpretation der Lehre Luthers von den zwei Reichen. In: KuD 13, 1967, 99ff.
Wendland, H. D., Ethik und Eschatologie in der Theologie des Paulus. In: NKZ 41, 1930, 757ff.; 793ff.
— Die Weltherrschaft Christi und die zwei Reiche. Zur Lehre von den zwei Reichen. In: Kosmos und Ekklesia. Festschr. f. W. Stählin, 1953, 23ff. (abgedr. in: Botschaft an die soziale Welt, Hamburg 1959, 85ff.)
Wendland, P., Philo und die kynisch-stoische Diatribe (Wendland-Kern, Beitr. z. Gesch. d. gr. Philos. u. Rel.), Berlin 1895.
Wessels, P. B., Der höfische Ritter. Ein Wanderer zwischen zwei Welten. In: Nymegener Universitätsreden 1952, 16ff.
Westermann, C., Zum hermeneutischen Problem des Redens von Schöpfer und Schöpfung. In: ThLZ 92, 1967, 243ff.
— Genesis. In: BK I, 1—3, Neukirchen 1966.
— Der Segen in der Bibel und im Handeln der Kirche, München 1968.
Wieruszowski, H., Vom Imperium zum nationalen Königtum. Vergleichende Studien über die publizistischen Kämpfe Kaiser Friedrichs II. und König Philipps des Schönen mit der Kurie (HZ, Beih. 30), München, Berlin 1933.
Wiesenthal, F., Die Wandlung des Friedensbegriffes von Augustinus zu Thomas von Aquino, Diss. jur. (mschr.) München 1948.
Wilkens, E. (Hrsg.) Die Zukunft der Kirche und die Zukunft der Welt. Die Synode der EKD 1968 Zur Weltverantwortung der Kirche in einem revolutionären Zeitalter, München 1968.
Wilkens, U., Das Offenbarungsverständnis in der Geschichte des Urchristentums. In: Offenbarung als Geschichte. Hrsg. v. W. Pannenberg, Göttingen (1961) 1963^2, 42ff.
Wilks, M. J., The Problem of Sovereignty in the Later Middle Ages. The Papal Monarchy with Augustinus Triumphus and the Publicists, Cambridge (1963) 1964^2.
Willis, G. G., Saint Augustine and the Donatist Controversy, London 1950.
Wingren, G., Luthers Lehre vom Beruf (FGLP 10, 3), München 1952.
— Das Problem des Natürlichen bei Luther. In: I. Asheim (Hrsg.), Kirche, Mystik, Heiligung ..., Göttingen 1967, 156ff.
Wlosok, A., Laktanz und die philosophische Gnosis. Untersuchungen zur Geschichte und Terminologie der gnostischen Erlösungsvorstellungen (AHAW, 2), Heidelberg 1960.
Wölber, H.-O., Politisierung — Gefahr für die Einheit der Kirche? In: Ev. Kommentare 3, 1968, 136ff.
Wölfel, E., Luther und die Skepsis. Eine Studie zur Kohelet-Exegese Luthers (FGLP, 10, 12), München 1958.

Wolf, Erik, Große Rechtsdenker der deutschen Geistesgeschichte, Tübingen 1963[4].

Wolf, Ernst, Peregrinatio. Studien zur reformatorischen Theologie und zum Kirchenproblem, München, Bd. I, (1954) 1962[2].

— Gottesrecht und Menschenrecht. Zum Problem des Naturrechts in evangelischer Sicht (ThEx, NF. 42), München 1954.

— Der christliche Glaube und das Recht. Zu J. Heckel, Lex charitatis. In: ZevKR 4, 1955, 225ff.

— Die »lutherische Lehre« von den zwei Reichen in der gegenwärtigen Forschung. In: ZevKR 6, 1957/58, 255ff.

— Die Königsherrschaft Christi und der Staat. In: W. Schmauch u. E. Wolf, Königsherrschaft Christi. Der Christ im Staat (ThEx, 64), München 1958, 20ff.

— Politischer Gottesdienst. Theologische Bemerkungen zu Röm. 13. In: Ecclesia und Res Publica. Hrsg. v. G. Kretschmar u. B. Lohse, Göttingen 1961, 51ff.

— Königsherrschaft Christi und Zwei-Reiche-Lehre. Dritte Variation zu einem heute aufgegebenen Thema. In: Vom Herrengeheimnis der Wahrheit. Festschr. f. H. Vogel, Berlin, Stuttgart 1962, 277ff.

— Peregrinatio. Bd. II: Studien zur reformatorischen Theologie, zum Kirchenrecht und zur Sozialethik, München 1965.

Wolff, H. W., Das Geschichtsverständnis der alttestamentlichen Prophetie. In: EvTh 20, 1960, 218ff.

— Gesammelte Studien zum Alten Testament (ThB, 22), München 1964.

Wünsch, G., Die Bergpredigt bei Luther. Eine Studie zum Verhältnis von Christentum und Welt. Tübingen 1920.

— Der Zusammenbruch des Luthertums als Sozialgestaltung, Tübingen 1921.

Zahrnt, H., Luther deutet Geschichte, München 1952.

— Die Sache mit Gott. Die protestantische Theologie im 20 Jh., München 1966.

Zarb, S., Chronologia Enarrationum S. Augustini in Psalmos, La Valetta 1948 (= Angelicum 12—17, 1935—1940; 24—25, 1947—1948).

Zerbi, P., Il termine »fidelitas« nelle lettere di Gregorio VII. In: Studi Gregoriani 3, 1948, 129ff.

Zsifkovits, V., Der Staatsgedanke nach Paulus in Röm 13, 1—7 mit besonderer Berücksichtigung der Umwelt und der patristischen Auslegung (Wiener Beitr. z. Theol., 8), Wien 1964.

Zwölfer, T., St. Peter, Apostelfürst und Himmelspförtner. Seine Verehrung bei den Angelsachsen und Franken, Stuttgart 1929.

Korrekturnachträge:

Bornkamm, G., Paulus (Urban Bücher, 119), Stuttgart 1969.

Philippi, P., Christozentrische Diakonie, Stuttgart 1963.

Picht, G., Wahrheit, Vernunft, Verantwortung. Philosophische Studien. Stuttgart 1969 (abgekürzt: WVV. Hierin sind alle oben angegebenen Aufsätze enthalten außer: 1. Die Verantwortung des Geistes; 2. Mut zur Utopie).

Scheible, H. (Hrsg.), Das Widerstandsrecht als Problem der deutschen Protestanten 1523—1546 (Texte z. Kirchen- u. Theologiegesch., H. 10), Gütersloh 1969.

Schrey, H.-H. (Hrsg.), Reich Gottes und Welt. Die Lehre Luthers von den zwei Reichen (WdF, CVII), Darmstadt 1969.

SACHREGISTER

(Auswahl)

PERSONENREGISTER

NACHWORT ZUR 2. AUFLAGE

Mein Ziel in diesem Nachwort ist aus Raumgründen nur ein dreifaches: 1. im Blick auf die Details der historischen Untersuchungen Verbesserungen und ausgewählte, weiterführende Literatur zu vermerken; 2. die offenen Fragen des Schlußkapitels neu zu stellen und zu ergänzen; 3. einige grundsätzliche Überlegungen zu Auswahl und Behandlung des Materials und der systematischen Probleme anzufügen.

1. Kritik und Ergänzungen der historischen Details

Obwohl zu Einzelheiten des Abschnittes zur *Apokalyptik* eine Überfülle an neuer Literatur erschienen ist, sehe ich keinen Anlaß, an den dargestellten großen Linien zu ändern. Ebenso hat sich die herausgearbeitete Linie von *Platon* über *Philon* zu *Paulus* (Rö 7) bestätigt (Käsemann, ²1974, 190: »unbestreitbar«; vgl. 196). Den Zusammenhang von erneuerter Vernunft und Liebe (Rö 12,2 u. Rö 13, 8—10 als Rahmen der paulinischen Paränese) versuchen Honecker (1971) und Klein (1973) zu differenzieren. Neben erwägenswerten Gedanken finde ich in ihren Ausführungen jedoch ein Mißverständnis und einen bleibenden Unterschied der Auffassungen. Einerseits habe ich ausdrücklich abgelehnt, die erneuerte Vernunft als habituelle Eigenschaft der Christen zu verstehen und sie stattdessen gerade in den eschatologischen Kampfprozeß und die damit verbundenen Anfechtungen und Unvollkommenheiten eingebettet beschrieben (117). Andererseits bleibe ich mit Käsemann (316) bei meiner These, der erneuernde Christusgeist ermögliche nicht nur Handeln gemäß der Vernunft, sondern stärke auch deren kritische Fähigkeit. Systematisch und im Blick auf die Neuzeit würde ich heute diesen Akzent sogar eher verstärken. Umsoweniger kann ich Käsemann auf der anderen Seite zustimmen, wenn er dem Apostel in Rö 13, 1—7 dieses kritische Prüfen absprechen will und behauptet (340): »Es genügt, daß politische Gewalt sich als solche durchsetzen kann ... Jeder Satz läßt sich auch in einem Polizeistaat aufrechterhalten.« Zwar teile ich ausdrücklich seine Ablehnung der Schöpfungsordnungstheologie, sehe aber in den theologischen und praktischen Begründungen des Textes (gut–böse) eine inhaltliche Reflexion des Paulus, die keineswegs Unterwerfung unter jede faktische Gewalt einschließt, obwohl die Widerstandsfrage als solche im Text nicht thematisiert wird.

Zumeist ungeteilte Zustimmung hat das *Augustinus*kapitel gefunden (J. Ratzinger, JbAC 15, 1972, 187: »Überzeugend ist die minutiöse Analyse der Entstehung von Augustins civitas-Lehre, in der wohl weitgehend Abschließendes gesagt sein dürfte.« Vgl. K. Thraede [1977], der neben den spezialisierten Augustinzeitschriften auch die beste Quelle für neuere Literatur zum Thema darstellt). Zu ergänzen ist der Hinweis von Y. Congar, daß die Christologie im Zusammenhang der Anschauung von der civitas dei stärker hätte herausgearbeitet werden können (RSPhTh 57, 1973, 302; vgl. dazu auch D. Ritschl, Memory and Hope, 1967).

Eine gute Gegenkontrolle zu meiner Darstellung des *Mittelalters* ist die große, gleichzeitig erschienene Monographie »Regimen christianum« von W. Kölmel. Freilich fehlt bei ihm die Perspektive augustinisch-biblischer Eschatologie, so daß er mit »christlicher Herrschaft, Staat und Politik« (569) im Mittelalter meines Erachtens zu unkritisch umgeht — das Umgekehrte, was er verständlicherweise mir in seiner Rezension vorwirft (HJ 93, II). An wichtigen Einzelkorrekturen sei vermerkt: Nicht Petrus Damiani benutzt zum ersten Mal die Terminologie von den zwei Schwertern im Zusammenhang von Lk 22, 38 (345 u. 368), sondern Nikolaus von Clairvaux (gest. um 1170), dessen Sermo 69 später Damiani zugeschrieben wurde (vgl. Ryan [1947] u. Grillmeier in ThPh 2/1971, 293). Der sogenannte Anonymus von York (361 f.) heißt seit den Forschungen von G. H. Williams Normannischer Anonymus oder Anonymus von Rouen (vgl. Grillmeier, a. a. O.). Kritische Bemerkungen zu meiner Thomasinterpretation finden sich in der Rezension bei Utz (377 ff.). Wichtige Ergänzungen zur Stände- oder Hierarchienlehre bieten Maurer (1970) und Schwarz (1978).

Hier ist auch eine weitere Klärung der Position *Luthers* zu verzeichnen. Hilfreich ist die Unterscheidung der Dimensionen von Luthers Denken mit Hilfe dreier Fragen, die K. Schwarzwäller vorschlägt (in: Hasselmann [1980] I, 44 f.). Hinzuweisen ist dabei noch einmal auf meine Selbstkorrektur oben, 572, Anm. 514: Man darf die Unterscheidung Gottesverhältnis — Weltverhältnis des Menschen nicht gleichsetzen mit der anderen coram deo — coram mundo. »Coram« bezeichnet den Ort eines (Gerichts)urteils »vor« (im Angesicht von) jemandem. So können beide, das Gottes- wie das Weltverhältnis, jeweils aus der Perspektive Gottes oder der Welt beurteilt werden. Schon von daher ist es abwegig, in Luthers Reiche-, Regimenten- und Ständelehre (RRL) den Aspekt des Handelns Gottes und den des menschlichen Verhaltens gegeneinander auszuspielen (so G. Müller in: Hasselmann I, 38; vgl. dagegen Tödt, ebd. II, 74, u. Müller selbst II, 157 ff.). Die Unterscheidungen und Zuordnungen berühren das Gesamte der Theologie und sind je nach der Front, in der Luther spricht, jeweils zugespitzt. Tödt (61 f.) formuliert treffend, daß die RRL »Anleitung zum Urteilen, zum Unterscheiden und Zuordnen« ist. Darum ist sie »Orientierung im Schnittpunkt aller theologischen Perspektiven« (ebd., 90 im Anschluß an G. Ebeling). Es geht bei der stets voraufgehenden und umfassenden Aktivität Gottes gerade um die freie oder gezwungene Kooperation des Menschen mit Gottes liebendem Handeln gegen die Mächte des Bösen in den konkreten Lebenszusammenhängen. (Den eschatologischen Kampfaspekt habe ich gegenüber der Grafik oben, 573 inzwischen deutlicher darstellen können in: Zwei Reiche und Regimente, 1977, 14 f.)

2. Zur Wirkungs- und Rezeptionsgeschichte von Luthers Reiche- und Regimentenlehre

War die Aufnahme des Buches, das den ersten Teil der historischen Vorarbeit bis Luther leisten sollte und noch kaum die systematischen Fragen der Gegenwart entfaltete, sowohl in den vielen akademischen Rezensionen wie in Reaktionen der Pfarrerschaft (in der DDR und vielen anderen Ländern sogar der Kirchenleitungen) sehr positiv, so brach ein offener Streit in der Bundesrepublik aus, als ich begann, die Andeutungen des Schlußkapitels im Rahmen des internationalen Luthertums auszuführen. Das lag u. a. an der Tatsache, daß ich die Fragen nicht in der ursprünglich geplanten ausgearbeiteten Form behandeln konnte. Da die Zeit zwischen der Reformation und der Gegenwart kaum erforscht war, wählte die Studienkommission des Lutherischen Weltbundes (LWB), unter deren Leitung ich damals arbeitete, die Form kommentierter Quellenhefte (Texte 17, 21 u. 22) und internationaler Fallstudien zu Theorie und Praxis lutherischer Kirchen (Zwei Reiche und Regimente, 1977), um die Diskussion und weitere Forschungen anzuregen. Die verschiedenen literarischen Fehden fanden ihren Höhepunkt und (vorläufigen) Abschluß in einer Konsultation in Pullach, die Niels Hasselmann dokumentiert und mit Literaturhinweisen ergänzt hat (a. a. O.). Band II enthält den Aufsatz von *Heinz Eduard Tödt,* der bereits formuliert, was in diesem 2. Teil des Nachwortes bei mehr Raum zu sagen wäre, wobei W. Huber, »Eigengesetzlichkeit« und »Lehre von den zwei Reichen« (ebd., 27–51) zur Ergänzung herangezogen werden sollte. Ich kann mich deshalb auf die Hervorhebung einiger wichtiger Gesichtspunkte beschränken.

Grundlegend ist es, zwischen Wirkungs- und Rezeptionsgeschichte von Luthers RRL zu unterscheiden. *Wirkungsgeschichtlich* ging das vielfältige Beziehungsnetz von Luthers Anschauungen bereits in der Entwicklung zur Konkordienformel weitgehend verloren (Schwarzwäller in: Hasselmann I, 41 ff.). Nur einzelne Elemente wurden tradiert — aus dem Zusammenhang gerissen und darum oft im Gegensatz zu Luthers Intentionen —, so vor allem die Anschauung von drei Ständen (M. Schmidt [1973], 164 u. 167, W. Huber, Kirche und Öffentlichkeit [1973], 62 f.), aber auch der Begriff der Reiche in der Umformulierung von Reich der Gnade — Reich der Natur (Tödt, 79 f.). Allerdings kommt es in der großen protestantischen Religionsphilosophie des 18. und 19. Jahrhunderts zu einer Neuaufnahme der systematischen Probleme auf einem Niveau, das einem Augustin und einem Luther vergleichbar ist. Hier geht jedoch die Einsicht Luthers verloren, daß es in den Reichen, Regimenten und Ständen um Gottes eschatologischen Kampf mit dem Reich Satans geht. Nur Kant entwirft immerhin noch eine Lehre vom radikalen Bösen. Fichte identifiziert das Reich des Rechts und das Reich Gottes, während Hegel in seiner Philosophie des absoluten Geistes den Charakter der Reiche neu bestimmt. Die in den nächsten Generationen folgenden theologischen Schulen vermitteln oft die Spannung beider Reiche über das Reich der Sittlichkeit und erwarten eine zunehmende Verchristlichung in Staat und Kultur (Tödt, 80 ff.). Diese ganze noch unaufgearbeitete Wirkungsgeschichte, in der auch besonders die Rolle des Pietismus aufgehellt werden müßte, betrifft also nur einzelne Traditionselemente und dies meist ohne direkten Bezug auf Luther.

Was dann ab Ende des 19. Jahrhunderts mit der Aufnahme von Elementen von Luthers RRL geschieht, läßt sich eher als *Rezeptions-* denn als Wirkungs*geschichte* beschreiben — eben weil keine durchgehende Tradition vorliegt (vgl. meine Bemerkungen in: Hasselmann I, 18 f.). In dem Moment nämlich, wo die spätidealistischen Vermittlungen auseinanderbrechen — zum Beispiel in der Exegese, wo Johannes Weiß 1892 den futurisch-apokalyptischen Charakter des Reiches Gottes einseitig betont, und in der Philosophie des Neukantianismus —, greifen liberale Denker wie die schon im Schlußkapitel erwähnten und in Texte 21 dokumentierten W. Herrmann, R. Sohm, F. Naumann, M. Weber auf dichotomisch klingende Formulierungen in Luthers RRL zurück. Sie stützen sich dabei vielfach auf Luthardts neukantianische Lutherauslegung, um zu beweisen, daß der »große Doktor deutschen Glaubens« »politische Dinge als außerhalb des Wirkungskreises der Heilsverkündigung« betrachtete (Texte 21, 53). Bei Max Weber hat der die Dichotomien verfestigende Begriff der »Eigengesetzlichkeit« seinen Ursprung (vgl. Huber in: Hasselmann II, 30 im Anschluß an Honecker). Diese neulutherischen dualistischen oder dichotomischen Formeln sieht E. Troeltsch als von Luther selbst stammend an. Er hat damit, trotz kritischer Widerlegung vieler seiner Thesen (vgl. zum Beispiel Holl und Elert), das Lutherbild besonders in den Sozialwissenschaften entscheidend geprägt, aber auch die in der Praxis lutherischer Kirchen vorhandene Tendenz zur »Scheidung der Gebiete« bestärkt (vgl. mein »Zwei Reiche und Regimente«, 1977). Diese selektive und falsche Lutherinterpretation unter den Liberalen entspringt freilich nicht vorwiegend fehlerhaftem historischen Forschen und Nachdenken. Vielmehr wirkt sich in ihr das Interesse aus, dem klassisch naturwissenschaftlich-technischen Weltbild, das mit seinen mechanisch-deterministischen Kategorien (»Eigengesetzlichkeit«!) für die wissenschaftliche Sicht fast aller Bereiche des Lebens dominant wurde und der Religion wenig Raum ließ, in allen »äußeren Bereichen« entgegenzukommen. Dadurch wollte man wenigstens die Innerlichkeit der Person als einen eigenständigen, ganz anderen Bereich reklamieren, in dem Glauben und Vertrauen, Gnade und Liebe ihren Ort hätten.

Es ist dieser »Dualismus« von (ausgegrenzter) »lutherischer Innerlichkeit« und (an das mechanistische Weltbild angepaßter) »lutherischer Weltlichkeit«, den Karl Barth zum ersten Mal unter dem Stichwort »Lutherische Lehre von den zwei Reichen« in der Person von Paul Althaus angreift (1922: Texte 22, 40 ff.; vgl. Nowack [1981]). Zur festen Terminologie wird dieser Topos aber erst, als seit 1933 nachgiebige oder willfährige Theologen und Kirchenführer dem Gleichschaltungsdruck der Nationalsozialisten auf die Evangelischen Kirchen mehr oder weniger entsprachen und die Anpassung an die Forderungen staatlicher Macht mit Hilfe der neulutherischen »Zweireichelehre« (ZRL) rechtfertigten. Das veranlaßte kritische Theologen zu näherer Untersuchung der RRL, wobei Harald Diems Buch Luthers Lehre von den zwei Reichen (1938) einen fortgeschrittenen Stand der terminologischen Verfestigung der wichtigsten Begriffe der RRL repräsentiert. In dieser Zeit wird also (nach Vorarbeiten von K. Holl) unter Aufnahme der berechtigten reformierten Kritik am Neuluthertum in ernsthafter historischer und theologischer Arbeit auf Luther selbst in der Ganzheit seiner Gedanken zurückgegriffen. Nach dem Ende des 2. Weltkriegs zeigt das Buch von G. Forck im Rückgriff auf diesen Erkenntnisstand, daß die recht verstandene Lehre Luthers mit dem reformierten Spitzenbegriff der Herrschaft Christi nicht unvereinbar ist.

Doch stießen die Ergebnisse der kritisch-selbstkritischen Lutherforschung auf erheblichen Widerstand, da sie der gängigen Argumentation mit der dichotomischen »ZRL« den Boden entzogen, zum Beispiel beim Streit um die Remilitarisierung der Bundesrepublik und um ihre Ausstattung mit Atomwaffen. Der Luther verfälschende und im Extrem häretische Ansatz der neulutherischen »ZRL« blieb also auch in der Nachkriegszeit eine schwere Hypothek für lutherische Kirchen, zumal diese — jedenfalls in der Bundesrepublik — eine kritische Verarbeitung dieses Sachverhalts im ganzen abgewiesen haben. Stattdessen argumentieren sie bis heute in kritischen Fällen wie dem ökumenischen Programm zur Bekämpfung des Rassismus oder dem Kampf gegen neue atomare Massenvernichtungsmittel, die einen großen Krieg wieder führbar machen, immer noch mit den dichotomischen Mustern aus der Zeit vor den Erfahrungen und Erkenntnissen der Bekennenden Kirche (»Kirche und Evangelium nicht mit Politik vermischen«), wenn auch neuerdings oft auf den Gebrauch des Terminus »ZRL« verzichtet wird.

Das führt zu der doppelten Frage: hat nicht Luther selbst einen Anteil an dieser Fehlrezeption? Und soll man sich überhaupt noch weiter um die RRL bemühen? Zur *erstern* Frage hat Tödt (123 ff.) die drei wichtigen Punkte genannt: 1. Luther hat — gegen seine RRL — in seiner Spätzeit der Entwicklung zum staatskirchlichen System des Landeskirchentums nachgegeben und sogar staatliche Bekämpfung von Juden und Häretikern befürwortet — »mit allen negativen Folgen für die verantwortliche Beteiligung der Gemeinden, synodalen und ökumenischen Strukturen, usw.« (Tödt, 123). 2. Zwar hat Luther nicht nur zum Gebrauch von Institutionen, sondern zu deren Gestaltung kritisch und konstruktiv Stellung genommen (Reichsrechtsreform, Schulwesen, Zinsnehmen, länderübergreifende Kapitalgesellschaften und so weiter, vgl. zum Beispiel Scharffenorth und Wolgast), doch war ihm herrschaftskritische Kontrolle von Ämtern und Institutionen — historisch verständlich — noch ein fremder Gedanke, fremder als manchem seiner Zeitgenossen oder auch früheren Traditionen (Tödt, 124 f.). 3. Über Luthers Ansätze hinaus ist nach der *Gestalt* lebendiger Gemeinde zu fragen, da seine Schwerpunkte bei der Religion des Hauses und der öffentlichen Predigt und Sakramentsverwaltung lagen, ohne daß er der Kirche eine von ihren eigenen Voraussetzungen geprägte Gestalt und Rechtsordnung zu geben vermochte. Er mußte diese schließlich der landesherrlichen Gewalt anvertrauen.

Die *zweite* Frage, ob man sich überhaupt um die RRL weiter bemühen solle, ist zum ersten ungeschichtlich gestellt, weil diese faktisch weiter lutherische Kirchen und Theologie prägt und also kritisch verarbeitet werden muß (vgl. Tödt, 57 ff.). Darüber hinaus aber enthält die RRL eine Fülle unaufgebbarer und auch anregender theologischer Aspekte (Tödt, 90 ff.).

Äußerst fruchtbar für die Theologie unter den Bedingungen der Neuzeit und der Gegenwart scheint mir vor allem Luthers Bestimmung des Verhältnisses von Gottes Handeln und menschlichem Verhalten im Zusammenhang der RRL zu sein, wie er es vor allem in »De servo arbitrio« (1525) entwickelt. Darauf und auf meine Interpretation (oben, 512 ff.) bezugnehmend, schreibt Tödt (75 ff.): »Die alles begründende, in allem vorangehende und alles umgreifende Subjektivität Gottes ermöglicht nicht nur eine menschliche, nachfolgende Kon-subjektivität, sondern zielt geradezu auf diese ... Gott wirkt in uns, aber nicht ohne unser Erkennen und Handeln, das freilich von Gott schon umgriffen ist, weil er uns dazu bestimmt, mit ihm zusammenzuwirken, und zwar durchaus in unbeschränktem Gebrauch einer an den Kriterien der Erfahrung prüfenden Vernunft. Wo freilich Vernunft sich *autonom* setzt, verschließt sie sich der Möglichkeit, für Erkenntnis, die in der Offenbarung begründet ist, offen zu sein« (Hervorhebung i. Orig.). Tödt hat mit den zitierten Bemerkungen in nuce das Koordinatensystem genannt, in welchem die neuzeitliche Aufarbeitung des Themas zu geschehen hätte. Damit wäre nicht nur weiterhin das Niveau der großen Philosophie die Ebene, auf der unser Thema wie seit der Antike zu verhandeln wäre. Auch die praktischen Folgen der autonom sich setzenden neuzeitlichen Vernunft des Menschen, der sich als »Herr und Besitzer der Natur« bestimmt (Descartes), und das heißt die immer katastrophaler werdenden Auswirkungen in Wirtschaft, Recht, Politik und Wissenschaft würden genau zu den fundamentalen Fragen, vor die sich die Menschheit und die Kirche heute gestellt sehen, während das Neuluthertum sich gerade mit Hilfe seiner »ZRL« dagegen abzuschirmen sucht. Man könnte sich geradezu in prophetisch-warnender Vorwegnahme eines möglichen Zusammenbruchs der wissenschaftlich-technisch-industriellen Zivilisation — in Analogie zu Augustins Verarbeitung des Sturzes von Rom — ein neues »De civitate dei« vorstellen, das die Wurzeln der gegenwärtigen und zu befürchtenden Katastrophen im »Seinwollen wie Gott« der neuzeitlichen autonomen Vernunft aufdeckt. Noch nie bedurfte Vernunft so sehr des Glaubens und der Hoffnung und der Liebe, die aus der Offenbarung der Liebe Christi kommt, wie heute. Darum sind zwölf Jahre nach Erscheinen des Buches alle seine Elemente zu unterstreichen, die Gottes eschatologischen Kampf gegen die Mächte des Bösen und damit die Wachsamkeit gegen den Mißbrauch von Macht sowie die Eigenständigkeit der Kirche zu treuerer Nachfolge Jesu Christi betonen.

3. Nötige Erweiterungen des Ansatzes

Es gab verschiedene kritische Hinweise in Rezensionen des Buches, die über Korrekturen an historischen Details hinausgehen und Fragen an den Ansatz als solchen stellen. Manche dieser Fragen hängen miteinander zusammen. R. Holte bemängelt die beschränkte Auswahl neutestamentlicher Texte (LW 1972, 74), ebenso J. Smolik, der zudem eine breitere Ausarbeitung der Christologie und die Bearbeitung anderer kirchlicher Gestalten als der »offiziellen Linie« (Waldenser, Wiclif, Hus, »linker Flügel der Reformation«)

bis in die soziologischen Konsequenzen der Ekklesiologie hinein vermißt (Communio viatorum 1973/1—2, 69 ff.). Ähnliche Fragen stellen K. Raiser (ER 23, 1971, 324—326), F. Furger (ZMR, H 2, 1972) und W. Hollenweger (Reformatio 1971, 141), wenn sie die Tradition der Reiche und Regimente in einen breiteren ökumenischen Horizont gestellt sehen möchten.

Den besten Einstieg zur Antwort auf solche berechtigten Fragen findet man vielleicht, wenn man G. Theißens neue sozialgeschichtliche Studien zur Jesusbewegung im palästinischen Kontext betrachtet (s. Lit.nachtr.). Er kennzeichnet diese Bewegung als »Wanderradikalismus«, für den Besitzlosigkeit, Familienlosigkeit und Ortlosigkeit im Dienste der hereinbrechenden Herrschaft Gottes charakteristisch sind. Er stellt diesem ursprünglichen Wanderradikalismus einerseits den »Liebespatriarchalismus« des Paulus und seiner Schule und andererseits den Radikalismus der späteren gnostischen Bewegungen gegenüber. Nicht zufällig knüpft er dabei an die von M. Weber und E. Troeltsch eingeführten Kategorien der Sekte, der Anstaltskirche und des Spiritualismus an (Studien, 104 f.). Ich habe, an diesem Interpretationsrahmen gemessen, vor allem die Tradition der Anstaltskirche thematisiert und die anderen Ausprägungen nur am Rande berührt. Gerade, wenn man sieht, daß die Bergpredigt in ihrem Originalsinn nur in einer christlichen Lebensgestalt wie der der radikalen Wanderprediger verstanden und praktiziert werden kann (ebd., 160), ist es methodisch nicht zu verantworten, sie nur in ihrer mit Rö 13, 1—7, mit Augustins römischer Philosophie des Gemeinwesens und mit Luthers RRL versöhnten Form aufzunehmen und darzustellen (vgl. U. Luz, Die Bergpredigt, 1981. Dies schließt eine Korrektur meiner Auffassung von Mk 12, 17 »Gebt dem Kaiser, was des Kaisers ist«, oben, 175, Anm. 572, ein; vgl. P. Lapide [1980], 34 ff.). Das gilt umsomehr, sobald an vielen Orten der Erde und in gewisser Hinsicht global Verhältnisse entstehen, in denen Widerstand mit dem Ziel der Beseitigung von notorischem Unrecht und der Aufrichtung von Recht geboten ist und die politische und ökonomische Struktur dieses Äons eindeutige Antworten der Gemeinde verlangen, die den Gegebenheiten entspringender Unvernunft und Inhumanität widersprechen und sich nur mit antizipierten Formen der Vernunft vermitteln lassen.

Freilich ist zu bezweifeln, daß die drei Kategorien von Weber und Troeltsch (Kirche, Sekte, Mystik) angemessene Instrumente sind, um die Jesusbewegung, das Urchristentum und auch die heutige kirchliche Situation angemessen zu erfassen. Sie stellen kirchliche Typen nebeneinander, als ob es sie in dieser Form unabhängig voneinander gäbe. Ist und wird aber die Sekte nicht erst Sekte dadurch, daß sie in ihrem Anliegen von der Anstaltskirche ausgestoßen wird oder aus deren Gemeinschaft ausbricht? Gibt es nicht auch andere Modelle der Bestimmung und Zuordnung der »Typen« von Kirche? Innerhalb der westlichen und östlich-orthodoxen Tradition haben zum Beispiel die Mönchs- und Ordensbewegungen die Tradition der radikalen Wanderprediger auf ihre Weise fortgesetzt. Auch sie sind geprägt von Besitzlosigkeit, Familienlosigkeit, Nachfolgegehorsam, auch wenn sie sich in vielen Fällen selbst »institutionalisiert« haben. Im Osten wie im Westen (jedenfalls im römisch-katholischen Rahmen) wurden sie im Verbund mit der »Anstaltskirche« gehalten. Und Jesus hat nicht alle, die ihn als den Bringer der Herrschaft Gottes angenommen haben, in die Existenz der radikalen Wanderprediger gerufen, das heißt, er hat das Leben in lokal gebundenen Gemeinschaften (»Ortsgemeinden«) im Rahmen des ganzen Volkes Gottes nicht aufgehoben. Darum versuche ich mit anderen (Dombois u. Huber), die Frage der Ekklesiologie und der Nachfolge Christi im Kontext der Weltverantwortung vom Ansatz der vier Sozialgestalten der Kirche und ihrer gegenseitigen Wechselwirkung her anzugehen: Ortsgemeinde, Nachfolgegruppen, Regionalkirche, Universalkirche (vgl. Konflikt um die Ökumene, 55 ff. u. 296 ff.; Dem Rad in die Speichen fallen, 1983). Heute werden früher in die Sektenexistenz abgedrängte Gemeinschaften im Rahmen des auf konziliare Gemeinschaft zielenden ökumenischen Prozesses nicht nur vollberechtigte, sondern um der Nachfolge willen notwendige Partner von sogenannten Anstaltskirchen (zum Beispiel die historischen Friedenskirchen). Je gefahrvoller, ja auswegloser die globale Lage unter der Herrschaft der wissenschaftlich-technisch-industriellen Zivilisation (unter westlich-kapitalistischem oder zentralistisch-bürokratisch-kommunistischem Vorzeichen) erscheint, umso deutlicher mehren sich Anzeichen für ein Erwachen neuer radikaler Nachfolgegruppen (zum Beispiel Initiativgruppen, Kommunitäten). Und je mehr eine kritisch-konstruktive Teilnahme der Kirche in ihren verschiedenen Sozialgestalten an den Institutionen der Wirtschaft und Politik unmöglich wird und je mehr kirchlich gesehen ein klares Bekenntnis (status confessionis) und politisch-wirtschaftlich gesehen Widerspruch und Verweigerung gefordert sein können, desto mehr bedarf jede Ortsgemeinde und Regionalkirche in der gesamten ökumenischen Gemeinschaft des Stachels derer, die selbst ein Leben in der treuen Nachfolge zu leben versuchen (Bonhoeffer: »Beten und Tun des Gerechten«), die dann aber auch die Kirche in ihren institutionellen Gestalten vor die notwendigen Entscheidungsfragen stellen.

Die Zuspitzung der die Menschheit bedrohenden Gefahren hebt nicht die unaufgebbaren Orientierungshilfen von Luthers RRL auf, die in diesem Buch entfaltet sind. Sie nötigt aber, gerade die im Anschluß an Tödt genannten Defizite bei Luther — die erst in ihrer Wirkungs- und Rezeptionsgeschichte in ihrer Gefährlichkeit zutage getreten sind — in Theorie und Praxis hinsichtlich organisatorischer Konsequenzen neu zu bearbeiten. Hinzukommt aber die Aufgabe — unter Beachtung der Kritik Luthers an der mittelalterlichen Überordnung des Mönchstandes über die weltliche Existenz und an der Gestalt der Mönchsgelübde —, die häufige staats- oder volkskirchliche Einengung oder Verdrängung der Nachfolgegruppen in den meisten lutherischen Kirchen zu überwinden. Das schließt auch über Luther hinausgehende Verständnisweisen der Bergpredigt und der Nachfolge ein. Bei ihm selbst kann man viele Ansätze in seinen späten Antinomerschriften finden. Wir leben nicht in einer Zeit der »vorhandenen« (Honecker), sondern der ambivalenten, oft auch dämonisch verblendeten Vernunft. Sie bedarf der Korrektur durch die Hoffnung auf Gottes die menschlichen Möglichkeiten übersteigendes Schöpfungs- und Geschichtshandeln ebenso wie das klare Lebenszeugnis der Kirche Jesu Christi, daß Erneuerung des Sinnes und auch Erneuerung von Institutionen aus dem Glauben und der Liebe möglich ist (Rö 12,1 f.).

Literaturnachträge und -ergänzungen

(Aus Raumgründen in sehr begrenzter Auswahl. Vgl. deshalb unten N. Hasselmann, aus dessen Literaturliste hier nur die Titel wiederholt werden, die im Nachwort ausdrücklich genannt sind.)

Birmelé, A. (Hrsg.), Konkordie und Kirchengemeinschaft reformatorischer Kirchen im Europa der Gegenwart (Ökumenische Perspektiven, Bd. 10), Frankfurt 1982.

Burgsmüller, A. (Hrsg.), Zum politischen Auftrag der christlichen Gemeinde. Barmen II, Gütersloh 1974.

Dantine, W., Thesen zur Zwei-Reiche-Lehre. In: ZEE, 17, 1973, 26—29.

Delling, G. (Hrsg.), Bibliographie zur jüdisch-hellenistischen und intertestamentarischen Literatur 1900—1965 (TU, Bd. 106), Berlin 1975.

Duchrow, U., Die Vorstellung von zwei Reichen und Regimenten bis Luther (Texte zur Kirchen- und Theologiegeschichte, H. 17), Gütersloh 1973, 2. Aufl. hg. v. Chr. Windhorst 1978 (zit. als Texte 17).

— zus. mit Huber, W., Reith, L. (Hrsg.), Umdeutungen der Zweireichelehre Luthers im 19. Jahrhundert (Texte zur Kirchen- und Theologiegeschichte, H. 22), Gütersloh 1975 (zit. als Texte 21).

— zus. mit Huber, W. (Hrsg.), Die Ambivalenz der Zweireichelehre in lutherischen Kirchen des 20. Jahrhunderts (Texte zur Kirchen- und Theologiegeschichte, H. 22), Gütersloh 1975 (zit. als Texte 22).

—, Zwei Reiche und Regimente. Ideologie oder evangelische Orientierung? Internationale Fall- und Hintergrundstudien zu Theologie und Praxis lutherischer Kirchen im 20. Jahrhundert (SEE, Bd. 13), Gütersloh 1977.

—, Konflikt um die Ökumene. Christusbekenntnis — in welcher Gestalt der ökumenischen Bewegung?, ²München 1980.

—, dem Rad in die Speichen fallen — aber wo und wie? Luthers und Bonhoeffers Ethik der Institutionen im Kontext des heutigen Weltwirtschaftssystems. In: Chr. Gremmels (Hrsg.), Bonhoeffer und Luther (IBF, Bd. 6), München 1983.

Ebeling, G., Wort und Glaube III, Tübingen 1975.

Gollwitzer, H., Bergpredigt und Zweireichelehre. In: J. Moltmann (Hrsg.), Nachfolge und Bergpredigt (Kaiser Traktate, 65), München 1981, 37—72.

Hasselmann, N., Gottes Wirken in seiner Welt. Zur Diskussion um die Zweireichelehre, 2 Bde. (Zur Sache, 19 u. 20), Hamburg 1980.

Hengel, M., Judentum und Hellenismus (WUNT, 10), Tübingen (1969), ²1973.

Honecker, M., Liebe und Vernunft. In: ZThK, 68, 1971, 227—259.

—, Thesen zur Aporie der Zweireiche-Lehre. In: ZThK, 78, 1981, 128—140.

Huber, W., Kirche und Öffentlichkeit (Forschungen und Berichte der FEST, 28), Stuttgart 1973.

—, Kirche, Stuttgart/Berlin 1979.

—, Feindschaft und Feindesliebe. Notizen zum Problem des »Feindes« in der Theologie. In: ZEE, 26, 1982, 128—158.

Käsemann, E., An die Römer (HNT, 8 a), Tübingen (1973) ²1974.

Kantzenbach, F. W., Politischer Protestantismus. Zur Geschichte seiner Theoriebildung. In: ZEE, 16, 1972, 15—33.

Klein, G., Christusglaube und Weltverantwortung als Interpretationsproblem neutestamentlicher Forschung. In: Verkündigung und Forschung (BEvTh, 2/1973), 54—60.

Klinkenberg, H. M., Papsttum und Reichskirche bei Leo dem Großen. In: ZSavRG, Kan. Abt. 38, 1952, 37—112.

Koch, K., u. a., Das Buch Daniel (Erträge der Forschung, Bd. 144), Darmstadt 1980.

— zus. mit Schmidt, J. M. (Hrsg.), Apokalyptik (Wege der Forschung, Bd. 365), Darmstadt 1982.

Kölmel, W., Regimen Christianum. Weg und Ergebnisse des Gewaltenverhältnisses und des Gewaltenverständnisses (8.—14. Jh.), Berlin 1970.

Krämer, H., Platonismus und hellenistische Philosophie, Berlin 1971.

—, Neues zum Streit um Platons Prinzipientheorie. In: PhR, 27, 1980, 1—38.

—, Zum neuen Platonbild. In: DVfLG, 55, 1981, 1—18.

Lapide, P., Er predigte in ihren Synagogen. Jüdische Evangelienauslegung (GTB, 1400), Gütersloh 1980, bes. 34—55.

Lienemann, W., Gewalt und Gewaltverzicht. Studien zur abendländischen Vorgeschichte der gegenwärtigen Wahrnehmung von Gewalt (Forschungen und Berichte der FEST, 36), München 1982.

Luz, U., Die Bergpredigt im Spiegel ihrer Wirkungsgeschichte. In: J. Moltmann (Hrsg.), Nachfolge und Bergpredigt (Kaiser Traktate, 65), München 1981, 37—72.

Maron, G., »Niemand soll sein eigener Richter sein«. Eine Bemerkung zu Luthers Haltung im Bauernkrieg. In: Luther, 46, 1975, 60—75.

Maurer, W., Luthers Lehre von den drei Hierarchien und ihr mittelalterlicher Hintergrund (Bayr. Ak. d. Wiss., phil.-hist. Kl., Sitzungsb. 79, 1970), München 1970.

—, Historischer Kommentar zur Confessio Augustana, Gütersloh Bd. I, 1976; Bd. II, 1978.

Müller, G., Luthers Zwei-Reiche-Lehre in der deutschen Reformation. In: Denkender Glaube, Festschrift C. H. Ratschow, Berlin 1976, 49—69.

Müller, K., Geschichte, Heilsgeschichte und Gesetz. In: J. Maier u. J. Schreiner (Hrsg.), Literatur und Religion des Frühjudentums, Würzburg/Gütersloh 1973, 73—105.

Münchow, Chr., Ethik und Eschatologie in der frühjüdischen Apokalyptik und bei Paulus. Ein Beitrag zum Verständnis der Apokalyptik und deren Rezeption in den paulinischen Briefen, Diss. Berlin/DDR 1977.

Nowak, K., Zweireichelehre. Anmerkungen zum Entstehungsprozeß einer umstrittenen Begriffsprägung und kontroversen Lehre. In: ZThK, 78, 1981, 105—127.

Pannenberg, W., Luthers Lehre von den Zwei Reichen. In: Ethik und Ekklesiologie, Göttingen 1977, 97—114.

Ritschl, D., Memory and Hope. An Inquiry Concerning the Presence of Christ, New York/London 1967.

Rogge, J. u. Zeddies, H. (Hrsg.), Kirchengemeinschaft und politische Ethik.

Ergebnis eines theologischen Gespräches zum Verhältnis von Zwei-Reiche-Lehre und Lehre von der Königsherrschaft Christi, Berlin 1980.
Ryan, J., Saint Peter Damiani and the Sermons of Nicholas of Clairvaux: a Clarification. In: Mediaeval Studies, 9, Toronto 1947, 151—157.
Scharffenorth, G., Den Glauben ins Leben ziehen. Studien zu Luthers Theologie, München 1982.
Schmidt, M., Das Evangelium von der Rechtfertigung und die Weltverantwortung der Kirche in der lutherischen Tradition vom 17. bis 20. Jh. In: G. Kretschmar u. a. (Hrsg.), Die Verantwortung der Kirche in der Gesellschaft, Stuttgart 1973, 161—176.
Schrage, W., Ethik des Neuen Testaments (NTD Ergänzungsreihe 4), Göttingen 1982.
Schwarz, R., Luthers Lehre von den drei Ständen und die drei Dimensionen der Ethik. In: LJ, 45, 1978, 15—34.
Staedtke, J., Die Lehre von der Königsherrschaft Christi und den zwei Reichen bei Calvin. In: KuD, 18, 1972, 202—214.
Steck, O. H., Weltgeschehen und Gottesvolk im Buche Daniel. In: Kirche, Festschr. f. G. Bornkamm zum 75. Geb., hrsg. v. D Lührmann u. G. Strekker, Tübingen 1980, 53—78.
—, Überlegungen zur Eigenart spätisraelitischer Apokalyptik. In: Die Botschaft und die Boten. Festschr. f. H. W. Wolff zum 70. Geb., hrsg. von J. Jeremias u. L. Perlitt, Neunkirchen 1981, 301—318.
Theißen, G., Soziologie der Jesusbewegung (ThExh, 194), München (1977), ²1978.
—, Studien zur Soziologie des Urchristentums (WUNT, 19), Tübingen 1979.
Thraede, K., Das antike Rom in Augustins De civitate Dei. Recht und Grenzen eines verjährten Themas. In: JAC, 20, 1977, 90—148.
Tödt, H. E., Die Bedeutung von Luthers Reiche- und Regimentenlehre für heutige Theologie und Ethik. In: N. Hasselmann (Hrsg.), s. o., 52—126.
Utz, A., Bibliographie der Sozialethik. Bd. VII (1969—1971), Freiburg i. Br. 1972, 377—379.
Williams, G. H., The Norman Anonymus of 1100 A. D. In: HarvThStud, 18, Cambridge/Mass. 1951.
Wolf, G. (Hrsg.), Luther und die Obrigkeit (Wege der Forschung, Bd. 385), Darmstadt 1972.
Wolgast, E., Die Wittenberger Theologie und die Politik der evangelischen Stände. Studien zu Luthers Gutachten in politischen Fragen (QFRG, Bd. XLVII), Gütersloh 1977.

Ludwig Raiser

Vom rechten Gebrauch der Freiheit

Aufsätze zu Politik, Recht, Wissenschaftspolitik und Kirche

Herausgegeben von Konrad Raiser
Mit einem Vorwort von Carl Friedrich von Weizsäcker

Forschungen und Berichte der Evangelischen Studiengemeinschaft
Band 38

1982, 444 Seiten, Leinen mit Schutzumschlag. ISBN 3-608-93029-9

Die Arbeiten Ludwig Raisers umspannen gut dreißig Jahre der deutschen Nachkriegsgeschichte. Sie sind zugleich zeithistorisches wie biographisches Dokument eines der profiliertesten Akteure in dieser Geschichte. Nicht nur die bundesrepublikanische Wissenschaftsorganisation und ihre verschiedenen Institutionen, nicht nur diejenigen kirchlichen Einrichtungen, die ausgesprochen oder unausgesprochen der öffentlichen Verantwortung der Kirche dienen, sind durch die immer behutsamen, aber oft kühnen und phantasievollen Entwürfe Ludwig Raisers geprägt worden; auch die Diskussion der großen Politik wäre ohne seine steten Mahnungen zur Klarheit, Nüchternheit, Umsicht und Entschiedenheit, ohne seine Weisheit und seinen nicht zu brechenden persönlichen Mut nicht denkbar. Vom „Tübinger Memorandum" und dessen entschiedener wie kluger Kommentierung bis zur distanzierten aber in der Distanz dringlichen Mahnung an die Kirchen, sich ihrer eigenen Institutionsgestalten, wie sie geschichtlich überkommen, aber historisch überholt sind, nicht mehr allzu gewiß zu sein, sondern sich auf ihren Auftrag unter den heutigen Bedingungen und auf eine diesem Auftrag angemessene Gestalt zu besinnen, zieht sich die gedankliche Bemühung hindurch, alles Brüchige, Verlogene, Unwahrhaftige, das sich an die „weltlichen" wie die „geistlichen" Institutionen krustenartig angesetzt hat, abzulösen - gerade um der Erhaltung der Institution willen, möge sie nun Staat, Kirche oder Universität heißen.

Klett-Cotta